SERPENT RISING:
THE KUNDALINI COMPENDIUM

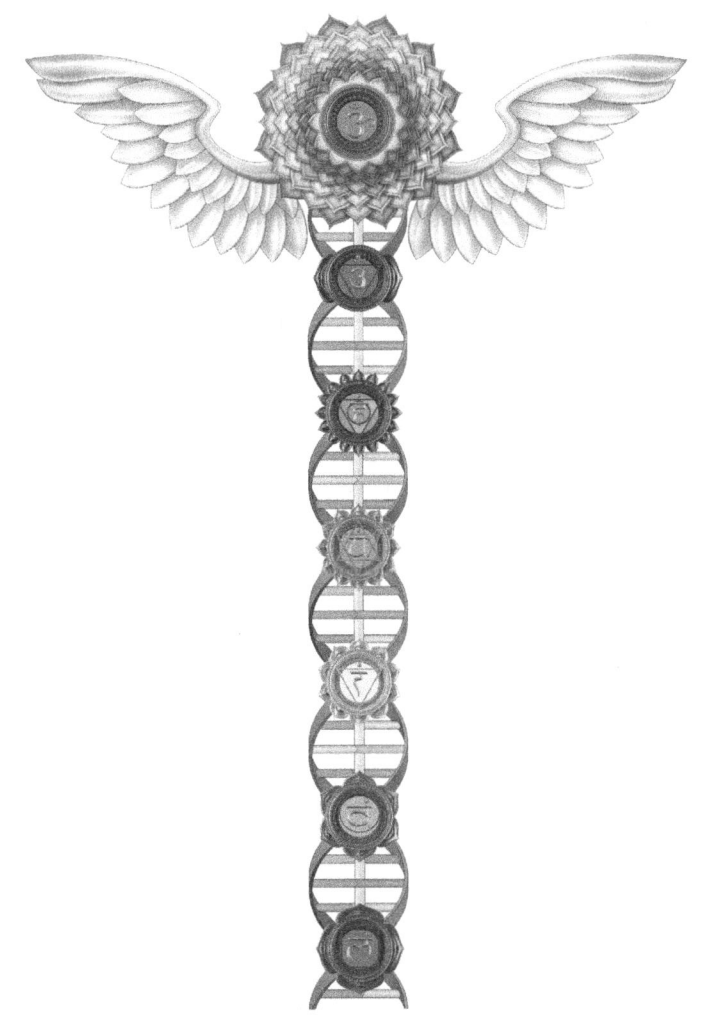

O MAIS ABRANGENTE CORPO DE TRABALHO SOBRE O POTENCIAL ENERGÉTICO HUMANO DO MUNDO

NEVEN PAAR

TRADUZIDO POR LUIS GUSTAVO PEREIRA

Serpent Rising: The Kundalini Compendium
Copyright © 2023 By Neven Paar. Todos os direitos reservados.

Nenhuma parte deste livro pode ser reproduzida de qualquer forma ou por qualquer meio eletrônico ou mecânico, incluindo sistemas de armazenamento e recuperação de informações, sem permissão por escrito do autor. A única exceção é por um revisor, que pode citar trechos curtos em uma resenha.

Desenho da capa por Neven e Emily Paar
Ilustrações de Neven Paar
Traduzido para o Português Brasileiro por Luis Gustavo Pereira

Impresso no Canadá
Primeira Impressão: Novembro de 2023
Por Winged Shoes Publishing

ISBN—978-1-998071-18-0

Isenção de responsabilidade: Todo material encontrado neste trabalho é fornecido somente para sua informação e não pode ser interpretado como conselho ou instrução médica profissional. Nenhuma ação ou inação deve ser tomada com base apenas no conteúdo destas informações; em vez disso, os leitores devem consultar profissionais de saúde apropriados sobre qualquer assunto relacionado à sua saúde e bem-estar. Embora o autor e a editora tenham feito todos os esforços para assegurar que as informações contidas neste livro estejam corretas no momento da impressão, o autor e a editora não assumem e, por meio deste, renunciam a qualquer responsabilidade perante qualquer parte por qualquer perda, dano ou perturbação causados por erros ou omissões, quer tais erros ou omissões resultem de negligência, acidente, ou qualquer outra causa.

Dedico este trabalho ao Iniciado Kundalini. Que este livro possa guiá-lo em seu caminho de despertar e espero que minha jornada de 17 anos de autodescoberta com a energia da Kundalini possa ser útil para você, como intencionado.

-Neven Paar

Outros livros de Neven Paar

The Magus: Kundalini and the Golden Dawn

www.nevenpaar.com

Winged Shoes Publishing
Toronto, Ontário

Lista de Figuras:

Figura 1: Ascensão da Kundalini e os Chakras 25
Figura 2: O Despertar dos Três Nadis Pós-Kundalini 28
Figura 3: O Universo Dentro da Cabeça 30
Figura 4: A Árvore da Vida/Kundalini 34
Figura 5: O Circuito Completo da Kundalini 45
Figura 6: O Cérebro Cheio de Luz 50
Figura 7: Os Setenta e Dois Mil Nadis 54
Figura 8: O Ovo Cósmico 61
Figura 9: Os Cinco Elementos e os Sete Chakras 69
Figura 10: O Pentagrama 71
Figura 11: Os Quatro Mundos e o Tetragrammaton (YHVH) 72
Figura 12: O Pentagramaton (YHShinVH) 73
Figura 13: As Sephiroth da Árvore da Vida e os Três Nadis 77
Figura 14: Os Planos Cósmicos Internos 86
Figura 15: Ida e Pingala Nadis e Ajna Chakra 95
Figura 16: O Campo Eletromagnético da Terra 101
Figura 17: A Aura Humana 102
Figura 18: Entrada e Saída de Energia Estressante da Aura 106
Figura 19: Progressão das Cores Áuricas da mais Baixa Para a mais Alta 107
Figura 20: Anatomia da Aura 110
Figura 21: Problemas Energéticos na Aura 112
Figura 22: O Campo Toroidal da Kundalini 116
Figura 23: Os Sete Chakras e os Plexos Nervosos 126
Figura 24: Expansão Cerebral e Correspondências Chákricas 129
Figura 25: Halo ao Redor da Cabeça 132
Figura 26: Os Chakras de Cabeça Menor (Coroa) 133
Figura 27: Os Chakras do Pé 135
Figura 28: Os Chakras de Mão 137
Figura 29: Geração e Transmissão de Energia de Cura (Palmas) 138
Figura 30: Energia de Cura das Mãos 140
Figura 31: Localização dos Olhos Psíquicos 142
Figura 32: Os Chakras Transpessoais 145
Figura 33: O Chakra Hara (Navel) 148
Figura 34: O Chakra Causal/Bindu 150
Figura 35: Os Chakras Transpessoais Acima da Coroa 153
Figura 36: O Cubo de Metatron e o Merkabá 158
Figura 37: Orientação de Tetraedros em homens e mulheres 159
Figura 38: O Merkabá: Veículo de luz (em homens) 160
Figura 39: Kundalini Despertar e Merkabá Otimização 161
Figura 40: As Glândulas Endócrinas No Corpo 173
Figura 41: Os Principais Centros Cerebrais 178

Figura 42: O Sistema Límbico 182
Figura 43: A Formação Reticular 185
Figura 44: As Partes do Cérebro 188
Figura 45: Os Sistemas Nervosos Central e Periférico 192
Figura 46: O Nervo Vago 197
Figura 47: Os Doze Pares de Nervos Cranianos 201
Figura 48: A Medula espinhal (seção transversal) 204
Figura 49: LCR e os Ventrículos Cerebrais (Vista de perfil/lateral) 205
Figura 50: Os Ventrículos Cerebrais (Vista Frontal) 206
Figura 51: Cone Medular e Filo Terminal 208
Figura 52: O Sacro e o Cóccix 209
Figura 53: A Kundalini não enrolada 211
Figura 54: O Plexo Sacral 212
Figura 55: Os Nervos Ciáticos e os Canais de Energia nas Pernas 213
Figura 56: Kundalini / Caduceus de Hermes / Dupla Hélice do DNA 216
Figura 57: O Campo Eletromagnético do Coração 218
Figura 58: O Coração Humano e o Sistema Circulatório 220
Figura 59: O Centro do Chakra do Coração 227
Figura 60: O Despertar da Kundalini e o CEM do Coração 230
Figura 61: Os Sete Chakras Masculinos e Femininos 235
Figura 62: Posições Chákricas dos Sete Planetas Antigos 246
Figura 63: Evolução Espiritual 253
Figura 64: Formas e Formações de Cristal 257
Figura 65: Colocação de Pedras Preciosas nos Chakras 271
Figura 66: Amplificação de um Cristal com Fragmentos de Quartzo Transparentes 272
Figura 67: Envio de Energia de Cura através das Palmas 273
Figura 68: Otimização da Giro dos Chakras com Varinhas de Cristal 274
Figura 69: Conjunto de Diapasões dos Sete Chakras, com Estrela da Alma 277
Figura 70: Conjunto de Diapasão de Espectro Harmônico 278
Figura 71: Colocação de Diapasões em Cura dos Chakras 280
Figura 72: Usando Diapasões Ponderados em Você Mesmo 281
Figura 73: Trabalhando Com Dois Diapasões ao Mesmo Tempo 283
Figura 74: Frequências de Solfejo Sagrado e as Camadas da Aura 285
Figura 75: Frequências de Solfejo Sagrado e os Chakras 286
Figura 76: Diapasões de Solfejo Sagrado (Não Ponderados) 289
Figura 77: Colocação de Diapasões Próximos às Orelhas 290
Figura 78: Óleos Essenciais e um Difusor 294
Figura 79: Aromaterapia e o Sistema Límbico 295
Figura 80: Os Cinco Tattvas Maiores 300
Figura 81: Os Vinte e Cinco Tattvas Sub-Elementares 302
Figura 82: Os Tattvas e os Chakras 305
Figura 83: Os Cartões de Tattva do Autor 310

Figura 84: Os Oito Membros da Yoga 322
Figura 85: Os Cinco Koshas 325
Figura 86: Os Três Ásanas de Meditação 332
Figura 87: Ásanas Para Principiantes (Parte I) 338
Figura 88: Ásanas Para Principiantes (Parte II) 339
Figura 89: Ásanas Para Principiantes (Parte III) 340
Figura 90: Ásanas Intermediárias (Parte I) 341
Figura 91: Ásanas Intermediárias (Parte II) 342
Figura 92: Ásanas Avançadas (Parte I) 343
Figura 93: Ásanas Avançadas (Parte II) 344
Figura 94: Shavásana 346
Figura 95: Respiração Abdominal/Diafragmática 347
Figura 96: Respiração Yógica (Respiração em Três Partes) 350
Figura 97: Respiração de Narinas Alternadas 352
Figura 98: Ujjayi Pranayama (Posição da Glote) 356
Figura 99: Respiração das Abelhas 357
Figura 100: Sheetali Pranayama 359
Figura 101: Sheetkari Pranayama 360
Figura 102: Moorcha Pranayama (Método #1) 362
Figura 103: Moorcha Pranayama (Método #2) 363
Figura 104: Os Três Granthis 365
Figura 105: Os Dedos e os Cinco Elementos 370
Figura 106: Jnana Mudra 372
Figura 107: Chin Mudra 373
Figura 108: Hridaya Mudra 374
Figura 109: Shunya Mudra 375
Figura 110: Anjali Mudra 376
Figura 111: Yoni Mudra 377
Figura 112: Bhairava Mudra 379
Figura 113: Lótus Mudra 380
Figura 114: Shiva Linga Mudra 381
Figura 115: Kundalini Mudra 382
Figura 116: Shambhavi Mudra 383
Figura 117: Nasikagra Drishti 385
Figura 118: Shanmukhi Mudra 387
Figura 119: Viparita Karani 388
Figura 120: Pashinee Mudra 390
Figura 121: Tadagi Mudra 391
Figura 122: Manduki Mudra 392
Figura 123: Ponto de Contração Mula Bandha 393
Figura 124: Uddiyana Bandha Em Pé 396
Figura 125: Fazendo Uddiyana Bandha (Com Jalandhara Bandha) 398

Figura 126: Jiva Bandha...........400
Figura 127: Maha Mudra...........402
Figura 128: Vajroli, Sahajoli, e Ashwini - Pontos de Contração de Mudras...........404
Figura 129: Os Cinco Prana Vayus...........408
Figura 130: Mudras de Mão Para os Cinco Prana Vayus...........411
Figura 131: Redirecionando o fluxo de Prana, Apana, e Samana...........413
Figura 132: Maha Bandha: Aplicando os Três Bandha...........414
Figura 133: O Brahmarandhra...........417
Figura 134: Camadas do Sushumna Nadi e o Ovo Cósmico...........419
Figura 135: Lalana (Talu) Chakra e o Bindu Visarga...........422
Figura 136: Mudra Básico Khechari...........424
Figura 137: Khechari Mudra Avançado...........425
Figura 138: Contagem de Contas Mala...........430
Figura 139: A Deusa Saraswati...........436
Figura 140: Bija Mantras das Pétalas dos Chackras...........439
Figura 141: Os Mudras/Mantras dos Sete Chakras...........441
Figura 142: Meditação de Visualização...........446
Figura 143: Meditação da Chama da Vela (Trataka)...........450
Figura 144: Colocação da Chama da Vela...........451
Figura 145: Mudras de Mão Para os Cinco Elementos...........456
Figura 146: Os Cinco Elementos e os Três Doshas...........458
Figura 147: As Três Doshas e as Zonas Corporais...........460
Figura 148: A Astrologia Védica do Mapa Astral do Autor...........466
Figura 149: Senhor Ganesha e os Ashta Siddhis...........480
Figura 150: Santo Anjo da Guarda (O Eu Superior)...........496
Figura 151: Projeção em Sonhos Lúcidos...........503
Figura 152: A Antena Cerebral Humana...........508
Figura 153: Lótus do Sahasrara Chakra...........537
Figura 154: O Fluxo da Kundalini Através do Sushumna...........538
Figura 155: O Chakra do Coração e a Unidade...........553
Figura 156: Voando como o Super-Homem em um Sonho Lúcido...........561
Figura 157: Encontros Íntimos do Quinto Grau...........569
Figura 158: Shiva e Shakti em um Abraço Amoroso...........575
Figura 159: Excitação Sexual em Homens...........584
Figura 160: Tornando-se um Guerreiro Espiritual...........599
Figura 161: A Folha de Cannabis e suas Correspondências Magickas...........622
Figura 162: Os Principais Centros de Energia da Cabeça...........637
Figura 163: As Meditações da Kundalini...........640
Figura 164: Otimização do Potencial Energético Humano...........663

Lista de Tabelas:

TABELA 1: Os Doze Chakras e Suas Correspondências 291
TABELA 2: Óleos Essenciais Para os Sete Chakras 298
TABELA 3: Correspondências dos Tattvas 313
TABELA 4: Tabela de Constituição Ayurvédica (Três Doshas) 463
TABELA 5: Diretrizes Alimentares Para as Três Doshas 470
TABELA 6: Os Sete Planetas Antigos e Suas Correspondências 666
TABELA 7: Os Doze Zodíacos e Suas Correspondências 667

SERPENT RISING: THE KUNDALINI COMPENDIUM
Por Neven Paar

Conteúdo

VIAGEM DO AUTOR PARA ESCREVER ESTE LIVRO 1
- A Voz Divina 1
- Evolução Espiritual e Poder Pessoal 4
- O Despertar da Kundalini 6
- Magick da Golden Dawn 9
- Segunda Kundalini em Ascensão 11
- Expressões Criativas 13
- Encontrar Meu Propósito 14
- Um homem Em Uma Missão 16

PARTE I: O DESPERTAR DA KUNDALINI 21
INTRODUÇÃO À KUNDALINI 22
- Processo de Despertar da Kundalini 24
- Ativando o Corpo de Luz 27
- Presentes Espirituais e Atualizações de Sentido 29

A ÁRVORE DA VIDA E OS CHAKRAS 32
- Purificando os Chakras 35

PRÁTICAS DE CURA ESPIRITUAL 38
A TRANSFORMAÇÃO DA KUNDALINI 43
- Ativação de Bindu 44
- Erradicação da Memória 46
- Metamorfose Completa 49
- Luz e Vibração Dentro da Cabeça 50

TIPOS DE ASCENSÃO DA KUNDALINI 52
- Despertares Parciais e Permanentes da Kundalini 53
- Ver a Luz em Todas as Coisas 55

FATORES DE DESPERTAR DA KUNDALINI 58
- Completanto o Processo de Despertar da Kundalini 59
- Alinhamento com o Corpo Espiritual 62
- Sua Nova Lamborghini Venon 63

PARTE II: O MICROCOSMO E O MACROCOSMO 67
OS CINCO ELEMENTOS 68
- O Pentagrama 70
- Os Quatro Mundos e o Pentagramamaton 72
- Os Elementos na Natureza 75
- O Elemento Espiritual 76
- O Elemento Fogo 79
- O Elemento Água 81
- O Elemento Ar 82

- O Elemento Terra ... 83

OS PLANOS CÓSMICOS ... 85
- Os Cinco Planos Cósmicos ... 88
- Os Planos Divinos ... 91
- Variação na Sequência das Camadas Áuricas ... 92

IDA, PINGALA E OS ELEMENTOS ... 94
- Hemisférios Cerebrais Esquerdo e Direito ... 96
- Curto-Circuitos dos Nadi ... 97

PARTE III: O SISTEMA DE ENERGIA SUTIL ... 99
O CAMPO DE ENERGIA AURA-TOROIDAL ... 100
- A Aura Humana ... 101
- Características da Aura ... 103
- Anatomia da Aura (Áreas de Cor) ... 108
- Problemas Energéticos na Aura ... 111
- A Aura e as Vibrações ... 114
- Kundalini e a Aura ... 115

OS SETE PRINCIPAIS CHAKRAS ... 118
- Os Sete Chakras e o Sistema Nervoso ... 124
- Purificando os Chakras ... 127
- Expansão do Cérebro ... 128
- Fenômenos de Expansão da Consciência ... 130

OS CHAKRAS MENORES ... 132
- Os Chakras Cabeça ... 132
- Os Chakras do Pé ... 135
- Os Chakras das Mãos ... 136
- Cura Com as Mãos ... 139
- Infusão de Energia Espiritual ... 141
- Os Olhos Psíquicos ... 141

OS CHAKRAS TRANSPESSOAIS ... 144
- Chakra Estrela da Terra ... 146
- Chakra Hara (Navel) ... 147
- Chakra Causal (Bindu) ... 149
- Chakra Estrela da Alma ... 152
- Portal Estelar ... 154
- A Linha Hara ... 155
- A Quinta Dimensão ... 156
- O Merkabá -Veículos de luz ... 157
- O Retorno ao Jardim do Éden ... 162
- O Evento do Flash Solar ... 163

PARTE IV: ANATOMIA E FISIOLOGIA DA KUNDALINI ... 167
DESENVOLVENDO O OLHO DA MENTE ... 168
OS SETE CHAKRAS E AS GLÂNDULAS ENDÓCRINAS ... 171
- Cura do Chakra e as Glândulas Endócrinas ... 175

DESPERTAR ESPIRITUAL E ANATOMIA DO CÉREBRO 177
    A Glândula Pituitária 177
    A Glândula Pineal 178
    A Glândula Pineal e a Espiritualidade 179
    O Tálamo 181
    A Formação Reticular 184
    Partes do Cérebro 187

O SISTEMA NERVOSO 191
    Sistemas Nervosos Fortes / Fracos 193
    Yoga e o Sistema Nervoso 195
    Despertar da Kundalini e o Sistema Nervoso 196
    Função do Nervo Vago 196
    O Nervo Vago e a Kundalini 199
    Os Doze Pares de Nervos Cranianos 200

FLUIDO CEREBROESPINHAL (FCE) 203
    Ventrículos Cerebrais 205
    LCR e o Despertar da Kundalini 207

MULADHARA E KUNDALINI 209
    O Sacro e o Cóccix 209
    Plexo Sacral e Nervo Ciático 211
    Juntando Tudo 214

O PODER DO CORAÇÃO 217
    Conexão Coração-Cérebro 219
    Coerência Corporal 220
    O Coração e as Vibrações 221
    O Coração e os Relacionamentos 222
    Comportamento Humano e Causa e Efeito 223
    Abrindo o Chakra do Coração 226
    Kundalini e Expansões do Coração 229

PARTE V: SETE MODALIDADES DE CURA DOS CHAKRAS 233
CHAKRAS MASCULINOS E FEMININOS 234
    Características de Gênero dos Chakras 237
    Equilibrando os Chakras 238

ASTROLOGIA E OS SETE CHAKRAS 240
    Astrologia Ocidental vs. Astrologia Védica 241
    Os Sete Planetas Antigos 243

CURA E EVOLUÇÃO ESPIRITUAL 252
PEDRAS PRECIOSAS (CRISTAIS) 254
    Formações e Formas de Cristais 256
    Vinte e Quatro Tipos Significativos de Pedras Preciosas 259
    Limpeza de Pedras Preciosas 267
    Programação de Pedras Preciosas 268
    Cura dos Chakras com Pedras Preciosas 269

Diapasões 275

    Tipos de Diapasões e Usos 276
    Conjuntos de Diapasões para os Chakras 277
    Cura do Chakra pelo Diapasão..279
    Diapasões de Solfejo Sagrado 284

AROMATERAPIA 292

    Usando Óleos Essenciais..293
    Como Funcionam os Óleos Essenciais......................................295
    Óleos Essenciais Para os Sete Chakras 296

OS TATTVAS 299

    O Processo de Criação 300
    O Sistema de Trinta Tattvas 301
    Os Cinco Tattvas Maiores 303
    Divinação Pelos Tattvas...309

PARTE VI: A CIÊNCIA DA YOGA (COM AYURVEDA) 317
O PROPÓSITO DA YOGA 318

    Tipos de Yoga 319

OS CINCO KOSHAS 324

    Os Corpos Sutis no Oriente e no Ocidente...............................326

ÁSANA... 330

    Os Três Ásanas de Meditação 331
    Hatha Yoga vs. Vinyasa Yoga 334
    Preparação para a Prática de Ásanas 335
    Dicas para sua Prática de Ásanas 336
    Ásanas Para Principiantes..338
    Ásanas Intermediárias...341
    Ásanas Avançadas 343

PRANAYAMA 345

    Exercícios de Pranayama..346

OS TRÊS GRANTHIS 364
MUDRA 368

    Hasta (Mudras de Mão) 369
    Mana (Mudras de Cabeça) 382
    Kaya (Mudras Posturais) 388
    Bandha (Mudras de Fechaduramento) 393
    Adhara (Mudras Perineais) 403

OS CINCO PRANA VAYUS 407

    Prana e Apana..412
    Despertar a Kundalini...413

SUSHUMNA E BRAHMARANDHRA 416
CHAKRA LALANA E NÉCTAR AMRITA 421

    Khechari Mudra e suas Variações 423

MANTRA 427
    O Número Sagrado 108 428
    Meditação Japa 429
    Mantras de Meditação 431
BIJA MANTRAS E MUDRAS DOS SETE CHAKRAS 438
MEDITAÇÃO (DHYANA) 443
    Prática de Yoga e Meditação 444
    Três Métodos de Meditação 445
    Passos para Meditação 447
    Meditação da Chama da Vela 449
YOGA E OS CINCO ELEMENTOS 453
    Ativação e Equilíbrio dos Elementos 454
AYURVEDA 457
    Os Três Doshas 459
    Como Determinar sua Relação Dóshica 464
    Dieta Ayurvédica 468
    Práticas Yógicas para Equilibrar Doshas 473
PODERES PSÍQUICOS SIDDHIS 478
    Os Oito Siddhis Maiores 479
PARTE VII: PÓS-DESPERTAR DA KUNDALINI 491
SINTOMAS E FENÔMENOS APÓS O DESPERTAR DA KUNDALINI 492
    Santo Anjo Guardião (O Eu Superior) 495
    Estado de Ser após o Despertar 498
    Chakras, Corpos Sutis e Sonhos 500
    Sonho Lúcido 502
    A Luz Astral Sendo Construída e Expandida 503
    O Universo Holográfico 505
    Mais Presentes se Revelando 506
    Kriyas e Eventos Sincrônicos 508
A NECESSIDADE DE ALQUIMIA ESPIRITUAL 510
    Desafios em sua Vida Pessoal 512
    Alinhando com o Corpo de Luz 514
MUDANÇAS CORPORAIS E DIETA 517
    Desenvolvendo Alergias 518
    Os Nutrientes Essenciais para a Transformação 519
    Exercício Físico e Doença 520
A NECESSIDADE DE DISCRIÇÃO 522
    A Tolice da Prescrição de Medicamentos 525
CRIATIVIDADE E SAÚDE MENTAL 528
    Kundalini e Saúde Mental 530
    Fortalecendo a Força de Vontade 532
    Kundalini e Criatividade 533

SAHASRARA E A DUALIDADE DA MENTE 536

    Introvertido vs. Extrovertido 539
    Emoções vs. Razão 540

KUNDALINI E TRANSFORMAÇÃO DE ALIMENTOS 543

    Sublimação/Transformação de ALimentos 546
    Pensamentos em "Tempo Real" 548

EMPATIA E TELEPATIA 550
ÉTICA E MORAL 552
PARTE VIII: KUNDALINI E SONHOS LÚCIDOS 557
O MUNDO DOS SONHOS LÚCIDOS 558

    Despertar em um Sonho 559
    Desenvolvendo Habilidades em Seus Sonhos 560
    Energia Kármica nos Estados de Sonhos 562
    Binah e os Esquemas Astrais 563
    Paralisia do Sono 564
    Como Induzir um Sonho Lúcido 566
    Experiências Fora do Mundo em Sonhos Lúcidos 567

PARTE IX: -KUNDALINI – AMOR, SEXUALIDADE E FORÇA DE VONTADE 571
AMOR E RELACIONAMENTOS 572

    As Quatro Formas de Amor 573
    Amor Romântico 574
    Amor aos Amigos 576
    Amor Familiar 578

KUNDALINI E ENERGIA SEXUAL 581

    Estimulação Sexual e Estar "Excitado" 583
    Relações Sexuais 585
    Retendo sua Energia Sexual 586
    Anseios Sexuais 589

ATRAÇÃO SEXUAL 591

    Os Dois Primeiros Minutos de um Encontro 592
    A Psicologia da Atração 593
    A Importância da Crença Interior 594

TORNAR-SE UM GUERREIRO ESPIRITUAL 597

    Lidando com Energias Positivas e Negativas 598
    Construindo sua Força de Vontade 600
    Para Mudar Seu Humor, Mude Seu Estado 601

O PODER DO AMOR 603

    O Amor e o Princípio de Polaridade 604
    O Ego e o Eu Superior 605

SER UM COCRIADOR DE SUA REALIDADE 607

    Manifestando Seu Destino 609
    Trabalho e Vida Escolar 611
    Inspiração e Música 613

PARTE X: CONTROLE DE DANOS DA KUNDALINI 615
KUNDALINI E CURTO-CIRCUITOS 616
KUNDALINI E DROGAS RECREATIVAS 620

    A Cannabis e Suas Propriedades 621
    Kundalini e o Uso de Cannabis 623
    Tipos e Variedades de Cannabis 626
    Métodos e Uso de Cannabis 628
    Concentrados de Cannabis e Consumíveis 629
    Substâncias Controladas e Curto-Circuitos 631

PARTE XI: MEDITAÇÕES Da KUNDALINI 635
SOLUÇÃO DE PROBLEMAS DO SISTEMA 636
PARTE XII: ACONSELHAMENTO DA KUNDALINI 647
DICAS GERAIS 648
PERGUNTAS COMUNS 652
EPÍLOGO 661
APÊNDICE 665
TABELAS SUPLEMENTARES 666
GLOSSÁRIO DE TERMOS SELECIONADOS 668
BIBLIOGRAFIA 677

VIAGEM DO AUTOR PARA ESCREVER ESTE LIVRO

A VOZ DIVINA

Por toda minha vida fui assombrado por uma voz que nunca ouvi. Mas minha mãe a ouviu. E de alguma forma, eu devo minha vida a esta voz. Ela só a ouviu uma vez. E porque ela escutou, eu ainda estou aqui. Mas mesmo antes que aquela voz se fizesse conhecida por ela, eu vinha sendo atormentado por diferentes demônios.

Vejam, desde o momento em que eu nasci, eu estava mortalmente doente. Tinha uma febre alta contínua, não conseguia manter o que comia e não conseguia dormir. Era como se alguma força invisível, externa, não quisesse que eu sobrevivesse. Assim, cada vez que eu melhorava, eu terminava exatamente onde havia começado, no hospital.

O que quer que estivesse tentando me matar logo descobriu que eu era um bebê teimoso que não queria desistir. Ninguém sabia o que estava errado comigo, e nada do que os médicos estavam fazendo estava ajudando. Finalmente, eles ficaram tão confusos com minha doença misteriosa que convidaram estudantes de medicina para me ver e, esperançosamente, encontrar respostas.

Minha mãe, Gordana, ficou ao meu lado e rezava diariamente pela minha recuperação. Ela não era uma mulher religiosa, mas acreditava que sua dor lhe permitia contatar alguma força divina superior e solicitar sua ajuda. Afinal de contas, ela era minha guardiã, minha protetora. Então, após três anos entrando e saindo do hospital quase diariamente e levando minha família a um inferno, eu me recuperei milagrosamente. A quem que quer que minha mãe tenha rezado deve ter respondido.

Se foi alguma força do outro mundo que me quisesse fora deste mundo, ela falhou. Ao invés disso, havia um poder oposto que queria que eu sobrevivesse. E assim, cresci com uma bênção que me protegeu de tempos difíceis. Senti que talvez eu tivesse um propósito neste mundo, mesmo que tenha levado muitos anos para encontrá-lo verdadeiramente. Mas antes de encontrá-lo, haveria outra provação que eu teria que superar.

Era a primavera de 1992 em um país à beira da guerra, a Iugoslávia. Tínhamos acabado de sair do abrigo antibomba do prédio após uma noite de escuta de tiros ao fundo, exaustos. Embora as tensões crescessem entre facções opostas, a maioria das pessoas acreditava que as coisas iriam explodir logo e a vida voltaria ao normal. Não havia muitas pessoas dispostas a deixar tudo para trás sem a certeza de que uma guerra estava de fato por vir.

Eram cinco da manhã, e minha irmã Nikol e eu fomos direto para a cama, assim como meu pai, Zoran. Minha mãe deitou-se ao lado dele e colocou a cabeça sobre o travesseiro, emocionalmente e mentalmente desgastada. Ela olhou para o relógio ao seu lado, vendo o ponteiro se mover ao redor de seu centro, contemplando a situação difícil em que estávamos e o que o futuro reservava para nossa família.

O que aconteceu em seguida mudaria tudo e criaria um novo ramo na linha do tempo de nossas vidas. Este evento único não só nos levaria de um continente para o outro, mas seria um precursor de uma monumental viagem espiritual para mim - uma viagem que me moldaria em um mensageiro de Deus - o Criador.

De repente, uma voz masculina autoritária começou a falar com ela em seu ouvido direito. Não era meu pai, já que ele estava dormindo profundamente no lado esquerdo dela, roncando levemente como ele costuma fazer. A voz falava num tom calmo e ao mesmo tempo comandante, anunciando as coisas que estavam por vir para o povo da Bósnia-Herzegovina. Dizia que uma guerra irromperia de fato em minha cidade natal. O lixo encheria as ruas, a comida e a água seriam escassas, e não haveria calor e eletricidade. Esta Voz Divina disse que ela precisava deixar a cidade com minha irmã e comigo imediatamente. Essa era sua missão.

Ela recuperou a consciência, mas algo havia mudado nela. Sua mente estava a mil como se ela ainda estivesse em algum transe. O que acabou de acontecer? Sua experiência a deixou tanto chocada quanto mistificada. Acima de tudo, ela estava assustada. E ela sabia que este sentimento de medo não iria embora até que ela fizesse algo a respeito.

Ela ainda não acordou meu pai. Ao invés disso, ela tentou reunir seus pensamentos. Enquanto fazia isso, ela começou a preparar nossos passaportes e outros documentos de viagem. Então, contra toda lógica, ela saiu do quarto e começou a fazer uma mala de viagem para todos nós. Ela sabia em seu coração o que tinha que fazer, e nada que alguém pudesse dizer poderia detê-la.

Depois de uma mala ter sido feita, ela fez um café e o bebericou ao lado da janela da sala de estar, tremendo. Depois, carregada de emoção, ela olhou para fora, para o pátio adjacente ao nosso prédio, contemplando a força que teria de exibir nos próximos dias para cumprir sua missão e salvar seus filhos.

De repente, duas mãos estavam sobre os ombros dela, sacudindo-a. "Gordana, Gordana, você pode me ouvir? Diga alguma coisa!" Minha mãe deve ter parecido uma mulher possuída. Então, finalmente, ela se voltou para meu pai e voltou à realidade. "Temos que deixar a cidade", gritou ela. "Agora!".

O resto daquele dia não foi fácil para minha mãe, pois ninguém acreditou em sua história. Sendo um homem muito lógico, meu pai tentou racionalizar a experiência dela e achou que era um truque da imaginação. Afinal, era uma história tão extraordinária para se acreditar que aconteceu com uma família comum como a nossa. Mas ela sabia o que ouvia, e por mais firme que fosse, não havia como impedi-la. Ela tinha que garantir a segurança de seus filhos e nos levar para fora da cidade imediatamente.

E assim, ela fez nossas malas e nos comprou passagens aéreas para que pudéssemos voar no dia seguinte. Infelizmente, meu pai não sentiu o mesmo sentimento de urgência que minha mãe, além disso, ainda estava esperando por alguns documentos essenciais antes de uma grande expedição de viagem, então ele planejou ficar para trás e se encontrar conosco dentro de algumas semanas.

No dia seguinte, chegamos ao aeroporto por volta do meio-dia. Logo antes de começar o embarque, o impensável aconteceu. O tiroteio começou no aeroporto de todos os lados. Se o país estava à beira da guerra, este era o precipício. Os tiros geralmente ocorriam durante a noite, portanto isso era diferente. As pessoas no aeroporto começaram a entrar em pânico, ajoelhando-se cada vez que ouviam um tiro enquanto outros estavam deitados de bruços. Era o caos. Isto continuou durante as quatro horas seguintes. Parecia que não íamos mais conseguir sair da cidade.

Finalmente, o tiroteio parou brevemente o tempo suficiente para que pudéssemos embarcar no avião. Nosso avião de passageiros de médio porte ficou tão lotados de pessoas que não havia assentos suficientes para todos, tantos ficaram de pé, inclusive nós. Parecia que todas as pessoas no aeroporto tinham reservado novamente suas passagens para entrar em nosso avião.

Uma vez que o avião decolou, olhei para fora pela janela da minha cidade natal à medida que ficava cada vez menor, sem saber que esta seria a última vez que o via por muitos anos. Durante a viagem de avião, lembro-me de minha mãe segurando minha irmã e eu com lágrimas nos olhos. Ela completou sua missão, mas este era apenas o início de nossa árdua jornada, e ela sabia disso. Quando aterrissamos no país vizinho da Sérvia, soubemos que nosso avião era o último que deixara a cidade. Depois de escapar no momento certo, o aeroporto foi oficialmente fechado.

A guerra começou na Bósnia naquele dia e durou três longos anos. Sarajevo, minha cidade natal, estava sob o cerco. Quando nos despedimos de meu pai no aeroporto, não tínhamos ideia de que seria a última vez que nos veríamos por um longo tempo. Oh, como eu desejava que ele tivesse vindo conosco, mas o destino jogou suas cartas por todos nós naquele dia.

A guerra era religiosa, com conotações políticas, motivos pelos quais não me envolverei no momento presente. Quanto à história que estou prestes a contar, tudo o que a Voz Divina disse que aconteceria, de fato aconteceu. Uma Intervenção Divina salvou nossas vidas - cuja razão era desconhecida para mim na época.

Com o passar dos dias, minha mãe desejou que a Voz Divina voltasse para guiá-la. Ela realizou o trabalho de garantir a segurança de seus filhos contra o perigo imediato, mas à medida que a guerra começou a se alargar, foi difícil saber para onde devemos ir a seguir para evitar o caos que se desencadeou em meu país. E assim, nós pulamos de uma cidade e de um país para outro, orbitando a Bósnia e Herzegovina, esperando pacientemente que meu pai tivesse a oportunidade de sair e se juntar a nós.

As linhas de frente da guerra estavam em minha vizinhança. Muitas pessoas morreram em minha cidade natal, especialmente em torno de onde eu morava. Foi horrível ouvir sobre as atrocidades que aconteceram com as pessoas que viviam em Sarajevo. O vizinho lutava contra o vizinho; não se podia sair de casa por medo de ser abatido a tiro por franco-atiradores. Quando as pessoas ficavam sem comida e água e tinham que deixar suas casas para reabastecer-se, diziam adeus aos seus entes queridos, sem saber se voltariam. Recebemos esta informação em primeira mão de meu pai, que infelizmente teve que suportar tudo isso.

Ao final da guerra, minha mãe perdeu tanto os pais quanto o irmão. No entanto, ela fez o que a Voz Divina disse, então por que seu povo não foi poupado? Quando soube da morte de minha família e amigos durante a guerra, fiquei triste e confuso. Por que fomos salvos, e outros não foram? Eu comecei a questionar minha mãe quando ela me falou sobre a Voz Divina. Por alguma razão, eu era o único que acreditava nela. A maioria das pessoas pensou que tivemos sorte de sair no último segundo, mas eu sabia que havia mais do que isso. É como se as informações que ela me deu ativassem algo dentro de mim, mas levaria muitos anos para que a próxima peça do quebra-cabeça se desvendasse.

Foi só quando tive um despertar da Kundalini em 2004 que pensei que talvez tivesse algo a ver com esta Intervenção Divina, considerando que era uma experiência Espiritual tão rara e monumental. Talvez estivéssemos salvos para que eu experimentasse tudo o que fiz após o despertar da Kundalini, e dezessete anos depois estaria escrevendo estas mesmas palavras para você, leitor. Talvez minha mensagem seja vital para as pessoas do mundo nos dias de hoje.

EVOLUÇÃO ESPIRITUAL E PODER PESSOAL

Depois de dois longos anos de vida no inferno, meu pai veio juntar-se a nós na Croácia. Logo depois, nós quatro viemos para Toronto, Canadá, como refugiados de guerra e começamos nossas vidas aqui na América do Norte. Meus pais me prometeram que o Canadá seria um novo começo e que eu poderia ser o que eu quisesse e ser livre para perseguir qualquer sonho que eu tivesse. Logo percebi que a maior vocação ou busca que eu mais me importava era ser feliz. A melhor maneira de honrar todas as pessoas que não conseguiram em meu país foi ser feliz e levar uma boa vida, , uma vez que eles não tiveram a mesma chance.

Com o passar da minha adolescência, percebi que eu era diferente. Percebia que nenhum de meus amigos sentia emoções tão fortes quanto eu as sentia. Onde eles tinham paixões, eu tinha obsessões esmagadoras. Eu era um extremista por natureza. Não bastava apenas permitir que a vida jogasse as coisas do meu jeito; eu perseguia ativamente as coisas que me faziam feliz e me assegurava de deixá-las sempre ao alcance.

Outras pessoas procuravam uma brisa rápida, mas eu queria ficar lá para sempre. Não havia a sensação de voltar à Terra depois de ter saboreado o que mais havia lá fora. Uma vez abraçado a transcendência do verdadeiro amor, como eu poderia voltar?

Parte de mim sabia que não poderia ser tão fácil, que eu poderia tomar um comprimido, fumar uma erva e de repente estar no céu. E ainda assim foi; num segundo você está se sentindo normal, e no outro, você está totalmente em um estado diferente. Mas não era suficiente ficar pedrado nos fins de semana; eu queria viver naquele estado para sempre. Eu queria alcançar um estado permanente de felicidade.

Minha primeira busca para encontrar isso foi através do amor. O problema com isso é que você não tem o controle completo, já que se trata de uma parceria. Portanto, mesmo que eu sentisse pura energia de amor e devoção a essa pessoa, se ela não sentisse da mesma maneira, então não era real. Foi como um truque de magia sem um público. E assim, eu sabia que havia mais para mim, mas não entendia bem o que isso poderia ser.

Foi só nos anos de colegial que comecei a me conectar com o Espírito e aprender sobre Deus, o Criador, durante meu primeiro relacionamento de longo prazo. Este sentimento de estar apaixonado me abriu pela primeira vez espiritualmente, e eu me tornei um buscador da Luz. Aprender sobre a realidade invisível do Espírito é algo a que eu estava predisposto desde cedo, já que muitas de minhas filosofias sobre a vida vieram naturalmente.

Eu estava sempre focado no prazer e na busca da felicidade, por isso me comprometi com meu primeiro amor pensando que poderia contornar todas as provações e tribulações da vida. Entretanto, o Universo tinha outros planos para mim. Uma vez que meu relacionamento terminou catastroficamente, eu estava em uma encruzilhada em minha vida. Em vez de me deter na minha perda e ficar deprimido, decidi usar o impulso que ganhei ao aprender sobre o Espírito e continuar minha jornada.

Eu recolhi tudo o que me lembrava dela e o coloquei em um saco de lixo preto. Depois, em uma floresta próxima, queimei tudo no fogo abrasador para simbolizar um novo começo em minha vida. Ao ver a fumaça subir e os artefatos se transformarem em cinzas, senti os Deuses me olhando para baixo e finalmente dizendo: "O garoto está pronto agora".

Eu ia para a Universidade de Arquitetura durante o dia, como meus pais desejavam de mim. Quando minhas aulas terminavam e a noite caía, eu continuava meus estudos de outras maneiras. Através dos livros que estava lendo e colocando essas aulas em prática, comecei a me reconstruir e a me refinar. Percebi que ainda podia ter mulheres em minha vida e experimentar aquela reciprocidade de amor, mas sem o mesmo tipo de apego que antes. Da mesma forma, eu estava desapegado da pessoa em que estava me tornando para me refazer constantemente em algo melhor. E assim, diariamente, eu derramava minha pele como uma cobra. Como uma fênix que se levanta das cinzas renovada. Quanto mais conhecimento e sabedoria eu interiorizava, mais me impedia de ser um escravo das minhas emoções esmagadoras.

Depois de experimentar o amor, o próximo passo foi desenvolver meu poder pessoal, assim aprendi sobre a atração entre homens e mulheres. Comecei a aprender como manifestar qualquer realidade que desejasse e percebi que era possível uma vez que o conhecimento adequado estivesse integrado. Eu era um cientista da mente ao testar os limites do potencial humano em muitas áreas. Procurei dominar minha mente quando soube de seu poder para moldar o que chamamos de "realidade". Percebi que posso explorar todo o potencial da mente quando posso acessar o "Agora", o momento presente. Fiquei obcecado em dominar esta habilidade, uma vez que ela trouxe a verdadeira excitação e alegria de estar vivo.

Certas áreas da minha vida se tornaram um caos. Não é que eu quisesse tudo, mas persegui tudo. Transformei a mesma intensidade que eu tinha para buscar o amor na busca do conhecimento Espiritual. Imbuí cada livro com a mesma paixão e devoção com que fiz com minha ex, por isso me enchi de conhecimento e sabedoria diariamente. Não parecia haver limite para o quanto eu podia aprender. E percebi que um ser humano poderia passar uma vida inteira lendo cada livro sem colocar em prática o que aprendeu.

Foi então que o *Caibalion* chegou às minhas mãos. O manual da vida em si. Foi a primeira vez que me apaixonei de verdade novamente. Eu sabia que precisava me dedicar a este livro e integrar cada frase em minha mente e coração para extrair sua Eterna sabedoria. Esta foi a segunda intervenção divina em minha vida e o precursor e catalisador de um despertar da Kundalini que eu deveria ter naquele mesmo ano.

O Caibalion é um livro ocultista hermético que discute as Leis Universais, referidas como os Princípios da Criação. (Observe que os termos em itálico são definidos com mais detalhes no Glossário no verso do livro.) *O Caibalion* concentra a maior parte de seus ensinamentos no poder da mente e afirma que "Tudo é Mente, o Universo é Mental". Diz que vivemos no "Sonho de Deus" e que tudo é energia do "pensamento", incluindo o Mundo Físico. Esta energia do pensamento é o próprio Espírito de que falam os textos religiosos e Espirituais. A diferença entre o pensamento de Deus e o do homem é apenas uma questão de grau ou frequência de vibração. Nosso poder da mente e nossa capacidade de pensar é o que molda nossa realidade.

Eu trabalhava diariamente com as Leis e Princípios do *Caibalion*, e isso estava me transformando de forma convincente a partir de dentro. Eu tinha a maior fé nos Princípios do *Caibalion* e estava tão fascinado por este livro que o carregava comigo para onde quer que eu fosse. Eu estava sendo remodelado diariamente por tudo o que estava aprendendo e experimentando. Junto com o crescimento da sabedoria, eu me concenfechadura em me transformar em um homem atraente e poderoso. Eu melhorei minha vida amorosa a um grau inimaginável usando os Princípios do *Caibalion*.

O verão de 2004 foi o auge de tudo o que eu estava experimentando e aprendendo, e obtive um nível de poder pessoal em minha vida com o qual eu só sonhava antes. Minha vida era um filme, e eu era a estrela principal. Eu tinha me desenvolvido em um Místico, um "Feiticeiro da Mente". Minha jornada espiritual estava em uma trajetória ascendente, e eu sentia que era apenas uma questão de tempo até que algo extraordinário acontecesse.

O DESPERTAR DA KUNDALINI

Em outubro de 2004, depois de ler *o Caibalion* mais de vinte vezes, tive algumas novas epifanias sobre os Princípios da Criação. Primeiro, temos um duplo Espiritual, uma réplica dentro de nós feita de puro Espírito, que ocupa o mesmo espaço e tempo, mas nossa consciência não está sintonizada com ele. Em segundo lugar, nosso poder de imaginação e nossa capacidade de pensar as coisas na existência é muito mais potente do que acreditamos. Como Deus, o Criador, nos imaginou, podemos imaginar e experimentar nossas imagens como reais, se apenas optarmos por acreditar no que vemos. Testar estes dois novos entendimentos naquela noite durante uma meditação, que inconscientemente era uma forma de prática sexual tântrica, resultou em um despertar muito intenso da Kundalini.

Um poderoso fluxo de energia elevou minha coluna vertebral, soprando abrindo os Chakras simultaneamente no caminho para cima. Ele entrou em minha cabeça e cérebro e envolveu todo o meu Ser com Luz. Ele perfurou meu Olho da Mente, expandindo-o exponencialmente antes de subir para a Coroa e resultando em um fogo líquido derramado sobre meu corpo, despertando o que mais tarde aprendi são os Setenta e Dois Mil Nadis ou canais energéticos. Esta experiência foi acoplada por um poderoso som vibratório que ouvi no interior, que no seu auge soou como um motor de avião a jato em decolagem.

O clímax foi eu abrir os olhos enquanto estava sendo "eletrocutado" por essa energia de dentro e ver a sala onde eu estava como um Holograma, e minhas mãos feitas de pura luz dourada. Esta visão mudou para sempre como eu vejo a realidade. Minha primeira Experiência Fora-do-Corpo (EFC) se seguiu, onde eu vi o início da Luz Branca quando minha consciência estava sendo sugada para fora de meu corpo.

Toda esta experiência me deixou mistificado e confuso. O que acabou de acontecer comigo? Levei dois meses de pesquisa obsessiva para descobrir o que era aquilo, e desde então, minha vida nunca mais foi a mesma. Após meu despertar da Kundalini, fui despertado para uma realidade que eu nunca soube que existia - a Quarta Dimensão da Vibração ou Energia. Era o material de um filme de Hollywood sobre Misticismo e Espiritualidade. Senti-me como se tivesse acabado de ganhar a loteria - uma que era desconhecida até mesmo para as pessoas que ainda estariam por existir.

As experiências transcendentais se tornaram um modo de vida padrão enquanto eu estava sendo transformado diariamente em mente, corpo e alma. Logo se tornou evidente que minha consciência tinha se expandido quando comecei a perceber a realidade ao meu redor a partir de uma fonte muito mais elevada. Comecei a ver o mundo ao meu redor da perspectiva de Deus como se estivesse nas nuvens e olhasse para tudo como se estivesse olhando para um modelo arquitetônico. Agora eu percebia a Luz em todas as coisas, o que levava tudo o que eu olhava para uma transformação digital. Com o tempo, desenvolvi a capacidade de ver os campos de energia das pessoas (Auras) e intuitivamente sentir sua energia dentro de mim. Esta experiência me deu habilidades telepáticas e empáticas que foram um dom e uma maldição ao mesmo tempo.

O mundo dos meus sonhos também se abriu para uma realidade totalmente nova. Comecei a ter Experiências Fora-do-Corpo à noite, onde voei em terras estranhas mas belas e exibi poderes que lembravam super-heróis no cinema. Eu mesmo me senti como se tivesse me tornado um super-herói, pois ninguém que eu conhecesse ou tivesse ouvido falar, além de Gopi Krishna (sobre quem eu li na época), descreveu este novo mundo no qual eu fui projetado. Era o mesmo mundo em que eu vivia antes, mas melhorado dentro de mim pela energia da Luz trazida pela Kundalini. Esta Luz remodelou meu antigo Eu e me transformou em algo novo, melhor, mais avançado.

Eu aceitei o chamado do Divino para aprender tudo e qualquer coisa sobre Espiritualidade, religião, filosofia, psicologia e outros tópicos sobre Deus - o Criador e o destino da humanidade. Fiquei obcecado em me desenvolver em uma presença messiânica, pois sentia que era meu chamado. Como algumas outras pessoas fazem em minha posição, eu nunca procurei ser o "Um", pois soube desde o início que todos nós somos o "Um". Todos somos Seres de Luz e temos o potencial para despertar a Kundalini e transcender este mundo material.

Eu sabia que minha vocação era ser um mensageiro de Deus - o Criador - e minha mensagem era a Kundalini. Tornei-me um crente de que o propósito da Intervenção Divina, que salvou minha irmã e a mim em 1992, era exatamente por esta razão. Como tal, eu me alinhei completamente com *Hermes Trismegisto*, considerando que grande parte de minha jornada espiritual estava relacionada a seus ensinamentos.

Hermes é também o Deus mensageiro nos panteões grego e romano, o intermediário entre os Deuses e os humanos. A varinha de condão única que ele carrega em todas as suas representações pictóricas, o Caduceu, simboliza a própria energia Kundalini.

Apesar de ter começado a viver uma existência extraterrestre, eu estava passando por episódios intensos de medo e ansiedade com muita frequência, considerando que todos os meus Chakras foram totalmente ativados após o despertar da Kundalini. Senti-me abençoado por ter tido o despertar, mas como muitas vezes tive que lidar com um medo e uma ansiedade incríveis, senti como uma maldição também. Além disso, aprendi que outras pessoas que também passaram por um despertar completo da Kundalini, como a minha própria, também estavam experimentando isto. Infelizmente, esta espada de dois gumes era algo com que todos nós tínhamos que aprender a viver e suportar. No entanto, eu não queria aceitar isso. Se existe vontade, existe um caminho, pensei. Todo problema tem uma solução. *O Caibalion* me ensinou isso. Por isso, fiquei determinado a me ajudar a todo custo e comecei a buscar várias maneiras de fazê-lo.

Tentei muitas práticas espirituais diferentes dentro de um ano do despertar da Kundalini, da Yoga à meditação transcendental, passando pelas Preciosas (Cristais) e mais além. Para mostrar a vocês como eu estava desesperado, eu até entrei na Cientologia por um mês e pratiquei seu método de se tornar "limpo". Mas, infelizmente, nada parecia funcionar para mim. Eu ainda tinha medo e ansiedade presentes em meu coração que me debilitavam diariamente e uma forte vibração nos meus ouvidos que era muito desconfortável, mantendo-me acordado a noite toda. Eu quase tinha perdido a esperança até que meu Eu Superior me levou às portas de uma antiga escola de mistérios - a *Golden Dawn*. Consequentemente, o *Cerimonial Magick*, que eles praticavam, parecia a solução possível para o meu problema.

MAGICK DA GOLDEN DAWN

Eu me juntei à Ordem Esotérica da Golden Dawn no verão de 2005 para ajudar nas questões emocionais e mentais que me atormentavam. O Cerimonial Magick envolve o uso de exercícios rituais para invocar energia dentro da Aura. Eu mergulhei profundamente no sistema Hermético da Golden Dawn desde o início. À medida que avançava pelos diferentes graus ou níveis, trabalhava com energias Elementais, que correspondem com os Chakras.

Existem Cinco Elementos da Terra, Água, Ar, Fogo e Espírito relacionados com os Sete Chakras. Os quatro primeiros Chakras correspondem aos Elementos Terra, Água, Ar, Fogo e Ar, enquanto os três últimos Chakras superiores pertencem ao Elemento Espírito. As energias Elementais correspondem a diferentes partes da psique, tais como emoções, pensamentos, razão, força de vontade, imaginação, memória, intuição etc. Trabalhar com os Elementos me permitiu afinar essas partes de mim mesmo, o que foi necessário para integrar a consciência recentemente expandida.

As energias que eu estava invocando através do Cerimonial Magick se tornaram a própria "ferramenta" que eu buscava para despertar a Kundalini. Elas me permitiram limpar minha Aura e meus Chakras da negatividade que me atormentava. Além disso, invocar os Elementos através do Cerimonial Magick permitiu que eu derramasse minha energia cármica mais rapidamente, pois removeu todo o medo e ansiedade de dentro de mim. Não apenas isso, mas também me permitiu desenvolver diferentes partes do Eu e realizar todo o meu potencial.

Cerimonial Magick é uma poderosa ferramenta para combater a energia cármica e purificar o antigo Eu, o Ego cujo uso permite que a vontade superior do Espírito tenha precedência sobre a consciência. O que impediu a experiência da energia espiritual recém-desperta foi minha memória de quem eu era, cujo fundamento é minha percepção dos eventos passados. O Ego processa a realidade em termos dualistas, alguns eventos aceitos como bons e outros maus, deixando-nos acorrentados a uma perpétua roda cármica, que está continuamente em movimento.

As más lembranças são trancadas dentro do Eu e geram apego ao Ego através da dor emocional e do medo. Podemos acessar a carga emocional das lembranças invocando os Elementos através do Cerimonial Magick, trazendo-os à superfície a partir do subconsciente para "derramá-los" através da integração e evolução. Como resultado, a energia potencial armazenada nos Chakras sob a forma de Karma é liberada de volta ao Universo, restaurando o estado inicial de pureza.

Depois de ver os efeitos positivos que isso teve em mim em pouco tempo, me apaixonei pelo sistema Golden Dawn. Eu tinha até construído um Templo pessoal em minha casa, onde eu praticava Magick diariamente. Junto com o processo de *Alquimia Espiritual que* estava passando com os Elementos, também aprendi sobre muitos tópicos esotéricos no Golden Dawn, incluindo o Qabalah, Árvore da Vida, *Tarô*, Astrologia, *Hermetismo*, e muito mais.

Desenvolvi-me como um mestre de rituais ao praticar a arte do Cerimonial Magick diariamente por pouco mais de cinco anos. Durante este tempo, fui iniciado em todos os Graus de Ordem Externa da Golden Dawn, que correspondem aos Quatro Elementos. Depois disso, continuei minha jornada Magicka por conta própria enquanto trabalhava com exercícios rituais de nível Adepto correspondentes ao Elemento Espiritual e mais além.

Quando me mudei para minha casa, meu primeiro Templo foi transformado em um espaço de vida compartilhada, permitindo-me construir um segundo Templo, mais elaborado, para comemorar meu caminho solitário como um Magi. Consequentemente, esta mudança ocorreu quando o Templo Comunitário de Toronto se desfez, deixando muitos companheiros da Golden Dawn sem um lar. O Divino me pediu para abrir minha casa para eles e usar meus conhecimentos avançados e minha experiência ritual para orientá-los. E assim, pela primeira vez, o estudante se tornou o professor.

Fui mentor de um grupo de até uma dúzia de ex-membros da Dawn que vinham me visitar semanalmente para ensinamentos e rituais de grupo que eu conduzia. Também encontrei novos amigos na rua que eram buscadores de luz, que procuravam meus ensinamentos de Golden Dawn. Alguns deles eram indivíduos despertados pela Kundalini que precisavam de ajuda, como eu fiz alguns anos atrás, quando eu tateava no escuro para obter respostas.

Quando minha jornada Golden Dawn chegou ao auge, pratiquei outras disciplinas espirituais que envolveram a invocação/evocação de Deuses e Deusas, ou seja, dos panteões Hindu e Voodoo. O meu objetivo era experimentar suas energias através da realização de seus exercícios rituais e compará-las ao que eu havia aprendido através do Cerimonial Magick.

Eu também me juntei à *Maçonaria* por causa de suas raízes herméticas e, em dois anos, alcancei o mais alto grau de Mestre Maçom nos Graus Simbólicos. Eu era um cientista da arte do ritual Magick cujo laboratório é o mundo invisível da energia e procurei encontrar pontos em comum nas diferentes tradições espirituais e religiões.

Através de meu trabalho e das semelhanças em nossos caminhos, alinhei minha vibração com um membro anterior da Ordem Golden Dawn, o infame *Aleister Crowley*. Ele me contactava frequentemente em sonhos para transmitir-me ensinamentos crípticos em seu estilo de falar Shakespeareano.

Pratiquei *Sex Magick* com a orientação de Crowley por mais de um ano e usei o *Enochian Magick* e os *Trinta Aethyrs* para "atravessar o Abismo". Atravessar o Abismo é um processo que implica em elevar sua consciência além do Plano Mental da dualidade, onde o medo e a dor se manifestam, para o plano Espiritual da Unidade. Uma vez feito isso, integrei plenamente com a energia amorosa incondicional no Plano Espiritual e minha consciência permanentemente alinhada com meu Corpo Espiritual.

Esta realização espiritual me permitiu transcender completamente o medo e a ansiedade, que me atormentavam desde o despertar da Kundalini. Meus pensamentos não tinham mais nenhum poder emocional sobre mim, e eu superei meu carma negativo. E assim, minha jornada com o ritual Magick chegou ao fim, permitindo que eu me concentrasse apenas em minha energia Kundalini a partir daquele momento.

SEGUNDA KUNDALINI EM ASCENSÃO

No início de 2010, seis anos após meu despertar inicial da Kundalini, tive outra intensa ascensão da Kundalini. Em nenhum lugar foi tão poderoso quanto o primeiro a subir, uma vez que foi uma ativação única na vida. Entretanto, para minha surpresa, a energia da Kundalini subiu através da minha coluna vertebral até minha Coroa e expandiu ainda mais minha consciência.

Acredito que o trabalho árduo que eu tinha realizado com Magick e o fato de não estar mais invocando energia externa em minha Aura estimulou minha Kundalini a reativar e remover quaisquer bloqueios que eu tivesse após o despertar inicial. Talvez eu não tenha despertado todas as pétalas do Sahasrara Chakra durante o despertar inicial da Kundalini e esta segunda subida serviu para abrir completamente a Coroa do Lótus. Ao fazê-lo, completei o circuito da energia da Kundalini e abri um novo e essencial Chakra na parte superior da cabeça, chamado Bindu.

No início, eu estava sofrendo um incêndio muito intenso dentro de mim, que era mais insuportável do que nunca. A ingestão de alimentos tornou-se um problema desde que tornou o fogo mais forte, por isso perdi vinte quilos no primeiro mês após o segundo aumento. No entanto, percebi um senso de consciência ainda maior, e minhas habilidades psíquicas foram aumentadas. O mais importante é que agora comecei a funcionar somente por intuição e estava em um estado de inspiração constante, impossível de descrever. A palavra "épico" hoje em dia é uma palavra que eu uso para descrever melhor o que senti e sinto até hoje.

Junto com esta inspiração constante, comecei a me sentir fora do meu corpo na minha vida acordada, e coisas estranhas começaram a acontecer. Senti uma dormência em todo o meu corpo físico, que se tornou uma parte permanente da minha vida. Quando aplico um pacote de gelo na minha pele, não consigo sentir o frio, mas ela se sente totalmente entorpecida. O mesmo se aplica a qualquer outra parte do meu corpo físico. É como se a Kundalini desse uma injeção permanente de novocaína em meu corpo, um agente adormecedor.

Um sentimento transcendente permeou meu coração, e o fogo, que no início estava aceso, esfriou para se tornar energia calmante e amorosa. Comecei a ter experiências místicas cada vez que colocava uma canção de que gostava, pois minha consciência se perdia em poucos segundos ao dar-lhe atenção. Eu me apaixonei por música épica de cinema e senti como se estivesse tocando só para mim, pois em cada ação que eu executava agora me sentia glorioso.

Cheguei ao ápice desta experiência de despertar da Kundalini, e ao trazer Prana para o meu sistema através da alimentação, minha consciência continuaria a se expandir. Quanto mais eu comia, melhor eu me sentia. Consegui alguma ajuda da medicina naturopática, especialmente do Complexo de Vitamina B, Zinco, Selênio, Gabba, 5-HTP, e até mesmo do Saw Palmetto, que funcionou bem para transformar a energia do fogo. O medo e a ansiedade presentes imediatamente após o segundo aumento, quando meus nervos estavam em excesso, se foram. Foi lavado pelo Prana que eu estava acumulando através da comida e dos suplementos que eu tomava. Ganhei de volta o peso que perdi quando agora vivia neste estado de inspiração perpétua 24 horas por dia, o que é impossível de descrever de uma forma que lhe dê o crédito que merece.

Meu novo estado de Ser tornou-se uma Experiência Fora-do-Corpo permanente dentro de um curto período de tempo. Comecei a me perceber de fora de mim como uma "Testemunha Silenciosa" de qualquer ação que meu corpo físico estivesse realizando. Minha mente ficou clara e imóvel, e quando escuto os pensamentos dentro de minha cabeça, vou para dentro e não consigo mais me ver de fora. Caso contrário, posso ver minhas expressões faciais como se minha essência estivesse pairando bem acima e na minha frente, permitindo que eu tenha controle total sobre a energia que coloco no mundo exterior através da animação de meu corpo físico.

Como estou fora de mim, sinto completo arrebatamento e em unidade com todas as coisas que existem. Percebo o mundo inteiro agora como uma imaculada simulação digital; um Holograma, uma Ilusão Maia. Posso ouvir uma vibração constante dentro de minha cabeça como se estivesse conectado a uma tomada elétrica, e meu sistema energético está gerando uma quantidade substancial de bioeletricidade.

Este novo estado em que eu estava iniciou um processo de perda de memória, onde perdi completamente o contato com o Ego e percebi memórias antigas no Olho da Mente, que vieram aleatoriamente para mim ao longo do dia. Este processo parecia interminável, e estava ocorrendo o tempo todo. Eu estava em um estado inspirado de Ser, funcionando totalmente por intuição e estando presente no "Agora". Eu podia perceber meus pensamentos como padrões de onda em meu Olho da Mente, enquanto me tornava muito sintonizado ao som. Logo percebi que o som é o mais metafísico dos cinco sentidos. Eu podia ver as imagens de pensamento por trás do som na maioria das coisas que eu ouvia, o que era e ainda é muito transcendental.

Embora eu não me associe a nenhuma religião, acredito que cada Sagrada Escritura contém algum núcleo de verdade. Como tal, encontrei muitas referências entre o processo de despertar da Kundalini e os ensinamentos de Jesus Cristo. Portanto, acredito que meu novo estado de Ser é o *Reino dos Céus* e a "Glória de Todo o Mundo" de que ele falou. Percebi que, como muitos outros Sábios e Adeptos da história, Jesus teve um despertar da Kundalini que lhe permitiu alcançar este elevado estado de consciência superior e depois compartilhar suas experiências e ensinamentos com outros para se tornarem despertos também.

EXPRESSÕES CRIATIVAS

Com este novo estado de ser, minha criatividade se expandiu mil vezes e senti a vocação de me expressar criativamente através de diferentes artes. Assim, comecei a pintar, considerando que a pintura tem sido uma grande parte da minha vida desde a infância. Pela primeira vez, senti um chamado para começar a pintar de forma abstrata e permitir que minha nova criatividade guiasse minha mão.

Pintei muitas obras durante os dois anos seguintes. Nunca me dei ao trabalho de planejar o tema de minha pintura, mas deixei que viesse naturalmente. Meu objetivo sempre foi estar em estado de expressão, e meu processo consistia em aplicar automaticamente cores diferentes até que eu visse imagens fracas na tela. Então eu me concenfechadura nelas e as trazia mais para fora.

Muitas vezes me vi pintando diversas paisagens, que acredito serem lugares reais na Terra. Minha consciência se projetava nestas paisagens e as experimentava tão reais quanto eu estava imerso no processo de pintura. Após terminar minha sessão, este processo de pintura continuava no Olho da Mente quando fechava meus olhos. Ele continuaria por cerca de uma hora em automático, fazendo-me acreditar que eu estava canalizando algumas imagens e formas de fora de mim mesmo.

Senti-me atraído pela música, então comecei a cantar em uma banda cerca de um ano após a segunda ascensão. Também comecei a escrever Kundalini inspirado na letra/poesia que brotou de mim sem esforço. Descobri que vinha naturalmente para me expressar através da música e das palavras, e como eu estava tão sintonizado com o som agora, o tempo voaria quando eu estava "jamming" com os amigos.

Também dei uma injeção de comédia e voz, pois me vi capaz de imitar os sotaques culturais, imitando sua vibração de consciência. Entretanto, logo se tornou evidente que estas expressões criativas eram a tentativa de minha Alma de encontrar a forma definitiva de comunicar meu novo estado de Ser. Como tal, eu coloquei de lado as artes visuais, a música e a comédia para perseguir a escrita. Eu sabia que meu destino era tornar-me não apenas uma encarnação da Luz, mas também seu emissário.

Comecei a escrever artigos para boletins espirituais e blogs on-line sobre a Kundalini e o potencial energético humano. Além disso, dei palestras em programas de rádio online sobre o poder do Cerimonial Magick como a chave para a purificação diária dos Chakras e elevando a consciência para além do medo e ansiedade experimentados pelos indivíduos com Kundalini desperta. Eu estava me colocando lá fora agora como Adepto nos Mistérios Ocidentais e na Kundalini. Meu papel como professor sobre estes assuntos solidificou-se cada vez mais com o passar do tempo.

Entretanto, antes de poder tomar plenamente as rédeas com minha direção espiritual, eu tinha outro teste a superar, que se apresentava como uma oportunidade sedutora e única na vida. Tendo deixado a prática diária de Magick por alguns anos por esta época, o Adepto-Chefe da Golden Dawn me chamou de volta, oferecendo-me liderar meu próprio Templo oficial aqui em Toronto. Ele estava ciente do trabalho árduo que eu realizava dentro da Ordem, principalmente tendo organizado e orientado um grupo de estudantes do Golden Dawn sem um lar espiritual, uma vez que o Templo de Toronto se extinguiu. A cenoura pendurada diante de mim era o título de Grande Imperador do Canadá dentro da Ordem, o que significava que eu deveria supervisionar todos os Templos ou santuários Esotéricos da Golden Dawn existentes no país.

No início, eu salivei pela ideia e acolhi a oportunidade com os braços abertos. Você me culparia? Cada aspirante a magos cerimoniais sonha em um dia dirigir seu próprio Templo e supervisionar os assuntos de todos os Templos do país inteiro. Pense no poder e na fama dessa posição. Milhares de pessoas me reverenciariam. Os homens iriam querer ser eu enquanto as mulheres iriam querer estar comigo. Assim, meu Ego pensou nas possibilidades e se deleitou nelas. Isto é tudo o que eu sempre quis, não é?

E assim, segui este empreendimento por um tempinho. Organizei as poucas pessoas em Toronto e comecei a orientá-las. Novos membros em potencial começaram a me chamar, e me reuni com alguns para pedir-lhes que se juntassem ao grupo. Fiz isso por cerca de seis meses, construindo lentamente o santuário, que eventualmente se tornaria um Templo de pleno direito. No entanto, quanto mais me envolvia neste empreendimento, mais percebia que meu coração não estava nele. E dia após dia, isto se tornou cada vez mais um problema para mim.

Quando se trata da viagem espiritual, nunca se tratou de poder, fama, mulheres, ou qualquer dessas coisas para mim. Tratava-se de encontrar meu propósito e persegui-lo até o fim. Afinal, nunca escolhi que a Kundalini despertasse; foi determinada para mim por algum poder superior. Desde o início de minha jornada Cerimonial Magick, eu sabia que a Golden Dawn era sempre um meio para um fim e não o fim em si mesmo.

Meu objetivo final, propósito e último chamado era ser um líder dentro do campo da ciência Kundalini, não a Ordem da Golden Dawn. E em meu coração, eu sabia disso. Agora que tive a segunda ascensão e cheguei ao auge do processo de transformação, eu sabia que tinha que continuar sem ser incomodado por influências externas. Eu tinha que me concentrar apenas na energia da Kundalini e deixá-la falar comigo e me guiar em direção ao meu propósito final. Por isso, escolhi continuar. Continuar descobrindo. Continuar escrevendo em meu tempo livre e deixar que meu verdadeiro propósito se solidificasse com o tempo.

ENCONTRAR MEU PROPÓSITO

Três anos se passaram, durante os quais passei por muitas mudanças e desenvolvimentos em minha vida pessoal. Fiquei noivo pela segunda vez, o que pode ter sido meu maior desafio até hoje desde que me forçou a tirar todos os meus desejos temporais e sacrificá-los no altar da retidão para integrar este nível superior de consciência. Minha natureza ética e moral se tornou aprimorada e, com o passar do tempo, aprendi a funcionar, defendendo virtudes mais elevadas em vez de desejos pessoais. Minha perseverança para superar estes desafios e assumir o domínio sobre meu Ego me levou a um nível mais alto onde não somente ensinava, mas também vivia e praticava o que dizia.

Após meu segundo noivado ter terminado, eu procurei por um ano até que me mudei para uma casa em Exbury Street. Um nome apropriado, pois era aqui que eu deveria enterrar meu antigo Eu para sempre, permitindo-me finalmente encontrar meu propósito. Durante este tempo, deixei de fumar maconha - minha amante de longa data, mas uma grande distração. Depois da maconha, a bebida e os cigarros pararam completamente, assim como meu desejo de festejar. Estes sacrifícios prepararam o palco para algo extraordinário, mas tudo o que eu precisava era de um catalisador para me empurrar através da porta - meu pai.

Era outubro de 2016, precisamente doze anos após o despertar da Kundalini. Um número adequado, doze, representou a conclusão de um grande ciclo em minha vida. Escrevi cerca de uma dúzia de artigos para boletins espirituais e blogs on-line naquela época, mas era apenas um hobby, algo que eu fazia no meu tempo livre. Entretanto, imprimi meu último artigo pela primeira vez e o levei ao meu pai para obter sua opinião, sem saber que sua reação a ele estava prestes a mudar minha vida. Sabe, meu pai é um cara muito difícil de impressionar se você for apenas uma pessoa comum, mas se você for eu, seu filho causador de problemas, isso é quase impossível. Até aquele momento.

Ele olhou para o lado e o abaixou rindo, dizendo-me para não brincar com ele. No início, fiquei confuso com sua reação, mas depois percebi que ele pensava que eu copiei de algum lugar e coloquei meu nome. Tive que convencê-lo por cinco minutos seguidos de que eu havia escrito o artigo. Quando finalmente o convenci, sua compostura mudou; ele ficou sério e me disse que eu tinha um dom especial. Ele perguntou por que estava perdendo meu tempo com amigos e relacionamentos românticos que parecem nunca dar certo e por que não estava totalmente dedicado à escrita. Suas palavras me impactaram profundamente. É como se algo tivesse clicado dentro de mim; alguma roda girou e ativou uma força dentro de mim que nunca mais se desligaria.

Entusiasmado por finalmente impressioná-lo, acordei às seis da manhã do dia seguinte e comecei a escrever. Como com minha pintura e meu processo criativo de poesia, não planejei o que escrever; apenas escrevi. Deixei o Espírito guiar minhas mãos enquanto escrevia no computador por horas. E no dia seguinte, eu fiz a mesma coisa. E no dia seguinte, e no seguinte. Meses se passaram enquanto escrevia quase todos os dias. Alguns dias eu tirava folga pois fazia malabarismos com meu trabalho diário que começava às dez, mas depois escrevia o fim de semana inteiro para compensar o que perdi naquela semana. Era isso? Será que finalmente encontrei meu propósito? Será esta a razão pela qual minha família foi salva de estar presa em uma guerra sem sentido uns trinta anos atrás? Foi por isso que tive o despertar da Kundalini, algo que eu nunca pedi, mas que abracei todos aqueles anos?

Trabalho com meus pais em sua empresa de projetos arquitetônicos desde 2004; consequentemente, no mesmo ano em que tive o despertar. Entretanto, após o primeiro ano de minha escrita obsessiva, meus pais reconheceram minha paixão e permitiram que eu começasse a trabalhar à tarde, permitindo que eu nunca mais perdesse uma manhã de escrita. Minha intenção original era escrever um livro. Mas como a informação cresceu nos três anos seguintes, o livro se transformou em quatro corpos de trabalho, cada um com temas concisos, mas inter-relacionados, todos centrados em torno do tema da Kundalini.

A base do livro que você está lendo agora mesmo foi canalizada para mim pelo meu Eu Superior durante esses três primeiros anos de escrita, como foi a maior parte de *The Magus: Kundalini and the Golden Dawn* e o *Man of Light*, minha autobiografia. O quarto corpo de trabalho trata das minhas viagens pelo mundo, que também começaram de forma sincronizada quando comecei este processo de escrita. Este livro, intitulado *Cosmic Star-Child*, fala sobre civilizações antigas e sua conexão não apenas com a energia da Kundalini, mas com os extraterrestres.

Escrever livros tornou-se a melhor maneira de canalizar informações pertinentes dos reinos Divinos e deixar um registro permanente. E assim, aceitei meu papel de Escriba dos Deuses. Consequentemente, este é o título do Deus egípcio Toth, que é o equivalente de Hermes. Tudo fez perfeito sentido agora. Ao descobrir meu propósito e persegui-lo todos os dias, encontrei também uma maneira de integrar minha paixão pela arte em meus livros. E assim, acabei com meu tempo livre para escrever de manhã e fazer desenhos à noite. Assim, encontrei uma maneira de usar a arte para transmitir as mensagens espirituais em meus livros e melhorá-los, o que se tornou parte integrante do meu trabalho diário.

UM HOMEM EM UMA MISSÃO

Apesar de ter levado muitos anos de limpeza espiritual e de refrear meus desejos inferiores, eu descartei meu antigo Eu. Meu propósito recém-descoberto, que busco todos os dias, me deu uma base para construir uma nova vida ao redor. Após testemunhar muitos anos de provações e tribulações, Deus, o Criador, viu que eu era um homem mudado, um novo homem em quem se pode confiar para cumprir esta santíssima tarefa e informar o mundo sobre a existência e o potencial da energia da Kundalini.

Foi então, no início de 2019, que o Universo enviou uma parceira de vida à minha maneira, Emily. Após um noivado épico em Teotihuacan, México, "A Cidade dos Deuses", nos casamos no ano seguinte. A terceira vez é o encanto, como eles dizem, mas no meu caso, eu precisava encontrar a mim mesmo e meu propósito antes de finalmente poder me estabelecer. E Emily complementa minha jornada espiritual de uma forma que nenhuma mulher anterior em minha vida tinha antes. Tê-la em minha vida me inspira e me dá o impulso necessário para manter minha missão de terminar meus livros a qualquer custo.

Sabe, eu poderia ter continuado a viver a vida de um playboy, uma estrela de rock, e até mesmo liderado uma ordem oculta. Mas todas estas opções eram limitadas, e eu queria ser ilimitado. Por isso, em vez disso, escolhi o caminho inseguro, ainda por fazer e humilde de ser um autor. Decidi ir pelo caminho não pavimentado e pavimentar eu mesmo o caminho. Na verdade, eu fiz isso por você. Para que eu possa ajudá-los a despertar da mesma maneira que fui despertado e dar-lhes as chaves da vida e da morte. O Reino dos Céus é para todos nós, não apenas para uns poucos selecionados.

Tendo nascido um vira-lata religioso, sei por que fui salvo dessa guerra. Eu não nasci para prosperar na divisão, o Mundo da Dualidade em que vivemos; nasci para ensinar aos outros sobre unidade. O conceito de conciliar opostos estava embutido em mim desde o nascimento e meu nome, Neven Paar, é uma prova disso. Embora reconheça meu primeiro nome representando os Cinco Elementos, os dois Elementos masculinos ativos reconciliados pelo Espírito (o V simbólico) com os dois Elementos femininos, passivos, meu sobrenome significa "par" em alemão, no que diz respeito à dualidade.

Sabe, eu sou descendente da linhagem da família Von Paar que foram Condes no Império Austro-Húngaro centenas de anos atrás. Entretanto, meu reino agora é de natureza espiritual, o Reino dos Céus, e que todo ser humano pode participar, não apenas os poucos selecionados. Tendo experimentado um despertar da Kundalini e sabendo que cada humano tem este mecanismo dentro de si, eu vejo a todos nós como Filhos da Luz, os Reis e Rainhas do domínio Espiritual. Alguns, como eu, são realizados, enquanto outros ainda estão em estado de potencial. Independentemente disso, todos podem liberar este poder dentro de si e inflamar seu Ser com a Luz interior, estabelecendo assim seu Reino Espiritual na Terra.

Este, acredito, é o meu propósito neste Planeta. Unir as pessoas através de minhas experiências e ensinamentos e fazê-las ver além de sua religião e raça; para permitir que outros saibam que somos todos iguais. Somos todos construídos da mesma forma, com a mesma estrutura e características, e nossas diferenças físicas não mudam nossa constituição de forma alguma. Temos o mesmo Pai e a mesma Mãe e estamos unidos através da energia do amor como irmãos e irmãs.

Por esta razão, eu trabalho dura e diariamente com intensidade incansável. Não sei por que me sinto obrigado a cumprir esta missão, nem vejo o objetivo final, mas sei que vivo meu propósito. Estou honrando a Voz Divina que salvou a vida de minha família há quase trinta anos e de todas aquelas pessoas que morreram em meu país devido à ignorância e à escuridão que pode dominar os corações e mentes das pessoas.

Embora eu tenha lançado as bases para este livro mais cedo, continuei trabalhando nele durante a pandemia de Covid, que começou em dezembro de 2019, logo quando meu primeiro livro foi lançado. Cerca de 30% deste livro consiste em conhecimento que adquiri em minha jornada de 17 anos com a Kundalini, enquanto os outros 70% são baseados em pesquisa rigorosa e diária, além de contemplação. Portanto, algumas partes da ciência invisível do sistema energético humano que estou apresentando aqui são um trabalho em andamento que eu certamente atualizarei por muitos anos.

Durante este projeto de dois anos, acrescentei pelo menos 100 novos livros à minha já enorme biblioteca doméstica para garantir a exposição mais abrangente de cada assunto, sem atalhos. Portanto, dizer que derramei meu coração e minha alma neste livro é um eufemismo. E, por mais que seja uma jornada de aprendizado para você, leitor, foi uma viagem e tanto para mim também.

Quero agradecer o amor de minha vida, minha esposa e musa Emily, não só por fazer a arte da capa de *Serpent Rising*, mas por ser minha modelo e aturar meus incansáveis pedidos de sessões fotográficas improvisadas. Também quero agradecer a Daniel Bakov, meu consultor criativo e editor do *Man of Light*, que me ajudou a encontrar as palavras certas para me apresentar de uma forma digna e épica. Um obrigado também aos meus colegas Kundalions, Michael "Omdevaji" Perring e Joel Chico. Michael me deu muitos insights sobre o vasto e intrincado tema do Tantra e da Yoga, enquanto Joel e eu comparamos notas sobre o papel que a maconha pode desempenhar no processo de despertar da Kundalini. E por último, um agradecimento muito gracioso à minha irmã e aos meus pais por me darem o maior presente de todos, o de uma família amorosa e solidária que nunca me deixou querendo ou precisando de mais.

Para concluir, obrigado, caro leitor, por decidir juntar-se a mim nesta jornada enquanto examino a energia da Kundalini, sua ciência em evolução e a estrutura filosófica por trás de como ela funciona. Estou confiante de que você se beneficiará muito de meu conhecimento e experiência e que este livro responderá a muitas das perguntas que você possa ter. Como tal, sua Evolução Espiritual será promovida, que é o objetivo de todo o meu trabalho. Para acessar as imagens coloridas do *Serpent Rising: The Kundalini Compendium*, visite www.nevenpaar.com e siga o link do livro na navegação principal. A senha para acessar a página é: Awakentheserpent

Fiat Lux,
Neven Paar

*"Um homem será acusado de destruir o templo e
religiões alteradas pela fantasia. Ele vai prejudicar as rochas
e não os vivos. Ouvidos cheios de discursos ornamentados".*

*"...Ele voará através do céu, das chuvas e da neve,
E golpear todos com sua vara".
Ele aparecerá na Ásia, em casa, na Europa.
Aquele que é emitido do grande Hermes"...*

*"...Na véspera de outra desolação quando a pervertida
igreja estiver no topo de sua dignidade mais elevada e sublime.
Procederá alguém nascido de um ramo há muito estéril,
que libertará o povo do mundo de uma dócil e voluntária
escravidão e colocá-los sob a proteção de Marte. "
"...A chama de uma seita se espalhará pelo mundo..."*

-Nostradamus

PARTE I: O DESPERTAR DA KUNDALINI

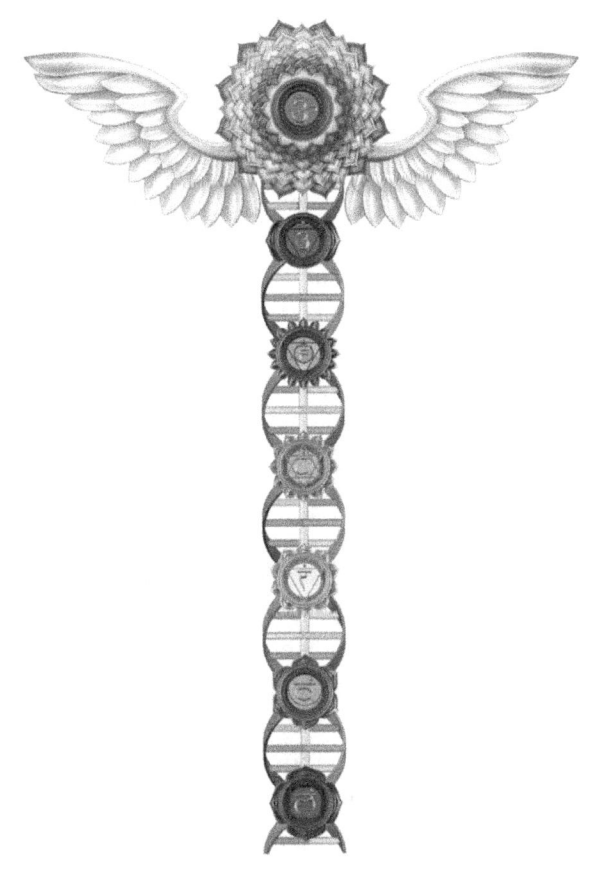

INTRODUÇÃO À KUNDALINI

A Kundalini é o maior segredo conhecido pelo homem, mas poucas pessoas entendem o que ela realmente é. A maioria das pessoas pensa que é um tipo de Yoga, ao invés do objetivo de toda Yoga. Algumas pessoas até ousam dizer que é um tipo de macarrão. Independentemente disso, pela minha experiência de falar com pessoas aleatórias sobre o assunto, estranhos, mesmo aqueles que afirmam ter lido muitos livros sobre a Kundalini e sabem do que se trata, eles sabem apenas cerca de 30% da história. E estou sendo generoso com esse número. Este livro, no entanto, mudará tudo isso.

Afirmei dentro da capa que a *Serpent Rising* é o "The World's Most Comprehensive Body of Work on Human Energy Potential" (O Mais Abrangente Corpo de Trabalho sobre o Potencial Energético Humano do Mundo), e eu quis dizer isso. Não era o Ego falando. Acredito que esta afirmação é um fato. E acho que quando terminar de ler este livro, você concordará. Tenha em mente que a *Serpent Rising: The Kundalini Compendium* é a Parte I da série. Já estou bem encaminhado na Parte II, que examina as civilizações e tradições antigas e o papel que a Kundalini desempenhou em seus sistemas de Evolução Espiritual. Além disso, meu livro anterior, *The Magus: Kundalini and the Golden Dawn*, embora não seja uma parte direta da série, contém uma infinidade de informações sobre a Kundalini a partir da perspectiva dos Mistérios Ocidentais, incluindo a Qabalah e a Árvore da Vida, cujo conhecimento é essencial para a compreensão dos ensinamentos da sabedoria.

O conhecimento da Kundalini existe desde tempos imemoráveis. Estou falando do profundo entendimento do potencial final da Kundalini por parte de pessoas que percorreram todo o caminho de seu despertar espiritual. Os Antigos esconderam os segredos da Kundalini no simbolismo de suas tradições misteriosas, geralmente transmitidas através da arte e da escultura. Este conhecimento era mantido principalmente escondido, reservado para os poucos escolhidos e velado do profano, como era o método Antigo de transmitir os mistérios esotéricos. O professor ensinava o aluno da boca ao ouvido. Esta informação não foi escrita até recentemente e, mesmo assim, era necessário ter sido iniciado em uma escola de mistérios para obter os verdadeiros segredos.

Com o passar do tempo, os indivíduos vieram com alegações de que algo extraordinário lhes havia acontecido - Deus os tocou, disseram eles. Estas pessoas únicas despertaram a Kundalini, geralmente por acidente, por isso usaram a linguagem mais familiar para explicar este evento metafísico. Muitas vezes eles seriam considerados como místicos, ou mesmo profetas, exibindo poderes sobrenaturais que surpreendiam as massas. Em suas tentativas de descrever sua experiência, eles se referiam à Kundalini por muitos nomes - a "Força do Dragão", o "Poder da Serpente", o "Fogo Sagrado", e outras variações destes *Arquétipos*.

Mas com o passar do tempo e com o despertar de mais pessoas, isso criou mais confusão do que clareza em relação a este assunto. E a resposta a isto é simples. Nunca houve uma obra de referência suficientemente poderosa que unificasse todas as tradições, filosofias e religiões da Antigüidade a respeito da Kundalini. As escolas de Yoga e Tantra, que possuem as chaves mais completas sobre a Kundalini e o processo de seu despertar, são apenas uma peça do quebra-cabeça, embora a maior, uma vez que a ciência da Kundalini teve origem nelas.

Isto me leva ao porquê de ter escrito este livro. Eu o escrevi em parte por necessidade e em parte por desejo pessoal. Eu queria dar à humanidade as chaves para entender este assunto tão enigmático e elusivo. *O Serpent Rising: The Kundalini Compendium* apresenta uma abordagem científica da Kundalini, que inclui o estudo de sua estrutura energética e muito mais, usando uma linguagem simplificada que é compreensível para a pessoa comum - uma linguagem que une as escolas de pensamento orientais e ocidentais em relação à Espiritualidade.

Enquanto escrevia este livro, meu Eu Superior me levou a pesquisar um assunto a outro, evitando todos os atalhos ao conectar os pontos e criar o trabalho que você está segurando em suas mãos. No final, embora meu nome esteja em *Serpent Rising*, este trabalho me transcende como pessoa. Eu era meramente um canal para meu Eu Espiritual canalizar este conhecimento para mim. Quando terminar de lê-lo, você entenderá tudo o que precisa em relação ao tema da Kundalini. E foi por isso que levei tanto tempo para fazer isto. Para equipá-lo com o conhecimento necessário para informar aos outros sobre a Kundalini, para que o mundo inteiro possa conhecer seu poder e seu potencial final, e para que possamos, coletivamente, evoluir espiritualmente.

Veja, Kundalini é o tópico esotérico mais crítico do mundo. Quando se trata de evolução espiritual, sua exploração é de suma importância. O despertar da Kundalini permite que se realize todo o seu potencial Espiritual. Há muitos componentes no sistema energético, que discutirei em grande detalhe neste livro, incluindo como a Kundalini impacta cada parte. O processo de despertar da Kundalini se desdobra sistematicamente ao longo do tempo, envolvendo um período necessário e muitas vezes desafiador de purificação intensa que pode ser bastante meticuloso. Além do processo de despertar e purificação em si, um desafio mais significativo consiste em aprender a viver e operar diariamente com a energia da Kundalini e controlá-la ao invés de ser controlada por ela, pois ela pode ser muito volátil.

Discutirei os muitos aspectos diferentes de como a transformação da Kundalini se desdobra e afeta a vida de uma pessoa e esclarecerei muitos dos mal-entendidos comuns sobre a Kundalini e o próprio processo de despertar. Meus dezessete anos de experiência de viver com uma Kundalini desperta são inestimáveis para alguém no meio de sua jornada e que está em busca de orientação.

Em seguida, vou compartilhar informações valiosas sobre os diferentes tipos de despertares da Kundalini e o processo de transfiguração, e sua linha do tempo em geral. Há desafios comuns ao longo do caminho que discutirei, bem como dicas e insights sobre a solução de problemas no circuito da Kundalini quando as coisas parecem "se quebrar". Esta última seção inclui práticas e meditações eficazes na área da cabeça ou ao redor dela para "dar o pontapé inicial" ou realinhar os canais Ida e Pingala necessários para que o motor funcione sem problemas. Você não encontrará esta informação crucial em nenhum outro lugar. Desde meu despertar, tenho sido o cientista e o laboratório em um só. Como tal, minha criatividade, coragem e persistência me levaram a encontrar soluções não convencionais para os muitos desafios que tenho enfrentado ao longo do caminho. E foram muitos.

Há uma miríade de outros tópicos sobre a Kundalini que vou abordar para aprofundar seus conhecimentos sobre o assunto e para esclarecer e conciliar os muitos pontos de vista diferentes que você possa ter. Desde como a anatomia humana está envolvida no processo de despertar da Kundalini até várias práticas de cura espiritual e um estudo profundo da ciência e prática da Yoga com componentes da Ayurveda. Tentei cobrir cada assunto que eu acreditava ser relevante para que você saiba sobre o que dá uma visão da Kundalini e como curar seus Chakras uma vez que você tenha tido o despertar. Meu desejo de ser o melhor no que faço, o Michael Jordan da ciência da Kundalini, por assim dizer, empurra-me todos os dias para expandir meu conhecimento à medida que continuo me desenvolvendo no sentido de me tornar a maior autoridade sobre este assunto. Considerem isso como a missão de minha vida, à qual dedico todo o meu tempo.

Como nota final, como este é um livro bastante grande, não quero que você se sinta intimidado por seu tamanho, pensando que precisa ler tudo sequêncialmente. As seções de Yoga e Práticas de Cura Espiritual, por exemplo, podem ser guardadas para o fim se você quiser ler especificamente sobre a Kundalini e o processo de despertar e transformação. Então, quando você estiver pronto para mergulhar no trabalho com os exercícios para curar seus Chakras e equilibrar suas energias interiores, você terá todas as ferramentas para fazer isso.

O caminho do iniciado da Kundalini é o caminho do guerreiro Espiritual. Um guerreiro precisa do equipamento adequado, treinamento e discernimento para ter sucesso. Com estes ensinamentos, pretendo equipá-lo, como iniciado, com a compreensão necessária do potencial energético humano para que possa alcançar o sucesso na jornada de evolução de sua Alma. Embora o caminho de despertar e transformação da Kundalini seja difícil, ele também é gratificante além da medida. Vamos começar.

PROCESSO DE DESPERTAR DA KUNDALINI

A Kundalini é a energia evolutiva na base da coluna vertebral (na região do cóccix) que se diz ser enrolada três vezes e meia em seu estado de potencial em humanos não despertos. A palavra "Kundalini" é de origem oriental, ou seja, Yoga e Tantra. Em sânscrito, Kundalini significa "cobra enrolada".

Uma vez acordada, a Kundalini sobe a coluna vertebral através dos três Nadis principais, até o topo da cabeça. O termo "Nadi" é uma palavra sânscrita que se traduz como "tubo", "canal", ou "fluxo". Simplificando, Nadis são canais que carregam energia no corpo.

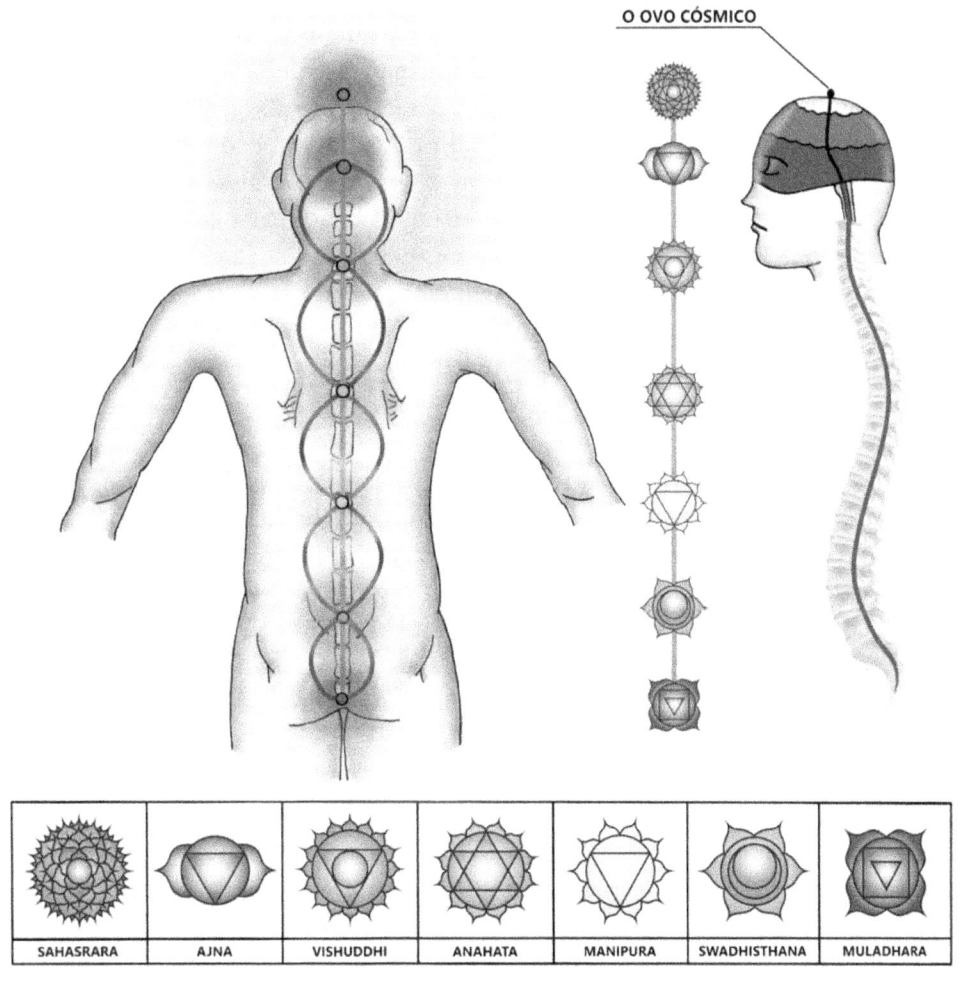

Figura 1: Ascensão da Kundalini e os Chakras

Na medicina chinesa, os Nadis são conhecidos como Meridianos. A principal diferença entre os dois sistemas é que os Nadis não são definidos nos membros, apenas na cabeça e no tronco central, ao contrário dos Meridianos. Em *Serpent Rising*, vamos nos ater à ciência e filosofia yogue dos Nadis e Chakras, juntamente com o modelo dos Chakras Transpessoais e muitas de minhas descobertas a respeito dos centros de energia e fluxo de energia do Corpo de Luz.

O Nadi central é chamado de Sushumna. É essencialmente o tubo oco da coluna vertebral. O Entrelaçamento ao redor de Sushumna são dois Nadis auxiliares, ou suplementares, Ida e Pingala. Ida é o feminino, Nadi Lua, que regula o frio no corpo, enquanto Pingala é o masculino, Nadi Sol, que controla o calor no corpo. Estes dois Nadis representam os princípios masculino e feminino contidos em todas as coisas do Universo. Em sânscrito, os canais Ida e Pingala são frequentemente chamados de Chandra (Lua) e Surya (Sol) Nadis.

Durante um despertar da Kundalini, à medida que a energia sobe simultaneamente através dos três Nadis principais, ela sopra sistematicamente os Chakras desde a raiz da coluna vertebral até o centro do cérebro (Figura 1). Ida e Pingala encontram-se nestes pontos dos Chakras e terminam no Ajna Chakra. A Kundalini continuará subindo para o centro, no topo da cabeça, quebrando o "Ovo Cósmico", que ativa totalmente o Corpo de Luz - o Corpo Holográfico. Na filosofia tântrica, o Ovo Cósmico se relaciona com o Brahmarandhra. (Mais sobre este assunto em um capítulo posterior).

O Ovo Cósmico é um recipiente que contém o néctar de Ambrosia. Uma vez que a energia da Kundalini o perfura em sua ascensão, este Ambrosia é liberado, infundindo os Setenta e Dois Mil Nadis, que se refere à ativação do Corpo de Luz. Esta parte do processo parece que alguém rachou um ovo sobre sua cabeça e a gema (Ambrosia) derrama até seus pés, cobrindo e envolvendo todo o seu corpo.

Embora a ativação do Corpo de Luz pareça como se o corpo físico estivesse sendo carregado eletricamente, o Ambrosia liberado está trabalhando apenas em um nível sutil. Entretanto, a pessoa que experimenta este evento sente-se como uma bateria humana sendo carregada e infinitamente expandida por uma corrente de bioeletricidade. Por exemplo, cada pessoa com quem falei despertou a Kundalini que teve esta experiência descreve o sentimento intensamente "eletrocutado" pela energia da Kundalini.

Ao ativar o Corpo de Luz, todos os Corpos Sutis tornam-se ativados, incluindo o Corpo Espiritual e o Corpo Divino. Existem, de fato, numerosos Corpos Sutis dentro do Corpo de Luz. Entretanto, após um despertar completo da Kundalini, é essencial alinhar a consciência individual unicamente com o Corpo Espiritual, uma vez que ele transcende a dualidade da mente.

Em minha experiência de despertar Kundalini, uma vez que os Setenta e Dois Mil Nadis estavam em processo de carga e ativação, eu me levantei da cama e abri meus olhos. O que vi a seguir mudou minha vida para sempre. Primeiramente, testemunhei em primeira mão que o Corpo de Luz não é uma ideia ou um conceito, mas uma coisa real e tangível. Quando olhei para minhas mãos, eu as vi feitas de pura Luz dourada, lindas de se ver e perfeitas em todos os sentidos. Depois, ao olhar ao redor do meu quarto, vi o projeto holográfico do mundo em que vivemos. A sala tinha o que eu descrevo como uma reforma digital com paredes e objetos transparentes, em forma de vapor, que pareciam suspensos no meio do ar. As cores eram mais nítidas, mais profundas e reflexivas. Para esclarecer, o que eu vi não foi uma visão do Olho da Mente dentro da minha cabeça, mas eu vi isto com meus próprios dois olhos físicos.

Vejam, há um componente do mundo que é transparente e feito de pura energia, ocupando o mesmo Tempo e Espaço que o Mundo Físico, apenas em um grau diferente de vibração - um mais próximo do Espírito. O despertar da Kundalini e a ativação do Corpo de Luz é um processo pelo qual a consciência se torna capaz de perceber e experimentar esta realidade. Outro nome para esta realidade é a Quarta Dimensão - a Dimensão da Vibração ou da energia. Como todas as coisas existentes são mantidas em movimento vibratório, esta dimensão é o reino onde cada objeto, pensamento ou emoção tem uma essência quantificável. Ela pode ser percebida pelo Olho da Mente e pela faculdade intuitiva de um ser humano.

Uma vez que a ativação do corpo leve esteja completa, a experiência não termina aí. Ao invés disso, a energia da Kundalini continua a subir. O próximo passo no processo de despertar é a energia deixar o corpo completamente, através da Coroa, levando a consciência individual com ele. Esta experiência resulta na unificação momentânea da consciência individual com a Consciência Cósmica, o princípio da Quinta Luz Branca Dimensional - a fonte da Divindade. Uma vez que esta experiência transcendental ocorre, a consciência individual reentra no corpo físico, tendo visto a visão da verdadeira natureza da realidade. Assim, o humano torna-se Um com Deus por um breve momento, apenas para voltar a descer e contar sua história.

Alternativamente, se o indivíduo acordado se torna temeroso de unir seu Ser com a Luz Branca, a energia da Kundalini diminui e cai de volta ao Chakra Raiz, Muladhara. Afinal, é comum que as pessoas que experimentam um despertar espontâneo da Kundalini se tornem temerosas durante o processo de ativação. Isso as faz sentir que estão sofrendo uma morte física devido à intensidade da energia sentida no corpo e da consciência sendo liberada dele.

ATIVANDO O CORPO DE LUZ

O objetivo da energia Kundalini é ativar o Corpo de Luz e os Corpos Sutis correspondentes. Uma vez que isto ocorre, toda a Árvore da Vida é despertada dentro do indivíduo, e todos os Planos Cósmicos tornam-se disponíveis como estados de consciência. Como o Corpo de Luz é o veículo da Alma, uma vez que é totalmente ativado, a Alma é permanentemente liberada do corpo físico. Assim, com o tempo, a Alma deve se alinhar com o Corpo Espiritual do Plano Espiritual, onde a Alma e o Espírito se tornam um só.

De todos os Corpos Sutis, o Corpo Espiritual é o mais importante, pois, uma vez que sua consciência se alinha com ele, sua Alma escapa da dor e do sofrimento do passado. Uma pessoa que consegue realizar tal façanha se eleva permanentemente acima de sua Roda do Carma. O carma ainda está operacional, pois nunca se pode escapar de seus efeitos. Ainda assim, eles não são mais afetados emocionalmente pela energia do medo que a mente experimenta devido a viver em um mundo de Dualidade.

O Corpo de Luz é o próximo veículo de consciência no processo de evolução humana, pois permite perceber e experimentar plenamente os Planos Cósmicos internos. Entretanto, o Corpo Espiritual é a camada ou camada transcendental com a qual estamos tentando nos alinhar para sermos nosso veículo de consciência enquanto vivemos na realidade desperta do mundo material. É o Corpo Causal do Sistema Oriental - Anandamaya Kosha. Está indissociavelmente conectado ao Corpo de Luz como sua mais alta expressão que nossa consciência pode encarnar em um momento de vida na carne. Entretanto, ainda existe uma camada mais elevada, o Corpo Divino, embora não possamos sustentar sua experiência por um período prolongado durante nossa vida acordada, a menos que estejamos em profunda meditação.

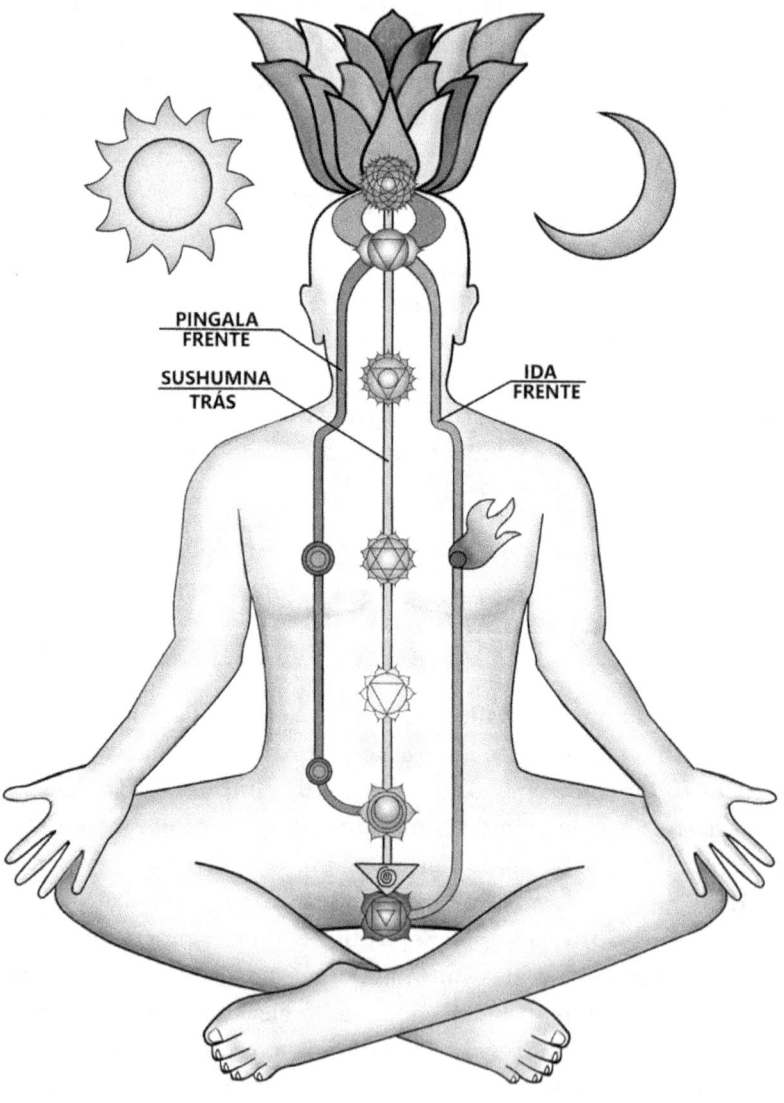

Figura 2: O Despertar dos Três Nadis Pós-Kundalini

O Corpo de Luz é o veículo de consciência para a Alma quando ela entra nos Planos Internos durante a meditação e o sono. Os Planos Internos são experimentados através do Olho da Mente (Ajna Chakra), um dos três Chakras Espirituais responsáveis pela intuição e pela clarividência. As experiências mais proeminentes dos Planos Interiores ocorrem durante os Sonhos Lúcidos, permitindo que você esteja consciente quando sonha e controla o conteúdo de seus sonhos. Também permite que você explore os Planos Cósmicos internos durante os estados de sonho e tenha experiências incríveis de Alma que você não pode replicar na vida real. O Sonho Lúcido basicamente permite que você experimente tudo o que sempre desejou, sem as consequências. É um dos dons espirituais mais significativos recebidos na jornada de despertar da Kundalini e que discutirei em mais detalhes mais adiante no livro.

Uma vez concluída a ativação, a energia da Kundalini torna-se uma parte permanente da existência do indivíduo desperto, sinalizando uma nova maneira de funcionar e experimentar o mundo. A Kundalini, com o tempo, torna-se um circuito energético autossustentável (Figura 2) alimentado por alimentos e água, que cresce e se fortalece, expandindo a consciência individual diariamente. E como a o despertar normal da consciência desperta se alinha lentamente ao Corpo Espiritual, que é um processo que pode levar muitos anos, o indivíduo desperto estará vivendo na mesma realidade que todos os outros, mas experimentando-a de forma inteiramente diferente. Esta experiência de vida é um verdadeiro presente do Divino.

PRESENTES ESPIRITUAIS E ATUALIZAÇÕES DE SENTIDO

Após o despertar, cada pedaço de alimento se transforma em energia Prânica (Força da Vida) que alimenta o circuito Kundalini e expande a consciência, dando origem a muitos tipos de experiências transcendentais e ao surgimento de novas habilidades psíquicas. Assim, o indivíduo desperto começa agora a funcionar em um novo nível de experiência de vida, dentro da Dimensão da Vibração ou energia. Nesta nova dimensão, eles desenvolvem uma capacidade de sentir o mundo ao seu redor como uma essência quantificável.

Com o tempo, esta capacidade recentemente desenvolvida de sentir o mundo através da energia torna-se a forma dominante de navegar pela vida, causando um certa independência da mente racional e pensante. Finalmente, o indivíduo desperto começa a experimentar o mundo inteiramente através da intuição como modo primário de funcionamento, já que está em contato direto com a Luz Interior e a Verdade. A ilusão desaparece à medida que sua consciência se alinha com o Corpo Espiritual ao longo do tempo.

Como a ilusão (Maya) desaparece, o Ego também se dissipa, já que pertence ao reino da mente racional e pensante. Seu impulso se torna cada vez menos ativo até que o indivíduo desperto possa funcionar plenamente na intuição através da Quarta Dimensão da Vibração, ou energia. Ao fazer isso, eles se tornam sintonizados com o dom mais precioso que o Divino deu à humanidade, que é o momento presente, o "Agora", um "presente" de Deus. No "Agora", eles são explorados em um campo de todas as possibilidades, permitindo-lhes remodelar suas próprias vidas para maximizar seu potencial mais elevado. Pessoas verdadeiramente bem sucedidas e felizes têm todas uma coisa em comum - todos vivem no "Agora".

As habilidades perceptivas do indivíduo desperto, os cinco sentidos da visão, olfato, som, paladar e tato, são aprimorados através da energia da Kundalini. Olfato e audição à distância tornam-se parte do cotidiano de suas vidas. Eles podem provar algo e senti-lo apenas observando aquela coisa com seus olhos. Através do poder de suas mentes, eles podem sentir a energia dos objetos diante deles e usar todos os seus sentidos internos. Isto porque o Ajna Chakra está agora permanentemente aberto através do qual estas experiências transcendentais ocorrem. A realidade é percebida agora a um nível muito mais elevado do que nunca.

Guardei o sentido da visão para o fim porque a atualização recebida é a mais surpreendente em minha experiência. Uma vez que a Luz interior é despertada através da energia da Kundalini, ela transforma tudo o que se vê e percebe visualmente, dando-lhe uma remodelação completa. Além disso, o mundo exterior aparece como se estivesse dentro de sua cabeça, sendo projetado em uma tela de cinema diante de seus olhos (Figura 3). Gosto de usar a analogia da progressão da tecnologia dos videogames para explicar este fenômeno visual, uma vez que é o único ponto de referência com o qual eu posso me relacionar.

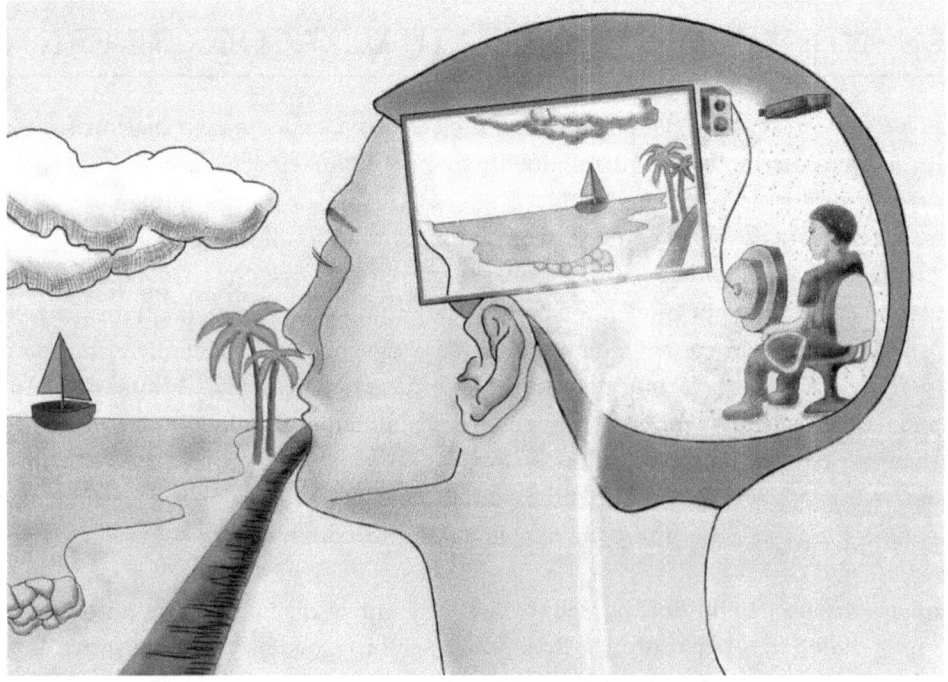

Figura 3: O Universo Dentro da Cabeça

Se você já jogou a primeira geração de videogames (como eu fiz desde que cresci nos anos 90), lembra como o mundo dos jogos foi drasticamente atualizado à medida que passamos do console PlayStation 2 para o PlayStation 3? Os gráficos se tornaram mais nítidos, mais nítidos, mais refinados. Agora imagine o que aconteceria se você fosse direto do console Playstation 2 para o PlayStation 5 enquanto jogava o mesmo jogo. Os personagens e ambientes de seu jogo são os mesmos, mas a transformação digital radical dá vida ao jogo de uma maneira totalmente nova.

Especificar, entretanto, esta atualização da percepção visual parece menos comum nos indivíduos despertados pela Kundalini, mas é o fator "uau" mais significativo que eu experimentei em meu processo de despertar. Como tal, meu relato serve como uma prova de sua realidade. Na verdade, é tão raro que de dezenas de indivíduos despertados pela Kundalini com quem falei sobre suas "atualizações", apenas um ou dois tiveram essa em particular.

Mas também não encontrei ninguém que testemunhou a natureza holográfica da realidade com seus próprios dois olhos. Acredito que meu senso de visão atualizado é uma versão sustentada desta mesma realidade. Curiosamente, a teoria do Universo Holográfico não é um conceito novo, mas é apoiada por astrofísicos proeminentes nos tempos modernos. Alguns levaram esta ideia mais longe, afirmando que podemos até viver em uma simulação por computador. Elon Musk, o Tony Stark (Homem de Ferro) da vida real do século 21, um gênio de nossa era moderna, disse certa vez que, como a tecnologia está progredindo, há uma em um bilhão de chances de NÃO estarmos vivendo em uma simulação em computador neste momento.

Embora eu não possa dizer com certeza se estamos vivendo em uma simulação computadorizada, o mundo tem um projeto holográfico que é imperceptível para a maioria das pessoas e que eu melhor descreveria como pura consciência. Se esta consciência pura é um Holograma projetado é incerto, mas a possibilidade está bem presente.

Entretanto, o que eu sei de fato é que o mundo que vivo agora aparece como uma versão digitalizada do mundo em que eu vivia antes, mas com gráficos mais aprimorados. Testemunhar o centro de uma grande cidade como Toronto à noite, por exemplo, com sua sinalização LED, luzes brilhantes e cores cintilantes, é como entrar em uma maravilha futurista de videogame - uma experiência de tirar o fôlego até hoje.

As duas palavras que melhor descrevem como eu vejo o mundo externo agora são "Interstelar" e "Intergaláctico", já que estas palavras inspiram a ideia de que nosso Planeta é apenas um entre muitos com vida na imensidão do espaço. Há inúmeros outros mundos que iremos explorar no devido tempo e tornar o contato com os Seres inimagináveis para nós. Entretanto, devemos primeiro remover nossa camada material através do mecanismo da Kundalini que nosso Criador colocou dentro de nós para ver a natureza Holográfica, oculta da realidade e experimentar nossa verdadeira essência como Seres de Luz.

A ÁRVORE DA VIDA E OS CHAKRAS

Em meu primeiro livro, *The Magus: Kundalini and the Golden Dawn*, discuto longamente a Tradição Ocidental de Mistérios e sua relação com o sistema Espiritual Oriental. Neste livro, entretanto, como nosso tema principal é a Kundalini (um termo oriental), vou fazer a abordagem inversa, principalmente mantendo-me fiel aos sistemas Yogue e Tântrico, referindo a Qabalah e a Árvore da Vida em alguns casos.

A Árvore da Vida, o principal componente da Qabalah, é o plano de existência. É o mapa do nosso Sistema Solar e da psique humana. A Árvore da Vida consiste em dez Sephiroth (Esferas), representando estados de consciência que os humanos compartilham diariamente e que dão origem a faculdades interiores como intuição, memória, força de vontade, imaginação, emoção, desejo, lógica, razão e pensamento. Os Qabalistas dizem que tudo na natureza pode ser categorizado na Árvore da Vida, já que todas as coisas se relacionam de alguma forma com nosso Sistema Solar e suas energias.

O sistema Qabalístico depende da energia dos números, símbolos e letras (hebraico). Os dez Sephiroth estão ligados por vinte e dois caminhos, correspondendo aos vinte e dois *Arcanos Maiores* do Tarô e às vinte e duas *Letras Hebraicas*. Estes, por sua vez, correspondem aos Cinco Elementos, Doze Zodíacos, e Sete Planetas Antigos. Como tal, a Árvore da Vida engloba a totalidade das energias Universais, incluindo as Constelações, que impactam a vida na Terra.

A Qabalah, com a qual tenho uma vasta experiência, é hermética, por isso escrita com um "Q.". Hermetismo é o estudo de nosso Sistema Solar e das energias Universais que compõem o que somos. Além disso, há uma Cabala Judaica (com um K) e uma Cabala Cristã (com um C) - todos os três sistemas têm, porém, o mesmo fundamento, uma vez que utilizam a Árvore da Vida como seu glifo central. Consulte o "Glossário de Termos Selecionados" no Apêndice para uma descrição detalhada de cada um dos Sephiroth da Árvore da Vida e outros termos relevantes dos Mistérios Ocidentais que não foram definidos no corpo principal do texto.

Os Chakras são originários da Índia Antiga. Eles foram mencionados pela primeira vez nos Vedas hindus (1500-1200 a.C.), um grande corpo de textos sagrados contendo o conhecimento Espiritual. Os Chakras são parte de um complexo sistema energético que descreve diferentes aspectos ou partes da Aura humana (campo energético). O conhecimento dos Chakras só recentemente foi trazido para o mundo ocidental, com o crescimento da popularidade da Yoga e como parte das filosofias da Nova Era em geral.

Os seres humanos têm Chakras Maiores, bem como Chakras Menores. No entanto, os Sete Chakras Maiores são os principais que essencialmente alimentam a Aura. Os Chakras Menores estão ligados aos Chakras Maiores e não funcionam de forma independente, mas trabalham para cumprir com suas funções. Neste livro, vou cobrir tanto os Chakras Maiores e Menores quanto os Chakras Transpessoais.

Chakra é uma palavra sânscrita para "roda giratória" ou "vórtex". O termo "Chakra" é usado para descrever os centros de energia invisíveis ao longo da coluna vertebral e dentro da cabeça. Estes centros de energia são compostos de energia fluida multicolorida que encontramos na Aura. Os Chakras energizam a Aura e regulam o sistema nervoso, as glândulas endócrinas e os órgãos principais. Eles são estações centrais de energia que governam todo o ser humano; mente, corpo e alma.

Os Chakras administram e distribuem a energia vital por nossos diversos Corpos Sutis, que são veículos de consciência para os múltiplos Planos Cósmicos de existência que participamos. Os Chakras são condutores de energia, e cada Chakra tem propriedades diferentes, que alimentam e expressam nosso Eu interior. Eles são responsáveis pelo trabalho de nossos pensamentos, emoções, força de vontade, intuição, memória e outros componentes que compõem o que somos.

É essencial entender que os Chakras não são físicos; em vez disso, eles estão localizados no Corpo de Luz. Eles representam forças provenientes dos corpos sutis que se manifestam em um padrão circulante em sete áreas principais do Corpo de Luz. Os Chakras são frequentemente descritos como tendo a forma de flores em plena floração. Cada flor Chakra tem um número específico de pétalas que criam vórtices de energia em forma de roda que irradiam para fora, em ângulos horizontais retos, enquanto o Chakra superior e inferior (Sahasrara e Muladhara) se projetam verticalmente. Para aumentar ainda mais sua aparência floral, cada Chakra também tem um canal semelhante a um caule que se projeta dentro e se conecta à medula espinhal e ao tronco encefálico.

Os Chakras podem girar no sentido horário ou anti-horário, dependendo do Gênero do Chakra e se ele está dando ou recebendo energia. A taxa de giro de um Chakra determina a qualidade de sua função. Se o giro for rápido, eles são bem sintonizados, canalizando mais energia Leve. Se o giro for lento e estagnado, eles estão desafinados, o que significa que canalizam menos energia de Luz. Em geral, as pessoas cujos Chakras estão desafinados estão mais alinhados com seu Ego do que com sua Alma. Para se alinhar com a Alma e expressar suas propriedades, é preciso ter Chakras bem afinados, já que a expressão da Alma depende inteiramente de quanta Luz é canalizada através dos Chakras.

Uma vez que a Kundalini tenha subido até o topo da cabeça para ser permanentemente localizada no cérebro, toda a Árvore da Vida torna-se totalmente ativada. A Sephira mais alta é chamada *Kether*, a Coroa, no topo da Árvore da Vida. Kether corresponde ao sétimo Chakra, Sahasrara. Ambos são chamados de "Coroa", relativos à sua colocação no topo da cabeça. Kether se relaciona com a Luz Branca Espiritual que está subjacente a toda a existência física.

Por outro lado, a Sephira mais baixa é chamada *Malkuth*, o Planeta Terra, como a décima Sephira na Árvore da Vida - diretamente oposta a Kether. No sistema Chákrico, Malkuth se relaciona com o primeiro Chakra, Muladhara e o Elemento Terra. Estes dois conjuntos de Sephiroth e Chakras têm correspondência e relações diretas, embora Malkuth seja colocado aos pés enquanto Muladhara é colocado na região da virilha. O resto das Sephiroth da Árvore da Vida e dos Chakras também correspondem, embora seja necessário ter experiência direta com ambos os sistemas para ver como eles se relacionam. Assim, não é tão simples como unificar as Esferas opostas na Árvore da Vida para obter os sete Chakras, embora este método funcione matematicamente.

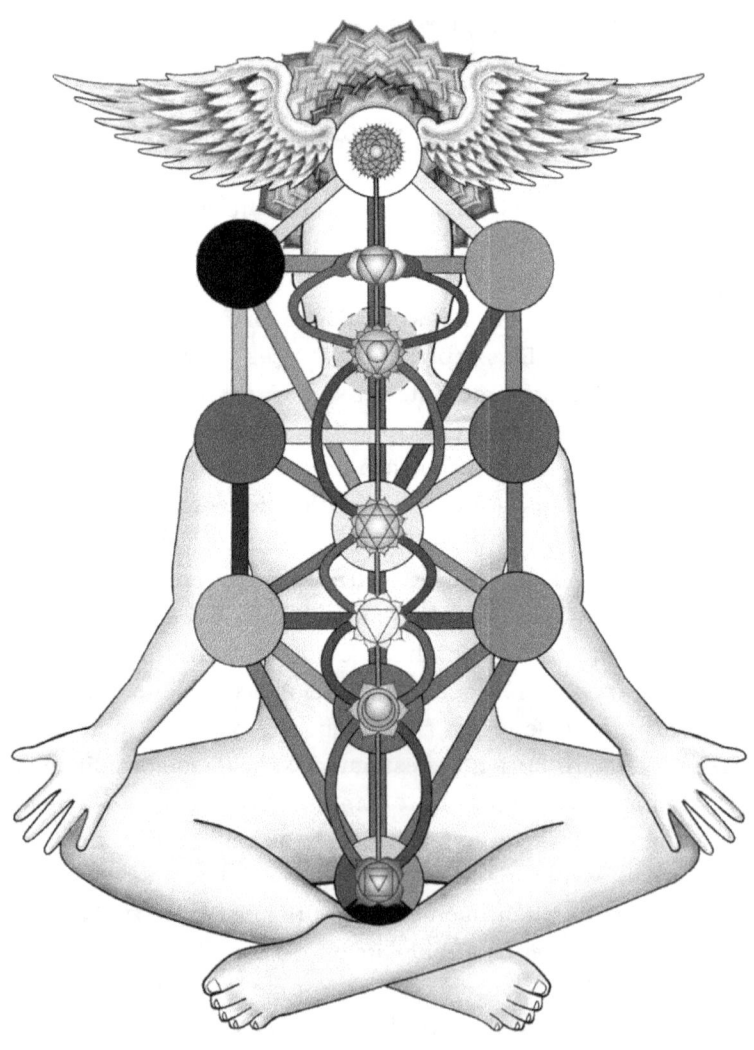

Figura 4: A Árvore da Vida/Kundalini

Após um despertar completo da Kundalini, os Chakras (e o Sephiroth da Árvore da Vida) tornam-se permanentemente infundidos de energia de Luz, ativando seus estados de consciência dentro do indivíduo (Figura 4). Os Chakras tornam-se como lâmpadas, que emitem Luz respectiva ao quão limpos, puros e sintonizados eles são. Por exemplo, se há muito Karma em um determinado Chakra, ele emite uma Luz fraca ao invés de brilhante. É o dever solene que você deve ao seu Criador, o de limpar seus Chakras e remover a negatividade de cada um deles para que possam brilhar intensamente, permitindo que você alinhe sua consciência com sua Alma.

PURIFICANDO OS CHAKRAS

Karma é uma palavra sânscrita para "ação", "trabalho" ou "ato" que faz parte da Lei Universal. Implica que toda ação é o efeito de uma ou mais ações anteriores e causará uma ou mais ações futuras. Assim, o carma é cíclico, e afeta a todos nós. Como a realidade se move em ciclos como uma roda giratória, a Roda do Carma representa uma boa ou má energia cármica em nossa vida que se manifestará no futuro, seja como bênçãos ou como questões que precisam ser solucionadas. Nosso comportamento na vida determina se temos um bom ou mau carma e esse comportamento é expresso através dos Chakras.

Cada Chakra é uma fonte de poder para a forma como seu caráter e sua personalidade se expressam no mundo interior e exterior. O caráter é inerente a você, pois é a essência de quem você é, enquanto a personalidade muda com o tempo. O caráter consiste nas suas crenças e expressões mais elevadas e éticas de sua Alma, enquanto a personalidade lida mais com expressões do Ego e seus gostos e aversões. Cada Chakra é um reservatório de energia para diferentes partes de seu caráter e personalidade, desde como você pensa, o que você sente, até o que o impulsiona e mais além.

Quando você tem energia cármica em um Chakra, parte do Eu transporta energia negativa, que precisará ser trabalhada. Portanto, todos os Chakras precisam ser limpos e otimizados para que seus pensamentos, emoções e ações possam vir de um lugar de amor. Se eles estão imbuídos de energia amorosa, você está iluminando o Chakra dessa expressão do Eu. Portanto, se você é egoísta, temeroso, lascivo, irado, arrogante, ganancioso, presunçoso etc., então isso significa que você precisa trabalhar essas partes do Eu e transformá-las em seus opostos amorosos e positivos. Isso significa que você precisa superar o Karma daqueles Chakras que expressam esse comportamento.

A energia cármica presente em um Chakra pode ser uma experiência muito desafiadora. Ela torna a vida muito desconfortável, impedindo-o de funcionar tão bem quanto você deveria ou desejava. Para os indivíduos despertados pela Kundalini, aqueles despreparados para a experiência como eu estava, a energia cármica nos Chakras pode trazer medo e ansiedade debilitantes.

Um despertar completo localiza a energia da Kundalini no cérebro permanentemente, unindo as mentes conscientes e subconscientes. Se houver energia negativa dormente presente nos Chakras, ela inundará a consciência sob a forma de pensamentos e emoções desagradáveis. Não se pode mais esconder de seus Demônios (emissores de pensamentos negativos) depois que a Kundalini entrar no cérebro, resultando em um ressurgimento de pontos de vista, crenças e atitudes prejudiciais à vida que terão que ser superados. Portanto, é preciso purgar a energia do medo de seu sistema, que começa com a limpeza dos Chakras.

Através da purificação Chákrica, você altera suas crenças sobre si mesmo e sobre o mundo. Afinal, se você quiser experimentar a Luz Divina dentro de você, uma transformação completa de seu caráter e personalidade é necessária. Você deve se tornar um Ser Espiritual cuja consciência é mais elevada em vibração do que antes. Não há como contornar isto. E para conseguir isso, seu Ego deve morrer e renascer. Este é o conceito final de Renascimento aludido por muitas religiões, novas e antigas. Entretanto, é mais do que uma ideia para as pessoas despertadas pela Kundalini - é a única realidade que elas precisam se preocupar até que o processo esteja completo.

Os indivíduos despertados pela Kundalini têm que aprender quem são no fundo, o bom e o ruim, e aceitar e amar a si mesmos. E uma vez dentro, eles podem contornar o Ego e entrar em contato com seu verdadeiro Eu, o Eu Superior do Espírito. Mas para fazer isso, eles devem construir virtudes, remover vícios e adaptar comportamentos morais e éticos em suas vidas, se quiserem superar o medo e a ansiedade que está dificultando sua própria existência.

Portanto, o dom da Kundalini pode ser visto como uma maldição no início se você tivesse um despertar espontâneo e estivesse Karmicamente despreparado. Entretanto, não há atalho para a Iluminação, e uma vez que o gênio está fora da garrafa, não há como colocá-lo de volta. A Kundalini acelera rapidamente sua jornada de Evolução Espiritual, mas para elevar a vibração de sua consciência, você deve superar a energia negativa armazenada dentro de cada Chakra. É um processo sistemático, começando pelo Chakra mais baixo, Muladhara, e terminando com Sahasrara na Coroa. Como o Ego está presente dentro do corpo físico, que é a sua parte mais densa, você precisa começar lá e começar a descascar camadas de sua consciência, cada uma das quais é menos densa do que a que veio antes. Ao chegar à camada final, você encontrou sua *Pedra Filosofal*, a Quintessência, e alcançou o Eu Superior do Plano Espiritual.

O processo em direção à Iluminação é aludida pela história da crucificação de Jesus Cristo. Uma vez que ele morreu na cruz, em vez de ser Ressuscitado (Iluminado) imediatamente, ele teve que passar três dias no submundo, o reino demoníaco, para se tornar o Rei do Inferno antes de se tornar o Rei do Céu. Então aqui está uma metáfora para Jesus ter que dominar seus Demônios, já que eles barraram o caminho para a Iluminação. E ele o fez ao enfrentá-los sem medo no coração, o que lhe permitiu assumir a maestria sobre eles.

Assim, quando você se aproxima de seus demônios internos com coragem em vez de medo, você automaticamente tira o combustível deles, pois eles se alimentam da energia do medo; é o sustento deles. Então você pode dominá-los e devolver-lhes as asas, metaforicamente falando. Assim, todos os Demônios são essencialmente *Anjos* sem mestre. Todos eles podem ser usados para o bem, se a mente for forte e o indivíduo aprender a exercer seus poderes. Pois para maximizar nossa força de vontade, devemos dominar nosso lado negro. De fato, antes de alcançar o Céu, o Reino Espiritual, este é um pré-requisito. Que aqueles com ouvidos de compreensão ouçam este grande mistério da Vida, da Morte e da Ressurreição. Ele tem sido sugerido em muitas tradições espirituais antigas antes do advento do Cristianismo.

PRÁTICAS DE CURA ESPIRITUAL

A jornada rumo ao Renascimento Espiritual é repleta de provações e tribulações mentais e emocionais que muitas vezes podem ser cansativas. Independentemente disso, para se elevar na consciência, é preciso superar as energias negativas armazenadas nos Chakras e "iluminá-los" antes de experimentar a beleza inefável do Chakra da Coroa, Sahasrara. A limpeza dos Chakras é inevitável e se você escolheu trabalhar com eles através de uma prática de cura espiritual ou permitir que a Kundalini purifique cada Chakra sistematicamente ao longo do tempo, depende totalmente de você.

As práticas de cura espiritual incluem, mas não estão limitadas a, Cerimonial Magick, Preciosas (Cristais), Diapasões, Aromaterapia, Tattvas, e práticas Yógicas e Tântrica como Ásana, Pranayama, Mudra, Mantra e Meditação (Dhyana). Como alguém que já tentou a maioria das práticas de cura espiritual, descobri que o Cerimonial Magick isola melhor cada Chakra e permite superar a energia cármica em cada um deles e afinar o Chakra. Meu primeiro livro, *The Magus: Kundalini and the Golden Dawn*, é um curso inteiro de estudo para os aspirantes a Magos, e dá a você todos os exercícios rituais que você precisa para trabalhar com seus Chakras.

Enquanto o Cerimonial Magick é uma prática espiritual ocidental, a Yoga e o Tantra são práticas orientais. No entanto, tanto no Oriente quanto no Ocidente, as pessoas praticam Cura de Cristal, Cura de Som com Diapasões e Aromaterapia. Embora inicialmente uma técnica Espiritual Oriental utilizada no sistema Yógica, os Tattvas encontraram seu caminho para as Escolas de Mistérios Ocidentais por causa de seu potencial de conexão com os Cinco Elementos, o fator unificador entre o sistema Chákrico Oriental e o sistema Qabalístico Ocidental.

Como o objetivo deste livro não é apenas dar respostas relativas à Kundalini, mas também oferecer métodos alternativos de cura da Aura e dos Chakras com o objetivo de Evolução Espiritual, dediquei a totalidade da Parte V e da Parte VI às práticas mencionadas acima. Passarei brevemente por algumas delas para dar-lhes uma impressão geral. É claro que existem outros métodos de trabalho com os Chakras, e estou apenas mencionando os principais com os quais tenho ampla experiência. No final, qual escolher para trabalhar é com você.

Pedras Preciosas (Cristais)

O uso de Pedras Preciosas, também chamadas de Pedras Naturais, ou Cristais, é uma poderosa prática Espiritual que existe há milhares de anos e é amplamente utilizada pelos curandeiros de energia hoje em dia. Encontramos evidências do uso de Pedras Preciosas para cura espiritual, manipulação de energia e proteção em praticamente todas as culturas e tradições dos Antigos. Por exemplo, os Antigos incorporaram Pedras Preciosas em jóias, cosméticos, estátuas decorativas e talismãs como prova de sua poderosa capacidade de curar problemas mentais, emocionais e físicos, protegendo-os das forças adversas.

Cada uma das centenas de pedras preciosas existentes tem um amplo espectro de propriedades curativas. Podemos usar Pedras Preciosas para visar os centros de energia correspondentes no Corpo de Luz para remover bloqueios e aumentar o fluxo de energia nessas zonas. Ao afinar e otimizar os Chakras através da Cura de Cristais, os Corpos Sutis correspondentes, incluindo o corpo físico, tornam-se rejuvenescidos também – Como Acima, Assim Abaixo.

Para compreender verdadeiramente como uma pedra preciosa afeta uma pessoa nos níveis físico, emocional, mental e espiritual, é necessário ter alguma experiência pessoal com cada pedra. Afinal, cada pedra preciosa se relaciona com um Chakra ou Chakras, mas também com diferentes Elementos, Planetas e energias Zodiacais. Portanto, o uso de Pedras Preciosas é uma prática viável para trabalhar em seu Microcosmo, sua Aura, e que pode equilibrar suas energias e curar você em todos os níveis se você se dedicar a ela. Incluí uma lista de correspondências de pedras preciosas neste trabalho, como também técnicas que você pode utilizar para trabalhar com elas.

Diapasões

A utilização de diapasões em Cura pelo Som é um campo relativamente novo, embora tenha crescido em popularidade devido a sua eficácia terapêutica. Ele se baseia no princípio de que tudo no Universo está em estado de vibração, incluindo nossos pensamentos, emoções e corpo físico.

Quando o praticante bate em um Diapasão em uma sessão de cura, ele cria uma onda sonora cuja vibração viaja profundamente na Aura do paciente, acessando as vias de energia de seu Corpo de Luz (Nadis) e afetando a consciência. Há muitos usos para os Diapasões, incluindo a cura do sistema energético sutil, ajustando os ciclos naturais do corpo, equilibrando o sistema nervoso, relaxando os músculos e promovendo um bom sono.

Os diapasões mais populares no mercado são os que correspondem aos Chakras Maiores. Como cada Chakra vibra em uma frequência específica quando saudável, um Diapasão pode ser calibrado para ressoar nessa mesma frequência. Quando colocado sobre ou próximo ao Chakra, a vibração do Diapasão envia uma onda sonora que afina o Chakra correspondente, devolvendo-o ao seu estado vibratório ideal. O processo de permitir que dois corpos oscilantes se sincronizem um com o outro quando estão próximos um do outro é chamado de "ressonância".

Aromaterapia

Aromaterapia é uma medicina holística que também existe há milhares de anos, que remonta ao tempo da Antiga Suméria. Ela utiliza compostos extraídos de plantas que capturam a fragrância ou a essência da planta - a sua essência. Os extratos de plantas mais utilizados nos óleos "essenciais" da Aromaterapia são geralmente inalados por vários meios e métodos, embora também possamos utilizá-los topicamente.

Quando inalados pelo nariz, os óleos essenciais impactam o Sistema Límbico, a parte do cérebro que desempenha um papel nas emoções, comportamentos e memórias. Além disso, o Sistema Límbico produz hormônios que ajudam a regular a respiração, o ritmo cardíaco, a respiração e a pressão sanguínea. Por esta razão, muitos óleos essenciais têm um efeito calmante sobre o sistema nervoso, tornando-os benéficos como precursores da meditação, da Terapia do Diapasão, das práticas tântricas e yogues e de outras modalidades de cura espiritual que requerem relaxamento. Por outro lado, alguns óleos essenciais têm um efeito energizante e edificante e são grandes impulsionadores de energia quando sentindo-se lento e exausto.

Cada fragrância de óleo essencial tem vibrações específicas com propriedades curativas que impactam positivamente nossa consciência. Seu uso pode remover bloqueios de energia na Aura enquanto realinha os corpos sutis e recalibra os Chakras. Além disso, os óleos essenciais são excelentes companheiros de Preciosas e outras ferramentas de invocação de energia. Eles são geralmente seguros e fáceis de usar e fornecem um método diferente, porém potente, para curar a mente, o corpo e a Alma.

Tattvas

Trabalhar com Tattvas é uma prática oriental que existe há mais de dois mil e quinhentos anos. A própria palavra "Tattva" é uma palavra sânscrita que significa "essência", "princípio", ou "elemento". Tattvas representa os Quatro Elementos da Terra, Água, Ar, Fogo e o quinto Elemento, do Espírito. Há cinco Tattvas primários, cada um dos quais tem cinco Sub-Tattvas, perfazendo um total de trinta.

Os Tattvas são melhor vistos como "janelas" para os Planos Cósmicos, correspondendo às energias Chákricas. Como tal, eles podem nos ajudar a trabalhar com os Chakras e a energia cármica neles contida. Eles não geram nenhuma energia em e de si mesmos, como Pedras Preciosas e Diapasões, mas são úteis para focar nos Planos Cósmicos internos e trabalhar nos Chakras correspondentes. Em minha experiência, trabalhar com os Tattvas vai de mãos dadas com o uso dos rituais Cerimonial Magick dos Elementos, uma vez que o tipo de energia com que cada um lida é praticamente o mesmo.

O trabalho de Tattva é semelhante ao Cerimonial Magick, pois isola cada Chakra, mas a energia invocada é menos potente. Alguns podem preferir o método Tattvas, no entanto, já que ele permite trabalhar com os Subelementos de forma segura e eficiente. Além disso, o Tattvas pode ser usado em conjunto com outras práticas espirituais apresentadas neste trabalho, especialmente a Aromaterapia.

Yoga e Tantra

Os sistemas Espirituais Orientais de Yoga e Tantra contêm muitos exercícios que podem ser praticados individualmente ou em uníssono com outros componentes dos dois sistemas. Embora Yoga e Tantra compartilhem as mesmas práticas, suas filosofias diferem. Enquanto o Yoga aplica técnicas espirituais para se continuar a se esforçar após objetivos e realizações particulares (como Autorrealização ou Iluminação), o Tantra se concentra em usar os mesmos métodos para se libertar de todos os desejos, trazendo inevitavelmente o mesmo resultado do Yoga. Assim, o Tantra pode ser visto como uma abordagem ao Yoga. Originou-se como uma tradição doméstica que se concenfechadura em abraçar o mundo material, mundano, em vez de transcendê-lo, como é o objetivo do Yoga.

Ásana é a prática de posturas de Yoga em pé ou sentado. Há muitos benefícios em realizar Ásanas, incluindo tonificar o corpo físico, desenvolver flexibilidade e força, equilibrar e harmonizar nossas energias internas, abrir os Chakras, remover bloqueios nos Nadis, e nos aterrar com a Terra. A prática dos Ásanas também tem um efeito calmante sobre a mente, tornando-a uma excelente ferramenta para combater a ansiedade e a depressão, ao mesmo tempo em que aumenta os produtos químicos "felizes" do cérebro. Os Ásanas são praticados em conjunto com exercícios de respiração (Pranayama) e meditação (Dhyana). Os Ásanas de meditação, entretanto, são um pré-requisito para a maioria das práticas Yógicas, incluindo Mudras e Mantras.

Pranayama é a prática Yógica da energia Prânica de respiração controlada que traz a energia Prânica ao corpo. Podemos praticá-la independentemente ou como um precursor da meditação e de todos os exercícios de invocação de energia. Por exemplo, o exercício "Respiração Quádrupla" do *The Magus* é uma técnica Pranayama adaptada que funciona bem com os exercícios rituais da Tradição de Mistérios Ocidental. Da mesma forma, Pranayama desempenha um papel crucial no desempenho de Ásanas, Mudras e Mantras, uma vez que a respiração é a chave para controlar a mente e o corpo. Os exercícios de Pranayama neste livro são utilizados para diversos fins, incluindo o equilíbrio das energias feminina e masculina, acalmando o sistema nervoso, neutralizando a energia negativa e preparando a mente para elevar e manipular a energia.

Mudras são gestos simbólicos, ritualísticos ou poses que geralmente envolvem apenas as mãos e os dedos, embora também possam envolver todo o corpo. Eles nos permitem manipular energias em nossos corpos (Microcosmo) e invocar poderes superiores no Universo (Macrocosmo). Mudras nos conectam com as forças arquetípicas e elevam a vibração de nossa consciência. Este livro apresenta Mudras para despertar e afinar os Chakras, equilibrar os Elementos, invocar a paz de espírito e até mesmo aproveitar a energia Prânica para despertar a Kundalini (Bandhas-Lock Mudras). Você pode usar Mudras com exercícios de meditação, Mantras, Pranayamas e Ásanas, especialmente Ásanas de meditação.

Os Mantras em Sânscrito invocam/evocam a energia, sintonizando-nos com certas potências em nós mesmos e em nosso Sistema Solar. Muitas vezes envolvem a invocação de deuses e deusas hindus ou budistas em alguma forma ou aspecto de seus poderes.

Este poderoso método de induzir energia na Aura tem sido usado por milhares de anos por devotos dos sistemas espirituais orientais. Os mantras geralmente carregam a energia cármica dos sistemas respectivos às tradições ou religiões específicas das quais eles se originaram. Eles vão de mãos dadas com técnicas Pranayama, exercícios de meditação e outras práticas Yógicas. Por exemplo, como a energia invocada através dos Mantras geralmente abrange mais de um Chakra, podemos combinar seu uso (especialmente Bija Mantras) com os Mudras de Mão para isolar e curar eficientemente os Chakras individuais.

E finalmente, a meditação, ou Dhyana, é uma das disciplinas mais amplamente praticadas para focalizar a mente que encontramos tanto no sistema Espiritual Oriental como no Ocidental. Por exemplo, em *The Magus*, a "Meditação dos Olhos da Mente" é um precursor das invocações energéticas porque nos acalma efetivamente, facilitando um *estado alfa* da atividade das ondas cerebrais, e preparando a mente para invocações/evocações rituais. Técnicas de meditação envolvem a visualização de um objeto por dentro concentrando-se em um objeto por gora, ou o emprego de Mantras para ajudar a focalizar a mente. A meditação destina-se a silenciar o Ego e esvaziar a mente, trazendo cura a todos os Chakras. Ela eleva nosso poder de consciência, fazendo-nos presentes aqui e agora e permitindo-nos explorar o campo do puro potencial. A meditação é usada lado a lado com o controle da respiração (Pranayama).

***

Descobri que a Kundalini despertou indivíduos que optam por permitir que a Kundalini trabalhe com Chakras individuais naturalmente são muitas vezes deixados à mercê desta energia que pode ser muito dura às vezes. A dor e a ansiedade podem ser tão elevadas que alguns perderam o controle total sobre suas vidas e contemplaram o suicídio. Encontrar uma prática espiritual para curar os Chakras permite um nível significativo de controle sobre este processo, que pode ser muito edificante e dar-lhe a confiança e a força para seguir adiante em sua jornada. O processo de despertar da Kundalini é um esforço vitalício. Portanto, é essencial permanecer inspirado enquanto está acontecendo para obter o máximo dele e ter um momento mais confortável à medida que você evolui espiritualmente.

A TRANSFORMAÇÃO DA KUNDALINI

É imperativo discutir como o funcionamento dos Chakras se liga ao cérebro, considerando que a expansão da consciência, que é o objetivo primário do despertar da Kundalini, ocorre dentro da cabeça. Você vê, ao despertar os Sete Chakras e ao elevar a Kundalini até a Coroa, que novos caminhos de energia se abrem dentro do cérebro, que parece que sua cabeça se torna oca por dentro. O cérebro passa por um processo de remodelação, expandindo sua capacidade de 10%, que o ser humano médio utiliza, para 100%. Áreas dormentes do cérebro se desbloqueiam, permitindo-nos receber uma enorme quantidade de informação externa de uma só vez e processá-la. Pense nisto como um processo de expansão de energia cerebral.

Uma vez que o Ovo Cósmico se tenha aberto, ativando o Corpo de Luz, leva algum tempo para que a energia Prânica/Luz infunde os Nadis e revigore o novo sistema de energia. Este processo é alcançado através do processo de transformação dos alimentos em energia de Luz através do sistema digestivo. Como não há uma palavra definida para este processo, vou usar "sublimar", uma vez que implica uma coisa mudando sua forma, mas não sua essência. E como todas as coisas são feitas de Espírito e Luz, incluindo os alimentos que comemos, a sublimação se refere à sua transformação de um estado sólido para um estado sutil que infunde e potencializa os caminhos energéticos no Corpo de Luz. Este fenômeno é responsável não só pela expansão da consciência, mas também pela indução de estados transcendentais.

Entretanto, você não será capaz de sintonizar totalmente com o Corpo Espiritual (um dos Corpos Sutis do Corpo Leve) antes de ter trabalhado completamente através dos quatro Chakras inferiores e ter integrado e dominado os Elementos da Terra, Água, Fogo e Ar dentro de sua psique. Uma vez que, para fazer isso, você deve ir além do Abismo, para o reino da Não-dualidade. Assim, durante o longo processo de transformação da Kundalini, sua consciência começa lentamente a se sintonizar com *Chokmah* e *Binah*, a segunda e terceira Esferas mais altas (Sephiroth) na Árvore da Vida que correspondem às funções internas da sabedoria e da compreensão.

Neste livro, vou apresentar-lhes certos Arquétipos Qabalísticos e relacioná-los com a Árvore da Vida. Embora esta obra se mantenha por si só, muitas das ideias aqui apresentadas continuam e ampliam o conhecimento apresentado no *The Magus*. Afinal, sua descrição da energia da Kundalini está relacionada à Tradição de Mistério Ocidental, enquanto *a Serpente Ascendente* se prende ao sistema oriental. Ao continuamente introduzir novas ideias e conceitos a você, pretendo construir sua memória e capacidade de aprendizagem para que seu Eu Superior possa assumir e continuar ensinando-o através da Gnose - a comunicação direta com as energias superiores. Antes que isso ocorra, porém, você deve ter uma compreensão completa do processo da Kundalini e conciliar quaisquer pontos de vista divergentes sobre este assunto.

ATIVAÇÃO DE BINDU

Uma vez que a Luz no corpo tenha sido construída com a ingestão de alimentos, que pode levar de três a quatro meses após um evento de despertar Kundalini completo, você sentirá uma válvula de liberação sendo formada na parte superior da nuca, que é o Bindu Chakra (Figura 5). Sua localização é exatamente onde os brâmanes crescem seus tufos de cabelo. Bindu é um termo sânscrito que significa "local" ou "ponto", e é o ponto de acesso de libertação para a consciência individual - a porta de entrada para "Shoonya", o estado de vazio ou de nada. Entretanto, para Bindu desbloquear, você deve ter despertado completamente o Lótus de Mil Pétalas do Sahasrara, e a Kundalini deve residir agora permanentemente no cérebro. Além disso, uma quantidade suficiente de limpeza Chákrica deve estar completa se o despertar foi espontâneo e você estava Karmicamente despreparado.

O nome mais comum do Bindu é Bindu Visarga que significa "a queda da gota" em sânscrito, em referência ao néctar Amrita que a Tantra Yoga diz que descarrega do Bindu. O néctar Amrita, frequentemente chamado de "Néctar da Imortalidade", secreta do Sahasrara, mas entra no corpo através do Bindu. O Amrita e Ambrosia são a mesma coisa e se referem ao "alimento dos Deuses", o "Elixir da Vida" que se ouve com frequência em diferentes tradições Espirituais. Este néctar nutre o Corpo de Luz e diz-se que prolonga a vida, proporciona sustento e desempenha um papel fundamental na experiência da transcendência após um despertar completo e sustentado da Kundalini.

No Tantra, o Bindu simboliza o Senhor Shiva, a Fonte da Criação. Devido a sua propriedade intrínseca de refletir pensamentos da Consciência Cósmica, este Chakra é frequentemente referido como o Chakra da Lua. O Bindu é considerado um dos Chakras Transpessoais, portanto, não é mencionado na maioria dos livros sobre Yoga. No modelo do Chakra Transpessoal, o Bindu é chamado de Chakra Causal. Ao examinar várias escolas espirituais de pensamento, descobri que a localização dos Chakras e suas propriedades e características são idênticas.

O Bindu Chakra desempenha uma função crucial no processo de transformação da Kundalini. Este Chakra encontra-se próximo a despertar depois de Sahasrara. Ele serve como um portal ou canal de energia para os dois Chakras Transpessoais superiores, o Estrela da Alma e o Caminho Estelar. Após um despertar completo do Kundalini, o Prana/Luz começa a correr através do recém-ativado Corpo de Luz. Com o tempo, a consciência é naturalmente puxada em direção ao Bindu Chakra, desfechadurando-o no processo. Simultaneamente, abre-se o Sétimo Olho, cujo canal auxiliar é crucial para sustentar o circuito da Kundalini e criar um estado mental transcendental. (Mais sobre o Sétimo Olho mais adiante). Uma das funções do Bindu é regular a energia da Luz e distribuí-la pelo Corpo de Luz. Ela atua como um transformador e condutor de energia. À medida que esta energia da Luz aumenta, sua consciência se expande.

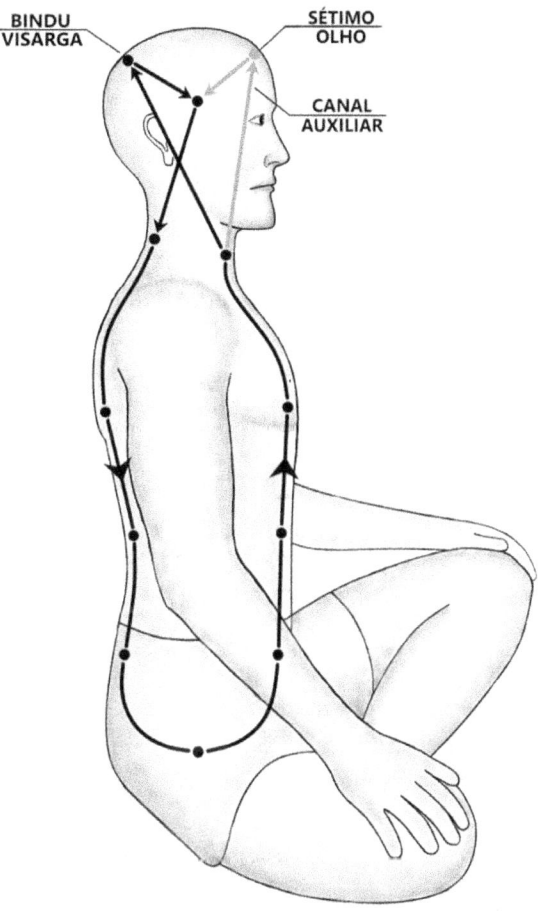

Figura 5: O Circuito Completo da Kundalini

Uma vez que Bindu esteja totalmente aberto, sua consciência tem acesso direto ao reino da Não-dualidade, o Reino Espiritual. Esta experiência é acompanhada por uma sensação de completo arrebatamento espiritual em seu Chakra do Coração. Você começa a sentir intuitivamente o que Jesus Cristo quis dizer quando discutiu a Glória de Deus ou o Reino do Céu e a beleza deste reino mágico que é o direito de nascimento de todos os seres humanos. O Bindu é a nossa porta de entrada na Consciência Cósmica. Uma vez aberto, um constante sentimento de inspiração entra em sua vida. Você começa a sentir que está vivendo no Planeta Terra, mas emocionalmente você está no Céu.

Uma vez que o Bindu é desbloqueado no Corpo de Luz, ele incentiva os Nadis Sushumna, Ida e Pingala a maximizar sua capacidade de canalizar energia. A Luz Kundalini agora flui através desses canais sem obstáculos, com mais velocidade do que nunca, alimentada pelo Bindu. A energia da luz alimenta os Chakras na Aura, permitindo a sintonia com qualquer um dos Planos ou Reinos Cósmicos internos da existência. Estes incluem os Planos Físico, Astral Inferior e Superior, Mental Inferior e Superior, Espiritual e Divino. Os Planos abaixo dos Planos Divinos correspondem aos Sete Chakras.

O Bindu é a válvula de liberação para a energia de Luz sublimada para canalizar, que, quando despertada, completa o circuito Kundalini. Ele unifica os pensamentos e as emoções, permitindo-nos experimentar a transcendência completa na consciência. Sua ativação eleva a vibração de nossa consciência, sintonizando-nos com o Corpo Espiritual. O Bindu serve como um buraco negro para a consciência individual. Ao entrar nele, nós nos unimos com a Consciência Cósmica e nos tornamos Um com o Universo.

Através do Bindu, sua consciência pode facilmente deixar seu corpo quando você se torna absorvido em qualquer forma de meditação. Uma vez que isto ocorre, você começa a canalizar pensamentos a partir da Consciência Cósmica. É o reino do Plano Espiritual, pois todos os pensamentos e sentimentos são reconciliados no "Lago de Fogo" que se encontra dentro dele. Este fogo ativa o conceito da "Glória de Deus" como uma emoção tangível sentida no Chakra do Coração e no coração físico. A figura 5 ilustra o movimento da Luz, que é a energia Kundalini em seu estado mais sublimado.

Na religião hindu e no jainismo, é costume usar um bindi, um ponto colorido no centro da testa. Implica a conexão entre o Olho da Mente (Ajna Chakra) e o Bindu Chakra. Em essência, alcançamos o Bindu Chakra através do Ajna, como é o caso do Sahasrara Chakra. Entretanto, como mencionado, não podemos acessar o Bindu a menos que o Sahasrara esteja totalmente aberto, já que um alinhamento em um implica um alinhamento no outro. Os hindus chamam o Bindu de "ponto de criação", onde todas as coisas são mantidas juntas pela Unidade. Eles descrevem o Bindu então como "o símbolo sagrado do Cosmos em seu estado não manifestado".

ERRADICAÇÃO DA MEMÓRIA

Após o Bindu desperto alinhar sua consciência com o Plano Espiritual, o próximo fenômeno no processo de transformação da Kundalini é o fluxo de memórias aleatórias antes do Olho da sua Mente. Esta ocorrência resulta da relação íntima do Bindu com Ajna Chakra e a Glândula Pineal. Como a mente fica silenciada no Plano Espiritual, ela dá origem a velhas lembranças que ressurgem por um breve momento, uma após a outra, como ondas em um oceano infinito de consciência. Estas memórias podem ser recentes, embora geralmente sejam de uma época mais antiga, indo tão longe quanto a sua infância.

O Eu usa o Olho da Mente para experimentar essas memórias passadas que o Bindu produz. Para ser preciso, o Bindu os "pesca" do Chakra Causal, um dos três Chakras Transpessoais acima da cabeça e um que tem uma conexão íntima com o Bindu. A quinta energia dimensional do amor influencia o Bindu para liberar velhas memórias, removendo assim a carga emocional que as liga a seus Chakras.

E à medida que essas memórias fluem através de sua consciência, a psique está sendo liberada, uma memória de cada vez.

O componente visual de ver essas memórias aleatórias piscarem diante de você uma a uma é acompanhado por uma sensação intuitiva de como as memórias eram sentidas quando esses eventos estavam acontecendo. Assim, de certa forma, você pode reviver estas experiências novamente. Entretanto, desta vez, seu Eu está em um estado neutro, o que significa que você não está mais afetado psicologicamente ou emocionalmente ligado de nenhuma forma a estas ocorrências. Agora você está operando a partir do reino da Não-dualidade, o que significa que o Ego e a mente são contornados.

Como você está descartando pensamentos e emoções antigas através do Bindu, você pode sentir que está perdendo a cabeça muitas vezes porque seu Ego percebe que seu domínio sobre a consciência está enfraquecendo. Entretanto, este processo de erradicação da memória é normal e pode muitas vezes continuar por muito tempo. Afinal de contas, o Ego levou muitos anos para se desenvolver e, a cada memória, ele se tornou mais forte. Agora o processo está revertendo, pois você está voltando ao seu estado original, inocente, antes que o Ego comece a se desenvolver.

Agora, você não pode abolir totalmente o Ego enquanto vive no corpo físico, pois ele serve ao propósito de proteger seu corpo de danos imediatos. Jesus Cristo, um dos mais extraordinários homens santos a viver neste Planeta, viveu com um Ego sua vida inteira, guiando-o e comandando-o. Sua segunda última frase na cruz foi: "Meu Deus, meu Deus, por que você me abandonou? "(Mateus 27:46) Esta afirmação veio de seu Ego, que veio em consciência nos últimos momentos da vida de Jesus para pedir ajuda a Deus sabendo que o corpo físico está prestes a perecer. Esta afirmação foi seguida por: "Está terminado". Esta é a última coisa que seu Eu Superior disse antes de morrer. Aqui está um exemplo perfeito da dicotomia entre o Ego e o Eu Superior e como cada um pode assumir a consciência em qualquer momento, dependendo das circunstâncias e independentemente de como estamos evoluídos espiritualmente.

Portanto, veja, você não pode destruir o Ego nesta vida. No entanto, você pode remover suas garras para que a Alma possa assumir o lugar do motorista e ser sua força orientadora na vida, incluindo a tomada de decisões diárias. E como você não é mais atormentado pelo medo ao se sintonizar com o Plano Espiritual, o Ego não tem mais nada com que subornar você. Uma grande parte do funcionamento do Ego inclui como ele reage à energia do medo e aos cenários fictícios mas assustadores que a mente cria, que o Ego procura impedir de acontecer. Outra parte significativa do modus operandi do Ego é seduzi-lo com pensamentos e desejos de cuidar apenas dos prazeres do corpo e de suas próprias necessidades e desejos. Entretanto, como você não está mais vinculado ao seu corpo e reconhece a unicidade de toda existência, o Ego tem pouco poder sobre você também a este respeito.

A experiência do despertar da Kundalini o levará da Terra para o Céu em uma única década, na maioria dos casos. À medida em que estes processos sutis acontecem, tentar racionalizar o que está acontecendo com você é inútil. A mesma faculdade que você está usando para racionalizar as coisas está sendo erradicada pelo Fogo da Kundalini para permitir que você comece a operar inteiramente por intuição. A memória parece se dissipar através deste processo, assim como o impulso para racionalizar e explicar tudo o que está acontecendo com você através da lógica e da razão. Portanto, as noções de "deixar ir" e "ir com o fluxo" fazem parte do processo de transformação da Kundalini. Ao questionar demais o processo com seu Ego, você estará impedindo o fluxo da Kundalini, a longo prazo, fazendo com que sua transformação demore mais do que deveria.

Pense na analogia do que acontece quando você aplica fogo na água na realidade física - você recebe vapor ou névoa. O Elemento Fogo é a energia Kundalini despertada, enquanto sua memória pertence ao Elemento Água cuja essência é a consciência pura. Expressando-se fisicamente como o conteúdo de água de seu corpo, o Elemento Água compreende mais de 60% de seu Eu Físico. O vapor ou névoa é o detrito, ou componentes nocivos de seu Elemento Água, as memórias de quem você era ou pensava que era quando esses eventos passados ocorreram. Entretanto, essas lembranças não são mais do que ilusões ligadas ao seu Carma, turvando sua essência e impedindo que a Luz interior brilhe no mundo. Com o passar do tempo, e o Fogo Kundalini continua agindo sobre os diferentes Chakras, purificando-os no processo, estas velhas lembranças tornam-se extraídas de você. Esta erradicação do Ego é também um processo de purificação da Alma. Após algum tempo, você começará a ver ondas e padrões de energia em seu Olho da Mente como imagens visuais resultantes das impressões que seu ambiente faz sobre você. Para chegar lá, porém, muitas memórias pessoais têm que ser purificadas. Você pode até mesmo ver lembranças de vidas passadas, já que este processo de purificação não está ligado apenas a esta vida. Lembre-se de que a Alma, que estamos tentando purificar e exaltar aqui, já existe há muitas vidas.

À medida que a consciência se retira cada vez mais para dentro do Bindu, você começa a perder a consciência de seu corpo físico a ponto de ficar entorpecido com as sensações do mundo exterior. Em um nível mais elevado de Evolução Espiritual, sua consciência deixa seu corpo inteiramente, acompanhada por uma sensação de que o corpo físico está sendo injetado com novocaína, um poderoso analgésico e agente adormecedor. Atinge um ponto onde, se você aplicasse um pacote de gelo sobre a pele, não sentiria o frio, mas apenas uma sensação de entorpecimento. Altos níveis de histamina são liberados para a realização deste fenômeno. Uma vez que os principais centros cerebrais são abertos, níveis mais altos de dopamina e serotonina são liberados, contribuindo para um estado emocional eufórico e uma força de vontade super-humana.

Este processo de expansão da consciência é interminável. Você começa a viver nesta realidade continuamente à medida que o Bindu se alimenta cada vez mais da energia da Luz trazida através da ingestão de alimentos. À medida que os nutrientes são absorvidos pelo corpo, a Luz Kundalini que circula dentro de seu Nadis cresce em tamanho e velocidade de movimento, expandindo perpetuamente sua consciência incessantemente.

METAMORFOSE COMPLETA

Você começa a experimentar sensações físicas diferentes através do processo de transformação da Kundalini. A primeira manifestação física destas mudanças energéticas é a sensação de formigas rastejando sobre a pele. Algumas pessoas experimentam suas partes do corpo sendo eletrocutadas enquanto os Setenta e Dois Mil Nadis, ou canais energéticos, são infundidos pela energia Prânica. Uma sensibilidade ao ar ao seu redor pode se desenvolver, tornando-o suscetível a pegar um resfriado ou gripe. Descobri que este fenômeno depende de se o Elemento Ar é dominante em sua Carta Natal. Lembre-se de se manter quente para evitar ficar doente se você começar a sentir o ar frio em sua pele de uma nova maneira. Você também pode começar a desenvolver alergias à medida que seu olfato for aumentado. Você começará a sentir odores particulares como se o objeto ou pessoa estivesse à sua frente, embora, na realidade, eles possam estar a quilômetros de distância.

Todos os processos que descrevi até agora estão interligados. Juntos, eles ativam e desenvolvem os poderes do Corpo de Luz para que a consciência possa gradualmente se alinhar à sua vibração e experimentar a Consciência Cósmica. O Corpo de Luz é como uma árvore cujos ramos (Nadis) alcançam a superfície da pele a partir de dentro. Seu centro está no Chakra do Coração, Anahata, a área central do corpo onde múltiplos Nadis se cruzam. Estes ramos servem como receptores que utilizam o ar ao seu redor como um meio ou conduto de comunicação. São antenas que se conectam com os mundos invisíveis, os Planos Cósmicos que mencionei anteriormente.

O crescimento adicional desta árvore energética ocorre através da alimentação do corpo físico com os nutrientes, vitaminas e minerais corretos. A proteína é essencial, pois ajuda a construir o Corpo de Luz. A vitamina C também é crítica, pois ajuda a regular as glândulas suprarrenais, que se esgotam com o processo de despertar da Kundalini. O medo coloca uma tensão nas glândulas suprarrenais, e à medida que se experimenta um colapso catatônico, a *Noite Escura da Alma*, o medo se amplifica muito. Portanto, é vital beber suco de laranja ou outros sucos de frutas que contenham vitamina C para evitar que as glândulas suprarrenais sejam danificadas permanentemente.

O processo de transformação da Kundalini é um choque tão grande para o Ego quanto a sua morte. Como resultado, pode haver uma tremenda quantidade de negatividade que emerge de seu subconsciente. Se você teve um despertar completo e permanente da Kundalini, este processo começa imediatamente, já que é a ativação total do Corpo de Luz pela quebra do Ovo Cósmico que gera o início de uma vida completamente nova. No início, sua nova vida é enfrentada com muitos desafios únicos enquanto você tenta dar sentido ao processo. Ter a orientação adequada é útil, pois permite que você "deixe ir" de tentar controlar o processo e permita que as coisas aconteçam com você naturalmente.

LUZ E VIBRAÇÃO DENTRO DA CABEÇA

Depois de um despertar completo da Kundalini, além da energia da Luz estar agora presente dentro de seu cérebro em todos os momentos (Figura 6), você também experimentará um zumbido, um som vibratório. Este som é ouvido porque a energia da Kundalini está permanentemente localizada em sua cabeça, o que significa que ela não se move mais para cima e para baixo de sua coluna vertebral, nem desce para Muladhara. Portanto, o que muitas vezes soa como o zumbido de um enxame de abelhas também pode ser descrito como o som de uma corrente elétrica ou radiação.

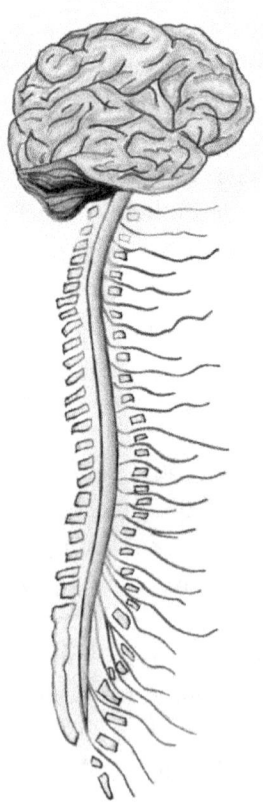

Figura 6: O Cérebro Cheio de Luz

O som vibratório pode ser ouvido melhor no interior quando o clamor do mundo exterior se acalma. Você também notará que ele se torna mais alto no tom quando você traz comida para o corpo, uma vez que sua corrente de energia aumenta. O som varia desde seu estado neutro que soa como o zumbido de um enxame de abelhas, até um som mais agressivo, como um motor a jato, embora não tão pronunciado. Quando fica mais dinâmico ou mais alto, isto indica uma atividade mais vigorosa da Kundalini no Corpo de Luz.

Algumas pessoas despertadas expressaram preocupação com este som vibratório permanente em suas cabeças, dizendo que ele tornou suas vidas bastante desconfortáveis. Meu conselho é aprender a viver com ele em vez de lutar contra ele ou esperar que ele desapareça porque ele não o faz. Ele é uma parte permanente de sua vida agora, pois é o som da energia da Kundalini dentro de você. Entretanto, uma vez que você se distanciar do Ego e se alinhar mais com sua Alma, você aceitará o som vibratório como parte do processo e poderá até aprender a desfrutar de sua presença.

Descobri que o uso de tampões para os ouvidos quando vou dormir me permite usar o som para acalmar e acalmar minha mente, permitindo que eu adormeça mais rápido. Levou muitos anos, no entanto, para aprender a deixar pra lá e apreciar este som, mas saber que ele é uma parte natural do processo e não uma entidade estrangeira maliciosa em sua Aura é metade da batalha.

Estas duas manifestações, a Luz dentro da cabeça e o zumbido constante nos ouvidos, marcam um despertar permanente. Lembre-se de que o Ovo Cósmico precisa ter sido aberto pela ascensão inicial da Kundalini e os Setenta e Dois Mil Nadis do Corpo de Luz ativados através de seu néctar de Ambrosia. Se este evento não tiver ocorrido, então a ativação total da Kundalini não aconteceu. Você pode estar lidando com uma ascensão parcial em Chakras individuais, o mais comum dos quais é uma ascensão no Chakra Coração Anahata.

TIPOS DE ASCENSÃO DA KUNDALINI

Um despertar da Kundalini pode ocorrer de muitas maneiras diferentes e por várias razões. A mais comum é um despertar espontâneo através do uso de drogas recreativas ou após ter sofrido um trauma severo em sua vida. Com o trauma, um despertar da Kundalini ocorre como um mecanismo de defesa uma vez que a Alma esteja farta da dor que está sendo causada no corpo. A Alma sequestra a consciência por tempo suficiente para induzir o relaxamento no corpo. Esta rendição total, acompanhada por uma onda de emoções positivas, pode despertar a energia da Kundalini, e tem despertado para muitas pessoas.

Um método menos comum de despertar a Kundalini é através de uma transmissão conhecida como Shaktipat de uma pessoa que já teve essa experiência por conta própria. A Kundalini também pode ser estimulada pelo estudo de livros religiosos e espirituais e pela compreensão de algumas verdades profundas sobre a natureza do Universo e de Deus - o Criador. Simplificando, para que a Kundalini seja despertada, algo tem que desencadeá-la. Um gatilho pode ser ou um pensamento ou uma emoção, sua ou de outra pessoa. A Shaktipat ocorre devido ao poder do pensamento de um mestre desperto e sua capacidade de transmitir esse pensamento em seu subconsciente.

Depois há despertares da Kundalini que ocorrem como resultado da prática Espiritual direta destinada a despertar essa energia. Ela pode acontecer através de práticas de Yoga, meditação, exercícios rituais de várias tradições, sexo tântrico e outros métodos Espirituais destinados exclusivamente a despertar a Kundalini. Estes casos são menos proeminentes no mundo de hoje, e a maioria das pessoas que encontrei despertaram a Kundalini espontaneamente e não através de práticas diretas com intenção consciente. O desempenho das práticas de cura espiritual, como as que apresentarei mais adiante neste livro, pode elevar a vibração de sua consciência por tempo suficiente para que a Kundalini desperte. No entanto, isto novamente conta como um despertar não planejado e espontâneo.

Algumas pessoas deixam suas sociedades modernas e de ritmo acelerado e vão para Templos e Ashrams e vivem em reclusão por muitos anos, numa tentativa de despertar a Kundalini. Muitos passam uma dúzia de anos ou mais meditando e fazendo práticas

Espirituais para despertar este poder, sem sucesso. É minha convicção pessoal que, se você tiver a intenção de despertar a Kundalini nesta vida, por mais que você tente ou não tente, isso acontecerá com você. Essencialmente, este processo não exigirá seu esforço, mas os eventos da vida se apresentarão a você de tal forma que despertarão este poder. Entretanto, conhecer o poder e o potencial da energia da Kundalini, especialmente para as pessoas que leem sobre este assunto pela primeira vez, pode desenvolver o desejo da Alma que pode ser o catalisador para colocar este evento em movimento.

DESPERTARES PARCIAIS E PERMANENTES DA KUNDALINI

Há dois tipos de despertares da Kundalini - permanentes e parciais. A diferença entre os dois precisa ser entendida corretamente para saber onde você está em seu processo de Evolução Espiritual, para que você possa saber o que fazer para progredir ainda mais.

Em um despertar permanente, a energia da Kundalini sobe da base da coluna vertebral (Muladhara Chakra), passando por Sushumna e entrando no cérebro até chegar ao topo da cabeça (Sahasrara). Ao longo de seu caminho encontram-se os Três Granthis, os "nós" psíquicos que obstruem o fluxo da Kundalini. Cada um deles precisa ser trespassado sistematicamente para que ocorra um despertar completo. Como faz parte da ciência e filosofia da Yoga e do Tantra, discutirei os Três Granthis em detalhes na seção dedicada a suas práticas.

Se a Kundalini desperta se eleva com força suficiente, ela quebrará o Ovo Cósmico no topo da cabeça. Uma vez que o Ovo Cósmico quebra, uma substância líquida semelhante a um néctar, o Ambrosia, derrama sobre o corpo para baixo do topo da cabeça, revigorando os Setenta e Dois Mil Nadis do Corpo de Luz (Figura 7). Isto constitui um despertar "permanente", uma vez que a Kundalini nunca cai de volta para Muladhara. Ao invés disso, ela permanece no centro do cérebro pelo resto de sua vida.

Em um despertar parcial, no entanto, a Kundalini nunca se eleva ao centro do cérebro ou pelo menos não gera energia suficiente para desatar os Três Granthis e subir até o topo da cabeça para soprar o Ovo Cósmico. Em vez disso, a energia da Kundalini cai de volta para Muladhara apenas para repetir o processo de ascensão no futuro. A Kundalini quer se elevar até o topo da cabeça, e continuará tentando fazê-lo até desatar todos os Três Granthis e atingir este objetivo.

Portanto, em um despertar gradual ou "parcial", a Kundalini geralmente se eleva a um determinado Chakra em seu movimento sistemático para cima. Ela faz isso para abrir esse Chakra específico para que você possa gradualmente trabalhar para purificar a energia cármica armazenada dentro dele. Neste caso, não haverá uma enchente de negatividade, pois a Árvore da Vida inteira não é aberta, apenas certas Esferas ou Sephiroth. Portanto, este despertar gradual ou parcial é uma maneira mais confortável de evoluir espiritualmente. Entretanto, não há nenhuma garantia de que a Kundalini jamais chegará ao topo da cabeça nesta vida.

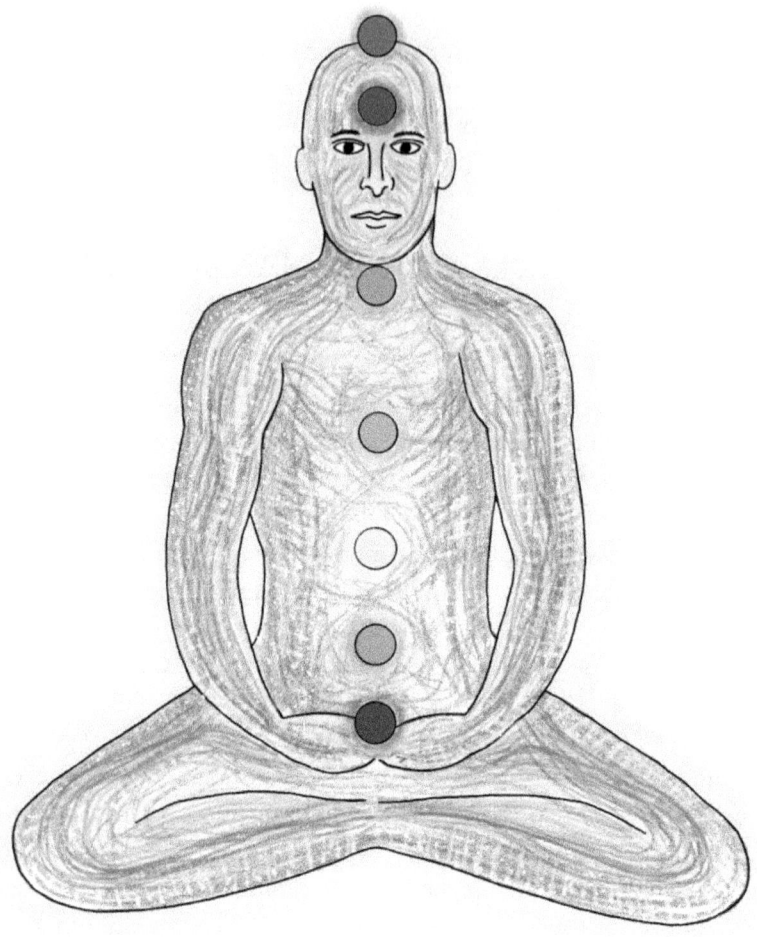

Figura 7: Os Setenta e Dois Mil Nadis

Lembre-se sempre que não podemos escolher como despertar a Kundalini. Gostaria de poder dizer que um método funciona 100% do tempo ou mesmo 10%, mas eu estaria mentindo. Portanto, quem quer que lhe diga que descobriu uma técnica que sempre funciona está enganando a si mesmo e aos outros, seja intencionalmente ou não. Minha crença pessoal é que você não pode escolher com seu Ego para ter esta experiência nesta vida, mas que ela deve ser uma decisão da Alma.

É até possível que optemos por ter esta experiência antes de encarnarmos neste Planeta nesta vida, pois é uma mudança tão radical em relação à realidade média e cotidiana que os indivíduos não despertados vivem. Como tal, os poderes superiores devem estar envolvidos no processo de fazer acontecer um despertar da Kundalini. Entretanto, o despertar permanente da Kundalini é destinado a todos, seja nesta vida ou em outras vidas. Como eu disse, saber o que procurar e se preparar para esta experiência é o primeiro passo - também, ir além das estruturas sociais limitadas que mantêm nossa consciência ligada à realidade material.

Se, depois de ler este livro, você ainda preferir gastar seu tempo e energia para tentar enriquecer em vez de trabalhar para se aprofundar espiritualmente, então um despertar da Kundalini pode não ser destinado a você nesta vida. Talvez ainda haja lições necessárias para aprender a ver que nada é tão importante quanto ter esta experiência.

Os hindus chamam isso de processo de Shakti (a Kundalini) que se levanta para encontrar Shiva (Consciência Cósmica), onde eles consumam seu Casamento Divino e se tornem Um. Uma vez que se unem em êxtase, Shiva desce ao Chakra do Coração para produzir o ato contínuo de renovação dentro da consciência do iniciado da Kundalini. Enquanto neste estado perpétuo e regenerativo, você se torna livre da carga do pecado à medida que se perde dentro de si mesmo. Você se torna como uma criança inocente novamente, olhando para o mundo com olhos novos e frescos, de um momento para o outro. Esta experiência é o que significa realmente estar no "Agora", no momento presente. O Agora é o campo do potencial puro e ilimitado de consciência que pode ser experimentado quando você se liberta da escravidão ao mundo material.

VER A LUZ EM TODAS AS COISAS

Quando a energia finalmente chegar ao topo da cabeça e quebrar o Ovo Cósmico, você desenvolverá uma extraordinária experiência mundial. À medida que a Luz se acumula dentro de você, ela se transpõe para tudo que você vê com seus olhos físicos, dando um brilho cintilante e prateado ou brilho a tudo que você percebe no mundo material. Quando eu desfoco minha visão e fico olhando para um objeto por cerca de dez segundos, esta mesma Luz desmaterializará esse objeto diante de meus olhos.

Da mesma forma que alguém poderia ver o mundo com LSD ou cogumelos mágicos, eu o vejo sem nenhuma droga. Tornou-se uma parte permanente de minha vida depois de desenvolver naturalmente a capacidade de perceber esta realidade holográfica, o plano de Energia Pura ou "duplo" do mundo material. Ela existe aqui e agora, mas como nossos corpos e cérebros são compostos de Matéria, não podemos perceber além dela sem transformar completamente nossa consciência.

O planeta Terra foi planejado para ser experienciado com uma Kundalini desperta porque o fato é que o mundo material está vivo e é Pura Energia. Lembro-me como eu via as coisas antes desta transformação, e posso dizer com segurança que este é o Planeta Terra 2.0. É quase como se eu recebesse um fone de ouvido de realidade virtual permanente para usar 24 horas por dia, 7 dias por semana. Era a isto que eu me referia quando disse que a realidade exterior se torna "digital".

Com um despertar completo da Kundalini, você também começa a sentir a essência de tudo o que você percebe em seu Chakra do Coração, Anahata. Uma vez alcançada, esta nova experiência da realidade é uma mudança transcendental permanente na forma como você experimenta o mundo ao seu redor. Uma vez que isso acontece, você nunca mais poderá desligá-lo novamente.

Como mencionei anteriormente, porém, nem todos veem a Luz em todas as coisas depois de um despertar completo da Kundalini. A maioria não vê. A primeira pessoa que corroborou esta experiência para mim não foi alguém com quem falei pessoalmente, mas um renomado autor sobre o tema da Kundalini, Gopi Krishna. Gopi falou sobre este fenômeno em seus livros, a saber *Vivendo com a Kundalini*, que captou a essência deste dom. O livro pintou um retrato sólido do processo de despertar da Kundalini e de suas manifestações e presentes, incluindo esta nova lente visual que se desenvolve.

Este fenômeno ocorreu em mim cinco meses após o despertar inicial da Kundalini em 2004 e ainda está comigo hoje. Esta atualização visual não é o único presente variado na Kundalini despertou indivíduos, no entanto. Entretanto, é a mais crucial, em minha opinião, pois muda drasticamente sua percepção da realidade e permite que você veja a natureza holográfica do mundo, seu projeto digital, com seus próprios olhos.

Tive até momentos de meditação profunda quando o mundo exterior apareceu como uma projeção de tela de cinema 2D, cuja superfície era feita de Luz dourada. A esquisitice, porém, não terminou aí. Pude "Perscrutar" dentro desta visão e ver Universos paralelos que existem aqui e agora, mas que são imperceptíveis à visão humana normal. (Perscrutar, nesse caso específico, como um processo de olhar para objetos físicos usando o Olho da Mente)[1].

Experimentei esta visão como um arrebatamento completo que despertou minha consciência. Ela veio sobre mim como uma onda, e eu me tornei pura consciência abraçando-a. Estas visões de mundo paralelas muitas vezes me transportaram aos tempos medievais por alguma razão, apenas a uma escala muito menor do que nosso mundo atual. Isso me fez entender que os mundos paralelos existem aqui e agora dentro do raio de luz 2D que vem do Sol. Uma vez que pude alterar minha vibração interior, pude vê-los com meus próprios olhos.

Imagine ter essa capacidade e ser lembrado a cada momento que o mundo em que você vive é feito de pura energia. Isso torna muito fácil dissociar-se do Ego e dar prioridade à vida espiritual, o que eu fiz sem olhar para trás.

Devido à intensidade e à força da energia da Kundalini ao subir pela minha coluna vertebral durante o processo de despertar, ela abriu exponencialmente o olho da minha mente antes de subir até o topo da cabeça. Este evento ocorreu porque eu estava realizando um exercício de visualização mental utilizando o Olho da Mente durante o processo de despertar. Gopi estava fazendo o mesmo que está relatado em seus livros. Ao concentrar a atenção no túnel do Olho da Mente, nossa porta para os Planos Cósmicos

---

[1] O original emprega o termo "scry", que, em linhas gerais, denota uma busca de visões ou informações por meios mágicos ou esotéricos. A tradução mais comum seria "cristalocar"; entretanto, utilizou-se, em vez, "perscrutar" por sua maior abrangência sem perda de essência (Nota do Tradutor).

internos, a Kundalini entra nele ao subir, expandindo sua circunferência antes de subir para Sahasrara. O túnel do Olho da Mente tem a forma de um donut, servindo como uma tela mental em que as imagens visuais são passadas enquanto se tem visões.

É possível que, se você não utilizar um exercício de visualização que chame a atenção para a cabeça da flor Ajna Chakra (entre as sobrancelhas), a Kundalini não ative totalmente seu poder. Neste caso, a Kundalini chega a Sahasrara e pode até abrir o Ovo Cósmico, mas o potencial total do Ajna Chakra não é despertado. Esta é uma opção. A outra opção é que o Ajna abre, mas não com intensidade suficiente para causar esta mudança radical na percepção visual.

Claro, estas são as minhas teorias, mas baseadas na lógica e na razão, já que muitas pessoas que relatam ter tido o Ovo Cósmico aberto e a sensação de ter sido "eletrocutado" não veem Luz em todas as coisas depois. Seja qual for o caso, que se saiba que existem vários despertares e experiências da Kundalini, e nem todos são iguais.

FATORES DE DESPERTAR DA KUNDALINI

Ao tentar despertar diretamente a energia da Kundalini, muitos fatores devem estar trabalhando juntos ao mesmo tempo para serem bem-sucedidos. Para começar, se você está tentando despertá-la através da meditação consciente, a vibração de sua força de vontade deve ser substancialmente maior do que sua tagarelice mental para que você possa induzir ao silêncio. Assim, é improvável que você desperte a Kundalini com este método, a menos que você o tenha feito por um longo tempo e seja proficiente nele.

Uma abordagem mais simples é usar uma meditação de visualização em seu lugar. Você deve manter uma imagem de um objeto simbólico (como uma flor de lótus ou uma estátua de Deus ou Deusa) no Olho da sua Mente por um período prolongado. Ao manter uma imagem constante e firme em sua mente, sua força de vontade começa a vibrar com uma intensidade vigorosa, puxando sua consciência para dentro. Se você puder segurar esta imagem enquanto negligencia os pensamentos aleatórios que vêm à sua cabeça, você terá algum nível de experiência espiritual e talvez até desperte a energia da Kundalini na base de sua coluna vertebral. No mínimo, você entrará no portal Olhos da Mente para experimentar o Mundo Astral, o que pode ser uma experiência emocionante se você nunca fez isto antes.

Agora, se a imagem que você está segurando em sua mente tem um componente sexual, é possível agitar a Kundalini em atividade na base da coluna vertebral. A energia sexual é essencial a este respeito, pois qualquer tipo de excitação sexual, quando projetada para dentro, pode ativar a Kundalini. Eu tinha ouvido falar de muitos casos de despertares espontâneos que ocorreram depois que o indivíduo experimentou um nível de excitação sexual superior ao normal, mantendo uma mente pura e silenciosa.

Uma ativação da Kundalini pode ocorrer quando a energia sexual é sublimada e canalizada para o cérebro no clímax, em vez de ser liberada externamente por ejaculação. Uma meditação de visualização durante a atividade sexual focaliza a energia para dentro, em direção ao Olho da Mente no cérebro. Ela pode fazer com que a Kundalini desperte e levante a coluna vertebral, abrindo sistematicamente todos os Chakras inferiores até que ela entre no cérebro. Entretanto, para garantir que ele se eleve com força suficiente, é crucial estar realizando algum tipo de exercício de visualização para puxar a Kundalini para dentro do cérebro, onde ela pode subir até o topo da cabeça e completar o processo.

A chave para este processo é gerar energia sexual crua com uma mente e um coração puros, estimulando, assim, os Chakras Muladhara e Swadsthihana em atividade. Quando feito corretamente, você sentirá sensações em seu abdômen que são ao mesmo tempo eufóricas e extasiantes. Seu corpo inteiro começará a tremer e a tremer, e você poderá até ter arrepios de como essas sensações são agradáveis.

A energia sexual tem que se construir sobre si mesma e se fortalecer apenas com o poder de seus pensamentos. A maioria das pessoas desconhece que a excitação sexual pode crescer exponencialmente e nem sempre tem que resultar em um orgasmo externo. Ao tentar despertar a Kundalini, a chave é canalizar a energia sexual para dentro usando sua força de vontade e imaginação em vez de expeli-la através de seus genitais.

Durante meu despertar da Kundalini, eu estava segurando uma imagem em minha mente de uma mulher bonita e erótica, na qual me concentrei tão intensamente que projetei no portal do Olho da Mente e pude experimentá-la como real. No entanto, o que gerou a força intensa com a qual a Kundalini despertou foi a acumulação de energia sexual enquanto eu fazia amor com ela em minha mente. Essa energia sexual se amplificou e cresceu em poder até que experimentei meu primeiro orgasmo interno. No entanto, a experiência não terminou aí. Seguiu-se outro orgasmo interno, e mais vários outros, todos em sucessão, com intensidade e velocidade crescentes. Minha área genital se sentia como uma locomotiva acelerando e construindo impulso a cada curva de suas rodas.

Um sentimento de excitação sexual em meu abdômen cresceu exponencialmente em sincronicidade com os orgasmos internos. Eles vieram em ondas contínuas e apressadas por cerca de quinze a vinte segundos. Então, no seu auge, quando parecia que meu cérebro e meu corpo não aguentavam mais êxtase, a Kundalini despertou na base da coluna vertebral. Parecia uma esfera de energia do tamanho de uma bola de golfe que simplesmente apareceu do nada.

COMPLETANTO O PROCESSO DE DESPERTAR DA KUNDALINI

Uma vez que a Kundalini desperta, ela viaja naturalmente para cima através da coluna vertebral. Entretanto, se você despertar a Kundalini espontaneamente, sem uma prática meditativa, ela provavelmente não alcançará Ajna Chakra. Como mencionei, para elevar-se com força, que é necessária para alcançar Ajna Chakra dentro do cérebro, é essencial manter conscientemente uma imagem em sua mente com força de vontade e imaginação. Note que os despertares espontâneos da Kundalini que ocorrem a partir do uso de drogas alucinógenas podem ser poderosos, pois envolvem uma mudança na percepção que estimula o Olho da Mente.

Um despertar completo requer que a Kundalini suba no cérebro através de Sushumna, o canal do meio, acompanhada por Ida e Pingala, que se fundem em um fluxo de energia no Ajna Chakra. Uma vez unidas a suas energias masculina e feminina, elas se unem ao Sushumna como uma para subir ao Sahasrara e explodir o Ovo Cósmico (Figura 8) que detém o potencial de seu Corpo de Luz, seu Eu Cósmico.

Sahasrara pode potencialmente ser aberto somente com o Sushumna. Entretanto, se Ida e Pingala não juntarem forças na Ajna, pode haver problemas debilitantes no sistema energético que podem causar estragos em seus pensamentos e emoções. Tal é o exemplo da ascensão inicial de Gopi Krishna, onde ele despertou Pingala e Sushumna, mas não Ida. Seu sistema nervoso estava em completa desordem após o despertar, uma vez que ele não tinha a energia de resfriamento da Ida presente, o que causou ansiedade contínua sem fim. Depois de quase perder toda esperança, ele tentou uma meditação de visualização em uma tentativa desesperada de despertar Ida. Como Ida representa o princípio feminino, a essência do Elemento Água que é a fonte de energia de todas as imagens visuais, Gopi finalmente conseguiu despertar Ida, que subiu para Ajna para completar o processo de despertar da Kundalini.

É essencial entender que o Sushumna Nadi sempre acompanha Ida, Pingala ou ambos simultaneamente, o que é a opção desejada. Ida, Pingala, ou ambos não podem subir em um Chakra sem a presença de Sushumna Nadi, já que o Sushumna Nadi carrega a energia da Kundalini. Ida e Pingala canalizam as energias feminina e masculina, mas a Kundalini sobe pela coluna vertebral, que é o Sushumna Nadi.

Antes que a Kundalini possa entrar no cérebro, ela deve furar o Vishuddhi, o Chakra da Garganta. O Vishuddhi é mais avançado que o Chakra inferior, pois é o primeiro Chakra do Elemento Espiritual. Para perfurá-lo, é preciso ter evoluído além da energia cármica principal dos Elementos inferiores, que correspondem aos quatro Chakras inferiores. (Mais sobre a conexão entre os Elementos, Chakras e Nadis em um capítulo posterior).

Se você despertou a Kundalini por meios meditativos, eu o aconselho a continuar realizando sua meditação em vez de apenas deixar ir quando sentir a Kundalini subindo. Fazer isso é a chave para reunir força suficiente para a Kundalini perfurar o Vishuddhi Chakra em sua ascensão e depois entrar no cérebro para tentar completar o processo.

Para despertar o Lótus das Mil Pétalas de Sahasrara, os três Nadis de Sushumna, Ida e Pingala têm que se unificar em um fluxo de energia no meio do cérebro no Terceiro Ventrículo antes de subir para o topo, centro da cabeça. Quando o lótus começa a se abrir como uma flor desabrochando, o Ovo Cósmico no topo da cabeça é perfurado pela Kundalini. Entretanto, o lótus não precisa abrir completamente para que o Ovo Cósmico se quebre. Se a Kundalini se levantar com força suficiente, o Ovo Cósmico se quebrará logo após o Sahasrara começar a se abrir. Então, o néctar de Ambrosia do Ovo Cósmico é liberado, que se derrama sobre o corpo de cima para baixo, ativando os Setenta e Dois Mil Nadis do Corpo de Luz.

Portanto, ter um despertar completo da Kundalini requer algum esforço consciente de sua parte para completar o processo. A maioria dos despertares espontâneos são levantamentos parciais da Kundalini. Meu caso é uma daquelas raras situações em que a

Kundalini despertou com uma força incrível, mas apenas porque eu estava realizando, inconscientemente, uma meditação sexual tântrica com um componente de visualização sexual. Como tive um despertar tão intenso da Kundalini aparentemente por acidente, sempre me considerei abençoado e obrigado a compartilhar com o mundo tudo o que aprendi e experimentei.

É crucial compreender o processo de despertar da Kundalini e memorizar sua mecânica. Há muitos pontos de vista diferentes sobre este tema das pessoas que vivenciaram este evento. Entretanto, descobri que uma pequena porcentagem dessas pessoas completou o processo e elevou a Kundalini à Sahasrara. E ainda menos ainda quebrou o Ovo Cósmico e ativou o Corpo de Luz. Depois há aqueles que ativaram o Corpo de Luz mas não relatam ter visto a Luz em todas as coisas com seus olhos físicos, o que me diz que não tiveram uma ativação completa do Ajna Chakra. Portanto, vejam, há muitas experiências variadas deste mesmo processo Universal.

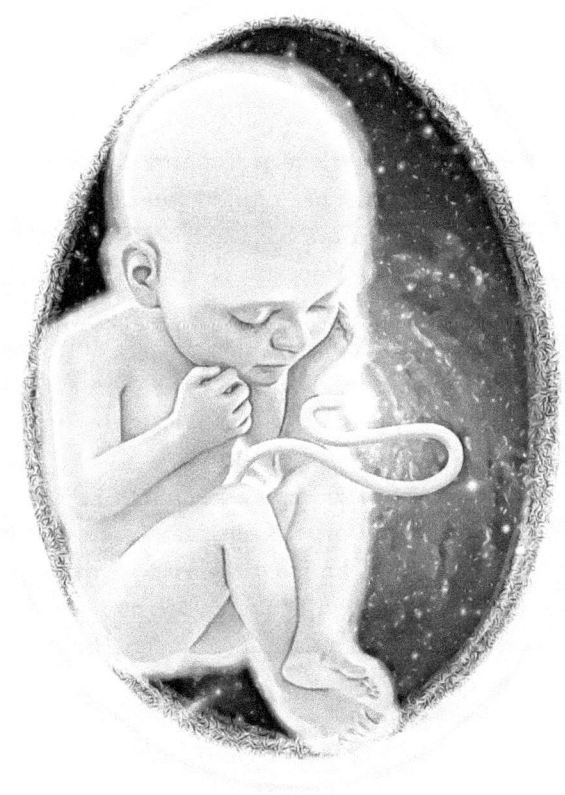

Figura 8: O Ovo Cósmico

Geralmente posso constatar o tipo de despertar da Kundalini de alguém ao ouvir suas experiências e ao comparar relatórios. Geralmente, aqueles que não completaram o despertar da Kundalini carecem do conhecimento da parte final do processo. Por exemplo, a maioria das pessoas sabe que a Kundalini desperta os Chakras e procura expandir a consciência. Entretanto, em minha experiência, a maioria das pessoas desconhece a existência do Ovo Cósmico, a ativação do Corpo de Luz (que resulta na sensação de ser eletrocutado), e especialmente a remodelação do cérebro para perceber um nível mais elevado de realidade através de um Ajna Chakra expandido.

Ao memorizar todo o processo de despertar da Kundalini, você está dando à sua mente um roteiro de como este evento pode ocorrer para você. Compartilhar estas informações é um método para ajudar você mesmo a despertar a Kundalini e completar o processo.

ALINHAMENTO COM O CORPO ESPIRITUAL

Embora pareça que a ativação da Kundalini está acontecendo no corpo físico, ela está ocorrendo no Corpo de Luz. Como discuti no *The Magus*, todos nós nascemos com o Corpo de Luz, indissociavelmente ligados ao nosso corpo físico. Entretanto, precisamos ativar plenamente seus poderes nesta vida para otimizar nosso sistema energético, o que só pode ser alcançado despertando a Kundalini e elevando-a até a Coroa.

Quando a Kundalini começa a se elevar, despertando os Chakras, sua consciência reconhece a existência do Corpo de Luz, permitindo que ele se insiran os diferentes Corpos Sutis que correspondem aos Chakras que você despertou. A ativação total do Corpo de Luz é um dos principais propósitos do despertar da Kundalini. Os Setenta e Dois Mil Nadis servem para fazer do Corpo de Luz uma antena para as vibrações do mundo exterior. Estas vibrações são recebidas através do mais alto dos Corpos Sutis, o Corpo Espiritual. Sua consciência gradualmente se sintoniza com ele depois de ter liberado a energia cármica dos Quatro Chakras inferiores. Para conseguir isso, ela deve incorporar sistematicamente os Corpos Sutis que correspondem a esses Chakras.

Quando sua consciência se sintonizar com os Chakras Espirituais, os três mais altos, ela se alinhará inteiramente com o Corpo Espiritual, que se tornará seu novo veículo. Quando isto ocorrer, você descartará antigos modos de funcionamento e atuará apenas por intuição. Estar neste estado não significa que você não sentirá nada emocionalmente ou que não será capaz de usar a lógica. Significa apenas que a intuição se tornará seu principal modo de funcionamento.

Você perceberá o mundo ao seu redor através da experiência energética direta, já que seu Ser será elevado ao Primeiro Mundo de Atziluth, representando o Plano Espiritual no Qabalah. (Mais sobre isso no próximo capítulo.) Atziluth é onde existem os pensamentos de Deus, os Arquétipos que dão à humanidade um modelo para trabalhar, unindo nossa realidade. Como a Criação é um processo sistemático, sua experiência consciente dos eventos da vida se filtra para baixo nos três Mundos inferiores (existem Quatro Mundos Qabalísticos no total) que evoluem para fora do Primeiro Mundo.

Ao alinhar sua consciência com o Corpo Espiritual, pensamentos e emoções não terão mais o mesmo impacto sobre sua mente e corpo porque são expressões dos Planos

Inferiores. E como agora você está elevado a um Plano acima deles, você consegue superar seus efeitos nocivos. É claro que você ainda terá pensamentos e emoções negativas, já que seu Ego está para sempre ligado ao corpo físico, mas você irá contornar seus efeitos energéticos. Em vez disso, sua Alma interpretará as emoções negativas como lições de aprendizagem, em vez de permitir que elas tomem conta de sua consciência e sobrecarreguem. Como resultado, o que você vivenciará será passageiro e no momento. Além disso, você será capaz de usar a lógica e a razão e pensar intelectualmente, sem se vincular ao Ego e associar-se a ele como antes.

A quebra do Ovo Cósmico após a Kundalini alcançar a Coroa significa o despertar completo e permanente. Dentro deste contexto, permanente significa que a energia não cai de volta para Muladhara, o chakra raiz. Ao invés disso, ela permanece no cérebro. Simbolicamente, a Kundalini Shakti e sua consorte Shiva, a Consciência Cósmica, terão se unido em um Matrimônio Espiritual. Este é o ponto de vista oriental da conclusão do despertar da Kundalini.

Do ponto de vista da Tradição de Mistérios Ocidental, você terá recebido as asas do Caduceu de Hermes ao completar o processo de despertar da Kundalini. Você se tornará um protótipo do Deus Hermes, que é chamado de Mercúrio pelos romanos. Isso significa que você terá herdado seu capacete alado e seus sapatos alados. Simbolicamente, isto significa que você terá sua cabeça no céu (Céu) e seus pés no chão (Terra). Sua consciência estará sempre no modo "voo", e você terá uma altura natural, quase como se estivesse deslizando através do Espaço e do Tempo. Estas sensações são o que se sente ao ter a consciência expandida.

Uma vez concluído o processo de despertar da Kundalini, com o tempo, você desenvolverá uma conexão com seu Sagrado Anjo da Guarda (SAG), que se tornará seu guia e professor na vida. Assim, você terá se tornado um Deus-humano cuja consciência transcendental continuará a viver além desta vida e na próxima.

SUA NOVA LAMBORGHINI VENON

A ativação da Ajna é essencial para se ter a experiência completa da Kundalini. Eu já descrevi alguns dos dons associados a este fenômeno. Outros dons incluem a capacidade de se ver de fora de si mesmo e viver em uma Experiência Fora-do-Corpo permanente. Entretanto, esta última é mais uma manifestação do Sahasrara Chakra despertado. Ao ver a si mesmo e o mundo ao seu redor de uma perspectiva mais elevada, você perceberá que a Consciência Cósmica não é apenas um conceito ou uma ideia, mas uma coisa real.

Espero ter feito um bom trabalho apresentando a Kundalini, o processo de despertar e alguns dos dons espirituais mais incríveis que se desdobram. Embora, ao usar palavras para descrever a experiência transcendental da realidade após um despertar completo da Kundalini, sinta que estou limitando o quão extraordinária ela realmente é. Como diz Morfeu em *Matrix*, "Ninguém pode ser informado sobre o que é a Matrix". Você tem que ver por si mesmo". Da mesma forma, você precisa experimentar isto por si mesmo para entender o quadro geral. Mas, por enquanto, minhas palavras terão de ser suficientes.

Um despertar Kundalini transforma o mero humano em um Semi-Deus, um super-herói dos tempos modernos, em uma vida. Somente, seus novos poderes recebidos geralmente não são algo que você possa provar aos outros, mas você vive e encarna a verdade do que você se torna. Com o tempo, através de seu conhecimento ampliado e seus atos amáveis para com a humanidade, você pode ser reconhecido como um Ser de Luz e seu emissário. Mas para chegar lá, muitos anos terão que passar, e muitos desafios serão superados.

O segredo desta introdução à Kundalini é que, embora existam várias maneiras de despertar esta energia, o processo será sempre o mesmo. Entretanto, sem uma compreensão adequada do processo, é como ser dotado de uma Lamborghini Veneno, um carro esportivo de 4,5 milhões de dólares, mas sem receber seu manual de instruções nem ter qualquer experiência de direção. Minha tentativa em *Serpent Rising: The Kundalini Compendium* é escrever o manual desta invisível ciência de energia Kundalini o melhor que posso. E uma vez que você tenha as instruções e os projetos, quero lhe dar uma visão de como dirigir sua nova Lamborghini. Para ser mais preciso, se seu veículo de consciência atual pode ser comparado a um Ford Focus antigo, então este veículo atualizado é uma nave espacial intergaláctica. Portanto, novamente, eu digo "Lamborghini" para que as pessoas possam fazer associação.

Sou grato ao Universo por ter tido o despertar da Kundalini, como qualquer pessoa na minha posição faria. Também acredito que a sorte não teve nada a ver com isso, e minha Alma escolheu isto para mim antes mesmo de eu nascer. Não é uma coincidência que me tenham sido dadas habilidades e habilidades específicas nesta vida que me serviriam nesta jornada Espiritual. Devido à minha natureza obsessiva e à necessidade de encontrar as ferramentas espirituais para me ajudar desde cedo, desenvolvi uma compreensão excepcional da Kundalini ao longo dos anos. Minha experiência e minhas pesquisas sobre este tema são inéditas. Minha jornada me levou a assumir o papel de mensageiro do povo sobre a existência da energia da Kundalini e o potencial da Magia Cerimonial na ajuda ao processo de transformação espiritual.

Meu trabalho visa servir meu Criador e cumprir minha missão de transmitir conhecimento a outros que andam no mesmo lugar em que eu andava há muitos anos atrás, quando eu tateava no escuro para obter respostas. Somos todos guerreiros em treinamento neste caminho de Evolução Espiritual, e nosso propósito é evoluir e coletivamente elevar a consciência da Terra. Ao compartilhar o que sei, pretendo transmitir as ferramentas que você precisará se e quando sua nova Lamborghini se avariar e precisar de orientação.

E para aqueles momentos em que outros recorrem a você para obter orientação, você saberá como ajudá-los também porque você foi ajudado. E para aqueles de vocês que ainda não receberam sua nova Lamborghini, agora aprenderão sobre ela, como funciona e como se dirige, e saberão o que procurar conscientemente. Como diz o velho ditado: "Buscai, e encontrareis". "Batei, e a porta se abrirá para vós". Mas se você não souber o que procurar ou em que porta bater, o Universo não saberá como ajudá-lo. O conhecimento é o poder mais significativo do Universo.

***

Isto completa a introdução à Kundalini e o processo de despertar em geral. Agora quero seguir outros assuntos pertinentes para lhe dar uma visão interna de como seu sistema energético funciona; seus componentes, sua mecânica e como ele interage com o corpo físico. Esta próxima parte do livro é dedicada à ciência da energia da Kundalini. Ela inclui o capítulo crítico sobre anatomia humana descrevendo as mudanças que ocorrem no corpo físico durante e após um despertar da Kundalini.

PARTE II:
O MICROCOSMO E O MACROCOSMO

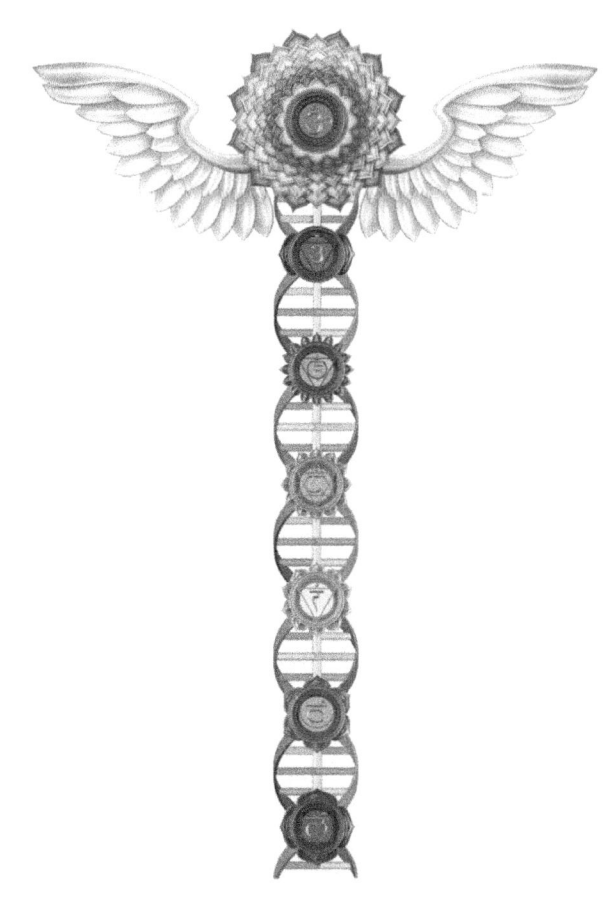

OS CINCO ELEMENTOS

Elementos clássicos referem-se à Terra, à Água, ao Ar, ao Fogo e ao Espírito. Culturas antigas como a Grécia, Egito, Pérsia, Tibete, Índia e Japão consideravam os Elementos Clássicos como os blocos de construção do Universo. Eles usavam o conceito de Elementos para explicar a complexidade e a natureza da Criação manifestada em termos mais simples. Suas listas dos Elementos e sequência de manifestação variavam ligeiramente, mas tinham os mesmos significados. O Elemento Espiritual era intercambiável com Aethyr, Ether, Void, Akasha e Espaço, dependendo da tradição. (Note que Aethyr ou Ether é apenas a grafia latina do Éter).

O sistema chinês Wu Xing é ligeiramente diferente, pois descreve vários tipos de energia em um estado de fluxo constante e interação uns com os outros, chamados de "Cinco Fases" dos fenômenos naturais. As Cinco Fases de Wu Xing são: Madeira, Fogo, Água, Metal e Terra. Os Elementos chineses são vistos como sempre mutáveis e em movimento, enquanto os Elementos Clássicos são separados uns dos outros, embora sejam partes de um todo.

Os Antigos postularam que o Universo exterior (Macrocosmo), incluindo a composição energética de cada ser humano (Microcosmo), consiste nos Cinco Elementos. Os Cinco Elementos correspondem aos Sete Chakras (Figura 9). Eles compreendem nossa Aura e os Planos Cósmicos e Corpos Sutis dos quais nossa consciência participa.

Os primeiros quatro Chakras correspondem com Terra, Água, Fogo e Ar, enquanto os três Chakras superiores correspondem com Espírito. Os Chakras, por sua vez, se comparam com os Sephiroth na Árvore da Vida na Tradição de Mistérios Ocidental. Sua correspondência é complexa e não tão aparente como muitos professores espirituais acreditam, mas a relação está lá. Para uma exposição completa sobre o Sephiroth e os Cinco Elementos, consulte *The Magus: Kundalini and the Golden Dawn*.

Compreender como os Elementos operam é um pré-requisito essencial para as práticas avançadas de Yoga, muitas das quais são apresentadas neste livro. No sistema Espiritual Oriental, os Cinco Elementos correspondem aos Tattvas, que também serão explorados em *Serpent Rising*.

Os Cinco Elementos são a base da Yoga e da Ayurveda (sânscrito para "conhecimento da vida"), que é a medicina holística tradicional indiana desenvolvida em torno da mesma época da Yoga (aproximadamente 3000 AC). A Ayurveda é baseada nas três constituições, ou Doshas-Vata, Pitta, e Kapha. Vata é a energia do movimento (Ar e Espírito), Pitta é a energia da digestão e metabolismo (Fogo e Água), e Kapha é a energia que forma a estrutura do corpo (Terra e Água). Cada pessoa tem um equilíbrio único dos Elementos dentro dela e, portanto, um Dosha único. O domínio elementar encontrado na carta astrológica ocidental de uma pessoa, especialmente de acordo com seus signos Sol, Lua e Ascendente, muitas vezes determina seu Dosha. Entretanto, deve-se analisar seu Mapa Astrológico Védico para obter um diagnóstico correto, como é feito tradicionalmente na Ayurveda. (Mais sobre Ayurveda e os Três Doshas na seção de Yoga.)

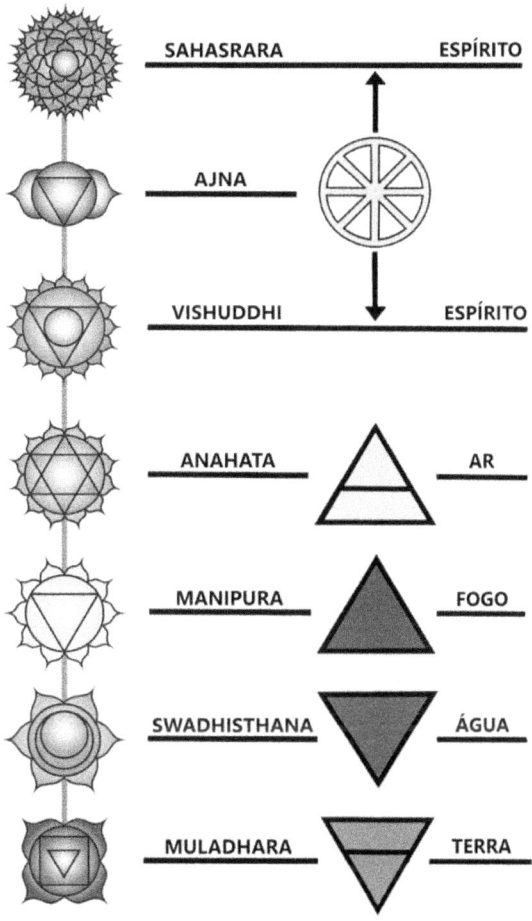

Figura 9: Os Cinco Elementos e os Sete Chakras

Os Cinco Elementos também se relacionam com os cinco sentidos: O Espírito, ou Aethyr, é o meio pelo qual o som é transmitido; assim, o Elemento Espírito corresponde aos ouvidos e à audição. O Elemento Fogo está relacionado com os olhos e o sentido da visão, já que o fogo manifesta Luz, calor e cor. O Elemento Ar relaciona-se com o nariz e o olfato, enquanto o Elemento Água relaciona-se com a língua, o órgão do paladar. E finalmente, o Elemento Terra está associado com a pele e o sentido do tato. Esta informação é essencial ao explorar as práticas de Cura Espiritual, já que a aplicação de cada um requer o uso de um ou mais dos sentidos para impactar a consciência.

Ao purificar e equilibrar os Elementos dentro de nós mesmos, alcançamos e mantemos uma boa saúde e elevamos a vibração de nossa consciência. Todas as práticas Espirituais visam essencialmente este objetivo. Seja realizando um Programa de Alquimia Espiritual Cerimonial Magick (como apresentado no *The Magus*) ou realizando práticas de Yoga regularmente, o objetivo é sempre a Evolução Espiritual.

A Qabalah Hermética e a ciência e filosofia da Yoga afirmam que o Microcosmo é o reflexo direto do Macrocosmo, e vice-versa - Como Acima, Assim Abaixo. No *Caibalion*, este conceito é chamado de Princípio de Correspondência, uma Lei Universal ou verdade subjacente a toda existência. Todas as tradições espirituais são construídas em torno desta Lei, e todas elas contêm algum elemento Solar ou Lunar para elas, representativo dos Princípios Masculinos e Femininos da Criação.

Em um nível básico, o Princípio de Correspondência implica que o Microcosmo, a Aura humana (nossa composição energética), encontra seu reflexo no Macrocosmo - o Universo e, mais particularmente, em nosso Sistema Solar. (Este conceito também funciona ao contrário.) Todos nós carregamos energias planetárias e zodiacais dentro de nós mesmos. Equilibrá-las e elevar a consciência é a "Grande Obra" do Alquimista, referindo-se à nossa busca eterna de unir nossa consciência com a Consciência Cósmica do Criador - é a nossa busca da Iluminação.

O PENTAGRAMA

O símbolo do Pentagrama, ou "Five-Pointed Star", existe desde a época da antiga Babilônia e da Grécia. No Esoterismo ocidental, o Pentagrama com ponta para cima (Figura 10) é chamado de "Estrela do Microcosmo". Quando o Pentagrama está inscrito em um círculo, é chamado de Pentagrama, usado principalmente pela Wicca. De acordo com Pitágoras, cinco é o número do ser humano. Cada um dos cinco pontos do Pentagrama representa um dos Cinco Elementos da Terra, Ar, Água, Fogo e Espírito, como simbolizados pelas pernas, braços e cabeça.

As associações mágicas do Pentagrama fazem dele um poderoso símbolo ritualístico utilizado para invocar o poder dos Cinco Elementos, notadamente no Cerimonial Magick e feitiçaria. Também é usado como um símbolo religioso pelas fés neopagãs modernas e pelos Maçons. Quando o Pentagrama é orientado na vertical, ele representa o Espírito que preside os Quatro Elementos e é, portanto, um símbolo de Luz, amor e do Eu Superior. O Pentagrama com ponta para cima atrai as forças angélicas enquanto serve para proteger dos demoníacos. Como tal, ele é usado em Magick Branca (Luz).

Figura 10: O Pentagrama

Curiosamente, o Pentagrama com ponta para cima era um símbolo cristão muito antes do neopaganismo moderno o adotar. Ele representava as cinco feridas de Jesus Cristo na Cruz dos Quatro Elementos e o sacrifício diário necessário para alcançar o Pentagrama com ponta para cima, simbolicamente, que faz com que o Elemento Espiritual desça até os Quatro Elementos e transforme completamente a consciência.

Quando o Pentagrama é invertido, ele tem associações mágicas opostas. Um Pentagrama invertido representa os Quatro Elementos que comandam o Espírito, simbolizando a escuridão e o domínio do Ego. Este símbolo convida as energias demoníacas repelindo as angélicas, tornando-o um símbolo adequado para as práticas da Magia Negra (as Artes Negras), que usa poderes sobrenaturais para fins malignos e egoístas.

Os satanistas usam o Pentagrama invertido como um símbolo de sua fé. Eles se referem a este símbolo como o "Sigilo de Baphomet" - o Deus cabeça de cabra associado à dualidade, ao materialismo e ao Eu carnal. Muitos satanistas são ateus que não acreditam na vida após a morte e só valorizam esta vida. Portanto, eles argumentam que o Pentagrama invertido não é um símbolo do mal, mas um símbolo que os alinha com os tipos de energias que os ajudarão a alcançar seus objetivos na vida. Entretanto, se você acredita que esta vida é apenas uma em uma cadeia contínua de vidas que sua Alma imortal experimenta, alinhar-se com forças escuras para satisfazer os desejos de seu Ego é catastrófico para sua Evolução Espiritual.

OS QUATRO MUNDOS E O PENTAGRAMAMATON

Embora esta seja uma versão condensada de duas lições significativas do *The Magus: Kundalini and the Golden Dawn*, vale a pena mencionar novamente, pois resume todo o processo de despertar da Kundalini e seu propósito a partir de uma perspectiva oculta. Em *O Torá* (*O Antigo Testamento*), o nome de Deus é Jeová, cujo nome esotérico é Tetragrammaton (YHVH), que significa "quatro letras" em hebraico. (Tenha em mente que os hebreus lêem e escrevem da direita para a esquerda.) As quatro letras hebraicas significam os Quatro Elementos - Yod (Fogo), Heh (Água), Vav (Ar), Heh Final (Terra).

Figura 11: Os Quatro Mundos e o Tetragrammaton (YHVH)

Os Quatro Elementos são encontrados nos quatro Chakras mais baixos, enquanto o Quinto Elemento, Espírito, representa os três Chakras mais altos. Como você pode ver, no Tetragrammaton, o Elemento Espiritual está ausente. Há uma razão para isso.

As quatro letras do Tetragrammaton também representam os Quatro Mundos do Qabalah - o modelo Qabalístico da Criação e manifestação do Universo (Figura 11). Os Quatro Mundos Qabalísticos compõem a totalidade da Árvore da Vida: Yod (Fogo) representa Atziluth, o Mundo Arquetípico, Heh (Água) representa Briah, o Mundo Criativo, Vav (Ar) é Yetzirah, o Mundo da Formação, e Heh (Terra) final é Assiah, o Mundo Físico. Os Quatro Mundos estão diretamente relacionados com os Planos Cósmicos. Entretanto, no quadro Qabalístico, o Mundo do Fogo Primal (Atziluth) representa o Plano Espiritual, enquanto os outros três Elementos se relacionam com os Planos Mental, Astral e Físico, respectivamente.

Você notará que as correspondências dos Planos Cósmicos omitem o Elemento Espiritual do modelo dos Quatro Mundos; os Qabalistas acreditam que nós perdemos a conexão com o Elemento Espiritual após a Queda do Jardim do Éden. Como tal, é algo que devemos obter nesta vida. No entanto, o método para alcançar este feito é dado no mistério do Pentagramaton.

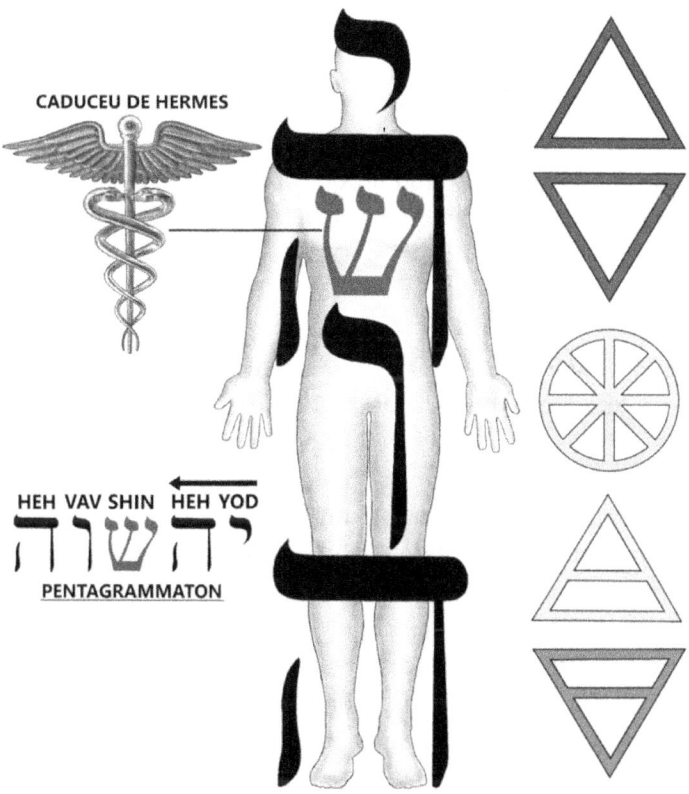

Figura 12: O Pentagramaton (YHShinVH)

O Pentagramaton (YHShinVH), que significa "cinco letras", implica a integração da simbólica letra hebraica Shin (Figura 12), referida como a "Chama Tridimensional da Alma". "Shin contém três pinceladas que se assemelham visualmente aos três principais Nadis de Ida, Pingala e Sushumna que se elevam ao longo da espinha durante um despertar da Kundalini. Os Nadis, por sua vez, correspondem com as duas cobras entrelaçadas ao redor do bastão central do Caduceu de Hermes.

Quando colocado em meio ao Tetragrammaton, Shin reconcilia as energias opostas masculina (Fogo e Ar) e feminina (Água e Terra) dentro do Eu. Ela representa a carta de Tarô de Julgamento cujo caminho da Árvore da Vida é chamado de "Espírito do Fogo Primal". "Esta carta alude ao despertar do Espírito Santo e sua integração dentro do Eu. O Fogo da Consagração Shin queima as impurezas com o tempo, uma alusão ao longo processo de purificação do Fogo Kundalini uma vez despertado.

O Pentagramaton é também a chave oculta dos mistérios cristãos, pois representa o nome de Jesus Cristo, segundo os ocultistas da Renascença. O nome de Jesus em inglês é derivado do latim clássico "Iesus", baseado na forma grega do nome hebraico Yahshuah (Yeshua), geralmente traduzido como Joshua. Yahshuah, porém, é soletrado YHShinVH, que é o Pentagrammaton. O Pentagramaton também nos conecta com as cinco feridas de Jesus e com o Reino dos Céus que alcançamos em consciência quando nos sacrificamos, nosso Ego, e integramos o Elemento Espiritual.

Assim, vejam, Jesus Cristo foi o protótipo do processo de despertar da Kundalini; ele representa Deus - o Amor Divino do Criador e a consciência expandida que nos permite participar dos Reinos Espiritual e Divino. Enquanto no *Antigo Testamento*, a humanidade estava num estado caído Espiritualmente, na *Bíblia Sagrada (O Novo Testamento)*, Jesus trouxe o Espírito Santo ao mundo para que todos os que acreditam nele e seguem seu exemplo possam tornar-se Ressuscitados ou Renascidos Espiritualmente e alcançar a vida Eterna.

O Renascimento Espiritual só pode ser alcançado verdadeiramente quando encarnamos os ensinamentos de Jesus, cujo fundamento é o amor incondicional sendo a força guia em nossas vidas. Não é preciso ser cristão para apreciar o valor Espiritual de tal mentalidade. Encontramos exemplos históricos transculturais de iogues, santos, adeptos, sábios e outros que se tornaram iluminados pela humildade, piedade e conduta ética para com seus semelhantes. Isto inclui pessoas como Mahatma Gandhi, Madre Teresa, Martin Luther King Jr., o Dalai Lama, Swami Vivekananda, e outros.

É um fato que se você se dedicar apenas ao cultivo de pensamentos e ações amorosas, o medo o deixará totalmente, permitindo que o impulso de seu Ego caia, o que o preparará para um despertar da Kundalini. Pessoas odiosas, egoístas e desonestas nunca poderão despertar a energia da Kundalini, não importa o método que usem e o quanto tentem. A Alma deve estar pronta para tal experiência, que só podemos alcançar se nos tornarmos amorosos, honestos e justos.

Se você é cristão, muçulmano, judeu ou budista, isso não importa; o processo de salvação é universal. Portanto, em vez de esperar que alguma *Deidade* o salve de acordo com qualquer escritura religiosa em que você acredite, você deve ser nosso próprio Messias (Salvador) assumindo o papel de Jesus, metaforicamente falando. Vocês são todos Deuses e Deusas por direito de nascimento, mas precisam despertar e elevar a Kundalini até a Coroa, infundindo assim a Luz Divina em seus Chakras para otimizar seu potencial energético.

OS ELEMENTOS NA NATUREZA

Tudo o que você vê diante de seus olhos consiste em energia espiritual. Portanto, o Elemento Espírito é chamado de "Espaço" na tradição Yógica e Tântrica oriental - a ideia de espaço físico estar ao nosso redor e se estender infinitamente em todas as direções. O Espírito vibra na mais alta frequência de vibração; portanto, ele é invisível aos sentidos. Ele interpenetra toda a matéria física como a energia de base que compreende-a por inteiro.

Durante a criação do Universo, a alta vibração do Elemento Espiritual começou a diminuir, manifestando-se sequêncialmente como os quatro Elementos primários do Fogo, Água, Ar e Terra. Todas as coisas criadas retiveram a energia do Espírito em seu estado de potencial significando que o Espírito é encontrado dentro de todas as coisas existentes, assim como os outros Quatro Elementos. Além do Plano Físico da Matéria, que é visível para os sentidos e representa um aspecto do Elemento Terra, os outros Elementos são invisíveis, mas podem ser acessados através da consciência.

Os quatro Elementos primários são divisões da natureza e a energia fundacional de tudo no Universo. Entretanto, os Quatro Elementos não são tecnicamente quatro, mas três; uma vez que o quarto Elemento da Terra é a composição dos três Elementos fundacionais em sua forma mais densa. Portanto, Terra e Espírito são semelhantes em muitos aspectos, mas existem em extremos opostos da escala vibratória. Os três Elementos fundamentais são Água, Ar e Fogo.

O Planeta Terra representa o aspecto bruto do Elemento Terra. Na Qabalah, nos referimos à nossa existência física no Planeta Terra como Malkuth (o Reino), que inclui a terra em que caminhamos. Através de Malkuth e nossos sentidos corpóreos, podemos experimentar a manifestação física dos outros três Elementos: os oceanos, mares, rios e lagos (Água), ar contendo oxigênio (Ar), e finalmente, o Sol (Fogo) como nossa fonte primária de Luz e calor.

Cada um dos Cinco Elementos representa um estado da Matéria. Por exemplo, a Terra constitui todos os sólidos (incluindo alimentos), a Água é todo líquido, o Ar é toda substância gasosa e o Fogo se relaciona com a combustão ou chama, que tem o poder de transformar os estados da Matéria. Por exemplo, a água pode se transformar em gás (vapor) através da aplicação do fogo, que se transforma novamente em água, e depois em gelo (sólido) se o fogo/calor for retirado por tempo suficiente.

Exigimos todos os Elementos para a sobrevivência. O Sol é nossa fonte de calor; sem ele, nós congelaríamos. Água e alimentos dão sustento a nosso corpo; sem eles, morreríamos em questão de dias (água) ou semanas (alimentos). A respiração (ar) é a evidência da vida e, sem oxigênio, não poderíamos sobreviver por mais de alguns minutos. Finalmente, temos o Espírito, ou Espaço, o Vazio que representa a escuridão, o vazio e a vastidão, que serve de base para todas as experiências Espirituais.

Muitos sistemas antigos consideram os Quatro Elementos como Domínios e Reinos interiores que podemos acessar através de práticas Espirituais, alguns dos quais são explorados neste livro. Entenda que você está trabalhando com os Cinco Elementos sempre que trabalha com os Sete Chakras Maiores. O Elemento Espiritual é o único que corresponde a mais de um Chakra, pois seu escopo é maior do que os outros Quatro Elementos. Como tal, só podemos explorar o Elemento Espiritual através de múltiplos Chakras.

O ELEMENTO ESPIRITUAL

O espírito é a *Prima Materia*, a Primeira Substância e a Fonte de todas as coisas existentes. Não é tecnicamente um Elemento em si mesmo, mas é a composição da soma dos Quatro Elementos - é o bloco de construção, o meio, a cola que os mantém todos juntos. Como mencionado, como todas as coisas no Universo vieram do Espírito, todas as coisas eventualmente se reabsorverão de volta ao Espírito, no devido tempo. Por esta razão, procuramos evoluir espiritualmente e nos reunir com a mente de nosso Criador - fazer isso é um desejo inato dentro de nós.

A palavra inglesa "Spirit" vem da palavra latina "spiritus", que significa "respiração". Esta correlação entre as duas palavras nos diz que existe uma correspondência com a energia do Espírito e o ato de respirar o ar contendo oxigênio ao nosso redor, uma manifestação física do Elemento Ar.

Todos os seres vivos que respiram para sustentar suas vidas exigem este processo contínuo de trazer o Espírito para dentro de seus corpos. Assim, a respiração é uma evidência de vida. Por esta razão, as técnicas de respiração (chamadas de Pranayama em Yoga) são essenciais em todas as disciplinas Espirituais. Além disso, a respiração controlada facilita a meditação, o que eleva a vibração de nossa consciência para experimentar Planos Cósmicos mais elevados.

Aethyr é outro nome para o Espírito nas tradições antigas e na física moderna. O Aethyr representa o meio ou substância sem forma e invisível que permeia o Cosmos. No *The Magus*, o Aethyr é uma sucessão de trinta Mundos Internos através dos quais podemos explorar os Elementos dentro de nós mesmos.

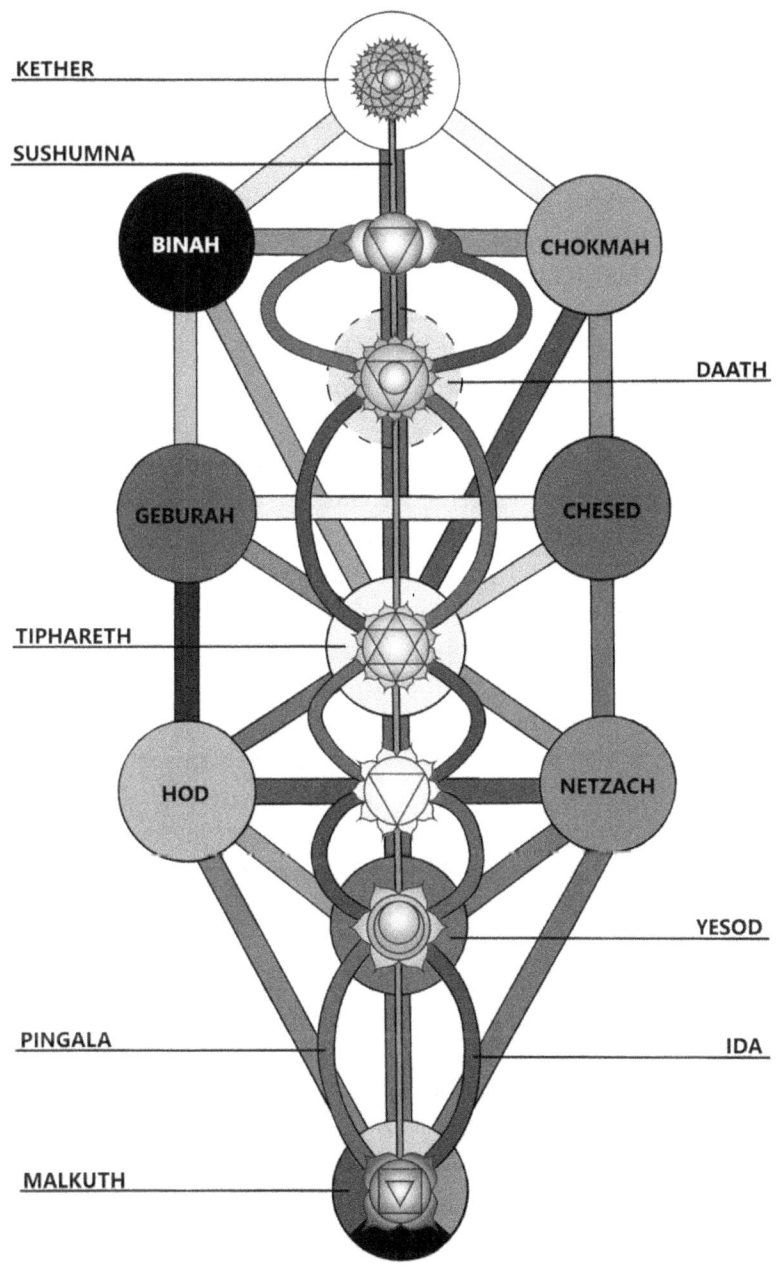

Figura 13: As Sephiroth da Árvore da Vida e os Três Nadis

O Elemento Espírito/Aethyr/Espaço é atribuído ao Chakra da Garganta (Vishuddhi), ao Chakra do Olho da Mente (Ajna) e ao Chakra da Coroa (Sahasrara). Todos os três Chakras Espirituais são expressivos do Plano Espiritual. Na Qabalah, o Elemento Espiritual representa as Supernas - as Esferas de Kether, Chokmah e Binah, que se encontram no topo da Árvore da Vida. O Elemento Espiritual também inclui a parte superior da Esfera de *Daath*, a décima primeira Esfera invisível, correspondendo diretamente com o Chakra Garganta. (Consulte a Figura 13 como referência para as Sephiroth da Árvore da Vida e sua relação com os Chakras e três Nadis da Kundalini).

Daath é chamado de "Abismo" no Qabalah como o ponto de separação entre a dualidade dos sete Sephiroth inferiores e a Não-dualidade das Supernas. A única dualidade que existe no nível das Supernas é Chokmah - o Pai e Binah - a Mãe. Chokmah e Binah são as fontes de toda dualidade no Universo, como os componentes Força e Forma, Alma (Fogo) e Consciência (Água). Estes dois Sephiroth são a fonte dos Elementos Primordiais do Fogo e da Água, embora no nível do Espírito (Fogo do Espírito e Água do Espírito). Kether é a Luz Branca que contém estes dois aspectos duplos, que também é a fonte dos Elementos do Ar (Ar do Espírito).

As três Esferas de Kether, Chokmah e Binah funcionam como um todo. Chokmah recebe sua energia arquetípica de Kether, e Binah transforma essas ideias arquetípicas em forma. O equivalente cristão das Supernas é a Trindade - o Pai, o Filho, e o Espírito Santo (ou Espírito). O conceito da Trindade está na raiz de todas as tradições Espirituais, embora com nomes diferentes. Por exemplo, no hinduísmo, o Trimurti (sânscrito para "três formas de Trindade") representa a tripla Deidade da Divindade Suprema - a expressão cósmica da Criação (Ar), manutenção (Água) e destruição (Fogo). Novamente, vemos os três Elementos fundacionais em ação, embora em uma sequência diferente. O ar está sempre no topo da pirâmide, embora a água e o fogo possam ser intercambiáveis.

Daath corresponde com o Chakra da Garganta, Vishuddhi. Como Daath representa conhecimento e o propósito de nossa caixa de voz (laringe) é gerar a vibração (tom e volume) em nossas hastes vocais, a comunicação verbal expressa através da linguagem nos liga ao Criador.

O *Livro de Gênesis* diz: "No princípio era a Palavra, e a Palavra era Deus, e a Palavra estava com Deus" (João 1:1). Portanto, a Palavra é nossa conexão com Deus. Como tal, a prática de Mantras envolvendo o uso de Palavras de Poder e vibrando nossa caixa de voz em um tom profundo é uma forma de nos conectarmos com nossos poderes dados por Deus e sintonizar nossa consciência com os Reinos Superiores. Como o Espírito é o fator unificador dos outros Quatro Elementos, o Chakra da Garganta, Vishuddhi, representa a síntese dos Quatro Elementos em Espírito, expressa através da comunicação.

O sexto Chakra, Ajna, está preocupado com a visão psíquica (clarividência) - a capacidade de ver imagens visuais astralmente, em um nível interior. Estas mensagens são frequentemente projetadas a partir dos Mundos Divino e Espiritual e nos dão o dom do pré-conhecimento, a capacidade de prever os eventos antes que eles aconteçam. Como o dom psíquico de Ajna são visões interiores, ele é chamado de Terceiro Olho, ou Olho da Mente. (Mais sobre a importância do Ajna Chakra e seu portal de visão mais adiante). Ajna está diretamente ligada a Chokmah e Binah já que, através deste Chakra, temos acesso a ambas as Esferas.

Ajna Chakra é a sede da intuição, nossa mais alta faculdade interior de percepção. A intuição nos permite ler a energia ao nosso redor diretamente em vez de usar nosso intelecto ou nossas emoções. Ela nos dá uma sensação de conhecimento, embora não revele exatamente como sabemos o que sabemos. A intuição também nos permite acessar o guia interno dos Mundos Divinos, pois nos liga ao nosso Santo Anjo da Guarda, que reside na Esfera de Chokmah. Ajna nos permite cortar a ilusão, acessar verdades mais profundas, e ver além da mente e das palavras. Ela nos permite experimentar a energia arquetípica por trás das imagens.

O sétimo Chakra é o Chakra da Coroa, Sahasrara, na parte superior da cabeça. É o mais alto dos Chakras Maiores e seu cume. Sahasrara é a fonte da energia espiritual e da Grande Luz Branca, que se derrama sobre os Chakras inferiores, dando-lhes assim poder. O ponto de partida de nosso Eu Transpessoal se expressa através de nossos Chakras Transpessoais acima da cabeça e abaixo dos pés. Sahasrara é nossa conexão com a Fonte Divina de toda a Criação e a mais alta expressão do Elemento Espiritual - representa a unidade e a reconciliação dos opostos, uma vez que é o Chakra da Unidade.

Qabalisticamente, Sahasrara Chakra corresponde a Kether - a Coroa como o início dos Três Véus da Existência Negativa, também chamados de *Ain Soph Aur*. Sahasrara é o ponto de encontro entre o Finito e o Infinito - ele está além do Tempo e do Espaço como é Eterno, significando que sempre existiu e continuará a existir até o fim dos tempos.

Embora os três principais Chakras sejam do Elemento Espiritual, apenas Sahasrara é Não-Dual. Ajna é o veículo de nossa mente para alcançar a Coroa, enquanto Vishuddhi se conecta à energia do Espírito através da Palavra falada. A consciência do ego chega tão alto quanto Vishuddhi, embora ela se perca inteiramente em Ajna por causa da conexão de Ajna com Sahasrara. Abaixo de Ajna, experimentamos o medo e o sofrimento, enquanto acima dele, transcendemos o Ego. Através da transcendência, temos acesso a estados de felicidade que acompanham a experiência espiritual, o que é incompreensível para a pessoa comum que ocupa sua mente principalmente com os desejos do Ego.

O ELEMENTO FOGO

O Elemento Fogo purifica e transforma todas as coisas que não são mais úteis ao nosso corpo, mente e alma. Todas as coisas novas saem do fogo, pois as coisas velhas são consumidas por ele - o fogo é um poderoso purificador, pois queima as impurezas.

O Elemento Fogo é o Princípio Masculino e a energia do Pai (Chokmah) - a Alma. Na Alquimia, a Alma e o Elemento Fogo se referem ao *Enxofre*, um dos três Princípios na natureza. O fogo representa força e força de vontade, e é o mais próximo dos três Elementos fundacionais ao Espírito. A parte ativa do Eu depende do Elemento Fogo - ele representa a mente consciente e a vitalidade, confiança, criatividade e coragem.

O Elemento Fogo é o terceiro Chakra, Manipura, localizado no Plexo Solar. Devido a sua localização e tipo de energia, ele está relacionado aos processos digestivos e metabólicos do corpo. O Elemento Fogo representa a combustão dentro do Mundo da

Matéria, manifestando tanto calor quanto luz. Ele traz transmutação, regeneração e crescimento através da aplicação de calor.

A correspondência Qabalística do Elemento Fogo é a Sephira *Geburah*, cuja atribuição planetária é Marte. O Fogo de Geburah é um de força de vontade e de direção. O Elemento Fogo também é expresso através de *Netzach* como desejo e paixão, que são alimentados pelo Elemento Fogo. O desejo é frequentemente instintivo e involuntário, como o desejo sexual ou sensual. Por outro lado, a paixão geralmente envolve criatividade e é algo sobre o qual temos controle.

O Elemento Fogo também estimula e fortalece a inteligência; portanto, ele se expressa também através da Sephira *Hod* como a força da mente (fortaleza) diante das emoções flutuantes. A inteligência e a razão são a força motriz da força de vontade nos níveis inferiores, enquanto a Alma é a força motriz nos níveis superiores.

Manipura é a expressão do Plano Mental Superior, logo abaixo do Plano Espiritual. Ela tem contato direto com o Elemento Espiritual e os Supernos. Quando a energia espiritual desce em Manipura, a força de vontade é exaltada à medida que se torna motivada pelo amor incondicional.

O fogo é dinamismo e motivação, a causa por trás do efeito. O fogo é a força de vontade focalizada que alimenta o pensamento por trás de toda ação conscientemente induzida - requer seu oposto (Água) como um barômetro e um impulso para a ação. Uma pessoa usa sua força de vontade ou por amor próprio ou por amor incondicional por toda a humanidade. Portanto, Elementos de Fogo e Água existem como uma dualidade em relação um ao outro, seja no corpo ou na mente.

As pessoas cujo Elemento Fogo está inativo têm baixo poder pessoal e nenhum controle real sobre suas vidas. Outras pessoas pensam por elas, e lhes falta a energia crua para manifestar os desejos de suas vidas. Em contraste, as pessoas com abundância do Elemento Fogo têm o poder necessário para manifestar seus sonhos. Elas estão confiantes e atraem os desejos de sua Alma, incluindo a escolha de seus parceiros românticos e não apenas se conformando com o que quer que venha a seu encontro.

A manifestação requer a aplicação do Elemento Fogo, que é filtrado através do Elemento Terra. Há uma ação e reação bidirecional, que ocorre continuamente entre os Elementos Fogo e Terra quando sua Alma é sua força orientadora. Por outro lado, quando seu Ego é a força guia, a força de vontade é desviada e seu Elemento Terra retira sua energia primária das emoções involuntárias do Elemento Água.

O Elemento Ar é necessário para alimentar tanto o Fogo quanto a Água, e seus pensamentos podem servir à sua Alma ou ao seu Ego. Seu Livre-Arbítrio determina quem você está escolhendo para servir, já que você não pode atender a sua Alma e a seu Ego simultaneamente.

O Elemento Fogo, assim como o Elemento Espírito, se expressa através dos outros três Elementos. É o mais alto dos Quatro Elementos em escopo e exige nossa máxima atenção.

O ELEMENTO ÁGUA

O Elemento Água é o Feminino, Princípio Mãe; o Yin para o Yang do Elemento Fogo. Assim, o Elemento Água diz respeito à Forma e consciência, assim como o Elemento Fogo diz respeito à Força e à Alma. Estes dois existem em uma relação simbiótica um com o outro. Na Alquimia, o Elemento Água se relaciona com o Princípio de *Mercúrio*.

Como a energia fluida da consciência, o Elemento Água também se relaciona com a Sephira Binah, o Astral, ou o plano invisível de todos os corpos sólidos do Universo. Em um nível interno, humano, o Elemento Água compreende nossos sentimentos e emoções. É a parte passiva e receptiva do Eu - o subconsciente. A água (H_2O) consiste nas moléculas de hidrogênio e oxigênio que sustentam fisicamente a vida material. Toda a vida aquática também depende do oxigênio na água para respirar.

O Elemento Água é o segundo Chakra, Swadhisthana (Sacral), localizado entre o umbigo e a parte inferior do abdome. O Swadhisthana é expressivo do Plano Astral Superior (Emocional). As emoções se referem principalmente às expressões de amor na vida de uma pessoa, incluindo o amor a si mesmo e ao próximo. A correspondência Qabalística do Elemento Água é com *Chesed*, cuja atribuição planetária é Júpiter. Chesed é a expressão de amor incondicional, misericórdia e altruísmo, todas as quais são as mais altas expressões do Elemento Água.

Por estar relacionado às emoções, o Elemento Água engloba outras Sephiroth na Árvore da Vida, o mesmo que o Elemento Ar (pensamentos). Como a Esfera de Netzach é a forma de emoções mais baixas e instintivas, tais como luxúria e amor romântico, o Elemento Água também se expressa através desta Esfera. Netzach corresponde ao Planeta Vênus e ao desejo, que é sentido como uma emoção temperada pelo Elemento Fogo.

O Elemento Água também alimenta a mente lógica e racional de Hod, uma vez que Hod e Netzach trabalham um para o outro para se complementarem. Hod corresponde a Mercúrio e, portanto, neste aspecto do Elemento Água, ele funciona em combinação com o Elemento Ar e pensamentos.

O Elemento Água também está relacionado à energia e instintos sexuais encontrados na Lua, correspondendo com a Esfera de *Yesod*. Como você pode ver, o Elemento Água engloba múltiplos Sephiroth médios e baixos da Árvore da Vida, assim como os Elementos Ar e Fogo.

A lição humana geral do Chakra da Água é aprender a amar sem apego através da Alma. Você deve transformar suas emoções amorosas inferiores em emoções superiores, permitindo que sua Alma lidere a consciência ao invés do Ego.

O ELEMENTO AR

O Elemento Ar decorre dos Elementos Fogo e Água como o próximo estágio de manifestação. Tal como uma prole, o Elemento Ar representa a energia do Filho. Para a humanidade, o Ar está associado com o intelecto e a mente lógica. O pensar e os pensamentos, assim como o ar ao nosso redor, são rápidos, ágeis a mudar, e sem Forma.

Como o Elemento Fogo está relacionado à ação, o Ar está associado à comunicação. Como o Elemento Fogo, o Ar é de uma qualidade masculina, representando atividade e energia, mas em um nível interior, mental. O ar suporta toda a vida através do ato de respirar o ar que contém oxigênio ao nosso redor. Dentro da realidade física, o Elemento Ar compõe a atmosfera da Terra como uma mistura de gases.

O Elemento Ar corresponde ao quarto Chakra, Anahata (Coração), localizado entre os dois peitos no centro do peito. Anahata é também o Chakra central no modelo dos Sete Chakras Maiores, separando os três Chakras do Elemento Espiritual acima, com os três Chakras Elementais inferiores abaixo. No modelo dos Planos Cósmicos, Anahata é expressivo do Plano Mental Inferior, que separa o Elemento Água abaixo e o Elemento Fogo acima. Como tal, o Elemento Ar interage mais psiquicamente com estes dois Elementos.

Qabalisticamente, o Elemento Ar corresponde à Esfera de *Tiphareth* (cuja atribuição planetária é o Sol) e a Esfera de Yesod (que é atribuída à Lua). Como parte dos Supernais, o Elemento Ar é atribuído a Kether como a energia criativa.

Tiphareth é nossa fonte de imaginação, o que requer que um ser que esteja em constante ato de criação seja uma expressão do Elemento Ar. Tiphareth é o centro da Árvore da Vida, pois ela recebe todas as outras energias Sephiroth, exceto Malkuth - a Terra. A Malkuth é alcançada através de Yesod - a Lua. O Elemento Ar tem uma natureza dupla. Ele pode ser enganoso como a Lua, ou expressivo da verdade, como o Sol. A verdade é recebida e percebida através da intuição.

Como o Chakra do Elemento Terra (Muladhara) é sobre estabilidade, o Chakra do Elemento Ar (Anahata) é sobre seu oposto - pensamento. Como os pensamentos são compostos de uma substância etérea, eles pertencem à mente. Todos os seres vivos utilizam os pensamentos para navegar em sua realidade, já que o pensamento dá vida aos Elementos Fogo e Água dentro da psique. O fogo representa a força de vontade, enquanto a água representa a emoção e o amor. Não se pode ter nenhum dos dois sem Ar, já que o pensamento os alimenta a ambos. Antes de poder realizar qualquer coisa neste mundo, você deve primeiro ter pensado em fazer essa coisa. Assim, o pensamento está na raiz de toda a Criação, seja para humanos ou outros animais.

O ar também se correlaciona diretamente com o Elemento de Espírito/Aethyr e os Supernos. O Elemento Ar é o balanceador de todas as coisas mentais, emocionais e espirituais. Como tal, ele está diretamente ligado a Kether, a fonte da energia do Espírito.

Hermetistas argumentaram que embora os animais tenham sentimentos e imaginação, somente os humanos têm lógica e razão, as quais eles chamavam de "Nous". Nous é uma faculdade da mente – o bloco de construção da inteligência, alimentada pelo Elemento Ar.

Na Qabalah, a Esfera de Hod está diretamente ligada ao intelecto. Entretanto, no caso do Hod, o Ar é temperado pelo Elemento Água.

O ar também está ligado ao Elemento de Fogo e ao pensamento ou impulso emocional. Assim, o Ar se correlaciona diretamente com as emoções e desejos de Netzach-. Uma mente que funciona bem significa que o indivíduo está bem equilibrado no Elemento do Ar.

O ELEMENTO TERRA

O Elemento Terra representa o Mundo Tridimensional, a expressão material da energia Universal. Durante o processo de Criação, o Elemento Terra foi manifestado quando o Espírito atingiu o ponto mais baixo de densidade e frequência de vibração. Como tal, ele representa todos os sólidos que têm massa e ocupam espaço, um termo que chamamos de "Matéria". Terra é a síntese dos Elementos Fogo, Água e Ar em sua forma mais densa e o recipiente desses Elementos no Plano Físico. Na Alquimia, o Elemento Terra está relacionado com o Princípio do *Sal* na natureza.

A Terra representa movimento e ação; necessitamos da energia da Terra para realizar qualquer atividade física. Em um nível energético, o Elemento Terra representa aterramento e estabilidade. Uma dose adequada de energia da Terra é necessária para manifestar o que está em nossas mentes e corações; caso contrário, nossa energia mental e emocional permanece nos Planos Cósmicos internos.

Dentro da realidade física, a Terra é o composto orgânico e inorgânico de nosso Planeta. Ela representa crescimento, fertilidade e regeneração em relação a Gaia, Planeta Terra, a Mãe que nutre nossos corpos. Os termos "Mãe" e "Matéria" soam o mesmo e compartilham significados semelhantes[2]. Da mesma forma, os Elementos Água e Terra têm uma estreita relação como os únicos Elementos passivos e receptivos. A Terra é a expressão material do Mundo Astral, representada pelo Elemento Água.

O Elemento Terra é Muladhara, o Chakra Raiz, correspondendo Qabalisticamente à Esfera de Malkuth. Muladhara é expressivo do Plano Astral Inferior, que é intrinsicamente conectado com o Plano Físico como o elo de conexão. Portanto, Muladhara é o primeiro Chakra cuja localização (entre o osso caudal e o períneo) é a mais próxima da Terra física.

A expressão do Elemento Terra em nossa psique está sempre relacionada à nossa conexão com o mundo material. Alguns dos aspectos mais mundanos do Elemento Terra incluem ter um emprego e ser proprietário de uma casa e de um carro. Tudo e qualquer coisa relacionada a dinheiro e propriedade de bens materiais é uma expressão do Elemento Terra. Muito do Elemento Terra resulta em ser demasiadamente materialista e ganancioso, o que tira a energia espiritual de cada um.

---

[2] O autor refere-se à similaridade sonora dos termos "mother" e "matter", correspondentes em inglês. (Nota do Tradutor).

A Terra é o oposto do Espírito - como o Espírito usa a energia do Fogo, da Água e do Ar em um nível superior, a Terra usa esses três Elementos em um nível mais baixo e mais denso. A energia da Terra procura nos fornecer as coisas de que precisamos para tornar nossa existência material, física feliz e satisfeita.

No entanto, como diz o axioma hermético, "Como Acima, Assim Abaixo" -Kether está em Malkuth, e Malkuth está em Kether. Deus está em tudo o que vemos diante de nós e dentro de nós - a energia espiritual interpenetra toda a existência. Portanto, o Elemento Terra se liga diretamente ao Espírito, uma vez que o Espírito encarna a Terra. O Espírito exige que o Elemento Terra seja capacitado para manifestar a realidade no Mundo da Matéria. Quando o Espírito se manifesta através da Alma, o resultado é frutífero, ao passo que quando funciona através do Ego, o resultado produz Karma negativo.

O Elemento Terra se concentra na satisfação de nossas necessidades fisiológicas básicas vitais para nossa sobrevivência, tais como abrigo e a necessidade de ar, água, comida e sono. O exercício físico também é essencial, assim como a qualidade dos alimentos e da água que trazemos para nosso corpo. O Elemento Terra também lida com a procriação e nosso desejo de relações sexuais. A energia do Elemento Terra acalma nossas mentes e nos oferece o combustível para enfrentar nossas atividades físicas diárias, cujo objetivo é nos manter em movimento em nossa existência terrena.

OS PLANOS CÓSMICOS

O processo de transformação da Kundalini começa como um fogo vulcânico ardente, que queima as escórias e impurezas nos diferentes corpos sutis do Eu. Cada Chakra tem um Corpo Sutil correspondente, no qual o recém ativado Corpo de Luz se molda, uma vez que a Luz é uma substância elástica. Sua consciência então encarna esses diferentes Corpos Sutis para experimentar seus correspondentes Planos Cósmicos de existência ou manifestação. Sua Alma experimenta os Planos Cósmicos através da mente, pois ela é o mediador entre o Espírito e a Matéria. Ela age como um receptor que pode sintonizar estes diferentes Planos Cósmicos.

É essencial compreender o conceito de Alma, o que ela é e como ela é diferente do Espírito. A Alma é a centelha individual de Luz que todos nós carregamos dentro de nós. Os Anciãos dizem que a Alma vem do Sol. Por esta razão, eles chamam o Sol de "Sol", que é a origem da palavra "Alma"[3]. Um despertar Kundalini libera a Alma do corpo físico para viajar nestes Planos Cósmicos internos da existência. A Alma é a parte mais elevada da expressão de quem você é como uma centelha Divina do Sol. Se a Alma é particular apenas para este Sistema Solar, deixemos para futuro debate. Em teoria, como todas as Estrelas canalizam a energia da Luz, a Alma pode ser aquela que pode viajar de um Sistema Solar para outro e se manifestar em um corpo orgânico em um Planeta diferente.

O Espírito é a mais alta essência da energia divina e é o diagrama de todas as coisas que existem. O Espírito é o "material de pensamento" da Mente Divina ou Cósmica, que projeta o Universo conhecido. Portanto, o Espírito é a substância animadora de todas as coisas, e é Universal, enquanto a Alma é individual e particular para cada ser humano. A Alma é um Fogo enquanto o Espírito está acima dos Quatro Elementos do Fogo, Água, Ar e Terra como sua síntese-consciência. O veículo da consciência é a mente e o cérebro, enquanto o veículo da Alma é o coração. O Espírito é aquilo em que dá existência tanto à Alma quanto a mente.

Pode ser um pouco complexo entender verdadeiramente estas distinções, principalmente porque as palavras Espírito e Alma são jogadas ao acaso em nossa sociedade sem uma definição clara do que cada um significa e como eles são diferentes. A maioria das pessoas geralmente parece pensar que elas são a mesma coisa. Os Antigos

---

[3] O termo foi intencionalmente repetido para manter a essência da frase original: "For this reason, they call the Sun "Sol", which is the origin of the word 'Soul'". (Nota do Tradutor).

fizeram o melhor que puderam para definir Alma e Espírito, mas como a pessoa comum dos dias de hoje está em um nível inferior de evolução Espiritual, a compreensão coletiva ainda não está presente. Portanto, espero que esta definição muito básica de cada um ajude a entender melhor a diferença.

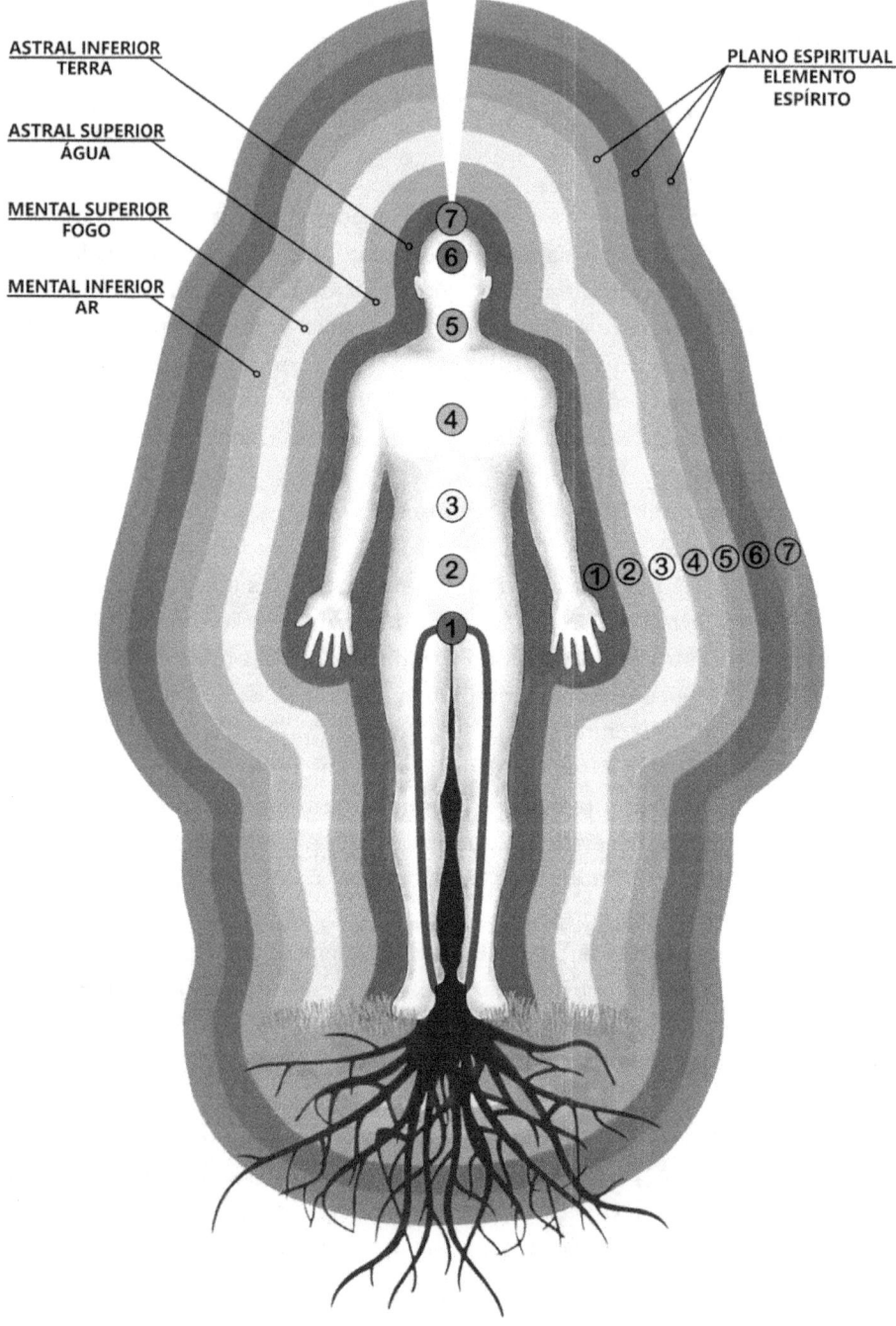

Figura 14: Os Planos Cósmicos Internos

À medida que você avança no processo de transformação da Kundalini, sua Alma entrará gradualmente nos diferentes Planos Cósmicos da existência de forma sistemática e integrará essas experiências em sua psique. Você também pode induzir estados mentais particulares através de técnicas rituais Cerimonial Magick, que invocam um dos Cinco Elementos da Terra, Ar, Água, Fogo e Espírito, assim como os Subelementos de cada um. Estes exercícios rituais permitirão que você acesse diretamente os Planos Cósmicos, já que os Cinco Elementos correspondem aos Chakras. Consulte os *The Magus: Kundalini and the Golden Dawn* para estas técnicas rituais.

Os Planos Cósmicos de existência ocupam o mesmo espaço e tempo, mas existem em diferentes graus de vibração. A mais baixa e mais densa vibração será o Mundo Físico da Matéria que vivemos no nosso dia-a-dia. Uma vez aumentada a vibração, você entra nos diferentes Planos de existência, Astralmente, através da mente. Quanto maior a taxa ou frequência da vibração, maior será o Plano. A matéria está na menor frequência, enquanto o Espírito vibra em uma frequência tão alta que está praticamente em repouso e invisível aos sentidos.

Os Planos Cósmicos existem dentro da Aura em camadas (Figura 14), o mesmo que as camadas de uma cebola sobrepostas uma sobre a outra. As camadas mais altas interpenetram e impactam as mais baixas. A imagem na Figura 14 é um esquema que mostra a sequência das camadas relativas aos Chakras. No entanto, não é uma representação exata da Aura em si. Na Aura humana, cada uma de suas camadas principais do Chakra está mais próxima uma da outra, sobreposta por quatro camadas mais extensas relacionadas aos Chakras Transpessoais. Como tal, onze camadas primárias compõem a Aura. (Para mais informações sobre a Aura, veja o discurso intitulado "O Campo de Energia Aura-Toroidal". ")

Além disso, tenha em mente que a Aura é dinâmica em sua expressão e está em constante estado de fluxo e refluxo ao expressar a consciência individual. A cada momento, cores diferentes rodopiam e giram dentro da Aura, de acordo com o conteúdo em que a mente e o coração se concentram e experimentam.

Os Planos Cósmicos existem todos sequêncialmente, emanando da Luz Branca, que é encontrada no Sahasrara, o Chakra da Coroa. O processo de manifestação do Divino infiltra-se progressivamente nestes diferentes Planos, e um Plano afeta outro - há uma relação simbiótica entre eles. Como o processo de manifestação filtra para baixo, uma vez alcançado o Plano Físico, ele sobe de volta à Luz Branca, impactando sistematicamente cada Plano. O processo de manifestação então é o fluxo contínuo para frente e para trás de todo este processo, infinitas vezes em um momento finito, exemplificado no axioma hermético de "Tal Acima, Como Abaixo".

Ao realizar ações no Mundo Físico, você causa impacto nestes Planos Internos, formando assim o Karma. A energia cármica é a soma total de suas ações e a expressão de sua qualidade. Se suas ações não forem realizadas em nome de Deus - o Divino, que trabalha através da energia do amor incondicional, então elas carregarão consequências cármicas. Como tal, o Carma negativo será alojado dentro de um dos Planos de manifestação, para que você aprenda as lições desse Plano e ajuste corretamente suas ações, otimizando seus Chakras no processo.

Ao experimentar estes Planos Cósmicos, você pode aprender sobre partes de si mesmo que precisam de ajuste. E você pode trabalhar nessas partes do Eu, experimentando estes Planos Cósmicos. Por exemplo, às vezes, entidades demoníacas se alojarão em um ou mais dos Planos Cósmicos, e você precisa encontrar estes Demônios e "matá-los". Muitas vezes, esta ação é visualmente percebida em uma visão ou em um sonho quando você infunde um Demônio com Luz Branca, desarmando-os. Entretanto, enfrentá-los com coragem é geralmente suficiente para transformá-los e remover a energia do medo do Plano Cósmico em que eles moram. Por sua vez, o Chakra correspondente será afinado, permitindo que mais energia de Luz brilhe através dele.

Ao trabalhar com a energia cármica, você está trabalhando principalmente com medo, pois o medo é o combustível de todas as energias demoníacas. O propósito e objetivo ou todos os Demônios são assustar você de alguma forma. Como o medo é quantificável, ao trabalhar com a energia cármica, você está removendo o medo de sua Aura, pouco a pouco, até que tudo tenha desaparecido. Entretanto, este processo leva muitos anos e exige que você seja forte na mente e no coração. Você deve se tornar resistente e determinado para ter sucesso se quiser superar seus demônios. Quando todo o medo for tirado de você, os demônios não poderão mais assustá-lo e você finalmente terá o comando final sobre eles. Este processo é a essência da obtenção do verdadeiro poder pessoal.

OS CINCO PLANOS CÓSMICOS

Plano Físico e Plano Astral Inferior (Elemento Terra)

Sua jornada em direção à transcendência começa no Plano Físico, correspondendo com Muladhara, o Chakra Base e o Elemento Terra. Muladhara é o mais baixo dos Chakras, representando o Plano mais denso da existência, o Mundo da Matéria. Este Chakra também afeta o Plano Astral Inferior, o plano energético de todas as coisas existentes. Há uma correspondência com o Plano Físico e o Plano Astral Inferior, uma vez que ambos participam do Elemento Terra e do Chakra Muladhara. O Corpo Sutil correspondente a este Plano interno é o Corpo Astral Inferior. O Corpo Físico é o corpo que usamos para experimentar o mundo da Matéria. Esta relação é óbvia.

Um ser humano está intrinsicamente conectado à Terra através da força da gravidade. Em um nível energético, estamos conectados à Terra através dos Chakras do Pé e dos canais de energia nas pernas que se conectam ao Muladhara Chakra. Esta conexão nos permite aterrar nosso sistema chákrico enquanto o Nervo Ciático aterra nosso sistema nervoso e nossos corpos físicos na Terra. O sistema energético humano é como uma árvore com raízes profundas na Terra. A Terra nos nutre através desta comunicação bidirecional, que dá suporte e sustenta nossa consciência.

Plano Astral Superior (Elemento Água)

Conforme você sobe pelos planos, o próximo na sequência é o Plano Astral Superior. É frequentemente referido como o Plano Emocional, relacionado às emoções mais baixas e instintivas - nossas ações no Mundo Físico provocam uma resposta emocional involuntária. O Plano Astral Superior está associado à sexualidade, ao medo e ao Ego, uma vez que se relaciona diretamente com a mente subconsciente. Ele corresponde ao Elemento Água e ao Swadhisthana, o Chakra Sacral. O Corpo Sutil particular a este Plano é o Corpo Astral Superior.

Depois de um despertar completo da Kundalini, uma vez que as mentes conscientes e subconscientes estão ligadas, o caos emocional domina a psique por um bom tempo. Enfrentar seu Eu Sombra pode ser uma coisa assustadora, especialmente se você não estiver preparado para tal experiência. Por mais desafiadora que seja, a energia cármica do Elemento Água precisa ser superada para que você avance em sua jornada de Ascensão Espiritual. A energia do medo pode levar mais tempo para ser purgada, dependendo do nível de sua Evolução Espiritual. Com coragem e determinação, no entanto, ela pode ser alcançada, resultando na sintonia do Chakra Swadhisthana, permitindo que a consciência se eleve acima de seu nível e entre no Plano acima dele.

Plano Mental Inferior (Elemento Ar)

Uma vez terminada a integração das lições do Elemento Água, o próximo Plano Interno para lidar é o Plano Mental Inferior, correspondente ao Elemento Ar e Anahata, o Chakra do Coração. Este Plano se relaciona com seus pensamentos e raciocínio, bem como com a imaginação. As emoções afetam os pensamentos e vice-versa. Devido a sua conexão com o Elemento Espírito, Anahata lida com emoções mais elevadas, como a compaixão e o amor incondicional. Como tal, você pode encontrar testes da Alma pertencentes a essas energias. O Corpo Sutil particular a este Plano Interior é o Corpo Mental Inferior.

Uma vez que você tenha entrado no Plano Mental e sua consciência esteja vibrando em seu nível, você começará a sonhar de forma lúcida. Como Anahata está diretamente ligada ao Elemento Espiritual em Vishuddhi (o Chakra acima dele), sua consciência pode saltar do seu corpo físico através do Chakra Sahasrara e incorporar seu Corpo de Luz se você tiver recebido uma ativação completa através do despertar da Kundalini. Devido a sua maior densidade, o Plano Mental é o ponto de contato para que o Corpo de Luz entre em um Sonho Lúcido. Uma vez encarnado, você se projetará em um dos Planos Cósmicos superiores. Dependendo da experiência do Sonho Lúcido que você está tendo, tratar-se-á do Plano Espiritual ou do Divino. Os Sonhos Lúcidos começam a ocorrer quando sua consciência está em Anahata, já que o influxo do Elemento Ar é o que permite que você projete para fora do Sahasrara.

Em um Sonho Lúcido, você estará plenamente consciente. Você experimentará o sonho como real, já que o Corpo de Luz é um veículo de consciência, semelhante ao corpo físico, apenas em um nível de densidade mais baixo. Os Sonhos Lúcidos são geralmente caracterizados pela liberdade absoluta de experimentar o que você desejar enquanto estiver no estado de sonho. Uma vez que sua consciência é projetada a partir do Chakra

Sahasrara, um Sonho Lúcido se torna uma Experiência Fora do Corpo completa. (Discutirei o Sonho Lúcido com mais detalhes na segunda metade do livro, pois é um dos presentes mais significativos recebidos após o despertar da Kundalini).

Plano Mental Superior (Elemento de Fogo)

O próximo Plano que você terá que trabalhar é o Plano Mental Superior, correspondente com o Elemento Fogo, e o Terceiro Chakra, Manipura (Chakra do Plexo Solar). Manipura relaciona-se com sua força de vontade, crenças, motivação e seu impulso na vida. É onde repousa sua Alma, aonde chega através da mente consciente. Suas crenças são formadas através de ações e pensamentos habituais. Esta conexão com a Alma no Plano Mental dá origem ao Sonho Lúcido, pois o Corpo de Luz é o veículo da Alma. Tenha em mente que tanto o Elemento Fogo quanto o Elemento Ar estão conectados com o Elemento Espírito, e assim o Plano Mental é o ponto de contato para alcançar os Reinos Cósmicos superiores.

Muitas de nossas crenças arraigadas nos impedem de explorar nosso potencial mais elevado como seres humanos espirituais. Superar crenças negativas e limitadoras é primordial para viver o tipo de vida que se deseja viver. As crenças também, por sua vez, afetam seus sonhos e objetivos. O propósito de experimentar estes Planos é purificar o Karma negativo armazenado em cada Chakra. Uma vez limpo, sua consciência se eleva naturalmente acima de um Chakra para aprender mais lições de Alma em um Chakra acima dele. O Corpo Sutil correspondente a este Plano é o Corpo Mental Superior.

Plano Espiritual (Elemento Espiritual)

Uma vez que você tenha passado dos Planos inferiores de existência relacionados aos Quatro Elementos, a energia da Kundalini se sublimará e se transformará em um fogo suave e líquido, que é muito mais agradável. Sua qualidade é do Elemento Espírito, e uma vez que esta transformação ocorra, ela se torna seu "modus operandi" para o resto de sua vida. Esta energia espiritual eleva sua consciência nos três Chakras mais altos de Vishuddhi (Chakra da Garganta), Ajna (Chakra do Olho da Mente) e Sahasrara (Chakra da Coroa). Ele corresponde ao Plano Espiritual de existência experimentado através do Chakra Sahasrara e do Chakra Bindu. Tem sido referido como o Mercúrio Filosófico dos Alquimistas e a Pedra Filosofal.

O Corpo Sutil correspondente ao Plano Espiritual é o Corpo Espiritual. Este Corpo Espiritual é o próximo veículo de consciência com o qual o recém ativado Corpo de Luz trabalha para se alinhar permanentemente. Enquanto nos estados de sonho, o Corpo de Luz se molda no Corpo Espiritual para viajar no Plano Espiritual.

O Plano Espiritual é frequentemente referido como o "Aether", e muitas vezes há referências à forma Aethérica ou Etérica de todas as formas de matéria. É sinônimo do plano Astral já mencionado. As pessoas frequentemente não têm a linguagem para explicar esta ciência invisível muito particular, portanto, a referência a estes termos implica o esquema energético básico que todos nós temos. Não se confunda se você não puder compreender facilmente como tudo funciona, mas esteja aberto ao aprendizado, e com o tempo, à medida que você se expuser mais a esta realidade invisível, sua compreensão aumentará.

É essencial entender que a energia da Kundalini nunca é estática; ela está sempre mudando em sua expressão, função e estado. Esta constante transformação da energia da Kundalini permite que você entre nestes diferentes Planos naturalmente, a menos que você opte por fazê-lo intencionalmente através de técnicas de invocação ritual.

Tenha em mente que, até agora, estou descrevendo o processo de ascensão nos Planos Internos através da consciência. À medida que a vibração de sua consciência aumenta, você experimenta Planos cada vez mais altos até alcançar o Plano Espiritual. Sua consciência pode alcançar tão alto quanto os Planos Divinos, embora sua experiência geralmente ocorra durante os Sonhos Lúcidos. O processo de manifestação real é um ciclo contínuo de progressão do Espírito pela Matéria e de volta para cima. Este processo é instantâneo, incessante e constante, e todos os Planos entre os dois são afetados.

OS PLANOS DIVINOS

Os Planos Divinos de existência referem-se aos Chakras Transpessoais acima do Sahasrara; os inferiores geralmente se relacionam com o Chakra Estrela da Alma enquanto os superiores se relacionam com o Portal Estelar. Teoricamente, existem Planos Divinos de consciência sem limites. Qualquer tentativa de explicar seu número real é inútil, uma vez que a consciência humana pode alcançar tão alto quanto a Mente de Deus, que é Multidimensional. Aqueles que tentam definir os Planos Divinos erram em seu julgamento sobre eles, já que suas experiências não podem ser categorizadas com qualquer grau de continuidade.

Não entrarei em muitos detalhes sobre os Planos Divinos, pois o objetivo deste trabalho é focalizar principalmente os Sete Chakras, pois os desafios iniciais após o despertar da Kundalini residem em dominar e purificar esses. Experimentar a alta energia vibracional dos Planos Divinos em estados de sonho ou visões acordadas é uma experiência transcendental que não pode ser colocada em palavras, pois fazê-lo é limitar a experiência e trazê-la a este reino de dualidade.

Os Planos Divinos são Não-Duais e inefáveis, pois são o ponto de contato entre o Desconhecido e o Conhecido. As informações dos Planos Divinos são filtradas através do Chakra Causal/Bindu no Sahasrara, a Coroa, permitindo que outros Seres do mundo façam contato com sua consciência. Sempre que você tem uma experiência "fora deste mundo" em seus sonhos e está visitando reinos nunca antes vistos ou experimentados, você está trabalhando com os Chakras acima do Sahasrara e "surfando" em um dos Planos Divinos.

A experiência dos Planos Divinos é diferente para todos. No *The Magus*, tentei explicar algumas de minhas experiências com essas fontes de energia, mas acredito ter limitado essas experiências incríveis ao fazê-lo. Se você despertou a Kundalini e está experimentando sonhos incríveis, às vezes lúcidos, você invariavelmente vai contatar os Planos Divinos da existência.

Você verá paisagens nunca vistas antes, lindas de se ver. Você se sentirá como se estivesse em um Planeta diferente em outro Sistema Solar, e na realidade, você poderá estar. Uma vez que sua consciência esteja livre do corpo físico, você poderá elevá-la através de uma ideia ou pensamento inspirador. É incomum experimentar os Planos Divinos durante o dia a menos que você esteja em meditação, mas uma vez que você abra esta porta, você poderá visitá-la à noite.

Uma vez que você tenha feito contato com os Planos Divinos em sua consciência, você pode ser capaz de sentir a presença deles intuitivamente, mas à noite você pode usar seu Corpo de Luz para entrar e experimentá-los. Um puxão para cima ocorre em sua consciência, e quando você entra no Estado Alfa durante o sono, você pode abrigar-se oficialmente nos Planos Divinos com seu Corpo de Luz. Se você sente que está neste mundo fisicamente, mas sua mente está em outro Planeta, ou em outra Dimensão superior, então é provável que você esteja experienciando os Planos Divinos.

VARIAÇÃO NA SEQUÊNCIA DAS CAMADAS ÁURICAS

Você notará que a sequência de evolução espiritual através dos Elementos segue a sucessão das camadas áuricas relativas aos Chakras, exceto que, em vez de progredir para o Fogo após a superação do Elemento Água, eu experimentei que se alcança o Elemento Ar. Assim, há um salto gradual para uma camada mais alta antes de voltar para uma camada mais baixa. Isso, ou a sequência das camadas na Aura não segue a ordem dos Chakras.

Suponhamos que sigamos o sistema Qabalístico da Árvore da Vida de Evolução Espiritual em direção à Divindade (Luz Branca de Kether). Uma vez que nos elevamos acima do Plano Físico da Terra, a consciência experimenta os outros três Elementos em duas sequências separadas antes de alcançar o Plano Espiritual. Após deixar Malkuth, a Terra, o indivíduo alcança Yesod (ar inferior), seguido por Hod (água inferior) e depois Netzach (fogo inferior). Depois sobem em Tiphareth (ar superior), seguido por Geburah (fogo superior) e finalmente Chesed (água superior). Depois estão à porta do Espírito e do Plano Espiritual, representados por Daath na Árvore da Vida. E mesmo dentro do Plano Espiritual, a primeira Sephira, Binah, é atribuída ao Elemento Água, enquanto a segunda Sephira, Chokmah, é relacionada ao Fogo. Binah e Chokmah são consideradas as fontes primárias dos Elementos Água e Fogo, Qabalisticamente. Kether, a mais alta Sephira, corresponde ao Elemento Ar e também é considerada sua fonte mais alta.

O Elemento Ar na Árvore da Vida é considerado o reconciliador entre os Elementos Fogo e Água. Por esta razão, ele é encontrado estritamente no *Pilar Médio* da Árvore da Vida, também chamado de Pilar do Equilíbrio. Por outro lado, os dois Elementos de Água e Fogo se intercambiam nos Pilares opostos da Árvore da Vida, o *Pilar da Severidade* e o *Pilar da*

Misericórdia. Assim, em minha experiência de elevação da consciência e de Evolução Espiritual, eu não vivenciei os Chakras sequencialmente. Acredito que este processo é universal. Portanto, ou o sistema Qabalístico é correto, ou o sistema Chákrico é, mas não ambos, pois são diferentes. Mais tarde, falarei mais sobre este assunto quando descrever e discutir o conceito oriental de Koshas.

IDA, PINGALA E OS ELEMENTOS

O correto fluxo de energia através da Ida e Pingala é de suma importância para o bom funcionamento do circuito Kundalini. Bloqueios em qualquer um desses Nadis impedirão que a energia funcione como deveria. Se houver bloqueios, você passará por graves problemas mentais e emocionais, pois Ida e Pingala regulam os Chakras e a consciência. Ida e Pingala são alimentados por pensamentos e emoções, que são influenciados pelos quatro Chakras abaixo de Vishuddhi (Chakra da Garganta) e pelos Elementos da Terra, Água, Ar e Fogo.

Neste capítulo, vou discutir como os Cinco Elementos afetam o fluxo de Ida e Pingala. Através das práticas espirituais apresentadas neste livro ou dos exercícios rituais Cerimonial Magick apresentados no *The Magus*, você pode sintonizar seus Chakras. Fazendo isso, permite que as correntes de energia em Ida e Pingala fluam corretamente, facilitando quaisquer dificuldades mentais e emocionais que você possa estar experimentando. Como descrito no *The Magus*, os Trinta Éteres Enochianos influenciam diretamente Ida e Pingala já que eles usam a energia sexual combinada com a energia Elemental para trabalhar em um ou em ambos os canais ao mesmo tempo. Eu descobri que esta operação ritual é a melhor em sintonizar ambos os canais da Kundalini e ajudá-los a alcançar seu estado mais ideal.

O Elemento Terra representa estabilidade e é significado pelo Chakra Raiz, que está entre o ânus e os genitais. Este Chakra é vital, pois é preciso ter energia fluindo através dele corretamente para alimentar o sistema Kundalini. O Elemento Terra dá a você os meios para corrigir este Chakra e sintonizá-lo corretamente. Como mencionado, as linhas de energia dos Chakras do Pé correm através das pernas até o Chakra da Terra, Muladhara. Estas linhas precisam ser totalmente ativadas e otimizadas após o despertar da Kundalini. Seu fluxo adequado permite que o Chakra Terrestre funcione em sua capacidade máxima. Seu fluxo também alimenta os Nadis Ida e Pingala, que começam em Muladhara, mas recebem suas energias masculina e feminina dos canais de energia primária nas pernas.

Trabalhar com o Elemento Terra permite aterrar, maximizando o fluxo de energia nas pernas. O Elemento Água e as emoções influenciam o fluxo de Ida (feminino), enquanto o Elemento Fogo influencia o fluxo de Pingala (masculino). O Elemento Ar anima ambos os canais Ida e Pingala, já que dá vida aos Elementos Água e Fogo. Sua colocação é no Chakra do Coração, Anahata, que contém a maior confluência de Nadis menores no corpo.

Anahata regula todos os Chakras, assim como os Elementos do corpo. Além disso, o Chakra do Coração se conecta aos Chakras da Mão, que canalizam a energia do amor curativo, e servem como receptores para ler a energia ao seu redor. Uma vez estabelecido o fluxo correto entre os Chakras da Mão e o Chakra do Coração nos indivíduos de Kundalini desperta, isso resulta na sensação de ausência de peso no corpo físico e na desassociação mental com ele. A energia do Espírito precisa permear todo o corpo físico, o Corpo de Luz, para liberar completamente a consciência do reino físico.

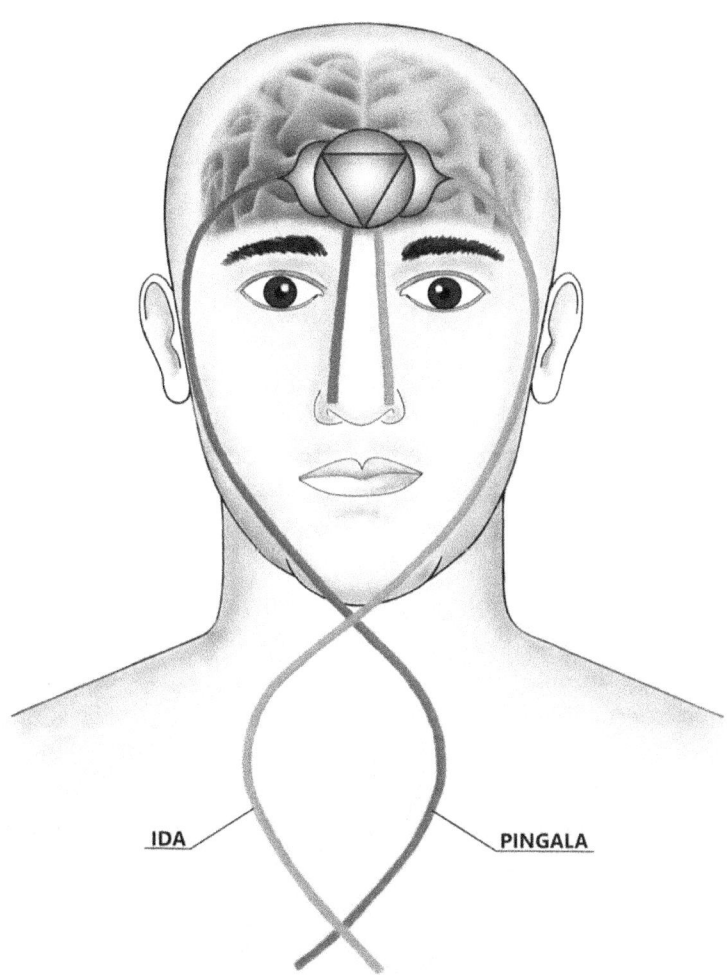

Figura 15: Ida e Pingala Nadis e Ajna Chakra

Ao trabalhar com o Elemento Ar, você está trabalhando com o estímulo tanto do Ida quanto do Pingala Nadis. Quando os dois Nadis se cruzam em cada um dos pontos Chákricos durante um despertar da Kundalini, eles terminam no Chakra Ajna (Figura 15) no meio do cérebro, no centro de Tálamo. O portal do Ajna Chakra é o Terceiro Olho entre e acima das sobrancelhas e um centímetro dentro da cabeça. Se os dois canais não estiverem cruzando corretamente, ou se houver um bloqueio no movimento de qualquer um deles no centro do Olho da Mente, todo o sistema Kundalini é desequilibrado, afetando sua função. Muitas vezes, isto resulta em pensamentos obsessivos ou problemas mentais semelhantes aos dos pacientes esquizofrênicos ou bipolares.

Os problemas de saúde mental dos indivíduos são decorrentes de um fluxo impróprio de Ida e Pingala e desequilíbrios nos Chakras. Entretanto, não podemos provar isto com as ferramentas de medição científica dos dias de hoje. Após dezessete anos de observação de meus processos mentais e dos altos e baixos em meus pensamentos e emoções, cheguei a esta conclusão. Acredito que estas questões são universais, pois Ida e Pingala são ativos em todas as pessoas, pois regulam a consciência. No entanto, nas pessoas com Kundalini plenamente desperta, seu fluxo é otimizado desde que os Três Granthis estejam desbloqueados, permitindo que a energia Prânica sublimada alimente continuamente o sistema, induzindo o estado transcendental.

HEMISFÉRIOS CEREBRAIS ESQUERDO E DIREITO

Na Qabalah, as duas mais altas faculdades interiores de um ser humano são a Sabedoria e a Compreensão; ambas recebidas através da intuição. Estes dois aspectos do Eu existem em dualidade entre si, pois não se pode ter um sem o outro. Ambos estão relacionados ao Elemento Espiritual, pois representam a parte Superna do Eu, que nunca nasceu e nunca morrerá. Na Árvore da Vida, eles são as Esferas Chokmah (Sabedoria) e Binah (Compreensão). Elas também se relacionam com a expressão última dos componentes masculinos e femininos do Eu, encontrados dentro do cérebro como seus hemisférios esquerdo e direito.

O hemisfério esquerdo do cérebro é influenciado pelo Chiah (encontrado na Esfera de Chokmah). Qabalisticamente, o Chiah é nossa Verdadeira Vontade. É a parte masculina, projetiva do Eu, pertencente ao Elemento Fogo. Como nosso Santo Anjo da Guarda, essa parte de nós está continuamente nos alimentando no sentido de nos aproximarmos da Divindade. O Chiah é alimentado pelo Pingala Nadi, que também está associado com o hemisfério cerebral esquerdo no Tantra Yoga. Ela está relacionada ao pensamento analítico, lógica, razão, ciência e matemática, raciocínio e habilidades de escrita. O Chiah é fundamentalmente arquetípico, o que significa que está, em algum grau, fora de nossa capacidade de compreendê-lo plenamente. Podemos usar o lado esquerdo de nosso cérebro, mas não podemos entender por que sabemos o que sabemos nem a fonte desse conhecimento.

O Neschamah Inferior é encontrado dentro da Esfera de Binah. É feminino e receptivo, pertencente ao Elemento Água. O Neschamah Inferior serve como nossa intuição psíquica. É a maior aspiração do Eu e nosso mais profundo anseio ou mais elevado estado de consciência. Afinal de contas, nosso poder intuitivo nos liga diretamente ao Divino. O Ida

Nadi dá poder ao Neschamah Inferior. Ela influencia as funções do hemisfério cerebral direito, tais como compreensão, emoções, criatividade, imaginação, discernimento, pensamento holístico e consciência da música e das formas de arte em geral.

CURTO-CIRCUITOS DOS NADI

Ao longo de sua jornada de transformação da Kundalini, você pode encontrar um tempo em que a Ida ou a Pingala estão em curto-circuito, o que significa que elas cessam suas funções por enquanto. É crucial compreender que uma vez que você tenha aberto seu circuito Kundalini, ele permanecerá ativo pelo resto de sua vida, e os curtos-circuitos e bloqueios são colisões temporárias na estrada. Com os curtos-circuitos, você tem que reconstruir os canais Ida ou Pingala (o que tiver caído) através da ingestão de alimentos, o que ocorre naturalmente ao longo do tempo. Neste momento, você pode ser induzido por sua Alma a comer mais do que regularmente para conseguir isso, já que sua Alma reconhecerá o que você precisa fazer para resolver o problema.

Os curtos-circuitos são questões universais, e muitas pessoas da Kundalini despertadas relataram que isto lhes aconteceu. Se o Ida tem curto-circuito, geralmente é o resultado de um evento temível em sua vida que causa uma carga emocional tão negativa que ela sobrecarrega o canal e o alimenta com bioeletricidade negativa. Curtos-circuitos do Pingala são menos comuns e geralmente são o resultado de alguém ou algo que toma conta de sua vida e pensa por você por um período prolongado. Se isto acontecer, o canal Pingala, cuja finalidade é canalizar a força de vontade, cessará sua função.

Ambos os canais podem ser reconstruídos ao longo do tempo com a ingestão de alimentos e a realização de mudanças em sua vida que podem afetar negativamente seu funcionamento. Como você leva sua vida invariavelmente afeta todo o sistema Kundalini e como os Chakras funcionam, incluindo os canais Ida, Pingala e Sushumna.

Sushumna exige que os centros cerebrais estejam abertos e o Bindu funcionando corretamente, mas também exige que a conexão com a Coroa esteja bem estabelecida. Se Ida ou Pingala, ou ambos, cessarem suas funções e ficarem em curto-circuito, pode resultar no Sushumna também não funcionar corretamente, especialmente no nível superior do cérebro. É impossível parar completamente o fluxo do Sushumna, pois ele é nosso meio para experimentar a consciência expandida, que, quando despertada, nunca pode ser aniquilada. Os canais secundários de Ida e Pingala, que regulam a consciência, podem ser temperados por ela, mas não a consciência superior propriamente dita.

Discutirei mais detalhadamente os curto-circuitos da Kundalini na "Parte X: Controle de Danos da Kundalini" e apresentarei meditações na seção seguinte que você pode usar para reconstruir e realinhar os canais na cabeça em vez de esperar que isso aconteça naturalmente.

PARTE III: O SISTEMA DE ENERGIA SUTIL

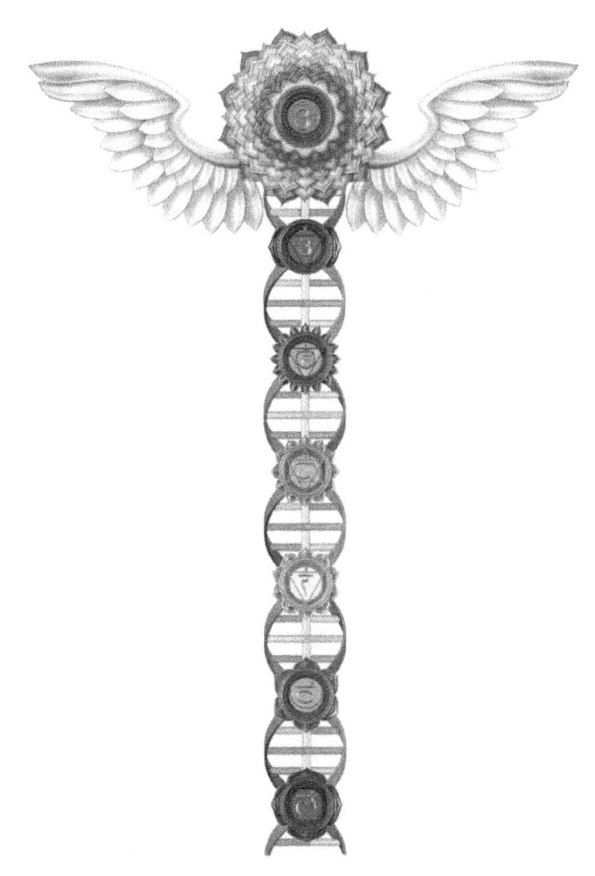

O CAMPO DE ENERGIA AURA-TOROIDAL

Um campo eletromagnético é uma combinação de energias elétricas e magnéticas. Os campos eletromagnéticos são campos primários que geram e sustentam a vida. A Aura é um campo eletromagnético de energia que existe em torno de cada coisa viva e não viva no Universo. Tem forma toroidal, pois o tórus é a forma preferida que o Universo utiliza para criar matéria a partir da energia.

O tórus consiste em um eixo central e vórtices em cada extremidade que circula energia. Em uma seção transversal, o tórus se assemelha a um donut dinâmico com um buraco no meio que é infinitamente pequeno. A maioria das dinâmicas de tórus contém aspectos masculinos e femininos, onde a energia sobe em uma e desce na outra.

O campo de energia toroidal é um sistema autossustentável que circula energia continuamente. O símbolo do infinito é uma antiga representação 2D do campo toroidal, pois carrega propriedades similares de ser contínuo e auto-equilibrado. Ele também representa a Fonte de toda a Criação. A Fonte criou todos os tóruss existentes e está conectada a eles de forma inseparável.

Todo ser humano e animal que vive no Planeta Terra, incluindo o próprio Planeta (Figura 16), tem sua própria Aura. O mesmo se aplica a outros Planetas e até mesmo às Galáxias. Todas as Auras do Universo são influenciadas umas pelas outras e se alimentam umas das outras. Afinal, todos nós estamos interligados. Os muitos ecossistemas diferentes dentro da atmosfera terrestre, como a vida vegetal e animal, oceanos e até amebas e organismos unicelulares, estão interligados energeticamente. Através de uma troca dinâmica de energia, o sistema toroidal universal conecta cada célula e átomo através de nossos corpos físicos e consciência.

O tórus é afetado pelo movimento contínuo da energia Universal ou Prana. Sua atividade é semelhante ao flutuar de uma onda com o movimento da água. A energia Prana está em toda parte ao nosso redor - ela está fluindo continuamente para dentro e para fora de nossas Auras. Enquanto nosso Sol existir, também existe Luz e Prana, que dão vida a todos os seres vivos em nosso Sistema Solar.

Um dos principais objetivos da Aura é a troca e o processamento de sinais de comunicação. A Aura dos organismos biológicos vivos flutua continuamente dependendo do input que recebe do Eu, do meio ambiente ou de outros seres vivos. Embora os objetos não vivos e inanimados tenham uma Aura, sua Aura não muda muito através da interação com outras coisas vivas ou não vivas. A Aura das coisas não-vivas é frequentemente chamada de Etérica, ou corpo energético. Essencialmente, o corpo de energia de qualquer coisa é sua Aura, que é o produto do movimento contínuo de um tórus.

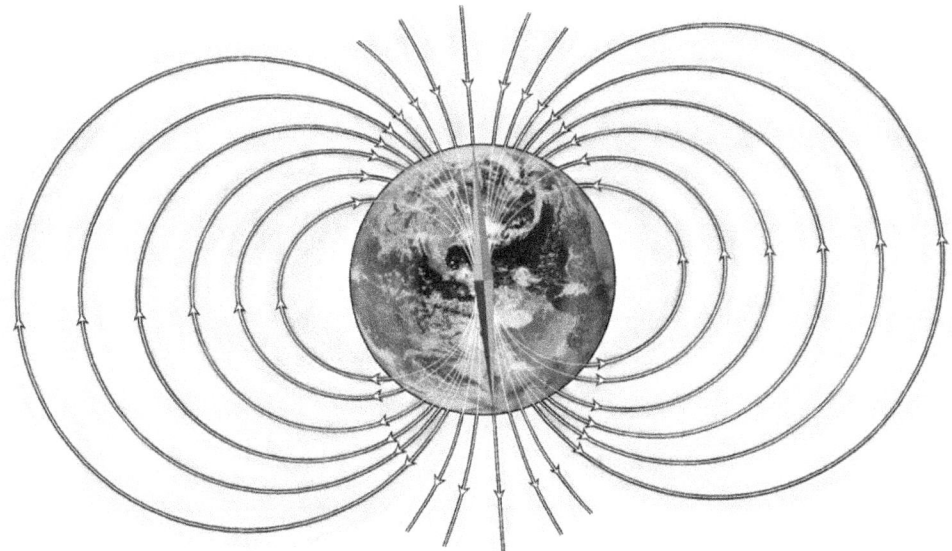

Figura 16: O Campo Eletromagnético da Terra

A AURA HUMANA

A Aura nos ajuda a interagir com o mundo ao nosso redor e a retransmitir informações em nossos corpos físicos. Ela se estende ao redor do corpo físico, mas também flui através dele. O corpo físico é a projeção holográfica da consciência individual alimentada pela Aura.

Já descrevi as camadas Aura no ser humano, que correspondem aos Sete Chakras Maiores e aos Planos Cósmicos da existência. Cada uma das camadas da Aura tem sua frequência de vibração e contém diferentes formas de informação. As quatro seguintes camadas áuricas estão relacionadas com os Chakras Transpessoais da Estrela da Terra, o Chakra Causal, a Estrela da Alma e o Portal Estelar. Eles emanam sequencialmente para além das primeiras sete camadas áuricas.

A camada Áurica do Chakra Estrela da Terra se projeta primeiro após a camada do Chakra Sahasrara, que serve para aterrar todo o sistema Chákrico, pois se conecta com o Corpo Etérico do Plano Astral Inferior. Em seguida é a camada Áurica do Chakra Causal, que conecta os Planos Espiritual e Divino. Depois temos a camada Áurica da Estrela da Alma, que nos permite acessar os Planos Divinos inferiores, seguida pela camada do Portal Estelar, representando os planos superiores. Finalmente, o Chakra Hara, uma parte do modelo dos Chakras Transpessoais, não tem sua própria camada Áurica, mas interpenetra vários aspectos da Aura, uma vez que é nosso principal centro Prânico. Cada uma das onze camadas áuricas tem um fluxo toroidal que é aninhado junto para criar a forma de um ovo energético gigante (Figura 17).

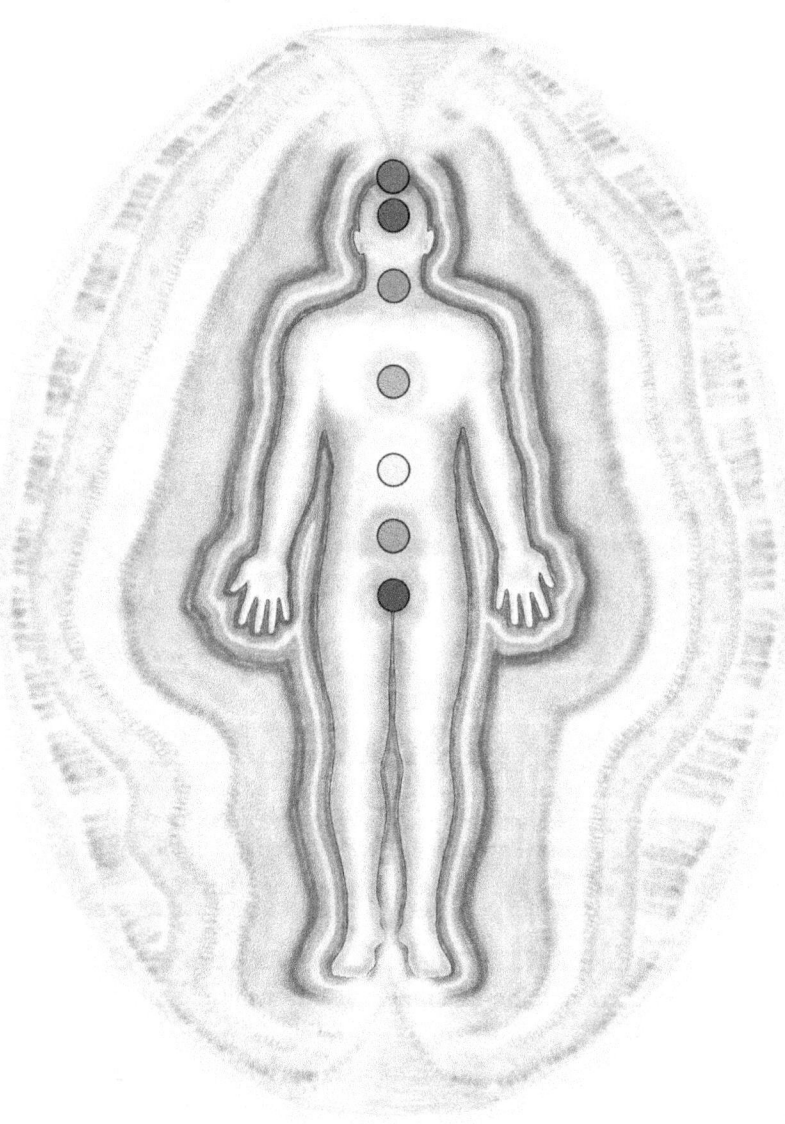

Figura 17: A Aura Humana

Com a inclusão das camadas mencionadas acima, é criado o corpo principal da Aura. Além disso, outros campos sutis afetam nossa bioenergia e nos conectam uns aos outros, a outros seres vivos, a Terra e o Universo como um todo. Estes incluem campos elétricos e magnéticos que não são detectados no espectro eletromagnético, que nos afetam física e psiquicamente. Depois há o som e outras forças eletromagnéticas que nos afetam, tais como luz infravermelha, micro-ondas, ondas de rádio, luz ultravioleta, raios X, raios gama, para citar algumas.

Cada célula do corpo e cada pensamento e emoção gera um campo energético. Como tal, existem centenas, se não milhares, de campos de energia sutis, alguns dos quais ainda não foram descobertos. Os cientistas estão descobrindo regularmente novos campos de energia, o que aumenta ainda mais a nossa compreensão da interconectividade de toda a existência.

No ser humano, o eixo do tórus vai desde a coroa da cabeça até a virilha, abrangendo os Chakras Maiores e os Transpessoais, e se estendendo até os pés. A energia flui através de um vórtice ao longo do eixo e para fora do segundo vórtice, onde se envolve em torno de sua circunferência e passa novamente através do vórtice original. Conforme o tórus gira em torno de seu eixo vertical, o anel em si gira também em torno de seu eixo circular. As partículas de energia que entram em nosso tórus seguem um caminho em espiral.

O centro do tórus é o coração, que tem seu próprio campo eletromagnético que se estende mais longe do corpo do que o campo áurico. Quando as pessoas estão próximas umas das outras, uma troca de energia eletromagnética é produzida pelo coração, que é registrada pelas ondas cerebrais. (Veja o capítulo "Poder do Coração" para mais informações sobre este assunto).

O coração abriga a Alma. O tórus é essencialmente a estrutura da Alma para se expressar no Mundo da Matéria. Ele permite que a Alma estabeleça contato com outras Almas existentes. Como filosoficamente, a Alma se expressa através da mente, a mente escolheu o tórus como a forma mais ideal na natureza para manifestar o corpo físico. Através da mente, os desejos da Alma são comunicados ao corpo físico. O corpo não pode existir sem a mente. Quando o corpo físico perece, a mente também o faz, o que erradica o tórus. Por outro lado, a Alma nunca pode ser extinta, e continua sua jornada de vida após a morte física.

CARACTERÍSTICAS DA AURA

A fotografia da Aura é uma tecnologia relativamente nova (desde os anos 70) que utiliza um sistema de imagens de *biofeedback* para registrar e exibir a energia eletromagnética de uma pessoa. As máquinas de leitura Aura geralmente fazem leituras da mão através de um sensor, que registra suas energias internas e fornece uma imagem colorida do estado atual da Aura.

O dispositivo de *biofeedback* de leitura Aura com o qual trabalho é AuraFit, criado por Bettina Bernoth. Ele integra tecnologia de ponta para exibir a Aura em "tempo real" usando uma pulseira "inteligente" ao invés de um sensor manual. Obtive os instantâneos de minha Aura, conforme apresentado neste livro com o Sistema AuraFit. (Para ver a gama completa de cores nestas imagens Aura, ideal para aprofundar seu entendimento do assunto, visite meu website). Como resultado da tecnologia de leitura Aura como AuraFit e outras, podemos determinar o tamanho da Aura, suas cores dominantes, e a saúde dos Chakras a qualquer momento.

Quando observamos o campo energético de um indivíduo, vemos a energia colorida fluindo dentro da Aura. O tipo e a qualidade da energia dentro de você dependem do que sua consciência está focando sua atenção. Ela pode mudar de um momento para o outro, já que a Aura está continuamente flutuando em relação às expressões de consciência. Os pensamentos e emoções que pensamos e experimentamos utilizam seus Chakras correspondentes nesses momentos no tempo. Quando um Chakra individual está sendo expresso dentro da Aura, sua respectiva camada será dominante, incluindo sua cor correspondente.

As cores áuricas estão mudando e mudando continuamente em relação ao que a consciência focaliza e quais camadas estão envolvidas. Entretanto, cada pessoa tem uma cor base em sua Aura, refletindo sua personalidade e disposição. A cor fundamental da pessoa nos dá uma ideia de sua disposição geral e estado emocional, influenciada por suas crenças, valores e comportamentos. O nível de progressão espiritual de uma pessoa também afeta a gama de cores dentro da qual a pessoa vibra.

Tamanho da Aura

Através da tecnologia de leitura Aura e validada por clarividentes, determinamos que a circunferência de uma Aura saudável com Chakras que funcionam bem se estende, em média, até dois metros ao redor de uma pessoa. Se houver bloqueios ou estagnação da energia da Luz nos Chakras, ela enfraquecerá a Aura, o que reduzirá seu tamanho de circunferência. As Auras insalubres podem encolher até noventa centímetros e até mesmo para muito perto da pele da pessoa.

O tamanho da Aura varia e flutua da mesma forma que suas cores. Por exemplo, se uma pessoa é contemplativa ou deseja solidão e descanso, ela estará concentrada para dentro e manterá suas energias para si mesma, o que encolhe a Aura. Por outro lado, se o indivíduo deseja uma conexão com os outros e aventura, ele será extrovertido, o que expandirá a Aura. De modo geral, focalizar para fora e compartilhar sua energia de amor com os outros faz crescer a Aura enquanto se introverte e se concentra no amor-próprio encolhe a Aura.

A Aura é como um organismo vivo, respirador no sentido de que se expande ou se contrai, dependendo se somos introvertidos ou extrovertidos e do tipo de energias que estamos expressando. Por exemplo, se uma pessoa estiver cansada e esgotada de sua energia vital, sua Aura encolherá, ao passo que se estiver energizada e tiver muita vitalidade, terá uma Aura mais expansiva. O estresse também afeta o tamanho da Aura, uma vez que a faz contrair enquanto a consciência está experimentando tensão.

A respiração também afeta nosso tamanho Aura; pessoas que respiram de seu abdômen alimentam continuamente seus Sete Chakras com energia Prânica, mantendo o sistema energético equilibrado, expandindo assim a Aura. Aqueles que apenas respiram através do peito mantêm seus Chakras do meio para cima ativados enquanto seus Chakras inferiores permanecem relativamente inutilizados. Essas pessoas terão Auras menores e precisam mudar seus padrões respiratórios para equilibrar seus Chakras e otimizar seu tamanho de Aura.

O tamanho geral do campo áurico do indivíduo também depende de onde ele se encontra no processo de Evolução Espiritual e quanta energia de Luz ele tem integrado em sua Aura. Pessoas com vibrações mais elevadas geralmente têm Auras maiores, enquanto aquelas com vibrações mais baixas têm Auras menores. As pessoas com Auras maiores têm habilidades mais poderosas para alcançar seus objetivos e sonhos, enquanto as pessoas com Auras menores têm um tempo mais desafiador para manifestar a vida que desejam.

Indivíduos com Kundalini desperta e que integraram a energia da Luz nos Chakras têm Auras cuja circunferência ultrapassa um metro e oitenta. Tem sido relatado que indivíduos totalmente iluminados, Adeptos, Sábios e Yogis realizados, têm Auras radiantes cuja Luz pode preencher uma sala inteira e causar uma impressão em todos os que estão próximos.

Se alguém está sendo extrovertido, otimista e engajado em compartilhar energia amorosa, no entanto, sua circunferência Aura ainda está bem abaixo de dois metros, isso é uma indicação de que pode haver doenças no corpo físico. De acordo com o Princípio Hermético de Correspondência, a qualidade da energia na Aura se manifestará como essa mesma qualidade física, e vice-versa.

Se alguém passar por mudanças psicológicas e até físicas significativas, isso se mostrará em sua Aura. Por exemplo, pessoas que são muito espaçosas e precisam de aterramento, manifestarão uma abundância de energia em sua área da cabeça e uma energia mínima em torno de seus pés. Para uma conexão equilibrada entre mente, corpo e alma, as energias devem ser distribuídas uniformemente nas áreas da cabeça (mente), pés (corpo) e coração (alma).

Forma da Aura e Intensidade da Cor

Ao olhar a Aura de uma pessoa em tempo real, vários fatores estão em jogo que refletem a aparência da Aura, desde seu tamanho e forma até a intensidade da cor. Primeiro, a Aura deve ter a forma de um ovo e ser simétrica, refletindo o fluxo de energia toroidal do indivíduo. A forma do ovo da Aura deve ter uma superfície lisa em sua casca externa quando ela estiver em estado neutro. Uma casca externa felpuda indica a falta de limites pessoais. Se a Aura tiver furos, rasgos ou cortes, isto lhe dá um aspecto espinhoso, indicando problemas energéticos de leves a graves. A energia estagnada se mostrará como alguns detritos ou manchas de cor escura na concha externa.

As cores brilhantes e radiantes na Aura refletem aspectos positivos e harmoniosos dos Chakras correspondentes, enquanto as cores escuras refletem aspectos negativos e discordantes. Por esta razão, cada cor na Aura pode ser mais clara ou mais escura.

Todas as áreas da Aura devem irradiar a mesma intensidade e brilho. Áreas de cor que não estão distribuídas igualmente em ambos os lados da Aura em termos de intensidade de cor indicam desequilíbrio dos Chakras.

A energia equilibrada mostra cores estacionárias e mais brilhantes, enquanto as energias desequilibradas se manifestam como cores mais escuras. O vermelho, por exemplo, representa a energia bruta da ação, que é um atributo positivo do Chakra Muladhara, enquanto o vermelho escuro representa a ansiedade e o estresse.

Quando o indivíduo está passando por estresse físico, mental ou emocional, uma cor vermelha escura aparecerá no lado esquerdo do corpo. Se o estresse persistir, o vermelho escuro penetrará nas áreas do coração, garganta e cabeça, envolvendo as primeiras camadas da Aura mais próximas do corpo.

Quando o indivíduo muda seu foco para longe de tudo o que lhe causava ansiedade, por sua própria vontade ou através de alguma influência externa, a tensão deixará a psique e o corpo, seguida pela cor vermelha escura que jorra da Aura. Entretanto, se o estresse persistir ainda mais, ele continuará a preencher as demais camadas da Aura e permeará toda a Aura até que seja resolvido (Figura 18).

Figura 18: Entrada e Saída de Energia Estressante da Aura

Qualquer que seja a cor que esteja substituindo o vermelho escuro na Aura é frequentemente vista no lado esquerdo do corpo (lado direito da imagem da Aura) antes que ela penetre nas áreas do coração, garganta e cabeça. Em seguida, ela fluirá para as primeiras camadas da Aura, seguida pelo resto das camadas, se o que quer que a consciência esteja focalizando for suficientemente poderoso. A nova energia então se estabilizará dentro da Aura até que ocorra uma mudança na consciência.

Suponha que estejamos olhando para esta experiência em tempo real com um dispositivo de leitura Aura. Nesse caso, parece uma onda de nova energia que varre a área do coração, projetando-se para fora até substituir completamente todas as manchas vermelhas escuras dentro da Aura. Os últimos resquícios do vermelho profundo são às vezes vistos no lado direito antes de desaparecerem completamente.

Quando um pensamento ou emoção domina o campo energético, parece que a Aura inspira, ao passo que, quando ocorre um deslocamento interno, a Aura expira, expulsando assim a cor correspondente do sistema.

As cores que entram na Aura são sempre resultado da intenção e atenção sobre pensamentos e emoções em que a consciência se concentra. Podemos mudá-las a qualquer momento com a aplicação da força de vontade. O que você pensa ou dá atenção determina sua realidade, e podemos ver sua manifestação na Aura.

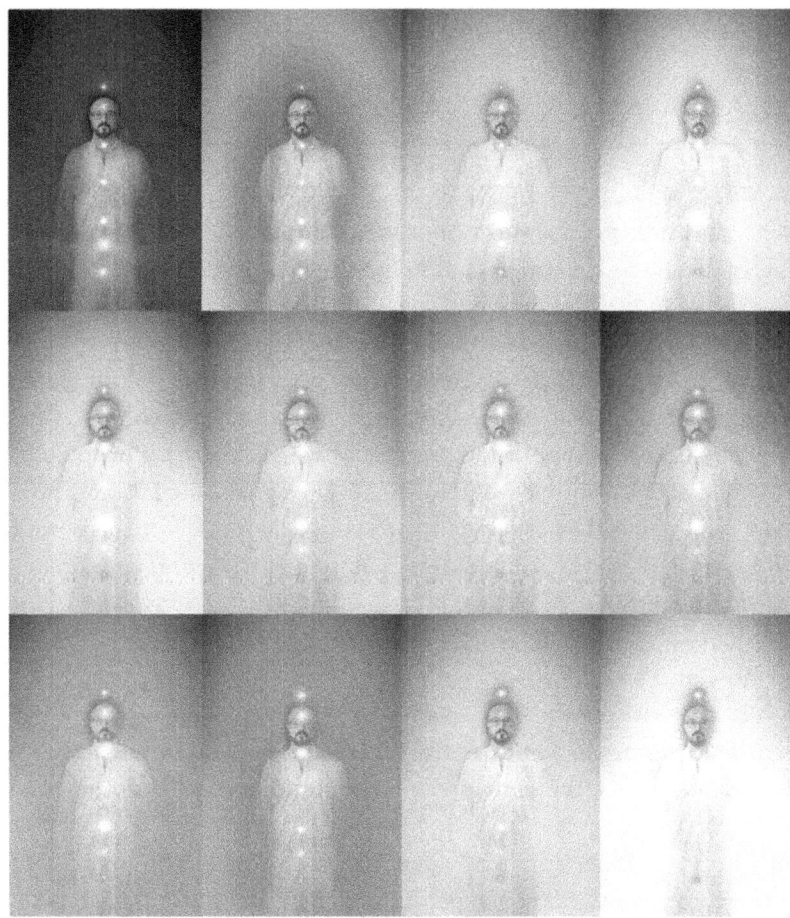

Figura 19: Progressão das Cores Áuricas da mais Baixa Para a mais Alta

A figura 19 mostra uma progressão das cores áuricas de um estado estressante para um estado meditativo pacífico e equilibrado. A primeira foto mostra um vermelho profundo que preenche toda a Aura, que é substituída por um vermelho mais calmo na próxima foto, seguida por uma clareira completa na terceira foto, proveniente de um exercício de atenção aplicada.

A mente tranquila eleva progressivamente a vibração da consciência através dos Chakras. Depois do laranja, ela manifesta a cor amarela na Aura, seguida do verde, azul, índigo, violeta e lavanda, em sequência.

A cor branca final representa o estado de espírito de cada um quando ele está livre de todos os pensamentos, positivos e negativos, representando a conexão mais substancial com Sahasrara – a Luz Branca Divina. Uma Aura branca traz a felicidade divina que podemos sentir no Chakra do Coração.

ANATOMIA DA AURA (ÁREAS DE COR)

Acima da Cabeça

A cor acima do Chakra Sahasrara representa sua consciência e o momento presente. Portanto, ela se relaciona a seus pensamentos e ao que está atualmente em sua mente. Seus pensamentos são projetados a partir do Plano Mental e são mais mutáveis do que as emoções. Como tal, a cor acima da cabeça é a mais rápida a mudar.

Se uma faixa de cor se estende como um arco na parte superior da Aura, indica as esperanças, objetivos e aspirações de cada um (Figura 20). A cor da banda nos diz que tipo de aspirações ou objetivos o indivíduo tem em sua mente. Por exemplo, se a banda for índigo ou violeta, indica que as ambições atuais da pessoa são Espirituais. Uma faixa azul mostra as aspirações da pessoa de se preocupar com a expressão criativa. Por outro lado, uma faixa vermelha indica mais objetivos monetários preocupados em aumentar a qualidade de vida terrena.

Ao Redor do Coração

A cor ao redor de sua área de coração é expressiva de seu humor e disposição geral. Esta cor está relacionada ao Plano Astral, que inclui as duas primeiras camadas mais próximas do corpo. Estas duas camadas circundam o corpo físico, esticando-se ao redor da cabeça e envolvendo os pés.

Como nos sentimos mais substanciais e menos mutáveis do que o que pensamos, a área do coração é expressiva de nossa personalidade central. Ela representa o Chakra que mais utilizamos ao longo do dia. É comum ver a mesma cor acima da cabeça e ao redor do coração e do corpo, uma vez que muitas vezes pensamos em coisas que estão de acordo com o que sentimos.

A cor da área do coração é sua base; é a cor dominante em sua Aura representando o Eu neste momento. Como suas crenças e visões gerais sobre a vida mudam, o mesmo acontece com sua cor central. Se o indivíduo passa por um evento que muda sua vida, muitas vezes há uma mudança radical em sua cor central.

Sua cor central muda ao longo do dia para refletir as mudanças em suas emoções, mas geralmente volta ao seu estado neutro. Como tal, a melhor maneira de obter sua cor central é monitorar a Aura por um período mais curto. Tirar uma única foto de uma Aura com um dispositivo de leitura de Aura é insuficiente para obter a cor do núcleo.

Outro fator que impacta nossa cor central é o quão bem utilizamos nosso Chakra da Garganta, nosso centro de comunicação. Quando nos expressamos intensamente verbalmente ou através da linguagem corporal, o Chakra da Garganta tende a ficar iluminado, o que ilumina a área da garganta, iluminando nossa cor central. Assim, falar sua verdade e se expressar é crucial para ter uma Aura saudável e desobstruída, com energia de fluxo livre e cores brilhantes.

Lado Esquerdo do Corpo

O lado esquerdo do corpo representa a energia feminina, passiva, receptiva, Yin, que está sendo impressionada pela imaginação. A cor presente no lado esquerdo nos mostra a energia que vem em forma auto-cultivada ou projetada em nós por outra pessoa ou mesmo por estímulos ambientais. Como tal, esta energia de cor representa o futuro se a absorvermos e aceitarmos e permitirmos que ela se apodere de nossa consciência.

Se nossa disposição atual for mais poderosa do que a energia que nos impressiona, ela permanecerá do lado esquerdo em breve e deixará a Aura por completo. No entanto, se abraçarmos esta energia, ela irá derramar na área do coração e se espalhar para fora para se tornar a cor dominante em nossa Aura por ter sobrepujado nossos pensamentos e emoções. Como mencionado, porém, a menos que a nova energia que entrou em nosso centro seja semelhante à nossa disposição geral, ela desaparecerá da Aura logo em seguida para ser substituída por nossa cor central.

Se a energia do lado esquerdo está sendo projetada em nós por uma pessoa com quem estamos em contato, seja em uma sessão de cura ou através de comunicação verbal, é comum ver a mesma cor que a dominante em sua Aura. Lembre-se de que nossa imaginação deve ser sempre alimentada pela força de vontade, seja a nossa própria (por ser ótima) ou a de outra pessoa.

Em muitas leituras da Aura, uma cor vermelha escura virá para o lado esquerdo se uma pessoa estiver sendo estimulada emocional ou mentalmente. Ela ficará lá por alguns momentos enquanto a consciência a processa. Se o sistema nervoso do indivíduo for forte o suficiente, ele o superará, e o vermelho escuro sairá da Aura. Se eles permitirem que ele assuma mentalmente ou emocionalmente, ou ambos, o vermelho escuro permeará a Aura e assumirá como a cor dominante, o que significa que o estresse tomou completamente conta da consciência.

Se a cor do lado esquerdo é a mesma em toda a Aura, a energia é sentida muito fortemente, pois o indivíduo é congruente com seus pensamentos, emoções e ações. Se a cor do lado esquerdo for a mesma que a cor do lado direito, o indivíduo realiza o que está pensando, mesmo que não o esteja sentindo. Para que possamos sentir de forma tangível qualquer energia, ela tem que assumir como a cor base e permear a área do coração e as primeiras camadas da Aura.

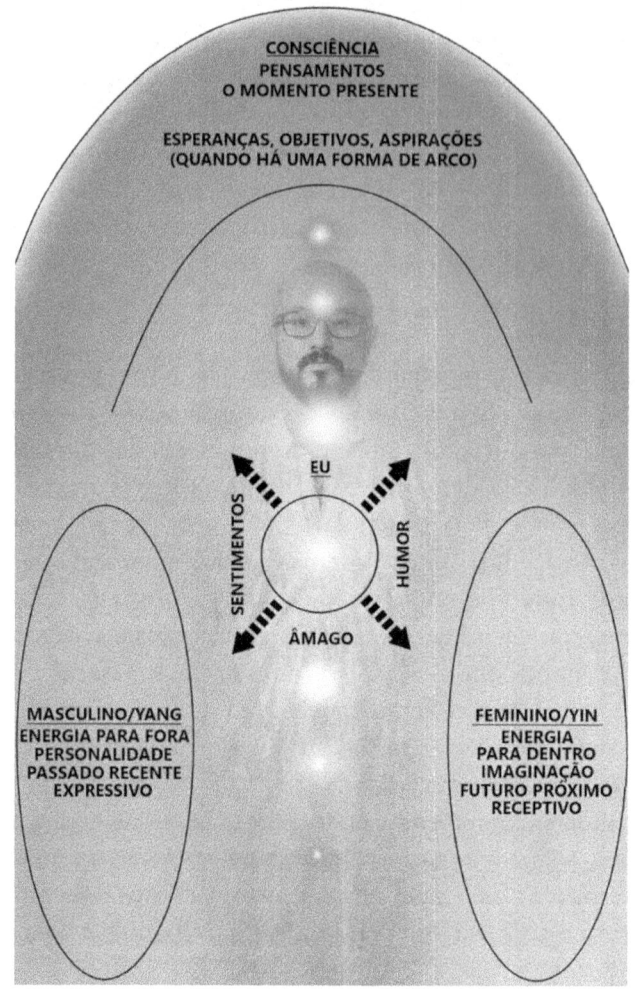

Figura 20: Anatomia da Aura

Lado Direito do Corpo

O lado direito do corpo representa a energia masculina, ativa, projetiva, Yang. Ele retrata a energia recente que passou por nós e que agora está sendo liberada e expressa. É a energia da ação que é um subproduto do que estamos pensando e sentindo. Como é a energia que estamos colocando no mundo, ela representa como outras pessoas nos percebem - a nossa personalidade.

Quando expressamos algo, estamos causando uma impressão no Plano Físico e construindo memórias. Cada ato que realizamos tem significado, pois ou nos liberta ou nos amarra ainda mais à nossa Roda do Carma. Precisamos ter certeza de que as energias que estamos projetando no mundo material não são escuras e lamacentas, pois elas são expressivas das qualidades negativas dos Chakras.

Como a cor do lado direito representa o Eu consciente no ato de expressão, a cor do lado esquerdo representa o subconsciente. Como tal, os lados esquerdo e direito da Aura mostram o nosso Eu introvertido e extrovertido. Se formos naturalmente muito sociais e extrovertidos, então a cor do lado direito mudará e mudará com frequência à medida que nos expressarmos no mundo. Entretanto, se formos mais introvertidos e passarmos muito tempo pensando e contemplando nossas emoções, então teremos mais mudanças de energia do lado esquerdo, com muito pouco ou nenhum movimento do lado direito.

Por exemplo, um escritor que gasta tempo pensando e contemplando ideias terá mudanças consistentes de cor e energia em seu lado esquerdo. Por outro lado, um cantor que se apresente em um concerto estará em um ato contínuo de expressão, e assim as cores de seu lado direito estarão mudando e mudando em relação às emoções que eles estão expressando através de suas canções. Eles terão pouco ou nenhum tempo para ir para dentro e se tornarem introspectivos para causar conscientemente uma impressão em sua imaginação. No entanto, as cores que entram em seu lado esquerdo corresponderão com as energias que lhes são projetadas por seus fãs presentes.

PROBLEMAS ENERGÉTICOS NA AURA

Problemas energéticos dentro da Aura manifestam-se como furos, rasgos ou energia estagnada (Figura 21). Buracos na Aura podem ser encontrados na cobertura externa e parecem aspiradores de energia de drenagem; eles representam grave perda de energia e vulnerabilidade a influências negativas. Os furos da Aura podem criar rapidamente um desequilíbrio no sistema energético ao vazar energia para fora e permitir a entrada de energias indesejadas do exterior.

Os buracos de aura se manifestam quando os indivíduos passam muito tempo sonhando acordado e não estão presentes em seus corpos. Qualquer atividade que promova a ausência de mente e não lidar com suas emoções como elas acontecem, pode potencialmente fazer buracos na Aura. O abuso de substâncias e álcool são notórios para fazer buracos na Aura, assim como o cigarro que se fuma todos os dias.

Uma Aura altamente porosa é como uma esponja energética. Ser excessivamente sensível aos estímulos ambientais cria confusão sobre sua própria identidade ao longo do tempo. Simplificando, torna-se difícil determinar quais pensamentos e emoções são seus e quais são de outras pessoas. Indivíduos com buracos em sua Aura muitas vezes tomam comportamentos amáveis para se sentirem seguros em um ambiente. Quando acionadas ou confrontadas, em vez de lidarem com a situação, essas pessoas temerosas tendem a deixar conscientemente seus corpos para evitar experimentar as emoções negativas.

Todos nós precisamos enfrentar a realidade de frente para crescer mentalmente, emocionalmente e espiritualmente. Ao evitar lidar com a realidade à medida que ela acontece, a autoconfiança e a autoestima são significativamente afetadas ao longo do tempo, criando mais problemas energéticos.

Os rasgões na casca exterior da Aura são sinais de traumas físicos e psicológicos passados que parecem lágrimas em um pedaço de pano liso. Os rasgões permitem vulnerabilidade psíquica e perda de energia, semelhantes aos buracos na Aura, mas menos intensos. Os rasgos de Aura indicam um histórico de abuso, seja físico, sexual, mental ou emocional. Por outro lado, o comportamento habitual nocivo de uma pessoa cria buracos na Aura, embora evitar lidar com a realidade indique problemas subconscientes profundamente enraizados.

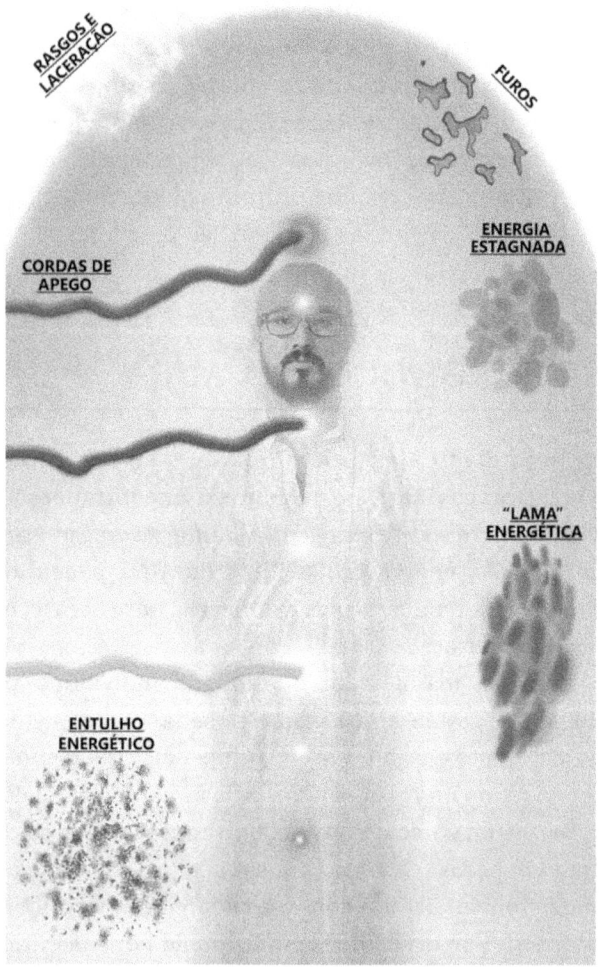

Figura 21: Problemas Energéticos na Aura

Uma pessoa que está profundamente ferida se sente constantemente ameaçada por outros. Elas são reativas e estão sempre prontas para o conflito. Muitas vezes, eles inadvertidamente ferem outras pessoas, mesmo quando estão apenas tentando ajudá-las. Estes indivíduos devem diagnosticar a origem de sua dor e tratá-la através de terapia ou práticas de cura espiritual. Fazendo isso, ajudá-los-ão a recuperar seu senso de identidade, reparando os rasgos e buracos em sua Aura.

A energia estagnada na Aura manifesta-se de diversas maneiras. As partículas de detritos representam a energia estagnada, não fundamentada, que se manifesta na Aura ou ao longo do Corpo de Luz. Os detritos energéticos consistem em partículas estáticas e sujas que geralmente estão dispersas em uma área e resultam em pensamentos e emoções dispersas.

Outro exemplo de energia estagnada são as manchas escuras de cor ao longo da casca externa da Aura que parecem poças de água espessas e lamacentas. Quando a energia estagnada se acumula durante um período mais prolongado, ela se torna mais densa e se transforma em lama energética - borrões de óleo espessos, que são escuros na aparência.

A energia estagnada é causada quando o indivíduo se agarra a pensamentos ou emoções por muito tempo sem expressá-los. Com o tempo, ela pode se transformar em bolsões densos ou pesados de energia que se apoiam em partes da Aura, tornando a mente preguiçosa. As manchas de cor são geralmente encontradas na mesma área e envolvem um ou mais dos Chakras correspondentes (dependendo da cor). Nuvens de energia no interior da Aura são muitas vezes sentidas como stress que se esconde nas profundezas do subconsciente.

As manchas escuras na Aura são como resíduos psíquicos que nos separam do momento presente. Ao não nos permitirmos expressar o que pensamos e sentimos, tiramos nossa capacidade de fazer fortes conexões com as pessoas. Em vez de confiar na verdade e nos fatos para guiar nossa realidade, tendemos a viver a vida através de associações e suposições, pois nos falta a coragem de sermos mais expressivos. Não se amar o suficiente enfraquece o Chakra da Garganta, que geralmente está associado à energia estagnada na Aura. Pessoas com muitas manchas escuras na Aura tendem a viver em reclusão, pois se sentem mais seguras de estar isoladas dos outros.

Finalmente, os apegos insalubres manifestam-se como cabos de energia que conectam duas pessoas através de um ou mais de seus Sete Chakras. Interações que constantemente contêm medo intenso, raiva ou alguma outra emoção negativa implicam a existência de um cordão (ou cordões) de apego. Os cabos de apego são frequentemente encontrados em relacionamentos insalubres entre membros da família. Elas são frequentemente o resultado de culpa ou outras emoções não resolvidas que ligam psiquicamente duas pessoas.

Os cabos de apego também podem ser criados através de uma memória traumática compartilhada entre amigos ou estranhos. Dois exemplos comuns onde cordões energéticos podem estar presentes são as relações codependentes e sadomasoquistas.

Os laços espirituais são a versão oposta dos cordões de apego negativos. Eles representam apegos positivos entre duas pessoas, que canalizam a energia amorosa e curativa de uma para a outra. Os laços espirituais são frequentemente compartilhados entre uma pessoa e seu animal de estimação, especialmente com cães que canalizam alta energia vibracional para seus donos e são ligados a eles nesta vida.

A AURA E AS VIBRAÇÕES

O Princípio hermético de Vibração afirma que todas as coisas no Universo vibram a uma frequência particular. Como nossos corpos são compostos principalmente de água, vibrações sonoras no ambiente estão continuamente sendo induzidas em nós, afetando diretamente o que pensamos e como nos sentimos. Por sua vez, estes estados vibratórios afetam nosso campo toroidal áurico e o fortalecem ou enfraquecem. Tenha em mente que o campo eletromagnético do coração de uma pessoa funciona em conjunto com seu campo Áurico, induzindo-o com energia emocional.

O som é o mais transcendental dos sentidos e o que mais nos sintoniza com os Planos Cósmicos superiores. A música sonora agradável que tem um ritmo harmônico afeta nossa Aura, provocando um estado emocional positivo. Ela nos coloca em contato com nossas Almas, curando-nos. Por outro lado, a música com tons discordantes cria ondas sonoras que fazem exatamente o oposto. Ela pode nos fazer sentir ansiosos e agitados, induzindo assim a energia do medo. No caso da primeira, nossa Aura se expande, pois a música com sons agradáveis cria um estado emocional amoroso que faz nossos corações vibrar de alegria. No segundo, nossa Aura se contrai para nos proteger e proteger das vibrações nocivas. Por exemplo, a música moderna de hip-hop usa a máquina de bateria 808, cujas batidas de baixa frequência nos sintonizam no Chakra Raiz, Muladhara. Sua vibração densa mantém nossa consciência ligada ao plano material, muitas vezes induzindo irritação e agressividade.

Somos fortemente afetados pela energia eletromagnética liberada por dispositivos tecnológicos em nossas casas, mesmo que a maioria de nós não esteja ciente deste fato. Computadores, telefones celulares, tablets e especialmente roteadores WiFi interferem no fluxo natural de nosso campo toroidal e podem causar distúrbios. Por esta razão, não é raro que pessoas sensíveis desliguem seus telefones celulares ou desliguem seus roteadores WiFi quando vão dormir. Alguns vão até mesmo ao ponto de desligar todos os dispositivos tecnológicos das tomadas elétricas para neutralizar a energia eletromagnética presente ao seu redor.

A base de todas as energias vibratórias superiores é o amor. Em contraste, todas as energias vibratórias inferiores são baseadas no medo. A regra geral a ter em mente é que as energias positivas e amorosas fazem a Aura se expandir, enquanto as energias negativas, baseadas no medo, a fazem contrair. A contração da Aura ocorre para salvaguardar as energias da pessoa, enquanto a expansão ocorre para permitir a entrada de mais energias externas positivas.

Somos naturalmente atraídos por pessoas amorosas, pacíficas e calmas, pois elas afetam nossa Aura positivamente. Quantas vezes você já ouviu o ditado: "Esta pessoa tem uma Aura simpática a seu redor". Aqui está implícito que o indivíduo tem uma abundância de energia de Luz, que ele compartilha prontamente com os outros. Ao contrário, pessoas pessimistas, hostis, iradas e geralmente caóticas são um desafio a estar por perto, uma vez que afetam negativamente nossa Aura. Portanto, naturalmente tentamos ficar longe dessas pessoas, a menos que elas tragam algo dentro de nós que desejemos curar em nós mesmos.

É propício para a saúde de nosso campo áurico passar tempo ao ar livre e ter contato com a Terra pelo solo com frequência. Quer você tenha sido exposto a frequências eletromagnéticas ou precise limpar sua cabeça após um encontro com uma pessoa negativa, dar uma caminhada ajuda, especialmente na natureza. A maioria das pessoas que são atraídas a dar uma caminhada depois de serem expostas à energia negativa não tem consciência de que as energias terrestres ajudam a liberar a negatividade da Aura, facilitando o aterramento. A Alma sequestra a consciência o tempo suficiente para fazer você dar uma caminhada para se expor aos elementos da natureza, permitindo que você reinicie e neutralize suas energias.

Andar descalço na natureza em um dia ensolarado é a melhor e mais rápida maneira de se aterrar com a Terra. O Sol alimenta nossas energias áuricas, enquanto o tórus se alinha com a Terra. Tratar o corpo físico afeta diretamente nossas energias chákricas, e vice-versa – Como Acima, Assim Abaixo. Através de aterramento e exercício físico, eliminamos a energia negativa do corpo e desintoxicamos enquanto aliviamos a tensão física e otimizamos o fluxo de nossos Nadis. Por sua vez, nossa vitalidade aumenta, e nossa Aura se fortalece.

Entre o *The Magus* e a *Serpent Rising*, abordei práticas espirituais poderosas como o Cerimonial Magick, Cura por Cristal, Cura por Som de Diapasão, Aromaterapia e outros. Todas estas práticas visam curar e equilibrar os Chakras, otimizar a Aura e evoluir espiritualmente. Naturalmente, ajuda a combinar estas práticas com Yoga, exercício físico ou qualquer outro método que trabalhe diretamente no corpo físico e o aterre. Quando o corpo é saudável, a mente também o é e vice-versa.

KUNDALINI E A AURA

Seu campo toroidal é uma bateria autônoma alimentada por Prana, que requer alimentos e água para combustível. Uma vez que a Kundalini perfura o Chakra Sahasrara e abre o Lótus de Mil Pétalas, a consciência se une à Consciência Cósmica, expandindo e otimizando seu campo de energia toroidal.

À medida que os Chakras ficam limpos e purificados com o tempo pelo fogo da Kundalini, a energia da Luz permeia ainda mais a Aura, alimentando e otimizando os Chakras. Como tal, o campo Áurico se fortalece, pois a quantidade de energia de Luz que uma pessoa canaliza influencia diretamente como a Aura se torna magnetizada. Por sua vez, o corpo físico atinge seu estado mais ideal, saudável, e a vitalidade geral aumenta.

Durante a transformação da Kundalini, os Chakras da Mão e do Pé se abrem, permitindo ao Espírito descer e permear os cantos mais profundos do Eu. Além disso, o fluxo de energia dos dedos das mãos e dos pés fortalece o tórus e amplifica ainda mais a velocidade da energia que circula dentro dele (Figura 22).

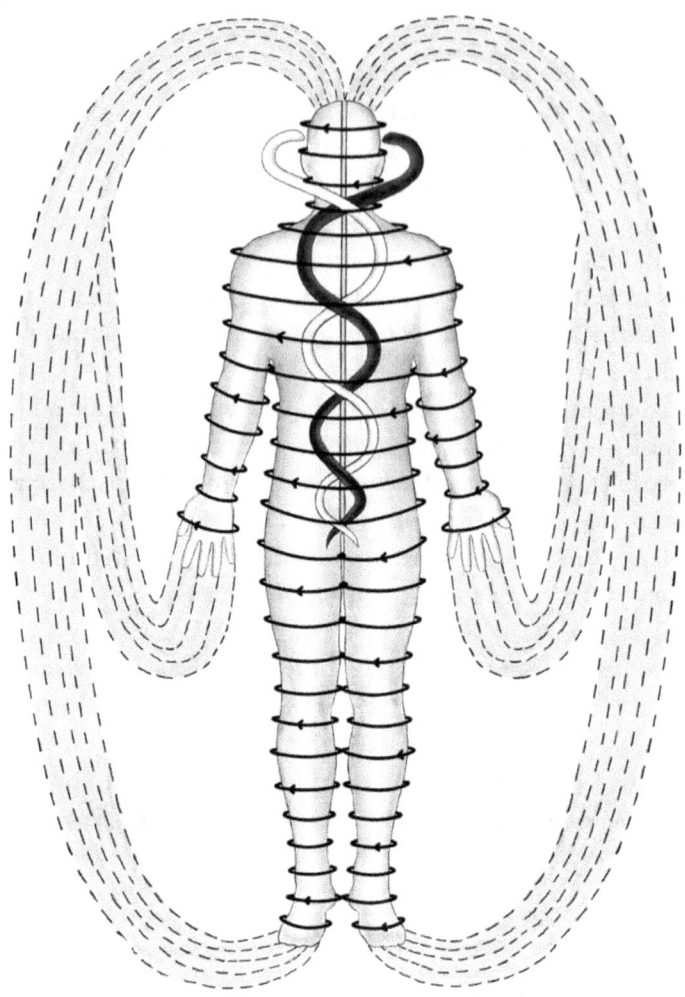

Figura 22: O Campo Toroidal da Kundalini

Outros canais de energia também se abrem que facilitam a otimização do tórus. Todo o processo de despertar da Kundalini e a transformação que se segue é projetado para permitir ao indivíduo alcançar seu potencial máximo como ser humano espiritual, o que se reflete na expansão de sua bioenergia contida no campo áurico.

Não é coincidência que uma pessoa de Kundalini desperta pareça única para os outros. Como estamos todos interligados, quando nossos campos energéticos interagem, podemos perceber intuitivamente quando o campo energético de alguém é mais proeminente do que de costume. Portanto, uma pessoa com um campo energético aprimorado é naturalmente atraente para todos que entram em contato com ela.

Como o centro do tórus é o coração, as pessoas que vivem do coração, ao invés da cabeça, têm naturalmente campos de energia toroidal mais poderosos. Eles são mais magnetizados e elétricos, o que significa que canalizam naturalmente mais energia de luz do que alguém que vive apenas através do intelecto.

As pessoas que vivem do coração amam a si mesmas e aos outros, já que estão em contato com suas Almas. Lembre-se, a Alma vive através do coração, enquanto o Ego vive através da mente. Uma pessoa que vive através de seu coração está em contato com sua capacidade intuitiva. Eles sentem as energias ao redor em vez de se relacionar com seu ambiente através do intelecto.

Ao contornar a mente e o Ego, você ganha contato com o momento presente, o Agora, que é o campo da infinita possibilidade. Estar no Agora e viver através do coração e da Alma expande seu campo energético, maximizando seu potencial Espiritual.

OS SETE PRINCIPAIS CHAKRAS

Se você despertou a Kundalini e a elevou para Sahasrara, os Sete Chakras, correspondentes com a Árvore da Vida completa, estão agora totalmente ativados dentro de você. Cada Chakra é expresso através de diferentes partes da psique e afeta as funções corporais. Podemos decompor ainda mais as energias dos Chakras nos Cinco Elementos, já que cada um deles corresponde à Terra, à Água, ao Fogo, ao Ar ou ao Espírito.

Os Chakras dentro do Corpo de Luz e os correspondentes Elementos e Planos Cósmicos de existência ocupam o mesmo espaço e tempo que seu corpo físico. Todos eles existem dentro de sua Aura e formam suas camadas, que são, em essência, interconectadas e interpenetradas. Quanto mais alto o Chakra ou Elemento, mais longe ele se projeta para fora.

Chakra Muladhara

O primeiro Chakra, Muladhara, está localizado entre o cóccix (osso caudal) e o períneo. É o mais baixo dos Sete Chakras Maiores e está relacionado ao Elemento Terra e Planeta Saturno, o mais lento movimento dos Sete Planetas Antigos, relacionado ao Carma e aos Ciclos do Tempo. Muladhara é o centro de nossa energia física e do aterramento. Seu *modus operandi* é a segurança e a sobrevivência do corpo físico. Como Muladhara está relacionado ao Mundo da Matéria, sua energia está relacionada à expressão física - todas as atividades físicas requerem energia da Terra.

A Kundalini está enroscada na base da coluna vertebral, e está intrinsicamente conectada com o Planeta Terra através das linhas de energia em nossas pernas, que se conectam aos nossos Chakras de Pé. Muladhara também é chamado de Raiz, Base ou Chakra da Terra porque é a base como o mais baixo dos Sete Chakras Maiores. A energia deste Chakra é a mais densa, vibrando na mais baixa frequência de todos os Chakras. No axioma hermético de "Como Acima, Assim Abaixo", Muladhara lida com o aspecto da manifestação - o Abaixo".

Muladhara tem quatro pétalas, ou vórtices, e é a cor vermelha. Os alimentos que correspondem ao Muladhara Chakra são vegetais de raiz, carne vermelha, frutas vermelhas, pimenta, pimenta caiena e páprica. Os desafios neste Chakra estão relacionados com as coisas que adquirimos em nossa vida material e sua qualidade. Por exemplo, temos o trabalho certo, casa, veículo para transporte, parceiro de vida, amigos, ou falta estabilidade e segurança nestas áreas?

Um Chakra Raiz aberto e ativo torna uma pessoa confiante, estável e fundamentada. Eles têm um facilidade para manifestar a vida que desejam e são equilibrados emocionalmente e mentalmente. Um Chakra de Raiz hiperativo faz com que um indivíduo seja materialista e ganancioso. Por outro lado, um Chakra de Raiz subativo faz com que se tenha medo e ansiedade em demasia. Por falta de estabilidade emocional e mental, é aparentemente impossível manifestar qualquer coisa de valor em sua vida.

Chakra Swadhisthana

O segundo Chakra, Swadhisthana, está localizado no abdômen inferior e está relacionado ao Elemento Água e ao Planeta Júpiter, o Planeta benevolente da misericórdia e da justiça. O Swadhisthana lida com emoções, sentimentos e instintos projetados através da mente subconsciente. Estando relacionado ao subconsciente, o Swadhisthana é a fonte de energia do medo que influencia significativamente em quem nos tornamos na vida.

O Swadhisthana é chamado de Sacral ou Esplênico. Em um nível humano básico, o Chakra Sacral afeta nossa expressão sexual, nossas interações sociais e o quanto estamos confortáveis conosco mesmos e com os outros. O Chakra Sacral é o aspecto da personalidade da consciência do Eu-Ego que é formada ao longo do tempo. O Ego é temperado pelo medo, pois evita todas as atividades que fazem o corpo e a mente se sentirem mal enquanto abraçam tudo o que o faz sentir-se bem. O Ego se preocupa principalmente em buscar o prazer, independentemente de como suas ações irão afetar outras pessoas.

O Chakra Swadhisthana tem seis pétalas e é da cor laranja. Os alimentos que correspondem ao Swadhisthana Chakra são frutas e vegetais de cor laranja, ovos, tofu, produtos de soja, manteiga de amendoim, nozes, sementes, mel e baunilha. Os desafios no Swadhisthana são encontrados no tipo de emoções que carregamos dentro de nós mesmos. Será que sentimos muito medo, e o medo nos impede de manifestar os desejos de nossa Alma? Temos alegria em nossas vidas ou a vida é suave e enfadonha? Temos problemas com a intimidade e somos sexualmente expressivos? Estamos confortáveis com quem somos, ou nos escondemos do mundo?

Quando o Chakra Swadhisthana está aberto e ativo, a pessoa está em contato com suas emoções e é franca com os outros, permitindo-lhes formar relacionamentos saudáveis. Eles se sentem confortáveis com a intimidade e são expressivos de seus desejos interiores. Um Chakra Sacral equilibrado aumenta a criatividade e permite que você acompanhe o fluxo da vida sem estar muito apegado. Ele permite que você sinta felicidade e alegria em atividades pequenas e cotidianas.

Se o seu Chakra Sacral estiver bloqueado ou subativo, você se fecha emocionalmente dos outros, retirando-se naturalmente e indo para dentro. Neste estado, uma pessoa se torna introvertida e excessivamente insegura com seu Ego e suas inseguranças. Em contraste, um Chakra Sacral hiperativo torna você excessivamente emocional, apegado a outras pessoas, e muito sexual, resultando em promiscuidade.

Chakra Manipura

O terceiro Chakra, Manipura, está localizado no Plexo Solar, acima do umbigo. Seu outro nome é o Chakra do Plexo Solar. Manipura corresponde ao Elemento Fogo, e ao Planeta Marte, razão pela qual é a fonte de nossa força de vontade. Nossa motivação, impulso, vitalidade e nível de criatividade são todos governados pelo Manipura. Além disso, este Chakra é responsável por nossa confiança, autoestima e capacidade de sermos assertivos na vida.

Manipura governa a digestão que nos permite transformar a alimentação em energia valiosa para o corpo e a mente. Manipura trabalha com os Chakras acima e abaixo dele, já que é a "Sede da Alma". A Alma governa nosso caráter, enquanto o Ego governa nossa personalidade. A Alma requer inteligência, clareza mental e a harmonização da vontade com a lógica, a razão e a imaginação. Como tal, Manipura extrai energia do Chakra do Ar acima dele, Anahata. O Fogo de Manipura também ativa o impulso criativo, o que requer as emoções do Swadhisthana para se expressar.

Manipura tem dez pétalas e é da cor amarela. Os alimentos que correspondem ao Manipura Chakra são frutas e vegetais amarelos e dourados, produtos lácteos, carboidratos e grãos complexos, mostarda, cúrcuma, cominho e gengibre. Os desafios encontrados neste Chakra estão relacionados à forma como utilizamos nossa força de vontade. Somos responsáveis por nossas próprias vidas ou são outras pessoas? Estamos motivados e determinados a atingir nossos objetivos estamos em falta nesta área? Será que expressamos nossos desejos mais íntimos ou estamos muito trancados em nossas emoções? Sabemos como exigir severidade quando outros nos enganam ou somos um capacho para que outros usem?

Quando a Manipura está aberto e ativo, exercemos o domínio em nossas vidas e nos sentimos no controle. Temos um poder pessoal reforçado e estamos manifestando os objetivos de nossa vida. Manipura trabalha com o Chakra da Terra, Muladhara, para realizar estas tarefas.

Se a Manipura é subativo, tendemos a ser passivos, indecisos e tímidos. Se for hiperativo, tornamo-nos dominantes e excessivamente severos. Demasiada energia de fogo pode resultar em tirania e opressão sobre outras pessoas. A força de vontade precisa de emoções para o equilíbrio, que são fornecidas pela Swadhisthana. Se o Chakra de Água não equilibrar nosso Chakra de Fogo, podemos nos tornar excessivamente agressivos para conseguir o que queremos e hostis. A força de vontade precisa de amor para guiá-lo; caso contrário, a ação trará consequências cármicas. Como tal, Manipura confia em Anahata para orientação.

Chakra Anahata

O quarto Chakra, Anahata, está localizado entre os dois peitos no centro do peito. Também conhecido como Chakra do Coração, Anahata corresponde com o Elemento Ar e o Planeta Vênus. Anahata é nosso centro de amor que trata de compaixão, afeto, altruísmo, bondade e inspiração. Ela estimula nossa imaginação, pensamentos, assim como fantasias. O desafio de Anahata é superar os Carmas dos três Chakras inferiores para que você possa se sintonizar com a energia do amor incondicional.

Anahata é nosso centro espiritual, uma vez que recebe a energia dos três Chakras superiores. É o centro onde sentimos unidade com todas as coisas através do poder de ligação do amor. Como tal, Anahata é o centro da consciência de grupo.

Anahata está conectada a nossos Chakras das palmas das mãos, que nos permitem sentir a energia ao nosso redor como uma essência quantificável e curar outros. A cura prática exige que canalizemos a energia de amor de Anahata através de nossos Chakras das palmas das mãos e a projetemos em áreas que necessitam de cura. A energia do amor é a mais completa cura para mente, para o corpo para a alma.

Em Anahata, entendemos o trabalho e o propósito de nossa vida. Como a essência do Elemento Ar é o pensamento, Anahata alimenta os Elementos Fogo e Água e lhes dá vida. Se este Chakra é inativo, voltamo-nos para o egoísmo e a satisfação do Ego.

Anahata tem doze pétalas, e sua cor é o verde. Os alimentos que correspondem ao Anahata Chakra são a grande variedade de frutas, vegetais e ervas de cor verde, e verduras de folhas. Os desafios neste Chakra estão relacionados com a clareza de pensamento. Será que estamos absorvidos em fantasia e pensamentos ilusórios demais, ou será que nossos pensamentos se baseiam na verdade? Será que estamos usando nossa imaginação para nos ajudar a atingir nossos objetivos? Nossos pensamentos são de natureza superior na direção de ajudar os outros ou de qualidade inferior, onde nosso foco é apenas o de cuidar de nós mesmos?

Quando Anahata é aberta e ativa, somos compassivos e amigáveis com os outros, o que nos permite ter relações harmoniosas. Temos uma compreensão de nossa natureza espiritual que nos torna virtuosos e éticos em nossas palavras e ações. Como tal, tornamo-nos indulgentes, amáveis e caridosos. Essencialmente, nosso comportamento torna-se motivado pelo amor incondicional em oposição ao amor-próprio.

Quando Anahata é subativo, tendemos a ser emocionalmente frios e distantes. Ficamos muito enraizados nos Chakras inferiores, o que nos torna egoístas em vez de exaltar nossa natureza Espiritual. Cuidamos de nós mesmos e de nossas necessidades e desejos sem nos preocuparmos com outras pessoas. Se este Chakra é excessivamente ativo, por outro lado, sufocamos os outros com amor, muitas vezes por razões egoístas.

Chakra Vishuddhi

O quinto Chakra, Vishuddhi, está localizado no centro do pescoço; por isso é chamado de Chakra da Garganta. Vishuddhi é do Elemento do Espírito (Aethyr); funciona em conjunto com os dois Chakras acima e os Chakras abaixo dele. Vishuddhi está relacionado com a expressão verbal, sutil e escrita de seus pensamentos. Ele corresponde ao Planeta Mercúrio, que rege a comunicação e a velocidade do pensamento. Vishuddhi gera a vibração da palavra falada em um nível energético e físico.

Vishuddhi também controla o discernimento e o intelecto. Ele tem dezesseis pétalas e sua cor é azul. Chakra Vishuddhi rege todos os líquidos que trazemos para o corpo. Os alimentos que correspondem a este Chakra incluem frutas e vegetais de cor azul, sal, sálvia e hortelã-pimenta. Os desafios em Vishuddhi estão relacionados com se expressamos o que está em nossas mentes e como nos comunicamos bem com os outros. Falamos demais ou o que dizemos tem substância? Quando falamos, projetamos poder com nossas cordas vocais ou saímos mansos e tímidos?

Quando Vishuddhi é aberto e ativo, falamos nossa verdade aos outros de forma criativa. Somos autoexpressemos e usamos as palavras como âncoras para transmitir nossa realidade aos outros. Não somos apenas grandes conversadores, mas também ouvintes, já que a comunicação funciona nos dois sentidos.

Quando Vishuddhi é subativo, tendemos a ser silenciosos e introvertidos em geral. Falta-nos confiança para falar nossa verdade, que pode surgir das questões do Chakra do Plexo Solar. Se não transmitirmos nossa verdade porque nos sentimos indignos, podemos ter problemas em Anahata. Falar nossa verdade interior nos alinha com o Divino enquanto a mentira nos alinha com entidades inferiores, demoníacas.

Quando Vishuddhi é muito ativo, temos a tendência de falar demais, o que turva nossa capacidade de ouvir outras pessoas. Esta situação geralmente ocorre devido ao desejo do Ego de dominar os outros devido a um Chakra Manipura desequilibrado. Se nos tornamos tagarelas e não temos substância em nosso discurso, outras pessoas geralmente se distanciam de nós. Portanto, é essencial ter um Chakra da Garganta equilibrado se desejamos prosperar na vida e ter relacionamentos significativos.

Chakra Ajna

O sexto Chakra, Ajna, está localizado no centro do cérebro, no Terceiro Ventrículo. (Mais sobre o Terceiro Ventrículo em um capítulo posterior.) Seu ponto de acesso mais imediato está ligeiramente acima do centro das sobrancelhas. Ajna é frequentemente referido como o Chakra do Olho da Mente, o Terceiro Olho, ou o Chakra da Sobrancelha. Está relacionado ao Elemento do Espírito ou Aether.

Ajna corresponde com a Lua. Embora a Lua seja classificada como um satélite enquanto o Sol é nossa Estrela central, o povo Antigo incluiu ambos como parte de sua estrutura de Sete Planetas Antigos, referindo-se a eles como Planetas. A Lua é nosso centro de clarividência e intuição. Ela nos dá uma visão do Desconhecido porque recebe informações dos reinos superiores acima, através do Sahasrara, o Chakra da Coroa. Ajna é o nosso centro psíquico. Ela nos dá sabedoria e compreensão a respeito dos mistérios do Universo. Obtemos este conhecimento através da Gnose, nossa capacidade de canalizar informações diretamente das energias Divinas. Este sexto Chakra nos dá o sexto sentido de conhecer além do Eu.

Ajna é o Chakra essencial no que diz respeito aos Mundos Espiritual e Astral. Como tal, ele é o centro do sonho. Através deste Chakra, alcançamos a Coroa/Sahasrara e saímos de nossos corpos físicos para viajar para diferentes dimensões de Tempo e Espaço. Estas viagens do Sonho Lúcido ocorrem nos Planos ou Mundos Internos - usamos nosso Corpo Leve como veículo.

Ajna tem duas pétalas e é a cor índigo. Os alimentos que correspondem ao Ajna Chakra são frutas e vegetais de cor índigo ou azul escuro, vinho tinto, cafeína, chocolate, zimbro e lavanda. Os desafios neste Chakra estão relacionados a se recebermos informações superiores do Sahasrara ou nosso Olho da Mente está fechado? Passamos muito tempo em nossas cabeças, concentrando-nos em nosso intelecto para nos guiar ou estamos em contato com nossa intuição? Será que nossos sonhos são vívidos e cheios de vida, ou são brandos e monótonos?

Quando o Chakra Ajna está aberto e ativo, temos uma boa intuição que serve como nossa força orientadora na vida. Quando nossa intuição é forte, também o é nossa fé, pois podemos perceber a realidade além da Terceira Dimensão. Uma forte intuição está normalmente ligada a ser um ser humano espiritual conscientemente atento.

Quando o Ajna é subativo, tendemos a perder o contato com a realidade espiritual. Como tal, começamos a confiar demais em nosso intelecto e no Ego para nos guiar na vida. A confusão se instala sobre nossa verdadeira essência, fazendo-nos procurar por respostas existenciais junto a pessoas de autoridade.

Quando o Ajna é hiperativo, tendemos a viver em um mundo de fantasia. Perdemos o contato com a realidade de quem somos e podemos até experimentar psicose. Alguém que usa drogas alucinógenas com muita frequência irá invariavelmente estimular demais o seu Chakra Ajna.

Chakra Sahasrara

O sétimo Chakra, Sahasrara, está localizado na parte superior, no centro da cabeça. Como tal, é também conhecido como o Chakra da Coroa. Sahasrara é nossa fonte de Iluminação, Unicidade, Verdade e Sabedoria e Compreensão Espiritual. Ele corresponde ao Sol, a Estrela de nosso Sistema Solar. O Chakra da Coroa é o Chakra mais alto do Elemento Espírito-Aether, e serve como porta de entrada para os Planos Divinos representados pelos Chakras Transpessoais acima da cabeça.

Sahasrara é o mais alto em consciência humana e o último em compreensão e conhecimento do Universo. Tradicionalmente, este centro é descrito como uma roda com mil (incontáveis) pétalas ou vórtices. Quando todas as pétalas estão abertas, o indivíduo obtém uma ligação permanente com a Consciência Cósmica, alcançando a transcendência.

Como Sahasrara é a fonte de tudo, é também a fonte de todas as potências e de sua totalidade. A cor do Sahasrara é o branco, pois o branco é a fonte de todas as cores. Sua outra cor é o violeta como primeira cor no espectro da Luz Branca, e uma cor que segue o índigo. Os alimentos que correspondem com Sahasrara são brancos, violeta e cor de lavanda. Além disso, água purificada, ar fresco e luz solar nos alinham com a energia do Sahasrara, assim como jejum, desintoxicação e técnicas de respiração e meditação.

A Luz Branca entra no Corpo de Luz através do Sahasrara, e dependendo de quanto Carma há nos Chakras inferiores, esta Luz fica mais fraca. Portanto, quanto mais escuro o Chakras abaixo do Sahasrara, mais o Ego está presente e menor o Eu Superior.

A fonte do Eu Superior é Sahasrara. Despertar a Kundalini e elevá-la até Sahasrara permitirá que você ganhe uma conexão direta com seu Eu Superior. Uma vez alcançado, o Eu Superior se torna seu próprio mestre e professor para o resto de sua vida. Nunca mais haverá necessidade de um professor externo, pois você será o professor e aluno de um só. O desafio, porém, é purificar os Chakras para que você possa ser facilmente guiado e ensinado por seu Eu Superior.

Um centro Sahasrara aberto e ativo nos transmite a compreensão de que somos seres Espirituais vivendo uma existência humana e não o contrário. Abraçar nossa Espiritualidade nos permite reconhecer que a realidade física é meramente uma ilusão. Nossa essência é Alma e consciência, que são Eternas e não podem ser aniquiladas. As pessoas espirituais não consideram a morte física como o fim, mas apenas o começo de algo novo e diferente. Uma cosmovisão espiritual cria uma espécie de desapego de levar essa realidade muito a sério, o que traz alegria e felicidade que acompanha as pessoas que abraçaram a energia espiritual dentro delas.

Se você está fechado à realidade espiritual das coisas, seu centro Sahasrara está muito provavelmente inativo. Você tende apenas ao corpo físico, o que o faz alinhar-se com o Ego e suas necessidades e desejos. Abraçar o Ego enquanto nega a Alma atrai entidades mais baixas e demoníacas para se alimentar de nossa energia. A consciência se desvia e permanece assim até reconhecermos que não estamos separados do mundo e que existe uma realidade Espiritual que está por trás de tudo.

Por outro lado, um Sahasrara excessivamente ativo pode resultar em ignorar as necessidades corporais e em superintelectualizar. Se a Luz só derrama nos Chakras mais altos, não há fundamento, e o indivíduo se torna muito cerebral. Lembre-se, este mundo é uma ilusão, mas que precisamos respeitar, pois nosso corpo físico é nosso veículo para manifestar a realidade que desejamos. O equilíbrio da mente, do corpo e da alma é a chave da Iluminação, não descartando um aspecto por outro.

OS SETE CHAKRAS E O SISTEMA NERVOSO

O canal Sushumna transporta a energia da Kundalini através da medula espinhal para o cérebro. A medula espinhal e o cérebro constituem o Sistema Nervoso Central (SNC). Existem nervos emanando da medula espinhal que alcançam o exterior como os galhos de uma árvore, onde o Sushumna atua como o tronco central. Estas fibras nervosas constituem o Sistema Nervoso Simpático (SNS) e o Sistema Nervoso Parassimpático (PNS) que fazem parte do Sistema Nervoso Autônomo (SNA).

O Sistema Nervoso Autônomo opera principalmente inconscientemente e regula processos essenciais como a respiração, a digestão e o batimento do coração. Por exemplo, durante um despertar espiritual, o coração começa a bater mais rápido, envolvendo assim o Sistema Nervoso Autônomo, que é regulado pelas redes emocionais no cérebro.

O Sistema Nervoso Simpático e o Sistema Nervoso Parassimpático fazem coisas opostas na maioria dos casos - o Sistema Nervoso Simpático prepara o corpo para ação e atividade, enquanto o Sistema Nervoso Parassimpático permite que o corpo relaxe. O Sistema

Nervoso Autônomo é responsável por criar um equilíbrio saudável entre os dois, promovendo uma mente calma e pacífica.

As áreas onde o Sistema Nervoso Simpático e o Sistema Nervoso Parassimpático se encontram estão centrados em torno dos principais órgãos corporais e glândulas endócrinas. Referidas como "Plexos", essas áreas de convergência nas cavidades do corpo formam o grupo mais vital de células nervosas. Os Plexos conectam os órgãos importantes do corpo à medula espinhal. Estas são também as áreas onde os Chakras Maiores estão localizados na parte frontal do corpo.

Os Chakras Maiores interagem com o corpo físico através do sistema nervoso e das glândulas e órgãos endócrinos. Cada Chakra está associado a funções corporais particulares, controladas por seu plexo, pelas glândulas endócrinas e órgãos a ele relacionados.

No centro de cada um dos Chakras Maiores há um canal em forma de tronco (Figura 23). Cada canal se estende em direção à medula espinhal e se funde com ela - o Sushumna alimenta cada um dos Chakras Maiores, fornecendo-lhes sua energia vital. As hastes dos Chakras Curvam para baixo perto do Plexo Faríngeo (Garganta), Plexos Cardíaco e Pulmonar (Coração), Plexos Esplênico e Celíaco (Solar), Plexo Pélvico (Sacral) e Plexos Coccígeo e Sacral (Raiz). Acima do plexo carotídeo (Olho da Mente), a haste chákrica se dobra para cima, enquanto que para o Sahasrara Chakra, ele sobe até o topo da cabeça através do Córtex Cerebral.

O plexo faríngeo "inerva" (fornece nervos para órgãos ou outras partes do corpo) nosso paladar e nossas cordas vocais. Como o Chakra Vishuddhi (Garganta) governa a comunicação e a expressão, não é de admirar que a garganta e o interior da boca sejam alimentados por ele. Seu canal chákrico se estende da medula espinhal entre a segunda e terceira vértebras cervicais (C2-3) até o centro da garganta.

O plexo pulmonar está em continuidade com o plexo cardíaco, localizado acima da aorta do coração, aproximadamente no meio do peito. O plexo cardíaco inerva o coração, o órgão associado com nossa capacidade de amor e compaixão e nossa conexão com todas as coisas vivas e não vivas. Todos estes são atributos do Chakra Anahata (Coração) que o alimenta. O canal de Anahata em forma de haste Chakra estende-se desde a medula espinhal entre a sétima vértebra cervical e a primeira vértebra torácica (C7-T1) até o centro do tórax.

Ramos do Plexo Celíaco e do Nervo Vago formam o Plexo Celíaco. (Mais sobre a importância do Nervo Vago em um capítulo posterior.) Conhecido como o Plexo Solar nos círculos científicos e espirituais, o Plexo Celíaco está localizado na base das costelas perto do estômago. Seus nervos inervam o pâncreas, vesícula biliar, intestino superior, fígado e estômago. O Chakra Manipura (Plexo Solar) governa nossa força de vontade, vitalidade e digestão, alimentado pelos órgãos mencionados acima. Seu canal estende-se da medula espinhal entre a oitava e a nona vértebras torácicas (T8-9) até o centro da parte superior do abdômen.

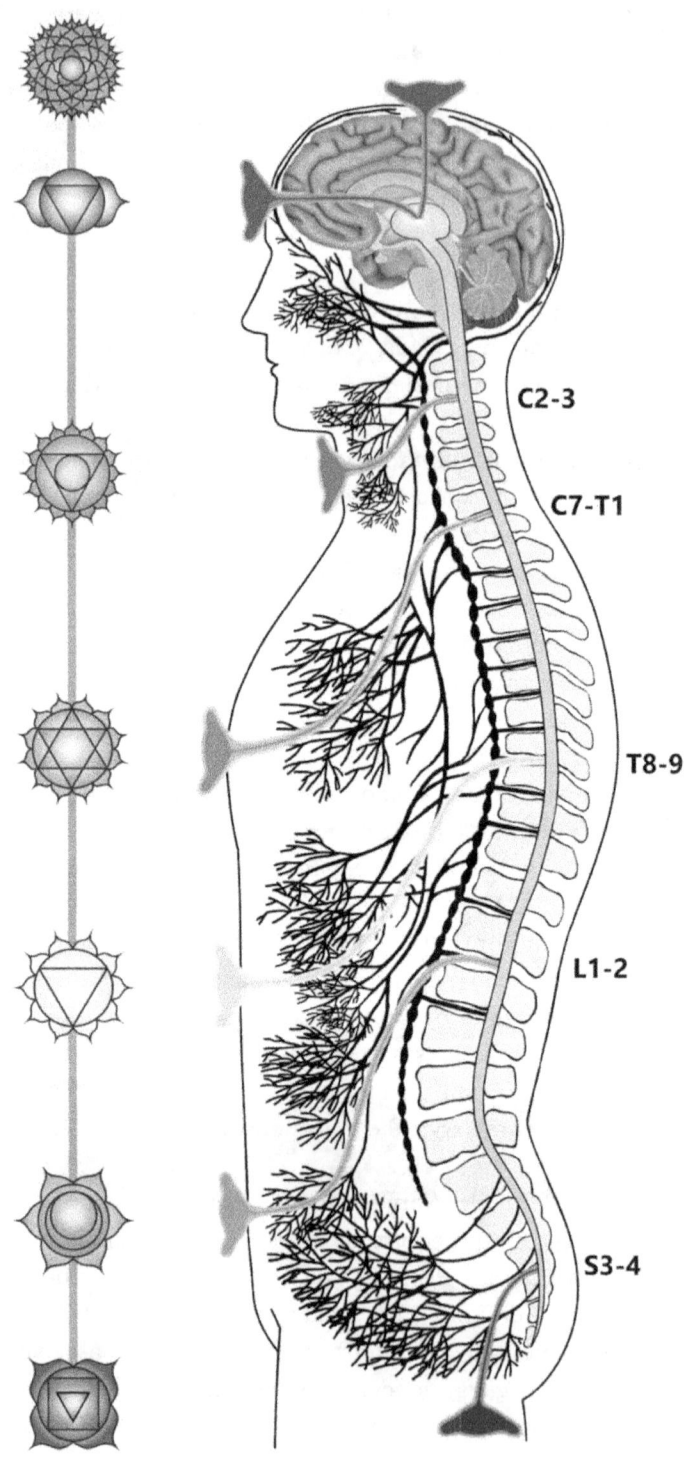

Figura 23: Os Sete Chakras e os Plexos Nervosos

O Plexo Pélvico rege as funções eliminatórias e reprodutivas e consiste nos Plexos Hipogástricos superior e inferior. O Plexo Hipogástrico superior inerva os ovários nas mulheres e os testículos nos homens. Sua localização é no abdômen inferior, e se correlaciona com o Chakra Swadhisthana (Sacral), que está associado à reprodução e fertilidade.

O Plexo Hipogástrico inferior é uma continuação do superior, localizado logo abaixo dele na região pélvica inferior. Ele inerva o útero e o colo do útero nas mulheres e a próstata nos homens. Ele também está conectado ao reto e à bexiga. O canal Swadhisthana tipo haste chákrica estende-se desde a medula espinhal entre a primeira e segunda vértebras lombares (L1-2) até o centro inferior do abdômen.

O Plexo Coccígeo consiste no nervo coccígeo e no quinto nervo sacral, inervando a pele na região do cóccix (osso caudal). O Plexo Sacral é uma rede de nervos que emergem das vértebras lombares e sacrais inferiores e fornecem controle motor e recebem informações sensoriais da maior parte da pélvis e das pernas. O maior nervo do Plexo Sacral é o Nervo Ciático que inerva a coxa, a perna inferior e o pé.

O canal tipo haste do Chakra Muladhara estende-se do sacro entre a terceira e quarta vértebras sacrais (S3-4), e desce até a área entre o períneo e o cóccix. O Chakra Raiz aponta para baixo em direção à Terra, pois está encarregado de aterrar nosso sistema chákrico. Os canais de energia nas pernas são nossa conexão energética com o Chakra Estrela da Terra abaixo de nossos pés. Eles também alimentam os Nadis Ida e Pingala, que começam em Muladhara, mas passam suas correntes femininas e masculinas através de cada um dos canais de energia das pernas.

PURIFICANDO OS CHAKRAS

Após um despertar completo e permanente da Kundalini, uma vez que o Corpo de Luz tenha sido construído através da ingestão de alimentos, o próximo passo é sintonizar sua consciência com seu aspecto mais elevado, o Corpo Espiritual. Esta parte é um desafio porque você terá que purificar seus Chakras inferiores primeiro, o que permitirá que sua consciência se eleve naturalmente. Sua consciência será sobrecarregada pela energia cármica nos Chakras inferiores até que você o faça. Este processo de Ascensão Espiritual é sistemático a este respeito.

As energias mais baixas e mais densas devem ser superadas antes que as energias vibracionais mais elevadas possam permear o Eu. A energia cármica negativa do medo é a parte que mantém a maioria de nós vibrando a uma frequência mais baixa. Como a energia do medo liga o Ego aos Quatro Elementos inferiores, estes Elementos devem ser purificados e consagrados para permitir que sua consciência se eleve e opere a partir dos três Chakras Espirituais superiores – Vishuddhi, Ajna e Sahasrara.

Uma vez que seu Corpo de Luz seja construído, você terá experiências ocasionais destes estados extasiantes em certos momentos em que você perde de vista seu Ego. Entretanto, como você tem que remover as garras do Ego para integrar completamente o Corpo Espiritual e absorver sua consciência nele, os Quatro Chakras Elementais abaixo dos Chakras Espirituais devem ser trabalhados. Não há outra maneira, e você não pode tomar nenhum atalho neste processo. Pode levar muitos anos, e na maioria dos casos leva, mas tem que ser realizado.

Em *The Magus: Kundalini and the Golden Dawn*, ofereço exercícios rituais Cerimonial Magick para trabalhar nos quatro Chakras mais baixos de Muladhara, Swadhisthana, Manipura e Anahata. Quem precisar trabalhar em seus Chakras achará este trabalho inestimável em sua jornada em direção à Ascensão Espiritual. O *The Magus* se concentra em trabalhar com todos os Chakras e purificá-los através de exercícios rituais particulares que invocam as energias Elementais da Terra, Água, Fogo, Ar, incluindo o Espírito.

Uma vez que você tenha quebrado as partes do Eu Inferior através do trabalho com os Quatro Elementos, você terá afinado os aspectos correspondentes de sua psique. O próximo passo é reintegrar essas partes do Eu através do Elemento Espiritual. Estas técnicas de invocação ritual servem como ferramentas poderosas para sintonizar os Sete Chakras e elevar sua consciência para que você esteja canalizando a máxima quantidade de energia de Luz para sua Aura.

O objetivo do trabalho ritual com o Cerimonial Magick é ganhar uma conexão eterna com seu Santo Anjo da Guarda, que é outro termo para o Eu Superior. É a parte de você que é de Deus - o Divino. Ao limpar e purificar seus Chakras, você se alinha ao seu Eu Superior e se distancia do seu Eu Inferior - o Ego.

O despertar completo da Kundalini (seja de uma só vez ou gradualmente) e a localização permanente da energia Kundalini no cérebro é considerado o estado mais alto alcançável de despertar espiritual. Não há outra forma de despertar espiritual ou iniciação conhecida que seja maior ou mais elevada. Mas o despertar da Kundalini é apenas o início de sua jornada em direção à Iluminação. O próximo passo é purificar seus Chakras e elevar a vibração de sua consciência. E para fazê-lo com sucesso em um período mais curto, você precisará de alguma forma de prática Espiritual para ajudá-lo em sua jornada.

EXPANSÃO DO CÉREBRO

Os seis Chakras, Muladhara, Swadhisthana, Manipura, Anahata, Vishuddhi e Ajna, têm diferentes contrapartidas nas respectivas áreas do cérebro (Figura 24). Isto significa que uma vez que um Chakra é totalmente aberto através de um despertar da Kundalini, a parte do cérebro associada a esse Chakra torna-se permanentemente ativada. A ativação do cérebro é necessária para facilitar a expansão da consciência. Além disso, à medida que diferentes áreas do cérebro se abrem, ele começará a parecer transparente e sem peso, como se você estivesse perdendo contato com a Matéria que o compreende. À medida que o efeito da Matéria diminui em sua consciência, seu cérebro torna-se uma antena para receber vibrações do Universo exterior através do Chakra da Coroa, Sahasrara, logo acima dele.

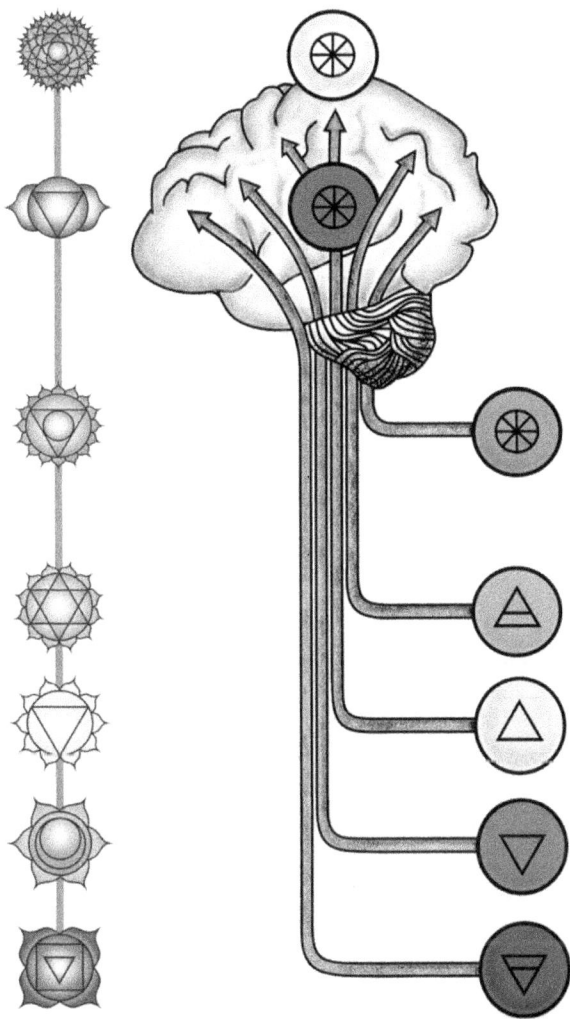

Figura 24: Expansão Cerebral e Correspondências Chákricas

Como este efeito de entorpecimento ocorre no cérebro, você começa a sentir uma conexão com a Consciência Cósmica. A Luz dentro de sua cabeça é sentida como uma essência quantificável. Sua Luz interior está conectada à Grande Luz Branca que é a base de toda existência e é a essência da Consciência Cósmica. É através desta conexão que seus poderes psíquicos se desenvolvem.

À medida que seu Corpo de Luz otimiza com o tempo, pequenas bolsas de energia em diferentes áreas do cérebro se abrem, o que vai parecer uma substância líquida que está se movendo através de seu cérebro. Esta substância é energia espiritual líquida, que ativa e ilumina diferentes áreas de seu cérebro. À medida que você traz alimentos para o seu sistema, ele se transforma em energia Leve, que se torna uma substância líquida na área do seu cérebro. Como tal, você sentirá sua consciência e seu cérebro se expandindo diariamente. Este processo é semelhante a uma planta que recebe seus nutrientes do solo e se desenvolve e cresce ao longo do tempo. Seu crescimento e desenvolvimento dependem inteiramente dos nutrientes que ela recebe do solo. Às vezes há muita pressão em diferentes partes do cérebro e da cabeça à medida que este processo de desenvolvimento ocorre, resultando em dores de cabeça. Se isto acontecer, é um sinal de que você não está trazendo alimentos nutritivos suficientes para seu sistema ou não está comendo com frequência suficiente.

Tenha em mente que o que estou descrevendo só acontece se você teve um despertar permanente da Kundalini, o que significa que esta energia subiu em seu cérebro e reside lá permanentemente agora. Assim que isto ocorre, o cérebro começa a ser remodelado por esta nova Luz que o permeia. E como mencionado, isto também será acompanhado por um som vibratório ouvido dentro de sua cabeça, cujo nível de intensidade depende do alimento que você traz em seu corpo. Isto porque agora você é como uma bateria de energia de Luz Divina, que é bioelétrica.

FENÔMENOS DE EXPANSÃO DA CONSCIÊNCIA

À medida que o cérebro se expande, outro sentido se desenvolve - a consciência do Observador Silencioso, o guardião do momento-a-momento da realidade. O Observador Silencioso é a parte do Eu que se distancia na consciência e observa as ações do corpo físico como uma testemunha imparcial deste. Ela pode ler a energia criada pela linguagem corporal como uma essência quantificável e manter você informado sobre o que você está colocando no mundo com suas ações como um supercomputador.

O Observador Silencioso se desenvolve à medida que a energia da Kundalini expande o cérebro. Esta nova capacidade de perceber a realidade resulta em um completo desapego do Ego, pois você se experimenta radicalmente diferente do que antes do despertar da Kundalini. Acredito que um dos principais propósitos da transformação da Kundalini é exaltar o Observador Silencioso dentro de você, o Verdadeiro Eu, e permitir que ele saia do corpo físico através do circuito Kundalini ativado e flutue acima de você, registrando seus movimentos.

O Observador Silencioso, ou Testemunha Silenciosa, é a parte de você que é Espírito, que é Deus. É a parte de você que é a consciência pura e indiferenciada que faz parte da Consciência Cósmica. Na realidade, somos todos Um e a parte de nós que fica de lado e observa silenciosamente nossas ações é a mesma para todos; é Deus. Mas com um despertar da Kundalini, há uma distinção incrível entre essa parte de você e seu Ego. Você se sintoniza mais com o aspecto de observador silencioso de seu ser do que com o Ego, pois ele lhe permite controlar sua realidade e manifestar seus desejos.

O Observador Silencioso assiste e o incita a passar seu dia e realizar suas tarefas diárias, quase como um diretor que dirige o filme do personagem principal - você. Sua noção ou conceito de Eu usa o corpo físico para realizar o propósito desejado do Observador Silencioso.

Quando desenvolvi este sentido, comecei a ver fora de mim, e o mundo ao meu redor começou a parecer um videogame, tendo a mim como personagem principal. Este fenômeno é contínuo e continuará presente para o resto da minha vida. Ele me permite ver minhas expressões faciais e a energia que elas evocam nos outros, e com base nesta percepção, posso ter controle total sobre o tipo de vibrações que coloco no Universo. Como tal, tenho um alto grau de controle sobre o que os outros sentem em minha presença, uma vez que estou conduzindo suas emoções com minha linguagem corporal e a energia que eu emano. Como estou neste estado, sou geralmente neutro com meus sentimentos onde nada me deixa excessivamente excitado ou abatido, mas estou em um estado de espírito tranquilo e equilibrado.

Por estar neste estado de espírito elevado, sinto uma forte conexão com o som, onde tudo o que ouço causa uma impressão em minha consciência. Levou algum tempo para me acostumar, e eu tive que reaprender a me concentrar quando estou me concentrando em fazer algo importante para não ser influenciado pelos sons que vêm do meu ambiente. Também tive que utilizar tampões auditivos no início do meu processo de transformação da Kundalini, pois era difícil induzir o sono devido a esta poderosa conexão com o som. Aprendi a ir para dentro quando necessário, em vez de permitir que minha consciência se projetasse para fora, como é meu estado natural agora.

Com o passar dos anos, minha consciência continuou a se expandir, assim como minha capacidade de ver mais de fora de mim. Chegou a um ponto em que pude projetar no alto das nuvens e olhar para baixo o mundo abaixo de mim do ponto de vista dos olhos dos pássaros. Para ser claro, eu só deixo meu corpo físico em Espírito. Como minha consciência se expandiu e não tem limites ou barreiras agora em termos de tamanho, posso voltar minha atenção para qualquer coisa que vejo diante de mim, não importa a distância, e me conectar com ela através de meu Espírito. Nesse momento, minha consciência saltará para fora do meu corpo físico e se projetará para esse lugar ou local. Ao fazê-lo, altos níveis de histamina serão liberados em meu corpo, entorpecendo-o temporariamente e permitindo que minha consciência saia do meu corpo.

Mesmo quando minha consciência está fora do meu corpo físico, ainda tenho controle total sobre ela e posso deixar o estado transcendental em que me encontro a qualquer momento. É uma experiência mística projetar minha consciência de tal forma, pois sinto um sentimento de unidade com tudo o que vejo diante de mim. Junto com ver a Luz em tudo o que vejo, este é o presente favorito que recebi do Divino depois de despertar a energia da Kundalini.

OS CHAKRAS MENORES

OS CHAKRAS CABEÇA

A cabeça contém Chakras Menores que são separados dos Sete Chakras Maiores. Devido à localização desses Chakras Menores, eles criam um padrão semelhante a uma coroa na cabeça. Não é coincidência que as representações de figuras espirituais frequentemente usam coroas em suas cabeças em muitas tradições. Por exemplo, no Cristianismo, Jesus Cristo é frequentemente representado usando uma coroa que alude a ele ser um Rei dos Céus. Como ele disse, todos nós podemos ser Reis e Rainhas do Céu; ou seja, todos nós podemos usar essa metafórica coroa uma vez que a alcançamos através da evolução Espiritual. A coroa também representa a conquista do Chakra da Coroa, Sahasrara, o Chakra Maior mais alto e nossa conexão com a Luz Divina.

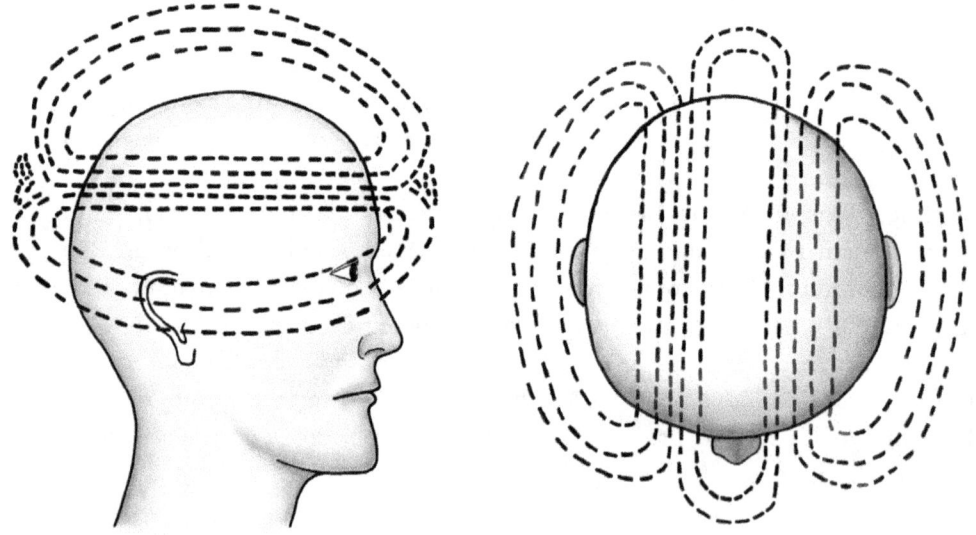

Figura 25: Halo ao Redor da Cabeça

A coroa simbólica representa os Chakras despertados na cabeça e, portanto, a expansão da consciência. A auréola ao redor da cabeça de Jesus, dos Santos e outras figuras espirituais significativas, significa que a coroa espiritual foi ativada - o Sahasrara Chakra está totalmente aberto, e a consciência individual foi expandida. A luz dentro, sobre e ao redor da cabeça representa alguém que é Iluminado (Figura 25). O próprio termo "Iluminado" tem origem neste processo de Luz que se manifesta e permeia a área ao redor da cabeça.

No diagrama abaixo (Figura 26), o Chakra 1 é conhecido como o Sétimo Olho. É um importante Chakra menor na cabeça que, junto com o Bindu (Chakra 6), trabalha para alimentar o circuito da Kundalini dentro do Corpo de Luz. Estes dois Chakras carregam a energia que conecta o Eu à Eternidade e à Não-dualidade, permitindo que o indivíduo desperto sinta o arrebatamento do Reino Espiritual e a conexão com o Divino. Além disso, como o Reino Espiritual é o ponto de contato para o Reino Divino acima dele, não é raro ter experiências de outro mundo quando os Chakras 1 e 6 estão ativos e funcionando em sua capacidade máxima.

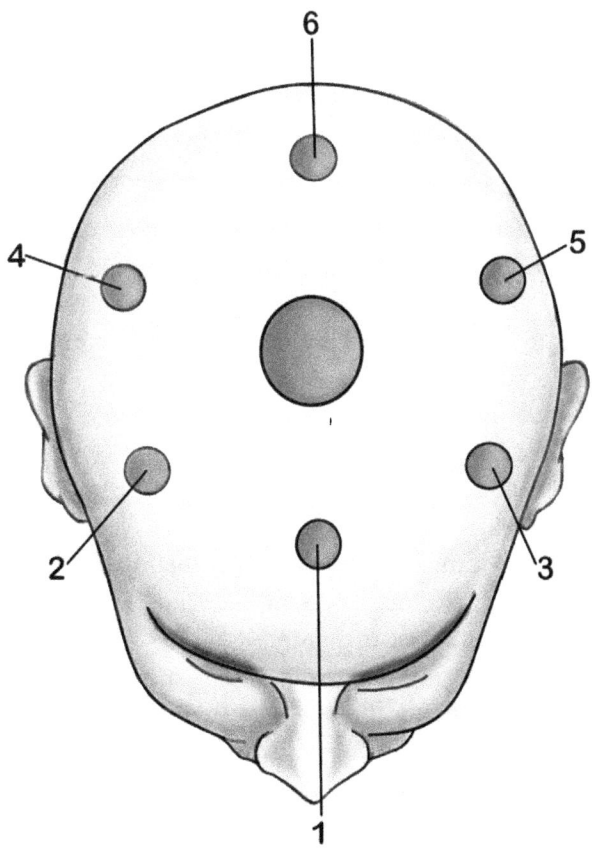

Figura 26: Os Chakras de Cabeça Menor (Coroa)

O Bindu é comparado ao "Vazio", ou ao Abismo. Na Qabalah, o Abismo é a Décima Primeira Esfera de Daath na Árvore da Vida, representando a morte - a morte do Ego. Ao entrar no Vazio, o Eu encontra seu Eu Verdadeiro ou Espiritual, e a dualidade da mente deixa de existir. O Vazio do Bindu é a nossa entrada no Plano Espiritual da Unidade. O Bindu é como um "Lago de Fogo", que une todos os opostos e purifica todas as impurezas. A mente experimenta a dualidade de pensamentos e ideias, e através desta dualidade, a dor da separação é criada. No Chakra Bindu, todos os pensamentos ou ideias duais são reconciliadas por seus opostos. Este processo nos permite contornar a mente e experimentar a pureza e unicidade do reino espiritual. Este mecanismo energético foi deixado em nós por nosso Criador. Ele marca o próximo estágio de nossa Evolução Espiritual e nosso retorno ao Jardim do Éden.

O Chakra 3 no diagrama está diretamente ligado ao Ida, o canal feminino do corpo, enquanto o Chakra 2 está ligado ao Pingala, o canal masculino. Uma vez que o Chakra 2 é completamente aberto, você começa a sentir uma conexão com o lado direito do corpo, através do qual flui o canal Pingala. Com o tempo, o Coração Espiritual desperta, que parece uma bolsa esférica de energia através da qual Pingala atravessa. Sua localização é à direita do coração físico. Ele contém uma chama suave, já que o Pingala Nadi está relacionado com o Elemento Fogo da Alma. Como o coração físico regula a circulação do sangue no corpo físico, o Coração Espiritual governa o fluxo da energia Prânica no Corpo de Luz. O Coração Espiritual é transcendental, e regula pensamentos e emoções que são de uma qualidade não sexual.

O Chakra 3, quando totalmente aberto, formará a conexão com o lado esquerdo do corpo e a sensação de abertura e expansão no coração físico. Uma sensação de tranquilidade em suas emoções o caracteriza, que pertencem ao Elemento Água. Ter um coração aberto faz com que você sinta melhor e receba as vibrações do mundo exterior. Além disso, ele aumenta sua capacidade de empatia.

Os Chakras 4 e 5 são os próximos a serem abertos durante a sublimação/transformação da Luz, ou energia Prânica no corpo. Eles dão uma conexão mais forte com o Bindu (Chakra 6) e permitem que a consciência do indivíduo deixe o corpo físico quando em meditação. Ter estes dois Chakras totalmente abertos permite que o indivíduo de Kundalini plenamente desperta seja absorvido em qualquer coisa que veja com seus olhos físicos quando lhe dão sua atenção. Estes dois Chakras ajudam a consciência individual a alcançar a Unicidade.

Você pode saber que os seis Chakras Menores na cabeça estão se abrindo e se alinhando quando você sente uma substância líquida se movendo através de seu cérebro em padrões semelhantes aos de uma cobra. Ele infunde os canais que se conectam com cada um dos seis Chakras Menores da cabeça. Este fenômeno é caracterizado por uma sensação agradável e tranquila em seu cérebro à medida que ele ocorre.

Você pode saber que Bindu está alinhando e abrindo mais uma vez que os Chakras 4 e 5 estão abrindo. Consequentemente, uma vez que os Chakras 2 e 3 estão abrindo, ocorre um alinhamento no Sétimo Olho (Chakra 1). Uma trindade dos Chakras trabalha em conjunto enquanto a outra trindade também trabalha em conjunto. Por esta razão, os adeptos dos Mistérios Ocidentais frequentemente usam um kippah na cabeça, contendo uma imagem do Hexagrama, ou Estrela de Davi, como os hebreus a chamam. Os triângulos para cima e para baixo do hexagrama representam as duas trindades dos Chakras menores na cabeça.

OS CHAKRAS DO PÉ

Junto com os Sete Chakras Maiores que percorrem verticalmente o corpo, temos uma teia de centros de energia auxiliares, ou Chakras Menores nos pés e nas mãos, que fornecem um amplo espectro de influxo de energia em nosso sistema. Infelizmente, os Chakras Menores nos pés e nas mãos são frequentemente ignorados e negligenciados pelos professores espirituais, apesar de servirem a um papel crucial na estrutura energética de nosso corpo.

Cada dedo do pé, incluindo o meio do pé e o calcanhar, é governado por um dos Chakras Maiores (Figura 27). O dedo grande do pé corresponde com Manipura, o dedo indicador com Anahata, o dedo médio com Vishuddhi, o quarto dedo do pé com Ajna, o dedo pequeno com Swadhisthana, o meio da sola com Sahasrara, e o dorso do calcanhar com Muladhara.

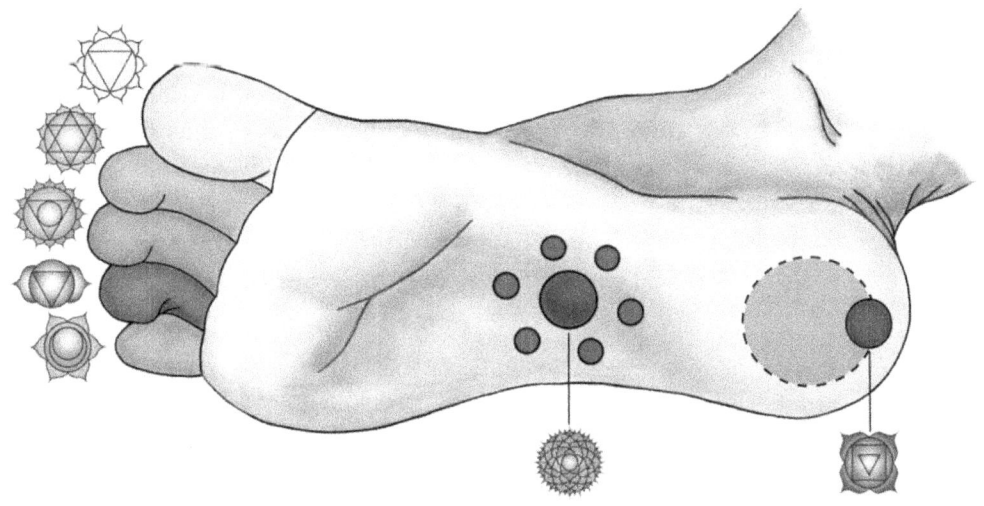

Figura 27: Os Chakras do Pé

Uma das funções dos dedos dos pés é descarregar o excesso de energia que foi acumulado nos Chakras Maiores através de nossas atividades regulares, diárias e funções corporais. Esta energia excedente é liberada e transmitida para a Terra, facilitando o aterramento em nossa consciência. Quando os Chakras Menores nos pés funcionam bem e estão em harmonia com os Chakras Maiores, há uma constante conexão e fluxo de comunicação entre as redes de energia da Terra e nossas energias.

Conforme sua localização e conexão com a Terra, os Chakras dos Pés também servem para canalizar a energia do Chakra Transpessoal Estrela da Terra (abaixo dos pés) e transmiti-la para os Chakras Maiores através dos canais de energia nas pernas. Neste caso, os Chakras dos Pés servem como conduítes ou conectores de energia que permitem que a Estrela Terra esteja em comunicação direta não apenas com o Chakra Muladhara, mas também com os outros Chakras Maiores.

Os Chakras do Pé também ajudam a facilitar o equilíbrio e a assimilação da energia da Kundalini que vem da Terra através de suas correntes magnéticas. Eles funcionam como transformadores de energia, regulando a quantidade e intensidade da energia que vem da Terra para o Corpo de Luz.

O Chakra da "sola" está localizado no meio do pé e está relacionado ao Sahasrara, a Coroa. O Chakra da "Sola" é o Chakra mais importante dos Chakras do Pé. Se examinarmos sua estrutura, podemos ver que seus seis pontos secundários refletem diretamente os Chakras Menores na cabeça, relacionados com o Sahasrara.

A relação entre o Chakra da Sola e Sahasrara é melhor descrita pelo axioma de "Como Como Acima, Assim Abaixo". Estes dois conjuntos de Chakras permitem que o iniciado tenha seus pés na Terra e sua cabeça no Céu simultaneamente. Curiosamente, os pés simbolizam a dualidade do Mundo da Matéria, enquanto a cabeça representa a singularidade do Reino Espiritual.

Outro importante Chakra do Pé é o Chakra do Calcanhar, relacionado a Muladhara. Este Chakra Menor nos ajuda a nos sentir aterrados, já que nossos calcanhares são os primeiros que tocam a Terra toda vez que damos um passo. O Chakra do calcanhar está diretamente conectado a Muladhara através dos canais de energia nas pernas. Os canais de energia primários nas pernas alimentam as Ida e Pingala Nadis femininas e masculinas que começam em Muladhara. Nos homens, Ida e Pingala são energizados pelos testículos, enquanto nas mulheres, pelos ovários. Numerosos outros Nadis correm ao lado dos canais de energia primária nas pernas, conectando os dedos dos pés a outros Chakras Maiores.

OS CHAKRAS DAS MÃOS

Os Sete Chakras Maiores encontram sua correspondência nos pés, mas também nas mãos (Figura 28). O polegar corresponde com Manipura, o dedo indicador com Anahata, o dedo médio com Vishuddhi, o anelar com Muladhara, o dedo pequeno com Swadhisthana, o meio da palma da mão com Sahasrara, e o ponto do pulso com Chakra Ajna.

Os Chakras são perfeitamente equilibrados na mão, pois o anelar e os dedinho são de qualidade feminina, enquanto o polegar e o dedo indicador são masculinos. Além disso, uma linha central vai do ponto do pulso até o meio da palma e até o dedo médio, correspondendo com o Elemento Espiritual, que concilia os princípios opostos de gênero.

Os chakras de mão são essenciais para curar e receber informações energéticas do Universo. Nossas mãos nos permitem interagir com o mundo tanto em nível físico quanto energético. Os dedos servem como sensores enquanto as palmas das mãos servem para canalizar a energia de cura. Sua mão dominante envia a energia enquanto a mão não dominante a recebe.

Enquanto os pés se relacionam com o Elemento Terra e o corpo físico, as mãos correspondem com o Elemento Ar e a mente, já que estão literalmente suspensos no ar diante de nós. Como tal, os Chakras de Mão afetam muito as informações que entram em nossa mente.

Por esta razão, a sociedade adotou o aperto de mão como a principal saudação entre as pessoas. Ao apertar a mão de alguém, suas palmas das mãos se tocam, permitindo-lhe intuir quem ele é como pessoa, já que você faz contato direto com sua energia.

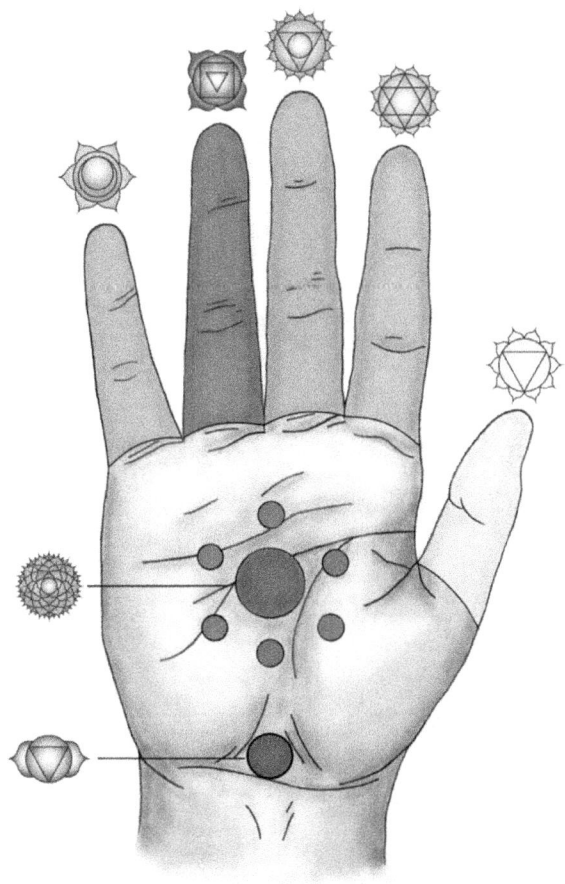

Figura 28: Os Chakras de Mão

O meio da palma contém um Chakra Menor essencial, que está relacionado ao Sahasrara, a Coroa. Chamado também de Chakra da Palma, é o mais importante de nossos Chakras de Mão, pois é usado para fins de cura. Você notará que o Chakra da Palma espelha o Chakra da Sola, que reflete os Chakras Menores na parte superior da cabeça. Todos os três conjuntos de Chakras correspondem ao Sahasrara e ao Elemento Espiritual. Sua função é crucial no processo de transformação da Kundalini, pois eles infundem a energia do Espírito no corpo.

Os Chakras das Mãos estão conectados ao Chakra da Garganta, Vishuddhi, através dos canais de energia nos braços. Portanto, para abrir completamente os Chakras da Mão e maximizar suas habilidades funcionais, é preciso despertar o Chakra da Garganta, pois é o primeiro Chakra do Elemento Espiritual. O Elemento Espiritual também inclui os dois Chakras acima de Vishuddhi, Ajna e Sahasrara.

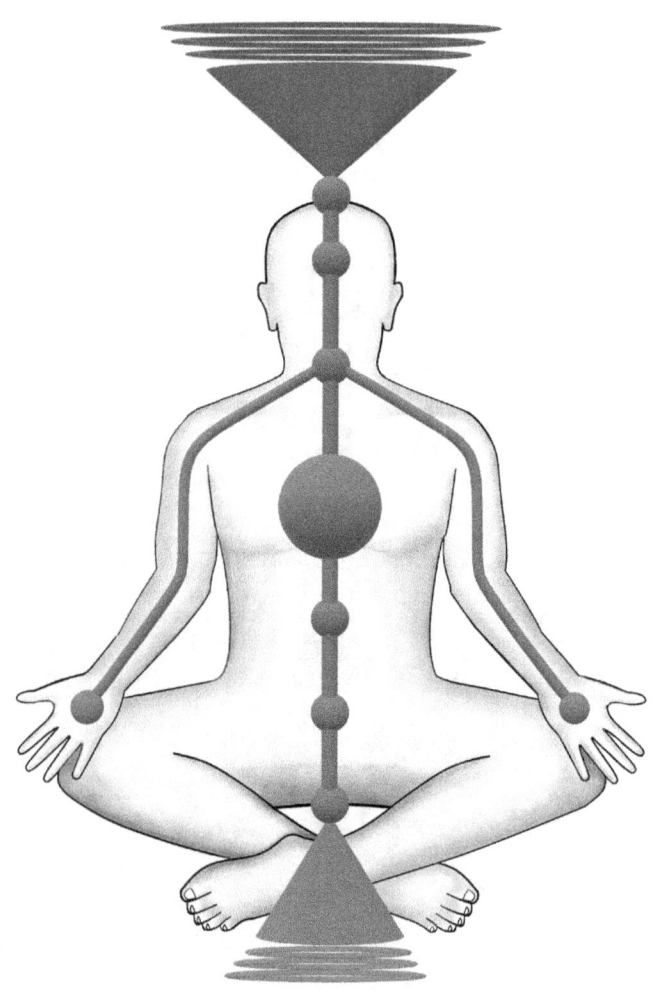

Figura 29: Geração e Transmissão de Energia de Cura (Palmas)

A energia de cura é gerada em Anahata, que é enviada através dos Chakras das Palmas via Vishuddhi (Figura 29). O Chakra da Garganta é usado para intuir as impressões energéticas ao seu redor devido a sua conexão com o Chakra Ajna, o centro psíquico, que tem um ponto de energia correspondente na área do pulso. Estas impressões são frequentemente recebidas através dos Chakras de Mão, que podemos usar como sensores de energia utilizando apenas a intenção.

A conscientização e ativação dos Chakras de Mão pode fazer uma diferença significativa na qualidade de sua vida. A pessoa comum tem os Chakras Menores em suas mãos abertos até certo ponto, o que significa que a energia de cura está fluindo continuamente para dentro e para fora deles. Somente as pessoas que estão totalmente voltadas para o mal estarão completamente fechadas para a energia de cura até que possam reabrir seus corações ao amor e à bondade novamente. Depois há aquelas pessoas que superaram as massas no que diz respeito à evolução Espiritual. Essas pessoas têm seus Chakras do Coração e Garganta totalmente abertos. Sua consciência é muito mais elevada no grau de vibração, o que significa que seus Chakras de Mão estão funcionando de forma ideal e enviando e recebendo energia de cura.

Uma pessoa de Kundalini plenamente desperta terá todos os seus Chakras abertos, incluindo os Chakras das Mãos e dos Pés. Eles serão curandeiros naturais, empáticos e telepatas. Muitas das informações externas chegam através das mãos. O simples ato de tocar um objeto resultará em receber conhecimento energético sobre ele. Quando os Chakras de Mão estão totalmente abertos, as pontas dos dedos tornam-se extrassensíveis ao recebimento de informações e seu envio ao corpo para avaliação.

CURA COM AS MÃOS

Os Chakras das Mãos podem ser usados para receber energia, mas também para enviá-la; tudo depende de sua intenção. Quando você está recebendo energia, as pontas dos dedos estão envolvidas, enquanto que quando você a está enviando, você o faz principalmente através dos Chakras das Palmas (Figura 30).

O uso mais comum para a função de recepção nos Chakras das Mãos é escanear a Aura de um indivíduo e procurar por "pontos quentes" e outras informações que possam ajudá-lo a intuir o estado de sua energia geral. Os Chakras das Mãos podem ser usados voluntariamente como sensores que o informam como está a energia em seu ambiente.

Você pode usar a função de envio dos Chakras de Mão para canalizar energia de cura para alguém, limpar a sala de energia estagnada, carregar um Cristal ou outro objeto, ou mesmo abençoar ou oferecer proteção a um indivíduo ou grupo de pessoas. Você também pode usar sua energia para curar a si mesmo e seus Chakras, embora isto possa ser desgastante. Ajuda, curar-se usando uma pedra preciosa, por exemplo.

Embora seja crucial saber como construir seu chi em seu Chakra Hara (mais sobre isso no capítulo seguinte sobre Chakras Transpessoais), é muito mais eficaz para o trabalho de cura aprender como trazer a energia espiritual e permitir que ela flua através de você. Enquanto você estiver vindo de um lugar mental de amor incondicional (uma característica do Chakra Anahata), sua intenção por si só deve ser suficiente para você chamar a energia Espiritual e canalizá-la através de seus Chakras de Mão para fins de cura.

É essencial permanecer neutro em relação a resultados específicos de sua sessão de cura e não impor sua vontade. Durante a maior parte da sessão de cura, você está apenas se transformando em um canal, um conduto de energia espiritual. Portanto, você só deve envolver sua Vontade Superior ao mover-se e remover bloqueios de energia. Para isso, você pode pentear a área da Aura que contém energia negativa ou empurrar para fora essa energia negativa com a energia curativa de seus Chakras das Palmas. Neste último, você pode intensificar a magnitude da energia de cura canalizada através de seus Chakras da Palma, empregando sua força de vontade e atenção focalizada.

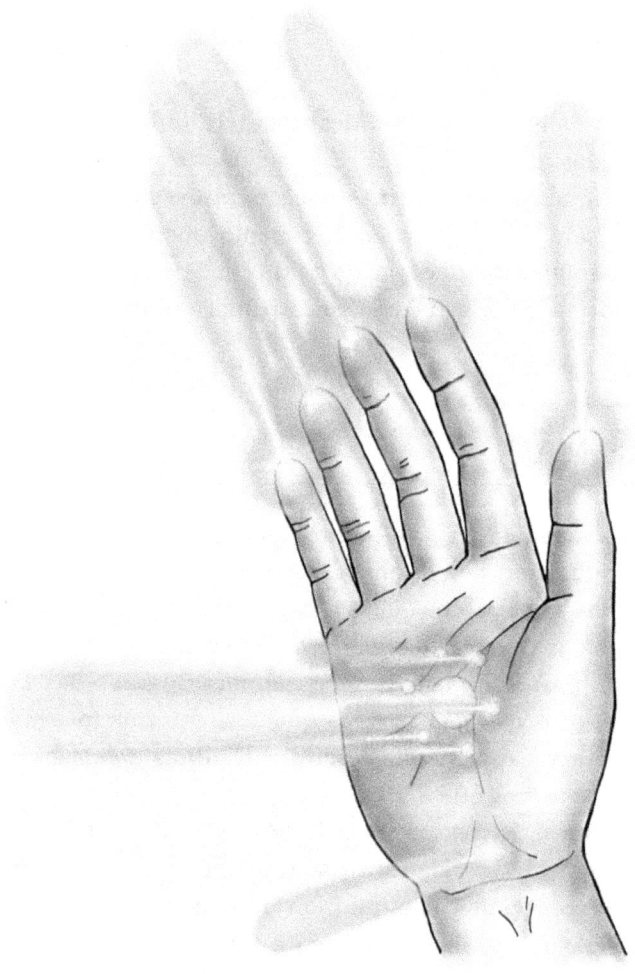

Figura 30: Energia de Cura das Mãos

INFUSÃO DE ENERGIA ESPIRITUAL

O objetivo do processo de purificação da Kundalini é fazer de seu corpo um recipiente para o Espírito. É claro que nada acontece com seu corpo físico durante este processo, embora pareça que isso aconteça com sua consciência. A Kundalini permite que sua consciência se eleve alto até o Corpo Espiritual e se alinhe com sua vibração, purgando os Chakras.

O corpo deve ser infundido pela energia do Espírito realizada pelos Chakras das Solas e das Palmas. Estes Chakras Menores tornam-se totalmente ativados quando a Kundalini alcança Sahasrara no processo de despertar. Normalmente leva algum tempo para que a consciência se prepare para a infusão do Espírito, uma vez que os Chakras requerem limpeza. Uma vez pronta, porém, a energia do Espírito sobe para o corpo através dos Chakras das Solas e das Palmas. Esta experiência parece uma rajada de vento que entrou nos membros e os fez sentir-se transparentes. Esta respiração Divina pode então permear completamente o tronco, permitindo que a consciência individual sinta a ausência de peso no corpo, especialmente nos braços e pernas. Parece que o corpo físico de quem vivencia a situação torna-se oco por dentro.

Quando o Espírito entra no corpo, o indivíduo começa a experimentar o entorpecimento geral do corpo inteiro. Leva novamente algum tempo para que esta parte da transformação da Kundalini se manifeste. Como mencionei antes, foi no sétimo ano do despertar que isto aconteceu para mim. Parecia que o corpo físico tinha recebido uma injeção permanente de Novocaína, um agente adormecedor.

A sensação de entorpecimento ocorre para que a consciência possa perder sua conexão com o corpo físico, facilitando sua localização completa dentro do Corpo de Luz. Ao perder a consciência do corpo físico, a Alma é finalmente liberada de seus grilhões. A consciência individual é unida à Consciência Cósmica, acabando com a dor da divisão entre os dois.

OS OLHOS PSÍQUICOS

Além dos dois olhos físicos, há cinco olhos espirituais adicionais em nossas cabeças (Figura 31) que nos dão uma consciência ampliada quando nossa consciência está elevada. Além disso, os dois olhos físicos têm funções além das habilidades de visão comuns que vale a pena mencionar. O olho direito é usado principalmente para ver as formas dos objetos; ele ajuda na percepção dos detalhes. O olho esquerdo se relaciona com nosso Eu emocional. Ele nos dá uma noção da relação entre os objetos através de sua cor e textura.

O Terceiro Olho, ou Olho da Mente, está localizado ligeiramente acima e entre as sobrancelhas. Ele serve como um portal energético que nos permite intuir a forma energética dos objetos em nossa Terceira Dimensão. O Terceiro Olho nos dá uma visão do Desconhecido como nossa janela para o Mundo Astral. A localização real do Chakra Ajna, no entanto, está no centro do cérebro, na área do Terceiro Ventrículo, como será discutido em um capítulo posterior. Os olhos psíquicos descritos abaixo têm funções auxiliares para o Olho da Mente. Eles servem como portais de energia, cada um com poderes específicos que, quando despertados, nos dão maior consciência e compreensão, já que são componentes distintos do Chakra Ajna como um todo.

O Quarto Olho está bem acima do Terceiro Olho, e nos permite compreender as relações entre as pessoas, ao mesmo tempo em que promove a crença no Criador. É o sentido superior do que o olho físico esquerdo percebe, pois nos permite compreender a Fonte da Criação. O Quarto Olho é o construtor da fé.

O Quinto Olho está bem no meio da testa e ajuda em nosso entendimento das verdades e ideais universais. Através dele, recebemos conceitos sobre o funcionamento das Leis Universais que regem a realidade. Ele nos permite ver o quadro mais amplo da vida e nosso lugar dentro dela. O Quinto Olho ativa a mente superior e nosso pensamento criativo. Ele também nos permite ver nossas vidas passadas.

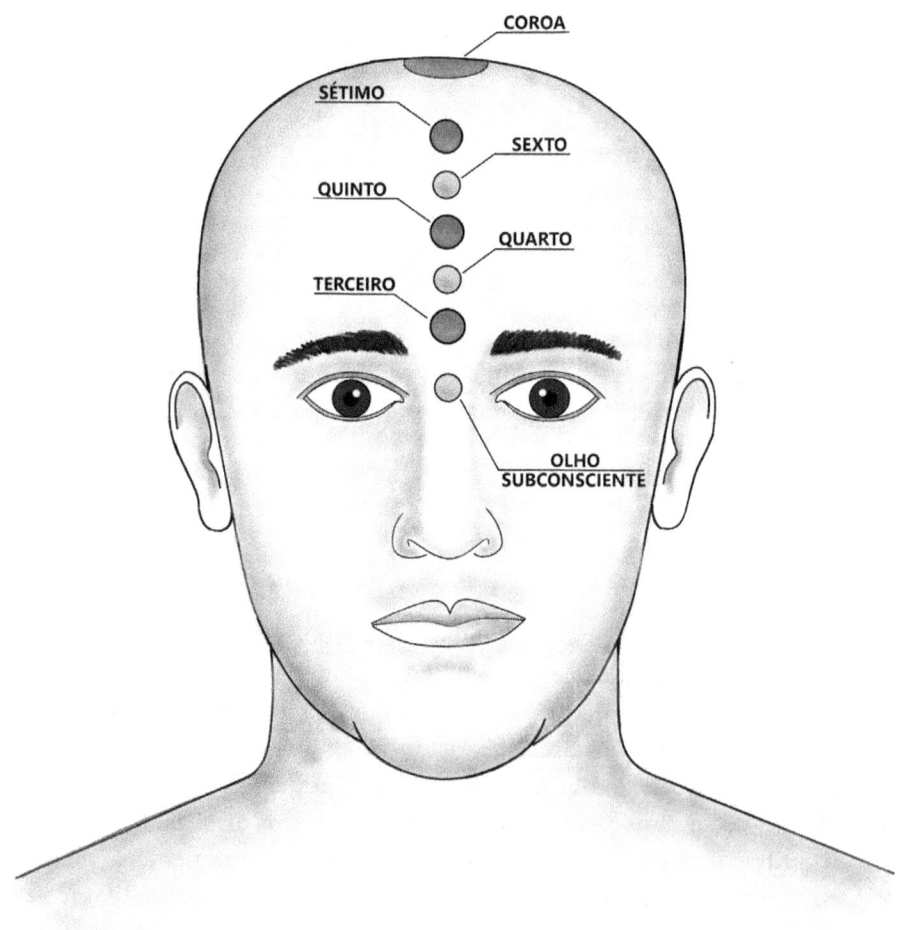

Figura 31: Localização dos Olhos Psíquicos

O sexto olho está logo acima do quinto olho, e sua função é nos dar uma verdadeira visão interior e a compreensão do propósito de nossa Alma. O Sétimo Olho está exatamente onde está a linha do cabelo, no lado oposto do Bindu. Ele ajuda a compreender a totalidade e o propósito do Universo como um todo. Podemos nos comunicar com os Seres Angélicos do Plano Divino da existência através dele.

O Sétimo Olho é primordial no processo de transformação da Kundalini, pois atua como o ponto de saída da Kundalini, o mesmo que o Bindu. O Sétimo Olho e o Bindu agem como funis para o circuito da Kundalini quando totalmente ativo e integrado. Se houver um bloqueio no Sétimo Olho, o circuito Kundalini torna-se inativo, e perde-se o contato com o Bindu e os Planos Espiritual e Divino da existência.

É crucial compreender que todos os olhos psíquicos se desenvolvem ao longo do tempo quando passam por uma transformação da Kundalini após um despertar completo. Uma vez que todos eles são criados e a consciência ganha a capacidade de utilizar suas funções, o Quinto Olho torna-se o "centro de comando" da consciência, ao invés do Terceiro Olho, uma vez que é o olho central dos cinco olhos psíquicos e pode receber impressões de cada um deles.

Há outro centro psíquico chamado "Olho Subconsciente", e fica bem entre os dois olhos físicos, na ponte do nariz. A mente subconsciente é o centro de nossa vida primitiva e básica e sentimentos ao nível do instinto. Sua função é a sobrevivência; portanto, está relacionada às necessidades da vida, tais como comida, água e abrigo. O medo também desempenha um papel crucial na sobrevivência, pois aprendemos a evitar as coisas que podem nos ferir, seja física ou emocionalmente. A mente subconsciente torna-se um armazém de todas aquelas coisas que nos causaram dor ao longo do tempo, contendo a energia do medo que nos limita na vida.

Uma vez que a Kundalini entrou no cérebro e furou o Chakra Ajna, o Olho Subconsciente fica totalmente despertado. Considerando que um despertar completo da Kundalini faz a ponte entre as mentes consciente e subconsciente, toda a energia negativa armazenada no subconsciente é liberada para ser tratada e transformada. Como tal, o Olho Subconsciente nos permite ver tudo o que antes era escondido de nós psiquicamente.

O Olho Subconsciente nos permite ver o funcionamento da mente subconsciente para nos tornarmos Cocriadores mais eficientes com nosso Criador. Uma vez superada a energia negativa armazenada na mente subconsciente, podemos utilizar este centro psíquico para moldar nossos pensamentos, tornando-nos mestres de nossas realidades. Entretanto, o Olho Subconsciente é meramente uma janela, ou portal para a mente subconsciente, cuja localização está na parte de trás da cabeça. Em contraste, a parte consciente da mente está na parte da frente da cabeça.

OS CHAKRAS TRANSPESSOAIS

De acordo com muitas escolas de pensamento espiritual, além dos Chakras Maior e Menor, existem também os Chakras Transpessoais. Estes são Chakras fora do Corpo de Luz, aos quais o ser humano está conectado energeticamente. Transpessoal significa que eles transcendem os reinos da personalidade encarnada. Além disso, na ciência Chákrica, eles acrescentam a segunda peça crucial do quebra-cabeça, ao lado dos Chakras Maior e Menor, na compreensão de nossa composição energética.

O objetivo principal dos Chakras Transpessoais é conectar o corpo físico e os Chakras Maior e Menor a outras pessoas, Seres Etéreos e outras fontes de energias Divinas e superiores. A maioria das escolas de pensamento espiritual dizem que existem cinco Chakras Transpessoais, embora este número possa variar. Também é comum ver muitos sistemas Chakras usarem apenas os dois Chakras Transpessoais opostos, a Estrela da Alma e a Estrela da Terra.

Os Chakras Transpessoais existem ao longo da Linha Hara, que é uma coluna enérgica que contém os sete Chakras primários. Quando estendemos esta coluna energética para cima e para baixo, passando pelos sete Chakras primários, encontramos vários Chakras Transpessoais acima de Sahasrara e um abaixo de Muladhara, chamado Chakra Estrela da Terra (Figura 32).

Os Chakras Transpessoais contêm as chaves para o desenvolvimento espiritual e para a compreensão da dinâmica da Criação. Através dos Chakras acima do Sahasrara, podemos nos conectar com as vibrações mais sutis do Cosmos. No *The Magus*, eu me referi a esses estados vibratórios superiores de consciência como os Planos Divinos da existência.

Em termos da Árvore Qabalística da Vida, os Chakras Transpessoais ao redor e acima da área da cabeça são parte da Sephira Kether e não dentro dos Três Véus da Existência Negativa (Ain Soph Aur). E como Kether é a Luz Branca, estes Chakras Transpessoais lidam com a forma como essa Luz se filtra no Corpo de Luz e nos Sete Principais Centros de Chakras.

A menos que seus Sete Chakras Maiores estejam adequadamente balanceados e sua vibração esteja elevada, eu o desencorajo muito de tentar trabalhar com os três Chakras Transpessoais mais altos. Tentar usar estas potentes fontes de energia antes de se transformar em um conduto adequado será inútil, já que você não será capaz de acessar a energia deles. Como tal, deixe para trabalhar com estes Chakras mais altos a partir do momento em que você tenha se desenvolvido suficientemente Espiritualmente. O único Chakra Transpessoal com o qual você pode trabalhar com segurança é o Estrela da Terra, uma vez que este Chakra está relacionado ao aterramento.

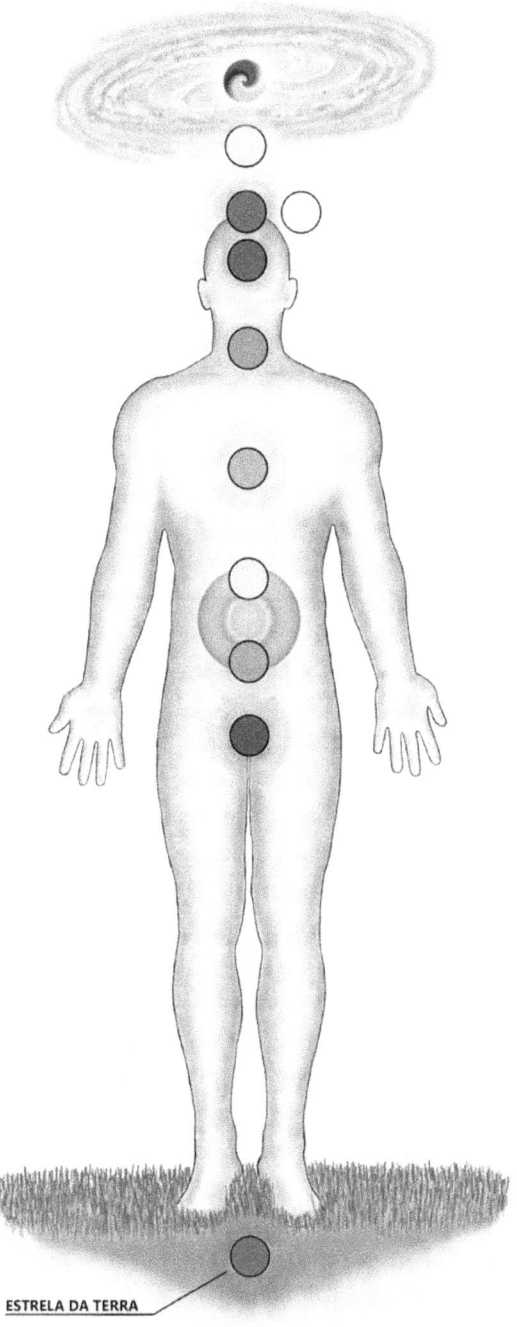

Figura 32: Os Chakras Transpessoais

CHAKRA ESTRELA DA TERRA

O Chakra Estrela da Terra, Vasundhara (sânscrito para "Filha da Terra"), está aproximadamente 15 centímetros abaixo dos pés. Também chamado de "Super-Raiz", este Chakra ajuda a aterrar e nos conectar ao Planeta Terra, uma vez que faz contato direto com o solo. A Estrela da Terra atua como uma ponte entre nossa consciência e a consciência coletiva do Planeta Terra. Assim, este Chakra lida com a consciência da natureza. Os Chakras do Pé são o meio de comunicação entre os Chakras Maiores e a Estrela da Terra.

A Estrela da Terra também nos permite conectar com as energias terrestres mais densas de nosso Planeta. A energia terrestre/térmica sobe pelos canais energéticos das pernas através dos Chakras do Pé até chegar ao Chakra Raiz, Muladhara. O Chakra Muladhara é a base de nosso sistema Chákrico, sua raiz - como este Chakra recebeu seu nome. Muladhara e a Estrela da Terra têm uma relação direta - ambos estão relacionados com o Elemento da Terra e servem para canalizar sua energia. Qabalisticamente, sua função corresponde à Sephira Malkuth, colocada diretamente aos pés. Entretanto, a Estrela da Terra representa o aspecto Espiritual da Terra, vibrando na Quarta Dimensão de Vibração ou Energia.

A Estrela da Terra é essencial para nos ancorar ao Plano Físico da existência. Uma das funções da Estrela Terrestre é enraizar as partes pessoais e transpessoais da Alma no núcleo magnético do Planeta Terra através de seu campo eletromagnético. Como o sistema energético do ser humano pode ser comparado a uma árvore, a Estrela Terrestre serve como suas raízes.

A Estrela da Terra nos permite ficar aterrados, apesar de todas as atividades do dia-a-dia que não nos envolvem. Ter uma sólida conexão com este Chakra nos permite permanecer firmes no propósito de nossa vida e não ser influenciados pelos pensamentos e emoções de outras pessoas ao nosso redor. Estas energias externas são liberadas de nossa Aura quando nossa conexão com nossa Estrela da Terra é forte. Como tal, nosso relacionamento com nossa Estrela Terrestre dá à nossa Alma segurança para que ela expresse a si e o seu propósito.

A Estrela da Terra tem sua própria camada Áurica que se estende além da camada do Chakra Sahasrara. Ela serve como uma planta etérica que conecta as camadas áuricas entre as camadas áuricas ao nosso Corpo Astral Inferior (Corpo Etérico), o primeiro Corpo Sutil além do Plano Físico. Devido a sua colocação abaixo dos pés, este Chakra fundamenta os corpos sutis e todo o sistema Chákrico, incluindo os Chakras Transpessoais acima do Sahasrara.

A Estrela da Terra também está diretamente envolvida em estimular a Kundalini a entrar em atividade por causa de sua relação com Muladhara. Sem sua ajuda, o processo de despertar seria impossível, pois a consciência humana está intrinsicamente ligada à consciência da Terra. As mudanças na consciência da Terra afetam a consciência humana em nível coletivo e pessoal.

Para que um despertar da Kundalini ocorra, devemos criar uma poderosa corrente de energia no Muladhara Chakra. A criação desta energia começa na Estrela da Terra, já que estes dois Chakras do Elemento Terra trabalham juntos. Em outras palavras, a energia em Muladhara é gerada a partir do Chakra da Estrela da Terra. A Estrela Terrestre atua como uma bateria para Muladhara; ela envia energias planetárias através das correntes positivas e negativas representadas pelos dois canais de energia nas pernas.

Nossa história de vida é registrada dentro da matriz de nossa Estrela da Terra. Este Chakra é responsável por nosso desenvolvimento pessoal no plano material e pelos caminhos que tomamos para seguir em frente na vida. Ele engloba toda nossa história ancestral e padrões de DNA. Este Chakra é também o registrador de todas as encarnações de vidas passadas e das lições cármicas aprendidas.

O Estrela da Terra nos conecta com toda a humanidade em nível terrestre. Quando equilibrado, este Chakra nos permite sentir uma profunda conexão com nossos poderes internos inerentes e trabalhar por uma causa maior. O objetivo final da Estrela da Terra é promover a consciência coletiva de nosso Planeta e do Universo do qual fazemos parte. Uma Estrela Terrestre equilibrada também nos permite sentir-nos aterrados, protegidos e seguros à medida que nossa conexão Divina com a Mãe Terra (Gaia) é fortalecida.

Uma estrela terrestre desequilibrada cria instabilidade mental e emocional na vida. Ao ficarmos desligados da Mãe Terra, perdemos o contato com nossa Espiritualidade, fazendo-nos perder nosso senso de propósito ao longo do tempo. A nível físico, um Estrela Terra desequilibrada pode causar problemas com as pernas, joelhos, tornozelos e quadris, uma vez que estas partes de nosso corpo nos aterram com a Mãe Terra.

A cor da Estrela da Terra é preta, marrom ou magenta (quando ativada). As pedras preciosas atribuídas a este Chakra são Quartzo Fumado, Onix, Black Obsidiana e Magnetita (Lodestone).

CHAKRA HARA (NAVEL)

Hara é uma palavra japonesa que significa "mar de energia". Seu nome é apropriado já que Chakra Hara atua como uma porta de entrada para o Plano Astral. Através deste Plano, é possível acessar todos os Planos Cósmicos internos. Como tal, o Chakra Hara é nosso acesso ao infinito oceano de energia no Universo. Não é necessariamente um Chakra, mas é incomparável por conta de seu tamanho e alcance. Entretanto, Hara faz parte do modelo dos Chakras Transpessoais em muitos sistemas de Chakras da Nova Era. Sua localização é entre Swadhisthana e Manipura, no umbigo (Figura 33), cerca de dois centímetros para dentro.

Ao redor da Hara está uma bola de energia Etérica, do tamanho de uma bola de futebol, chamada "Dantian" ou "Tan Tien". A energia do Dantian é chi, qi, mana, Prana, que é a energia da vida. Esta bola de energia interage com os órgãos próximos envolvidos no processamento de alimentos, já que os alimentos ingeridos se transformam em energia vital, cuja essência é a energia de Luz. Esta energia é preenchida a partir do Hara, já que este é seu centro. Uma vez que a Energia da Luz é gerada no Dantian através do Hara Chakra, ela é então distribuída por todo o corpo.

O Chakra Hara tem uma relação direta com o Swadhisthana, pois atua como um portal para o Plano Astral e um gerador de energia vital. A distinção entre os dois é que a função do Swadhisthana é gerar energia sexual (juntamente com Muladhara), enquanto Hara gera energia vital. Na realidade, porém, os dois trabalham juntos como uma bateria, assim como Muladhara trabalha com o Chakra Estrela da Terra. Na Árvore da Vida, a função de Hara e Swadhisthana Chakras corresponde com o Sephira Yesod.

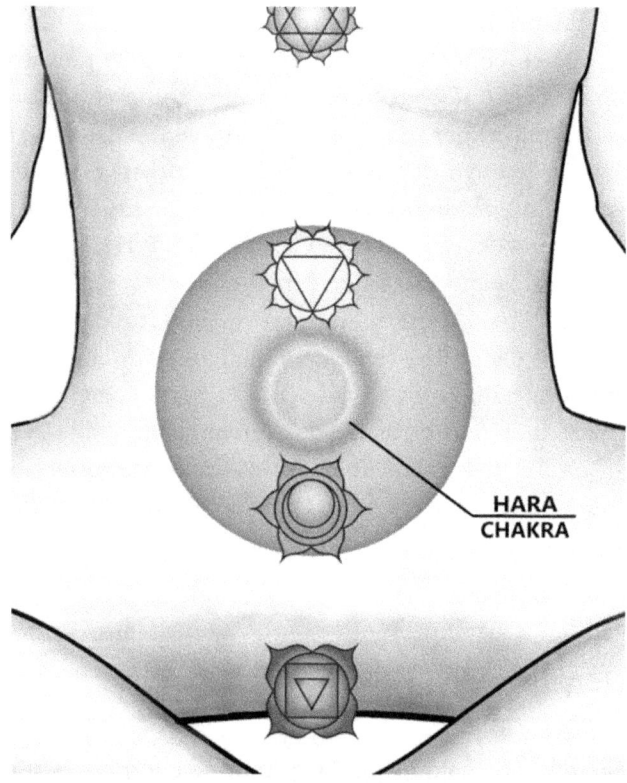

Figura 33: O Chakra Hara (Navel)

O Chakra Hara nos dá sustento e força, o que depende do fato de Muladhara e a Estrela da Terra estarem suficientemente fundamentados. Nossa fonte de poder está na Hara e em nossa capacidade de regeneração. Enquanto a Estrela da Terra e os Chakras Muladhara estão preparando as energias da Terra, a Hara usa a energia sexual do Swadhisthana para alimentar a vontade. Para conseguir isso, ela usa a energia bruta de Fogo do Manipura, que está diretamente acima dele. O Manipura está diretamente envolvido no processo de transformação dos alimentos ingeridos em energia de Luz. Muitas tradições espirituais reconhecem a existência do Chakra Hara, mas não conseguem distinguir se ele está relacionado ao Swadhisthana ou ao Manipura, ou a ambos, como é o caso.

A eficiência do Chakra Hara também depende de quão bem a Estrela da Terra e o Chakra Raiz estão fundamentados. Estes dois Chakras atraem as energias da Terra, enquanto o Hara usa essa energia, juntamente com a energia dos Chakras Swadhisthana e Manipura, para alimentar todo o sistema energético. O Chakra Hara é essencialmente nosso núcleo e nossa fundação. Sua cor é âmbar, pois é uma mistura do amarelo do Manipura e laranja do Swadhisthana.

Embora o Swadhisthana seja frequentemente referido como o Chakra Navel nas tradições espirituais, Hara é o verdadeiro Chakra Navel por causa de sua colocação e função. Como um feto, todos nós fomos alimentados através do umbigo enquanto nossos corpos sutis estavam sendo formados. Uma vez que nascemos e o cordão umbilical foi cortado, fomos cortados da fonte de energia Etérica. Como tal, deixamos de atrair energia através da Hara. Através do condicionamento e da formação do Ego, perdemos de vista este portal e começamos a canalizar energia para nossas cabeças a partir de um pensamento exagerado. Para remediar isto, devemos nos concentrar em nosso núcleo e atrair energia através de nosso Hara Chakra, que expandirá nosso Dantian.

Hara e o Dantian (Tan Tien) são frequentemente referidos em Qigong, Tai Chi e outras artes marciais. Todas as disciplinas das artes marciais que tentam trabalhar com energia percebem o poder do centro Hara e da construção do Dantian, que consideram o centro de gravidade. Mas para fazer isso, é preciso ter uma conexão firme com seu Corpo Etérico; caso contrário, não poderão canalizar suas energias interiores. Em muitos desses sistemas de artes marciais, o Hara é apenas um dos dantianos, chamado de Dantian Inferior. O Dantian Médio está na área do coração (Anahata), enquanto o Dantian Superior está na área da cabeça, no nível do Ajna Chakra. Esta quebra de três centros de energia principais no corpo humano permite aos artistas marciais utilizar melhor o fluxo natural de suas energias para otimizar seu poder de luta.

O Chakra Hara deve estar aberto e o Dantian (inferior) cheio de energia para se ter boa saúde e uma abundância de vitalidade. Se o Hara for fechado ou inativo, ele pode causar muitos vícios, especialmente na alimentação. Comer demais é uma tentativa de sentir-se cheio apesar de ter o Hara bloqueado e a Dantian vazio. A prática do sexo tântrico é uma forma de abrir a Hara e tomar consciência de seu Dantian. O Sexo Tântrico focaliza a energia no abdômen, incorporando o uso de nossa energia sexual, bem como nossa força de vontade, envolvendo assim os Chakras tanto Swadhisthana quanto Manipura.

CHAKRA CAUSAL (BINDU)

O Bindu serve como porta de entrada para o Chakra Causal, que fica aproximadamente a 5 a 7 centímetros de distância da parte superior da cabeça quando se projeta uma linha reta a partir do Tálamo (Figura 34). Depois, ele se alinha com o Chakra Sahasrara, que fica diretamente em frente a ele. O Chakra Causal é um dos três Chakras Celestiais Transpessoais ao redor da área da cabeça, incluindo o Estrela da Alma e o Portal Estelar.

O Bindu, na parte superior do crânio (de dentro), funciona como uma porta de entrada para o Chakra Causal. O Bindu é a porta, enquanto o Chakra Causal é a casa. Mas não se pode ter a porta sem a casa, nem a casa sem a porta - os dois vão juntos. Por esta razão, as características do Bindu Chakra refletem as do Chakra Causal no modelo Chakras Transpessoais.

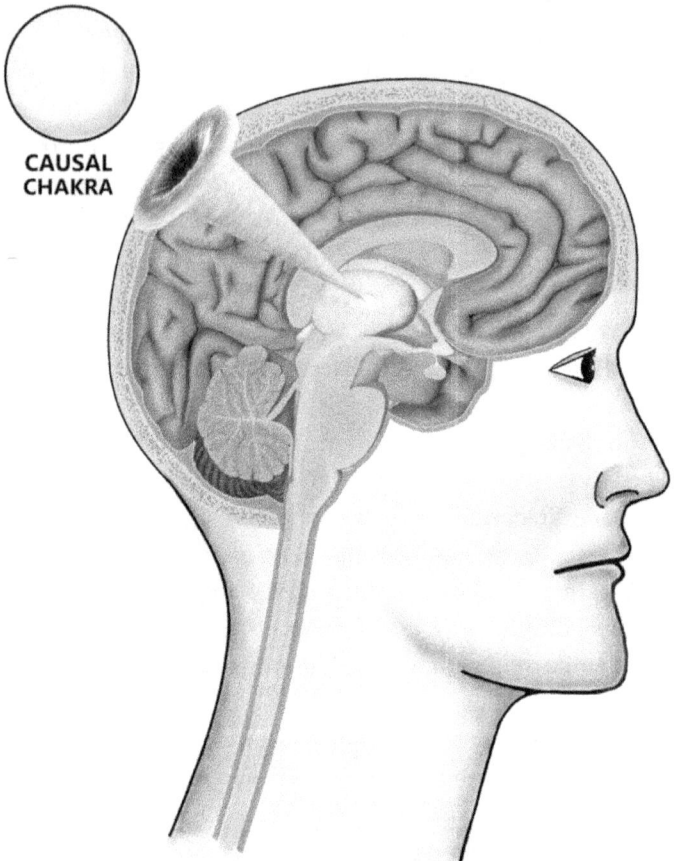

Figura 34: O Chakra Causal/Bindu

O Chakra Causal está preocupado em erradicar o Ego e transformar a personalidade. Ele nos dá a noção da continuidade da vida além da morte física. Somos Seres Eternos de Luz que continuarão a viver para além desta existência física momentânea. Este Chakra serve para silenciar o Ego e tornar a mente imóvel, permitindo ao indivíduo explorar o Plano Espiritual e os Planos Divinos.

O Chakra Causal é um ponto de entrada nos Planos Divinos, que pode ser experimentado através dos Chakras Estrela da Alma e Portal Estelar, que se encontram acima do Chakra da Coroa. O Chakra Causal também auxilia nas ativações superiores dos Chakras Espirituais (Coroa, Olho da Mente e Garganta), que facilitam a exploração do Plano Espiritual.

Como o Chakra Causal/Bindu é referido como o Chakra da Lua, ele é feminino em qualidade. Quando despertado, as qualidades femininas de amor, compaixão, criatividade e intuição são acentuadas no indivíduo. Este Chakra absorve e irradia a Luz Lunar, iluminando assim os pensamentos que recebemos diretamente da Consciência Cósmica.

Através do Chakra Causal, recebemos informações dos Planos Divinos e do Plano Espiritual Superior; informações que só podem ser acessadas quando estamos desligados de nosso Ego e personalidade. Como tal, uma das principais propriedades deste Chakra é que ele nos permite explorar a sabedoria superior e os mistérios do Cosmos.

O Chakra Causal vibra na Quarta Dimensão, a Dimensão da Vibração ou da Energia. Ele recebe as energias dos dois Chakras da Quinta Dimensão acima da cabeça (Estrela da Alma e Portal Estelar) e as filtra para a Aura. O Chakra Causal/Bindu é nossa ligação com esses dois Chakras de maior frequência, pois nos permite aceitar as dosagens graduais de Luz Branca que os Planos Divinos emitem.

Seres espirituais superiores dos Reinos Divinos podem se comunicar conosco através do Chakra Causal. Como a informação chega através deste Chakra, ela é trazida para o Chakra inferior, onde podemos acessá-la através dos Corpos Sutis respectivos a esses Planos particulares.

O Chakra Causal desempenha o papel mais crucial no processo de despertar da Kundalini, pois sua abertura resulta em maior clareza da comunicação psíquica e telepática. Ele permite que o indivíduo "leia" a energia ao seu redor através de sua capacidade intuitiva. O Chakra Causal/Bindu trabalha com o Ajna Chakra para realizar esta proeza. O indivíduo usa os vários portais do Olho da Mente para "ver" as informações que estão sendo canalizadas para o Chakra Causal a partir da Consciência Cósmica.

O Chakra Causal/Bindu naturalmente se abre e permanece aberto como parte do processo de transformação da Kundalini. Quando este Chakra é desbloqueado, e a mente e o Ego são silenciados, nosso Deus-Eu Superior pode se comunicar conosco diretamente. Esta comunicação é um processo imediato que não requer nenhum esforço consciente. O indivíduo é absorvido em meditação de um momento para o outro e se torna uma encarnação viva da unidade de toda a existência. Entretanto, esta experiência só acontece quando a Kundalini foi despertada e elevada ao Chakra Sahasrara.

Embora você possa acessar as energias do Chakra Causal/Bindu através de diferentes práticas espirituais (como o uso de Cristais), a única maneira de abri-lo e mantê-lo aberto permanentemente é através de um despertar da Kundalini. Como mencionado, os dois pontos de saída da Kundalini são o Bindu e o centro do Sétimo Olho. Uma vez que o sistema Kundalini está ativo no Corpo de Luz após o despertar, o Bindu regula a energia de Luz que circula dentro dele, alimentando os Setenta e Dois Mil Nadis ou canais de energia. À medida que esses canais são infundidos com a energia da Luz, a consciência se expande. O Bindu se abre ainda mais, permitindo que o indivíduo racionalize mais informações do Plano Espiritual e dos Planos Divinos acima.

O Chakra Causal/Bindu é branco, sugerindo uma conexão profunda e íntima com o Elemento Espiritual e a Lua. As pedras preciosas atribuídas a este Chakra são Pedra da Lua, Quartzo Angel Aura, Celestita, Kyanita, e Herderite.

CHAKRA ESTRELA DA ALMA

O Chakra Estrela da Alma, Vyapini (sânscrito para "que tudo permeia"), está localizado cerca de quinze centímetros acima do topo da cabeça, alinhado diretamente com o Chakra da Coroa abaixo dele (Figura 35). A cor deste Chakra é branco-ouro. A Estrela da Alma serve como nossa conexão com as energias cósmicas de nosso Sistema Solar, enquanto o Portal Estelar serve como nossa conexão com a Galáxia da Via Láctea como um todo. A Estrela da Alma também modera a energia vibracional muito alta do Portal Estelar e a transporta para baixo (através do Chakra Causal) para os Sete Chakras Maiores dentro do Corpo de Luz. Como tal, somos capazes de assimilar estas energias galácticas em nossa existência física.

O Chakra Estrela da Alma é da quinta frequência Dimensional, representando a energia do amor, verdade, compaixão, paz e sabedoria e consciência espiritual. Ele corresponde ao Plano Divino mais baixo da existência. De acordo com os ensinamentos da Ascensão, a Terra e a humanidade estão em processo de mudança para um nível totalmente novo de realidade, que é a Quinta Dimensão.

Só podemos experimentar as energias cósmicas da Quinta Dimensão através da unidade da consciência individual com a Consciência Cósmica. Quando se alcança esta conexão, eles ganham acesso aos registros Akáshicos, um banco de memória dentro da Consciência Cósmica que contém todos os eventos humanos, pensamentos, emoções e intenções do passado, presente e futuro. Como tal, a pessoa torna-se clarividente, psíquica ou vidente. Portanto, parte do processo de transformação da Kundalini está ativando totalmente o Bindu/Causal Chakra, que nos conecta com a Estrela da Alma e o Portal Estelar, permitindo que nos tornemos um com a Consciência Cósmica.

O Chakra Estrela da Alma é onde nos conectamos com nosso Deus-Eu Superior. Entretanto, esta conexão é integrada através do Chakra Causal/Bindu e dos Chakras Espirituais (Vishuddhi, Ajna, e Sahasrara). Estes Chakras servem para fundamentar a experiência de conexão com o nosso Eu Superior. Como a Estrela da Alma representa a Divindade em todas as suas formas, ela participa do amor incondicional, do altruísmo espiritual e da compaixão, e da unidade em todas as coisas. É a origem de nossa busca pela Ascensão e Iluminação.

Como o Chakra Causal/Bindu é referido como o Chakra da Lua, a Estrela da Alma seria nosso Chakra do Sol, uma vez que é a origem de nossas Almas. Ele tem uma conexão íntima com a Estrela de nosso Sistema Solar (o Sol) e o Chakra Manipura, a Sede da Alma e o Sol do Corpo de Luz. Daí, onde a Estrela da Alma obtém o aspecto dourado de sua cor, que é uma vibração mais elevada da cor amarela do Manipura.

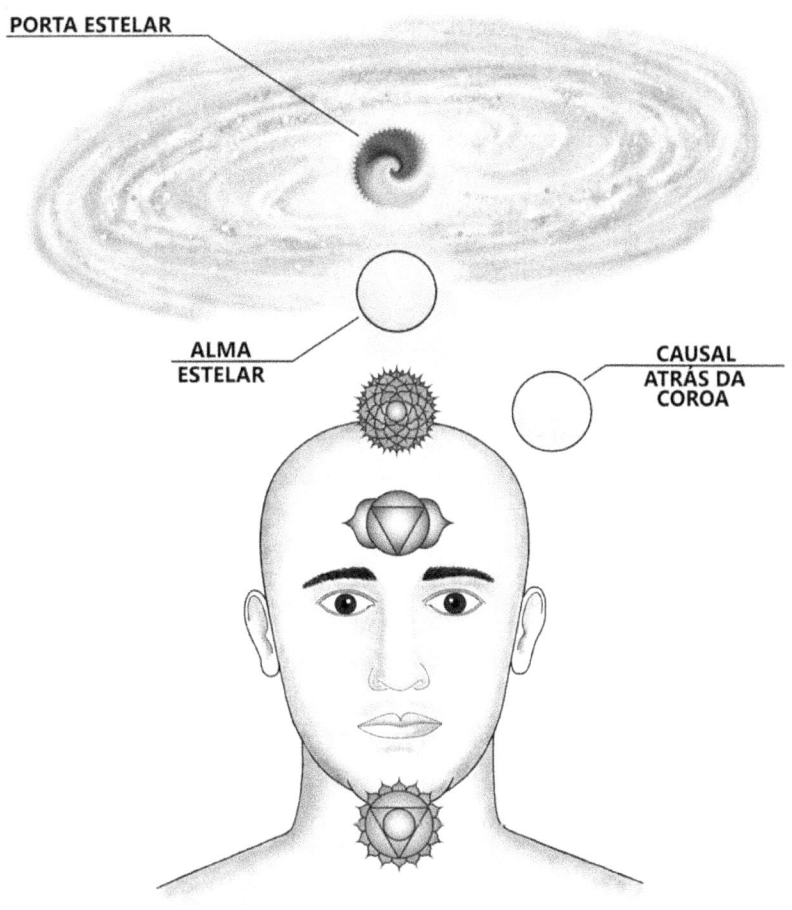

Figura 35: Os Chakras Transpessoais Acima da Coroa

Como a Estrela da Alma corresponde ao Plano Divino, ela está acima da energia cármica, uma vez que o Carma pertence aos Planos Inferiores da existência. A Estrela da Alma regula o Carma da Alma, porém, transmitindo as lições de vida necessárias através do Chakra Manipura e do Elemento Fogo. Estas energias cármicas se acumularam através de muitas vidas e nos impedem de manifestar nossos desejos. Portanto, ao desenvolver nossa força de vontade, iluminamos o Manipura Chakra e ganhamos uma conexão mais forte com nossa Estrela da Alma.

A Estrela da Alma trabalha com o Portal Estelar, permitindo-nos ver a conexão cósmica entre nós mesmos e o Universo em que vivemos. Quando a Estrela da Alma está em alinhamento com os Chakras abaixo, sentimos um forte senso de propósito e um entusiasmo pela vida. A Estrela da Alma é nossa verdadeira vontade de vida e a ponte entre nossa essência impessoal e a realidade pessoal e física.

Para evitar ser distanciado e desconectado, deve-se ativar a Estrela da Terra antes de trabalhar com a Estrela da Alma. Aqueles que gastam muito tempo trabalhando em seus Chakras Transpessoais mais altos enquanto ignoram a Estrela Terrestre serão muito distraídos e etéreos. A Estrela da Alma e a Estrela da Terra funcionam juntas para realizar o trabalho da Estrela central de nosso Sistema Solar - o Sol. As pedras preciosas atribuídas à Estrela da Alma são Selenita, Kyanita, Quartzo Nirvana e Danburite.

PORTAL ESTELAR

O Chakra Portal Estelar, Vyomanga (sânscrito para "Ser Celestial"), está cerca de oitenta centímetros acima do topo da cabeça, diretamente acima do Estrela da Alma e do Chakra da Coroa (Figura 35). A cor deste Chakra é ouro puro ou arco-íris (quando ativado). A Porta Estelar, como seu nome indica, é uma porta ou portal para as Estrelas da Galáxia da Via Láctea. Em poucas palavras, é o Chakra da Consciência Cósmica.

O Portal Estelar é o mais alto em vibração de todos os Chakras Transpessoais. É o mais alto de todos os Chakras Dimensionais e nossa conexão final com a fonte de toda a Criação. O Portal Estelar corresponde aos Planos Divinos mais elevados da existência.

A Quinta Dimensão representa a Unidade consciente com o Criador (Divindade). A Estrela da Alma nos dá a compreensão de que temos Almas Eternas, que se originam da Estrela central (o Sol) em nosso Sistema Solar. Entretanto, o Portal Estelar nos dá a compreensão de que nossas Almas Eternas são originárias da mesma fonte que outras Almas de outros Sistemas Solares em nossa Galáxia Via Láctea. Assim, o Portal Estelar representa o nível mais alto da Quinta Dimensão, que é Unidade com todas as Centelhas de Luz na Galáxia.

A Quinta Dimensão é a própria fonte da Luz Branca de que todos nós participamos. Ela não só nos une aos Seres terrestres, mas também aos Seres extraterrestres. Não importa de que Sistema Solar você é, somos todos Um, já que nosso Criador é o mesmo, assim como o Holograma Cósmico do qual todos participamos. Como tal, a Quinta Dimensão se relaciona com a paz e harmonia final entre todas as coisas e a energia amorosa Divina que conecta tudo.

O Portão Estelar é um barômetro espiritual que modera a intensidade da Luz Branca que se derrama em nossa Aura. A Estrela da Alma é o filtro através do qual a Luz é medida, enquanto a Estrela da Terra fundamenta esta Luz e nossa consciência na consciência do Planeta Terra.

O Portal Estelar é a conexão interestelar da humanidade, que é atemporal. Por ser atemporal, ela guarda todas as nossas experiências de todas as nossas vidas passadas. Assim, sempre que você se lembra de uma vida passada, você se conecta com o Chakra Portal Estelar.

A Porta Estelar é o ápice da experiência de transformação da Kundalini e o mais alto estado de consciência alcançável pelos seres humanos. Este Chakra emite as mais altas energias vibracionais sobre as quais as virtudes humanas são construídas. A iluminação só é alcançável quando o indivíduo se conecta completamente com o Chakra do Portal Estelar. As pedras preciosas atribuídas ao Portal Estelar são Moldavite, Calcita Amarela, Azeztulite e Selenita.

A LINHA HARA

A Linha Hara é um importante conduto de energia que conecta a coluna de Chakras Transpessoais. É um canal que permite que a energia da Luz passe do Portal Estelar para a Estrela da Alma, para o Chakra Causal, até o Chakra Hara e se conecte com a Estrela da Terra abaixo dos pés. Esta energia passa pela parte central do corpo humano, ao longo do canal de Sushumna, onde se encontram os Sete Chakras Maiores.

A Linha Hara tem como objetivo trazer Luz para os Sete Chakras Maiores através do Chakra Causal e para o Sahasrara. Esta Luz é então distribuída pelos seis Chakras Maiores inferiores. Finalmente, o Hara Chakra coleta esta Luz e a envia através do períneo (Muladhara Chakra) para a Estrela da Terra, conectando assim os Chakras Maiores e os Chakras Transpessoais.

A linha Hara também direciona o fluxo de energia nos Chakras Maiores. Como cada um de nossos Sete Chakras Maiores recebe e distribui energia aos Chakras acima e abaixo, a Linha Hara serve como um eixo invisível que sutilmente direciona e distribui o fluxo dessa energia.

O Chakra Hara serve como o centro do conduto de energia da Linha Hara, já que é o recipiente de energia vital (Prana, chi, qi, mana). A Linha Hara é totalmente ativada e revigorada quando a Kundalini é despertada e elevada ao Chakra da Coroa. A Kundalini serve como a força que conecta os Chakras Transpessoais com os Chakras Maiores. Esta conexão é então ancorada à Mãe Terra (Gaia) através da Estrela da Terra.

Como a Linha Hara serve para canalizar a energia da Luz para os Chakras Maiores e depois distribuí-la, ela é a essência de nossa Divindade. Esta energia da Luz é guiada pelo Chakra Estrela da Alma, nossa essência Divina. A Alma usa o eixo da Linha Hara como uma autoestrada, subindo e descendo a energia da Luz de um Chakra para o próximo. A Estrela da Alma serve como o centro de comando (controle) para realizar esta tarefa.

Quando os Chakras Transpessoais e os Sete Chakras Maiores são adequadamente equilibrados, ocorre um fenômeno alquímico onde todos os Chakras são unificados e fundidos como um só. Esta ocorrência em um nível energético representa o ponto mais alto do Iluminação. Para que esta experiência ocorra, tanto a Estrela da Alma quanto a Estrela da Terra devem ser ativadas e trabalhar em conjunto. Estes dois Chakras Transpessoais funcionam como os polos negativos e positivos de uma bateria, onde a energia da Luz é levada para frente e para trás entre eles.

A QUINTA DIMENSÃO

A maioria das religiões e tradições espirituais concorda que a Quinta Dimensão é o mais alto reino que uma Alma pode alcançar e a fronteira final da consciência humana. A Quinta Dimensão é a dimensão da Luz Branca que está subjacente a toda a Criação manifestada. É a "Mente de Deus", também chamada de Consciência Cósmica. Nosso Universo manifestado existe dentro dessa Luz Branca, que é ilimitada, atemporal e eterna.

A Luz Branca é a Primeira Mente, enquanto o Universo manifestado é a Segunda Mente. Na realidade, os dois são Um, pois as Formas na Segunda Mente dependem da Força projetada a partir da Primeira Mente para dar-lhes vida. A Luz Branca é a Sephira Kether na Árvore da Vida, que depende de Chokmah (Força) e Binah (Forma) para que a Criação se manifeste. Estes dois Sephiroth manifestam Alma e consciência no Universo.

A Luz Branca é a Fonte do amor, da verdade e da sabedoria. Nós encarnamos neste Planeta como Seres luminosos de Luz, mas com o tempo, à medida que nosso Ego se desenvolve, perdemos o contato com nossa Alma e nossos poderes Espirituais. À medida que nossa consciência se desenvolve, torna-se imperativo que voltemos a entrar em contato com nossas Almas para que possamos nos elevar espiritualmente novamente e realizar todo o nosso potencial. Despertar a Kundalini é nosso método para alcançar a Realização Espiritual. Nosso Criador deixou em nós o gatilho da Kundalini de fábrica. A maioria das pessoas desconhece este fato, e é por isso que pessoas como eu servem como mensageiros da existência e do potencial da energia Kundalini.

Um despertar completo da Kundalini ativa os Sete Chakras Maiores, cada um dos quais ressoa com a vibração de uma das cores do arco-íris. Encontramos estas cores do arco-íris quando brilhamos a Luz Branca através de um prisma. Temos vermelho, laranja, amarelo, verde, azul, anil e violeta, em sequência.

Quando a Kundalini sobe através da coluna vertebral e entra no cérebro, ela procura alcançar o Chakra da Coroa e quebrar o Ovo Cósmico. Fazendo isso, ativa os Setenta e Dois Mil Nadis do Corpo de Luz, despertando assim todo o seu potencial latente. Como todas as pétalas do Sahasrara se abrem com a Kundalini para cima, a consciência individual é expandida até o Nível Cósmico. Como Sahasrara é a porta de entrada para os Chakras Transpessoais superiores, o indivíduo desperto também ganha acesso a seus poderes ao longo do tempo.

Um despertar completo da Kundalini começa o processo de transformação espiritual, que se destina a alinhar nossa consciência com os dois Chakras da Quinta Dimensão acima da cabeça, a Estrela da Alma e o Portal Estelar. Quando temos acesso a esses Chakras, nos elevamos acima da dor física, do medo e da dualidade em geral. Começamos a funcionar plenamente com intuição e vivemos o momento presente, o Agora. Uma vez ultrapassada a mente, o Ego é conquistado, uma vez que ele existe apenas dentro da mente.

Através de uma transformação da Kundalini, a dor da separação é superada desde que experimentamos a Unidade de toda a Criação, participando da Quinta Dimensão. Todas as nossas ações são baseadas no amor e na verdade, o que constrói sabedoria ao longo do tempo. Temos acesso a um conhecimento ilimitado dos mistérios da Criação, recebido através da Gnose.

Com a ativação total de nosso Corpo de Luz, ganhamos a Imortalidade. Percebemos que vamos morrer fisicamente, sim, pois não podemos evitar isto, mas sabemos internamente que esta vida é uma de muitas, pois nossas Almas nunca poderão ser aniquiladas.

O MERKABÁ - VEÍCULOS DE LUZ

A palavra "Merkabá" é derivada do Antigo Egito. Ela se refere ao veículo de luz de um indivíduo que permite viagens Interdimensionais e Interplanetárias. "Mer" refere-se a dois campos de Luz girando no mesmo espaço, enquanto "Ka" se refere ao Espírito individual e "Ba" ao corpo físico. Os dois Tetraedros opostos dentro um do outro representam os dois pólos, ou aspectos da Criação, Espírito e Matéria, em completo equilíbrio.

O Merkabá tem um lugar de destaque também no misticismo judeu. Em hebraico, a palavra "Merkabah" (Merkavah ou Merkava) significa "carruagem", e se refere à carruagem divina de Deus descrita pelo profeta Ezequiel em uma de suas visões (*Antigo Testamento*). As visões de Ezequiel fazem lembrar as visitas de seres de outras dimensões ou de outros mundos descritos através de metáforas que contêm imagens simbólicas.

Em sua visão, Ezequiel descreve um veículo divino que tinha "rodas dentro de rodas", que brilhavam como "diamantes ao sol" e giravam ao redor uns dos outros como um giroscópio. Místicos judeus e pessoas espirituais interpretam a visão de Ezequiel como uma referência ao próprio veículo interdimensional da Luz - o Merkabá. É um fato conhecido nos círculos Espirituais que Mestres e Seres Ascendidos além de nossos reinos e dimensões se manifestam em nossa realidade através de seus Merkabás.

O Merkabá é uma representação geométrica do tórus otimizado, um "donut dinâmico", que inclui o campo áurico e o campo eletromagnético do coração. Como mencionado, o tórus tem um eixo central com um pólo norte e sul que circula a energia de forma espiralada. Após um despertar completo da Kundalini, a energia começa a circular dentro do tórus a uma velocidade maior, afetando a taxa de giro da Merkabá.

O Merkabá se torna totalmente ativado à medida que o tórus se torna otimizado, permitindo viajar através da consciência. O Cubo de Metatron é um símbolo que contém todas as formas geométricas sagradas conhecidas no Universo. Atribuído ao Arcanjo Metatron, o representante do Elemento Espiritual, o Cubo de Metatron serve como metáfora para o Universo manifestado e para a harmonia e interconexão de todas as coisas. Entre a miríade de formas geométricas que podemos encontrar no Cubo de Metatron está o Merkabá, visto ao longo do plano vertical de cima ou de baixo (Figura 36).

Figura 36: O Cubo de Metatron e o Merkabá

Quando vistos de lado, ao longo do plano horizontal, os dois tetraedros da Merkabá se cruzam ao longo do meio e apontam em direções opostas - um aponta para cima e o outro para baixo. O Tetraedro que aponta para cima na Merkabá é o princípio do Sol masculino, relacionado aos Elementos Fogo e Ar e energia elétrica. O Tetraedro apontado para baixo é o princípio da Terra fêmea correspondente aos Elementos Água e Terra e à energia magnética. Juntos, os dois tetraedros oposto, interligados, criam o "Tetraedro Estrela", um objeto de oito pontas que é uma extensão tridimensional do Hexagrama, a Estrela de David.

O Tetraedro Sol gira no sentido horário enquanto o Tetraedro Terra gira no sentido anti-horário. Nos homens, como a energia masculina é dominante, o Tetraedro Sol é orientado para a frente do corpo, enquanto que o Tetraedro Terra é orientado para trás. Nas mulheres, a orientação é trocada, e o tetraedro terrestre está voltado para a frente (Figura 37).

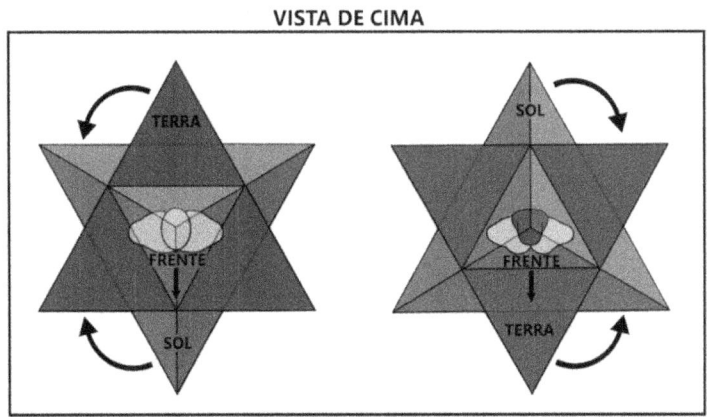
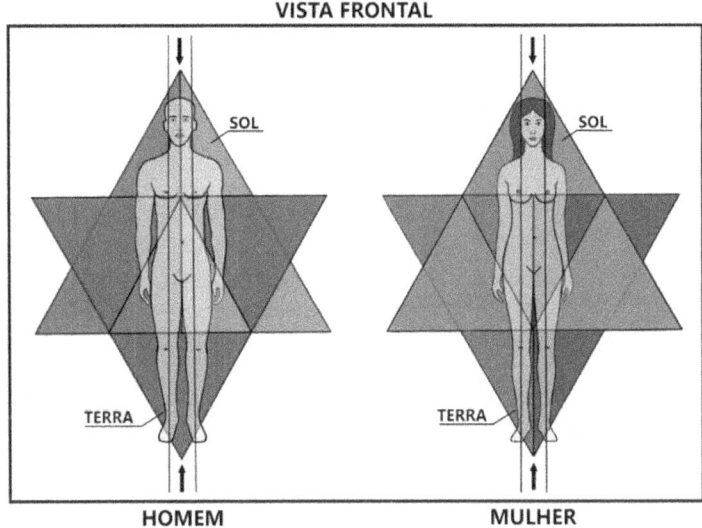

Figura 37: Orientação de Tetraedros em homens e mulheres

O Tetraedro do Sol é alimentado pelo Chakra Estrela da Alma, seis polegadas acima da cabeça em seu ápice. Por outro lado, o Tetraedro da Terra, invertido, é alimentado pelo Chakra Estrela da Terra, situado quinze centímetros abaixo dos pés. O Chakra Estrela da Terra é o ápice do Tetraedro da Terra invertido. A energia de luz alterna entre a Estrela da Alma e a Estrela da Terra, ao longo da linha Hara, alimentando os dois Tetraedros da Merkabá e fazendo-os girar em direções opostas.

Quando o Merkabá está otimizado, o campo de Luz gerado em torno de sua forma esférica giratória pode esticar 50-60 pés de diâmetro em proporção à altura da pessoa. Se você olhasse para um Merkabá de giro rápido com instrumentos apropriados, você veria uma forma parecida com um pires ao redor da pessoa que se expande horizontalmente. Não é a Merkabá em si que é tão grande, mas a Luz que emite que cria sua forma estendida, difundindo-se ao longo do plano horizontal.

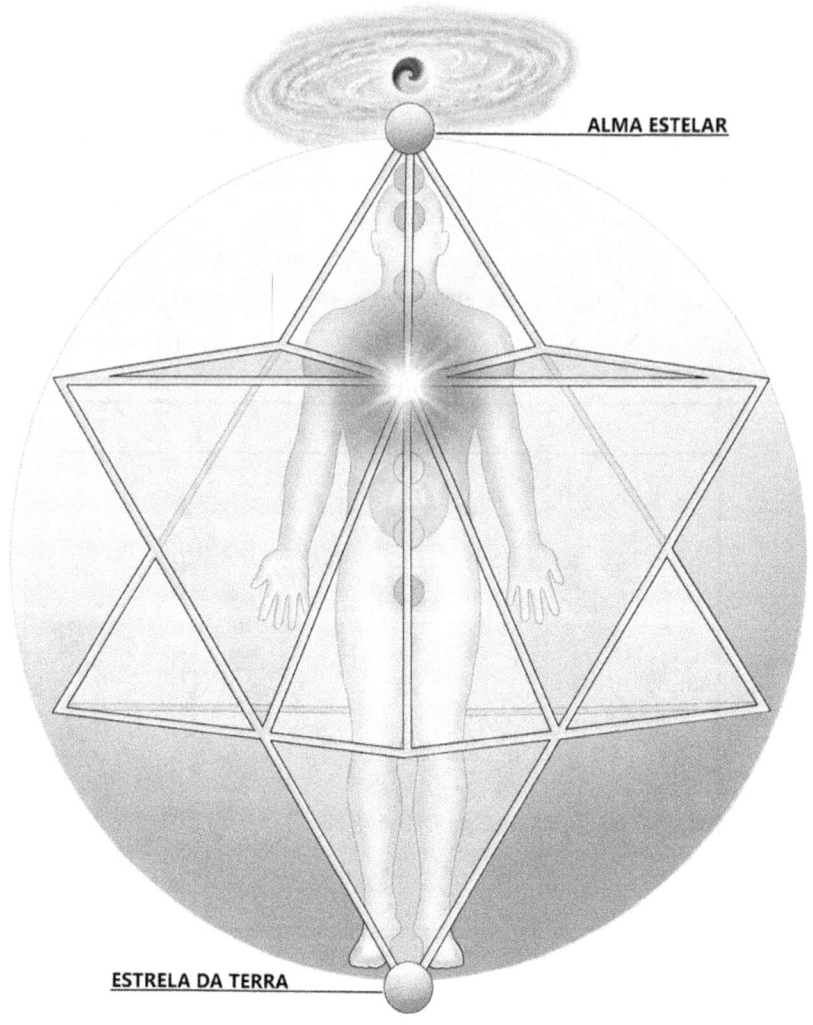

Figura 38: O Merkabá: Veículo de luz (em homens)

O centro do sistema Chákrico está no Chakra do Coração, Anahata; os dois tetraedros contrarrotantes da Merkabá estão suspensos em seu nível (Figura 38). A Luz que emana do Chakra do Coração faz com que os tetraedros da Merkabá girem. Por esta razão, existe uma correlação entre a ativação da Merkabá e o Ser ressoando com a energia do amor incondicional. Em outras palavras, quanto mais amor você carrega em seu coração, seu Merkabá gira mais rápido.

As pessoas que amam incondicionalmente têm habilidades criativas aprimoradas, incluindo habilidades psíquicas como a transposição de seu Espírito em objetos e outras pessoas. Sua rápida rotação Merkabá permite que transcendam as barreiras de seu corpo físico através de sua imaginação.

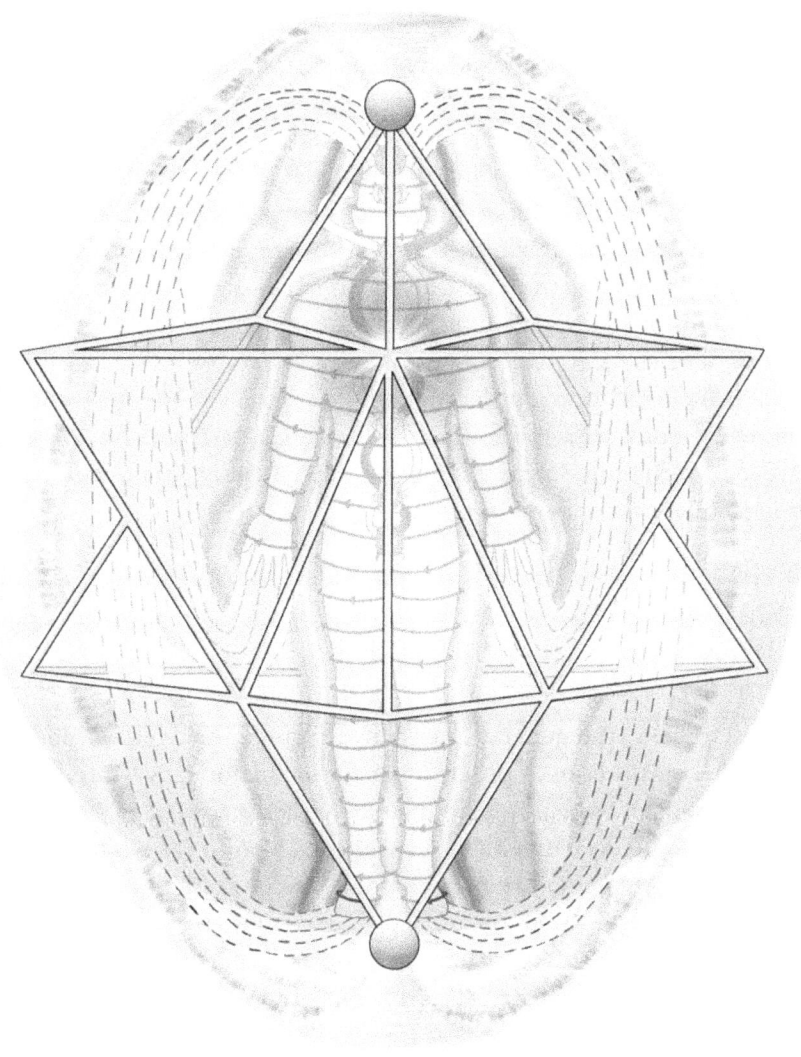

Figura 39: Kundalini Despertar e Merkabá Otimização

O Chakra do Coração é o centro de nosso Ser que recebe energia de Luz da Estrela da Alma e a distribui para os Chakras inferiores antes de aterrá-lo na Estrela da Terra. Nossos corações físicos e etéricos fazem interface com o mundo ao nosso redor como receptores de energias. Como descreverei na próxima seção sobre Kundalini e anatomia, o coração trabalha em conjunto com o cérebro para guiar nossa realidade.

Quando a Kundalini é despertada, ela viaja para cima através do canal Sushumna. Em contraste, Ida e Pingala viajam ao longo da coluna vertebral de forma espiral, um em frente ao outro, assemelhando-se à dupla Hélice de DNA da molécula. Quando a Kundalini atinge o topo da cabeça em Sahasrara, ela expande este centro exponencialmente, permitindo que a energia da Luz da Estrela da Alma derrame em nosso sistema Chákrico embaixo. À medida que cada um dos Chakras é infundido com a Luz, o campo de energia toroidal se torna otimizado, ativando o potencial latente da Merkabá.

Um despertar completo da Kundalini energiza o Corpo de Luz, maximizando a capacidade da Merkabá (Figura 39). Quando a Luz é infundida na Aura, os tetraedros contrarrotantes da Merkabá começam a girar mais rápido, formando uma Esfera de Luz ao redor do corpo físico. A Alma, que também é esférica, agora tem um veículo que suporta sua forma, com o qual pode deixar o corpo físico para viajar dentro de outras dimensões de Espaço/Tempo. Ver orbes de Luz é um fenômeno Espiritual comum de olhar para o Merkabás dos Seres que giram além da Terceira Dimensão e que querem interagir com os seres humanos através da consciência.

Uma das principais funções da Merkabá é permitir que o indivíduo explore os significados e camadas mais profundas da vida no Universo. Ao otimizar sua função Merkabá, você se torna um Ser de luz da Quinta Dimensão que pode utilizar os Chakras Transpessoais superiores em seu benefício.

O RETORNO AO JARDIM DO ÉDEN

A forma de tórus se assemelha a uma maçã, o que é uma correlação interessante que nos traz de volta ao Jardim do Éden a partir da história do *Antigo Testamento* e da aquisição de conhecimento pela humanidade. A serpente maliciosa é aquela que foi contra Deus - a Criadora, ao tentar Eva a fazer a única coisa que ela e Adão foram instruídos a não fazer - comer da Árvore do Conhecimento do Bem e do Mal.

A serpente disse que se Adão e Eva desobedecerem a Deus, eles se tornarão "como os Deuses e conhecerão a dualidade" (Gênesis 3:4-5). O conhecimento é recebido através da experiência de vida no Mundo da Matéria, construído sobre a dualidade da Luz e das Trevas, do bem e do mal.

Adão e Eva comendo a maçã proibida da Árvore do Conhecimento do Bem e do Mal pode ser visto como uma referência à humanidade obtendo um campo de energia toroidal, o que permite que nossa consciência experimente o Mundo da Matéria. Ao materializar-se na Terceira Dimensão, nossa consciência se tornou gravada na Matéria, fazendo-nos perder o contato com o Plano Espiritual, nosso direito de nascimento inerente.

O Jardim do Éden é uma representação metafórica do Plano Espiritual, a fonte de nossa inocência primordial. Como mencionado anteriormente, tudo que tem uma forma no Mundo da Matéria tem um campo de energia toroidal ao seu redor. O campo de energia toroidal sustenta a existência da Matéria na Terceira Dimensão do Espaço/Tempo.

O tórus é composto pelos Chakras Maior e Transpessoal que formam nosso Mundo Interior e nos dão as funções cognitivas para aprender com a experiência e crescer no intelecto. Ele também nos permite contemplar a Criação de Deus e os mistérios do

Universo através dos Planos Cósmicos internos e dimensões correspondentes aos Chakras.

Após serem expulsos do Jardim do Éden por seu ato de desobediência, Deus, o Criador, disse que Adão e Eva só poderiam voltar ao Jardim se "comessem os frutos da Árvore da Vida", o que lhes daria vida eterna. Como explorado em meu livro anterior, comer os frutos da Árvore da Vida refere-se a despertar a energia da Kundalini e progredir para cima através dos Chakras para alcançar a Iluminação Espiritual. Consequentemente, a serpente, um símbolo da energia da Kundalini, também está envolvida no processo de "volta para casa". Ele é encontrado na causa, mas também no efeito.

Ao despertar toda a Árvore da Vida dentro de você através do Poder Serpentino, a Kundalini, você integra a Luz dentro de seu Ser. Ao fazer isso, você otimiza a taxa de rotação dos tetraedros contrarrotantes de sua Merkabá, que fornecem um veículo para que sua Alma viaje em outras dimensões de espaço/tempo. Mais importante, porém, ao unificar as energias positivas e negativas dentro de você, você recupera a entrada no Jardim do Éden e se torna Imortal e Eterno, como os Deuses.

O EVENTO DO FLASH SOLAR

Muitas histórias de Ascensão das tradições e escrituras religiosas antigas dizem que chegará um tempo em que a Terra, juntamente com todos os seus habitantes, se transformará em um Corpo de Luz da Quinta Dimensão. Dizem que nosso Planeta terá uma mudança física que transfigurará seu corpo material denso em um Corpo de Luz. Algumas pessoas acreditam que a Terra se tornará uma Estrela, mas eu não penso assim. Em vez disso, eu acho que a Terra manterá suas propriedades, que só serão melhoradas à medida que a vibração de sua consciência aumentar. E, é claro, com esta mudança na consciência da Terra, a consciência humana será afetada.

Após muitos anos de pesquisa e um poderoso sonho profético no início de 2019, concluí que um evento de Ascensão ocorrerá em nosso futuro próximo. Será um momento real no tempo em que algo significativo acontecerá em nível Cósmico. De acordo com a tradição e a profecia Maia, isso deveria acontecer em 2012. No entanto, muitos *insiders* cósmicos que afirmam ter contato com os Extraterrestres investidos em nossa Evolução Espiritual acreditam que a humanidade não estava pronta naquela época, e o evento foi adiado. Portanto, se eu tivesse que prever um ano real, eu diria entre 2022-2025, mas isso realmente depende de como a humanidade estará preparada.

O Sol será a força ativadora por trás deste grande evento, que conduzirá a humanidade à tão esperada Era Dourada. O Sol realizará um tipo de ativação a partir de dentro, o que mudará a frequência de sua Luz. Em um momento, quando a ativação ocorrer, o Sol emitirá um flash, que poderá ser catastrófico para a superfície da Terra, pois derrubará nossa grade eletromagnética e causará incêndios florestais maciços. Independentemente de suas ramificações físicas, este evento causará uma mudança significativa na consciência da Terra, resultando no despertar maciço da Kundalini para toda a humanidade.

Uma vez que nossa sociedade se estabilize após este evento, uma nova forma de vida começará para todos nós. O mal será erradicado em escala de massa, pois a bondade prevalecerá. De ter passado por um despertar da Kundalini, posso dizer com segurança que, uma vez que você a experimente, não terá mais a escolha a não ser voltar-se para a Luz. E conforme você for progredindo, a escuridão dentro de você será incinerada pelo fogo transformador da Kundalini.

Acredito que algumas pessoas que têm sido tão más a vida inteira, os assassinos e violadores reincidentes, por exemplo, serão totalmente consumidos por este fogo e não sobreviverão fisicamente. A súbita mudança de consciência será demais para que eles se integrem, e ao tentarem se agarrar a seus caminhos malignos, o fogo devorará seus corações. Por outro lado, a maioria das pessoas que só mergulharam na escuridão, mas não permitiram que ela assumisse o controle completo de suas almas, se purificarão com o Santo Fogo da Kundalini.

Embora minha crença possa parecer cristã, entenda que Jesus Cristo era um indivíduo despertado pela Kundalini, um protótipo da experiência que outros deveriam imitar. Outras figuras religiosas centrais como Moisés do Judaísmo e o Buda do Budismo também foram despertadas pela Kundalini. Entretanto, devido à minha ascendência e educação, eu me alinhei com Jesus Cristo e seus ensinamentos, mas estudei ambos de uma perspectiva esotérica, não religiosa. Por esta razão, menciono frequentemente os ensinamentos de Jesus.

No entanto, não confunda minha agenda e pense que estou promovendo o cristianismo ou o catolicismo. Pelo contrário, acredito que todas as figuras centrais das religiões têm um caráter esotérico que revela a essência de seus ensinamentos reais antes de serem poluídas por visões dogmáticas de suas respectivas religiões. Estes são os ensinamentos que sempre me interessaram, pois cada um deles contém um núcleo de verdade de nossa existência.

A profecia da Segunda Vinda de Jesus é uma metáfora para um tempo no futuro em que a humanidade integrará sua Consciência Cristo como própria e se tornará como ele era, um Ser de Luz. A Segunda Vinda de Jesus está de acordo com as profecias dos Antigos que falam da Ascensão humana coletiva. Isso não significa que Jesus reaparecerá na forma física, quer ele tenha existido ou não, o que é um debate deixado para outro momento.

A palavra "Cristo" é baseada na tradução grega de "Messias". Como tal, Jesus de Nazaré recebeu o título de "Cristo" para denotar sua divindade. A Consciência de Cristo representa um estado de consciência de nossa verdadeira natureza, como Filhos e Filhas de Deus - o Criador. Neste estado, a integração do Espírito na Matéria e o equilíbrio entre os dois está implícita, experimentada através de um influxo de energia amorosa através do Chakra do Coração expandido.

A Consciência Cristo é semelhante à Consciência Cósmica, a Quinta Dimensão, que é o destino final da raça humana. E à medida que a humanidade aprender a funcionar no nível da Quinta Dimensão, o amor, a verdade e a sabedoria serão nossa força orientadora.

Não exigiremos governos e outras estruturas de controle, mas seremos guiados pela Luz recentemente despertada dentro de nós. Ao invés de países lutando uns com os outros, unificaremos e concentraremos nossas energias na exploração do espaço à medida que nos tornarmos verdadeiros seres Intergalácticos.

PARTE IV: ANATOMIA E FISIOLOGIA DA KUNDALINI

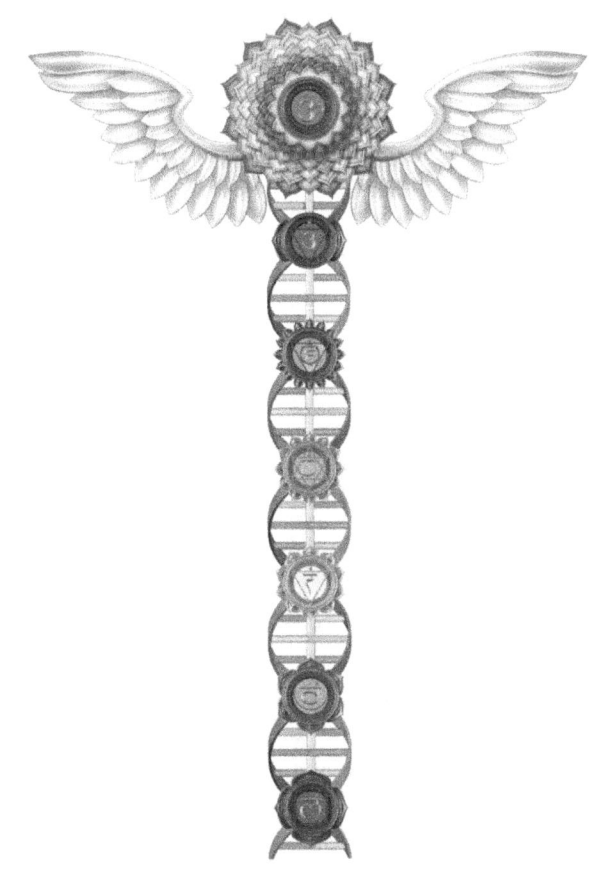

DESENVOLVENDO O OLHO DA MENTE

O Olho da Mente ou Terceiro Olho é um portal de energia ou "porta de entrada" dentro do cérebro que proporciona uma percepção além da visão comum. É um olho ou janela invisível para os Planos Cósmicos internos e estados superiores de consciência. O Olho da Mente é frequentemente associado à clarividência, à capacidade de ter visões, observar Auras, precognição e até mesmo ter Experiências Fora-do-Corpo. Os indivíduos que afirmam ter a capacidade de utilizar seu Olho da Mente são conhecidos como "videntes". Despertar ou ativar o Olho da Mente vai de mãos dadas com a Evolução Espiritual e o caminho para o Iluminação.

Como descrito em *The Magus*, o Olho da Mente está localizado entre as sobrancelhas, logo acima do nível dos olhos, a cerca de 1/5 do caminho em direção à linha do cabelo. Ele apresenta um pequeno portal circular, cuja localização é de um centímetro dentro da cabeça quando se olha para cima neste ponto com os olhos fechados. Uma atração magnética ocorre quando nos concentramos nele, que nos coloca em um estado calmo e meditativo. Ao manter nossa atenção no portal do Olho da Mente, o Ego se torna silencioso, e começamos a receber visões e imagens fluindo através desta área como se estivéssemos em uma tela de cinema.

Embora o portal do Olho da Mente esteja localizado ligeiramente acima do centro das sobrancelhas, a localização real do Ajna Chakra está no Terceiro Ventrículo do cérebro. Ajna não é um único Chakra, mas um arranjo de centros de energia no cérebro e ao longo da testa. O Ajna Chakra é frequentemente chamado de Olho da Mente ou Terceiro Olho, embora os últimos termos insinuem o portal do Ajna, enquanto a localização real do Chakra está no centro do cérebro.

Ajna é melhor descrito como o projetor de filmes, enquanto a tela do filme é o Olho da Mente. Portanto, o nome "Terceiro Olho" tem uma associação com o Terceiro Ventrículo de Ajna, mas também sua localização; entre os dois olhos físicos, no centro do cérebro. Além disso, o Terceiro Olho nos dá a capacidade de perceber nossa realidade psiquicamente, com nossas mentes, contornando assim a visão física comum; por isso, ele é chamado de O Olho da Mente.

Embora algumas tradições antigas afirmem que Ajna Chakra é o Tálamo, minha pesquisa me levou a descobrir que o Tálamo, o Hipotálamo e as Glândulas Pineal e Hipófise contribuem para o funcionamento da Ajna. Estes quatro quadros primários endócrinos e neurológicos do cérebro trabalham em sincronicidade uns com os outros.

O Terceiro Ventrículo é preenchido com Fluido Cerebrospinal (FCE), que atua como o meio para transportar informações de uma parte do cérebro para outra. O sacro bombeia o líquido cefalorraquidiano pela medula espinhal até o cérebro. O sacro também é responsável pelo despertar da Kundalini, que está enroscada no cóccix. A corrente bioelétrica da Kundalini carrega a coluna vertebral para dentro do cérebro através do LCR como o meio. Descreverei o papel do FCE e do sacro com mais detalhes mais adiante, nesta seção.

A tradição hindu fala amplamente da conexão entre o Olho da Mente e Sahasrara, a Coroa, também chamada de Lótus das Mil Pétalas. O primeiro é o receptor das energias experimentadas e projetadas a partir do segundo. Qabalisticamente falando, Kether (a Luz Branca) só pode ser experimentada quando Chokmah (Força) projeta seu poder onipotente em Binah (Forma). Binah serve como o receptor feminino, o componente "Eu-objeto" do Eu que recebe seu impulso do projetor masculino, o "Eu-sujeito". Como Binah se relaciona com intuição e compreensão, Chokmah é a Força de Todo o Conhecimento que se projeta nele para nos dar sabedoria. O funcionamento de Chokmah e Binah constitui a operação de Ajna Chakra, enquanto Kether corresponde a Sahasrara. Os três Supernos Sephiroth trabalham juntos e não podem ser subtraídos um do outro.

No sistema do Tantra Yoga, o Olho da Mente está associado ao som "Om". O som Om é o som primordial do Universo, que se refere ao Atman (Alma) e Brahman (Espírito) como Um. Entretanto, quando pronunciado corretamente, soa mais como "Aum", cujas três letras incorporam a energia Divina de Shakti e suas três principais características de criação, preservação e liberação. Afinal de contas, Ajna Chakra é de natureza feminina, e é por isso que se relaciona com a Lua.

O Taoísmo ensina que, praticando os exercícios de treinamento da Mente, pode-se sintonizar com a vibração correta do Universo e ganhar uma base sólida sobre a qual se pode alcançar níveis de meditação mais avançados. Eles ensinam que o portal do Olho da Mente se expande até o meio da testa quando o centro do Quinto Olho se abre. É um dos centros de energia primária do corpo, formando parte do meridiano principal, que separa os hemisférios esquerdo e direito do corpo e do cérebro.

O Chakra Ajna é o depósito de Prana lunar, enquanto Manipura é o depósito de Prana solar. Ajna Chakra é feminino e nutritivo, e seu modo primário de operação é servir como receptor de energias vibratórias superiores projetadas a partir do Sahasrara. Ajna, assim como Vishuddhi, é sáttvico, ou seja, contém as qualidades de positividade, verdade, bondade, serenidade, tranquilidade, virtude, inteligência e equilíbrio. As qualidades sáttvicas atraem o indivíduo para o Dharma (que significa "Lei e Ordem Cósmica" no budismo) e Jnana (conhecimento).

Como a Ajna tem duas pétalas, indica o número de grandes Nadis que terminam nesse Chakra. Ajna tem o menor número de Nadis, mas os dois mais importantes, Ida e Pingala.

Sushumna está excluído, pois é o canal de energia médio que alimenta o Sistema Nervoso Central e sustenta todos os Chakras.

Ida é o canal lunar que alimenta o hemisfério cerebral direito e o Sistema Nervoso Parassimpático (SNP). Pingala é o canal solar que alimenta o hemisfério cerebral esquerdo e o Sistema Nervoso Simpático (SNS). O SNP inibe o corpo de trabalhar demais e o restaura para um estado calmo e composto - todas as qualidades do Elemento Água trazidas pelo resfriamento Ida Nadi. O SNS prepara o corpo para a atividade e o prepara para uma resposta de "luta ou fuga" quando um perigo potencial é reconhecido. O SNS é característico do Elemento Fogo e do calor, induzido pelo Pingala Nadi.

OS SETE CHAKRAS E AS GLÂNDULAS ENDÓCRINAS

Cada um dos Chakras Maiores é emparelhado com uma glândula(s) endócrina(s), e eles governam suas funções (Figura 40). Em muitos casos, os Chakras individuais também afetam os órgãos que circundam essas glândulas. O sistema endócrino é parte do mecanismo de controle primário do corpo. Ele compreende várias glândulas sem dutos que produzem hormônios, que servem como mensageiros químicos do corpo que atuam em diferentes operações e processos corporais. Estes incluem função cognitiva e humor, desenvolvimento e crescimento, manutenção da temperatura do corpo, metabolismo dos alimentos, função sexual, etc.

O sistema endócrino funciona para ajustar os níveis hormonais no corpo. Os hormônios são secretados diretamente na corrente sanguínea e são levados aos órgãos e tecidos para estimular ou inibir seus processos. O equilíbrio hormonal é um processo delicado, e uma leve falta ou excesso de hormônios pode levar a estados de doença no corpo. Se alguém experimentar alguma doença física, isso significa que existem problemas ou com as glândulas endócrinas, os Chakras que as governam, ou ambos. Nunca esqueça que todas as manifestações físicas resultam de mudanças energéticas nos Planos Internos - Como Acima, Assim Abaixo. Este Princípio Hermético ou Lei é Universal e está sempre em operação.

Muladhara / Glândulas Suprarrenais

O Chakra Raiz, Muladhara, governa as Glândulas Adrenais, que estão situadas no topo dos rins e ajudam na função deste Chakra para a autopreservação. As Adrenais produzem os hormônios adrenalina e cortisol que suportam nosso mecanismo de sobrevivência, estimulando a resposta "luta ou fuga" quando estamos diante de uma situação estressante. Além disso, as Adrenais também produzem outros hormônios que ajudam a regular nosso metabolismo, sistema imunológico, pressão sanguínea e outras funções essenciais da vida.

Como o Chakra Raiz lida com o aterramento, ele rege o suporte do corpo físico, incluindo as costas, quadris, pés, coluna vertebral e pernas. Também regula o reto e a glândula prostática (nos homens). Um Chakra Muladhara desequilibrado pode levar a problemas como ciática, dor no joelho, artrite, prisão de ventre e problemas de próstata para os homens.

Swadhisthana/ Glândulas Reprodutivas

O Chakra Sacral, Swadhisthana, governa as Glândulas Reprodutivas, incluindo os testículos nos homens e os ovários nas mulheres. As Glândulas Reprodutivas regulam nosso impulso sexual e apóiam nosso desenvolvimento sexual. Os ovários produzem óvulos enquanto os testículos produzem espermatozoides, ambos essenciais para a procriação. Além disso, os ovários produzem os hormônios femininos estrogênio e progesterona, que são responsáveis por auxiliar no desenvolvimento dos seios na puberdade, regular o ciclo menstrual e apoiar a gravidez. Os testículos produzem o hormônio masculino testosterona, que é responsável por ajudar os homens a crescer os pêlos faciais e corporais na puberdade e por estimular o crescimento do pênis durante a excitação sexual.

O Chakra Swathisthana também rege os outros órgãos sexuais, intestinos, bexiga, próstata, intestino inferior e rins. Como tal, os problemas com esses órgãos e seu desempenho estão ligados a um Chakra Sacral desequilibrado ou inativo. Note que em muitos sistemas espirituais, as correspondências são invertidas - o Chakra Muladhara governa as Glândulas Reprodutivas, enquanto o Chakra Swadhisthana governa as Glândulas Adrenais. Argumentos credíveis podem ser feitos para ambos os casos. Os ovários e as Glândulas Adrenais estão conectados nas mulheres. Se o ciclo menstrual de uma mulher é afetado, pode ser um sinal de fadiga adrenal.

Manipura/Pâncreas

O Chakra do Plexo Solar, Manipura, rege o Pâncreas, que regula o sistema digestivo. Órgãos e partes do corpo regidas pelo Manipura incluem o fígado, vesícula biliar, coluna vertebral, dorso superior, intestino superior e estômago. O pâncreas está localizado atrás do estômago, na parte superior do abdômen. Ele produz enzimas que quebram os açúcares, gorduras e amidos para ajudar na digestão. Ele também produz hormônios que ajudam a regular o nível de glicose (açúcares) no sangue. O diabetes é um sinal de um mau funcionamento do pâncreas resultante de um Chakra Manipura desequilibrado. Quando o Manipura é superestimulado, o excesso de glicose no sangue pode ocorrer, o que causa o diabetes. Quando o Manipura é subestimulado, pode ocorrer hipoglicemia (glicemia baixa), bem como úlceras estomacais. Um Chakra desequilibrado de Manipura também pode levar a problemas digestivos e de vesícula biliar.

Anahata/Glândula Timo

O Chakra Anahata governa a Glândula do Timo em sua função de regular o sistema imunológico. A Glândula do Timo está localizada na parte superior do peito - atrás do esterno e diante do coração. O Timo é crucial para manter nosso sistema imunológico funcionando corretamente. Sua função é produzir glóbulos brancos (linfócitos T) que servem como sistema de defesa do corpo contra vírus, bactérias e células cancerígenas. Além disso, os glóbulos brancos combatem infecções e destroem as células anormais.

O Chakra Anahata também regula a função do coração, pulmões e circulação sanguínea. Também conhecido como o Chakra "Coração", Anahata está associado à cura espiritual e física. É considerado o centro do nosso ser, pois produz energia amorosa que nos cura em todos os níveis, mente, corpo e Alma. Sentimentos de compaixão e amor incondicional são expressos através do Chakra do Coração. Por outro lado, nosso Chakra do Coração enfraquece quando nos envolvemos em emoções negativas, tais como raiva, ódio, ciúme e tristeza, o que afeta a Glândula Timo, diminuindo a capacidade de combate a doenças do sistema imunológico. Um chakra cardíaco desequilibrado pode levar a uma pressão arterial alta, má circulação sanguínea, dificuldades tanto na parte sistêmica quanto na mecânica do respirar, problemas cardíacos e uma diminuição do sistema imunológico.

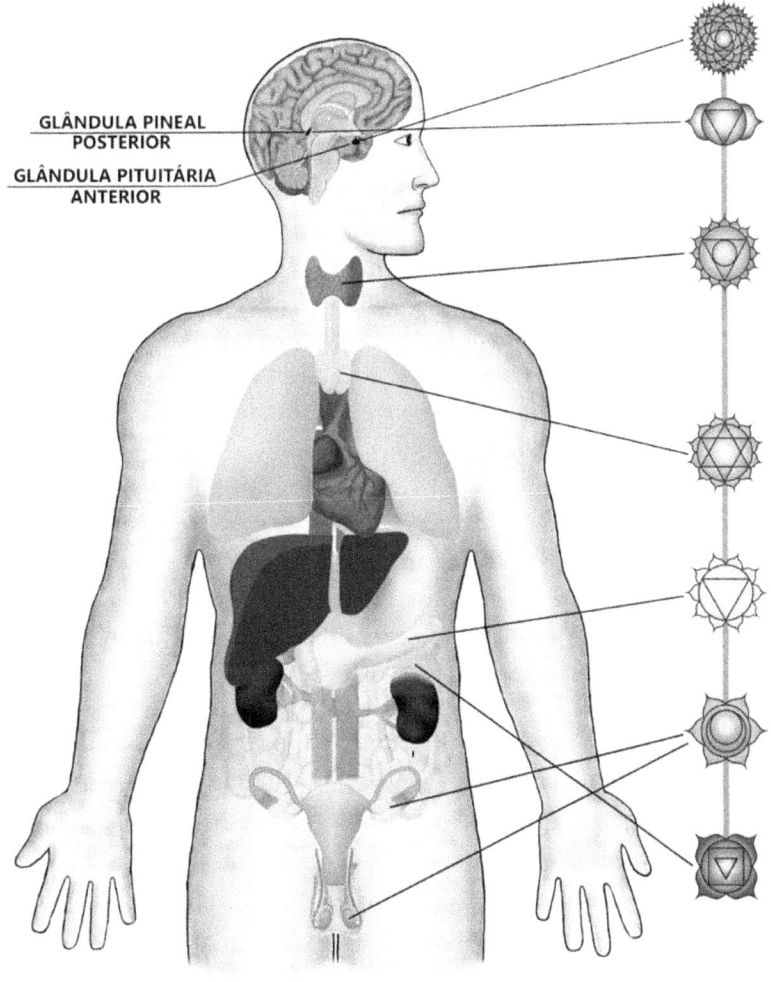

Figura 40: As Glândulas Endócrinas No Corpo

Vishuddhi/Glândula Tireoide

O Chakra da Garganta, Vishuddhi, governa a Glândula Tireoide, localizada na base do pescoço. A tireoide libera hormônios que controlam o metabolismo, a taxa na qual o corpo converte os alimentos em energia utilizável. Esses hormônios também regulam a temperatura corporal, função respiratória, frequência cardíaca, níveis de colesterol, processos de digestão, tônus muscular e ciclos menstruais nas mulheres. Como tal, a Glândula Tireoide é uma das glândulas essenciais do corpo.

Uma disfunção na glândula tireóide causa problemas significativos, como fadiga debilitante, músculos fracos, ganho ou perda de peso, perda de memória e ciclos menstruais irregulares (nas mulheres). A função do Chakra da Garganta também controla as cordas vocais, os tubos bronquiais e todas as áreas da boca, incluindo a língua e o esôfago. Um Chakra da Garganta desequilibrado pode levar a dor de garganta ou laringite, dor na mandíbula, problemas pulmonares, dor ou rigidez no pescoço, e problemas nas cordas vocais.

Ajna/Glândula Pineal

O Chakra do Olho da Mente, Ajna, governa a Glândula Pineal, que regula os ciclos biológicos. Além de liberar o hormônio melatonina, responsável por nos deixar sonolentos, a Glândula Pineal também secreta serotonina, o químico "feliz" do corpo.

A localização do Glândula Pineal é posterior (nas costas) do cérebro, diretamente atrás do Tálamo e ligeiramente acima do nível dos olhos. A Glândula Pineal é do tamanho de um grão de arroz (5-8mm) em humanos e tem a forma de uma pinha (daí seu nome). Ela governa e inibe a função da Glândula Pituitária. Estas duas glândulas trabalham em parceria uma com a outra para alcançar o equilíbrio geral do corpo. Criar um equilíbrio saudável entre as Glândulas Pineal e Hipófise ajuda a facilitar a abertura do Ajna Chakra - o Terceiro Olho.

Ajna é nosso centro psíquico, pois nos dá visão interior. Desordens mentais e emocionais como insônia, bipolar, esquizofrenia, transtorno de personalidade e depressão resultam de um Ajna Chakra desequilibrado e a sobre ou subestimulação da Glândula Pineal. Ajna também controla a função da medula espinhal, tronco encefálico, centros de dor e nervos. Portanto, um Ajna Chakra desequilibrado também pode ser responsável por crises epilépticas e outros distúrbios neurológicos.

Sahasrara/Glândula Pituitária

O Chakra da Coroa, Sahasrara, governa a Glândula Pituitária e produz hormônios que controlam o resto do sistema endócrino. Como tal, a Hipófise é chamada de "Glândula Mestre" do corpo. É um pouco maior que uma ervilha e está alojada dentro de uma cavidade óssea, logo atrás da ponte de seu nariz. É anterior (na frente) do cérebro e está ligada ao Hipotálamo por um talo fino. A Pituitária se conecta ao Sistema Nervoso Central através do Hipotálamo. Os órgãos regulados por Sahasrara incluem os olhos e o cérebro.

Questões como dores de cabeça, visão e alguns problemas neurológicos estão associados a um Chakra Sahasrara desequilibrado. Observe que em alguns sistemas espirituais, a Glândula Pineal está associada ao Sahasrara, enquanto a Glândula Pituitária se relaciona com a Ajna. Como a Glândula Pineal está na parte de trás do cérebro, ela se relaciona com o subconsciente, a Lua, e o Elemento Água (feminino), que estão associados com o Chakra Ajna. A Pituitária está na frente do cérebro, que se relaciona com o Eu consciente, o Sol, e o Elemento Fogo (masculino). Portanto, acredito que estas são as correspondências corretas das Glândulas Pituitária e Pineal. (Mais sobre as Glândulas Pineal e Pituitária e suas várias funções em um capítulo posterior).

***

Como cada um dos Chakras está relacionado a um dos planos sutis, a energia negativa nesses planos se manifestará como distúrbios nas glândulas e órgãos correspondentes. Todos os sintomas físicos são manifestações da qualidade das energias dos Chakras. Como os Chakras são centros energéticos que influenciam nosso Ser em muitos níveis, precisamos mantê-los em equilíbrio se quisermos ser saudáveis na mente, no corpo e na alma.

As aflições físicas podem ocorrer sempre que um de nossos centros de energia é preenchido com energia negativa ou é bloqueado. O ajuste do chakra então é de importância crucial para nosso bem-estar físico. Meu primeiro livro, *The Magus*, enfoca o trabalho energético através do Cerimonial Magick, o método ocidental de cura dos Chakras. Em *Serpent Rising*, estou focando em técnicas orientais como Yoga, Tattvas, Mantras enquanto implemento práticas da Nova Era como Cristais, Aromaterapia, e Diapasões.

É essencial entender que a energia negativa em um Chakra é sentida no nível daquele Chakra específico e de outros Chakras ligados à sua função. Afinal de contas, nossos pensamentos afetam nossas emoções e vice-versa. E estes, por sua vez, afetam nossa força de vontade, imaginação, nível de inspiração, etc.

CURA DO CHAKRA E AS GLÂNDULAS ENDÓCRINAS

As glândulas endócrinas são pontos de referência úteis para a cura dos Chakras, pois representam a conexão entre a energia dos Chakras e as funções físicas e fisiológicas do corpo. O sistema nervoso e seus múltiplos nexos também estão associados a glândulas e órgãos. Portanto, o conhecimento do sistema nervoso e de suas partes é crucial, pois pode ajudar nas sessões de cura. Por este motivo, incluí um capítulo sobre ele neste livro. Relaxar e equilibrar o sistema nervoso permite uma cura mais eficaz para uma glândula ou região específica do corpo.

Há vários métodos para otimizar a função dos Chakras. Um desses métodos, ao qual toda uma seção deste trabalho é dedicada, é a prática oriental da Yoga. A Yoga é composta de posturas (Ásana), técnicas de respiração (Pranayama), canto (Mantra), meditação

(Dhyana), assim como a realização de gestos físicos específicos para manipulação de energia (Mudras). Alguns desses gestos envolvem o corpo inteiro, enquanto outros envolvem apenas as mãos. Além de equilibrar o sistema energético, o Yoga é uma excelente forma de exercício físico que deixará você sentindo e parecendo ótimo.

A dieta também é um componente essencial na prática da Yoga. Afinal de contas, você é o que come. O corpo físico requer certos nutrientes ao longo do dia para funcionar e ter o melhor desempenho possível. Ao apoiar a boa saúde através da dieta e do exercício, os Chakras tornam-se curados em um nível sutil. Por sua vez, nossos pensamentos, emoções e o bem-estar espiritual em geral são positivamente afetados. Além disso, ao trabalhar em um Chakra, outros Chakras são impactados, uma vez que todo o sistema é interdependente em seus vários componentes.

DESPERTAR ESPIRITUAL E ANATOMIA DO CÉREBRO

A GLÂNDULA PITUITÁRIA

As duas glândulas que regulam a função glandular e biológica geral do corpo são a Glândula Pituitária e a Glândula Pineal. Estas são as duas glândulas mais essenciais do corpo humano. Elas orquestram e controlam todo o sistema endócrino.

A função principal da Glândula Pituitária é regular a química corporal. Assim como a Glândula Pineal expressa sua natureza dual ao controlar os ciclos dia/noite, a natureza dual da Glândula Pituitária é expressa nos dois lóbulos em que é composta (Figura 41). O Lóbulo Frontal (anterior) responde por 80% do peso da Glândula Pituitária e é o lóbulo dominante.

Várias tradições antigas afirmam que o lobo anterior está associado à mente intelectual, à lógica e à razão. Em contraste, o lóbulo traseiro (posterior) se relaciona com a mente emocional e a imaginação.

Como mencionado, a Glândula Pituitária controla a atividade da maioria das outras glândulas secretoras de hormônios, incluindo a tireóide, as adrenais, os ovários e os testículos. Ela secreta hormônios dos lobos anterior e posterior, cuja finalidade é levar mensagens de uma célula a outra através de nossa corrente sanguínea. Devido ao seu imenso papel em nossas vidas, sabe-se que a remoção da Glândula Pituitária do cérebro causará a morte física em três dias.

O Hipotálamo está situado imediatamente acima da Glândula Pituitária e está conectado a ela. Diretamente em frente dele está o Quiasma Óptico que transmite informações visuais dos Nervos Ópticos para o Lóbulo Occipital na parte de trás do cérebro.

O Hipotálamo governa a Glândula Pituitária enviando mensagens ou sinais. Estes sinais regulam a produção e liberação de hormônios adicionais da Hipófise, os quais, por sua vez, enviam mensagens para outras glândulas ou órgãos do corpo. O Hipotálamo é um tipo de centro de comunicação para a Glândula Pituitária.

O Hipotálamo trabalha com a Medula Oblonga[4]. A Medula Oblonga e o Hipotálamo controlam os processos involuntários e autônomos do corpo, tais como a regulação do batimento cardíaco, da respiração e da temperatura corporal. Além disso, a Medula Oblonga é essencial na transmissão de impulsos nervosos entre a medula espinhal e os centros cerebrais superiores. É essencialmente a porta de entrada entre a medula espinhal e o cérebro.

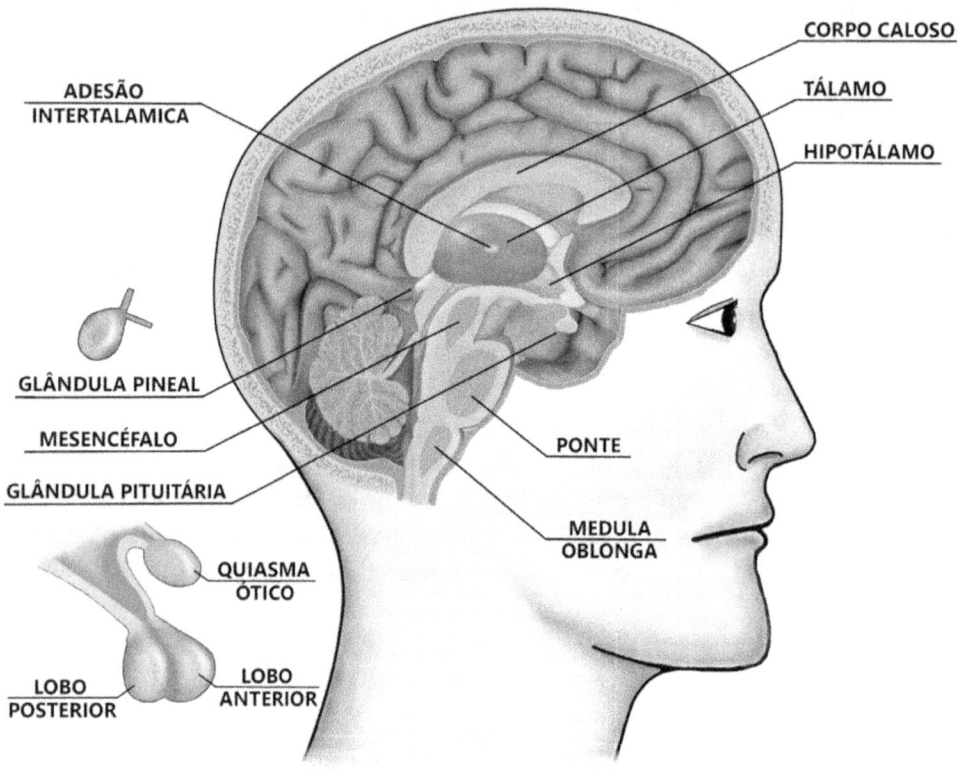

Figura 41: Os Principais Centros Cerebrais

A GLÂNDULA PINEAL

A Glândula Pineal está no centro geométrico, bem no fundo do cérebro. Ela produz o hormônio serotonina e sua derivada melatonina, essencial para nossa função e bem-estar. A serotonina é um químico e neurotransmissor que controla nosso humor, comportamento social, apetite e digestão, memória e desejo e função sexual. A serotonina contribui para nosso nível de felicidade e bem-estar mental e emocional - baixos níveis de serotonina têm

---

[4] Bulbo Raquidiano (Nota do Tradutor).

sido ligados à depressão, ansiedade e outros distúrbios mentais e emocionais. Com alguns desses problemas, os médicos geralmente prescrevem medicamentos antidepressivos (ISRS's), que são projetados para aumentar os níveis de serotonina no cérebro.

Durante o dia, em resposta à luz solar recebida pelos olhos, a Glândula Pineal segrega e armazena uma grande quantidade de serotonina. Quando a noite chega e a escuridão se instala, a Glândula Pineal começa a converter a serotonina armazenada no hormônio melatonina, que é liberada no cérebro e no sangue, induzindo a sonolência durante toda a noite. A melatonina é o único hormônio sintetizado pela Glândula Pineal, e afeta nossos padrões de despertar/sono e as funções das estações do ano. Como tal, é frequentemente referida como o "hormônio da escuridão".

Por volta do Solstício de Verão (o dia mais longo do ano), as pessoas experimentam mais luz solar e estão mais felizes e alegres, já que sua Glândula Pineal segrega a maior quantidade de serotonina. Por outro lado, por volta da época do Solstício de Inverno (o dia mais escuro do ano), há a menor quantidade de luz solar, o que significa que a Glândula Pineal recebe a menor quantidade de serotonina, levando à "tristeza de inverno", a época do mundo em que as pessoas estão mais abatidas e deprimidas.

O "Estado Hipnagógico", também chamado de "Estado de Transe" ou "Estado Alfa", é produzido quando a consciência se encontra em um ponto entre estar acordada e adormecida. A pessoa está consciente e inconsciente ao mesmo tempo, mas alerta. A atividade cerebral desacelera, mas não o suficiente para adormecê-lo. O objetivo final da meditação é alcançar este estado, uma vez que o Olho da Mente é utilizado durante ele, resultando na capacidade de ver visões e ter experiências místicas. O Estado Alfa também é conhecido por induzir Sonhos Lúcidos se alguém o alcança durante um ciclo de sono.

Os Antigos usavam prontamente o estado Hipnagógico para contatar o Mundo Espiritual e receber mensagens do Divino. Podemos alcançá-lo com práticas e métodos Espirituais, mas também através do uso de certas drogas.

O DMT (dimetiltriptamina) também é produzido a partir da Glândula Pineal por caminhos semelhantes aos da melatonina. Muitas vezes chamado de "Molécula do Espírito", o DMT é amplamente difundido em todo o reino vegetal, mas também há vestígios dele em mamíferos.

Plantas que contêm DMT como a ayahuasca são comumente usados em rituais xamânicos. Seu uso pode produzir experiências poderosas, místicas, psicodélicas e de quase-morte. Existe a hipótese de que o DMT pode ser liberado ao nascimento, morte e sonhos vívidos. O DMT é encontrado no sangue, urina, fezes, pulmões e rins em humanos. Seus traços mais altos, no entanto, são encontrados no Fluido Cerebrospinal.

A GLÂNDULA PINEAL E A ESPIRITUALIDADE

A palavra "Pineal" é derivada da palavra latina "pinealis", referindo-se a uma pinha, a forma da glândula. Tradições antigas descreviam amplamente a Glândula Pineal em sua arte e escultura. No entanto, seu significado e papel foram velados a partir do profano através da simbologia, como foi a maioria dos conhecimentos esotéricos transmitidos através dos tempos. Examinando os símbolos dos Antigos associados à Glândula Pineal (principalmente a pinha), podemos ter uma ideia melhor de seu papel Espiritual em nossas vidas.

O interesse na Glândula Pineal pode ser rastreado até a China Antiga durante o reinado do Imperador Amarelo, Huangdi, o mais antigo dos cinco lendários imperadores chineses. Nas escrituras dos antigos hindus, *Os Vedas*, a Glândula Pineal era um dos sete pontos Chákricos, supostamente ligado à Sahasrara, a Coroa. Este ponto de vista evoluiu com o tempo à medida que outros iogues e sábios começaram a relacionar a Glândula Pineal com Ajna Chakra. Como mencionado, dependendo da escola de pensamento, as correspondências de Ajna e Sahasrara com as Glândulas Pineal e Pituitária são intercambiáveis. Portanto, tenha isto em mente ao ler sobre a anatomia cerebral e os Chakras.

Os antigos filósofos e cientistas gregos talvez tenham tido o impacto mais significativo em nossa compreensão da função espiritual da Glândula Pineal. Sua jornada de descoberta começou com debates filosóficos e teológicos sobre a Sede da Alma, em referência à área do corpo de onde a Alma opera. Eles se referiam a este conceito como "Phren", a palavra grega antiga para a localização do pensamento ou da contemplação.

Há mais de 2000 anos, Platão e Aristóteles escreveram sobre a Alma e concordaram que a Alma operava a partir do coração mas não residia dentro do corpo. Eles destacaram os três tipos de Alma, a nutritiva, sensível e racional, e concluíram que o coração era seu centro de controle. Hipócrates refutou esta afirmação e acreditou que a Alma residia no corpo e operava a partir do cérebro, não do coração, já que o cérebro está preocupado com a lógica, a razão e os sentimentos.

Depois veio o médico grego Herophilus, considerado por muitos como o pai da anatomia. Ele foi o primeiro cientista a descobrir a Glândula Pineal no cérebro desde que foi o primeiro a realizar sistematicamente dissecações científicas de despojos humanos (cadáveres). Ele também foi o primeiro a descrever os ventrículos cerebrais e acreditava que eles eram o "Sede da Mente". Além disso, ele concluiu que a Glândula Pineal regula o fluxo de "Pneuma" psíquico, uma palavra grega antiga para "respiração", através destes ventrículos cerebrais.

Pneuma também se refere ao Espírito e à Alma de uma perspectiva teológica e religiosa. É uma substância etérea na forma de ar que flui dos pulmões e do coração para o cérebro. O Pneuma é necessário para o funcionamento sistêmico de órgãos vitais. Além disso, é o material que sustenta a consciência do corpo, referida como o "primeiro instrumento da Alma". Herophilus acreditava que a Glândula Pineal regulava seus pensamentos e memórias na forma de Pneuma psíquico.

Galen, o filósofo e médico grego, refutou Herophilus e disse que a Glândula Pineal é simplesmente uma glândula que regula o fluxo sanguíneo e nada mais. Ao invés disso, ele defendeu que o Vermis Cerebelar controlava o Pneuma psíquico nos ventrículos cerebrais. Como Galen foi a autoridade médica suprema até o século 17, suas opiniões e crenças sobre a natureza da Glândula Pineal permaneceram relativamente incontestadas até que René Descartes, o matemático e filósofo francês, começou a examinar estes assuntos.

Descartes concluiu que a Glândula Pineal era o meio entre a Alma e o corpo e a fonte de todo o pensamento. Ele refutou Galen e disse que como a Glândula Pineal era a única estrutura no cérebro que não estava duplicada, ela era o assento da Alma. Sua posição sustentava que como o Vermis Cerebelar tem duas metades, ele não poderia ser um candidato adequado para esta tarefa. Descartes acreditava que a Alma estava além da dualidade e tinha que ter uma única contraparte simbólica de sua função.

Descartes pensou que a mente poderia estar separada do corpo, mas pode assumir os instintos animais através da Glândula Pineal. A Alma controla a mente, que, por sua vez, governa o sistema de ações realizadas pelo corpo por meio da Glândula Pineal. Descartes acreditava que a Glândula Pineal era a Alma em forma física. Como a comunidade científica respeitava amplamente Descartes, a maioria não ousava desafiar sua visão, e assim a ideia de que a Glândula Pineal era a Sede da Alma permaneceu intacta durante os três séculos seguintes.

Nos últimos anos, os cientistas determinaram que a Glândula Pineal é um órgão endócrino intimamente ligado à percepção que o corpo tem da Luz. No entanto, sua função espiritual ainda é deixada ao debate, embora a maioria dos estudiosos ainda concorde que ela desempenha um papel significativo.

No *The Magus*, eu me referi à Sede da Alma como estando em Manipura, o Chakra do Plexo Solar, como a fonte de energia da Alma. Manipura é a fonte de nossa força de vontade - a expressão máxima da Alma. Além disso, a Alma precisa de energia Prânica para existir, a qual ela recebe através da digestão de alimentos (relacionada ao Manipura) e da respiração/oxigênio ingerido (relacionado ao Anahata). Como tal, a Alma está situada (baseada) em nosso centro solar, a Esfera de Tiphereth, localizada entre os Chakras Manipura e Anahata.

Por outro lado, a Glândula Pineal poderia muito bem ser a conexão física da Alma com o corpo. Entretanto, minhas pesquisas e minha percepção intuitiva me levaram a concluir que a dinâmica entre a Glândula Pineal, a Hipófise, o Tálamo e Hipotálamo regula a consciência e a Espiritualidade e não uma glândula ou um centro cerebral em particular.

O TÁLAMO

O Tálamo está no centro do cérebro, situado no topo do tronco cerebral, entre o Córtex Cerebral e o Cérebro Médio, com vastas conexões nervosas a ambos que permitem trocas de informações em forma de centro. O Tálamo é nosso sistema de controle central, o centro de comando da consciência que regula o sono, a vigilância e a cognição. Seu nome é derivado do grego, que significa "câmara interna".

O Tálamo atua como um entreposto que filtra informações entre o cérebro e o corpo. Ele recebe vibrações (dados) do mundo exterior através de todos os receptores sensoriais (exceto olfativos) e as transmite para diferentes partes do cérebro. O tálamo afeta o movimento voluntário ao comunicar sinais motores ao córtex cerebral. Ele também transmite informações relativas à excitação e à dor física.

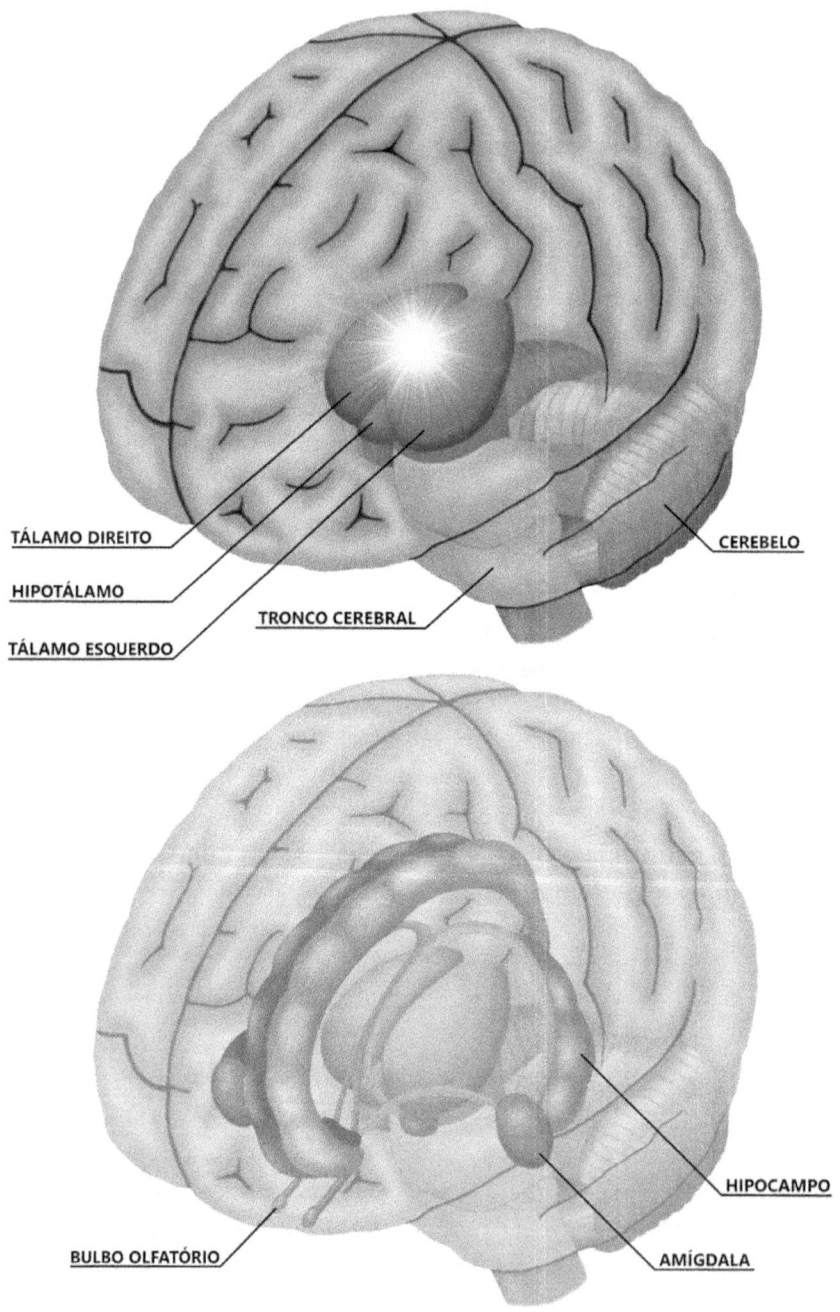

Figura 42: O Sistema Límbico

Junto com o Hipotálamo, a Amígdala e o Hipocampo, o Tálamo faz parte do Sistema Límbico (Figura 42) que regula as emoções e a memória. O Sistema Límbico rege as funções autônomas e endócrinas, que lidam com respostas a estímulos emocionais, tais como "luta ou fuga". O Sistema Límbico é frequentemente referido como o "Cérebro Reptiliano", pois governa nossas respostas comportamentais e motivações de sobrevivência. Nosso olfato afeta diretamente o Sistema Límbico; os odores são recebidos através dos Bulbos Olfatórios que registram a entrada neural detectada pelas células nas cavidades nasais.

Curiosamente, o Tálamo não parece distinguir entre o que está fora e o que está dentro de nós. Ele dá significado emocional a tudo o que absorvemos através dos sentidos, incluindo nossos conceitos de Espiritualidade e Deus - o Criador. Em essência, o Tálamo é nossa interface com a realidade que nos rodeia. Ele medeia para nós nossa impressão do que aceitamos como real.

O Tálamo tem dois lóbulos, conhecidos como "Corpos Talâmicos", que se parecem com uma versão menor dos dois hemisférios cerebrais. Eles também são comparáveis a dois pequenos ovos unidos. Aplicando o Princípio Hermético de Correspondência (Como Acima, Assim abaixo), encontramos um reflexo dos Corpos Talâmicos nos testículos dos homens e nos ovários das mulheres, que também são duplos e em forma de ovo. Enquanto o Tálamo contribui para criar nossa realidade mental (o Acima), os testículos e ovários são encarregados de gerar nossa prole no Plano da Terra (Abaixo). Como tal, a forma do ovo se relaciona com a criação em todos os níveis da realidade.

Em 70-80% dos cérebros humanos, os dois lobos talâmicos são conectados por uma faixa achatada de tecido chamada Massa Intermédia ou Adesão Intertalâmica (Figura 41). Este tecido contém células e fibras nervosas. Ao redor da Massa Intermédia, os dois corpos Talâmicos são separados pelo Terceiro Ventrículo, que bombeia continuamente o Fluido Cerebrospinal para esta área do cérebro.

O tálamo é o núcleo de nosso cérebro, o meio de comunicação entre as diferentes partes do neocórtex. Pesquisadores e neurologistas acreditam que o Tálamo é o centro de nossa consciência. De acordo com estudos científicos, se o Tálamo for danificado, ele derrubará a consciência, levando a um coma permanente.

Muitas tradições ancestrais, incluindo os egípcios, consideravam o Tálamo como o centro do Terceiro Olho. À medida que a Kundalini sobe pela coluna vertebral (Sushumna), ela atinge o Tálamo no topo do tronco encefálico. Segundo a Yoga e o Tantra, a Ida e Pingala Nadis se encontram no Terceiro Olho e se unificam. Sua unificação representa a abertura completa do Terceiro Olho. O Caduceu de Hermes representa este mesmo conceito, ou seja, as duas cabeças de cobra voltadas uma para a outra na parte superior do bastão. O Caduceu é o símbolo Universal da humanidade representando o processo de despertar da energia Kundalini. Entretanto, a maioria das pessoas não conhece o profundo significado esotérico por trás deste símbolo e o vincula apenas à medicina.

Nas tradições iogues, a área central do cérebro onde se encontra o Tálamo desempenha um papel essencial no despertar Espiritual. Os enormes feixes nervosos que emergem da espinha e do tronco cerebral passam pelo Tálamo antes de serem distribuídos através do Corpus Caloso. O Corpus Caloso (Figura 41) é um grande feixe de fibras nervosas em forma de C sob o Córtex Cerebral que conecta os hemisférios esquerdo e direito do cérebro. As fibras nervosas contidas nele se ramificam para cima ao longo do neocórtex até alcançar o topo da cabeça. Os milhões de neurônios ao longo da coroa da cabeça se correlacionam com o Sahasrara Chakra e sua designação como o Lótus de Mil Pétalas.

Ao lado do Tálamo estão as Glândulas Pituitária e Pineal e o Hipotálamo, que desempenham um papel central nas práticas de meditação e despertar espiritual. Durante a meditação, a Luz de Sahasrara é atraída para o centro do cérebro, resultando em uma mudança substancial e permanente na percepção do Eu e do mundo. O Tálamo é essencialmente nosso centro de transformação Espiritual e expansão da consciência.

Como o Tálamo concentra nossa atenção, ele está envolvido no processo de filtragem dos numerosos impulsos que fluem em nosso cérebro a qualquer momento. Ele age como uma válvula que prioriza as mensagens vibratórias que nosso cérebro recebe do mundo exterior. Por esta razão, quando uma pessoa passa por um despertar da Kundalini, seu Tálamo se torna otimizado para que mais informações possam ser recebidas e processadas de uma só vez.

A transfiguração do Tálamo resulta em um recebimento e experimentação de uma versão mais elevada da realidade através de sentidos aprimorados. Assim, poderes psíquicos como clarividência, clariaudiência e clarissensiência passam a fazer parte da vida cotidiana. À medida que o Tálamo se torna otimizado, o DNA latente é ativado dentro do Eu, resultando na transformação permanente da consciência em nível celular.

O Tálamo é também a porta de entrada entre as partes consciente e subconsciente do Eu, um filtro que mantém nossas energias cármicas à distância. Quando uma pessoa passa por um despertar completo da Kundalini e a Luz entra permanentemente no cérebro, forma-se uma ponte entre a mente consciente e a subconsciente, permitindo que nossas energias negativas e reprimidas fluam para a consciência. Em vez de servir como um filtro, o Tálamo não funciona mais como tal. Em vez disso, sua função vai para o *hiperdrive*, permitindo que nossa consciência experimente todas as energias dentro de nós de uma só vez. Parte da razão deste fenômeno é abrir completamente nossa consciência para que possamos purificar nossas energias cármicas através do Fogo Kundalini e evoluir espiritualmente.

A FORMAÇÃO RETICULAR

A Formação Reticular (Figura 43) é uma intrincada rede de neurônios e fibras nervosas que se estende desde a medula espinhal até o tronco cerebral inferior, passando pelo Cérebro Médio e Tálamo, dividindo-se em múltiplas radiações para diferentes partes do Córtex Cerebral. A Formação Reticular é um conduto para transmitir informações das diversas vias sensoriais e transmiti-las para partes do cérebro através do Tálamo. Seu outro nome é Sistema de Ativação Reticular, ou SAR, para abreviar.

A Formação Reticular é fundamental para a existência da consciência, pois ela medeia toda a nossa atividade consciente. Como o Tálamo é nossa caixa de controle central, o Sistema Reticulado é a fiação que conecta essa caixa ao tronco cerebral abaixo e ao Córtex Cerebral acima. Ele está envolvido em muitos estados de consciência que envolvem o Tálamo.

A Formação Reticular permite que o Tálamo, Hipotálamo e Córtex Cerebral controlem quais sinais sensoriais chegam ao Cérebro (em sua parte mais alta) e cheguem a nossa atenção consciente. Como tal, é o mecanismo de focalização de nossas mentes.

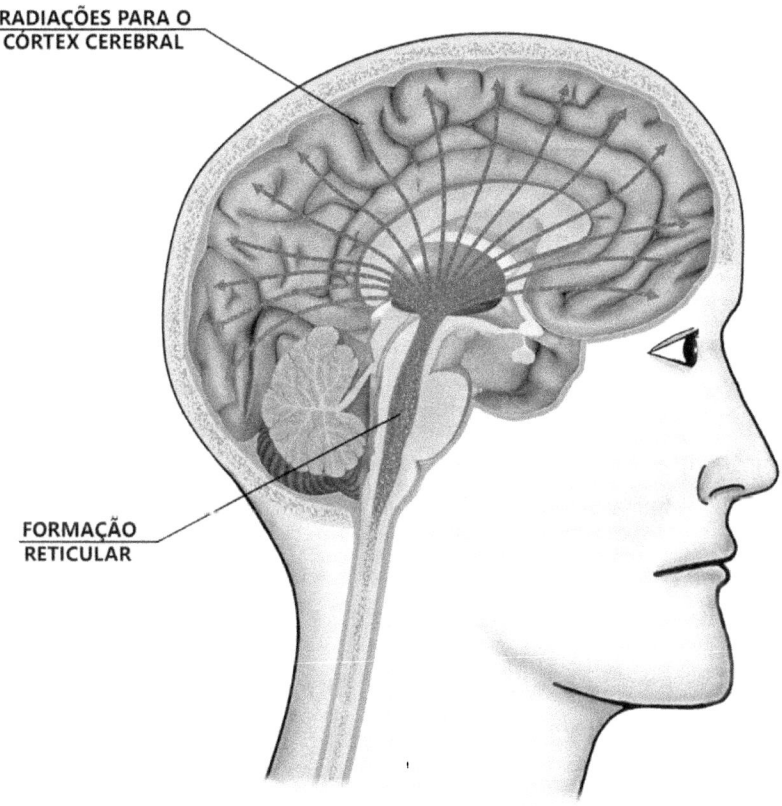

Figura 43: A Formação Reticular

A Formação Reticular também está envolvida na maioria das atividades do Sistema Nervoso Central. As sensações de dor, por exemplo, devem passar através da Formação Reticular antes de chegar ao cérebro. Além disso, o Sistema Nervoso Autônomo, que trata de comportamentos automatizados como respiração, batimento cardíaco e excitação, também é regulado pela Formação Reticular.

A meditação altera nossa consciência para permitir que as regiões cerebrais superiores controlem os impulsos sensoriais e os estímulos ambientais. Durante a meditação, o

Hipotálamo e a Formação Reticular tornam-se parcialmente inibidos, explicando alguns dos efeitos fisiológicos da meditação, tais como a diminuição da pressão arterial e da taxa respiratória.

Quando podemos suspender a função da Formação Reticular e interromper o fluxo de informações sensoriais distrativas e irrelevantes, o cérebro começa a emitir ondas Alfa, resultando em um estado de espírito calmo e relaxado. Como tal, a superação dos efeitos da Formação Reticular está associada à consciência e ao cuidado consciente.

A Formação Reticular dirige nossas impressões de vida e suas atividades, o que resulta em autoidentificação com essas impressões. O Eu ancora-se às sensações do corpo físico, sejam boas ou más e nossa consciência cai ao nível do Ego. Com o passar do tempo, a consciência se acha sequestrada pelo Ego. Ao nos alinharmos com ele, perdemos o contato com a Alma no extremo oposto do espectro.

Depois de um despertar completo da Kundalini, à medida que a tensão da bioeletricidade aumenta, o Tálamo se torna otimizado e a Formação Reticular fica permanentemente desacoplada. Esta experiência resulta em sentir o brilho do Corpo de Luz através de todas as células do corpo ao mesmo tempo, em vez de ter momentos ou encontros espirituais individuais. Ao contornar a mente e o Ego, o indivíduo começa a operar através do coração, o que lhe permite experimentar mais substancialmente o campo de energia ao seu redor.

O crânio situa-se no topo da Atlas, a primeira vértebra cervical (C1). Atlas é também o nome de um Titã da mitologia grega que sustenta os céus celestes ou o firmamento. As imagens visuais do Atlas o retratam como segurando o Planeta Terra sobre seus ombros. Vemos aqui uma conexão entre o crânio e o cérebro, o mundo e os Céus. O Atlas cervical sustenta a cabeça, que contém o cérebro que regula nosso conceito de realidade. Nosso cérebro é também o elo com os Céus, ou Deus - o Criador, popularmente retratado pelo artista Michelangelo em uma pintura afresco chamada "A Criação de Adão", que faz parte do teto da Capela Sistina.

O primeiro agrupamento de neurônios na Formação Reticular começa na área entre a Medula Oblonga e o topo da medula espinhal, representada pelo Atlas. Esta área é o principal ponto de entrada da energia Prânica no corpo dos indivíduos despertados pela Kundalini. A maior concentração da Força vital é armazenada em Sahasrara, nosso centro de Luz Branca, o principal reservatório de Prana naquelas pessoas cuja consciência é expandida. A energia do Prana flui para baixo desde Sahasrara até os significativos centros cerebrais, alimentando-os, portanto. Em seguida, ela se move pela coluna vertebral e para o sistema nervoso, seguida pelos órgãos e músculos. Como tal, o corpo se alimenta da energia da Luz. Por esta razão, os indivíduos espiritualmente despertos não precisam de muita energia Prânica dos alimentos e do Sol como o Desperto - eles recebem tudo o que precisam do Chakra Sahasrara.

Consequentemente, esta mesma área onde começa a Formação Reticular é onde se encontra um crucial e misterioso Chakra escondido, chamado Chakra Lalana ou Talu. A Kundalini deve perfurar o Chakra Lalana em sua ascensão antes de entrar no cérebro.

Então, com a ativação total do Chakra Lalana, a Kundalini pode alcançar Ajna no centro do cérebro, seguida por Sahasrara na parte superior da cabeça.

Lalana é o quadro principal que controla a entrada, armazenamento e distribuição da energia Prânica. A força vital deve passar pela Lalana antes de alcançar os cinco Chakras abaixo dela, passando a energia Prânica para os principais órgãos e glândulas endócrinas através do Sistema Nervoso Periférico (SNP). Em comparação com a Lalana, os Chakras inferiores são apenas pequenos centros de distribuição da Força Vital. Lalana se conecta com o Chakra Hara no umbigo, representando o local onde o Eu ancorou pela primeira vez no corpo físico no momento da concepção.

Lalana é esotericamente chamada de "Boca de Deus" ou "Cálice Dourado" como nosso Chakra da Ascensão - ela se relaciona com a "Chama Tripla da Alma" (Letra Hebraica Shin). Uma vez perfurada Lalana, a Kundalini continua a subir em direção ao centro do cérebro, onde os três canais de Ida, Pingala e Sushumna se unificam em uma única fonte de energia. Sua unificação resulta na fusão energética das Glândulas Pineal e Pituitária e das Glândulas Tálamo e Hipotálamo. O efeito da Formação Reticular sobre a consciência se desliga quando o indivíduo começa a operar a partir da Fonte de energia presente no centro de seus cérebros.

Quando os Chakras Ajna e Sahasrara estão totalmente abertos, a consciência se expande até o nível Cósmico, resultando em uma experiência permanente da realidade Espiritual. Depois que o Corpo de Luz é totalmente ativado, uma religação cerebral ocorre ao longo do tempo, despertando seu potencial latente. O indivíduo transformado torna-se um receptor da Sabedoria Cósmica, à medida que sua inteligência é expandida. Uma vez alinhado com estas vibrações mais elevadas, o indivíduo gradualmente se desassocia com o corpo físico, o que diminui o domínio do Ego sobre a consciência.

Uma vez que a Formação Reticular é desativada, o Eu pode superar o Ego muito mais facilmente, uma vez que a consciência é naturalmente elevada a um nível mais elevado. A dor física é um dos fatores críticos que alinham o Eu com o corpo físico. Após um despertar completo da Kundalini, a conexão consciente com a dor física é cortada permanentemente. Como descrevi este fenômeno anteriormente, ainda se pode sentir dor, pois é impossível superá-la completamente enquanto se vive no corpo físico. Em vez disso, eles desenvolvem a capacidade de dissociar-se conscientemente da experiência da energia negativa da dor, elevando-se a um Plano Cósmico substancialmente mais alto do que o Plano Físico onde a dor está ocorrendo.

PARTES DO CÉREBRO

O cérebro é dividido em três partes principais: o Cérebro (Telencéfalo), Cerebelo e Tronco cerebral. Já discuti o Tronco Cerebral, que inclui o Mesencéfalo, Ponte, e Medula Oblonga. O Mesencéfalo é contínuo com o Diencéfalo, nosso "*interbrain*", que consiste no

Tálamo, Hipotálamo, Glândula Pituitária (porção posterior) e Glândula Pineal. O Diencéfalo encerra o Terceiro Ventrículo.

O Telencéfalo é a maior parte do cérebro e compreende os hemisférios cerebrais direito e esquerdo, que, por sua vez, são unidos pelo Corpo Caloso. A metade direita do cérebro controla o lado esquerdo do corpo, enquanto que a metade esquerda controla o lado direito. Cada hemisfério contém quatro lóbulos em sua superfície externa: Lóbulos Frontal, Parietal, Temporal e Occipital (Figura 44). A camada externa do cérebro é chamada de Córtex Cerebral, que forma a matéria cinza do cérebro, enquanto a camada interna é a matéria branca.

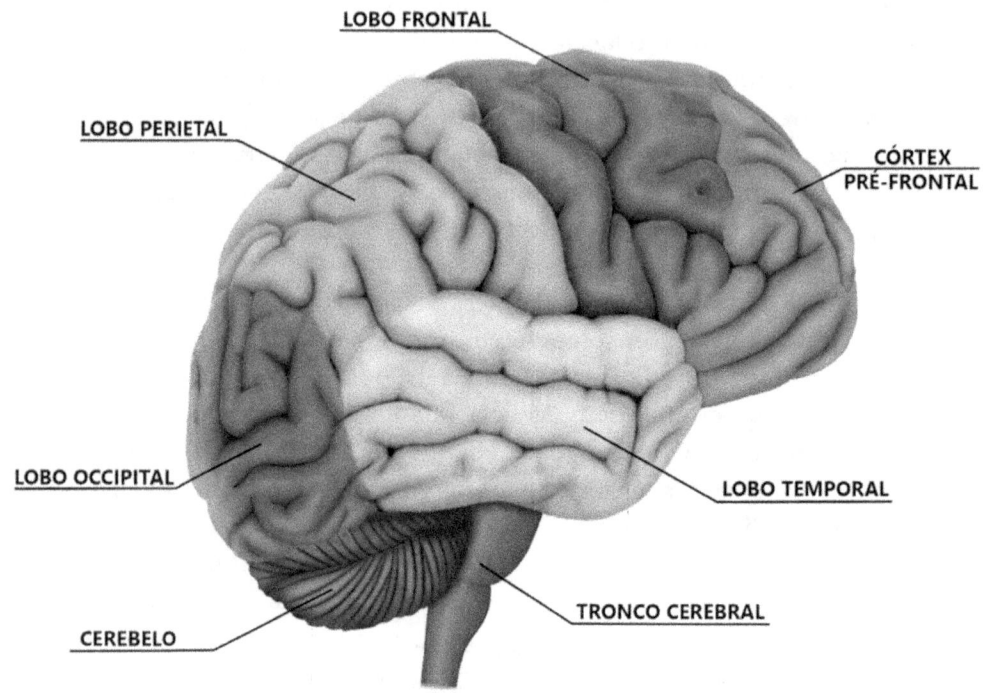

Figura 44: As Partes do Cérebro

Cada um dos quatro lóbulos está associado a um conjunto de funções. Por exemplo, o Lóbulo Frontal está na seção da frente do cérebro. O Córtex Prefrontal é o Córtex Cerebral que cobre a parte frontal do Lóbulo Frontal. O Lóbulo Frontal se preocupa com funções cognitivas mais elevadas, tais como memória, expressão emocional, mudanças de humor, linguagem e fala, criatividade, imaginação, controle de impulso, interação social e comportamentos, raciocínio e resolução de problemas, atenção e concentração, organização e planejamento, motivação e expressão sexual.

O Lóbulo Frontal também é responsável pela função motora primária e coordenação do movimento. É o lóbulo mais proeminente do cérebro e é mais frequentemente usado pelo Eu diariamente. Por estar na frente da cabeça, diretamente atrás da testa, o Lóbulo Frontal é a região mais comum dos traumatismos cerebrais com potencial para os piores efeitos colaterais, pois afeta suas habilidades cognitivas e função motora. Além disso, os danos ao Lóbulo Frontal podem desencadear uma reação em cadeia que pode afetar negativamente outras áreas do cérebro.

O Lóbulo Parietal está localizado perto do centro do cérebro, atrás do Lóbulo Frontal. Esta área cerebral é a área sensorial primária onde os impulsos da pele relacionados à temperatura, dor e tato são processados e interpretados. O Lóbulo Parietal esquerdo se preocupa em manusear símbolos, letras e números e interpretar as informações arquetípicas. O Lóbulo Parietal direito é encarregado de interpretar a distância espacial em imagens.

O Lóbulo Parietal está preocupado com todas as informações espaciais, o que nos permite julgar tamanho, distância e formas. Ele nos fornece uma consciência do Eu e de outras pessoas no espaço que temos diante de nós. Curiosamente, os neurocientistas determinaram que uma pessoa experimenta uma maior atividade no Córtex Parietal durante uma experiência Espiritual. A fronteira entre o Eu e os objetos e as pessoas ao nosso redor é quebrada, já que a maioria das experiências Espirituais envolve algum elemento "fora do corpo". Como o indivíduo experimenta um senso de unidade com seu ambiente, ele transcende seu ambiente físico.

O Lóbulo Temporal fica atrás das orelhas e têmporas da cabeça. Ele contém o córtex auditivo primário, que se ocupa do processamento do som e da memória codificadora. Ele também desempenha um papel essencial no processamento de emoções, linguagem e alguns aspectos da percepção visual. O Lóbulo Temporal consiste em estruturas vitais para a memória consciente relacionada a fatos e eventos. Ele se comunica com o Hipocampo e é modulado pela Amídala.

O Lóbulo Occipital está localizado na parte posterior da parte superior do cérebro. Ele contém o Córtex Visual Primário, uma região do cérebro que recebe a entrada dos olhos. O Lóbulo Occipital geralmente lida com a interpretação da distância, cores, percepção de profundidade, reconhecimento de objetos e rosto, movimentos e informações de memória.

O Cerebelo está na parte de trás da cabeça, e controla a coordenação da atividade muscular. Ele nos ajuda a manter a postura, a estabilidade e o equilíbrio, coordenando o tempo e a força dos diferentes grupos musculares para produzir movimentos fluidos do corpo. O Cerebelo também coordena os movimentos dos olhos, assim como a fala.

O fundador da psicanálise, Sigmund Freud, associou o Cerebelo ao inconsciente pessoal, a parte reprimida do Eu que está escondida da mente consciente. Embora Freud tenha cunhado o termo mente "inconsciente", ele frequentemente o trocou com a mente "subconsciente", sendo a primeira uma camada mais profunda da segunda. Isto se alinha com os ensinamentos da sabedoria antiga que associam a mente subconsciente com a parte de trás da cabeça e da Lua. Entretanto, o escopo da mente subconsciente envolve a maioria das partes do cérebro, incluindo o Sistema Límbico. Excluem-se o Córtex Pré-frontal, que representa a mente consciente e o Sol.

Com um despertar completo da Kundalini, à medida que a energia sobe pela medula espinhal, grandes quantidades de energia de alta octanagem atingem o cérebro. Esta energia flui da Formação Reticular para o Tálamo e para o Córtex Cerebral, despertando partes inativas e adormecidas do cérebro, especialmente no Lóbulo Frontal. Em seguida, o cérebro inteiro começa a pulsar como uma unidade coesa, gerando ondas cerebrais coerentes e de alta amplitude dentro de todas as bandas de frequência. Este processo de aumento da potência cerebral é acoplado à expansão da consciência uma vez que a Kundalini perfura o Chakra Sahasrara.

A faixa Alfa de frequência atinge a amplitude máxima no Lóbulo Occipital, criando mudanças na percepção do mundo ao nosso redor. Coisas que costumavam aparecer de uma maneira se transformam diante de seus próprios olhos quando o potencial do Lóbulo Occipital é maximizado, combinado com o influxo de Luz Astral na cabeça.

O aumento da atividade cerebral unifica as mentes conscientes e subconscientes, representadas alquimicamente como as energias do Sol e da Lua unidas no Sagrado Matrimônio. O Cerebelo também é afetado pela atividade elevada do cérebro à medida que o indivíduo ganha acesso a sentimentos reprimidos, pensamentos, desejos e memórias ocultas para ser integrado e transformado.

Grandes quantidades de atividade elétrica ocorrem nas faixas de frequência Beta e Gama no Lóbulo Frontal, maximizando o potencial do córtex pré-frontal e outras partes essenciais. Como resultado, o indivíduo despertado pela Kundalini desenvolve a capacidade de controlar seus pensamentos, emoções e comportamento, permitindo-lhes dominar sua realidade. Além disso, suas habilidades cognitivas, incluindo a imaginação, criatividade, inteligência, comunicação, pensamento crítico e o poder de concentração, são todas enormemente aprimoradas, permitindo-lhes tornar-se os poderosos e eficientes Cocriadores com o Criador que estão destinados a ser.

O SISTEMA NERVOSO

O sistema nervoso é composto por todas as células nervosas que existem no corpo. Utilizamos nosso sistema nervoso para nos comunicarmos com o mundo exterior e controlar os vários mecanismos de nosso corpo. O sistema nervoso assimila as informações através dos sentidos e as processa, provocando assim reações no corpo. Ele trabalha em conjunto com o sistema endócrino para responder aos eventos da vida.

O sistema nervoso conecta o cérebro com todos os outros órgãos, tecidos e partes do corpo. Ele contém bilhões de células nervosas chamadas neurônios. O próprio cérebro tem 100 bilhões de neurônios que agem como mensageiros de informação. Esses neurônios usam sinais químicos e impulsos elétricos para transmitir informações entre diferentes partes do cérebro, assim como o cérebro e o resto do sistema nervoso.

O sistema nervoso é composto por duas partes com três divisões distintas. Primeiro e mais importante, temos o Sistema Nervoso Central (SNC), que controla a sensação e as funções motoras. O Sistema Nervoso Central inclui o cérebro, doze pares de nervos cranianos, a medula espinhal, e trinta e um pares de nervos espinhais. Todos os nervos do Sistema Nervoso Central estão seguramente contidos dentro do crânio e do canal espinhal.

Dois tipos de nervos servem ao cérebro: nervos motores (eferentes), que executam respostas a estímulos, e nervos sensoriais (aferentes), que transmitem informações e dados sensoriais do corpo para o Sistema Nervoso Central. Os nervos espinhais servem a ambas as funções; por isso são chamados de nervos "mistos". Os nervos espinhais são conectados à medula espinhal através de gânglios que atuam como entrepostos para o Sistema Nervoso Central.

A cabeça e o cérebro servem como órgãos da Alma e do Eu Superior. Como está na parte superior do corpo, a cabeça está mais próxima dos Céus acima. O cérebro nos permite experimentar o mundo ao nosso redor através dos cinco sentidos da visão, tato, paladar, olfato e som. Ele também nos permite experimentar a realidade através do sexto sentido do psiquismo, recebido através do Olho da Mente.

O Sistema Nervoso Periférico (SNP) conecta os nervos que emanam do Sistema Nervoso Central aos membros e órgãos. Todos os nervos fora do cérebro e coluna vertebral fazem parte do Sistema Nervoso Periférico (Figura 45). O Sistema Nervoso Periférico é ainda subdividido em três subsistemas separados: Sistema Nervoso Somático (SNS), Sistema Nervoso Entérico (SNE), e Sistema Nervoso Autônomo (SNA).

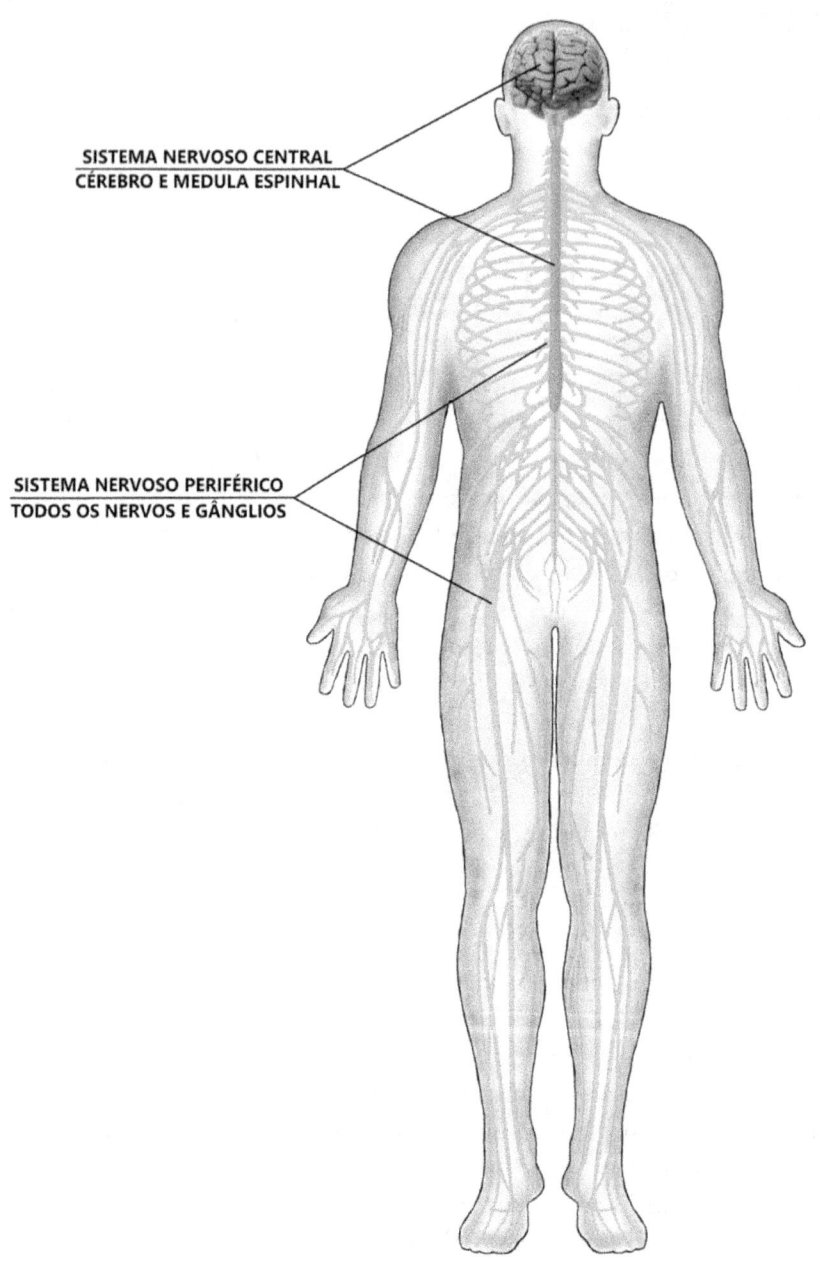

Figura 45: Os Sistemas Nervosos Central e Periférico

O Sistema Nervoso Somático é o sistema nervoso voluntário cujos nervos sensoriais e motores atuam como um meio de transmissão de impulsos entre o Sistema Nervoso Central e o sistema muscular. O Sistema Nervoso Somático controla tudo sobre nosso corpo físico, o qual podemos influenciar conscientemente. O Sistema Nervoso Entérico age involuntariamente, e funciona para controlar o sistema gastrointestinal. É um sistema nervoso autônomo que regula a motilidade intestinal no processo de digestão.

O Sistema Nervoso Autônomo é também um sistema involuntário que age na maioria das vezes inconscientemente. Ele regula nosso ritmo cardíaco, respiração, metabolismo, digestão, excitação sexual, micção e dilatação/constrição da pupila. Tanto o Sistema Nervoso Autônomo quanto o Sistema Nervoso Entérico estão sempre ativos, quer estejamos acordados ou dormindo. O sistema nervoso involuntário reage rapidamente às mudanças no corpo, permitindo que ele se adapte alterando seus processos regulatórios.

O Sistema Nervoso Autônomo é controlado pelo Hipotálamo e pode ser dividido no Sistema Nervoso Simpático (SNS) e no Sistema Nervoso Parassimpático (SNP). O Sistema Nervoso Simpático e o Sistema Nervoso Parassimpático geralmente fazem coisas opostas no corpo. O Sistema Nervoso Simpático é alimentado pela energia masculina (Yang) do corpo, enquanto o Sistema Nervoso Parassimpático é alimentado pela energia feminina (Yin).

O Sistema Nervoso Simpático prepara o corpo para a atividade mental e (ou) física. Ele é ativado em emergências (luta ou fuga) para criar energia utilizável. Ele aumenta a frequência cardíaca, dilata as pupilas, abre as vias aéreas para respirar mais facilmente, aumenta o suprimento de sangue para os músculos e inibe a digestão e a excitação sexual. O Sistema Nervoso Parassimpático, por outro lado, é passivo. Ele é ativado quando o corpo e a mente estão em um estado relaxado. O Sistema Nervoso Parassimpático reduz o ritmo cardíaco, constringe as pupilas, estimula a digestão e a micção, desencadeia vários processos metabólicos e promove a excitação sexual.

SISTEMAS NERVOSOS FORTES / FRACOS

O estresse e a ansiedade são problemas comuns na sociedade atual de ritmo acelerado. Portanto, as pessoas frequentemente falam sobre a importância de ter um sistema nervoso forte ao enfrentar as adversidades da vida. Uma pessoa com um sistema nervoso robusto e resiliente enfrenta a realidade de frente, o bom e o ruim. Em contraste, alguém com um sistema nervoso fraco se intimida facilmente e se protege da realidade para evitar a negatividade.

Como Co-Criador com o Criador, você não pode controlar o que vem em seu caminho 100% porque há sempre fatores externos que nem mesmo as mentes mais agudas conseguem pensar, mas você pode escolher através do Livre-Arbítrio se permite enfrentar tudo o que vem em seu caminho. Essa escolha muitas vezes depende de como você lida com a energia do medo, que ou fortalece ou enfraquece seu sistema nervoso ao longo do tempo.

Pense no sistema nervoso como um recipiente. Pessoas com sistemas nervosos fracos têm pequenos recipientes, uma vez que há um limite para a ansiedade, o estresse ou a dor física que elas podem suportar. As pessoas com sistemas nervosos fortes têm recipientes substancialmente maiores e podem lidar com o que quer que lhes venha à cabeça. Elas experimentam e processam eventos adversos muito mais rapidamente e não são abaladas em seu equilíbrio. As pessoas com sistemas nervosos robustos têm a atitude de enfrentar o medo e a adversidade, não importa o quão assustadoras as coisas possam aparecer na superfície. O resultado é tornar-se um mestre manifestador de sua realidade e maximizar seu potencial pessoal. As pessoas com sistemas nervosos fortes vivem seus sonhos e tiram o máximo proveito da vida.

A força de seu sistema nervoso depende de quão bem você usa sua força de vontade e de quanto você pode superar suas emoções. As emoções são fluidas; elas flutuam de positivas para negativas o tempo todo. Às vezes leva tempo para que as coisas se tornem negativas, mas inevitavelmente o fazem, e eventualmente voltam a ser positivas novamente.

O Princípio do Ritmo (do *The Caibalion*) afirma que o pêndulo do ritmo manifesta seu balanço entre todos os opostos encontrados na natureza, incluindo as emoções e pensamentos. Portanto, nada permanece estático e todas as coisas estão constantemente passando por um processo de mudança e transformação de um estado em outro. Como tal, este Princípio está sempre em jogo. Você não pode superá-lo a menos que aprenda a vibrar sua força de vontade tão fortemente que se eleve acima do Plano Astral de onde a oscilação emocional está ocorrendo e para dentro do Plano Mental.

Outra chave para um sistema nervoso robusto é aprender a relaxar o corpo e a mente quando se lida com uma situação estressante. O estresse e a ansiedade ativam imediatamente o Sistema Nervoso Simpático, o que o coloca no modo de sobrevivência - aplicando técnicas de atenção e respiração quando sob pressão e não deixando suas emoções dominarem, você desligará o SNS e ligará o Sistema Nervoso Parassimpático. Como tal, mesmo quando lidando com uma situação adversa, você pode ficar calmo, calmo e recolhido, o que melhorará suas habilidades de resolução de problemas e produzirá o melhor resultado em qualquer situação.

Deixar que suas emoções sejam a força guia em sua vida sempre trará caos e desespero, enquanto que se você se sintonizar com sua força de vontade e deixar que ela o guie, você triunfará na vida. As emoções são duplas e vazias de lógica e de razão. Na Árvore da Vida, elas pertencem à Esfera de Netzach, enquanto lógica e razão correspondem a seu oposto, Hod. As emoções são naturalmente opostas à lógica e à razão até que se aprenda a utilizar seu Sephiroth superior. Ao utilizar a força de vontade (Geburah) e a imaginação (Tiphareth), temperada pela memória (Chesed), você pode elevar-se na consciência e controlar sua realidade muito mais eficientemente do que sendo um escravo de suas emoções.

Para subir ainda mais alto na Árvore da Vida, é preciso contornar totalmente a dualidade, o que significa que sua consciência precisa estar sintonizada com a intuição. A intuição pertence ao Chakra Ajna, que é alimentada por Binah (Compreensão) e Chokmah (Sabedoria). Para funcionar plenamente através da intuição, você precisa ter tido um despertar permanente da Kundalini ou ter dominado a meditação e adquirido a capacidade de ressonância com o Plano Espiritual à vontade. Como mencionado, um despertar da

Kundalini naturalmente o sintonizará com o Plano Espiritual ao longo do tempo. Assim, é a experiência desejada por todos os que conhecem o poder transformador da Kundalini.

YOGA E O SISTEMA NERVOSO

Os Sistemas Nervosos Simpáticos e Parassimpáticos mudam de um para outro muitas vezes ao longo do dia, especialmente em pessoas cujas emoções dominam suas vidas. Assim, para que alguém seja equilibrado em mente, corpo e alma, eles precisam ter um Sistema Nervoso Autônomo equilibrado. Quando uma metade do Sistema Nervoso Autônomo é excessivamente dominante, isso causa problemas para a outra metade.

As pessoas que são propensas a estressar, por exemplo, utilizam o Sistema Nervoso Simpático mais do que é saudável para a mente e o corpo, o que causa um prejuízo para o Sistema Nervoso Parassimpático ao longo do tempo. Como tal, a pessoa está sempre tensa e sob pressão mental, incapaz de relaxar e estar em paz.

O estresse psicológico também afeta o sistema imunológico, portanto a qualidade de nosso Sistema Nervoso Autônomo faz a diferença na nossa propensão a doenças. Doenças degenerativas crônicas, como doenças cardíacas, pressão alta, úlceras, gastrite, insônia e exaustão adrenal resulta de um Sistema Nervoso Autônomo desequilibrado.

Como administramos as duas metades complementares do Sistema Nervoso Autônomo depende da dieta e da nutrição, mas também do estilo de vida e dos hábitos de vida. Devemos aprender a equilibrar atividade e descanso, sono e vigília, e nossos pensamentos e emoções.

A yoga ajuda a regular e fortalecer o Sistema Nervoso Autônomo por seu efeito sobre o Hipotálamo. A Yoga é muito eficiente em ajudar o corpo e a mente a relaxar através de exercícios respiratórios (Pranayama) e meditação. A respiração é uma interface entre o Sistema Nervoso Central e o Sistema Nervoso Autônomo. Por meio da prática do Pranayama, pode-se aprender a controlar suas funções autônomas. Ao controlar os pulmões, ganhamos o controle do coração. As posturas iogues (Ásanas) visam equilibrar as energias masculina e feminina dentro de si mesmo, o que promove um sistema nervoso saudável e robusto.

Anulom Vrilom (Respiração por Narinas Alternadas), por exemplo, funciona diretamente no Sistema Nervoso Simpático ou Sistema Nervoso Parassimpático, dependendo de qual narina você está respirando. Quando você respira através da narina direita, o metabolismo aumenta, e a mente se torna focalizada externamente. Quando você respira através da narina esquerda, o metabolismo abranda e a mente vira para dentro, o que aprimora o foco.

DESPERTAR DA KUNDALINI E O SISTEMA NERVOSO

Um impulso nervoso é um fenômeno elétrico, como um relâmpago. Assim, quando há uma abundância de bioeletricidade no corpo após um despertar completo da Kundalini, ele coloca todo o sistema nervoso em hiperatividade. Uma transformação completa ocorre com o tempo à medida que o sistema nervoso se aumenta, construindo novos circuitos diariamente para se ajustar às mudanças internas.

Em primeiro lugar, como a Luz Kundalini ativa e revigora todos os nervos latentes, o Sistema Nervoso Central começa a operar em sua capacidade máxima. Níveis de atividade mais altos são mostrados no cérebro, pois ele trabalha com afinco extra para registrar os impulsos de vibração provenientes dos Sistemas Nervosos Periféricos e Autônomos Hiperativos. Além do ajuste à consciência expandida, o cérebro também deve trabalhar para construir novas vias neurais para acomodar esta expansão bioenergética e sincronizar-se com o resto do sistema nervoso.

Os estágios iniciais da reconstrução de seu sistema nervoso estão tributando a mente e o corpo. Como todo o processo é novo para a consciência, o corpo entra no modo "lutar ou fugir" para se proteger contra danos potenciais. Como tal, o Sistema Nervoso Simpático domina pelo tempo enquanto a energia do medo está presente. Como muitos despertados da Kundalini sabem em primeira mão, a exaustão adrenal do estresse é comum nestes estágios iniciais.

No entanto, nas últimas etapas do processo de reconstrução, uma vez construídos os novos caminhos neurais, a mente se torna mais acolhedora do processo, permitindo que ele relaxe. Como resultado, o Sistema Nervoso Simpático desliga e o Sistema Nervoso Parassimpático assume o controle. O Nervo Vago também desempenha um papel durante este processo, pois contribui para trazer coerência ao corpo. Embora possa levar muitos anos para completar a transformação em geral, o resultado será um sistema nervoso substancialmente mais forte que permite navegar em situações potencialmente estressantes de uma forma sem precedentes.

FUNÇÃO DO NERVO VAGO

Os Doze nervos cranianos vêm em pares e ajudam a ligar o cérebro com outras áreas do corpo como a cabeça, pescoço e tronco. O Nervo Vago (Figura 46) é o mais longo dos Nervos Cranianos (décimo nervo), pois vai do tronco cerebral até uma parte do cólon. Ele tem funções motoras e sensoriais.

A palavra "Vago" significa "vagar" em latim, o que é apropriado, pois é um feixe de fibras motoras e sensoriais, em forma de serpentina, que liga principalmente o tronco cerebral ao coração, aos pulmões e às víceras. As vísceras são o sistema digestivo (trato gastrointestinal) que consiste da boca, esôfago, estômago, fígado, intestino delgado, intestino grosso e reto (ânus).

O Nervo Vago também se ramifica para interagir com o fígado, baço, vesícula biliar, ureter, útero, pescoço, orelhas, língua e rins - suas fibras nervosas inervam todos os órgãos internos. Embora o cérebro se comunique com os órgãos do corpo através do Nervo Vago, 80% das informações são direcionadas dos órgãos para o cérebro. De todos os órgãos do corpo, o estômago usa o Nervo Vago para se comunicar com o cérebro - ele envia sinais relacionados à satisfação (fome), saciedade (plenitude), e metabolismo energético.

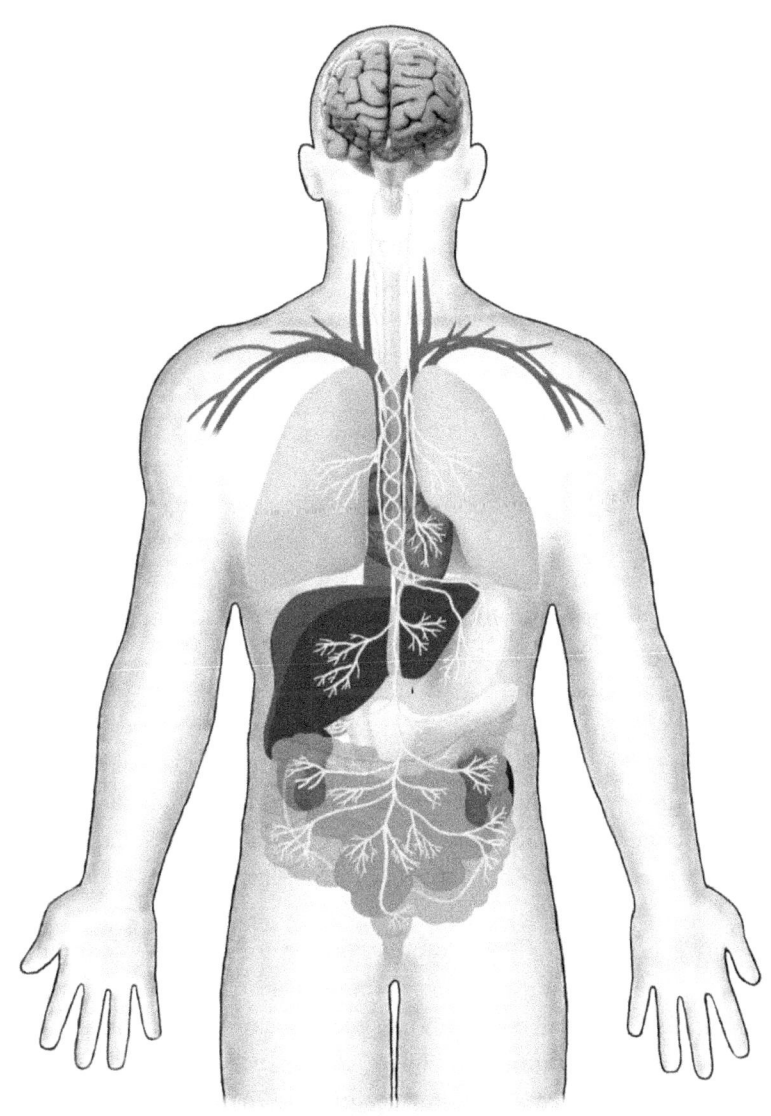

Figura 46: O Nervo Vago

O processamento e o gerenciamento das emoções ocorrem através do Nervo Vago entre o coração, o cérebro e o intestino. O Sistema Nervoso Entérico tem um sistema de neurônios em forma de malha que governa a função do intestino e se comunica com o cérebro através do Nervo Vago. Quando você ouve alguém dizer que tem um "pressentimento" sobre algo, este pressentimento de conhecimento é um verdadeiro sinal nervoso no intestino. Por esta razão, temos uma poderosa reação instintiva a estados mentais e emocionais intensos. O Sistema Nervoso Entérico é frequentemente referido como nosso "segundo cérebro" centrado em nossa área do Plexo Solar, e o Nervo Vago é frequentemente chamado de "eixo cérebro-intestinal".

O Nervo Vago ativa o Sistema Nervoso Parassimpático, que controla as funções de "descanso e digestão" inconsciente do corpo. O Nervo Vago serve para acalmar o corpo depois de comer, para que possamos processar os alimentos mais facilmente. Uma de suas principais funções, porém, é atuar como o botão "reset" que contrabalanceia nosso sistema automático de alarme interno, a resposta ao "luta ou fugir" do Sistema Nervoso Simpático.

O neurotransmissor que o nervo Vago usa para se comunicar com o corpo, a acetilcolina, é responsável pelas sensações de calma, paz, relaxamento e funções de aprendizagem e memória. As pessoas cujo Nervo Vago está subativo são atormentadas pela ansiedade crônica e têm fraca capacidade de aprendizagem e recuperação das memórias. É crucial para essas pessoas estimular o Nervo Vago, seja naturalmente ou com um dispositivo elétrico artificial. Fazer isso pode levar a benefícios positivos à saúde, incluindo a superação do estresse e da depressão e a redução da inflamação causada pela dor emocional.

O tônus vagal é medido pelo acompanhamento do ritmo cardíaco ao lado do ritmo respiratório. Quando inspiramos, nossa frequência cardíaca acelera, enquanto que quando expiramos, nossa frequência cardíaca abranda. Pessoas com tônus vagais altos têm um período mais longo entre a inalação e a expiração, o que significa que seu corpo pode relaxar mais rápido após um evento estressante.

O alto tônus vagal melhora a função de muitos dos sistemas do corpo - reduz o risco de derrame por baixar a pressão arterial, ajuda na digestão e na regulação do açúcar no sangue, e melhora o humor geral e a resistência ao estresse. O baixo tônus vagal, por outro lado, faz o oposto do corpo - ele está associado a condições cardiovasculares, diabetes, comprometimento cognitivo, ansiedade crônica e depressão. O baixo tônus vagal também torna o corpo mais suscetível a doenças autoimunes resultantes de estados inflamatórios altos.

O Nervo Vago é conhecido por promover amor, compaixão, confiança, altruísmo e gratidão, tudo isso contribui para nossa felicidade geral na vida. Um dos métodos mais eficazes e naturais de estimular o Nervo Vago e melhorar o tônus vagal é através da técnica Pranayama de Respiração Diafragmática. Quando você respira lenta e ritmicamente através do abdômen, o diafragma se abre, permitindo mais oxigênio para dentro do corpo. Como resultado, o Sistema Nervoso Parassimpático é ativado, acalmando a mente.

A respiração diafragmática engloba todo o sistema nervoso e os Sete Chakras Maiores, permitindo-nos fundamentar nossas energias em vez de deixá-las correr freneticamente na área do peito, causando estresse e ansiedade desnecessários. (Para uma descrição completa da técnica de Respiração Diafragmática e de seus benefícios, consulte os "Exercícios Pranayama" na seção de Yoga.)

Como o Nervo Vago está conectado às cordas vocais, cantar, cantarolar e cantar também está associado a melhorar o tônus vagal. A comunicação oral é benéfica, e as pessoas que falam muito são geralmente de boa disposição. A comunicação com os outros promove emoções positivas e traz proximidade social, o que melhora o tônus Vagal.

Pesquisas demonstraram que a Yoga aumenta o tom vagal, reduz o estresse e melhora a recuperação de traumas emocionais e mentais. Pranayama e meditação ativam o Sistema Nervoso Parassimpático e acalmam a mente, estimulando o Nervo Vago. Ásanas (posturas iogues) equilibram as partes masculinas e femininas do Eu, criando harmonia no corpo e promovendo a atenção. Outras técnicas yógicas também têm enormes benefícios para a saúde física e Espiritual. Por esta razão, dediquei uma seção inteira à ciência, filosofia e prática da Yoga.

O NERVO VAGO E A KUNDALINI

Existem semelhanças interessantes entre o Nervo Vago e a Kundalini, que vale a pena examinar. Depois de ver as correspondências, será evidente que o Nervo Vago complementa o processo de despertar da Kundalini e pode até ser uma representação física desta

Primeiramente, o nervo Vago vai da área do cólon (Muladhara) até o cérebro (Sahasrara). Em contraste, a Kundalini fica enrolada na base da coluna vertebral em Muladhara, bem ao lado do ânus. Uma vez acordada, ela sobe para o centro do cérebro e finalmente para o topo da cabeça para completar o processo.

As pessoas se referem ao Nervo Vago como um só, mas na realidade, são dois nervos que operam como um só. Aqui vemos uma correlação com os Nadis Ida e Pingala, as serpentes duplas que, quando equilibradas, funcionam como um só canal (Sushumna).

O Nervo Vago interage diretamente com todos os órgãos e glândulas do corpo. Seu papel é coletar informações dos órgãos e glândulas e levá-las até o cérebro para exame. Da mesma forma, a Kundalini se conecta com os órgãos e glândulas do corpo e comunica seu estado ao cérebro através do sistema nervoso.

A Kundalini se move através da medula espinhal, enquanto o Nervo Vago corre mais centralmente através do corpo. Quando ativamos a Kundalini, todos os órgãos e glândulas começam a trabalhar em sincronicidade uns com os outros, trazendo coerência ao corpo. O Nervo Vago também, quando estimulado, cria um efeito unificador nos órgãos e glândulas onde eles começam a funcionar em harmonia uns com os outros.

Como o Nervo Vago se conecta com o sistema digestivo, o comprometimento do Nervo Vago resultará em problemas estomacais. Em contraste, o centro de energia da Kundalini está em Manipura, e quando não é ativado ou sua energia está bloqueada, surgirão problemas digestivos e estomacais.

O coração e o cérebro estão intimamente ligados, e se comunicam muito através do Nervo Vago. O Chakra do Coração também está em comunicação direta com os dois Chakras mais altos do cérebro, Ajna e Sahasrara. No sistema Kundalini, o Chakra Coração é o centro do Eu, a parte de nós que assimila e harmoniza as energias dos outros Chakras. Em nível físico, o coração é o gerador de energia eletromagnética mais poderoso do corpo e nossa interface primária com nosso ambiente (Veja o capítulo "O Poder do Coração" para mais detalhes sobre este tópico).

O tema da Kundalini é originário do Oriente e faz parte das práticas yógica e tântrica. Tanto a Yoga quanto o Tantra envolvem Pranayama, Ásanas, meditação e outras técnicas, que envolvem a resposta do Nervo Vago para relaxar o corpo e acalmar a mente. Muitos iogues reconhecem o papel e o poder do Nervo Vago no corpo e na mente e o consideram a contraparte anatômica do Nadi Sushumna. Como tal, o Nervo Vago exige nossa máxima atenção.

OS DOZE PARES DE NERVOS CRANIANOS

Os Doze Pares de Nervos Cranianos (Figura 47) conectam seu cérebro a diferentes partes de sua cabeça, pescoço e tronco. Como tal, eles retransmitem informações entre o cérebro e as partes do corpo, especialmente de e para as regiões da cabeça e do pescoço. Estes nervos cranianos governam a visão, o olfato, a audição, o movimento dos olhos, a sensação no rosto, o equilíbrio e a deglutição. As funções dos Doze Pares de Nervos Cranianos são sensoriais, motoras, ou ambas. Os nervos sensoriais se preocupam em ver, ouvir, cheirar, degustar e tocar. Por outro lado, os nervos motores ajudam a controlar os movimentos nas regiões da cabeça e pescoço.

Cada um dos Doze Pares de Nervos Cranianos tem numerais romanos correspondentes entre I e XII com base em sua localização de frente para trás. Eles incluem o Nervo Olfatório (I), Nervo Óptico (II), Nervo Oculomotor (III), Nervo Troclear (IV), Nervo Trigêmeo (V), Nervo Abducente (VI), Nervo Facial (VII), Nervo Vestibulococlear (VIII), Nervo Glossofaríngeo (IX), Nervo Vago (X), Nervo Acessório Espinhal (XI), e Nervo Hipoglossal (XII). O Nervo Olfatório e o Nervo Óptico emergem do Cérebro enquanto os dez pares restantes emergem do tronco cerebral.

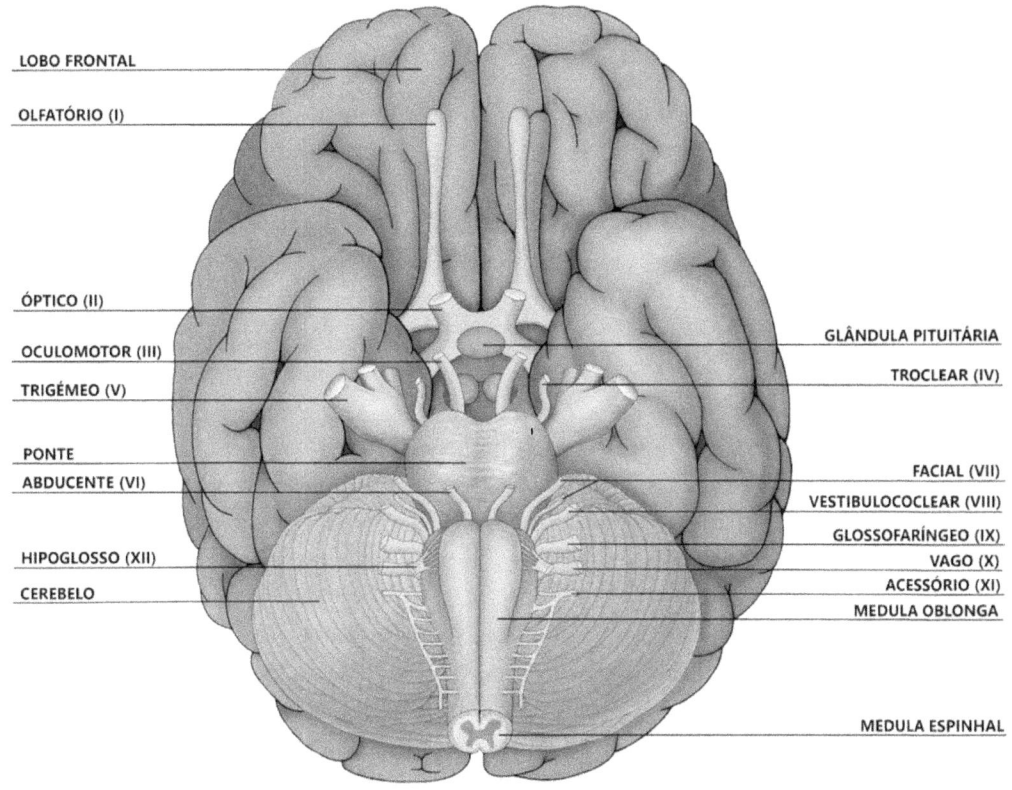

Figura 47: Os Doze Pares de Nervos Cranianos

O Nervo Olfatório transmite informações ao cérebro a respeito do olfato do indivíduo, enquanto que o Nervo Óptico retransmite informações visuais. O Nervo Oculomotor, o Nervo Troclear e o Nervo Abducente estão preocupados com os movimentos oculares. O Nervo Trigêmeo governa a sensação e a função motora no rosto e na boca. O Nervo Facial controla os músculos de expressão facial e transmite as sensações gustativas da língua. O Nervo Vestibulococlear transmite som e equilíbrio do ouvido interno para o cérebro. O Nervo Glossofaríngeo está preocupado com o sentido do paladar recebido de parte da língua e da área da garganta. O Nervo Vago tem muitas funções, que já descrevi. O Nervo Acessório Espinhal controla os músculos do ombro e pescoço. E finalmente, o Nervo Hipoglossal controla os movimentos da língua em relação à fala e à deglutição dos alimentos.

Os Doze Pares de Nervos Cranianos correspondem às Doze Constelações Zodiacais. Como tal, eles exemplificam o Princípio hermético de "Acima, Como Embaixo". Existem doze "pares", uma vez que vivemos em um mundo de Dualidade, onde existem dois de tudo. O Mundo da Dualidade, o mundo material, reflete a Unidade do Mundo Espiritual, que fortalece as Doze Constelações Zodiacais (agrupamentos de Estrelas), emitindo sua Luz Branca através delas.

Tenha em mente que o Sol de nosso Sistema Solar é apenas uma dessas Estrelas, e existem milhões de Estrelas somente na Via Láctea, com seus próprios Sistemas Solares. Os Antigos nomearam as que vemos em nosso céu noturno de acordo com as formas e imagens que seus agrupamentos fizeram, dando-nos a faixa dos Doze Zodíacos. Consequentemente, as Doze Constelações Zodiacais se refletem nos Doze Pares de Nervos Cranianos, seja por uma grande coincidência ou parte de um mistério maior. Este plano-mestre tem muito a ver com nossa Evolução Espiritual e otimização de nosso poder pessoal.

Os nervos cranianos informam a mente humana (Abaixo) de tudo o que acontece no Universo manifestado do qual eles fazem parte (Acima). Eles são responsáveis pela forma como interagimos e interpretamos a realidade material. Como nossa interface com o mundo exterior, os Doze Pares de Nervos Cranianos ajudam a definir nossa realidade. Eles nos permitem receber informações externas e expressar nossas respostas a essas informações através da linguagem corporal, incluindo expressões faciais e movimentos oculares.

Os nervos cranianos afetam a forma como os outros nos percebem, afetando nossas respostas corporais aos estímulos externos. Como 93% de nossa comunicação não é verbal, os Nervos Cranianos são encarregados de expressar nossas energias internas, embora a maior parte desta comunicação ocorra em um nível subconsciente.

Quando uma pessoa passa por um despertar completo da Kundalini e otimiza seus Chakras, ela ganha controle total sobre suas vibrações e sobre os sinais que emite para o Universo através de sua linguagem corporal. Quando a Testemunha Silenciosa do Eu desperta, ela permite que o indivíduo desperto veja a si mesmo a partir da terceira pessoa. Acredito que este dom do despertar está ligado à expansão do raio do portal interno do Olho da Mente, permitindo que o indivíduo deixe seu corpo à vontade e observe os processos deeste, incluindo gestos faciais e movimentos oculares que revelam seu estado interno. Ao obter o controle consciente sobre as funções involuntárias dos Doze Pares dos Nervos Cranianos, o indivíduo está bem encaminhado para o autodomínio.

FLUIDO CEREBROESPINHAL (FCE)

O Fluido Cerebrospinal (FCE)[5] é uma substância líquida clara que banha os espaços dentro e ao redor da medula espinhal, assim como o tronco cerebral e o cérebro. Ele desempenha um papel crucial na sustentação da consciência, coordenando toda a atividade física e facilitando o processo de despertar da Kundalini.

Há cerca de 100-150 ml de LCR no corpo adulto normal (em média), que é cerca de dois terços de um copo. O próprio corpo produz aproximadamente 450-600 ml de líquor por dia. O LCR é produzido continuamente e todo ele é substituído a cada seis a oito horas.

As cavidades no cérebro são reservatórios de fluido chamados "ventrículos", que criam o LCR. Os ventrículos cerebrais servem como passagens ou canais para a consciência. Quando estas passagens são obstruídas ou bloqueadas, ocorre a perda de consciência. O ventrículo cerebral mais significativo é o Terceiro Ventrículo, que abrange a área central do cérebro, contendo as Glândulas Pineal, Pituitária, o Tálamo e o Hipotálamo. O LCR também banha a parte externa do cérebro, proporcionando flutuabilidade e absorção de choques.

Após servir o cérebro e o tronco encefálico, o LCR viaja para baixo através do canal central da medula espinhal, bem como para fora dele (Figura 48). O canal central é um espaço oco preenchido com o LCR que percorre a coluna vertebral até sua parte inferior. Embora a medula espinhal termine entre a primeira e segunda vértebras lombares (L1-2), logo acima da cintura, o LCR desce através do sacro. Uma vez que atinge a base da coluna vertebral, o LCR é absorvido pela corrente sanguínea.

O Sistema Nervoso Central está contido no cérebro e na medula espinhal. Ele está sempre submerso no LCR. Ele serve como o meio pelo qual o cérebro se comunica com os demais elementos do Sistema Nervoso Central. O circuito real é a matéria branca e cinza (forma de borboleta) que compõe a medula espinhal. Uma vez que o Sistema Nervoso Central integra as informações do cérebro, ele as envia para diferentes partes do corpo.

O LCR está contido nos espaços subaracnoidais do cérebro e da medula espinhal. O cérebro e a medula espinhal são protegidos por três membranas (meninges): pia mater,

---

[5] Líquido Cefalorraquidiano (LCR). (Nota do Tradutor)

espaço aracnoide e dura mater. A área subaracnoidea é o tecido conjuntivo entre a pia mater e o espaço aracnoideo. Tem aparência de teia de aranha e serve como amortecedor para o Sistema Nervoso Central, para a medula espinhal e para o cérebro. Mais importante ainda, ela serve como canal para o LCR.

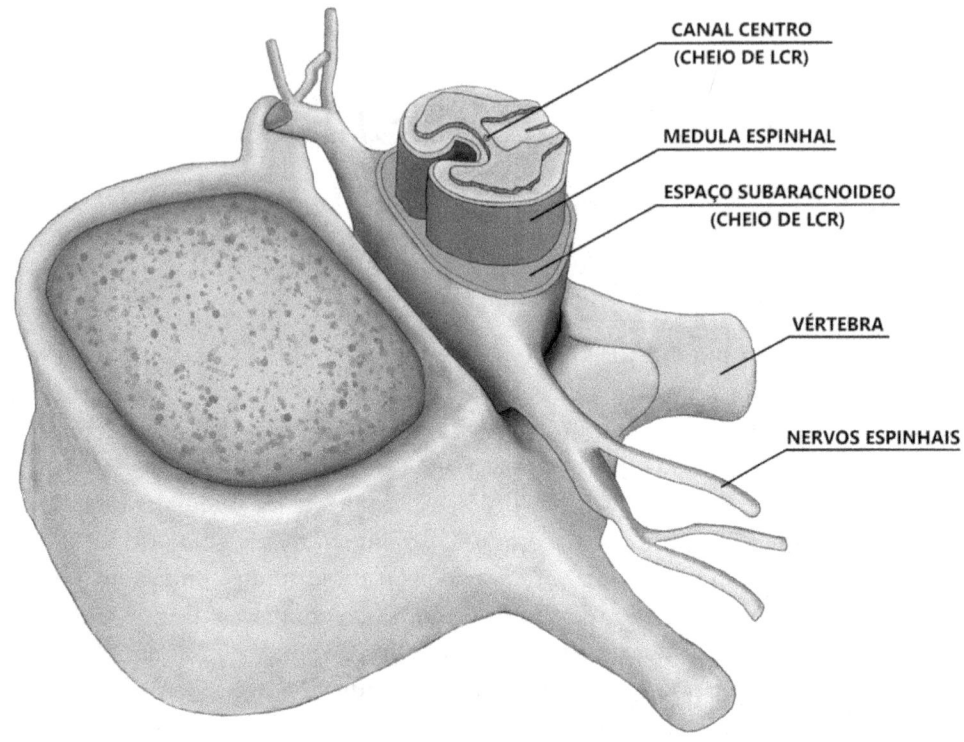

Figura 48: A Medula espinhal (seção transversal)

O LCR pode transmitir Luz, vibrações, movimento e moléculas. Ele transporta nutrientes e hormônios para todo o sistema nervoso e cérebro. O LCR serve para proteger tanto estes quanto a medula espinhal. Ele também elimina todos os resíduos destas três partes do corpo. Em um nível mais fundamental, o LCR regula os ritmos circadianos e o apetite.

O LCR é essencial para manter o corpo físico vibrante, saudável e equilibrado. Além disso, ele facilita o movimento de fluxo livre da coluna vertebral e da cabeça, proporcionando mobilidade.

O LCR fornece fatores essenciais de crescimento e sobrevivência ao cérebro, desde sua fase embrionária até a vida adulta. É crítico para a multiplicação, crescimento, migração, diferenciação e nossa sobrevivência geral das células-tronco.

VENTRÍCULOS CEREBRAIS

O Terceiro Ventrículo (Figura 49) é uma estrutura perfeitamente central que contém a Glândula Pituitária na extremidade dianteira e a Glândula Pineal na extremidade traseira. No meio dele estão o Tálamo e o Hipotálamo. É o ponto de conexão entre as partes superiores racionais do cérebro e as funções baseadas na sobrevivência da parte inferior do cérebro.

Os Antigos reverenciaram o espaço entre o Terceiro Ventrículo desde tempos imemoriais por causa de suas qualidades Espirituais. Os taoístas o chamavam de "Palácio de Cristal", enquanto os hindus se referiam a ele como a "Gruta de Brahma". "O Terceiro Ventrículo é essencialmente a base da conexão mente-corpo-espírito. Sentimentos profundos de felicidade, paz e unidade com a Fonte têm origem no Terceiro Ventrículo, que serve como nosso portal para o conhecimento Universal.

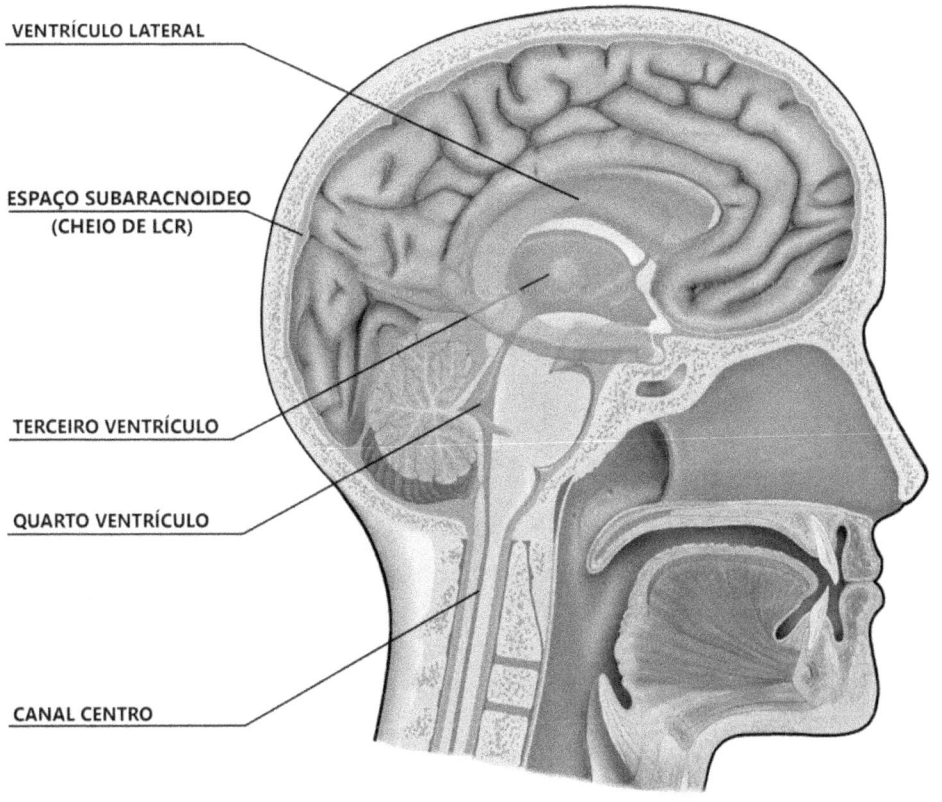

Figura 49: LCR e os Ventrículos Cerebrais (Vista de perfil/lateral)

A caverna cerebral do Terceiro Ventrículo é o espaço que nos dá uma consciência unificada de nossa verdadeira essência. Muitas pessoas acreditam que o fluido LCR no cérebro transmite a energia do Espírito uma vez que as Glândulas Pineal e Pituitária e o Tálamo são ativados. Como tal, o Terceiro Ventrículo permite a transformação da consciência.

O Ventrículo Lateral contém dois cornos (Figura 50) que fazem contato com o Lóbulo Frontal, o Lóbulo Parietal, o Lóbulo Occipital, e o Lóbulo Temporal. O corno posterior faz contato com as áreas visuais do cérebro.

O Quarto Ventrículo faz contato com o Cerebelo, Ponte, e Medula. Ele está situado entre o Terceiro Ventrículo e o canal central dentro do tronco cerebral e da medula espinhal. O LCR produzido e que flui para o Quarto Ventrículo existe no espaço subaracnoideo no fundo do crânio, onde o canal central entra no tronco encefálico.

O LCR serve como um veículo para transmitir informações para o cérebro. Ele absorve, armazena e transmite as vibrações do mundo exterior para diferentes receptores cerebrais. Por esta razão, todas as áreas de controle do cérebro, incluindo a medula espinhal (Sistema Nervoso Central), estão sempre submersas no LCR.

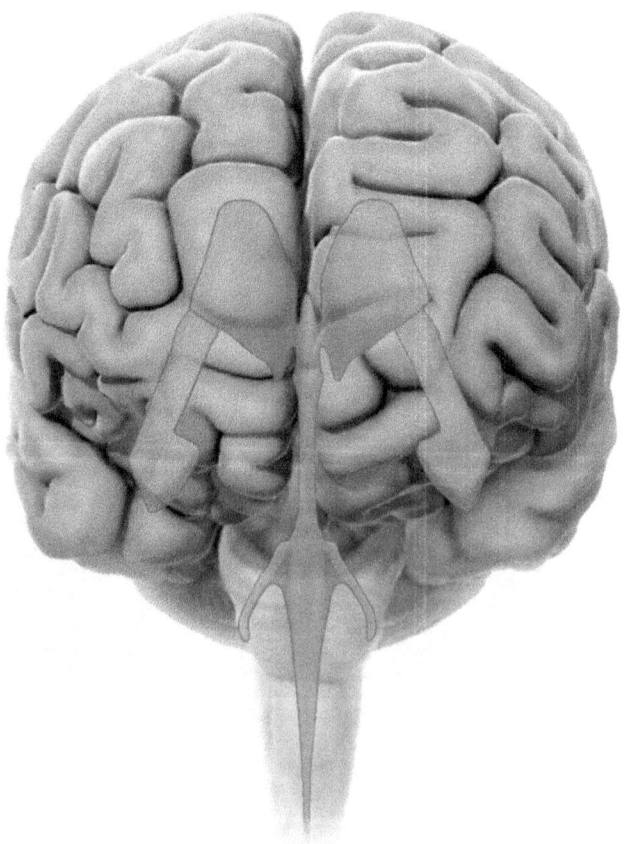

Figura 50: Os Ventrículos Cerebrais (Vista Frontal)

LCR E O DESPERTAR DA KUNDALINI

Os três Nadis de Ida, Pingala e Sushumna se encontram no Terceiro Ventrículo, este espaço radiante cheio de LCR no meio de nossas cabeças. Quando a Kundalini e os Nadis ativados entram na área do Terceiro Ventrículo, as Glândulas Pineal e Pituitária tornam-se eletrificadas através do LCR como meio. O despertar da Kundalini e a ativação chákrica acontecem em um nível sutil, Etérico, enquanto o LCR eletrificado revigora o sistema nervoso e ativa o potencial latente nos principais centros cerebrais.

Como as Glândulas Pineal e Pituitária representam os componentes feminino e masculino do Eu, as emoções e a razão, sua ativação simultânea representa a unificação dos hemisférios cerebrais direito e esquerdo. Como tal, o Tálamo começa a funcionar em um nível superior, facilitando a abertura e otimização do Chakra Ajna.

O Sushumna opera através do LCR na medula espinhal. No ponto em que a medula espinhal termina entre a primeira e segunda vértebras lombares (L1-2), chamado Cone Medular, começa e termina no cóccix um delicado filamento chamado Filo Terminal (Figura 51). Ele tem aproximadamente 20 cm de comprimento e não tem tecido nervoso. Uma das finalidades do Filo Terminal é transportar o LCR para o fundo da coluna vertebral.

Os cientistas acreditam que outra pequena fibra percorre o canal central da medula espinhal que é feita de proteína condensada do LCR. Esta fibra serve como um filamento que se acende quando carregada eletricamente. Como um dos propósitos do LCR é transportar energias de Luz, ela serve como conduto através do qual a Kundalini desperta percorre a coluna vertebral e entra no cérebro.

O Sushumna começa no cóccix e corre pelo Filo Terminal até chegar ao Cone Medular. Ele continua através da fibra no canal central, passando pelo Quarto Ventrículo, e termina na área do Terceiro Ventrículo, ou seja, o Tálamo e o Hipotálamo que se conecta a ele. O LCR recebe carga elétrica pela energia Kundalini despertada, que sobe pela medula espinhal, ativando sistematicamente os Chakras Maiores até chegar aos centros cerebrais superiores. O LCR é a chave para as mudanças anatômicas que ocorrem no cérebro ao despertar de uma Kundalini. O sistema nervoso também se transforma através do revigoramento dos nervos espinhais. Os órgãos são afetados por esta infusão de energia da Luz, o que explica porque tantos indivíduos despertos da Kundalini relatam mudanças anatômicas em suas entranhas.

Quando a Kundalini entra no cérebro através do canal Sushumna, ela termina no Tálamo, energizando-o. Simultaneamente, a Ida e a Pingala Nadis energizam as Glândulas Pineal e Pituitária. Como Ida e Pingala terminam nas Glândulas Pineal e Pituitária, sua ativação cria um efeito magnético que projeta um fluxo vibratório de energia em direção ao Tálamo. A unificação destes poderes masculino (Yang) e feminino (Yin) no Tálamo permite uma abertura total do Ajna Chakra, seguido pelo Sahasrara no topo da cabeça.

Quando a Kundalini chega à Coroa, o componente "Eu Sou" do Eu, o Eu Superior, desperta em nossa consciência. O potencial do Tálamo é maximizado, fazendo deste centro cerebral uma antena perfeita para as vibrações externas. A consciência se expande até o nível Cósmico, e em vez de absorver apenas 10% dos estímulos do ambiente, agora ela pode experimentar os 100% completos.

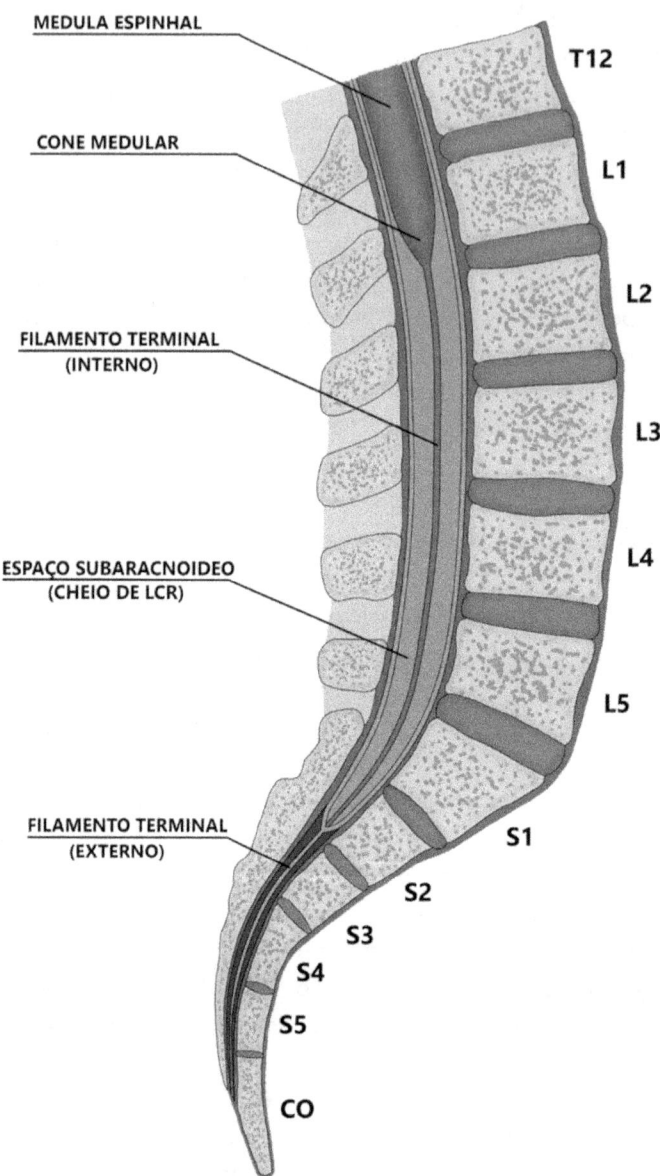

Figura 51: Cone Medular e Filo Terminal

MULADHARA E KUNDALINI

O SACRO E O CÓCCIX

O sacro e o cóccix (Figura 52) desempenham um papel significativo no processo de despertar da Kundalini. O sacro, ou espinha sacral, contém cinco vértebras fundidas. É um grande osso triangular entre os ossos do quadril e a última vértebra lombar (L5). Em latim, a palavra "sacrum" significa "sagrado". Os romanos chamavam este osso de "os sacrum", enquanto os gregos o chamavam de "hieron osteon", o significado de ambos serem "osso sagrado".

Curiosamente, a palavra "hieron" em grego também se traduz como "Templo". O sacro foi considerado sagrado porque dentro de sua concavidade óssea estavam os ovários e o útero nas fêmeas. Os antigos acreditavam que os órgãos reprodutivos femininos eram divinos como o útero é a origem da Criação.

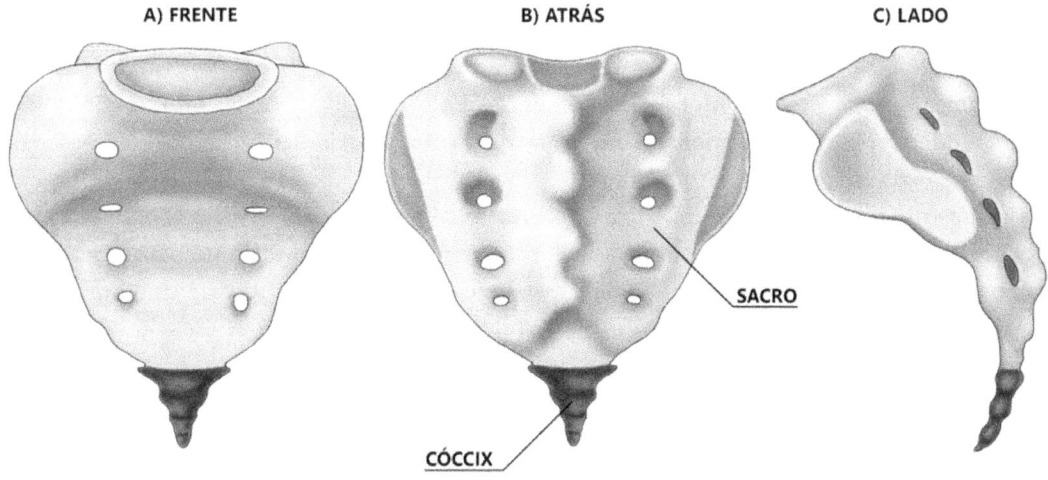

Figura 52: O Sacro e o Cóccix

O sacro é nosso Santo Templo, pois abriga e protege os órgãos genitais, os plexos e os centros de energia inferior sutil, todos eles envolvidos na ativação do processo de despertar da Kundalini. O sacro também é responsável por bombear o LCR para cima no cérebro. Este fluido sustenta a consciência e desempenha um papel crucial na ativação dos centros superiores do cérebro após o despertar espiritual.

Na tradição egípcia, o sacro era sagrado para Osíris, o Deus do Submundo. Os egípcios acreditavam que a espinha dorsal de Osíris, chamada de *Pilar Djed*, representava a energia Kundalini, cujo processo de despertar começou no sacro. O cóccix (osso da cauda) é outro pequeno osso triangular preso ao fundo do sacro.

Como mencionado, em seu estado de potencial, a Kundalini é enrolada três vezes e meia no cóccix. O Chakra Muladhara, o Chakra-fonte da energia da Kundalini, está localizado entre o cóccix e o períneo. Quando a energia da Kundalini é liberada, ela percorre o tubo oco da medula espinhal como uma cobra (Figura 53), acompanhada por um som sibilante que uma cobra faz quando está em movimento ou prestes a golpear.

Coincidentemente, o cóccix é composto de três a cinco vértebras coccígeas fundidas ou ossos espinhais. O cóccix é o resquício de uma cauda vestigial em nível físico. No contexto da evolução humana, acredita-se que todos os humanos tiveram uma cauda em algum momento, como a maioria dos mamíferos têm hoje em dia.

A palavra "cóccix" tem origem no grego "cuco", pois o próprio osso tem o formato de um bico de cuco. Curiosamente, o cuco é um pássaro conhecido por seu som que traz mudanças na vida de alguém. Seu chamado é simbólico de um novo destino ou evento que se desdobra na vida de uma pessoa. Lembre-se que o Caduceu de Hermes, simbólico do processo de despertar da Kundalini, teve origem na Grécia - os gregos estavam bem cientes do potencial espiritual do cóccix, pois sabiam que ele abrigava a energia transformadora da Kundalini.

Na tradição egípcia, o Deus da Sabedoria, Thoth (Tehuti), tem uma cabeça de pássaro Ibis com um longo bico cuja forma se assemelha ao cóccix. Toth é a contraparte egípcia do Hermes grego e do Mercúrio romano. Estes três deuses têm atributos e correspondências quase idênticas, e todos os três estão associados à energia e ao processo de despertar da Kundalini.

No *Alcorão* (também soletrado *Quran*), o Profeta Maomé afirmou que o cóccix nunca se decompõe, e é o osso do qual os humanos serão ressuscitados no Dia do Julgamento. Os hebreus tinham a mesma ideia, mas ao invés do cóccix, eles acreditavam que era o sacro que era indestrutível e era o núcleo da ressurreição do corpo humano. Eles se referiam ao sacro como o osso "Luz" (Aramaico para "noz"). O sacro tem um padrão de covinhas que, juntamente com sua forma geral, se assemelha à casca da amêndoa. Em *O Zohar*, o livro dos ensinamentos esotéricos e místicos judeus, o Luz é o osso da espinha que aparece como a cabeça de uma cobra. Dado que tanto o cóccix quanto o sacro têm forma triangular, alguns rabinos acreditam que é o sacro que é sagrado, enquanto outros acreditam que é o cóccix.

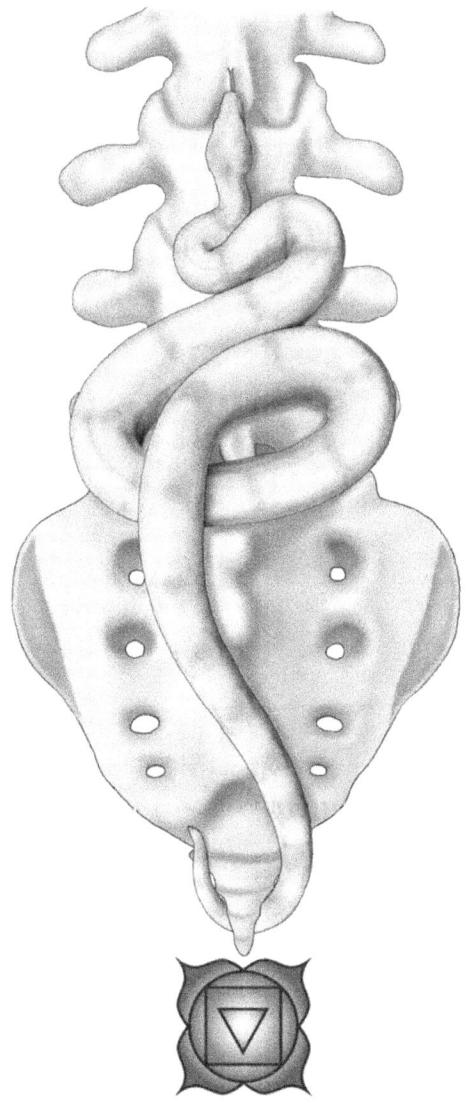

Figura 53: A Kundalini não enrolada

PLEXO SACRAL E NERVO CIÁTICO

Outros dois fatores essenciais no processo de despertar da Kundalini são o Plexo Sacral e o Nervo Ciático (Figura 54). O plexo sacral é um plexo nervoso que emerge das vértebras lombares inferiores e das vértebras sacrais (L4-S4). Ele fornece nervos motores e sensoriais para a coxa posterior, a pélvis e a maior parte da perna e pé inferiores.

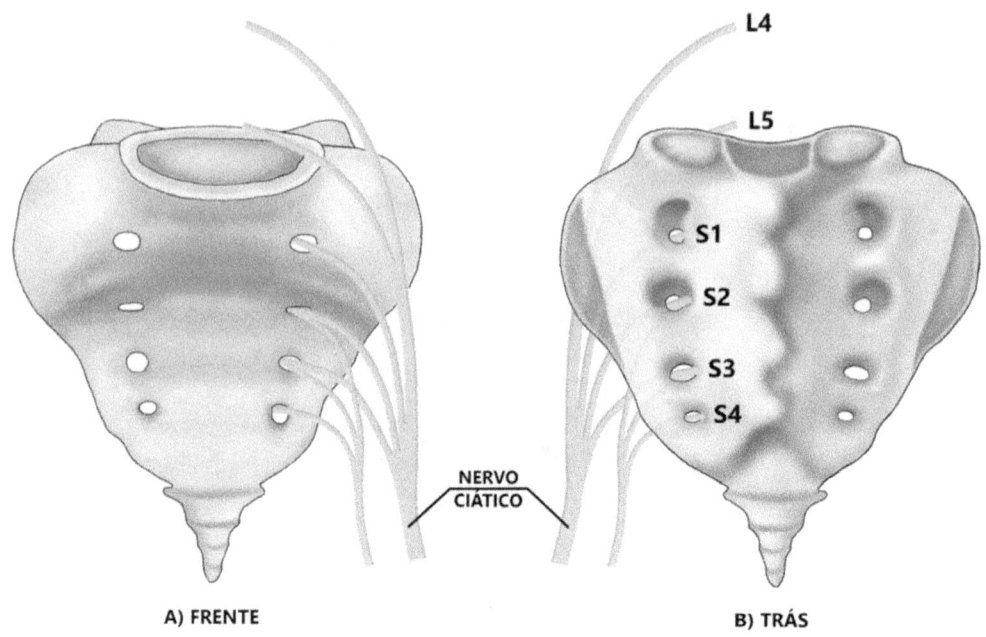

Figura 54: O Plexo Sacral

Abaixo do Plexo Sacral está o Chakra Muladhara, localizado entre o cóccix e o períneo. A cabeça da flor de Muladhara projeta-se para baixo em direção à Terra e está situada perto do Plexo Coccígeo. O caule chákrico de Muladhara, porém, tem origem entre a terceira e quarta vértebras sacrais (S3-4), uma parte do Plexo Sacral.

O Plexo Pélvico está localizado na região abdominal, bem em frente ao Plexo Sacral. O Plexo Pélvico inerva os órgãos associados com os Chakras Swadhisthana e Muladhara, ou seja, nossos órgãos sexuais.

Existe uma conexão entre os Elementos Terra e Água e o Planeta Terra abaixo de nossos pés. Não é uma coincidência que nossos dois Chakras Maiores mais baixos, Muladhara e Swadhisthana, se relacionem com os dois únicos Elementos passivos preocupados em receber energia. Como Muladhara é um receptáculo da energia da Terra gerada pela Estrela Terra abaixo dos pés, o Swadhisthana é nosso recipiente emocional, o Chakra da mente subconsciente e dos instintos.

Swadhisthana representa as emoções, incluindo nossa energia sexual, o que alimenta a criatividade. A energia sexual, quando voltada para dentro, tem comprovadamente um efeito transformador na consciência. Em minha experiência pessoal, eu estava gerando uma tremenda quantidade de energia sexual através de uma prática sexual tântrica inadvertida que eu estava realizando, o que levou a orgasmos internos contínuos que culminaram em um despertar completo da Kundalini.

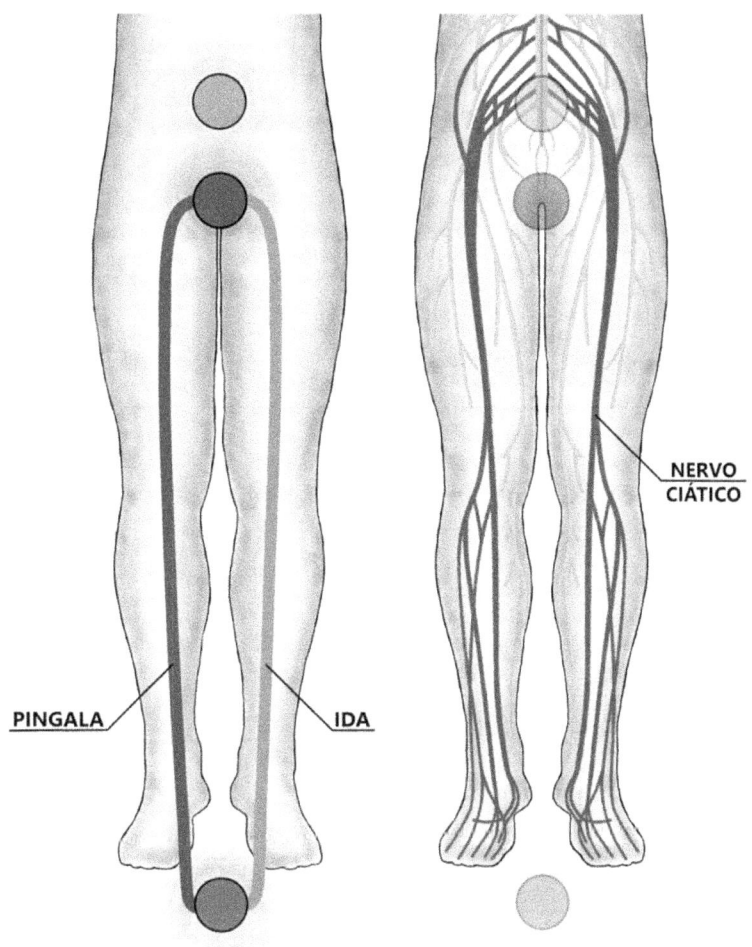

Figura 55: Os Nervos Ciáticos e os Canais de Energia nas Pernas

O Nervo Ciático é o maior nervo periférico do corpo humano formado pela união de cinco raízes nervosas do Plexo Sacral. Tem 2 cm de diâmetro e percorre a coxa e a perna, até a sola. O Nervo Ciático funciona como uma raiz para o sistema nervoso, aterrando-nos ao Planeta Terra. Como há duas pernas, dois Nervos Ciáticos correm através delas. O Nervo Ciático se divide em dois ramos principais na área do joelho (nervo tibial e nervo peroneal comum).

Como o Nervo Vago é uma representação física da energia Kundalini, os Nervos Ciáticos são um equivalente biológico dos canais de energia das pernas que nos conectam à Estrela da Terra através dos Chakras do Pé (Figura 55). Embora os Nadis Ida e Pingala comecem em Muladhara, sua fonte de energia provém das duas correntes de energia nas pernas, a negativa e a positiva.

A Ida é atribuída ao lado esquerdo do corpo, e recebe sua corrente de energia negativa da perna esquerda, enquanto Pingala percorre o lado direito do corpo, obtendo sua corrente de energia positiva da perna direita. As duas pernas transportam as energias feminina e masculina da Estrela da Terra para Muladhara, suprindo assim todo o sistema chákrico com estas forças duplas. Como mencionado, a Estrela Terrestre opera como uma bateria para Muladhara - os canais de energia nas pernas servem como as correntes negativas e positivas que transmitem as energias terrestres de nosso Planeta.

JUNTANDO TUDO

Para estimular a Kundalini a entrar em atividade e despertá-la de seu sono, devemos criar uma poderosa corrente de energia em Muladhara, que envolve muitos fatores trabalhando juntos. Estimular o Ida e o Pingala Nadis começa na Estrela da Terra, a raiz de nosso sistema energético global, representado pela Linha Hara. Quando a Estrela da Terra se torna energizada, através da meditação ou outras práticas, ela projeta uma corrente energética através dos canais de energia nas pernas através dos Chakras do calcanhar. Simultaneamente, o Nervo Ciático é estimulado, energizando a área do Plexo Sacral onde começa a haste chákrica de Muladhara.

Como descreverei com mais detalhes na seção Ciência Iogue, devemos estimular tanto o Chakra Muladhara quanto o Swadhisthana a despertar a Kundalini. A haste chákrica do Swadhisthana começa entre a primeira e a segunda vértebra lombar (L1-2), correspondendo ao local onde termina a medula espinhal e começa o Filo Terminal. O processo de despertar da Kundalini tem muito a ver com a energização do LCR, que começa no Filo Terminal e percorre a medula espinhal até chegar ao Terceiro Ventrículo, ao Tálamo central e Hipotálamo. Ao energizar o Terceiro Ventrículo, os lobos cerebrais circunvizinhos também se tornam estimulados. Todo o processo de expansão da energia do cérebro envolve o Terceiro Ventrículo e o LCR eletrificado.

Despertar a Kundalini em Muladhara envolve os Cinco Prana Vayus, os cinco movimentos ou funções do Prana, a Força da Vida. Quando três desses Prana Vayus mudam sua força direcional para se encontrar no Hara Chakra, ocorre uma ativação que envolve a geração de calor no centro do Navel. Este calor imenso é acompanhado por uma sensação de êxtase no abdômen, semelhante a uma excitação sexual intensificada, que depois eletrifica o Nadi Sushumna, fazendo com que ele se acenda como uma lâmpada. Uma vez que o Sushumna se acende, a Kundalini é despertada na base da coluna vertebral. (Vou explicar esta parte do processo com mais detalhes no capítulo "Os Cinco Prana Vayus").

Em minha experiência, a Kundalini despertada se manifestou como uma bola de energia leve, emanando um campo elétrico do tamanho de uma bola de golfe. Quando despertou, criou pressão na parte inferior da coluna vertebral, que não era física, mas que podia ser sentida independentemente de um nível sutil. A bola de Luz Kundalini viaja para cima através do LCR na medula espinhal. Simultaneamente, a Estrela da Terra gera uma tremenda energia, que é transmitida para o Muladhara Chakra através dos canais de energia das pernas, energizando assim o Ida e o Pingala Nadis.

A nível físico, os testículos (homens), os ovários (mulheres) e as suprarrenais estão envolvidos no processo de despertar da Kundalini, pois geram a energia sexual necessária para alimentar Ida e Pingala e fazê-los subir. Ida corresponde ao testículo e ovário esquerdos, enquanto Pingala se relaciona com o direito. Uma vez que a Kundalini começa a subir através de Sushumna, Ida e Pingala, alimentados pela energia sexual, sobem em um movimento ondulante, adjacente à medula espinhal, cruzando-se em cada um dos pontos chákricos ao longo da coluna vertebral.

Como a bola de energia de Luz Kundalini atinge sistematicamente cada um dos caules chákricos, ela combina com as equilibradas correntes femininas e masculinas de Ida e Pingala, eletrizando e enviando um feixe de energia de Luz através de cada um dos caules chákricos da flor. Uma vez que cada haste chákrica é infundida com energia de Luz, a flor chákrica na frente do corpo começa a girar mais rápido, despertando totalmente cada Chakra e otimizando seu fluxo.

Após perfurar Brahma e Vishnu Granthis e acordar os primeiros cinco Chakras, a energia Kundalini entra no centro do cérebro, terminando no Tálamo, que se ilumina por dentro. Em contrapartida, a Ida eletrificada e a Pingala Nadis terminam nas Glândulas Pineal e Pituitária. Uma vez totalmente ativadas, as Glândulas Pineal e Pituitária tornam-se magnetizadas e projetam uma corrente elétrica unificadora no Tálamo central como uma única fonte de luz. À medida que o Tálamo recebe as energias de Ida e Pingala, ele se acende mais do que nunca através das Glândulas Pineal e Pituitária, à medida que os três principais Nadis se tornam integrados.

A unificação dos Nadis Sushumna, Ida e Pingala no Tálamo envia uma corrente de energia de Luz através do caule chákrico de Ajna até atingir sua cabeça de flor que fica no centro das sobrancelhas (ligeiramente acima). Se a corrente de energia de Luz sendo projetada a partir do Tálamo for suficientemente poderosa, ela expandirá o portal do Olho da Mente da Ajna. Eu comparei esta parte do processo ao portal circular da Ajna crescendo do tamanho de um donut para um pneu de carro. Como mencionei, porém, esta parte do processo não foi universal, o que significa que só acontece com aqueles indivíduos que geram uma quantidade excepcional de energia de luz no centro de seus cérebros, como aconteceu comigo.

A próxima fase do processo de despertar da Kundalini envolve a corrente de luz unificada do Nadis Ida, Pingala e Sushumna subindo através do córtex cerebral até o topo, no centro da cabeça. Ao longo do caminho, Rudra Granthi é perfurada, o que é necessário para o despertar do Sahasrara, já que este é o nó final que une a consciência à dualidade. (Mais sobre os Granthis e seu papel no processo de despertar da Kundalini no capítulo "Os Três Granthis").

Se a corrente Kundalini é suficientemente potente uma vez que atinge o topo da cabeça, o Ovo Cósmico se abre, resultando no fenômeno da "eletrocussão", que envolve a infusão de energia de Luz nos Setenta e Dois Mil Nadis. Esta experiência representa a ativação total do Corpo de Luz. O próximo e último passo do processo de despertar da Kundalini é a abertura total do Lótus das Mil Pétalas do Sahasrara, otimizando o campo de energia toroidal e unificando sua consciência com a Consciência Cósmica. (A figura 56 é uma representação simbólica do processo de despertar da Kundalini e sua associação com o Caduceu de Hermes e a Dupla Hélice do DNA).

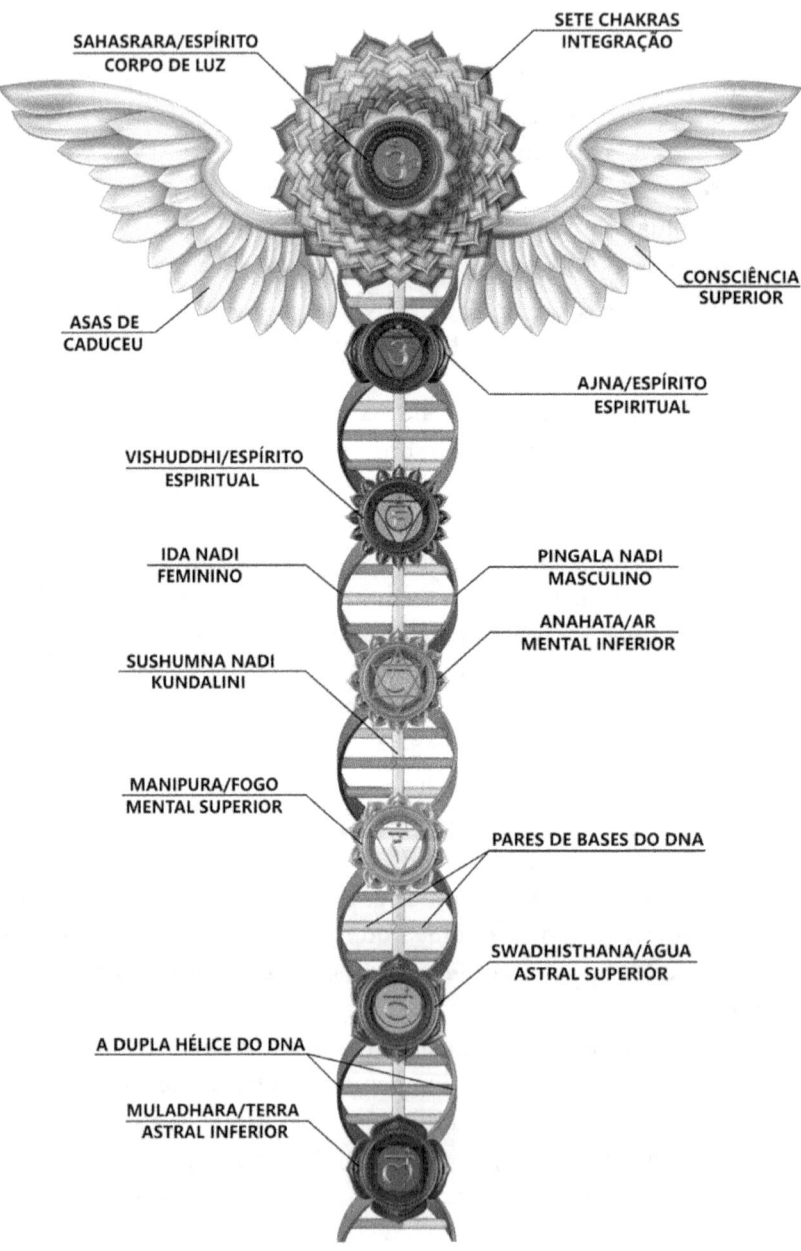

Figura 56: Kundalini / Caduceus de Hermes / Dupla Hélice do DNA

O PODER DO CORAÇÃO

O Instituto HeartMath tem conduzido pesquisas nas últimas duas décadas sobre o poder do coração humano. Eles chegaram à conclusão de que o coração é o gerador de energia eletromagnética mais poderoso do corpo humano. Seu campo elétrico é cerca de 60 vezes maior em amplitude do que o do cérebro. O campo magnético do coração, por outro lado, é 5000 vezes maior em força do que o campo gerado pelo cérebro.

O Campo Eletromagnético (CEM) do coração tem forma toroidal (Figura 57), e envolve todas as células do corpo humano. Nosso campo eletromagnético do coração se estende em todas as direções e afeta diretamente as ondas cerebrais de outras pessoas que estão entre dois e três metros (em média) de onde estamos[6]. As pessoas mais distantes (até 4,5 metros) também são afetadas, mas de forma mais sutil. O CEM do coração, assim como o campo áurico, flutua em tamanho ao longo do plano horizontal, expandindo-se e contraindo-se como um organismo vivo e respirador.

Como as descobertas da HearthMath sobre o poder do coração são relativamente novas, muitos pesquisadores têm sugerido que o coração CEM e o campo áurico são a mesma coisa, já que ambos têm forma toroidal e ambos são expressivos de nossas energias eletromagnéticas. Minha crença, formada através de extensa pesquisa e orientação Divina, é que eles são dois campos eletromagnéticos separados mas interligados.

O campo áurico é um composto das diferentes energias sutis que expressam os Chakras Maiores e Transpessoais, que vibram em várias frequências eletromagnéticas. O campo áurico também contém outros campos sutis que nos conectam a outros seres vivos, o Planeta Terra e o Universo. Como o campo áurico se estende a aproximadamente 1,5 a 2,5 metros e o CEM do coração é substancialmente maior, portanto estamos falando claramente de duas coisas diferentes.

Acredito que o campo áurico está dentro do CEM do coração e eles são duas partes de um todo. O propósito do CEM do coração é registrar as vibrações do ambiente e enviá-las para o cérebro e o resto do corpo. Como resultado, os Planos Cósmicos internos são afetados, influenciando as energias chákricas. Os Chakras, por sua vez, suscitam certas respostas na consciência com base em suas correspondentes faculdades internas. Por esta razão, o coração CEM nos afeta em todos os níveis, espiritual, mental, emocional e físico.

---

[6] Original: "...entre oito e dez pés". Medida convertida em metros devido ao sistema de unidades utilizado no Brasil, com o intuito de facilitar a compreensão (Nota do Tradutor).

Ele atua como nossa interface com o meio ambiente, enviando informações para o campo Áurico, que alimenta a consciência.

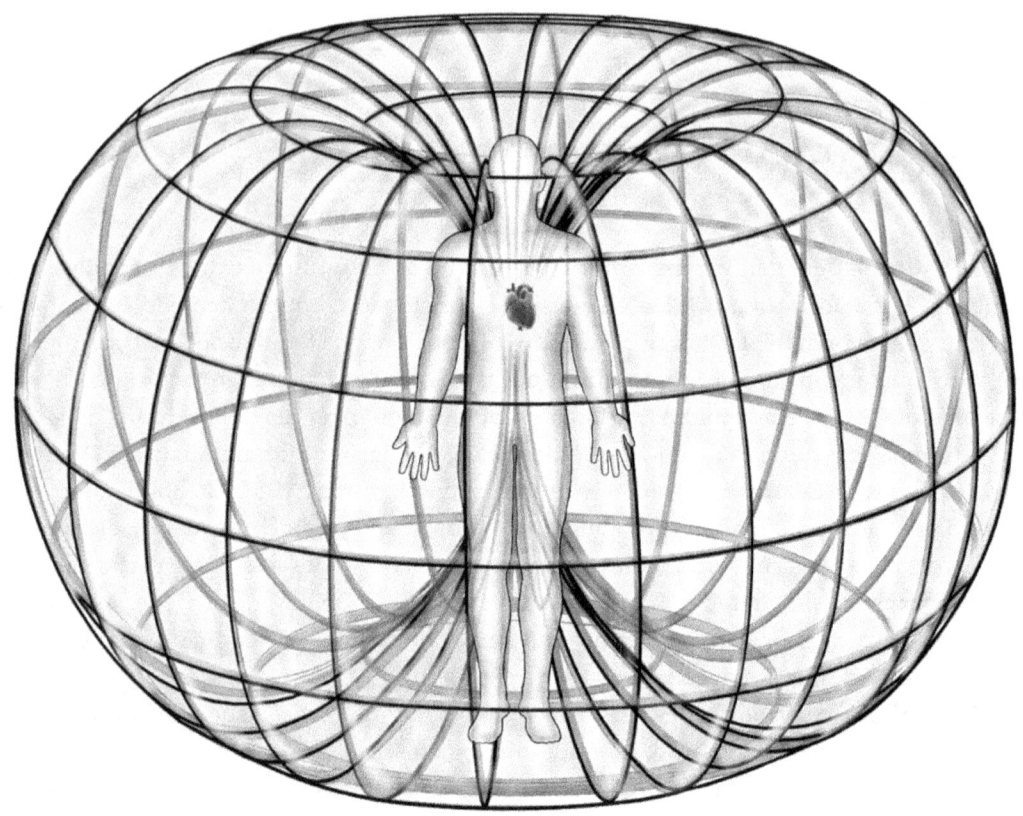

Figura 57: O Campo Eletromagnético do Coração

O CEM do coração está relacionado ao Chakra do Coração, que corresponde ao Elemento Ar e ao Plano Mental Inferior. Devido a sua colocação, o CEM do coração atua como intermediário entre os Planos Cósmico Superior e Inferior. Vibrações sutis do ambiente são captadas e transmitidas para os Planos Mental e Espiritual Superior acima e para os Planos Astral e Físico abaixo.

O Chakra do Coração é o quarto Chakra Maior posicionado entre os três Chakras superiores do Elemento Espiritual e os três Chakras inferiores (Fogo, Água e Terra). O Elemento Ar é esotericamente conhecido como um intermediário entre o Espírito e a Matéria, comparado com a forma como a atmosfera contendo ar separa os Céus acima e a Terra abaixo. O ar se relaciona com a respiração e o oxigênio, sustentando toda a vida. Não podemos sobreviver por mais de alguns minutos sem o ato de respirar, pois ele é essencial para nossa sobrevivência. Desta forma, o CEM do coração serve à Alma e à Mente, os entrelaçados do Espírito e da Matéria.

CONEXÃO CORAÇÃO-CÉREBRO

No desenvolvimento fetal, o coração é o primeiro órgão que forma - ele começa a bater antes mesmo que o cérebro se desenvolva. O coração é a parte central do Eu, a fundação sobre a qual o resto do corpo é criado no útero. Os neurocardiologistas determinaram que o coração contém muitos componentes similares ao cérebro, permitindo um diálogo dinâmico, contínuo e bidirecional.

Aproximadamente 60-65% das células do coração são células neurais, muito parecidas com as do cérebro. Estes 40.000 neurônios estão agrupados em grupos da mesma forma que os grupos neurais do cérebro e contêm os mesmos gânglios, neurotransmissores, proteínas e células de suporte. O "cérebro do coração", como é comumente chamado, permite que o coração aja independentemente do cérebro craniano. Ao processar emocionalmente os eventos da vida, o coração desenvolve a capacidade de tomar decisões e a memória. Com o tempo, o coração desenvolve sua própria inteligência emocional que ajuda a nos guiar na vida.

O coração e o cérebro se comunicam neurologicamente (através do sistema nervoso) e energeticamente (através de seus campos eletromagnéticos). Eles também se comunicam hormonalmente e através de pulso de ondas (biofisicamente). As energias vibratórias que fluem continuamente entre o coração e o cérebro auxiliam no processamento de eventos e respostas emocionais, na experiência sensorial, no raciocínio e na memória.

O coração é nossa principal interface com o mundo ao nosso redor que trabalha em uníssono com o tálamo e o cérebro. O cérebro e o coração se relacionam com a Mente e a Alma, que são parceiros na manutenção e no governo da consciência. Como o cérebro contém os ventrículos que canalizam a energia espiritual e a consciência, o coração também tem passagens sutis que realizam o mesmo. Se houver uma interrupção no fluxo harmonioso da comunicação do Espírito e da consciência entre o cérebro e o coração, isso pode resultar na perda da consciência.

Nosso CEM do coração recebe continuamente sinais do ambiente, mas a maior parte dessas informações nunca chega à mente consciente. Ao invés disso, os dados são armazenados no subconsciente. A mente subconsciente está associada a 90% da atividade neural do cérebro e afeta substancialmente nosso comportamento mais do que a mente consciente. Por esta razão, a maioria de nossas respostas instintivas, tais como expressões da linguagem corporal, são automáticas sem que estejamos conscientemente conscientes de tê-las iniciado.

A mente consciente usa o córtex pré-frontal do cérebro para processar informações. Ela pode processar e administrar apenas 40 impulsos nervosos por segundo. Em comparação, a mente subconsciente operando pela parte de trás do cérebro pode processar 40 milhões de impulsos nervosos por segundo - o processador da mente subconsciente é 1 milhão de vezes mais poderoso que o da mente consciente.

Após um despertar completo da Kundalini, quando a Luz interna entra no centro do cérebro e se localiza ali permanentemente, as mentes conscientes e subconscientes tornam-se uma só, resultando em uma atualização permanente da própria CPU. Como tal, o indivíduo ganha acesso total a todas as informações lidas por seu CEM coração , o que aumenta sua consciência, otimizando sua capacidade de tomada de decisão.

COERÊNCIA CORPORAL

O coração humano é um músculo oco, do tamanho de um punho, que bate a 72 batidas por minuto e é o centro do sistema circulatório (Figura 58). O coração está localizado no centro da cabeça e do tronco, no centro do peito (ligeiramente deslocado para a esquerda), permitindo a conexão mais otimizada a cada órgão que alimenta o corpo.

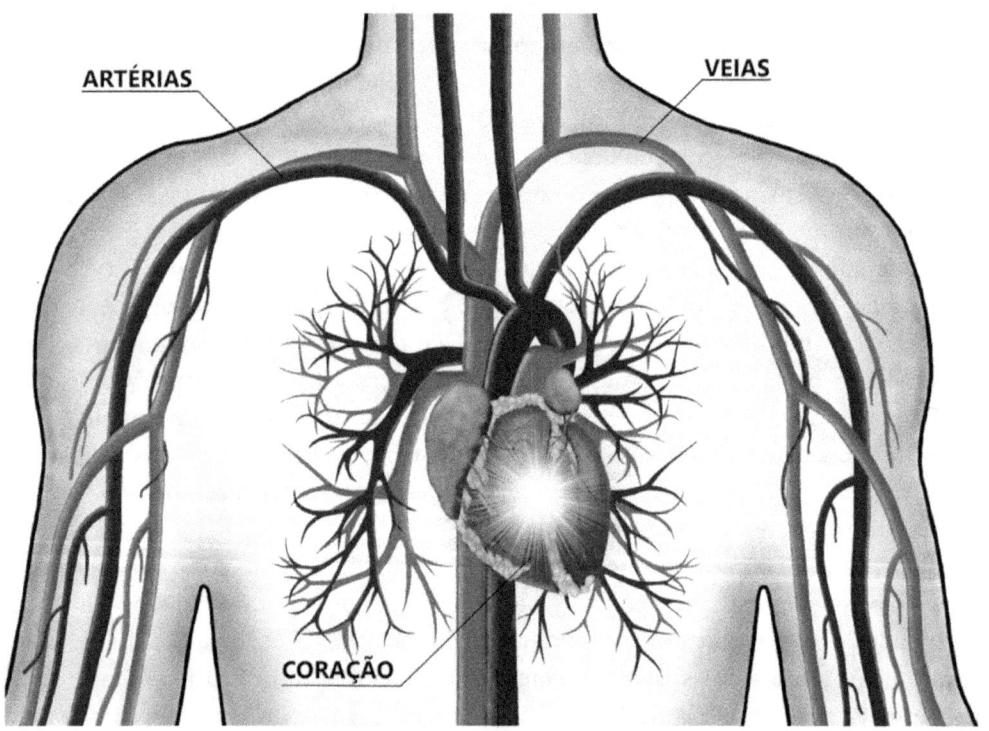

Figura 58: O Coração Humano e o Sistema Circulatório

O sistema circulatório é composto por vasos sanguíneos (artérias) que transportam o sangue de e para o coração. O lado direito do coração recebe sangue pobre em oxigênio das veias e o bombeia para os pulmões, onde capta o oxigênio e descarta o dióxido de carbono. O lado esquerdo do coração recebe o sangue rico em oxigênio e o bombeia através das artérias para o resto do corpo, incluindo o cérebro. De todos os órgãos, o cérebro é um dos mais significativos consumidores de sangue rico em oxigênio, e um suprimento craniano insuficiente pode causar uma fadiga cerebral significativa.

O coração tem uma influência significativa sobre o corpo físico em nível celular. O coração não só bombeia oxigênio e nutrientes para cada célula do corpo através do sistema circulatório, mas também produz hormônios que afetam a função fisiológica do corpo e do cérebro. Como mencionado, uma das formas de comunicação entre o coração e o cérebro é hormonal, e isto porque o coração serve como uma glândula endócrina.

Através de frequências eletromagnéticas e liberações químicas, nosso coração entra no ritmo do cérebro, juntamente com os vários sistemas do corpo (respiratório, imunológico, digestivo, circulatório, endócrino, etc.). A coerência corporal é alcançada quando a interação harmoniosa e equilibrada é criada em todos os sistemas do corpo.

Se experimentarmos emoções positivas e amorosas, a coerência corporal ocorre, retardando as ondas cerebrais e equilibrando os Sistemas Nervosos Parassimpático e Simpático. Nosso batimento cardíaco abranda e se torna suave e equilibrado. Nossa mente se torna clara, permitindo-nos sintonizar com a Luz interior de nossas Almas. Como tal, nossa criatividade, imaginação, intuição e inspiração tornam-se maiores, permitindo-nos explorar nosso potencial mais íntimo como seres humanos Espirituais.

Por outro lado, se experimentamos emoções negativas e temerosas, nosso corpo sai da harmonia e o estresse e a ansiedade se instalam. Nossas ondas cerebrais aceleram, tornando-nos mais alerta. O batimento cardíaco também acelera, e muitas vezes experimentamos contrações rítmicas resultantes do processamento da negatividade de nossa mente. Nosso Sistema Nervoso Simpático substitui o Parassimpático, e perdemos o contato com nossas Almas, o que corta nossa conexão com a inspiração e criatividade. Nossa capacidade de pensar se torna nebulosa pelo estado negativo em que nos encontramos, e confiamos em nosso Ego para racionalizar nossa existência.

Respirar através do estômago expandindo o diafragma (Respiração Diafragmática) é talvez a maneira mais útil de neutralizar a energia negativa e acalmar o interior. Esta técnica de respiração yóguica (Pranayama) permite recuperar o controle sobre seus ritmos corporais e alcançar novamente a coerência corporal. A Respiração Diafragmática é um pré-requisito para a meditação, que é outro método para elevar a vibração da consciência que otimiza a saúde do corpo.

O CORAÇÃO E AS VIBRAÇÕES

De acordo com o Princípio Hermético de Vibração, todas as coisas no Universo (incluindo organismos vivos, pensamentos, emoções, etc.) estão em estado de movimento vibratório em um nível subatômico. A física quântica agora também afirma o que os Anciãos vêm dizendo há milhares de anos. Não só a matéria é composta de energias vibratórias, mas a vibração é a base de toda comunicação no Universo, seja oralmente ou através de níveis mais sutis - todos nós estamos continuamente induzindo uns aos outros através de nossas vibrações.

As ressonâncias magnéticas da Terra vibram na mesma frequência que nossos ritmos cardíacos e ondas cerebrais – Em cima, Como Embaixo. Todos os organismos vivos transmitem energias vibratórias únicas enquanto o coração é o receptor que "lê" os campos de energia ao nosso redor. Nossos CEMs do coração recebem constantemente sinais vibratórios do ambiente, o que permite que nossas células interajam com o mundo exterior. A análise científica revela que o coração, não o cérebro, inicia a primeira resposta às informações recebidas do exterior. Por esta razão, você ouve as pessoas dizerem com frequência: "Eu gosto das vibrações desta pessoa", relacionadas à impressão que têm delas recebidas através do coração.

Curiosamente, com a pletora de estímulos presentes a qualquer momento, o coração registra principalmente informações que ressoam com as vibrações internas de cada um. Este fenômeno é uma manifestação da Lei da Atração que afirma que pensamentos e emoções positivas ou negativas trazem experiências positivas ou negativas na vida de uma pessoa. Em outras palavras, experimentamos aquilo no qual nossas mentes e corações se concentram.

Por exemplo, uma pessoa que ocupa suas mentes e corações com pensamentos e sentimentos de amor se sintonizará com informações do ambiente que dizem respeito à energia do amor. Seu coração CEM se concentrará e amplificará todos os sinais do ambiente relacionados ao amor. Alguém que só pensa no medo e experimenta emoções temerosas acessará dados ambientais relacionados ao medo. E mesmo que estejamos pensando em não pensar em algo, nós nos concentramos nessa coisa independentemente, o que se manifesta em nossas mentes e corações. Assim, registramos e ouvimos continuamente o que estamos programados para ouvir.

O coração de cada pessoa tem um padrão de onda eletromagnética tão único quanto sua impressão digital. Ele não só contém dados sobre o estado atual do corpo, mas também tem memórias codificadas armazenadas dentro das duas redes distintas de nervos do coração. Você pode encontrar provas do fenômeno da memória do coração nos receptores de transplantes cardíacos. É comum que alguém que recebeu o coração de outra pessoa desenvolva mudanças em sua personalidade, gostos, aversões e preferências, provocadas por velhas memórias armazenadas no coração.

O CORAÇÃO E OS RELACIONAMENTOS

Ao encontrar alguém, passamos por uma sincronização do coração e do cérebro com essa pessoa. Nosso estado mental e emocional induz imediatamente a outra pessoa, pois ela lê psiquicamente nossas intenções em um nível energético. Por exemplo, quando viermos de um lugar de amor, verdade e respeito, então o coração de outra pessoa se abrirá naturalmente para nós, e ela retribuirá nossas boas intenções. Se viermos de um lugar do

Ego, e nossas intenções não forem puras, como quando estamos tentando manipular alguém para obter ganhos egoístas, então a outra pessoa naturalmente irá para a defesa. Seus corações permanecerão fechados para nós e, em vez disso, seus cérebros tomarão conta da situação para tentar racionalizá-la.

Se estamos sob estresse e agitados, naturalmente repelimos outras pessoas ao nosso redor enquanto as atraímos quando estamos calmos e em paz. As pessoas são atraídas à positividade porque sabemos intuitivamente que estamos continuamente nos comunicando telepaticamente e induzindo umas às outras com nossos pensamentos e emoções. Este conhecimento é algo com que nascemos, mesmo que não o reconheçamos com nosso Ego.

Considerando o poder eletromagnético do coração e o impacto que a energia amorosa e positiva tem sobre as pessoas que encontramos, não é de se admirar porque naturalmente desejamos ser sociais e formar laços com os outros. Alimentamos e curamos uns aos outros quando nossos corações estão abertos e quando nossas intenções são boas. Somente com boas intenções, podemos penetrar através da barreira do Ego e da personalidade e alcançar a Alma de outro ser humano. Por outro lado, quando nossas intenções são egoístas, nós provocamos ao outro emocionalmente e podemos causar danos a um nível profundo. Neste último caso, o Ego toma conta e não há troca de energias de cura da Alma.

Quando você está em uma disputa com alguém, a melhor maneira de resolver suas diferenças é falar do coração para essa pessoa, que na maioria das vezes retribuirá esta ação. A verdade tem uma maneira de eliminar todos os obstáculos, pois neutraliza toda a energia negativa para que se possa chegar ao "coração da questão", como diz o ditado. Quando há uma abertura no coração entre duas pessoas, não apenas as diferenças se resolvem, mas o vínculo amoroso entre elas se torna mais forte. Por esta razão, viver do coração e ser honesto o tempo todo permite nunca ter arrependimentos e viver com a consciência limpa.

Isolar-se dos outros e não ter contato humano em nível físico e emocional é doloroso e muitas vezes atordoante se passar muito tempo. Precisamos de conexões humanas, inclusive de amizade e intimidade, para nos ajudar em nosso caminho de Evolução Espiritual. As relações românticas são as mais curativas, especialmente se envolvem sexo, já que o sexo é o ato físico de unificação que cria o vínculo mais poderoso quando um coração aberto e intenções amorosas são aplicados.

COMPORTAMENTO HUMANO E CAUSA E EFEITO

Como descrevi no *The Magus*, se você quer desenvolver um verdadeiro poder pessoal, você tem que estar familiarizado com seus Demônios para poder usar suas energias produtivamente quando a situação o exigir. Por exemplo, quando alguém está tentando manipulá-lo, você reconhecerá sua intenção em vez de ser cego a ela e poderá exigir uma reação igual e oposta para neutralizar a Lei do Karma.

Quando falo de Demônios, refiro-me à energia negativa e temerosa que não é da Luz em si, mas que pode promover a agenda da Luz. Embora o que estou dizendo possa soar contraintuitivo (já que muitos de vocês foram ensinados que as energias demoníacas são ruins), não é. A energia negativa não é algo do qual se deve fugir, mas que se deve procurar domar dentro de si. Através da aplicação do Livre-Arbítrio, você pode prontamente usar a energia negativa para obter um resultado positivo. Fazer isso dá asas a seus Demônios, metaforicamente falando.

Estar familiarizado com suas energias demoníacas lhe permite perceber quando você é atacado energeticamente por outros, pesar o tipo de ataque e mobilizar suas forças interiores para enfrentar a ofensa. Lembre-se, devemos punir todo o mal; caso contrário, tornamo-nos cúmplices do mal. A Lei do Karma exige que estejamos vigilantes e fortes quando confrontados com qualquer energia adversária e que apliquemos severidade exata quando ela é exigida de nós. Ao fazer isso, ensinamos sutilmente os outros a se comportarem corretamente, de acordo com as Leis Universais. Cada um de nós tem um dever sagrado para com nosso Criador de tratar uns aos outros com amor e respeito e proteger uns aos outros de todo o mal.

Se fugimos das energias negativas, não conseguimos construir nosso poder pessoal, o que nos tira as habilidades dadas por Deus ao longo do tempo. Cada vez que não punimos o mal por medo do confronto, esse medo se amplia dentro de nós, separando-nos cada vez mais da Luz em nossas Almas. E como a Lei do Carma é cíclica, continuamos a enfrentar os mesmos desafios, uma e outra vez, até acertarmos.

A Lei "Olho por Olho" de Moisés do *The Torah (O Antigo Testamento)* contém o princípio subjacente de que a punição deve se ajustar ao crime. Está de acordo com a Terceira Lei de Newton de Causa e Efeito, baseada na muito anterior Lei Hermética de Causa e Efeito, "Para cada ação (Força) na natureza, há uma reação igual e oposta". Causa e Efeito é o fundamento da Lei do Karma, e implica essencialmente que o que você coloca para fora no Universo, você receberá de volta.

"Você colhe o que você semeia", como diz o ditado - se você faz coisas ruins, coisas ruins acontecerão com você, enquanto se você faz coisas boas, então coisas boas acontecerão com você. Do ponto de vista das relações humanas, se você for positivo e amoroso para com as outras pessoas, você receberá isso de volta delas, enquanto que se você for egoísta e mau, os outros lhe retribuirão o favor. Todos nós somos inerentemente encarregados de expressar a Lei de Causa e Efeito e ser o efeito das causas alheias.

Uma máxima semelhante com a mesma energia subjacente veio de Jesus, que disse: "Você vive pela espada, você morre pela espada", o que significa que a qualidade de sua vida e as escolhas que você faz determinarão seu rumo de vida. Em um nível ainda mais profundo, o ditado de Jesus implica que você atrai o tipo de vida que corresponde com a qualidade de seu coração. Se você demonstrar coragem, força e fortaleza, você pode viver à altura de seu potencial como ser humano espiritual. Enquanto que, se você vive com medo, nunca ficará satisfeito com a qualidade de sua vida e continuamente arranjará desculpas e se sentirá vitimizado. E a melhor maneira de refrear a energia do medo é enfrentá-la em vez de fugir dela. Portanto, precisamos nos tornar cocriadores responsáveis com nosso Criador e integrar os poderes angélicos e demoníacos dentro de nós e dominá-los.

A frase de Jesus "Dê a Outra Face" do Sermão da Montanha (Novo Testamento) refere-se a responder a ferimentos sem vingança e sem permitir mais danos. Em um nível mais sutil, refere-se a perdoar as transgressões dos outros e não se vingar, já que "Deus cuidará disso". Esta frase tornou-se a espinha dorsal de como a Igreja Cristã ensinou seus seguidores a se comportar. Em retrospectiva, porém, a Igreja a implementou por razões políticas.

Ficou claro que a Igreja Cristã doutrinou seus seguidores para ter poder e controle sobre eles, sem ter nenhuma repercussão sobre suas más ações em grande parte da Idade das Trevas e além dela. A Igreja tributou seu povo de forma imoral e os oprimiu enquanto queimava aqueles que desafiavam suas leis. Eles mantiveram o povo emudecido enquanto fechaduravam guerras religiosas e destruíam áreas pagãs para convertê-los ao cristianismo com força.

A frase "Dê a Outra Face", usada incorretamente pela Igreja Cristã como uma Lei Universal, cria pessoas fracas e tímidas que são "capacetes" para outros usarem, já que são ensinadas a nunca defender sua honra e punir o mal que lhes é feito. Deixa todas as ações nas mãos de Deus, o Criador, com a esperança de que a justiça chegue naturalmente e que não precisemos tomar parte na justiça exigente.

A Igreja Cristã ensinou a seus seguidores que Jesus é o Salvador, enquanto que os ensinamentos originais de Jesus eram que cada um de nós é nosso próprio Salvador. Em outras palavras, somos cocriadores conscientes com o Criador e temos a responsabilidade de manifestar a Criação usando nossos poderes dados por Deus e respeitando a Lei de Causa e Efeito. A má interpretação da Igreja foi novamente por razões políticas para tirar o poder pessoal do povo e fazer-se a única força governante.

De acordo com os ensinamentos Qabalísticos, deve-se sempre manter um equilíbrio adequado entre a Misericórdia e a Severidade. A Misericórdia desequilibrada produz fraqueza de espírito enquanto a Severidade desequilibrada cria tirania e opressão. Embora ele tenha sido erroneamente retratado como sendo apenas um Pilar da Misericórdia, Jesus exigiu a Severidade quando necessário. Nunca esqueçamos que quando ele entrou no Templo em Jerusalém e viu comerciantes e cambistas usando-o para lucro financeiro, ele virou a mesa deles em um ataque de raiva para fazer com que o Templo fosse um lugar sagrado.

A Lei "Vire a Outra Face" de Jesus pode ser usada eficazmente, como nos foi mostrado por Mahatma Gandhi, que usou a não-violência para expulsar os britânicos hostis da Índia. A ideia por trás da Lei de Jesus é que a energia negativa, quando projetada, salta de volta para você se a outra pessoa se tornar neutra aplicando a energia do amor e perdoando a transgressão enquanto ela está acontecendo. Uma pessoa deve se tornar um produto de sua própria negatividade se outras pessoas neutralizarem energeticamente seu tratamento imoral.

A Lei de Jesus pode obter o efeito desejado se a pessoa que a aplica for um Ser altamente evoluído espiritualmente como Jesus e Gandhi, que não se tornam emocionalmente rovocados quando alguém os desrespeita. No entanto, isto é uma impossibilidade para o plebeu, já que suas emoções são instintivas, e sua consciência experimenta a dualidade. Portanto, a pessoa comum deve sempre equilibrar Misericórdia com Severidade e aplicar cada força quando necessário. Ao punir o mal, mantemos a integridade da Luz no mundo, o que promove a Evolução Espiritual de toda a humanidade. Somos todos juízes, curandeiros e professores uns dos outros, e isto porque estamos todos interligados no nível mais profundo através do poder eletromagnético de nossos corações.

ABRINDO O CHAKRA DO CORAÇÃO

Ao longo da história antiga, místicos, sábios, iogues, adeptos e humanos espiritualmente avançados, consideravam o coração físico o centro da Alma. Nossa Alma é nossa Luz guia interior, que está ligada à estrela ardente de nosso Sistema Solar, o Sol. Embora o Elemento Fogo corresponda ao Chakra do Plexo Solar, a interação entre Manipura e Anahata Chakras inicia a consciência Solar. No Qabalah, a consciência Solar é representada pela Sephira Tiphareth, cuja localização é entre os Chakras do Coração e do Plexo Solar, pois ele compartilha correspondências com ambos.

O coração físico corresponde ao Chakra Coração, Anahata, localizado no meio do peito. O Chakra do Coração é nosso centro de paz interior, amor incondicional, compaixão, verdade, harmonia e sabedoria. É nosso centro de energia de cura que pode ser aplicado externamente através de práticas de cura práticas como Reiki e Ruach Healing. A energia de cura é aproveitada no Chakra do Coração, mas é enviada através do Chakra da Garganta, que se conecta aos canais de energia nos braços que irradiam para os Chakras das Palmas.

O Chakra do Coração é nosso centro espiritual através do qual podemos acessar energias vibracionais mais elevadas. Como o Chakra do Coração está entre os Chakras Espirituais superiores e os Chakras Elementais inferiores, o amplo espectro dessas energias vibracionais superiores torna-se totalmente disponível para nós quando nossos centros Chakras inferiores e superiores são totalmente ativados, purificados e equilibrados. Por exemplo, se os centros superiores ainda estiverem relativamente fechados, menos Luz derramará nos Chakras inferiores do Sahasrara, impedindo-os de funcionar em seu nível ideal. Como resultado, você terá acesso ao amor incondicional, por exemplo, mas não será capaz de senti-lo nos níveis mais profundos de seu Ser.

O Chakra do Coração é o centro dos Sete Chakras Maiores, que harmoniza nossas energias masculinas e femininas. É nosso primeiro Chakra da Não-dualidade através do qual podemos experimentar o Observador Silencioso dentro de nós que é o nosso Eu Superior, ou Santo Anjo da Guarda. O Santo Anjo da Guarda reside em Sahasrara, mas pode ser experimentado através do Chakra do Coração se Vishuddhi e Ajna estiverem abertos.

Embora Manipura (Elemento Fogo) seja a Sede da Alma, a menos que Anahata (Elemento Ar) seja despertada, a Alma só pode experimentar energias vibracionais mais baixas do Swadhisthana (Elemento Água) e Muladhara (Elemento Terra). Como tal, a Alma se torna muito arraigada na Matéria, diminuindo sua Luz e permitindo que o Ego assuma o controle. Quando Anahata é despertada, a Alma obtém acesso ao Elemento Espiritual, permitindo que ela passe por uma transformação Espiritual se os centros chákricos superiores estiverem abertos.

Figura 59: O Centro do Chakra do Coração

Se transpusermos o modelo dos Chakras Transpessoais e os Sete Chakras Maiores, podemos ver que o Chakra Coração é o centro de todo o sistema chákrico. Nossa fonte de energia cósmica é o Portal Estelar, que se relaciona com a galáxia Via Láctea que contém nosso Sistema Solar entre dezenas de bilhões de outros Sistemas Solares. A Galáxia Via Láctea é uma galáxia espiral, assim como mais de dois terços de todas as galáxias observadas no Universo.

A energia cósmica emana da espiral do Portal Estelar (Figura 59), abrangendo a Estrela da Terra e a Estrela da Alma antes de alcançar os Chakras Maiores. Todo nosso sistema chákrico reflete nossa energia Fonte, que é o Portal Estelar e a Galáxia da Via Láctea. Nós exploramos essa energia da Quinta Fonte Dimensional através do Chakra do Coração no centro da espiral.

Quando nosso Chakra do Coração está aberto, lembramos de nossa Divindade, que é profundamente inerente. Também reconhecemos a Divindade em todos os seres vivos ao nosso redor, incluindo outros seres humanos, animais e plantas, e desenvolvemos a consciência da unidade. Cada ser vivo tem uma Alma, uma célula individual no corpo de um tremendo Ser Cósmico que se expressa através de nosso Sistema Solar, tendo o Sol como centro. Na Qabalah, nos referimos a este grande Ser como *Adam Kadmon*, semelhante à Consciência Cósmica. Adam Kadmon é a soma de todas as Almas manifestadas na Terra como a consciência superior que nos une.

Com um Chakra do Coração aberto, percebemos que nossa existência atual é parte de uma cadeia interminável de vidas, uma vez que nossas Almas são eternas e continuarão a viver além da morte física. Já vivemos muitas vidas diferentes antes e continuaremos a viver assim que nosso corpo físico perecer. Nascemos com este conhecimento, o que nos permite reintegrar a fé como parte de nossa existência quando reativada. E quando se tem fé e amor, eles imediatamente subjugam o medo, já que o medo é a ausência de fé e amor.

Relações saudáveis e equilibradas exigem que sejamos abertos uns com os outros. Um Chakra Coração aberto nos torna generosos e bondosos em palavras e atos, já que somos seres humanos espirituais em nosso núcleo. Ao experimentar a energia espiritual através do Chakra do Coração, desenvolvemos uma genuína compreensão das dificuldades dos outros, permitindo que nos tornemos misericordiosos e perdoadores. Por outro lado, um Chakra do Coração aberto nos dá a coragem de exigir severidade quando a situação o exige, um termo que chamamos de "amor duro". "Se vemos alguém se envolver em atividades imorais, tirando-o do caminho espiritual, naturalmente queremos ajudá-los, o que exige que usemos de misericórdia ou severidade, dependendo da situação.

Ao nos tornarmos Espirituais, trazemos alegria e êxtase para nossas vidas. Aprendemos também a amar e aceitar a nós mesmos, o bom e o mau, o que é o primeiro passo para a transformação pessoal. Se nos escondemos de quem somos, perdemos nosso senso de identidade, o que nos faz perder o contato com nossas Almas. Como tal, nos identificamos com o Ego e operamos unicamente através de sua consciência de baixo nível.

O Ego representa a parte de nós que está separada do mundo. Falta-lhe empatia e se envolve em vícios, enquanto que a Alma é virtuosa, pois faz parte da Unidade de toda a existência. Ao abrir o Chakra do Coração, recuperamos nossa conexão com o estado de Unidade, ativando a cura interior. Como tal, todos os traumas pessoais, incluindo abandono, rejeição, traição, abuso físico e emocional, começam a ser purgados para integrar a consciência espiritual dentro de nossos corações.

Ao curar nossas energias internas, também curamos problemas com o corpo físico, já que as doenças são uma manifestação dos bloqueios de energia chákrica. Podemos enviar conscientemente a energia de cura do Chakra do Coração para qualquer parte do corpo para curar quaisquer desequilíbrios. Quando estamos passando por problemas físicos, é um sinal de que nossos corações não estão suficientemente abertos; ou não nos amamos o suficiente ou não somos suficientemente amorosos para com as outras pessoas. Em vez de nos concentrarmos na doença ou enfermidade, precisamos nos concentrar em canalizar a energia do amor e nos tornar um farol da Luz no mundo.

A abertura do Chakra do Coração nos permite demonstrar paciência e não esperar recompensas imediatas por nossas ações. A paciência é um sinal de que a fé entrou em nossas vidas, e estamos seguindo um caminho mais elevado. A integridade, a ética e uma bússola moral tornam-se nossa força orientadora em vez de sermos guiados pelo Ego e seus desejos. Quando nossos corações nos conduzem, percorremos o caminho da Luz com nossa verdade interior como nosso maior aliado. A sabedoria interior é despertada, nos afastando da mera lógica e da razão para racionalizar nossa existência. Em vez disso, vemos o grande quadro: nosso propósito final na Terra é evoluir espiritualmente e sintonizar nossas vibrações com a Consciência Cósmica de Deus, o Criador.

KUNDALINI E EXPANSÕES DO CORAÇÃO

Quando a Kundalini sopra, abre o Chakra do Coração em sua ascensão, ele maximiza o CEM do coração, parecendo que o Eu se expandiu em todas as direções. O efeito imediato é um aumento do senso de percepção e um despertar do som do silêncio não tocado.

O som interior de silêncio é uma quietude subjacente em comparação com o ruído branco, um som de zumbido constante. É o som do nada, o Vazio do Espaço, que é calmante e relaxante quando nos sintonizamos nele. Sintonizamos o som do silêncio quando estamos profundamente em meditação, embora, com um Chakra do Coração despertando, ele se torne mais acessível.

Como mencionado, o Chakra do Coração é o primeiro Chakra da Não-dualidade - quando a Kundalini entra nele, nos tornamos despertos para o momento presente, o Agora. Esta experiência nos tira imediatamente de nossas cabeças e nos leva ao coração. Desenvolvemos um senso mais elevado de consciência, que é bastante transcendental no início, mas algo a que nos acostumamos com o passar do tempo.

Se a Kundalini subir no Chakra do Coração mas não mais alto, ela cairá de volta para Muladhara apenas para subir novamente no futuro até perfurar os Chakras mais altos e completar o processo de despertar. Uma vez que um despertar Kundalini completo ocorra, e a energia tenha penetrado no Sahasrara, o campo toroidal de uma pessoa é maximizado, resultando na expansão da consciência e na remodelação completa da mente, corpo e Alma. Como o coração e o cérebro são parceiros no governo e manutenção da consciência, segue-se uma transformação em ambos.

Já falei sobre o processo de ativação da energia cerebral uma vez que a Kundalini se eleva permanentemente em sua área central. O cérebro sente como se abrisse por dentro, despertando suas partes latentes. Um processo completo de atualização ocorre em nossa CPU quando os principais centros cerebrais começam a funcionar em um nível mais alto. A sensação de transparência e ausência de peso acompanha este processo, que parece que a cabeça se expandiu em todas as direções.

As expansões do coração ocorrem uma vez que a felicidade intensa e o amor entram no coração. Geralmente não é um processo imediato, uma vez que os Chakras inferiores têm que ser limpos primeiro. Se alguém experimentar um despertar espontâneo da Kundalini, o fogo interno irá purgar naturalmente os Chakras inferiores com o tempo, permitindo que a energia espiritual desça até o coração.

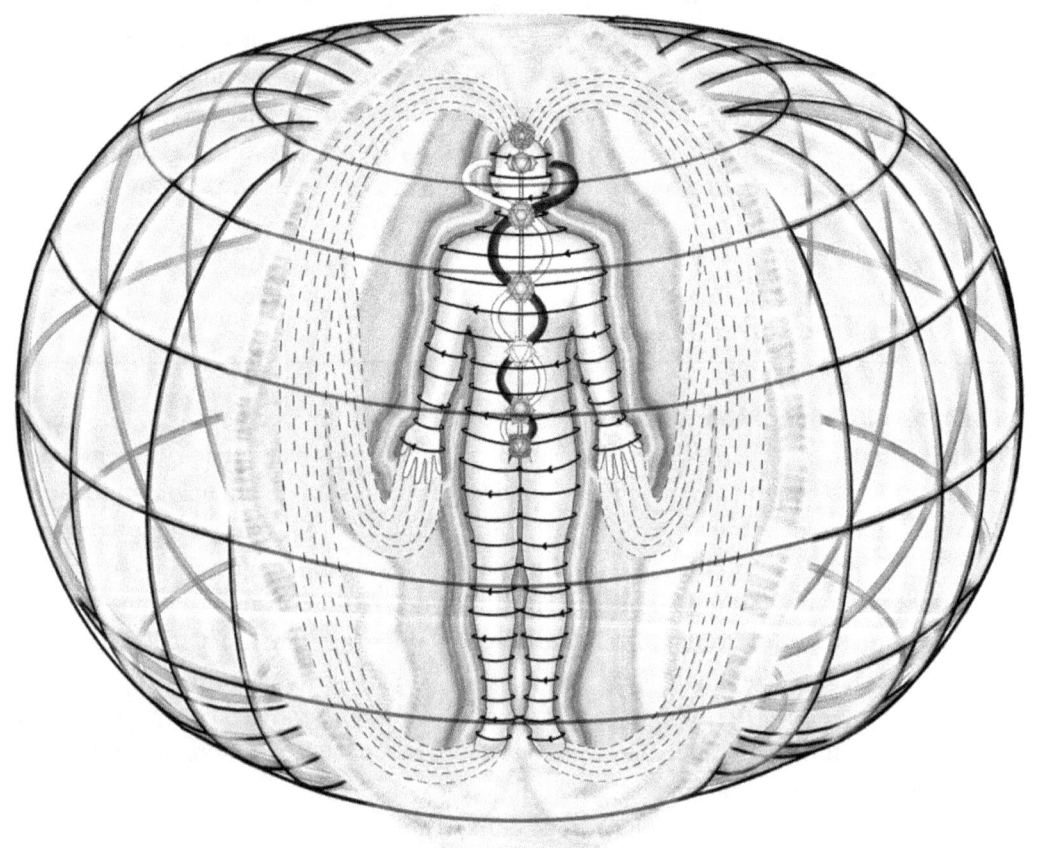

Figura 60: O Despertar da Kundalini e o CEM do Coração

As expansões cardíacas relaxam os músculos e o sistema nervoso, o que pode causar uma sensação de náusea na boca do estômago e fraqueza nos braços e pernas. O CEM do coração pode sentir-se maior, uma vez que o conceito de Consciência Cósmica não é mais uma ideia, mas uma parte permanente da realidade do ser. A Alma sente que não está mais no corpo, mas está presente em todos os lugares. Desenvolve-se uma maior consciência e presença do ambiente em que se encontra. No momento em que colocam sua atenção sobre um objeto externo, ficam absorvidos nele e podem ler sua energia psiquicamente. Este fenômeno resulta da expansão exponencial dos campos eletromagnéticos do coração, permitindo que eles recebam um grau substancialmente maior de informação do ambiente.

O aumento do CEM do coração provoca uma transfiguração no corpo, ativando o DNA latente. Com o tempo, uma vez que o corpo se ajustou às mudanças internas que ocorrem na consciência, o CEM do coração se estabiliza, mas agora está funcionando permanentemente em um nível mais alto (Figura 60).

O batimento cardíaco se torna mais poderoso à medida que o corpo e o cérebro processam mais informações e trabalham mais horas extras para apoiar a consciência recém-expandida. Durante as expansões e atualizações do coração e do cérebro, ele ajuda a aterrar o campo eletromagnético com o campo de energia da Terra. Estar dentro de casa pode ser prejudicial já que nos separa da natureza e dos raios do Sol, que aumentam nossa vitalidade e a capacidade de cura do corpo. Andar descalço na natureza sob o céu aberto, deitado sobre a grama, e estar ao lado de um corpo de água são todos benéficos para prevenir a fadiga física e apoiar um processo de transformação suave.

Uma nutrição adequada é crucial, pois deve-se incorporar frutas e vegetais em suas dietas para alinhá-las com as energias do Planeta. Além disso, tudo o que é natural e orgânico deve ser abraçado, enquanto que o que não for, evitado.

Estimulantes como o álcool e as drogas causarão um desequilíbrio no sistema nervoso e devem ser evitados. A ingestão de café também deve ser moderada, embora uma xícara por dia possa ajudar no aterramento.

A Glândula Timo tem um papel significativo no despertar do Chakra do Coração e nas expansões do coração. Como mencionado, a Glândula do Timo faz parte de nosso sistema linfático e fica entre o coração e o esterno. Quando o Chakra do Coração se abre, nosso sistema imunológico é impulsionado, otimizando a capacidade de combate a doenças de nosso corpo. O corpo não precisa mais gastar reservas de energia extra para se curar, mas pode usar essa energia para purificar o sistema Espiritual.

A Glândula do Timo acorda significativamente durante as expansões do coração, muitas vezes causando uma imensa pressão no peito. Podemos aliviar esta pressão simplesmente batendo na Glândula Timo ritmicamente. Como o coração está experimentando um influxo de energia espiritual, o relaxamento e a euforia varrem o corpo, muitas vezes vindo em ondas alternantes. A pressão sanguínea tende a cair nestes casos enquanto os níveis de histamina e serotonina aumentam. Esta situação indica um momento para rompermos com a vida cotidiana e cuidarmos de nós mesmos e de nossas necessidades. Esperar um desempenho a 100% será impossível; portanto, em vez de combater o processo, é melhor aceitá-lo e ajustar-se de acordo.

As expansões do coração geralmente vêm em fases e podem durar semanas, às vezes meses. Elas podem ocorrer uma vez durante o processo de transformação da Kundalini, embora seja mais comum que elas apareçam várias vezes. A fase de equilíbrio do corpo acompanha as expansões do coração. O sistema nervoso se equilibra elevando os níveis de adrenalina, dopamina e serotonina e aumentando a frequência cardíaca, a pressão arterial e a glicose sanguínea.

O que quer que esteja acontecendo com seu corpo, e não importa onde você esteja no processo de transformação espiritual, lembre-se sempre que é melhor se render a ele. Estar relaxado na mente, no corpo e na alma durante este processo é uma necessidade, pois é inútil racionalizá-lo ou controlá-lo. A rendição completa e absoluta nos ajudará a alcançar a linha de chegada no menor tempo possível e facilitará o caminho mais suave.

PARTE V: SETE MODALIDADES DE CURA DOS CHAKRAS

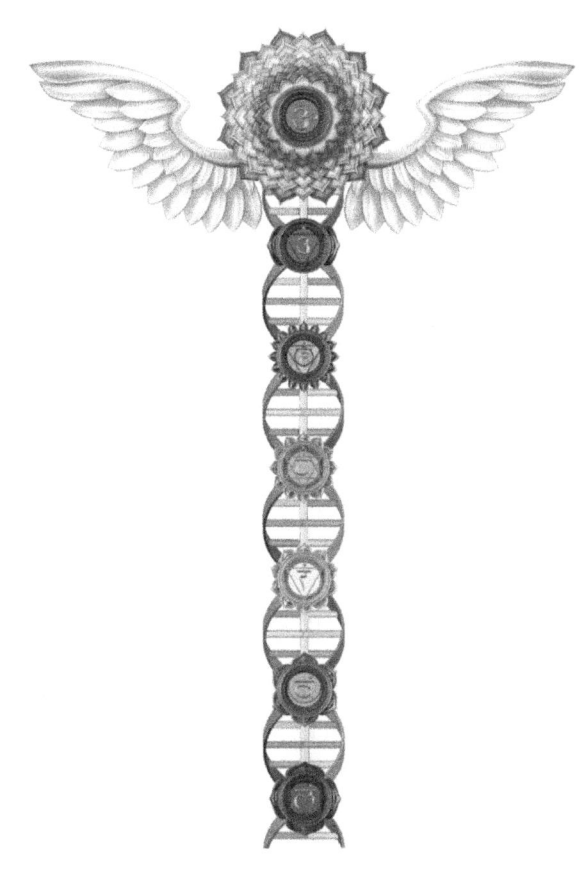

CHAKRAS MASCULINOS E FEMININOS

O Princípio de Gênero do *Caibalion* afirma: "Gênero está em tudo; tudo tem seus Princípios Masculino e Feminino, Gênero se manifesta em todos os Planos". Este Princípio implica que todo ser humano tem uma dinâmica de dupla energia, um componente masculino e um componente feminino - expressado através de seus Sete Chakras Maiores.

Cada um dos Chakras Maiores está associado à energia masculina ou feminina, representando a qualidade de sua essência. As energias masculina (Yang) representam a energia ativa, projetiva, enquanto as energias feminina (Yin) representam a energia passiva e receptiva. Estas energias binárias são uma manifestação de Shiva e Shakti, a Fonte Divina dos Princípios Masculino e Feminino. Em termos científicos, a energia masculina é composta de prótons, enquanto que a energia feminina é composta de elétrons.

Da mesma forma, como todos os Seres do Universo têm um componente masculino e feminino (independentemente do sexo de sua Alma), o mesmo acontece com os Chakras. Em outras palavras, um Chakra nunca é totalmente masculino ou feminino, mas contém aspectos de ambos. No entanto, cada um dos Sete Chakras é dominante em um gênero, pois eles expressam um pólo positivo ou negativo. Os dois pólos de gênero definem a natureza e a função do Chakra, que são invertidos no sistema chákrico de Almas masculinas e femininas. Estou fazendo distinção entre gênero de alma e de corpo de, pois não é raro uma Alma feminina nascer em um corpo masculino, e vice-versa, em nossa sociedade moderna,.

A figura 61 é um esquema que descreve o sistema de Sete Chakras e suas várias partes e funções. Uma coluna central de energia dentro do corpo canaliza a Luz e a irradia alternadamente entre Sahasrara e Muladhara. Sahasrara projeta-se para cima em direção à Estrela da Alma, enquanto Muladhara projeta-se para baixo em direção à Estrela da Terra.

Cada Chakra entre Sahasrara e Muladhara tem uma porção à frente e atrás do corpo que se projeta para o exterior. Quando o Chakra está funcionando bem, ele se projeta mais para fora, enquanto que quando sua energia está estagnada, sua projeção atinge uma distância menor. O Chakra para de girar quando está bloqueado, e sua projeção está mais próxima do corpo. Use o esquema da Figura 61 como referência para os métodos de Cura Espiritual nesta seção, ou seja, o trabalho energético com Varinhas de Cristal e Diapasões.

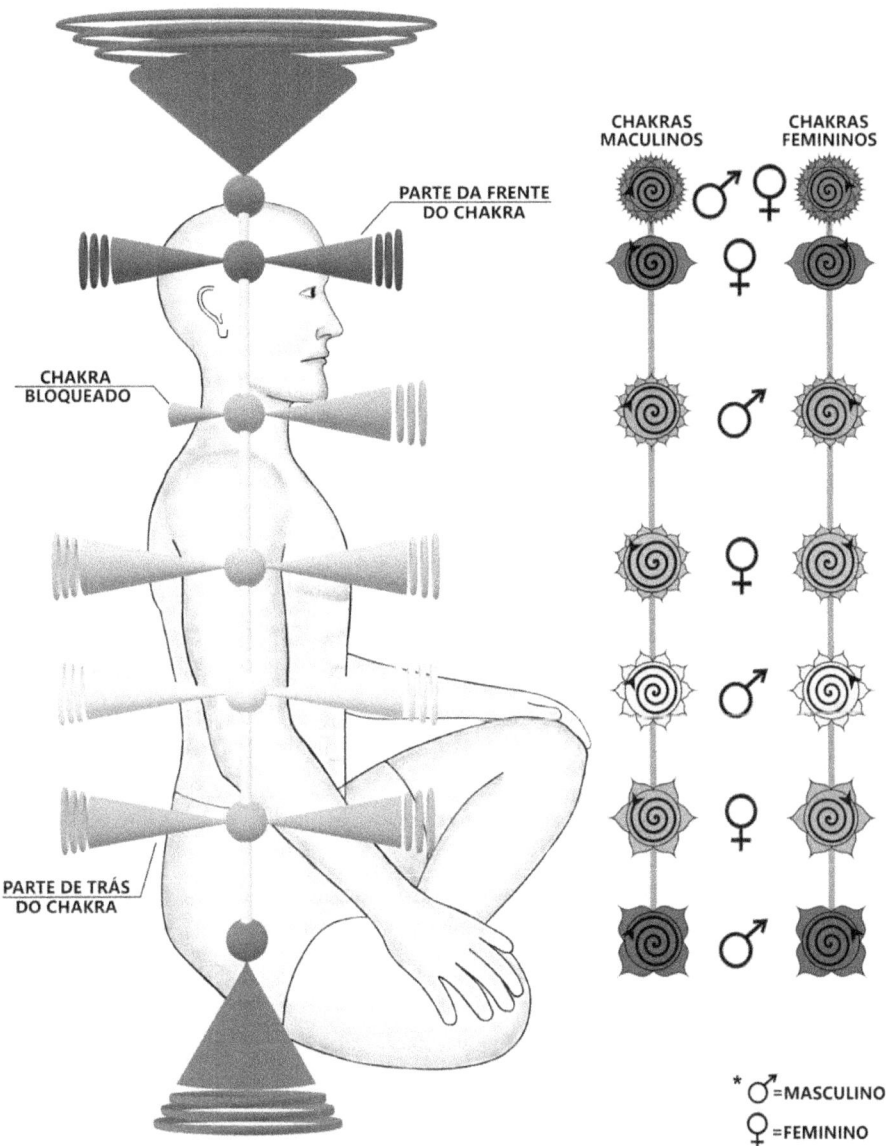

Figura 61: Os Sete Chakras Masculinos e Femininos

Como cada Chakra é uma roda de energia giratória, ele pode girar no sentido horário ou anti-horário, em espiral para fora em um ângulo de noventa graus em relação ao corpo. A direção na qual um Chakra gira é algo inerente a nós desde o nascimento. A origem do giro oposto dos Chakras masculino e feminino começa em Sahasrara, alternando conforme descemos pelos Chakras. Como tal, cada um de nós é ou positivo ou negativo conforme tenha energia masculina ou feminina dominante. Os machos residem mais em seu Primeiro, Terceiro e Quinto Chakras, nos quais são dominantes, enquanto as fêmeas operam a partir de seu Segundo, Quarto e Sexto Chakras.

Tenha em mente, porém, que a direção da rotação de nossos Chakras macho e fêmea não é fixa. Qualquer Chakra pode estar no ato de projetar ou receber, o que afeta sua direção de centrifugação. Os Chakras são como engrenagens em uma máquina onde cada roda se relaciona com todas as outras rodas. Eles trabalham juntos como peças de um motor ou de um relógio, onde cada peça de máquina afeta cada outro componente, e tudo deve estar em sincronia para fazer o dispositivo funcionar. Da mesma forma, cada Chakra deve girar suavemente e a uma velocidade semelhante à de qualquer outro Chakra para dar coerência a todo o sistema de energia.

O desafio para homens e mulheres é equilibrar seus Chakras, trabalhando com seus Chakras não dominantes. Podemos alcançar o equilíbrio dos Chakras através de métodos de Cura Espiritual, mas também nos apaixonando. Quando duas pessoas de polaridades opostas da Alma se apaixonam, suas energias complementares lhes permitem alcançar a unificação em suas polaridades masculina e feminina, dando origem a um estado de consciência mais elevado. Apaixonar-se é altamente benéfico para a própria Evolução Espiritual, o que explica por que isso é tão procurado em nossa sociedade.

Quer um Chakra seja de qualidade masculina, quer feminina, seu poder é otimizado quando ele passa mais tempo girando no sentido horário. Como você vê na Figura 61, o Chakra é dominante quando seu giro é no sentido horário. A energia está se projetando para fora em uma rotação no sentido horário, permitindo que a Luz interna flua através do sistema chákrico de forma mais eficiente. A Luz interna é essencialmente o que alimenta o Chakra - quanto mais Luz se carrega, mais poderosos serão seus Chakras. Por outro lado, quando um Chakra está recebendo energia, ele gira no sentido anti-horário. Neste caso, sua energia não é totalmente utilizada, uma vez que está extraindo energia do meio ambiente ao invés de utilizar sua própria fonte de energia.

Para que os Chakras se mantenham saudáveis e equilibrados, nunca se deve gastar muito tempo puxando energia do exterior, já que energias estrangeiras desconhecidas podem facilmente bloquear um Chakra, especialmente se tiverem uma baixa frequência vibracional. Um Chakra bloqueado causa estagnação no fluxo de energia da Aura e pode até mesmo causar doenças físicas ao longo do tempo. Por outro lado, a projeção constante de energia para o exterior sem gastar o tempo necessário de aterramento e autorreflexão pode esgotar a Aura da energia prânica vital, esgotando a mente, o corpo e a Alma.

No caso de um despertar completo da Kundalini, no entanto, quando o indivíduo estabeleceu uma conexão permanente com Sahasrara, ele canaliza um maior grau de energia de Luz em seus outros seis Chakras otimizados, permitindo que ele seja um curandeiro natural para os outros. Os indivíduos são naturalmente atraídos pelas pessoas de Kundalini despertadas – a pessoa é curada simplesmente por estar em sua presença.

Por outro lado, para manter relações saudáveis, deve haver sempre um dar e receber com igual energia. Devemos nos sentir rejuvenescidos, passando tempo com os outros em vez de nos sentirmos esgotados. Aquelas pessoas que tomam muito energeticamente sem dar nada em troca (quer o façam conscientemente ou não) são chamadas de "vampiros da energia". O conceito de vampirismo veio deste tipo de troca de energia egoísta entre as pessoas; se estamos abertos a tirar energia de amor dos outros, devemos estar abertos a dar nossa energia de amor de volta também a eles.

CARACTERÍSTICAS DE GÊNERO DOS CHAKRAS

Como fonte da energia crua de fisicalidade e ação, Muladhara, o Chakra Raiz, é de natureza masculina (positiva), girando no sentido horário nos machos e no sentido anti-horário nas fêmeas. Para as fêmeas, Muladhara está no modo de recepção; para os machos, no entanto, está no ato de dar energia. Por esta razão, os homens são geralmente o gênero mais dominante envolvido em atividades físicas como o trabalho manual e os esportes competitivos.

Swadhisthana, o Chakra Sacral, a fonte das emoções, é de natureza feminina (negativa); gira no sentido anti-horário nos homens e no sentido horário nas mulheres. O Swadhisthana está no modo receptivo para os homens e no modo projetivo para as mulheres. Como a Swadhisthana é mais dominante nas fêmeas, não é de se admirar que elas sejam geralmente as mais emotivas dos dois sexos.

Como fonte de força de vontade, Manipura, o Plexo Solar Chakra, é da energia masculina (positiva), girando no sentido horário nos homens e no sentido anti-horário nas mulheres. O Manipura está no modo de recepção para as mulheres, enquanto fornece energia para os homens. O domínio do Manipura nos homens levou a uma obsessão pelo poder e controle, como demonstrado historicamente na história das guerras que os homens fechaduraram uns com os outros. Em uma nota positiva, a energia do guerreiro masculino fez deles o protetor e provedor da família desde tempos imemoriais.

A fonte da compaixão e do amor, Anahata, o Chakra Coração, é feminina (negativa) na natureza, e gira no sentido anti-horário nos homens e no sentido horário nas mulheres. Anahata está no ato de receber para os homens e no modo de projetar para as mulheres. As fêmeas estão associadas ao carinho e ao cuidado. Elas podem acompanhar o fluxo da vida ao invés de controlar todas as facetas de sua existência. Como as fêmeas dominam os Chakras do Coração e Sacro, a intimidade é muito mais acessível para elas do que para os machos. A maioria das fêmeas é geralmente o coração de suas relações românticas, enquanto os machos lutam com seus sentimentos.

Vishuddhi, o Chakra da Garganta, o centro da expressão, é da energia masculina (positiva); ele gira no sentido horário nos homens e no sentido anti-horário nas mulheres. Como os homens são dominantes no Chakra da Garganta, não é raro que eles estejam mais alinhados com o propósito e a expressão do que as mulheres, que tendem a ser mais introvertidas.

Sendo o centro da intuição, Ajna, o Olho da Mente, é feminino (negativo) na natureza, girando no sentido anti-horário nos homens e no sentido horário nas mulheres. Nos homens, Ajna está no ato de receber, enquanto nas mulheres, está no modo de dar. Como tal, as mulheres são conhecidas por terem sentidos psíquicos mais elevados do que os homens. Ao longo da história, não é de se admirar que as mulheres fossem as videntes e oráculos, já que elas eram um melhor canal para as energias dos Planos Superiores.

Sahasrara é neutra em termos de gênero, pois é a fonte da Luz Divina. Os pólos positivos e negativos se fundem em uma energia unificada, fazendo de Sahasrara o único Chakra Maior que é Não-Dual. Nos homens, este Chakra gira no sentido horário, enquanto que nas mulheres, gira no sentido anti-horário. Sahasrara é a fonte das energias Divinas Masculina e Feminina. Para ambos os sexos, Sahasrara está no ato de dar a energia da Luz Divina e projetá-la nos Chakras abaixo.

Os papéis e designações entre os gêneros mencionados acima não são de forma alguma fixos, nem determinam os pontos fortes e fracos de um ser humano. Muitos indivíduos masculinos e femininos otimizaram os Chakras nos quais não são naturalmente dominantes e prosperam em áreas que são menos comuns para pessoas de seu gênero. O livre arbítrio supera todas as disposições energéticas e condicionantes sociais; com foco e determinação, os seres humanos podem se desenvolver em qualquer coisa que queiram ser.

EQUILIBRANDO OS CHAKRAS

Quando se trata de Cura Espiritual, ajuda a saber em quais Chakras somos naturalmente dominantes. Podemos desenvolver nossos Chakras não dominantes e alcançar um maior equilíbrio em nosso sistema energético geral, tendo este conhecimento. Afinal, a chave para maximizar o nosso potencial é equilibrar as energias masculina e feminina dentro do corpo. Com isso em mente, ao trabalhar com os Chakras através de práticas de Cura Espiritual, as mulheres devem se concentrar nos Chakras masculinos, ímpares (Primeiro, Terceiro, Quinto), enquanto os homens devem se concentrar nos Chakras femininos, pares (Segundo, Quarto, Sexto).

Quando um Chakra é hiperativo (em excesso de energia) ou se um Chakra é subativo e deficiente em energia, podemos aplicar os princípios masculino e feminino para trazer esse Chakra em equilíbrio. Por exemplo, como o Swadhisthana Chakra tem energia feminina, um desequilíbrio neste Chakra significa que ou se tem uma quantidade excessiva de energia feminina ou se é deficiente em energia masculina. Se o indivíduo se sente excessivamente emocional, ele precisa aplicar a energia masculina em seu Chakra Sacral para obter equilíbrio. Se eles forem frios e distantes e estiverem fora de contato com suas emoções, eles devem usar a energia feminina.

Como o Chakra Manipura tem uma qualidade masculina, se o indivíduo sente um excesso de energia que o deixa agitado e irritado, é um sinal de que o Chakra é hiperativo e precisa de energia feminina aplicada para trazê-lo em equilíbrio. Por outro lado, se o indivíduo está fora de contato com sua força de vontade, ele precisa usar a energia masculina para restabelecer seu equilíbrio.

Seja masculino ou feminino, todo Chakra gira no sentido horário quando está hiperativo e no sentido anti-horário quando está subativo. Portanto, para otimizar um Chakra, devemos encontrar o equilíbrio correto entre suas funções projetivas e receptivas. Entretanto, como mencionado, para que o indivíduo canalize sua Luz interna, os Chakras devem estar projetando energia mais do que recebendo. Fazendo isso, fortalecerá a conexão com a Alma.

ASTROLOGIA E OS SETE CHAKRAS

A astrologia é uma ciência antiga que examina os movimentos e as posições relativas dos corpos celestes (Planetas) em nosso Sistema Solar. A astrologia estava no coração de todas as ciências, filosofia, medicina e Magick para nossos primeiros Ancestrais. De acordo com eles, o Universo exterior (Macrocosmo) se refletia na experiência humana (Microcosmo) - Acima, Como Embaixo. Eles acreditavam que ao estudar as Constelações Estelares e os Planetas, eles podiam adivinhar os assuntos humanos, curar o corpo e até mesmo prever os eventos aqui na Terra.

Os astrólogos acreditam que todo ser humano é influenciado pelos planetas e pelos signos do Zodíaco em que estavam quando nasceram. Eles chamam o plano dessas influências energéticas de nosso Horóscopo, ou Mapa do Nascimento. Nosso Horóscopo nos dá um mapa das energias que compõem nosso Eu geral. Ao nascer, as energias zodiacais ficam presas em nossa Aura, alimentando os Chakras e influenciando nossos desejos, aspirações, motivações, gostos e aversões, e tendências comportamentais. As Estrelas nos fornecem as lições cármicas de que precisamos para evoluir espiritualmente nesta vida.

A essência da Astrologia reside na compreensão do significado dos Planetas, pois eles governam os Signos do Zodíaco e as Doze Casas. Em outras palavras, as forças das Constelações Estelares se manifestam através dos Planetas. Cada ser humano é formado por diferentes combinações e graus de energias dos Planetas. Os Sete Planetas Antigos atuam como entrepostos para a recepção e transmissão das energias estelares. Eles correspondem aos Sete Chakras, enquanto os Doze Signos do Zodíaco representam os aspectos masculino e feminino, dia (Solar) e noite (Lunar) dos Sete Planetas Antigos (Figura 62). Portanto, medindo nosso Mapa Astral, podemos determinar as características de nossos Chakras que moldam nosso caráter e nossa personalidade.

O Mapa Astral é um instantâneo no tempo, um esboço de quem somos e de quem podemos nos tornar. Ao examinar o Mapa Astral, é preciso prestar especial atenção aos Sinais do Sol, da Lua e do Signo Ascendente. Estes três sinais nos dão uma visão extraordinária de nosso foco chákrico na vida, das forças que podemos desenvolver e das fraquezas e limitações que podemos melhorar e superar para evoluir espiritualmente.

A característica Elemental de um indivíduo em seu Mapa astral também determina quanta energia masculina ou feminina eles incorporam, o que impacta sua psicologia. Entretanto, sua aparência física é afetada por seu Ascendente e pelos Planetas que caem na Primeira Casa. Por exemplo, se alguém tem Júpiter em sua Primeira Casa, o indivíduo pode lutar com o ganho de peso, enquanto que se tiver Marte, seu corpo físico será tonificado e musculoso. Estas associações têm muito a ver com os Chakras governantes dos Planetas, que serão explorados em detalhes neste capítulo.

ASTROLOGIA OCIDENTAL VS. ASTROLOGIA VÉDICA

Desde o advento da Astrologia, que é tão antiga quanto a própria humanidade, muitos sistemas astrológicos foram inventados para estudar e adivinhar as Estrelas. Entretanto, os dois mais notáveis que resistiram ao teste do tempo são a Astrologia Ocidental e a Astrologia Védica.

A Astrologia Védica, Hindu ou Indiana, também chamada "Jyotish Shastra" ("Ciência da Luz" em sânscrito), é diferente e mais complexa do que a Astrologia Ocidental. A Astrologia Védica está enraizada nos Vedas e tem pelo menos 5000 anos de idade. Ela usa o Zodíaco Sideral, que se baseia na posição das Constelações Estelares no céu noturno que servem de pano de fundo para os planetas em movimento. Culturas antigas como os egípcios, persas e maias usavam o sistema Sideral para prever com precisão os eventos futuros.

Em contraste, a Astrologia Ocidental é baseada no Zodíaco Tropical, que é geocêntrico; ela segue a orientação da Terra para o Sol, onde os Sinais do Zodíaco são colocados sobre o eclíptico. A Astrologia Ocidental está alinhada com as mudanças das estações; Áries é o primeiro Zodíaco desde que coincide com o primeiro dia de primavera no Equinócio Vernal (Primavera), quando o Sol cruza o equador celeste indo para o norte. Assim, Áries começa o ano Solar, enquanto Peixes o termina ano sim, ano não. A maior parte do mundo moderno adotou o calendário Tropical ou Solar para contar o tempo por causa de sua consistência na correspondência das mudanças de estação.

Portanto, a Astrologia Ocidental avalia o nascimento de uma pessoa usando os alinhamentos das Estrelas e Planetas da perspectiva da Terra, em vez de no espaço, como na Astrologia Védica. A Astrologia Ocidental teve origem na Grécia Antiga com Ptolomeu há aproximadamente 2000 anos. Entretanto, era uma continuação das tradições helenísticas e babilônicas.

Como a Terra oscila e se inclina a cerca de 23,5 graus do equador, ela provoca um deslocamento de 1 grau a cada 72 anos, que chamamos de "precessão dos equinócios". Isto significa que o Equinócio Vernal chega 20 minutos mais cedo a cada ano e um dia mais cedo a cada 72 anos. Enquanto a Astrologia Védica leva em conta essa variação, a

Astrologia Ocidental não o faz. Portanto, enquanto a Astrologia Védica é móvel e dá resultados basicamente em "tempo real" da configuração de Constelações Estelares, a Astrologia Ocidental é fixa e não leva em conta estas mudanças no céu noturno.

Mas é aqui que as coisas se complicam. Embora os dois sistemas estivessem alinhados no advento do Zodíaco Tropical há cerca de 2000 anos, as datas para os Sinais Solares mudaram ao longo dos anos na Astrologia Védica, enquanto na Astrologia Ocidental, eles permaneceram os mesmos. Assim, por exemplo, atualmente, o Áries começa em 13 de abril (este número varia) no Zodíaco Sideral, enquanto que no Zodíaco Tropical, Áries mantém sua chegada em 21 de março.

Portanto, embora os Doze Signos Zodiacais compartilhem as mesmas características e traços, uma vez que suas datas diferem, você pode obter uma leitura totalmente diferente em seu Mapa Astral. Além disso, embora não seja uma parte oficial de nenhum dos sistemas, uma vez que toca no eclíptico, a Constelação de Ophiuchus, o "Portador da Serpente", foi por vezes sugerida como o décimo terceiro signo zodiacal na Astrologia Sideral. Ele se situa entre Escorpião e Sagitário, de 29 de novembro a 18 de dezembro.

Outra diferença essencial entre os dois sistemas é que a Astrologia Ocidental utiliza os três planetas exteriores de nosso Sistema Solar, Urano, Netuno e Plutão, como parte da estrutura planetária. Em contraste, a Astrologia Védica (espelhando a Alquimia Antiga e a Qabalah Hermética) concentra-se apenas nos Sete Planetas Antigos. Entretanto, inclui os Nodos Norte e Sul da Lua (Rahu e Ketu), para um total de nove corpos celestes (Divindades), chamados de "Navagrahas" (Sânscrito para "Nove Planetas"). De acordo com as crenças hindus, os Navagrahas influenciam a humanidade coletiva e individualmente. Portanto, não é raro ver os hindus adorando os Navagrahas em suas casas para superar adversidades ou infortúnios decorrentes de Karmas passados.

A Astrologia Ocidental enfatiza a posição do Sol em um Sinal Solar específico. Ao mesmo tempo, a Astrologia Védica enfatiza a posição da Lua e do Ascendente (Lagna em sânscrito). Além disso, inclui os "Nakshatras" (Mansões Lunares), que é exclusivo deste sistema. Além disso, as Doze Casas fazem parte da Carta de Nascimento da Astrologia Védica, enquanto são secundárias na Astrologia Ocidental. O sistema solar da Astrologia Ocidental é indiscutivelmente melhor para avaliar a personalidade e as características de uma pessoa e as influências planetárias no comportamento e nas percepções. Em contraste, o sistema Lunar de Astrologia Védica é melhor em dar uma visão de seu destino e sina por causa de sua precisão em prever o futuro. Em outras palavras, o astrólogo ocidental é mais um psicólogo, enquanto o astrólogo védico é mais um vidente ou adivinho.

Como nota final sobre este tópico, tendo estudado Astrologia Ocidental durante toda minha vida, posso atestar sua validade e precisão em relação aos meus próprios traços e características de personalidade e outras pessoas com as quais me deparei. Além disso, como o Hermetismo é a principal influência em todo meu trabalho, reconheço a importância da Luz do Sol e seus efeitos na vida na Terra e em nossa natureza espiritual interior e dou-lhe precedência sobre todas as coisas. Por esta razão, a atribuição sazonal dos Signos Zodiacais sempre fez sentido para mim, pois sua colocação refletia a vida metafórica, a morte e o renascimento do Sol do ponto de vista da Terra.

Meu interesse pela Astrologia sempre foi uma forma de psicologia transpessoal em vez de prever eventos futuros em minha vida. Como tal, a Astrologia Ocidental tem sido de grande benefício para mim. Entretanto, se seu interesse na Astrologia for principalmente uma forma de adivinhação, você achará a Astrologia Védica mais benéfica. Dito isto, acho que nenhum dos dois sistemas tem as respostas definitivas. Portanto, para entender completamente a Astrologia, você deve se familiarizar com ambos os sistemas, o que muitos astrólogos sinceros fazem.

OS SETE PLANETAS ANTIGOS

Os Sete Chakras Maiores correspondem com os Sete Planetas Antigos da seguinte forma: Muladhara relaciona-se com Saturno, Swadhisthana com Júpiter, Manipura com Marte, Anahata com Vênus, Vishuddhi com Mercúrio, Ajna com a Lua e Sahasrara com o Sol (Figura 62).

Ao colocar os Planetas em suas posições chákricas, obtemos uma sequência quase exata de sua ordem em nosso Sistema Solar. A única variação é a Lua, colocada em segundo lugar após o Sol em vez de estar entre Vênus e Marte, ao lado da Terra.

Na Árvore Qabalística da Vida, a Lua é a primeira Sephira (Yesod) que encontramos quando vamos para dentro. Como reflete a Luz do Sol, ela corresponde a pensamentos visuais projetados através dos Olhos da Mente - sua porta ou portal para os Planos ou Reinos Cósmicos internos. A Lua representa o Plano Astral, refletindo a realidade Espiritual que o Sol gera na outra ponta do espectro.

Na simbologia alquímica, a Lua e o Sol foram sempre retratados juntos como representantes das energias Universal feminina e masculina. A interação das energias Sol e Lua é encontrada na base de toda a Criação como Alma e consciência - os Elementos Fogo e Água.

Consequentemente, a colocação dos Sete Planetas Antigos na árvore chákrica quase reflete seu arranjo na Árvore Qabalística da Vida, embora ao contrário. Se substituirmos o Planeta Terra no lugar do Sol, temos a Lua a seguir, seguida de Mercúrio, Vênus, Marte, Júpiter e Saturno.

Como mencionado anteriormente, a Luz do Sol é a origem de nossas Almas. A associação entre a Terra e o Sol implica que a realidade Espiritual se reflete na realidade material e vice-versa. Os dois são apenas aspectos opostos do Um.

Se o Sol representa a Alma, então os Planetas são os poderes superiores da Alma que se manifestam através de seus Chakras associados. Eles são os vários componentes do Eu interior e a fonte de todas as virtudes, morais e éticas que compõem nosso caráter. Como diz o *The Magus*, através de nossa conexão com os Planetas e seus ciclos ao redor do Sol, somos um "Microcosmo perfeito do Macrocosmo - um Minissistema Solar que reflete o grande Sistema Solar no qual temos nossa existência física".

Como cada um dos Sete Planetas Antigos corresponde a um dos Sete Chakras, cada Chakra exibe a natureza de seu Planeta dominante. Esta associação é útil para saber ao examinar nosso Horóscopo ou Carta de Nascimento. Como a vida é contínua, o posicionamento dos Planetas reflete os poderes necessários que precisamos para superar nossa energia cármica de vidas anteriores.

Dependendo de qual Signo Zodíaco estava alinhado com um planeta o momento em que um indivíduo nasceu, alguns Planetas são maléficos, enquanto outros são benignos no Mapa Astral. Isto se deve à relação entre os Planetas e os governantes dos Signos do Zodíaco nos quais eles estão localizados. Os planetas são fortes em signos de seus "amigos", ao mesmo tempo em que são neutros em força em signos neutros. Por outro lado, eles são fracos nos signos de "inimigos". Como tal, as radiações planetárias e cósmicas podem impactar positiva ou negativamente seus Chakras associados no Corpo de Luz. Se algum de nossos Planetas for fraco em nossa Carta de Nascimento, seu correspondente Chakra também será fraco. Quando os Chakras são fracos e (ou) bloqueados, problemas de saúde relacionados a esse Chakra são causados.

Em uma nota final, a maioria dos astrólogos ocidentais inclui os planetas exteriores em seus modelos de Horóscopo. Eles igualam Plutão ao lado feminino do Chakra de Marte (Escorpião), Netuno ao lado feminino do Chakra de Júpiter (Peixes), e Urano ao lado masculino do Chakra de Saturno (Aquário).

Os Nodos Norte e Sul da Lua também são frequentemente incluídos. Eles são chamados Caput e Cauda Draconis em latim - a Cabeça e a Cauda do Dragão. Em geral, o Nodo Norte se relaciona com nosso destino e sina nesta vida, enquanto o Nodo Sul se relaciona com o Carma que trazemos para esta encarnação de vidas passadas.

A seguir, a descrição dos poderes planetários em relação aos seus Chakras associados. Para uma exposição mais completa sobre as correspondências planetárias e zodiacais da Astrologia Ocidental, consulte *The Magus*. O conhecimento astrológico aqui apresentado complementa as informações sobre o mesmo assunto em meu livro anterior.

Saturno/Muladhara

Saturno (Shani em sânscrito) é o planeta de movimento mais lento em nosso Sistema Solar, e é por isso que está associado a lições de vida que se relacionam com a passagem do tempo. É o Planeta do autocontrole, da responsabilidade, da diligência e da disciplina, tudo isso dá estrutura às nossas vidas. Sua energia é de base, como o Elemento Terra que ele representa. Saturno representa o Chakra Muladhara masculino.

Saturno nos permite ver a verdade do assunto e nos alinhar com ela. Como tal, ele está muito preocupado com a integridade. A energia saturnina afeta nossa capacidade de manifestar os sonhos e objetivos de nossa vida, inspirando-nos a enfrentar o mundo de frente. Ela também afeta nossos limites e restrições, permitindo-nos viver dentro das restrições da sociedade de uma maneira saudável, porém produtiva.

Saturno contém uma qualidade do ar; estimula a intuição e um profundo conhecimento de uma realidade superior que reina sobre o Universo. Afinal de contas, é o Planeta da fé e do Carma. Uma forte influência da energia saturnina nos permite priorizar nossa Evolução Espiritual sobre os ganhos materiais.

Em termos de corpo, Saturno governa todas as coisas relacionadas à nossa estrutura física, incluindo o sistema esquelético, dentes, cartilagem, glândulas, cabelo e pele. Muito pouca energia saturnina em Muladhara nos tornará infundados e incapazes de nos sustentar. A falta de disciplina e ambição pode nos tornar inertes e internamente conflituosos, impedindo-nos de atingir os objetivos que estabelecemos para nós mesmos. Por outro lado, demasiados Saturno e uma pessoa podem se tornar excessivamente ambiciosos, egoístas, inflexíveis e pessimistas.

Saturno tem uma relação amigável com Mercúrio e Vênus em um Mapa Astral, enquanto é inimigo de Marte e neutro de Júpiter. Além disso, governa os dois signos firmes e confiáveis no Zodíaco: Aquário (Kumbha em sânscrito) e Capricórnio (Makara em sânscrito). Aquarius representa a energia masculina de Saturno, enquanto Capricórnio representa sua energia feminina. Enquanto Aquarius está preocupado com a expressão da força conservadora na vida, Capricórnio está envolvido na sua estabilização.

Se qualquer um destes dois sinais for proeminente em seu Mapa Astral, principalmente se forem encontrados como seu signo do sol, signo da lua ou signo ascendente, você deve prestar atenção ao Muladhara Chakra. Aquário e Capricórnio muitas vezes recebem muita ou pouca energia saturnina e requerem trabalho espiritual em Muladhara para equilibrá-la.

Júpiter/Swadhisthana

O Planeta Júpiter (Brihaspati ou Guru em sânscrito) é um Planeta expansivo e profuso que traz boa sorte, abundância e sucesso. Está relacionado com o Elemento Água e representa as qualidades superiores da consciência cuja energia básica é o amor incondicional. Júpiter corresponde com o Swadhisthana, Chakra feminino.

A energia benevolente de Júpiter inspira autoconfiança, otimismo, cooperação com outros, e o impulso protetor. A energia jupiteriana constrói virtudes que moldam nosso caráter e se conectam com nosso Eu Superior. Ela nos dá um forte senso de moralidade e ética e nos permite crescer na sociedade e ser uma espécie de ativo para os outros. Júpiter instila um senso de compaixão, misericórdia e generosidade dentro de nós, tornando-nos justos e honrados em nossas palavras e ações. Sorte, felicidade e boa saúde são todos os aspectos de Júpiter. Ele governa o crescimento do corpo físico, incluindo o desenvolvimento celular e a preservação dos tecidos moles.

Júpiter é o professor que nos dá sabedoria interior e nos inspira a desenvolver uma visão filosófica na vida. Sua energia positiva nos torna amigáveis, alegres e geralmente bem apreciados pelos outros. Ela nos permite ver o positivo em todas as situações, o que nos dá sucesso nos empreendimentos comerciais.

Se a Swadhisthana é deficiente na energia jupiteriana, a supressão das emoções e da sexualidade se segue, afetando negativamente a criatividade, a autoconfiança e o senso de identidade pessoal. Muito pouca energia jupiteriana pode nos tornar pessimistas, desonestos, tímidos, reservados e geralmente azarados na vida. Por outro lado, o excesso de Júpiter pode nos tornar cegamente otimistas, exfechaduragantes e preguiçosos. A desvantagem de que as coisas são fáceis demais na vida é que não podemos desenvolver força de caráter.

Num Mapa Astral, Júpiter é amigo do Sol, da Lua e de Marte, enquanto inimigos de Mercúrio e Vênus e neutros de Saturno. Além disso, Júpiter governa Sagitário (Dhanus em sânscrito) e Peixes (Mina em sânscrito), ambos signos altamente morais. Sagitário representa a energia masculina de Júpiter, enquanto Peixes representa sua energia feminina. Enquanto Sagitário manifesta a energia criativa na vida, Peixes a expressa. As pessoas que têm um destes dois signos em seu Mapa Astral devem prestar atenção ao Chakra Swadhisthana e seu funcionamento. Se eles forem desequilibrados em seu consumo de energia jupiteriana, podem requerer trabalho espiritual para otimizar este Chakra.

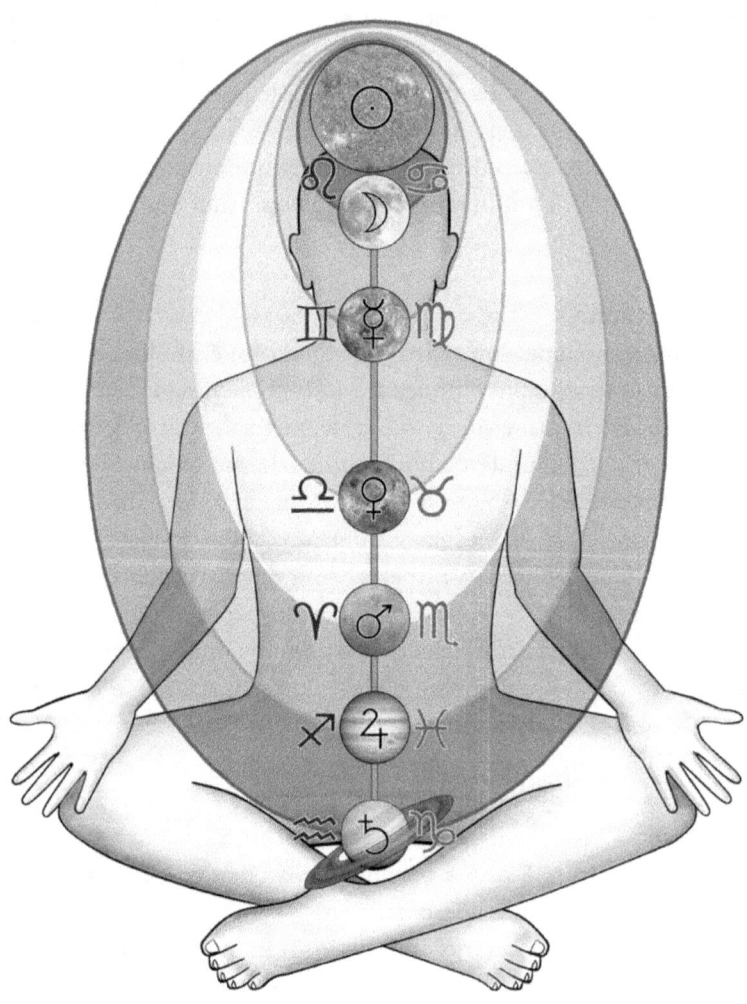

Figura 62: Posições Chákricas dos Sete Planetas Antigos

Marte/Manipura

O Planeta Marte (Mangals, Angaraka, ou Kuja em sânscrito) é o combustível da força de vontade que inicia a ação e a mudança. Ele representa o Elemento Fogo, correspondendo ao Chakra Manipura, masculino. Marte é o Planeta da energia física que governa o impulso sexual. É a fonte de nosso poder pessoal que fornece força e coragem para a mente, corpo e Alma.

Marte é emocionante e dinâmico; dá-nos fortaleza mental e nos torna competitivos com outros seres humanos. Além disso, por ser o Elemento Fogo, nos permite construir crenças fortes que nos ajudam a encontrar o propósito de nossa vida e o impulso para realizá-lo.

Marte também nos dá entusiasmo, paixão e a capacidade de assumir desafios na vida e vencê-los através da determinação e persistência. Ela facilita o crescimento interior e a mudança necessária para continuar a evoluir. A energia marciana está fortemente focada na transformação interior, uma vez que o Elemento Fogo consome o velho para dar espaço ao novo.

Como o Planeta Vermelho, Marte governa os glóbulos vermelhos e a oxidação no corpo. Se Manipura recebe demasiada energia marciana, os indivíduos podem se tornar destrutivos para si mesmos e para os outros. Como tal, eles podem recorrer à raiva, à ira, à tirania, à opressão e até mesmo à violência. Portanto, Júpiter deve sempre equilibrar Marte - o Ego deve ser mantido sob controle pela Alma e suas aspirações superiores. Por outro lado, muito pouca energia marcial resulta em ser intimidado, apreensivo, covarde, duvidoso, excessivamente mutável nas crenças pessoais, sem paixão e ímpeto, e geralmente indiferente aos resultados da vida.

Em um Mapa Astral, Marte tem uma relação amigável com o Sol, a Lua e Júpiter, enquanto é inimigo de Mercúrio e neutro de Vênus e Saturno. Além disso, os dois signos muito ambiciosos e movidos pela ação, Áries (Mesha em sânscrito) e Escorpião (Vrishchika em sânscrito), são governados por Marte. Áries representa a energia masculina de Marte, enquanto Escorpião representa sua energia feminina. Enquanto Áries governa nossa projeção de vitalidade, Escorpião afeta sua preservação. Se um destes dois sinais é proeminente em sua Carta de Nascimento, você deve dar atenção ao Chakra Manipura e verificar seu nível de funcionamento. Para otimizar o Manipura, você precisará de um raio equilibrado de energia marciana.

Vênus/Anahata

O Planeta Vênus (Shukra em sânscrito) é o Planeta do amor, do desejo e do prazer. Vênus é um Planeta alegre e benigno que traz sorte nas amizades e relacionamentos românticos. Ele rege nossa capacidade de aceitar e expressar carinho e apreciar a beleza. Sua energia nos dá apelo sexual, uma vez que rege as artes sedutoras. Já que o amor afeta nosso nível de inspiração e imaginação, Vênus alimenta o pensamento abstrato, de cérebro direito. Ela rege expressões artísticas como música, artes visuais, dança, drama e poesia.

Vênus se relaciona com o Chakra Anahata, feminino, e o Elemento Ar, que rege nossos pensamentos. Os desejos são ou o subproduto de pensamentos vibracionais inferiores do Ego ou pensamentos vibracionais superiores da Alma. Vênus tem uma afinidade com o

Elemento Fogo; o desejo pode facilmente se transformar em paixão que alimenta a criatividade. Também tem uma afinidade com o Elemento Água, uma vez que o amor é uma emoção poderosa. Lembre-se: o ar alimenta tanto o Elemento Fogo quanto o Elemento Água e lhes dá vida.

Como Anahata é a ponte entre os três Chakras Elementais inferiores e os três Chakras Espirituais superiores, Vênus nos ensina a amar sem apego para transcender nossa individualidade e fundir-se com o Espírito cuja essência é o Amor Divino. A energia venusiana nos permite limpar os apegos emocionais ao dinheiro, ao sexo e ao poder criados pelos três Chakras inferiores. Isso facilita a exploração das qualidades expansivas do Elemento Espiritual que podemos experimentar através dos três Chakras superiores, dando-nos níveis mais profundos de compreensão.

Vênus é um Planeta tátil, portanto governa os órgãos sensoriais do corpo. Uma baixa dose de energia veneziana no Chakra Anahata resulta em relações pouco saudáveis, apego extremo às coisas mundanas, autoindulgência e bloqueios criativos. Uma deficiência na energia veneziana cria o medo de não ser amado, tornando-nos inseguros.

Quando os Chakras superiores são utilizados, o indivíduo pode amar incondicionalmente. Entretanto, quando os Chakras inferiores são dominantes, o amor se transforma em luxúria que pode ser destrutiva para a Alma se não for equilibrada por Mercúrio e seus poderes de raciocínio.

Em um Mapa Astral, Vênus é amiga de Mercúrio e Saturno, sendo inimiga do Sol e da Lua e neutra de Marte e Júpiter. Além disso, os dois signos sociais e de prazer, Libra (Tula em sânscrito) e Touro (Vrishabha em sânscrito) são governados por Vênus. Libra representa a energia masculina de Vênus, enquanto Touro representa sua energia feminina. Enquanto Libra representa nossa capacidade de expressar emoções, Touro governa nossa receptividade emocional. Se algum destes dois sinais for influente em seu Mapa Astral, esteja atento ao Chakra Anahata para garantir que ele esteja recebendo um raio equilibrado de energia venusiana.

Mercúrio/Vishuddhi

Mercúrio (Buda em sânscrito) é o Planeta da lógica, da razão e da comunicação, correspondendo com o Chakra Vishuddhi, masculino, e o Elemento Espiritual. Como se relaciona com processos de pensamento, Mercúrio tem afinidade com o Elemento Ar; sua designação correta seria Ar de Espírito. Mercúrio também governa as viagens e o desejo de experimentar novos ambientes.

Como Mercúrio governa a inteligência, ele influencia como uma pessoa pensa e as características de sua mente. Mercúrio modera Vênus e dá estrutura a pensamentos e ideias criativas. Ambos os hemisférios do cérebro são afetados por Mercúrio, embora ele seja dominante no hemisfério esquerdo que lida com o pensamento linear por meio da lógica e da razão.

Mercúrio rege o cérebro, os nervos e o sistema respiratório. Como governa a comunicação verbal e não verbal, como a linguagem corporal, Mercúrio afeta nossa capacidade de expressar nossos pensamentos. Uma forte influência de Mercúrio nos dá boa memória e excelente capacidade de falar e escrever. Ela nos transforma em cativantes contadores de histórias e espertos e astutos negociadores. Como ele governa a voz, nos dá o poder de falar e atuar em público.

Mercúrio reflete como vemos, ouvimos, entendemos e assimilamos informações. Muito pouca energia Mercurial torna Vishuddhi inativo, fechando-se a nós mesmos a partir das informações intuitivas sutis que nos são transmitidas pelos Chakras superiores. As pessoas que têm pouca energia Mercurial perdem a capacidade de expressar sua verdade interior, fazendo-as perder contato com a realidade e viver na ilusão.

Uma deficiência em energia Mercurial muitas vezes resulta em tomadas de decisão erradas, uma vez que devemos pensar inteligentemente antes de agir. Além disso, se não equilibrarmos nossas emoções com a lógica e a razão, pode ocorrer um comportamento neurótico. Nossa capacidade de planejar as coisas em nossas mentes afeta o quão bem podemos manifestar nossos objetivos e sonhos e se nossos resultados serão frutíferos.

Por outro lado, o excesso de Mercúrio pode tornar os indivíduos sarcásticos, argumentativos, manipuladores e excessivamente críticos de si mesmos e dos outros. Mentiras e enganos indicam um Mercúrio desequilibrado, que bloqueia o Chakra Vishuddhi, enquanto falar a verdade o otimiza.

Mercúrio tem uma relação amigável com o Sol e Vênus na Astrologia enquanto é inimigo da Lua e neutro de Marte, Júpiter e Saturno. Além disso, Mercúrio governa os dois signos altamente comunicativos de Gêmeos (Mithuna em sânscrito) e Virgem (Kanya em sânscrito). Gêmeos representa a energia masculina de Mercúrio, enquanto Virgem representa sua energia feminina. Enquanto Gêmeos está envolvido na expressão de ideias, Virgem governa nossa tomada de impressões. Preste atenção ao Chakra Vishuddhi se você tiver algum destes dois sinais em sua Carta de Nascimento. Ele indica a utilização da energia Mercurial e a necessidade de equilíbrio deste Chakra.

A Lua/Ajna

O Planeta Lunar (Chandra em sânscrito) é o Planeta dos instintos, ilusões e emoções involuntárias projetadas pelo subconsciente. É altamente influente nas habilidades mentais superiores, como introspecção, contemplação, autoexame e intuição, porque reflete pensamentos e emoções profundas. A Lua afeta nossas percepções da realidade, uma vez que tudo o que absorvemos deve passar através da mente subconsciente. Sua influência afeta os cinco sentidos da visão, da audição, do paladar, do olfato e do tato.

A Lua corresponde com o Chakra Ajna, feminino, e o Elemento Espiritual. No entanto, ela é afiliada ao Elemento Água - sua designação correta seria Água de Espírito. Ajna tem uma conexão íntima com o Swadhisthana, pois ambos realizam as funções da mente subconsciente que controlam as emoções voluntárias e involuntárias.

A Lua governa a noite como o Sol governa o dia. Ela governa os sonhos, dando clareza às imagens visuais. Como tal, ela também impacta nossa imaginação e nosso pensamento criativo. A Lua é nutridora com uma forte influência no crescimento, fertilidade e concepção. É altamente mutável; num momento, podemos ser frios e distantes enquanto estamos sob o controle da Lua, e no momento seguinte nos tornamos intensamente apaixonados.

No Horóscopo, o signo da Lua reflete nosso Eu interior, emocional e é o segundo em importância apenas para o signo do Sol. Como o Sol é expressivo de nosso caráter, a Lua expressa nossa personalidade. Como ela regula o refluxo e fluxo de todos os corpos de água, a Lua rege todos os fluidos corporais e afeta as flutuações das emoções.

A Lua é nosso núcleo interior que experimenta reações emocionais aos estímulos ambientais. Como representa o subconsciente, a Lua é a parte de nossa personalidade que podemos achar inquietante sobre nós mesmos. Ela dá origem a fantasias e devaneios estranhos, muitas vezes imorais, e provoca reações instintivas como ódio e ciúme. Por outro lado, a Lua também afeta nosso apelo à espontaneidade e desejo de prazeres sensuais. Como dois planetas femininos, a Lua e Vênus têm uma afinidade.

Se o Chakra Ajna do indivíduo é deficiente em energia lunar, seus pensamentos visuais tornam-se obscuros e pouco claros, impactando negativamente a imaginação, a criatividade e o nível de inspiração. Um Chakra Ajna de baixa potência corta a conexão com a intuição e as emoções profundas, permitindo que o medo e a ansiedade assumam o controle. O indivíduo não tem mais orientação interior, o que o torna incapaz de aprender com as experiências da vida, trazendo uma sensação geral de desesperança e depressão. A baixa energia lunar no Chakra Ajna também impacta negativamente os sonhos à medida que eles se tornam monótonos, embaçados e, de outra forma, obscuros. Um método eficiente de receber energia lunar é passar um tempo lá fora em uma lua cheia.

Em Astrologia, a Lua é amigável com o Sol e Mercúrio enquanto neutra com Vênus, Marte, Júpiter e Saturno. Ela não tem inimigos. A Lua governa o sinal intuitivo e sensível, o Câncer (Kataka em sânscrito), que é de uma qualidade energética feminina. Se o Câncer é proeminente em seu Mapa Astral, preste atenção ao Chakra Ajna e seu funcionamento. Pode exigir o equilíbrio do raio da energia lunar através de práticas de Cura Espiritual.

O Sol/Sahasrara

O Planeta do Sol (Surya em sânscrito) é o Planeta da imaginação, inspiração, Espiritualidade e transcendência. O Sol é a fonte de energia prânica que dá vida, Luz e calor a todos os seres vivos em nosso Sistema Solar. Todas as Almas em nosso Sistema Solar emanam do Sol e dependem do Sol para seu sustento.

O Sol corresponde com o Chakra Sahasrara Não-dual e o Elemento Espiritual. Como o Sol é a fonte de Luz para nosso Sistema Solar, Sahasrara é nossa fonte de Luz chákrica. A Luz Branca é nossa fonte de Unicidade, verdade e sabedoria Universal. Ela representa a mente consciente, assim como a Lua representa o subconsciente.

O Sol não só gera Luz, mas também calor. Portanto, ele é afiliado ao Elemento Fogo; sua denominação correta é Fogo de Espírito, implicando que embora esteja além da dualidade, ele tem uma propensão para o princípio projetivo, masculino.

A energia do amor gera um calor calmo e constante, cuja essência é a Luz Branca. Portanto, quando usamos o termo "Consciência Cósmica", nos referimos à Consciência Solar como fonte de amor, Luz, vida e bem-aventurança Divina de nosso Sistema Solar.

O Sol é a expressão fundamental da identidade do indivíduo – o Eu. Como tal, ele é a influência mais crítica em nosso Horóscopo. Ele representa quem nós somos e a essência de nossa Alma. Portanto, o Signo do Sol é nossa energia fundamental que influencia nosso caráter e nossas mais elevadas aspirações.

O Sol dá uma excelente capacidade de liderança. Ele governa o coração, regulando nosso sistema circulatório. O Sol também nos dá vitalidade, harmonia e equilíbrio, pois equilibra todas as energias opostas do corpo. Se somos deficientes na energia do Sol, experimentamos bloqueios no Sahasrara, afetando negativamente todo o nosso sistema chákrico. Os baixos níveis de energia da Luz no sistema chákrico desaceleram o giro dos Chakras, manifestando problemas mentais, emocionais e físicos.

A maneira ideal de receber energia solar é passar um dia ensolarado ao ar livre e permitir que os raios solares alimentem seus Chakras, alimentando sua Aura com energia prânica. O Sol é a fonte da bateria do nosso sistema de energia; sem ele, pereceríamos. Um despertar completo da Kundalini otimiza o Sahasrara Chakra, maximizando nossa conexão com o Sol, permitindo-nos acessar todo o potencial do nosso Sinal Solar.

No Zodíaco, o Sol tem uma relação amigável com a Lua, Marte e Júpiter, enquanto inimigos com Vênus e Saturno e neutros com Mercúrio. O Sol rege o signo de autoridade, Leão (Simha em sânscrito), cuja energia de base é de qualidade masculina. Câncer e Leão, os signos da Lua e do Sol, representam a polaridade básica da mente em termos de emoções e razão, o Eu subconsciente e consciente. Observe se você tem Leão em seu Mapa Atral e como a energia solar está afetando o Chakra Sahasrara. Você pode precisar da Cura Espiritual para equilibrar sua corrente solar e otimizar este Chakra essencial.

CURA E EVOLUÇÃO ESPIRITUAL

Ao entrarmos na Era de Aquário, a Evolução Espiritual (Figura 63) se tornou de suma importância para a humanidade. Desde o advento da Internet e do livre compartilhamento de informações, nossa consciência coletiva evoluiu para compreender que Deus não está fora de nós, mas dentro de nós. Como resultado, questões existenciais que se relacionam com nosso propósito de vida e como alcançar a felicidade real e duradoura prevaleceram sobre nossa busca por acumular riqueza material.

As principais religiões do mundo tornaram-se ultrapassadas, como todas as religiões fazem após algum tempo. Elas não têm mais as respostas para a nova geração de humanos, e muitas estão procurando métodos e técnicas espirituais alternativas para se conectar com Deus, o Criador. Independentemente da religião em que nascem, as pessoas se tornaram abertas a experimentar novas e antigas práticas de cura espiritual, desde que essas práticas forneçam os resultados que buscam.

Caindo no título de "modalidades de cura", estas técnicas terapêuticas alternativas visam equilibrar a mente, o corpo e a alma de forma integradora, promovendo ao mesmo tempo a Evolução Espiritual. Portanto, elas são muito atraentes para as pessoas espirituais e para aqueles que procuram métodos alternativos para tratar questões tanto a nível energético quanto corporal.

Embora todos tenhamos a mesma base energética, temos inclinações diferentes. Alguns de nós são atraídos por certas práticas de cura espiritual enquanto são repelidos por outras. Nossa energia ancestral tem muito a ver com esta propensão, assim como nosso condicionamento ambiental. Por esta razão, meu objetivo nos últimos quatro anos tem sido apresentar as melhores modalidades de cura Espiritual Ocidental e Oriental em *Serpent Rising* e *The Magus*. Eu queria dar às pessoas opções e as instruções mais utilizáveis sobre a aplicação destas práticas espirituais em suas vidas diárias.

Antes de cobrir a ciência e a filosofia do Yoga, quero me concentrar em outras práticas espirituais que recalibram os Chakras Maiores. Ao curar os Chakras a um nível profundo, você otimiza seu fluxo de energia, maximizando a quantidade de energia de Luz que a Aura pode conter. Quanto mais Luz estiver presente, mais elevada será a vibração da consciência, melhorando a qualidade da mente, do corpo e da Alma e promovendo a Evolução Espiritual.

As quatro modalidades de cura que vou focalizar nesta seção são Pedras Preciosas (Cristais), Diapasões, Aromaterapia e Tattvas. Estas são as modalidades de cura que achei mais atraentes para trabalhar e aprender sobre minha jornada espiritual e as que tiveram o impacto mais significativo em mim. Outros métodos de cura incluem, mas não estão limitados ao Reiki, Acupuntura, Qigong, Tai Chi, Reflexologia, Biofeedback, Cura Ruach, Regressão de Vidas Passadas, Hipnose, Meditação Transcendental, e Programação Neurolinguística.

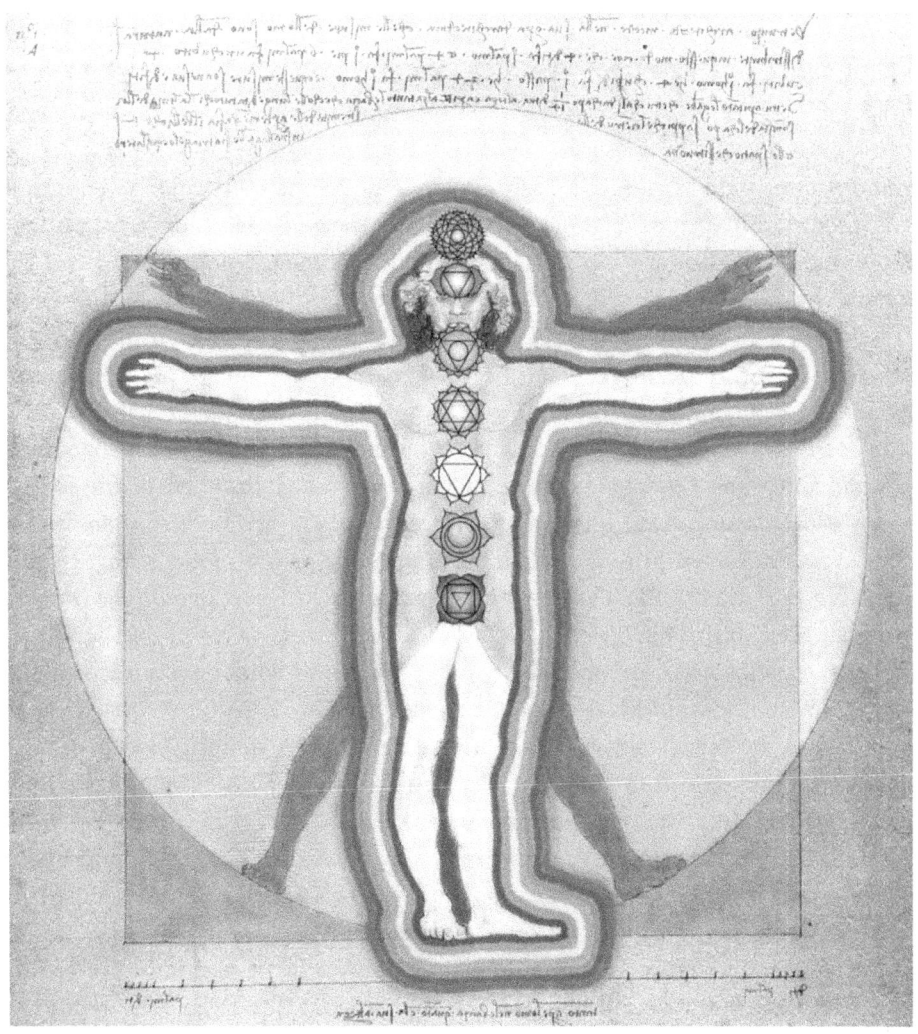

Figura 63: Evolução Espiritual

PEDRAS PRECIOSAS (CRISTAIS)

Formadas dentro do coração da Terra ao longo de Aeons de tempo, as Pedras Preciosas (Cristais) incorporam intensas concentrações de energia. Seu uso terapêutico data de aproximadamente 5000 anos atrás; antigos textos chineses sobre medicina tradicional mencionam as Pedras Preciosas, assim como textos ayurvédicos da Índia. Encontramos evidências do uso de Pedras Preciosas que remontam a antes da história ter sido escrita - mesmo *a Bíblia Sagrada* tem mais de 200 referências a Pedras Preciosas e suas propriedades curativas e protetoras.

Muitas civilizações e tradições antigas, incluindo os Olmecas da Mesoamérica e os egípcios, usavam pedras preciosas em seus locais sagrados, onde encontramos evidências de geração e manipulação de energia. A prática de usar pedras preciosas para curar a mente, o corpo e a alma e proteger a Aura das influências energéticas negativas continua hoje, uma vez que elas ainda estão sendo usadas como uma forma de cura alternativa pelos praticantes espirituais.

Uma pedra preciosa ou semipreciosa é uma pedra produzida pela natureza, encontrada em formações rochosas. Elas são os registros de DNA da Terra, contendo o desenvolvimento da Terra ao longo de milhões de anos. A maioria das pedras preciosas são cristais minerais - pedras semipreciosas que ocorrem mais amplamente na natureza do que as pedras preciosas. Para esclarecer, as pedras preciosas (Rubi, Safira, Diamante e Esmeralda) são consideradas Pedras Preciosas, mas não Cristais, enquanto todos os Cristais existentes podem ser chamados de Pedras Preciosas. Além disso, há certos materiais ocasionalmente orgânicos que não são minerais (âmbar, jato, coral e pérola), mas também são considerados Pedras Preciosas. Devido à sua raridade, cor e composição, as pedras preciosas são muito mais caras no mercado do que as pedras semipreciosas.

"Cura por Cristal" é o termo usado na comunidade espiritual para o uso terapêutico de Cristais - as pedras semipreciosas Gemas. Muitos Cristais têm suas moléculas dispostas de tal forma que criam um padrão geométrico de alguma forma, tornando-os grandes geradores de energia e condutores para uso em sessões de cura. Uma sessão de cura pode ter efeitos positivos que duram dias, incluindo maior consciência, paz interior e calma, maior intuição, empatia, capacidade intelectual e um senso de amor e aceitação para si mesmo e para os outros.

As pedras preciosas são geralmente fáceis de usar, o que as torna bastante atraentes para iniciantes no campo da cura espiritual. No entanto, é necessário um entendimento correto das correspondências de cada pedra para obtê-las ao máximo, uma vez que muitas pedras preciosas se relacionam com múltiplos Chakras. Por esta razão, não é raro ver autores sobre este assunto apresentando relações inconsistentes entre as Pedras Preciosas e os Chakras.

Como mencionado, existem centenas de pedras preciosas e cada uma delas tem sua vibração única e propriedades energéticas específicas determinadas por sua cor e outros fatores. Ao aprender sobre as variedades de Pedras Preciosas e sua aplicação, você pode aproveitar todo o seu potencial de cura. A medicina energética das Gemas utiliza a força de cura inerente ao corpo para nutrir e curar as energias na Aura. Quando colocada sobre o corpo, a vibração do Cristal induz a camada do Corpo Astral Inferior (Corpo Etérico) - o Corpo Sutil mais baixo e mais denso depois do Corpo Físico e aquele que nos liga com os Corpos Sutis mais altos dos Elementos de Água, Fogo, Ar e Espírito.

O Corpo Físico e o Corpo Astral Inferior se relacionam com o Elemento Terra - o ponto de contato para que as energias Cristalinas entrem em nossa Aura. Extraídos das profundezas de nosso Planeta, todos os Cristais têm um componente Terrestre, mesmo que suas propriedades estejam relacionadas a outros Elementos. Por esta razão, o trabalho dos Cristais é muito eficaz no tratamento de enfermidades associadas ao corpo físico. Entretanto, embora possamos usar os Cristais e outras pedras para curar problemas mentais, distúrbios emocionais ou doenças agudas, seu propósito final é nos ajudar a atingir nosso potencial mais alto como seres humanos espirituais.

Como nossos Chakras vibram em uma frequência específica, ele nos torna naturalmente receptivos às vibrações das Pedras Preciosas, já que podemos alinhar nossas vibrações com as deles. As pedras preciosas têm o mais potente efeito vibratório quando colocadas diretamente sobre o corpo em áreas que correspondem aos Chakras Maiores. A energia emitida pelas Pedras Preciosas afeta diretamente o Chakra, removendo assim quaisquer bloqueios ou estagnações dentro dele. Assim, os Chakras recuperam seu funcionamento ideal, o que, por sua vez, facilita o livre fluxo de energia nos Nadis. Em essência, é assim que funciona a prática da Cura de Cristais.

O uso de pedras preciosas não começa e termina com a Cura Espiritual, porém. Também podemos incorporar pedras preciosas para aumentar o poder de outras modalidades de cura energética e até mesmo nos ajudar a manifestar um desejo ou objetivo. Por exemplo, se você quiser um impulso energético enquanto medita, basta segurar uma pedra preciosa na mão com as propriedades correspondentes que você está tentando induzir em sua Aura. Ou, se você deseja atrair amor romântico ou quer um novo emprego ou carreira, você pode conceber um ritual onde você infunde sua intenção em uma pedra preciosa com propriedades que podem atrair essas coisas para você. De fato, como eles se relacionam com o Elemento Terra, os Cristais são ferramentas poderosas para ajudar na manifestação.

As pedras preciosas são essencialmente como baterias com propriedades diferentes que podemos usar de várias maneiras. Outro exemplo de seu uso é acrescentar proteção a uma sala ou infundir energia positiva nela, tornando-a um espaço sagrado. Para elevar a vibração de uma área, coloque pedras preciosas com propriedades específicas em certas partes da sala, especialmente nos cantos ou em frente a uma janela onde entra a Luz. Entretanto, tenha cuidado com o Quartzo Claro em frente a uma janela, pois ele focaliza os raios do Sol e pode iniciar um incêndio.

A colocação de várias pedras preciosas em torno de um espaço cria um padrão de energia em forma de grade que as conecta, irradiando energia para frente e para trás para fornecer os efeitos desejados e influenciar qualquer pessoa que venha a este espaço. Este uso de pedras preciosas existe desde tempos imemoriais e é por isso que as encontramos estrategicamente colocadas em muitos locais dos Antigos de várias culturas e tradições.

Embora as Pedras Gemas tenham muitos usos, nesta seção, vamos nos concentrar principalmente na cura chákrica e no uso de cristais para ajudar no processo de Evolução Espiritual. Lembre-se que ao curar a energia de uma pessoa em um nível profundo, seu estado mental, emocional e físico melhora e sua capacidade de manifestar a vida que ela deseja.

FORMAÇÕES E FORMAS DE CRISTAIS

Os cristais podem ser encontrados em muitas silhuetas e formas com muitas formações naturais como geodos, clusters, cristais de forma livre, e outros que os humanos extraíram e cortaram em formas específicas (Figura 64). Os geodos são formações rochosas arredondadas que expõem um belo interior cristalino, uma vez quebrados ao meio. Os aglomerados, entretanto, são grupos de cristais extraídos de geodos. Cada cluster é especial e único, fazendo com que dois clusters não sejam iguais.

Tanto geodos como clusters possuem poderosas energias vibracionais, já que contêm muitos pontos de Cristal combinados. Ao contrário dos Clusters, no entanto, os geodos têm todas as suas terminações localizadas no interior. Ambas as variedades também vêm em diferentes formas e tamanhos e são frequentemente usadas na decoração devido ao seu apelo visual. Os Clusters são mais frequentemente usados durante as sessões de cura para ampliar e focalizar suas energias naturais.

Os cristais de formal livre, ou "cristais brutos", como são chamados, são pedaços de pedra semipreciosa de forma irregular e não polida. Eles foram cortados e esculpidos em vez de polidos para mostrar a beleza natural de cada Cristal. Os cristais de forma livre de corte menor podem ser usados em sessões de cura. Em contraste, os maiores são mais frequentemente usados para adicionar energia positiva e protetora a um espaço ou simplesmente como elementos decorativos.

As pedras polidas são a forma padrão de cristal cortada e polida no mercado, com formas que variam em tamanho e forma. Geralmente, porém, estão no lado menor, até dois centímetros e meio de diâmetro, tornando-as úteis para a Cura de Cristais, já que podem ser colocadas diretamente sobre o corpo para gerar e manipular energia.

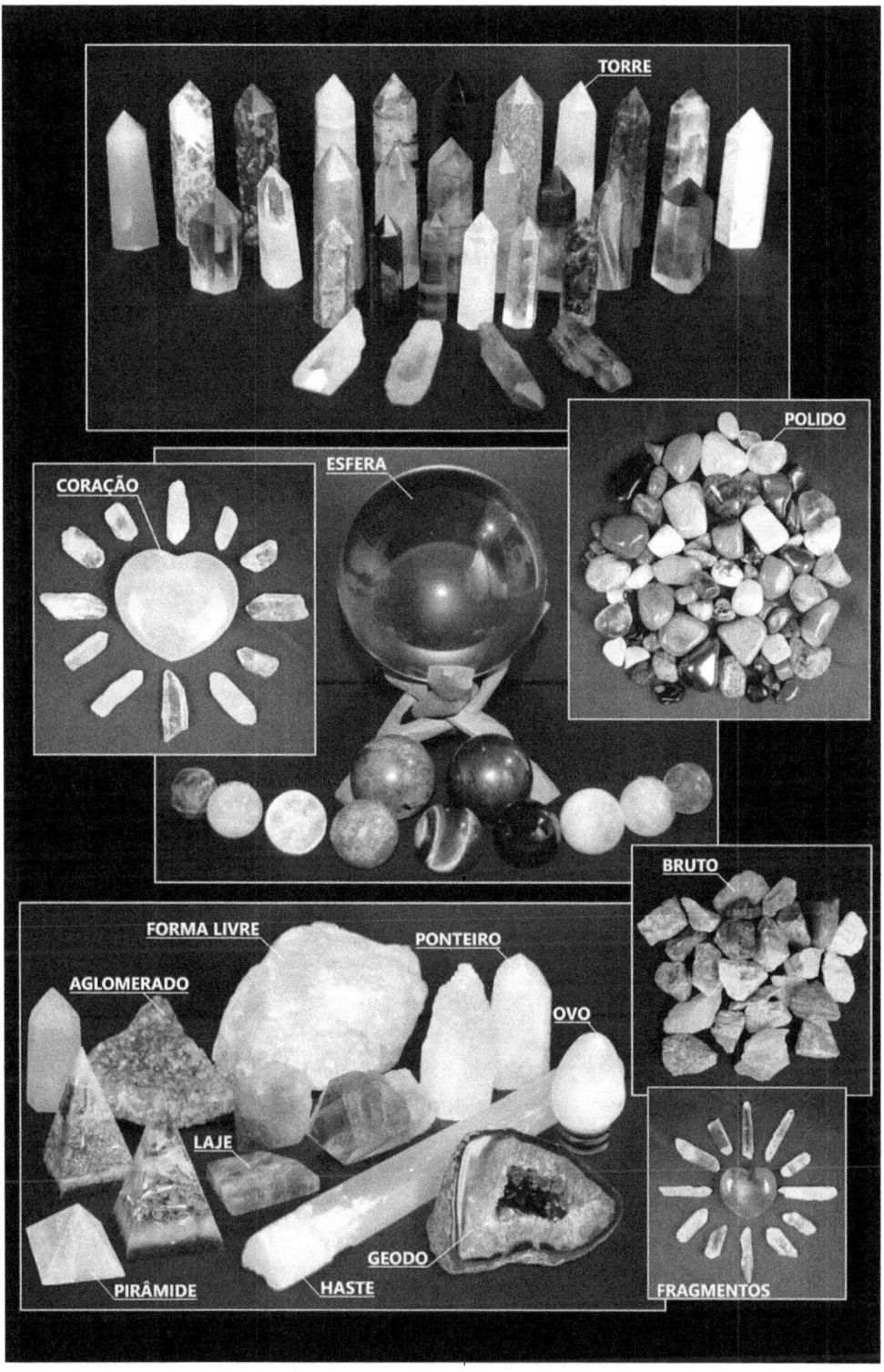

Figura 64: Formas e Formações de Cristal

A seguir, temos Cristais que são esculpidos e polidos em diferentes formas geométricas e simbólicas. Este costume existe há milhares de anos dentro de várias tradições e culturas dos Antigos. Uma vez que todas as formas geométricas direcionam energia de diferentes maneiras, esculpindo um Cristal em uma forma, mudamos sua saída de energia e melhoramos propriedades específicas, permitindo-nos trabalhar com a pedra de mais maneiras. Algumas das formas de Cristal mais amplamente produzidas são os Pontos de Cristal, Varinhas, Corações, Esferas, Ovos, Pirâmides e Fragmentos. Outras formas de cristais menos comumente produzidas incluem hastes e placas, para citar algumas.

As Pontas de Cristal (Torres) são geralmente pedras maiores que terminam em um ponto, gerando energia mais direcionada. São frequentemente de seis ou oito lados e têm a forma de Varinhas de Cristal, mas maiores. As Pontas de Cristal ocorrem naturalmente em muitos tipos de cluster, incluindo Ametista, Quartzo Claro e Citrino. Eles são geralmente cortados na base para ficar em pé e procurados pelos curandeiros de energia, já que carregam mais energia natural. Pedaços maiores de cristais brutos também podem ser cortados até um ponto que direcione a energia. Estes são menos caros que as Torres, tornando-os mais desejáveis para os curandeiros de energia.

As Varinhas de Cristal vêm em uma variedade de formas, tamanhos e tipos. Como os Pontos de Cristal, as varinhas são cortadas até um ponto para ajudar a ampliar e direcionar a energia de um Cristal. Algumas Varinhas são duplamente terminadas com um ponto em cada extremidade do Cristal. Em contraste, as Varinhas de Massagem são totalmente arredondadas e suaves em cada extremidade. As Varinhas de Cristal são normalmente usadas para curar diferentes partes da Aura. Também podemos usá-las para otimizar o giro de um Chakra, como será dado em uma técnica de Cura de Chakra no final deste capítulo.

Os Corações de Cristal são pedras em forma de coração que vêm em vários tamanhos. Geralmente têm propriedades relacionadas ao Chakra do Coração, como o Quartzo Rosa, Malaquita e Aventurina Verde. Eles emitem energia de forma amorosa e suave, dando-nos uma sensação de paz e harmonia. Os Corações de Cristal nos lembram simbolicamente que devemos nos equilibrar e nos centrar sintonizando no Chakra Anahata e permitindo que nossa Alma nos guie na vida. Quando usado em uma sessão de cura, o Coração de Cristal se torna o foco central, pois serve para infundir o Espírito nos Elementos inferiores, trazendo uma completa transformação da mente, do corpo e da Alma.

Uma Esfera de Cristal é um objeto tridimensional, com cada ponto em sua superfície estando a mesma distância do centro. As esferas são reflexivas, emanando energia para o exterior em direções iguais, tornando-as ferramentas perfeitas para a cristalização, também chamadas de "Crystal Gazing" (Olhar de Cristal). "O objetivo da Divinação é receber *downloads* divinos ou visões de coisas que acontecerão no futuro ou obter informações sobre algo que está acontecendo neste momento e que desconhecemos conscientemente.

Os ovos de cristal são similares às esferas de cristal, pois emitem energia de todos os lados, mas com um ponto focal na parte superior. Os Ovos de Cristal contêm um componente simbólico que se relaciona com a transformação e renovação pessoal. Eles ajudam a nos sintonizar em nossa energia feminina, nosso lado receptivo e passivo do Ser conectado ao Elemento Água. Os Ovos de Cristal são conhecidos por nos sintonizar em nossa mente subconsciente, onde a transfiguração Espiritual começa a acontecer pela primeira vez.

As Pirâmides de Cristal são figuras tridimensionais com uma base plana e quatro lados que se encontram em um ponto. Elas extraem energia da Terra e a projetam para cima através do ponto terminal. Podem ser feitas de um tipo de Cristal individual ou uma combinação de diferentes Cristais, como nas Pirâmides de Orgonite que são frequentemente usadas para absorver e proteger da radiação eletromagnética.

Os Fragmentos de Cristal são pedaços menores de cristal bruto, mais frequentemente usados para adicionar energia a outras pedras durante as sessões de cura. Os três tipos mais comuns de Cristais de Cristal são Quartzo Claro, Ametista e Quartzo Rosa. As hastes de Cristal (Palitos) são peças de Cristal não polidas e cristalizadas, cortadas em forma de bastão que variam em tamanho. Como a Selenita é bastante frágil e difícil de ser moldada por máquinas, ela é normalmente vendida nesta forma. E finalmente, as placas de Cristal são cortadas e polidas em fatias de Cristal com lados ásperos que preservam o aspecto natural da pedra. Os tamanhos maiores são geralmente utilizados na decoração, enquanto que os menores (até 5 cm de diâmetro) podem ser utilizados para fins de cura.

VINTE E QUATRO TIPOS SIGNIFICATIVOS DE PEDRAS PRECIOSAS

Âmbar

Esta pedra é criada por resina fossilizada de árvores antigas; ela vem em vários tons de amarelo, ouro e marrom. O âmbar tem propriedades do Elemento Fogo, tornando-o um poderoso curandeiro e purificador do corpo, mente e Espírito. Ele renova o sistema nervoso enquanto equilibra nossas energias internas. Também absorve a energia negativa enquanto nos liga à terra e nos conecta à sabedoria antiga. O âmbar está associado ao Chakra Manipura e ao Planeta Sol. Ela se relaciona com os Signos do Zodíaco de Touro e de Leão. O âmbar nos ajuda a superar a depressão enquanto estimula o intelecto e promove a autoconfiança, altruísmo, autoconfiança, tomada de decisões e paz interior. Esta pedra também nos dá a coragem de estabelecer limites saudáveis em nossas relações, ao mesmo tempo em que nos protege das pessoas que drenam nossa energia.

Ametista

Uma pedra púrpura transparente que aumenta a consciência espiritual ao desbloquear um nível mais elevado de consciência. Vibrando em alta frequência, a Ametista tem propriedades de Elemento Espiritual que criam um anel de proteção em torno da Aura, bloqueando frequências e energias mais baixas. Ametista também ajuda na meditação enquanto aumenta a intuição, a orientação interior e a sabedoria. Aumenta nossas habilidades psíquicas ao estimular os Chakras do Terceiro Olho e da Coroa. Além disso, a Ametista promove o equilíbrio emocional e mental, eliminando a negatividade e a confusão. É conhecida por afastar pesadelos e encorajar sonhos positivos. Ametista está relacionada aos Signos Astrológicos de Aquário e Peixes com uma afinidade com os Planetas Urano e Netuno e com os Elementos Ar e Água.

Água-marinha

Esta pedra verde-azul transparente a opaca tem energias calmantes que reduzem o estresse enquanto acalma a mente e traz consciência Espiritual. Ela nos conecta com os poderes da Água e do Ar, já que está associada ao Planeta Júpiter enquanto tem uma afinidade com Urano e Netuno. O Aquamarine é conhecido por aumentar o poder cerebral e o intelecto. Relacionando-se diretamente com Vishuddhi Chakra, esta pedra melhora nossas habilidades de comunicação enquanto nos dá a coragem de expressar nossa verdade interior. Ela acalma nossos medos e aumenta nossa sensibilidade às energias em nosso ambiente. A água-marinha aguça nossa intuição ao mesmo tempo em que limpa os bloqueios criativos. Ela nos ajuda a construir tolerância e responsabilidade, ao mesmo tempo em que melhora nossas habilidades de resolução de problemas. Esta pedra alinha os Chakras enquanto protege a Aura de energias negativas. Ela limpa a consciência de pensamentos emocionalmente carregados, promovendo harmonia e equilíbrio, tornando-a uma excelente ferramenta para meditação. Aquamarine se relaciona com os Sinais Gêmeos, Escorpião e Zodíaco de Peixes.

Obsidiana Negra

Esta pedra preta escura refletiva vem da lava fundida que esfriou tão rapidamente que não teve tempo de se cristalizar. Relacionada com o Elemento Terra, esta pedra tem um efeito de aterramento e calmante sobre a mente e as emoções, ajudando-nos a permanecer centrados e focados na tarefa em mãos. Sua cor negra atrai o usuário para dentro do vazio do espaço, onde está nossa verdade interior. Como tal, esta pedra de verdade tem qualidades reflexivas que expõem os bloqueios, fraquezas e falhas de cada um. Ela age como um espelho para a Alma que nos dá vitalidade para encontrar o propósito de nossa vida. As propriedades energéticas da obsidiana negra mantêm os pensamentos negativos à distância, promovendo uma visão positiva da vida. Também podemos usá-lo para desviar as energias negativas dos outros e remover influências espirituais indesejadas. Esta pedra se relaciona com o Chakra Estrela da Terra e o Planeta Terra, com uma afinidade com Plutão e o Elemento Fogo. Sua energia é também característica do Signo Zodíaco de Escorpião.

Pedra de Sangue

Esta pedra verde escura a preta com manchas vermelhas semelhantes a sangue ajuda a remover bloqueios de energia da Aura enquanto aumenta a vitalidade, motivação, coragem, criatividade, resistência, resistência e energia geral. Associada ao Planeta Marte e ao Elemento Fogo, a Pedra de Sangue purifica e limpa os três Chakras Elementais inferiores enquanto equilibra o Chakra do Coração. Tem propriedades de base, reduzindo o estresse, a irritabilidade, a impaciência e a agressão, permitindo-nos viver o momento presente. Ele também protege a energia ambiental nociva, tais como as frequências eletromagnéticas disruptivas. Além disso, essa pedra é excelente para melhorar a circulação sanguínea e equilibrar os hormônios, trazendo coerência ao corpo físico. Os soldados antigos usavam a Pedra de Sangue para afastar o mal e para invocar a energia do guerreiro. A Pedra do Sangue está associado a Áries e Peixes, os dois Signos do Zodíaco governados por Marte. Ela tem uma afinidade com o Elemento Terra.

Cornalina

Esta pedra translúcida de laranja a vermelho acastanhado estimula a criatividade e a imaginação, ajudando-nos a dar origem a novos projetos. A Cornalina tem um efeito poderoso nas emoções, portanto está diretamente relacionado ao Chakra Swadhisthana. Conhecida como uma pedra de ação e de avanço na vida, a Cornalina nos ajuda a encontrar soluções ao experimentar bloqueios emocionais. Ele possui propriedades do Elemento Fogo, motivando-nos a alcançar o sucesso nos negócios e em outros assuntos. Também nos ajuda a processar emoções negativas como raiva, ciúme, medo, tristeza, confusão, solidão, enquanto nos protege das energias negativas projetadas de outras pessoas. A Cornalina também pode ser usada como uma ferramenta para nos envolver em expressões criativas, como arte visual, música, dança ou escrita. Esta pedra está associada aos Signos do Zodíaco Áries, Leão e Virgem. Além disso, ela tem uma afinidade com Marte e o Sol.

Citrino

Esta pedra transparente amarelo-laranja traz vitalidade, confiança, coragem, felicidade e alegria para a vida. Como se relaciona com Hara e os Chakras do Plexo Solar, a Citrino é uma pedra muito energizante, impulsionando a energia, criatividade, motivação e habilidade de resolução de problemas. O Citrino funciona bem para o autorrespeito de cada um enquanto promove a expressão de nossa verdade interior. Possui propriedades relacionadas com os Elementos Ar e Fogo. Seus raios dourados de luz extraem inseguranças decorrentes de uma mentalidade negativa e as substituem por positividade. Esta pedra também está relacionada ao Signo Astrológico Gêmeo e ao Planeta Mercúrio. Ela tem afinidade com o Sol, e é por isso que podemos usá-la para energizar todos os Chakras.

Quartzo Transparente

Esta pedra transparente transporta todo o espectro da Luz dentro dela, tornando-a um mestre curandeiro em todos os níveis. Relacionado diretamente ao Elemento Espiritual, o Quartzo Claro pode ser usado para meditação, canalização, trabalho de sonho, cura energética enquanto nos conecta com nosso Eu Superior. Devido a suas propriedades de limpeza profunda, o Quartzo Transparente elimina qualquer energia estagnada e negativa da Aura. Ele promove positividade, clareza mental e emocional, e foco. O Quartzo Transparente aumenta as habilidades metafísicas e nos sintoniza com nosso propósito Espiritual e nossa Verdadeira Vontade. Uma vez que seus usos curativos são muito variados, esta pedra funciona em todos os Chakras. Entretanto, como é muito vibracional, o Quartzo Claro funciona melhor no Chakra Sahasrara e nos Chakras Transpessoais acima da cabeça. Sua energia também amplifica os aspectos positivos de todos os Signos Astrológicos. Podemos usar o Quartzo Claro para purificar, limpar e impulsionar a energia de outros Cristais. Como é facilmente programável com intenção e pensamentos, também pode ser usado como talismã para atrair o que quer que se deseje.

Fluorita
Esta pedra transparente é uma mistura de cores púrpura, azul, verde e transparente. É excelente para neutralizar a energia negativa, desintoxicar a mente e trazer harmonia à mente, ao corpo e à alma. A fluorita realça a genialidade interior, estabilizando a Aura e aumentando o foco. Associada ao Chakra Ajna, esta pedra fundamenta e integra as energias espirituais, aumentando os poderes psíquicos e a intuição. Como eleva a consciência para o Plano Espiritual, o Fluorita é uma boa pedra para meditação e sono profundo. Suas propriedades se relacionam com os Elementos Ar, Água e Espírito, invocadas por suas cores: sua energia verde infunde o Elemento Ar, purificando o coração, o azul traz o Elemento Água, acalmando a mente, enquanto a cor roxa integra as propriedades metafísicas do Elemento Espírito. A energia clara e transparente, a força orientadora da pedra, realinha todos os Chakras e Elementos em um todo integrado, possibilitando um funcionamento mental, emocional e físico em sua capacidade ideal. Além de suas profundas propriedades curativas, a Fluorita é um dos cristais mais impressionantes do mercado, tornando-o uma pedra popular nos lares.

Granada
Esta pedra vermelha rubi transparente a translúcida aumenta a vitalidade, a coragem, a criatividade, a determinação, a mudança e a capacidade de manifestar seus objetivos. Associado a Marte e ao Elemento Fogo, a Granada limpa todos os Chakras enquanto os reenergiza. Ela ativa e fortalece o instinto de sobrevivência enquanto invoca amor incondicional, paixão e devoção Espiritual. Ele fundamenta a energia caótica, equilibrando as emoções e criando uma consciência expandida de si mesmo e do ambiente. É a pedra do despertar Espiritual cuja energia é conhecida por agitar a Kundalini em atividade quando usada lado a lado com práticas yógicas concebidas para despertar esta energia. A Granada também tem fortes ligações com a Glândula Pituitária, pois ela promove a regeneração do corpo enquanto impulsiona o metabolismo, o sistema imunológico e o desejo sexual. Esta pedra está associada com os Signos do Zodíaco Áries, Escorpião e Capricórnio.

Aventurina Verde

Esta pedra verde translúcida é conhecida por manifestar prosperidade e riqueza. Ela amplifica as intenções de se criar mais abundância na vida. Associada ao Chakra do Coração e ao Planeta Vênus, a Aventurina Verde traz harmonia a todos os aspectos do Ser. Ela equilibra a energia masculina e feminina, promovendo uma sensação de bem-estar. Também reforça as qualidades de liderança e decisão, ao mesmo tempo em que fomenta a compaixão e a empatia. A Aventurina Verde aumenta a criatividade, ao mesmo tempo em que permite ver diferentes alternativas e possibilidades. Estabiliza a mente, acalma as emoções e acalma a irritação e a raiva. Esta pedra protege a pessoa de vampiros psíquicos. Como ela ajuda na manifestação, a Aventurina Verde tem poderosas propriedades de Elemento Terra.

Hematita

Esta pedra metálica preta a cinza de aço proporciona uma energia de aterramento e equilíbrio que ajuda a dissolver as limitações mentais. A hematita usa as qualidades magnéticas de nossas energias Yin-Yang para equilibrar os Nadis e trazer estabilidade ao sistema nervoso. Ela remove as energias caóticas da Aura, ao mesmo tempo em que repele os pensamentos negativos de outras pessoas. Também nos dá uma sensação de segurança enquanto aumenta a autoestima, a coragem e a força de vontade. As vibrações calmantes da Hematita fazem dela a pedra perfeita para pessoas que sofrem de ansiedade, estresse e nervosismo. Esta pedra é conhecida por ajudar a superar compulsões e vícios. Seu efeito relaxante sobre o corpo físico melhora nossa conexão com o Planeta Terra. A Hematita está relacionado ao Chakra Muladhara e ao Elemento Terra com uma afinidade com Marte e o Elemento de Fogo. Por estimular a concentração, foco e pensamentos originais, a hematita tem propriedades específicas semelhantes aos Signos do Zodíaco de Áries e Aquário.

Cianita

Esta pedra em azul profundo alinha instantaneamente todos os Chakras e Corpos Sutis. Associada aos Chakras Causal e Estrela da Alma, a Cianita equilibra nossas energias Yin-Yang enquanto remove bloqueios e restaura o Prana ao corpo. A Kyanita traz paz e serenidade; ela elimina toda confusão e estresse e melhora a comunicação e o intelecto. A Kyanita também equilibra o Chakra da Garganta, uma vez que encoraja a autoexpressão enquanto nos alinha com nossa verdade interior. Ela desperta nossas faculdades psíquicas, ativando nossa capacidade inata de comunicar telepaticamente. A cor azul suave da Kyanita nos abre para os Reinos Espiritual e Divino, permitindo-nos contatar nossos guias espirituais, seja através da meditação ou de sonhos. Sua energia é Quinto-Dimensional, ao mesmo tempo em que possui certas propriedades semelhantes ao Elemento Ar. A Cianita é um poderoso transmissor e amplificador de energias de alta frequência que nos desperta para nosso Verdadeiro Ser e propósito na vida. Esta pedra nunca requer uma limpeza energética, pois não pode reter vibrações negativas.

Lápis Lazúli

Esta pedra opaca em azul profundo e escuro com manchas douradas metálicas abre o Terceiro Olho, melhorando a intuição, o discernimento espiritual, a orientação interior e as habilidades psíquicas. Os médiuns frequentemente usam Lápis Lazúli para contatar Planos Cósmicos superiores e melhorar sua capacidade de canalização. Esta pedra é adequada para melhorar a memória e é frequentemente usada em trabalhos de sonho. O Lápis Lazúli tem propriedades de Elemento Água que têm um efeito calmante sobre o sistema nervoso, melhorando a concentração e o foco. Seu uso é benéfico para o estudo e a aprendizagem, pois aumenta a capacidade de digerir o conhecimento e compreender as coisas profundamente. Também se pode usá-lo para superar vícios e traumas, uma vez que promove a cura emocional. Ao harmonizar todos os aspectos do Eu, Lápis Lazúli ajuda a superar o estresse e a ansiedade, facilitando a paz interior e promovendo o sono profundo. O Lápis Lazúli está relacionado ao Chakra Ajna e ao Planeta Júpiter.

Malaquita

Esta pedra verde-escura opaca com faixas verde-claro, verde-escuro e verde-azul protege contra energias negativas enquanto libera padrões emocionais insalubres que impedem nosso Alma de progredir ainda mais. Associado ao Chakra do Coração e ao Planeta Vênus, a Malaquita realinha a mente com o coração, ajudando a pessoa a crescer espiritualmente. Ele invoca amor, compaixão e bondade em nossas vidas, curando traumas passados enquanto elevamos nossas habilidades empáticas. Malaquita nos ensina a assumir responsabilidade por nossas ações, pensamentos e sentimentos, ao mesmo tempo em que encoraja a tomada de riscos e a mudança. É conhecido por se proteger contra a radiação ao mesmo tempo em que limpa a poluição eletromagnética. A malaquita tem um componente terrestre, de aterramento; tem uma afiliação com o Signo do Zodíaco Capricórnio.

Moldavita

Este caroço verde oliva ou verde musgo nos leva além de nossos limites e fronteiras para outras dimensões mundiais. É tecnicamente um Tectita, que é um grupo de vidros naturais formados por impactos de meteoritos. Como tal, a Moldavita está literalmente fora deste mundo. Suas propriedades energéticas são da Quinta Dimensão; elas se relacionam com os Planos Divinos superiores da consciência, que podemos contatar através de uma transcendência completa. A Moldavita nos permite comunicar com nossos Eus Superiores, Mestres Ascensionados e outros Seres altamente vibracionais. Esta pedra também é relatada para nos abrir ao contato Extraterrestre através da consciência. Associada ao mais alto Chakra Transpessoal, o Portal Estelar, as propriedades metafísicas da Moldavita nos permitem transcender o Tempo e o Espaço. Como tal, ele pode ser usado para obter conhecimento relacionado a nossas vidas passadas e para limpar qualquer bagagem indesejada que levamos para esta encarnação. Em um nível mais temporal, a Moldavita nos ajuda a descobrir emoções que nos mantêm presos em situações infelizes na vida. Ele nos permite avançar no sentido de descobrir o propósito de nossa Alma.

Pedra da Lua

Esta pedra branca leitosa com um brilho luminescente é ótima para impulsionar a energia feminina, aumentando a intuição, as habilidades psíquicas e equilibrando nossas emoções. Ela está relacionada aos dois Chakras Maiores femininos, Swadhisthana e Ajna, enquanto diretamente ligada ao Chakra Causal/Bindu. Com propriedades de Elemento Água, a Pedra da Lua nos mantém em equilíbrio emocional, permitindo-nos ir com o fluxo da vida sem estarmos muito apegados. Ela invoca passividade, receptividade e reflexão, permitindo-nos perceber o mundo ao nosso redor sem julgamento. A Pedra Lunar também é conhecida por melhorar os padrões de crença negativos, ao mesmo tempo em que aumenta nossas habilidades empáticas. Seu uso promove um maior senso de consciência e crescimento Espiritual. A Pedra Lunar está relacionada ao Signo do Zodíaco de Câncer e ao Planeta Lunar; sua energia é mais potente quando a Lua está crescente (aumentando) do que minguando (diminuindo). Quando a Lua está cheia, a Pedra Lunar é conhecida por induzir Sonhos Lúcidos. Os povos antigos usavam a Pedra Lunar para ajudar nas questões do sistema reprodutivo feminino.

Jaspe Vermelho

Esta pedra vermelha é excelente para proporcionar proteção e estabilidade à Aura enquanto absorve energia negativa. Ela pode neutralizar a radiação e outras formas de poluição eletromagnética e ambiental também. Sua vibração vermelha e quente aumenta nossos níveis de energia, inspirando uma atitude positiva ao mesmo tempo em que aterra todas as energias indesejadas. O Jaspe Vermelho proporciona coragem para ser assertivo e resistência mental para completar qualquer tarefa. Tem características de Elemento de Fogo; a Jaspe Vermelha está associada ao Chakra Muladhara e ao Signo do Zodíaco de Áries, com afinidade com Saturno. Esta pedra nos sustenta e apoia através de tempos estressantes, trazendo estabilidade emocional e paz de espírito. Ela estimula nossa imaginação, motivando-nos a colocar nossas ideias em ação. Uma vez que dispara nosso sistema energético, o Jaspe Vermelho também regenera e rejuvenesce nossas paixões e nosso desejo sexual.

Quartzo Rosa

Uma pedra transparente a translúcida de cor rosa que equilibra o Chakra do Coração com sua energia amorosa e pacífica. Invoca Amor Divino, misericórdia, compaixão, tolerância e gentileza na Aura. A vibração da cor rosa da pedra ativa uma ponte entre os três Chakras Espirituais superiores e os três Chakras Elementais inferiores. A criação desta ponte é crucial para sintetizar o Eu Espiritual com o Eu físico humano. Com propriedades do Elemento Água, o Quartzo Rosa torna um receptivo, ensinando-nos a amar a nós mesmos e aos outros através da confiança, do perdão e da aceitação. Seu uso é benéfico durante tempos traumáticos, pois acalma as emoções a um nível profundo. É calmante para todo o sistema nervoso, reduzindo o estresse e a ansiedade. O Quartzo Rosa é a pedra ideal para ajudar a atrair um parceiro romântico para sua vida, pois aumenta o nível de amor incondicional no Chakra do Coração. Está relacionado com os Signos

Astrológicos Libra e Touro e com o Planeta Vênus. O Quartzo Rosa também pode ser usado como um auxiliar de sono e curar quaisquer problemas relacionados ao coração físico.

Selenita

Esta pedra reflexiva e branca leitosa é uma ferramenta poderosa para nos sintonizar com os Planos Espiritual e Divino da consciência. Seu uso fornece energia etérea que nos conecta com nosso Corpo de Luz que podemos usar para contatar Seres altamente vibracionais tais como Anjos, Arcanjos e Mestres Ascensionados nestes Reinos Celestiais. Associada à Deusa Grega da Lua, Selene, esta pedra calmante com propriedades de Elemento Espiritual nos cura em todos os níveis: físico, emocional e mental. Atribuído ao Chakra Sahasrara e ao Chakra Estrela da Alma, pode-se usar a Selenita para se conectar com seu propósito Divino e ancorá-lo a sua consciência inferior. Além disso, podemos usar esta pedra para sintonizar com nossa sabedoria inata e realinhar nossa consciência com amor e Luz. A Selenita nos conecta com o ciclo da Lua e nossos Anjos da Guarda e Guias Espirituais.

Quartzo Fumado

Esta luz translúcida até a pedra marrom escura mantém suas energias protetoras enquanto deflete as vibrações negativas. O Quartzo Fumado é conhecido por criar um círculo protetor em torno de si mesmo durante cerimônias e rituais Espirituais. Também podemos usá-lo para desviar as frequências eletromagnéticas emitidas pela eletrônica. Com propriedades de Elemento Terra e Ar, o Quartzo Fumaça é o terreno para todas as conversas mentais enquanto aumenta a concentração, tornando-o um companheiro perfeito para a meditação. Esta pedra ajuda a eliminar o medo, o nervosismo e a ansiedade, ao mesmo tempo em que nos dá uma sensação de segurança. É conhecida por amplificar a energia masculina e os instintos de sobrevivência. O Quartzo Fumado é frequentemente recomendado para tratar a depressão e o estresse emocional, pois expulsa a escuridão enquanto traz energia positiva. O Quartzo Fumado está associado ao Chakra Estrela da Terra e ao Planeta Saturno. Ele também está relacionado ao Signo do Zodíaco Capricórnio.

Sodalita

Esta pedra opaca em azul escuro com listras brancas e pretas é excelente para melhorar a intuição, o psiquismo, a expressão criativa e a comunicação. Em relação aos Chakras Vishuddhi e Ajna, a Sodalita eleva a consciência para o Plano Espiritual, o que traz a mente superior para o nível físico. Ao elevar a percepção espiritual, a adivinhação e as práticas meditativas se intensificam. Com propriedades relacionadas aos Elementos Ar e Água, a Sodalita é uma boa ajuda no estudo, pois remove a confusão mental enquanto aumenta a concentração, o foco e a capacidade de lembrar informações. Além disso, aumenta a capacidade de raciocínio, a objetividade e o discernimento. A Sodalita também estabiliza as emoções, trazendo paz interior, tornando-a uma boa ferramenta para superar ataques de pânico. Além disso, aumenta a autoestima, a auto-aceitação e a confiança em si mesmo. Tem uma afinidade com o Planeta Júpiter e o Signo Zodíaco de Sagitário.

O Olho do Tigre

Esta pedra opaca marrom e dourada com faixas mais claras dessas duas cores combina energias solar e terrestre para invocar confiança, coragem, motivação, proteção e equilíbrio emocional. O Olho de Tigre apoia a integridade, o orgulho, a segurança e nos ajuda a alcançar nossos objetivos e sonhos. Ele está associado ao Chakra Swadhisthana enquanto tem afinidade com os Chakras Muladhara (Terra), Manipura (Fogo) e os Elementos que os governam. Como sua energia está diretamente relacionada ao Sol, o Olho do Tigre desperta a imaginação, ao mesmo tempo em que nos mantém fundamentados em nossas aspirações e perseguições espirituais e materiais. Ele nos conecta com nossas Almas, o que nos capacita e nos abre ao máximo de nosso potencial. Seu uso ilumina nossa visão da vida, trazendo clareza mental e positividade, mesmo quando confrontados com a adversidade. O Olho de Tigre nos ajuda a dominar nossas emoções enquanto liberta sentimentos negativos em relação aos outros, tais como ciúmes. Ele tem afinidade com os Signos do Zodíaco de Capricórnio e Leão.

Turquesa

Esta pedra opaca azul-esverdeada a verde-azulada é excelente para a comunicação, pois ajuda a articular os sentimentos internos enquanto remove bloqueios para a autoexpressão. Está relacionada ao Vishuddhi, o Chakra da Garganta, onde as energias masculina e feminina se equilibram através do Elemento Espiritual. A Turquesa é benéfica para nos conectar com nossa verdade interior, ao mesmo tempo em que nos protege das emoções negativas das pessoas. Com propriedades dos Elementos Ar, Água e Fogo, a Turquesa equilibra as mudanças de humor ao mesmo tempo em que aumenta a inspiração que nos ajuda mentalmente quando experimentamos bloqueios criativos. Além disso, ajuda na canalização de sabedoria superior e na expressão verbal ou através da palavra escrita. A Turquesa está relacionada aos Planetas Júpiter e Mercúrio e aos Signos do Zodíaco de Gêmeos, Virgem e Sagitário. Tem sido uma pedra predominante utilizada na joalheria ao longo dos tempos por causa de suas impressionantes propriedades de cor e energia. Os nativos americanos, especialmente, a usam há milhares de anos para se conectar com as energias cósmicas.

LIMPEZA DE PEDRAS PRECIOSAS

As pedras preciosas tornam-se programadas com energia ao longo do tempo. É de sua natureza fazê-lo, principalmente se tiverem sido manipuladas por outras pessoas ou mesmo por você mesmo quando você estava em um estado de espírito desequilibrado. Portanto, antes de usar as Pedras Preciosas para fins de cura, é crucial "limpá-las" de qualquer energia residual. Limpar uma pedra preciosa irá devolvê-la ao seu estado ótimo e neutro, o que é essencial, especialmente quando se faz uma sessão de cura em alguém novo. Mas mesmo que você esteja realizando a cura em si mesmo, limpar as Pedras

Preciosas frequentemente costuma ajudar, pois elas são mais potentes quando suas energias são repostas.

Discutirei alguns métodos que achei melhor trabalhar para limpar as pedras preciosas. Tenha em mente que se você estiver familiarizado com a forma de limpar a energia das Cartas de Tarô como descrito no *The Magus*, você pode utilizar esses mesmos métodos para limpar as Pedras Preciosas também. A Limpeza da Lua Cheia é especialmente útil, pois os raios da Lua são muito eficientes para dissipar as velhas energias das Pedras Preciosas e devolvê-las à sua vibração ideal.

A maneira mais rápida, mais popular e talvez mais eficiente de limpar uma pedra preciosa é colocá-la em água salgada. A água por si só, especialmente de um riacho natural, funciona bem para limpar uma pedra preciosa, mas quando você a derrama em um copo (não metal ou plástico) e adiciona sal marinho, ela faz uma limpeza mais poderosa. Certifique-se de usar somente sal marinho, pois o sal de mesa contém alumínio e outros produtos químicos.

Certifique-se de que a Gema esteja totalmente submerso na água e deixe-a lá por 24 horas para que tenha tempo de reiniciar completamente. Uma pedra preciosa que requer uma limpeza muito mais profunda e completa pode ser deixada ali por até uma semana. Em seguida, enxague suas pedras preciosas em água corrente fria para remover qualquer sal restante. Recomenda-se descartar a água salgada depois, já que ela teria absorvido as energias negativas indesejadas.

Tenha em mente que, embora a água salgada seja o método mais adequado de limpeza de uma pedra preciosa, ela pode ter um efeito prejudicial sobre algumas pedras preciosas e até mesmo mudar sua aparência e propriedades. Por exemplo, pedras porosas que contêm metal ou têm água nelas não devem ser deixadas em água salgada. As pedras preciosas que devem ser mantidas longe do sal incluem Opala, Lápis Lazúli, Pirita e Hematita, para citar algumas.

PROGRAMAÇÃO DE PEDRAS PRECIOSAS

Além de serem usadas para a cura energética, as pedras preciosas também podem ser programadas com uma intenção específica de manifestar um objetivo. As pedras preciosas são conhecidas ao longo da história para serem usadas como ferramentas para ajudar a conectar pensamentos conscientes com o corpo. Os pensamentos são poderosos porque direcionam a energia. Quando se usa uma pedra preciosa programada, sua frequência ajuda a ampliar os pensamentos e intenções, auxiliando assim o processo de manifestação.

Embora muitas pessoas usem Pedras Preciosas para manifestar coisas materiais para elas, como uma nova namorada ou um carro, eu sempre acreditei que focar em sua transformação espiritual seria mais propício a longo prazo. Afinal, atrair algo para si mesmo que seu Ego deseja, mas que não promove o progresso de sua Alma, irá estagnar seu progresso na Evolução Espiritual, já que você terá que descartar essa coisa eventualmente para seguir adiante. Portanto, se você se concentrar no Iluminação e programar as Pedras Preciosas para alcançar este objetivo, sua vida material se encaixará no devido tempo.

Você pode programar uma Gema para concentrar sua energia em algo que você deseja alcançar ou alterar dentro de si mesmo, ampliando assim sua intenção. Assim, o Gema torna-se um talismã, um dispositivo de energia autogerador (bateria) que acrescenta o combustível necessário à sua força de vontade para atingir seu objetivo.

Encontre um lugar onde você possa estar sozinho para este exercício. Antes de iniciar o processo de programação de um Gema, você deve deixar clara sua intenção ou propósito no que você está tentando alcançar através de sua ajuda. Construa uma frase simples com seu desejo enraizado nela, enquadrado a partir do ponto de vista afirmativo. Se você deseja ajuda para desenvolver uma melhor memória, por exemplo, ou aumentar sua criatividade ou inspiração, deixe sua intenção clara em sua frase. Consulte a Tabela 1 no final deste capítulo para as correspondências entre as Gemas e as expressões/poderes humanos.

Você deve então limpar a Gema e remover quaisquer energias pré-programadas do mesmo. Para fazer isso, execute uma das técnicas de limpeza mencionadas anteriormente. Em seguida, segure a Gema em sua mão e conecte-se com ele, entrando em estado meditativo. Sinta sua energia despejando em seu Chakra do Coração através de suas palmas se tornar um com ele. Uma vez feita a conexão, você pode começar a programá-la.

Fale com a pedra em voz alta como falaria a um amigo. Deixe claro com o que você precisa de ajuda. Se você sentir que sua energia se torna negativa em relação ao que você está pedindo, você precisará encontrar outra pedra. A conexão entre você e a pedra deve ser positiva para que isto funcione.

Agora comece a repetir sua frase, que você usará como um Mantra. Sua sentença é Magicka, pois você a usará para manifestar a realidade que deseja. Continue repetindo o Mantra por alguns minutos e sinta o calor da pedra na sua mão enquanto o carrega. Uma vez que você sinta que carregou a pedra o suficiente com sua força de vontade, termine o exercício.

Agora você tem um dispositivo potente que o ajudará a alcançar o que quer que seja que você precise de ajuda. Guarde a pedra em linho branco e carregue-a com você até que o que você pediu dela se manifeste. Se você sentir que precisa reprogramar a pedra ou acrescentar mais carga a ela, você pode sempre segurá-la em sua mão, fazer uma conexão e repetir seu Mantra para programá-la ainda mais.

CURA DOS CHAKRAS COM PEDRAS PRECIOSAS

A seguinte técnica de Cura de Cristal pode ser feita em você mesmo ou em outras pessoas. Ao fazê-lo sobre si mesmo, crie um espaço no qual você possa relaxar e meditar sem ser incomodado. Se você quiser queimar algum incenso para colocar você no estado de espírito correto, então faça isso. Você precisará estar deitado confortavelmente para este exercício, então use um travesseiro se desejar. Você deve estar em um estado de espírito relaxado e meditativo, praticando a mente atenta.

O controle da respiração é um dos componentes essenciais para entrar em um estado de espírito meditativo, que é um pré-requisito quando se trabalha com todas as modalidades de Cura Espiritual. Para obter resultados ótimos, use a técnica de Quatro Respirações (Sama Vritti) que você pode encontrar no capítulo "Exercícios Pranayama", na seção de Yoga deste livro. Este exercício de respiração irá acalmar suas energias internas e elevar a vibração de sua consciência, abrindo-o para receber a cura. Você pode usá-lo isoladamente por alguns minutos antes e durante a sessão de cura para se manter equilibrado.

Se você estiver realizando a Cura de Cristal em outra pessoa, você pode incluir um componente de cura prático a este exercício para obter resultados ótimos. Entretanto, seria útil se você determinasse quais Chakras requerem atenção extra antes de iniciar o exercício de Cura de Chakras. Esta informação também pode ser aplicada se você desejar adicionar o uso de Varinhas de Cristal para otimizar o giro dos Chakras.

Escaneie cada Chakra usando a palma de sua mão não dominante para intuir se ele está funcionando bem ou se sua energia está estagnada. Chakras que funcionam bem têm uma bola de energia com calor constante emanando deles que você pode sentir em sua mão de escaneamento à medida que a pressão intensifica o contato mais consciente que você faz com ela. Entretanto, os Chakras que estão estagnados criarão muito pouca ou nenhuma pressão em sua mão de escaneamento.

Método de Cura do Chakra com Preciosas (com Elementos Adicionados Opcionais)

Para iniciar o exercício, coloque uma pedra preciosa correspondente em cada um dos sete pontos do Chakra Principal (na parte frontal do corpo) enquanto se deita. (Use a Tabela 1 para obter esta informação.) Para Sahasrara, coloque uma Pedra Gema acima da cabeça. Para Muladhara, você pode colocar uma pedra preciosa sobre seus genitais ou logo abaixo, na área entre seu períneo e cóccix. Se você estiver trabalhando com os Chakras Transpessoais, coloque o Cristal Estrela da Alma quinze centímetros acima do topo da cabeça enquanto coloca o Cristal de Hara diretamente no topo do umbigo (Figura 65). O Cristal Estrela de Terra deve ser colocado 15 centímetros abaixo dos pés. Se você estiver fazendo este exercício sozinho e estiver tendo dificuldades em colocar os Cristais em seu corpo, você pode obter assistência de outra pessoa.

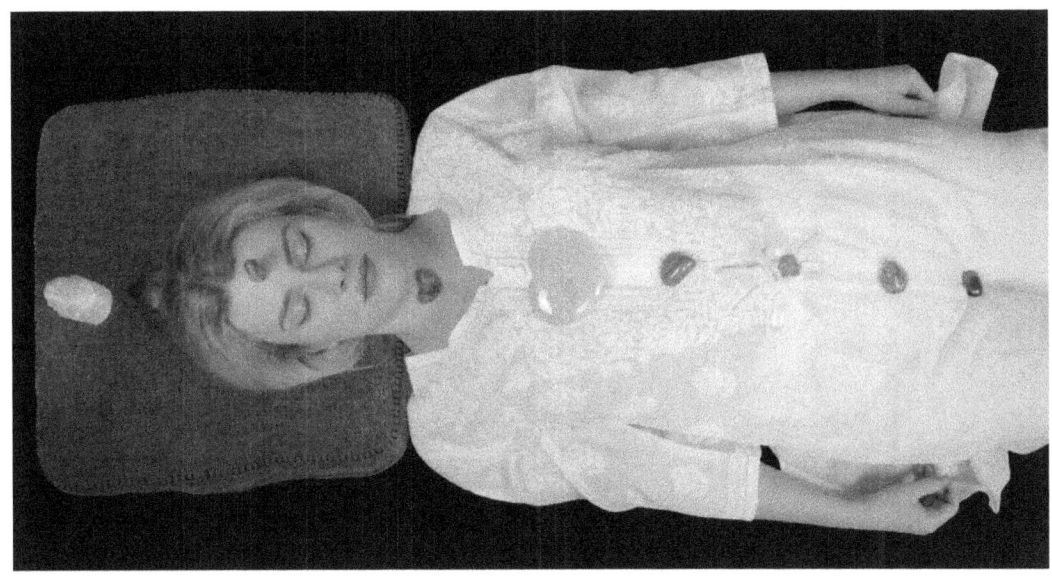

Figura 65: Colocação de Pedras Preciosas nos Chakras

Uma vez colocadas as pedras preciosas, feche os olhos e relaxe, acalmando sua mente por 10-30 minutos. Quanto mais tempo você der a este exercício, mais energia de cura você obterá. É essencial fazer pelo menos 10 minutos para que a energia nas Pedras Preciosas infunda os Chakras de forma eficiente. Este exercício tem um efeito quantificável, o que significa que quanto mais tempo você o fizer, mais cura você receberá. Para começar, é melhor começar com menos tempo e depois adicionar mais tempo à medida que você repetir o exercício. Idealmente, seria melhor se você repetisse este exercício diariamente. Deixe que seu Eu Superior o guie neste processo.

Durante a sessão de cura, pratique tomando consciência de qualquer resposta de seu corpo ao tratamento de cura. Sua atenção pode ser atraída para uma ou mais pedras preciosas onde elas podem sentir-se quentes ou frias, pesadas ou leves. Você pode sentir formigamento ou leves descargas elétricas, geralmente nas áreas onde a Pedra Gema está colocada, mas mesmo em outras áreas do corpo. Basta notá-las e soltá-las. Não se detenha no que você está experimentando. Este exercício deve fazer com que você se sinta calmo e relaxado, mas também aterrado. A energia das pedras preciosas estimulará seus pensamentos e emoções. Independentemente disso, concentre sua atenção em manter sua mente quieta.

Opção#1-Caracos de Cristal

Uma técnica poderosa para ampliar a cura em um Chakras específico (ou Chakras) é adicionar quatro, oito ou doze Pedras de Cristal de Quartzo Transparente ao redor de um Chakra Gema para intensificar suas propriedades curativas. Quanto mais Pedras de Cristal de Quartzo você acrescentar, maior será o efeito. Você pode usar esta parte do exercício em si mesmo ou em outras pessoas. Cada Pedaço de Cristal de Quartzo deve estar apontando em direção ao Pedra Gema central, que concentrará a energia no Chakra escolhido de forma mais eficiente, ampliando e intensificando grandemente o poder de cura.

Figura 66: Amplificação de um Cristal com Fragmentos de Quartzo Transparentes

Por exemplo, você pode aumentar o poder do Cristal colocado no Chakra do Coração, como um Quartzo Rosa ou Malaquita, já que este é o Chakra do Elemento Ar que harmoniza os três Chakras inferiores de Fogo, Água e Terra enquanto infunde o Elemento Espírito. Usar um Cristal do Coração para este fim pode ser benéfico, especialmente um Cristal maior que se torna o foco da sessão de Cura de Cristal. Também pode ser benéfico ampliar o poder de um Cristal de Chakra Hara (Figura 66), como um Citrino ou uma Pedra do Sol. Fazendo isso, aumentará a quantidade de Prana em seu corpo, que pode ser usado para vários propósitos, como o de alimentar a mente ou curar o corpo.

Opção#2-Cura Mão na Massa
Se você estiver realizando a Cura de Cristal em outra pessoa, você pode usar o tempo enquanto ela está deitada em silêncio para praticar a cura prática em seus Chakras (Figura 67). Usando seus Chakras de Palma, você pode enviar intencionalmente energia de cura para qualquer Chakra que precise de trabalho ou em todos os Chakras, gastando alguns minutos em cada um deles se você tiver como objetivo equilibrá-los.

Ao fazer a cura prática, é necessário gerar energia prânica no peito, o que requer que você chame a atenção para seu centro e respire a partir dos pulmões. Canalize esta energia agora através de suas mãos, imaginando a energia de cura irradiando de seus Chakras de Palma e infundindo o Chakra visado. Você deve sentir o calor vindo de suas mãos e ocasionais choques leves na superfície de sua palma, se estiver fazendo isso corretamente.

Figura 67: Envio de Energia de Cura através das Palmas

Opção#3 - Varinhas de Cristal

Um método poderoso para otimizar o giro dos Chakras é a utilização de Varinhas de Cristal. Esta técnica pode ser usada em si mesmo ou em outras pessoas. Se você estiver fazendo uma sessão de Cura de Cristal em outra pessoa, você pode incorporar esta técnica nos Chakras que precisam de atenção extra. Ajuda se você já tiver escaneado cada um dos Chakras antes de iniciar o exercício. Como você precisará mover a Varinha de Cristal circularmente para otimizar o giro de um Chakra, você também precisará determinar se o Chakra que você deseja trabalhar em giros no sentido horário ou anti-horário. (Use o diagrama da Figura 61 para obter esta informação).

Coloque a Varinha de Cristal em frente ao Cristal que fica sobre o Chakra visado. Certifique-se de que as propriedades da Varinha de Cristal correspondem ao Chakra ou use uma que possa ser usada em todos os Chakras, como uma Varinha de Quartzo Transparente. Agora, comece a movê-la ou no sentido horário ou anti-horário. Ao trabalhar mais perto do corpo, seus círculos devem ter um diâmetro menor do que se você estiver trabalhando mais longe, já que cada Chakra se projeta para fora de uma forma semelhante a um cone. Você também pode puxar para fora de forma espiralada, traçando o Chakra que projeta para fora.

Ao fazer contato com a cabeça de flor do Chakra, você cria um vórtice de energia na Aura cujo movimento otimiza o giro daquele Chakra em particular. Para melhores resultados, gaste de cinco a dez minutos em cada Chakra que precisa de trabalho. A menos que você esteja realizando esta técnica em si mesmo, você pode trabalhar em dois Chakras de cada vez (Figura 68).

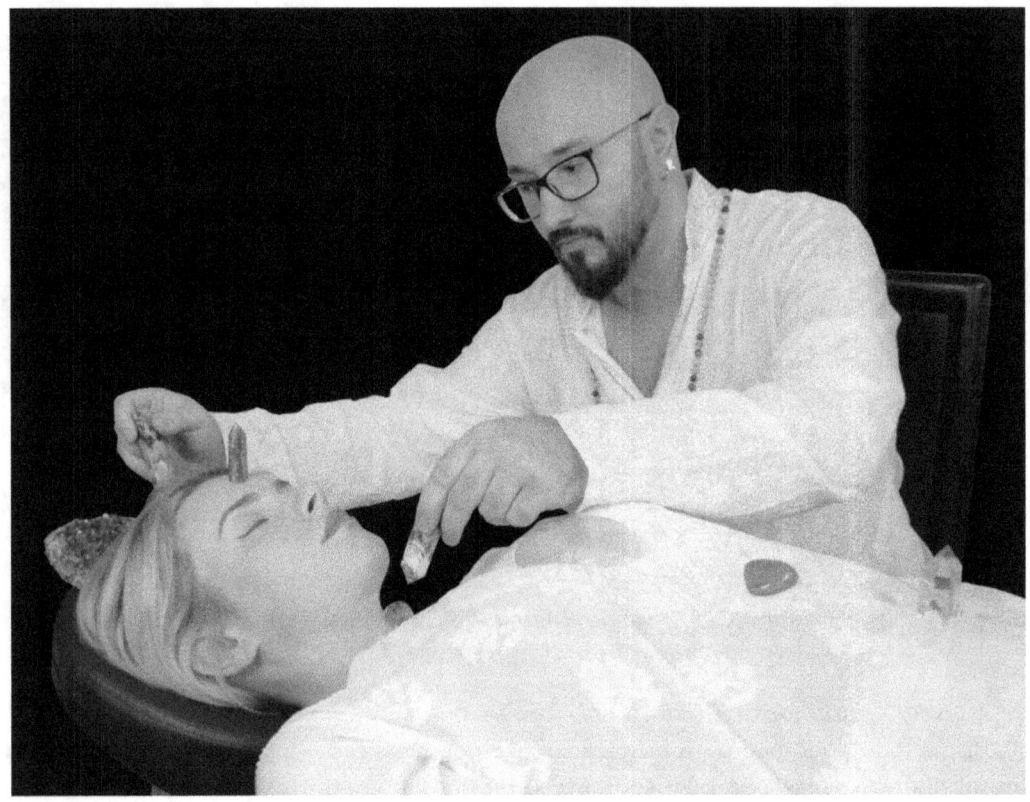

Figura 68: Otimização da Giro dos Chakras com Varinhas de Cristal

Uma vez concluído o exercício de Cura de Cristal, remova as Pedras Preciosas do seu corpo. Seus Chakras serão infundidos com nova energia, que você poderá sentir fortemente pelo resto do dia. Qualquer energia em excesso se dissipará durante o sono enquanto seus Chakras retêm alguma da energia para o dia seguinte ou dois. Sua consciência pode notar uma mudança em sua energia imediatamente, dependendo de quão sensível você é psiquicamente. Considerando que você está sintonizando os Sete Chakras Maiores neste exercício, você se tornará equilibrado em mente, corpo e Alma. Mas este efeito é apenas temporário, e é por isso que eu o aconselho a realizar este exercício com frequência.

DIAPASÕES

Durante milhares de anos, todas as culturas e tradições falavam de um Campo Energético Universal que conecta tudo o que existe. *O Caibalion* se refere a ele como "O Todo" e acrescenta ainda que tudo dentro deste campo abrangente está em constante vibração e movimento. *A Bíblia Sagrada* se refere à vibração do Universo como "a Palavra", enquanto no Hinduísmo, ela soa como o sagrado Mantra "Om. "

Dentro de nosso Sistema Solar e além dele, tudo é essencialmente composto de Luz e som. Pitágoras ensinou que todos os Planetas criam uma melodia de som em seu movimento de rotação, uma vibração que ele chamou de "A Música das Esferas". "Enquanto a Luz é feita de ondas eletromagnéticas, o som é feito de ondas mecânicas. Uma onda mecânica é uma vibração na matéria que transfere energia através de um material como um diapasão, que emana padrões perfeitos de som de onda senoidal".

O Diapasão foi inventado no início dos anos 1700, mas foi usado em seus estágios iniciais para afinar instrumentos musicais. Entretanto, só nos anos 60 é que a ciência dos diapasões foi aplicada ao corpo humano e suas energias. Como tal, os Diapasões tornaram-se uma poderosa modalidade utilizada em Cura pelo Som.

A terapia do som é baseada no princípio da ressonância simpática - um objeto vibrante envia impulsos através do ar, fazendo com que outros objetos em sua vizinhança vibrem em harmonia com ele. Os diapasões são usados principalmente sobre ou ao redor do corpo, enviando ondas de som para áreas alvo. Para a cura chákrica, o foco é a frente do corpo onde se encontram os centros de energia chákricos, ou as costas ao longo da coluna vertebral, visando novamente os pontos chákricos. Os centros de energia chákricos são onde os centros nervosos são encontrados ao longo da coluna que enviam impulsos para diferentes órgãos do corpo. Por esta razão, ao energizar os centros chákricos, estamos também estimulando os órgãos e otimizando sua saúde.

Nosso senso de audição que detecta o som está associado ao Elemento do Espírito ou Aether. Por esta razão, o uso de Diapasões na Cura Sonora tem um impacto imediato em nossa consciência, ao contrário do uso de outras modalidades de cura mencionadas nesta seção que requerem um período de aplicação mais prolongado para sentir seus efeitos energéticos.

O tempo que uma modalidade de cura requer para impactar a consciência depende de qual dos cinco sentidos ela filtra e do nível do Plano Cósmico de seu Elemento correspondente. Os cristais, por exemplo, por estarem associados ao Elemento Terra, requerem um período de uso mais longo durante uma sessão de cura para impactar a consciência do que a Aromaterapia, que está relacionada com os Elementos Água e Ar que são mais altos na escala. Por outro lado, o uso de Tattvas tem um impacto ainda mais imediato na consciência do que os Cristais e a Aromaterapia, uma vez que está associado aos Elementos Fogo e Ar.

Existem muitos diapasões e conjuntos no mercado utilizados para a cura espiritual. Cada Diapasão é calibrado para emitir uma frequência sonora particular que se relaciona com nosso bem-estar físico, mental, emocional e Espiritual. Alguns dos conjuntos de diapasões mais amplamente utilizados incluem o Solfejo Sagrado, ativação do DNA, Sephiroth da Árvore da Vida e energias planetárias. Em todos os casos, os conjuntos de Diapasão são calibrados para corresponder às energias particulares que eles devem produzir. O uso destes sons específicos muda nossa vibração interna, permitindo que ocorra uma cura celular profunda.

TIPOS DE DIAPASÕES E USOS

Existem versões ponderadas e não ponderadas de todos os Conjuntos de Diapasões. Os diapasões ponderados têm um peso redondo no final de cada forquilha. Quanto mais pesado o Diapasão, mais forte ou mais pesada é sua vibração. Os Diapasões Ponderados têm uma vibração mais robusta e podem ser usados ao redor do corpo e diretamente sobre ele com a extremidade do garfo, a haste, colocada na vertical. Os diapasões não ponderados não fornecem a mesma frequência que os ponderados e são melhor usados ao redor do corpo e das orelhas.

Os conjuntos de diapasões com os quais nos preocuparemos neste livro relacionam-se diretamente com Chakras Maiores e Transpessoais. O processo de cura dos Chakras com os Diapasões é simples. Tudo o que se tem que fazer é golpear um Diapasão e colocá-lo em sua área correspondente. Então, ao ouvir a vibração do Diapasão até que ela termine, o Chakra relacionado fica preso com seu som, retornando assim ao seu estado ideal e saudável.

Como os diapasões são uma forma de Cura pelo Som, é imperativo ouvir suas vibrações sem perturbações, especialmente se você estiver usando garfos não-ponderados. Mas descobri que mesmo que você use tampões para os ouvidos quando estiver nas proximidades de Diapasões vibratórios, a onda sonora induz a Aura e provoca uma mudança interna. Sua intensidade, entretanto, é menor do que seria se você estivesse escutando a vibração também.

Em minha experiência, não há outro método tão poderoso e eficiente para equilibrar os Chakras como o trabalho com os diapasões. E isto porque a Cura pelo Som afeta diretamente o Plano Espiritual, o qual afeta os Planos abaixo dele. Os exercícios rituais Cerimonial Magick do *The Magus* são a prática mais eficiente de isolar cada Chakra e trabalhar sobre ele. Ao mesmo tempo, os Diapasões são os melhores para equilibrar todos os Chakras de uma só vez.

Os diapasões de chakra também proporcionam uma vitalidade renovada e uma sensação de bem-estar enquanto acalmam e relaxam o sistema nervoso. O equilíbrio dos Chakras silencia o Ego, já que os impulsos das partes inferiores do Eu são neutralizados. Com Chakras equilibrados, a paz de espírito é obtida. Por sua vez, este estado de espírito equilibrado permite que a consciência se conecte com o Eu Superior, trazendo inspiração, criatividade e vida proposital para a vida de cada um.

A conexão com o Eu Superior permite viver o momento, melhorando as habilidades cognitivas e aumentando a consciência do próprio ambiente. Viver no Agora é um processo extasiante que nos permite explorar nosso potencial mais elevado como seres humanos Espirituais.

CONJUNTOS DE DIAPASÕES PARA OS CHAKRAS

Há dois conjuntos de diapasões para os Chakras no mercado, que vou discutir. Ambos os conjuntos trabalham para equilibrar e afinar os Chakras Maiores, embora os efeitos produzidos sejam ligeiramente diferentes. O primeiro é o Conjunto dos Sete Chakras (Figura 69), que muitas vezes inclui os Garfos Estrela da Alma e Estrela da Terra.

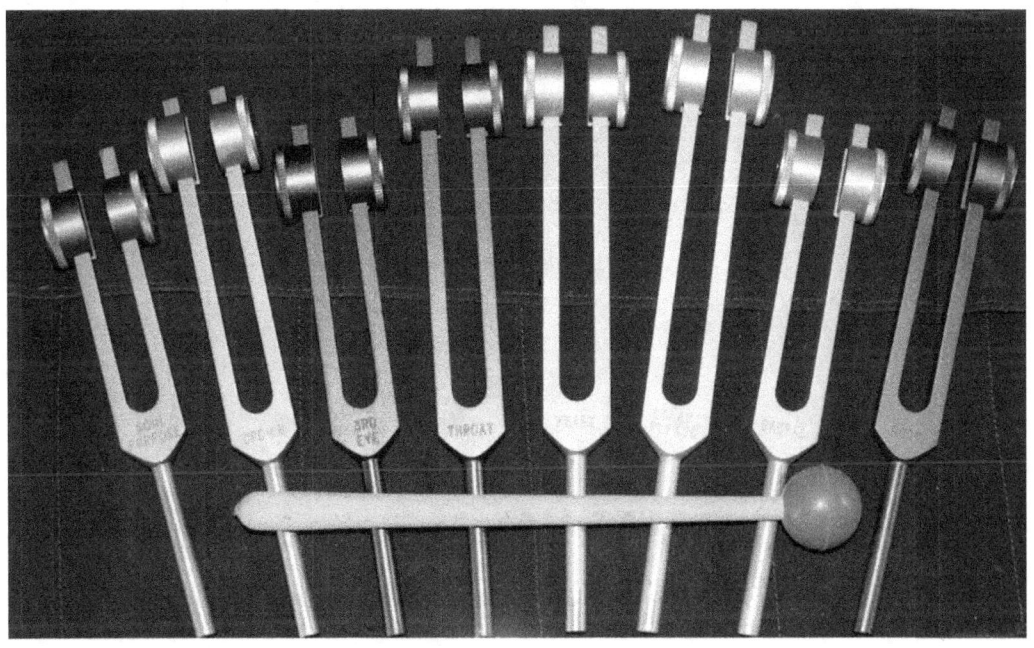

Figura 69: Conjunto de Diapasões dos Sete Chakras, com Estrela da Alma

Este conjunto de Diapasões é projetado para contatar os Planos Cósmicos superiores, incluindo a energia Espiritual interna de cada um. Através do Princípio Hermético de Correspondência (Acima, Como Abaixo), os Planos inferiores serão afetados, incluindo as emoções e pensamentos. O Conjunto dos Diapasões dos Sete Chakras é baseado na rotação dos Planetas ao redor do Sol.

O Conjunto dos Sete Chakras utiliza fórmulas matemáticas precisas dos ciclos planetários de nosso Sistema Solar, conectando-se a nossos Eus Cósmicos Multidimensionais. Ele nos permite essencialmente nos conectarmos ao nosso Eu Superior e utilizar seus poderes. Trabalhando com estes Diapasões, equilibramos os Chakras e neutralizamos o Ego. O resultado imediato é um estado de espírito inspirado e clareza de pensamento. Ser capaz de sintonizar os Chakras Transpessoais Estrela da Alma e Estrela da Terra permite aterrar todo o sistema chákrico, o que alinha a consciência com a Vontade Superior. Ele permite estar em harmonia com o Planeta Terra.

O segundo conjunto de Diapasões de Chakra é chamado de Conjunto de Espectro Harmônico (Figura 70). Esta é uma oitava completa de oito Diapasões (C,D,E,F,G,A,B,C) derivados da matemática pitagórica, que é essencialmente a escala musical ascendente.

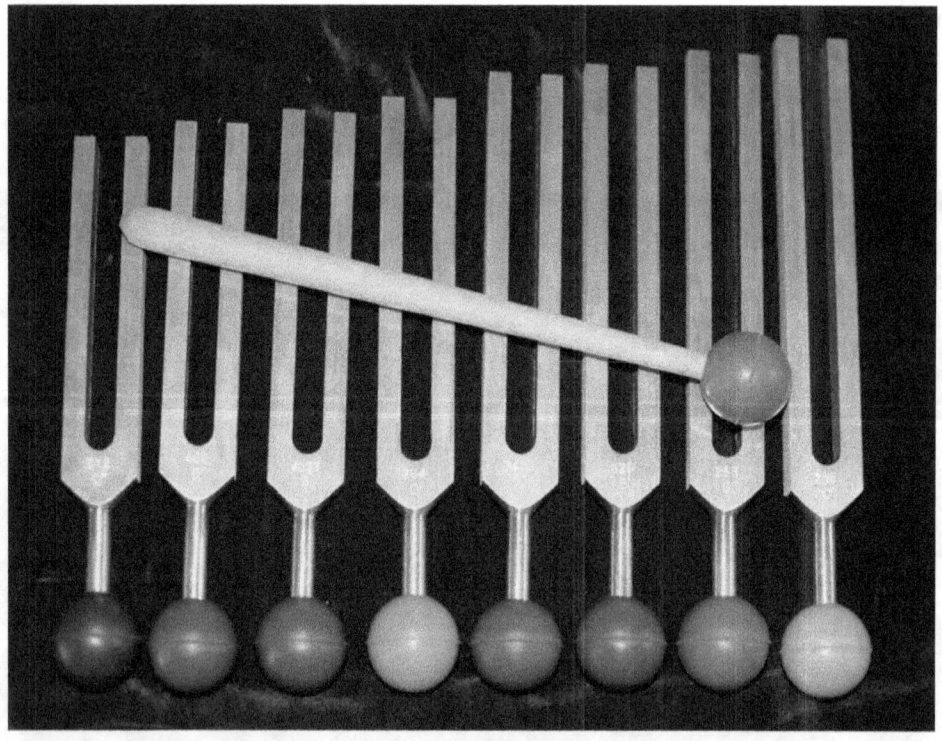

Figura 70: Conjunto de Diapasão de Espectro Harmônico

Em comparação com o Conjunto dos Sete Chakras, o Conjunto de Espectro Harmônico funciona mais a nível físico, afetando diretamente a função cognitiva. Como o Plano Físico é mais denso e mais baixo em vibração do que o Plano Espiritual, o corpo físico é afetado primeiro, o que então afeta os Planos Cósmicos internos através do Princípio de Correspondência.

O Conjunto de Espectro Harmônico está mais centrado em torno dos cinco sentidos humanos; os tecidos, fluidos, órgãos, ossos, etc. do corpo físico, são afetados. São as frequências tradicionais do Chakra da tradição hindu com duas notas em "C" correspondentes ao Chakra Raiz; "D", ao Chakra Sacral; "E", ao Plexo Solar; "F", ao Chakra do Coração; "G", ao Chakra Garganta; "A", ao Chakra Ajna e "B", ao Coroa[7].

CURA DO CHAKRA PELO DIAPASÃO

Você pode realizar a Cura pelo Diapasão em si mesmo se desejar atingir os pontos chákricos na parte frontal do corpo (Figura 72). Para os pontos chákricos ao longo da coluna vertebral, você precisará da ajuda de outra pessoa. Tenha em mente que a pessoa que o ajudará também estará recebendo a cura, já que os Diapasões funcionam através de ondas sonoras - tudo o que se tem que fazer é ouvir o som que um Diapasão faz ou estar na mesma proximidade, e a vibração induzirá sua Aura.

Se você estiver realizando a Cura pelo Diapasão em si mesmo, você deve estar sentado em uma posição de Lótus confortavelmente ou em uma cadeira. Certifique-se de que você tenha alguma privacidade ao executar a Cura de Chakra pelo Diapasão. Como em todas as práticas e exercícios espirituais, relaxamento, foco e paz de espírito são de importância primordial. Como tal, você deve começar cada sessão realizando a Respiração Quádrupla por alguns minutos com os olhos fechados para acalmar seu interior e entrar em um estado de espírito meditativo. Lembre-se de continuar usando esta técnica de respiração também durante a sessão de cura para obter ótimos resultados.

A cura do diapasão é melhor feita com o estômago vazio, já que é quando o Ego está menos ativo e a mente, mais focalizada. Além disso, eu ensino meus alunos a nunca trabalhar com exercícios de invocação ou equilíbrio energético antes de dormir, pois, em muitos casos, é um desafio induzir o sono depois. No caso da Cura pelo Diapasão, você descobrirá que sua vitalidade e energia bruta em geral aumentarão após o exercício, o que fará com que você não consiga adormecer por pelo menos algumas horas. É melhor realizar esta prática logo pela manhã antes de uma refeição e dar o tom para o dia, estando energeticamente equilibrado.

Método de Cura Básico de Chakra do Diapasão

Comece o exercício no Chakra mais baixo, a Estrela da Terra, se você tiver seu diapasão correspondente. Caso contrário, comece com o Chakra Raiz, Muladhara, e bata seu

---

[7] O sistema de notação musical C – D – E – F – G – A – B corresponde, respectivamente às notas musicais Dó, Ré, Mi, Fá, Sol, Lá e Si (Nota do Tradutor).

Diapasão com o martelo de borracha que veio com o conjunto. Se você não recebeu um martelo de borracha, você poderia usar um disco de hóquei ou algo similar em seu lugar. Muitos praticantes preferem usar o disco de hóquei, já que ele é mais versátil.

Você empregará duas técnicas em cada Chakra neste método de Cura Básica. A primeira técnica envolve o uso da parte vibratória do Diapasão, a forquilha, em garfos não-pesados, o peso redondo nos pesos e a colocação a cerca de um centímetro de distância do corpo sobre o Chakra. Outro método que você pode usar somente com os Diapasões ponderados é colocá-lo em pé em sua haste (parte final) e colocá-lo em pé diretamente sobre o Chakra para que a vibração induza o corpo. (Certifique-se de não tocar nos dentes do Diapasão para não perturbar sua vibração).

O diapasão deve ser mantido em posição e escutado por vinte segundos. Você precisará bater o garfo duas, talvez três vezes, já que o som desaparece após cerca de dez segundos. A figura 71 mostra o posicionamento do Diapasão na cura chákrica, seja ela ponderada ou não.

O diapasão da Estrela da Terra deve ser colocado 15 centímetros abaixo dos pés ou nos pés se você estiver de pé, enquanto o Estrela da Alma deve ser colocado quinze centímetros acima do topo, no centro da cabeça. Para o Chakra Raiz, você deve colocar seu diapasão sobre ou diretamente abaixo do períneo, enquanto para o Chakra Coroa, colocá-lo sobre ou diretamente acima do centro superior da cabeça. A ideia por trás desta primeira técnica de cura, quer você esteja usando o Diapasão no corpo ou a dois centímetros e meio dele, é permitir que o diapasão induza o Chakra e o faça vibrar em ressonância com ele.

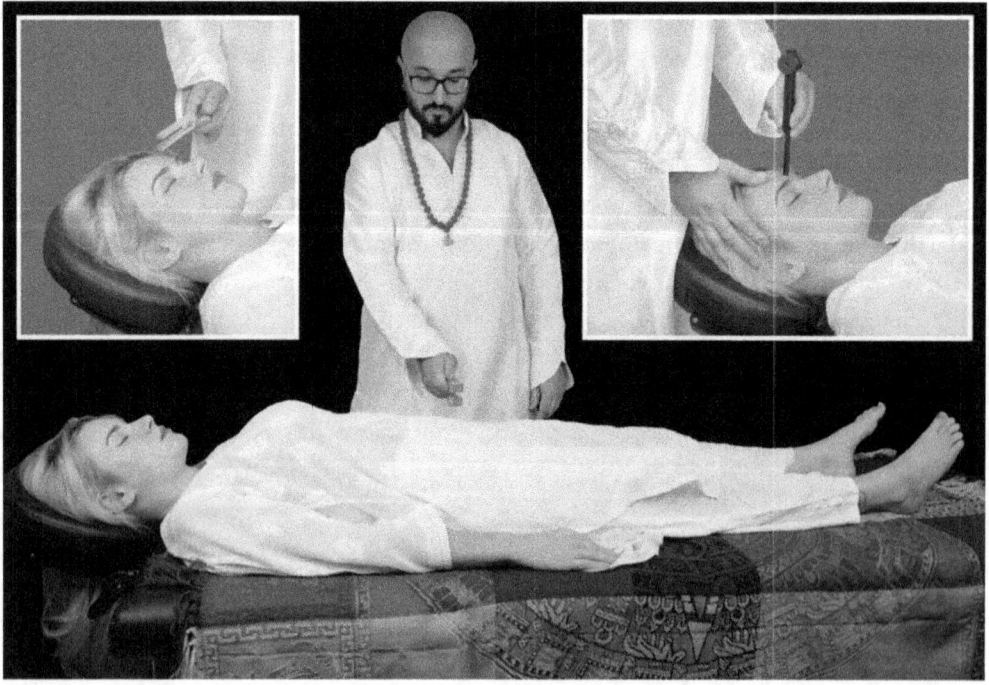

Figura 71: Colocação de Diapasões em Cura dos Chakras

A segunda técnica é semelhante ao método das Varinhas de Cristal para otimizar a rotação de um Chakra. Com este método, você se concentrará apenas nos Sete Chakras Maiores. Dependendo do sexo de sua Alma, determine a direção de movimento da cabeça da flor do seu Chakra Raiz. (Novamente, use a Figura 61 no capítulo anterior para descobrir quais de seus Chakras estão girando no sentido horário e quais estão girando no sentido anti-horário). Em seguida, use o diapasão do Chakra Raiz e mova-o gradualmente circularmente na mesma direção do giro do Chakra correspondente. Você pode manter o diapasão paralelo ao corpo enquanto faz isso ou tê-lo em um ângulo de 45 graus. Enquanto você circula os Diapasões, mova-os para fora em um movimento de tração para os Chakras que se projetam perpendicularmente ao corpo. Em contraste, para os Chakras Coroa e Raiz que se projetam paralelamente ao corpo, circule seus Garfos correspondentes para cima e para baixo de uma forma espiralada. Esteja atento para sempre se concentrar no centro de onde a energia dos Chakras está emanando.

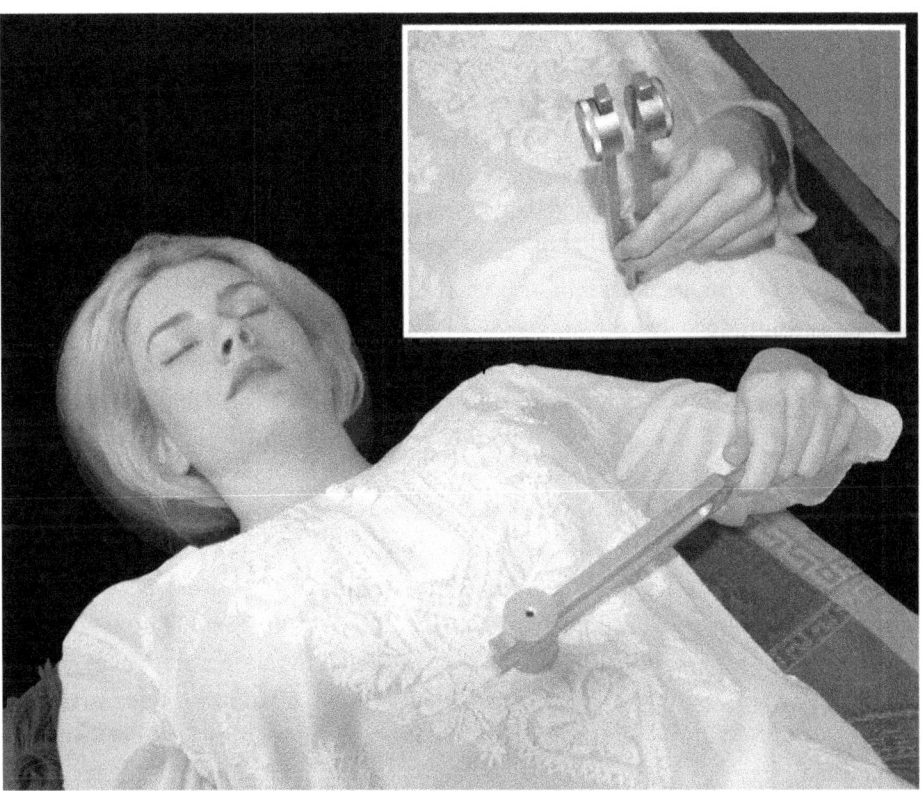

Figura 72: Usando Diapasões Ponderados em Você Mesmo

Você deve usar ambas as técnicas de cura com os diapasões e trocá-los, passando aproximadamente dois a três minutos trabalhando em cada Chakra. Tenha em mente que este exercício tem um efeito cumulativo. Quanto mais tempo você gastar em cada Chakra, mais você estará sintonizando-o. Se você quiser gastar mais de três minutos em cada Chakra, a escolha é sua. Esteja ciente de ser consistente com todos os Chakras - se você gastar um certo tempo em um Chakra, então gaste o mesmo tempo em todos os outros, já que o objetivo deste exercício é afinar os Chakras, mas também equilibrá-los.

A seguir, pegue o diapasão para o Chakra Sacral, Swadhisthana, e siga o mesmo procedimento. Tenha em mente que se seu Chakra Raiz estiver girando no sentido horário, seu Chakra Sacral gira no sentido anti-horário e vice-versa. Portanto, uma vez que você obtiver a direção de rotação de seu Chakra Raiz, o Chakra acima girará na direção oposta, intercambiando conforme você vai subindo até chegar ao Sahasrara.

Seja consistente com sua variação técnica enquanto estiver lúcido e concentrado na tarefa em mãos. Permita que todos os pensamentos externos se dissipem e deixe sua Aura sem que você se apegue a eles. A chave é manter a mente em silêncio e concentrar-se apenas na energia dentro de você enquanto você está sintonizando seus Chakras. Fazendo isso, permitirá que ocorra a melhor cura possível.

Em seguida, pegue o diapasão para o Chakra do Plexo Solar, Manipura, e repita o mesmo procedimento com as duas técnicas mencionadas acima. Em seguida, faça o mesmo para os outros Chakras. Note que se você estiver trabalhando com os Chakras Estrela da Terra e Estrela da Alma, você deve começar com a Estrela da Terra e terminar com a Estrela da Alma, já que são os dois Chakras mais baixos e mais altos com os quais você está trabalhando. Além disso, ao trabalhar com os Chakras Transpessoais, você deve empregar apenas a primeira técnica de cura, já que estes Chakras emanam do centro para fora, em vez de projetar-se horizontal ou verticalmente.

Uma vez terminado o exercício, passe alguns minutos meditando em sua energia e permitindo que a cura permeie todos os níveis de sua consciência. Você descobrirá que a Cura do Chakra do Diapasão não só afinará e equilibrará os Chakras, mas também o conectará com seu Eu Superior. Como resultado, sua inspiração e criatividade aumentarão, assim como a neutralidade em seu estado emocional. Não há maneira mais eficiente de equilibrar seus Chakras do que com o uso de Diapasões.

Método Avançado de Cura do Chakra pelo Diapasão

Um método mais avançado de executar a Cura do Chakra pelo Diapasão é usar vários Garfos simultaneamente (Figura 73). A ideia por trás desta técnica é conectar dois Chakras em sequência. Esta técnica é melhor executada nos Chakras Maiores, embora você também possa fazê-lo para unir a Estrela da Terra com Muladhara e a Estrela da Alma com Sahasrara.

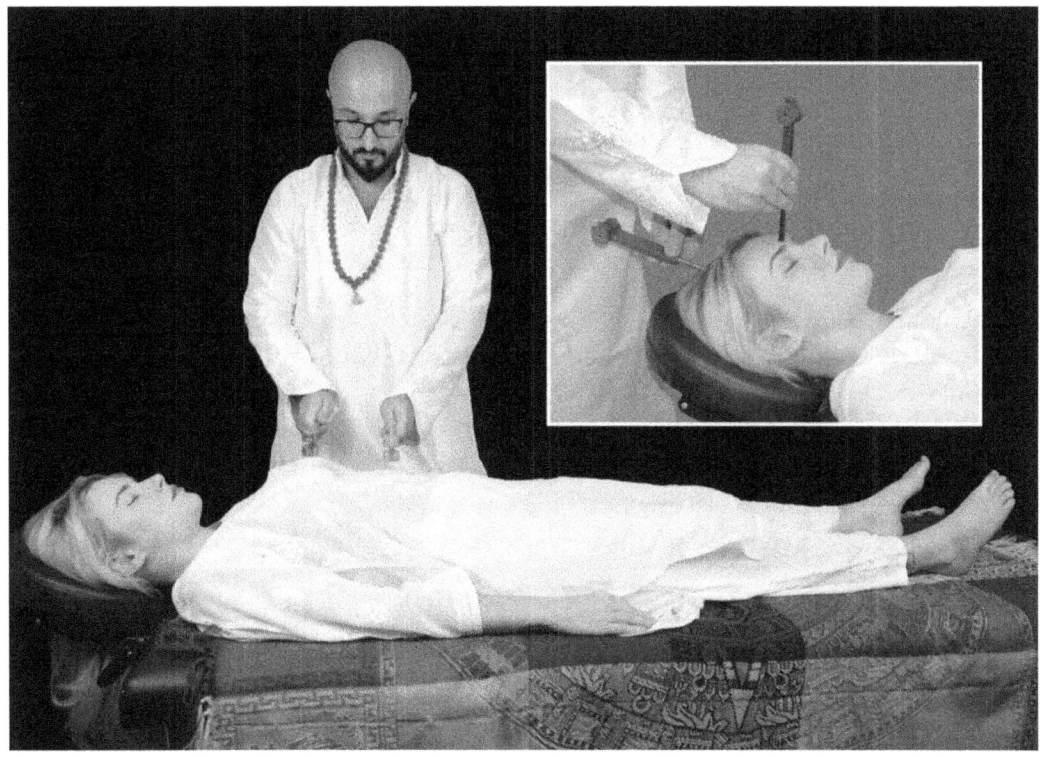

Figura 73: Trabalhando Com Dois Diapasões ao Mesmo Tempo

Se você estiver trabalhando somente nos Chakras Maiores, pegue os diapasões do Chakra Raiz e Sacral em uma mão e bata em cada um deles. Enquanto estiverem vibrando, coloque um dos Diapasões na outra mão e posicione cada um acima de seus respectivos Chakras. Após cerca de cinco segundos, pegue o Diapasão do Chakra Sacral e mova-o para o Chakra Raiz em um movimento de varredura. Agora volte para a área do Chakra Sacral, novamente em um movimento de varredura. Repita este processo algumas vezes com o Garfo Afinação do Chakra Sacral, subindo e descendo enquanto mantém o Garfo Afinação do Chakra Raiz no lugar.

Em seguida, pegue os dois diapasões em uma mão e bata em cada um deles com o martelo de borracha ou o disco de hóquei (ou similar). Repita o mesmo processo; somente desta vez mantenha o Diapasão do Chakra Sacral no lugar enquanto move o Diapasão do Chakra Raiz para cima e para baixo em um movimento de escovação. Repita este procedimento algumas vezes, passando aproximadamente três a cinco minutos em cada conjunto de Chakras.

Agora, abaixe o diapasão do Chakra Raiz e pegue o do Plexo Solar. Repita este mesmo procedimento para os Chakras do Plexo Solar e Sacral, gastando o mesmo tempo neste conjunto de Chakras que no primeiro conjunto. Em seguida, abaixe o Diapasão do Chakra Sacral e pegue o Chakra do Coração um. Repita o mesmo processo. Faça isso para os

Chakras restantes, certificando-se de estar trabalhando consistentemente com cada par. Quando terminar, passe alguns minutos em silêncio meditando sobre as energias invocadas antes de terminar completamente o exercício.

DIAPASÕES DE SOLFEJO SAGRADO

As frequências do Sagrado Solfejo datam de centenas de anos atrás. Acredita-se que eles tiveram origem com monges gregorianos que cantavam estas frequências em harmonia durante as missas religiosas para provocar um despertar Espiritual. Estas frequências sonoras formam uma escala de seis tons onde cada frequência sintoniza diferentes partes do Eu em níveis físicos, emocionais e espirituais.

Como há seis frequências originais, mais três notas em falta foram adicionadas nos últimos tempos para completar toda a escala. Juntas, as frequências do Sagrado Solfeggio curam e equilibram todo o sistema chákrico. Sete das nove frequências são atribuídas a um dos Sete Chakras Maiores, enquanto os outros dois Diapasões correspondem aos Chakras Estrela da Terra e Estrela da Alma (Figura 75).

Quando usados em Cura pelo Som, os Diapasões de Solfejo Sagrado são melhor aplicados entre 1 e 2 centímetros de distância das orelhas, fazendo assim contato direto com o Plano Etérico, a primeira camada áurica do corpo relacionada com a Estrela da Terra e o Chakra Muladhara. A Estrela da Terra também tem uma camada Transpessoal que é como um plano Etérico contendo todo o sistema chákrico enquanto se conecta com as energias dos três Chakras Transpessoais mais altos. Assim, ao visarmos a camada Áurica mais baixa, o Plano Etérico, podemos induzir qualquer uma das camadas mais altas do que a contida dentro deste plano Etérico. Lembre-se, as camadas mais altas interpenetram as mais baixas – Acima, como Embaixo.

Cada camada áurica dos Chakras Maiores tem cerca de 2,5 centímetros de largura, a menos do que a que vem antes ou depois (Figura 74). (Este número varia dependendo da escola de pensamento.) As quatro camadas áuricas dos Chakras Transpessoais são mais abrangentes do que as dos sete Chakras Maiores. Cada uma tem pelo menos 7 a 10 centímetros de largura, talvez mais.

Embora o Chakra Causal/Bindu tenha sua própria camada Áurica, colocada entre o plano Etérico da Estrela da Terra e a Estrela da Alma, ele geralmente serve como nosso ponto de contato entre os Planos Espiritual e Divino. Depois temos a camada Áurica do Portal Estelar e outros campos sutis que se sobrepõem a ela. Entretanto, ao utilizar os Diapasões de Solfejo Sagrado, estaremos trabalhando apenas com as primeiras sete camadas áuricas relacionadas aos Planos Físico, Astral, Mental e Espiritual, enquanto utilizamos o Garfo Estrela da Alma para abrir nossa consciência para a alta vibração do Plano Divino.

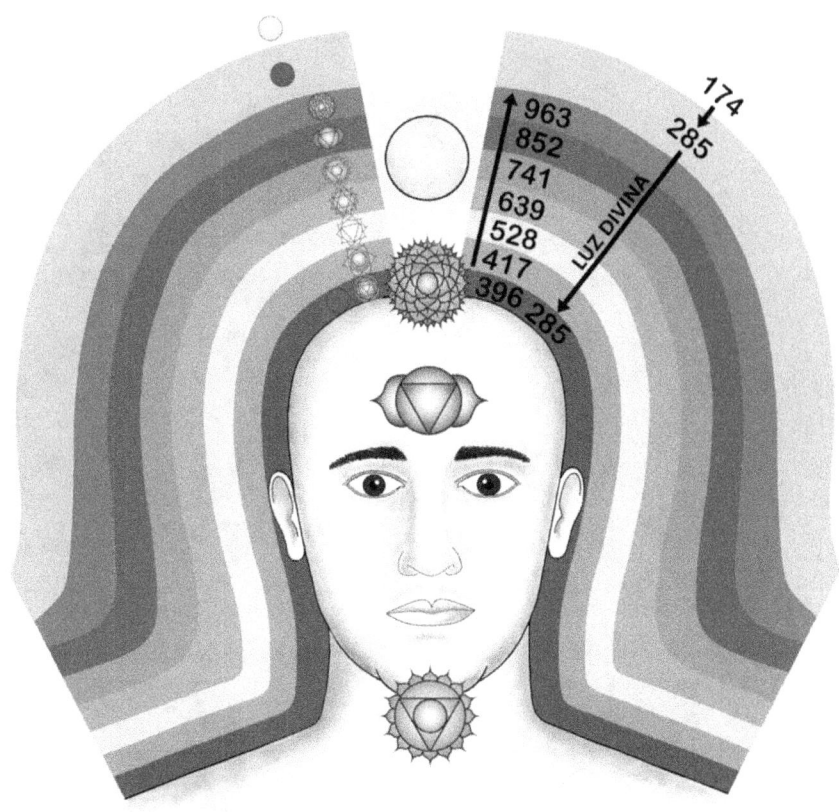

Figura 74: Frequências de Solfejo Sagrado e as Camadas da Aura

Ao utilizar os Diapasões de Solfejo Sagrado (Figura 76), você começa com a frequência mais baixa, 174Hz (Estrela da Alma), seguida pela frequência de 285Hz (Estrela da Terra). A baixa frequência do Diapasão da Estrela da Alma não o conecta ao Plano Divino elevando a vibração de sua consciência a ele. Em vez disso, ela tranquiliza sua consciência para que você se abra à energia amorosa da Quinta Dimensão, que se projeta para baixo a partir da Estrela da Alma. Então, o Diapasão da Terra capta esta alta vibração, aterra-o e o ancora profundamente na Aura. Em seguida, você começa gradualmente a se mover para fora através das sete camadas áuricas em sequência, utilizando suas frequências correspondentes relacionadas com os Sete Chakras Maiores. Você deve terminar a progressão com a frequência final, 964Hz, relacionada ao Sahasrara Chakra.

Em comparação com os dois conjuntos que descrevi anteriormente, os Garfos Sagrados Solfeggio Tuning têm uma vibração significativamente maior e mais etérea. Eles abrem a mente para o Plano Divino e permitem que sua Luz penetre na consciência. Eles dão a alguém um vislumbre da experiência espiritual ou religiosa de Deus. A seguir, descreverei cada uma das nove frequências do Sagrado Solfejo e seus atributos e poderes.

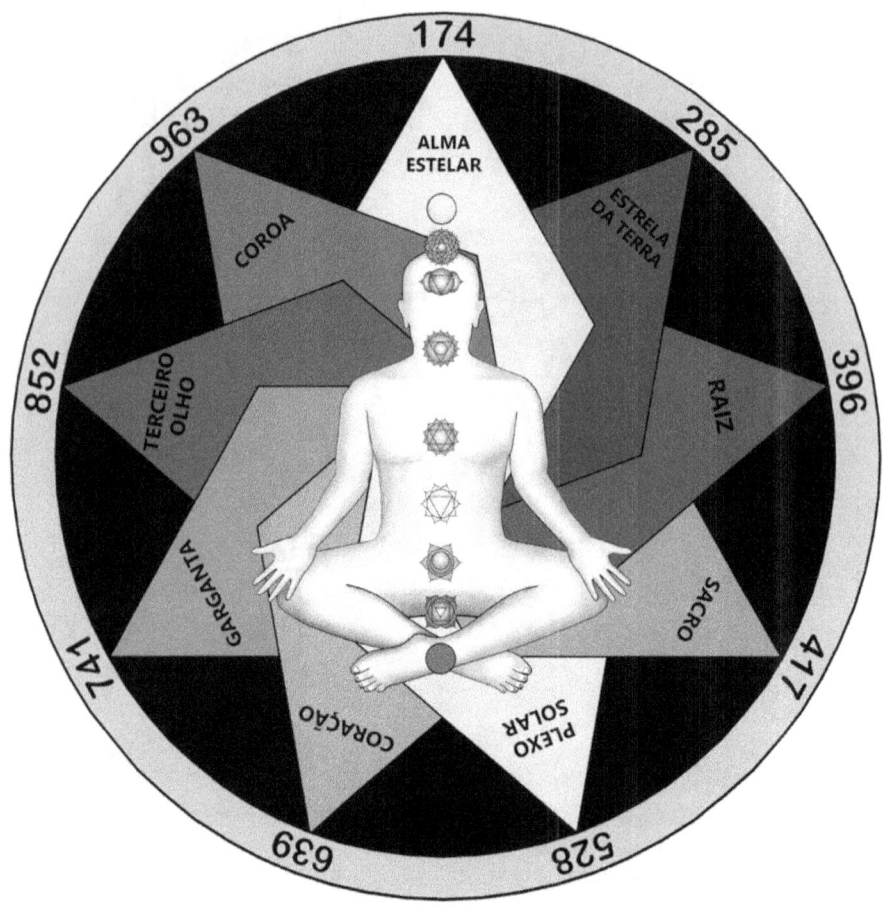

Figura 75: Frequências de Solfejo Sagrado e os Chakras

175 Hz/Estrela da Alma

Como a menor vibração na escala do Sagrado Solfeggio, a vibração de 175 Hz age como uma anestesia energética - qualquer dor no corpo físico ou na Aura será dispersada por ela. Sua baixa vibração calmante dá aos nossos órgãos uma sensação de segurança, proteção e amor, e os devolve ao seu estado ideal. Ela nos faz sentir confortados e nutridos pelo aumento de nossa conexão com o Chakra Estrela da Alma.

285 Hz/Estrela da Terra

A frequência de 285 Hz fundamenta a consciência para a Mãe Terra, pois ela tem uma relação íntima com o Chakra Estrela da Terra. Esta frequência em particular aborda quaisquer buracos na Aura e desequilíbrios nos Chakras. Ela ajuda a reparar o tecido danificado enviando mensagens aos campos de energia correspondentes, dizendo-lhes para reestruturar o tecido e devolvê-lo à sua forma original. 285 Hz é a frequência de escolha para muitos curandeiros de energia.

396 Hz/Muladhara

Como está relacionado a Muladhara, o Chakra Raiz, frequência 396 Hz é usado para realizar nossas metas na vida. Sua energia nos sintoniza com o Elemento Terra, que a consciência utiliza para manifestar nossos desejos na realidade. Como fundamenta as emoções e os pensamentos, o Elemento Terra também fundamenta nossa culpa, medo e trauma. O 396 Hz é uma frequência libertadora que cria um poderoso campo magnético que elimina qualquer obstáculo à realização.

417 Hz/Swadhisthana

Esta frequência particular alivia a tensão e o estresse e facilita a mudança positiva e a criatividade. Ela está associada ao Swadhisthana, o Chakra Sacral, correspondendo ao Elemento Água. Ele tem um efeito purificador sobre as emoções ao eliminar as influências destrutivas de eventos passados armazenados no subconsciente. 417 Hz reestrutura o DNA para funcionar da melhor maneira possível, limpando crenças limitantes que nos impedem de ser a melhor versão de nós mesmos. Em nível físico, esta frequência aumenta a mobilidade física, aliviando o aperto nas articulações e músculos à medida que recebemos um influxo da energia do Elemento Água. 417 Hz é um Elemento de Limpeza da Alma que inicia o processo de nos sintonizar com a Luz.

528 Hz/Manipura

Por estar relacionada ao Chakra do Plexo Solar (Manipura) e ao Elemento Fogo, a frequência de 528 Hz está preocupada com a transformação em todos os níveis. Ao otimizar nossa energia e vitalidade de vida, esta frequência traz maior consciência, clareza de mente, inspiração e imaginação. Ela nos dá a energia bruta para expressões criativas e nos deixa entusiasmados com as oportunidades da vida. A frequência de 528 Hz tem sido ligada com a reparação do DNA e com o reencaminhamento das vias neurais no cérebro. Ela abre ainda mais nossos corações ao poder da Luz e traz profundas experiências espirituais e milagres em nossas vidas. Esta frequência ajuda a neutralizar a ansiedade e a dor física ao mesmo tempo em que facilita a perda de peso.

639 Hz/Anahata

Esta frequência está relacionada com Anahata, o Chakra do Coração e o Elemento Ar. Mais conhecida como a frequência do amor e da cura, 639 Hz nos ajuda a criar relações interpessoais harmoniosas em nossas vidas, seja com a família, amigos ou parceiros românticos. A frequência inspira compaixão, criando profundas e profundas conexões com os outros. Ela aumenta a tolerância, a paciência, a compreensão e a comunicação. Nas relações românticas, a frequência de 639 Hz nos permitirá ficar vulneráveis, o que melhora a intimidade. Em nível mental e emocional, esta frequência é muito curativa, pois nos permite sintonizar com nossas Almas e afastar-nos do Ego e de suas inibições.

741 Hz/Vishuddhi

Esta frequência trata do empoderamento e de falar a própria verdade. Por estar relacionada ao Vishuddhi, o Chakra da Garganta, a frequência de 741 Hz melhora a comunicação facilitando o pensamento claro e a fala, o que aumenta a autoconfiança. Além disso, esta frequência traz um influxo do Elemento Espírito que nos permite sintonizar com nossa intuição e nosso Eu Superior. Fazer isso nos leva a uma vida mais simples e mais saudável, repleta de novas oportunidades. Em nível físico, a frequência de 741 Hz traz uma mudança na dieta no sentido de evitar alimentos com toxinas nocivas. Além disso, esta frequência tem sido conhecida por eliminar quaisquer infecções bacterianas, virais e fúngicas no corpo.

852 Hz/Ajna

Como está relacionado ao Ajna Chakra, o Olho da Mente, esta frequência tem a ver com visão interior, intuição, sonhos profundos (muitas vezes lúcidos), consciência e superar ilusões. Ao trazer um influxo do Elemento Espiritual, a frequência de 852 Hz nos permite reconectar com o pensamento Espiritual e experiências místicas. Ela traz ordem em nossas vidas ao estabelecer uma ligação com o Eu Superior para que ele possa se comunicar facilmente com nossa consciência. Como tal, a frequência de 852 Hz nos dá uma compreensão mais profunda dos mistérios da Criação. Ela transforma o DNA e eleva sua vibração, sintonizando-nos assim plenamente com a Luz e nossas Almas.

963 Hz/Sahasrara

Esta frequência particular corresponde ao Sahasrara, o Chakra da Coroa, e lida com a Unicidade. Ela nos conecta à Consciência Cósmica e à Quinta Dimensão, resultando em experiências diretas dos Planos Espiritual e Divino. Como a frequência de 852 Hz nos deu uma compreensão das verdades interiores relativas à nossa realidade, a frequência de 963 Hz nos transmite a sabedoria e o conhecimento universal. Através desta frequência, os Mestres Ascensos podem fazer contato com nossa consciência e nos ensinar através da Gnose. Também não é raro que canalizemos informações recebidas de Planos superiores. A frequência de 963 Hz nos dá a conexão mais substancial com nosso Eu Superior, aproximando-nos mais da Mente do Criador.

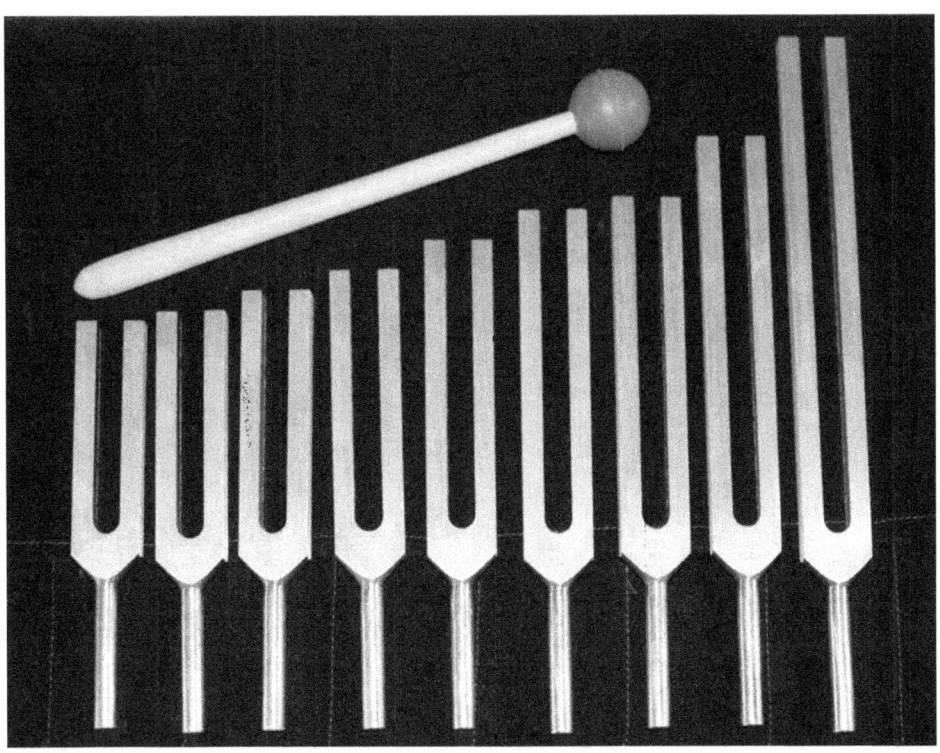

Figura 76: Diapasões de Solfejo Sagrado (Não Ponderados)

Método de Cura dos Diapasões de Solfejo Sagrado

O exercício seguinte deve ser usado com os Diapasões de Solfejo Sagrado não ponderados, embora você possa usar qualquer conjunto de Diapasões não ponderados com uma escala descendente, como o Conjunto de Espectro Harmônico I descrito. A ideia é começar com a frequência mais baixa e se mover para cima na escala até terminar com a frequência mais alta. Você achará este método de cura simples de ser completado, já que ele só requer que você escute as vibrações dos Diapasões (Figura 77).

Você pode realizar este exercício em você mesmo ou em outra pessoa. A pessoa que recebe a cura deve estar sentada ou deitada. Comece acalmando suas energias interiores e entrando em um estado de espírito meditativo. Este método de cura tem duas sequências diferentes que podem ser realizadas várias vezes no dia, embora não simultaneamente.

Na primeira sequência, você deve ouvir cada Solfejo Sagrado, um de cada vez, da frequência mais baixa (174Hz) para a mais alta (963Hz). Coloque primeiro o diapasão pelo ouvido esquerdo (1 – 2,5 centímetros de distância) e escute seu som sem ser perturbado por vinte segundos. Você precisará bater o garfo pelo menos duas vezes, uma vez que o som se extingue após dez segundos. Em seguida, coloque o diapasão ao lado do ouvido direito e escute vinte segundos antes de passar para o próximo diapasão em sequência. Trabalhe através da escala ascendente repetindo o mesmo processo até terminar com a frequência de 963Hz, completando assim a escala.

Na segunda sequência, você escuta dois diapasões simultaneamente, um por cada ouvido, seguindo sua ordem na escala. Comece com os 174Hz e os 285Hz, colocando um pela orelha esquerda e o outro pela direita. Em seguida, troque as orelhas. Em seguida, pegue os 285Hz e 396Hz e repita o processo. E assim por diante, até terminar com as frequências de 963Hz e 174Hz, completando assim o ciclo. Passe alguns minutos em silêncio após cada sequência, meditando sobre as energias que você invocou antes de terminar o exercício completamente.

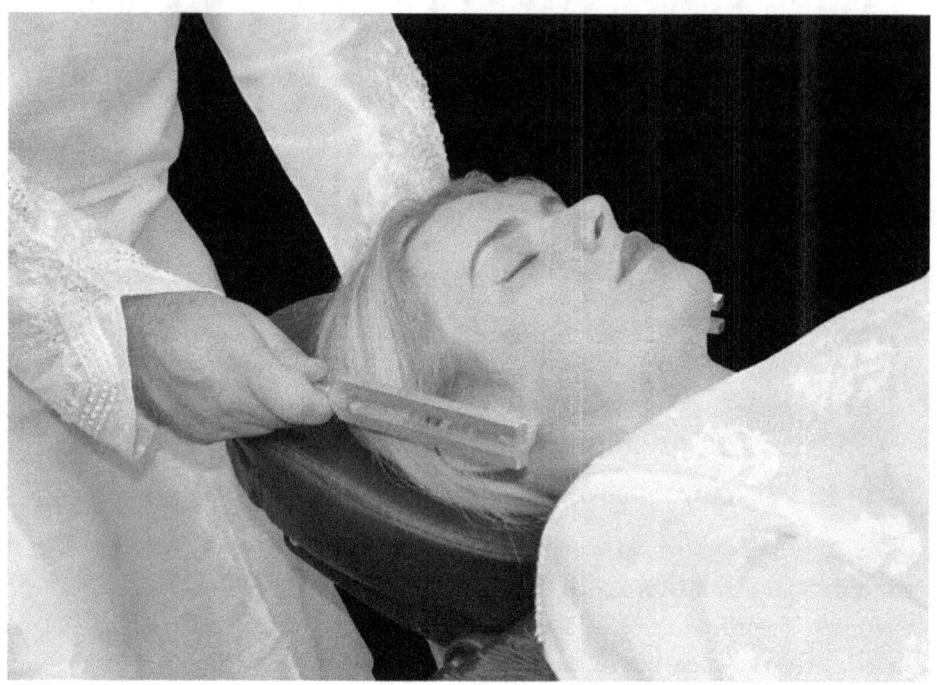

Figura 77: Colocação de Diapasões Próximos às Orelhas

***

Não é raro que questões não resolvidas venham à tona para serem tratadas, como é o caso de qualquer cura energética. Lembre-se, você está afinando seus Chakras, o que significa que você deve curar a energia cármica que eles carregam. Este processo pode ser desagradável para alguns e acolhedor para outros que estão determinados a ultrapassá-lo. Concentre-se em enfrentar seus problemas, ao invés de fugir deles. A cura permanente e duradoura só acontece quando você aceita algo sobre si mesmo e está pronto para fazer uma mudança.

Seria melhor se você se tornasse flexível para mudar suas crenças sobre si mesmo e sobre o mundo em que vive. Caso contrário, cada sessão de cura será apenas temporária para você até que você volte à sua antiga programação. Sua consciência deve alinhar-se com seu Eu Superior, que é da Luz, se você deseja realizar e viver seu verdadeiro potencial Espiritual nesta vida.

TABELA 1: Os Doze Chakras e Suas Correspondências

Nome do Chakra (Sânscrito & Português)	Localização e Cor	Elemento, Plano Cósmico	Expressões/ Poderes	Diapasão Hz- Cosmico/ Musical	Pedras Preciosas
Estrela da Terra, Super-Raiz	15 centímetros Abaixo dos Pés, Preto, Marrom, Magenta	Todos os Elementos, Plano Etérica/Astral Inferior (Etérico)	Fundação Energética, Vidas Passadas, Consciência da Natureza, Registros Cármicos	68.05, -	Smoke Quartz, Onyx, Black Obsidian, Magnetite
Muladhara, Raiz ou Base	Entre Períneo e Cóccix, Vermelho	Elemento Terra, Plano Astral Inferior (Etérico)	Sobrevivência, Base, Segurança, Fisicalidade, Kundalini (Origem)	194.18, 256.0 & 512.0	Hematita, Turmalina Negra, Jaspe Vermelho, Floco de Neve Obsidiana
Swadhisthana, Sacral ou Esplênico	Abdômen Inferior, Laranja	Elemento Água, Plano Astral Superior (Emocional)	Emoções, Energia do Medo, Mente Subconsciente, Sexualidade, Personalidade (Ego)	210.42, 288.0	Carnelian, Orange Calcite, Eye of Tiger, Septarian
Hara, Navel	Navel, Âmbar	Todos os Elementos, Plano Astral	Portal Astral, Fonte Prânica, Sustento, Regeneração	-	Ágata de fogo, Citrina, Pedra do Sol
Manipura, Plexo Solar	Plexo Solar, Amarelo	Elemento Fogo, Plano Mental Superior	Força de vontade, Criatividade, Vitalidade, Motivação, Autoestima, Mente Consciente, Caráter (Alma)	126.22, 320.0	Âmbar, Citrino amarelo, Topázio dourado, Jaspe amarelo e Opala
Anahata, Coração	Entre os peitos (Centro), Verde	Elemento Ar, Plano Mental Inferior	Pensamentos, imaginação, Amor, Compaixão, Carinho, Bondade, Cura, Harmonia, Consciência de Grupo	136.10, 341.3	Aventurina Verde, Jade Verde, Malaquita, Quartzo Rosa
Vishuddhi, Garganta	Garganta, Azul	Elemento Espiritual, Plano Espiritual	Comunicação, Inteligência, Autoexpressão, Verdade, Discernimento	141.27, 384.0	Amazonita, Aquamarine, Ágata Azul Rendada, Topázio Azul, Turquesa, Sodalita, Angelita
Ajna, Sobrancelha, Olho da Mente, Terceiro Olho	Entre as Sobrancelhas (Ligeiramente Acima), Índigo	Elemento Espiritual, Plano Espiritual	Clarividência, Intuição, Sentidos Psíquicos, Sonho, Gnose	221.23, 426.7	Lápis Lazúli, Safira, Azurita, Sodalita, Fluorita, Labradorita
Sahasrara, Coroa	Topo da cabeça (Centro), Violeta ou Branco	Elemento Espiritual, Plano Espiritual	Unidade, Deus Eu & Consciência Cósmica (ligação), Transcendência, Compreensão, Sabedoria	172.06, 480.0	Ametista, Diamante, Quartzo Transparente, Quartzo Rutilado, Selenita, Azeztulita
Causal/Bindu	Parte superior e traseira da cabeça (5 a 7 centímetros afastado), Branco	Todos os Elementos, Plano Espiritual/Divino	União, Ego Morte, Continuidade de Vida, Exploração Cósmica, 4ª Dimensão	-	Pedra da Lua, Quartzo Angel Aura, Celestita, Kyanita, Herderita
Estrela da Alma	15 centímetros acima do topo da cabeça, Branco-Dourado	Todos os Elementos, Plano Divino	O Eu Solar, Consciência Espiritual, Propósito de Vida, Verdadeira Vontade	272.2,-	Selenita, Kyanita, Quartzo Nirvana, Danburita
Porta Estelar	30 centímetros acima do topo da cabeça, Ouro ou Arco-Íris	Todos os Elementos, Plano Divino	Eu Galáctico, Consciência Cósmica e Deus Próprio (Fonte), Divindade, Eternidade, 5ª Dimensão	-	Moldavita, Calcita Raio Estelar, Azeztulita, Selenita

AROMATERAPIA

A Aromaterapia utiliza extratos naturais de plantas para criar óleos essenciais, incensos, sprays e névoas, que podemos utilizar de forma espiritual, terapêutica, ritualística e para fins higiênicos. Esta prática existe há milhares de anos em várias culturas e tradições antigas - registros escritos há cerca de 6000 anos atrás mencionam o uso de óleos essenciais.

Na antiga Mesopotâmia, o berço da civilização, o povo sumério usava óleos essenciais em cerimônias e rituais. Imediatamente depois deles, os antigos egípcios desenvolveram as primeiras máquinas de destilação para extrair óleos de plantas e os utilizavam em seu processo de embalsamamento e mumificação. Os egípcios também foram os primeiros a criar perfumes a partir de óleos essenciais, o que ainda hoje fazemos na indústria cosmética.

A vasta gama de fragrâncias de óleo essencial não só tem cheiros agradáveis, mas elas emitem vibrações específicas com propriedades curativas que impactam nossa consciência quando inspiradas pelo canal olfativo ou aplicadas diretamente na pele. A medicina antiga chinesa foi a primeira a usar óleos essenciais de forma holística, enquanto os gregos antigos usavam óleos essenciais topicamente para combater doenças e curar o corpo. Até mesmo os romanos antigos usavam óleos essenciais para sua fragrância como parte da higiene pessoal.

A Aromaterapia é um excelente método de usar os elementos do mundo natural para curar a mente, o corpo e a alma. Seus benefícios à saúde incluem aliviar o estresse, ansiedade e dor física, melhorar o sono, aumentar a vitalidade e os sentimentos de relaxamento, paz e felicidade.

Os óleos essenciais são os extratos vegetais mais utilizados na Aromaterapia, tinturas concentradas feitas de flores, ervas e partes de árvores, como casca, raízes, membranas e pétalas. As células que dão a uma planta sua fragrância são consideradas sua "essência", que se torna um óleo essencial quando extraído de uma planta. Os três principais métodos de extração de óleos essenciais de extratos de plantas são a destilação, a prensagem a frio e a extração supercrítica de CO_2.

Em um nível sutil, os óleos essenciais têm um efeito curativo sobre a Aura e os Sete Chakras. Eles podem ser usados independentemente ou combinados com Cristais, Diapasões, Mudras, Mantras e outras ferramentas dadas nesta seção para invocação/manipulação de energia.

USANDO ÓLEOS ESSENCIAIS

A Aromaterapia é uma cura vibracional baseada em princípios metafísicos e nos benefícios fisiológicos e físicos dos componentes químicos de cada fragrância. Enquanto os cristais impactam nossa consciência através do contato físico (toque) e os diapasões funcionam através do som, os óleos essenciais funcionam através de nosso olfato para afetar nossas energias internas.

Os três métodos mais populares de utilização de óleos essenciais são o uso tópico, a difusão e a inalação. O uso tópico requer a mistura de óleos essenciais com loções ou óleos veiculares e sua aplicação direta sobre a pele. Os óleos essenciais possuem poderosos componentes químicos com propriedades antissépticas, antibacterianas e antivirais que são usados há séculos para prevenir e tratar doenças quando usados diretamente sobre a pele.

A difusão e a inalação exigem que você use seu nariz para respirar o cheiro do óleo essencial para obter um efeito curativo. Ao usar óleos essenciais por suas propriedades sutis, você precisará muito menos do que a aplicação tópica. De modo geral, quanto menor a quantidade de óleo que está sendo usada, mais potente será seu efeito sutil.

Na difusão, você combina gotas de óleo essencial com água fria em uma máquina difusora (Figura 78), liberando gradualmente a névoa no ambiente. Quando difundidas, a vasta gama de fragrâncias não afeta apenas nosso estado mental e emocional, elas também ajudam a remover odores indesejados da atmosfera ao redor e purificá-la de contaminantes nocivos.

O uso de óleos essenciais é geralmente seguro, embora alguns efeitos colaterais possam ocorrer, incluindo irritação nos olhos, pele e nariz. Estes são extratos "concentrados" onde é necessária uma enorme quantidade de matéria vegetal para fazer apenas uma gota de óleo essencial, e cada gota contém os componentes químicos condensados de todas as plantas que entraram nele. Portanto, o uso de muito óleo essencial pode causar efeitos adversos, assim como o uso de muito medicamento.

Além disso, algumas fragrâncias podem causar reações alérgicas leves em pessoas com sensibilidades às plantas. Como tal, a inalação é o método mais utilizado pelos profissionais da cura, o que requer cheirar o óleo essencial diretamente do frasco para obter os efeitos desejados. Ele dá um controle completo sobre quanto da fragrância eles querem inalar, tornando-o o método de aplicação de óleos essenciais de mais baixo risco durante uma sessão de cura. Por exemplo, se alguém tiver uma reação alérgica com um difusor, pode precisar deixar o espaço por completo, parando ou mesmo tendo que encerrar a sessão de cura.

Os óleos essenciais também podem ser usados para preparar um banho aromático como parte de um processo ritual de limpeza. Use apenas seis a oito gotas de um óleo essencial em banhos rituais e combine com velas acesas em cores correspondentes ao efeito que você está tentando produzir. Tenha em mente que a intenção é fundamental, portanto escolha seu óleo essencial com cuidado e pratique com atenção enquanto estiver no banho. Os banhos rituais são uma excelente maneira de limpar suas energias e devem ser realizados com frequência, especialmente como precursor da meditação, Cerimonial Magick , Yoga e outras práticas de Cura Espiritual.

Há algumas precauções a serem tomadas com o uso de óleos essenciais. Por exemplo, os óleos essenciais nunca devem ser engolidos. Certos óleos são considerados tóxicos quando ingeridos, o que pode causar danos ao corpo e aos órgãos. Por esta razão, certifique-se de manter todos os seus óleos essenciais fora do alcance das crianças. Em segundo lugar, as mulheres grávidas devem evitar o uso de óleos essenciais, especialmente durante o primeiro trimestre. O mesmo vale para crianças com menos de seis anos de idade. E por último, não é recomendado o uso de óleos essenciais em animais porque eles poderiam ter reações adversas à potência de algumas fragrâncias e até mesmo morrer. Por exemplo, o uso de óleos essenciais em aves pode se revelar fatal em muitos casos.

Figura 78: Óleos Essenciais e um Difusor

COMO FUNCIONAM OS ÓLEOS ESSENCIAIS

As fragrâncias essenciais de óleo usam o ar ao nosso redor como meio de transmissão para transportar as moléculas para a passagem nasal (Figura 79), provocando assim uma resposta emocional. Ao mesmo tempo, as partículas do óleo essencial são entregues aos pulmões a cada respiração onde entram na corrente sanguínea, impactando diretamente o sistema nervoso e outros órgãos. Como tal, a Aromaterapia está diretamente associada com o Elemento Ar. Entretanto, como nosso olfato está ligado ao nosso Sistema Límbico, que regula emoções, comportamentos, lembranças e memória, a Aromaterapia também tem uma relação com o Elemento Água.

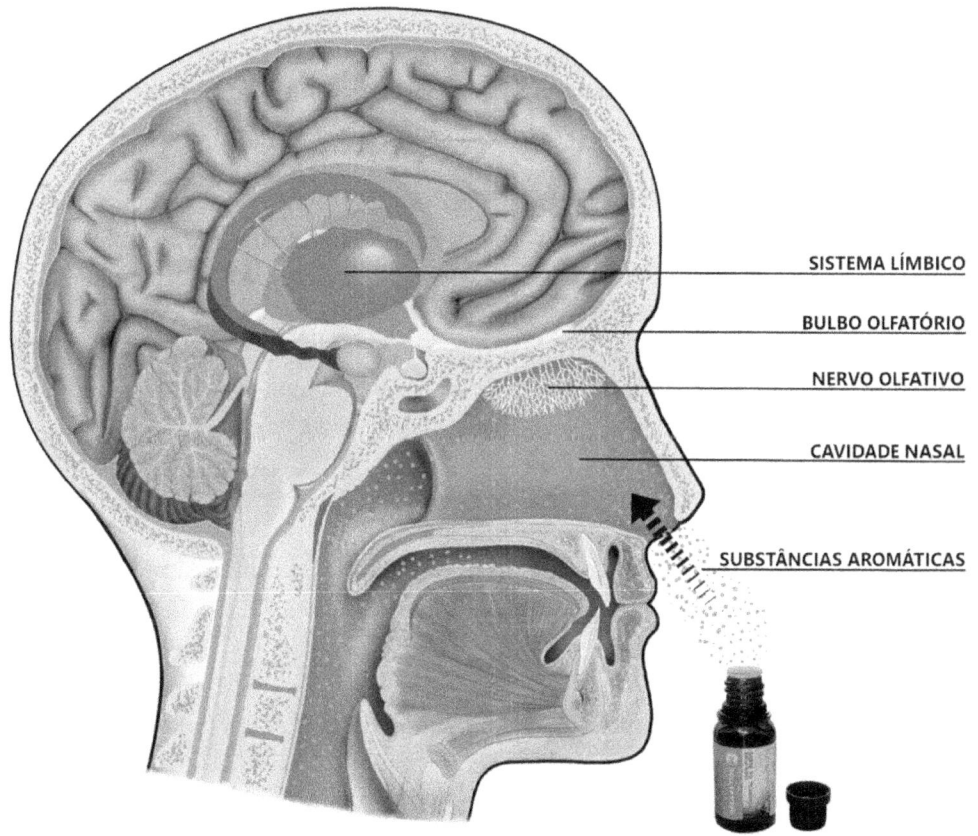

Figura 79: Aromaterapia e o Sistema Límbico

Existe uma relação simbiótica entre os Elementos Água e Ar, demonstrada pelos processos da natureza. Por exemplo, a molécula da água (H_2O) contém uma parte de oxigênio. Esta estreita relação também é encontrada em nossos processos mentais, pois cada vez que experimentamos um sentimento (Elemento Água), um pensamento (Elemento Ar) o precede.

Na escola de filosofia indiana Samkhya (também escrita como Sankhya), o olfato está associado ao Elemento Terra, que se encaixa neste caso, uma vez que as plantas são sólidos orgânicos que vêm da Terra. Entretanto, podemos mudar o estado sólido das plantas com a aplicação do calor e transformá-las em formas líquidas para criar tinturas de óleo essenciais. Mas não podemos mudar o estado sólido dos cristais, razão pela qual suas energias são mais densas do que as energias das fragrâncias da Aromaterapia.

Os aromas da aromaterapia são conhecidos por ativar velhas memórias e restaurar nossas emoções ao seu estado pacífico. Muitas fragrâncias também são conhecidas por melhorar nosso humor geral, pois estimulam o Hipotálamo a enviar mensagens à Glândula Pituitária para criar produtos químicos para o cérebro, como a serotonina. Quando estamos calmos e felizes, a mente se torna tranquila, elevando a vibração de nossa consciência. Por esta razão, queimar incenso ou difundir óleos é benéfico antes de iniciar a meditação, pois limpa o espaço e nos acalma, permitindo-nos ir mais fundo dentro de nós mesmos.

Quando aplicamos óleos essenciais topicamente, enquanto o cheiro entra nos pulmões e nas narinas, ainda mais moléculas são absorvidas diretamente na pele, proporcionando benefícios físicos imediatos. Além disso, podemos usar a aplicação tópica de óleos essenciais para curar problemas relacionados à pele, incluindo a cura de uma erupção cutânea ou ferida menor, a interrupção de uma infecção, o alívio da dor de uma queimadura solar ou o alívio da coceira de picadas de insetos. Os massagistas gostam de usar óleos essenciais diretamente sobre a pele para relaxar os músculos e controlar a dor.

ÓLEOS ESSENCIAIS PARA OS SETE CHAKRAS

Cada Chakra tem propriedades únicas que correspondem a certos óleos essenciais. Portanto, podemos usar óleos essenciais no corpo para promover o funcionamento equilibrado do Chakra. O método descrito abaixo pode ser usado em um Chakra de cada vez para otimizar seu fluxo de energia ou em múltiplos Chakras que requerem cura. Você também pode aplicar este método a todos os Sete Chakras ao mesmo tempo para trazer alinhamento a todo o sistema chákrico. Entretanto, como os óleos essenciais têm que ser aplicados no corpo onde os Chakras estão localizados, não podemos direcionar os Chakras Transpessoais com este método particular de aplicação.

Ao usar óleos essenciais para curar e equilibrar os Chakras, nunca os aplique diretamente sobre a pele sem diluí-los primeiro com um óleo veicular. As misturas de óleos essenciais melhoram e maximizam os efeitos terapêuticos e medicinais. Há uma variedade de óleos veiculares que você pode usar para fazer misturas essenciais para os Chakras, incluindo óleo de jojoba ou óleo de coco fracionado. A proporção a ter em mente é de duas a três gotas de um óleo essencial por uma colher de chá de óleo veicular. As misturas de óleo essencial são melhor aplicadas com uma garrafa de padrão cilíndrico de 10 ml. Se você estiver usando um tipo diferente de garrafa, você pode usar seu dedo para aplicar o óleo.

Para aplicar uma mistura de óleo essencial, esfregue parte dele na parte frontal ou traseira do corpo onde se encontra o Chakra. Use apenas o suficiente para cobrir uma área de cerca de 3-5 cm de diâmetro. Uma vez aplicado, você pode deixá-lo em seu corpo durante todo o dia para obter o máximo de efeitos terapêuticos. A única maneira de parar a influência de cura contínua da(s) mistura(s) essencial(is) é lavá-los do corpo com um sabonete forte, embora parte da mistura geralmente permaneça na superfície da pele.

Tenha em mente que uma vez aplicada a mistura de óleo essencial por mais de uma hora, já terão ocorrido mudanças em sua energia, mesmo que sua consciência possa precisar de mais tempo para integrá-las. Portanto, ajuda a meditar imediatamente após a aplicação para agilizar o processo de integração.

Use a Tabela 2 para encontrar o(s) óleo(s) essencial(is) mais apropriado(s) para usar em cada Chakra. Alguns óleos essenciais têm um efeito energizante em um Chakra, enquanto outros têm um efeito calmante. Óleos balanceadores são bons para trazer equilíbrio aos Chakras, sejam eles subativos ou hiperativos. Quando o Chakra está subativo, a vibração emitida pelo óleo essencial escolhido acelerará o giro do Chakra, devolvendo-o à sua velocidade ideal. Quando está hiperativo, a vibração irá retardar o giro do Chakra e colocá-lo em equilíbrio.

Use um óleo veicular para fazer uma mistura de óleo essencial para cada Chakra em que você deseja trabalhar. Sua intenção é de suma importância, uma vez que deve ser consistente com e seguir as correspondências dadas na Tabela 2. Você pode fazer uma coleção de misturas de óleo essencial para a cura do Chakra desta forma, que você pode usar em suas futuras sessões de cura.

Você também pode fazer misturas únicas de vários óleos, desde que correspondam ao Chakra que você está buscando e se você está tentando energizá-lo, acalmá-lo ou equilibrá-lo. Por exemplo, se você estiver fazendo uma mistura de 10 ml de óleo (duas colheres de chá) para equilibrar um Chakra Muladhara hiperativo, você deve usar quatro a seis gotas de óleo essencial de uma combinação de óleos calmantes pertencentes somente a este Chakra. Experimente misturar as composições de óleos essenciais usando a tabela abaixo para referência.

TABELA 2: Óleos Essenciais Para os Sete Chakras

Nome do Chakra (Sânscrito & Inglês)	Óleos Energizantes	Óleos Calmantes	Equilíbrio de Óleos	Aplicação no Corpo (Frente / Costas)
Muladhara, Raiz ou Base	Canela, Cardamomo, Pimenta Preta, Gengibre, Cipreste	Vetiver, Patchouli, Cedro, Mirra, Manjericão	Sândalo, Incenso, Gerânio	Entre o Períneo e o Cóccix, Fundo dos Pés, ou Ambos
Swadhisthana, Sacral ou Esplênico	Laranja, Mandarim, Limão, Bergamota	Jacarandá, Ylang-Ylang, Sálvia, Neroli	Neroli, Jasmim, Helichrysum, Sândalo, Elemi	Abdômen inferior (abaixo do umbigo), dorso inferior, ou ambos
Manipura, Plexo Solar	Toranja, Limão, Capim-limão, Gengibre, Tília, Zimbro	Vetiver, Bergamota, Funcho, Alecrim	Pimenta Preta, Nardo, Helichrysum	Plexo Solar, Costas Médias, ou Ambos
Anahata, Coração	Palmarosa, Pinheiro, Pau-rosa, Bergamota	Rose, Manjerona, Cedro, Eucalipto	Jasmim, Melissa, Sândalo, Gerânio	Entre os seios (Centro), Costas Superiores, ou ambos
Vishuddhi, Garganta	Hortelã-pimenta, Cipreste, Limão, Hortelã-lima, Sálvia	Camomila Romana, Basiléia, Alecrim, Bergamota	Coentros, Gerânios, Eucaliptos	Meio da Garganta, Costas do Pescoço, ou Ambos
Ajna, Sobrancelha, Olho da mente, Terceiro Olho	Sálvia-esclareia, Pinheiro, Alfazema, Sândalo mirra, Zimbro	Camomila alemã, Basiléia, Patchouli, Cedro, Tomilho	Incenso, Helichrysum, Jasmim	Entre as sobrancelhas, a parte de trás da cabeça, ou ambas. Também, Entre e acima das Sobrancelhas (Quinto Olho)
Sahasrara, Coroa	Lavanda, Açafrão, Palo Santo	Pau-rosa, Tomilho, Cedro, Neroli, Lótus	Incenso, Mirra, Helichrysum, Sândalo	Parte superior da cabeça (centro)

OS TATTVAS

Tattva, ou Tattwa, é uma palavra sânscrita que significa "princípio, "verdade", ou "realidade". Significa "aquilo", que pode ser entendido ainda mais como a "essência que cria o sentimento de existência". "Nos *Vedas*, Tattvas são fórmulas sagradas ou princípios da realidade que denotam a identidade do Eu individual e de Deus - o Criador. Eles representam o corpo de Deus, que é o próprio Universo, e nosso próprio corpo que experimenta a natureza através da consciência.

Existem cinco Tattvas primários (Figura 80), representando a essência da natureza que se manifesta como os Cinco Elementos. Os cinco Tattvas são conhecidos como Akasha (Espírito), Vayu (Ar), Tejas (Fogo), Apas (Água), e Prithivi (Terra). Os primeiros quatro Tattvas (Prithivi, Apas, Tejas, Vayu) representam modos ou qualidades da energia solar do Prana em vários graus de vibração. Eles são uma consequência das emanações de Luz e som, que se fundem no Tattva final, ou princípio-Akasha, o Elemento Espírito/Aéther.

Os Tattvas são primordiais e simples na forma; eles assumem as cinco formas principais dentro da gama da percepção humana – quadrado, lua crescente, triângulo, círculo e ovo. Os Tattvas são apresentados em cartões com um fundo branco que realça sua forma e cor. Eles são classificados como "Yantras" – ferramentas para concentração mental e meditação. Os Yantras são diagramas místicos da tradição tântrica e da religião indiana que vêm em muitas formas e configurações geométricas, muitas vezes muito complexas. Além de usá-los como ferramentas de meditação, os hindus frequentemente usam os Yantras para adorar as Divindades nos Templos ou em casa. Eles também os usam como talismãs para proteção ou para trazer boa sorte.

Os Tattvas são talvez os Yantras mais simples que existem. Na simplicidade de suas formas e cores, entretanto, reside o potencial de fazer uma poderosa conexão com os Cinco Elementos primordiais que existem em um nível Microcósmico. Como tal, podemos obter uma conexão no nível Macrocósmico – Em Cima, Como Embaixo. Portanto, dominando os Elementos dentro de nós mesmos, desenvolvemos a capacidade de alterar e mudar a realidade com nossos pensamentos, tornando-nos mestres manifestadores.

A Kundalini Shakti é a forma mais sutil de energia (feminina) e uma parte inseparável da consciência pura (masculina) - representada pelo Senhor Shiva, consorte de Shakti. Embora energia e consciência tenham se separado e diversificado para dar origem à Criação, eles estão sempre se esforçando para se reunirem de novo. Este processo é exemplificado pela energia Kundalini que sobe da base da coluna vertebral até o topo (Coroa) da cabeça.

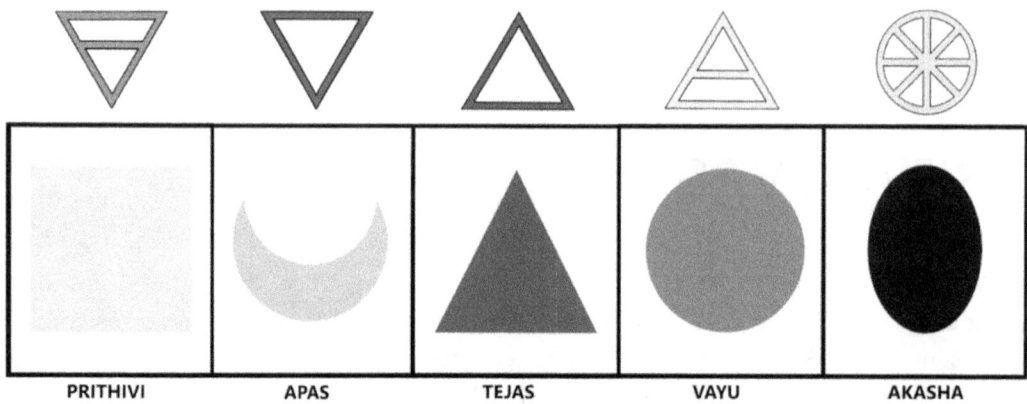

Figura 80: Os Cinco Tattvas Maiores

O objetivo de um despertar da Kundalini não é apenas o Iluminação para o indivíduo em cujo corpo esse processo ocorre, mas para Shakti e Shiva reviverem a unidade cósmica a partir da qual evoluíram. Entretanto, à medida que a Kundalini se eleva, o indivíduo experimenta o pleno despertar e a infusão da Luz nos Sete Chakras, cujas energias podem ser decompostas nos Cinco Elementos, representados pelos cinco Tattvas primários. Como tal, ao trabalhar com os Tattvas, você está trabalhando na afinação de seus Chakras e na cura da energia cármica contida nos mesmos.

O PROCESSO DE CRIAÇÃO

Durante o processo de Criação, a infinita Luz Branca diminuiu gradualmente sua vibração, manifestando os Cinco Elementos em etapas sucessivas. Cada um dos cinco Tattvas primários representa um dos processos criativos, começando pelo Espírito, seguido pelo Ar, Fogo, Água, e depois a Terra como materialização final da Criação. De acordo com os Mistérios Esotéricos Oriental e Ocidental a respeito deste assunto, cada Elemento (Tattva) é parte de uma série conectada na qual cada Elemento sucessivo (Tattva) é derivado de seu predecessor. Além disso, todos os Tattva devem ser considerados como uma extensão da consciência pura e não como princípios individuais que existem separadamente.

O primeiro Tattva, Akasha (Espírito), é uma amálgama de energia e Matéria que contém uma quantidade infinita de energia potencial no Mar da Consciência. Quando a energia do Akasha começou a vibrar no processo de evolução, criou movimento que manifestou o

Tattva Vayu (Ar). As partículas de Vayu têm a máxima liberdade de movimento, pois o Ar é o menos tênue dos Quatro Elementos inferiores. Enquanto o processo criativo continuava, o movimento perpétuo de Vayu gerava calor, provocando o surgimento do próximo Tattva, Tejas (Fogo).

Como o movimento da energia do Tejas era menor que Vayu, ele permitiu que ele expelisse parte de seu calor irradiante, que esfriou para criar o Apas Tattva (Água). Com o Apas, o Espírito, o Ar e as partículas de Fogo ficaram confinadas no espaço apertado, com movimento limitado mas fluido. Como a vibração da manifestação da Criação diminuiu ainda mais, porém, o Apas solidificou-se no Tattva Prithivi (Terra), o próximo e último estágio do processo de Criação. Prithivi é o equivalente da Sephira Malkuth sobre a Árvore da Vida, representando o Mundo da Matéria, a realidade física.

Deve-se notar que durante o processo criativo, estados sutis deram origem a estados mais grosseiros, mais densos e com menor vibração do que o estado anterior. Quanto maior a vibração, maior o estado de consciência e o Elemento com o qual ela corresponde. Tenha também em mente que a causa é uma parte essencial do efeito. A Terra contém os Elementos Água, Fogo, Ar e Espírito, uma vez que evoluiu a partir deles, enquanto o Espírito não o faz, uma vez que precede todos os Elementos.

Descrevi no *The Magus* que quando você trabalha com a energia de um Elemento, no momento em que você tiver concluído seu processo de Alquimia Espiritual, o próximo Elemento em sequência se revela diante de você. Portanto, não há linha fina onde um Elemento termina e o outro começa, mas todos os cinco estão conectados como parte de uma sequência.

Você notará que a sequência oriental de emanação dos Elementos é ligeiramente diferente da ocidental - o Elemento Ar vem imediatamente após o Espírito, em vez do Elemento Fogo. De acordo com o sistema espiritual oriental, o Elemento Ar é menos denso e mais etéreo do que o Fogo, então os Rishis

Antigos colocam o Ar antes do Fogo na sequência de manifestação da Criação. Discutirei esta variação entre os sistemas oriental e ocidental em profundidade na seguinte seção de Yoga, especificamente no capítulo "Os Cinco Koshas".

O SISTEMA DE TRINTA TATTVAS

Cada um dos cinco Tattvas tem cinco Sub-Tattvas que se relacionam com os diferentes planos dos Tattva principais a que pertencem. Por exemplo, um Tattva de Fogo tem cinco Subelementos: Fogo de Fogo, Espírito de Fogo, Água de Fogo, Ar de Fogo, e Terra de Fogo. Ao trabalhar com os Subelementos do Tattva, temos uma maneira mais precisa de sintonizar a energia exata que desejamos.

As principais energias que afetam nosso Sistema Solar, Planetário e Zodiacal podem ser todas decompostas em Subelementos, correspondendo a diferentes partes do Eu. Elas estão relacionadas com os caminhos de conexão da Árvore da Vida (Cartas de Tarô) e energias que conduzem um estado de consciência a outro. Estes estados de consciência são dez em número, representados pelas dez Esferas da Árvore da Vida na Qabalah.

Existem seis principais escolas de pensamento sobre a filosofia Tattvica na Índia. O sistema Tattva original foi desenvolvido pelo Sábio Védico Kapila no século VI AC como parte de sua filosofia Samkhya, que influenciou fortemente a ciência da Yoga. A filosofia Samkhya usa um sistema de vinte e cinco Tattvas, enquanto o Shaivismo reconhece trinta e seis Tattvas. A Ordem Hermética da Golden Dawn usa o sistema dos trinta Tattvas, uma vez que esta quebra em particular corresponde aos Elementos e Subelementos encontrados na Árvore Qabalística da Vida. Este sistema inclui os cinco Tattvas primários e os vinte e cinco Tattvas Sub-Elementares (Figura 81). Considerando que eu tenho a mais ampla experiência com este sistema em particular, é a que eu vou aderir neste livro.

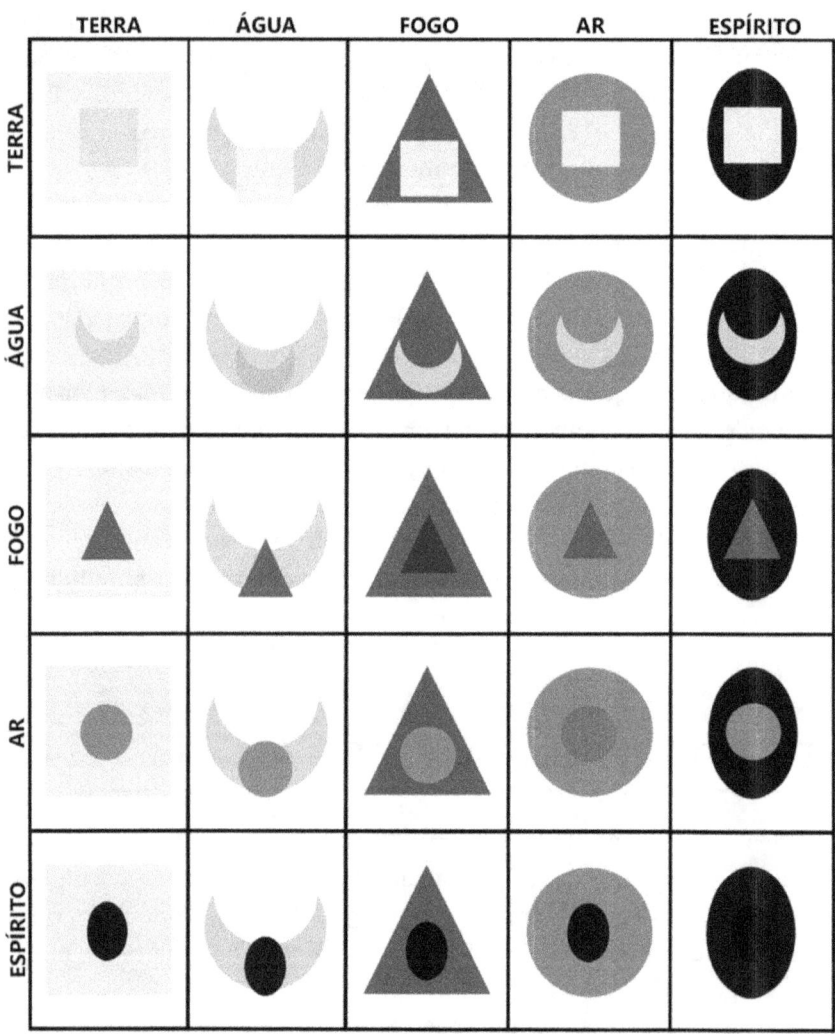

Figura 81: Os Vinte e Cinco Tattvas Sub-Elementares

Como trabalhar com Tattvas requer nosso senso de visão que percebe cores e formas no ambiente, esta modalidade de cura vibracional está associada ao Elemento de Fogo e ao Plano Mental Superior. Assim, ela nos permite ir mais fundo dentro de nós mesmos do que com outras modalidades de cura apresentadas neste livro. E como o Fogo depende do Ar para seu sustento, existe um componente do Elemento Ar também no trabalho com o Tattvas, correspondendo com o Plano Mental Inferior.

Portanto, o Plano Mental que utiliza nossa força de vontade e pensamentos é nosso ponto de contato para alcançar os Planos Cósmico Superior e Inferior, representados pelos Tattvas. Além disso, esta relação simbiótica entre os Elementos do Fogo e do Ar é evidente nos processos da natureza. Por exemplo, o fogo físico, ou chama, requer oxigênio para seu sustento; sem ele, morre. Da mesma forma, a intenção e a força de vontade não podem ter sucesso em nenhum empreendimento sem pensamentos e imaginação.

Como mencionado anteriormente, trabalhar com os Tattvas é semelhante a trabalhar com os Elementos através de exercícios rituais Cerimonial Magick apresentados no *The Magus*. Entretanto, o Cerimonial Magick lida principalmente com invocações, ou chamando em particular energias do Universo exterior para sua Aura, enquanto que trabalhar com os Tattvas constitui como uma evocação, significando que você acessa ou "extrai" um tipo específico de energia dentro de você para introspecção.

Assim, os exercícios rituais Cerimonial Magick invocam uma quantidade mais significativa de energia Elemental dentro da Aura enquanto o Tattvas só trabalha com nossas energias interiores naturais.

Entretanto, o benefício do Tattvas sobre os exercícios rituais Cerimonial Magick é que você pode se concentrar nos Sub-Elementos sem esforço usando seus respectivos cartões Tattva (Yantras). Em contraste, os únicos exercícios rituais no Cerimonial Magick que permitem alcançar o mesmo objetivo são as Chaves Enochianas que são muito avançadas e carregam muita energia Kármica específica para aquela egrégora. Deixei notas de aviso em várias páginas do *The Magus* sobre o trabalho com a Magick Enochiana porque ela requer mais de uma dúzia de meses de preparação com outras invocações Elementares mais básicas. Com os Tattvas Sub-Elementares, no entanto, você pode se envolver imediatamente

OS CINCO TATTVAS MAIORES

Tattva Akasha (Elemento Espiritual)

O primeiro Tattva, Akasha, corresponde com o Elemento Espiritual. Akasha representa o vazio do espaço, o Aethyr, simbolizado por um ovóide preto ou índigo, ou ovo. Espírito e Aethyr são termos intercambiáveis que significam a mesma coisa - o Akasha. A cor negra do Akasha reflete a escuridão do vazio, que podemos ver no vasto espaço entre os corpos celestes (Estrelas e Planetas) no Universo. Quando fechamos nossos olhos, também vemos mentalmente esta mesma escuridão do espaço diante de nós, implicando que o Akasha também está dentro de nós. Embora a escuridão seja a ausência de Luz, ela contém todas as cores do espectro dentro de si mesma. Como tal, ela é infinita em potencial e escopo. Por exemplo, um buraco negro no Universo contém mais massa do que milhões de Estrelas combinadas.

Akasha é equiparado com o princípio da Luz Branca que se estende infinitamente em todas as direções. Os hermetistas se referem a ele como a Primeira Mente de Deus - o Criador (O Todo). Outro nome é a "Mônada", que significa "singularidade" em grego. A escuridão do espaço é meramente um reflexo da Luz Branca em nível físico, manifestada pela Segunda Mente, que foi gerada (nascida) pela Primeira Mente através do processo de diferenciação. Embora não possamos entrar na Primeira Mente enquanto vivemos, podemos experimentar seu potencial ao despertar a Consciência Cósmica dentro de nós (através da Kundalini), que faz a ponte entre a Primeira e a Segunda Mente.

O Universo manifestado, incluindo todas as Galáxias e Estrelas existentes, está contido dentro da Segunda Mente. A matéria é um subproduto da energia espiritual que é invisível aos sentidos, mas que permeia todas as coisas. Como a essência de tudo, a vibração de Akasha é tão elevada que parece imóvel, ao contrário dos outros Quatro Elementos, que estão em constante movimento e podem ser experimentados através dos sentidos físicos. Akasha é matéria indiferenciada, contendo uma quantidade infinita de energia potencial. Em outras palavras, a matéria e a energia existem em seu estado de potencial latente dentro do Elemento Espiritual no próprio coração da Criação. Akasha nunca nasceu, e nunca morrerá. Não pode ser subtraída nem incrementada.

A energia espiritual da Primeira Mente manifesta-se na Segunda Mente através das Estrelas como Luz visível. Entretanto, diz-se que o Espírito viaja mais rápido que a velocidade da Luz, tendo a maior velocidade conhecida pela humanidade. Isto explicaria por que a informação canalizada através da Consciência Cósmica é transmitida instantaneamente em qualquer parte do Universo. E por que as pessoas espiritualmente evoluídas precisam apenas pensar em um objeto ou lugar, e imediatamente experimentam como é ser esse objeto ou estar nesse lugar através do pensamento.

Como viaja mais rápido que a velocidade da Luz, a energia espiritual transcende o espaço e o tempo de acordo com a Teoria da Relatividade de Einstein. Como tal, não é raro que pessoas espiritualmente despertas desenvolvam o senso de precognição ou presciência, permitindo-lhes ver o futuro através do sexto sentido (psiquismo). A consciência espiritual permite um acesso aos Registros Akáshicos.

Na Alquimia Hermética, Akasha é a Quintessência. Ela é todo-penetrante, pois tudo o que existe evoluiu de Akasha, e para Akasha, tudo eventualmente retornará. Akasha se relaciona com o princípio da vibração sonora. Ele fornece o meio para que o som viaje através do espaço. Akasha é a fonte dos outros Quatro Elementos que evoluíram através do processo de manifestação da Criação.

A energia planetária de Saturno influencia Akasha, exemplificada pelas cores índigo e preto que correspondem a ambas. Na Qabalah, Saturno se relaciona com a Sephira Binah, uma das supernas que representa o Elemento Espiritual. Binah é o plano astral de tudo o que existe, as formas sutis e etéreas de todas as coisas que são invisíveis aos sentidos físicos, mas que podemos experimentar através do Olho da Mente. A vibração do Akasha só pode ser acessada quando a mente é silenciada, e o Ego é transcendido. Na filosofia yógica e Hindu, seu reino de experiência é o Plano de consciência, denominado "Jana Loka", a morada dos mortais libertados que habitam no Reino Celestial.

Akasha é atribuído aos três Chakras de Vishuddhi, Ajna, e Sahasrara (Figura 82). No nível do Sahasrara, o Akasha é melhor expresso pelo símbolo do infinito, uma figura de oito deitado, representando o conceito de Eternidade e sem limites. No nível da Ajna, Akasha é melhor simbolizada pelo símbolo taoísta Yin/Yang, representando a dualidade, as forças femininas e masculinas, Ida e Pingala, que se unem no Chakra Ajna. Vishuddhi é o representante tradicional do Tattva Akasha em Tantra e Yoga, em seu nível mais acessível que o conecta com os Elementos inferiores e Chakras.

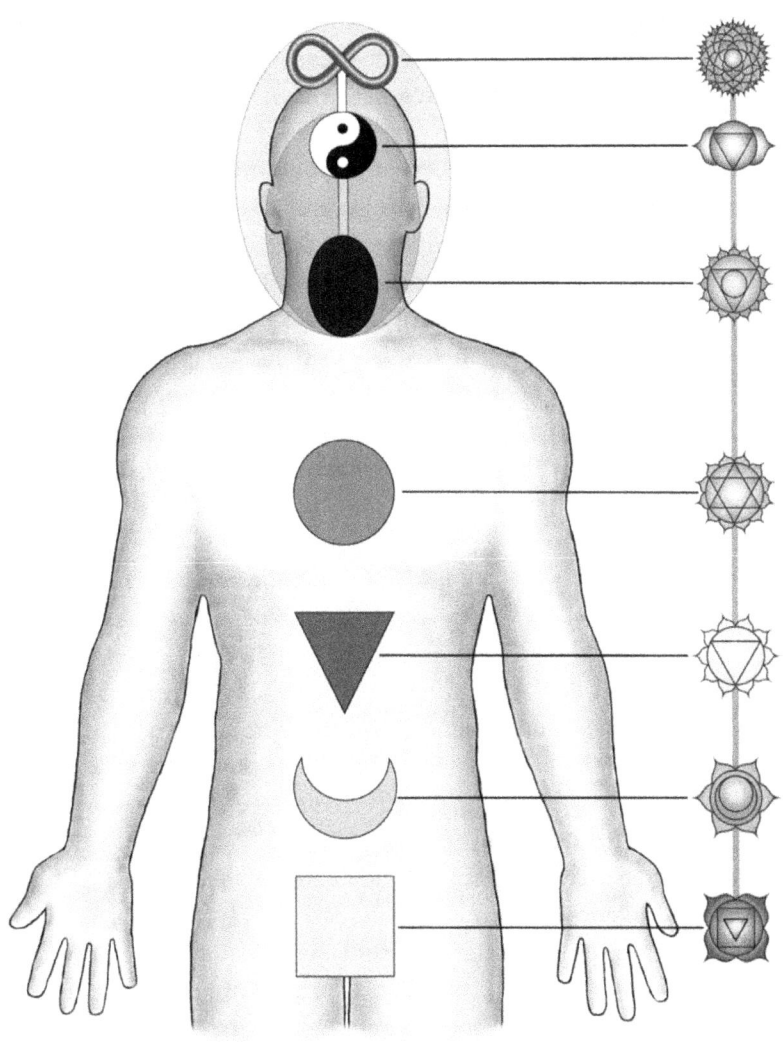

Figura 82: Os Tattvas e os Chakras

O Bija Mantra de Akasha é "Ham". "(Mais sobre os Bija Mantras na seção seguinte sobre Yoga.) Experimentar a energia do Tattva Akasha assemelha-se ao efeito das invocações rituais do Elemento Espiritual e da energia saturnina, embora esta última possa ser melhor descrita como o aspecto terrestre do Akasha. Os subelementos do Akasha são Espírito do Espírito, Fogo do Espírito, Água do Espírito, Ar do Espírito, e Terra do Espírito.

Tattva Vayu (Elemento Ar)

O texto religioso hindu, *Os Upanishads*, ensina que o primeiro princípio ou Tattva a evoluir fora de Akasha é Vayu, simbolizado por um círculo azul. "Vayu" vem da mesma palavra raiz sânscrita para "movimento" e é consequentemente atribuído ao Elemento do Ar. Tendo a natureza do vento, Vayu assume uma cor azul do céu claro.

Como o vazio de Akasha se tornou influenciado pelo movimento durante o processo criativo, foi criada a energia da Luz, manifestando o Tattva Vayu. Entretanto, Vayu não é Luz física, mas energia cinética em suas diversas formas: energia elétrica, química e energia vital (Prana). Como Akasha estava sem movimento, Vayu é um movimento que permeia tudo.

Todos os gases dentro da atmosfera terrestre, incluindo o oxigênio, abrangem Tattva o Vayu. Embora invisível a olho nu, Vayu é o primeiro Tattva que pode ser sentido de forma tangível na pele. Como tal, ele se relaciona com o sentido do toque. A essência de Vayu é expressa através da contração e expansão. No corpo físico, Vayu controla os cinco "ares" vitais chamados de Vayus Prana: Prana, Apana, Samana, Udana, Vyana.

Vayu é atribuído a Anahata, o Chakra do Coração. Ele se relaciona com a mente, pensamentos e imaginação, alimentados pelo processo de respiração - trazendo a energia prânica para o corpo. O movimento constante do Tattva Vayu cria mudanças, causando instabilidade, inconsistência, volatilidade e inconstância no indivíduo e no ambiente. Tal é a natureza do Elemento Ar. Seu reino de experiência é o plano de consciência, denominado "Maha Loka", o lar dos grandes Sábios e Rishis.

O Bija Mantra de Tattva Vayu é "Yam". Sua energia é comparável às invocações rituais do Elemento Ar e invocações do Planeta Mercúrio com aspectos da energia solar. Afinal de contas, Vayu é uma extensão da energia prânica, cuja fonte é o Sol. Os subelementos de Vayu são Ar do Ar, Espírito do Ar, Fogo do Ar, Água do Ar, e Terra do Ar. O Subelemento Ar do Ar é semelhante à energia do Zodíaco Aquário, enquanto o Fogo do Ar é semelhante a Libra e a Água do Ar a Gêmeos.

Tattva Tejas (Elemento de Fogo)

Tejas, ou Agni (fogo), é o Tattva Elemento de Fogo. Tejas significa "afiado" em sânscrito; seu significado se traduz por "calor" ou "iluminação". O Tattva Tejas é simbolizado por um triângulo vermelho para cima, cuja cor está associada à sua energia arquetípica. Entretanto, quando colocado sobre o corpo, o triângulo aponta para baixo em direção ao Elemento Apas (Água) (Figura 82). O conceito de "Água para cima, Fogo para baixo" explica o fluxo natural de energia de nosso corpo.

Como o Fogo é a fonte de calor e Luz, é o primeiro princípio cuja forma é visível a olho nu. Afinal, é pela aparência da Luz que percebemos as formas em nosso ambiente. Assim, o Tejas é a qualidade que dá definição ou estrutura às diferentes expressões da energia cinética representada por Vayu Tattva, a partir da qual o Tejas evoluiu.

O nascimento da forma está intimamente ligado ao advento do Ego - a antítese da Alma. O Ego nasceu quando reconhecemos algo fora de nós pela primeira vez. À medida que nos aclimatávamos ao mundo material em nossos primeiros anos, ficamos apegados às formas que víamos no ambiente, o que permitiu que o Ego crescesse, dominando firmemente a consciência. Assim, as Samskaras se desenvolveram ao longo do tempo, um termo sânscrito que implicava impressões mentais, lembranças e impressões psicológicas. As samskaras são a raiz da energia cármica que nos impede de evoluir espiritualmente até que a superemos.

O desenvolvimento do Ego continua em nossa adolescência, formando nossa personalidade ao longo do tempo. O Ego não para de crescer e expandir-se pelo resto de nossa vida aqui na Terra, já que está ligado ao corpo físico e à sua sobrevivência. A única maneira de deter o crescimento do Ego é reconhecer e abraçar a realidade espiritual mais profunda que está por trás do corpo físico, que é vazia e, portanto, sem forma. Quando nossa atenção se concentra na Evolução Espiritual em vez de alimentar o Ego, a Alma finalmente assume o controle, e começamos a construir um caráter que transcende nossa existência material.

Como mencionado anteriormente, o Ego e a Alma não podem coexistir como condutores da consciência; sempre é necessário que um assuma o assento do passageiro. Essa escolha é determinada por nós e a qual aspecto do Eu damos nossa atenção em um dado momento, uma vez que temos o Livre-Arbítrio. Portanto, o Tejas se relaciona tanto com a Alma quanto com o Ego. O Elemento Fogo é a força de vontade que usamos para expressar nosso princípio do Livre-Arbítrio em qualquer direção, alimentado pelo Manipura, o Chakra do Plexo Solar. Seu reino de experiência é o plano de consciência, denominado "Swar Loka", a região entre o Sol e a Estrela Polar, o Céu do Deus Hindu Indra.

O Tattva Tejas tem sido frequentemente descrito como uma força devoradora que consome tudo em seu caminho. Entretanto, a destruição é um catalisador para a transformação, já que nada morre, mas apenas muda seu estado. Como tal, o Elemento Fogo é crucial para a Evolução Espiritual, pois nos permite refazer nossas crenças sobre nós mesmos e sobre o mundo, permitindo-nos explorar nosso potencial mais elevado. A destruição do Tejas, portanto, resulta em novas criações propícias ao crescimento da Alma.

O Bija Mantra de Tejas é "Ram. "Esta energia do Tattva é comparável a uma invocação ritual do Elemento Fogo e a energia do Planeta Marte com aspectos da energia do Sol. O Tejas é masculino e ativo, pois estimula o impulso e a força de vontade do indivíduo. Os subelementos do Tejas são Fogo do Fogo, Espírito do Fogo, Ar do Fogo, Água do Fogo, e Terra do Fogo. O Subelemento Fogo do Fogo é semelhante à energia do Zodíaco Áries, enquanto o Ar de Fogo é semelhante a Leão e a Água do Fogo, a Sagitário.

Apas Tattva (Elemento Água)

O próximo Tattva na sequência de manifestação é Apas, simbolizado pela lua crescente prateada. O Apas é matéria intensamente ativa que surgiu do Elemento Fogo por causa da diminuição do movimento e da condensação. Ele está confinado dentro de um espaço definitivo enquanto está em estado de fluidez.

Apas é o Universo físico que ainda se organiza antes de se materializar como o próximo Tattva. Ele representa a ordem que surge do caos. A disposição dos átomos e moléculas no Apas ocupa muito pouco espaço com liberdade de movimento limitada, ao contrário dos Elementos Fogo, Ar e Espírito. Por exemplo, o hidrogênio e o oxigênio comportam-se de forma diferente daquelas mesmas moléculas em vapor.

O Apas é feminino e passivo; é atribuído ao Swadhisthana, o Chakra Sacral. Apas está relacionado ao efeito da Lua sobre as marés do mar e o Elemento de Água dentro de nós. Considerando que nosso próprio corpo físico é composto por 60% de água, a importância do Elemento Água em termos de nosso sistema biológico é óbvia.

Como Apas é matéria que ainda está sendo criada, ela representa o impulso criativo dentro de nossa psique. Está relacionada às emoções que são fluidas e mutáveis, como o Elemento Água que as representa. Nossa sexualidade também é expressa emocionalmente como desejo, servindo como um poderoso motivador em nossas vidas. Os ciclos lunares não só têm uma forte influência em nossas emoções, mas também em nossa sexualidade.

O Apas tem a qualidade da contração e o princípio do gosto. É Bija Mantra é "Vam. "As experiências dos Apas são semelhantes às invocações rituais do Elemento Água. Sua correspondência planetária é com a Lua e Júpiter e aspectos de Vênus, já que os três planetas estão associados com emoção e sentimentos.

Os subelementos dos Apas são Água da Água, Espírito da Água, Fogo da Água, Ar da Água e Terra da Água. O Subelemento Água da Água é semelhante à energia do Zodíaco de Peixes, enquanto o Fogo da Água é semelhante ao Câncer e o Ar da Água, ao Escorpião. O reino de experiência de Apas é o plano de consciência denominado "Bhuvar Loka", a área entre a Terra e o Sol e o lar dos seres celestes conhecidos como Siddhas.

Prithivi Tattva (Elemento Terra)

O quinto e último Tattva é Prithivi, simbolizado por um quadrado amarelo e relacionado ao Elemento da Terra. O último Elemento que evolui no processo de Criação resulta de uma maior diminuição da vibração que faz com que o Elemento Água se solidifique e se torne imóvel. Prithivi é o mais denso de todos os Tattvas, pois representa o Mundo concreto da Matéria cujas moléculas são fixadas no lugar. Ele representa as qualidades de solidez, peso e coesão, trazendo estabilidade e permanência em todos os níveis.

Embora a cor amarela represente tipicamente o Elemento Ar nos Mistérios Ocidentais, no sistema táttvico, ela está associada à Terra. O amarelo relaciona-se com a Luz Amarela do Sol que nos permite perceber o Mundo da Matéria. A correspondência de Prithivi é com o Chakra Raiz ou Muladhara e o sentido do olfato. Seu Bija Mantra é "Lam. "

A energia de Prithivi é semelhante às invocações rituais do Elemento Terra. Os subelementos do Prithivi são Terra da Terra, Espírito da Terra, Fogo da Terra, Água da

Terra e Ar da Terra. O Subelemento Fogo da energia da Terra é semelhante ao Zodíaco Capricórnio, enquanto a Água da Terra é semelhante à Virgem e o Ar da Terra pode ser comparado ao Taurus. O reino da experiência de Prithivi é o Plano de consciência denominado "Bhu Loka", o Mundo Físico da Matéria grosseira.

DIVINAÇÃO PELOS TATTVAS

Os Tattvas são fáceis de usar e muito eficazes para sintonizar você nas energias Elementais desejadas. Basta segurar um Tattva na mão e "perscrutá-lo" olhando, ou olhando profundamente para ele, para desfechadurar sua força. Cristalocar o Tattva é fundamental para desenvolver poderes psíquicos, como a clarividência. É um dos métodos mais fáceis, rápidos e eficazes de exercer e melhorar suas habilidades clarividentes.

O método de divinação pelos Tattvas também pode facilitar uma Experiência fora do corpo completa, uma vez que inclui um componente de Projeção Astral cuja técnica é parecida com a jornada xamânica e o trabalho de tapetes. Entretanto, você precisa ser cauteloso ao tentar a Projeção Astral, especialmente se você sofre de ansiedade ou nervosismo. Pode ser uma grande sacudida para a mente experimentar coisas além do físico, especialmente sua primeira vez. Portanto, você deve estar suficientemente equilibrado energeticamente antes de tentar a Projeção Astral, o que você pode conseguir com o uso das modalidades de Cura Espiritual apresentadas neste livro.

Antes de iniciar este exercício, você precisará imprimir os cartões Tattva a cores em meu site www.nevenpaar.com, seguindo o link "Tattva Cards" na navegação principal. Os cartões no documento PDF são de doze por quinze centímetros, que é seu tamanho ideal para divinação, com os símbolos em torno de sete a dez centímetros de altura. Se você já possui cartões Tattva, continue a trabalhar com eles desde que eles se enquadrem dentro dos parâmetros dados.

No entanto, os cartões Tattva mais adequados devem ser autoconstruídos a partir do papelão. Deve-se cortar os símbolos separadamente, pintá-los à mão e colá-los sobre as cartas para fornecer uma perspectiva tridimensional. A figura 83 mostra as cartas de Tattva que eu construí há muitos anos quando estava na Ordem Golden Dawn.

Há duas partes do método de Divinação pelos Tattvas, conforme apresentado pela Ordem Hermética da Golden Dawn. A primeira parte é chamada "Divinação pela Visão Espiritual", que envolve a sintonia com a energia Elemental e Subelemental dentro de sua Aura, que isola seus Chakras para que você possa trabalhar com eles. A segunda parte é opcional, e é uma continuação da primeira, chamada "Viajando na Visão Espiritual". "Depois de evocar a energia Elemental ou Subelemental e amplificá-la em sua Aura, sua consciência se torna imersa nela. Esta é uma excelente oportunidade para realizar uma Projeção Astral em seu Plano Cósmico usando uma técnica de visualização que envolve sua imaginação e força de vontade.

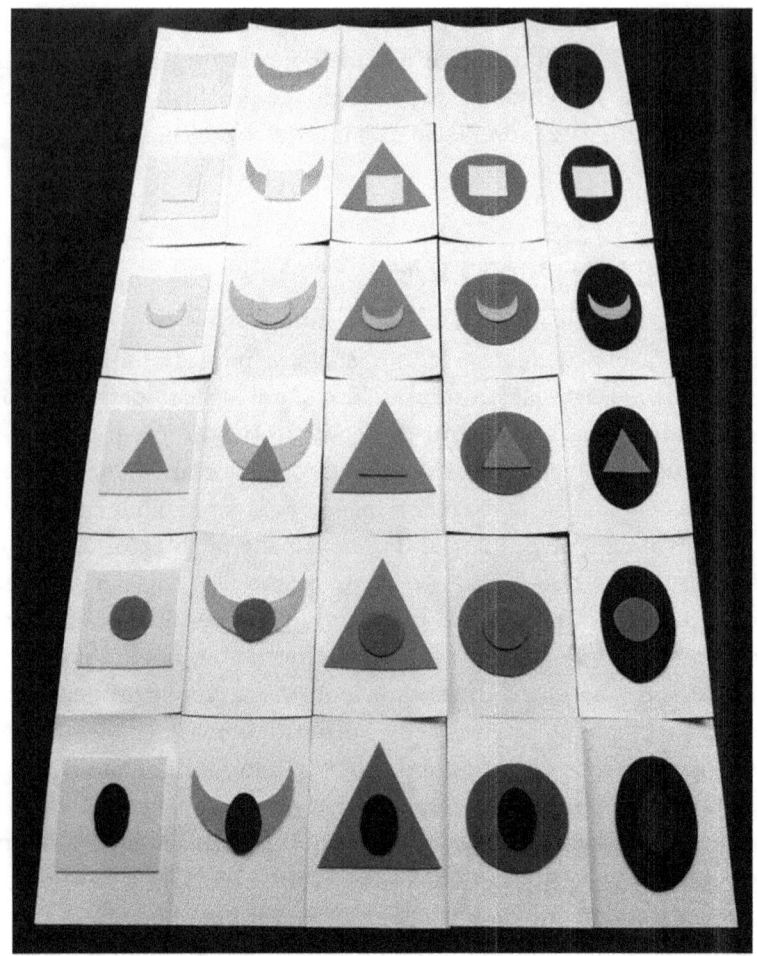

Figura 83: Os Cartões de Tattva do Autor

Antes de iniciar o exercício de Divinação pelos Tattva, encontre um espaço tranquilo onde você não será perturbado durante a execução. Como a prática envolve ir para dentro, é aconselhável queimar algum incenso para limpar seu espaço de energias negativas e torná-lo sagrado. Se você está familiarizado com os exercícios do Ritual Cerimonial Magick do meu primeiro livro, execute o Ritual de Banimento Menor do Pentagrama e o Ritual de Banimento do Hexagrama para banir as influências energéticas adversas e centrar-se em si mesmo.

Estes dois exercícios rituais são instrumentais para a proteção no trabalho Astral, incluindo a Projeção Astral que abre a consciência para o contato direto com as Inteligências Espirituais dentro dos Planos Cósmicos internos. Além dos Elementais básicos, estes podem ser entidades Angélicas ou Demoníacas ou Espíritos que se alojaram nas camadas de sua Aura e seus respectivos Chakras em algum momento no passado. Eles são responsáveis por muitos de nossos estados de espírito e sentimentos, sejam eles positivos e construtivos, como no caso dos Anjos ou negativos e destrutivos como influenciados pelos Demônios.

Os demônios são mais esquivos do que os anjos, já que as pessoas geralmente evitam lidar com eles. Muitas vezes, eles ficam trancados no subconsciente por medo de ter que enfrentá-los. Entretanto, os demônios permanecerão apegados a você até que você os enfrente com coragem e aprenda sua verdadeira natureza, integrando assim plenamente seus poderes e liberando-os de volta ao Universo. Ao fazer isso, você estará curando e otimizando os Chakras enquanto domina seus correspondentes Elementos dentro de sua psique. Lembre-se de que qualquer Inteligência Espiritual que você possa encontrar em sua sessão de Divinação, se você a enfrentar com equilíbrio e amor em seu coração, eles estarão a seu serviço.

Método de Divinação pelos Tattvas-Parte 1 (Divinação pela Visão Espiritual)

Comece o exercício sentando-se confortavelmente na posição Lótus ou em uma cadeira enquanto está de frente para a direção cardinal do Elemento que você está divinando. (Use a Tabela 3 para obter todas as informações relevantes que você precisará para Cristalocar o Tattvas). Você deve ter uma superfície branca na sua frente, como uma parede, ou tela, ou algum tipo de fundo, já que você precisará transpor a impressão Astral do Tattva para ela como parte do exercício. A superfície branca também garante que não haverá distrações para a mente ao se concentrar no cartão Tattva. Se você tiver quadros ou móveis pendurados perto de sua área de trabalho, remova-os.

Realize a Respiração Quádrupla por alguns minutos com os olhos fechados para entrar em um estado de espírito meditativo, o que é essencial para o sucesso neste trabalho. Em seguida, abra seus olhos e pegue o Tattva. Segure-o na mão ao longo do braço para que a imagem fique ao nível dos olhos. Comece a olhar para ele confortavelmente, piscando o mínimo possível. Assegure-se de ver o cartão Tattva e o fundo branco diante de você e nada mais. Não permita que seus olhos vagueiem. Ao invés disso, absorva o Tattva enquanto mantém sua mente vazia de todos os pensamentos. Permita que sua imagem preencha sua consciência enquanto você imagina estar encharcado na energia de seu Elemento ou Subelemento associado.

Você deve olhar para o Tattva por vinte segundos a um minuto inicialmente e depois prolongar sua duração à medida que você se torna mais proficiente neste exercício. Certifique-se de não forçar seus olhos em nenhum momento. Após algum tempo, o Tattva começará a "piscar" para fora do símbolo que você está olhando, como se você estivesse vendo sua impressão de energia ou Aura. A experiência lhe ensinará quanto tempo leva para chegar a este ponto.

O próximo passo é colocar o cartão Tattva para baixo e mudar suavemente o olhar para a superfície branca e plana à sua frente. Você notará a transferência do símbolo para sua cor "piscante" ou complementar ao Tattva. Por exemplo, se você estiver divinando Prithivi, sua cor complementar será violeta. Se você estiver divinando um Tattva Sub-Elementar, você verá duas cores complementares piscando na sua frente.

Agora olhe para o símbolo cintilante diante de você. Se ele começar a flutuar, coloque-o de volta em foco na sua frente. Uma vez que ele desapareça em sua visão física, feche os olhos e concentre-se no que resta de sua impressão mental. Deixe sua visão física transitar para a visão astral como se a parte de trás de suas pálpebras fosse uma tela de cinema reproduzindo a imagem de volta para você.

É aconselhável praticar a transferência visual do cartão Tattva para o fundo branco três a quatro vezes, já que esta parte do exercício é mais importante para a próxima etapa da Projeção Astral. Entretanto, simplesmente olhando para o Tattva, você está desbloqueando sua energia associada em sua Aura, que você deve sentir imediatamente (se você for sensível às energias) como uma essência quantificável. Note que quanto mais tempo você olha para o Tattva, mais energia correspondente a ele permeia a Aura.

Método de Divinação pelos Tattvas-Parte 2 (Viajando na Visão Espiritual)

Depois que a imagem Astral desaparecer, use sua imaginação para trazê-la de volta ao Olho da Mente na cor complementar do Tattva com o qual você está trabalhando. Imagine a imagem sendo ampliada até o tamanho de uma porta. A seguir, visualize sua forma Astral e veja-a de pé bem diante desta porta. Tome um momento para anotar todos os detalhes de seu Astral Eu, incluindo sua vestimenta, expressões faciais, etc. Se ajudar sua visualização, imagine-se vestindo a mesma roupa que você está vestindo enquanto faz o exercício. Note que você deve estar se olhando na terceira pessoa em sua mente para esta parte do exercício como se você fosse o diretor e a estrela do filme como um só.

A seguir, você precisa transferir sua semente de consciência para o seu Eu Astral. Esta parte é complicada e é onde a maioria dos estudantes precisa praticar. Para fazer isso com sucesso, você precisa parar de se ver na terceira pessoa e mudar sua perspectiva para a primeira pessoa. Imagine toda sua essência entrando em seu Eu Astral ao sair de seu corpo físico, que permanece sentado silenciosamente com os olhos fechados. Tome um momento agora abrindo seus olhos como seu Eu Astral e observe suas mãos e pés como se você tivesse acabado de acordar dentro de um Sonho Lúcido. Em seguida, olhe para a porta na sua frente, seu portal para outra dimensão. Quando você estiver pronto, passe pela porta. Se você está familiarizado com os exercícios rituais do *The Magus*, você pode projetar seu Eu Astral através da porta com o Sinal do Ingressante enquanto se sela no correspondente Plano Cósmico com o Sinal do Silêncio. Se você não estiver familiarizado com estes gestos, basta passar pela porta.

No momento em que você entrar no Plano Cósmico projetado, permita que sua imaginação entre em piloto automático. Esta parte é crucial para o sucesso com a Projeção Astral, uma vez que tudo até este ponto era uma visualização guiada usando sua força de vontade e imaginação. Agora você deve parar de controlar a experiência para que sua imaginação tenha sua impressão a partir da energia Elemental ou Sub-Elementar que você amplificou em sua Aura com a técnica do olhar de Tattva. Se feito corretamente, você deve obter uma visão do Plano Cósmico.

Observe a paisagem ao seu redor, observando cada pequeno detalhe que você pode ver. Use seus sentidos astrais para captar as vistas, sons, gostos, cheiros e sensações táteis do Plano Cósmico. Se as coisas parecerem monótonas e unânimes, você pode vibrar os Nomes Divinos do Elemento correspondente três ou quatro vezes cada um, conforme a Tabela 3. A sequência a seguir é Nome de Deus, Arcanjo e Anjo. Fazendo isso, as coisas devem ser coloridas e movimentadas de forma vívida. Se não o fizer, então você pode precisar de mais prática transferindo sua consciência para o seu Eu Astral e se permitindo "deixar ir" por tempo suficiente para experimentar uma visão no Plano Astral. Não se desespere se isto não funcionar nas primeiras vezes; a maioria das pessoas precisa de mais prática com a Parte 1 do Método de Divinação pelos Tattvas antes de se envolver na Parte 2.

TABELA 3: Correspondências dos Tattvas

Elemento (Português & Sânscrito)	Direção	Elementares	Nome de Deus (Hebraico)	Arcanjo	Anjo
Terra, Prithivi	Norte	Gnomos	Adonai ha-Aretz	Auriel	Phorlakh
Água, Apas	Oeste	Ondinas	Elohim Tzabaoth	Gabriel	Taliahad
Fogo, Tejas	Sul	Salamandras	YHVH Tzabaoth	Michael	Aral
Ar, Vayu	Leste	Sílfos	Shaddai El Chai	Raphael	Chassan
Espírito, Akasha	Acima/abaixo, Leste (padrão)	-	Eheieh	Metatron	Chayoth ha-Qadesh

Após vibrar os Nomes Divinos apropriados, não é raro ver um guia espiritual aparecer diante de você. Esta entidade é frequentemente um Elemental cujas características representam as qualidades do Elemento que você está visitando. Você também pode convocar um guia para ajudá-lo a explorar o lugar, o que é recomendado, especialmente se você é novo nesta prática.

Observe a aparência da entidade e teste-a perguntando seu propósito em ajudá-lo, o que o ajudará a determinar se ela é benevolente ou malevolente. Às vezes você pode não ver uma entidade, mas sentir sua presença, que muitas vezes pode ser mais confiável do que o uso da visão Astral ou de outros sentidos.

Se a entidade parecer malévola, você pode usar os Nomes Divinos do Elemento com o qual você está trabalhando para bani-la. Você também pode desenhar um Pentagrama da Terra banidor (como instruído em os *The Magus*) para demitir a entidade, a menos que você esteja trabalhando com o Tattva Prithivi, o que causará um banimento tanto dos aspectos positivos quanto negativos da Terra. Se por algum motivo você não quiser a assistência de um guia, você pode usar o Pentagrama banidor do Elemento com o qual você está trabalhando para mandá-los embora, o que funciona na maioria dos casos.

Assumindo que seu guia é um Espírito positivo que quer ajudá-lo, permita que ele o conduza para que você possa explorar o cenário. Faça a seu guia quaisquer perguntas sobre o que você está vendo em sua viagem ou sobre a natureza do Elemento pertencente ao Plano Cósmico que você está explorando. Afinal, este trabalho visa desenvolver o conhecimento e o domínio sobre os Elementos que são partes de sua psique.

Ao explorar Planos Cósmicos Sub-Elementares, não é raro ser passado para um segundo guia que lhe mostrará um cenário completamente diferente. Neste caso, você precisa testá-los novamente para determinar a qualidade de seu Ser, incluindo a vibração dos Nomes Divinos do Tattva secundário que você está visitando. Ao deixar o primeiro guia para trás, conceda-lhe a cortesia de um adeus, especialmente se eles o tratarem com respeito.

Se você sente que o ambiente se tornou caótico com sua presença, você pode usar os Nomes Divinos para trazer harmonia e paz ao Plano Cósmico que você está visitando e restaurar sua constituição original. Lembre-se sempre de ser respeitoso, mas firme com seus guias e não os deixe sair da linha, pois eles estão lá para lhe ajudar. Você deve sempre manter a calma e o controle sobre a situação.

O método de sair do Plano Cósmico e retornar à consciência comum e desperta é a inversão exata do processo inicial. Primeiramente, agradecer ao guia e dizer adeus a ele. Em seguida, é preciso refazer seus passos de volta à porta de onde veio. Uma vez que você passe pela porta, sua viagem estará completa. Se você usou o Sinal do Ingressante e o Sinal do Silêncio para entrar na porta, então use-o novamente para sair dela.

A seguir, você precisa transferir sua semente de consciência de seu Eu Astral para seu Eu físico. Ao fazer isso, sinta seu Ser mudando de uma perspectiva interna para uma externa à medida que você transfere sua atenção dos sentidos astrais para os físicos. Respire fundo agora enquanto você se concentra em ouvir qualquer som em seu ambiente. Quando você estiver pronto para terminar sua experiência de Divinação do Tattva, abra lentamente os olhos. Se você começou este exercício com o Ritual de Banimento Menor do Pentagrama e o Ritual de Banimento do Hexagrama, repita-os para centralizar-se e banir quaisquer influências indesejadas.

É crucial nunca simplesmente terminar a experiência abrindo seus olhos físicos enquanto seu Eu Astral ainda estiver dentro do Plano Cósmico que você está visitando. Nunca deve haver uma fusão de um Plano Elemental com o Plano Físico da consciência, pois fazer isso pode ser prejudicial para a psique. Os efeitos colaterais imediatos são sentir-se confuso, desorientado e entorpecido. Os efeitos colaterais mais duradouros incluem manifestações caóticas e destrutivas em sua vida, que podem durar semanas, meses e até anos, até se resolverem. Portanto, leve seu tempo com este processo de "retorno a casa" e siga todos os passos, mesmo que os faça de forma acelerada.

***

Como iniciante, comece praticando com os Tattvas primários de Prithivi, Apas, Tejas, Vayu, e Akasha, nessa ordem. Concentre-se nos quatro primeiros até adquirir alguma experiência antes de se mudar para o Tattva Akasha. Realize cada sessão de divinação com um cartão individual de Tattva uma vez por dia, não mais. Você pode realizar este exercício a qualquer hora, embora as manhãs e as tardes sejam melhores, de preferência com o estômago vazio. Se você divinar o Tattva logo antes de dormir, antecipo que a operação afetará o conteúdo de seus sonhos.

Após algumas semanas de experiências com Tattvas primários, e uma vez obtidos resultados satisfatórios com a Projeção Astral, você pode passar para o Programa de Alquimia Espiritual que idealizei para os aspirantes mais ambiciosos deste trabalho. Esta operação avançada de Tattva proporcionará ótimos resultados ao explorar os Elementos, Subelementos e seus correspondentes Chakras. Segue a sequência de entrada das camadas da Aura do Astral Inferior (Terra) para o Astral Superior (Água), seguido pelo Mental Inferior (Ar), para o Mental Superior (Fogo), e finalmente para o Plano Espiritual (Espírito).

Estou apresentando a sequência ocidental dos Elementos emanantes, que coloca o Elemento Fogo após o Elemento Ar, ao invés de antes, como o sistema oriental. Em minha experiência, esta sequência de trabalhar progressivamente com os Planos Cósmicos do mais baixo para o mais alto é mais eficaz na Cura Espiritual e no aumento da vibração da consciência.

Todo o Programa de Alquimia Espiritual com os Tattvas levará um mês para ser concluído. Depois disso, você pode repetir o ciclo ou trabalhar com Elementos e Subelementos individuais para dominar essas partes do Eu. Você também pode revisitar os Planos Cósmicos específicos que você achou mais emocionantes e reveladores que lhe chamaram ou que você sentiu que precisava explorar mais.

Trabalhar com o Tattvas é uma excelente oportunidade para usar um Jornal Magicko, um caderno ou um diário para registrar suas experiências. Isto é essencial para melhorar suas habilidades de divinação e memória e para lhe dar uma visão sobre símbolos, números e eventos específicos que você vivenciou durante uma sessão. Ao documentar suas experiências ao longo do tempo, você começará a reconhecer padrões e derivar significados metafóricos de suas sessões que fazem parte de um quadro mais amplo de quem você é e sobre o que você precisa trabalhar para promover sua Evolução Espiritual.

Em conclusão, lembre-se de ser paciente, determinado e persistente com este trabalho, especialmente ao começar. É fácil ser dissuadido do componente de Projeção Astral desta prática quando não se está obtendo os resultados que se espera. Entretanto, tenha em mente que desenvolver a clarividência interior não é tarefa fácil. A Divinação pelos Tattvas é um trabalho árduo e extenuante que muitas vezes leva meses ou até anos para se tornar proficiente. Mas com perseverança, suas visões crescerão de imagens vagas, ligeiramente indistintas, a experiências vívidas, dinâmicas e poderosas de Magick.

Programa de Alquimia Espiritual com os Tattvas

Plano Astral Inferior - Terra/Muladhara:
Dia 1-Terra/Terra/Primária
Dia 2-Terra/Terra de Terra
Dia 3 - Terra/Água de Terra
Dia 4-Terra/Arte de Terra
Dia 5 - Terra/Fogo de Terra
Dia 6 - Terra/Espírito de Terra

Plano Astral Superior-Água/Swadhisthana:
Dia 7-Água/Água Primária
Dia 8-Água/Terra de Água
Dia 9-Água/Água de Água
Dia 10-Água/Ar de Água
Dia 11-Água/Água de Fogo
Dia 12-Água/Espírito de Água

Plano Mental Inferior-Ar/Anahata:
Dia 13-Ar/Ar primário
Dia 14-Ar/Terra de Ar
Dia 15-Ar/Água de Ar
Dia 16-Ar/Ar de Ar
Dia 17-Ar/Fogo de Ar
Dia 18-Ar/Espírito de Ar

Plano Mental Superior - Fogo/Manipura:
Dia 19-Fogo/ Fogo Primário
Dia 20-Fogo/Terra de Fogo
Dia 21- Fogo/Água de Fogo
Dia 22- Fogo/Ar de Fogo
Dia 23-Fogo/Fogo de Fogo
Dia 24- Fogo/Espírito de Fogo

Plano Espiritual-Espírito-Vishuddhi, Ajna, Sahasrara:
Dia 25-Espírito/Espírito Primário
Dia 26-Espírito/Terra de Espírito
Dia 27-Espírito/Água de Espírito
Dia 28-Espírito/Ar de Espírito
Dia 29-Espírito/Fogo de Espírito
Dia 30-Espírito/Espírito de Espírito

PARTE VI:
A CIÊNCIA DA YOGA (COM AYURVEDA)

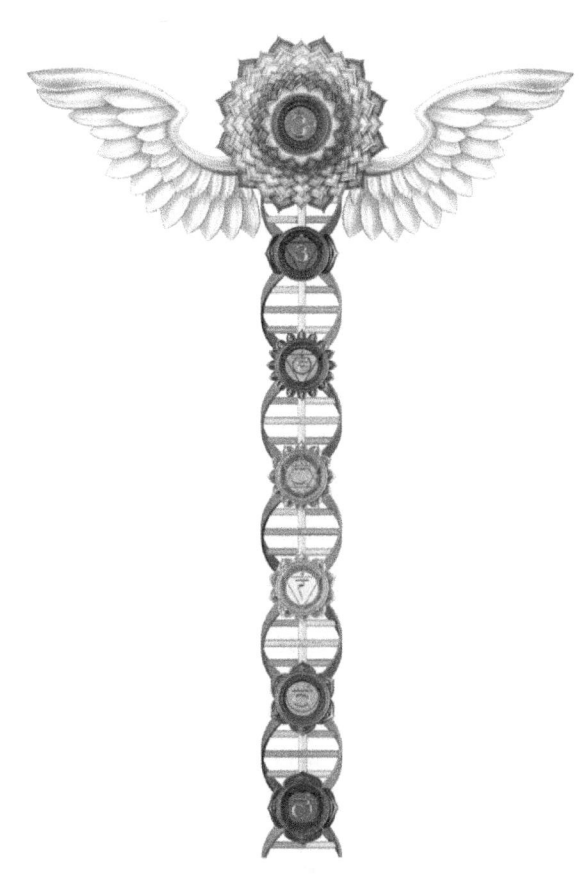

O PROPÓSITO DA YOGA

O Yoga é um grupo de práticas, disciplinas e técnicas físicas, mentais e espirituais que se originou na Índia Antiga há aproximadamente 5000 anos. O Yoga foi mencionado nos antigos textos hindus, *O Rig Veda* e *Os Upanishads*, embora seu desenvolvimento real só tenha ocorrido nos séculos V e VI a.C. *Os Sutras de Yoga de Patanjali*, o texto hindu mais influente sobre Yoga, é datado por volta do segundo século AC. No século XX, este texto foi traduzido para o inglês, o que despertou um forte interesse em Yoga no mundo ocidental.

Embora a maioria das pessoas no Ocidente acredite que a Yoga é um mero exercício físico que consiste em posturas corporais (Ásanas), isto não poderia estar mais longe da verdade. Os Ásanas são os aspectos físicos do que é uma ciência profunda do desdobramento do potencial espiritual do ser humano. Havia muito pouca prática de Ásanas como parte da Yoga nos velhos tempos. Suas formas originais eram em sua maioria de natureza transcendental e meditativa. O Yoga costumava ser sobre o acesso a estados de pura consciência e bem-aventurança (Samadhi) e sobre a superação do peso da realidade material. A prática do Ásana, que é o núcleo da Hatha Yoga, saiu do Tantra há aproximadamente 1000 anos.

A palavra "yoga" em sânscrito significa "união", e se refere à união da consciência individual com a Consciência Cósmica. Para que haja uma união entre os dois, porém, deve ter havido primeiro uma separação. Na realidade, nunca houve. A separação é uma ilusão que ocorre através da mente com o nascimento e crescimento do Ego. A Yoga visa então transcender o Ego e tornar-se um ser humano autorrealizado. Ao praticar um sistema testado pelo tempo para trabalhar com seu campo energético, um indivíduo pode superar as limitações de sua mente e alcançar o mais alto de seu potencial Espiritual.

Segundo Patanjali, o Yoga requer a cessação das flutuações da mente, o que resulta na união do observador, observando e o observado. O objetivo final do Yoga é a Iluminação e a integração do Espírito dentro do corpo. Para levar seus praticantes até lá, o Yoga visa equilibrar o sistema energético e despertar gradualmente a Kundalini na base da coluna vertebral. Quando a Kundalini Shakti sobe pela coluna vertebral para encontrar Shiva na Coroa, ocorre um Matrimônio Divino, expandindo a consciência individual. Quando as duas forças opostas masculinas e femininas se tornam uma só, a Alma é liberada do corpo e exaltada sobre o Ego. O indivíduo torna-se um Iogue ou Alma liberada, um Deus-homem.

Eles transcendem a dualidade e os Elementos dentro de si mesmos, representados pelos Planos Cósmicos inferiores, e sintonizam sua consciência com o Plano Espiritual que é Não-Dual.

Como o Yoga é nosso método mais antigo de equilibrar o sistema energético e despertar a energia da Kundalini, decidi dedicar um capítulo inteiro a sua ciência. Embora esta seção seja uma mera cartilha sobre Yoga, há muito a ganhar com as práticas aqui apresentadas, e elas fazem parte do sistema Espiritual Oriental.

TIPOS DE YOGA

A prática do Yoga é muito diversificada, já que existem muitos ramos diferentes. Todos eles têm o objetivo final de levar à experiência de união com a Divindade. Abaixo estão os principais ramos da Yoga, embora haja muitos mais que não estão listados aqui. Alguns deles são considerados parte dos principais, embora sejam únicos em si mesmos.

Hatha Yoga

O Tantra surgiu por volta dos séculos VI a VIII d.C., e foi seu desenvolvimento histórico na prática que mais tarde gerou o Hatha Yoga (século XIV). O Hatha Yoga é o tipo que é geralmente praticado na sociedade ocidental. Há pequenas variações nas filosofias, práticas e terminologia que permitem que as diferentes escolas de Yoga no Ocidente se adaptem aos praticantes individuais, mas todas elas incluem a prática de Ásanas (posturas físicas) e Pranayama (conhecidas como técnicas de respiração, mas mais precisamente projetadas para a expansão do Prana).

A palavra "Hatha" é traduzida do sânscrito para significar "Sol e Lua", com "ha" indicando energia solar, enquanto "tha" significa energia lunar. Hatha Yoga significa a harmonia ou equilíbrio entre o Sol e a Lua, dos Nadis Pingala e Ida, dois aspectos opostos e complementares de nosso Ser. O objetivo maior do Hatha Yoga é otimizar a saúde, purificando os canais energéticos do corpo e maximizando a função dos Chakras. Ele tenta harmonizar o corpo físico para que ele possa ser transcendido. O Hatha Yoga também dá um controle sobre seus estados internos para que eles ganhem melhor consciência e concentração com o propósito de desenvolver e refinar as práticas meditativas do Yoga, denominadas Dharana e Dhyana. A meditação é um componente crucial em todas as práticas espirituais, incluindo a Yoga.

Mudras e Bandhas também são classificados como parte da Hatha Yoga. Mudras são gestos físicos ou posições corporais que induzem mudanças psicológicas e mentais no próprio Ser. Os bandhas são bloqueios de energia física que desempenham a mesma função que os mudras. Os bandhas são usados principalmente para perfurar os Três Granthis, ou nós psíquicos, que se encontram ao longo do Nadi Sushumna. O objetivo final do Hatha Yoga é despertar a Kundalini e alcançar o Samadhi. Há muitos métodos e técnicas no Hatha Yoga para alcançar este objetivo. Muitos destes métodos e técnicas são apresentados neste trabalho.

Kundalini Yoga

O sistema de Yoga se concentrou em despertar os centros chákricos para induzir um estado de consciência mais elevado. A Kundalini Yoga envolve movimentos repetitivos do corpo, sincronizados com a respiração, juntamente com cânticos e meditação. O objetivo é manter a mente ocupada, combinando várias práticas yógicas simultaneamente. O objetivo final da Kundalini Yoga é despertar a energia da Kundalini na base da coluna vertebral, que ativa os Chakras Maiores em sua ascensão. Sua disciplina envolve Ásanas simples, o que permite que o praticante se concentre em sua energia e tenha ótima consciência de seu corpo e mente. A Kundalini Yoga inclui técnicas específicas de Kriya Yoga, Hatha Yoga, Bhakti Yoga, Raja Yoga, e Shakti Yoga.

Karma Yoga

A "Yoga da Ação". Karma Yoga é o sistema de alcançar a autoconsciência através da atividade. Seus ideais são altruístas, pois envolvem o serviço altruísta aos outros como parte de um Eu maior, sem apego a resultados - o objetivo individual é alinhar sua força de vontade com a Vontade de Deus. Como tal, todas as suas ações são executadas a partir de um senso de consciência mais elevado. Karma Yoga envolve estar envolvido no momento presente, o que permite transcender o Ego. Ele ajuda a tornar a mente mais calma e pacífica, superando as emoções pessoais. Como o Karma Yoga é mais um modo de vida do que qualquer outra coisa, houve muitos indivíduos notáveis no passado que eram Karma Yogis, mesmo sem saber. Jesus Cristo, Krishna, Mahatma Gandhi, Madre Teresa, Rumi, são apenas alguns exemplos.

Mantra Yoga

A "Yoga do Som". "As vibrações do som têm um efeito incrível sobre a mente, o corpo e a Alma, e também podem produzir uma mudança no mundo material. O Mantra Yoga usa o poder do som para induzir diferentes estados de consciência através do processo de repetição de certos sons Universais, que se torna um Mantra. Estes sons universais devem ser vibrados ou "entoados" com nossas cordas vocais para um efeito adicional. Mantras são encontrados em todas as tradições e frequentemente incluem os nomes e poderes de Deuses, Deusas, Espíritos e outras Divindades. O uso de Mantras invoca/evoca energia na Aura, que afeta a consciência de cada um. Muitos Mantras visam a produzir tranquilidade mental e emocional, aumentando assim a consciência dos processos internos da mente. O próprio nome, "Mantra", significa "transcender a mente que trabalha". "Há três maneiras de entoar Mantras: Bhaikari (entoação audível normal - expressado), Upanshu (entoação audível suave-sussurrando), e Manasik (Não audível-silenciosa/mentalmente). O Mantra Yoga é um método poderoso de introspecção, bem como de alinhamento da consciência com as forças Divinas. Através dele, o objetivo final da Yoga (união com a Divindade) pode ser alcançado.

Jnana (Gyana) Yoga

O Yoga ou caminho da Autoinvestigação, também conhecido como o caminho do Conhecimento Intuitivo. Embora muitas pessoas pensem que a Jnana Yoga é o caminho do intelecto, a percepção é predominantemente através do Vijnanamaya Kosha (a mente intuitiva) e não do Manomaya Kosha (o intelecto racional), que é a experiência direta do Divino e desenvolve a Gnose. A Jnana Yoga visa desenvolver a consciência do Eu Superior para alcançar um conhecimento iluminador dos mistérios do Universo. Ela procura discernir entre Maya (ilusão) e o mundo real do Espírito. Os componentes da Jnana Yoga incluem o estudo de textos sagrados, introspecção, discussões filosóficas e debates. Entre os notáveis Jnana Yogis estão Swami Vivekananda, Sri Yukteswar Giri (Guru de Yogananda) e Ramana Maharshi, para citar alguns. Alguns dos filósofos gregos, incluindo Sócrates e Platão, também foram Jnana Yogis.

Bhakti Yoga

A Yoga da devoção. A Bhakti Yoga concentra o amor do Divino através de rituais devocionais. Exemplos de práticas envolvidas no Bhakti Yoga são oração, canto, dança, canto, cerimônia e celebrações. As emoções recebem um escape em vez de serem reprimidas ou dissipadas em diferentes direções. Ao se tornar totalmente absorvido em seu objeto de devoção, o Bhakti transcende seu Ego. À medida que as emoções mais baixas são diminuídas, os problemas mentais desaparecem. Como tal, a concentração e a consciência aumentam, levando à Autorrealização.

Raja Yoga

O Yoga da introspecção através da meditação. Raja Yoga é o Caminho Real como "raja" significa rei. Ele engloba a essência de muitos outros caminhos do Yoga, a saber Karma, Bhakti e Jnana Yoga. O foco do Raja Yoga é a análise interna do funcionamento da mente para acalmá-la e ir além dela. Ele tenta transcender o Ego e o ambiente externo do corpo físico e se sintonizar com o Eu interior da Alma e do Espírito. É o caminho para o Iluminação.

Patanjali Yoga

Patanjali Yoga é frequentemente identificada diretamente com Raja Yoga porque é introspectiva. O sistema de Patanjali consiste em oito membros (termo sânscrito "Ashtanga") ou passos de Yoga (Figura 84), que o indivíduo deve dominar em seu caminho para a Autorrealização. Pense nos oito membros como partes da grande árvore da Yoga, onde cada membro (ramo) se conecta ao tronco. Cada membro tem folhas que expressam sua vida e são as técnicas da ciência da Yoga. Os oito membros ou passos da Yoga estão delineados no *Sutras da Yoga*, que foi compilado pelo Sábio Patanjali. Eles são Yamas (Autocontenção), Niyamas (Auto-observação), Ásana (posturas), Pranayama (respiração), Pratyahara (retirada dos sentidos), Dharana (concentração), Dhyana (meditação) e Samadhi (Auto-identificação com a Consciência Cósmica).

Figura 84: Os Oito Membros da Yoga

Kriya Yoga

A palavra sânscrita "kriya" significa "ação" ou movimento". O Kriya Yoga é a ciência de controlar o Prana no corpo. Um de seus objetivos é descarbonizar o sangue humano e recarregá-lo com oxigênio, que se destina a rejuvenescer o cérebro e os centros espinhais. O sistema antigo de Kriya Yoga consiste em muitos níveis de Pranayama, Mantra e Mudra, baseado em técnicas destinadas a acelerar rapidamente sua Evolução Espiritual e levar à comunhão com o Eu-Ser Superior, Deus-Seu. O Kriya Yoga ganhou popularidade no mundo através do livro *Autobiografia de um Iogue de* Paramahamsa Yogananda.

Dhyana Yoga

A Yoga da meditação. A Dhyana Yoga envolve principalmente o sétimo membro do Yoga mencionado nos *Sutras de Yoga de Patanjali*. Ela se preocupa em acalmar a mente e permitir maior foco e consciência, o que é alcançado através das práticas de Ásana, Pranayama, Mantra, e Dharana (concentração). A Dhyana Yoga treina você para manter sua mente longe das coisas desnecessárias na vida e concentrar-se no que importa. A meditação corta através da ilusão, levando à verdade da realidade, permitindo o autoconhecimento.

***

Em conclusão, muitas outras formas de Yoga são excelentes sistemas em e de si mesmas, mas que se enquadram em um dos grupos primários mencionados. Elas incluem Siddha Yoga, Shiva Yoga, Buddhi Yoga, Sannyasa Yoga, Maha Yoga, e outras. Como existem muitos estilos ou tipos de Yoga, cada um ligeiramente diferente do outro, a pessoa comum tem muitas opções para escolher entre as que melhor se adaptam à sua compleição psicológica e física. Entretanto, a maioria dos tipos de Yoga inclui os mesmos elementos e práticas, que examinarei em detalhes nesta seção.

OS CINCO KOSHAS

De acordo com Yoga e Ayurveda, o sistema energético humano é composto por cinco Corpos Sutis ou "camadas", chamados Koshas (Figura 85), que cobrem e escondem nossa natureza essencial - o Homem-Atman, o Eu Universal (Alma). Os Koshas são essencialmente as portas de entrada para a Alma. Eles são responsáveis pelas diferentes dimensões e estados vibratórios de consciência que os humanos compartilham. Os Koshas relacionam-se com os Cinco Elementos (Tattvas) e os Sete Chakras Maiores, com o Kosha mais alto (Anandamaya) englobando os três Chakras Espirituais. (Note que a Figura 85 é um esquema abstrato dos Cinco Koshas, não sua representação real na Aura).

Os Koshas são sinônimos dos corpos sutis dos Planos Cósmicos internos da Tradição Misteriosa Ocidental. Entretanto, ao invés de sete, existem cinco camadas da Aura no sistema yógico, que estão interligadas, interagindo constantemente umas com as outras. Os Koshas emanam em sequência, começando pela mais densa, sendo cada camada subsequente mais sutil e mais alta em vibração do que a que veio antes dela.

Annamaya Kosha

A primeira camada ou camada é chamada Annamaya Kosha, e se relaciona com a mente consciente e o corpo físico. É a Kosha mais grosseira e mais densa e aquela com a qual mais nos identificamos. Construída pelos alimentos que comemos, Annamaya Kosha corresponde ao primeiro Chakra, Muladhara e ao Elemento Terra (Tattva Prithivi). A prática regular do Ásana e uma dieta saudável podem manter nosso corpo físico em ótimas condições para que possamos experimentar uma vida livre de doenças.

Pranamaya Kosha

A segunda camada é Pranamaya Kosha; o corpo energético vital composto pela energia da Vida. Pranamaya Kosha, como o nome diz, lida com o Prana no corpo; por isso pode ser chamado de nosso corpo prânico, que é absorvido através da respiração, do alimento e da Força de Vida Universal que nos cerca, permeando nossa Aura. Ela flui através do intrincado sistema de Nadis no corpo, do qual se diz que existem Setenta e Dois Mil. A Pranamaya Kosha pode ser controlada pela respiração, embora seja uma força mais sutil do que o ar que respiramos. Está relacionado ao segundo Chakra, Swadhisthana e ao

Elemento Água (Apas Tattva). Pranamaya Kosha une Annamaya e Manomaya Koshas no que diz respeito tanto ao corpo quanto à mente. A prática de Pranayama ajuda a manter a Força vital fluindo livremente em Pranamaya Kosha, mantendo o corpo e a mente saudáveis.

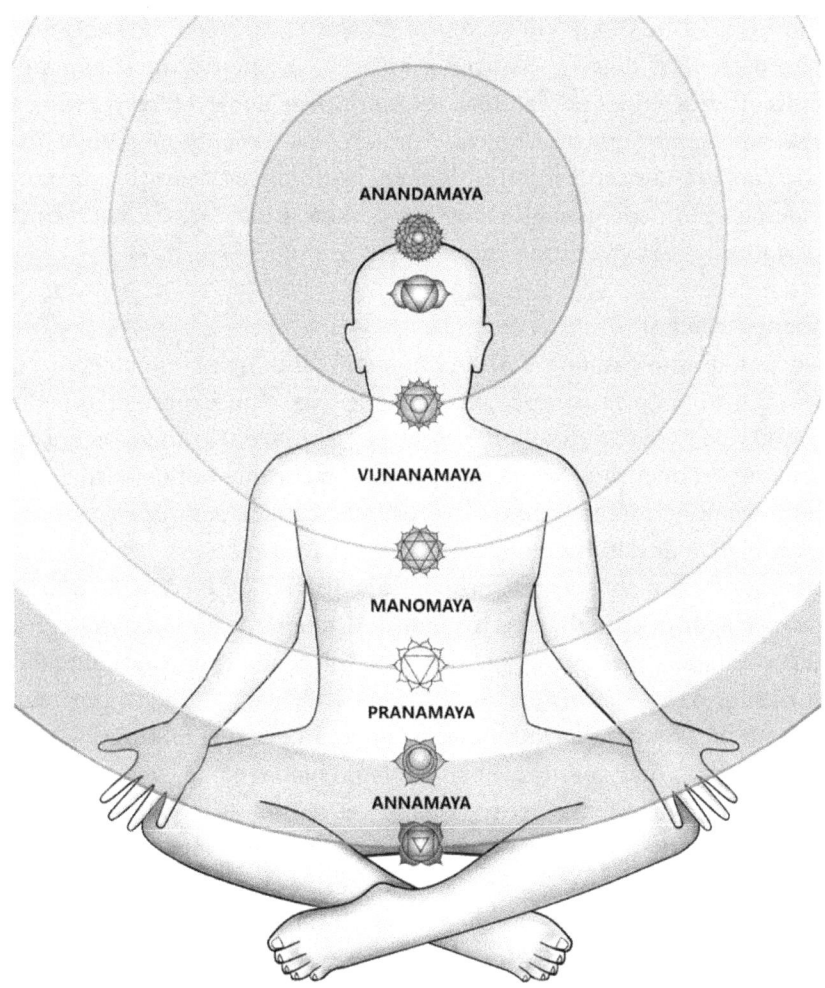

Figura 85: Os Cinco Koshas

Manomaya Kosha

A terceira camada é Manomaya Kosha, o corpo mental/emocional no sistema yógico, relacionado com a mente subconsciente. A Manomaya Kosha inclui padrões de pensamento e sentimentos, permeando as camadas vitais e alimentares. Ela corresponde ao terceiro Chakra, Manipura e ao Elemento Fogo (Tejas Tattva). Tornar-se consciente de nossos pensamentos e emoções diários e dissolvê-los através da retirada dos sentidos

(Pratyahara) e da concentração unifocalizada (Dharana) pode ajudar a manter nossa mente pura e livre da dor da dualidade.

Vijnanamaya Kosha

A quarta camada é a Vijnanamaya Kosha e é o corpo psíquico ou mental superior que permite a intuição. Em Yoga, Vijnanamaya Kosha é o "corpo de sabedoria" que revela *insights* pessoais. Ela liga o subconsciente e a mente inconsciente, dando-nos conhecimento interior, incluindo as reações instintivas aos eventos da vida. Vijnanamaya Kosha se relaciona com o quarto Chakra, Anahata, e o Elemento Ar (Vayu Tattva). Através da prática de Yamas (Autocontenção) e Niyamas (Auto-observação), e com o uso de práticas yógicas, podemos purificar nossas mentes e corações para nos conectarmos com nossa intuição, permitindo-nos viver uma vida mais feliz e mais espiritual.

Anandamaya Kosha

Finalmente, a quinta camada é Anandamaya Kosha, que é considerada como o corpo transcendental ou bem-aventurança, o Corpo de Luz. Sua experiência pode ser descrita como um estado de absorção total em estado de bem-aventurança, alcançado através do silêncio da mente. A doçura e beleza da vida que experimentamos quando a mente ainda é conhecida como Sat-Chit-Ananda (Verdade-Consciência-Bliss em sânscrito), a experiência subjetiva da última realidade imutável-Brahman.

Ananadamaya Kosha pode ser experimentada através da meditação diária (Dhyana) ou através de um despertar completo da Kundalini. Embora Anandamaya Kosha nos permita experimentar o estado superconsciente do Samadhi, ainda existe a dualidade entre sujeito e objeto. Portanto, para nos tornarmos um com Brahman (O Todo), precisamos alcançar a camada acima de Ananadamaya Kosha, a camada Divina sem nome.

Nos Upanishads, Anandamaya Kosha é conhecida como o Corpo Causal. Ele se relaciona com a mente inconsciente, um reservatório de sentimentos, pensamentos, memórias e impulsos fora de nossa consciência e subconsciência. A mente inconsciente controla muitos dos processos automáticos no corpo que garantem nossa sobrevivência física. Anandamaya Kosha corresponde ao Espírito/Elemento (Akasha Tattva) e aos três mais altos Chakras de Vishuddhi, Ajna, e Sahasrara. É o estado de consciência onde nosso Santo Anjo da Guarda, nosso Eu Superior, reside.

OS CORPOS SUTIS NO ORIENTE E NO OCIDENTE

Os Cinco Koshas do Sistema Espiritual Oriental de Yoga correspondem aos Corpos Sutis dos Planos Cósmicos Internos do Sistema Esotérico Ocidental: o Físico, Astral, Mental e Espiritual, com o Astral e Mental contendo os aspectos Inferior e Superior. Entretanto, uma pequena diferença entre os dois sistemas requer nossa atenção.

Na ciência e filosofia da Yoga, os Corpos Sutis emanam com respeito à sequência dos cinco primeiros Chakras Maiores, começando com Muladhara e terminando com Vishuddhi. Como mencionado, aos três Chakras Espirituais é atribuída uma camada Áurica, para um total de Cinco Koshas. Em contraste, a Tradição de Mistérios Ocidental, cuja base é a Árvore Qabalística da Vida, segue a sequência de emanação da Luz Divina de Ain Soph Aur (Luz Sem Limites), como diz respeito aos Cinco Elementos. Na Qabalah, a Luz Divina se manifesta como Espírito, Fogo, Ar, Água, Terra, onde cada um dos Elementos subsequentes tem menos qualidade Espiritual do que o anterior.

Como você pode ver, os dois sistemas são quase idênticos em relação a este assunto, com uma exceção. Em Yoga, os elementos Fogo (Manomaya Kosha) e Ar (Vijnanamaya Kosha) são trocados, já que o Manipura Chakra está abaixo de Anahata no sistema chákrico. Na filosofia Qabalística, o Fogo é o primeiro Elemento que se manifesta a partir do Espírito e é maior em qualidade Espiritual do que o Elemento Ar, independentemente de seu posicionamento no sistema chákrico. As Escolas de Mistérios Ocidentais ensinam que a força de vontade (Fogo) é maior do que o pensamento (Ar) no processo de manifestação.

Ambos os sistemas espirituais dão argumentos convincentes a respeito deste assunto. O sistema ocidental argumenta que nossa Palavra, que nos liga ao Criador, é movida pela força de vontade. Seu meio de expressão é a mente (pensamentos), mas seu ímpeto é uma Força projetada a partir da Alma no fundo. A Alma é um Fogo, e sua origem é nosso Sol (Sol).

Os teosofistas, que pertencem à Tradição Mistério Ocidental, referem-se ao Plano da Alma como o Plano Búdico, que eles posicionam entre os Planos Mental e Espiritual. A ele, eles atribuem o Elemento Fogo. Os teosofistas foram fortemente influenciados pelo Hermetismo e seu ramo da Alquimia, o último dos quais foi impactado pelas obras de Platão e Aristóteles. Portanto, os teosofistas adotaram o sistema chákrico oriental, mas o modificaram de acordo com suas experiências psíquicas dos planos sutis. Na opinião deles, a Alquimia Espiritual define claramente o Elemento Fogo como sendo de maior qualidade Espiritual do que o Elemento Ar.

Embora o Ar seja mais sutil que o Fogo, já que é invisível como o Espírito, os hermetistas acreditam que o Elemento Ar vibra entre os Elementos Fogo e Água, já que ambos participam dele e o exigem para seu sustento. De acordo com sua colocação no sistema chákrico, o Elemento Ar emana do Espírito. Ainda assim, seu posicionamento na expressão da energia sutil em nossa Aura seria entre o Plano Mental Superior (Fogo) e o Plano Astral Superior (Água). Por esta razão, o Elemento Ar é mais usado pelo Ego, enquanto a Alma usa o Elemento Fogo para se expressar.

O Ego também usa o Elemento Fogo, mas ele perpassa através da mente, participando da dualidade. O Elemento Fogo, porém, alcança a Não-dualidade do Espírito, pois reconcilia todos os opostos dentro de si da mesma forma que a combustão, o Fogo em seu estado físico, consome todas as coisas. Por esta razão, o Fogo é o Elemento de ação, pois contorna a mente e trata estritamente de aplicar a força de vontade.

A força de vontade exige imaginação, no entanto, que no Qabalah está relacionada à Sephira Tiphareth, localizado entre os centros do Coração e do Plexo Solar e correspondendo com o Elemento Ar. Você vê então que, de acordo com a filosofia Qabalística, tanto as emoções (Água) como a força de vontade (Fogo) requerem Ar (pensamentos) para se manifestarem. Ambos participam dele, e é por isso que no modelo dos Planos Cósmicos, sua camada energética ou Corpo Sutil fica entre os dois, em vez de acima deles.

Outro argumento para a filosofia Qabalística é que, de acordo com seu modelo dos Quatro Mundos (YHVH), o Elemento Fogo é Atziluth, o mais alto dos mundos. Este mundo se relaciona com os Arquétipos como o mais alto Plano abaixo do Espírito, enquanto o Elemento Ar é o terceiro Mundo (Yetzirah), relacionando-se com as imagens visuais que nossas mentes formam. De acordo com os Qabalistas, Atziluth (Fogo) não tem forma, enquanto Yetzirah (Ar) tem forma.

O Elemento Fogo é responsável pelo pensamento abstrato, enquanto o Elemento Ar é responsável pelo pensamento lógico ou racional. Os pensamentos abstratos exibem maior inteligência do que os pensamentos lógicos. Por exemplo, o Ego usa a lógica e a razão para se relacionar com o mundo ao seu redor, onde seu principal ímpeto é a sobrevivência e o medo da morte. Por outro lado, a Alma usa o pensamento abstrato, assim como o que chamamos de intuição, que é um reconhecimento interno da verdade na realidade. Não sabemos como ou porque sabemos o que sabemos, mas estamos confiantes de que sabemos.

O pensamento abstrato e a intuição são motivados pelo amor incondicional, que é uma expressão do Elemento Fogo agindo sobre o Elemento Água. Por esta razão, quando experimentamos o amor em nossos corações, há um calor que o acompanha. E de acordo com a maioria das religiões e filosofias mundiais, a mais alta concepção de Deus - o Criador para a humanidade - é o amor incondicional. Portanto, o mais alto dos quatro Elementos inferiores, e um mais próximo de Deus, é o Elemento Fogo e não o Elemento Ar.

Embora eu seja um Qabalista primeiro e Yogi segundo, meus pensamentos alinham naturalmente com a Tradição do Mistério Ocidental, assim como minhas crenças. Cerimonial Magick, a prática Espiritual dos Mistérios Ocidentais, tem me proporcionado experiência direta das energias Elementais por muitos anos, e tenho testemunhado em primeira mão a exatidão do sistema Qabalístico. Da mesma forma, minhas experiências com Magick Enochiana, especialmente a operação dos Trinta Aethyrs que sistematicamente entra nas camadas Aura, deram-me uma visão gnóstica que valida e apóia as reivindicações da Tradição Ocidental sobre os Elementos em termos de progressão Espiritual.

Independentemente disso, devo permanecer respeitoso com o iogue que praticou o sistema espiritual oriental por mais de 20 anos, que também pode sentir o mesmo sentimento de certeza quanto à sua validade. A emanação dos Tattvas Orientais, por exemplo, segue a sequência Terra, Água, Fogo, Ar, Espírito. E nas explicações dos Tattvas e como cada um deles se manifestou na existência, é evidente que o Elemento Ar é mais etérico e, portanto, menos denso do que o Elemento Fogo. Ele é invisível aos sentidos, enquanto que o Fogo é visível como combustão ou chama. Também, não se pode negar a sequência de manifestação dos Chakras, suas correspondências e suas localizações no corpo. Assim, reconheço que podem ser feitos argumentos para os sistemas ocidentais e orientais a respeito deste assunto.

O Corpo Sutil relacionado com o Elemento Fogo vem antes do Corpo Sutil associado com o Elemento Ar ou depois dele? Podemos debater este tópico *ad nauseam* e não chegaremos a lugar algum porque tanto o sistema oriental como o ocidental fazem reivindicações válidas a partir de seus respectivos pontos de vista. Mas como o *Serpent Rising* é minha criação e só posso falar sobre as coisas que experimentei para ser exato, sua filosofia relativa à emanação e à sequência dos Planos Cósmicos permanecerá alinhada com o sistema Qabalístico até que eu esteja convencido do contrário.

ÁSANA

Segundo os *Yoga Sutras de Patanjali*, o Ásana é definido como "aquela posição que é estável e confortável". Em sânscrito, a palavra "Ásana" significa "sentado", uma postura sentada, ou assento de meditação. Seu significado mais literal é "postura", quer seja uma postura sentada ou de pé. Por esta razão, os Ásanas são chamados de "poses de yoga" ou "posturas de yoga" em inglês.

O objetivo do Ásana é desenvolver a capacidade de sentar-se ou ficar de pé confortavelmente em uma posição por um período prolongado. O objetivo do Ásana é influenciar, integrar e harmonizar todos os níveis do Ser, incluindo físico, mental, emocional e espiritual. Embora possa parecer, a princípio, que os Ásanas se preocupam principalmente com o corpo físico, eles têm efeitos profundos em todos os níveis do Ser se alguém praticar a consciência durante o processo.

O Ásana é um dos oito membros da Yoga. Em um nível sutil, os Ásanas são usados para abrir canais de energia e centros psíquicos. Seu uso facilita o fluxo livre do Prana através dos Nadis dos Corpos Sutis, estimulando assim os Chakras e a energia da Kundalini. Como tal, os Ásanas ajudam consideravelmente na Evolução Espiritual de um indivíduo. Um de seus resultados mais imediatos é uma melhora na flexibilidade e força de cada um e a redução do estresse e das condições mentais e emocionais que se relacionam com ele.

Ao desenvolver o controle sobre o corpo, obtém-se o controle sobre a mente também - Acima, Como Abaixo. Assim, a prática de Ásanas integra e harmoniza o corpo físico e a mente. Ela libera tensões ou nós em ambos. As tensões mentais são liberadas ao lidar com elas no nível físico através da manutenção das posturas físicas. A tensão física, como os nós musculares, também é eliminada, restaurando assim a saúde do corpo. Após apenas uma sessão de Yoga Ásana, o praticante tem mais vitalidade, vigor e força, enquanto a mente é mais alegre, criativa e inspirada.

A *Hatha Yoga Pradipika* do século XV, o texto central da Hatha Yoga, identifica 84 Ásanas que proporcionam benefícios espirituais e físicos. Devido a seu poder como ferramenta para desenvolver uma maior consciência, a prática do Ásana é introduzida primeiro na prática do Hatha Yoga, seguido pelo Pranayama, e depois Mudras, etc. Ao praticar o Ásana, o indivíduo deve sempre respirar pelo nariz, a menos que lhe sejam dadas instruções específicas para fazer o contrário. A respiração deve sempre ser coordenada com a prática de Ásana.

Está provado que a prática de posturas iogues (Ásanas) aumenta os produtos químicos de sensação no cérebro, como serotonina, dopamina e endorfinas. À medida que o cortisol do hormônio do estresse diminui, o relaxamento mental é restaurado e a consciência e o foco são aumentados. Ao combinar exercício físico e meditação, o metabolismo do corpo se torna equilibrado. A prática dos Ásanas fortalece e tonifica os músculos resultando não apenas em uma boa sensação interna, mas também em uma ótima aparência externa.

OS TRÊS ÁSANAS DE MEDITAÇÃO

O objetivo dos Ásanas de meditação é permitir que o indivíduo se sente por um período prolongado sem movimento do corpo ou desconforto. Uma vez que o corpo físico é contornado através da aplicação de um Ásana de meditação e de um único ponto da mente, pode-se experimentar um estado de consciência mais profundo.

Quando você estiver em um Ásana de meditação, sua coluna vertebral deve estar reta, o que permitirá que Prana circule através dos Nadis e Chakras da maneira mais otimizada. Além disso, como é fácil perder o controle sobre os músculos enquanto em meditação profunda, é melhor se as pernas forem imobilizadas de alguma forma enquanto o tronco faz contato com o solo.

SukhÁsana, SiddhÁsana e PadmÁsana (Figura 86) são praticadas mais quando se quer entrar em uma meditação profunda. Estas poses são os Ásanas sentados, de pernas cruzadas, nos quais os Deuses Antigos do Oriente são normalmente retratados. A mecânica de cada um destes Ásanas de meditação será descrita abaixo.

Deitado no que os iogues chamam de ShavÁsana (Figura 94), a pose do morto, não é recomendada para meditação, pois há uma tendência de adormecer. SukhÁsana, SiddhÁsana e PadmÁsana satisfazem todas as exigências da meditação ao mesmo tempo em que alertam o indivíduo e se concentram na tarefa em mãos. Estes três Ásanas de meditação também permitem que a parte inferior da coluna vertebral faça contato com o solo, o que consegue o aterramento adequado das energias internas de cada um. Como tal, a tagarelice da mente pode ser superada.

Quando o praticante pode sentar-se em um Ásana de meditação por três horas completas sem o corpo sacudir ou tremer, ele terá alcançado o domínio sobre ele. Somente então eles poderão praticar os estágios superiores de Pranayama e Dhyana. É imperativo atingir um Ásana de meditação constante se se quiser progredir na prática da meditação. A tagarelice do Ego deve ser superada, e a mente acalmada para que o indivíduo possa encontrar sua felicidade interior.

Conseguir o domínio sobre um Ásana de meditação é apenas uma parte do processo de entrar em meditação profunda. A outra parte do processo é ter seus olhos fechados e focalizar o espaço entre suas sobrancelhas, o que ativa o Olho da Mente. O Olho da Mente é a porta ou ponto de entrada para Sahasrara, que representa o estado superior de consciência de cada um. Sahasrara é, de fato, nosso ponto de contato com a Consciência Cósmica.

Antes de começar com um Ásana de meditação, fazer alguns alongamentos básicos ajuda. Isso permitirá ao praticante evitar cãibras musculares e dores articulares que podem impedir a tarefa em mãos. Além disso, ajuda, evitar a meditação com o estômago cheio, uma vez que que pode haver muito movimento das energias internas à medida que o alimento está sendo sintetizado.

Figura 86: Os Três Ásanas de Meditação

Sukhásana

Esta é a pose padrão de pernas cruzadas sentadas. É chamada de "Pose Fácil" porque todos podem fazer isso sem esforço. As costas devem ser retas e os ombros relaxados. As mãos são colocadas sobre os joelhos, com os dedos indicadores e polegares tocando tanto em Jnana quanto em Chin Mudra. (Para saber como executar Jnana e Chin Mudras, veja o capítulo "Mudra: Hasta (Mudras das mãos)"). Ao meditar, os olhos devem estar fechados, e deve-se focalizar o ponto entre as sobrancelhas, que é a localização do Olho da Mente.

Embora esta pose seja considerada a mais fácil dos Ásanas de meditação, se não for feita corretamente, uma dor nas costas pode se desenvolver. É imperativo que os joelhos sejam mantidos perto do chão ou no chão e a coluna vertebral reta. É comum ver os praticantes colocarem uma almofada sob suas nádegas para apoio.

Note que é bom começar suas meditações com Sukhásana, mas não fazer disso seu objetivo final. Em vez disso, seria melhor se você progredisse para poder realizar Siddhásana e até Padmásana, pois eles oferecem mais apoio para seu corpo e são ótimos para meditações a longo prazo.

Siddhásana

Como a postura mais avançada de pernas cruzadas sentadas, o Siddhásana é chamado de "Postura Cumprida". "No Siddhásana, você deve enfiar seus pés nas coxas (entre as coxas e as panturrilhas), de modo que seus genitais estarão entre seus dois calcanhares. Seus pés estarão lado a lado, mantendo assim seus joelhos bem separados. As costas devem ser retas e as mãos devem ser colocadas sobre os joelhos, tanto em Jnana quanto em Chin Mudra. Esta pose é chamada de "Realizada" porque é mais avançada que Sukhásana, e requer que o praticante seja mais flexível para ter seus quadris abertos.

Siddhásana direciona a energia dos Chakras inferiores para cima através da coluna vertebral, estimulando assim o cérebro e acalmando todo o sistema nervoso. Como o pé inferior é pressionado contra o períneo, o Muladhara Chakra é ativado, permitindo o Mula Bandha. Além disso, a pressão no osso púbico pressiona o ponto de ativação do Swadhisthana, acionando automaticamente o Vajroli Mudra. Estas duas fechaduras psico-musculares redirecionam os impulsos nervosos sexuais pela coluna vertebral e para dentro do cérebro. Eles dão ao praticante controle sobre seus hormônios reprodutivos, o que lhe permite praticar a continência sexual ou abstinência. (Para uma descrição de Mula Bandha e Vajroli Mudra, veja os capítulos "Mudra: Bandha (Mudras de Trancar)" e "Mudra": Adhara (Mudras Perineal)").

Padmásana

A mais avançada postura de meditação de pernas cruzadas sentadas, Padmásana, é comumente conhecida como a "Pose do Lótus". "Embora você tenha ouvido o termo " Pose do Lótus " frequentemente usado nos círculos de meditação, Padmásana é a única postura correta de Lótus, enquanto as duas anteriores são variações menos avançadas da mesma. No Padmásana, você deve sentar-se com os pés em cima das coxas, encolhidos perto dos quadris. É a pose de joelho fechado que só pode ser feita com sucesso quando os quadris estão mais abertos do que os outros dois Ásanas de meditação ou posturas. Não se deve tentar Padmásana até que tenha sido desenvolvida suficiente flexibilidade dos joelhos.

A Padmásana permite que o corpo seja mantido totalmente estável por longos períodos de tempo. Uma vez que o corpo é estabilizado, a mente pode se tornar calma. Padmásana direciona o fluxo de Prana de Muladhara para Sahasrara Chakras, intensificando a experiência da meditação. Aplicar pressão na coluna vertebral inferior através desta postura também tem um efeito relaxante sobre o sistema nervoso. A pressão sanguínea é reduzida, a tensão muscular diminui e a respiração se torna lenta e estável.

HATHA YOGA VS. VINYASA YOGA

Hatha Yoga é um termo guarda-chuva para muitas das formas mais comuns de prática de Ásana ensinadas no Ocidente. A Hatha Yoga enfatiza a respiração e postura controladas, o que constrói a força central enquanto proporciona os benefícios psicológicos associados com a prática dos Ásanas. Na Hatha Yoga, você move seu corpo lenta e deliberadamente de uma postura para a outra enquanto se concentra na atenção e relaxamento.

Vinyasa é uma abordagem ao Yoga na qual você transita suavemente de uma pose para a próxima. Há um fluxo em uma sessão de Vinyasa Yoga onde as transições são coordenadas com sua respiração, dando-lhe a sensação de que sua respiração se move com seu corpo. As sessões de Vinyasa de ritmo rápido são fisicamente desafiadoras. Elas proporcionam um exercício cardiovascular que faz você suar mais e é mais exigente fisicamente do que as sessões de Hatha Yoga.

Hatha e Vinyasa são dois estilos ou abordagens diferentes da prática de Ásana que incorporam as mesmas poses e são benéficas à sua própria maneira. Enquanto a Hatha é uma abordagem mais estática, a Vinyasa é dinâmica. Como Vinyasa se move em um ritmo mais rápido de uma postura para outra, ela requer um controle respiratório mais significativo do que a Hatha Yoga. Por outro lado, a Hatha Yoga permite mais alongamento e meditação, já que as posturas são mantidas por mais tempo.

Enquanto a Hatha Yoga é melhor para a redução do estresse, a Vinyasa oferece um melhor treinamento de força e exercícios de cardio. Você pode aplicar qualquer uma das abordagens em sua prática de Ásana para obter resultados diferentes. Entretanto, para obter resultados ótimos, seria melhor determinar sua constituição específica de mente/corpo, ou Dosha, para saber qual estilo é mais adequado para você. As diretrizes para práticas yógica, incluindo Ásanas, e para determinar qual dos Três Doshas é dominante em sua vida são dadas no capítulo sobre Ayurveda, na última parte desta seção.

PREPARAÇÃO PARA A PRÁTICA DE ÁSANAS

Antes de iniciar sua prática de Ásanas, reserve um tempo específico no dia para sua execução. Por exemplo, o amanhecer e o anoitecer são tradicionalmente os melhores momentos do dia para praticar Yoga devido à conexão natural de nosso corpo e mente com a energia do Sol. No entanto, se você achar impossível praticar neste momento, então encontre outra hora do dia e seja consistente com ela durante toda a semana quando estiver planejando suas sessões de Yoga.

Se você decidir praticar Yoga pela manhã para que possa preparar seu corpo e mente para o dia, tenha em mente que seus músculos e ossos estarão mais rígidos do que mais tarde no dia. Portanto, tenha cuidado ao entrar em posturas e não se esforce demais. Por outro lado, um treino noturno permite que você relaxe após completar suas obrigações diárias. Além disso, seu corpo é mais flexível à noite, permitindo-lhe ir mais fundo em suas posturas com menos resistência.

Encontre um lugar onde você não será perturbado durante o período de sua prática de Ásana. Esta deve ser uma área que tenha uma superfície plana e uniforme. Certifique-se de que você tenha espaço suficiente para se mover ao seu redor, já que muitas poses exigem que você estenda seus braços e pernas livremente. É melhor praticar os Ásanas em um ambiente aberto para evitar a distração de objetos próximos.

Se você estiver praticando dentro de casa, como a maioria das pessoas faz, certifique-se de que a sala esteja bem ventilada e tenha uma temperatura ambiente confortável. Tenha em mente que seu corpo geralmente esquentará, portanto, assegure-se de que não haja correntes de ar, ou que o ambiente esteja muito frio, pois o ar frio afeta seus músculos e articulações e os torna mais rígidos. Por esta razão, é comum que as aulas de Yoga sejam realizadas em ambientes quentes, mas nunca em ambientes frios.

O ar fresco acrescenta benefícios adicionais ao componente respiratório do desempenho dos Ásanas. Afinal de contas, a respiração é uma das chaves para o sucesso da prática de Yoga. Se você estiver queimando incenso ou difundindo óleos essenciais para ajudar a elevar a mente e atingir um estado meditativo, certifique-se de não exagerar de forma a interferir com a qualidade do ar e sua respiração. Embora os óleos essenciais e o incenso tenham sido parte integrante de muitas aulas de Yoga ao longo dos anos, alguns praticantes evitam-no, pois o cheiro pode ser uma distração.

A mesma regra se aplica a tocar música durante suas sessões de Yoga. Música relaxante e calma ao fundo pode ajudá-lo a entrar no clima certo, mas também pode ser uma distração. Se você decidir tocar música, certifique-se de que ela não seja muito alta, já que seu foco deve estar em ir para dentro durante sua prática.

Como é o caso de todas as práticas de invocação ou manipulação de energia, incluindo as modalidades de Cura Espiritual neste livro, evite praticar Yoga com o estômago cheio. Em outras palavras, dê a si mesmo pelo menos uma hora após um lanche ou duas a três horas após uma refeição pesada antes de iniciar sua prática de Yoga. Após sua prática, é aconselhável beber um batido de proteína ou ter uma refeição completa e bem balanceada para que seus músculos possam começar a se reparar sozinhos. Você também pode beber um batido de substituição de refeição para trazer elementos nutritivos ao seu corpo.

Certifique-se de ter uma garrafa de água à mão para evitar ficar desidratado. É aconselhável evitar beber água durante a prática do Ásana para evitar perder a concentração, mas se você se encontrar com sede, poderá fazê-lo. Afinal, estar desidratado pode ser mais perturbador do que tomar alguns goles de água. No entanto, é melhor beber água antes e depois da sessão de Yoga.

Você deve usar roupas soltas, confortáveis e leves, feitas de fibras naturais como o algodão. Suas roupas não devem restringir seus movimentos. Remova quaisquer joias e ornamentos e tire seus sapatos e meias, já que a Yoga é praticada com os pés descalços. Além disso, por favor, desligue seu telefone e coloque-o longe de você para evitar distrações.

Finalmente, adquira um tapete de Yoga que ofereça acolchoamento e uma superfície antiderrapante para praticar. Seu tapete de Yoga se tornará seu único item ritualístico que conterá sua energia, portanto, certifique-se de não o compartilhar com outros. Obtenha uma almofada e mantenha-a à mão se precisar de apoio extra enquanto se dedica à meditação Ásanas. Os Ásanas de meditação são pré-requisitos para a maioria das outras práticas de Yoga como Pranayama, Mudra, Mantra, e meditação.

Embora as diretrizes de preparação acima sejam para a prática de Ásana, elas também se aplicam a outras práticas yógicas. Para uma sessão completa que produza os melhores resultados espirituais, você deve estruturar sua prática de Yoga para incluir uma combinação de Ásanas, Pranayamas, Mudras, Mantras e meditação.

DICAS PARA SUA PRÁTICA DE ÁSANAS

Antes de iniciar sua prática de Ásana, você deve fazer um aquecimento básico para preparar o corpo para a atividade física e prevenir o risco de lesões. Comece rolando suas articulações de forma circular por alguns minutos, no sentido horário e anti-horário, para despertar seu corpo e proporcionar lubrificação natural para melhor mobilidade. Você pode fazer rolos de cabeça, pulso, tornozelo e ombro no chão enquanto estiver sentado no tapete. Em seguida, levante-se em seu tapete e faça a transição para os rolos de braço, perna e parte inferior das costas.

Em seguida, você deve fazer alguns alongamentos básicos por mais alguns minutos para garantir que você não estire um músculo durante sua prática. Comece esticando as costas enquanto se levanta. Depois, enquanto você se senta para trás, faça a transição para os alongamentos dos ombros, braços, pernas e cabeça. Todo o seu aquecimento deve levar de cinco a sete minutos.

Comece e termine cada prática de Ásana deitado em Shavásana, a Pose do Morto. Por exemplo, você pode fazer um Shavásana mais curto para começar e um mais longo quando terminar sua sequência de Ásana. Quando você começar com seus Ásanas, tenha sempre em mente passar de uma postura para a outra com calma e deliberadamente. Ao fazer isso, coordene sua respiração de modo que você inale enquanto se move para um Ásana e exale enquanto sai dele.

Embora haja uma mistura de pensamentos sobre este ponto, não há tempo definitivo para que um Ásana seja aplicado. Deve-se segurá-lo enquanto for confortável e não causar dor ou desconforto. Faça um bom alongamento e trabalhe qualquer parte do corpo que o Ásana vise. Como um iniciante, não se esforce demais, mas aumente gradualmente a duração com o tempo. Por exemplo, você pode começar com intervalos de 20-60 segundos enquanto pratica respiração profunda. O tempo médio para resultados ótimos é de cerca de um a três minutos por Ásana.

Para evitar lesões nas costas, praticar um número igual de Ásanas que flexionam as costas para frente e que a flexionam para trás. Se suas costas ficarem apertadas, ou se a dor se desenvolver nas costas, especialmente na parte inferior das costas, você pode assumir a Balásana (Pose da Criança) para obter alívio. Além disso, quando você se sentir cansado ou fraco durante sua prática de Ásana, deite-se em Shavásana ou Balásana por um curto período de tempo para descansar um pouco. Você pode então retomar sua prática.

Lembre-se de executar todos os Ásanas lentamente e com controle. Você progredirá muito mais rápido em sua prática de Yoga se você levar as coisas devagar enquanto se concentra na respiração e no cuidado. Além disso, aprenda a deixar de lado qualquer tensão, estresse ou pensamentos negativos. A chave para destrancar o poder do Yoga em sua vida é ser consistente e determinado em sua prática enquanto demonstra paciência ao não esperar resultados instantâneos. Ouça seu corpo e deixe-o guiá-lo, nunca forçando as coisas. Finalmente, divirta-se e aproveite o processo. A Yoga trará mais felicidade a sua vida se você deixar que isso aconteça.

ÁSANAS PARA PRINCIPIANTES

Figura 87: Ásanas Para Principiantes (Parte I)

Figura 88: Ásanas Para Principiantes (Parte II)

Figura 89: Ásanas Para Principiantes (Parte III)

ÁSANAS INTERMEDIÁRIAS

Figura 90: Ásanas Intermediárias (Parte I)

Figura 91: Ásanas Intermediárias (Parte II)

ÁSANAS AVANÇADAS

Figura 92: Ásanas Avançadas (Parte I)

Figura 93: Ásanas Avançadas (Parte II)

PRANAYAMA

Pranayama é um termo usado para várias técnicas de respiração que trabalham com a energia prânica no corpo. É composto por duas palavras, "prana" e "ayama". Prana é a energia vital ou força vital que está em constante movimento e que existe em cada coisa animada e inanimada no Universo. Embora esteja intimamente relacionado ao ar que respiramos, Prana é mais sutil do que o simples oxigênio, embora nós, como seres humanos, possamos manipulá-lo através de técnicas de respiração.

"Ayama" significa "extensão" ou "expansão". A palavra "Pranayama" então pode ser dita como implicando a "extensão ou expansão de Prana". A essência ou propósito do Pranayama é utilizar métodos de respiração para influenciar o fluxo do Prana através dos vários Nadis no Corpo de Luz. Como o movimento do Prana no Corpo de Luz é aumentado, a função dos Chakras é otimizada.

Tanto a Yoga quanto o Tantra dizem que a base da existência depende das forças de Shiva (consciência) e Shakti (energia). Em última análise, ao invés de duas, existe apenas uma força, pois Shakti é a força ou energia criativa de Shiva. Shakti é também uma referência direta à própria energia Kundalini, que é o Prana sublimado. O objetivo final da Hatha Yoga é realizar Shiva, ou Consciência Cósmica, através da manipulação de Shakti. Elevar a energia Kundalini para o Chakra da Coroa é o objetivo de todos os seres humanos, que é sinônimo de Shakti e Shiva se tornarem Um em um Matrimônio Divino na Coroa.

Pranayama é considerado como um dos oito membros da Yoga. Em Hatha Yoga, Pranayama começa uma vez que o indivíduo tenha regulado o corpo através da prática do Ásana e de uma dieta moderada. Comer é um meio direto de obter o Prana no corpo. Todos os alimentos contêm diferentes vibrações Prana, e a qualidade dos alimentos que comemos tem um efeito imediato em nosso corpo e mente.

A prática do Pranayama trabalha principalmente com o corpo energético vital, também conhecido como Pranamaya Kosha, ao longo do Plano Astral. Ela afeta diretamente os Cinco Prana Vayus, que, por sua vez, afetam os Nadis e os Chakras. A mente segue a respiração enquanto o corpo segue a mente. Controlando o corpo energético através da respiração, ganhamos controle sobre nossa mente e nossos corpos físicos - Como Acima, Assim Abaixo.

Pranayama é benéfico para regular as ondas cerebrais e acalmar a mente e as emoções. Através de Pranayama, podemos ainda assim criar um estado meditativo de consciência que nos dará clareza mental e aumentará a concentração e o foco. É por esta razão que as técnicas de respiração são um pré-requisito na maioria dos trabalhos rituais.

A energia prânica fornece vitalidade a todos os sistemas que suportam nossa consciência. Ao aumentar o depósito de Prana no corpo através de métodos de respiração, nossa mente é elevada e podemos alcançar estados de consciência vibratória mais elevados. Seus objetivos mais físicos são ajudar na recuperação de doenças e manter nossa saúde e bem-estar.

EXERCÍCIOS DE PRANAYAMA

Respiração Natural

A respiração natural é essencialmente a consciência da respiração. É o exercício mais básico de Pranayama que introduz os praticantes em seus padrões respiratórios e sistema respiratório. Estar consciente do processo de respiração é suficiente para diminuir o ritmo respiratório e iniciar um ritmo mais calmo. É relaxante para a mente e vai colocá-la em um estado meditativo. A respiração natural pode ser praticada a qualquer momento, independentemente de onde você esteja e do que esteja fazendo.

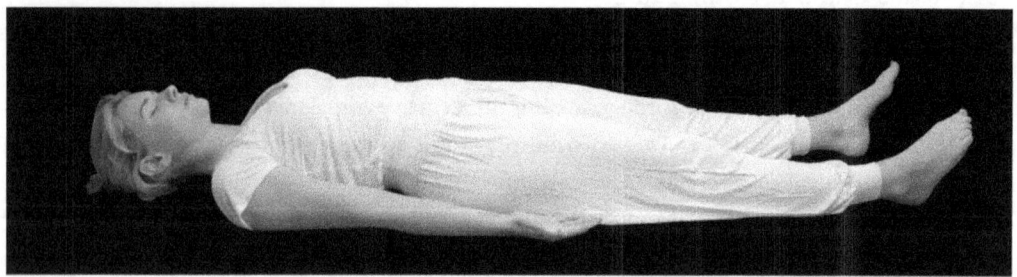

Figura 94: Shavásana

Para começar o exercício, sente-se em um confortável Ásana de meditação ou deite-se em Shavásana (Figura 94). Feche os olhos e permita que seu corpo relaxe. Vá dentro de sua mente e tome consciência de sua respiração natural. Sinta a respiração fluindo para dentro e para fora de seu nariz enquanto mantém sua boca fechada o tempo todo. Observe se a respiração é superficial ou profunda, e examine se você está respirando do peito ou do estômago. Observe se há algum som quando você está respirando e tome consciência de sua temperatura ao entrar e sair. A respiração deve ser mais fria na inspiração e mais quente na expiração.

Esteja ciente de que os pulmões se expandem e se contraem à medida que você respira. Observe o efeito que seu padrão respiratório tem sobre seu corpo e se ele está causando alguma tensão. Observe seu ritmo com total desapego. A chave para este exercício é a consciência e a atenção. Não tente controlar sua respiração de forma alguma, mas desenvolva a consciência total e absoluta dela, indo para dentro. Realize este exercício pelo tempo que quiser. Depois, termine-o trazendo sua consciência de volta para todo o seu corpo e abrindo os olhos.

Respiração Abdominal/Diafragmática

A respiração abdominal é a forma mais natural e eficiente de respirar. Utilizá-la e torná-la uma parte natural de sua vida diária irá melhorar seu bem-estar físico e mental. A finalidade da Respiração Abdominal ou Diafragmática é aumentar o uso do diafragma e diminuir o uso da caixa torácica.

O diafragma é um músculo esquelético fino localizado na base do peito que separa o abdômen do peito. Durante a inalação, o diafragma se move para baixo, o que traz o ar para dentro do abdômen, expandindo-o, então. Durante a expiração, o diafragma se move para cima à medida que o ar é esvaziado do abdômen, contraindo-o no processo. Os pulmões inflam e esvaziam naturalmente na inspiração e na expiração.

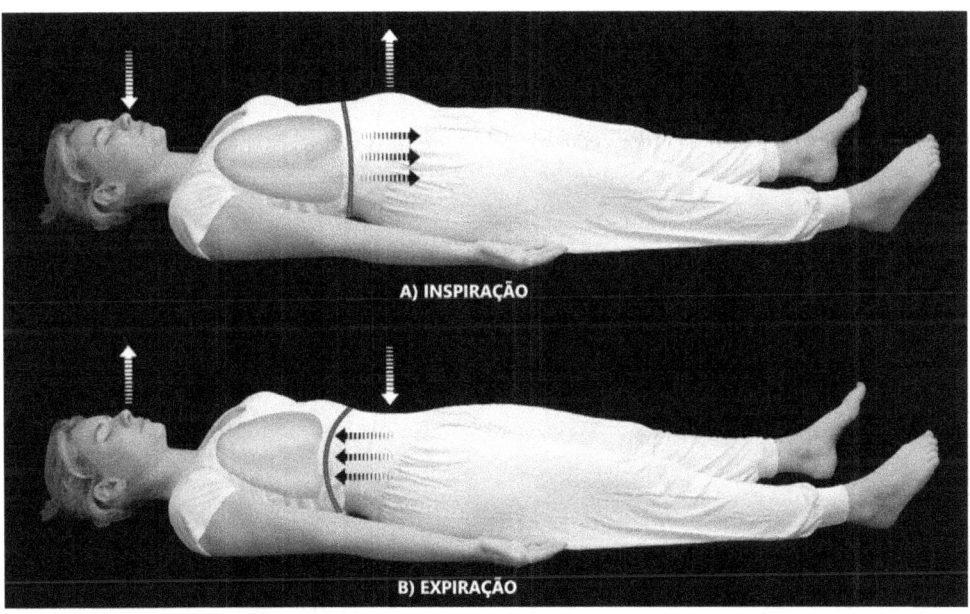

Figura 95: Respiração Abdominal/Diafragmática

Para começar, sente-se em um confortável Ásana de meditação ou deite-se em Shavásana para relaxar o corpo. Feche os olhos e entre em um estado calmo e meditativo. Coloque a mão direita sobre o abdômen logo acima do umbigo, enquanto coloca a mão esquerda sobre o centro de seu peito. Observe sua respiração natural sem tentar controlá-la de forma alguma. Observe se você respira pelo peito pela barriga.

Agora assuma o controle do processo de respiração inalando profundamente pelo nariz e enviando a respiração para o abdômen, fazendo com que ela se expanda para fora. Ao exalar através do nariz, seu abdômen se move para baixo até que o ar seja esvaziado dele (Figura 95). Sinta-se como se você estivesse tentando respirar através do umbigo sozinho.

Todo o movimento deve estar em sua mão direita, pois ele sobe com a inalação e desce com a inalação. Sua mão esquerda deve permanecer impassível, já que você está tentando não envolver as costelas no processo de respiração. Repita a inalação e a expiração enquanto respira lenta e profundamente. Ao expandir o abdômen, faça-o confortavelmente sem causar qualquer tensão no corpo.

Realize este exercício o tempo que você quiser, com um mínimo de alguns minutos. Quando estiver pronto para terminá-lo, traga sua consciência de volta ao seu corpo físico e abra seus olhos.

Note que a respiração diafragmática aumenta o uso dos lobos inferiores dos pulmões, melhorando sua eficiência e proporcionando um efeito positivo no coração, estômago, fígado e intestinos. As pessoas que respiram através do diafragma são menos propensas ao estresse e à ansiedade e têm melhor saúde mental em geral. Como tal, faça todos os esforços para fazer deste tipo de respiração uma parte regular de sua vida.

Respiração Torácica

A respiração torácica emprega os lobos médios dos pulmões, expandindo e contraindo a caixa torácica. Este tipo de respiração gasta mais energia do que a respiração abdominal, mas traz oxigênio mais rapidamente para dentro do corpo. Como tal, é o método de respiração preferido ao realizar exercícios físicos ou ao lidar com situações estressantes.

Muitas pessoas que são propensas à ansiedade têm feito da respiração torácica uma parte regular de sua vida. No entanto, a respiração desta forma em situações tensas perpetua o estresse ainda mais, já que a energia negativa não se neutraliza ou se "aterra" no abdômen. Como mencionado, a respiração abdominal ou diafragmática é o método mais ideal de respiração natural. Se alguém inicia a respiração torácica, precisa fazer um esforço consciente para retornar à respiração abdominal logo após para preservar e conservar sua energia vital e manter sua mente equilibrada.

Para começar o exercício, sente-se em um confortável Ásana de meditação ou deite-se em Shavásana. Feche os olhos e entre em um estado calmo e descontraído. Coloque sua mão direita sobre o abdômen logo acima do umbigo enquanto coloca sua mão esquerda sobre o centro de seu peito. Tome consciência de seu padrão natural de respiração sem tentar controlá-lo a princípio. Observe qual mão está se movendo para cima e para baixo enquanto você respira.

Interromper agora o uso do diafragma e começar a inalar, expandindo lentamente a caixa torácica. Inspire o ar para os pulmões e os sinta à medida que eles se inflamam e se alargam. Expandir o peito o máximo possível, confortavelmente. Agora exale lentamente e extraia o ar de seus pulmões sem causar qualquer tensão em seu corpo. Sua mão esquerda deve se mover para cima e para baixo neste movimento enquanto sua mão direita permanece imóvel.

Repita a inalação novamente, expandindo sua caixa torácica, tendo o cuidado de não utilizar o diafragma de forma alguma. Controle o processo de respiração certificando-se de que somente sua mão esquerda está se movendo. Continue a respiração torácica durante o tempo que desejar, com um mínimo de alguns minutos. Observe como a respiração desta forma o faz sentir e os pensamentos que entram em sua mente. Quando estiver pronto para terminar o exercício, traga sua consciência de volta ao seu corpo físico e abra seus olhos.

Respiração Clavicular

A respiração Clavicular segue a respiração Torácica e pode ser feita em combinação com ela em períodos de estresse significativo ou de forte esforço físico. Se alguém está experimentando obstruções nas vias aéreas, como sob um ataque asmático, tende a respirar desta forma. A Respiração Clavicular permite a máxima expansão da caixa torácica ao inalar, trazendo o máximo de ar para os pulmões.

A Respiração Clavicular é realizada utilizando os músculos do esterno e pescoço e garganta para puxar as costelas superiores e a clavícula para cima, envolvendo os lobos superiores dos pulmões. Podemos combinar esta técnica de respiração com a Respiração Torácica e Abdominal para formar a Respiração Yógica.

Deite-se em Shavásana ou sente-se em um confortável Ásana de meditação para iniciar o exercício. O corpo deve ser relaxado, como em todos os exercícios de Pranayama. Feche os olhos e entre em um estado meditativo, tomando consciência de seu padrão natural de respiração. Em seguida, realize a respiração torácica por alguns minutos. Inspire novamente no peito; somente desta vez inspire um pouco mais até que se sinta uma expansão na parte superior dos pulmões. Observe os ombros e a clavícula se movendo ligeiramente para cima. Expire lentamente, relaxando primeiro o pescoço e a parte superior do tórax, seguido de trazer a caixa torácica de volta ao seu estado original, pois o ar expulsa completamente de seus pulmões.

Repita este exercício quantas vezes você quiser, com um mínimo de alguns minutos. Observe os efeitos sobre o corpo deste tipo de técnica de respiração. Quando você estiver pronto para completar o exercício, traga sua consciência de volta ao seu corpo físico e abra seus olhos.

Respiração Yógica

A Respiração Yógica combina as três técnicas de respiração anteriores para maximizar a ingestão de oxigênio e equilibrar os Elementos internos. É comumente conhecido como "Respiração em Três Partes" porque envolve o abdômen, tórax e região clavicular para máxima inalação e expiração (Figura 96). A Respiração Yógica beneficia muito os órgãos vitais e os Chakras que podem ficar apertados ou estagnados com a tensão física e emocional do estresse e da ansiedade. Além disso, este exercício revitaliza o corpo, a mente e o sistema energético através da energia Prânica que obtemos do ar ao nosso redor.

A Respiração Yógica alivia a ansiedade, refresca a psique e ativa o Sistema Nervoso Parassimpático para trazer um estado de consciência mais calmo e equilibrado. Como tal, este exercício deve ser praticado com frequência, por pelo menos dez minutos de cada vez, de preferência com o estômago vazio. A Respiração Yógica é recomendada antes e durante as técnicas mais avançadas de Pranayama e para corrigir maus hábitos respiratórios.

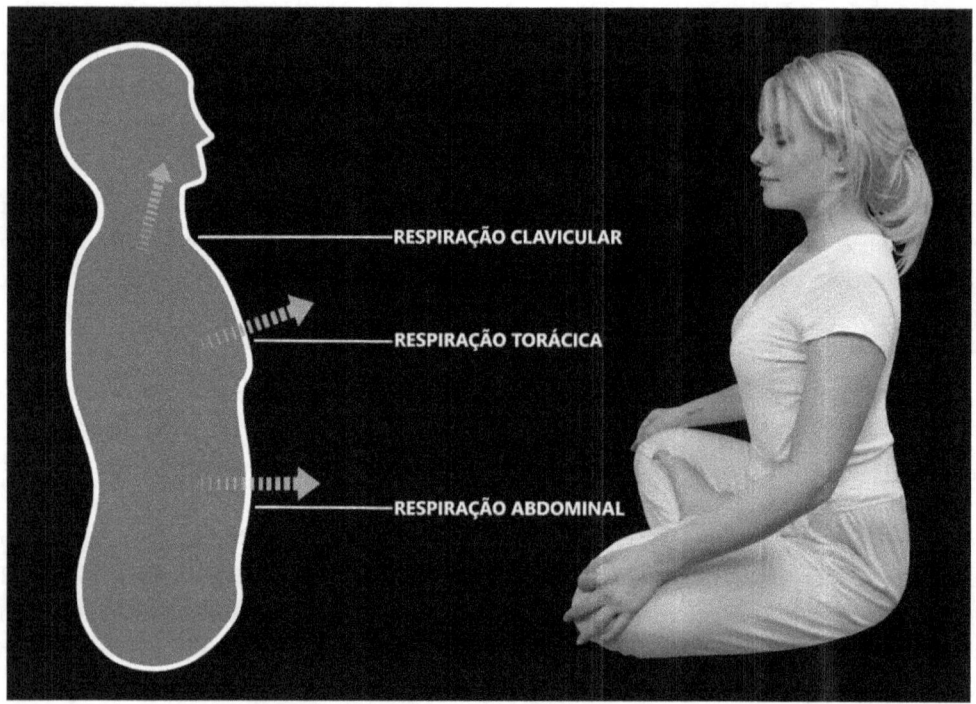

Figura 96: Respiração Yógica (Respiração em Três Partes)

Para começar o exercício, sente-se em um confortável Ásana de meditação ou deite-se em Shavásana. Inspire lenta e profundamente, permitindo que o abdômen se expanda totalmente. Quando a barriga não puder mais receber ar, estenda o peito para fora e para cima em seguida. Após as porções inferior e média dos pulmões terem maximizado sua entrada de ar, inspire um pouco mais para que os ossos do colarinho e ombros se movam ligeiramente para cima, enchendo os lóbulos superiores dos pulmões. Haverá alguma tensão nos músculos do pescoço, enquanto o resto do corpo deverá permanecer relaxado.

A sequência deve ser invertida no exalar; os ossos do colarinho e os ombros se movem primeiro para baixo, liberando o ar do peito superior, seguido pelas costelas que se contraem no meio do torso. Finalmente, a respiração é liberada do abdômen inferior à medida que a barriga se contrai e se inclina para dentro em direção à coluna vertebral. Um ciclo de Respiração Yógica inclui uma completa inalação e expiração.

A inspiração e a expiração devem ser um movimento fluido e contínuo sem nenhum ponto de transição, a menos que você pratique a respiração rítmica, como a Respiração

Quádrupla, onde você faz uma pausa na inspiração e na expiração. Em nenhum momento o exercício de Respiração Yógica deve causar qualquer tensão no corpo.

Após ciclos respiratórios de Respiração Yógica repetidos, você notará que a respiração abdominal absorve aproximadamente 70% da respiração. Quanto mais você praticar a Respiração Yógica, você ajustará sua respiração natural para utilizar seu abdômen da forma mais construtiva e aliviar o estresse. Pratique a técnica de Respiração Yógica pelo tempo que desejar; quando estiver pronto para completar o exercício, traga sua consciência de volta ao seu corpo físico e abra seus olhos.

Observe que a exigência principal de todos os exercícios Pranayama é que a respiração seja confortável e relaxada. Qualquer pressão sobre o corpo traz agitação na mente. Uma vez estabelecida a consciência e o controle sobre o processo respiratório no método Respiração Yógica, a técnica Clavicular é abandonada enquanto a ênfase é colocada na respiração Abdominal e Torácica. Esta alteração torna o método de Respiração Yógica mais natural ao encher o abdômen e os pulmões com ar sem causar qualquer tensão no corpo.

Sama Vritti (Respiração Quádrupla)

Sama Vritti (sânscrito para "respiração igual") é um poderoso exercício de relaxamento que permite aos indivíduos limpar sua mente, relaxar o corpo e melhorar o foco. Ele utiliza a mesma proporção de respiração, onde a inalação (Puraka), retenção interna (Antara Khumbaka), expiração (Rechaka), e retenção externa (Bahya Khumbaka) são todas do mesmo comprimento. Sama Vritti promove o equilíbrio mental, ativando o sistema nervoso parassimpático, aliviando o estresse e elevando a consciência.

Também conhecida como a Respiração Quádrupla, Sama Vritti é a técnica de respiração fundamental no *The Magus*, um pré-requisito para meditação e trabalho ritual Cerimonial Magick. Ele acalma o indivíduo em minutos e desloca sua consciência para o Estado Alfa, ativando os centros cerebrais superiores. Esta tem sido minha principal técnica de respiração há mais de dezesseis anos e uma que ensino a todos os indivíduos de Kundalini desperta.

A Respiração Quádrupla deve ser realizada com Respiração Yógica na inspiração e expiração para máxima entrada de ar. Se você sentir uma tensão excessiva na região clavicular durante a Respiração Yógica, concentre-se apenas na respiração Diafragmática e Torácica. Este exercício pode ser realizado a qualquer momento e em qualquer lugar. Você não precisa fechar os olhos durante o exercício, embora ajude se você estiver meditando ou se estiver em meio a uma sessão de cura.

Para começar o exercício, sente-se em um confortável Ásana de meditação ou deite-se em ShavÁsana. Inspire pelo nariz, contando lentamente até quatro. Encha seu abdômen primeiro com ar, seguido de seus pulmões. Ambos devem atingir sua entrada máxima de ar quando você chegar à contagem de quatro. Sustenha sua respiração agora e conte lentamente até quatro novamente. Em seguida, comece a exalar até a contagem de quatro, permitindo que seu peito e abdômen relaxem de volta ao seu estado natural. A expiração deve ser sem forçar e uniforme. Segure agora novamente até a contagem de quatro, completando assim o primeiro ciclo respiratório.

Continue o exercício pelo tempo que você precisar, com um mínimo de alguns minutos. Os ciclos respiratórios devem ser contínuos e suaves, sem pausas ou interrupções. Repita o exercício quantas vezes for necessário ao longo do dia. Realizar a Respiração Quádrupla antes de encontrar qualquer situação potencialmente desafiadora ajuda, uma vez que otimiza seu estado mental e emocional para que você possa realizar em sua maior capacidade.

Anulom Vilom (Respiração de Narinas Alternadas)

Anulom Vilom, comumente conhecido como Respiração de Narinas Alternadas, envolve inalar através de uma narina enquanto exala através da outra narina. A narina esquerda corresponde ao Ida Nadi - Lunar, enquanto a narina direita se relaciona com a Pingala Nadi - Solar. Anulom Vilom purifica a Ida e Pingala Nadis enquanto cria uma sensação de bem-estar e harmonia dentro da mente, corpo e Alma.

A Respiração de Narinas Alternadas estimula os Chakras e os principais centros cerebrais a trabalharem em sua capacidade ótima, equilibrando as energias masculina e feminina. Esta técnica de Pranayama dá vitalidade ao corpo ao mesmo tempo em que elimina os bloqueios de Prana e equilibra os dois hemisférios cerebrais. Seu uso regular estimula o Sushumna Nadi e pode até causar um despertar da Kundalini.

Figura 97: Respiração de Narinas Alternadas

Anulom Vilom é frequentemente recomendado para questões relacionadas ao estresse, tais como dores de cabeça ou enxaquecas. Ele nutre o corpo através do suprimento extra de oxigênio, beneficiando o cérebro e o sistema respiratório. Ele também purifica o sangue de quaisquer toxinas, o que auxilia os sistemas cardiovascular e circulatório.

Para iniciar o exercício, escolha um dos três Ásanas de meditação. Mantenha sua coluna e pescoço retos enquanto fecha os olhos. Em seguida, com sua mão esquerda ou direita, faça o Pranava Mudra chamado Vishnu Mudra, que envolve dobrar os dedos indicador e médio em direção à palma da mão (Figura 97). Enquanto faz isso, coloque sua outra mão sobre o joelho em Jnana ou Chin Mudra.

Pranava Mudra permite bloquear uma narina com o polegar ou o dedo anelar enquanto respira através da outra narina e depois alternar conforme você expira. (Ao bloquear com o dedo anelar, o dedo pequeno serve de apoio.) Com este método, você pode ir e voltar enquanto mira uma narina para a inspiração e a outra para a expiração.

Anulom Vilom deve ser usado em combinação com Respiração Yógica na respiração e expiração. Comece inalando lentamente até a contagem de quatro através da narina esquerda enquanto mantém a narina direita fechada. Agora troque e feche a narina esquerda enquanto expira para a contagem de quatro através da narina esquerda.

Reverta o processo agora e inale até a contagem de quatro pela narina direita, mantendo a narina esquerda fechada. Em seguida, troque e feche a narina direita ao exalar pela narina esquerda até a contagem de quatro. A primeira rodada ou ciclo está agora completo.

Lembre-se sempre de iniciar Anulom Vilom inalando com a narina esquerda, que acalma o Eu interior, colocando você em um estado meditativo. Mantenha suas inalações e exalações iguais e em ritmo. Você não deve sentir nenhuma tensão corporal nem ficar sem fôlego em nenhum ponto.

Comece com a contagem de quatro na inspiração e expiração e passe para cinco e seis, até dez. Quanto mais alto você puder continuar a contagem, mantendo a inalação e a expiração iguais, mais controle você obterá sobre sua respiração. Se você estiver tendo dificuldade para contar até quatro, conte até três ou até dois. Descobri que os resultados mais ótimos ocorrem com a contagem de quatro, então sempre a apresento como a linha de base.

Ao inalar e exalar, preste atenção na narina correspondente e observe as mudanças emocionais internas à medida que elas acontecem. Estar atento durante esta técnica de Pranayama permitirá que você retire o máximo de poder dela.

Uma variação poderosa e eficaz de Anulom Vilom é Nadi Shodhana, que inclui a retenção interna da respiração (Khumbaka). Você pode incorporar o Khumbaka interno para reter a respiração para a mesma contagem que a inalação e a expiração. Você também pode incorporar os Khumbakas internos e externos, onde você prende a respiração após a inalação e a expiração. Pense neste segundo método como Samma Vritti com a adição da técnica de Respiração de Narinas Alternadas. Mais uma vez, sugiro começar com a contagem de quatro e passar para cima a partir daí, até dez.

Outra variação de Anulom Vilom é a respiração através de uma narina de cada vez, chamada de Respiração Lunar e Respiração Solar. A Respiração Lunar envolve manter a narina direita fechada e respirar pela narina esquerda. Como está associada à Ida Nadi e ao Elemento de Água, passivo, ela pode ser utilizada para esfriar o corpo, baixar o metabolismo e acalmar a mente. A respiração lunar invoca um estado mental introvertido, tornando sua prática benéfica antes da contemplação interior, da meditação profunda e do sono.

A Respiração Solar envolve manter a narina esquerda fechada enquanto se respira pela narina direita. Estar associado ao Pingala Nadi e ao Elemento Fogo, ativo; realizar a Respiração Solar aquece o corpo, eleva o metabolismo e acelera as atividades corporais. Como reforça a força de vontade, a Respiração Solar é útil quando se precisa invocar concentração, determinação e fortaleza. Seu uso torna o indivíduo extrovertido, o que auxilia no trabalho e nas atividades físicas.

Bhastrika Pranayama (Respiração do Fole)

Bhastrika significa "fole" em sânscrito, que se refere a um dispositivo em forma de saco com alças que os ferreiros usam para soprar ar em uma fogueira para manter a chama acesa. Da mesma forma, o Bhastrika Pranayama aumenta o fluxo de ar no corpo, alimentando o fogo interno e produzindo calor em níveis físicos e sutis. Esta técnica de Pranayama é conhecida por equilibrar as Três Doshas da Ayurveda.

Bhastrika Pranayama bombeia uma maior quantidade de oxigênio no corpo, o que eleva o batimento cardíaco, aumentando os níveis de energia. Quando feito regularmente, remove bloqueios do nariz e do peito, incluindo toxinas e impurezas. Bhastrika ajuda na sinusite, bronquite e outros problemas respiratórios. Uma vez que provoca o fogo gástrico, também melhora o apetite e a digestão. Você pode praticar Bhastrika Pranayama com retenção interna da respiração (Khumbaka) para manter o corpo quente em tempo frio e chuvoso.

Para iniciar o exercício Bhastrika Pranayama, sente-se em um dos três Ásanas de meditação. Feche os olhos e relaxe o corpo enquanto mantém sua cabeça e coluna vertebral retas. Em seguida, coloque as mãos sobre os joelhos na Jnana ou no Chin Mudra.

Inspire profundamente e expire com vigor através das narinas, mas sem forçar em demasia. Em seguida, inspire novamente com a mesma força. Na inalação, você deve expandir totalmente o abdômen para fora, permitindo que seu diafragma desça. Na expiração, o abdômen empurra para dentro, enquanto o diafragma se move para cima. Você deve realizar os movimentos com exagero e vigor, o que provocará um forte som nasal.

Uma rodada de Bhastrika Pranayama equivale a dez ciclos. Pratique até cinco rodadas para começar enquanto inspira e expira lentamente. Faça em seu próprio ritmo, mantendo sempre igual a força da inalação e de expiração. Se você se sentir tonto, diminua a velocidade para um ritmo mais confortável. Quando você ganhar alguma proficiência no exercício, aumente gradualmente a velocidade enquanto mantém a respiração rítmica.

Bhastrika Pranayama reduz o nível de dióxido de carbono no sangue, o que equilibra e fortalece o sistema nervoso, induzindo paz de espírito e tranquilidade energética. É um excelente exercício para preparar um para a meditação.

Uma variação deste exercício é Kapalbhati Pranayama, uma técnica de respiração yógica que é considerada uma Kriya, ou prática de purificação interna (Shatkarma). Kapalbhati vem das palavras raiz sânscrita "kapal", que significa "crânio", e "bhati", que significa "brilhar". "Portanto, é chamado de "Skull Shining Breath" (Respiração do Crânio Brilhante) em inglês. Esta técnica de Pranayama destina-se a limpar todas as partes do crânio e da cabeça através de exalações fortes de ar, melhorando a claridade da mente e o foco enquanto se aguça o intelecto.

Ao contrário de Bhastrika, Kapalbhati envolve força apenas na expiração, mantendo a inalação um processo natural e passivo. Enquanto Bhastrika envolve o peito e os pulmões, Kapalbhati envolve apenas os músculos abdominais. Kapalbhati Pranayama inverte o processo normal de respiração, que envolve a inalação ativa e a expiração passiva. Esta técnica de Pranayama é conhecida por ter efeitos profundos sobre o sistema nervoso. Muitos iogues também a praticam para limpar os Nadis.

Como Bhastrika é a mais avançada das duas técnicas de Pranayama, é sábio começar com Kapalbhati e fazer a transição para Bhastrika. Ambas têm efeitos semelhantes sobre o corpo e a mente. Você também pode praticar retenção interna e externa (Khumbaka) com ambos os exercícios para benefícios adicionais.

Ujjayi Pranayama (Respiração Oceânica)

Ujjayi Pranayama é uma respiração suave e sussurrante, muitas vezes chamada de Respiração Oceânica, pois se assemelha ao som das ondas que chegam à costa. Seu outro nome é o Sopro Vitorioso, pois Ujjjayi em sânscrito significa "aquele que é vitorioso". "A técnica Ujjayi permite que nos tornemos vitoriosos em Pranayama, ao restringir a respiração para facilitar sua distribuição nas áreas visadas. Ela constrói um calor interno tranquilizante enquanto acalma a mente e o sistema nervoso. Esta técnica de Pranayama tem um efeito profundamente relaxante a nível psíquico, uma vez que imita a respiração profunda do sono.

Com Ujjayi Pranayama, você deve respirar para dentro e para fora do nariz com os lábios fechados enquanto contrai a glote dentro da garganta para produzir um som suave e ressonante. A glote é a parte do meio da laringe onde estão localizadas as cordas vocais que se expande com a respiração forçada e se fecha quando você está falando. A glote deve se contrair mas não fechar completamente para que pareça que você está respirando de um canudo na garganta (Figura 98). Você sentirá o golpe de respiração na parte de trás da garganta na inspiração e expiração.

A respiração de Ujjayi Pranayama deve ser lenta, calma e profunda. Deve-se utilizar a Respiração Yógica na inspiração e exalar para máxima entrada de ar. (O diafragma deve controlar o comprimento e a velocidade da respiração.) As inalações e exalações devem ser iguais em duração sem causar qualquer tensão no corpo. Enquanto estiver praticando Ujjayi, concentre-se no som produzido pela respiração na garganta, que só deve ser audível para você.

Comece o exercício com dez a quinze respirações e aumente lentamente até cinco minutos para obter efeitos ótimos. Ao adquirir alguma experiência com Ujjayi Pranayama, você pode integrar Khechari Mudra para obter benefícios adicionais. (Para a técnica do Khechari Mudra, consulte o capítulo "Lalana Chakra e Amrita Néctar" nesta seção). O Khechari Mudra pode ser praticado independentemente ou como parte de Ásanas e técnicas avançadas de Pranayama.

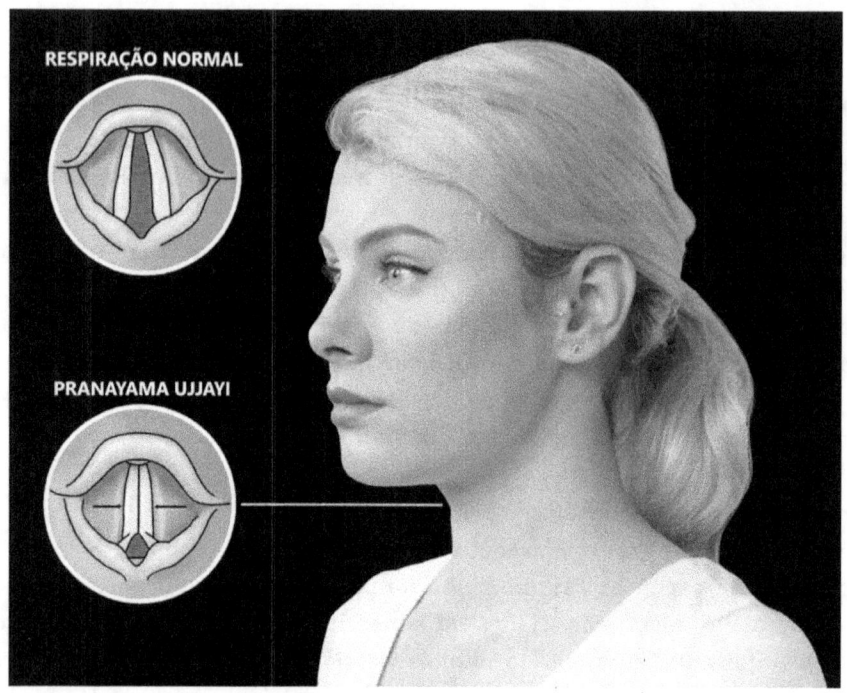

Figura 98: Ujjayi Pranayama (Posição da Glote)

Bhramari Pranayama (Respiração da Abelha)

Bhramari Pranayama deriva seu nome da abelha negra indiana chamada Bhramari, pois a expiração deste Pranayama se assemelha ao típico som de zumbido. As vibrações do som de zumbido têm um efeito calmante natural sobre os nervos e a psique, tornando esta técnica Pranayama excelente para aliviar a tensão mental, estresse, ansiedade e raiva. Seu desempenho fortalece a garganta e a caixa de voz e é benéfico para a Glândula Tireóide e para a superação de quaisquer problemas físicos relacionados a ela.

Bhramari Pranayama estimula o Sistema Nervoso Parassimpático, induzindo o relaxamento muscular e a diminuição da pressão arterial. Seus benefícios para a saúde a tornam vantajosa para o desempenho antes do sono, uma vez que ajuda na insônia.

Comece o exercício sentado em um dos três Ásanas de meditação. Mantenha a coluna vertebral reta e feche os olhos. Coloque ambas as mãos sobre seus joelhos em Jnana ou Chin Mudra enquanto permite que seu corpo e mente relaxem. Traga a consciência para o centro da testa, onde se encontra o Ajna Chakra. Enquanto estiver realizando o exercício, esteja atento para manter sua atenção nesta área. Você verá que, com o uso repetido, o

Bhramari Pranayama aumenta a sensibilidade psíquica e a consciência das vibrações sutis, o que é útil para a meditação profunda.

Em seguida, levante os braços enquanto dobra os cotovelos e leva as mãos até as orelhas. Use o dedo indicador em cada mão para tapar os furos dos ouvidos ou pressione contra as abas dos ouvidos sem inserir os dedos (Figura 99). Você deve bloquear todos os sons externos, o que permite que você se concentre inteiramente em seu interior.

Figura 99: Respiração das Abelhas

Tome um momento agora para ouvir o som do silêncio dentro de você enquanto mantém sua respiração estável. Antes de iniciar o método de respiração controlada, feche os lábios enquanto mantém os dentes ligeiramente separados, o que permitirá que a vibração do som seja ouvida e sentida mais dentro de você.

Inspire devagar e profundamente pelo nariz. Na expiração, faça um som profundo "mmmm", parecido com o zumbido de uma abelha. Sua expiração deve ser mais longa que a inalação com uma vibração contínua, suave e até mesmo sonora. Você deve sentir a vibração fortemente dentro de sua boca e laringe, o que tem um efeito calmante sobre o cérebro. A primeira rodada está agora completa.

Continue o exercício pelo tempo que desejar com um mínimo de alguns minutos enquanto estiver praticando a Respiração Yógica durante todo o exercício para a máxima entrada de ar. Observe os efeitos do exercício sobre o corpo e a mente. Quando estiver pronto para terminar o Bhramari Pranayama, traga sua consciência de volta ao seu corpo físico e abra seus olhos.

Sheetali Pranayama (Respiração Resfriante)

Em sânscrito, a palavra "Sheetali" se traduz aproximadamente como "aquilo que tem um efeito calmante ou refrescante". "Sheetali Pranayama ou Respiração Resfriante é uma técnica Pranayama que acalma a mente e o corpo com o desempenho de um poderoso mecanismo de resfriamento na inalação.

Sheetali Pranayama é especialmente benéfico no verão, quando sentimos um excesso das principais qualidades do Pitta. O tempo quente produz afrontamentos, febres, condições de pele, inflamação, indigestão ácida, pressão alta, agitação geral devido ao calor e esforço físico geral, que através da mente-corpo fora de equilíbrio. Sheetali Pranayama ajuda nos efeitos adversos do tempo quente, liberando o calor corporal, harmonizando as qualidades de Pitta e deixando o corpo e a mente calmos, frescos e relaxados.

Para iniciar o exercício Pranayama, sente-se em um dos três Ásanas de meditação. Feche os olhos e relaxe todo o corpo enquanto mantém sua coluna vertebral reta. Coloque as mãos sobre os joelhos na Jnana ou no Chin Mudra.

Abra sua boca e estenda a língua o máximo que puder, enrolando os lados dela em direção ao centro para formar um tubo. Enrole seus lábios para segurar a língua nesta posição (Figura 100). Pratique uma inalação longa, suave e controlada através da língua enrolada. Após a inalação, recolha a língua enquanto fecha a boca e exale pelo nariz. A primeira rodada está agora completa.

Continue o exercício pelo tempo que quiser com um mínimo de alguns minutos. Observe seus efeitos no corpo e na mente enquanto presta especial atenção à língua e à sensação de som e resfriamento da respiração inalada. Lembre-se de praticar a Respiração Yógica durante todo o exercício. Quando estiver pronto para terminar Sheetali Pranayama, traga sua consciência de volta ao seu corpo físico e abra seus olhos.

A inspiração deve produzir um som de sucção com uma sensação de resfriamento na língua e no céu da boca. Embora você deva começar com uma proporção igual de inspirações e expirações, à medida que você avança com Sheetali Pranayama, a duração da inalação deve tornar-se gradualmente mais longa para aumentar o efeito de resfriamento.

A Respiração Resfriante restaura efetivamente o equilíbrio de temperatura após a prática de Ásanas ou outras práticas yógicas que aquecem o corpo. Como tal, você deve fazer parte de sua prática diária, especialmente durante os meses de verão.

Figura 100: Sheetali Pranayama

Sheetkari Pranayama (Hálito Sibilante)

Em sânscrito, a palavra "Sheetkari" implica uma forma de respiração que produz o som "shee" (sibilar); por isso é frequentemente chamada de Respiração Sibilante. Assim como Sheetali Pranayama, este exercício é projetado para esfriar o corpo e a mente. A única diferença entre eles é que em Sheetali, você inspira através de uma língua dobrada, enquanto em Sheetkari, você inspira através de dentes fechados. Como em Sheetali Pranayama, Sheetkari é bastante benéfico em tempo quente e para restaurar o equilíbrio da temperatura após o aquecimento do corpo através de exercício físico.

Para começar Sheetkari Pranayama, sente-se em um dos três Ásanas de meditação e feche os olhos. Mantenha sua coluna vertebral reta e seu corpo relaxado enquanto coloca as mãos sobre os joelhos na Jnana ou no Chin Mudra. Segure os dentes levemente juntos sem esforço na mandíbula. Os lábios devem ser separados, expondo assim os dentes (Figura 101). Mantenha a língua contra o palato mole em sua boca, ou até mesmo execute o Khechari Mudra.

Figura 101: Sheetkari Pranayama

Inspire devagar e profundamente através de seus dentes. No final da inalação, feche a boca e exale pelo nariz de forma controlada. A primeira rodada está agora completa. Lembre-se de praticar a Respiração Yógica durante todo o exercício. A inalação e a exalação devem ser lentas e relaxadas. Esteja atento à sensação de resfriamento em seus dentes e dentro de sua boca e ao som de assobio produzido. Realize o exercício pelo tempo que desejar, com um mínimo de alguns minutos. Quando estiver pronto para terminar o Sheetkari Pranayama, traga sua consciência de volta ao seu corpo físico e abra seus olhos.

Esta técnica de Pranayama e a anterior podem ser usadas para controlar a fome ou a sede, uma vez que trazer ar frio satisfaz o corpo. Ambos os exercícios permitem que Prana flua mais livremente através do corpo, relaxando os músculos e, consequentemente, as emoções. Ambas as práticas de resfriamento equilibram o sistema endócrino e purificam o sangue da toxicidade. Finalmente, ambos os exercícios são úteis antes de dormir ou em casos de insônia.

Evite Sheetali e Sheetkari Pranayamas se você tiver pressão sanguínea baixa, asma, doenças respiratórias ou excesso de muco, como em um resfriado ou gripe. Devido ao efeito de resfriamento no corpo, evite ambos os exercícios em climas frios ou se você estiver experimentando uma sensibilidade geral ao frio. Com Sheetkari Pranayama, evite se você tiver problemas com seus dentes ou gengivas.

Moorcha Pranayama (Respiração Desmaiada)

A palavra Moorcha em sânscrito significa "desmaio" ou "perda de sensibilidade". "O outro nome de Moorcha Pranayama é o Sopro Desmaiado, referindo-se à vertigem que se experimenta ao realizar este exercício. Moorcha Pranayama é uma técnica avançada que deve ser praticada somente por aqueles indivíduos que desenvolveram domínio sobre os exercícios anteriores de Pranayama. Quando realizado corretamente, o indivíduo pode experimentar períodos intensos e prolongados de bem-aventurança interior que acompanham o estar semiconsciente.

Há dois métodos de praticar Moorcha Pranayama; no primeiro, você deve inclinar a cabeça ligeiramente para trás, enquanto no segundo, deve descansar o queixo na base da garganta (Jalandhara Bandha). Em ambos os métodos, você deve praticar a retenção da respiração interna (Khumbaka) enquanto olha para o centro entre as sobrancelhas onde se encontra o túnel do Olho da Mente (Shambhavi Mudra). Fazendo isso, induz o estado mental vazio enquanto a conexão com o chakra Ajna permite que você experimente pensamentos profundos e contemplativos.

Uma das razões pelas quais o indivíduo fica tonto enquanto executa Moorcha Pranayama é a redução do suprimento de oxigênio para o cérebro durante a retenção prolongada da respiração. Outra razão é a pressão que eles exercem sobre os vasos sanguíneos do pescoço, que causam flutuações na pressão dentro do crânio. Finalmente, a artéria carótida é continuamente comprimida, o que induz ainda mais uma sensação de desmaio.

Moorcha Pranayama pode ser realizado a qualquer hora do dia, como é o caso de todos os exercícios de Pranayama. No entanto, é mais eficaz de manhã cedo e à noite, quando o Ego é menos ativo. Superar o domínio do Ego sobre a consciência é crucial para facilitar o efeito desejado deste exercício. A sensação de quase desmaio pode ser tão poderosa que faz você se sentir totalmente fora de seu corpo, como se estivesse flutuando no espaço.

A superação dos limites do corpo físico nos permite separar do Ego na consciência e sentir o arrebatamento da consciência Espiritual. Moorcha Pranayama ajuda a aliviar o estresse, a ansiedade, a raiva e as neuroses enquanto eleva o nível de Prana no corpo. Este exercício é altamente recomendado para as pessoas que querem despertar sua energia Kundalini. Ele lhes permite compreender a Unidade que as Experiências Fora do Corpo podem trazer, conectando-os com o Sahasrara Chakra.

Para começar o exercício, sente-se em um dos três Ásanas de meditação enquanto mantém sua cabeça e coluna vertebral retas. Coloque suas mãos sobre os joelhos na Jnana ou no Chin Mudra enquanto relaxa o corpo. Algumas pessoas gostam de segurar os joelhos em vez de adotar a Jnana ou Chin Mudras. Isso lhes permite pressionar os joelhos enquanto prendem os cotovelos quando encostam a cabeça para trás ou para frente, dando-lhes melhor apoio durante esta parte crucial do exercício. Você pode tentar ambas as opções e ver o que funciona melhor para você.

Método# 1

Com os olhos abertos, concentre-se no espaço entre suas sobrancelhas. Inspire devagar e profundamente para acalmar a mente. Faça Khechari Mudra, depois inspire lentamente através de ambas as narinas com Ujjayi Pranayama enquanto você dobra suavemente a cabeça para trás (Figura 102). Segure sua respiração agora o máximo de tempo possível sem esforço, enquanto mantém o centro da sobrancelha olhando o tempo todo. Você deve sentir uma leve tontura enquanto prende a respiração. Expire lentamente agora enquanto traz a cabeça de volta para sua posição ereta. Feche os olhos e relaxe por alguns segundos. Permita-se experimentar a leveza e a tranquilidade na mente e no corpo. A primeira rodada agora está completa.

Figura 102: Moorcha Pranayama (Método # 1)

Método#2

Concentre seus olhos no espaço entre as sobrancelhas enquanto respira profundamente para acalmar seu interior. Implemente Khechari Mudra, depois inspire lentamente através de ambas as narinas com Ujjayi Pranayama enquanto você inclina gradualmente sua cabeça para frente até que seu queixo toque a cavidade da garganta (Figura 103). Pause sua respiração o máximo de tempo possível sem tensão enquanto você se deixa unir com o Olho da Mente. Mantenha esta posição até que você comece a sentir uma perda de consciência. Expire lentamente agora enquanto volta sua cabeça para sua posição vertical. Feche os olhos e relaxe por alguns segundos, enquanto se permite experimentar a intensa sensação de inexistência provocada pelo quase desmaio. Isto completa a primeira rodada.

Repita o padrão de respiração em qualquer dos métodos tantas vezes quanto você se sentir confortável. Ajuda, começar com 5-10 respirações e passar para 15-20 à medida que você se familiariza mais com o exercício. Lembre-se sempre de descontinuar a prática assim que a sensação de desmaio for sentida. O objetivo é induzir uma sensação de desmaio, não de perder totalmente a consciência.

Figura 103: Moorcha Pranayama (Método #2)

Como nota final, você pode combinar o Método #1 e o Método #2 na mesma prática, em que você executa um método no primeiro suspiro, enquanto no segundo suspiro, executa o outro. Antes de fazer isso, entretanto, por favor, passe algum tempo se familiarizando e se sentindo confortável com ambas as técnicas separadamente.

OS TRÊS GRANTHIS

Granthi é um termo sânscrito que significa "dúvida" ou "nó", significando mais explicitamente "um nó difícil de desatar". "Este termo é frequentemente usado na literatura yógica, referindo-se a nós psíquicos que bloqueiam o fluxo de energia Prânica no Sushumna Nadi. Na Kundalini Yoga, há Três Granthis que são obstáculos no caminho da Kundalini desperta. Estes Granthis são chamados Brahma, Vishnu e Rudra (Figura 104).

Os Três Granthis representam níveis de consciência onde o poder de maia ou a ilusão (no que diz respeito à nossa ignorância da realidade espiritual e apego ao mundo material) são particularmente fortes. Para que você desperte todos os Chakras e elevem a Kundalini à Coroa, vocês devem transcender estas barreiras. Nossas crenças limitantes, traços de personalidade, desejos e medos resultam de estarmos enredados pelos Granthis.

Os Três Granthis são obstáculos em nosso caminho para o conhecimento superior e a Evolução Espiritual. Eles obscurecem a verdade de nossa natureza essencial. Entretanto, ao aplicar o conhecimento e as práticas espirituais, podemos desatar os nós e transcender suas restrições.

Em Yoga, há várias maneiras de desatar os Granthis. Os bandhas (fechaduras energéticas) da Hatha Yoga ajudam o fluxo do Prana e também podem ser usados para superar os Três Granthis. (Discutirei Bandhas no capítulo seguinte sobre Mudras.) Os Bandhas bloqueiam o fluxo de energia para uma área específica do corpo, fazendo com que a energia inunde mais fortemente quando o Bandha é liberado. Os Bandhas são ferramentas poderosas que podemos usar para elevar a energia da Kundalini ao Sahasrara Chakra, superando os Três Granthis ao longo do caminho.

Brahma Granthi

Comumente chamado de Nó Perineal, Brahma Granthi opera na região entre Muladhara e Swadhisthana Chakras, ao longo do Sushumna Nadi. Este primeiro nó é causado pela ansiedade sobre a sobrevivência, a vontade de procriar, tendências instintivas, falta de fundamentação ou estabilidade, e o medo da morte. Brahma Granthi cria um apego aos prazeres físicos, objetos materiais, assim como ao egoísmo. Ele nos liga ao poder ludibriador de Tamas - inércia, inatividade, letargia e ignorância.

Tamas, que significa "escuridão", é um dos Três Gunas encontrados no núcleo da filosofia e da psicologia hinduísta. Os textos iogues consideram os Três Gunas - Tamas, Rajas e Sattva como as qualidades essenciais da natureza. Elas estão presentes em cada indivíduo, mas variam em grau. Brahma Granthi pode ser transcendido através da Mula Bandha, a "Tranca da Raiz". Quando Brahma Granthi é perfurado pela Kundalini em sua ascensão, os padrões instintivos da personalidade são superados, resultando na libertação da Alma dos apegos descritos.

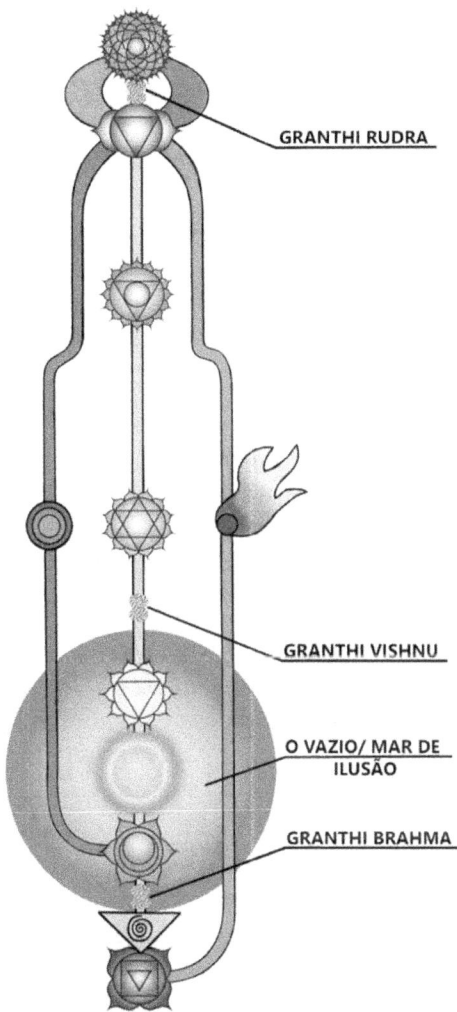

Figura 104: Os Três Granthis

Vishnu Granthi e o Vazio

Embora sua colocação seja superior à região do umbigo, Vishnu Granthi é referido como o nó do umbigo. Ele funciona na área entre Manipura e Anahata Chakras, ao longo do Sushumna Nadi. Este Granthi é causado pelo apego ao Ego e pela busca do poder pessoal. O orgulho, assim como um apego emocional às pessoas e aos resultados, também causa este nó. Vishnu Granthi está ligado ao Rajas - a tendência à paixão, à assertividade e à ambição. Todas estas são expressões negativas do Manipura Chakra relacionadas com o uso impróprio da força de vontade. A força de vontade deve servir ao Eu Superior ao invés do Ego para que Vishnu Granthi seja desatado.

Um Vazio envolve o segundo e terceiro Chakra chamado "Mar da Ilusão". "Dentro deste Vazio encontram-se nossos padrões de comportamento negativos resultantes de influências externas, incluindo os efeitos cármicos das forças planetárias e zodiacais. Hara, o Chakra do Navel, cria o Vácuo e a bola de energia vital que ele gera, que é nossa porta de entrada no Plano Astral. As forças cármicas nos afetam através do Plano Astral, que liga nosso Ego aos Chakras inferiores que circundam o centro Hara. Assim, nosso Ego fica enredado no Mar da Ilusão, bloqueando a visão de nossa verdadeira natureza Espiritual.

Superar o Vishnu Granthi tira nossa consciência do Vazio e nos leva ao coração, onde está o verdadeiro Eu, o Espírito Eterno. Ele nos permite experimentar o amor incondicional em Anahata Chakra e nos Chakras espirituais superiores de Vishuddhi e Ajna. Desatar o Vishnu Granthi faz do indivíduo um Mestre do Eu, e todas as Leis inatas da natureza são despertadas dentro de si. Tal pessoa se torna honesta e verdadeira em todas as suas expressões. Seu carisma se eleva naturalmente, o que faz deles grandes líderes da humanidade.

Para transcender o Vishnu Granthi, é preciso se render à energia do amor incondicional. O verdadeira discernimento, o conhecimento e a fé na unidade de todas as coisas no Cosmos permitem elevar sua consciência às Esferas superiores e transcender as limitações do Ego, assim como seu desejo de poder. O desempenho de Uddiyana Bandha, a "fechadura abdominal", ajuda a desvincular o Vishnu Granthi.

Rudra Granthi

Referido como o Shiva Granthi ("nó de Shiva") ou "nó de testa", Rudra Granthi funciona na região entre Ajna e Sahasrara Chakras. Este nó é causado pelo apego aos Siddhis (poderes psíquicos), a separação do Eu do resto do mundo, e o pensamento dualista. Rudra Granthi está ligado ao Sattva - a inclinação para a pureza, a salubridade e a virtude. É preciso entregar seu Ego e transcender a dualidade para desatar este nó. Para isso, eles devem tornar-se virtuosos e puros na mente, corpo e alma, dedicando-se totalmente a Deus, o Criador.

Devemos ver que os Siddhis são apenas uma expressão de nossa conexão com a Mente Universal e não algo a ser ganho para uso pessoal. Quando nos apegamos ao Siddhis, os levamos ao nível do mundo material. Em vez disso, devemos nos desapegar, permitindo que os Siddhis simplesmente se expressem através de nós sem tentar controlar o processo. Quando perfuramos o Rudra Granthi, a consciência do Ego é deixada para trás, e a verdade da Unidade é revelada. Jalandhara Bandha, a " Fechadura da Garganta", pode ser aplicada para desatar este nó, de modo que possamos fazer a transição para um nível mais elevado de consciência.

***

Uma vez que a Kundalini tenha sido despertada em Muladhara Chakra, e para que ela complete sua jornada e perfure Sahasrara, todos os Três Granthis devem ser desbloqueados. Se houver um bloqueio ao longo do Sushumna Nadi, ele geralmente está na área de um dos Três Granthis. Desatando-os através da aplicação da força de vontade e pensamentos puros, ou com o uso de fechaduras energéticas (Bandhas), a Kundalini pode subir ao Sahasrara. Como tal, a consciência individual se unirá à Consciência Cósmica à medida que os dois se tornarem Um. Esta transformação é permanente, e o indivíduo não estará mais vinculado aos Granthis durante toda a sua vida aqui na Terra.

MUDRA

Muitas vezes vemos representações visuais de Deuses Antigos e Deusas da parte oriental do mundo sentados em meditação e de mãos unidas em certas posições. Estes gestos de mão são chamados Mudras. São gestos esotéricos das mãos que ativam um poder específico dentro de nós através da manipulação da energia. Realizando um Mudra, estamos também nos comunicando diretamente com as Divindades e nos alinhando com suas energias ou poderes.

Existem mais de 500 Mudras diferentes. Os mudras são usados em muitos sistemas espirituais, mas especialmente no hinduísmo, jainismo e budismo. Em sânscrito, Mudra significa "selo," "marca," ou "gesto". Os mudras são essencialmente gestos psíquicos, emocionais, devocionais e estéticos que ligam a força prânica individual com a força Cósmica Universal. Realizar um Mudra altera o estado de espírito, a atitude e a percepção de cada um enquanto aprofunda a consciência e concentração.

Embora a maioria dos Mudras sejam simples posições ou gestos das mãos, um Mudra em particular pode envolver todo o corpo. Os Mudras de Hatha Yoga, por exemplo, utilizam uma combinação de técnicas yógicas como Ásana (posições do corpo), Pranayama (técnicas respiratórias), Bandha e meditações de visualização. Elas envolvem a realização de ações internas que envolvem o assoalho pélvico, garganta, olhos, língua, diafragma, ânus, genitais, abdômen, ou outras partes do corpo.

Os Mudras de Hatha Yoga estão voltados para objetivos yógicos particulares, incluindo influenciar o fluxo de Prana para despertar a Kundalini, facilitando a perfuração dos Três Granthis por ela, ativando diretamente o Bindu, utilizando o néctar Amrita ou Ambrosia pingando do Bindu, ou alcançando a transcendência ou o Iluminação. Exemplos de Mudras de Hatha Yoga são os Mudra de Khechari, Mudra de Shambhavi, Nasikagra Drishti, Mudra de Vajroli, Mudra de Maha e Viparita Karani.

A Hatha Yoga Pradipika e outros textos iogues consideram Mudras como um ramo independente da Yoga que só é introduzido depois de alguma proficiência ter sido alcançada em Ásana, Pranayama e Bandha. São práticas superiores que podem levar à otimização dos Chakras, Nadis e até mesmo ao despertar da Kundalini Shakti. Quando realizado através de prática dedicada, os Mudras pode conferir poderes psíquicos (Siddhis) ao praticante.

A prática do Mudra destina-se a criar uma ligação direta entre Annamaya Kosha (Corpo Físico), Pranamaya Kosha (Corpo Astral) e Manomaya Kosha (Corpo Mental). O objetivo é assimilar e equilibrar os três primeiros Chakras de Muladhara, Swadhisthana e Manipura e permitir uma abertura do quarto Chakra, Anahata, e mais além.

Agrupei os diferentes tipos de Mudras na Mão, Cabeça, Postural, Bandhas (fechaduras de energia), e Mudras Perineais. Hasta (Mudras da Mão) são mudras meditativos que redirecionam o Prana emitido pelas mãos de volta ao corpo, gerando um loop de energia que se move do cérebro para as mãos e de volta. Seu desempenho nos permite conectar com os poderes arquetípicos dentro de nossa mente subconsciente.

Mana (Mudras de Cabeça) são gestos poderosos que utilizam os olhos, ouvidos, nariz, língua e lábios. Eles são significativos na meditação por causa de seu poder de despertar grandes centros cerebrais e seus correspondentes Chakras, e acessar estados de consciência mais elevados.

Kaya (Mudras Posturais) são posturas físicas específicas que devem ser realizadas com respiração e concentração controladas. Seu uso nos permite canalizar o Prana para áreas particulares do corpo e estimular os Chakras.

Bandha (Mudras de Fechadura) combinam Mudra e Bandha para carregar o sistema com Prana e prepará-lo para um despertar Kundalini. Eles também nos permitem garantir que a Kundalini perfure os Três Granthis quando acordada. Os Bandhas estão intimamente relacionados com os plexos nervosos e glândulas endócrinas que se relacionam com os Chakras. Finalmente, os Adhara (Mudras Perineais) redirecionam o Prana dos centros inferiores do corpo para o cérebro. Eles também nos permitem sublimar nossa energia sexual localizada na área da virilha e abdômen inferior e utilizá-la para fins de despertar Espiritual.

HASTA (MUDRAS DE MÃO)

Hasta (Mudras de Mão) nos permitem direcionar e selar a energia prânica em canais específicos na Aura. Como a maioria dos principais Nadis começa ou termina nas mãos ou nos pés, os Hasta são particularmente eficazes na limpeza desses canais sutis de impurezas e na remoção de obstruções, facilitando um fluxo livre de energia. Seu uso regular promove a cura física, mental e emocional, promovendo nossa jornada de Evolução Espiritual.

Como cada dedo se relaciona com um Chakra, você influencia os Chakras correspondentes, posicionando os dedos de maneiras específicas. O Chakra da Palma também serve como uma interface entre o Chakra do Coração e os Chakras acima e abaixo dele. Como tal, os Mudras de Mão não só afetam o fluxo do Prana na Aura, mas nos permitem aproveitar a energia de cura de Anahata e distribuí-la para os Chakras que necessitam de limpeza.

Como existem cinco dedos e cinco elementos, existe uma correspondência entre eles (Figura 105). Por exemplo, o polegar está relacionado ao Fogo (Agni), o dedo indicador ao Ar (Vayu), o dedo médio ao Espírito ou Espaço (Akasha), o dedo anelar à Terra (Prithivi) e o dedo pequeno à Água (Jal). Os dois Elementos passivos da Água e da Terra e os dois Elementos ativos do Fogo e do Ar são reconciliados pelo Elemento Espiritual central.

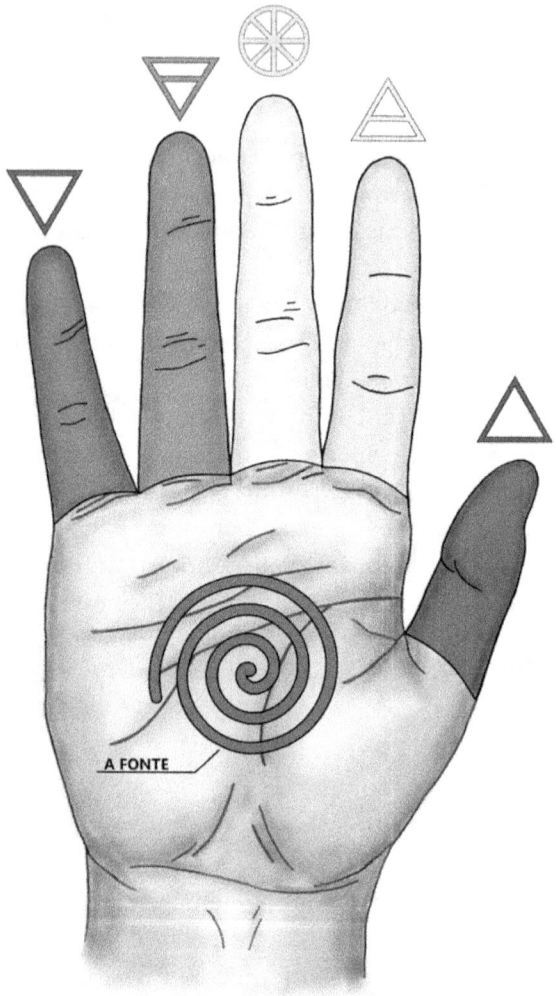

Figura 105: Os Dedos e os Cinco Elementos

Você notará que o polegar é o mais utilizado em Mudras de Mão, pois tem mais correntes prânica que os outros dedos. Em relação ao Chakra Manipura e ao Elemento Fogo, o polegar dispara e ativa todos os outros Elementos e Chakras. Na Ayurveda, de onde vêm estas correspondências, diz-se que o polegar estimula o Pitta Dosha, a energia responsável pela transformação. Manipura é também a Sede da Alma, e assim, quando o polegar está envolvido em um Mudra da Mão, a Alma é a força orientadora que atua na mudança.

Há cinco posições primárias de dedos e mãos para se estar atento ao utilizar um Mudra de Mão. A primeira posição envolve unir o polegar à ponta de um dedo, o que estimula a estabilidade no Elemento associado. A segunda posição envolve tocar a parte de trás de um dedo no prego ou no nó, o que diminui a influência do Elemento associado. Na terceira posição, você deve levar o polegar até a base do dedo, o que também estimula o Elemento correspondente. Em seguida, dependendo do Mudra que você está ativando, quando sua palma da mão está voltada para cima, você se abre para receber energia. Quando sua palma da mão está virada para baixo, no entanto, você está se aterrando.

Por serem simples de executar, os Mudras de Mão podem ser praticados a qualquer momento, seja em casa ou em deslocamento. Os iogues frequentemente realizam Mudras de Mão como parte da prática de meditação, antes ou depois de outras técnicas como Ásanas, Pranayamas, ou Bandhas.

Passos Para a Execução de Mudras de Mão

Ao fazer Mudras de Mão, certifique-se de que suas mãos estão limpas. Como estes são gestos divinos destinados a conectá-lo com poderes superiores, a limpeza é crucial. Você pode praticar Mudras de Mão enquanto estiver de pé, ajoelhado, deitado, ou sentado em uma cadeira. Entretanto, você deve sentar-se em um confortável Ásana de meditação e manter suas costas e cabeça direitas para obter os melhores resultados. Além disso, as mãos e os braços devem permanecer relaxados durante toda a prática. Os Mudras de mãos são geralmente realizados ao nível do navel, do coração, ou colocados nos joelhos enquanto em um Ásana de meditação.

Comece esfregando suas mãos gentilmente por sete a dez segundos para carregá-las com energia prânica. Em seguida, coloque sua mão direita sobre seu Hara Chakra e sua mão esquerda sobre a direita. Você começará a sentir um fluxo de energia quente gerado em Hara, o centro prânico do seu corpo. Permaneça nesta posição por um minuto ou mais para obter a conexão necessária.

Sempre execute cada Mudra um de cada vez, atribuindo a quantidade de tempo necessária para cada um deles. Lembre-se de que o resultado é cumulativo, portanto, quanto mais tempo você fizer um Mudra, maior será o efeito sobre sua energia. Para gerenciar questões crônicas, segure um Mudra diariamente por quarenta e cinco minutos ou três períodos de quinze minutos.

Ao realizar um Mudra, não exerça nenhuma pressão, mas simplesmente conecte as mãos e os dedos da maneira necessária para manipular o fluxo de energia desejado. Além disso, execute cada Mudra com ambas as mãos, pois isso promove harmonia e equilíbrio enquanto maximiza o efeito desejado. Finalmente, é ideal praticar Mudras de mãos com o estômago vazio, como é o caso de todas as técnicas de invocação/manipulação de energia.

Jnana Mudra

Jnana Mudra é um dos Mudras de Mão mais utilizados, especialmente durante a prática de meditação. Seu nome é derivado do sânscrito "jnana", que significa "sabedoria" ou "conhecimento". "O conhecimento referido é a sabedoria iluminada que o iogue procura alcançar no caminho do iogue.

Para realizar este Mudra, toque a ponta do dedo indicador e o polegar juntos, formando assim um círculo, enquanto os três dedos restantes são estendidos e mantidos retos (Figura 106). Uma variação do Mudra de Jnana é colocar o dedo indicador sob a ponta do polegar. A frente da mão deve apoiar-se sobre as coxas ou joelhos, com a palma da mão voltada para baixo.

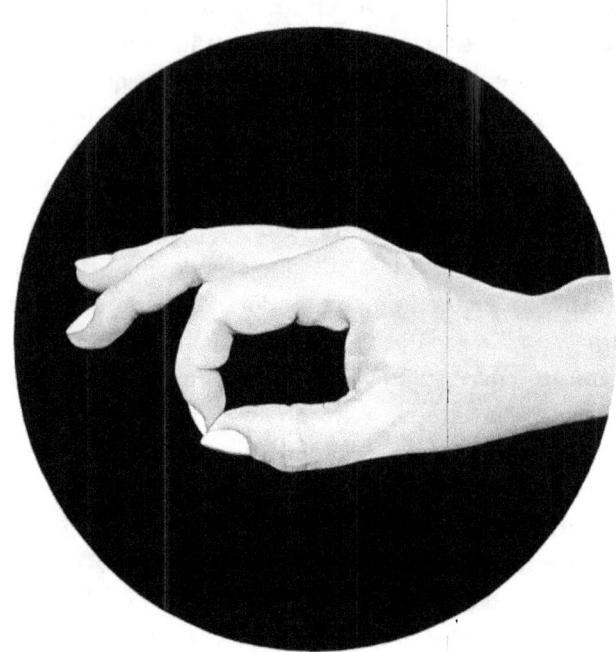

Figura 106: Jnana Mudra

Segundo Ayurveda, Jnana Mudra equilibra os Elementos de Fogo (Agni - polegar) e Ar (dedo de Vayu - indicador) dentro do corpo. Como tal, a prática deste Mudra durante a meditação estabiliza a mente enquanto promove a concentração e facilita estados de consciência mais elevados.

Há mais simbolismo na prática de Jnana Mudra através de várias tradições espirituais como o Hinduísmo, Budismo e Yoga. Acredita-se que o polegar simboliza a Alma Suprema, ou consciência universal (Brahman), enquanto o dedo indicador representa a Alma individual, o Jivatma. Ao conectar o polegar e o dedo indicador, estamos unindo estas duas realidades. Os três dedos restantes, entretanto, representam as três qualidades (Gunas) da natureza - Rajas (dedo médio), Sattva (dedo anelar), e Tamas (dedo pequeno). Para que a consciência avance da ignorância ao conhecimento, devemos transcender estes estados.

Ao conectar o dedo indicador ao polegar, produzimos um circuito que redireciona a energia prânica através do corpo, enviando-a para o cérebro em vez de liberá-la para o ambiente. Uma vez que Jnana Mudra aponta para a Terra, o efeito é o aterramento da energia, acalmando a mente ao mesmo tempo em que suaviza as emoções. Este Mudra também é conhecido por melhorar a memória.

Chin Mudra

Chin significa "consciência" em sânscrito, e este Mudra é frequentemente referido como o "Mudra psíquico da consciência". Chin Mudra é também conhecido como Gyan Mudra. ("Gyan" é sânscrito para "conhecimento" ou "sabedoria".) O Chin Mudra deve ser executado da mesma forma que Jnana Mudra, com a única diferença de que a palma da mão está voltada para cima em vez de para baixo (Figura 107), para que a parte de trás da mão possa repousar sobre as coxas ou joelhos.

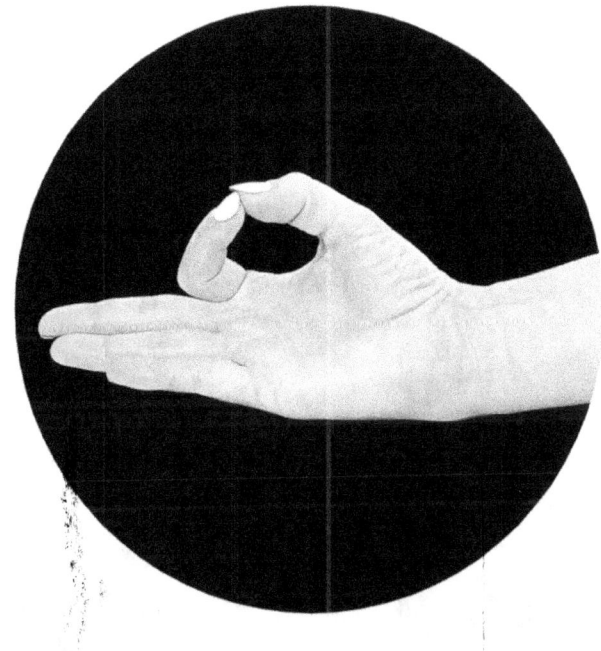

Figura 107: Chin Mudra

Como são quase idênticos, os elementos simbólicos do Chin Mudra são os mesmos que em Jnana Mudra. Como Chin Mudra aponta para os Céus acima, a posição da mão para cima abre o peito, tornando o praticante receptivo às energias dos Planos Superiores. Como tal, o Chin Mudra aumenta a intuição e a criatividade enquanto alivia o estresse e a tensão e melhora a concentração. Também é útil para superar as insônias.

Tanto Jnana como Chin Mudras facilitam entrar em si mesmo, um pré-requisito para a meditação profunda e o alcance de estados de consciência mais elevados. Além de seu uso em meditação, Jnana e Chin Mudras podem ser usados para realçar os efeitos do canto do Mantra e outras práticas yógicas como Ásanas, Pranayamas e Bandhas.

Como nota final, não é incomum para os praticantes de Yoga executar Jnana Mudra por um lado enquanto executa Chin Mudra por outro. Ao fazer isso, é possível receber energia de uma fonte superior e, ao mesmo tempo, fundamentar a experiência.

Hridaya Mudra

Hridaya significa "coração" em sânscrito, pois este Mudra melhora a vitalidade do coração ao aumentar o fluxo do Prana. Hridaya Mudra é conhecido por ter a capacidade de salvar uma pessoa de um ataque cardíaco, reduzindo instantaneamente a dor no peito e removendo bloqueios dentro das artérias. Também é conhecido como "Mrit Sanjeevani", um termo sânscrito que implica que este Mudra tem o poder de nos arrancar de volta das garras da morte.

O Hridaya Mudra também é chamado de Apana Vayu Mudra porque combina dois Mudras - Apana e Vayu. Para assumir o Mudra, dobre o dedo indicador e pressione a articulação com o polegar (Vayu Mudra), o que reduz a influência do Elemento Ar, relaxando o corpo e a mente. Em seguida, você deve unir a ponta do polegar com os dedos médio e anular (Apana Mudra), ativando assim os Elementos Espírito, Terra e Fogo (Figura 108).

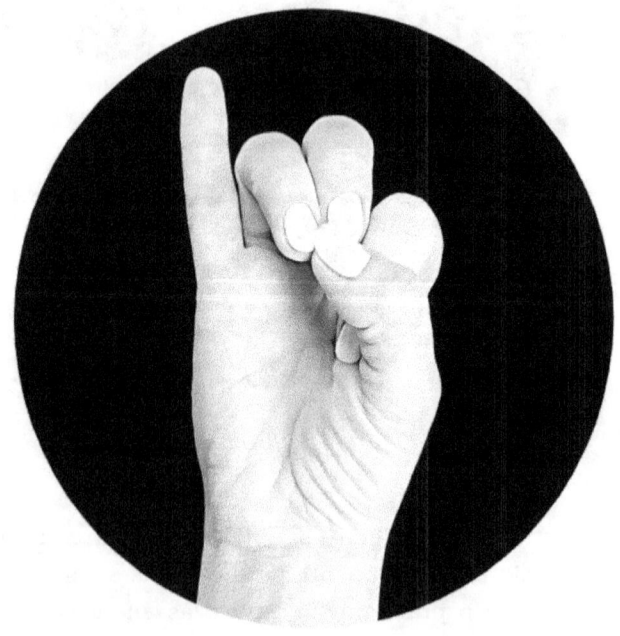

Figura 108: Hridaya Mudra

Como Vayu Mudra cura irregularidades cardíacas, incluindo batimentos cardíacos rápidos e transpiração, Apana Mudra reduz o excesso de gás do estômago enquanto promove a circulação sanguínea para o coração. A acidez e a azia também são aliviadas com o desempenho do Hridaya Mudra.

Como o coração é o centro das emoções, Hridaya Mudra também ajuda a liberar sentimentos reprimidos que causam estresse e ansiedade. Como tal, é benéfico praticar este Mudra durante conflitos e crises emocionais. Outro benefício comum do Hridaya Mudra é a superação de problemas de sono, como insônia. O Hridaya Mudra pode ser feito por dez a quinze minutos de cada vez ou por mais tempo e repetido tantas vezes quanto necessário.

Shunya Mudra

Shunya significa "vazio", "espacialidade" ou "abertura" em sânscrito; daí seu outro nome, o "Heaven Mudra". "Este Mudra é projetado para diminuir o Elemento Espírito (Espaço) no corpo (dedo médio) enquanto aumenta a energia do Elemento Fogo (o polegar).

Para assumir Shunya Mudra, dobre o dedo do meio e pressione a articulação com o polegar. Os três dedos restantes devem permanecer estendidos (Figura 109). O uso regular de Shunya Mudra durante a meditação desperta a intuição enquanto aumenta a força de vontade e acalma a mente. Além disso, seus praticantes de longo prazo relatam ganhar a capacidade de ouvir o som de silêncio de Anahata, o que faz com que se sinta como se estivesse em um Planeta diferente, em outra dimensão do espaço-tempo. Assim, a prática regular deste Mudra abre o caminho para a obtenção da felicidade eterna e transcendência.

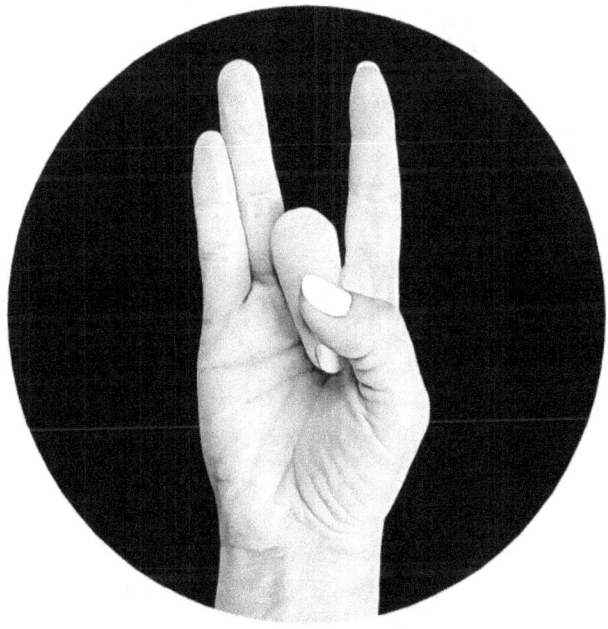

Figura 109: Shunya Mudra

Em nível físico, Shunya Mudra é conhecida por aliviar uma série de problemas auditivos e de equilíbrio interno, incluindo enjoo de movimento, vertigem, dormência corporal e distúrbios auditivos. Também é conhecido por curar doenças do coração e da garganta. Pratique este Mudra por dez a quinze minutos de cada vez, ou mais, se necessário. Repita com a frequência que quiser.

Na medicina ayurvédica, Shunya Mudra é benéfica para as pessoas dominantes do Vata Dosha, que é a energia associada ao movimento, incluindo a circulação sanguínea, a respiração e o sistema nervoso.

Anjali Mudra

Anjali significa "saudação" ou "oferecer" em sânscrito. Anjali Mudra é geralmente acompanhada pela palavra "Namaste", que forma um tipo de saudação usada frequentemente por pessoas espirituais no mundo ocidental. Este gesto, porém, teve origem na Índia e faz parte de sua cultura há milhares de anos. Consiste em segurar as duas palmas das mãos eretas na frente dos seios (Figura 110), muitas vezes acompanhadas por um leve laço.

Figura 110: Anjali Mudra

Em sânscrito, "Nama" significa "arco" enquanto "as" significa "eu" e "te" significa "você". Portanto, Namaste significa "eu me curvo a você". "Namaste representa a crença em uma centelha divina de consciência dentro de cada um de nós localizada no Chakra do Coração,

Anahata. Ao realizá-lo, reconhecemo-nos mutuamente como Almas Divinas da mesma fonte - Deus, o Criador.

Anjali Mudra também pode ser oferecida como uma saudação sagrada ao tentar estabelecer contato com um poder superior. Este poderoso gesto de mão tem sido adotado como posição de oração no mundo ocidental por mais de dois mil anos. Seu desempenho nos permite conectar-nos com nosso Santo Anjo da Guarda. Reunindo as mãos no centro do Chakra do Coração, você unifica simbólica e energicamente todos os opostos dentro de você, permitindo que sua consciência se eleve a um Plano Superior.

Anjali Mudra reconcilia nossas energias masculina e feminina enquanto une os hemisférios cerebral esquerdo e direito. O resultado é coerência na mente e no corpo em todos os níveis. Seus outros benefícios para a saúde incluem: melhorar o foco, acalmar a mente, promover a atenção e aliviar o estresse.

Yoni Mudra

Yoni significa "útero", "fonte" ou "receptáculo" em sânscrito, e é uma representação abstrata de Shakti, o dinâmico poder feminino da natureza. Yoni também se refere ao sistema reprodutivo feminino em geral. Realizar Yoni Mudra equilibra as energias opostas, mas complementares em seu corpo, especialmente os dois hemisférios cerebrais.

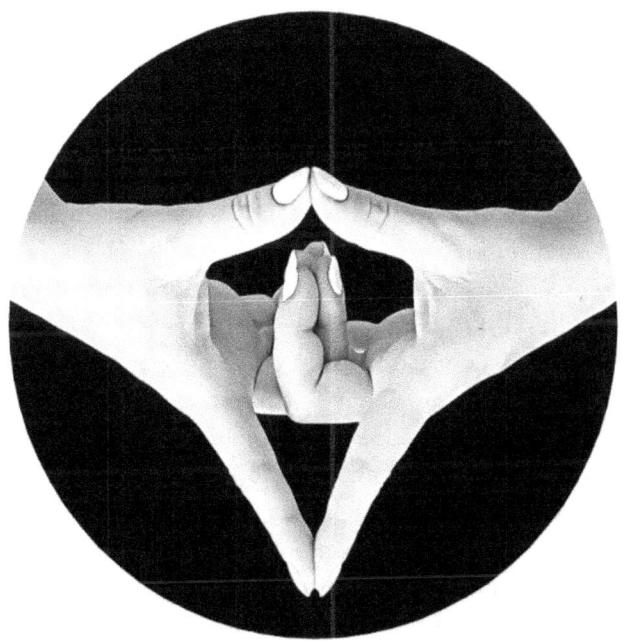

Figura 111: Yoni Mudra

Para assumir Yoni Mudra, coloque as palmas das mãos juntas no nível do umbigo. Os dedos e polegares devem estar retos e apontando para fora do corpo. Primeiro, virar o meio, anelar e pequenos dedos para dentro de modo que as costas dos dedos estejam se tocando. Em seguida, encaixar o meio, o anel e os dedos menores, mantendo as pontas dos dedos indicadores e polegares juntas. Por fim, leve os polegares em direção ao corpo enquanto aponta os dedos indicadores para o chão, formando assim a forma do útero com os polegares e os dedos indicadores (Figura 111).

Em sua posição final, os cotovelos tendem naturalmente a apontar para o lado, abrindo o peito. Você pode fazer Yoni Mudra por dez a quinze minutos de cada vez para obter o efeito desejado. Repita as vezes que quiser durante todo o dia.

Os dedos indicadores que apontam para baixo estimulam o fluxo de Apana, a energia sutil que limpa o corpo, a mente e as emoções. Yoni Mudra tem um efeito calmante sobre o sistema nervoso, pois reduz o estresse e traz paz e harmonia dentro dele. Além disso, o Yoni Mudra nos sintoniza com o aspecto feminino e intuitivo de nosso Ser. Como um feto no útero, seu praticante experimenta a felicidade de se tornar passivo mental e emocionalmente.

Bhairava Mudra

Bhairava significa "temível" em sânscrito, e refere-se à manifestação feroz de Shiva, o Destruidor. Bhairava Mudra é um gesto simbólico e ritualístico das mãos que harmoniza o fluxo de energia do corpo durante a meditação ou outras práticas yógicas. Esta prática yógica comum dá uma sensação instantânea de tranqüilidade, permitindo que as qualidades superiores surjam.

Para realizar Bhairava Mudra, coloque a mão direita sobre a esquerda, com as palmas voltadas para cima (Figura 112). Se realizado em um Ásana de meditação, as mãos devem estar no colo enquanto a coluna e a cabeça são mantidas retas. Quando a mão esquerda é colocada em cima da direita, a prática é chamada Bhairava Mudra, a contraparte feminina (Shakti) de Bhairava.

As duas mãos representam o Ida (mão esquerda) e o Pingala (mão direita) Nadis, os canais de energia feminina e masculina que se unem quando uma mão é colocada em cima da outra. Dependendo de qual mão está em cima, porém, este princípio de gênero se torna a qualidade expressiva. Por exemplo, quando a mão esquerda está em cima, o Elemento Água é dominante, ativando o princípio da consciência e da manifestação. Por outro lado, quando a mão direita está em cima, o Elemento Fogo domina, invocando força e poder e destruindo o Egoísmo enquanto a Luz Divina absorve na Aura. Assim, diz-se que este Mudra também cura todas as doenças do corpo.

Faça Bhairava Mudra por dez a quinze minutos de cada vez ou mais e repita quantas vezes quiser. Nos textos tântricos e iogues, Bhairava Mudra é considerado o último Mudra de Mão porque seu desempenho unifica a Alma individual com a consciência universal - o interior e o exterior tornam-se Um.

Figura 112: Bhairava Mudra

Lótus Mudra

Lótus Mudra é projetado para abrir o Chakra do Coração, Anahata. É um símbolo de pureza e positividade, representando a Luz emergindo da escuridao. Como tal, o Lótus Mudra tem poderosos efeitos curativos nos níveis mental, emocional e físico. Seu desempenho relaxa e estabiliza a mente enquanto cria uma atitude mais amorosa para com outras pessoas. Em nível físico, o Lótus Mudra é conhecido por tratar úlceras e febres.

Para realizar o Lótus Mudra, comece juntando as mãos em frente ao centro do coração em Anjali Mudra. Em seguida, abra os dedos indicador, médio e anelar como uma abertura de flor de lótus enquanto mantém os polegares e os dedos pequenos juntos (Figura 113). Permaneça nesta posição agora e sinta os efeitos deste Mudra em seu Chakra do Coração. O Mudra de lótus pode ser realizado quantas vezes quiser, por um mínimo de dez minutos de cada vez, para sentir seus efeitos.

Como as raízes de uma flor de lótus permanecem firmemente embutidas no fundo lamacento de um lago, sua cabeça de flor fica de frente para o sol, recebendo seus raios de cura. Da mesma forma, o Lótus Mudra nos ensina a permanecer conectados às nossas raízes enquanto abrimos nossos corações para a Luz Divina. Ensina-nos a manter nossos pensamentos puros e a aceitar os outros, mesmo que nossos sentimentos sejam negativos em relação a eles. Ao fazer isso, nos conectamos com a graça e a beleza presentes em nós quando nosso Chakra do Coração está aberto.

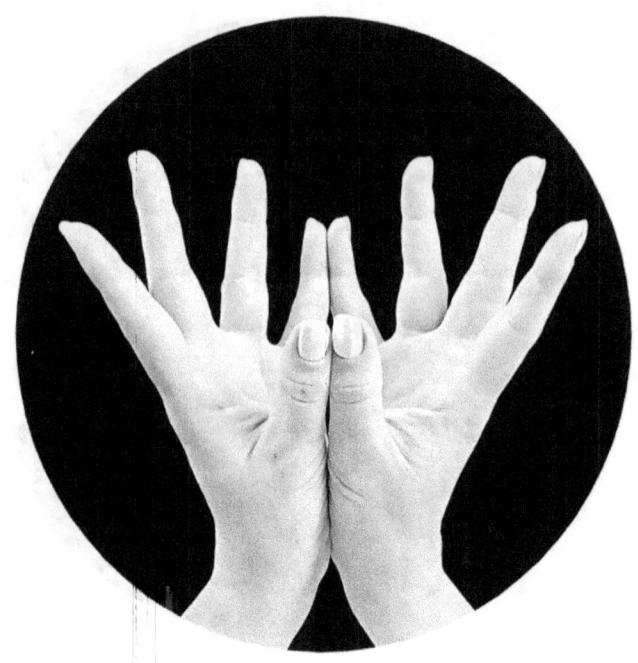

Figura 113: Lótus Mudra

Shiva Linga Mudra

Shiva Linga Mudra é um poderoso gesto de mão representando o Deus Shiva e a Deusa Parvati, sua consorte. O Lingam é emblemático da energia criativa masculina, o falo, adorado nos templos hindus. É representado simbolicamente pelo polegar erguido da mão direita em Shiva Linga Mudra, enquanto a palma sobre a qual ele repousa representa a energia feminina, o receptáculo. Como tal, este Mudra denota a integração de Shiva e Shakti (a energia feminina de Shiva). Seu nome em inglês é "Upright Mudra". "

Para assumir Shiva Linga Mudra, coloque sua mão esquerda no nível do abdômen em forma de tigela, mantendo os dedos juntos. Em seguida, coloque o punho direito em cima da palma esquerda. Finalmente, estenda o polegar da mão direita para cima (Figura 114). Sinta os efeitos de aterramento deste Mudra em sua Aura.

O foco de Shiva Linga Mudra está em Muladhara Chakra, a morada do Lingam. Este Mudra alivia a ansiedade e o estresse ao acalmar a mente e carregar o corpo com a densa energia da Terra. Ele não apenas trata da fadiga física e mental, energizando o corpo, mas aumenta a autoconfiança e melhora a intuição. Devido a seus poderosos efeitos na energia de aterramento, Shiva Linga Mudra não deve ser feito mais do que duas a três vezes ao dia durante dez minutos de cada vez.

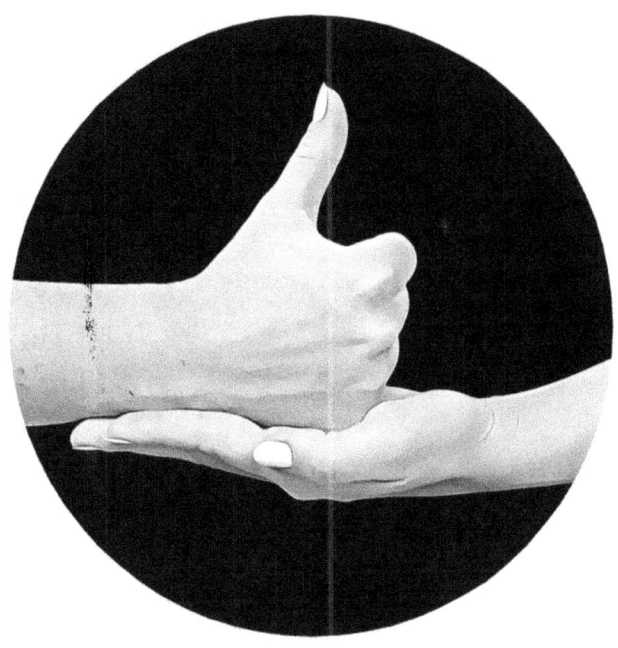

Figura 114: Shiva Linga Mudra

Kundalini Mudra

A Kundalini Mudra desperta a força sexual, estimulando a criatividade e a regeneração. Este Mudra é conhecido por ativar desejos sexuais adormecidos e curar quaisquer problemas com os órgãos reprodutivos. Em um nível sutil, a execução do Kundalini Mudra unifica os princípios masculino e feminino dentro do Eu, o que facilita o despertar da Kundalini na base da coluna vertebral.

Para executar a Kundalini Mudra, faça um punho solto no nível do umbigo com ambas as mãos. Em seguida, estenda o dedo indicador da mão esquerda enquanto enrola os quatro dedos da mão direita em torno dele. A ponta do dedo indicador da mão esquerda deve se conectar com o polegar da mão direita (Figura 115).

O dedo indicador esquerdo representa a Alma e a mente individuais, enquanto os quatro dedos da mão direita simbolizam o mundo exterior. Finalmente, o polegar direito é o poder sagrado da Kundalini. O Mudra da Kundalini, como um todo, representa a união do Eu individual com o Universo. Devido a seu potente efeito sobre a energia sexual, o Mudra da Kundalini não deve ser praticado mais de duas a três vezes por dia durante dez minutos de cada vez.

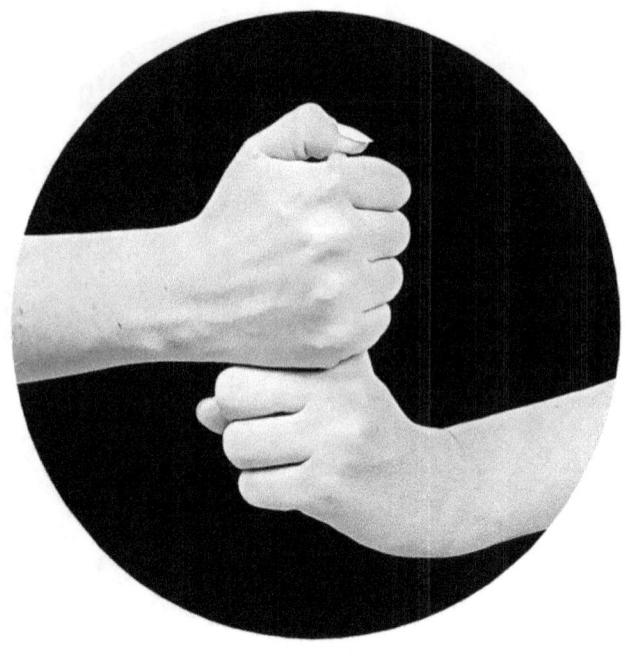

Figura 115: Kundalini Mudra

MANA (MUDRAS DE CABEÇA)

Shambhavi Mudra (Centro de Sobrancelhas)

Shambhavi Mudra é uma prática altamente respeitada em Yoga e Tantra por causa de seu poder em acalmar a mente e experimentar estados de consciência mais elevados. É uma técnica poderosa para despertar o Ajna Chakra, pois envolve olhar para o centro da sobrancelha onde se encontra o túnel do Olho da Mente. Shambhavi Mudra anula todos os pensamentos positivos e negativos quando aplicado corretamente e traz um estado de Vazio (Shoonya) ou de ausência de pensamento/vaziez. Seu outro nome é Bhrumadya Drishti, onde "bhru" significa "centro da sobrancelha" e "drishti" significa "olhar" em sânscrito.

A palavra "Shambhavi" tem origem no sânscrito "Shambhu", que é uma referência ao Senhor Shiva como alguém que "nasce da felicidade ou bem-aventurança". "Shambhavi é o aspecto feminino do Senhor Shiva - a Kundalini Shakti. Shambhavi Mudra não apenas ativa Ajna Chakra, mas focalizando no centro da sobrancelha estimula Ida e Pingala Nadis a convergir neste ponto, o que afeta diretamente a Kundalini na base da coluna vertebral e pode facilitar uma ascensão.

Shambhavi Mudra é benéfico para superar os pensamentos temerosos e negativos, que se originam da mente subconsciente. O foco no centro da sobrancelha faz com que a atenção seja colocada na frente da cabeça, de onde a mente consciente opera. No Hermetismo, a frente da cabeça representa o aspecto Solar, masculino, enquanto a parte de trás da cabeça representa o aspecto Lunar, feminino. Na Árvore Qabalística da Vida, o caminho de Qoph (a carta de Tarô da Lua), que literalmente significa "a parte de trás da cabeça", representa a mente subconsciente. Por outro lado, o caminho de Resh (A carta de Tarô do Sol) significa "cabeça", referindo-se à frente da cabeça e à mente consciente.

Para iniciar o exercício Shambhavi Mudra, sente-se em um dos três Ásanas de meditação enquanto relaxa o corpo e mantém sua coluna vertebral reta. Colocar as mãos sobre os joelhos na Jnana ou no Chin Mudra. Feche os olhos e relaxe todos os músculos do rosto, testa, olhos e atrás dos olhos enquanto respira devagar e profundamente. Agora abra gradualmente seus olhos e olhe à sua frente em um ponto fixo. Para melhores resultados, utilize o Khechari Mudra como parte da prática, embora seja recomendável começar sem ele até que você se familiarize mais com o exercício.

Figura 116: Shambhavi Mudra

Olhe para cima e para dentro agora enquanto você focaliza seus olhos no centro da sobrancelha enquanto mantém a cabeça e todo o corpo imóvel (Figura 116). Se realizada corretamente, a curva das sobrancelhas formará uma imagem em forma de V cujo ápice está no centro da sobrancelha. Se você não vê a deformação em V, então seu olhar não está dirigido para cima e para dentro corretamente.

Concentre-se no ponto entre as sobrancelhas sem pestanejar por alguns segundos. Depois, relaxe seus olhos movendo-os para sua posição original antes de repetir a prática. É crucial segurar o olhar por apenas alguns segundos no início e aumentar gradualmente a duração à medida que você fica mais confortável com este exercício. Nunca deve haver muita pressão sobre os olhos. Se você sentir desconforto em seus olhos, você pode aquecer as mãos esfregando-as e cobrindo os olhos para infundir energia de cura e remover tensão.

À medida que você adquire mais experiência com este exercício, fixar seu olhar no centro da sobrancelha virá naturalmente à medida que os músculos que controlam os olhos se tornam mais fortes. Ao realizar o exercício Shambhavi Mudra, pratique estar atento enquanto implementa a Respiração Yógica na inalação e exale para obter os melhores efeitos.

Shambhavi Mudra pode ser incorporado como parte da prática de Ásana e exercícios de Pranayama como Sama Vritti e Moorcha Pranayama. Quando praticado por conta própria, comece com cinco rodadas e aumente gradualmente para dez ao longo de um período de cinco meses. Observe que se você estiver tendo algum problema de saúde com os olhos, não deve realizar este exercício.

Você também pode praticar Shambhavi Mudra com os olhos fechados, uma vez que tenha alguma experiência com ele. A variação de olhos fechados deste exercício é a importantíssima Meditação da Mente do *The Magus*. Eu discuto a mecânica deste Mudra Shambhavi interno como parte das Meditações Kundalini do capítulo "Solução de Problemas do Sistema" deste livro.

Nasikagra Drishti (Nariz de Gaze)

Nasikagra Drishti é semelhante a Shambhavi Mudra, exceto que os olhos se concentram na ponta do nariz em vez do centro da sobrancelha. O termo vem das palavras sânscritas "nasagra", que significa "ponta do nariz" e "drishti", que se traduz como "olhar fixamente". "Nasikagra Drishti é excelente para fortalecer os músculos dos olhos, desenvolver a concentração e levar o praticante a estados de consciência mais elevados durante a meditação. Este exercício é conhecido por ativar o Muladhara Chakra, que está conectado ao Lóbulo Frontal do cérebro.

Para praticar o olhar na ponta do nariz, segure seu dedo indicador na vertical ao longo do braço, ao nível do nariz. Fixe seu olhar sobre ele e lentamente comece a movê-lo em direção à ponta do nariz enquanto mantém sua cabeça firme. Quando seu dedo alcançar a ponta do nariz (os olhos ainda devem estar focalizados nele), solte o dedo e transfira o foco dos olhos para a ponta do nariz. Após alguns segundos mantendo o olhar neste ponto, feche os olhos e relaxe antes de repetir a prática. Não passe mais do que três a cinco minutos por dia neste exercício durante as primeiras duas semanas. Depois que se tornar simples fixar o olhar na ponta do nariz à vontade, você estará pronto para o Nasikagra Drishti.

Para começar Nasikagra Drishti, sente-se em um dos três Ásanas de meditação enquanto relaxa o corpo e mantém sua coluna vertebral e cabeça retas. Coloque suas mãos sobre os joelhos na Jnana ou no Chin Mudra. Feche os olhos e relaxe todos os músculos do rosto enquanto respira profundamente e devagar. Abra gradualmente seus olhos agora e concentre-os na ponta do nariz (Figura 117). A refração da luz que forma um V deve ser vista logo acima da ponta do nariz, se realizada corretamente. Mantenha o olhar por alguns segundos antes de fechar os olhos e repetir a operação. Passe não mais do que cinco a dez minutos por dia neste exercício e aumente a duração após alguns meses.

Você pode utilizar o Khechari Mudra como parte do Nasikagra Drishti, embora seja recomendável começar sem ele durante os primeiros momentos. Tenha sempre em mente não colocar muita tensão nos olhos; se você sentir desconforto nos olhos, pode aquecer as mãos esfregando-as juntas e cobrindo os olhos para infundir energia de cura. Pratique Nasikagra Drishti com Respiração Yógica na inspiração e exale para obter os melhores efeitos. Os indivíduos que têm problemas de saúde com os olhos ou estão sofrendo de depressão não devem realizar este exercício.

Figura 117: Nasikagra Drishti

Você também pode praticar Nasikagra Drishti de olhos fechados. Descobri a meditação com os olhos fechados na ponta do nariz em minha jornada espiritual e seu poder de otimizar o circuito da Kundalini quando ela regride. Mais tarde, quando entrei em Yoga, descobri sobre Nasikagra Drishti e sua mecânica similar. Descobri que, ao focalizar na ponta do nariz, você se conecta com o centro psíquico do Olho Subconsciente, que fica entre os dois olhos físicos, um centímetro fora da cabeça.

Um canal de energia corre ao longo da frente do nariz desde o Olho Subconsciente até a ponta do nariz. A ponta do nariz serve como ponto de liberação para o Olho Subconsciente. Se este centro psíquico ficar bloqueado, há um aumento de energia negativa e medo dentro da mente, geralmente resultante de um canal Ida colapsado. O foco na ponta do nariz permite abrir ou reabrir este canal se ele se tornar bloqueado, aliviando pensamentos e emoções perturbadoras e baseadas no medo. Consulte as Meditações Kundalini para mais informações sobre este exercício (Meditação no meio da Ponte dos Olhos/Nariz).

Shanmukhi Mudra (Fechando os Sete Portões)

Shanmukhi Mudra é feito de dois termos sânscritos de raiz, "Shan" que significa "seis" e "mukhi" que significa "cara" ou "portão". Como tal, Shanmukhi Mudra refere-se às seis portas da percepção através das quais sentimos o mundo externo - os dois olhos, dois ouvidos, e o nariz e a boca. Este exercício envolve fechar as seis aberturas de percepção para bloquear os cinco sentidos - visão, som, olfato e tato do corpo.

De acordo com os *Yoga Sutras de Patanjali*, Shanmukhi Mudra é considerado uma prática de Pratyahara (retirada dos sentidos) - o estágio preliminar de Dharana (concentração) e Dhyana (meditação). Shanmukhi Mudra é excelente para foco e introspecção, uma vez que, ao nos desligarmos do mundo externo, ganhamos uma visão mais profunda do nosso Eu interior. Ele também acalma a mente e o sistema nervoso e relaxa e rejuvenesce os olhos e músculos faciais através da energia e do calor das mãos e dedos.

Para iniciar o exercício Shanmukhi Mudra, sente-se em um dos três Ásanas de meditação enquanto mantém sua coluna vertebral reta. Coloque as mãos sobre os joelhos no Mudra Jnana ou Chin Mudra. Feche os olhos e respire fundo para relaxar seu corpo. Permita-se sentir seu ambiente antes de se desapegar dele.

Para o máximo benefício e para potencialmente despertar a Kundalini na base da coluna vertebral, este exercício deve ser acompanhado pela aplicação de Mula Bandha. Como tal, coloque uma pequena almofada abaixo de seu períneo para aplicar pressão nesta área, ativando assim o Muladhara Chakra.

Levante os braços e cotovelos ao nível dos ombros com as palmas das mãos voltadas para você. Um a um, comece a fechar seus órgãos dos sentidos com os dedos. Feche os ouvidos com os polegares, os olhos com os dedos indicadores, as narinas com os dedos médios, a boca com o anelar e os dedos pequenos (Figura 118). Libere a pressão dos dedos médios (parcialmente) para que você possa respirar através das narinas. Os demais órgãos dos sentidos aplicam uma leve pressão para garantir que eles permaneçam fechados durante o exercício.

Inspire lenta e profundamente através das narinas parcialmente obstruídas usando a técnica de Respiração Yógica. No final da inalação, feche as narinas com os dedos médios e prenda a respiração. Quanto mais tempo você puder suster confortavelmente a respiração, mais efeitos substanciais você receberá deste exercício. Libere agora a pressão dos dedos médios e exale lentamente através de suas narinas. Isto completa a primeira rodada.

Comece com cinco minutos de prática e construa-o até trinta minutos em três meses. Quando você estiver pronto para terminar o exercício, abaixe as mãos até os joelhos enquanto mantém os olhos fechados. Passe alguns momentos tomando consciência de seu ambiente antes de abrir os olhos e concluir a prática.

Para efeitos ideais com Shanmukhi Mudra, concentre-se no espaço entre suas sobrancelhas com os olhos fechados para se conectar com o Ajna chakra. Preste atenção à sua respiração ao se desapegar do mundo externo. A cada respiração, você deve estar indo mais fundo em seu Eu interior. Ao fazer isso, observe como isso o faz sentir e as mudanças em seu Chakra do Coração. Não é raro ouvir sons diferentes de seu interior, como vibrações sutis que emanam do Bindu Chakra.

Você pode praticar Shanmukhi Mudra a qualquer hora do dia, embora seja ideal de manhã ou antes de dormir. Como em todos os exercícios yógicos que provocam um estado de espírito introvertido, as pessoas que sofrem de depressão não devem praticar o Shanmukhi Mudra.

Figura 118: Shanmukhi Mudra

KAYA (MUDRAS POSTURAIS)

Viparita Karani - Atitude Psíquica Inveritda

Viparita Karani vem das palavras sânscritas "viparita", que significa "invertido", ou "invertido", e "karani", que significa "um tipo particular de prática". O objetivo deste Mudra Postural é reverter o fluxo e a perda do Amrita (o néctar de Ambrosia que dá vida e se segrega do Bindu) através do uso da gravidade. (Você pode saber mais sobre o uso e a finalidade do Amrita no capítulo "Lalana Chakra e o Néctar Amrita" nesta seção). Seu outro objetivo é criar uma sublimação de energia de baixo para cima do corpo e equilibrar seu fluxo de energia Prânica. Como a atenção deve ser dada ao Manipura e ao Vishuddhi na inspiração e expiração, o Viparita Karani serve para otimizar estes dois Chakras também.

Figura 119: Viparita Karani

Para entrar na pose de Viparita Karani, traga suas pernas sobre a cabeça enquanto apóia seus quadris com as mãos. Você deve segurar seu tronco o mais próximo possível de um ângulo de 45 graus enquanto as pernas estão retas para cima (Figura 119). Seus olhos devem olhar para cima, enquanto seus dedos dos pés apontam para o céu. Mantenha os cotovelos próximos um do outro, tendo o cuidado de não pressionar o queixo contra o peito. Na posição final, o peso do corpo repousa sobre os ombros, o pescoço e os cotovelos. Se você tiver problemas que venham a entrar nessa posição, você pode usar uma parede e travesseiros para apoiar suas pernas e tronco. Feche agora seus olhos e relaxe todo o corpo.

Aplique Jiva Bandha (língua no teto da boca) ou Khechari Mudra para toda a prática. Em seguida, inspire lenta e profundamente com Ujjayi Pranayama enquanto coloca sua consciência no Manipura Chakra. Ao exalar, chame sua atenção sobre o Vishuddhi Chakra. Isto completa a primeira rodada.

Pratique até sete rodadas no início, mudando sua atenção de Manipura na inalação para Vishuddhi na expiração e vice-versa. Se você sentir a pressão acumulada na cabeça ou outro desconforto surgir, termine a prática imediatamente.

Aumentar gradualmente o número de rodadas de sete para vinte e uma ao longo de três meses. Sua inalação e expiração devem ter a mesma duração durante esta prática. À medida que você fica mais confortável com ela, trabalhe para aumentar a duração, mantendo a mesma proporção.

Para terminar a prática, abaixe lentamente a coluna vertebral, vértebra por vértebra, enquanto mantém a cabeça no chão. Depois que suas nádegas forem baixadas, abaixe suas pernas enquanto as mantém retas. Passe alguns momentos em ShavÁsana agora para permitir que sua consciência se aterre. Também é aconselhável realizar posteriormente um contraponto de Ásana para equilibrar suas energias.

Viparita Karani é melhor praticado pela manhã. Incorpore este exercício no final de seu programa de prática diária de Ásana e/ou antes da meditação. Note que as pessoas que sofrem de pressão alta, doenças cardíacas, dores no pescoço ou nas costas, ou excesso de toxinas no corpo não devem realizar o Viparita Karani. Além disso, como a realização deste exercício por um período prolongado aumenta a taxa metabólica, evite-o por pelo menos três horas após uma refeição.

Atitude Psíquica do Pashinee Mudra - Dobrado

Pashinee Mudra é derivado do termo sânscrito "pash", que significa "nó de forca". "A palavra "Pashinee" refere-se a ser "amarrado em um laço", que se assemelha a esta posição. A prática deste Mudra proporciona tranquilidade e equilíbrio ao sistema nervoso e induz o Pratyahara. Ele estica o pescoço, assim como a coluna vertebral e os músculos das costas.

Para iniciar o exercício Pashinee Mudra, assuma HalÁsana (Pose do Arado), mas separe as pernas cerca de um metro e meio. Dobre os joelhos e traga suas coxas em direção ao peito até que seus joelhos estejam no chão. Na posição final, os joelhos devem estar o mais próximo possível dos ombros e das orelhas (Figura 120).

Relaxe o corpo e feche os olhos. Respire devagar e profundamente. Mantenha esta posição o máximo de conforto possível. Agora, solte suavemente os braços e volte para HalÁsana. Abaixe as pernas e relaxe em ShavÁsana por alguns momentos para permitir que sua consciência se aterre.

Como no caso de Viparita Karani, é aconselhável realizar um contraponto para equilibrar suas energias, o que seria um Ásana de flexão para trás. Note que as pessoas que sofrem de um problema de coluna vertebral ou lesão no pescoço devem evitar este Mudra. Além disso, mulheres menstruadas ou grávidas devem pular esta prática.

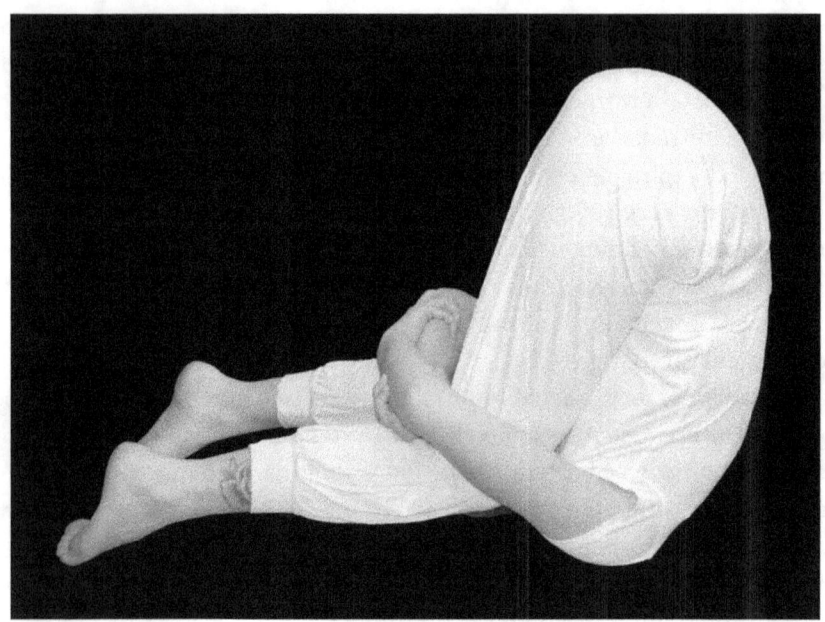

Figura 120: Pashinee Mudra

Tadagi Mudra

Tadagi deriva do termo sânscrito "tadaga", que significa "corpo de água" ou "estrutura semelhante a uma panela de água, semelhante a um lago ou poça. Esta técnica do Mudra envolve moldar o abdômen em forma de barril através da respiração abdominal profunda, daí seu nome. Tadagi Mudra estimula o Manipura e Hara Chakras, elevando o nível de Prana no corpo. Além disso, ele estimula a circulação sanguínea para os órgãos abdominais enquanto alivia qualquer tensão retida do assoalho pélvico.

Sente-se no chão ou num tapete de Yoga com as pernas esticadas e os pés ligeiramente afastados. (As pernas devem permanecer retas durante todo o exercício.) Para assumir Tadagi Mudra, comece colocando as mãos sobre os joelhos enquanto mantém a cabeça e a coluna vertebral retas. Em seguida, feche os olhos e relaxe todo o corpo enquanto respira normalmente. Dobre-se para frente agora e envolva os polegares, o indicador e os dedos médios sobre seus dedos maiores (Figura 121).

Inspire lentamente e encha seu abdômen com oxigênio, permitindo que ele se expanda totalmente. Retenha a respiração por um período prolongado confortavelmente. Não deve haver nenhuma tensão em seu corpo em nenhum momento durante este exercício. Você pode soltar os dedos dos pés entre as respirações para se ajustar e se tornar mais confortável.

Expire devagar e profundamente, deixando a barriga relaxada enquanto mantém uma postura de espera. Uma rodada agora está completa. Repita as rondas de cinco a dez vezes. Quando você estiver pronto para terminar a prática, solte os dedos dos pés e retorne à posição inicial. Note que mulheres grávidas e pessoas que sofrem de hérnia ou prolapso devem evitar este exercício.

Figura 121: Tadagi Mudra

Manduki Mudra – Posição do Sapo

Manduki significa "sapo" em sânscrito, e imita a postura de um sapo em repouso. Seu outro nome é "Posição do Sapo" ou "Atitude do Sapo". "Este Mudra estimula o Muladhara Chakra e equilibra o fluxo de energia do Prânica no corpo. Ele acalma a mente, equilibra Ida e Pingala Nadis, e aumenta os níveis de discernimento. Como envolve um poderoso Yoga Ásana, ele aumenta a força dos quadris, joelhos e tornozelos e os torna mais flexíveis.

Comece em uma posição simples de joelhos, onde ambos os joelhos estão tocando o chão. Depois, para executar o Manduki Mudra, ajuste suas pernas para que seus dedos dos pés estejam apontando para fora e suas nádegas estejam descansando no chão (Figura

122). Se esta posição for desconfortável para você, sente-se em uma almofada, colocando suas pernas e pés na mesma posição.

Figura 122: Manduki Mudra

Você deve sentir a pressão sendo aplicada ao períneo, estimulado, assim, o Muladhara Chakra. Em seguida, coloque as mãos sobre os joelhos na Jnana ou no Chin Mudra. Você deve segurar sua coluna vertebral e cabeça retas durante este exercício. Se você se encontrar naturalmente inclinado para frente a partir desta posição, segure os joelhos e endireite os braços para se apoiar. Feche agora seus olhos e relaxe todo o corpo.

Abra seus olhos e execute Nasikagra Drishti. Comece colocando sua língua no palato (Jiva Bandha) por um minuto ou dois e depois faça a transição para Khechari Mudra. Sua respiração deve ser lenta e rítmica. Se você sentir desconforto em seus olhos, feche-os por alguns segundos e depois retome a prática. Pratique o Manduki Mudra com Respiração Yógica na inspiração e expire para obter os melhores efeitos.

Comece a fazer este exercício durante dois minutos uma vez por dia, de preferência pela manhã. À medida que você se familiariza mais com ele, aumente gradualmente até cinco minutos para obter os melhores efeitos. Os sentidos devem ser direcionados para dentro quando realizados corretamente.

Manduki Mudra é uma versão avançada do Nasikagra Drishti. Como tal, deve ser praticado em luz suave para que a ponta do nariz possa ser vista claramente. Siga as precauções para a prática do Nasikagra Drishti. Pessoas com problemas nos tornozelos, joelhos ou quadris devem ter cautela ao executar o Manduki Mudra, uma vez que ele requer que estas partes do corpo sejam flexíveis.

BANDHA (MUDRAS DE FECHADURAMENTO)

Mula Bandha (Contração de Períneo)

Mula Bandha é o primeiro de três grandes fechaduras energéticas usadas nas práticas yógicas para controlar o fluxo de Prana no corpo junto com Uddiyana e Jalandhara Bandhas. Cada um dos três Bandhas (fechaduras) sela uma parte específica do corpo, enviando o Prana para dentro e para cima através de Sushumna Nadi. Quando os três Bandhas são usados juntos, a prática é chamada de Maha Bandha, que significa a "Grande Fechadura" (Figura 132). Cada Bandha também pode ser usado para desatar um dos Três Granthis (nós psíquicos), que obstruem a energia da Kundalini em sua ascensão para cima.

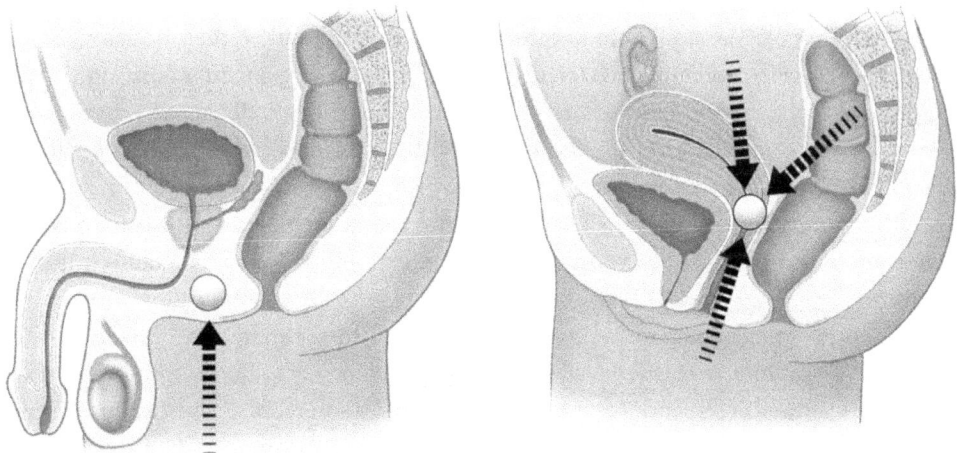

Figura 123: Ponto de Contração Mula Bandha

Mula Bandha significa "Fechadura da Raiz" em sânscrito, referindo-se ao processo de aproveitamento de energia em Muladhara, o Chakra Raiz e enviando-o para cima através de Sushumna. Mula Bandha é a fechadura energética inicial usada para agitar a Kundalini em atividade na base da coluna vertebral.

A execução da Mula Bandha envolve a contração de músculos específicos entre o ânus e os órgãos genitais na região do períneo onde se encontra a cabeça da flor de Muladhara. O ponto exato de contração para os machos é entre o ânus e os testículos, enquanto nas fêmeas, é atrás do colo uterino, onde o útero se projeta para dentro da vagina (Figura 123).

Como é o ponto de junção dos nervos, a área do períneo é onde começa nosso sistema nervoso. A contratação do períneo com Mula Bandha tem um efeito calmante sobre o sistema nervoso, promovendo a paz de espírito ao mesmo tempo em que aumenta a concentração.

Em um nível Prana, Mula Bandha redireciona a energia do Apana, o aspecto do Prana dentro do corpo que flui para baixo a partir do umbigo. Inverter a direção do fluxo do Apana, juntamente com estimular os três Nadis que começam na região de Muladhara, pode ter um efeito poderoso para despertar a Kundalini de seu sono na região do cóccix.

Durante um despertar da Kundalini, Mula Bandha pode ser usada para transcender Brahma Granthi que existe entre Muladhara e Swadhisthana Chakras. Ao fazer isso, a Alma se liberta de apegos particulares que a prendem ao Mundo da Matéria. Superar a Brahma Granthi é essencial para elevar a Kundalini para os Chakras acima de Muladhara.

Em nível físico, Mula Bandha fortalece os músculos do assoalho pélvico. Ela previne a ejaculação precoce nos homens, enquanto que para as mulheres alivia a dor da menstruação. Psicologicamente, Mula Bandha auxilia na regulação dos hormônios e na promoção do crescimento e desenvolvimento mental e emocional saudável. Esta técnica atemporal equilibra os hormônios sexuais masculino e feminino - testosterona e estrogênio. Ela regula a tiroxina, que ajuda nas atividades metabólicas, bem como a serotonina, o hormônio que alivia o humor. Mula Bandha é muito eficaz no tratamento de problemas mentais como mania, histeria, fobias, neuroses e depressão geral.

Para iniciar o exercício Mula Bandha, escolha um dos três Ásanas de meditação, de preferência SiddhÁsana, que lhe permite pressionar seu períneo com seu calcanhar. Mantenha sua coluna e pescoço retos enquanto fecha os olhos e relaxa todo o corpo. Para maior efeito, você pode colocar suas mãos sobre os joelhos tanto na Jnana quanto no Chin Mudra.

Tome consciência da respiração natural enquanto focaliza sua consciência na região perineal. Na próxima inspiração, contraia esta região puxando os músculos do assoalho pélvico para cima, levantando-os em direção à coluna vertebral. Ao exalar, libere e relaxe os músculos do assoalho pélvico. Respire lenta e profundamente. Continue contraindo e relaxando a região perineal/vaginal de forma controlada e ritmada, cronometrando-a com a inspiração e exalando. Faça este exercício por alguns minutos como preparação para o passo seguinte.

Em vez de soltar a próxima contração, segure-a com firmeza por alguns minutos enquanto mantém o relaxamento no resto do corpo. Concentre-se no assoalho pélvico e garanta que você tenha contraído apenas os músculos perineais relacionados à região de Muladhara e não o ânus ou os esfincteres urinários. Segure por alguns segundos. Solte a contração agora, permitindo que os músculos pélvicos relaxem. Repita o exercício enquanto quiser com a contração máxima seguida de relaxamento total da musculatura pélvica.

A etapa final da Mula Bandha envolve a retenção da respiração (Khumbaka). Inspire profundamente enquanto você contrai os músculos do períneo. Segure a respiração agora enquanto você puder confortavelmente enquanto mantém a contração. Ao exalar, libere a contração enquanto relaxa toda a região pélvica. Respire normalmente algumas vezes antes de começar a próxima contração, juntamente com a retenção da respiração. Repita o exercício o tempo que você quiser. Quando você estiver pronto para terminar a prática, abra os olhos.

Mula Bandha pode ser executada com diferentes Ásanas, Pranayamas, Mudras e Bandhas, para efeitos ideais. Quando praticada isoladamente, deve ser realizada como um precursor para a meditação.

Uddiyana Bandha (Contração Abdominal)

Uddiyana em sânscrito significa "Voo para cima", relativo à técnica de fechadurar a energia Prânica na região abdominal e direcioná-la para cima através do Sushumna Nadi. Esta "Fechadura Abdominal" envolve a contração e elevação da parede abdominal para dentro (em direção à coluna) e para cima (em direção à caixa torácica) ao mesmo tempo. Quando aplicado corretamente, o diafragma sobe em direção ao peito. Tenha em mente que este exercício é realizado apenas com retenção respiratória externa.

A melhor hora para praticar Uddiyana Bandha é pela manhã com o estômago vazio e com as entranhas vazias. Este exercício prepara seu estômago para uma melhor digestão ao longo do dia, pois acende os fogos digestivos enquanto purifica as toxinas do corpo. Ele massageia e limpa os órgãos abdominais enquanto tonifica os músculos profundos do interior desta área. Uddiyana Bandha permite uma melhor circulação sanguínea para os órgãos abdominais, criando um vácuo no peito. Ela também equilibra as glândulas suprarrenais, removendo a tensão e aliviando a ansiedade. Muitos iogues têm notado que a realização do Uddiyana Bandha interrompe o processo de envelhecimento e faz com que as pessoas mais velhas se sintam jovens novamente.

Em um nível energético, a apresentação do Uddiyana Bandha carrega o Hara Chakra com energia Prânica enquanto estimula o Manipura Chakra, que influencia fortemente a distribuição de energia por todo o corpo. A pressão de sucção criada pelo Uddiyana Bandha inverte o fluxo de energia do Apana e do Prana, unindo-os com o Samana. Quando combinado com Mula Bandha e Jalandhara Bandha como parte do Maha Bandha (Grande Fechadura), este exercício pode não apenas desencadear um despertar da Kundalini, mas pode ajudar a elevar a Kundalini até a Coroa. (Mais sobre isto em um capítulo posterior).

Durante um despertar da Kundalini, Uddiyana Bandha pode ser usada para transcender Vishnu Granthi que existe entre Manipura e Anahata Chakras. Superar Vishnu Granthi nos permite experimentar o amor incondicional no Anahata Chakra que os Chakras espirituais superiores alimentam. Atingir o Chakra do Coração é crucial no processo de despertar da Kundalini, pois despertamos o Guru dentro do nosso Eu Superior.

Você pode praticar Uddiyana Bandha nas posições de pé ou sentado. A posição de pé facilita a concentração e o controle dos músculos abdominais se você for um iniciante. Você então pode avançar para uma posição sentada quando estiver confortável com a mecânica deste exercício.

Para começar Uddiyana Bandha em posição de pé, mantenha sua coluna reta e dobre ligeiramente os joelhos, mantendo uma distância de um pé e meio entre eles. Incline-se para frente agora enquanto coloca as mãos sobre as coxas, ligeiramente acima das rótulas. A coluna vertebral deve estar horizontal enquanto os braços estão retos enquanto os dedos apontam para dentro ou para baixo, o que for mais confortável. Você deve dobrar ligeiramente os joelhos enquanto eles suportam o peso da parte superior do corpo (Figura 124).

Figura 124: Uddiyana Bandha Em Pé

Relaxe agora enquanto respira devagar e profundamente, entra pelas narinas e sai pela boca. Deve ocorrer uma contração automática da região abdominal enquanto estiver nesta posição. Dobre a cabeça para frente, mas não pressione o queixo contra o peito, pois isso aciona o Jalandhara Bandha.

Respire fundo agora, e ao exalar, endireite os joelhos, que automaticamente contrairão o abdômen para cima e para dentro em direção à coluna vertebral, ativando o Uddiyana Bandha. Quando estiver pronto, inspire profundamente e libere o Bloqueio Abdominal, enquanto relaxa a barriga e o peito. Levante agora a cabeça e o tronco para a posição ereta. Permaneça na posição de pé até que sua respiração volte ao normal. O primeiro round está agora completo.

Para começar Uddiyana Bandha em uma posição sentada, entre em PadmÁsana ou SiddhÁsana, onde os joelhos fazem contato com o chão. Relaxe o corpo enquanto mantém a coluna vertebral reta. Coloque as palmas das mãos planas sobre os joelhos. Respire fundo enquanto mantém o relaxamento do corpo.

Inspire profundamente agora através das narinas. Ao exalar, incline-se ligeiramente para frente e pressione os joelhos com as mãos enquanto endireita os cotovelos e levanta os ombros, permitindo maior extensão da medula espinhal. Em seguida, dobre a cabeça para frente e pressione o queixo contra o peito, acionando o Jalandhara Bandha. Como parte do mesmo movimento, contraia os músculos abdominais para dentro e para cima em direção à coluna vertebral, ativando o Uddiyana Bandha. Segure a respiração o máximo que puder mantendo o conforto e sem grande esforço.

Quando estiver pronto, inspire profundamente e solte a fechadura abdominal enquanto você dobra os cotovelos e abaixa os ombros. Levante sua cabeça agora na expiração, liberando Jalandhara Bandha, e permaneça nesta posição até que sua respiração volte ao normal. Isto completa a primeira rodada.

Note que você precisa exalar completamente para entrar em Uddiyana Bandha, pois a contração abdominal depende de ter o estômago vazio. Ao suster a respiração, esteja atento para não inalar nada, pois isso pode minimizar os efeitos do Uddiyana Bandha.

Inicie a prática com três a cinco rodadas inicialmente e aumente gradualmente para dez rodadas ao longo de alguns meses. Uddiyana Bandha é idealmente realizado em combinação com diferentes Ásanas, Pranayamas, Mudras, e Bandhas. Quando praticado por conta própria, deve ser realizado como um precursor da meditação. Note que você pode praticar o Uddiyana Bandha em conjunto com o Jalandhara Bandha (Figura 125), mas também sem ele. Trabalhe com ambos os métodos para se familiarizar com os efeitos de cada um.

Pessoas que sofrem de pressão alta, hérnia, úlcera estomacal ou intestinal, doença cardíaca ou outros problemas abdominais não devem praticar Uddiyana Bandha. Além disso, as mulheres não devem praticar Maha Mudra durante a menstruação ou gravidez.

Figura 125: Fazendo Uddiyana Bandha (Com Jalandhara Bandha)

Jalandhara Bandha (Fechadura de Garganta)

Em sânscrito, "Jal" significa "garganta", enquanto Jalan significa "teia" ou "rede" e "dharan" significa "correnteza" ou "fluxo". "Jalandhara Bandha controla e capta energia na garganta através dos nervos e vasos na área do pescoço. É bastante simples de executar, pois requer que o praticante apenas abaixe o queixo e o descanse no peito, restringindo assim a respiração para descer. Este exercício poderoso estica a medula espinhal na área do pescoço enquanto tem efeitos poderosos e sutis em um nível interno.

Jalandhara Bandha tem como alvo o Garganta Chakra, Visshudhi, que é o mais baixo dos três Chakras Espirituais. Obstruindo o fluxo do Prana para a cabeça através do fechaduramento da garganta, sobrecarrega os quatro Chakras Elementares inferiores. Ele estimula os órgãos superiores do corpo enquanto os outros dois Bandhas, Uddiyana e Mula, têm como alvo a parte inferior do corpo.

Para começar Jalandhara Bandha, sente-se em uma pose meditativa que permita que os joelhos toquem o chão. Você também pode praticar este exercício de pé, como na postura da Montanha. Enquanto estiver sentado, você pode colocar suas mãos sobre os joelhos na Jnana ou no Chin Mudra enquanto fecha os olhos e relaxa todo o corpo. Inspire profundamente e prenda a respiração. Incline a cabeça para frente agora e pressione o queixo firmemente contra o peito. Endireite os braços e fixe-os na posição, o que elevará os ombros para cima e ligeiramente para frente. Traga sua consciência para a garganta e segure-a lá.

Fique nesta pose enquanto mantém a respiração (Khumbaka interno) o máximo de tempo possível, sentindo os efeitos deste exercício. Quando estiver pronto para liberar a fechadura energética, dobre os braços, permitindo que os ombros relaxem, seguido de levantar a cabeça lentamente e exalar, tudo em um só movimento. Isto completa uma rodada. Respire um pouco agora, permitindo que sua respiração volte ao normal antes de iniciar a próxima rodada.

Tenha em mente que você também pode realizar este exercício segurando a respiração após uma expiração (Khumbaka externo). O procedimento é o mesmo, exceto que você inclina a cabeça para baixo e prende a respiração após a expiração, em vez de inalar. Esteja atento para nunca inalar ou exalar até que a fechadura do queixo tenha sido solta e a cabeça esteja ereta. Comece a prática com três a cinco rodadas e aumente gradualmente para dez rodadas ao longo de alguns meses.

Note que o Jalandhara Bandha é melhor praticado pela manhã e pode ser adicionado a vários exercícios de Pranayama e Bandhas. Lembre-se de manter sua coluna vertebral reta; caso contrário, você interromperá o fluxo de energias através do canal central da coluna vertebral. Pessoas que sofrem de pressão alta, problemas cardíacos ou problemas de garganta e pescoço não devem praticar o Jalandhara Bandha.

Jiva Bandha

O Jiva (ou Jivha) Bandha é o quarto Bandha, e uma das ferramentas mais úteis em Yoga, especialmente para os indivíduos despertados pela Kundalini. Ele pode ser usado sozinho ou como uma alternativa ao Khechari Mudra durante certos Ásanas, Mudras ou Pranayamas. Jiva significa "Estar com uma força vital ou alma" em sânscrito, e assim este Bandha permite que o indivíduo controle sua energia Prânica. O Prana é indestrutível, e sua origem é o Sol, assim como a origem da Alma. O Prana é melhor descrito como uma extensão da Energia da Vida da Alma. Jiva Bandha é essencial para fechar o circuito de energia da Kundalini no Corpo de Luz para que o Prana sublimado possa circular e nutrir os Sete Chakras.

Jiva Bandha envolve colocar sua língua no palato superior da boca e conectar sua ponta à parte inferior dos dentes da frente (Figura 126). Você não deve aplicar nenhuma pressão, mas simplesmente segurar a língua nesta posição.

Todos os indivíduos plenamente despertados pela Kundalini devem utilizar o Jiva Bandha como a posição neutra de suas línguas, pois isso permite que a energia da Kundalini canalize para cima em direção ao Olho da Mente onde Ida e Pingala se unem, abrindo a porta do Sétimo Olho. Como descrito anteriormente, o Bindu é o ponto de entrada do circuito da Kundalini, enquanto o Sétimo Olho é o ponto de saída. Ambos precisam estar abertos para que a Kundalini desperte o indivíduo para experimentar o exfechaduragante reino da Não-dualidade, o Reino Espiritual. Jiva Bandha facilita esta experiência e também pode ser usada para reconstruir o circuito da Kundalini em indivíduos despertos.

A Jiva Bandha pode ser executada com a boca fechada, como acabo de descrever, ou com a boca aberta. Os iogues acreditam que o Prana só pode ser assimilado através dos seios nasais; portanto, ter a boca aberta não é vital para respirar e beneficiar a consciência. No entanto, como ter a boca aberta enquanto se pratica Jiva Bandha relaxa a mandíbula, também é recomendado como prática.

Para os indivíduos de Kundalini desperta, a apresentação de Jiva Bandha com a boca aberta como uma parte regular do dia seria impraticável. Como tal, o Jiva Bandha deveria ser praticado com a boca aberta quando o indivíduo está sozinho em um espaço seguro. Em ambos os casos, você deveria estar implementando a Respiração Yógica com ênfase na Respiração Diafragmática e Torácica. Para maiores benefícios, pratique Ujjayi Pranayama.

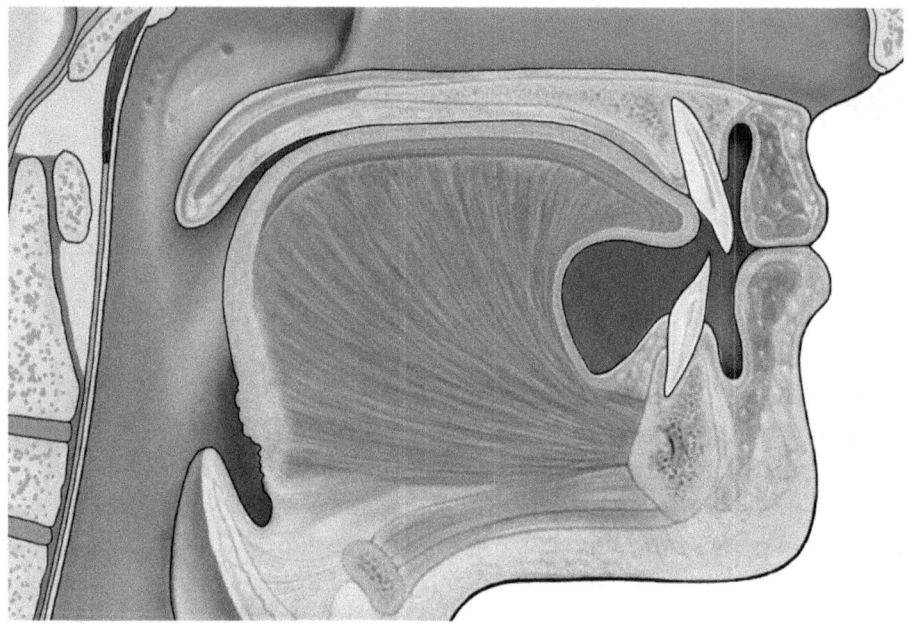

Figura 126: Jiva Bandha

Maha Mudra - O Grande Gesto

Maha significa "grande" em sânscrito, e é por isso que o nome inglês deste Mudra é o "Great Seal", "Grande Gesto", ou "Grande Atitude Psíquica". "Maha Mudra é chamado assim porque envolve várias técnicas individuais de Yoga, elevando o potencial energético sexual e facilitando uma transformação alquímica.

Maha Mudra é o primeiro dos dez Mudras mencionados na *Hatha Yoga Pradipika*, que se acredita ter o poder de destruir a velhice e a morte. Além de seus benefícios como um Mudra, é considerado um Ásana mestre porque combina todos os cinco movimentos direcionais da coluna vertebral: curva para frente, curva para trás, torção, curva lateral e extensão axial.

Ao contrário de outros Yoga Mudras, Maha Mudra é um tipo de Bandha Mudra (Postura de Fechadura) já que envolve um ou mais dos três Bandhas. Quando os três Bandhas são aplicados, a parte superior e inferior do tronco são selados para que nenhum Prana possa liberar do corpo, aumentando o potencial de despertar a energia da Kundalini na base da coluna vertebral.

Maha Mudra é melhor feito pela manhã com o estômago vazio. Há duas variações notáveis do Maha Mudra. Na primeira variação, você exerce pressão sobre o períneo com o calcanhar (Mula Bandha) enquanto executa o Shambhavi Mudra e pratica a retenção da respiração interna (Khumbaka). Fazendo isso, você aproveita as energias de Muladhara, Vishuddhi e Ajna Chakras. Todo o sistema de energia é carregado com Prana, o que intensifica a consciência e facilita a meditação.

Uma segunda variação é uma forma avançada chamada Maha Bheda Mudra. ("Bheda" em sânscrito significa "piercing"). A segunda variação contém os mesmos elementos que a primeira com a adição de Uddiyana e Janadhara Bandhas, que ativa a Kundalini para subir pelo Sushumna, perfurando os Sete Chakras ao longo do caminho.

Para começar Maha Mudra, sente-se no chão ou em seu tapete de Yoga com as pernas estendidas e sua coluna vertebral reta. Respire devagar e profundamente. Suas mãos devem ser colocadas no chão ao seu lado. Dobre a perna esquerda agora e exerça pressão sobre o períneo com o calcanhar esquerdo. Seu joelho esquerdo deve estar tocando o chão. A perna direita deve permanecer estendida durante toda a prática. Coloque agora ambas as mãos no joelho direito enquanto relaxa todo o corpo e realiza o Khechari Mudra.

Dobre-se para frente agora e segure o dedo grande do pé direito com ambas as mãos. Sua cabeça deve estar voltada para frente, e sua coluna vertebral mantida o mais reta possível (Figura 127). Inspire lentamente agora enquanto ativa a Mula Bandha. Incline e segure a cabeça ligeiramente para trás. Execute Shambhavi Mudra agora enquanto prende sua respiração por oito a dez segundos.

Enquanto prende a respiração, faça um ciclo de consciência desde o centro da sobrancelha até a garganta, descendo até o períneo e voltando novamente. Repita mentalmente "Ajna, Vishuddhi, Muladhara" enquanto mantém a concentração em cada Chakra por um ou dois segundos. Ao exalar, solte Shambhavi Mudra e Mula Bandha enquanto retorna a cabeça para a posição vertical. Repita todo o processo, mas com a perna direita dobrada no lugar. Isto completa uma rodada, o que equivale a duas respirações completas.

A segunda variação envolve a contratação da região abdominal após a ativação da Mula Bandha, que inicia a Uddiyana Bandha. Em seguida, ao invés de dobrar a cabeça para trás, você a move para frente, iniciando assim o Jalandhara Bandha. Finalmente, Shambhavi Mudra é realizado enquanto você prende a respiração por oito a dez segundos. Repita mentalmente "Vishuddhi, Manipura, Muladhara" enquanto você se concentra na garganta, abdômen e períneo, em sucessão, por um a dois segundos cada.

Ao exalar, solte Shambhavi Mudra, seguido de desbloquear o Bandhas na ordem inversa. Repita o mesmo processo com o pé direito dobrado, completando assim uma rodada completa. Em Maha Bheda Mudra, uma combinação de Ásana, Pranayama, Bandha, e Mudra estão todos envolvidos para obter ótimos resultados espirituais.

Comece praticando três rodadas com a primeira variação por algumas semanas até que você tenha alguma experiência com este exercício. Depois você pode praticar a segunda variação, mais avançada, com os Três Bandhas aplicados. Depois de alguns meses, aumente o número de rodadas para cinco. Maha Bheda Mudra suplementa Maha Mudra para sobrecarregar todo o sistema mente-corpo.

Você só deve praticar Maha Mudra após uma sessão de Ásana e Pranayama e antes de uma sessão de meditação. Sempre complete o processo Maha Mudra praticando-o tanto no lado esquerdo como no direito.

As precauções para Shambhavi Mudra são aplicadas durante este exercício. Indivíduos que sofrem de pressão alta, problemas cardíacos ou glaucoma não devem realizar o Maha Mudra. Como gera muito calor no corpo, é melhor evitar esta prática durante os dias quentes de verão. Além disso, as mulheres não devem praticar o Maha Mudra durante a menstruação ou gravidez. Para Maha Bheda Mudra, as precauções para Uddiyana e Jalandhara Bandhas também estão incluídas.

Figura 127: Maha Mudra

ADHARA (MUDRAS PERINEAIS)

Vajroli Mudra (Masculino) e Sahajoli Mudra (Feminino)

Vajroli Mudra é uma prática avançada de Hatha Yoga que visa preservar o sêmen em homens, permitindo que a energia sexual se sublime e seja utilizada para fins espirituais. Sahajoli Mudra é a contraparte feminina da mesma prática que produz benefícios semelhantes.

Vajroli é derivado da palavra raiz sânscrita "vajra", que é uma arma indestrutível do Deus Indra hindu com as propriedades do raio, ou seja, o relâmpago. Assim, quando o praticante consegue controlar sua força sexual na área genital, ele o faz subir para os Chakras com o poder de um raio. Por esta razão, Vajroli Mudra é frequentemente chamado de "postura do relâmpago". "

Vajra é também um Nadi que começa nos genitais, o que envolve a energia sexual. A ativação do Vajra Nadi com este Mudra permite que a energia sexual suba até o cérebro, não apenas aumentando o vigor, mas facilitando os estados meditativos. Por outro lado, Sahajoli vem da palavra raiz "sahaj", que significa "espontâneo", relacionada à excitação e ao controle da força sexual nas mulheres.

Vajroli Mudra envolve a contração dos músculos ao redor da base do pênis, fortalecendo-os ao longo do tempo. Esta prática permite o controle sobre o sistema urogenital, incluindo a retenção do orgasmo através da retenção do sêmen. Como resultado, Vajroli Mudra é um exercício poderoso que leva à potência sexual mesmo na velhice. Além disso, sua prática diária previne a ejaculação precoce, um problema comum nos homens.

Sahajoli é uma prática que envolve a contração da passagem urinária para redirecionar a energia sexual nas fêmeas e também permitir que ela suba para os Chakras e o cérebro. Esta prática proporciona controle sobre o fluxo menstrual e ajuda a controlar a ovulação.

Em um nível sutil, tanto Vajroli quanto Sahajoli Mudras estimulam o Swadhisthana Chakra, que está envolvido no processo de despertar da Kundalini. Ambos os exercícios tonificam a região urogenital enquanto cuidam dos distúrbios urinários. Além disso, ambas as práticas são terapêuticas para disfunções sexuais.

Para começar Vajroli ou Sahajoli Mudras, sente-se em qualquer Ásana de meditação confortável e mantenha sua cabeça e espinha retas. Em seguida, coloque as mãos sobre os joelhos em Jnana ou Chin Mudras, feche os olhos e relaxe todo o corpo. Sua respiração deve ser normal. Coloque sua consciência sobre a uretra agora (Figura 128). Os homens devem colocar sua atenção na raiz do pênis, não na ponta.

Inspire profundamente e prenda a respiração enquanto eleva a uretra. Esta ação é semelhante à intensa necessidade de urinar, mas retendo a urina. Ao realizar esta contração, os testículos nos homens e os lábios nas mulheres devem subir ligeiramente em direção ao umbigo. Certifique-se de que sua contração esteja limitada apenas à uretra. Segure a contração enquanto ela for confortável, e depois solte-a ao exalar a respiração. Isto completa uma rodada. Realize cinco a dez rodadas de Vajroli ou Sahajoli Mudras durante as primeiras semanas. À medida que sua capacidade de retenção melhora, aumente gradualmente para vinte rodadas dentro de poucos meses.

Para uma versão mais avançada destes dois exercícios, entre na NavÁsana, Postura do Barco, ao invés de um Ásana de meditação. Tenha em mente que você precisará de um núcleo forte para realizar esta variação. Para começar, comece em ShavÁsana enquanto você respira normalmente e relaxe. Depois, leve suas pernas a um ângulo específico para o chão e mantenha-as retas. Agora, levante o peito para formar uma forma em V com seu corpo, descansando todo o seu peso sobre suas nádegas. Você deve sentir uma pressão imensa sobre os músculos abdominais durante a Postura do Barco. Levante as mãos diretamente à sua frente agora para se equilibrar.

Da NavÁsana, siga as mesmas instruções de contrair a uretra e segurar a respiração após a inalação, e depois soltar a contração ao exalar. Se você tiver dificuldades com a retenção da respiração interna, você pode respirar normalmente durante esta variação do exercício. Quando terminar o exercício, volte a ShavÁsana por alguns minutos para relaxar antes de terminar a prática. Observe que as pessoas que sofrem de condições médicas relacionadas ao trato urinário devem consultar um médico antes de iniciar Vajroli ou Sahajoli Mudras.

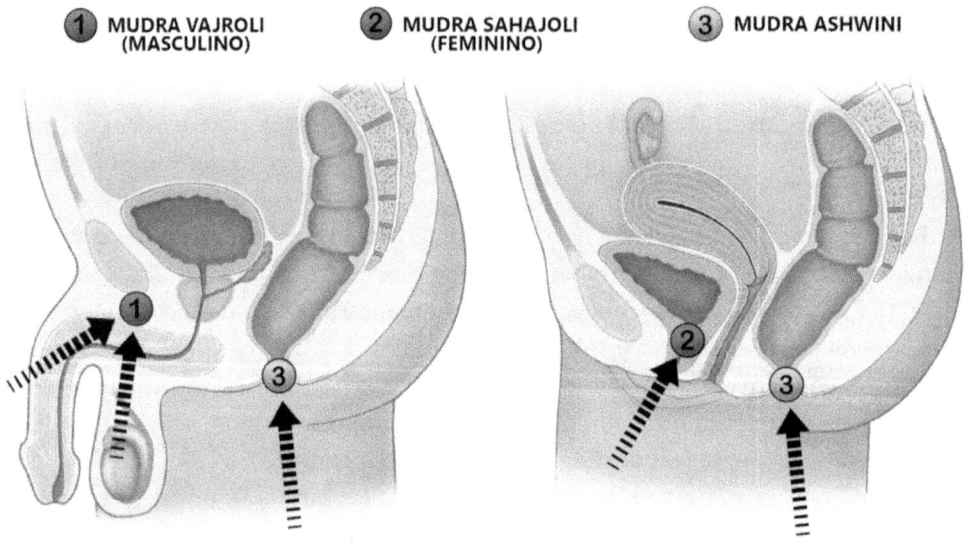

Figura 128: Vajroli, Sahajoli, e Ashwini - Pontos de Contração de Mudras

Ashwini Mudra (Gesto do Cavalo)

Ashwini Mudra é uma prática tântrica usada para gerar e transportar energia Prânica para cima através do canal Sushumna. Esta prática envolve a contração rítmica do esfíncter anal, que gera energia Prânica no piso Pélvico antes de bombeá-la para cima. É uma prática fácil que estimula a energia da Kundalini, que fica entre o períneo e o cóccix no Muladhara Chakra.

A palavra raiz de Ashwini "Ashwa" é a transliteração do sânscrito para "cavalo". Este exercício é chamado de "Postura do Cavalo" porque imita a maneira peculiar pela qual os cavalos contraem seus músculos anais após defecar, puxando assim a energia para cima em vez de permitir que ela flua para baixo.

Ao contrair os músculos anais com Ashwini Mudra, a energia que normalmente flui para baixo e para fora do corpo (Apana Vayu) é revertida e flui para cima em direção aos órgãos internos, fortalecendo-os no processo. Quando o Apana Vayu preenche os órgãos inferiores até a capacidade total, a pressão ocorre na parte inferior da coluna vertebral, fazendo a energia do Prânica fluir através do Sushumna Nadi.

Embora Ashwini Mudra seja semelhante a Mula Bandha, os músculos envolvidos no processo são diferentes. No Ashwini Mudra, envolvemos uma área maior dos músculos pélvicos, o que o torna um exercício preparatório adequado para o Mula Bandha. Enquanto Ashwini Mudra está focado na contração e liberação dos músculos anais, redirecionando o fluxo natural de energia e facilitando seu fluxo para cima, o foco de Mula Bandha é segurar os músculos para fechadurar a energia na área pélvica.

Para iniciar o exercício Ashwini Mudra, sente-se em qualquer Ásana de meditação confortável. Feche os olhos e relaxe todo o corpo ao mesmo tempo em que se torna consciente de sua respiração natural. Coloque sua consciência no ânus agora (Figura 128) e contraia seus músculos do esfíncter anal por alguns segundos, depois relaxe. Respire normalmente como você o faz.

Para máxima contração, aplicar um pouco mais de pressão dentro do ânus para levantar os músculos do esfíncter para cima. Você deve sentir como se estivesse segurando no seu movimento intestinal e depois soltando. Realize a contração dez a vinte vezes de forma suave e ritmada. Ao concluir o exercício, solte a postura sentada e depois saia da postura lentamente.

Para uma variação mais avançada do Ashwini Mudra, você pode praticar a retenção interna da respiração (Khumbaka) durante a fase de contração. Inspire lenta e profundamente, depois contraia os músculos do esfíncter anal por cinco segundos enquanto prende a respiração. Ao exalar, libere a contração. Realize cinco a dez rodadas desta variação de Ashwini Mudra durante as primeiras semanas, até vinte rodadas dentro de poucos meses.

Note que os praticantes também podem incorporar Pranayama, Bandhas e outros Mudras com Ashwini Mudra. Por exemplo, você pode incluir Jalandhara Bandha e Khechari Mudra juntamente com Diafragmática e Respiração Torácica para efeitos máximos. Isso terá um impacto maior sobre a Kundalini na base da coluna vertebral e pode facilitar uma subida.

O uso regular de Ashwini Mudra purifica os canais de energia no corpo (Nadis), resultando em um estado mental e emocional mais equilibrado. Em nível físico, seu uso diário supera muitas doenças relacionadas ao abdômen inferior e ao cólon. Além disso, ele dá ao praticante o controle consciente sobre sua atividade corporal inconsciente, resultando em um maior controle sobre o sistema nervoso autônomo. Para os homens, o desempenho de Ashwini Mudra ajuda na disfunção erétil enquanto regula a Glândula da Próstata e resolve quaisquer problemas relacionados a ela.

Mulheres grávidas e pessoas com pressão alta ou doença cardíaca não devem realizar Ashwini Mudra com retenção de ar interno. Como nota final, esteja atento para não contrair os músculos anais quando seus intestinos estiverem cheios de fezes ou gases.

OS CINCO PRANA VAYUS

Prana é energia leve; uma força vital que interpenetra cada átomo de nosso corpo e o Sistema Solar em que estamos. A energia Prana tem origem no Sol e é diretamente responsável por nossa vitalidade e bem-estar. Como mencionado, recebemos o Prana dos alimentos que comemos, da água que bebemos e do ar que respiramos - é a energia vital que sustenta nossa mente, nosso corpo e nossa alma.

O próprio ato de respirar é um ato de trazer o Prana para o corpo. Cada respiração reabastece a corrente sanguínea com oxigênio e cultiva o funcionamento do metabolismo celular enquanto livra o corpo de resíduos. Fornecer alimento e oxigênio ao nosso corpo cria a base para cada atividade que fazemos.

No corpo humano, a energia Prânica afeta diretamente o Plano Astral, relacionando-se particularmente com Pranamaya Kosha ou o Corpo Astral Superior do Elemento Água. O Prana se divide em cinco sub-energias chamadas os Cinco Vayus. Em sânscrito, Vayu se traduz para "vento" ou "ar", no que diz respeito ao ato de respirar. Vayu é também o Elemento Ar Tattva e um dos Elementos clássicos do Hinduísmo. O controle da respiração e os exercícios respiratórios são essenciais em todas as práticas de Yoga e meditação - manipular o Prana no corpo pode ter muitos efeitos, um dos quais é despertar a energia Kundalini na base da coluna vertebral.

Os Cinco Prana Vayus afetam diretamente o Elemento Água no corpo através do Elemento Ar, já que a água requer ar para animá-lo e dar-lhe vida. Esta correspondência também é encontrada na natureza, já que a molécula H_2O (água) contém oxigênio (ar) dentro de si mesma. Da mesma forma, o ato de respirar regula a consciência de um momento para o outro.

Os Cinco Vayus são Prana, Apana, Samana, Udana, e Vyana (Figura 129). Cada Prana Vayu é regulado por um ou vários Chakras, e cada Vayu é responsável por funções diferentes, porém cruciais, no corpo. Quando compreendemos o papel de cada Prana Vayu, podemos compreender como Prana serve nossos corpos. Os Cinco Vayus são as diferentes manifestações e processos de Prana da mesma forma que os vários membros compõem o corpo humano.

Para ser claro, Prana trabalha tanto através do corpo físico quanto através do Corpo de luz. Alimentos e oxigênio são trazidos através do corpo físico, que é então decomposto para alimentar os Chakras e alimentar o Corpo de luz e seus Corpos Sutis correspondentes (relacionados com os Planos Cósmicos internos). O Corpo de luz requer estes diferentes mecanismos que processam e colocam em uso a energia Prânica. Os Cinco Vayus podem ser comparados aos grandes oceanos, onde cada oceano contém milhares de correntes menores dentro deles.

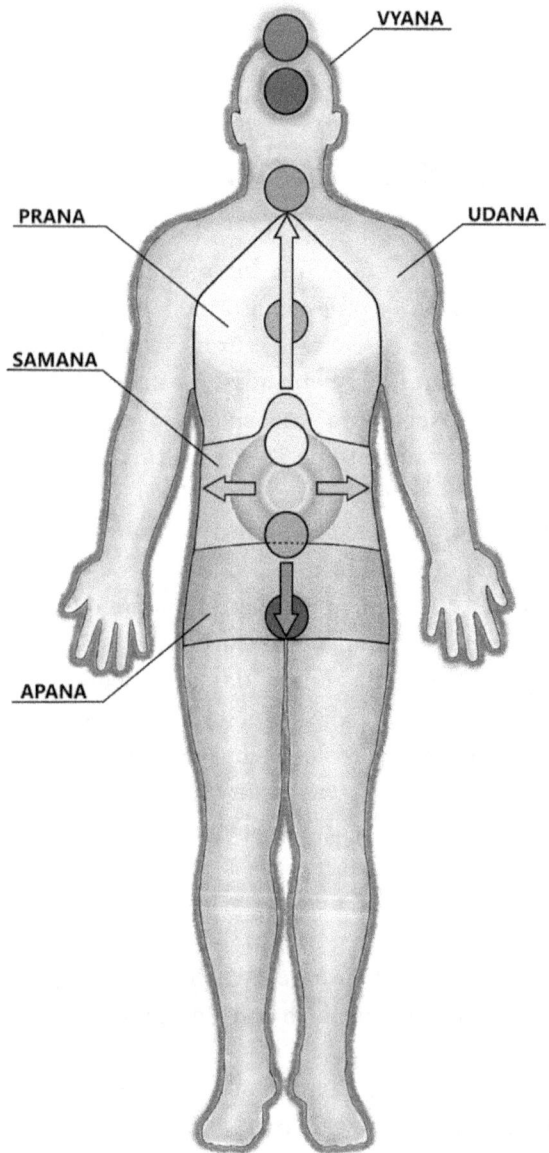

Figura 129: Os Cinco Prana Vayus

Prana Vayu

Operando da área da cabeça/peito como energia de fluxo ascendente, Prana Vayu se traduz como "ar em movimento para frente". "Ele é responsável por tudo que entra em nosso corpo, como oxigênio, alimentos e informações sensoriais. Como tal, Prana Vayu se refere a tudo o que absorvemos em energia, o mais importante dos quais é a inalação, já que não podemos viver sem oxigênio por mais de alguns minutos.

Prana Vayu está associado ao Anahata Chakra e ao Elemento Ar. Ele regula nossos pensamentos. É o mais importante dos Cinco Vayus, por isso o termo geral "Prana" é usado para englobar todos os Cinco Vayus. Prana Vayu é a energia fundamental no corpo que dirige os outros quatro Vayus.

Prana Vayu regula a respiração, a imunidade, a vitalidade e o coração. Está relacionado à inteligência e ao poder das funções sensoriais e motoras. Os órgãos que ele governa são o coração e os pulmões. Embora algumas escolas de pensamento digam que a residência primária de Prana está na área do peito/coração, outras dizem que ela se estende até a cabeça também. Toda vez que concentramos nossa atenção em algo, manipulamos Prana no corpo e envolvemos Ajna Chakra no processo.

Apana Vayu

Operando a partir da base do tronco, Apana Vayu se traduz como o "ar que se afasta". "Está associado ao Muladhara Chakra e ao Elemento Terra. Terra é o Elemento final no processo de manifestação, e Apana é o Prana Vayu que representa a eliminação de tudo o que nosso corpo não precisa mais, como energia negativa e resíduos corporais, como fezes e urina, sêmen e fluido menstrual. Apana então representa a energia descendente, a energia que flui para fora e a expiração da respiração.

Como a cabeça contém aberturas adequadas para o fluxo interno do Prana, a base do tronco tem aberturas necessárias para o trabalho do Apana. Apana governa os rins, bexiga, intestinos e sistemas excretores e reprodutivos. Apana também envolve o Swadhisthana Chakra e o Elemento Água relativo à eliminação de líquidos sexuais do corpo (sêmen nos homens e fluidos vaginais nas mulheres) e a liberação de energia negativa armazenada na mente subconsciente como emoções nocivas.

Samana Vayu

Operando da região do umbigo, entre Prana e Apana Vayus, Samana Vayu traduz como "o ar de equilíbrio". "Como Prana Vayu é a inalação e Apana é a expiração, Samana é o tempo entre a inalação e a expiração. Samana Vayu trata da digestão, absorção, assimilação e manifestação. Está associado com Hara, o Chakra do Navel, que é alimentado por Manipura e Swadhisthana Chakras (os Elementos Fogo e Água). O Samana tem uma conexão primária com o Elemento Fogo, porém, já que opera em conjunto com o Agni (o fogo digestivo) e está centrado no estômago e intestino delgado.

Samana permite a discriminação mental entre pensamentos úteis e não úteis. Ela governa o fígado, estômago, duodeno, baço e intestino delgado e grosso. Samana (junto com Agni) fornece o calor interno para transformar os alimentos que comemos em energia Prânica. Esta energia é então distribuída através do outro Prana Vayus.

Como Prana e Apana são as energias de fluxo ascendente e descendente, Samana é a energia de fluxo horizontal. No entanto, diz-se que todas as três são originárias de Hara Chakra, que é essencialmente o armazém de Prana no corpo.

Udana Vayu

Operando da garganta, cabeça, braços e pernas, Udana Vayu é uma energia que flui para cima que se traduz como "aquela que transporta para cima". "Está associada a Vishuddhi e Ajna Chakras e ao Elemento Espiritual. Enquanto o Udana se eleva na inalação, circula na expiração, nutrindo o pescoço, a cabeça, os sistemas nervoso e endócrino.

Um fluxo saudável de Udana implica que uma pessoa está agindo a partir de uma fonte superior. Esta energia nos leva a revitalizar e transformar nossa força de vontade e a nos realizarmos através do Elemento Espiritual. Udana regula o crescimento, a intuição, a memória e a fala. Governa todos os órgãos sensoriais e de ação, incluindo as mãos e os pés.

Em *The Upanishads*, Prana Vayu é chamado de "inalação", Apana de "exalação", Samana de "respiração média", e Udana de "respiração para cima". "O Udana é essencialmente uma extensão do Samana. Udana impulsiona a inalação, o que significa que ela opera em conjunto com Prana Vayus. Ambos são energias que fluem para cima, e ambos são de qualidades similares já que o Elemento Ar (Prana) é Espírito (Udana) em um nível mais baixo, mais manifesto. No momento da morte, o Udana é a energia que retira a consciência individual do corpo físico.

Vyana Vayu

Operando em todo o corpo como a energia coordenadora de todos os Prana Vayus, Vyana Vayu se traduz como "ar em movimento para fora". "Vyana é a força que distribui o Prana e o faz fluir. Ela governa o sistema circulatório e o movimento das articulações e músculos. Ao contrário de Samana, que atrai energia para o umbigo, Vyana move a energia para fora até os limites do corpo, expandindo-se na expiração.

A maioria das escolas de pensamento iogues dizem que Vyana Vayu está associada ao Sahasrara Chakra e ao Elemento Espiritual porque ele abrange e regula todos os Prana Vayus da mesma forma que Sahasrara é a fonte de Luz para todos os Chakras abaixo. Entretanto, existem outras escolas de pensamento que dizem que Vyana Vayu corresponde ao Chakra Swadhisthana e ao Elemento Água porque ele governa a circulação no corpo. No entanto, independentemente de sua origem e centro, Vyana Vayu abrange todo o Prana Vayus e proporciona uma sensação de coesão, integração e expansividade para a consciência individual.

***

Uma das maneiras mais simples, porém eficiente, de equilibrar os Cinco Prana Vayus é praticar os Mudras de Mão específicos para cada Vayu (Figura 130). Além de aumentar ou diminuir os Elementos que correspondem a cada Vayu, cada Mudra de Mão tem benefícios adicionais para o complexo mente-corpo. Consulte "Passos Para a Prática dos Mudras de Mão" para obter instruções sobre seu uso.

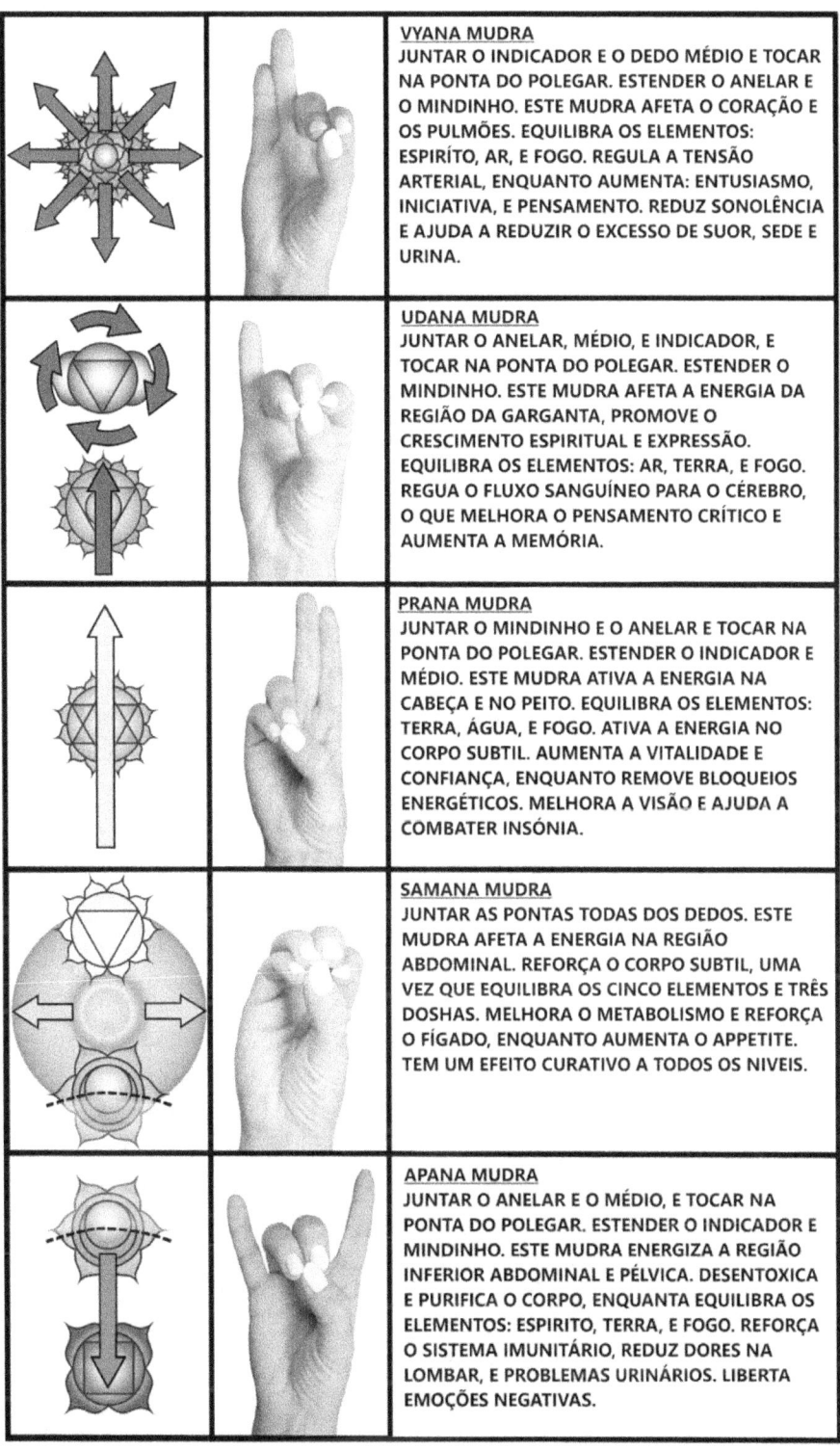

		VYANA MUDRA JUNTAR O INDICADOR E O DEDO MÉDIO E TOCAR NA PONTA DO POLEGAR. ESTENDER O ANELAR E O MINDINHO. ESTE MUDRA AFETA O CORAÇÃO E OS PULMÕES. EQUILIBRA OS ELEMENTOS: ESPIRÍTO, AR, E FOGO. REGULA A TENSÃO ARTERIAL, ENQUANTO AUMENTA: ENTUSIASMO, INICIATIVA, E PENSAMENTO. REDUZ SONOLÊNCIA E AJUDA A REDUZIR O EXCESSO DE SUOR, SEDE E URINA.
		UDANA MUDRA JUNTAR O ANELAR, MÉDIO, E INDICADOR, E TOCAR NA PONTA DO POLEGAR. ESTENDER O MINDINHO. ESTE MUDRA AFETA A ENERGIA DA REGIÃO DA GARGANTA, PROMOVE O CRESCIMENTO ESPIRITUAL E EXPRESSÃO. EQUILIBRA OS ELEMENTOS: AR, TERRA, E FOGO. REGUA O FLUXO SANGUÍNEO PARA O CÉREBRO, O QUE MELHORA O PENSAMENTO CRÍTICO E AUMENTA A MEMÓRIA.
		PRANA MUDRA JUNTAR O MINDINHO E O ANELAR E TOCAR NA PONTA DO POLEGAR. ESTENDER O INDICADOR E MÉDIO. ESTE MUDRA ATIVA A ENERGIA NA CABEÇA E NO PEITO. EQUILIBRA OS ELEMENTOS: TERRA, ÁGUA, E FOGO. ATIVA A ENERGIA NO CORPO SUBTIL. AUMENTA A VITALIDADE E CONFIANÇA, ENQUANTO REMOVE BLOQUEIOS ENERGÉTICOS. MELHORA A VISÃO E AJUDA A COMBATER INSÓNIA.
		SAMANA MUDRA JUNTAR AS PONTAS TODAS DOS DEDOS. ESTE MUDRA AFETA A ENERGIA NA REGIÃO ABDOMINAL. REFORÇA O CORPO SUBTIL, UMA VEZ QUE EQUILIBRA OS CINCO ELEMENTOS E TRÊS DOSHAS. MELHORA O METABOLISMO E REFORÇA O FÍGADO, ENQUANTO AUMENTA O APPETITE. TEM UM EFEITO CURATIVO A TODOS OS NIVEIS.
		APANA MUDRA JUNTAR O ANELAR E O MÉDIO, E TOCAR NA PONTA DO POLEGAR. ESTENDER O INDICADOR E MINDINHO. ESTE MUDRA ENERGIZA A REGIÃO INFERIOR ABDOMINAL E PÉLVICA. DESENTOXICA E PURIFICA O CORPO, ENQUANTA EQUILIBRA OS ELEMENTOS: ESPIRITO, TERRA, E FOGO. REFORÇA O SISTEMA IMUNITÁRIO, REDUZ DORES NA LOMBAR, E PROBLEMAS URINÁRIOS. LIBERTA EMOÇÕES NEGATIVAS.

Figura 130: Mudras de Mão Para os Cinco Prana Vayus

PRANA E APANA

As duas energias envolvidas no mecanismo de despertar da Kundalini são Prana e Apana. Estas duas energias se movem pelos nossos corpos por meio dos Nadis. Como mencionado, Prana é representado pela inalação, enquanto Apana é representado pela expiração. Prana e Apana nunca se encontram enquanto cada um se move ao longo de seu caminho através dos vários canais de energia.

Ao praticarmos técnicas específicas de Kundalini Yoga, criamos o potencial para que Prana e Apana se encontrem. O ponto em que este mágico encontro de Prana e Apana ocorre é no Hara (Navel) Chakra, na região do umbigo. Hara é um ponto de encontro significativo de muitos dos canais de energia do corpo, uma vez que é nossa fundação energética, nosso núcleo.

No que diz respeito à elevação da Kundalini, Prana é o "Ar Vital" acima de Hara, enquanto Apana é o "Ar Vital" abaixo dele. Os Setenta e Dois Mil Nadis emanam dos Chakras Maiores e terminam nas mãos e nos pés. A maioria desses Nadis está centrada em torno das regiões do Chakra do Coração e do Hara Chakra. O Prana é levado a todas as partes do corpo através dos Nadis. Ida, Pingala e Sushumna são os canais energéticos mais importantes, uma vez que transmitem a maior parte do Prana.

O canal Ida começa na base da coluna vertebral e termina na narina esquerda. Por outro lado, Pingala começa na base da coluna vertebral e termina na narina direita. Como mencionado, porém, durante o processo de despertar da Kundalini, Ida e Pingala terminam nas Glândulas Pineal e Pituitária. A Ida representa o Prana Vayu, enquanto o Apana representa o Pingala. A ascensão da Kundalini corresponde à Udana. Samana representa o Sushumna. A força direcional de Samana tem que se transformar para que a Kundalini, na base da coluna vertebral, desperte. Seu desenvolvimento ou transformação ocorre quando Prana e Apana se encontram no Hara Chakra.

Através da inalação e retenção, o Prana pode ser direcionado para o Hara Chakra, enquanto que através da expiração e retenção, o Apana é elevado desde o Chakra Raiz até o Hara. Como estas duas energias se encontram no Hara, Samana começa a mudar seu movimento. Ela não está mais se afastando da Hara horizontalmente, mas sim para dentro, o que cria um movimento de agitação exemplificado na Figura 131.

Durante a transformação de Samana, o calor começa ser gerado no Navel, chamado Tapas. Este calor traz uma sensação de êxtase, semelhante a uma excitação sexual eufórica ou sensual; as "borboletas no estômago" de quando alguém se apaixona, que neste caso são mais como as águias. Outro exemplo comparável é a sensação que se tem quando se reconhece o Espírito dentro de si e a imensa felicidade que o acompanha. Por esta razão, o tipo de calor gerado em Samana é descrito como calor branco, não calor quente, ou seja, é um tipo de arrebatamento Espiritual.

Este calor intenso cria uma pressão que atua sobre o Sushumna Nadi, ativando-o assim. O processo de ativação energiza o canal Sushumna na coluna vertebral, fazendo com que ele se acenda como uma lâmpada, uma vez que recebe a energia elétrica necessária. Estas energias integradas saem então do Chakra do Navel e descem para o Chakra Raiz, estimulando assim a Kundalini em atividade na base da coluna vertebral. Assim, a Kundalini começa sua jornada para cima através do tubo oco da medula espinhal, perfurando cada um dos Chakras à medida que ele se eleva até chegar à Coroa.

Simultaneamente, os canais Ida e Pingala sobem em lados opostos em relação a Sushumna. Eles se cruzam em cada um dos pontos chákricos até se fundirem no Tálamo, que é onde Sushumna também termina. As Glândulas Pineal e Pituitária também são ativadas durante este processo. O próximo destino para os três canais é subir como um fluxo de energia até o topo da cabeça no Chakra da Coroa, abrindo o Lótus de Mil Pétalas.

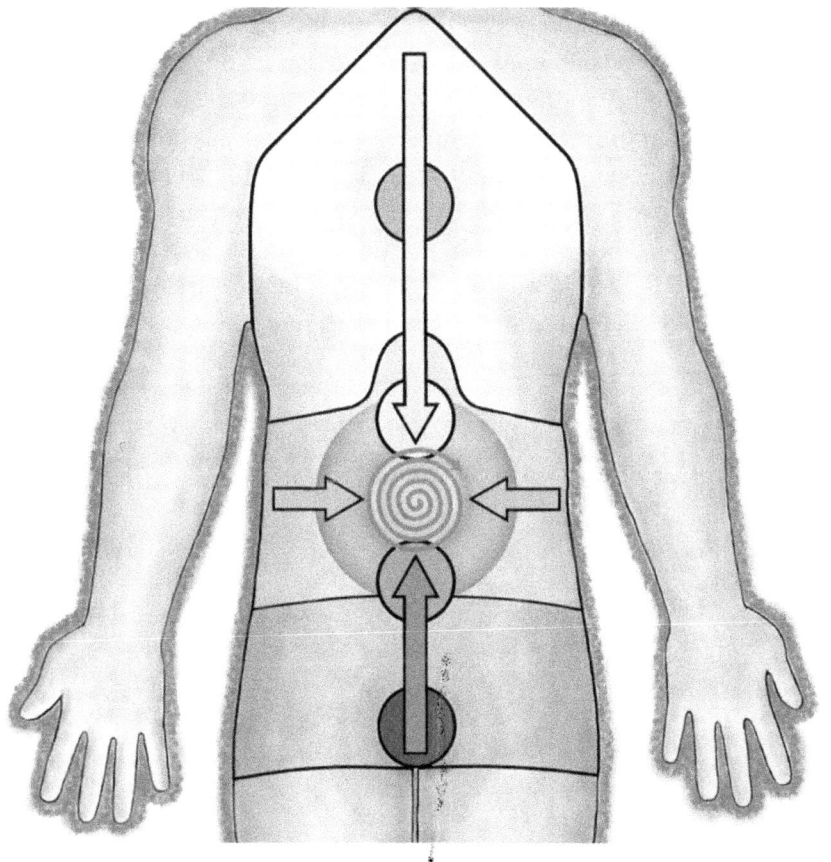

Figura 131: Redirecionando o fluxo de Prana, Apana, e Samana

DESPERTAR A KUNDALINI

É necessário praticar um controle adequado da respiração e direção mental para agitar a Kundalini em atividade e fazê-la subir e ativar os centros superiores de consciência. A aplicação da força de vontade é a chave para este processo, mas o conhecimento também o é, pois é necessária uma técnica comprovada que funcione.

Antes de tentar despertar a Kundalini, é crucial limpar os canais energéticos e remover qualquer energia negativa e impurezas nos nervos. Caso contrário, se os canais estiverem bloqueados, Prana não poderá se mover através deles, e a Kundalini permanecerá adormecida. As técnicas empregadas em Yoga e Tantra trabalham para realizar esta tarefa e despertar a Kundalini.

Os ensinamentos iogues e tântricos dizem que a combinação de exercícios físicos (Kriya/Ásana), técnicas respiratórias (Pranayama), fechaduras energéticas (Bandha) e cânticos mantra podem ser usados para fazer com que Prana e Apana se reúnam no Hara Chakra e colocar a Kundalini em atividade. Para elevar a energia da Kundalini através de Sushumna, e Prana (Pingala) e Apana (Ida) ao longo da coluna, pode-se aplicar as "fechaduras hidráulicas" (Bandhas), que requerem a aplicação consciente de pressão em diferentes partes do corpo.

A aplicação de pressão no Muladhara Chakra (Mula Bandha) envia as energias Kundalini e Prana e Apana até o Swadhisthana Chakra. Em seguida, é preciso aplicar um Bandha no diafragma (Uddiyana Bandha), que enviará as três energias para cima até o Chakra Garganta. De lá, a Fechadura do Pescoço (Jalandhara Bandha) leva as energias para o cérebro. A aplicação simultânea das três fechaduras é chamada de Maha Bandha (Figura 132).

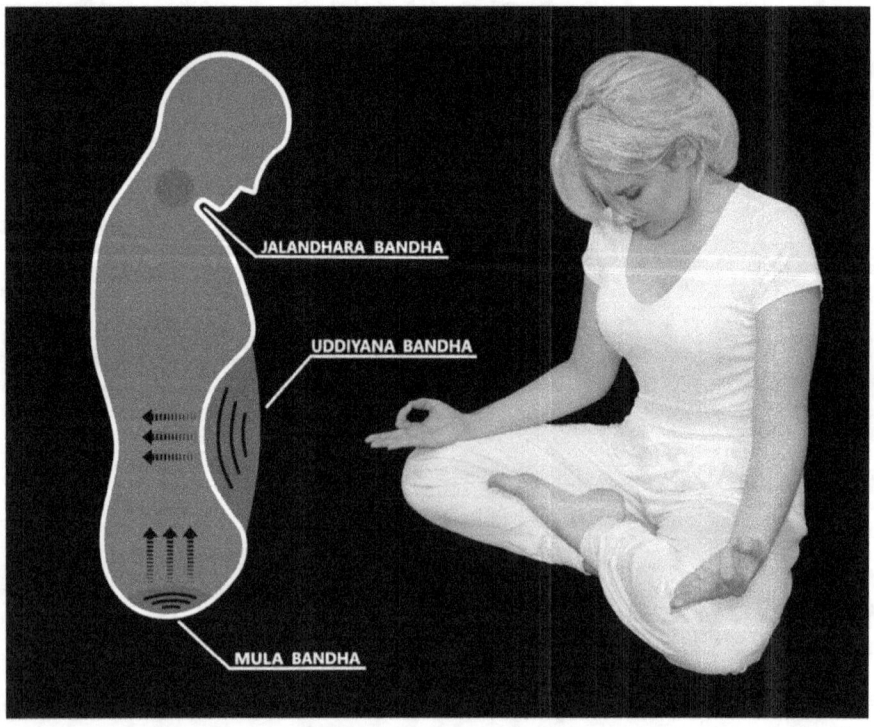

Figura 132: Maha Bandha: Aplicando os Três Bandha

A Glândula Pineal está conectada à Ida Nadi, enquanto a Glândula Pituitária está conectada à Pingala. À medida que a Kundalini se eleva, a Glândula Pineal começa a transmitir um feixe de radiação e a projetá-lo em direção à Glândula Pituitária. A hipófise se desperta e projeta pulsos ou flashes de luz em direção à Glândula Pineal. Assim que a Kundalini entra no cérebro através de Sushumna, Ida e Pingala cruzam-se uma última vez no Tálamo, onde se fundem como opostos. Este processo desperta o Ajna Chakra, ativando-o inteiramente, o que resulta em um casamento místico entre as Glândulas Pineal e Pituitária.

Como Ida, Pingala e Sushumna se unificam como um fluxo de energia no centro de Tálamo, o portão para Sahasrara torna-se aberto. A Kundalini pode então subir até o topo da cabeça e completar sua jornada. A Alma, que tinha seu assento na Glândula Pineal, deixa o corpo físico, e ocorre uma expansão permanente da consciência.

SUSHUMNA E BRAHMARANDHRA

Sushumna é o Nadi central que passa através do tubo oco na coluna vertebral. Seu fluxo começa na base, em Muladhara Chakra, e termina em Sahasrara Chakra, na Coroa. Uma vez que entra na cabeça, Sushumna Nadi se divide em duas correntes (no Tálamo). Uma corrente se move em direção à frente da cabeça, passando pelo Ajna Chakra quando este o ativa. Ele continua se movendo pela frente da cabeça, logo dentro do crânio, antes de alcançar Brahmanrandhra, a sede da consciência suprema, localizada no centro superior da cabeça.

A segunda corrente se move em direção à parte de trás da cabeça, por dentro do crânio, antes de chegar a Brahmarandhra. Ambos estes fluxos de energia se encontram em Brahmarandhra, perfurando-o, resultando na abertura do Ovo Cósmico, que é o cume diretamente acima dele.

Em sânscrito, Brahmarandhra significa o "buraco ou abertura de Brahman". Segundo os textos iogues, Brahmarandhra é a abertura do Sushumna Nadi na coroa da cabeça. Brahman se refere ao Espírito Cósmico em sânscrito. Ele conota o mais alto Princípio Universal, a realidade última do Universo.

Quando se eleva a energia Kundalini para Brahmarandhra, eles experimentam um despertar Espiritual do mais alto grau. Brahmanrandhra e o Ovo Cósmico estão ambos relacionados à energia Cósmica, e o ato de romper este centro é o despertar do Eu Espiritual, Divino.

Embora ambos sirvam para libertar a Alma do corpo de acordo com os textos sagrados, não está claro se Brahmarandhra e o Ovo Cósmico são a mesma coisa. Entretanto, a partir de minha extensa pesquisa sobre este tópico, juntamente com minha experiência de despertar da Kundalini, concluí que a perfuração do Brahmarandhra com força suficiente inicia o processo de quebra do Ovo Cósmico. Em outras palavras, trata-se de um processo de um-dois passos (ato contínuo).

Outras pistas nos são dadas pelo Shiva Linga que contém um cilindro em forma de ovo que se diz representar o Brahmanda, cujo significado em sânscrito é "o Ovo Cósmico". Brahma se refere ao Cosmos, enquanto "anda" significa "ovo". Brahmanda é um símbolo universal da origem de todo o Cosmos. O Ovo Cósmico é um dos ícones mais proeminentes da mitologia mundial que podemos encontrar em muitas tradições dos Antigos. Em quase todos os casos, um Ser Divino reside no Ovo Cósmico que se cria a si mesmo a partir do nada e depois continua a criar o Universo material.

Em sua subida, quando a Kundalini atinge o topo da cabeça e perfura Brahmarandhra, o Ovo Cósmico quebra, e a "gema", que é energia Prânica sublimada, derrama sobre o corpo, resultando na ativação total do Corpo de Luz e dos Setenta e Dois Mil Nadis. Esta experiência é semelhante a herdar "asas" espirituais, que lhe permitem viajar nos Planos Cósmicos internos através da Merkabá otimizada. Portanto, quebrar o Ovo Cósmico resulta em um tornar a si mesmo um Ser Angélico.

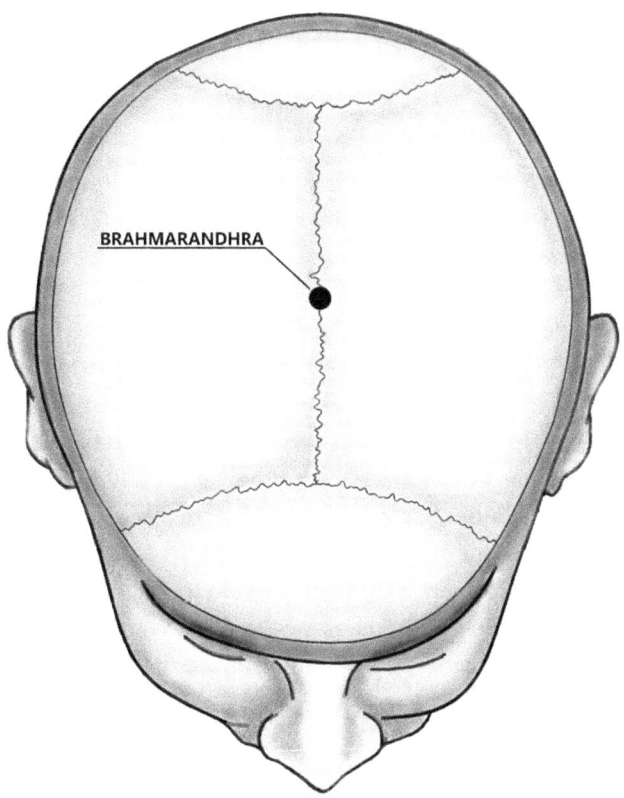

Figura 133: O Brahmarandhra

A localização de Brahmarandhra fica entre os dois ossos parietais e occipitais, mais especificamente na área da fontanela anterior (Figura 133). Em um bebê, esta parte da cabeça é muito macia. À medida que a criança cresce, o Brahmarandhra se fecha com o crescimento dos ossos do crânio. Todos os humanos adultos são encarregados de elevar a energia da Kundalini até a cabeça e perfurar o Brahmarandhra, se desejarmos alcançar a libertação da morte. Ao penetrar o Brahmarandhra através de uma ativação da Kundalini, nos tornamos um com o Espírito como Seres Eternos de Luz.

De acordo com *The Upanishads*, uma vez que Sushumna fura a cabeça e passa pelo Brahmarandhra, o iogue atinge a imortalidade. O Microcosmo e o Macrocosmo tornam-se Um, e o Yogi alcança a iluminação. Antes disto ocorrer, porém, o Corpo de Luz é totalmente ativado, pois os Setenta e Dois Mil Nadis são infundidos com a energia Prânica. Este processo é muito intenso, já que o Corpo de Luz experimenta ser carregado pelo que parece ser uma fonte de energia externa. Eu descrevo o processo como se você estivesse sendo eletrocutado por uma linha de energia de alta tensão, menos a dor física, é claro.

Em minha experiência pessoal, uma vez que abri meus olhos físicos durante o processo de ativação da Kundalini, vi minhas mãos e outras partes do meu corpo como pura luz dourada como se tivesse passado por uma transformação biológica. Além disso, a sala em que eu estava apareceu Holográfica desde que os objetos ao meu redor se tornaram semitransparentes e aparentemente suspensos em pleno ar. E esta não era uma visão momentânea, mas uma visão que mantive por mais de cinco segundos com minhas funções cognitivas totalmente operacionais antes que a energia infundida que agora tomou conta de meu corpo me jogasse de volta para a cama.

Uma vez que Shakti se une a Shiva, a consciência suprema, o Véu de Maya é trespassado, e você pode perceber a infinita e viva Mente de Deus. Na verdade, a natureza de nossa realidade é o subproduto da união da energia e da consciência.

Enquanto a energia continuava subindo, mesmo depois de Brahmarandhra e do Ovo Cósmico, minha consciência começou a deixar inteiramente meu corpo físico. Parecia que eu estava sendo sugado para fora do meu corpo e deixando de existir. No ápice desta experiência, eu estava no começo de estar unido à Luz Branca. Considerando que Brahmarandhra é o centro de energia e consciência, algumas pessoas acreditam que se você for além dele, pode não ser capaz de retornar ao corpo físico. Esta ideia é puramente teórica, mas uma possibilidade existe independentemente disso. Em outras palavras, se eu me tivesse permitido unir-me à Luz Branca durante minha intensa experiência ascendente da Kundalini, talvez não tivesse sido capaz de voltar ao corpo físico. A experiência foi intensa demais em todos os níveis e havia muitas variáveis desconhecidas, especialmente porque eu não tinha conhecimento prévio da Kundalini naquele momento de minha vida.

O Sushumna Nadi tem três camadas ou Nadis menores que o compõem. Uma vez que o Ovo Cósmico é quebrado, a energia Kundalini de Sushumna Nadi continua subindo ainda até que os Mil Pétalas do Sahasrara Chakra sejam totalmente abertos. Você tem que se deixar ir e não tentar controlar a energia enquanto ela continua subindo. Cada um dos três Sushumna Nadis ou camadas tem que fazer a sua parte para que isso aconteça. Uma vez completa, a cabeça se abre como uma flor. A flor simbólica é composta por três camadas, conforme retratado na Figura 134. Essas três camadas representam o Sahasrara Chakra totalmente desperto. Como tal, o humano se torna uma antena para as vibrações vindas do exterior.

Sushumna Nadi tem uma camada externa tradicionalmente considerada uma cor vermelha brilhante, simbólica do Fogo de Kundalini que flui através dela. Como o Sushumna Nadi se divide em duas correntes dentro da cabeça, à frente e atrás, ele governa toda a parte do meio da cabeça.

A primeira camada de Sushumna é chamada Vajrini ou Vajra Nadi. Este Nadi começa no Ajna Chakra e termina nas gônadas (testículos nos homens e ovários nas mulheres). Sua cor é o dourado, pois exibe a natureza do Rajas ou atividade. Esta camada é o Sol

(Surya) Nadi que contém energia masculina que funciona fora do Sushumna como o Pingala Nadi e dentro dele como o Vajrini. Acredita-se que o Vajrini possa ser venenoso ou tóxico.

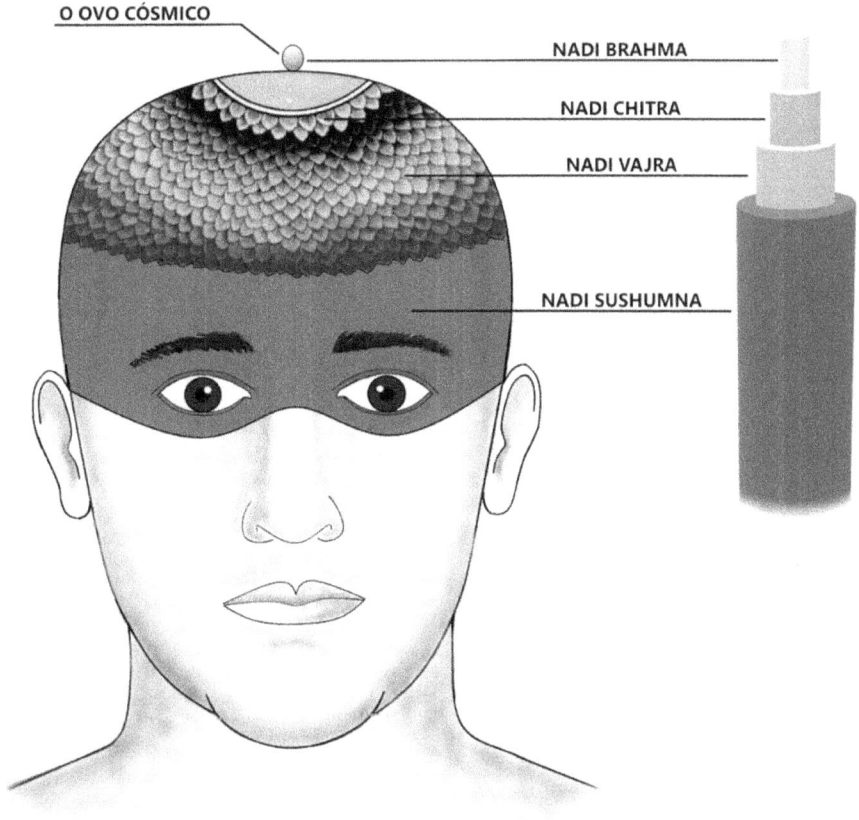

Figura 134: Camadas do Sushumna Nadi e o Ovo Cósmico

A segunda camada é chamada Chitrini ou Chitra Nadi. De cor branco-prateada, este Nadi reflete a natureza da Lua (Chandra). Ela nos conecta a sonhos e visões e é de primordial importância para pintores ou poetas despertados. Chitrini exibe o caráter de Sattva, que se relaciona com a transcendência. Ele começa no Bindu Chakra e termina no Svayambhu lingam em Muladhara. O Chitra Nadi se conecta aos caules chákricos dentro da medula espinhal. Esta Nadi feminina trabalha fora de Sushumna como a Ida Nadi e dentro dela como a Chitrini. Diz-se que a Chitrini termina em Brahmarandhra, a porta ou entrada em Brahma, o Criador. Através da Chitra Nadi, a Kundalini viaja para seu lugar de descanso final dentro do Sétimo Olho, também chamado de Soma Chakra.

A camada mais interna é a Brahma Nadi, que está diretamente relacionada ao Brahmarandhra. Brahma Nadi é o fluxo de pureza e a essência profunda da energia da

Kundalini. Quando despertada, ela energiza os Chakras, infundindo-os com a Luz da Kundalini. Para ter um despertar completo, porém, é preciso elevar a Kundalini através da Brahma Nadi e perfurar Brahmarandhra. Qualquer coisa menos que isso não é um despertar completo, mas um despertar parcial.

CHAKRA LALANA E NÉCTAR AMRITA

Na tradição do Tantra Yoga, diz-se que o Bindu Chakra é o ponto que manifesta todo o seu corpo físico, bem como seu ponto de dissipação. Diz-se que o Bindu mantém nossa Força de Vida dentro dele, produzindo o néctar Amrita. O Néctar Amrita é produzido através de uma síntese da energia da Luz que se obtém dos alimentos. Em pessoas de Kundalini não desperta, o Amrita escorre do Bindu para o terceiro Chakra, Manipura, onde é utilizado para várias atividades do corpo. Ele dá vitalidade ao corpo. Com o tempo, a força vital do Bindu começa a se dissipar, envelhecendo assim o corpo físico. A pele fica mais áspera e seca, o cabelo começa a cair, o tecido ósseo e as cartilagens se desgastam, e a vitalidade geral diminui.

Os iogues dizem que se se pode evitar que o Amrita se consuma pelo Chakra do Plexo Solar, eles podem desfrutar de seu néctar vitalizante e nutritivo e parar e até mesmo reverter o processo de envelhecimento e degeneração do corpo físico. Para isso, os iogues devem estimular um Chakra Menor secreto chamado Lalana. Em *The Upanishads*, diz-se que a Lalana tem 12 pétalas vermelhas brilhantes. Outros textos sagrados, porém, dizem que ela tem 64 pétalas prateadas e brancas.

Lalana é um Chakra misterioso, mas crítico, especialmente em indivíduos de Kundalini desperta. A utilização do poder de Lalana e Vishuddhi permite transformar o Amrita em uma substância mais fina, espiritual, que é usada para energizar e nutrir o circuito da Kundalini. A energia da Luz sintetizada obtida dos alimentos que, como disse, "alimenta" o circuito Kundalini, fornecendo a experiência da transcendência, é o néctar Amrita de que se fala nas tradições yógicas. O Amrita se torna otimizado quando é aproveitado e transformado no que eu descrevo como uma energia espiritual líquida. Esta substância refrescante acalma a mente e o coração, removendo e lavando quaisquer pensamentos e emoções desequilibradas.

Lalana é uma região lunar circular vermelha, que atua como reservatório para o néctar Amrita. Como o Amrita cai do Bindu, ele é armazenado no Lalana Chakra, pronto para ser purificado por Vishuddhi. Se Vishuddhi está inativo, como na maioria dos indivíduos de Kundalini não desperta, Amrita cai para Manipura. Mas se Lalana é de alguma forma estimulada, Vishuddhi se torna ativo também. O néctar é assim purificado e transformado, tornando-se o "Néctar da Imortalidade". Como mencionado anteriormente, as tradições antigas se referem a este néctar como o "Elixir da Longa Vida" e o "Alimento dos Deuses". No cristianismo, é o "Sangue do Cristo" que concede a Vida Eterna. Uma vez abertos os centros de energia necessários, o néctar Amrita transformado é então redistribuído por todo o Corpo de Luz, permitindo ao indivíduo experimentar a verdadeira transcendência.

O Lalana Chakra está localizado na parte de trás do palato, mais especificamente, na área onde a parte superior da medula espinhal se encontra com o tronco cerebral. Na seção transversal do cérebro e crânio humano (Figura 135), sua localização é entre a Medula Oblonga e a base do crânio, ao longo do canal central da medula espinhal. Esta área é onde o nervo Vago e outros nervos cranianos se unem à primeira vértebra cervical (Atlas).

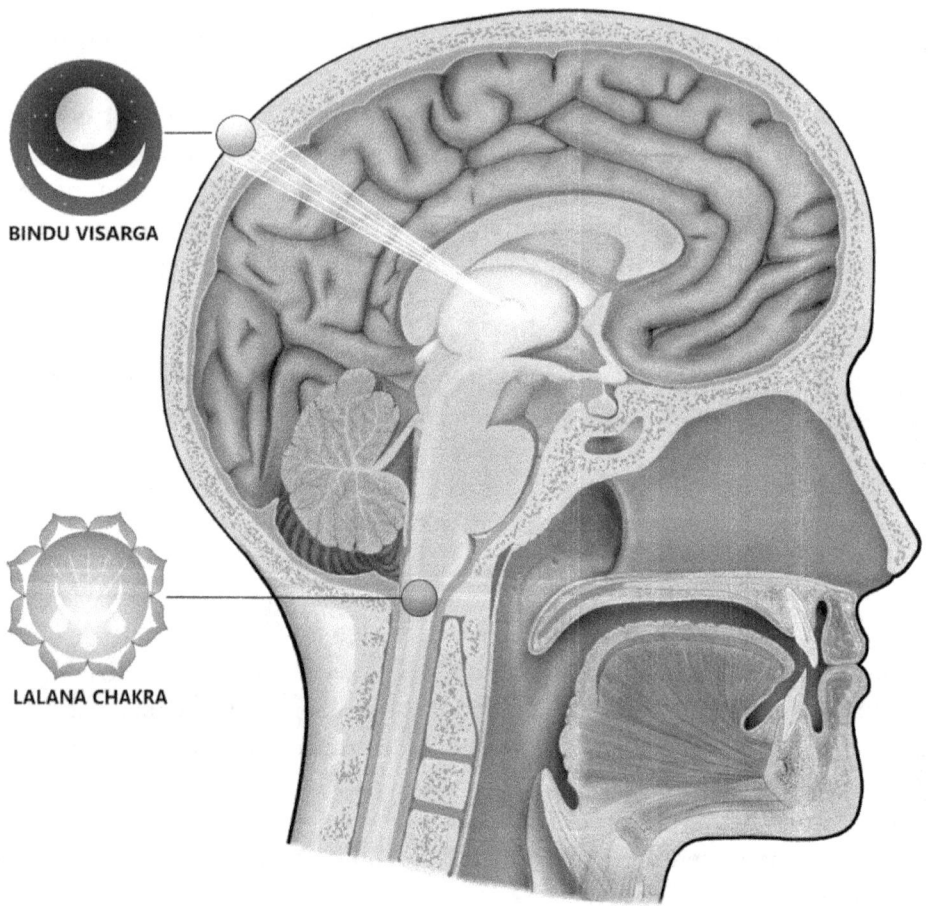

Figura 135: Lalana (Talu) Chakra e o Bindu Visarga

O Lalana Chakra está cerca de dois centímetros acima de Vishuddhi e está intimamente ligado a ele. Lalana, que significa tanto "energia feminina" quanto "língua", também é chamado de Talu Chakra, e está localizado diretamente atrás da faringe, na parte de trás da boca. A energia da Kundalini ativa o Lalana Chakra quando ele entra no tronco cerebral. Uma vez ativada, a Kundalini prosseguirá em direção ao Tálamo, onde trabalhará na próxima abertura do Ajna, seguido pelo Sahasrara.

Lalana também está conectada ao Bindu na parte de cima da cabeça. Junto com Vishuddhi, estes três Chakras são responsáveis pelo que acontece com o Amrita e se ele cai para baixo para Manipura, levando à degradação física, ou se ele é aproveitado e utilizado para fins espirituais. Os poderes de Lalana Chakra são melhor aproveitados uma vez que a Kundalini tenha aberto este centro chákrico, mas há outro método que os iogues desenvolveram chamado Khechari Mudra.

KHECHARI MUDRA E SUAS VARIAÇÕES

Os iogues descobriram que eles podem afetar o fluxo de Amrita de seu Bindu com a ajuda da língua. Encontrando-se sob na seção "Mana: Mudras de Cabeça", Khechari Mudra é uma técnica poderosa que utiliza a língua para canalizar energia no cérebro. Ela envolve virar a ponta da língua para trás e tentar tocar a úvula ou "língua pequena", o que direciona o fluxo de energia para o Lalana Chakra.

A língua é muito potente em termos de direcionar energia para o cérebro. Em Qi Gong, é essencial colocar a ponta da língua na área sensível do céu da boca para conectar dois Meridianos de energia muito importantes. A ponta de sua língua é um condutor de energia que estimula o que quer que ela toque. No caso do Khechari Mudra, você está tentando direcionar o fluxo de energia para trás no Lalana Chakra para ativá-lo.

Para realizar o método básico de Khechari Mudra, você pode sentar-se em qualquer posição meditativa confortável. De olhos fechados, vire seus olhos para o centro do Olho da Mente, entre as sobrancelhas. Depois, com a boca fechada, enrole a língua para cima e para trás de modo que sua superfície inferior toque o palato superior (Figura 136). Estique a ponta da língua até onde ela irá ao tentar tocar a úvula. Não deve haver muita tensão na língua enquanto faz isso. Mantenha-a nesta posição agora, desde que ela seja confortável. Se você sentir desconforto, relaxe a língua devolvendo-a à sua posição neutra por alguns segundos, e repita a prática.

O Khechari Mudra é realizado como parte de diferentes Ásanas, Pranayamas, Mudras e Bandhas para otimizar os efeitos desses exercícios. Quando utilizado com a postura invertida, Viparita Karani, permite ao praticante reter o Amrita mais facilmente.

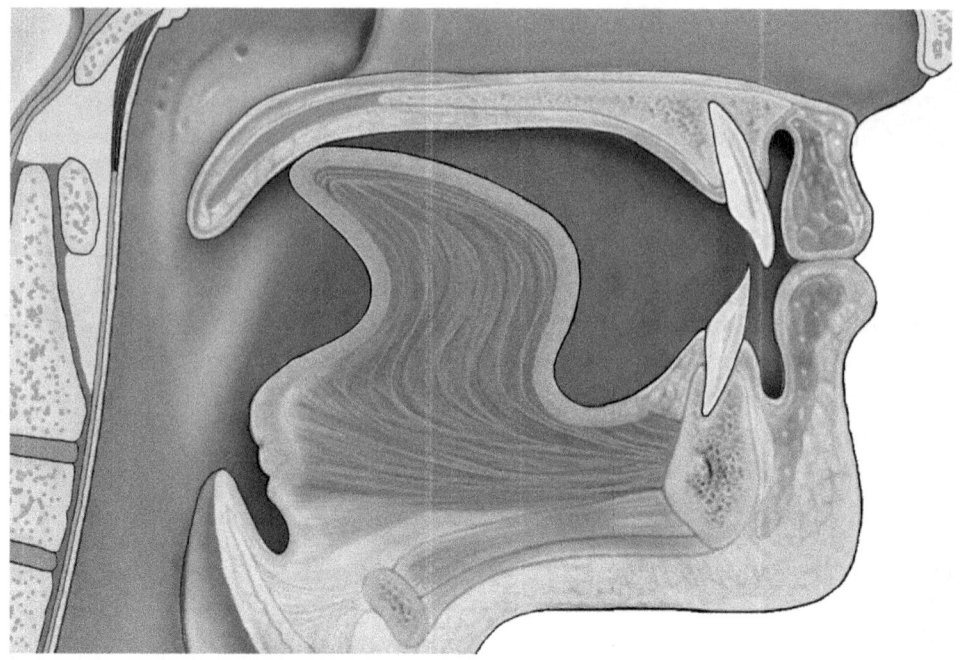

Figura 136: Mudra Básico Khechari

O Mudra Khechari Avançado envolve o corte da base do tecido que conecta a parte inferior da língua com o fundo da boca. Uma vez completada, a língua pode ser completamente alongada e colocada dentro da cavidade nasal atrás da úvula (Figura 137). Isso pressiona a faringe, o que estimula a Lalana e evita que o Amrita caia no Plexo Solar. Uma vez que o Amrita é capturado com Khechari Mudra, seus efeitos curativos começam a se desdobrar. O método avançado de Khechari Mudra é melhor praticado com a ajuda de um Guru qualificado.

Quando uma pessoa passa por um despertar completo e permanente da Kundalini, há um fluxo livre de energia da Kundalini para o Tálamo. Daqui, a Kundalini flui em direção a Ajna, Sahasrara e Bindu. Quando o Bindu Chakra se envolve no processo de transformação espiritual, ele secreta o Amrita até o Lalana Chakra, que é então purificado por Vishuddhi e transformado em sua forma mais refinada. Este néctar é então distribuído pelo Corpo de Luz, nutrindo os Setenta e Dois Mil Nadis e expandindo a consciência. Como resultado, a pessoa desperta começa a ter uma vitalidade acima da média, e seu processo de envelhecimento abranda drasticamente. Elas podem passar muito tempo sem comida e água, pois se sentem nutridas por dentro pelo movimento dessas novas energias.

O néctar Amrita está diretamente envolvido no processo do Iluminação. Embora possamos utilizá-lo através das práticas yógicas mencionadas acima, seu verdadeiro objetivo é desempenhar um papel na sustentação do circuito Kundalini. O néctar Amrita transformado alimenta o circuito da Kundalini, e depende da energia da Luz que recebe dos alimentos. Ele proporciona a tranquilidade emocional necessária para suspender o processo de envelhecimento e prolongar a saúde de seu corpo físico. Esta tranqüilidade emocional é melhor descrita como um estado do *Nirvana*, que é um dos objetivos procurados pelo Yogi. O estresse é um dos fatores-chave no envelhecimento. Colocando a mente em estado neutro e utilizando o néctar Amrita para nutrir o Corpo de Luz, a longevidade pode ser alcançada.

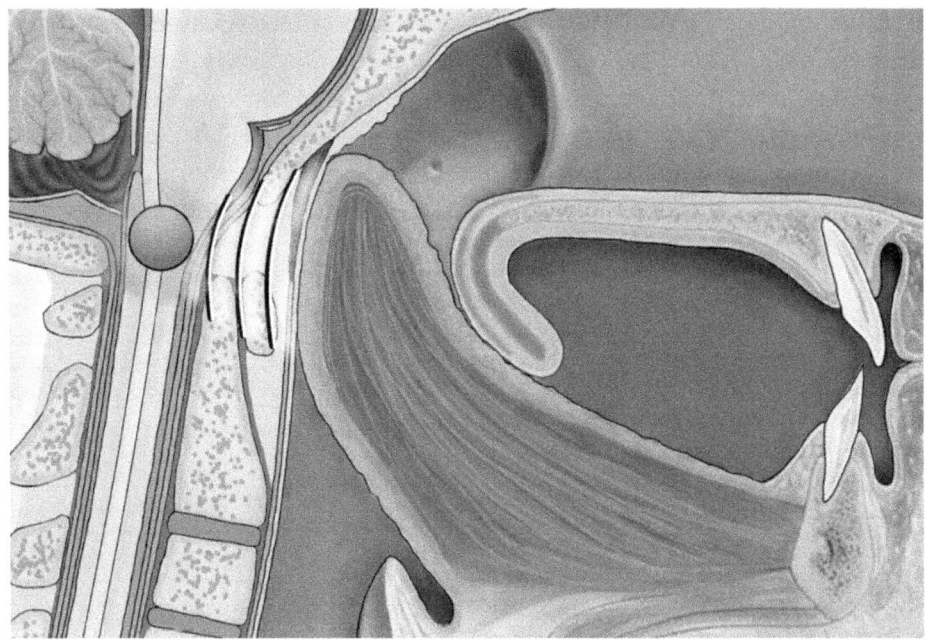

Figura 137: Khechari Mudra Avançado

Ao longo dos anos, descobri outra variação do Mudra de Khechari que se tornou uma das práticas dominantes em minha vida. Descobri que curvar a língua para baixo e empurrá-la para trás também exerce pressão sobre o Lalana Chakra, o que ajuda no processo de alimentar meu circuito Kundalini com o Amrita transformado. Para fazê-lo corretamente, você deve tocar a ponta da língua no Frenulum, que é uma membrana mucosa localizada sob a porção central da língua que ajuda a ancorá-la em sua boca e estabilizar seus movimentos.

Eu tropecei nesta técnica acidentalmente, ou para ser mais preciso; foi meu Eu Superior que me levou a encontrar esta técnica e a utilizá-la. Nunca me deparei com esta prática em minha pesquisa de várias tradições Espirituais para verificar seu uso, portanto, o que estou compartilhando com vocês é informação única que não encontrarão em nenhum outro lugar.

Comecei a praticar esta técnica anos atrás, aparentemente do nada, e muitas vezes me pego fazendo isso na frente de outras pessoas, o que às vezes me causa uma reação estranha, uma vez que eu, naturalmente, enrugo meus lábios quando o faço. A capa do

The Magus apresenta um eu mais jovem como Hermes, retratado com os lábios enrugados enquanto eu estou realizando esta técnica. Minha esposa achou apropriado retratar-me assim, já que ela muitas vezes me vê fazendo isso.

A técnica que descobri me permite aproveitar a energia da Luz que recebo dos alimentos, que se transforma em uma substância espiritual líquida (Amrita) em meu cérebro e é depois redistribuída ao longo dos muitos Nadis em meu Corpo de Luz. Ela é sempre acompanhada por sentimentos de calor como se eu estivesse acendendo um fogo constante em meu peito, como é o caso quando o Lalana Chakra está sendo estimulado. Agora, tenha em mente que a língua está virada para baixo com esta variação, o que muitas vezes me faz questionar seu uso e até que ponto ela está me beneficiando espiritualmente. Por isso, gosto de equilibrar o Lalana Chakra Básico de Khechari, girando a ponta da língua para trás e tocando o palato superior. Desta forma, eu obtenho as energias necessárias fluindo para cima no Cérebro enquanto mantenho o Lalana Chakra estimulado.

MANTRA

Mantra é uma palavra sânscrita que significa "uma ferramenta da mente" ou "um instrumento de pensamento". É um pronunciamento sagrado, um som Divino, sílaba, palavra ou agrupamento de palavras em uma língua sagrada com poder mágicko no mundo invisível. Mantras são "palavras de poder" que se encontram em muitas tradições espirituais diferentes, antigas e modernas, que servem como ferramentas para invocar ou evocar energia para a Aura. Como "manas" significa "mente" em sânscrito, o propósito de um Mantra é transcender a mente. Eles incluem, mas não estão limitados aos nomes de Deus, Anjos, Espíritos e Divindades diferentes de qualquer panteão ao qual seu Mantra escolhido pertença.

Já vos apresentei a ciência dos Mantras em meu livro anterior, a maioria dos quais em língua hebraica e são usados como parte dos exercícios rituais do Cerimonial Magick. Os Mantras na língua Enochiana são Mantras autônomos que são a recitação fonética de passagens em Enochiano. Devido à sacralidade e poder das línguas hebraica e enoquiana, estes Mantras são potentes na mudança da consciência através da invocação/evocação de energia.

Existem 84 pontos meridianos no céu da boca, que a língua estimula cantando um Mantra. Estes pontos meridianos, por sua vez, estimulam o Hipotálamo, que atua sobre a Glândula Pineal, fazendo-a pulsar e irradiar. A Glândula Pineal então dá impulsos a todo o sistema Endócrino, permitindo a liberação de hormônios que fortalecem nossos sistemas imunológico e neurológico, colocando o corpo em um estado de coerência. Dois dos hormônios liberados são a serotonina e a dopamina, que criam um êxtase emocional que eleva a consciência a um nível superior.

Os Mantras que apresentarei neste livro estão na língua sânscrita, um dos idiomas mais antigos do mundo (5000 anos de idade). O sânscrito é a antiga língua do hinduísmo que era um meio de comunicação e diálogo dos deuses celestiais hindus, de acordo com a lenda. Os antigos hindus se referiam ao sânscrito como "Dev Bhasha" ou "Devavani", que significa a "Língua dos Deuses". "

A grandeza da língua sânscrita está na formação e singularidade de seu vocabulário, fonologia, gramática e sintaxe, que permanece intacta em sua pureza até os dias de hoje. Suas cinquenta letras são compostas de dezesseis vogais e trinta e quatro consoantes. As letras em sânscrito nunca foram alteradas ou ajustadas ao longo do tempo, tornando-a uma linguagem perfeita para a formação de palavras e pronúncia.

Os Mantras de sânscrito utilizam sons-sementes que criam a energia vibratória das palavras para as quais se traduzem. Ao pronunciar um mantra sânscrito, sua vibração impacta sua consciência que tem efeitos duradouros sobre sua mente e seu corpo. Portanto, compreender o significado de um mantra sânscrito é primordial para saber o tipo de mudança energética que ele produzirá.

Os Mantras apresentados nesta seção devem ser vibrados usando suas cordas vocais em um tom projetivo e energizante. Eles devem ser executados em monótono, Dó natural, alongando a pronúncia. Se você já ouviu monges tibetanos cantando, é para soar semelhante a isso. Vibrar e "cantar" são palavras intercambiáveis quando se trata da execução de um Mantra.

O NÚMERO SAGRADO 108

A repetição padrão de um Mantra em muitas tradições Espirituais Orientais é 108 vezes. Este número é a base de toda a Criação, representando o Universo e nossa existência. Hindus, iogues e budistas acreditam que, ao vibrar/cantar um Mantra 108 vezes, nós nos alinhamos à vontade do Criador e sua energia criativa. Eles pensam que ao harmonizar nossa vibração pessoal com a Universal, assumimos nosso direito de nascimento como Co-Criadores, permitindo-nos manifestar qualquer realidade que desejemos.

Há muitas razões pelas quais o número 108 é considerado sagrado, algumas encontradas na ciência e na matemática. Por exemplo, o Sol é 108 vezes o diâmetro da Terra, e a distância da Terra ao Sol é 108 vezes o diâmetro do Sol. Além disso, a distância da Terra à Lua é 108 vezes o diâmetro da Lua.

Em Astrologia, existem doze Constelações Zodiacais e nove Planetas (Sete Planetas Antigos mais Urano e Netuno) em nosso Sistema Solar. Portanto, doze multiplicados por nove é igual a 108. Além disso, existem vinte e sete mansões lunares que estão divididas em quatro quartos. Quando se multiplica vinte e sete por quatro, o resultado novamente é 108.

Na religião hindu, existem 108 Upanishads, que são os textos sagrados da sabedoria transmitida pelos rishis antigos. Cada Deidade no Hinduísmo também tem 108 nomes, cujas qualidades ou poderes podemos invocar através de seus respectivos Mantras.

No alfabeto sânscrito, como há 54 letras e cada letra tem uma qualidade masculina (Shiva) e feminina (Shakti), o número total de variações é igual a 108. Também no sistema yógico dos Chakras, acredita-se que existam 108 linhas de energia (Nadis) que convergem no Chakra do Coração, o centro de amor e transformação do nosso Corpo de Luz.

Na medicina ayurvédica, diz-se que existem 108 pontos de energia vital no corpo, chamados Marmas. Trabalhar com os Marmas é benéfico para melhorar nossos estados psicológicos e fisiológicos. Ao entoarmos um Mantra 108 vezes, enviamos energia divina para cada ponto de Marma, ativando suas propriedades curativas.

Os escritos sagrados dos budistas tibetanos também, foram divididos em 108 livros sagrados. Além disso, os budistas acreditam que o caminho para o Nirvana está pavimentado exatamente com 108 tentações. Eles acreditam que 108 impurezas, ou pecados, nos impedem de viver em um estado perfeito e pacífico.

Estas são apenas algumas das razões pelas quais o número 108 é sagrado. Há muitas mais, não apenas entre as religiões orientais e as tradições espirituais, mas também entre as ocidentais. Por exemplo, o número 108 é usado no Islã para se referir a Deus. E assim por diante.

MEDITAÇÃO JAPA

Tradicionalmente, um colar de contas Mala é usado nas tradições da Yoga, Budismo, Hinduísmo, Jainismo e Sikhismo como parte da prática do Mantra, a qual eles se referem como uma meditação Japa. Um Mala tem 108 contas e uma conta "Guru", que é usada como um marcador para o início e o fim de um ciclo. Portanto, quer você esteja cantando em voz alta ou recitando silenciosamente, traçar as contas do Mala com seus dedos ajudará você a manter o controle de seu Mantra. Usos similares têm sido usados por gerações, de forma multicultural e através de muitas religiões e tradições espirituais, incluindo as contas do rosário usadas pelos cristãos para a oração.

Para realizar uma meditação Japa, você deve obter um colar de contas Mala para ser usado com os Mantras apresentados abaixo. Um Mala não só lhe permitirá completar 108 repetições com facilidade, mas se tornará um poderoso item Espiritual em sua vida que o colocará no estado de espírito correto no momento em que você o segurar na mão.

Entretanto, pode-se trabalhar com Mantras de meditação sem um Mala, portanto, se você não conseguir um por alguma razão, não seja dissuadido de praticar Mantras sem ele. Como mencionado anteriormente, os Mantras vibratórios/cantos têm um efeito cumulativo em termos de energia invocada/evocada, portanto, quer você faça 108 pronunciamentos ou 100, por exemplo, o resultado será relativamente insignificante. Tecnicamente, você pode até mesmo se concentrar em executar um Mantra por um determinado período de tempo, como em cinco a quinze minutos, e se programar de acordo, de modo que você faça aproximadamente 100 pronunciamentos. Dito isto, eu acredito no poder da prática tradicional, especialmente uma com milhares de anos de linhagem, portanto, antes de começar a ajustar sua mecânica, é melhor dominar sua forma original e ir a partir daí.

Idealmente, faça sua meditação Mantra de manhã cedo, antes de comer. Se você deseja repetir seu Mantra, faça-o à noite, permitindo algum tempo entre as sessões para que a energia invocada/evocada possa trabalhar em você.

Para iniciar sua prática Japa, escolha seu Mantra de meditação entre as opções dadas abaixo. Cada meditação Mantra afeta nossa energia de forma diferente, portanto leia cuidadosamente sua descrição para que você possa aplicar cada uma delas quando necessário. Em seguida, encontre um local para sentar-se confortavelmente com a coluna reta e os olhos fechados. Um dos Ásanas de meditação apresentados até agora seria ideal. Respire fundo agora para se alinhar com sua intenção.

Segure seu Mala na mão direita (na Índia, a mão esquerda é considerada impura), sobre seu dedo médio, enquanto seu dedo indicador se estende confortavelmente para fora (Figura 138). Começando na conta Guru, use seu polegar para contar cada conta menor enquanto você puxa o Mala em sua direção com cada pronunciamento do Mantra. Inspire antes de cada pronunciamento de forma calma e rítmica.

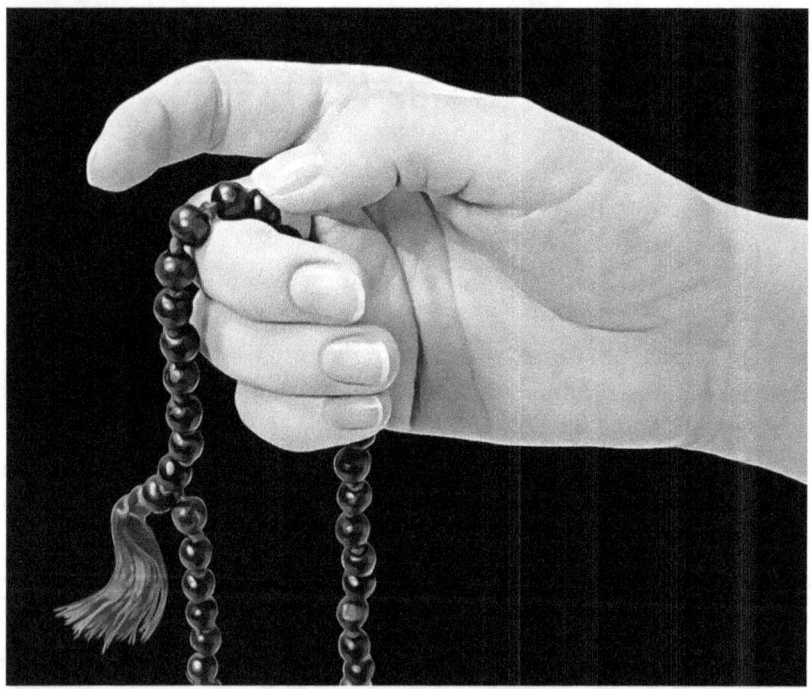

Figura 138: Contagem de Contas Mala

Você deve repetir seu Mantra 108 vezes enquanto percorre as contas Mala, terminando na conta Guru onde você começou. Se você deseja continuar sua meditação Mantra, reverta a direção e comece o processo novamente ao invés de passar por cima da conta Guru. Lembre-se de fazer 108 ciclos completos.

A repetição de mantras de sânscrito afeta positivamente seu sistema nervoso, deixando-o calmo e relaxado, o que é um dos efeitos colaterais iniciais. Além disso, estes Mantras equilibram suas energias internas, o que melhora a concentração e a autoconsciência. Entretanto, a repetição regular dos Mantras de Sânscrito funciona em um nível profundo e subconsciente, criando efeitos curativos duradouros na mente, corpo e Alma. Portanto, quando você iniciar esta prática, seja paciente e consistente com ela diariamente para obter os resultados desejados ao longo do tempo.

MANTRAS DE MEDITAÇÃO

Om
Pronunciamento: *Aaa-Uuu-Mmm*

"Om" é o Mantra mais universal em sânscrito. Acredita-se que seja o primeiro som ouvido na criação do Cosmos do qual todas as coisas emergem. "Om" significa a essência da realidade última, que é a Consciência Cósmica. Como tal, a maioria dos Mantras em sânscrito começa ou termina com "Om".

"Om" (pronuncia-se AUM) representa o ciclo de vida, morte e renascimento. Também está relacionado à Trindade Hindu (Trimurti) de Brahma, Vishnu, e Shiva. "Aaa" representa criação, "Ooo" significa manutenção ou preservação, e "Mmm" é destruição, com relação à superação do Ego para alcançar a autorrealização. Finalmente, AUM representa as Três Gunas da natureza e os quatro estágios de consciência; o quarto estágio representa o silêncio da mente alcançado quando o praticante chega a Samadhi.

Cantar Aaa-Uuu-Mmm (AUM) ajudará você a se desconectar de seu Ego e se reconectar com o Espírito interior, que é todo-criativo e todo-abrangente. Quando você pronunciar cada sílaba por completo, sentirá a energia se elevando de seu assoalho pélvico até o coração e, finalmente, até a coroa da cabeça. É o caminho da Kundalini, cujo propósito é liberar a Alma do corpo nesta vida.

O som "Om" vibra na frequência de vibração de 432 Hz, encontrada em tudo na natureza. Como tal, este som cura a mente e o corpo a nível celular, trazendo-nos em sintonia com nosso entorno. Ele remove toda tensão e ansiedade, acalmando a mente e harmonizando nossas energias internas. Ele também ajuda a melhorar a concentração enquanto aumenta a criatividade e a energia positiva em geral.

Em nível físico, "Om" melhora a função pulmonar e o sistema digestivo enquanto desintoxica o corpo. Ao pronunciar Aaa-Ooo-Mmm, as três frequências únicas devem fluir naturalmente como um som.

ॐ नमः शिवाय

Om Namah Shivaya
Pronunciamento: *Aummm Nah-Mahhh Shee-Vah-Yahhh*

Om Namah Shivaya" se traduz para "O saudações ao auspicioso", ou simplesmente, "Eu me curvo ao Senhor Shiva". "Este Mantra amplamente utilizado atrai a mente para a presença infinita e omnipresente do Senhor Shiva - o princípio da Consciência Cósmica do Universo. Também é chamado "Shiva Panchakshara", que significa o "Mantra de Cinco Sílabas", o Mantra essencial no Shaivismo que traz o silêncio à mente.

As cinco sílabas "Namah Shivaya" representam os Cinco Elementos que compõem toda a Criação: O som "Na" representa a Terra, "Ma" é Água, "Shi" significa Fogo, "Va" é Ar, e "Ya" representa o Espírito. O "Om" é excluído por ser o primeiro som do Universo que representa a paz e o amor, o fundamento energético da Consciência Cósmica.

Como Shiva é o Deus supremo da transformação que representa nosso Eu Superior, este Mantra eleva nossa consciência ao harmonizar os Cinco Elementos dentro do Eu. Assim, ele não apenas traz alegria e felicidade em nossas vidas, mas também nos conecta com toda a natureza, ou seja, a representação física dos Cinco Elementos que Shiva simboliza - a terra, o mar, o ar e o Sol.

Porque nos conecta com nosso Santo Anjo da Guarda, nosso Deus-eu, diz-se que o Om Namah Shivaya Mantra supera os efeitos do Macrocosmo - as Estrelas fixas e os Planetas em órbita que nos afetam sutilmente em um nível energético. Ele constrói energia transcendental em nosso sistema que eleva a consciência, permitindo-nos experimentar os Planos Cósmicos superiores. Como tal, este Mantra nos conecta com o Chakra mais alto, Sahasrara- a fonte de toda a Criação.

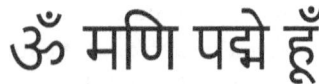

Om Mani Padme Hum
Pronunciamento: *Aummm Mah-neee Pahd-mayyyy Hummm*

Este mantra sânscrito está associado ao Avalokiteshvara (sânscrito), o Bodissatva da compaixão. Os Bodissatvas são Seres iluminados e compassivos que ajudam os objetivos espirituais dos outros. Os budistas tibetanos se referem a este mesmo Ser como Chenrezig, enquanto os chineses o chamam de Quan Yin. A prática regular deste Mantra instila um senso de amor e bondade para conosco e para com os outros, o que nos liberta do sofrimento emocional de nossa existência mundana.

A tradução deste Mantra seria "Louvor à Joia no Lótus". "A própria joia se refere à compaixão que purifica a Alma, conferindo-a com a bem-aventurança da Luz Divina. Assim como o lótus não é sujo pela lama em que cresce, os seres humanos podem usar a compaixão para elevar-se acima da opressão do Eu Inferior, o Ego, e alcançar a Iluminação.

"Om Mani Padme Hum" pode ser dividido em seis sílabas, que representam um caminho gradual e progressivo do mundano para o Espiritual: "Om" é o som primordial do universo que nos traz em harmonia com o Cosmos, "Ma" é nossa intenção altruísta de desenvolver ética e moral que purifica as tendências ciumentas, "Ni" constrói tolerância e paciência, liberando-nos de nossos desejos inferiores e deixando-nos pacíficos e satisfeitos, "Padme Hum" nos liberta do preconceito e da ignorância que impedem o caminho do amor e da aceitação, e "Eu" nos liberta do apego e da possessividade, permitindo-nos cultivar nossos poderes de concentração. Finalmente, "Heh" nos liberta da agressão e do ódio, pois representa a unidade de todas as coisas que nos abre a porta para a sabedoria e a compreensão.

O Dalai Lama, que os budistas acreditam ser a encarnação atual de Chenrezig, diz que cada um dos ensinamentos de Buda reside dentro deste poderoso Mantra. Para desbloqueá-lo, no entanto, não se deve apenas entoá-lo, mas focalizar sua intenção no significado por trás de cada uma das seis sílabas.

हरे कृष्ण हरे कृष्ण | कृष्ण कृष्ण हरे हरे |
हरे राम राम राम | राम राम राम हरे हरे

Hare Krishna, Hare Krishna, Krishna Krishna, Hare Hare
Hare Rama, Hare Rama, Rama Rama, Hare Hare Hare
Pronunciamento: *Huh-ray Krish-Naaa, Huh-ray Krish-Naaa, Krish-Naaa Krish-Naaaa, Huh-ray Huh-ray Huh-rayyy, Huh-ray Ramaaa, Huh-ray Ramaaa, Rama Ramaaaa, Huh-ray Huh-rayyy*

O Hare Krishna Mantra, também conhecido como o "Maha", ou "Grande" Mantra, é um versículo sagrado em sânscrito cujo objetivo é reavivar a realização de Deus dentro de si mesmo, conhecido como a consciência Krishna. Ele está enraizado na tradição Vaishnava do Hinduísmo e é central para o caminho da Bhakti Yoga. Ela tem apenas quatro linhas, compostas de nomes de divindades hindus: Hare, Krishna, e Rama. Hare combina a energia de Hari (Senhor Vishnu) e Hara (a consorte de Krishna, Shakti), enquanto Krishna e Rama são os nomes dos dois avatares, ou encarnações Divinas, de Senhor Vishnu.

O Senhor Krishna tem muitos paralelos com Jesus Cristo, pois acredita-se que ambos são filhos de Deus que foram plenamente humanos e plenamente divinos. Ambos os ensinamentos enfatizavam o amor e a paz, já que sua missão era restaurar a bondade em um mundo moralmente em declínio. Ao tentar alcançar a Consciência Krishna dentro de nós mesmos, nos referimos à Consciência Cristo - um estado de consciência no qual os indivíduos agem em completa harmonia com o Divino. Este estado de consciência é um precursor, ou preparação (em certo sentido), para alcançar a Consciência Cósmica.

A prática do Maha Mantra ativa a energia espiritual dentro de você no Chakra do Coração, cujo objetivo é transformar sua consciência para que você possa transcender seu Ego. O estado sutil de consciência que é alcançado liberta o Eu da ilusão de separação, permitindo que a energia do amor tome conta e harmonize a mente, o corpo e a Alma. Como tal, a consciência Krishna é alcançada, preparando o caminho para a alegria e a bem-aventurança para entrar permanentemente em sua vida.

ॐ शान शान्तिः शान्तिः शान्तिः

Om Shanti Shanti Shanti
Pronunciamento: *Aummm Shanteee Shanteee Shanteee*

O Mantra "Om Shanti" é comumente usado em orações, cerimônias e literatura hindu e budista; seu significado se traduz para "Om Paz". "Shanti" vem da palavra raiz sânscrita "sham," que significa calma, tranqüilidade, prosperidade e felicidade. É a raiz da palavra "Shalom" em hebraico e "Salam" em árabe, ambas também significando "Paz". Ao cantar este Mantra, você não só encontra um nível profundo de paz dentro de si mesmo, mas está enviando ofertas de paz para o mundo inteiro.

Tradicionalmente, a palavra "Shanti" é entoada três vezes, pois invoca a paz e a proteção em três níveis do Eu: consciente, subconsciente e supraconsciente (Deus-Eu). O Eu consciente pertence à Terra, enquanto o subconsciente desce ao Submundo (Inferno), e o supraconsciente se refere aos Céus (Estrelas) acima. Estes três podem novamente ser decompostos no corpo, mente e Espírito ou nos Planos Físico, Astral e Espiritual.

O "Om Shanti" também pode ser usado como uma forma de saudação em Yoga. Quando dito em voz alta a um companheiro de yoga, é um desejo de que a outra pessoa experimente a paz universal. A tradução em Português seria "*Que a Paz esteja com você*", ou "Namastê" - embora as palavras soem diferentes, o significado é o mesmo. Esteja atento ao pronunciar "Shanti" para pressionar a língua contra os dentes em vez de no palato superior - o som produzido "t" deve soar diferente da versão inglesa do "t".

ॐ नमो गुरु देव् नमो

Om Namo Guru Dev Namo
Pronunciamento: *Onggg Nah-Moh Guh-Ruh Devvv Nah-Moh*

Este mantra sânscrito traduzido como "Eu me inclino à Sabedoria Criativa, eu me inclino ao Divino Mestre interior". Outra tradução é "Eu me curvo ao Tudo-Que-É", como um Mantra da Unidade. Seu outro nome é "Adi Mantra", que é frequentemente usado na Kundalini Yoga no início de sua prática, especialmente em um ambiente de aula. Foi essencial para Yogi Bhajan, o professor espiritual hindu que trouxe a Kundalini Yoga para o Ocidente. Muitos praticantes acreditam que o Adi Mantra permite que se sintonize com a frequência de vibração particular da Kundalini Yoga, desbloqueando seu mais profundo entendimento e propósito.

Cantar este Mantra nos permite humilhar-nos e conectar-nos com nosso Eu Superior - o professor interior que canaliza sabedoria e conhecimento Universal para nós quando nossas mentes estão em um estado receptivo. Ele eleva a vibração de nossa consciência, permitindo-nos confiar e ouvir nossa orientação interior. Também nos transmite que somos nossos próprios maiores professores na vida e que nenhum outro professor é necessário.

O Mantra "Ong Namo Guru Dev Namo" nos permite explorar nosso potencial mais elevado como seres humanos espirituais. A tradução de cada palavra revela seu poder de transformar nossa consciência. Para começar, "Ong" significa energia criativa infinita ou sabedoria Divina sutil. Seu pronunciamento é semelhante a dizer "Om", com a vantagem adicional de mover o som na boca da frente para trás da garganta, o que estimula diferentes partes do cérebro, especialmente as Glândulas Pituitária e Pineal.

"Namo" é equivalente a "Namaha", que significa "minhas saudações respeitosas", enquanto um Guru é um mestre espiritual que guia seus discípulos em seu caminho rumo à Iluminação. "Dev" é uma versão mais curta do termo "Deva", uma palavra sânscrita para Deus ou Divindade. Como Deva segue Guru no Mantra, implica que o Mestre Espiritual é Divino e Santo. E finalmente, "Namo" no final reafirma a humildade e a reverência.

Este Mantra refina a energia ao nosso redor e dentro de nós, fazendo de nós um recipiente para uma consciência mais elevada. Ao entoá-lo, a pessoa tem a sabedoria e o apoio de gerações de Kundalini Yogis, ao mesmo tempo em que reforça sua conexão com seu Superior, Deus-Eu.

ॐ गं गणपतये नमः

Om Gam Ganapataye Namaha

Pronunciamento: *Aummm Gummm Guh-Nuh-Puh-Tuh-Yahhh Nah-Mah-Haaa*

"Om Gam Ganapataye Namaha" é uma oração poderosa e Mantra que elogia o amado Deus hinduísta com cabeça de elefante, Senhor Ganesha. Sua tradução em português é "Minhas Saudações ao Senhor Ganesha". No hinduísmo, Senhor Ganesha é reconhecido como o removedor de obstáculos e mestre do conhecimento. Ele é conhecido por dar boa sorte, prosperidade e sucesso, especialmente ao empreender um novo empreendimento.

Senhor Ganesha está associado ao Muladhara Chakra e ao Elemento Terra. Ele é frequentemente invocado para limpar o caminho quando se sentem mentalmente presos e precisam de uma mudança de perspectiva. Sua energia nos fundamenta, ajudando-nos a superar desafios e bloqueios criativos. Lord Ganesha nos fortalece, melhorando nosso foco, concentração e conhecimento, facilitando a paz interior.

O som "Gam" é um Bija Mantra para Ganesha, enquanto "Ganapataye" é uma referência a seu outro nome - Ganapati. Diz-se que se se canta o Senhor Ganesha Mantra 108 vezes por dia, todo o medo e negatividade de seus corações serão removidos. Isto porque o medo é um subproduto dos Elementos Água e Ar corrompidos, que o Elemento Terra fundamenta quando é trazido para dentro.

ॐ श्री सरस्वत्यै नमः

Om Shri Saraswataya Namaha

Pronunciamento: *Aummm Shree Sah-Rah-Swah-Tah-Yahhh Nah-Mah-Haaa*

    O Mantra "Om Shri Saraswataya Namaha" invoca o poder da Deusa Hindu, Saraswati (Figura 139), que está associada à sabedoria, ao aprendizado e às artes criativas. A tradução em português diz: "Saudações à Deusa Saraswati". "Cantar este Mantra estimula a criatividade e ao mesmo tempo estimula o intelecto. Além disso, ele nos inspira a nos expressarmos através da arte, da música e da literatura. Se alguém cantar este Mantra antes de iniciar um novo esforço criativo, terá boa sorte.

Figura 139: A Deusa Saraswati

Saraswati é considerada a mãe dos *Vedas*, das antigas escrituras Hindu e Yógicas. Muitos educados acreditam que cantar regularmente o Mantra de Saraswati pode dar-lhes profundo conhecimento e sabedoria sobre os mistérios da Criação que os libertarão do ciclo de morte e renascimento (Samsara). Eles se referem a este processo de emancipação como "Moksha."

No Mantra "Om Shri Saraswataya Namaha", Shri é um título de reverência frequentemente usado antes do nome de uma pessoa honrada ou Divindade. Saraswati é o consorte do Deus Hindu Brahma, que está à frente do Trimurti. Como Brahma representa o processo de criação, ele está relacionado com o Elemento Ar e os pensamentos, que fortalecem e moldam o intelecto. Saraswati é o Shakti de Brahma ou energia feminina criativa. Ela representa o aspecto passivo da mesma energia, canalizada para o Plano Físico. Como tal, Saraswati simboliza a inspiração que impulsiona nossas expressões criativas.

BIJA MANTRAS E MUDRAS DOS SETE CHAKRAS

Cada um dos Sete Chakras tem uma palavra sagrada ou som associado a ela, chamado Bija, ou "Semente" Mantra. Podemos usar estes Mantras em Cura pelo Som para afinar e equilibrar as energias dos Chakras e devolvê-los à sua vibração ideal. Ao corrigir a frequência energética dos Chakras, seu potencial adormecido é liberado.

Ao sondar os Bija Mantras dos Sete Chakras, nós nos conectamos com seus correspondentes Cinco Elementos. Esta conexão é criada pela posição da língua na boca ao vibrar os Bija Mantras. Os Cinco Elementos são atribuídos aos cinco primeiros Chakras. Ao mesmo tempo, Ajna representa a dualidade das forças masculinas (Pingala) e femininas (Ida) na natureza, Yin e Yang, e Sahasrara representa a totalidade e unicidade de todos os Chakras. Os Bija Mantras dos Sete Chakras são apresentados abaixo.

LAM - Muladhara, o Chakra Raiz - Elemento Terra - Primeiro Bija Mantra
VAM - Swadhisthana, o Chakra Sacral - Elemento Água - Segundo Bija Mantra
RAM - Manipura, o Chakra do Plexo Solar - Elemento de Fogo - Terceiro Bija Mantra
YAM - Anahata, o Chakra do Coração - Elemento Ar - Quarto Bija Mantra
HAM - Vishuddhi, o Chakra da Garganta - Elemento Espiritual - Quinta Bija Mantra
SHAM - Ajna, o Chakra do Olho da Mente - Dualidade - Sexta Bija Mantra
OM - Sahasrara, o Chakra da Coroa - Unicidade - Sétima Bija Mantra

Entretanto, estes sete não são os únicos Bija Mantras que existem. Cada uma das 50 letras do alfabeto sânscrito tem seu próprio Bija Mantra. Consequentemente, as 50 letras em sânscrito estão relacionadas aos seis primeiros Chakras, cujas pétalas totalizam 50, também encontradas no Lótus de Mil Pétalas do Sahasrara. Segundo as escrituras iogues, quando uma letra sânscrita é soada em um Mantra, ela abre sua pétala correspondente do Chakra ao qual ela está associada. Os Mantras de Pétalas dos Chakras são apresentados na Figura 140.

Figura 140: Bija Mantras das Pétalas dos Chackras

Os Bija Mantras têm sido usados em práticas Yógicas e meditação por milhares de anos por causa de seus efeitos espirituais em nossos estados emocionais e mentais de Ser. Eles podem ser soados (vibrados silenciosamente ou entoados em voz alta) ou meditados por eles mesmos ou afixados no início de Mantras mais longos para aumentar seu poder energético. Estes Mantras primordiais não têm uma tradução direta como outras partes de um Mantra têm. Entretanto, suas qualidades vibracionais intensas fazem deles um instrumento potente para acessar níveis mais elevados de consciência.

Quando cantado como parte de um Mantra mais longo, Bija Mantras são geralmente expressivos da energia ou essência fundacional desse Mantra. Por exemplo, OM é a fonte, ou semente, da qual todos os outros sons em um Mantra precedem. Portanto, é o Bija Mantra mais superior como o som do Para-Brahman (o Brahman Supremo); as letras do alfabeto sânscrito são apenas emanações do OM, que é seu som raiz.

OM representa o Sahasrara Chakra, a fonte de energia dos outros seis Chakras abaixo dele. Sahasrara é a Luz Branca da qual emanam, sucessivamente, as sete cores do arco-íris, correspondendo às cores dos Sete Chakras. Note que Sahasrara é tradicionalmente branco ou violeta, já que a violeta é a cor vibracional mais alta no ápice do arco-íris.

Os sete mudras de mão da Figura 141 são tradicionalmente usados para abrir os Sete Chakras Maiores. Ao combinar estes Mudras de Mão com os Bija Mantras dos Sete Chakras, temos uma técnica poderosa para otimizar o fluxo de energia dos Chakras e ajudar a despertar a Kundalini na base da coluna vertebral.

Mudras e Mantras de Práticas de cura dos Sete Chakras

Comece a prática do Mudra/Mantra dos Chakras lavando suas mãos. Em seguida, encontre uma posição confortável sentado, seja em um Ásana de meditação ou em uma cadeira. Em seguida, permita-se acalmar seu interior praticando a Respiração Quádrupla e silenciando a mente. Como este exercício tem um componente de visualização, ajuda, ter seus olhos fechados enquanto o executa.

Há dois métodos para realizar esta prática, ambos devem ser usados e trocados com frequência. O primeiro método requer que você comece com Muladhara Mudra e trabalhe para cima através dos Chakras. Esta sequência particular espelha a ascensão da Kundalini assim como a escalada da Árvore da Vida, onde você começa sua jornada na Esfera (ou Chakra) mais baixa e se move para cima conscientemente até alcançar o mais alto.

Enquanto executa o Mudra de Mão de cada Chakra, vibre/cante seu Bija Mantra em um tom vocal energizante e projetivo. Você pode passar de um a cinco minutos em cada Mudra antes de prosseguir. Seja consistente em quanto tempo você gasta em cada Mudra. Por exemplo, se você decidir gastar dois minutos em Muladhara Mudra, repita este tempo também nos Mudras de Mão a seguir. A chave para qualquer prática Espiritual bem-sucedida é a consistência e o equilíbrio.

Ao realizar um Mudra de Mão, e ao vibrar seu correspondente Bija Mantra, concentre-se na área Chákrica respectiva. Conecte-se com o Chakra e imagine sua cor complementar ficando cada vez mais brilhante à medida que a energia da Luz o permeia a cada vibração. O componente visual deste exercício é benéfico para focalizar as energias que estão sendo invocadas através dos Mantras.

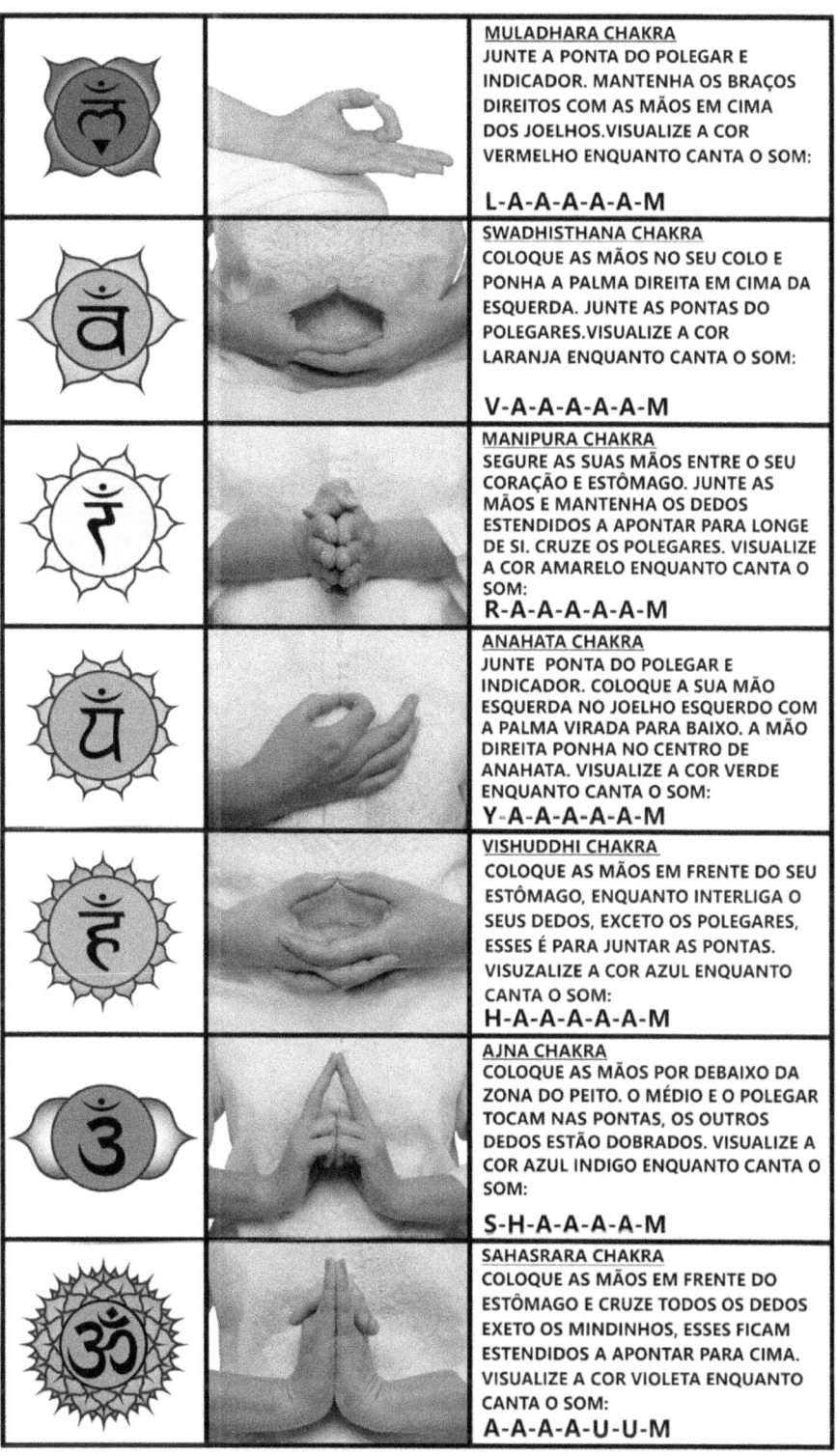

Figura 141: Os Mudras/Mantras dos Sete Chakras

No segundo método de prática do Mudra/Mantra dos Chakras, você começa com o mais alto, Sahasrara, e trabalha em sequência através dos Chakras. Neste método, imagine Sahasrara como pura Luz Branca ao invés da cor violeta. Depois de terminar a combinação Mudra/Mantra de Sahasrara, imagine um feixe de Luz saindo dele, e conectando-se com o Ajna Chakra abaixo.

Uma vez terminado o trabalho com Ajna, projete este mesmo feixe de Luz até Visshudhi, e assim por diante. Você deve visualizar um feixe de Luz projetando de um Chakra para o próximo até chegar a Muladhara. No final deste exercício, todos os Sete Chakras Maiores serão iluminados, conectados por um eixo ou feixe de Luz.

Quer você tenha realizado o primeiro ou o segundo método de prática do Chakra Mudra/Mantra, termine o exercício passando alguns minutos visualizando seus Chakras iluminados de dentro de sua Aura em suas respectivas cores. Veja-os mais brilhantes do que nunca. Se você realizasse o segundo método de prática, cada um dos Chakras seria conectado por um feixe de luz. A prática do Chakra Mudra/Mantra agora está completa. Você pode abrir os olhos e recuperar a consciência plenamente desperta.

MEDITAÇÃO (DHYANA)

O estilo de vida acelerado e multitarefa dos ocidentais deu origem a condições de saúde mental, tais como ansiedade, depressão e estresse crônico. Por esta razão, práticas holísticas mente-corpo como a Yoga e a meditação da mente se tornaram populares no Ocidente como técnicas de redução do estresse que acalmam o sistema nervoso e aumentam os níveis de dopamina e serotonina no cérebro. O resultado é o aumento da felicidade e uma mente e um corpo saudáveis.

Por definição de dicionário, "meditação" significa se engajar em contemplação ou reflexão. Envolve estar atento e presente aqui e agora, o que aumenta a consciência ao entrar no reino da consciência pura. É um processo que exige que voltemos nossa mente para dentro e nos unamos com uma realidade mais elevada, substancial e saudável.

A meditação é uma jornada em direção à união do Eu com o Espírito interior. É uma busca por uma verdade superior que só a intuição pode captar, exigindo-nos superar nossa inteligência limitada c nossas emoções pessoais e fazer uma conexão permanente com nossa verdadeira essência.

Passar pela prática meditativa alivia o condicionamento subconsciente que está nos impedindo de ser a melhor versão de nós mesmos. A meditação restabelece a mente, o que ajuda as pessoas a superar maus hábitos e vícios nocivos. Também nos reconectamos com a Alma quando vamos para dentro, o que redireciona nossa bússola moral caso nos tenhamos extraviado.

A meditação traz clareza mental e acalma nossas emoções, o que tem um efeito curativo em todos os aspectos de nossas vidas, inclusive nas relações pessoais. Ela libera a tensão interior e a ansiedade e nos recarrega com uma nova fé no Universo e amor por nós mesmos e pelos outros. Em nível físico, a meditação diminui o ritmo cardíaco, melhora o sistema imunológico e equilibra os Sistemas Nervosos Simpáticos e Parassimpáticos, trazendo coerência ao corpo.

A meditação ajuda as pessoas a alcançar a paz mental e o equilíbrio, o que é necessário para funcionar melhor na sociedade. Esta prática não tem nada a ver com a fuga para um Mundo Interior e o abandono das responsabilidades no reino material, mas sim com encontrar nosso núcleo e alcançar uma felicidade genuína e duradoura. Ao fazer isso, desenvolvemos uma base adequada na vida que facilita tudo o que fazemos a partir desse ponto.

A meditação é frequentemente o resultado de pessoas que chegam a um beco sem saída em sua busca pela felicidade através da satisfação dos desejos de seu Ego. À medida que nos tornamos condicionados a nos associarmos ao Ego em nossa adolescência, esta crença continua prevalecendo em nossos primeiros anos de vida adulta até concluirmos que alcançar a felicidade final exige que vamos além do Ego para encontrar o Espírito dentro de nós. Isto é o que significa tornar-se Espiritual e discernir entre ilusão e realidade, e a meditação é o método mais ideal para alcançar esse objetivo.

PRÁTICA DE YOGA E MEDITAÇÃO

A meditação é o sétimo membro ou passo da Yoga, Dhyana, como descrito no *Patanjali's Yoga Sutras*. A tentativa de retirar os sentidos (Pratyahara) e concentrar a mente (Dharana) são o quinto e sexto passos da Yoga, que levam à meditação. O terceiro e quarto passos (Ásanas e Pranayama) ajudam a equilibrar nossas energias masculinas e femininas e acalmar a mente, o que leva a ir para dentro, um pré-requisito para a meditação.

Uma vez que aprendemos a meditar, temos uma técnica para contatar nosso Eu interior, o Espírito, permitindo-nos alcançar a oitava e última etapa da Yoga-Samadhi-Eu - identificação com a Consciência Cósmica. Samadhi implica libertação, ou Iluminação, onde o sujeito e o objeto se tornaram Um.

Como a meditação requer concentração mental, o controle sobre nossa energia Prânica é crucial. Podemos conseguir isto através de posturas mediadoras estabilizadas (Ásanas) e regulação da respiração (Pranayama). Pessoas com distúrbios mentais ou emocionais como esquizofrenia, psicose, bipolar, TEPT, etc., devem concentrar-se primeiramente em Ásanas e Pranayama para equilibrar suas energias, pois é útil superar as tendências negativas da mente antes de tentar a meditação profunda.

Abrir novas portas da psique quando a mente não é saudável e forte pode ser assustador para muitas pessoas. Afinal de contas, uma grande parte da meditação está se desprendendo das atividades da mente e se separando de nossos pensamentos. É essencial desenvolver coragem e fé para enfrentar o desconhecido, o que transmuta o medo em energia positiva que promove nossa Evolução Espiritual. Por esta razão, práticas iogues como Ásanas, Pranayama, Mudras e Mantras são frequentemente usadas lado a lado com a meditação, pois preparam a mente e o corpo para alcançar estados mais elevados de consciência.

Por exemplo, os Mudras ajudam a manipular nossas energias internas, promovendo o bem-estar físico, mental e emocional, enquanto os Mantras invocam/evocam a energia transcendental na Aura, elevando a consciência acima do nível do corpo e do Ego. Assim, os Mantras são primordiais na prática da meditação, especialmente quando um indivíduo precisa de assistência para acalmar a mente e se conectar com um poder superior.

Por causa de sua eficácia, dediquei a maior parte desta seção às técnicas Yógicas de Ásana, Pranayama, Mudra, e Mantra. Seu domínio destina-se a preparar o corpo, a mente e a alma para a meditação, o que leva à unidade com o Espírito - a energia Fonte do Criador.

Regulação do próprio estilo de vida, incluindo a implementação de uma dieta saudável, é parte e parte da preparação da mente para a meditação. O primeiro e segundo passos da Yoga, Yamas (Autocontenção) e Niyamas (Auto-observação), exigem que estejamos conscientes de nossos pensamentos, emoções e ações e que os controlemos. Como diz o antigo aforismo grego: "Conhece-te a ti mesmo". Somente quando tivermos aprendido as tendências de nossos Egos, nossa natureza interior automática, poderemos começar a tentar mudar e administrá-lo para nos abrir à energia Espiritual.

Em última análise, a meditação leva a se tornar a encarnação do Amor Divino. O Amor Divino é a essência do Espírito, que sentimos tangivelmente em nossos corações como uma emoção. Por esta razão, abrir o centro do coração, ou Chakra do Coração, é um dos objetivos da meditação. Quando Anahata Chakra é preparado através de práticas Yógicas aliadas ao desenvolvimento moral e ético, um influxo de energia Espiritual vem do Sahasrara Chakra acima, resultando em uma permanente transformação de consciência. Quando isso ocorre, o aspirante alcançou o objetivo final da Yoga-união com a Divindade.

TRÊS MÉTODOS DE MEDITAÇÃO

Assim como existem várias disciplinas espirituais para alcançar a Iluminação, há muitas maneiras de meditar. Neste capítulo, mencionarei três métodos primários de meditação que achei mais úteis, embora existam muitos mais, alguns dos quais discuto em outras seções deste livro. Além disso, a meditação não precisa ser estacionária, já que caminhar também pode ser um exercício meditativo, se você praticar a atenção plena (mindfullness). Qualquer atividade que o faz presente aqui e agora e o sintoniza com a energia Espiritual constitui uma forma de meditação.

O primeiro tipo de meditação que achei muito poderosa requer concentração em um objeto específico fora de você e olhar para ele com seus olhos abertos. As escolhas sobre o que meditar são ilimitadas. Ela ajuda a começar com um objeto simples como uma chama de vela (como dado neste capítulo) e a progredir para um mais elaborado, como uma estátua de Deidade.

Este tipo de meditação visa focalizar sua mente sem interrupção e tornar-se uma só com o objeto, o que tem efeitos Espirituais muito positivos. Conforme você se concentra e se concentra no objeto, sua atenção será retirada de sua mente subconsciente e projetada fora de si mesmo, aumentando sua consciência do seu entorno.

Esta mediação não se destina apenas a estimular seu Olho da Mente, mas a despertá-lo plena e permanentemente. Por esta razão, quando você se concentra em um objeto mais intrincado, como uma estátua de uma Deidade, você descobrirá que quanto mais tempo você fizer esta prática, seu senso astral despertará para que você possa sentir, tocar, cheirar, até mesmo provar a estátua com sua mente.

O segundo tipo de meditação emprega o uso do som (Mantras) para focalizar a mente. Mantras são palavras, frases ou afirmações particulares, cuja repetição durante a meditação eleva a consciência a estados mais elevados. Em Yoga, o ato de repetir um Mantra com o uso de contas Mala é chamado Japa, derivado da palavra sânscrita "jap", que significa "pronunciar em voz baixa, repetir internamente". "

Recitar audivelmente uma oração durante a meditação também constitui um Mantra, que você deve soar com propósito e sentimento profundo para efeitos ideais. Intenção e foco na mente são cruciais ao repetir qualquer Mantra, assim como a tonalidade da voz. Por exemplo, cantar envolve ritmo e tom, o que coloca a mente e o corpo em um estado de transe quando executado corretamente. Cantos e hinos religiosos são Mantras que inspiram e nos transportam a um estado de consciência ampliado, facilitando um despertar Espiritual. Discutirei os Mantras com mais detalhes no próximo capítulo desta seção.

O terceiro tipo de método de meditação envolve a visualização. As meditações de visualização são muito populares e eficazes ao mesmo tempo em que são fáceis de serem praticadas. Para empregar este tipo de meditação, basta escolher um objeto para meditar e visualizá-lo com os olhos fechados. A meditação visual estimula o Olho da Mente, pois envolve a Luz Astral, que é a base de todas as imagens visuais.

Figura 142: Meditação de Visualização

Uma poderosa adaptação deste exercício é visualizar uma Deidade, como um Deus ou uma Deusa, de um panteão de sua escolha (Figura 142). Você não apenas receberá os efeitos esperados de uma meditação de visualização, mas poderá imbuir em sua Aura as características energéticas da Deidade que você imaginou.

Para efeitos ideais, é melhor ter o objeto real à mão, tal como a estátua da Deidade escolhida. Você pode segurar o objeto para sentir sua energia ou colocá-lo à altura dos olhos enquanto examina todos os seus intrincados detalhes e os observa mentalmente. Então, você deve fechar os olhos e imaginar o que acabou de ver, enquanto se concentra e se concentra em segurar essa imagem no Olho da Mente sem interrupção.

Ao iniciar a prática da meditação visual, você pode se concentrar em um ponto, linha, quadrado ou círculo e depois reproduzir a imagem em seu Olho da Mente através da imaginação. Entretanto, focalizar sua atenção em um objeto tridimensional tem efeitos específicos que você não pode alcançar com um plano bidimensional, como por exemplo, despertar completamente seus sentidos astrais.

Para começar a meditar sobre um objeto tridimensional, comece com algo simples como uma peça de fruta e depois avance para uma forma mais complicada, como uma estátua da Deidade. Além disso, tenha em mente que todas as cores têm vibrações diferentes, e ao visualizar uma cor, você invoca sua energia correspondente em sua Aura em um nível sutil. Portanto, preste atenção em como uma meditação de visualização faz você se sentir quando as cores estão envolvidas.

PASSOS PARA MEDITAÇÃO

Ao planejar uma meditação, certifique-se de fazê-la em um lugar tranquilo e agradável e um momento em que não será perturbado. Muitas pessoas gostam de usar o incenso para limpar seu espaço de energia negativa, tornando-o assim sagrado. O incenso também contém propriedades específicas que elevam a mente e a preparam para a meditação. Certifique-se de queimar o incenso antes de preparar o espaço, ao invés de durante a meditação, pois ele pode interferir na respiração e ser uma distração.

Sálvia, Olíbano e Sândalo são o incenso mais popular devido às suas propriedades curativas e efeitos calmantes. Eles também são conhecidos por ativarem o Ajna Chakra, que é um pré-requisito para a meditação. No entanto, meu favorito pessoal é o incenso indiano Nag Champa, que tem um aroma agradável e de alta qualidade vibracional.

As manhãs geralmente são o melhor momento para meditar, especialmente com o estômago vazio. Uma vez que você traz comida para o corpo, espere pelo menos de quatro a seis horas antes de meditar, pois o corpo estará trabalhando duro para digerir a comida que se transforma em energia Prânica que alimenta o sistema. A meditação à noite também é aconselhada, pois estamos mais relaxados naturalmente - a meditação antes de dormir facilita um estado mental calmo e equilibrado, promovendo um sono saudável.

Se você fizer da meditação uma parte de sua prática Yógicas, você pode descobrir que é suficiente atribuir de cinco a dez minutos a ela, o que deve ser feito logo no final da prática. Entretanto, ao meditar independentemente de sua prática de Yogic, um tempo de quinze a vinte minutos é o ideal e produzirá os melhores resultados. Tenha em mente que quanto mais tempo você dedicar a ela, melhores serão seus resultados.

As meditações são geralmente feitas enquanto se está sentado, embora você possa meditar em pé, caminhando ou deitado também. Embora, os iniciantes devem evitar deitar-se enquanto tentam meditar, uma vez que a deriva para o sono é comum com pessoas inexperientes.

Sukhásana, Siddhásana e Padmásana são as poses meditativas recomendadas que variam dependendo de sua flexibilidade. Ao praticar estes Ásanas meditativos, você deve colocar suas mãos sobre os joelhos tanto na Jnana quanto no Chin Mudras.

Sentar-se em uma cadeira também funciona e não é menos eficaz na tentativa de meditar. Os principiantes podem achá-la a melhor opção, uma vez que as cadeiras fornecem o apoio necessário para que as costas e a coluna vertebral se concentrem mais no próprio processo de meditação. Você também pode ajoelhar-se no chão, com ou sem almofada para seus joelhos, o que achar mais confortável.

Qualquer que seja a postura escolhida, a chave é que as costas e a coluna sejam mantidas retas durante a meditação, mantendo as mãos nos lados, permitindo a canalização ótima das energias Prânica e Chákrica. Além disso, quando você está ereto, o corpo está mais relaxado e firme, o que aumenta sua capacidade de se concentrar e ir para dentro.

Depois de escolher a postura de meditação e seu ponto de concentração, o próximo passo para se concentrar é a respiração. A técnica de Pranayama – Respiração Yógica é ideal, onde a atenção é colocada na respiração Diafragmática e Torácica, uma vez que a expansão do abdômen maximizará a ingestão de oxigênio ao mesmo tempo em que imobiliza suas energias internas. Este tipo de respiração ativa todo o sistema Chákrico, incluindo os dois Chakras mais baixos, Muladhara e Swadhisthana. Pessoas que respiram naturalmente apenas através do peito envolvem os Chakras superiores e médios, deixando os cruciais Chakras da Terra e da Água em sua maioria sem uso, resultando em um estado mental desequilibrado que dá origem a estresse e ansiedade.

A respiração permite que você controle o processo de meditação; portanto, esteja atento à sua inalação e exale o tempo todo. Sua respiração deve ser lenta, profunda e rítmica. Certifique-se de manter uma compostura relaxada e calma. Se você perder o controle sobre sua respiração, não entre em pânico; em vez disso, traga-a de volta ao controle e retome seu ritmo.

Enquanto medita, você verá que seus pensamentos vagueiam com frequência. Não fique alarmado; é uma parte natural do processo. Na verdade, quanto mais você se foca no objeto escolhido, especialmente com os olhos fechados, seu Ego fará tudo ao seu alcance para sabotar suas tentativas. Meditar não é acalmar os pensamentos do Ego, mas aprender a não os ouvir, mantendo o foco na tarefa em mãos.

As meditações com Mantras são úteis para iniciantes, pois permitem que você redirecione seus pensamentos ao invés de esvaziar sua mente, silenciando-os. Quando você se distrai com seus pensamentos, retorne ao ponto de foco escolhido ou desvie sua mente, colocando sua atenção de volta em seu Mantra. Você também pode usar sua respiração para recuperar o controle sobre a mente, redirecionando sua atenção para ela quando a mente vagueia.

No início, você pode se sentir desconfortável enquanto medita. Seu corpo vai se contrair, cãibras, suas pernas vão adormecer, ou você vai desenvolver impaciência e até agitação. Não se assuste quando isto acontecer, pois é um sinal de que sua meditação está funcionando. Descobri que enquanto aprende a meditar, o primeiro obstáculo a superar é aprender a relaxar seu corpo, pois é o Ego que usa o corpo para distraí-lo e dissuadi-lo de seu objetivo. Você descobrirá que quanto mais vezes você repetir o processo de meditação, mais fácil ele será.

Quando sua meditação começar a funcionar, o Ego perderá o domínio sobre a mente, por enquanto, resultando em um elevado estado de consciência. O efeito será uma mente silenciosa e calma com pensamentos puros no fundo, desprovidos de significado pessoal. Quando tiver alcançado este ponto crítico, mantenha-o o máximo de tempo possível. Quanto mais vezes você conseguir chegar a este ponto durante a meditação, mais fácil se tornará sintonizar-se fora de seu Ego e elevar a vibração de sua consciência. Após algum tempo, você poderá desenvolver a capacidade natural de fazer isto mesmo sem meditação, o que lhe permitirá contatar seu Eu Superior instantaneamente para receber sua orientação e sabedoria.

Finalmente, trabalhe na purificação de sua mente na vida diária. Quanto mais você desenvolve um caráter forte e uma natureza moral e ética, o processo de meditação se torna mais acessível. Seja persistente e determinado a levar adiante em suas meditações, mesmo que pareça que você não está chegando a lugar algum. Se você desistir muito cedo, você perde os incríveis benefícios da meditação, que são infinitos. À medida que o dia segue a noite, saiba que você alcançará o objetivo de suas meditações, se você se mantiver nisso regularmente e seguir os passos prescritos.

MEDITAÇÃO DA CHAMA DA VELA

Trataka em sânscrito significa "olhar" ou "observar de forma intensa e prolongada", uma vez que esta prática envolve olhar firmemente para um pequeno objeto como um ponto negro, uma chama de vela, uma estátua de uma Deidade, e um desenho geométrico como uma mandala ou um Yantra. Uma chama constante de uma vela (Figura 143) é um ímã natural para os olhos e a mente e é considerada a mais prática e segura. Como tal, é mais amplamente utilizada pelos Yogis.

Trataka é uma técnica de Hatha Yoga que se enquadra na categoria de Shatkarma (sânscrito para "seis ações"), que são seis grupos de práticas de purificação do corpo através de meios Yogic. O objetivo do Shatkarmas é criar harmonia entre o Ida e Pingala Nadis, criando assim um equilíbrio entre seus estados mental, emocional e físico. Trataka é a ciência Shatkarma da visão.

Os olhos são as "janelas da Alma", o meio pelo qual nossas mentes se comunicam com o ambiente externo. Eles permitem que a Luz entre, iluminando o Eu interior. Trataka é uma técnica que nos permite olhar dentro de nossas mentes e Almas através dos olhos. Como nossas mentes estão constantemente engajadas com o que nossos olhos olham, a consciência unifocalizada de Trataka nos permite acalmar a mente subconsciente, alimentada pelo Ego. À medida que o Ego entra em neutralidade, seus padrões de pensamento contínuo diminuem, o que permite que a consciência se eleve e entre em estados de mente mais elevados.

Acalmar a mente e seus padrões de pensamento é um pré-requisito para a meditação (Dhyana). Ao concentrar seu olhar em uma chama de vela, você está ativando o Ajna Chakra, que não só tem um efeito calmante sobre a mente, mas é a porta de entrada para estados mais elevados de consciência. Como tal, com a prática regular do Trataka, as habilidades psíquicas aumentam, assim como a intuição, permitindo níveis mais altos de compreensão dos mistérios da Criação.

Figura 143: Meditação da Chama da Vela (Trataka)

Com Trataka, a mente se purifica e se revigora, aumentando a concentração (Dharana) e erradicando todas as questões associadas com os olhos e a visão. Além disso, o ritmo cardíaco e respiratório e a atividade de outros órgãos diminuem, promovendo o rejuvenescimento através da energia Prânica.

Trataka equilibra o Sistema Nervoso Simpático e Parassimpático, aliviando a tensão nervosa. Além disso, as áreas dormentes do cérebro são estimuladas com a prática regular da Trataka, enquanto as áreas dominantes de atividade têm a chance de se recarregar, promovendo um cérebro saudável. Finalmente, a prática regular de Trataka melhora a qualidade do sono ao acalmar a mente enquanto trata a depressão e outras questões mentais e emocionais.

Trataka deve ser praticada no final de sua sequência de Yoga, depois de Ásanas, Pranayamas, Mudras, e Bandhas. Quando praticado por conta própria, é melhor ser praticado pela manhã, quando a mente está quieta e os olhos estão mais ativos. Também pode ser realizada à noite, antes de dormir. Evite Trataka com o estômago cheio, como é o caso de todas as práticas Yógicas.

Para iniciar a meditação Trataka, sente-se em uma sala escura onde você não será perturbado durante o exercício. Em seguida, acenda uma vela e coloque-a sobre uma pequena mesa de aproximadamente 60 a 90 centímetros à sua frente, à altura dos olhos (Figura 144). Certifique-se de que não haja correntes de ar nas proximidades que possam afetar o movimento da chama da vela.

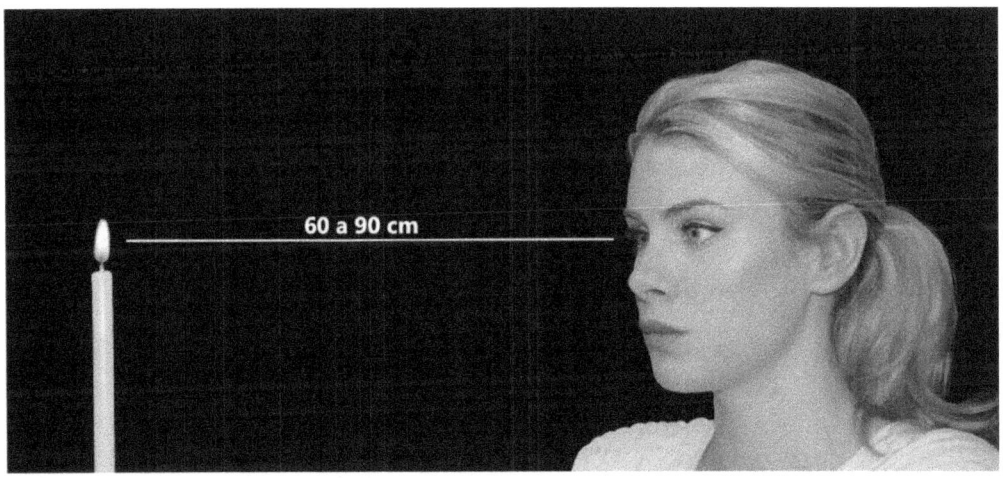

Figura 144: Colocação da Chama da Vela

Sente-se em qualquer Ásana de meditação confortável com suas mãos sobre os joelhos em Jnana ou Chin Mudras. Sua coluna vertebral e cabeça devem ser mantidas retas. Feche agora seus olhos enquanto relaxa seu corpo, especialmente os olhos. Certifique-se de que o corpo seja mantido estável durante todo o exercício.

Abra agora seus olhos e comece a olhar para a chama da vela. Seu ponto ideal de contemplação é a ponta vermelha do pavio. Mantenha o olhar o máximo possível, evitando piscar ou mover os olhos de qualquer maneira. Não esforce os olhos, pois a tensão pode fazê-los tremeluzir. Pare se os olhos começarem a lacrimejar.

Ao tornar-se um com a chama, você deve perder a consciência de todas as sensações corporais. Seu Ser se tornará externalizado, afastando-o de toda a distração da mente. Se a mente começar a vaguear e sua concentração, diminuir, volte o foco para a chama da vela.

Após um ou dois minutos, feche os olhos e olhe para a pós-imagem da chama no espaço à sua frente. Se a pós-imagem começar a se mover de um lado para o outro ou para cima e para baixo, você pode estabilizá-la concentrando-se mais. Quando a imagem começa a desvanecer, traga-a de volta através da memória. Quando a imagem desaparecer completamente, abra os olhos e comece a olhar novamente para a chama da vela.

Repita este processo três a quatro vezes se você for um iniciante, não demorando mais do que dois minutos no total. Quando estiver pronto para terminar o exercício, esfregue as mãos por cinco segundos para gerar energia Prânica e depois coloque-as sobre os olhos por dez segundos para absorvê-la. Sempre termine a meditação Trataka desta maneira, que fornece energia de cura aos seus olhos.

À medida que você for adquirindo mais experiência com a meditação Trataka, aumente sua duração em até dez minutos. Pessoas com insônia, depressão ou outros problemas mentais e emocionais devem dedicar até vinte minutos a este exercício.

Note que as pessoas que sofrem de glaucoma, epilepsia ou de doenças oculares graves não devem praticar Trataka. Em vez disso, elas podem substituir seu ponto de foco por um ponto negro, realizado em uma sala bem iluminada. Embora a meditação de um ponto negro produza benefícios similares aos do Trataka, ela é menos potente, pois omite o foco na pós-imagem, o que efetivamente abre o Olho da Mente com uso regular.

YOGA E OS CINCO ELEMENTOS

A Yoga nos ajuda a purificar e equilibrar os Cinco Elementos da Terra, Água, Ar, Fogo e Espírito (Espaço). Fazendo isso, restaura a saúde ideal desses Elementos dentro do corpo e desdobra nossos poderes e habilidades interiores que correspondem a cada Elemento. Entretanto, como cada um dos Cinco Elementos é responsável por diferentes estruturas no corpo, podem ocorrer doenças e sofrimento psicológico se qualquer Elemento se tornar impuro sair do equilíbrio com outro Elemento.

Como o Elemento Terra ("Bhumi" em sânscrito) se relaciona com todos os sólidos, ele corresponde ao corpo físico, ou seja, ao sistema esquelético e muscular. O Elemento Terra inclui todos os tecidos do corpo, incluindo a pele, os dentes, as unhas e o cabelo. O corpo físico é o veículo de nossa consciência e nossa fundação que nos conecta diretamente ao Planeta Terra.

O Elemento Água ("Jala" em sânscrito) refere-se a todos os fluidos; 60% de nosso corpo físico consiste em água, que se move através de nosso sistema circulatório. Também podemos encontrar água em nosso cérebro, coração, pulmões, músculos, rins e até mesmo nos ossos. Além disso, nosso sangue, suor, saliva, urina, sêmen e fluidos vaginais e uterinos também contêm água. Nossa saúde física e mental depende do fluxo de água de nosso corpo, uma vez que o Elemento Água regula a consciência.

O Elemento Fogo está relacionado à digestão e ao metabolismo e está preocupado com a fome, a sede e nossa necessidade de dormir. O fogo é chamado de "Agni" em sânscrito, o Deus do Fogo no Hinduísmo. Na prática de Ásanas, Agni se refere ao calor interno e ao calor que é gerado em posturas específicas. O Elemento Fogo relaciona-se com nossas Almas, nossa fonte de Luz que tem o poder de criar e destruir.

O Elemento Ar ("Pavan" em sânscrito) se relaciona com nosso sistema respiratório e se preocupa em expandir e contrair a energia Prânica no corpo. Prana é a energia da Luz, a Força Vital que todos os organismos vivos necessitam para sobreviver. O ar ao nosso redor transporta energia Prana; o mero ato de respirar traz Prana para o corpo. A energia Prana também é necessária para alimentar a mente. Por esta razão, o controle da respiração (Pranayama) é essencial em todas as práticas do Yoga, já que um dos objetivos do Yoga é focalizar a mente e tornar-se consciente de si mesmo.

O Elemento Espiritual/Espaço ("Akasha" em sânscrito) fortalece nossas funções cognitivas internas. É a nossa fonte de amor, verdade, sabedoria, inspiração e fé.

Entretanto, a energia do Espírito pode se corromper pela ausência de razão e pelo pensamento ilógico, o que cria medo. Nosso maior medo está relacionado à sobrevivência no Plano Físico, como nosso principal medo da morte. Tememos a morte porque não podemos saber com certeza o que acontece quando morremos, uma vez que não temos lembranças além desta vida. Como é Eterno e atemporal, o Espírito nos dá fé na vida após a morte - a continuação de nossa existência além da morte. A melhor maneira de experimentar a energia do Espírito é silenciar a mente e ir ao fundo de si mesmo. A meditação é a melhor maneira de sintonizar com o Espírito dentro de nós para induzir paz de espírito e felicidade enquanto trazemos inspiração para nossa vida diária.

ATIVAÇÃO E EQUILÍBRIO DOS ELEMENTOS

Há uma ordem natural dos Elementos no corpo. Enquanto engajados em Ásana, Pranayama, Mudra, Mantra e meditação, a prática da consciência dos Elementos no corpo nos permite canalizar a energia Prânica para seus centros Chákricos correspondentes. Ao ativar nossos poderes Elementais, podemos alcançar o equilíbrio na mente, no corpo e na alma.

Os Elementos Terra e Água estão abaixo do Navel. Sempre que concentramos nossa atenção em nossa região pélvica, seja através do movimento, meditação ou técnicas de respiração, estimulamos estes dois Elementos a entrar em ação.

Ásanas estacionárias facilitam a estabilidade, aprofundando nossa conexão com a Terra. À medida que nosso corpo físico se fundamenta, estabelecemos nossa base física, conectando-nos assim com o Elemento Terra. Nossos músculos tornam-se flexíveis enquanto as articulações se tornam estáveis. O próprio corpo se torna forte e firme. Os Ásanas nos conectam a nossos pés e se tornam conscientes da linguagem e dos movimentos de nosso corpo. A mente se torna fundamentada e focalizada. Uma vez que os Ásanas estacionários retardam o fogo metabólico, eles esfriam o corpo e estabilizam a mente.

A transição de um Ásana para o próximo toma uma ação fluida à medida que tentamos nos mover fluidamente através de nossos movimentos. Nossa capacidade de segurar um Ásana e depois deixá-lo ir permite que nossas mentes se tornem adaptáveis de um momento para o outro. A graça e a resiliência que acompanham a prática dos Ásana nos permitem conectar-nos com o Elemento Água. Nossa consciência se torna mais aberta e consciente de nosso ambiente, tirando-nos da mente e nos sintonizando com o momento presente.

O Elemento Fogo é colocado no meio do tronco, na área do Plexo Solar. Geralmente, o Elemento de Fogo é ativado através de Ásanas dinâmicas que envolvem movimento e fluxo. Entretanto, há um ponto de ruptura nos Ásanas estacionários quando o corpo começa a gerar calor, fazendo o corpo tremer, induzindo o suor. Este ponto de ruptura é quando o Ego e a mente querem deixar de segurar o Ásana. Invocar a energia e a força de vontade necessárias para continuar irá facilitar um aumento ainda mais significativo da energia dos Elementos de Fogo do corpo, resultando na queima das toxinas dos outros Elementos. Segundo os Yogis, alguns Ásanas aumentam o fogo digestivo a tal ponto que podem remover completamente as doenças do corpo.

O Elemento Ar está no meio do peito e é o nosso principal centro de energia Prânica. Nossos músculos, articulações e outros tecidos de suporte se expandem quando respiramos. Como resultado, nossa mente se abre através de diferentes técnicas de Pranayama enquanto o corpo se torna leve como uma pena.

O simples ato de respirar estimula o Elemento Ar a entrar em ação, embora com respiração controlada, possamos concentrar a energia Prânica em qualquer área do nosso corpo para facilitar a cura. O controle da respiração permite que o indivíduo concentre sua energia Prânica durante a prática de Ásanas. O Prana é poderoso na limpeza do corpo de toxinas, pois ativa o Elemento de Fogo purificador. O Elemento Água é estimulado se focalizarmos a energia Prana em nossa área abdominal, como por exemplo, através da Respiração Diafragmática.

O Elemento do Espírito, ou Espaço, está na cabeça e é mais acessível através de técnicas de meditação, especialmente aquelas que utilizam o Olho da Mente. Quando executamos as técnicas de Ásanas e Pranayama com graça, foco e consciência de nossos movimentos, pensamentos e emoções, infundimos amor, cuidado e dedicação em nossa prática que ativa o Elemento Espírito.

A utilização de uma sequência equilibrada de Ásanas que inclui movimento e quietude tem tremendos benefícios no equilíbrio dos Elementos. Ele nos permite regular o Elemento Fogo e harmonizar os Elementos Terra e Ar, que são inimigos naturais - como o corpo lida com o aterramento, a mente lida com os pensamentos. Enquanto um é sólido (Terra), o outro é Etérico (Ar). O equilíbrio entre o corpo e a mente permite a conexão com a Alma, que busca a unidade com o Espírito.

Os Ásanas tornam o corpo e a mente firmes e fundamentados ao mesmo tempo em que tornam os membros flexíveis. Os membros flexíveis permitem um movimento mais significativo da energia Prânica através dos Nadis que os atravessam. Quando o Elemento Ar é otimizado no corpo, podemos adicionar o combustível necessário aos Elementos Água e Fogo. Um corpo flexível tem grandes benefícios para o sistema Chakric, o que é uma das razões pelas quais os Ásanas são tão atraentes para a população em geral.

***

Uma maneira eficiente e simples de equilibrar os Cinco Elementos é com os Mudras de Mão (Figura 145). Além de aumentar ou diminuir os Elementos, cada Mudra de Mão tem acrescentado benefícios mente-corpo, como mencionado em suas descrições. Para realizar os Mudras de Mão Para os Cinco Elementos, siga as instruções em "Passos Para a Prática dos Mudras de Mão".

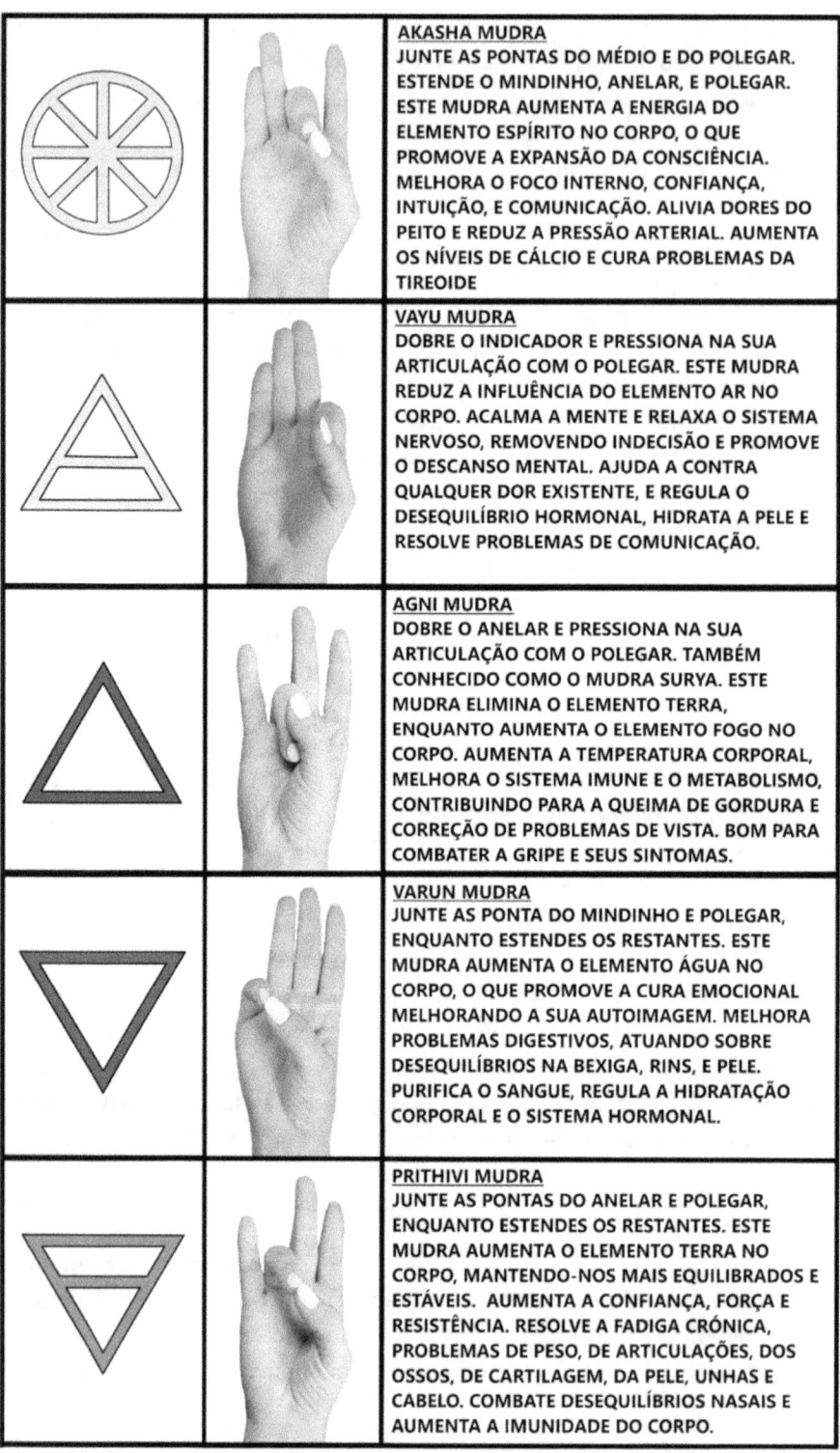

		AKASHA MUDRA JUNTE AS PONTAS DO MÉDIO E DO POLEGAR. ESTENDE O MINDINHO, ANELAR, E POLEGAR. ESTE MUDRA AUMENTA A ENERGIA DO ELEMENTO ESPÍRITO NO CORPO, O QUE PROMOVE A EXPANSÃO DA CONSCIÊNCIA. MELHORA O FOCO INTERNO, CONFIANÇA, INTUIÇÃO, E COMUNICAÇÃO. ALIVIA DORES DO PEITO E REDUZ A PRESSÃO ARTERIAL. AUMENTA OS NÍVEIS DE CÁLCIO E CURA PROBLEMAS DA TIREOIDE
		VAYU MUDRA DOBRE O INDICADOR E PRESSIONA NA SUA ARTICULAÇÃO COM O POLEGAR. ESTE MUDRA REDUZ A INFLUÊNCIA DO ELEMENTO AR NO CORPO. ACALMA A MENTE E RELAXA O SISTEMA NERVOSO, REMOVENDO INDECISÃO E PROMOVE O DESCANSO MENTAL. AJUDA A CONTRA QUALQUER DOR EXISTENTE, E REGULA O DESEQUILÍBRIO HORMONAL, HIDRATA A PELE E RESOLVE PROBLEMAS DE COMUNICAÇÃO.
		AGNI MUDRA DOBRE O ANELAR E PRESSIONA NA SUA ARTICULAÇÃO COM O POLEGAR. TAMBÉM CONHECIDO COMO O MUDRA SURYA. ESTE MUDRA ELIMINA O ELEMENTO TERRA, ENQUANTO AUMENTA O ELEMENTO FOGO NO CORPO. AUMENTA A TEMPERATURA CORPORAL, MELHORA O SISTEMA IMUNE E O METABOLISMO, CONTRIBUINDO PARA A QUEIMA DE GORDURA E CORREÇÃO DE PROBLEMAS DE VISTA. BOM PARA COMBATER A GRIPE E SEUS SINTOMAS.
		VARUN MUDRA JUNTE AS PONTA DO MINDINHO E POLEGAR, ENQUANTO ESTENDES OS RESTANTES. ESTE MUDRA AUMENTA O ELEMENTO ÁGUA NO CORPO, O QUE PROMOVE A CURA EMOCIONAL MELHORANDO A SUA AUTOIMAGEM. MELHORA PROBLEMAS DIGESTIVOS, ATUANDO SOBRE DESEQUILÍBRIOS NA BEXIGA, RINS, E PELE. PURIFICA O SANGUE, REGULA A HIDRATAÇÃO CORPORAL E O SISTEMA HORMONAL.
		PRITHIVI MUDRA JUNTE AS PONTAS DO ANELAR E POLEGAR, ENQUANTO ESTENDES OS RESTANTES. ESTE MUDRA AUMENTA O ELEMENTO TERRA NO CORPO, MANTENDO-NOS MAIS EQUILIBRADOS E ESTÁVEIS. AUMENTA A CONFIANÇA, FORÇA E RESISTÊNCIA. RESOLVE A FADIGA CRÓNICA, PROBLEMAS DE PESO, DE ARTICULAÇÕES, DOS OSSOS, DE CARTILAGEM, DA PELE, UNHAS E CABELO. COMBATE DESEQUILÍBRIOS NASAIS E AUMENTA A IMUNIDADE DO CORPO.

Figura 145: Mudras de Mão Para os Cinco Elementos

AYURVEDA

A medicina holística da Ayurveda remonta à era Védica, por volta da mesma época em que a Yoga foi desenvolvida. Embora aparentemente sem relação, Yoga e Ayurveda compartilham a mesma cultura, filosofia, linguagem e metodologia e são consideradas ciências irmãs pelos hindus. Enquanto as práticas Yogic tratam de harmonizar nossa mente, corpo e alma, a Ayurveda fornece uma compreensão de nossas constituições físicas e mentais e como a dieta e o estilo de vida afetam nossos corpos e mentes.

A base da Ayurveda é a teoria da "Tridosha" (sânscrito para os "Três Doshas"), as três forças ou "humores" no corpo - Vata (vento), Pitta (bile), e Kapha (catarro). Vata governa o movimento no corpo, Pitta governa a digestão e nutrição, e Kapha é a energia que forma a estrutura, a massa e os fluidos do corpo. Embora os Três Doshas influenciem principalmente nosso corpo físico, eles também têm contrapartidas sutis que afetam a mente e os Cinco Koshas: Prana, Tejas, e Ojas. As atividades de nossos corpos e mentes dependem do bom funcionamento dos Três Doshas. Quando estão desequilibrados, eles contribuem para os processos de doenças.

Os Tridosha também são responsáveis pelas preferências individuais em alimentos, incluindo sabores e temperaturas. Eles governam a criação, manutenção e destruição do tecido corporal e a eliminação de resíduos de produtos do corpo. Eles também são responsáveis pelos processos psicológicos, desde as emoções negativas baseadas no medo até as emoções amorosas.

Ayurveda também inclui a ciência das 108 Marmas ou pontos de energia no corpo. Os pontos de Marma são pontos vitais no corpo que são infundidos pela energia Prânica e influenciados pela consciência. Há muitos benefícios em trabalhar com pontos de Marma, incluindo, mas não se limitando a: eliminação de bloqueios psicológicos e emocionais, melhoria da circulação e do fluxo de energia, alívio da dor muscular e rigidez articular, e alívio de tensão e ansiedade.

As essências dos Três Doshas surgem dos Cinco Grandes Elementos, chamados de "Panchamahabhuta" em Ayurveda (sânscrito). Cada um dos Três Doshas é uma combinação de dois dos Cinco Elementos: Vata é Ar (Vayu) e Espírito (Akasha), Pitta é Fogo (Agni) e Água (Jela), e Kapha é Terra (Prithivi) e Água (Jela), como mostrado na Figura 146. Os Três Doshas dependem um do outro para o equilíbrio e a saúde da mente e do corpo. Por exemplo, o princípio do ar acende o fogo corporal enquanto a água o controla, impedindo que os tecidos do corpo se queimem. O ar também move a água; sem Vata Dosha, Pitta e Kapha ficam imobilizados.

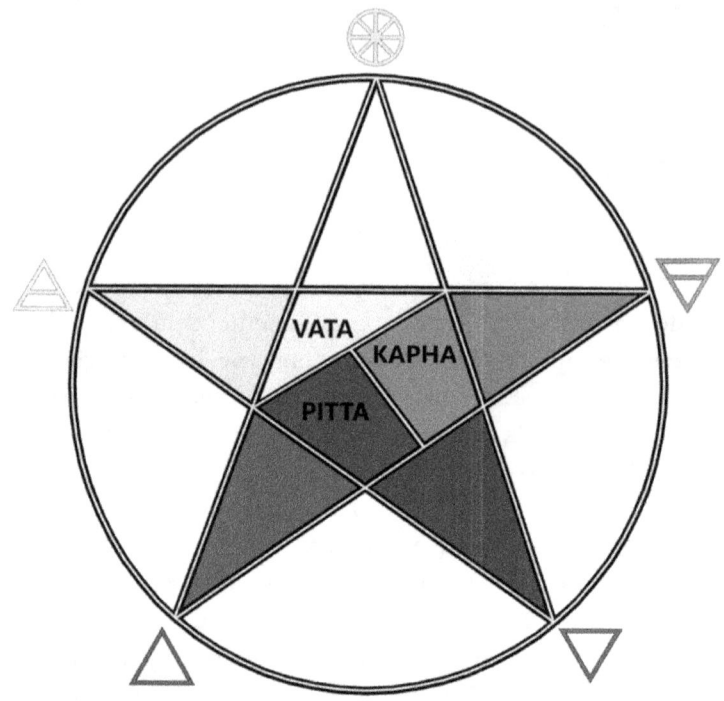

Figura 146: Os Cinco Elementos e os Três Doshas

As pessoas também podem ser Bi-Dóshicas ou mesmo Tri-Dóshicas, o que significa que compartilham qualidades com dois ou três tipos de Dosha. Assim, há um total de sete tipos de constituições na Ayurveda: Vata, Pitta, Kapha, Vata-Pitta, Pitta-Kapha, Vata-Kapha, e Vata-Pitta-Kapha. A compreensão dos Doshas nos permite equilibrar nossas energias internas e alinhar nossos Koshas, melhorando nossa saúde psicológica, mental e emocional.

No entanto, mesmo estando fadados a viver sob o governo específico de Elementos particulares nesta vida, ainda podemos flutuar nos Doshas quando ocorrem mudanças significativas em nossa psique, meio ambiente, dieta, clima, etc. Assim, sob certas circunstâncias e condições, um Dosha irá predominar, enquanto em outras situações, outro irá.

O princípio mais importante a ter em mente quando se trabalha com os Doshas é que semelhantes aumentam semelhantes, enquanto os opostos se equilibram uns aos outros. Portanto, a alimentação, o clima e as situações que têm características similares às do Doshas aumentarão suas energias, enquanto que as que têm características opostas as diminuirão. O mesmo conceito se aplica a práticas iogues como os Ásanas, Pranayamas e

Mudras de Mão, que podem equilibrar um Dosha ou agravá-lo, dependendo da natureza e da mecânica do exercício realizado.

OS TRÊS DOSHAS

Vata Dosha

Como a energia do movimento na mente e no corpo, o Vata Dosha está associado ao Elemento Ar. O Vata é seco, frio, leve, móvel, ativo, duro, fino, áspero, errático, mutável e claro. Em um nível sutil, Vata relaciona-se com a energia Prânica responsável por todas as funções psicofísicas no corpo. O Prana é carregado no corpo pelos Cinco Prana Vayus, cada um desempenhando um papel específico na harmonização da mente e do corpo. O Vata é considerado o mais poderoso dos Três Doshas, pois carrega tanto Pitta quanto Kapha.

Vata regula todos os processos de movimentação no corpo em nível microcelular e macroscópico. Respirar, piscar das pálpebras, movimentos nos músculos e tecidos e pulsações cardíacas são todos governados pelo Vata Dosha. Além disso, o Vata governa o catabolismo, o processo de decomposição de moléculas grandes em moléculas menores para serem usadas como energia. Os processos internos relacionados ao Elemento Ar, como imaginação e criatividade, são influenciados pelo Vata, incluindo emoções como inspiração e ansiedade.

As pessoas do tipo Vata são governadas pela segunda camada do material "Eu", o corpo vital - Pranamaya Kosha. A área de operação do Vata é a parte inferior do tronco que inclui o intestino grosso e a cavidade pélvica (Figura 147). Funciona também através dos ossos, pele, orelhas e coxas. Se o corpo desenvolve um excesso de energia Vata, ele se acumula nestas áreas.

O outono é conhecido como a estação Vata por seu clima fresco e cristalino. As pessoas com Vata Dosha são geralmente pouco desenvolvidas fisicamente. Elas são finas e magras, com articulações proeminentes e veias e tendões musculares visíveis. Os tipos de Vata tendem a ter uma inocência inata e a buscar uma vida espiritual. Eles gostam de conhecer novas pessoas, fazer atividades criativas e experimentar novos ambientes.

Os Vatas são altamente ativos mentalmente, rápidos, bem-humorados, inteligentes e inovadores. Eles são fortemente influenciados pelos ciclos planetários e lunares, pelo clima, pelas pessoas com quem se rodeiam e pelos alimentos que comem. Como eles tendem a ter temperatura corporal mais fria do que a média, os Vatas apreciam clima quente e úmido.

Os Vatas são proficientes em multitarefas, embora tenham problemas com compromissos e projetos concluídos. Eles são geralmente infundados, o que os faz esquecidos, mal-humorados, estressados e ter dificuldade para dormir. Muitas vezes comem alimentos pesados para aterrar e tranquilizar suas mentes ativas e ingerem estimulantes como café e açúcar para não se esgotarem, já que têm baixa resistência física.

Os vatas são propensos a problemas digestivos e má circulação sanguínea, tendo imunidade naturalmente inferior à média.

De acordo com Ayurveda, uma pessoa que tenha o Vata deve utilizar meditação, práticas de Yoga e outras atividades de calmantes e de equilíbrio em sua agenda diária. Eles precisam manter seu corpo quente, evitando o tempo frio e o exercício, incluindo a realização de atividades cardiovasculares. Os Vatas devem passar um tempo na natureza regularmente para se aterrar e ir dormir antes das 22 horas para garantir uma boa noite de sono. Como todos os tipos de Doshas, uma pessoa que domina o Vata precisa utilizar uma dieta saudável e evitar alimentos que agravem sua condição. (Consulte a Tabela 5.) Finalmente, os tipos de Vata se beneficiariam de beber bebidas quentes frequentemente, evitando estimulantes, tais como café, álcool, chocolate e outros açúcares.

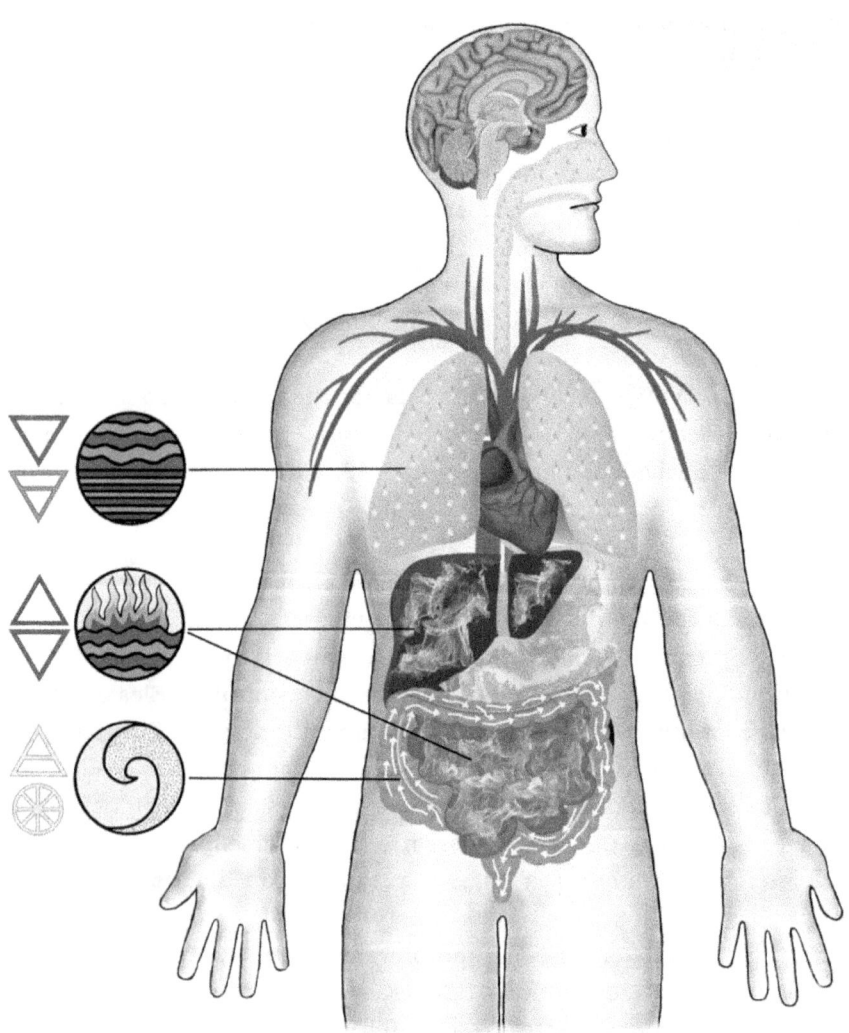

Figura 147: As Três Doshas e as Zonas Corporais

Pitta Dosha

Pitta é a energia da transformação e, portanto, está alinhada com o Elemento Fogo. Pitta é quente, oleoso, leve, móvel, fluido, afiado e com cheiro azedo. Ele governa a digestão, absorção e assimilação da nutrição enquanto regula o calor corporal, a coloração da pele e a percepção visual. A forma sutil de Pitta é Tejas ou Agni, o Fogo da mente responsável pela força de vontade, confiança, inteligência, compreensão, raciocínio, foco e autodisciplina.

Pitta se refere ao princípio do metabolismo que trata da conversão de alimentos em energia utilizável que executa funções celulares. O metabolismo é dividido em dois processos - catabolismo e anabolismo, que são governados por Vata e Kapha Doshas.

Os tipos Pitta são governados pela mente-corpo, a terceira camada do material Eu-Manomaya Kosha. A área de operação de Pitta é a área central do tronco que contém o estômago, fígado, baço, vesícula biliar, duodeno e pâncreas (Figura 147). A maioria das escolas ayurvédicas também atribui o intestino delgado a Pitta ao invés de Vata, uma vez que ele opera em conjunto com o fogo digestivo. Além disso, Pitta trabalha através das glândulas sudoríparas, sangue, gordura, olhos e pele. Se houver dor em algum lugar próximo ao plexo solar em qualquer órgão descrito acima, a energia Pitta pode estar desequilibrada.

O verão é conhecido como a estação de Pitta por causa de seu clima quente e dias ensolarados. Os tipos de Pitta são geralmente de altura e peso médios, com um corpo tonificado e estrutura moderada. Eles têm boa circulação sanguínea e pele e cabelo saudáveis. Como as Pittas são dominadas pelo Elemento Fogo, elas são inerentemente autodeterminadas, motivadas, competitivas, orientadas a metas, tenazes, intensas e irritáveis. Os Pittas são atléticos e têm facilidade para musculação. Como líderes naturais propensos à agressão e ao conflito, eles são frequentemente desafiados por emoções negativas como dúvida, raiva, ódio e ciúme.

Os Pittas geralmente têm sempre fome com metabolismos rápidos e são predispostos a mudanças de humor se não comerem. Muitas vezes eles ingerem grandes quantidades de alimentos e líquidos e apreciam bebidas frias. Os pittas são sensíveis a temperaturas quentes e são suscetíveis a inflamações da pele, acne, dermatite e eczema. Sua temperatura corporal é mais alta do que a média e suas mãos e pés geralmente são quentes. Os pittas tendem a trabalhar demais, pois são inteligentes e têm um forte desejo de sucesso.

A medicina ayurvédica sugere que os indivíduos de Pitta dominante precisam cultivar a moderação em todas as coisas e não levar a vida muito a sério. Eles precisam reservar tempo para atividades divertidas para equilibrar sua vida profissional, que muitas vezes domina. As Pittas devem evitar o calor extremo enquanto implementam uma dieta saudável. (Tabela 5). Meditação diária, práticas Yógicas e outras atividades espirituais calmantes e equilibradoras são recomendadas para que os Pittas tranquilizem seu temperamento irritável.

Kapha Dosha

Como a energia arquetípica da Mãe Terra, Kapha Dosha fornece o material para a existência física, trazendo solidez aos Elementos sutis do corpo. Kapha é frio, úmido, oleoso, pesado, lento, moroso, estático, macio, denso e nublado. Está relacionado à água corporal que dá resistência ao nosso corpo aos Elementos externos para manter a longevidade a nível celular. Kapha proporciona umidade da pele, lubrificação das articulações, proteção do cérebro e do sistema nervoso, imunidade a doenças e cicatrização de feridas.

A forma sutil de Kapha é chamada de Ojas, que é sânscrito para "vigor". Ojas liga consciência e Matéria; é a energia vital fluida do Elemento Água que sustenta as funções da mente. Ojas é responsável pela retenção da memória. Ele nos fornece força mental, resistência e poderes de concentração.

Os tipos Kapha são governados pelo corpo alimentar, a primeira camada do material Auto-Annamaya Kosha. Sua área de operação é principalmente os pulmões, embora Kapha também esteja presente nas narinas, garganta, seios nasais e brônquios (Figura 147). As emoções relacionadas ao Elemento Água, como amor, calma e perdão estão associadas a Kapha Dosha e sentimentos negativos como ganância e inveja. Kapha tem uma influência direta nos apegos ao Ego.

A estação de Kapha é a primavera, quando as coisas são mais férteis, e a vida vegetal começa a crescer novamente. Kaphas geralmente tem corpos bem desenvolvidos, com ossos grossos e armações de corpo fortes. Eles têm apetites baixos mas regulares e metabolismos de ação lenta e sistemas digestivos. Eles tendem a ganhar peso, portanto precisam se exercitar regularmente. A influência dos Elementos passivos da Água e da Terra os torna emocional e mentalmente estáveis, leais e compassivos. Raramente eles se perturbam; pensam antes de agir. Como tal, eles viajam pela vida de uma forma lenta e deliberada.

Os tipos Kapha têm uma abordagem sistemática da vida; eles geralmente gostam de planejar as coisas ao invés de serem caprichosos como os Vatas. Eles têm habilidades empáticas poderosas e uma forte energia sexual. Os Kaphas são pacientes, confiantes, calmos, sábios, românticos e têm um sistema imunológico saudável. Entretanto, eles são propensos a problemas respiratórios como alergias e asma e têm um risco maior de doenças cardíacas e acúmulo de muco do que outros tipos Dóshicos. Além disso, como o Elemento Água predomina, Kaphas retêm bem as informações e são atenciosos em palavras e atos. Eles se relacionam emocionalmente com o mundo, tornando-os suscetíveis à depressão e à falta de motivação.

Na Ayurveda, uma pessoa Kapha-dominante é aconselhada a se concentrar em exercícios regulares e diários, uma dieta saudável (Tabela 5), e manter uma temperatura corporal quente. Além disso, eles devem preencher seu tempo com atividades que os inspirem e motivem enquanto estabelecem uma rotina de sono regular, uma vez que os tipos Kapha são conhecidos por dormirem demais.

TABELA 4: Tabela de Constituição Ayurvédica (Três Doshas)

Aspecto da Constituição	Tipo de Vata (Ar e Espírito)	Tipo Pitta (Fogo e Água)	Tipo Kapha (Água e Terra)
Altura e peso	Alto ou muito baixo, baixo peso	Peso constante, altura média	baixo, mas às vezes alto, pesado, ganha peso facilmente
Constituição	Fino, enxuto, magro	Médio, tonificado	Grande, robusto, bem construído
Pele	áspera, morosa, escura, facilmente rachada, seca, fria	Macia, firme, rosada, oleosa, quente, sardenta e delicada	lisa, pálida, leve, úmida, oleosa, fria, grossa
Olhos	fundos, pequenos, secos, marrons, de sobrancelhas altas	Afiado, perfurantes, verde, cinza, marrom claro	Grande, atraente, azul, pestanas espessas, olhar suave
Lábios	Pequenos, lábios finos, rachaduras	Grossos, médios, suaves, vermelhos	Grandes, suaves, rosados
Cabelos	Secos, finos, escuros, frisados	Finos, retos, oleosos, lisos, louros ou ruivos	Grossos, encaracolados, ondulados, escuros ou claros
Dentes	Muito pequenos ou grandes, irregulares, protrusos, lacunas	Gengivas de tamanho médio, macias e suscetíveis a sangramentos	Cheio, forte, branco, bem formado
Unhas	secas, ásperas, quebradiças	finas, lisas, avermelhadas	Grandes, macias, brancas, brilhantes
Temperatura corporal	Menor que o normal; palmas e pés frios	Maior do que o normal; palmas, pés e rosto quentes	Normal; palmas e pés levemente frios
Juntas	Visíveis, rígidas, instáveis, facilmente quebráveis	soltas, moderadamente ocultas	Firmes, fortes, grandes, bem ocultas
Suor	Normal	Muito facilmente, cheiro forte	Lento para começar, mas profuso
Resíduos sólidos	Duros, secos, duas vezes por dia	Suave, soltos, 1-2 vezes/dia	Bem formados, uma vez por dia
Urinação	escassa	profusa, amarela	moderada, clara
Sistema imunológico	Baixo, variável	Moderado, sensível ao calor	Bom, alto
Resistência	baixa, facilmente exaurido	Moderado, mas focada	Firme, alto
Apetite e sede	Variável, ingestão rápida de alimentos e bebidas	Altos, excessivos, deve comer a cada 3-4 horas	Moderados, constantes, pode tolerar a fome e a sede
Preferência do paladar	Doce, ácido, salgado	Doce, amargo, adstringente	Pungente, amargo, adstringente
Atividade física	Muito ativo, fica cansado facilmente	Moderado, se cansa facilmente	letárgico, move-se lentamente, não se cansa facilmente
Temperamento/emoções	Medroso, mutável, adaptável, incerto	Corajoso, motivado, confiante, irritável	Calmo, amoroso, ganancioso, apegado, autoconsciente
Sensibilidades	Frio, seco, vento	Calor, luz solar, fogo	Frio, umidade
Discurso	Rápido, frequente, desfocado, ponto perdido facilmente	Focado, direto, bom em argumentos, orientado a metas	Lento, firme, suave, firme discurso, não grande falador
Estado mental	Hiperativo, inquieto	Agressivo, inteligente	tranquilo, lento, firme
Personalidade	Criativo, imaginativo	Inteligente, voluntarioso, eficiente	Cuidadoso, paciente, atencioso
Social	Fazer e mudar frequentemente	Os amigos são relacionados ao trabalho	Amizades duradouras
Memória	Baixa, esquece as coisas facilmente	Memória moderada e média	alta, lembra-se bem
Horário	Horários irregulares	Longo dia de trabalho	Bom em manter a rotina
Sonhos	Céus, ventos, voar, saltar, correr	Fogo, raio, violência, guerra, vistas coloridas	Água, rio, oceano, natação no lago, vistas coloridas
Dormir	Esparso, interrompido, perturbado, menos de 6 h	Variável, sonoro, 6-8 h	Excessivo, pesado, prolongado, 8 h ou mais
Finanças	Gastador extravagante, gasta dinheiro frivolamente	Gastador médio, foco em luxos	Frugal, economiza dinheiro, só passa quando é necessário
Total	=	=	=

COMO DETERMINAR SUA RELAÇÃO DÓSHICA

Cada ser humano tem uma proporção única dos Três Doshas, dependendo de qual dos três Elementos Ar, Água e Fogo é dominante em nós. Em sânscrito, o plano pessoal das energias que nos regem na vida é chamado de "Prakriti", que significa "a forma original ou natural de condição de alguma coisa - sua substância primária". O estado atual dos Três Doshas, após o momento da concepção, é o "Vikruti", que significa "depois da Criação". Ele se refere à nossa constituição depois de ter sido exposta e alterada pelo meio ambiente. O Vikruti define nosso desequilíbrio Dóshico.

Há três maneiras de determinar sua proporção Dóshica, duas das quais você pode fazer por conta própria usando este livro e o acesso à internet. O outro método é ver um praticante ayurvédico que usará a leitura de pulso e língua como ferramentas de diagnóstico. Se você quiser o diagnóstico mais preciso, recomendo os três.

O primeiro método é usar o gráfico da Tabela 4 e diagnosticar-se a si mesmo. Começando no topo da tabela com "Altura & Peso", escolha qual das três descrições dos Doshas melhor descreve você. Depois de selecioná-la, coloque uma marca de verificação na parte inferior de uma das colunas Vata, Pitta ou Kapha na última linha onde diz "Total". Em seguida, continue com o segundo aspecto, "Constituição" e faça o mesmo. E assim por diante, até que você tenha terminado de revisar todo o gráfico. Finalmente, somar os totais para cada um dos Três Doshas e colocar um número após o sinal de igual na última linha.

O Dosha com o número mais alto geralmente indicará sua constituição primária, enquanto o Dosha com o segundo número mais alto indicará seu segundo Dosha dominante. Se você tiver dois Doshas relativamente iguais, você será Bi-Dóshico ou mesmo Tri-Dóshico se tiver uma relação semelhante entre todos os Três Doshas. Se um dos Doshas tem um número significativamente maior do que os outros dois, como é frequentemente o caso, então esse é seu Dosha dominante.

O segundo método "faça você mesmo" usa a Astrologia Védica para determinar sua relação Dóshica, que você pode comparar com seus resultados do gráfico da Tabela 4. Como a ciência da Ayurveda se alinha com a Astrologia Védica, você precisa obter um Mapa de Nascimento da Astrologia Védica, que você pode encontrar on-line. Tenha em mente que você obterá uma leitura totalmente diferente de uma carta de nascimentos da Astrologia Védica do que uma através da Astrologia Ocidental. Entretanto, não deixe que isso o confunda ou o alarme, pois você estará se concentrando principalmente no Ascendente e nas Casas.

A Astrologia Védica é mais precisa na avaliação das influências da energia macrocósmica associada à sua época de nascimento, já que está alinhada com as posições reais das Constelações Estelares. Portanto, para acertar isso, você precisa de sua hora exata de nascimento. Na Astrologia Ocidental, sua hora de nascimento é a segunda em importância para seu dia de nascimento, já que a Astrologia Ocidental prioriza o Signo do Sol. Usar a Astrologia Védica para determinar sua relação dóshica é um método antigo e comprovado usado pelos hindus e outros praticantes da Ayurveda desde seu início.

Antes de explicar como medir seu Mapa Astral Védico, você precisa conhecer a natureza Dóshica dos Planetas e Signos do Zodíaco. Vata Dosha é representada por Gêmeos, Capricórnio, Aquário e Virgem porque estes quatro signos são governados por Mercúrio (Gêmeos e Virgem) e Saturno (Capricórnio e Aquário). Mercúrio e Saturno são planetas Vata, pois correspondem ao Elemento Ar.

Pitta é representada por Áries, Leão e Escorpião, pois estes três Sinais são governados por Marte (Áries e Escorpião) e o Sol (Leão). Marte e o Sol são planetas Pitta, pois correspondem ao Elemento Fogo. E por último, Kapha é representado por Touro, Câncer, Libra, Sagitário e Peixes, pois estes cinco signos são governados por Vênus (Touro e Libra), Júpiter (Sagitário e Peixes) e a Lua (Câncer). Estes três são planetas Kapha, uma vez que correspondem ao Elemento Água.

Quanto aos dois últimos Navagrahas, a influência energética de Rahu é semelhante à de Saturno, apenas mais sutil. Portanto, ela está relacionada com a Vata Dosha. Por outro lado, a influência energética de Ketu se assemelha à de Marte, embora mais sutil, fazendo-a corresponder com Pitta Dosha.

Vou usar meu Mapa Astral Védico (Figura 148) como exemplo para mostrar como você pode determinar seu Dosha. Estou usando um Gráfico de Nascimento da Índia do Sul, cuja apresentação é ligeiramente diferente de um da Índia do Norte, embora os resultados sejam os mesmos. Tenha em mente que estou mostrando a você um método básico para fazer isto usando um Mapa Astral Védico (Rishi Chart), que fornece informações gerais sobre a localização dos planetas. Entretanto, estou omitindo a Carta de Navamsa, que mostra a qualidade ativa e a força dos Planetas.

Um Mapa Astral Védico completo inclui geralmente ambos os mapas e a Nakshatra (Casas Lunares). É uma ciência bastante complexa, porém completa, que requer um estudo sério para ser capaz de interpretar um Mapa astral completo. Por esta razão, eu também recomendo ver um astrólogo védico treinado e habilidoso para ajudá-lo a ler seu Mapa astral completo para que você possa obter os melhores resultados.

Uma vez obtido seu mapa astral, primeiro dê uma olhada em seu Ascendente e determine seu Senhor ou Planeta governante. De acordo com a Astrologia Védica, seu Ascendente é a influência mais significativa sobre você, uma vez que é seu corpo. Em sânscrito, o Ascendente é chamado de "Tanur Bhava", que significa "a casa do corpo". Qualquer que seja o signo do Zodíaco em que seu Ascendente cai, geralmente representa seu Dosha dominante.

A seguir, veja seu Planeta Ascendente e em que signo do Zodíaco ele se enquadra. Por exemplo, minha Ascendente é Gêmeos, um Signo Vata cujo Senhor é Mercúrio. Entretanto, meu Mercúrio está em Sagitário, um Signo Kapha governado por Júpiter. Até agora, minha análise gráfica aponta para uma constituição Vata com uma influência de Kapha.

A seguir, olhe para sua Primeira Casa, veja qual Planeta ou Planetas são colocados lá, e determine seu(s) Dosha(s). Por exemplo, eu tenho Rahu na Primeira Casa, um Planeta Vata. Portanto, agora temos outro forte indicador de que sou uma personalidade Vata, com alguma influência de Kapha. No entanto, nossa análise não termina aí.

Dê uma olhada agora em seu signo lunar, que representa sua natureza psicológica, incluindo seus pensamentos e emoções. Tenha em mente que a Lua tem um impacto mais significativo nas mulheres do que nos homens devido à conexão entre a própria natureza feminina e a Lua. Como você pode ver, minha Lua está em Virgem, que é um Signo Vata cujo Planeta governante é Mercúrio.

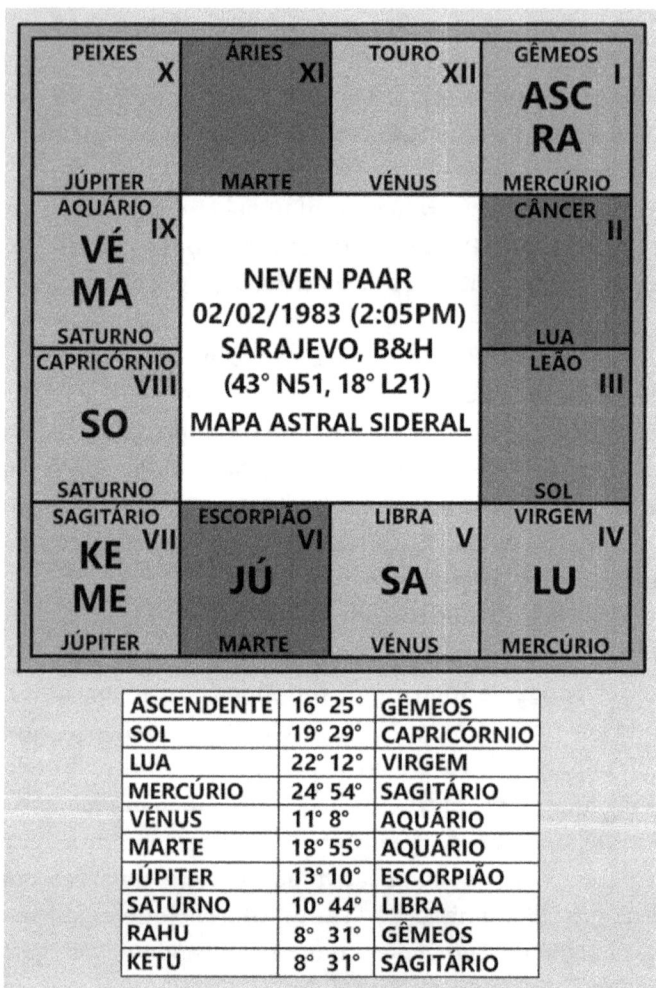

Figura 148: A Astrologia Védica do Mapa Astral do Autor

A seguir, dê uma olhada em seu Signo Solar, que é indicativo de sua vitalidade essencial e de sua expressão de caráter. Os homens tendem a expressar seu Signo Solar mais do que as mulheres, devido à conexão da natureza masculina com o Sol. Meu Signo do Sol está em Capricórnio, governado por Saturno, outro Planeta Vata.

Agora você precisa olhar o seu mapa astral como um todo para determinar quais planetas são dominantes em geral. Enquanto os Sinais Ascendente, Lua e Sol têm o maior peso na determinação de sua relação Dóshica, Rahu e Ketu são considerados menos importantes. Os outros planetas são todos iguais em importância. Se um determinado Planeta é proeminente, ele afetará todos os aspectos da vida de uma pessoa, incluindo sua constituição. Além disso, você precisa prestar atenção específica aos Planetas colocados em seu próprio Planeta.

Em minha Carta de Nascimento, das nove atribuições planetárias mais a Ascendente, tenho um equilíbrio igual de Mercúrio e Saturno (três cada), com dois Júpiter, um Vênus, e um Marte. Portanto, como previsto, meu Mapa astral tem uma abundância de planetas Vata (seis), com três Kapha e um Pitta. Também, e o mais importante, meus Sinais Ascendente, Lua e Sol são todos Vata. Isto indica que sou uma personalidade Vata com uma influência de Kapha e um toque de Pitta.

Finalmente, dê uma olhada no Planeta ou Planetas de sua Sexta Casa (saúde e bem-estar) e Oitava Casa (morte e longevidade) para ter uma visão sobre os desequilíbrios dóshicos e o potencial de doenças. A Sexta Casa rege todos os aspectos do estilo de vida saudável, tais como dieta, nutrição, exercício e a busca de autopoder. Por exemplo, em minha Carta de Nascimento, tenho Júpiter (Kapha) em minha Sexta Casa, o que indica uma predisposição para o excesso de indulgência, problemas hepáticos e problemas de circulação sanguínea. E meu Sol (Pitta) na Oitava Casa sugere ganho de peso e problemas de pressão sanguínea. Isto aponta para meu desequilíbrio dóshico vindo das influências de Kapha e Pitta.

Então, agora, como esta informação se compara com minha carta de nascimentos da Astrologia Ocidental? Bem, como meu signo solar é Aquário, meu signo lunar é Libra, e meu Ascendente é Câncer, e a Astrologia Ocidental prioriza o signo solar, eu sou da constituição do Elemento Ar, com uma influência da Água. Tenha em mente que estou usando as correspondências tradicionais zodiacais com os Quatro Elementos. Portanto, meus resultados correspondem ao meu resultado com a Astrologia Védica. No entanto, isto não quer dizer que será coincidente para todos. E lembre-se, a principal razão pela qual estou priorizando a Astrologia Védica neste caso, apesar de ter estudado Astrologia Ocidental a vida inteira, é porque é uma ciência irmã da Ayurveda. Portanto, estamos seguindo a maneira tradicional de determinar seu Dosha.

Quanto à Tabela de Constituição Ayurvédica na Tabela 4, metade das minhas marcas de verificação foi para a Vata Dosha enquanto a outra metade foi para Pitta. Mesmo que minha Carta de Nascimento não reflita uma constituição Pitta, uma vez que tenho atividade constante da Kundalini em meu Corpo de Luz, meu corpo físico sente que está em chamas muitas vezes, o que me afeta em nível celular. Então agora você vê por que é crucial analisar sua Carta de Nascimento e a Carta de Constituição Ayurvédica - você pode não obter os mesmos resultados.

Lembre-se do que eu disse anteriormente: os Doshas não são fixos. Mesmo que você possa estar predisposto a um Dosha ou vários, você ainda pode flutuar dependendo das mudanças em sua psicologia, ambiente, clima, etc. A ciência ayurvédica não é permanente e imutável, mas ela continua evoluindo junto com você. Portanto, eu o aconselho a conectar-se com seu Eu Superior e deixar que ele seja seu professor e guia para estar atento às mudanças internas e se ajustar de acordo.

DIETA AYURVÉDICA

As três fontes primárias de energia Prânica são o Sol (Elemento Fogo), o vento (Elemento Ar) e a Terra abaixo dos nossos pés (Elementos Água e Terra). O Sol é nossa principal fonte de energia Prana, que nos energiza através de seus raios de Luz. O ar ao nosso redor também contém o Prana, que absorvemos através dos pulmões e dos Chakras. Também absorvemos a energia Prana da Terra através de nossas Solas dos pés. A Terra também nos nutre através dos alimentos que produz, os quais contêm energia Prana em diferentes graus de vibração. Como tal, o que comemos nos afeta diretamente em todos os níveis de consciência.

A qualidade de nossas mentes, corpos e almas é altamente dependente da essência dos alimentos que trazemos para o corpo. Uma vez que o alimento é convertido em energia Prânica utilizável pelo sistema digestivo, os milhares de Nadis do Corpo de Luz a transportam para cada célula do corpo. Aqui está a essência do ditado popular: "Você é o que você come". Como tal, encontrar a dieta adequada pode fazer a diferença entre uma mente saudável, corpo e alma, ou uma que esteja doente. Embora a doença possa se manifestar fisicamente, ela também pode ser de natureza mental, emocional e espiritual.

Na Ayurveda, nossos processos físicos e psicológicos dependem do bom funcionamento dos Três Doshas. Se ficarem fora de equilíbrio, os processos de doenças podem se manifestar em níveis físicos e sutis. Como tal, a Ayurveda se preocupa principalmente com as energias de diferentes alimentos para equilibrar os Doshas. Ela não está preocupada com as exigências nutricionais, mas que os alimentos estejam em harmonia com nossa natureza. Por exemplo, os alimentos podem melhorar os processos mentais e a paz de espírito ou perturbá-los.

A ingestão de líquidos também é crucial na Ayurveda, uma vez que o que bebemos alimenta nossa Força de Vida. Por exemplo, água estragada, ou água contaminada, pode perturbar nosso Prana e desestabilizar nossas emoções e pensamentos. O mesmo vale para o álcool, café e outros estimulantes. Essencialmente, tudo o que levamos para o corpo nos afeta em todos os níveis de consciência.

O primeiro passo para ajustar sua dieta para otimizar seu sistema energético e seu corpo físico é encontrar sua proporção dóshica usando seu Gráfico de Nascimento Védico e sua Tabela 4. Além de comer alimentos que se alinham com a natureza de sua proporção dóshica ou seu Dosha(s) dominante(es), há outros fatores de ingestão de alimentos a serem considerados. Estes incluem o preparo correto dos alimentos e a combinação correta, a quantidade e frequência adequadas das refeições e a hora correta do dia para comer suas refeições. Outro fator é a atitude correta da pessoa que prepara a refeição. Por exemplo, se a refeição for feita com amor, ela ressoará com essa frequência, o que terá um efeito curativo quando ingerida. Por outro lado, alimentos preparados com uma atitude negativa conterão energia tóxica que pode prejudicar o sistema. E você sempre se perguntou por que comer a comida de sua mãe ou de sua avó sempre fez você se sentir tão bem.

Outro ponto essencial é estar em um estado mental calmo enquanto come os alimentos, já que alimentos tomados de forma negativa podem ter efeitos adversos. Pense nos alimentos como combustível enquanto seus sistemas digestivo e energético são o motor e seu corpo físico é a principal estrutura de suporte, o corpo do veículo. Portanto, abrigar energia negativa enquanto traz combustível para o sistema pode envenenar o combustível, exacerbando e aumentando sua negatividade, e até mesmo imbuindo-a em células e tecidos do corpo. Como tal, a degeneração e deterioração celular pode ocorrer com o tempo, contribuindo para os processos de doenças, incluindo o câncer.

Ajudaria se você também estivesse atento às estações do ano e ao clima para poder ajustar sua dieta em conformidade. Por exemplo, uma dieta antiKapha deve ser seguida no inverno e no início da primavera, enquanto uma dieta antiPitta é mais apropriada para o verão e o final da primavera. Finalmente, você deve dar prioridade a uma dieta antiVata no outono.

Os tipos Bi-Dóshicos que têm uma proporção igual de dois Doshas devem modificar sua dieta por estação. Por exemplo, os tipos Pitta-Kapha devem seguir uma dieta antiPitta no verão e no outono e uma dieta antiKapha no inverno e na primavera. Por outro lado, os tipos de Pitta-Kapha devem utilizar uma dieta antiVata no verão e no outono e uma dieta antiKapha no inverno e na primavera. Além disso, os tipos de Vata-Pitta devem seguir uma dieta antiVata no outono e no inverno e uma dieta antiPitta na primavera e no verão. Finalmente, os tipos Tri-Dóshicos que compartilham qualidades relativamente iguais nos três Doshas devem seguir uma dieta anti-Kapha no inverno e no início da primavera, uma dieta antiPitta no verão e no final da primavera, e uma dieta antiVata no outono.

Dependendo do clima de onde você vive, certas dietas serão mais apropriadas para você, enquanto você deve evitar outras. Por exemplo, regiões úmidas e frias devem enfatizar uma dieta antiKapha, enquanto os climas quentes devem utilizar uma dieta antiPitta. Por outro lado, uma dieta antiVata é mais apropriada para climas frios, secos e ventosos.

A tabela 5 representa os alimentos que você deve enfatizar em sua dieta e aqueles dos quais você precisa se manter afastado. Os alimentos que não estão listados podem ser julgados comparando-os a alimentos relacionados em cada categoria. A regra a seguir é que alimentos favorecidos reduzem a influência de um Dosha, enquanto alimentos que você deve evitar aumentá-la. Ao seguir sua dieta prescrita, você está tentando equilibrar seu Dosha(s), impactando positivamente a mente, o corpo e a Alma e prevenindo a ocorrência de processos de doenças. Portanto, aplique estas dietas juntamente com outras considerações que acabamos de mencionar.

TABELA 5: Diretrizes Alimentares Para as Três Doshas

Tipo de alimento	Vata Dosha		Pitta Dosha		Kapha Dosha	
	Prefira	Evite	Prefira	Evite	Prefira	Evite
Frutas	*Mostra de frutas doces *Mais úmida fruta doce Damascos Abacate Bananas Bagas Cerejas Tâmaras (fresco) Figos (frescos) Toranja Uvas Kiwi Limões Limes Manga Melões (doces) Laranjas Papaia Pêssegos Abacaxi Ameixas Passas de uva (ensopadas) Ameixas secas (ensopadas)	*Frutas mais secas Maçãs Framboesas Peras Tâmaras (seco) Figos (secos) Caqui Romã Passas de uva (secas) Ameixas (secas) Melancia	*Mostra de frutas doces Maçãs Abacate Bagas (doces) Tâmaras Figos Uvas (vermelhas e roxas) Limes Manga Melões Laranjas (doce) Peras Abacaxi (doce) Ameixas (doce) Romãs Ameixas-da-índia Passas de uva Framboesas	*A fruta mais azeda Damascos Bananas Frutas vermelhas (azedas) Cerejas (azedas) Framboesas Toranja Uvas (verdes) Kiwi Limões Laranjas (azedas) Pêssegos Papaia Caqui Abacaxi (azedo) Ameixas (azedas) Morangos	*Frutas mais adstringentes Maçãs Damascos Bagas Cerejas Framboesas Figos (secos) Manga Pêssegos Peras Caqui Romãs Ameixas-da-índia Passas de uva	*A fruta mais doce e azeda Abacate Bananas Tâmaras Figos (frescos) Toranjas Uvas Limões Kiwi Mangas Melões Laranjas Papaia Abacaxi Ameixas Melancia
Legumes	*Os pratos devem ser cozinhados Espargos Beterrabas Couve (cozida) Cenouras Couve-flor Pimentas Coentro Milho (fresco) Alho Feijão Verde Mostarda Folhas verdes Quiabo Azeitonas, Preto Cebolas (cozidas) Ervilhas (cozidas) Batata (doce) Abóbora Rabanete (cozido) Algas marinhas Abóboras Espinafres (cozidos) Brotos Abóbora Nabos Agriões de água Inhames Abobrinha	*Verdura congelada, crua ou seca Alfalfa Brotos Alcachofra Beterraba Verde Brócolis Rebentos de Mexilhão Couve Couve-flor Aipo Berinjela Verde Folha Alface Couve Cogumelos Azeitonas (Verde) Cebolas (cruas) Salsa Ervilhas (cruas) Pimentas (doces e quentes) Batatas (Brancas) Rabanete (cru) Espinafre (cru) Tomate	*Legumes doces e amargos Alcachofra Espargos Beterrabas (cozidas) Brócolis Rebentos de Mexilhão Couve Couve-flor Aipo Coentro Milho (fresco) Pepino Feijão Verde Jerusalém Couve Verde Folha Alface Cogumelos Quiabo Azeitonas (Pretas) Cebolas (cozidas) Salsa Ervilhas (frescas) Pimentão (verde) Abóbora Batatas (brancas) Brotos Abóboras Abobrinha	*Hortaliças Pungentes Beterrabas (cruas) Cenouras Berinjela Pimenta Alho Rábano Folhas de Mostarda Azeitonas (Verde) Cebolas (cruas) Batata (doce) Rabanetes Algas marinhas Espinafres Tomate Nabos Agriões de água Inhames	*Hortaliças mais picantes e amargas Alcachofra Espargos Beterrabas Melão amargo Brócolis Rebentos de Mexilhão Couve Cenouras Couve-flor Aipo Coentro Pimentas Berinjela Alho Feijão Verde Couve Folhas verdes Alface Cogumelos Folhas de Mostarda Cebolas Salsa Ervilhas Pimentas Rabanetes Espinafres Brotos Nabos Agriões de água	*Legumes doces e suculentos Milho (fresco) Pepino Azeitonas Quiabo Cherovia Batata (doce) Abóbora Algas marinhas Abóbora Tomate Inhames Abobrinha

*continuado na próxima página

Tipo de alimento	Vata Dosha		Pitta Dosha		Kapha Dosha	
	Prefira	Evite	Prefira	Evite	Prefira	Evite
Grãos	Arroz Basmati Arroz Marrom Cuscuz Farinha de Durham Aveia (cozida) Quinoa Trigo	Cevada Trigo de fivela Milho Crackers Granola Millet Muesli Aveia (seca) Massas alimentícias Polenta Centeio Espelta Farelo de trigo	Cevada Arroz Basmati Milho Azul Arroz Marrom (grão longo) Cuscuz Crackers Granola Aveia (cozida) Panquecas Massas alimentícias Quinoa Espelta Trigo Farelo de trigo	Pão (com fermento) Arroz Marrom (grão curto) Trigo de fivela Milho Millet Muesli Aveia (seca) Polenta Centeio	Cevada Trigo de fivela Milho Crackers Granola Millet Muesli Aveia (seca) Polenta Quinoa Centeio Espelta Farelo de trigo	Arroz Basmati Arroz Marrom Pão (com fermento) Cuscuz Aveia (cozida) Massas alimentícias Trigo Arroz Branco
Alimentos para animais	Carne bovina Frango (branco) Pato Ovos (fritos ou mexidos) Frutos do mar Turquia (branco)	Cordeiro Carne suína Coelho Veado	Frango (branco) Ovos (brancos) Coelho Peru (branco) Camarão (pequena quantidade) Veado	Carne bovina Pato Ovos (gema) Cordeiro Carne suína Frutos do mar	Frango (branco) Ovos (mexidos) Coelho Camarão Peru (branco) Veado	Carne bovina Frango (escuro) Pato Cordeiro Carne suína Frutos do mar Peru (escuro)
Laticínios	Manteiga Leitelho Queijo Queijo de casa de campo Cremes Leite de vaca Ghee Queijo de cabra Leite de cabra Kefir Leite Creme azedo Leite de Arroz Iogurte	Leite (em pó) Leite de cabra (em pó) Sorvete	Manteiga (não salgada) Queijo (sem sal) Queijo de casa de campo Cremes Leite Ghee Leite de cabra Queijo de cabra (sem sal) Leite de Arroz	Manteiga (salgada) Queijo de Leitelho (salgado) Sorvete Kefir Creme azedo Iogurte	Leitelho Queijo de casa de campo Ghee Queijo de cabra (sem sal) Leite de cabra Leite de Soja	Manteiga Queijo Leite Cremes Sorvete Kefir Leite de Arroz Creme azedo Iogurte
Leguminosas	Feijão Verde Tofu Lentilhas Feijão-da-Índia	Feijão Aduki Ervilhas de Olho Negro Ervilhas de grão-de-bico Feijão Fava Feijão Vermelho Feijão-Fava Amendoins Feijão Carioca Feijão de Soja Ervilhas secas Tempeh	Feijão Aduki Ervilhas de grão-de-bico Feijão para os rins Feijão Fava Feijão Verde Feijão Carioca Feijão de Soja Ervilhas secas Tempeh Tofu	Lentilhas Amendoins Lentilha Tuvar Feijão-da-Índia	Feijão Aduki Ervilhas de Olho Negro Feijão Vermelho Feijão Lima Amendoins Feijão Verde Feijão Pinto Ervilhas secas Feijão de Soja Tempeh Tofu Lentilha Tuvar	Ervilhas de grão-de-bico Feijão-da-Índia
Nozes	Amêndoas Castanha do Brasil Cajus Cocos Avelãs Macadâmia Noz-pecã Pinhão Pistache Nozes	Nenhum	Cocos	Amêndoas Castanha do Brasil Cajus Avelãs Macadâmia Noz-pecã Pinhão Pistache Nozes	Nenhum	Amêndoas Castanha do Brasil Cajus Cocos Avelãs Macadâmia Noz-pecã Pinhão-manso Pistache Nozes

*continuado na próxima página

Tipo de alimento	Vata Dosha		Pitta Dosha		Kapha Dosha	
	Prefira	Evite	Prefira	Evite	Prefira	Evite
Sementes	Chia Linhaça Halva Abóbora Girassol Sésamo Tahine	Pipoca	Chia Girassol Tahine	Linhaça Halva Pipoca Abóbora Semente de Girassol	Chia Linhaça Pipoca Abóbora Semente de Girassol	Halva Semente de Girassol Tahine
Especiarias/ Condimentos	Manjericão Folhas de Baía Pimenta Preta Cardamomo Cayenne Cravo-da-índia Chutney Chilli Coentro Cominho Canela Endro Dulse Funcho Alho Gengibre Ketchup Orégano Maionese Menta Mostarda Noz-Moscada Páprica Rosemary Açafrão Sálvia Sal marinho Molho de Soja Tamarindo Cúrcuma Vinagre	Raiz Forte	Cardamomo Coentro Chutney (doce) Cravo-da-índia Cominho Endro Dulse Funcho Kombu Menta Alecrim Açafrão Tamarindo Cúrcuma	Manjericão Folhas de Baía Pimenta Preta Cayenne Chilli Canela Chutney (picante) Alho Gengibre Raiz Forte Alga marinha Ketchup Mostarda Maionese Noz-Moscada Orégano Páprica Pickles Sálvia Sal marinho (em excesso) Molho de Soja Tamarindo Vinagre	Manjericão Folhas de Baía Pimenta Preta Cardamomo Cayenne Coentro Canela Cravo-da-índia Pimentas de Pimenta Chutney (picante) Cominho Endro Funcho Alho Gengibre Raiz Forte Menta Mostarda Noz-moscada Orégano Páprica Salsa Alecrim Açafrão Sálvia Molho de Soja Cúrcuma	Chutney (doce) Alga-Marinha Ketchup Maionese Sal marinho Tamarindo Vinagre
Edulcorantes	Açúcar de frutas Mel Açúcar de Cana Xarope de bordo Melaço Açúcar em bruto	Açúcar Branco	Açúcar de frutas Açúcar de Cana Açúcar de bordo Açúcar em bruto Açúcar branco	Mel Melaço	Mel (cru)	Açúcar Marrom Açúcar de frutas Açúcar de Cana Melaço Xarope de bordo Açúcar Branco
Óleos	Amêndoa Abacate Canola Coco Milho Linhaça Azeitona Cártamo Semente de Girassol	Nenhum	Coco Azeitona Girassol Amêndoa Canola	Milho Linhaça Cártamo Semente de Girassol	Amêndoa Milho Girassol	Abacate Canola Linhaça Azeitona Cártamo Semente de Girassol

PRÁTICAS YÓGICAS PARA EQUILIBRAR DOSHAS

Uma vez que você tenha determinado sua constituição (Prakriti) usando seu Mapa Astral Védico e a Tabela 4, você pode usar este conhecimento para modificar sua prática yógica para melhor atender às suas necessidades. Como mencionado, a maioria das pessoas se alinha com um tipo dóshico, embora não seja raro ter traços de vários. Independentemente disso, uma vez que você tenha trabalhado sua relação Vata-Pitta-Kapha ou simplesmente seu Dosha dominante, você pode usar essas informações para determinar quais práticas yógicas são melhores para você equilibrar sua mente e seu corpo.

Os Ásanas podem aumentar ou diminuir seu Dosha. Alguns têm um efeito de aterramento e calmante, enquanto outros são energizantes. Alguns Ásanas estimulam o sistema digestivo e aquecem o corpo enquanto outros o esfriam. O mesmo vale para Pranayamas e Mudras de Mão. No entanto, alguns dos exercícios mais básicos do Pranayama, incluindo a Respiração Quádrupla (Sama Vritti), podem ser usados por todos os tipos dóshicos

Use as seguintes informações como diretrizes gerais para trabalhar com os Ásanas, Pranayamas e Mudras de Mão deste livro para obter os melhores resultados. (Para vários Ásanas iniciantes, intermediários e avançados, consulte as páginas 312-318). Tenha também em mente que as diretrizes abaixo não são fixas e devem ser ajustadas de acordo com as mudanças no tempo, clima, dieta e psicologia de cada um.

Além disso, nem todo exercício yógico está incluído nas diretrizes, o que geralmente significa que todos os tipos dóshicos podem utilizá-lo. Antes de iniciar qualquer prática de Yogic, no entanto, certifique-se de ler cuidadosamente sua descrição e precauções. Permita que seu Eu Superior o oriente neste processo enquanto segue as instruções conforme elas são dadas.

Mudras de Cabeça, Mudras Posturais, Mudras de Fechadura e Mudras Perineais estão geralmente preocupados com objetivos Espirituais específicos. Estes incluem despertar os Chakras, ativar o Bindu, utilizar o néctar Ambrosia (Amrita) gotejando do Bindu, estimular a Kundalini para a atividade e garantir que a Kundalini perfure os Três Granthis em sua ascensão (como no caso do Bandhas). Portanto, todos os tipos dóshicos devem utilizar seu uso para obter seus objetivos particulares. Além disso, os Mantras e técnicas de meditação também têm objetivos específicos que são benéficos para você, independentemente de seu Dosha.

Práticas Yógicas para Vata Dosha

Os tipos de Vata se beneficiarão significativamente de uma prática de base, calma e contemplativa de Ásana, que contrariará sua tendência a se sentirem espaçados e agitados. Por exemplo, a Vrksásana (Postura da Árvore) e a Tadásana (Postura da Montanha) plantam seus pés no chão, o que reduz a ansiedade e o nervosismo a que os Vatas são propensos. Virabhadrásana I e Virabhadrásana II (Guerreiro I e II) realizam a mesma coisa enquanto constroem força. O Utkatásana (Postura da Cadeira) é bom para aterrar o Vata enquanto se constrói calor no corpo.

Sequências de fluxo rápido (Vinyasas) constroem calor no corpo e agravam os tipos de Vata, que são naturalmente propensos à fadiga e ao esgotamento. Em vez disso, os Vatas devem se mover lenta e deliberadamente usando a abordagem Hatha Yoga que prolonga o período de tempo em que as posturas são mantidas. Além disso, o Vatas deve abordar as transições entre as poses com consciência, em vez de ser apressado, assegurando que a mente permaneça equilibrada e calma. Por exemplo, Virabhadrásana III (Guerreiro III) é um poderoso equilíbrio que força o Vata a se concentrar em um ponto em vez de estar em todos os lugares com seus pensamentos.

Poses que trabalham nos tipos Vata de cólon, intestinos, lombares e pélvis, pois trazem energia de volta à base do tronco, a área de operação do Vata. Como os Vatas são propensos à constipação, as torções e curvas para frente têm um efeito curativo, pois comprimem a pélvis. Além disso, os abridores de quadril e as curvas de face para baixo são benéficos para eles. Entre elas estão Balásana (Postura da Criança), Bhujangásana (Postura da Cobra), Paschimottanásana (Dobra Sentada para Frente), Baddha Konásana (Postura Cobbler) e Malásana (Postura Agachada/Garland). Dhanurásana (Postura do Arco) também estende a parte inferior das costas e exerce pressão sobre a pélvis.

Como os Vatas naturalmente têm ossos mais fracos, ligamentos mais frouxos, acolchoados menos gordurosos e são suscetíveis à dor, eles devem evitar alguns dos Ásanas mais avançados como a Salamba Sarvangásana (Ombro), Halásana (Postura do Arado), Sirsásana (Cabeceira), Vasisthásana (Placa Lateral), Pincha Mayur[asana (Suporte de Antebraços) e Urdhva Danurásana (Postura da Roda).

Devido à sua natureza imprevisível, a Vatas deve fazer com que os Ásana pratiquem uma rotina e a executem em determinados horários em dias específicos da semana. Além disso, eles devem utilizar uma Shavásana (Postura do morto) mais longa do que o habitual ao iniciar e terminar uma prática por causa de seu efeito de base.

Pranayamas que esfriam o corpo como Sheetali (Respiração Resfriada), Sheetkari (Respiração Sibilante), e a Respiração Lunar devem ser evitados. Em vez disso, os Vatas podem utilizar Pranayamas que aumentam o calor no corpo, como a Respiração Solar, Kapalbhati (Respiração Caveira Brilhante), e Bhastrika (Respiração de Fole) Pranayama. Entretanto, eles precisam ter cuidado com os dois últimos, pois aumentam a energia no corpo, o que pode estimular demais a mente. Além disso, os Vatas geralmente sofrem de pensamento exagerado, ansiedade e estresse, razão pela qual eles devem usar Pranayamas específicos para acalmar e pacificar a mente. Estes incluem Anulom Vilom (Método Respiratório de Narinas Alternadas #1), Nadi Shodhana (Método Respiratório de Narinas Alternadas #2), Bhramari (Respiração da Abelha), e Ujjjayi (Respiração Oceânica) técnicas Pranayama.

Finalmente, os Mudras da Mão que aumentam a Vata Dosha são Jnana Mudra, Chin Mudra, e Akasha Mudra. Estes devem ser praticados se a pessoa tiver uma deficiência na Vata Dosha. Em contraste, os Mudras de Mão que diminuem a Vata Dosha são Vayu Mudra e Shunya Mudra.

Práticas Yógicas para Pitta Dosha

Como os tipos Pitta tendem a superaquecer, eles devem evitar poses de Yoga que causam transpiração excessiva. Além disso, eles precisam cultivar uma atitude calma e relaxada em relação à sua prática de Yoga, ao invés de olhar para ela como um concurso, já que Pittas é atraído por posturas fisicamente exigentes.

Os tipos Pitta beneficiar-se-ão de uma prática de Yoga refrigerante e de abertura do coração, realizada de forma não competitiva. A abordagem Hatha Yoga é mais apropriada para Pittas sobre Vinyasa, focando em duração mais prolongada de poses e transições lentas e deliberadas. Poses iniciantes como Bitisásana (Postura da Vaca) e Bidalásana (Postura do Gato) são boas para equilibrar Pitta e devem ser praticadas em uníssono. Curvas para frente e poses de abertura do coração como Ustrásana (Postura do Camelo), Sarvangásana (Postura da Ponte), e Urdhva Mukha Svanásana (Cachorro frontal) ajudam a reduzir Pitta. Também, Trikonásana (Postura do triângulo) e Bhujangásana (Postura da Cobra).

A sede de Pitta é o estômago e o intestino delgado, razão pela qual eles são suscetíveis ao aumento de calor no trato digestivo. Dobras para a frente, torções e curvas para trás, como Balásana (Postura da Criança), Dhanurásana (Postura do Arco) e Urdhva Dhanurásana (Postura da Roda) ajudam a regular a Pitta e a extrair o excesso de bílis. Ao contrário, curvas laterais como Ardha Matsyendrásana (Torção Espinhal Sentada) e Parsvottanásana (Alongamento Lateral Intenso) ajudam a aliviar o excesso de calor dos órgãos internos.

As Pittas devem evitar a Hot Yoga (Bikram e Vinyasa) e praticar em um ambiente refrigerado e climatizado. Além disso, devem evitar manter longas poses invertidas que criam muito calor na cabeça. Para poses de pé, as melhores para Pitta abrem os quadris, incluindo Vrksásana (Postura da Árvore), Virabhadrásana I e Virabhadrásana II (Posturas do Guerreiro I e II), e Ardha Chandrásana (Postura Meia-lua). Outras poses benéficas que abrem os quadris são Baddha Konásana (Postura Cobbler), Uthan Pristhásana (Postura Dragão/Lagarto) e Parivrtta Uthan Prissthásana (Postura Dragão/Lagarto Reverso).

Pittas deve se concentrar calmamente na respiração ao entrar em Shavásana (Postura do Morto), o que acalmará a mente e os centralizará no corpo e no coração. Da mesma forma, eles precisam evitar o Sirsásana (Pontacabeça), pois ele aquece demais a cabeça. Para poses invertidas, eles devem praticar a Salamba Sarvangásana (Postura do Ombro) em vez disso.

Como as Pittas são naturalmente quentes, elas devem se engajar em Pranayamas que possam resfriá-las, incluindo Sheetali (Respiração Resfriada), Sheetkari (Respiração Sibilante), e a Respiração Lunar. Por outro lado, os Pittas devem evitar os Pranayamas que geram mais calor no corpo como o Sopro Solar, Kapalbhati (Sopro Caveira Brilhante), e Bhastrika (Sopro de Fole). Recomenda-se equilibrar a mente e acalmar os Pranayamas, como os sugeridos para os tipos Vata.

Finalmente, os Mudras da Mão para o excesso de Pitta Dosha são Prana Mudra, Varun Mudra, e Prithivi Mudra. Se você tem uma deficiência em Pitta, execute o Agni Mudra para aumentá-lo.

Prática Yógicas para Kapha Dosha

Para os tipos Kapha Dosha, aquecer e energizar a prática de Yoga como Vinyasa é ideal, pois eles precisam contrariar sua tendência natural de sentir frio, pesado, lento e sedado, criando calor e movimento no corpo. No entanto, eles precisam construir gradualmente sua capacidade ao invés de se empurrar para posturas avançadas. Embora Kaphas tenha a maior força de todas as Doshas, eles podem sofrer de letargia e excesso de peso quando estão fora de equilíbrio.

Como a área de operação de Kapha é o tórax (região pulmonar), Ásanas projetadas para abrir a cavidade torácica (área da caixa torácica) evitarão o acúmulo de muco. Entretanto, a maioria das posturas de pé são revigorantes para Kaphas, principalmente quando mantidas por um período mais prolongado. Torções traseiras como Ustrásana (Postura do Camelo), Dhanurásana (Postura do Arco) e Urdhva Dhanurásana (Postura da Roda) aquecem o corpo e desbloqueiam o peito, permitindo uma melhor circulação do Prana. Além disso, Setu Bandha Sarvangásana (Postura da Ponte) e Ardha Purvottanásana (Postura da mesa reversa) são benéficas. Ao contrário do Pitta, os tipos Kapha podem reter suas curvas para trás por um tempo maior.

Kaphas deve estar atento para se mover rapidamente através de sequências de fluxo para evitar ser resfriado enquanto pratica a conscientização. As torções e alongamentos são bons porque desintoxicam e fortalecem o corpo e impulsionam o metabolismo. Estas incluem Trikonásana (Postura do Triângulo), Parivrtta Trikonásana (Triângulo Reverso), Ardha Matsyendrásana (Torcida Espinhal Sentada), e Pravottanásana (Esticamento Lateral Intenso). Posições como a Salamba Sarvangásana (Ombro), Adho Mukha VrksÁsana (Apoio de mão) e Sirsásana (Apoio de cabeça) são os principais redutores de Kapha por causa de seu tremendo poder de aquecimento do corpo. Navásana (Postura do Barco) é excelente para acender e aquecer o núcleo e é recomendado para os tipos Kapha.

Kaphas deveria tentar fazer sua prática de Yoga no início da manhã para manter seu metabolismo e mantê-los energizados e motivados ao longo do dia. A duração do Shavásana (Postura do Morto) deve ser mantida um pouco mais curta para os tipos Kapha. Em vez de praticar Tadásana (Postura da Montanha) para o aterramento, Kaphas deveria realizar Utkatásana (Postura da Cadeira), Vrksásana (Postura da Árvore), ou Virabhadrásana I e Virabhadrásana II (Posturas do Guerreiro I e II) em vez disso, já que são mais exigentes fisicamente.

Os exercícios Pranayama que aquecem o corpo e acalmam a mente devem ser implementados. Estes incluem a Respiração Solar, Kapalbhati (Respiração Caveira Brilhante), Bhastrika (Respiração de Fole) e Ujjjayi (Respiração do Oceano) Pranayamas. Além disso, abrir os pulmões através de uma respiração vigorosa é benéfico. Kaphas deve evitar todos os Pranayamas que esfriam o corpo como Sheetali (Respiração Resfriada), Sheetkari (Respiração Sibilante), e a Respiração Lunar. Em vez disso, eles podem usar a mente calmante sugerida pelos Pranayamas para os tipos Vata, se eles se sentirem mentalmente desequilibrados.

Em conclusão, os mudras de mão para o excesso de Kapha Dosha são Agni Mudra e Varun Mudra. Prithivi Mudra pode ser usado para aumentar Kapha se a pessoa tiver uma deficiência.

Práticas Yógicas para Tipos Bi-Dóshicos e Tri-Dóshicos

Se o indivíduo constitui duas ou três Doshas dominantes, ele precisa utilizar uma prática que seja uma mistura de cada uma. Use as diretrizes acima para cada uma das Doshas das quais você é uma combinação. Uma pessoa geralmente pode dizer qual Dosha dominante parece estar fora de equilíbrio. Por exemplo, se alguém for um Vata-Pitta, se se achar irritável e nervoso e digerir sua comida muito rapidamente, sabe que deve seguir as diretrizes da Pitta para colocar esse Dosha em equilíbrio. Por outro lado, se eles exibem muita atividade mental e ansiedade geral, eles devem utilizar uma prática de Yoga pacificadora de Vata. Além disso, tenha em mente as estações do ano e o tempo. Um tipo Vata-Pitta precisará equilibrar Vata durante os meses mais frios, outono e inverno, enquanto na primavera e verão, quando o tempo estiver mais quente, eles precisarão equilibrar Pitta.

PODERES PSÍQUICOS SIDDHIS

O tema do Siddhis, ou poderes e habilidades sobrenaturais, é amplamente mal compreendido nos círculos espirituais e requer esclarecimento. Em sânscrito, Siddhi significa "cumprimento" ou "realização", implicando os dons que se recebe após completar os diferentes estágios ou graus de avanço através de práticas Espirituais, tais como mediação e Yoga. Como o objetivo de todas as práticas espirituais é a Evolução Espiritual, os Siddhis são poderes psíquicos que se desvelam à medida que o indivíduo integra a energia Espiritual e eleva a vibração de sua consciência.

No *Yoga Sutras*, Patanjali escreve que os Siddhis são alcançados quando o Yogi atinge o domínio sobre sua mente, corpo e alma e pode sustentar a concentração, a meditação e o Samadhi à vontade. O domínio sobre o Eu é parte integrante da jornada rumo ao Iluminação, incluindo o governo sobre os Elementos. Ao obter controle sobre nossa realidade interior, podemos exercer uma força mental que afeta a realidade exterior - Como Acima, Assim abaixo.

Embora o Siddhis possa ser alcançado através de práticas yógicas e viver um estilo de vida ascético, uma forma mais acelerada de alcançá-los é através de um despertar completo da Kundalini. Já falei sobre os vários dons espirituais que são revelados ao iniciado desperto da Kundalini durante seu processo de transformação. Alguns desses dons são alcançados inicialmente, enquanto outros são destravados nos anos que se seguem. Independentemente do estágio de realização, todos os Siddhis são um subproduto da transformação Espiritual.

À medida que o indivíduo se alinha com a Consciência Cósmica e integra a alta energia vibracional do Espírito, ele começa a experimentar a unicidade com toda a existência. Como o Espírito nos conecta a todos, não há separação entre nós e os objetos e as pessoas ao nosso redor - somos todos Um. Assim, a energia espiritual integrada torna-se o meio através do qual podemos experimentar a percepção extrassensorial.

Ao otimizar nossos Chakras Espirituais (Sahasrara, Ajna e Vishuddhi), podemos nos sintonizar com a essência da energia espiritual, cuja vastidão se estende infinitamente em todas as direções. Assim, as habilidades psíquicas começarão a nos revelar, incluindo Clarividência, Clairaudiência, Clairsensciência, empatia, telepatia e outros dons resultantes de uma percepção mais elevada da realidade.

O processo de expansão da consciência envolve a otimização dos Chakras através da Luz Branca do Espírito. Nós recebemos o Espírito através do Sahasrara enquanto Ajna Chakra (Olho da Mente) serve como nosso centro psíquico e Vishuddhi como nosso elo com os quatro Chakras Elementais abaixo. É a interação de Sahasrara e Ajna Chakra que produz a maioria, se não todos os Siddhis, já que Sahasrara é nosso elo de ligação com a Consciência Cósmica. Como você verá na descrição dos Siddhis, muitos dons psíquicos ou poderes que se alcançam resultam da expansão da consciência e da tomada das propriedades da Consciência Cósmica.

Embora os Siddhis sejam dons do Divino, eles também podem nos atrapalhar em nossa jornada espiritual se nos concentrarmos demais em sua realização. Os Siddhis devem ser experimentados, examinados e deixados ir para permitir que a consciência continue a se expandir para alturas ainda maiores. Se o Ego se envolver e tentar controlar o processo ou mesmo se beneficiar do desenvolvimento do Siddhis, a vibração da consciência de uma pessoa diminuirá, bloqueando o caminho para um maior avanço. Nesse sentido, os Siddhis são uma "espada de dois gumes" que precisa ser abordada com uma compreensão adequada e o Ego em xeque.

Como parte dos textos sagrados, o tema do Siddhis e sua descrição é apresentado de forma críptica, o que é feito propositalmente para confundir e dividir as massas. Por um lado, temos os profanos que só procuram estes dons sobrenaturais para satisfazer o desejo de poder de seu Ego. Essas pessoas interpretam os textos sagrados literalmente, batendo à porta dos mistérios cósmicos em vão. Por outro lado, os buscadores sinceros da verdade, puros de coração e dignos destes mistérios Divinos, possuem a chave-mestra para destrancar os significados ocultos nestes textos sagrados.

Antigos povos velavam mistérios universais e verdades em metáforas e alegorias, incluindo símbolos e números que tinham valor arquetípico. O método tradicional de transmitir o conhecimento sagrado era abstrato e sutil, contornando o Ego e comunicando-se diretamente com o Eu Superior. Os Siddhis também são apresentados dessa forma. Na superfície, eles parecem ser feitos sobrenaturais incríveis que desafiam as leis da física. No entanto, quando se aplica a chave mestra, compreende-se que sua descrição é metafórica para poderes interiores revelados através da evolução da consciência.

OS OITO SIDDHIS MAIORES

No Tantra, Hatha e Raja Yogas, há oito Siddhis "clássicos" primários que o iogue alcança em seu caminho para o Iluminação. Eles são chamados de Maha Siddhis (sânscrito para "grande perfeição" ou "grande realização") ou Ashta Siddhis, que significa "oito Siddhis". Os Ashta Siddhis são também conhecidos como Brahma Pradana Siddhis (Realizações Divinas). Como você verá nas seguintes descrições dos oito principais Siddhis, eles resultam diretamente do pleno despertar da Kundalini e da transformação Espiritual que se segue nos próximos anos.

Ganesha, também conhecido como Ganapati ou Ganesh, é o filho do Senhor Shiva e da Deusa Parvati. Ele é conhecido como o removedor de obstáculos, e é por isso que ele é retratado com uma cabeça de elefante. De acordo com a tradição hindu, Ganesha traz bênçãos, prosperidade e sucesso a qualquer um que o invoque.

Figura 149: Senhor Ganesha e os Ashta Siddhis

Ganesha é a representante de Muladhara Chakra, a morada da Kundalini. Por esta razão, ele é frequentemente representado com a serpente Vasuki enrolada ao redor de seu pescoço ou barriga. Entretanto, uma representação atípica está com ele sentado, em pé ou dançando sobre a serpente Sheshnaag de cinco ou sete graus. Tanto Vasuki quanto Sheshnaag representam a energia Kundalini - a última remoção de obstáculos cujo objetivo é maximizar o potencial de um ser humano espiritual.

Ganesha também é conhecida como Siddhi Data- o Senhor dos Siddhis (Figura 149). É ele quem concede os Ashta Siddhis aos indivíduos elegíveis através do processo de despertar da Kundalini. Na tradição tantra, os Ashta Siddhis são considerados como oito deusas que são consortes de Ganesha e personificações de sua energia criativa (Shakti).

Anima e Mahima Siddhis

Os dois primeiros Siddhis clássicos são opostos polares que discutirei juntos para melhor compreensão. Anima Siddhi (sânscrito para "capacidade de se tornar infinitamente pequeno como um átomo") é o poder de se tornar incrivelmente pequeno em tamanho instantaneamente, mesmo até a extensão de um átomo. Por outro lado, Mahima Siddhi (sânscrito para "capacidade de se tornar enorme") é o poder de se tornar infinitamente grande em um instante, mesmo ao tamanho de uma Galáxia ou do próprio Universo.

Estes dois Siddhis surgem da consciência individual que se expande até o nível Cósmico após um despertar completo da Kundalini, permitindo-lhes expandir voluntariamente ou contrair seu Ser para que possam se tornar infinitamente pequenos ou infinitamente grandes. Ambos os Siddhis também são influenciados pelas elevadas habilidades imaginativas que se desenvolvem durante a transformação da Kundalini. É o acoplamento da imaginação e da consciência expandida que ativa Anima e Mahima Siddhis dentro de nós.

Anima Siddhi exige que o indivíduo imagine algo em sua cabeça, como um átomo. Ao manter sua visão, o sentido astral se torna ativado, permitindo que o indivíduo sinta a essência do Átomo, conhecendo assim seu propósito e função no Universo.

Por outro lado, se o indivíduo visualizar algo grandioso em tamanho, como nosso Sistema Solar ou mesmo a Via Láctea Galáxia, seu Ser pode esticar-se ao seu tamanho para sentir sua essência (Mahima Siddhi). Estas habilidades são possíveis porque a substância fundamental da Consciência Cósmica, o Espírito, é elástica e maleável, permitindo que aqueles que atingiram seu nível assumam sua forma e flutuem em tamanho em qualquer grau que desejem através da imaginação dirigida pela força de vontade.

A segunda interpretação de Anima Siddhi trata do lendário "Manto da Invisibilidade" mencionado em muitas tradições antigas - a capacidade de se tornar energeticamente indetectável para outras pessoas (incluindo animais) à vontade. À medida que o espectro completo dos Planos Cósmicos internos se torna ativado após um despertar completo da Kundalini, o indivíduo pode elevar sua consciência voluntariamente para um Plano Superior (Espiritual ou Divino). Fazendo isso, permite que neutralize (ainda) sua vibração para parecer invisível nos Planos Inferiores (Mental e Astral) que a pessoa comum vibra, tornando a pessoa "pequena como um átomo".

Se seguirmos a mesma lógica, Mahima Siddhi permite que o indivíduo aumente voluntariamente sua vibração para parecer grande em tamanho para outras pessoas, até mesmo para Deus. Lembre-se, tanto Anima como Mahima Siddhis resultam da Evolução Espiritual, cujo propósito é nos aproximar cada vez mais da Mente de Deus e assumir sua vibração. Em ambas as interpretações do Anima e do Mahima Siddhis, o pré-requisito de seu desenvolvimento é que o indivíduo domine os Elementos, ou seja, o Elemento Fogo.

A interpretação mais geral de Anima e Mahima Siddhis é como metáforas para o poder espiritual que o indivíduo alcança quando expande sua consciência para o Nível Cósmico e alcança a Unidade. Com Anima Siddhi, pode-se entrar em qualquer coisa que se deseje, como um objeto ou uma pessoa, quando eles se tornam "do tamanho de um átomo". Em contraste, ao se tornar infinitamente grande (Mahima Siddhi), o indivíduo pode sentir a essência de todo o Universo, uma vez que ele estica infinitamente sua consciência. Vemos em ambos os casos o poder interior que se desperta quando um indivíduo integra a consciência espiritual e pode sair de seu corpo físico à vontade.

Garima e Laghima Siddhis

O terceiro e quarto Siddhis clássicos também são opostos polares como os dois primeiros. Garima Siddhi (sânscrito para "capacidade de se tornar muito pesado") é o poder de se tornar infinitamente pesado em um instante, usando sua força de vontade. Ao contrário, o Laghima Siddhi (sânscrito para "capacidade de se tornar muito leve") é o poder de se tornar infinitamente leve, portanto quase sem peso. Como Anima e Mahima Siddhis lidavam com o tamanho, Garima e Laghima lidam com o peso, que é a força da gravidade que age sobre a massa de um objeto.

Ao se tornar tão pesado quanto se deseja através de Garima Siddhi, o indivíduo não pode ser movido por ninguém ou por qualquer coisa - as vibrações de outras pessoas saltam de sua Aura enquanto permanecem firmes em seu equilíbrio. Garima utiliza o poder das virtudes, da moral e de ter uma "vontade de ferro". As pessoas que permitem que sua Luz Interior as guie conscientemente escolhem a Evolução Espiritual em vez de satisfazer os desejos de seu Ego e trazer Karma desnecessário para suas vidas. Os valores morais dão às pessoas uma existência com propósito e uma força de vontade inabalável. Eles permitem que as pessoas vibrem em uma frequência maior, alinhando-as com os Planos Cósmicos superiores. Estas pessoas justas evitam os efeitos energéticos dos Planos Inferiores, tornando-os impassíveis emocionalmente e mentalmente, especialmente quando as vibrações de outras pessoas os bombardeiam com suas vibrações mais baixas.

Para maximizar o potencial de Garima Siddhi, o indivíduo precisa otimizar seus Chakras Espirituais e sintonizar sua força de vontade com sua Verdadeira Vontade que somente seu Eu Superior pode outorgar a eles. A vibração da Verdadeira Vontade é tão elevada que se alguém se tornar receptivo a ela e permitir que ela guie sua consciência, eles neutralizarão suas próprias vibrações inferiores e todas as vibrações sendo direcionadas para eles a partir do ambiente. Ao maximizar sua força de vontade, você se torna um Manifestante Mestre, um Autossustentável, um Criador consciente, todo-expressor de sua realidade interior que é como um Deus-humano para todas as pessoas que não desenvolveram o mesmo poder.

O Laghima Siddhi, por outro lado, faz com que um deles seja quase sem peso, permitindo levitar e até mesmo voar. Na superfície, Laghima Siddhi desafia a lei da gravidade e as leis da física. Apela muito para os não iniciados que procuram estes Siddhis para obter ganhos pessoais e monetários. Ao alcançar a levitação no domínio físico, muitas pessoas desejam se beneficiar financeiramente ao exibir este fenômeno às massas.

Como muitas pessoas em minha posição, tenho me fascinado pela levitação desde que tive o despertar da Kundalini há dezessete anos. Desejei este presente não porque buscasse ganhar com ele financeiramente, mas porque o via como uma prova tangível da transformação da Kundalini que eu poderia mostrar aos outros para inspirá-los a alcançar o mesmo.

Entretanto, após anos de extensa pesquisa, concluí que as lendas da levitação nada mais são do que histórias fantasiosas sem nenhuma prova científica verificável. Em outras palavras, um ser humano não pode levantar do chão e desafiar as leis da física através do uso de poderes psíquicos. As supostas levitações que as pessoas têm visto com seus próprios dois olhos são meras ilusões das quais existem inúmeros métodos e técnicas.

Ao invés disso, o conceito de levitação é um véu para confundir o profano. Ele revela ao digno iniciado os poderes que despertam dentro de si mesmo quando o Corpo de Luz é ativado. O Corpo de Luz, nosso segundo corpo, é elástico e moldável e não adere às leis da gravidade e da física, uma vez que é leve e transparente. Usando nosso Corpo de Luz, podemos viajar dentro dos Planos Cósmicos internos e realizar muitas façanhas milagrosas, como voar, caminhar sobre a água e através das paredes, etc.

Nosso Corpo de Luz é utilizado durante os Sonhos Lúcidos (que acontecem involuntariamente) e a Projeção Astral (que é conscientemente induzida). Ambos os fenômenos são um tipo de Experiências de Viagem Fora do Corpo, da Alma que discutirei mais detalhadamente mais tarde quando me dedicar totalmente ao assunto.

Outro tipo de viagem Fora do Corpo é chamado Visualização, que é a capacidade de se bilocalizar para uma área remota em nosso Planeta usando o poder da mente. A Visão Remota é a Projeção Astral no Plano Físico que usa o Corpo de Luz para viajar a algum lugar na Terra e ver o que nossos dois olhos físicos não conseguem ver usando o Terceiro Olho. Na literatura ocultista e espiritual primitiva, a Visão Remota era referida como "Telestesia", que é a percepção de eventos, objetos e pessoas distantes por meios extrassensoriais. Programas secretos do governo alegadamente usavam indivíduos dotados para buscar impressões sobre alvos distantes ou não vistos através da Visão Remota.

Prapti Siddhi

O quinto Siddhi clássico, Prapti (palavra sânscrita que significa "alongamento do corpo" ou "poder de alcançar"), permite ao indivíduo viajar para qualquer lugar instantaneamente com a aplicação de sua força de vontade. Prapti Siddhi segue perfeitamente o Laghima

Siddhi como a capacidade do Corpo de Luz de viajar através da consciência, usando o Merkabá.

Como discutido em um capítulo anterior, o Corpo de Luz nos permite viajar interdimensionalmente dentro dos vários Planos Cósmicos internos, que é uma expressão da Prapti Siddhi. Entretanto, se desejarmos viajar para lugares remotos no Planeta Terra, podemos fazê-lo através do Plano Físico. Na superfície, esta manifestação da Prapti soa muito como a Projeção Astral, mas não é. Embora os dois estejam relacionados, já que ambos usam o Corpo de Luz para a execução, a Projeção Astral é uma técnica que requer preparação e, portanto, não é instantânea como a Prapti.

Já discuti a otimização do despertar da imaginação e da força de vontade da Kundalini, mas apenas toquei na capacidade que se desenvolve de experimentar pensamentos em "tempo real". Um despertar completo da Kundalini localiza a Luz Interior dentro do cérebro, fazendo a ponte entre as mentes conscientes e subconscientes. medida que as duas partes da mente se tornam Uma, os hemisférios esquerdo e direito do cérebro são unificados, permitindo um fluxo de consciência puro e ininterrupto. Esta experiência tem um efeito peculiar nos pensamentos que se tornam tão reais quanto você e eu para o experienciador.

Demora muito tempo para domar a consciência e ganhar controle sobre o poder de visualização, o que envolve a otimização da força de vontade. Uma vez alcançado, porém, você terá a capacidade de viajar conscientemente (bilocalizar) para onde quiser e experimentá-lo como real no exato momento em que você o pensa. Se você deseja viajar ao Egito, por exemplo, e ver a Grande Pirâmide, basta visualizá-la, e sua Alma será projetada lá instantaneamente através do Merkabá. Ou, se você precisar de uma pausa de sua vida cotidiana e quiser passar alguns minutos em uma praia no México, você pode visualizar estar em uma praia e experimentá-la como real.

Para obter o máximo desta experiência, ao visualizar algo, ajuda ter uma fotografia ou imagem de onde você quer ir para formar a visão mais precisa daquele lugar. Você deve então segurar a imagem em sua mente, que você experimentará como real através de seus sentidos astrais.

Quero ressaltar que a Prapti Siddhi só é realizável após o indivíduo ter concluído o processo de despertar da Kundalini, localizando assim a Luz Interior dentro do cérebro. Outros componentes necessários para a execução deste Siddhi são a otimização do Ajna Chakra, ativando o Corpo de Luz, e a maximização do giro do Merkabá, desbloqueando todo o potencial do campo de energia toroidal. (Observe que o Corpo de Luz e o Merkabá são usados para qualquer tipo de viagem fora do corpo.) Descreverei a ciência deste fenômeno com mais detalhes mais tarde, à medida que desvendarei mais das extraordinárias habilidades que se revelam aos indivíduos despertados pela Kundalini.

Prakamya Siddhi

O sexto Siddhi clássico, Prakamya (palavra sânscrita que significa "voluntariedade" ou "liberdade de vontade"), dá a alguém o poder de alcançar e experimentar tudo o que desejar. Este Siddhi permite ao indivíduo materializar tudo o que quiser do nada e aparentemente realizar qualquer sonho. Se eles desejam estar em algum lugar ou mesmo estar com alguém sexualmente, seu desejo é satisfeito no momento em que têm esse pensamento. Prakamya Siddhi é caracterizada pela realização instantânea dos desejos mais profundos através da aplicação da força de vontade.

Este Siddhi pode parecer algo saído de um filme de super-heróis a princípio. A capacidade de manifestar qualquer coisa que desejemos transcende instantaneamente as limitações das leis do Universo e as leis da física. Entretanto, se aplicarmos este Siddhi ao mundo do Sonho Lúcido, então começamos a compreender o verdadeiro potencial de nossas experiências através do Corpo de Luz. O mundo dos Sonhos Lúcidos é tão real para nossa consciência quanto o mundo físico no que se refere à experiência.

Durante meus dezessete anos de vida com a Kundalini desperta, eu experimentei esse tipo de presente e muito, muito mais. O mundo dos sonhos lúcidos cumpriu todos os desejos de minha Alma, que comecei a experimentar rapidamente três a quatro meses após meu despertar inicial, em 2004. Descobri que a Prakamya Siddhi serve não apenas para satisfazer os desejos de sua Alma, mas para extingui-los com o tempo.

Minhas experiências de vida me ensinaram que uma das maneiras mais eficientes de superar qualquer desejo dentro de você é engajar-se nele até que sua energia seja drenada de você. Naturalmente, estou me referindo a desejos do Ego temporal que se enquadram no reino da normalidade e não a desejos antinaturais, como ferir fisicamente outros seres vivos. Uma das funções do mundo dos sonhos lúcidos é extinguir os desejos dos iniciados despertados da Kundalini, cujo objetivo final é a evolução espiritual e a união com a divindade.

Muitas vezes eu projetava do meu corpo para onde minha Alma quisesse ir no mundo dos Sonhos Lúcidos. Visitei Estrelas e Galáxias distantes e lugares interdimensionais em nosso Planeta com Seres estranhos que vi pela primeira vez. Muitas vezes, eu "descarregava" informações desses Seres sobre os mistérios da Criação e o futuro da raça humana da mesma forma que o Neo descarregava novas habilidades e habilidades como programas de computador no filme "The Matrix". No espaço de uma hora de sonho, eu poderia baixar o equivalente a vinte livros de informações de Seres inteligentes em nosso Universo.

Algumas vezes, tomei consciência de que estava baixando informações fora de mim e podia me lembrar de uma frase ou duas do que estava recebendo. Na maior parte das vezes, as informações eram crípticas, transmitidas a mim através de números, símbolos, metáforas e arquétipos em inglês ou em outras línguas da Terra.

Quando eu estava na presença do que parecia ser Extraterrestres, eles me falavam telepaticamente em suas línguas, o que, de alguma forma, eu entendi. Normalmente eu podia distinguir Extraterrestres de outros Seres como Mestres Ascensos, Anjos ou outras Deidades, porque sua aparência era humanóide, mas claramente não humana, já que algumas características eram diferentes.

Eu me senti abençoado e privilegiado por ter feito contato com outros Seres inteligentes no Universo através da consciência. Afinal, não tinha outra forma de obter o conhecimento único que eles me transmitiam senão através da experiência direta, e minha sede de conhecimento após o despertar da Kundalini crescia diariamente.

Com o tempo, naturalmente desenvolvi uma técnica de desfocar meu Olho da Mente em um Sonho Lúcido para entrar em uma realidade que eu chamo de "hiperconsciência", um estado além do reino da consciência humana. Como resultado, muitas vezes me encontrei em algum lugar onde já estive no mundo real, apenas uma versão futurista do mesmo lugar com objetos e dispositivos tecnológicos nunca antes vistos. O cenário se assemelha a uma viagem LSD ou Peyote, embora diferente por ter um componente futurista.

Por um tempo, quando eu projetava neste mundo futurista, eu ouvia música techno dentro da minha cabeça que combinava com o que eu via como se eu estivesse em um filme. Minhas mandíbulas se apertariam como um arrebatamento extático enchendo meu coração, tentando integrar meu visual. Esta hiper-realidade me ensinou sobre Universos paralelos que nossa consciência pode experimentar através do Corpo de Luz e do mundo do Sonho Lúcido.

Lembro-me de querer passar um mês esquiando e de não poder fazê-lo na vida real devido a restrições de tempo. Naquela mesma noite me encontrei em um resort de alta classe no que parecia ser os Alpes. O cenário era tudo o que eu desejava e muito mais. Passei o que me pareceu um mês inteiro lá, em termos do número de experiências, tudo dentro das oito horas de sono que eu estava fora. Quando acordei, não senti mais a necessidade de ir esquiar, pois esse desejo foi satisfeito em meu Sonho Lúcido.

Eu viajei para outros lugares do mundo da mesma forma. Se de alguma forma eu estava limitado a viajar na vida real, muitas vezes eu me encontrava visitando aquele lugar à noite. A principal diferença foi que o tempo foi transcendido no mundo dos sonhos lúcidos. Você podia passar meses e até anos em um lugar no mundo dos sonhos lúcidos, o equivalente a oito horas de sono na vida real.

Depois de visitar muitos países e cidades em meus sonhos, descobri que há resorts e pontos quentes no mundo Sonho Lúcido para onde outras pessoas viajam se precisarem de "férias poderosas". Além disso, muitas pessoas que conheci em minhas viagens em Sonho Lúcido pareciam ser únicas demais para serem uma projeção de minha consciência. Com frequência, trocávamos informações pessoais sobre quem somos na vida real, embora eu nunca pudesse verificar alguém no mundo real.

Ao longo dos anos, meu "centro de comando" ou base de operações tornou-se Nova York e Los Angeles, embora fossem versões diferentes dessas mesmas cidades. Como visitei as duas cidades na vida real, descobri que a sensação era a mesma no mundo do Sonho Lúcido, mas elas pareciam radicalmente diferentes, com arquitetura e paisagens diferentes.

Quando revisitei qualquer uma das cidades em um Sonho Lúcido, parecia quase idêntico à última vez que estive lá em um sonho anterior. Eu até tinha um apartamento que possuía em Nova York para onde voltaria, e era o mesmo da última vez que lá estive com objetos onde os deixei. Curiosamente, um fluxo de lembranças voltaria da época anterior em que eu estava lá em um sonho, o que significava que minha consciência era capaz de ter diferentes experiências de vida em vários lugares simultaneamente como o mundo real.

Toda vez que eu me encontrava no mundo dos sonhos lúcidos, eu estava ciente do meu potencial. Eu era leve como uma pena e podia voar, levitar objetos e projetar minha consciência em um segundo de um lugar para outro. Eu também podia manifestar qualquer parceiro com quem quisesse ter relações sexuais, experimentar o que é ser ultrarrico e famoso, pilotar um avião ou dirigir uma Ferrari, e muito mais. Quando eu imaginava algo que eu desejava, geralmente aparecia bem na minha frente. O céu é o limite até onde sua Alma pode experimentar no mundo do Sonho Lúcido, e a realização de seus desejos é pessoal para você e somente para você.

Tenha em mente que não há conceito de distância em um Sonho Lúcido. Quando você pensa em uma experiência que deseja ter, você está imediatamente no ato de ter essa experiência, em um local que sua Alma escolhe para você. O Corpo de Luz contém os cinco sentidos da visão, audição, tato, olfato e paladar, permitindo uma experiência completamente realista. Podemos estar experimentando o mundo real também através do Corpo de Luz, somente através da interface do corpo físico. Nas poucas vezes que experimentei realidade virtual, senti sensações semelhantes às que experimentei no mundo dos Sonhos Lúcidos.

Uma das principais diferenças entre satisfazer seus desejos no mundo dos Sonhos Lúcidos e no Mundo da Matéria é que não há tagarelice ou culpa no mundo dos Sonhos Lúcidos, pois é um desejo puro que está sendo realizado. A tagarelice mental resulta do Ego, que está diretamente ligado ao corpo físico e ao mundo material. Como o Sonho Lúcido transcende o reino físico, ele é vazio do Ego; portanto, a mente é vazia, permitindo uma experiência ideal da Alma.

Vashitva e Ishitva Siddhis

O sétimo e oitavo Siddhis clássico, Vashitva e Ishitva Siddhis se misturam e, como tal, vou discuti-los juntos como expressões do mesmo poder. Vashitva Siddhi (palavra sânscrita que implica "poderes de controle") permite que o indivíduo comande seus próprios estados mentais e os de outras pessoas através da força de vontade. O indivíduo pode influenciar inteiramente as ações de qualquer pessoa na Terra com Vashitva Siddhi.

Ao contrário, Ishitva Siddhi (sânscrito para "superioridade" e "grandeza") é a capacidade de controlar a natureza, os organismos biológicos, as pessoas, etc. Este Siddhi em particular dá ao indivíduo o senhorio absoluto sobre toda a Criação e faz dele um Deus-humano aos olhos de outras pessoas. Ishitva Siddhi faz de um Mestre dos Cinco Elementos um Mago vivo.

De acordo com o Princípio de Vibração *do Caibalion*, todas as coisas vibram a uma frequência particular. A física quântica corrobora esta afirmação e acrescenta que cada vez que olhamos para algo no mundo exterior, influenciamos seu estado vibratório. Os hermetistas antigos conhecem o poder da mente há milhares de anos. Afinal, o princípio fundamental do Caibalion é "O Todo é Mente, o Universo é Mental".

Se o Universo é uma projeção mental moldada por nossas mentes, então nossos pensamentos e emoções são também uma construção mental que podemos alterar. Os hermetistas ensinaram a seus iniciados que a força de vontade pode ser usada como um diapasão para transmutar nossas condições mentais e as de outros Seres vivos, até mesmo mudando os estados da Matéria. Eles acreditavam que se conseguirmos maximizar o poder da mente, poderemos obter governança sobre outras pessoas, sobre o meio ambiente e sobre a realidade em geral.

Vashitva e Ishitva Siddhis são expressões de poderes mentais que podem ser realizados quando o indivíduo eleva a vibração de sua força de vontade e, portanto, sua consciência. Embora possamos alcançar Vashitva Siddhi através da aplicação das Leis Mentais, a única maneira de realmente realizar Ishitva Siddhi é através da Evolução Espiritual. Tornar-se Iluminado não apenas maximiza o potencial da força de vontade, otimizando assim Vashitva Siddhi, mas também nos permite entregar completamente nossa vontade à Divindade e alinhar-nos com sua alta frequência vibracional. Ao fazer isso, nos tornamos diapasões autoenergéticos que induzem tudo à nossa volta com nossas altas vibrações, mudando os estados mental e emocional de todos os seres vivos e até mesmo alterando o estado vibracional de objetos imateriais em nosso ambiente imediato.

Como nos comunicamos constantemente por telepatia, a maximização de nossa força de vontade nos dá o poder da mente sobre a mente, permitindo-nos dominar completamente outras pessoas. Segundo o Princípio de Gênero Mental *do Caibalion*, "O gênero está em tudo; tudo tem seus princípios masculinos e femininos; o gênero se manifesta em todos os planos". "Este Princípio afirma que cada um de nós tem um componente masculino e feminino do Eu - o "Eu" e o "Mim".

O "eu" é a Força masculina, objetiva, consciente, voluntária que projeta a força de vontade. O "Mim" é a parte feminina, subjetiva, subconsciente, involuntária e passiva do Eu que recebe - a imaginação. A vontade, que é o Elemento Fogo da Alma, projeta-se na imaginação, criando assim uma imagem visual, uma expressão do Elemento Água. O Elemento Ar é o pensamento, o meio de expressão da força de vontade e da imaginação.

O "Mim" é como um ventre mental que é impregnado pelo "Eu" para criar uma progênie mental - a imagem visual". O "Eu" sempre se projeta, enquanto o "Mim" recebe. Estes dois componentes cognitivos são um dom sagrado que nos foi dado por nosso Criador para sermos cocriadores conscientes de nossa realidade. Entretanto, a única maneira de manifestar nossa própria realidade desejada é usar nossa força de vontade para gerar imagens mentais para guiar nossas vidas. Se nos tornarmos mentalmente preguiçosos, tornando assim nossa força de vontade inativa, nossa existência será guiada pela força de vontade de outras pessoas, seja diretamente ou através de estímulos ambientais. Assim é a Lei. O componente "Eu" deve sempre ser alimentado por um "Eu", seja o nosso ou o de outra pessoa.

As pessoas que estão conscientes destas Leis Mentais podem elevar a vibração de sua força de vontade para controlar sua realidade e afetar o componente "Eu" de outras pessoas, fazendo-as assim pensar o que desejarem. Ao influenciar os pensamentos de alguém, nós invariavelmente afetamos como eles se sentem e que ações eles executam.

Como estas Leis Mentais funcionam em um nível subconsciente, a pessoa que está sendo influenciada quase nunca percebe que está sendo mentalmente induzida. Em vez disso, eles acreditam que os pensamentos induzidos são seus próprios pensamentos quando, na realidade, são sementes plantadas por outra pessoa. Os fenômenos psíquicos de transferência de pensamento, sugestão e hipnotismo são exemplos de utilização do Princípio de Gênero para afetar a mente de outras pessoas.

Como discuti longamente no *The Magus*, qualquer realidade compartilhada por várias pessoas é controlada pelo indivíduo que vibra sua força de vontade com a maior frequência. As pessoas que compartilham a realidade deste indivíduo as admiram naturalmente e as consideram como seu líder e guia. Estas pessoas evoluídas são carismáticas, personalizáveis e sexualmente atraentes, o que tem menos a ver com a aparência física e mais com o magnetismo pessoal. Elas geralmente se comunicam diretamente com a Alma, contornando assim a personalidade e o Ego. Estas pessoas especiais se envolvem e inspiram outras de maneiras que parecem mágicas para aqueles indivíduos que não compreendem a ciência por trás das Leis Universais que estão sendo empregadas.

A maneira mais eficiente de alcançar Ishitva Siddhi e alcançar o Senhorio sobre a Criação é despertar a Kundalini e elevá-la até a Coroa. Quando um indivíduo altamente evoluído espiritualmente eleva a vibração de sua consciência ao Plano Espiritual, ele naturalmente domina os Planos abaixo dele que a maioria das pessoas vibra. Eles também dominam os reinos animal e vegetal que são subdivisões do Plano Físico.

Não é raro ver uma pessoa iluminada caminhar entre tigres, leões, ursos, crocodilos, cobras venenosas e outros animais potencialmente mortais. Todos nós já ouvimos falar deste fenômeno antes, mas a maioria das pessoas não conhece sua ciência. Ao canalizar a energia espiritual altamente vibracional, que é Luz e amor, estes indivíduos evoluídos espiritualmente superaram seu próprio medo que estimula os animais perigosos e os faz atacar os humanos. Assim, o indivíduo desperto contorna o mecanismo de sobrevivência do animal e se conecta com sua energia de amor, resultando em ser abraçado em vez de atacado.

Uma pessoa cuja força de vontade está ressoando na frequência do Espírito domina todos aqueles que não alcançaram o mesmo estado de consciência. Estes indivíduos evoluídos espiritualmente aparecem como humanos de Deus para o povo comum que os enxameia para banhar-se em sua Luz intoxicante.

Como nota final, é possível alterar os estados da Matéria com a aplicação da força de vontade e até mesmo fazer a Matéria aparecer e reaparecer. *O Caibalion* esclarece que se elevamos a vibração da Matéria, alteramos sua frequência e, portanto, sua densidade e até mesmo seu estado. No entanto, como é necessária muita energia para realizar este feito apenas com a mente, muito poucos Adeptos na história o conseguiram, alguns dos quais se encontraram como figuras centrais das religiões. Todos nós ouvimos os milagres de Jesus Cristo, onde ele transformou água em vinho e usou cinco pães e dois peixes para multiplicar estes itens e alimentar 5000 pessoas.

Um exemplo mais comum e provável de alteração da matéria com o poder da mente é transformar gelo em água, água em vapor e vice-versa, através do aquecimento e resfriamento do corpo. Outro exemplo é levitar um objeto leve, como um pedaço de papel ou controlar o movimento da chama de uma vela. Para realizar qualquer uma dessas proezas mentais, o indivíduo precisa entrar em contato ou estar perto do item para infundi-lo com sua energia Prânica, cujo fluxo e estado podem controlar com a mente.

Talvez no futuro, quando a humanidade tiver evoluído coletivamente espiritualmente, teremos exemplos mais notáveis de controle da matéria com nossas mentes, uma vez que as Leis Universais operam em todos os Planos Cósmicos e os Planos Superiores sempre dominam os Planos Inferiores. Curiosamente, os Anciãos nunca passaram muito tempo tentando influenciar a Matéria com suas mentes. Eles sabiam que o verdadeiro dom dessas Leis Mentais era aplicá-las a seus próprios estados mentais e emocionais para ajudar na sua Evolução Espiritual. Atingir a mente da Divindade era seu único objetivo verdadeiro, pois ao fazê-lo, a pessoa se torna parte das Leis Universais, otimizando assim os Ashta Siddhis.

PARTE VII: PÓS-DESPERTAR DA KUNDALINI

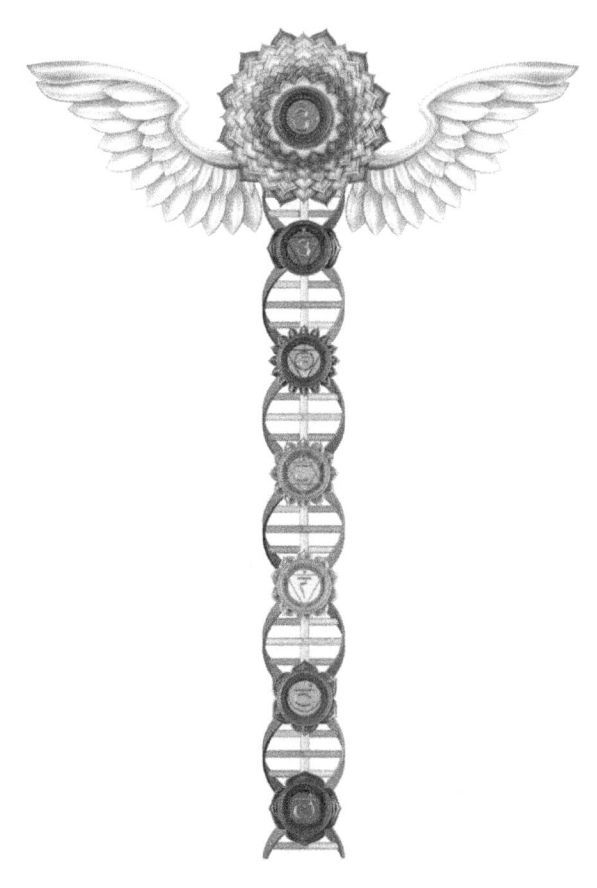

SINTOMAS E FENÔMENOS APÓS O DESPERTAR DA KUNDALINI

A maioria dos indivíduos de Kundalini desperta está preocupada com a forma como a transformação se desenvolverá ao longo do tempo e com a linha do tempo em geral de quando eles irão desbloquear determinados presentes (Siddhis). Esta é uma de suas principais perguntas e interesses. Após conversar com dezenas de indivíduos despertados que completaram o processo elevando a Kundalini até a Coroa, descobri que as manifestações são quase as mesmas para todos e geralmente acontecem sistematicamente. Uma experiência dá origem à próxima e, desta forma, a energia da Kundalini transforma a mente, o corpo e a Alma ao longo do tempo, liberando muitos dons psíquicos ao longo do caminho.

Como discuti no capítulo introdutório sobre a Kundalini, uma vez que a ativação do Corpo de Luz ocorreu e a energia se torna localizada no cérebro, um despertar permanente ocorreu. Alguns sintomas e fenômenos se manifestam na primeira semana, enquanto outros demoram um pouco mais do que isso. Nesta seção, vou decompor estas experiências uma a uma, em ordem sequencial na maior parte das vezes, desde os estágios iniciais, até os meses e anos seguintes. Tenha em mente, entretanto, que estou cobrindo apenas os despertares completos, não os parciais. Com despertares parciais, as manifestações e presentes são específicos para qualquer Chakra(s) que a Kundalini tenha ativado, variando de um para o outro.

Em indivíduos totalmente despertos, as duas primeiras manifestações iniciais são a Luz na cabeça e o som vibratório constante ouvido no interior, semelhante a um zumbido baixo. Se a pessoa não tem conhecimento prévio da Kundalini, pode confundir estes últimos fenômenos como o início de tinnitus, uma doença física pela qual se ouve um zumbido constante em seus ouvidos. No entanto, eles notarão que o som se amplifica muito quando se concentram nele, às vezes mantendo-os acordados à noite, como fez para mim.

A Luz na cabeça é complicada porque vem em ondas no início e pode até causar pressão na cabeça, causando dor de cabeça ou enxaqueca. Portanto, pode-se pensar que vários fatores podem estar causando este fenômeno no início. Após algumas semanas, no entanto, tornar-se-á aparente que uma vez que você fecha os olhos, a energia está presente dentro de sua cabeça que flashes de Luz frequentemente. Muitas vezes ela pulsa como um organismo vivo e respirador, especialmente quando você está em um estado inspirado. Você pode até experimentar flashes de Luz de outras cores, especialmente roxo, embora eu tenha descoberto que a presença da Luz Branca é relativamente consistente. Claro que não é tão brilhante quanto olhar para o Sol; é fraca, mas muito perceptível de olhos fechados.

Você também pode ver orbes de Luz dentro de sua visão periférica que podem aparecer quando você tem uma epifania sobre algo ou está em um estado inspirado. Eles são geralmente azuis elétricos e pequenos, mas bastante perceptíveis. Geralmente é um único globo de Luz, embora possa haver vários. As pessoas têm sugerido que estes orbes podem ser Anjos da Guarda.

À medida que você começa a trazer alimentos para seu corpo, seu sistema digestivo os transformará em energia de luz, alimentando o sistema energético recém-desperto. Como a Kundalini é amplificada pela energia Prânica da comida e da energia sexual, ela irá gradualmente mudá-lo em todos os níveis, físico, mental, emocional e Espiritual. Alguns dos efeitos mais imediatos são os tremores do corpo e uma sensação de formigas rastejando sobre sua pele. É importante não entrar em pânico quando isto ocorre, pois é uma parte normal do processo. Isso significa que a energia está sublimando e alcançando os centros nervosos, literalmente infundindo-os com Luz, alimentando-os.

Você também pode sentir os espasmos musculares aleatórios ou ocasionais que surgem aparentemente do nada, geralmente quando seu corpo está parado e em um estado descontraído. Conforme seu sistema nervoso se ajusta a esta nova energia presente dentro de você, sua temperatura pode flutuar, fazendo você se sentir quente num momento e frio no outro. Recomendo o uso de roupas extras para não se tornar suscetível a pegar um resfriado ou gripe quando você estiver resfriando.

O ritmo e a potência de seu coração também serão afetados à medida que seu corpo se ajustar às mudanças em seu sistema energético. O coração pode bater tão rápido às vezes que parece que você está prestes a ter um ataque cardíaco, especialmente se você não estiver ciente deste sintoma comum da Kundalini. Como a mente está processando as emoções do subconsciente, o batimento cardíaco acelerado é geralmente o resultado de uma emoção assustadora presente, que pode aparecer do nada e desaparecer no segundo seguinte. Como resultado, o coração muitas vezes pula uma batida; então, ele se acelera até você se acalmar.

O coração também reagirá quando emoções intensas estiverem presentes, especialmente as que canalizam a energia bruta do Fogo. O poder da pulsação do coração às vezes pode ser tão forte que parece que está tentando sair de seu peito. Seu ritmo respiratório é diretamente afetado por mudanças no ritmo cardíaco, resultando muitas vezes em uma leve hiperventilação quando seu ritmo cardíaco sobe. Como seu Sistema Nervoso Simpático se ativa neste caso, recomendo a implementação de uma técnica de respiração calmante para retomar o controle sobre seu corpo. Tenha em mente que por mais alarmantes que possam parecer estas palpitações cardíacas, não há nada a temer. A mente agrava a situação criando pânico, portanto tente permanecer calmo, e isso passará.

Como a Kundalini agora está ativa em você permanentemente, você também pode sentir pulsações em seu sacro, pois ela está bombeando a corrente da Kundalini através de seu Corpo de Luz. Se houver bloqueios de energia, pode haver uma pressão desconfortável no sacro, o que pode causar uma dor leve. Entretanto, descobri que o sistema Kundalini compensa os bloqueios de energia reduzindo a magnitude da Luz que está canalizando.

Outro fenômeno notável, embora raro, é a interferência psicocinética com equipamentos elétricos. Por exemplo, no dia seguinte ao despertar da Kundalini, minha bioeletricidade estava tão alta que quando focalizei minha mente em uma TV próxima, causei um distúrbio no fluxo do canal em tela. Eu também tinha ouvido falar de casos em que indivíduos estouraram a agulha em seu toca-discos quando lhe tocaram ou fizeram CDs pular. O fenômeno sempre entra em contato com um dispositivo elétrico ou usando o poder da mente para alterar sua função de alguma forma enquanto exibe uma bioeletricidade superior à normal.

Às vezes, a dor está presente em diferentes órgãos, ou há uma sensação geral de desconforto em áreas onde os órgãos estão presentes. A dor é geralmente leve, embora a mente possa exagerar estes efeitos, como faz quando experimenta o medo do desconhecido. A dor ou desconforto leve é normal, e significa que a energia está entrando e limpando diferentes contrapartidas espirituais dos órgãos e partes do corpo. O mais importante a ser lembrado é permanecer calmo, pois todos estes processos ocorrem porque normalmente não duram muito. No entanto, se você se fixar neles e os exagerar, eles persistirão por mais tempo.

Permita-me retomar o que disse em um capítulo anterior - a energia Kundalini funciona em um nível sutil e não físico, embora muitas vezes possa parecer que os efeitos são físicos. Tenha em mente que outra parte de você está despertando para sua consciência, o Corpo de Luz. O Corpo de Luz tem contrapartidas sutis para os órgãos físicos, que servem a um propósito espiritual em um nível superior.

Espero que esta explicação esclareça quaisquer mal-entendidos sobre este tópico, pois ouço frequentemente as pessoas despertas da Kundalini dizerem que a energia está trabalhando no corpo físico e moldando e "martelando" os órgãos, o que simplesmente não é verdade. Parece que sim, mas isso é apenas porque agora existe outra parte do Eu desperto, um componente não físico - o Corpo de Luz, que contém os vários Corpos Sutis que correspondem aos Cinco Elementos.

Outro sintoma que ocorre precocemente são as flutuações maciças de vitalidade. Por exemplo, você pode estar hiperativo e sentir a necessidade de se movimentar ou se exercitar, seguido de completo esgotamento de energia e letargia. Estas oscilações de energia resultam dos efeitos da Kundalini sobre a mente. Quando ela assume o controle, a Kundalini lhe dá acesso a uma abundância de energia, seguida de um colapso no momento em que o Ego retomar seu controle sobre a mente. Quando você aprende a superar o efeito do Ego sobre a mente, no entanto, você irá explorar a fonte da energia da Kundalini e terá uma vitalidade incrível 24 horas por dia, 7 dias por semana.

À medida que sua consciência se purifica com o tempo, sua vibração aumenta, permitindo que ela se localize dentro do Corpo Espiritual, o aspecto mais elevado do Corpo de Luz. É quase como se um processo de transplante estivesse ocorrendo no interior, o que às vezes pode ser preocupante. Como tal, pode requerer algum tempo para adaptar-se ao que parece ser uma entidade estrangeira dentro de você.

O Corpo de Luz é o veículo da Alma. O corpo físico, por outro lado, é o veículo do Ego. A Alma usa a imaginação e a intuição, que são recebidas através do coração. O Ego usa a lógica e a razão, e opera através da mente. O irmão da imaginação é a inspiração que alimenta o Eu Superior, a Alma. A energia da Kundalini inspira porque seu propósito é levar você ao Espírito. O Fogo da Kundalini muda de estado com o tempo para trazer uma percepção mística e transcendental da nova realidade que você está na Quarta Dimensão da Energia ou Vibração.

SANTO ANJO GUARDIÃO (O EU SUPERIOR)

Todo ser humano tem um Gênio Superior, também conhecido como o Santo Anjo da Guarda, ou Eu Superior. Esta é a parte espiritual de vocês que é de Deus - o Criador. Embora além da dualidade, seu Eu Superior se alinha com a polaridade de sua Alma. Como tal, você pode se referir a ele como um ele ou ela, seja qual for o sexo de sua Alma. O propósito primário do despertar da Kundalini é criar um elo entre sua consciência e seu Santo Anjo da Guarda. Então você se tornará um canal para a sabedoria deles durante toda a sua vida aqui na Terra. E muito possivelmente mais além.

Seu Santo Anjo da Guarda reside em Sahasrara Chakra (Figura 150). Sempre que você eleva sua consciência ao seu nível, seu Eu Superior está presente. Ao conectar-se com ele, sua consciência se sente como se tivesse crescido asas, transformando-o em uma presença angélica enquanto este vínculo é mantido. Você ainda é você mesmo, mas uma parte superior de você que ressoa com a vibração da Luz Divina do Criador.

A maioria das pessoas tem momentos ao longo do dia em que se conectam com seu Santo Anjo da Guarda, geralmente quando estão em um estado de espírito inspirado ou criativo. Depois há aqueles momentos em que o Santo Anjo da Guarda nos toca brevemente com sua energia, dando-nos uma visão divina de um assunto na forma de uma epifania. No entanto, estes momentos são geralmente de curta duração, pois o Ego sempre começa a questionar a experiência, rompendo a conexão com o Eu Superior. Como resultado, o indivíduo desce de Sahasrara para um Chakra inferior de um dos Quatro Elementos.

Para estabelecer uma conexão permanente com seu Santo Anjo da Guarda, uma exaltação de consciência deve ocorrer primeiro. Então, uma vez que a Alma tenha assumido o domínio completo sobre o Ego, o Elemento Espiritual pode descer e transformá-lo inteiramente. Após este processo de transfiguração estar completo, você estabelecerá contato permanente com o Santo Anjo da Guarda. Você ainda poderá operar a partir de qualquer Chakra quando necessitar de seus poderes de expressão, embora sua consciência trabalhe principalmente a partir dos três Chakras Espirituais de Vishuddhi, Ajna e Sahasrara.

Figura 150: Santo Anjo da Guarda (O Eu Superior)

Muito do conteúdo da Kundalini neste livro não é algo que aprendi com outros livros ou ouvi de outra pessoa, e é por isso que você descobrirá que muitas destas informações são originais. Alguns conhecimentos foram acumulados a partir de livros durante os primeiros anos após o despertar da Kundalini. Uma vez lançada a fundação, e eu alinhado com o Gênio Superior, ele assumiu como meu professor interior e guia. Depois disso, a maior parte do meu conhecimento foi-me transmitida diretamente pelo meu Santo Anjo da Guarda através da Gnose. Entretanto, para chegar a esse ponto culminante em minha

Evolução Espiritual onde posso me tornar um canal para algo maior do que eu, tive que passar muitos anos me desenvolvendo como um farol e um canal de Luz.

Todo ser humano pode tornar-se um canal para seu Eu Superior se ele se dedicar à sua jornada espiritual e seguir algum roteiro para alcançar o Iluminação. Todos nós devemos nos tornar Ressuscitados no Elemento Espiritual e nos tornarmos nossos próprios salvadores. O trabalho no *The Magus* é voltado para a realização desse objetivo. Uma vez que você tenha ganhado contato permanente com seu Santo Anjo da Guarda, eles se tornarão seu professor e guia para o resto de sua vida. Você não precisará de mais professores, nem de guias em forma física, pois você se tornará o professor e o aluno em um só.

Seu Santo Anjo da Guarda começará a se comunicar com você toda vez que houver uma continuação na consciência, e seu Ego se silenciará. Ele lhe ensinará regularmente sobre os mistérios do Universo e da Criação, à medida que você vai percorrendo sua vida diária. Ele lhe dará mais informações sobre tudo o que você aprendeu no passado e tudo o que você pensa que sabe agora. O que quer que você receba do mundo exterior será agora filtrado pela sabedoria de seu Santo Anjo da Guarda.

Você pode continuar aprendendo com os livros, embora descubra que receberá mais de seu Santo Anjo da Guarda sobre a vida do que de qualquer texto escrito. Os livros são bons para construir seu conhecimento sobre assuntos específicos, mas sua filosofia de vida aprenderá diretamente com seu Santo Anjo da Guarda.

Como você não pode controlar este processo contínuo de comunicação e aprendizagem, você começará a se sentir como se fossem duas pessoas em uma. Muitas vezes me encontro falando com meu Eu Superior como se duas entidades estivessem vivendo dentro de mim. Frio, calmo, controlado e todo-sábio é o Eu Superior, enquanto o Ego é o que se confunde e precisa de orientação. E do jeito que vejo as coisas, não sou nenhuma delas e as duas ao mesmo tempo.

Meu Ego costumava sentir como se a consciência que um dia governou fosse desviada por outra coisa, embora hoje em dia tenha aceitado esta dupla realidade do Eu. Ele ainda tem suas reações como qualquer Ego, mas o Gênio Superior fica de lado, observa como eu me expresso e assinala quando eu saio da linha. Ele é a Testemunha Silenciosa do momento presente perpétuo que vive na Eternidade. Ele está lá para me acalmar quando eu preciso e me dar os conselhos corretos sobre o que fazer ou como me comportar quando estou em um dilema. Seu propósito geral é me ensinar como melhorar meu caráter e minha personalidade para me tornar mais Espiritual. Assim, eu me deixo em suas mãos e tento deixá-lo liderar o caminho em sua maior parte.

Seu Santo Anjo da Guarda é essencialmente egoísta; ele está constantemente ensinando como se tornar um canal melhor para sua Luz, mesmo que o Ego deva sofrer. Ao aprender a servir a seu Gênio Superior, porém, você está sempre aprendendo a servir a Deus, o Criador, o que significa que você está evoluindo espiritualmente. Como seu Gênio Superior é seu Deus-eu, seu ímpeto de ação vem diretamente da Fonte de toda a Criação.

O que é fascinante na ciência e na filosofia da Kundalini é que se trata de um campo novo e crescente, cuja fundação e estrutura ainda não foram estabelecidas. Portanto, cabe a todos os indivíduos de Kundalini desperta contribuir com seu conhecimento e experiência para que as gerações vindouras continuem a construir. Se eu puder ajudá-los a entrar em contato com seu Santo Anjo da Guarda, então eu fiz meu trabalho. O resto eu deixo em suas mãos. Como tal, peço a todos vocês que levem o que aprenderam de mim e continuem a desenvolver minhas teorias e práticas.

Nenhum livro ou corpo de conhecimento sobre a Kundalini tem as respostas definitivas. Há sempre lacunas a serem preenchidas. Como tal, convido todos os indivíduos de Kundalini desperta a serem corajosos e a saírem de suas zonas de conforto para ajudar a desenvolver ainda mais esta ciência da Kundalini. Somos todos cientistas e laboratórios em um só pacote, aprendendo, experimentando e compartilhando nossas descobertas com o mundo.

ESTADO DE SER APÓS O DESPERTAR

Após um despertar completo da Kundalini, uma vez ativado o Corpo de Luz, pode levar algum tempo para desenvolvê-lo o suficiente com a ingestão de alimentos. O próximo passo é permitir que a energia espiritual penetre na consciência para que você possa se alinhar plenamente com o Corpo Espiritual, um aspecto do Corpo de Luz. Para conseguir isso, porém, é preciso primeiro superar a energia cármica em seus quatro Chakras mais baixos e desenvolver suficientemente os três superiores que são do Elemento Espiritual.

O Corpo Espiritual está se moldando à medida que o Corpo de Luz está sendo integrado. A duração deste processo depende de muitos fatores, que são pessoais para todos. É um processo bastante longo, e se eu tivesse que dar um palpite médio, eu diria de sete a dez anos. Se você tiver um método para trabalhar nos Chakras, como as Práticas Espirituais neste livro ou os exercícios rituais de Cerimonial Magick, como apresentado no *The Magus*, então levará substancialmente menos tempo. Por outro lado, se você permitir que a Kundalini purifique os Chakras ao longo do tempo naturalmente, isso levará muito mais tempo.

Superar o medo é a chave para a Ressurreição Espiritual, que inclui a purgação e purificação dos Chakras. Levou muitos anos para que a energia negativa se desenvolvesse dentro dos Chakras; invariavelmente levará muitos anos para ser limpa. Quanto tempo exatamente? Tudo depende de quanto medo você tem em seu sistema.

Conheço pessoas que, após uma dúzia de anos de vida com a Kundalini desperta, ainda estão à mercê de seu medo e ansiedade, o que tem sido um conceito estranho para mim há quase uma década. Muitas vezes tenho pensamentos temerosos, como todos nós temos, mas para mim, é uma experiência momentânea que é lavada no reino da Não-dualidade do Bindu Chakra em questão de segundos. Nenhum pensamento ou emoção temerosa pode me debilitar ou tomar minha consciência por tempo suficiente para me incomodar demais com isso.

Algumas semanas a alguns meses após o despertar inicial da Kundalini, você sentirá uma sensação de energia se movendo dentro do corpo e da cabeça, e você pode sentir que seu cérebro está "quebrado". Este estado de espírito resultará em pensamentos dispersos e na completa incapacidade de se concentrar em qualquer coisa por muito tempo. Além disso, a maioria das pessoas relatam sentir total apatia por tudo aquilo com que costumavam se preocupar.

Sentimentos de amor pelos outros serão superados por um entorpecimento emocional que será duradouro e aparentemente permanente. Não haverá continuidade de pensamento, e um sentimento geral de confusão estará presente. Você não poderá mais recorrer ao Ego para obter respostas, pois ele terá um controle mínimo sobre você. O Ego percebe que está morrendo lentamente à medida que este Fogo interior é liberado através da Kundalini. Você tem que se render a este processo imediatamente ao invés de tentar combatê-lo ou racionalizá-lo em demasia.

Medos e ansiedade infundados surgirão em momentos diferentes, sem nenhum outro motivo que não seja o de serem liberados do sistema. Pode ser assustador no início, mas quando você entender que tudo isso faz parte do processo, será muito mais fácil relaxar e permitir que ele se desdobre.

Quando a Kundalini atinge a cabeça, há uma conexão com diferentes partes da forma subconsciente e uma ponte é construída entre as mentes consciente e subconsciente. Memórias do passado podem chegar à vanguarda da consciência. Este processo é normal, e não precisa ser examinado em demasia. Seria melhor se você deixasse essas lembranças ir à medida que elas surgem. Agarrar-se a alguma memória de dor ou medo só a amplificará dentro da mente. Ao invés disso, use o poder do amor no Chakra do Coração para purificar e exaltar a memória através de lágrimas, se necessário.

A princípio, porque tudo isso é uma experiência tão nova, será um pouco desconfortável, e o Ego estará tentando em todos os sentidos descobrir o que está acontecendo. Ter livros como este em mãos é crucial para saber para onde as coisas estão indo para que você possa relaxar. Manifestações estranhas, tais como apressamentos de energia, espasmos musculares e energias de sentimento que se movem dentro de você em padrões semelhantes a cobras, são apenas algumas das possíveis experiências que você pode ter.

Haverá pressão em diferentes áreas do corpo, especialmente na cabeça e no coração. Você também sentirá aberturas de energia nos pés e palmas ao longo do tempo, trazendo uma sensação de um vento fresco e calmo que se precipita sobre eles. Esta é a energia do Espírito que entra em você para trazer a sensação de ausência de peso geral, que pode se manifestar logo em seguida.

Lembre-se de que, embora a energia do Espírito pareça permear seu corpo no início do processo de transformação, a integração real de sua consciência com o Corpo Espiritual só pode ocorrer uma vez que você tenha limpo seus Chakras. E esse processo depende inteiramente da quantidade de energia cármica que você tem armazenada em cada Chakra. Portanto, se você é alguém que tem muito pouca energia cármica, como você tem trabalhado através dela durante muitas vidas, então você pode estar destinado a ter uma transformação fácil e rápida.

Outro ponto crítico é que, uma vez que as mentes conscientes e subconscientes tenham sido superadas, seus pensamentos assumirão um grau de realismo como nunca antes. Seus pensamentos parecerão reais para você, como se o que você está pensando estivesse presente bem na sua frente, o que aumenta o sentimento geral de medo e ansiedade. Se você não tiver controle completo sobre seus pensamentos, o que a maioria de nós não tem após o despertar inicial da Kundalini, o medo e a ansiedade são o mecanismo de defesa contra o que quer que surja da mente subconsciente.

Esta "realidade dos pensamentos" ocorre porque o interior e o exterior são agora Um. Não há quebra de consciência, a menos que se escolha deliberadamente escutar os pensamentos do Ego. Como todos os Chakras estão abertos, seus poderes estão fluindo para sua consciência de uma só vez. Seu Chakra Sacral, Swadsthihana, alimenta o subconsciente, enquanto o Chakra do Coração, Anahata, alimenta a mente consciente. O Sol representa a mente consciente, enquanto a Lua representa o subconsciente. Por esta razão, você vê representações visuais do Sol e da Lua em conjunto dentro de muitos panteões e tradições espirituais, principalmente a Alquimia hermética.

CHAKRAS, CORPOS SUTIS E SONHOS

Dentro de algumas semanas após o despertar inicial da Kundalini, os sonhos começam a assumir uma qualidade diferente à medida que as energias internas se sublimam/transformam ainda mais. Esta mudança perceptível é vista no mundo dos sonhos à medida que a Luz Astral se acumula gradualmente dentro de você. A princípio, seus sonhos assumirão significados diferentes, destinados a lhe ensinar uma lição ou informá-lo sobre algo arquetípico que ocorre em seu subconsciente. À medida que você avança através dos Chakras, entretanto, seus sonhos serão afetados pela natureza de sua energia. Suas experiências começam nos dois Chakras mais baixos, Muladhara e Swadsthihana, pois estes dois correspondem ao Mundo Astral. Todas as experiências internas começam no Mundo Astral, através do Corpo Astral, também chamado de Corpo Emocional.

Uma vez que uma cena ocorre em seu sonho, você terá que descobrir o que significa e o que essa cena está tentando comunicar a você. Diferentes símbolos ocultos, animais de poder e números podem estar presentes como parte de eventos metafóricos que irão impregnar em sua consciência alguma lição de vida que você precisa aprender para seguir adiante em sua jornada de Evolução Espiritual. Essas lições também existem para ajudar sua Alma a evoluir e sintonizar sua mente às mudanças em sua Aura à medida que elas estão acontecendo. À medida que você avança pelos três Chakras inferiores, os tipos de eventos que ocorrem em seus sonhos têm o objetivo de despertar em você uma resposta emocional ou lógica que você deve examinar posteriormente. Haverá diferentes presenças externas sentidas e vistas em seus sonhos, incluindo Anjos, Demônios e Divindades, muitas vezes vestidos com roupas do dia-a-dia e se apresentando como pessoas.

Uma vez que você tenha entrado no Chakra do Coração, você pode projetar para fora de seu corpo através do Sahasrara, o Chakra da Coroa e experimentar o mundo dos Sonhos Lúcidos. Entretanto, é difícil determinar com precisão em qual Plano Sutil um sonho está acontecendo e de qual Chakra ele está sendo projetado. A menos que você esteja em um Sonho Lúcido, estes sonhos estão acontecendo subconscientemente onde sua consciência está tão envolvida na experiência que desconhece que está sonhando. Portanto, a única maneira real de determinar em que Plano Cósmico você está é examinar o conteúdo do sonho.

Tenha em mente que em uma determinada noite, você pode experimentar múltiplos sonhos em vários planos sutis à medida que sua consciência oscila em taxa ou frequência de vibração. Você pode às vezes ouvir o tom vibracional dentro de sua cabeça mudar ao entrar em diferentes reinos do Mundo Interior, da mesma forma que a frequência de rádio muda quando você muda de um canal de rádio para outro.

Sonhos carregados emocionalmente estão acontecendo nos Elementos Terra e Água, Muladhara e Swadsthihana Chakras. Especialmente Swadsthihana, já que corresponde ao Corpo Astral Superior ou Emocional, embora como mencionado, o Muladhara Chakra também toca no Plano Astral. Se o conteúdo é mais lógico, onde você tem que descobrir algo em seus sonhos como um detetive, então o mais provável é que ele esteja sendo projetado através do Elemento Fogo, o Chakra Manipura. Neste caso, sua consciência precisa usar sua força de vontade e seu intelecto em seu sonho para descobrir as coisas.

A energia da Kundalini está tentando lançar as bases para que você possa iniciar o Sonho Lúcido, também chamado de Viagem Astral. O Sonho Lúcido só ocorre durante o sono, enquanto a Projeção Astral é uma técnica de Viagem Astral que você pode induzir no estado de vigília. É essencialmente a mesma ideia; você usa seu Corpo de Luz respectivo ao Plano Sutil que você está tentando entrar, para experimentar consciente ou inconscientemente esse Plano Cósmico.

Os corpos sutis variam em sentir as mesmas sensações que o corpo físico. O Corpo Sutil mais baixo, o Corpo Astral, é mais denso no nível da realidade que se experimenta nesse Plano, pois está principalmente preocupado com suas emoções mais baixas. Quando você entra no Plano Mental, no entanto, as coisas começam a se sentir mais reais. No Plano Espiritual, a realidade da experiência é muito maior, pois a vibração do Corpo Espiritual é substancialmente maior do que a dos Corpos Sutis dos Planos Inferiores. A experiência dos Planos Divinos é marcada pelo êxtase intenso, que é a natureza desses Planos.

SONHO LÚCIDO

Cerca de três a quatro meses após o processo de transformação da Kundalini, você começa a ter Sonhos Lúcidos. Considerando a admiração e a maravilha do mundo do Sonho Lúcido, este é um dos primeiros dons espirituais que se manifestam para a Kundalini despertada pelo indivíduo e um grande passo em seu processo de Evolução Espiritual. O Sonho Lúcido resulta da energia da Kundalini que entra no Chakra do Coração, Anahata, já que este Chakra é o ponto de contato com os Chakras do Elemento Espiritual que estão acima dele.

Em Sonhos Lúcidos, a consciência é completamente liberada do corpo físico e consciente de que está experimentando um sonho. A consciência pura é a Lei que guia os Sonhos Lúcidos. Esta consciência permite que a consciência individual seja como uma "criança em uma loja de doces" e experimente as aventuras que sua Alma desejar. É emocionante perceber que você está em um sonho e pode fazer o que quiser, simplesmente pensando que ele existe. Curiosamente, a primeira coisa que as pessoas parecem querer experimentar no mundo dos sonhos lúcidos é voar pelos ares com o poder de suas mentes. Como seu Corpo de Luz não tem peso, a gravidade não é mais um fator, o que permite este fenômeno.

Sonhos Lúcidos são uma Experiência Fora-do-Corpo completa que é uma grande emoção pela primeira vez. Acontece depois que energia Luz/Prânica suficiente foi acumulada através da ingestão de alimentos, permitindo que você saia do seu corpo físico durante o sono através do Sahasrara, o Chakra da Coroa. Além disso, esta experiência tem um efeito libertador sobre a consciência. Ao entrar nestes Planos Superiores da realidade, não mais o medo ou a dor o atormentam, o que lhe permite relaxar para variar e desfrutar deste presente.

O mundo dos Sonhos Lúcidos está repleto de belos ambientes e cenas, tudo isso decorrente de sua imaginação aprimorada aliada à infinita potencialidade da Consciência Cósmica. Ao projetar-se para fora de seu corpo através do Sahasrara Chakra, você entra no campo da Consciência Cósmica, que é ilimitado. Todos os Sonhos Lúcidos sentem como se você estivesse totalmente presente em qualquer lugar mágico em que se projetasse, pois sua Alma sente cada sensação como se estivesse acontecendo com o corpo físico. Entretanto, tudo o que está acontecendo é resultado das capacidades imaginativas de Anahata, alimentada por Sahasrara, cuja energia fonte é a Consciência Cósmica.

A Alma usa o Corpo de Luz como veículo de viagem nos Planos Cósmicos internos, permitindo que a consciência os experimente como reais. O Corpo de Luz é amarrado ao corpo físico pelo Cordão de Prata (Figura 151), também conhecido como o "Sutratman" em sânscrito, composto pelas duas palavras "sutra" (fio) e "Atman" (Eu). O Sutratman é essencialmente o fio da vida da Alma. Este fio metafísico garante que nosso Corpo de Luz possa voltar ao corpo depois de viajar pela Astral. Com a morte, quando a Alma deixa o corpo físico permanentemente, o Cordão de Prata é cortado.

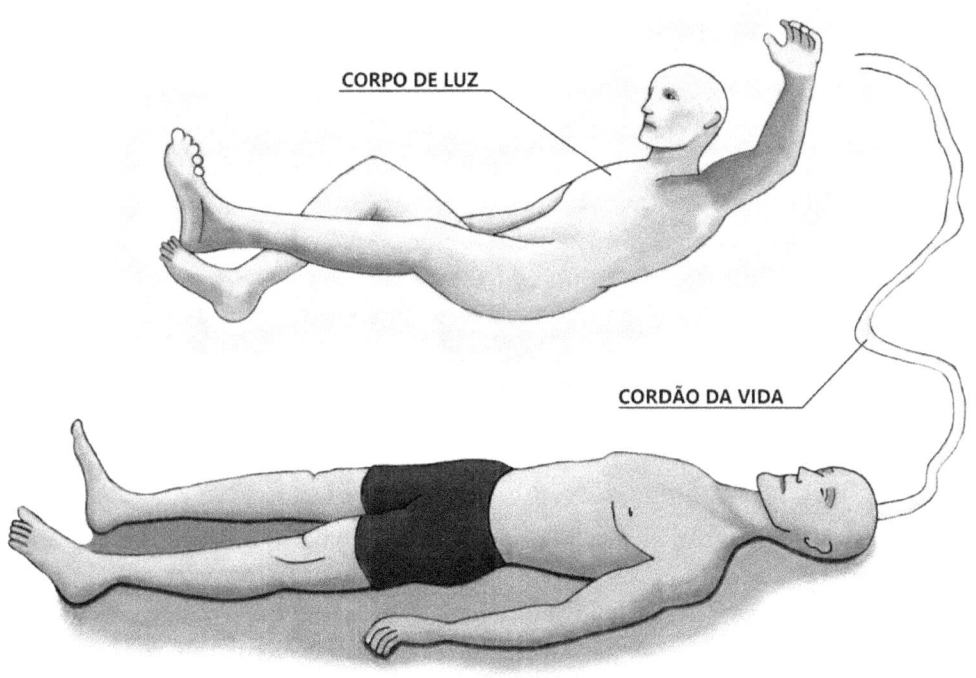

Figura 151: Projeção em Sonhos Lúcidos

A LUZ ASTRAL SENDO CONSTRUÍDA E EXPANDIDA

Ao começar a ter Sonhos Lúcidos regularmente, você pode começar a experimentar uma paralisia ocasional do sono onde sua consciência está tão envolvida em seu sonho que você não pode acordar por até uma dúzia de horas ou mais. Este fenômeno ocorre devido à Luz Astral que se acumula dentro de seu sistema ainda mais ao longo do tempo. Em seu auge, a energia da Luz pode ser tão potente que envolve seus sentidos de tal forma que a mente está experimentando tudo tão completamente real que não consegue se separar do sonho.

Quando digo a palavra "Astral", não estou me relacionando com o Plano Astral da Terra e os Chakras de Água, mas como este termo é comumente usado nos círculos Espirituais. "Astral" representa os Planos Cósmicos internos, reinos e mundos que estão além do Plano Físico, mas que estão intrinsicamente ligados a ele. Assim, quando você está tentando descrever esta ciência invisível para outras pessoas, você pode usar o termo "Astral" para encapsular todos os Planos não-físicos da consciência. E "Luz Astral" se refere à Luz interior que manifesta estes Planos Cósmicos para existir.

É crucial compreender que muitos dos diferentes fenômenos e manifestações após o despertar inicial da Kundalini resultam do crescimento e expansão da Luz Astral/Interior ao longo do tempo dentro do sistema energético. À medida que se expande, ela infunde nos Chakras a energia da Luz, penetrando e atuando sistematicamente através dos vários Corpos Sutis. Uma vez terminada a infusão dos Chakras dos Quatro Elementos, ela começa a trabalhar nos Chakras Espirituais e no correspondente Corpo Espiritual, injetando-o com a energia da Luz. Em seguida, a Luz Astral da Kundalini se transforma em energia espiritual líquida (Amrita), que então alimenta o Ida e o Pingala Nadis, ou canais. Ao fazê-lo, o circuito da Kundalini estará completo e continuará se sustentando através da ingestão de alimentos. O Bindu será ativado, servindo como uma válvula que regula todo o sistema Kundalini, resultando em um estado metafisico e místico de consciência.

Aproximadamente cinco meses após meu despertar da Kundalini, enquanto a Luz Astral continuava a se acumular dentro de mim, ela mudou minha percepção do Mundo Físico. Ela transformou meu senso físico de visão, pois a Luz Astral começou a permear todos os objetos ao meu redor, resultando em um brilho cintilante e prateado, transposto em tudo o que eu estava olhando. Como discutido anteriormente, esta foi a manifestação mais maravilhosa e na qual eu continuo a me divertir até hoje. Este presente me dá a ilusão de que o mundo exterior está inteiramente contido dentro de minha cabeça, em minha mente. Quando concentro meu olhar para fora, há uma sensação estranha como se eu estivesse olhando para dentro da minha testa.

Durante o processo de transformação da Kundalini, o edifício da Luz Astral começa a despertar também os diferentes centros cerebrais. Ela começa a canalizar e a circular esta Luz em várias partes da área da cabeça, pois assim o faz. Uma vez que minha visão física foi transformada e os centros cerebrais se abriram, marcou o início de uma nova vida para mim - a experiência completa da Quarta dimensão, a Dimensão da Vibração. Cada vez que olhava para o mundo à minha frente, me lembrava da ilusão do mundo material da Matéria, pois agora eu podia ver o Mundo da Energia subjacente.

Ao transformar minha visão, também ganhei a capacidade de ver tudo diante de mim de uma perspectiva superior, como se eu estivesse nas nuvens. Somente agora, o que eu estava olhando também tinha esta transformação digital e a Luz irradiando de trás dos objetos, remodelando completamente o que eu estava vendo. Às vezes eu podia estar tão absorvido pelo que via que desmaterializava bem na minha frente, e podia vê-lo como energia pura. E se eu continuasse minha meditação e ficasse mais absorvido pelo que via, poderia ver tudo diante de mim como se fosse projetado sobre um fundo 2D, como uma tela de cinema. A única diferença é que a tela de cinema é feita de pura energia de Luz, projetada a partir do Sol. Esta visão atesta a teoria de que estamos vivendo no Universo Holográfico.

O UNIVERSO HOLOGRÁFICO

Durante o primeiro ano após o despertar da Kundalini em 2004, eu tive uma segunda experiência do Universo Holográfico que me ajudou a compreender melhor a natureza da realidade. Esta experiência foi como a primeira que aconteceu durante meu despertar da Kundalini, embora autoinduzida. Começou como um sonho, comigo em pé sozinho em um campo, cercado por uma cerca de madeira. Para onde quer que eu me virasse, eu via esta cerca. Do outro lado da cerca estavam meus antepassados, todos falando simultaneamente de forma caótica em minha língua nativa, o servo-croata. Então, do nada, um silêncio completo permeou a atmosfera.

Uma voz apareceu e disse: "Você quer saber a verdade das coisas?". Eu respondi com uma afirmação, não verbalmente, mas com curiosidade no coração. No segundo em que aceitei esta oferta, o tom vibracional dentro da minha cabeça começou a mudar. Eu me vi escorregando na vibração, perdendo a consciência dentro do meu sonho como se estivesse sendo transportado para outra dimensão de espaço-tempo.

Todos os meus sentidos astrais se tornaram suspensos à medida que fui avançando cada vez mais dentro de mim. Parecia que eu estava passando por um buraco de minhoca através de minha consciência. Ao invés de temer esta experiência, porém, eu tinha fé. Finalmente, eu emergi do outro lado e abri meus olhos. Ao olhar ao meu redor, vi o mundo holográfico. As paredes e o chão à minha frente eram transparentes, com objetos aparentemente suspensos no espaço. As paredes e os objetos brilhavam com uma aparência quase aveludada. Não olhei para meu corpo durante este tempo, já que estava tão hipnotizado por esta realidade sem concreto. O silêncio completo estava presente em todos os lugares. Senti-me como pura consciência, sem limites, nadando na escuridão do espaço. Entretanto, o que era único, e a primeira e única vez que isso aconteceu em minha vida, foi que o tom de vibração habitual dentro de minha cabeça agora soava como um motor Mustang, um som de rosnado baixo.

Embora eu não tivesse certeza se eu estava na Terra ou em outro Planeta, os objetos começaram a parecer familiares enquanto eu olhava mais à minha volta. Finalmente, minhas lembranças começaram a voltar e percebi que, em vez de estar em algum lugar novo, eu estava sentado em minha cama, em meu quarto onde eu estava dormindo um minuto antes. Toda esta visão durou cerca de dez segundos, embora em câmera lenta. Quando as lembranças começaram a voltar, o que me fez questionar esta experiência extraordinária, a vibração em minha cabeça começou a mudar até voltar a sua frequência habitual. Como isto estava acontecendo, eu vi o Universo Holográfico se transformar em matéria concreta diante dos meus próprios olhos.

Esta experiência nunca mais se repetiria em minha vida. No entanto, não precisava se repetir. Eu tive a resposta que procurava e nunca mais olhei para trás. Aprendi que não só estamos vivendo em um Universo Holográfico, mas a vibração de nossa consciência pode conter a chave para viagens Interdimensionais e possivelmente até mesmo Interplanetárias. Esta teoria é apoiada por um antigo texto chamado *As Tábuas*

Esmeraldas de Thoth, o Atlanteano, escrito pelo Sacerdote Rei Atlante Thoth, do qual o Deus Egípcio Thoth é descendente. Ele mencionou que os humanos poderiam viajar através do Universo mudando a vibração de sua consciência em um ponto no tempo, validando assim minha afirmação.

Após minha segunda experiência direta com a realidade holográfica, fiquei com novas perguntas a serem respondidas. Por exemplo, de onde o Holograma é projetado em nosso Universo? Uma teoria é que cada Sistema Solar tem seu próprio Holograma que é projetado a partir de seu Sol. Entretanto, alguns astrofísicos apóiam outra hipótese de que o Holograma é projetado a partir do buraco negro mais próximo.

Vejam, um buraco negro tem mais massa do que todos os Sistemas Solares próximos combinados, o que significa que ele transporta quantidades enormes de dados em um espaço compacto. Esses dados são enviados para fora para formar partes distintas do Universo, e tudo que está contido dentro desse espaço tridimensional, que se reflete no Plano bidimensional do buraco negro, como um espelho. Agora, se alguém passasse pelo buraco negro, entraria numa dimensão superior, teoricamente, exemplificada no filme "Interstellar" como a Quinta Dimensão do amor que transcende o espaço e o tempo. É claro, estas teorias são apenas especulações e permanecerão como tal, mas sempre me senti privilegiado por ser uma das poucas pessoas neste Planeta que teve não uma, mas duas experiências diretas com a realidade holográfica.

MAIS PRESENTES SE REVELANDO

Ter o mundo astral interno sempre aberto para mim estava fazendo com que ele fosse transposto para o que eu via com meus olhos físicos. Como resultado, eu comecei a ver coisas que não eram deste mundo, pois esta energia de Luz estava se acumulando dentro de mim. Vi seres sombrios nas florestas, presenças angélicas e até mesmo Demoníacas, as mais comuns das quais rosnavam e tinham olhos vermelhos. Vi muitos deles em meus sonhos, enquanto outros estavam presentes em meu ambiente, e pude olhar para eles por um segundo antes que desaparecessem de minha vista.

Minha conexão com tudo ao meu redor crescia diariamente. Através do Olho da Mente, desenvolvi outro sentido, a capacidade de sentir os objetos que eu estava olhando intuitivamente. Eu podia pesar sua energia com meus pensamentos e sentir sua forma astral, seu plano espiritual com esta capacidade. Estes fenômenos foram possíveis porque a Kundalini despertou completamente meus sentidos astrais, e eu podia ver, tocar, provar, cheirar e ouvir dentro dos Planos Cósmicos Internos.

Como meu Olho da Mente foi exponencialmente expandido, comecei a explorar meditações regulares para ver até onde eu poderia ir na toca do coelho e se eu poderia desbloquear mais presentes dentro de mim. Assim, comecei a meditar aonde quer que fosse, seja no metrô ou no ônibus, nas aulas ou no trabalho. Eu gostava de meditar concentrando-me nas pessoas e permitindo-me ser absorvido em suas energias. Se eu me concentrasse em uma pessoa por tempo suficiente, eu escaparia de mim mesmo e começaria a ver sua energia emanando de seu corpo físico. Olhando diretamente atrás delas, embora fosse uma parte de sua consciência. A experiência geralmente começava vendo seu duplo etérico, que parece uma impressão de seu campo energético saindo a poucos centímetros de seu corpo físico. No entanto, à medida que eu ia mais fundo e continuava a desorientar meus olhos enquanto via seu corpo energético, começava a ver todo o espectro de suas cores áuricas.

Se eu permanecesse em meditação por mais de dez minutos, porém, eu começava a mudar os estados de consciência e podia ver a pessoa a partir da perspectiva de uma formiga, ou às vezes de um ser maior e ainda maior. A regra geral era que quanto mais tempo eu continuasse a me concentrar neles, dando-lhes minha atenção indivisível, mais eu era capaz de analisar o que estava vendo e ver campos de energia que normalmente não são detectados pela visão física.

Se alguém estivesse perto de mim e eu me concentrasse em seu rosto em vez de em seu corpo inteiro, eu poderia ver suas características mudarem bem diante de meus olhos. Às vezes eles se transformavam em rostos de animais ou se tornavam muito velhos ou muito jovens enquanto eu me focava neles. Outras vezes, seus rostos se transformavam no que parecia ser Extraterrestres, porque eles simplesmente estavam fora deste mundo. Estas experiências afirmaram para mim que todos nós somos Seres de Luz de pura consciência que viveram em muitos Planetas diferentes em outros Sistemas Solares e Galáxias em uma cadeia contínua de vidas que nunca termina.

Neste ponto, como eu podia sentir o mundo ao meu redor, eu estava começando a me tornar uma antena (Figura 152), recebendo vibrações de fora de mim mesmo. A Kundalini estava agora começando a operar a partir do Corpo Espiritual. Entretanto, mesmo que isso tenha acontecido relativamente rápido em minha vida, não significava que o processo de transformação da Kundalini estivesse completo. Ela pode começar a funcionar através do Corpo Espiritual, mas enquanto as energias latentes precisarem ser trabalhadas nos Chakras, a energia da Kundalini estagnará, e haverá uma clara divisão em mente, corpo e Alma. Esta dispersão da energia da Kundalini resultará em um estado de espírito perplexo e perdido por um longo tempo. A confusão e a incapacidade de se concentrar ou tomar decisões são apenas alguns dos efeitos colaterais negativos de estar neste estado.

Nunca encontrei ninguém que tenha purgado as negatividades dos Chakras inferiores em um curto período após um despertar completo da Kundalini. Na realidade, isto é possível, mas isto significa que a Alma tem estado purgando e limpando os Chakras muito antes do despertar da Kundalini. Para se integrar plenamente neste novo nível de consciência em um pequeno período de tempo, seria necessário ser uma figura bastante santa que tenha trabalhado seu Karma a partir desta vida e de vidas anteriores. Caso contrário, ainda haverá muitas manifestações em sua vida mundana onde a Kundalini está trabalhando em seus Chakras inferiores. No entanto, é preciso que haja muitas lições aprendidas nessas áreas antes que a Kundalini possa se localizar completamente no Corpo Espiritual e operar sem bloqueios ou estagnações de energia.

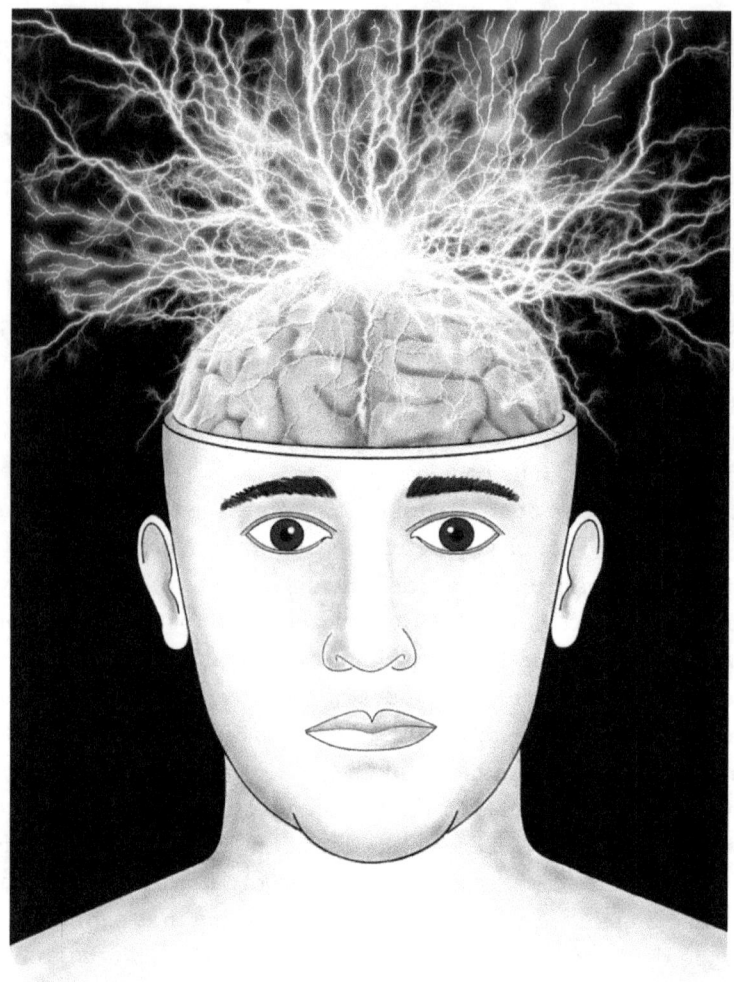

Figura 152: A Antena Cerebral Humana

KRIYAS E EVENTOS SINCRÔNICOS

Alguns indivíduos acordados relatam realizar movimentos espontâneos de Kriyas-Kundalini Yoga e Hatha Yoga. Este fenômeno ocorre a partir da Luz Kundalini animando o corpo físico a realizar estes movimentos enquanto o eu consciente está em piloto automático. Curiosamente, o conhecimento dos Kriyas emerge em algum lugar profundo do subconsciente, já que eles geralmente são conscientemente desconhecidos para a pessoa que os executa. O corpo executa estes Kriyas durante um pouco enquanto a Kundalini atua sobre o corpo, energizando-o. A chave por trás deste fenômeno é o ser individual em um estado de inspiração, que neutraliza o Ego. No momento em que a Luz da Kundalini se dissipa, o Ego toma novamente a consciência e o Kriyas pára.

Outra manifestação enquanto neste estado inspirado na Kundalini é a escrita automática. O indivíduo pode se sentir compelido a escrever, novamente aparentemente em piloto automático, enquanto a energia da Kundalini canaliza através deles. O conteúdo produzido muitas vezes não é reconhecível para o Ego quando examinado posteriormente, levantando a questão de onde ele veio. O indivíduo pode até se expressar em outros idiomas, alguns não desta Terra. Por exemplo, tenho um amigo desperto Kundalini que tem canalizado letras e símbolos crípticos enquanto neste estado inspirado que se assemelha a alguma língua Antiga morta ou mesmo uma Extraterrestre. Seja o que for que ele esteja canalizando, ele se sente obrigado a fazê-lo e não tem nenhum controle consciente sobre o processo.

Muitas outras manifestações ocorrerão à medida que a consciência estiver aprendendo a viver neste novo mundo de energia pura, e o Ego estiver afrouxando seu domínio sobre você. Você começará a ter muitas sincronicidades e começará a notar padrões em sua vida diária. Por exemplo, padrões de números são comuns, que muitas vezes ocorrem à medida que você tem alguma vontade interna de olhar para o tempo ou ver algum dispositivo tecnológico que exibe números. Para mim, o número 1111 surgiu com muita frequência. Outros indivíduos despertados pela Kundalini relatam sincronicidades com o mesmo número.

O objetivo do 1111 é informá-lo que agora você está funcionando em um nível Espiritual diferente e que o despertar se deu. Os 1111 Anjos, ou energias Divinas, querem que você saiba que está sendo guiado e protegido por forças superiores. Você também pode ver outras cordas ou séries de números, como 222 ou 333. Este fenômeno ocorre quando a realidade externa e material se torna interligada com o mundo astral interno - os dois estão se tornando Um.

Seus poderes imaginativos estão se fundindo na Consciência Cósmica e seu poder de imaginação que é vasto e sem limites. Você não é mais uma entidade separada, mas agora está operando dentro do quadro da Mente Cósmica. Sua mente está gradualmente se tornando absorvida pela Consciência Cósmica.

À medida que sua consciência evolui lentamente, ela está aprendendo a operar de acordo com a estrutura dos Princípios Universais. Estes Princípios são os Princípios da Criação - os Sete Princípios (Verdades fundamentais) que esboçam as Leis Universais que regem toda a Criação. Estas Leis formam a base do *Caibalion - o* livro hermético oculto escrito no início do século 20 que me impactou profundamente pessoalmente e foi um precursor do meu despertar da Kundalini, como mencionado na introdução a este trabalho. Você está aprendendo a fazer parte dos Princípios da Criação e a operar conscientemente dentro de seu contexto, pois você faz parte das Leis Universais.

A NECESSIDADE DE ALQUIMIA ESPIRITUAL

Haverá mudanças imensas no nível mental e emocional após experimentar um despertar completo e sustentado da Kundalini. Para muitas pessoas, pode ocorrer uma enxurrada de negatividade fluindo para a consciência, proveniente da Kundalini soprando todos os Chakras à medida que ela se eleva de sua residência no sacro através do tubo oco da coluna vertebral.

Como o medo e a ansiedade permeiam seu sistema, estas energias escuras precisarão ser tratadas antes que você possa experimentar os aspectos mais positivos do despertar. As emoções negativas são sentidas no Chakra da Água, Swadhisthana, relacionadas com a mente subconsciente. Os pensamentos negativos, no entanto, são o resultado de um Chakra do Ar corrompido, Anahata. Tenha em mente que até que você limpe seus pensamentos e emoções negativas, você não pode funcionar somente através da intuição, que é um dos objetivos do processo de despertar da Kundalini. Ao invés disso, você se sentirá sobrecarregado por essas energias sombrias, à medida que elas parecem comandar sua vida.

Os pensamentos e emoções negativas podem parecer estranhos no início. No entanto, após um exame mais detalhado, você perceberá que eles são seus próprios. Você também se sentirá atraído pelas energias negativas de outras pessoas, já que o mesmo tipo de energia atrai. Muitas vezes, você não fará distinção entre os dois, pois estará tão aberto às energias dos outros que eles sentirá como se fossem suas próprias energias. E até certo ponto, são, já que, estando perto dos outros, nós assumimos a energia deles.

Em geral, a comunicação é 93% telepática para toda a humanidade, que expressamos subconscientemente, principalmente através de nossa linguagem corporal e tonalidade de voz. Após o despertar da Kundalini, porém, você experimentará conscientemente esta forma superior de comunicação, uma vez que terá controle sobre suas vibrações. E como todos nós estamos constantemente induzindo uns aos outros através da vibração de nossos pensamentos e emoções, quando você ganha controle sobre seu estado interior, você pode controlar o estado mental de outras pessoas também. Mas para conseguir isso, você precisará limpar seus pensamentos e emoções para que sua força de vontade possa dominar sua consciência.

Logo no início de sua jornada de transformação, você notará que se torna um desafio estar perto de algumas pessoas em sua vida. Essas pessoas são muitas vezes amigos ou mesmo familiares com quem você costumava passar muito tempo antes. Após o despertar, porém, você poderá descobrir que estar perto dessas mesmas pessoas o deixará ansioso e estressado. Este fenômeno ocorre devido à negatividade dentro de você, pois seus próprios Demônios se alimentarão da energia de medo projetada pelos Demônios de outras pessoas.

Pessoas de mente muito negativa, que se enfurecem facilmente ou são muito pessimistas em relação à vida, se tornarão altamente drenantes. Ao alimentar seus demônios com a energia do medo de outras pessoas, eles invariavelmente lhe roubarão seu Prana, sua Força de Vida. Portanto, eu o aconselho a reformar sua vida e limitar o contato com as pessoas que o afetam negativamente. Talvez você possa voltar a passar tempo com essas pessoas uma vez que você evolua espiritualmente para além desse estado negativo. Ainda assim, enquanto você está superando seus problemas, é melhor que você só passe seu tempo com indivíduos de mente positiva.

Você não é mais uma pessoa comum, e precisa se conformar com isso. Quanto mais rápido você aceitar que precisa se ajudar, mais rápido você evoluirá. Se você optar por não lidar com este tipo de problemas, você sofrerá. É crucial adotar uma atitude de confiança desde o início de sua transformação, porque a superação destes desafios impostos pela energia da Kundalini fará a diferença entre ganhar e perder a batalha dentro de você. Você pode se inspirar em sua nova jornada ou ser tão abatido que odiará a si mesmo, sua vida, e amaldiçoará a Deus por colocar este "fardo" da Kundalini sobre você. É comum sentir-se assim muitas vezes no início, especialmente se você teve um despertar não planejado e espontâneo.

Seria melhor se você começasse a desenvolver a mentalidade de um guerreiro Espiritual desde o início. Você deve invocar coragem e força para que possa enfrentar seus Demônios, e se eles tentarem assustá-lo, o que eles farão, você permanecerá inabalável em seu equilíbrio. Crenças baseadas no medo, pensamento negativo e memórias traumáticas, tudo isso tem que ser liberado e superado neste processo.

Seu Ego está morrendo lentamente, e ele sabe disso. Você tem que se render à energia da Kundalini e escolher a fé e o amor em vez do medo. O conceito de medo e seu efeito sobre seu sistema energético o desafiará por muitos anos, mas no final, se você permanecer positivo e forte, você prevalecerá. Lembre-se de que este processo de transformação é Universal; se você perceber que não está sozinho em viver estes desafios, você pode se inspirar nos que vieram antes de você e superar estas provações e tribulações.

DESAFIOS EM SUA VIDA PESSOAL

Como você está sendo remodelado em mente, corpo e alma e recebeu muitas atualizações de consciência, isso significa que agora você está funcionando em um nível diferente das outras pessoas. Quanto mais rápido você puder aceitar isto e perceber que em relação à sua família e amigos, você será único e diferente agora, mais rápido você poderá aprender a se adaptar corretamente à sua nova realidade. Esta adaptação vem com uma certa sensação de solidão, pois ninguém que você conhece entenderá o que você está passando. Deixe-me reiterar este ponto crítico. Você está diferente agora, e a menos que alguém tenha passado pelo que você está passando, ele não entenderá, simples e claro.

Levei muitos anos e muitas tentativas de entendimento de minha família e amigos para perceber que estou sozinho nisto e não terei o apoio que preciso das pessoas que conheço. E quanto mais rápido você puder reconhecer que não deve culpar outras pessoas por não o compreender, melhor você se reintegrará com elas. Afinal, se você optou por permanecer na sociedade e continuar fazendo parte dela, não importa qual seja sua verdade se os outros não o entenderem. Você precisará aprender a se misturar, a "fingir até que você faça".

Não faz mal mentir a este respeito, às vezes, se a verdade é complicada de ser compreendida por outros, e você sabe que não fará diferença se você tentar explicar sua nova realidade. É essencial não desesperar, no entanto. Estamos programados para buscar conselhos de outras pessoas quando estamos em uma situação difícil, mas na realidade, temos todas as respostas dentro de nós se soubermos onde procurar. Você pode superar todos os obstáculos e desafios se você tiver fé em si mesmo, no Universo e no processo de transformação da Kundalini. Tenha em mente que como esta ciência da Kundalini ainda é relativamente desconhecida para o público, a maioria das pessoas atualmente não o entenderá. Se e quando o conhecimento da Kundalini se tornar parte do *mainstream*, você será capaz de obter mais apoio do mundo exterior.

Você terá muitas noites sem dormir durante os primeiros anos após um despertar completo e sustentado da Kundalini. Portanto, o que quer que você tenha planejado para a manhã, muitas vezes terá que esperar ou ser adiado. Se não puder ser adiado, você precisará aprender a dar boas desculpas para não estar 100% depois de uma noite sem dormir. A Kundalini é frequentemente mais ativa à noite, especialmente quando você está em sono REM. Aqui é quando sua consciência está em piloto automático, permitindo que a Kundalini faça o que ela pretende.

Devido a sua intensidade, você não será capaz de induzir o sono com frequência, especialmente porque todo este processo será relativamente estranho para você. Na maioria das vezes, o medo do que vai acontecer a seguir impede que você relaxe para que possa adormecer. Quanto mais rápido você aceitar estes desafios como uma nova parte de sua vida, melhor será a longo prazo. Gostaria de poder lhe dizer que você não enfrentará estes desafios, mas eu estaria mentindo.

Em um despertar espontâneo, é quase certo que você temerá o processo até certo ponto, o que afetará seu sono. No meu caso, fui diagnosticado com insônia um ano após o despertar da Kundalini. Às vezes, obter um diagnóstico profissional ajuda a ter a desculpa adequada para faltar às obrigações pela manhã, como aulas na escola ou no trabalho. É claro que minha condição era temporária, e eu sabia disso, mas senti algum conforto em ter uma desculpa válida para meus sintomas.

Com o tempo, encontrei maneiras de obter um descanso ideal sem induzir o sono, o que me ajudou muito ao lidar com este problema de insônia. Descobri que se você deitar de costas e observar conscientemente os processos da energia da Kundalini movendo-se através de seu corpo, você pode descansar seu corpo físico o suficiente para ser menos lento no dia seguinte. Este método me ajudou a descansar meu corpo, embora eu não conseguisse encontrar uma solução para descansar minha mente.

Será quase impossível evitar o esgotamento mental e emocional por não induzir o sono, então você terá que aprender a funcionar enquanto estiver nesse estado mental lúcido. Infelizmente, não há escolha no assunto. Digo, no entanto, que se houver vontade, há um caminho. Se você optar por permanecer inspirado, mesmo diante da adversidade, você prevalecerá. E se você decidir não o fazer, não importa quão extenuante seja seu desafio, você fracassará. Portanto, adote uma atitude de vencedor desde o início, e você se beneficiará muito nesta jornada.

Meu primeiro livro contém a prática espiritual do Cerimonial Magick e os vários exercícios que usei em minha jornada para me ajudar a lidar com o estado de espírito negativo inicial trazido pela energia desperta da Kundalini. Estes exercícios rituais são apresentados como parte dos programas de Alquimia Espiritual, os mesmos pelos quais passei há muitos anos quando me deparei com estes mesmos desafios. Eles são destinados a derramar a energia cármica dos Chakras inferiores para que você possa erradicar todo o medo e ansiedade em seu sistema e ascender mais alto na consciência. Descobri que enquanto as técnicas rituais funcionavam para limpar os Chakras, elas também me permitiam dormir melhor e superar minhas insônias.

Desde o início de minha jornada Cerimonial Magick, comecei a me sentir mais calmo e equilibrado enquanto alcançava algum nível de controle sobre os estados mentais. E este efeito era cumulativo, descobri, à medida que continuava trabalhando com esta prática espiritual diariamente, que eu me tornava mais centrado e alicerçado, o que afetava positivamente meu sono. Os exercícios rituais de banimento que se dá logo no início de sua jornada Cerimonial Magick ajudam a limpar a Aura de energia desequilibrada, o que permite mais paz de espírito. E quando a mente está em paz, você pode adormecer mais facilmente.

Além de me ajudar a dormir, estas técnicas rituais me deram uma ferramenta para combater os muitos desafios mentais e emocionais que eu estava passando. Elas limparam meus Chakras ao longo do tempo e me permitiram permanecer inspirado enquanto este processo de transformação da Kundalini se desdobrava. Antes de encontrar o Cerimonial Magick, eu estava me sentindo muito desamparado. Uma vez que descobri o Cerimonial Magick, no entanto, não havia como voltar atrás. Finalmente, eu tinha a ferramenta que estava buscando para me desenvolver como um Guerreiro Espiritual e ter sucesso nesta jornada.

Pratiquei esta arte sagrada de invocação de energia durante cinco anos, todos os dias. Estes exercícios de Magick me fundamentaram, expandiram minha imaginação e intuição e, o mais importante, removeram o medo e a ansiedade de minha Aura. Eles reforçaram minha força de vontade e compaixão ao mesmo tempo em que fortaleceram meu intelecto e purificaram minhas emoções. Fiquei surpreso com o bom funcionamento destas técnicas rituais e como elas complementavam o que a energia da Kundalini estava tentando alcançar. Por esta razão, escolhi compartilhar estas técnicas rituais e mais em meu primeiro livro para dar a outras pessoas na mesma posição em que eu estava nas ferramentas de que elas precisam para se ajudar e avançar mais em sua jornada espiritual.

ALINHANDO COM O CORPO DE LUZ

Uma vez que você tenha limpo e sintonizado seus quatro Chakras inferiores e dominado os Elementos Terra, Água, Fogo e Ar, sua consciência pode elevar e localizar nos três Chakras superiores do Elemento Espírito, de onde ele irá operar em diante. Esta mudança na consciência indica uma nova experiência de viver no mundo, sem ser perturbada pelo medo e pela ansiedade.

Seu novo veículo de consciência, o Corpo Espiritual, é seu presente e recompensa por todo o trabalho de Alquimia Espiritual que você realizou até este ponto. Na maioria dos casos, muitos anos terão que passar antes que a energia cármica nos Chakras inferiores seja superada, especialmente se você teve um despertar espontâneo da Kundalini. Para mim, foi precisamente sete anos após meu despertar que eu alinhei completamente minha consciência com o Corpo Espiritual. Uma vez que isso ocorreu, outras transformações Espirituais se seguiram.

Como todas as pétalas do Lótus de Mil Pétalas do Sahasrara estavam finalmente abertas para mim, todos os meus centros cerebrais primários também foram despertados. Minhas Glândulas Pineal e Pituitária, o Tálamo e o Hipotálamo foram otimizados para sincronizar meu corpo com a consciência expandida, agora em hiperatividade. Finalmente estabeleci o fluxo correto da energia espiritual para cima e para baixo novamente através da Coroa.

O próximo passo no processo de transformação foi a consciência totalmente alinhada com o Corpo Espiritual. Uma vez completo, ocorreram novos desenvolvimentos em meu Olho da Mente, despertando a capacidade de deixar meu corpo e me ver na terceira pessoa.

No passado, eu tive momentos aleatórios em que pude sair do meu corpo, mas essas experiências foram geralmente de curta duração. Eu não podia sustentar esta Experiência Fora do Corpo, já que meu Ego era muito ativo, mantendo minha consciência confinada ao meu corpo físico. Agora, eu podia me concentrar em qualquer objeto externo, e se eu me concentrasse nele por mais de um minuto ou mais, minha consciência deixaria meu corpo e passaria a ser Um com ele. Sahasrara Chakra estava envolvido com este fenômeno, mas também com meus Chakras de Palma e de Pé. Parecia que a energia do Espírito tinha acabado de ser sugada do meu corpo através da minha cabeça e dos meus membros.

Este novo desenvolvimento em meu Olho da Mente fortaleceu minha conexão com o mundo exterior de uma nova maneira. Sons diferentes começaram a tomar forma em minha cabeça como imagens animadas. Cada som tinha um componente visual associado que ia e vinha em ondas, energizado diante de mim por algum poder superior de imaginação.

Um profundo silêncio permeou minha mente como se eu andasse sobre as nuvens com os pés no chão. Algumas dessas manifestações começaram a se desenvolver anos antes, mas eu não conseguia me sintonizar plenamente com esses poderes superiores porque ainda estava à mercê de meu medo e ansiedade. Tive que limpar todo o medo e ansiedade para dar à energia da Kundalini um caminho claro para que essas faculdades superiores despertassem.

Acredito que este processo de desbloqueio de habilidades particulares é universal para todos. Há uma forma sistemática pela qual a transformação da Kundalini se desdobra ao longo do tempo. Como Deus, o Criador, deu a todos os humanos um padrão físico de corpo cinco estrelas com as mesmas características faciais, acredito que também nos foram dados os mesmos componentes de energia e potencial. Jesus Cristo se referiu a isto quando disse que somos todos iguais e somos todos Um. Pode levar algum tempo para que a Kundalini desperte os indivíduos para desbloquear as mesmas habilidades que eu, mas eventualmente, todos eles chegarão lá. Todos estão em linhas de tempo diferentes no que diz respeito ao seu processo de Evolução Espiritual, mas o final do jogo é o mesmo.

Uma vez alinhada sua consciência com o Corpo Espiritual, você contornará sua mente, permitindo que seu Ser participe do Reino Espiritual, o reino da Não-dualidade. Este reino é altamente místico e transcendental, como você irá experimentar. Por exemplo, o simples ato de escutar música criará arrebatamento em seu coração, ao contrário de qualquer coisa que você já tenha sentido antes. Vai parecer que a música está tocando só para você, e você é a estrela de um filme épico de Hollywood, que é sua vida. Mesmo que sua vida seja comum neste momento, você se sentirá como se pudesse se tornar qualquer coisa e como você está neste estado de inspiração perpétua.

O corpo físico também começará a ficar parcialmente entorpecido às sensações. Este fenômeno resulta da transformação da Kundalini em energia espiritual fina, que expande o sistema enquanto circula dentro de você. Como resultado, os canais de energia primária de Ida, Pingala e Sushumna tornam-se totalmente abertos e trabalham em sincronia uns com os outros.

O Corpo Espiritual é estabelecido como o principal portador e regulador da consciência, embora você ainda possa precisar fazer mais trabalho com os Corpos Sutis inferiores. Em última análise, a consciência precisa elevar-se inteiramente acima dos Corpos Sutis inferiores, o que requer uma purificação completa da energia cármica presente nessas áreas. Uma vez que isso seja feito, o indivíduo se elevará totalmente acima de sua Roda do Carma.

Como você está passando por diferentes transformações na mente, no corpo e na alma, aconselho-o a confiar no processo em vez de temê-lo. Embora muitos anos sejam necessários para observar este processo de transformação ocorrendo dentro de você antes que você possa finalmente deixá-lo ir e ter fé de que está em boas mãos, saber antes do tempo que você está a salvo é metade da batalha. De qualquer forma, você não tem outra escolha senão se render a este processo, portanto, quanto mais rápido você puder fazer isso, você só se beneficiará.

Temer é falhar, pois o medo é o combustível do Ego, que ele usa para prendê-lo a si mesmo e impedi-lo de seguir adiante em sua jornada. O Ego quer que você tenha medo do processo, pois sabe que pode usar este medo contra você, permitindo que ele mantena sua identidade por um pouco mais de tempo. Ele sabe que para você se transformar plenamente em um Ser Espiritual de Luz, ele terá que ser erradicado, o que ele tenta evitar a todo custo. Como mencionado, você nunca poderá destruir o Ego enquanto viver no corpo físico, mas poderá reduzi-lo a um pequeno fragmento de consciência, um fragmento que está sob o controle completo do Eu Superior.

Em vez de gastar tempo se preocupando e analisando em demasia o processo de transformação da Kundalini; em vez disso, você deveria gastar tempo se baseando e aprendendo a relaxar. A energia da Kundalini quer ajudá-lo a evoluir espiritualmente, não para prejudicá-lo de forma alguma. A dor interna que você está experimentando é gerada pelo Ego; para superá-la, você deve aprender a negar seus pensamentos. Você deve relaxar e ter fé de que você estará bem, pois a Kundalini está trabalhando através de você.

Algumas das manifestações de que estou falando aqui ocorrem nas etapas posteriores do processo de transformação da Kundalini. É essencial reconhecer que o processo da Kundalini continua a se desenrolar pelo resto de sua vida após o despertar inicial. Embora os primeiros anos possam ser desafiadores enquanto a purificação está ocorrendo, uma vez concluída, outros dons e fenômenos podem e continuarão a se manifestar, uma vez que a jornada está em andamento.

MUDANÇAS CORPORAIS E DIETA

Uma vez que você tenha despertado completamente a Kundalini e a elevado até a Coroa, ela permanecerá permanentemente em seu cérebro agora, o que é um momento realmente emocionante. Para o resto de sua vida, o alimento e a água que você traz em seu corpo serão os principais fatores que sustentam o sistema energético recentemente expandido, assegurando que tudo esteja funcionando sem problemas.

Os alimentos se transformam/sublimam em energia Prânica/Light, enquanto a água sustenta e modera a consciência. Esta energia de Luz aumentará dentro de você e alimentará o circuito Kundalini, que funciona a partir do Bindu Chakra. Embora você possa não entender como estes componentes se unem atualmente, você irá, no devido tempo, quando esta parte do processo se revelar para você.

Você experimentará flutuações no seu apetite também durante o processo de transformação da Kundalini. Por exemplo, você poderá sentir uma necessidade de comer mais por certo tempo, seguido de uma necessidade de comer menos. Muitos períodos em minha jornada me levaram a comer muito, então eu comi refeições substanciais várias vezes por dia. Uma vez que senti este desejo natural de comer mais, isso me sinalizou que meu sistema estava em hiperatividade para sublimar os alimentos em energia de luz. Em geral, eu me congratulava com esta mudança, embora as pessoas em minha vida se perguntassem por que eu estava engordando rapidamente e não se preocupavam com o quanto eu estava comendo.

Meus amigos e familiares sempre acharam estranho que eu flutuasse no peso, pois muitas vezes perdia ou ganhava até 4,5 kg por semana. Normalmente eu mentia a respeito desta situação, pois quando eu dizia a verdade, muitas pessoas pensavam que eu estava arranjando desculpas para não me importar com a minha aparência, enquanto outras pensavam que eu estava simplesmente louco. As pessoas achavam que eu estava louco durante toda a minha vida era um desafio que eu tinha que superar e encontrar meu caminho.

Além disso, esteja atento a novos desejos de comer coisas que você nunca comeu antes. Por exemplo, você pode ser vegetariano ou vegano a vida inteira e de repente desenvolver um interesse em comer carne. Ou talvez ocorra o contrário, e se você foi um comedor de carne a vida inteira, você pode desenvolver o desejo de ser vegetariano ou vegano. Ouça o que seu corpo está comunicando a você a este respeito, pois ele pode saber algo que você conscientemente desconhece.

A carne dá a seu corpo a proteína necessária para reparar os músculos e fazer hormônios e enzimas. A proteína é uma fonte de energia significativa para o corpo que é crucial para o avanço de sua transformação Kundalini. Algumas vezes, porém, se o animal foi pré-mortalizado de uma forma horrível, como é o caso de muitos abatedouros, a energia do medo do animal moribundo fica embutida na carne, agravando ainda mais seu já frágil sistema. Mais uma vez, respeite os desejos de seu corpo porque sua Alma se comunica com você através do corpo a um nível mais profundo.

Tenha em mente que estes desejos de experimentar coisas novas muitas vezes não duram muito, pois seu propósito maior é expandir sua mente para outras possibilidades na vida. Recomendo vivamente que coma alimentos orgânicos o máximo possível, pois eles passarão melhor através de seu corpo, pois contêm mais energia Prânica/Luz que seu corpo precisa para continuar sua transformação. Acredito que os alimentos geneticamente modificados expõem você à degradação do DNA, que causa câncer e outras doenças corporais que assolam grande parte do mundo moderno. E quando você estiver comprando carne, tente comer carne kosher ou halal onde o animal foi morto respeitosamente, e a carne deve estar livre de energia negativa.

Quando se trata de água, é hora de parar completamente de beber água da torneira, a menos que venha de uma fonte de água limpa, como um riacho. A maioria da água da torneira, especialmente nas grandes cidades, contém muitos contaminantes que são prejudiciais à sua mente, corpo e alma. Ou comece a beber água engarrafada de qualidade ou, melhor ainda, invista em um sistema de filtragem de água que filtra metais nocivos como o flúor, que é conhecido por calcificar sua Glândula Pineal.

Tenha em mente que como a Kundalini está trabalhando através de você, especialmente nos estágios iniciais, seus rins estarão trabalhando horas extras, tornando-os mais quentes do que o normal. Os rins trabalham com as glândulas suprarrenais, que também estarão em sobrecarga, já que sua função é produzir e liberar hormônios em resposta ao estresse. Como resultado, as glândulas suprarrenais são frequentemente as primeiras a experimentar a exaustão nos estágios iniciais. A entrada de água filtrada sem contaminantes em seu corpo acalmará seus rins e adrenais e ajudará a superar esta fase de exaustão da transformação da Kundalini.

DESENVOLVENDO ALERGIAS

À medida que você passa por este processo de transformação e seu apetite muda quase diariamente, você também pode desenvolver novas sensibilidades e alergias alimentares, portanto, esteja atento a isto. Por exemplo, eu nunca tive uma alergia em minha vida. Mas então, nove anos após o despertar, desenvolvi uma alergia a amêndoas, bananas e rapini, tudo isso em dois anos. E não estou falando de sensibilidades leves. Estou falando de reações alérgicas que me hospitalizavam a cada vez.

Eu comi e amei bananas durante toda a minha vida. Era minha fruta favorita que eu comia quase diariamente. Na verdade, era uma das únicas frutas que eu comia. Então um dia, do nada, tive uma reação alérgica que me mandou para o hospital. Desde então, se eu tenho um traço de banana em qualquer coisa, reajo imediatamente. Portanto, isto se desenvolveu com o tempo, e acredito que esteja ligado ao processo de transformação da Kundalini.

Por alguma razão, o organismo rejeita energias particulares de certos alimentos, resultando em uma reação alérgica. Como resultado, meu rosto inchou com urticária e vergões, e meus olhos lacrimejavam quando meu corpo começou a se fechar. Eu não conseguia respirar em um momento e tive que chamar uma ambulância que me deu uma dose alta de um medicamento anti-histamínico através de uma IV. Os anti-histamínicos regulares de venda livre não funcionarão nestes casos, eu tentei. No mínimo, você precisará de uma Epipen ou de uma visita de emergência ao hospital.

Talvez a reação alérgica aconteça devido a esta correlação entre o despertar da Kundalini e a liberação de histamina no corpo. Este nível mais alto de histamina é liberado quando o Corpo de Luz é integrado e totalmente desperto, o que dá a sensação de que há uma injeção de novocaína no corpo. Todo o corpo físico se sente parcialmente entorpecido, o que se torna uma parte permanente da existência cotidiana depois. Eu não sei exatamente por que ocorrem reações alérgicas. Ainda assim, só posso imaginar que a energia da Kundalini não possa integrar qualquer energia liberada dos alimentos ingeridos, que atua sobre o corpo físico, fazendo-o entrar em desordem. Seja o que for, estou mencionando aqui para que se e quando isso acontecer com você, você saiba por quê, o que é e que você deve obter ajuda imediatamente.

OS NUTRIENTES ESSENCIAIS PARA A TRANSFORMAÇÃO

Ao passar pelo processo de transformação, percebi que os doces têm um efeito particular sobre a energia da Kundalini. Cada vez que como algo com açúcar, descubro que meu Ego se amplifica e meus pensamentos se aceleram e se tornam incontroláveis, afetando negativamente minha compostura. Portanto, quando estou passando por um momento mental e emocionalmente difícil, torna-se um empecilho para ingerir doces, por isso tento me afastar deles o máximo possível.

A proteína é essencial, pois você está se transformando a partir de dentro, portanto, coma carne e muito peixe. Seu corpo requer zinco enquanto passa por este processo, e o peixe tem muito zinco. A Kundalini funciona como uma bateria. Ela tem uma corrente positiva e negativa expressa através dos canais Pingala e Ida, as energias masculina e feminina. Eles carregam corrente bioelétrica, que é regulada por sua energia sexual. Estes canais precisam de um meio para funcionar; caso contrário, eles queimam o sistema. Este algo é o fluido do sistema Kundalini, que é regulado pelo zinco.

Seu corpo também precisa de zinco para fazer proteínas e DNA, especialmente quando submetido a uma transfiguração genética como nas fases iniciais da transformação da Kundalini. O zinco também é necessário para o armazenamento de histamina. O corpo produz altos níveis de histamina quando sua consciência está sendo localizada no Corpo Espiritual.

O zinco está diretamente relacionado à sua energia sexual, o que discutirei mais adiante. Portanto, trazer o zinco para o corpo é de suma importância. Como seu corpo não armazena o excesso de zinco, você deve obtê-lo de sua dieta. Recomendo fazê-lo sem suplementos de venda livre, já que eles não sintetizam o zinco no corpo como os alimentos o fazem. Os peixes, assim como as sementes de abóbora, contêm muito zinco. Se você começar a usar suplementos, criará muita dessa energia líquida de forma não natural, o que impede sua capacidade de concentração, desequilibrando assim sua mente.

Seu componente de força de vontade, que o Pingala Nadi regula, será mergulhado nesta energia líquida que contém zinco. Em comparação com uma bateria, o ácido da bateria, que é regulado pelo zinco, mergulhará as cargas opostas da corrente elétrica, e a bateria não funcionará corretamente. Se você obtém seu zinco dos alimentos, ele se sintetiza da melhor maneira possível, o que você poderá sentir. O zinco trabalha com a água do sistema para regular sua consciência. Lembre-se, a Ida Nadi acrescenta o Elemento Água ao seu sistema, que rege suas emoções.

EXERCÍCIO FÍSICO E DOENÇA

Enquanto estiver passando pela transformação da Kundalini, é aconselhável utilizar exercícios físicos regulares em sua vida como Yoga (Ásanas), jogging, levantamento de peso, esportes competitivos, natação, ciclismo, dança, etc. À medida que seu ritmo cardíaco aumenta durante o exercício, mais sangue flui para o cérebro, trazendo oxigênio e nutrientes necessários. O exercício também ajuda a liberar proteínas benéficas no cérebro que mantêm os neurônios saudáveis, promovendo o crescimento de novos neurônios. Lembre-se, enquanto a energia Kundalini despertada está transformando seu sistema nervoso, seu cérebro trabalha horas extras para construir novos caminhos neurais para acomodar essas mudanças internas. Portanto, o exercício regular agiliza este processo.

Em um nível energético, o exercício físico é essencial porque ajuda a sintetizar as mudanças internas, fundamentando-as no Plano Físico para que sua mente e seu corpo possam funcionar como uma unidade. Por outro lado, se você trabalhar apenas na cura de suas energias internas enquanto nega seu corpo, você será lento fisicamente, afetando negativamente seu estado mental.

O exercício físico por pelo menos uma hora por dia também demonstrou diminuir e reduzir o cortisol do hormônio do estresse enquanto libera dopamina, serotonina e endorfinas em seu cérebro. Assim, o exercício físico limpa seu cérebro de produtos químicos indesejados enquanto eleva seu humor e nível de motivação, o que pode ser altamente benéfico nos estágios iniciais após o despertar da Kundalini. E com um aumento nos níveis de serotonina, que se converte em melatonina à noite, você terá mais facilidade para adormecer. Além disso, os esportes competitivos são uma excelente saída para desabafar e regular o efeito da energia do Fogo em sua mente, especialmente em homens nos quais o Elemento Fogo é mais dominante.

Uma Kundalini acordada fortalece seu sistema imunológico, permitindo-lhe superar doenças mais rapidamente do que a pessoa comum. Entretanto, se você estiver doente por causa do frio, gripe ou outras doenças comuns, esteja atento para não exagerar com medicamentos de venda livre. Como sua sensibilidade psíquica será maior do que a média após um despertar, mesmo as menores mudanças na química de seu corpo podem ter um poderoso efeito mental e emocional.

Finalmente, se você sofrer de dores de cabeça, o que é comum na fase inicial de adaptação à nova energia dentro de você, tome Advil ou Ibuprofeno. Acho que o Advil estimula o Ida Nadi, suavizando a consciência e aliviando a dor de cabeça muito melhor do que o Tylenol, por exemplo. De fato, até hoje, não sou contra tomar um Advil ocasional quando necessário, enquanto tento ficar longe de absolutamente todos os outros medicamentos de venda livre.

A NECESSIDADE DE DISCRIÇÃO

Como você já deve ter percebido, um despertar da Kundalini é um fenômeno misterioso e elusivo que não faz parte do *mainstream*. Muitas pessoas reconhecem a palavra "Kundalini" da Kundalini Yoga, pensando que se trata de um tipo de Yoga, nada mais. E aqueles que sabem de seu poder de transformar um humano espiritualmente estão muitas vezes no escuro sobre algumas de suas manifestações mais fantásticas que indivíduos raros como eu têm tido o privilégio de experimentar. E ao ler sobre esses dons espirituais que se desdobram nas etapas posteriores, percebo como deve ser difícil compreender esses conceitos relativamente abstratos, pois é preciso ter essas experiências para me compreender verdadeiramente.

Embora o processo de despertar da Kundalini seja universal, os relatos das pessoas são variados, como você já entendeu até agora. Nos dias de hoje, a maioria das pessoas teve despertares parciais, limitando-os no âmbito dos efeitos colaterais e dos dons espirituais. As pessoas que tiveram o pleno despertar, no entanto, são geralmente desafiadas pelas mesmas questões. Mas, no mar dos relatos das pessoas, os despertares completos são escassos. Normalmente, quando alguém tem um despertar completo, escreve um livro ou conjunto de livros descrevendo suas experiências, permitindo que indivíduos avançados como eu possam verificar onde estamos neste campo limitado mas crescente da ciência da Kundalini.

Em nível coletivo, a sociedade não está à altura da experiência da Kundalini, já que não há pessoas suficientes para incluí-la como parte do conhecimento geral. Infelizmente, isto significa que o pessoal médico treinado para nos ajudar a curar mentalmente, emocionalmente ou fisicamente não terá nenhuma utilidade para nós quando passarmos por uma transformação da Kundalini. Portanto, à medida que você prosseguir com sua jornada, a regra básica que você aprenderá é que, a menos que alguém tenha tido o próprio despertar, e no nível em que você o fez, ele não entenderá o que você está passando. Assim, quanto mais rápido você puder aceitar este fato, mais suave será a sua jornada.

Dito isto, aconselho-o a aprender a guardar a verdade para si mesmo sobre o que você está passando. Sei que isto não é fácil porque, além de precisar de conselhos às vezes de outras pessoas com quem você costuma contar, você também quer que o mundo entenda o que você está passando. Portanto, meus conselhos parecem, até certo ponto, contraintuitivos, já que estamos todos lá para nos ajudar uns aos outros, mas você perceberá que não há escolha no assunto. A maioria das pessoas em sua situação, incluindo eu mesmo, tiveram que aprender isso eventualmente, ou eles lidam com uma vida inteira de ostracização, sendo chamados de loucos, tendo relacionamentos românticos mal-sucedidos, perdendo amigos e até mesmo ficando distantes dos membros da família.

Esta é uma viagem solitária em sua maior parte, e como é uma experiência tão rara, você pode conhecer algumas pessoas pessoalmente na cidade ou vila que você está em quem o entenderá. Você encontrará muitas pessoas nas mídias sociais se souber onde procurar, mas não pessoalmente.

Você precisa aprender a esconder a verdade sobre o que você está passando de sua família, amigos e até mesmo de estranhos se você optar por se misturar e continuar sendo uma parte regular da sociedade. Eu não sou alguém que alguma vez propagará a mentira, sendo um aquariano obstinado - sempre falando a verdade, mas neste caso em particular, você aprenderá que não tem muita escolha no assunto. Se você não seguir meus conselhos e contar às pessoas sobre sua experiência, você logo experimentará tudo o que estou lhe avisando, o que pode fazer você se sentir geralmente alienado dos outros, resultando em mais solidão e depressão. As pessoas têm medo do que não entendem e, se tiverem escolha, evitam a sua existência. E a este respeito, elas têm uma escolha, e mesmo as melhores das pessoas, as mais compassivas, acabarão julgando você porque simplesmente não o compreendem. Por favor, não os culpe; aceite este fato.

Além disso, e esta parte é essencial: você não precisa se explicar para as pessoas. Não é seu dever fazer isso. Não há nada de vergonhoso em sua realidade, e você precisa se proteger e proteger os outros do que está acontecendo com você. As pessoas que não passaram pelo que você está passando agora não podem lhe ajudar. Colocar sua vida nas mãos delas será catastrófico para sua jornada espiritual, pois essas pessoas o desencaminharão sem saber o que está acontecendo a cada vez. Além disso, uma grande parte do processo de despertar da Kundalini está se tornando seu professor e guia. Já disse isto antes, e falei a sério: todas as respostas para seus problemas estão dentro de você se você fizer as perguntas certas e tiver fé em si mesmo. Em vez de recorrer a outra pessoa para encontrar soluções, incluindo alguém como eu com muito conhecimento e experiência, você precisa aprender a entrar em contato com seu Eu Superior e, em vez disso, recorrer a eles. Ninguém pode compensar o seu Eu Superior; ele é a única inteligência que pode lhe dar os conselhos corretos a cada vez.

Eu escolhi me misturar com outros e continuar tentando levar uma vida normal enquanto passava pelo processo de transformação da Kundalini. Como tal, tive que aprender a contar mentiras quando outros perguntaram sobre as questões que eu estava passando. Não faz mal a ninguém não saber a verdade a respeito deste assunto, especialmente quando se sabe de antemão que estas pessoas não podem ajudá-lo. Dizer-lhes a verdade e torná-los céticos sobre sua sanidade só o prejudicará, já que agora você terá que lidar com a situação de colocá-los no topo da ajuda a si mesmo.

Muitos sintomas estranhos surgirão em sua vida à medida que você estiver passando pelo processo de transformação da Kundalini. Em quase todos os casos, estes sintomas serão temporários, embora possam durar muitos anos. Noites sem dormir, altos e baixos emocionais, comportamento errático, incapacidade de concentração, flutuação de peso e desejo sexual excessivo e incontrolável são apenas alguns exemplos que podem surgir em sua jornada. Se você decidir que não quer ser julgado por outras pessoas, você deve mascarar estas questões. Dizer aos outros que seus sintomas resultam de um despertar da Kundalini sem dúvida fará com que as pessoas pensem que você está perdendo o controle da realidade, fazendo-as perder a fé em você como pessoa. Muitas vezes elas acreditam que você está tentando inventar uma desculpa que elas não conseguem entender para confundi-las, típica para alguém no início de uma doença mental.

Sua melhor maneira de navegar em torno das circunstâncias é mentir neste assunto. Permita-se fazê-lo, pois ninguém aceitará suas desculpas por não atender às expectativas, tais como chegar ao trabalho ou à escola a tempo, estar presente para alguém mental ou emocionalmente, ou cumprir suas tarefas diárias. Sua situação está fora da norma da sociedade; portanto, é fundamental contar uma mentira para se proteger. Mesmo que você não esteja à vontade com a ideia, você descobrirá que mentir sobre o que está acontecendo tornará este processo mais fácil para você, e você ainda poderá ter segundas oportunidades de provar seu valor para os outros. Se não o fizer, você continuará batendo em uma parede de tijolos com pessoas e situações de sua vida.

A ideia de mentir é pegar algo fantástico demais para acreditar e substituí-lo por algo que uma pessoa comum entenderia. Para noites sem dormir, você pode dizer que tem insônia, e é por isso que não está 100% pela manhã. Para os altos e baixos emocionais, você pode culpar algo que está acontecendo em sua vida. Seja criativo, mas faça de sua desculpa algo que uma pessoa comum compreenda e possa simpatizar com isso.

Lembre-se, você tem que ser seu terapeuta e médico e encontrar soluções para seus problemas. Se você quiser compartilhar com pessoas que o entenderão, obter sua perspectiva e pedir conselhos, encontre-as nas mídias sociais. Centenas de grupos e páginas reuniram indivíduos de Kundalini desperta que passaram pelo que você está passando e que podem ajudá-lo. Muitos deles estão ali por essa razão, e estão entusiasmados em ajudá-lo de todas as maneiras que puderem. Conheci alguns indivíduos fantásticos em grupos de mídia social desta maneira.

Aconselho, no entanto, a ter uma mente crítica ao falar com estranhos nas mídias sociais. Alguns afirmam que tiveram um despertar da Kundalini, mas na realidade, podem não ter, mesmo que realmente acreditem em suas afirmações. Muitos fenômenos espirituais atualmente estão sendo classificados como despertares da Kundalini. E depois há centenas de pessoas que tiveram um despertar parcial e pensam que têm todas as respostas. Essas pessoas são as mais difíceis de detectar e potencialmente as mais prejudiciais. Portanto, ajuda ter algum nível de discernimento neste assunto e perguntar sobre as experiências de outras pessoas antes de seguir seus conselhos, uma vez que não há maneira mais rápida de ser desviado do que colocar sua fé na pessoa errada.

Vejo todo tipo de conselho bom e errado em grupos de mídia social, e poderia passar um dia inteiro me dirigindo e esclarecendo cada posto. E fiz isso há muitos anos e ajudei mais de duas dúzias de pessoas dando-lhes os conselhos certos na hora certa e ajudando-as ao longo de sua jornada de despertar. Alguns me contataram até hoje para me agradecer por estar lá para eles quando precisavam de mim. Através de grupos de mídia social, percebi que meu conhecimento e experiência neste assunto poderiam ser de grande ajuda, cristalizando meu propósito de tempo. Assim, passei de escrever artigos e fazer vídeos sobre a Kundalini para eventualmente alcançar o público em geral com livros como o que você está lendo.

A TOLICE DA PRESCRIÇÃO DE MEDICAMENTOS

Como você está passando pelo processo de transformação da Kundalini e sua mente está em desordem, você pode frequentemente exibir um comportamento estranho ao qual outras pessoas ao seu redor irão reagir. Naturalmente, as pessoas a que me refiro são as mais próximas a você, incluindo familiares, amigos e colegas. Depois de testemunhar seu comportamento errático, elas podem chamá-lo de louco ou insano, o que o confundirá ainda mais sobre seu estado. Afinal, você estará passando por uma tremenda dor emocional e mental, que você não entende e sobre a qual aparentemente não terá nenhum controle.

Em seus momentos mais fracos, sua família ou amigos podem sugerir que você consulte um psiquiatra ou terapeuta de algum tipo e fale com eles sobre seus problemas. Afinal, esse pessoal licenciado é treinado para ajudar as pessoas que estão passando por sintomas semelhantes.

No entanto, o problema é que esses terapeutas geralmente nunca ouviram falar da Kundalini, muito menos tiveram um despertar por conta própria. E como um médico pode diagnosticá-lo sobre algo que o campo médico nem sequer reconhece? Você não está louco e não tem motivos reais para estar deprimido. Além disso, se todos os seus problemas emocionais e mentais começaram após o despertar da Kundalini, não está claro que a Kundalini é a causa por trás do efeito e não algo externo?

Independentemente disso, muitos indivíduos acordados seguem esse caminho, e veem um psiquiatra ou terapeuta. Afinal, estamos condicionados a escutar uns aos outros e aceitar conselhos sobre questões da vida, especialmente quando estamos desesperados por respostas aos nossos problemas. E, como vocês já entendem, passar por uma transformação da Kundalini após um despertar pleno e sustentado trará alguns dos desafios mais significativos até agora.

De falar com muitas pessoas na mesma posição que eu há muitos anos, ver um psiquiatra sempre produz os mesmos resultados. O psiquiatra escuta seus problemas, mas como eles não sabem do que você está falando quando menciona a Kundalini, eles geralmente fazem a primeira coisa ao se deparar com uma pessoa com problemas mentais ou emocionais - eles prescrevem medicamentos.

Para os sintomas que um despertar da Kundalini traz, estes medicamentos são ou antipsicóticos ou antidepressivos. A natureza dos antipsicóticos é bloquear os impulsos neurais que transportam informações do subconsciente para a mente consciente. Eles fecham o que está acontecendo no interior para que possa parecer que você está se sentindo melhor na superfície, já que não ouvirá mais pensamentos negativos. Por outro lado, os antidepressivos geralmente aumentam seus níveis de serotonina e dopamina para criar uma sensação fabricada de estar feliz e alegre. Infelizmente, ser prescrito por um médico qualquer tipo de medicamento prescrito é a abordagem errada para administrar um despertar da Kundalini.

Mesmo que você possa estar apresentando sintomas semelhantes à depressão crônica, bipolar ou esquizofrenia, estes estados são temporários e precisam ser trabalhados pela Alma. Eles resultam do influxo de Luz trazido pela Kundalini, cujo objetivo é erradicar qualquer energia negativa presente em seus Chakras. Portanto, superar estes desafios emocionais e mentais é o passo necessário para avançar espiritualmente.

Tendo despertado toda a Árvore da Vida, você terá acesso a partes do Eu que foram escondidas de você até o seu despertar. A Luz Kundalini faz a ponte entre suas mentes conscientes e subconscientes, permitindo que muitos de seus traumas e neuroses surjam.

Se você bloquear a atividade subconsciente da consciência, estas questões emocionais e mentais serão deixadas à distância, não processadas. Com o tempo, este conteúdo inconsciente nocivo se acumulará, criando ainda mais problemas psicológicos, que persistirão até que o indivíduo saia do medicamento. Se o indivíduo optar por continuar tomando a medicação, ele poderá desenvolver uma dependência vitalícia da droga, uma vez que sair da medicação pode se mostrar mais desafiador. Infelizmente, no momento em que eles começaram a tomar o medicamento prescrito, eles inadvertidamente colocaram sua Evolução Espiritual em pausa, e ela permanecerá como tal até que eles parem de tomá-lo.

Enquanto estiver sob medicação, a energia da Kundalini não pode fazer o que pretende, que é continuar o processo de transformação interior. "Fora da vista, fora da mente" pode difundir temporariamente os problemas, mas não vai resolvê-los. Na verdade, ela criará ainda mais problemas futuros. Principalmente, a medicação prescrita é projetada para desenvolver uma dependência da própria droga, já que o indivíduo nunca aprende a lidar com seus problemas naturalmente. Eles não criam caminhos neurais que lhes permitam encontrar soluções para os problemas e curar seus estados negativos; em vez disso, eles confiam na droga como uma muleta que o faz por eles.

A energia da Kundalini é biológica, e precisa das faculdades humanas para funcionar. Se alguma droga externa fechar os canais de transmissão de informações, então você colocará o processo de limpeza da Kundalini em espera. Assim que o indivíduo sair da droga, a energia da Kundalini será novamente agitada para a atividade. O mesmo processo ocorrerá, desta vez ainda mais forte e incontrolável.

Você tem que entender que o processo da Kundalini não lhe dará mais desafios do que sua Alma pode lidar. Sua Alma é a que escolheu ter esta experiência em primeiro lugar e a que a colocou em movimento. O Ego experimenta dor, medo e ansiedade, uma vez que é o Ego que tem que ser transformado neste processo. Em vez de recorrer à medicação prescrita, que é a saída do Ego para que ele possa proteger sua identidade, você estará prestando um serviço à sua Alma para encontrar outra maneira de lidar com seus problemas mentais e emocionais. Sua Evolução Espiritual é a única coisa que importa nesta vida. Nenhum pensamento ou emoção terrível, por mais assustador que possa parecer, o prejudicará fisicamente.

O processo de despertar da Kundalini precisa ser abordado com a fortaleza da mente, força e coragem. O medo e a ansiedade são temporários, e se você persistir durante o processo, você inevitavelmente emergirá do outro lado como uma pessoa transformada. Pode levar muitos anos, mas o amanhecer segue sempre a noite. Tudo o que se tem que fazer é passar a noite.

CRIATIVIDADE E SAÚDE MENTAL

A realidade espiritual é uma ciência invisível medida e quantificada pela intuição, pelas emoções e pelo intelecto. Mas a maior parte do que compreende a realidade Espiritual nunca pode ser provada, e é por isso que temos uma divisão em nossa sociedade entre crentes e não crentes. Os não-crentes são principalmente pessoas que dependem apenas da ciência, que se baseia em provas. Mas tirar a fé em algo maior do que você e colocar suas mãos somente na ciência é apenas roubar a si mesmo o suco, o néctar de saborear a vida Espiritual. Ver é crer, mas ao contrário, crer também é ver. Se você pode acreditar em algo em que outras pessoas acreditam, então isso se manifestará em sua vida no devido tempo. Assim é a Lei.

Sabemos muito sobre a ciência da realidade tangível, o mundo da Matéria, mas entendemos muito pouco sobre realidades invisíveis. Portanto, em vez de refletir sobre a antiga questão de quem ou o que Deus é, vamos nos concentrar na humanidade e nos dons espirituais que alguns de nós recebemos e que nos fazem parecer Deus aos olhos de outras pessoas. E o dom mais precioso que nosso Criador nos deu é a capacidade de criar. Mas de onde vem a criatividade, e por que algumas pessoas têm mais dela à sua disposição do que outras?

Gopi Krishna e outros indivíduos despertos disseram que toda a criatividade humana é um subproduto da atividade da Kundalini no corpo, implicando que a Kundalini de todos é ativa até certo ponto. Isto pode soar como uma declaração radical para algumas pessoas, mas acredito que isto também seja verdade. Também acho que a Kundalini influencia subliminarmente as pessoas não despertadas. Estas pessoas estão conscientemente inconscientes de seu processo criativo e não podem explorar a fonte de sua criatividade como a lata desperta.

Um dos propósitos do despertar completo da Kundalini é elevar e evoluir a consciência a um grau mais elevado para que você possa se sintonizar conscientemente com o funcionamento de seu sistema energético, incluindo o processo criativo, em vez de ser algo que acontece no fundo, afetando apenas seu subconsciente.

Além disso, esta parte é essencial; a Kundalini não perfurou os Três Granthis na maioria das pessoas não despertas, o que significa que sua energia criativa é limitada, assim como os Chakras através dos quais esta energia pode se expressar. A pessoa comum tem a Kundalini ativa, mas como não superaram Brahma Granthi, só podem expressar sua energia criativa através do Muladhara Chakra. Como tal, elas estão ligadas ao seu

Ego, vendo principalmente os prazeres físicos, o que causa apegos e medos insalubres. Uma pessoa nesta posição nunca alcançará seu potencial criativo ideal, nem terá um impacto significativo na sociedade. Infelizmente, com o baixo nível de evolução da humanidade nos dias de hoje, a maioria das pessoas está neste estado.

Os tipos mais obstinados e ambiciosos geralmente superaram este primeiro Granthi e permitiram a expressão de sua energia criativa através do Swadhisthana e Manipura Chakras. Ainda assim, eles estão ligados pelo Vishnu Granthi, que está diretamente acima, impedindo a Kundalini de alcançar o Chakra do Coração, Anahata, que despertará a energia amorosa incondicional dentro deles. Portanto, eles podem usar sua energia criativa para satisfazer suas ambições, mas pode lhes faltar uma visão mais elevada para que realmente se destaquem do resto do povo.

E então temos os salvadores de nossa sociedade, os prodígios e visionários que perfuraram Vishnu Granthi, permitindo-lhes utilizar ainda mais seu potencial criativo. Sua Kundalini pode estar operando a partir dos Chakras superiores, permitindo-lhes realizar proezas incríveis e acessar informações e habilidades que outros humanos não possuem. Entretanto, mesmo eles são limitados pelo pensamento dualista resultante de um Rudra Granthi desamarrado entre Ajna e Sahasrara Chakras. Como tal, não podemos comparar seu potencial criativo com alguém que atravessou todos os Três Granthis e despertou completamente sua Kundalini, liberando um potencial criativo ilimitado.

O gênio de cientistas como Newton, Tesla e Einstein, e filósofos como Pitágoras, Aristóteles e Platão pode muito bem ser atribuído ao funcionamento da Kundalini em seus Corpos de Luz. Da mesma forma, o talento de músicos como Mozart, Beethoven, Michael Jackson e artistas como Michelangelo, da Vinci e Van Gogh poderia ser o funcionamento da energia da Kundalini em um nível subconsciente. E não esqueçamos as habilidades atléticas, habilidades e vontade de vencer de atletas como Muhammad Ali e Michael Jordan. Estas pessoas eram tão lendárias que ainda os reverenciamos como figuras semelhantes a Deus, e seus contos de grandeza viverão para sempre.

Alguns desses grandes homens e mulheres descrevem ter os meios e métodos para explorar a fonte de sua criatividade, e estavam bem cientes de que estavam canalizando alguma forma superior de inteligência quando estavam nesses estados inspirados. Entretanto, eles não estavam cientes da existência da Kundalini, nem relataram algo parecido trabalhando através deles. Portanto, tudo o que podemos fazer é especular com base no que vimos nessas pessoas e no trabalho que elas deixaram para trás.

Essas figuras influentes tinham algo especial: uma conexão com o Divino que lhes dava insights, poderes e habilidades particulares que as pessoas ao seu redor não possuíam. Muitas delas estavam tão à frente de seu tempo que mudaram o curso da história humana. Mas nunca saberemos se foi a Kundalini que foi diretamente responsável por sua grandeza ou se foi algo mais.

KUNDALINI E SAÚDE MENTAL

Se a Kundalini é ativa em todos em maior ou menor grau, impactando significativamente a psique, não é de se admirar que nenhum grande progresso tenha sido feito na saúde mental. A Kundalini não é sequer reconhecida como uma coisa real no campo médico. Além de desenvolver medicamentos que podem ligar e desligar certas partes do cérebro que recebem impulsos de forças invisíveis no sistema energético, o entendimento científico atual da saúde mental é, na melhor das hipóteses, rudimentar. Para realmente entender como a mente funciona, o campo da saúde mental precisa ter uma base adequada estabelecida na ciência invisível do sistema energético humano para desenvolver curas que tratem mais do que apenas sintomas.

Sempre fiquei fascinado ao observar o funcionamento interno de minha mente enquanto passava pelo processo de despertar da Kundalini. Em alguns dias eu teria uma grande emoção, que muitas vezes era seguida por uma profunda baixa, tudo em questão de minutos. Estes altos e baixos emocionais não me aconteceram antes do despertar. Minhas emoções se tornaram tão carregadas pela energia da Kundalini que se minha mente estava trabalhando em uma direção positiva e pensando em pensamentos felizes, essas emoções se tornaram mais fortes, e eu fiquei mais satisfeito do que nunca. Se minha mente estivesse pensando em uma direção negativa, e eu estivesse pensando em pensamentos tristes ou infelizes, então minhas emoções ficariam tão baixas que eu me sentiria completamente deprimido. E não fazia sentido porque minha depressão era tão intensa quando apenas um minuto antes eu estava incrivelmente feliz, e não havia nenhuma mudança aparente em meu estado a não ser naquilo em que eu estava pensando.

Esta incrível mudança entre estados felizes e tristes atribuí ao funcionamento da minha mente e à qualidade dos meus pensamentos. Por esta razão, no início do meu processo de despertar da Kundalini, quando eu tinha muito pouco controle sobre minha mente e sobre o que eu pensava, eu estava tendo estes episódios emocionais. Estes episódios podem ser comparados a alguém diagnosticado com uma doença mental bipolar, embora eu tenha descoberto que era em menor grau do que os episódios que ouvi dizer que algumas pessoas bipolares têm.

O que separa os dois casos é que eu sempre soube a diferença entre o certo e o errado e não agiria nos meus impulsos emocionais. Ao mesmo tempo, algumas pessoas permitem que estes trabalhos psicológicos internos comandem suas vidas e assumam o controle de sua mente, corpo e alma. A chave é reconhecer a situação pelo que ela é e não exagerar. É preciso entender as emoções como algo tangível, algo que pode ser moldado e mudado com a aplicação da mente. Sabendo desta diferença, é preciso trabalhar para controlar seus pensamentos, pois é o cenário "galinha que veio antes do ovo" e não o contrário. Você deve ser uma causa em vez de um efeito e prontamente formatar e moldar sua realidade mental com força de vontade.

O que é uma doença a esse respeito, senão uma que o deixa desconfortável e inquieto? A doença física é geralmente o resultado de algum material estranho que entra em seu corpo físico e causa uma mudança ou deterioração a nível celular. Esta ideia de um corpo estranho entrando em você também se aplica à saúde mental, ou é algo dentro de você que causa problemas mentais e emocionais? Para responder isto corretamente, precisamos olhar o que são pensamentos e se eles estão dentro de nós apenas ou podem ser algo fora de nós, o que faz seu caminho em nossa Aura, para experimentá-los.

O Caibalion, que elucida os Sete Princípios da Criação, diz que estamos todos nos comunicando telepaticamente e que nosso "Eu" interior, o componente criativo que gera imagens impressionadas por nosso "Eu", está sempre funcionando e não pode ser desligado. Portanto, o desafio é usar sua força de vontade, seu "Eu", para continuamente dar impressões ao seu componente "Eu". Se você ficar mentalmente preguiçoso e não usar sua força de vontade como um Deus - o Criador quis que você usasse, então o "Eu" de outras pessoas dará suas impressões ao seu componente "Eu". Entretanto, e esta é a armadilha: você acreditará que eles são seus pensamentos e reagirá como tal.

Esses emissores de pensamentos estão ao nosso redor, e alguns deles são pensamentos de outras pessoas, e alguns são entidades espirituais fora do reino físico, que participam de nosso Mundo Interior e podem impactar nossas mentes. Estes Seres Angélicos e Demoníacos influenciam nossos pensamentos, especialmente se não usarmos nossa força de vontade em sua capacidade máxima. No caso dos Seres Demoníacos, sua influência pode resultar em posses de corpo inteiro se você os escutar e fizer o que eles querem.

Estas aquisições completas de sua mente por forças estrangeiras hostis são de fato muito reais. Por outro lado, receber comunicação de Seres Angélicos pode resultar em completo arrebatamento e êxtase espiritual. No caso de empatas ou telepatas, elas estão abertas à influência de entidades espirituais mais do que a média humana, pois estão continuamente recebendo impulsos vibratórios do mundo exterior. Alguém com uma Kundalini desperta se encaixa nesta categoria; é muito desafiador diferenciar entre seus próprios pensamentos e os pensamentos de alguém ou algo fora de você.

A chave, em qualquer caso, é entender o Mundo Interior do Plano Mental dos pensamentos como algo que não é particular somente para você e que ao longo do dia, muitas vibrações do pensamento entrarão em sua Aura vindas do mundo exterior. Todos nós fazemos parte deste centro, deste "mundo do pensamento", e estamos continuamente induzindo o mundo invisível com nossos pensamentos, afetando outras pessoas subconscientemente. Os pensamentos têm energia; eles têm massa e são quantificáveis. Os pensamentos amorosos e positivos são mais elevados na escala vibratória do que os pensamentos negativos e temerosos. Os pensamentos amorosos e positivos mantêm o Universo em movimento, enquanto os pensamentos negativos e temerosos contribuem para manter a humanidade em um baixo nível de evolução espiritual.

Uma guerra entre os Seres Angélicos e Demoníacos tem sido travada há tanto tempo quanto a humanidade existe. É uma guerra invisível no Plano Astral e nos Planos Mentais, onde os seres humanos servem como os condutores dessas forças invisíveis. Atualmente, dado o nosso baixo nível de evolução espiritual, é seguro dizer que os Seres Demoníacos estão vencendo a guerra. Entretanto, de acordo com as escrituras religiosas de todo o mundo, é o destino da humanidade eventualmente iniciar a Idade Dourada, o que significa que os Seres Angélicos vencerão esta guerra de vez.

Os pacientes esquizofrênicos são aquelas pessoas que têm uma receptividade superior à média ao mundo invisível, mas o que os separa dos psíquicos (que são telepatas, empáticos, ou ambos) é que as pessoas com esquizofrenia não conseguem distinguir entre seus pensamentos e os pensamentos fora deles. Em muitos casos, elas estão sob o controle de entidades demoníacas que estabeleceram uma base em sua Aura, alimentando-se de sua energia de medo.

Entidades demoníacas, que são Seres inteligentes, cuja fonte é desconhecida, procuram pessoas de mente fraca das quais possam se alimentar. Uma vez que encontrem uma pessoa suscetível à sua influência, eles assumirão suas mentes e corpos, o que com o tempo extingue a Luz de suas Almas para que se tornem veículos para essas forças demoníacas, nada mais. Eles se tornam cascas ou conchas de seus antigos "eus". Embora a Alma nunca possa ser verdadeiramente extinta, uma vez que a separação acontece na mente, ela se torna quase estranha para o indivíduo que perdeu sua conexão com ela. Ela ainda está lá para ser explorada novamente, mas é preciso muito esforço mental e trabalho espiritual para recuperar essa conexão.

FORTALECENDO A FORÇA DE VONTADE

Nos primeiros anos após o despertar da Kundalini, minha força de vontade foi testada com frequência em relação ao meu processo decisório. Sempre que me convenci de uma ideia, pude, em segundos, ser convencido de que o oposto é verdadeiro. Durante muito tempo, foi um desafio tomar decisões porque eu estava ciente de que estava negando a validade de sua contraparte, seguindo qualquer curso de ação. Eu sabia e entendia que qualquer ideia poderia ser uma boa ideia dada provas suficientes na direção dessa ideia. Mas, para a maioria das ideias, também há provas suficientes de que sua oposição está correta.

Este processo continuou por muitos anos até que eu tivesse alcançado uma conexão mais forte com minha força de vontade. Para conseguir isso, porém, precisei de um imenso trabalho mental e esforço de minha parte. Ao obter uma conexão correta com minha força de vontade, também me alinhei com minha Alma de forma inédita. Trabalhar com o Elemento Fogo e o Chakra Manipura através de exercícios rituais Cerimonial Magick me ajudou a conseguir isso.

Se você não tiver uma conexão firme com sua força de vontade, que é a expressão de sua Alma, então você cairá presa da dualidade da mente e dos impulsos do Ego. Eu tenho visto repetidamente em indivíduos de Kundalini desperta, e este é um dos desafios mais significativos que eles enfrentam.

O despertar ativa todos os Chakras para que todos eles funcionem simultaneamente. À medida que as mentes conscientes e subconscientes se tornam unidas, o resultado é um alto nível de carga emocional, já que a atividade no Plano Mental é amplificada. Por esta razão, muitos indivíduos despertados pela Kundalini são tão sensíveis emocionalmente e mutáveis com sua tomada de decisão. Como sua receptividade às vibrações externas aumenta, eles precisam aprender a diferenciar seus pensamentos daqueles que entram em sua Aura do ambiente. Uma das maneiras de mitigar esta ocorrência é conectar-se com a Alma e fortalecer a força de vontade, permitindo discernimento e discrição.

Uma vez que você aprende a tomar uma decisão, o outro desafio é comprometer-se com ela e seguir em frente. Fazendo isso, você se transforma em uma pessoa em quem se pode confiar e não em alguém que permite que suas emoções mutáveis liderem o caminho. Construir sua Alma desenvolvendo virtudes e superando vícios fará de você uma pessoa de honra que os outros respeitarão.

Embora existam várias práticas de Alquimia Espiritual que você pode usar para otimizar suas funções internas, muitas das quais estão incluídas neste livro, Cerimonial Magick foi a resposta para mim. Seus exercícios rituais me permitiram aumentar minha intuição, força de vontade, memória, imaginação, emoções, lógica e razão, etc. Ao invocar os Elementos através dos meios magickos, pude otimizar minhas funções internas, sintonizando os Chakras. Estes componentes internos do Eu são fracos em primeiro lugar devido à energia cármica armazenada nos Chakras pertencentes a cada função. Por exemplo, se sua intuição é fraca, então você pode precisar trabalhar no Ajna Chakra. Por outro lado, se sua força de vontade é fraca, também o é o Manipura Chakra, pois o Elemento Fogo é responsável por sua expressão. E assim por diante.

KUNDALINI E CRIATIVIDADE

Existe uma correlação definitiva entre ser feliz e inspirado e demonstrar alta capacidade criativa. Quando se está experimentando emoções positivas, o impulso interior para criar se amplifica. Ele se manifesta como um desejo interior, uma paixão ou desejo de criar algo belo. Esta relação entre criatividade e inspiração é simbiótica. Não se pode ser criativo sem ser inspirado, e para se inspirar, é preciso ser criativo para encontrar uma nova e excitante maneira de ver a vida.

Se você ficar preso à sua antiga maneira de pensar, relacionada ao Ego em vez da Alma e do Espírito, tanto sua inspiração quanto sua criatividade sofrerão. É preciso que haja uma renovação constante de sua realidade mental e emocional que pode ser alcançada uma vez que você viva no momento presente, o Agora. À medida que você vai extraindo energia deste campo infinito de potencialidade, seu estado de Ser será inspirado, abrindo suas habilidades criativas.

Minha criatividade se expandiu infinitamente no sétimo ano após o despertar da Kundalini em 2004. Experimentei uma abertura completa das pétalas de lótus do Sahasrara Chakra, o que me permitiu entrar no Agora e funcionar por intuição. Notei uma forte correlação entre a superação da dualidade de minha mente, o fortalecimento de minha força de vontade, e o aumento de minhas habilidades criativas. Uma vez que obtive uma ligação permanente com minha Alma, fiquei perpetuamente inspirado, superando meu medo e ansiedade e explorando minha fonte criativa. Neste incrivelmente alto estado de inspiração, senti a necessidade, um anseio, de expressar esta nova criatividade de alguma forma. Como tal, minha jornada de expressão criativa através de múltiplos meios começou.

Minha primeira expressão foi através da arte visual, pois era algo em que eu era bom durante toda a minha vida. Descobri que este estado de alta inspiração simplesmente fluía através de minhas mãos enquanto pintava, e eu estava desenvolvendo técnicas que eu aparentemente trazia do Aethyrs. Comecei a pintar no estilo abstrato e canalizava cores, formas e imagens que vibravam e dançavam em meu Olho da Mente enquanto este processo se desenrolava. Percebi que a verdadeira fonte de criatividade é a Alma, mas ela é canalizada através do Ajna Chakra via Sahasrara.

Quando eu estava expressando criatividade desta forma aprimorada, todos os meus componentes superiores estavam ligados e funcionando simultaneamente. Eu prontamente recebi impulsos do Eu Superior e do Chakra da Coroa, que combinados com os Fogos de minha Alma para canalizar através do Olho da Mente. O processo criativo parecia tomar conta de minha mente e meu corpo como se eu estivesse possuído. Descobri que enquanto estivesse neste estado, o tempo voaria de uma forma sem precedentes, pois muitas horas passariam num piscar de olhos.

O que notei é que minha criatividade interior foi capaz de reconhecer e replicar a beleza. Aqui está a chave, acredito, porque quando estou em um estado inspirado, que agora é um estado permanente de Ser para mim, vejo a beleza ao meu redor e a reconheço em tudo. A energia do amor incondicional, que é a base da inspiração, criatividade e beleza, transpõe tudo o que vejo com meus olhos. Portanto, se eu me engajar em um ato criativo, posso canalizar algo belo usando meu corpo como um veículo.

A beleza tem uma forma que eu acredito que pode ser quantificada. Ela é bem equilibrada e harmoniosa. É colorida se quiser ser experimentada como alegria. Tem textura e muitas vezes uma mistura de Arquétipos que transmitem ideias vitais para a Alma. Podemos expressar emoções através de belas obras e, naturalmente, todas as expressões criativas são destinadas a movê-lo emocionalmente de alguma forma.

Se a beleza quer ser vista como triste, pode haver uma falta de cor e formas mais serenas usadas para expressá-la. Se ela quer ser vista como melancólica, são usadas cores respectivas a este sentimento, como tons de azul. Este processo de canalizar a beleza não é limitado apenas pelas artes visuais, mas pode ser visto em todos os lugares. Por exemplo, podemos expressar a tristeza através da canção e da melodia. Esta correlação implica que as cores, assim como as notas musicais, expressam estados de consciência. Ela é responsável pelo sentimento por trás da música, bem como da arte visual e da escultura.

Todas as cores que encontramos na natureza provêm do espectro visível da Luz. O espectro visível é a parte do campo eletromagnético que é visível aos olhos humanos. A radiação eletromagnética nesta faixa de comprimento de onda é chamada de Luz visível ou simplesmente, Luz. Este fato implica que todas as notas musicais na escala da música também se relacionam com a energia da Luz. Agora você pode ver por que seu potencial criativo se expande infinitamente quando você desperta a Kundalini e recebe um influxo de Luz em sua Aura.

Durante muitos anos experimentei expressões criativas e me vi capaz de canalizar novas expressões com facilidade. Explorei o canto e a música e expressei minha criatividade através da palavra escrita em poesia e escrita inspirada. Entretanto, aprendi a importância de equilibrar a criatividade com a lógica e a razão. Não se pode simplesmente criar ao acaso, mas é preciso ter uma estrutura, uma base intelectual de alguma forma. Aprendi que a beleza tem forma e função, e é este casamento entre os dois que precisa ser seguido ao criar; caso contrário, suas expressões criativas falharão em atingir o objetivo.

SAHASRARA E A DUALIDADE DA MENTE

Para um alinhamento máximo com a força de vontade e o Elemento Fogo da Alma após um despertar completo da Kundalini, o Lótus de Mil Pétalas do Sahasrara precisa ser totalmente aberto. No entanto, no cenário em que é uma abertura parcial do Sahasrara, como resultado de não permitir que a Kundalini complete sua missão na elevação inicial, ela pode resultar em bloqueios de energia na cabeça. Neste caso, Ida e Pingala Nadis continuarão sendo influenciados pela energia cármica nos Chakras abaixo de Vishuddhi, o Chakra Garganta, em vez de serem liberados e fluir livremente no Corpo de Luz, como é o caso quando o Lótus se desdobra completamente.

Quando Rudra Granthi é trespassada, a Kundalini tem que se levantar com força total para Sahasrara, permitindo que a parte superior do canal de Sushumna que conecta o meio do cérebro à Coroa se amplie e transmita energia suficiente para abrir as pétalas do Sahasrara. A cabeça da flor de Sahasrara é fechada em pessoas não acordadas; quando a Kundalini se levanta, ela começa a se abrir da mesma forma que assistir a um lapso de tempo de uma flor em desabrochamento. Cada pétala se abre para receber a Luz vinda dos Chakras Estrela da Alma e Portal Estelar acima (Figura 153). Se algumas das pétalas de Sahasrara permanecerem fechadas, a Coroa não será totalmente ativada, resultando em bloqueios acumulados na área da cabeça ao longo do tempo.

Uma vez que a Kundalini se levanta de Muladhara, ela procura sair do corpo através da Coroa, resultando em pétalas de Sahasrara se desdobrando como uma flor, pronta para receber a Luz. Sahasrara é chamada de "Lótus de Mil Pétalas" porque teoricamente existem mil pétalas, cada uma conectada com inúmeros Nadis menores ou canais de energia que transportam a energia Prânica de diferentes áreas do Corpo de Luz que terminam na área da cabeça. Existem centenas, potencialmente até milhares, dessas terminações nervosas no cérebro. Cada uma delas é como o ramo de uma árvore que transporta a energia prânica para dentro, através e ao redor do cérebro. Ao abrir completamente a Coroa, ela permite que muitos desses Nadis prossigam para fora até a superfície da parte superior da cabeça. Muitas vezes parece como insetos rastejando em seu couro cabeludo, correntes de energia ou torções enquanto esses Nadis cerebrais estão sendo infundidos de Luz.

Como discutido, uma vez despertados os seis Chakras primários abaixo da Coroa, diferentes partes do cérebro se desbloqueiam, assim como os Chakras Menores na cabeça que correspondem aos Chakras primários. Todo o sistema de energia psíquica serve para canalizar a energia da Luz através de seu Corpo de Luz, o que permite que sua consciência experimente a transcendência enquanto encarna o corpo físico. Uma vez que o Lótus da Coroa se abre completamente, a Alma sai do corpo, permitindo que a consciência alcance o Eu Transpessoal nos Chakras acima da Coroa.

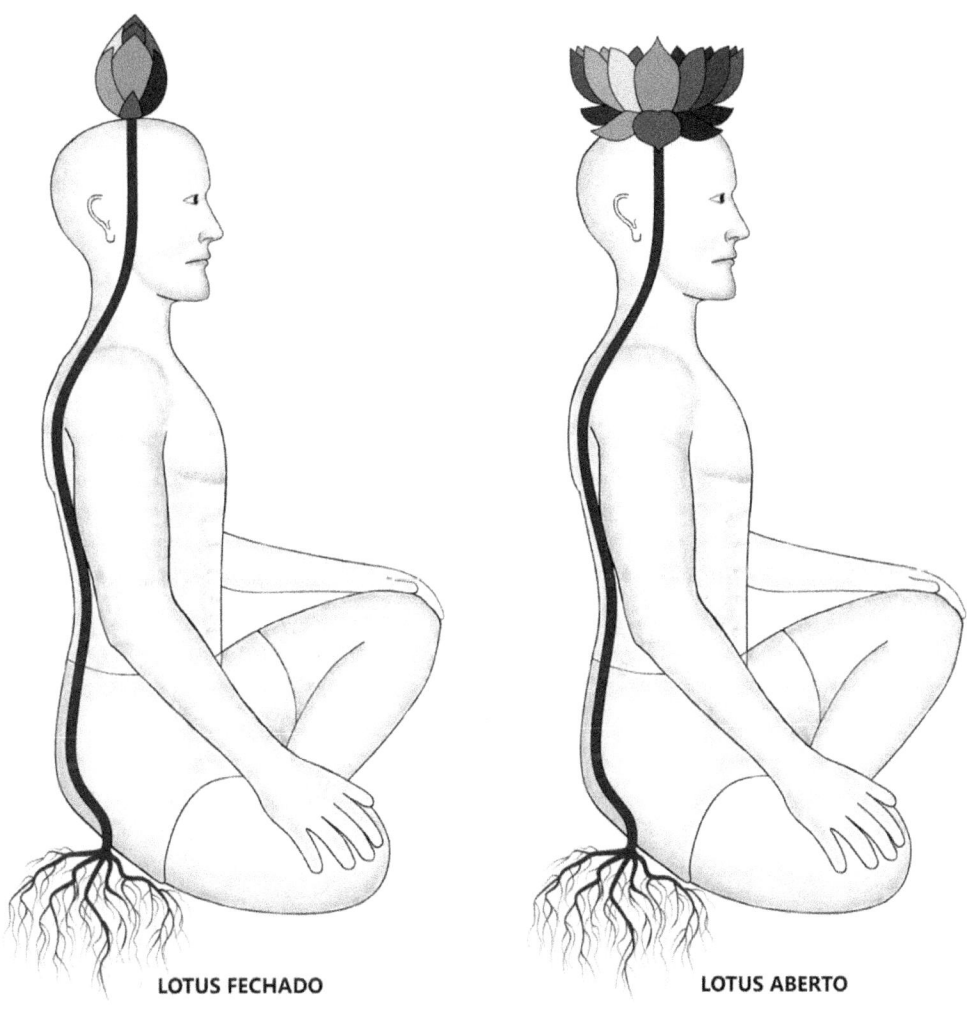

Figura 153: Lótus do Sahasrara Chakra

Os Nadis menores servem como receptores psíquicos alimentados pela Luz dentro do corpo, que é construída através da ingestão de alimentos. Esta Luz no corpo trabalha com a Luz trazida do Sahasrara Chakra. Como mencionado anteriormente, o Corpo de Luz é como uma árvore cujas raízes estão no solo enquanto o tronco serve como tronco da árvore.

O tronco carrega os Chakras primários enquanto que os membros do corpo servem como ramos principais da árvore. Estes ramos transportam a energia da Luz através de seus Setenta e Dois Mil Nadis, que se estendem até a superfície da pele, embora em um nível sutil. O Lótus de Mil Pétalas libera a consciência individual do corpo, conectando-o com a Consciência Cósmica no Sahasrara.

Sahasrara está no topo, no centro da cabeça e atua como um portal através do qual a Luz Branca é trazida para o sistema energético. Esta Luz é filtrada através dos Chakras abaixo. Entretanto, se algumas das pétalas de lótus permanecerem por abrir devido a bloqueios nos Chakras primários e Nadis, o fluxo da Kundalini torna-se obstruído, resultando em problemas mentais e emocionais (Figura 154). Portanto, a Kundalini precisa de um fluxo desobstruído de Muladhara, através do Sahasrara, e além para os Chakras Transpessoais acima.

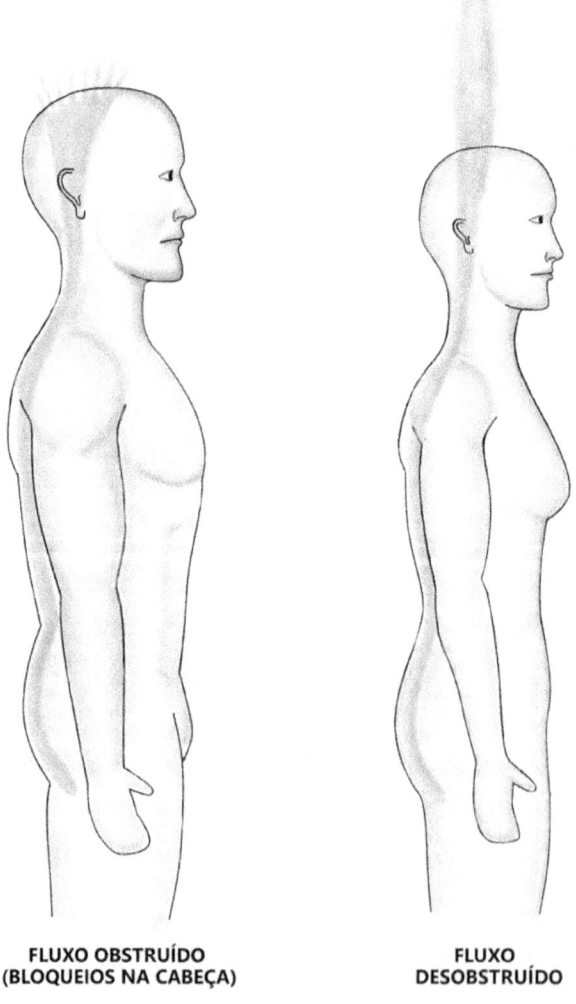

FLUXO OBSTRUÍDO
(BLOQUEIOS NA CABEÇA)

FLUXO
DESOBSTRUÍDO

Figura 154: O Fluxo da Kundalini Através do Sushumna

Você pode aliviar questões psicológicas com o uso de práticas espirituais, como o Cerimonial Magick, que limpa e remove bloqueios nos Chakras e Nadis. A razão pela qual o Cerimonial Magick é a prática Espiritual mais potente que encontrei é que ele permite que você invoque com mais eficácia as energias de cada um dos Cinco Elementos para afinar seus Chakras correspondentes. Por sua vez, os Nadis que se conectam com os Chakras são purificados, incluindo Ida, Pingala e Sushumna, cujo fluxo é otimizado. Se qualquer bloqueio na Kundalini inicial que se elevasse impedisse a energia de alcançar e abrir completamente o Sahasrara Lótus, você também eliminaria estes bloqueios. Uma vez fora do sistema, a Kundalini naturalmente se levantará novamente para terminar o trabalho unificando Shiva e Shakti no Chakra da Coroa, Sahasrara.

INTROVERTIDO VS. EXTROVERTIDO

Se algumas das pétalas de lótus estiverem fechadas, é sinal de que a energia está estagnando e se movendo de forma inadequada na cabeça. Esta questão pode causar pressão na cabeça e até mesmo dores de cabeça. Demasiada luz na cabeça faz com que uma pessoa se inverta, concentrando-se em seus pensamentos internos, especialmente na parte de trás da cabeça de onde a mente subconsciente opera. Lembre-se, seu estado mental depende de onde você focaliza sua atenção nos muitos níveis ou camadas de consciência.

Os introvertidos usam a lógica e a razão através do Plano Mental Inferior, quando cerebrais ou do Plano Astral, quando mais emocionais. Os introvertidos são afetados pela Luz da Lua, o que dá muitas ilusões. Esta Luz Lunar é a fonte da dualidade, pois é apenas um reflexo da Luz do Sol, que é uma singularidade.

Os extrovertidos usam a Luz do Sol e são orientados para a ação, ao contrário dos introvertidos que são mais conhecidos por seu pensamento e sentimento. Os extrovertidos não passam muito tempo em suas cabeças; em vez disso, eles operam a partir de seus corações, o que é mais instintivo. Eles se expressam através da comunicação verbal, permitindo que suas ações liderem o caminho. A maioria dos extrovertidos retira sua energia de seu ambiente e das pessoas ao seu redor. Como tal, eles gostam de grandes multidões e de ser o centro das atenções.

Por outro lado, os introvertidos gostam de estar sozinhos ou com alguns amigos em quem confiam. Eles extraem sua energia de dentro de si mesmos, de modo que seus pensamentos e emoções são tão cruciais para eles. Eles são metódicos em sua abordagem da vida e não usam palavras como âncoras como os extrovertidos, mas se expressam através de sua linguagem corporal.

Na superfície, pode parecer que os extrovertidos estão mais confiantes, mas nem sempre é este o caso. Como os introvertidos usam mais sua mente, eles são mais cuidadosos em seu processo de tomada de decisão, tirando conclusões mais lógicas que proporcionam resultados frutíferos. Os extrovertidos geralmente contornam a mente e tomam decisões com seu instinto. Se sua intuição os guia, suas escolhas podem ser benéficas, enquanto que quando seus instintos os conduzem, eles muitas vezes sofrem. Quando a força de vontade é dominante, os extrovertidos operam a partir do Plano Mental Superior, enquanto que quando estão canalizando sua intuição, eles são influenciados pelo Plano Espiritual. Os extrovertidos são geralmente guiados por sua Alma, enquanto os introvertidos são mais propensos a serem guiados por seus Egos.

O despertar da Kundalini tem o objetivo de torná-lo mais um extrovertido, embora você invariavelmente flutuará entre ambos os estados ao longo de sua jornada espiritual. Por exemplo, você passará mais tempo sendo um introvertido nos estágios iniciais, quando o Ego estiver mais ativo, enquanto nos estágios posteriores, quando você se sintonizar totalmente com sua Alma e com o Eu Superior, você se tornará um extrovertido. Isto porque o caminho espiritual sempre começa na mente, mas termina no coração.

Sua alternância entre estados introvertidos e extrovertidos durante seu processo de despertar da Kundalini depende de quais Elementos você está trabalhando naturalmente através do fogo da Kundalini ou através de técnicas de invocação ritual. O Elemento Água relaciona-se com suas emoções, que podem ser voluntárias ou involuntárias, como as emoções instintivas - como tal, trabalhar com este Elemento fará com que você seja introvertido. O Elemento Fogo se relaciona com sua força de vontade que move seu corpo a agir, tornando-o assim um extrovertido. O Elemento Fogo é expressivo de Arquétipos e verdade, sendo temperado pela Luz do Sol. Por outro lado, o Elemento Água demonstra a dualidade da mente, agindo sobre a Luz Lunar.

O Elemento Ar (pensamentos) vibra entre eles, alimentando a ambos e dando-lhes seu dinamismo. Os pensamentos podem ser conscientes, movendo a força de vontade, ou subconscientes, agindo sobre os sentimentos. E finalmente, o Elemento Terra, relacionado à atividade física e ao estar no momento presente, faz de nós um extrovertido. A densidade do Elemento Terra impede que se pense ou sinta demais, o que só nos deixa com ação. O Elemento Terra está diretamente relacionado com a Alma e sendo conduzido pelos impulsos internos, sejam eles intuição ou instintos.

EMOÇÕES VS. RAZÃO

Uma poderosa dicotomia que se apresenta no indivíduo plenamente desperto da Kundalini é a constante batalha entre as emoções e o intelecto, expressando-se através da lógica e da razão. Emoções (sentimentos) são o resultado de nossos condicionamentos passados, bem como de nossos desejos interiores. Alguns sentimentos são instintivos e involuntários, enquanto outros temos controle sobre eles.

A lógica é o estudo sistemático dos argumentos, enquanto a razão aplica a lógica para entender ou julgar algo. Estes dois componentes internos são dois lados da mesma moeda. Eles representam a parte de nós que pode perceber a verdade da questão e fazer julgamentos a respeito de nossas decisões. A razão pode prever resultados; ela age como um supercomputador que lê a realidade ao nosso redor. Depois nos dá cálculos informados que nos permitem realizar a ação mais otimizada possível, o que produzirá os melhores resultados.

Emoções são impulsos que nos impulsionam a agir no momento. Elas são influenciadas ou pelo amor-próprio ou pelo amor incondicional por toda a humanidade. Quando controladas pelo amor-próprio, as emoções não se preocupam com resultados, mas com sentir-se bem e conseguir o que o Ego quer quando o quer. Assim, as emoções estão ligadas aos desejos pessoais. Quando influenciada pelo amor incondicional, a Alma é exaltada, e o foco está na construção das virtudes e do prazer de ser uma boa pessoa.

As emoções mais baixas são expressas através do Elemento Água ao longo do Plano Astral da realidade. As emoções mais elevadas sobem tão alto quanto o Plano Espiritual, no entanto. A lógica e a razão são sempre influenciadas pelo Elemento Fogo atuando sobre o Elemento Ar, ao longo do Plano Mental. Ele não pode se projetar mais alto do que o Plano Mental.

O Ego e a Alma podem assumir tanto as emoções quanto a razão. No entanto, a Alma opera sempre através da energia do amor incondicional, agido pelo Espírito e pelos Elementos de Fogo. A Alma entende que somos Eternos e que nossa centelha continuará depois da morte física, por isso busca unidade e reconhecimento da unidade com outros seres humanos. Ela não age por amor-próprio; apenas o Ego age, pois o Ego vive fora da mente onde reconhece a dualidade do Ego e de outros Eus. Ele guarda e protege o corpo, temendo sua eventual morte. Esta energia do medo é o que impulsiona grande parte das emoções que o Ego influencia.

Às vezes nossas emoções podem nos dizer algo tão firme, que vai totalmente contra o que nossa razão nos diz, e vice-versa. Este processo se prolongará por muitos anos em indivíduos de Kundalini desperta. Entretanto, nos pontos mais altos do despertar da Kundalini, você superará as emoções pessoais, mais baixas, e sua razão e lógica se alinharão com a Alma e o Eu Superior, o Espírito. É impossível ter sucesso na vida apenas seguindo seus sentimentos, pois eles podem ser tão voláteis, e agir sobre eles muitas vezes produz resultados muito negativos. As emoções que são uma expressão de algum desejo interior não têm, na maioria das vezes, base lógica. Agindo sobre elas, muitas vezes nos metemos em problemas.

Mas mesmo que gostamos de fazer o que é bom, como é nosso impulso natural, através do processo de despertar da Kundalini, você aprende a frear as emoções mais baixas, já que seu Ego está em processo de morte. Como resultado, você pode olhar para frente e realizar ações que se alinham com as emoções mais elevadas que se projetam através da lente do amor incondicional. Muitas vezes você verá que estas emoções mais elevadas também estão alinhadas com sua a parte lógica, e este equilíbrio entre as duas produzirá os resultados mais favoráveis em sua vida.

O equilíbrio entre as emoções superiores e a razão é, de fato, a base apropriada necessária para viver uma vida feliz e bem-sucedida. Com o tempo, você construirá seu caráter e um grau de fortaleza, que foi insondável no início de sua jornada de despertar da Kundalini. Você aprenderá a viver com ênfase na conduta adequada e na ação proveniente de um lugar de moral e ética. Este modo de viver é a expressão natural do Fogo da Kundalini e o sentimento da Glória de Deus, que permeia seu Chakra do Coração, Anahata.

KUNDALINI E TRANSFORMAÇÃO DE ALIMENTOS

Gopi Krishna tornou-se conhecida no final dos anos 60 como uma das principais autoridades no fenômeno do despertar da Kundalini no mundo ocidental. Embora *The Serpent Power* de Arthur Avalon, publicado em 1919, tenha sido o primeiro livro a introduzir o conceito da Kundalini no Ocidente, Gopi escreveu uma série de livros inteiramente focados na Kundalini, que foram traduzidos para o inglês para o mundo ocidental. Isto aconteceu na mesma época em que Yogi Bhajan introduziu sua marca de Kundalini Yoga nos Estados Unidos. Entre o trabalho destes dois homens, o mundo inteiro se familiarizou com a palavra "Kundalini".

Gopi escreveu muitos livros sobre a Kundalini para os próximos vinte anos. Embora seu trabalho fosse mais filosófico, Yogi Bhajan ensinou os métodos práticos através da Yoga para ativar esta energia esquiva e misteriosa dentro de seus alunos. No entanto, a ciência da Kundalini não avançou muito além do trabalho destes dois homens. A única figura notável que apareceu e teve uma contribuição significativa neste campo foi Swami Satyananda Saraswati, que escreveu muitos livros sobre Tantra e Yoga e elucidou as práticas para seguir seus caminhos ao mesmo tempo em que forneceu os meios e métodos de como despertar sua Kundalini. O trabalho de Swami Satyananda influenciou significativamente minha contribuição ao Tantra e ao Yoga neste livro. E eu estaria negligente se não mencionasse o extenso trabalho de David Frawley sobre Yoga e Ayurveda, que tem sido de enorme utilidade para o mundo ocidental e para mim pessoalmente.

Eu já falei sobre o despertar inicial da Kundalini de Gopi e seu perigo após ter tido uma ascensão incompleta. Esta situação o atormentou até que ele encontrou uma solução. Seu desespero resultou de o canal Ida permanecer adormecido enquanto Sushumna e Pingala se ativavam quando sua Kundalini despertava. Manifestou-se como uma ansiedade debilitante que tornava a vida impossível para Gopi, alguns dias desejando que ele estivesse morto. No entanto, esta situação requer um exame mais aprofundado, pois é uma ocorrência comum que pode acontecer com qualquer pessoa. Por exemplo, eu lidei com o mesmo problema, embora em um contexto diferente e encontrei soluções para resolvê-lo. Ter uma imagem mais clara da mecânica do que aconteceu com Gopi permitirá que você use minhas soluções para resolver este problema se ele acontecer com você também.

Após o despertar da Kundalini de Gopi, uma vez que a energia da Ida, passiva, não estava presente, a energia quente, ativa, de fogo de Pingala estava trabalhando horas extras. Entretanto, esta situação só piorou a situação para ele. O canal Ida ativa o Sistema Nervoso Parassimpático, que acalma o corpo e a mente. Em contraste, o canal Pingala inicia o Sistema Nervoso Simpático, colocando o corpo e a mente em modo "luta ou fuga". Imagine ter o sistema SNS ligado permanentemente e ser incapaz de desligá-lo. Consequentemente, eu já estive nesta situação exata, então eu sei como isso é e como consertá-lo. A única diferença é que eu já tinha as ferramentas para superá-lo no momento que me aconteceu, o que Gopi não tinha.

Se isto acontecer com você, e pode acontecer mesmo durante as etapas posteriores da transformação da Kundalini, cada momento de sua vida se torna um estado de crise. A pior parte, eu descobri, é trazer comida para o corpo, o que cria o fogo mais agonizante que parece que está queimando você vivo por dentro. Perdi dez quilos na primeira semana ao lidar com esta situação, e Gopi também mencionou a rápida perda de peso. O canal Pingala quente e intenso precisa ser equilibrado pela energia de resfriamento do Ida; caso contrário, o sistema entra em desordem, afetando negativamente a mente. Cada pedaço de alimento que você ingere se manifesta como estresse debilitante e ansiedade, que exerce e esgota suas glândulas suprarrenais. Este estado de espírito pode ter um impacto em sua vida, sentindo que é uma situação de vida ou morte com a qual ninguém ao seu redor pode ajudá-lo. Imagine o desespero pelo qual você passa e o estado de emergência enquanto é o único que pode ajudar a si mesmo. Eu já estive lá.

No momento em que você ingere alimentos, ele começa a se transformar em energia Prana, que alimenta o canal Pingala e o pontapeia em alta velocidade, já que a alta quantidade de Prana não está sendo distribuída uniformemente através dos dois Nadis primários. Gopi sabia pelos ensinamentos tântricos e iogues que muito provavelmente não despertava Ida, então ele sabia no que se concentrar para tentar ajudar a si mesmo. Ele sabia que apenas Ida continha o poder de resfriamento que ele precisava para equilibrar seu sistema energético. E eu, bem, minha ajuda foi Gopi, que passou pela mesma coisa e escreveu sobre isso em seus livros que eu havia lido até aquele momento.

Gopi fez todos os esforços para ativar a Ida através da meditação. A meditação que ele usou foi a visualização de uma flor de lótus em seu Olho da Mente. Ao segurar sua imagem ao longo do tempo, o canal Ida finalmente foi ativado na base de sua coluna vertebral e subiu em seu cérebro. Ele sentiu seu resfriamento, energia calmante, que equilibrou seu sistema energético. Sua mente se tornou bem regulada agora. Ele encontrou consolo na ingestão de alimentos e até mesmo começou a comer em excesso, concentrando-se principalmente nas laranjas, provavelmente para reparar suas glândulas suprarrenais desgastadas.

Os pensamentos visuais, que são imagens na mente, são o efeito do canal Ida, não Pingala. Portanto, não é uma coincidência que Gopi Krishna tenha ativado a Ida forçando-se a formar uma imagem visual em seu Olho da Mente e segurar essa imagem com uma poderosa concentração.

É essencial entender que, para que uma ativação e ascensão da Kundalini seja bem-sucedida, todos os três canais de Ida, Pingala e Sushumna devem ascender simultaneamente ao cérebro. Para criar um sistema psíquico bem equilibrado e completar o circuito da Kundalini no recém-desenvolvido Corpo de Luz, Ida e Pingala devem subir até o centro da cabeça no Tálamo e soprar o Ajna Chakra aberto. Então, eles continuam se movendo em direção ao ponto entre as sobrancelhas, o centro do Olho da Mente. Se você despertou os canais Ida e Pingala, mas eles ficaram bloqueados, ou um ou ambos têm um curto-circuito em algum momento no futuro, você pode corrigir o fluxo desses Nadis novamente, concentrando-se no Terceiro Olho.

Se Ida e Pingala caírem abaixo do Chakra do Sétimo Olho ou do ponto Bindu na parte de trás da cabeça, o circuito Kundalini deixará de funcionar. Para reiniciá-lo, você tem que meditar no Olho da Mente e segurar uma imagem usando sua imaginação e força de vontade. Esta prática irá reestimular Ida e Pingala e reabrir o Sétimo Olho e o Bindu Chakra. Como tal, os Nadis realinharão e reconectarão todo o circuito da Kundalini em Corpo de Luz. Outra meditação que pode funcionar se houver bloqueios no Bindu é manter sua atenção a um centímetro de distância do ponto Bindu até que a energia seja realinhada e flua corretamente. Da mesma forma, ao focalizar um centímetro de distância do Sétimo Chakra Ocular, você também pode alinhar esse ponto.

Vou entrar nestes exercícios e meditações com mais detalhes no capítulo intitulado "Solução de problemas da Kundalini", no verso do livro. Estas meditações são fundamentais para estabilizar seu sistema Kundalini. Eu mesmo descobri todas estas meditações nos últimos dezessete anos e, como tal, você as verá pela primeira vez neste livro. Se houvesse despertar Kundalini em massa e o mundo inteiro precisasse de orientação e rapidamente, minhas meditações seriam a resposta para muitas questões relacionadas à energia que as pessoas poderiam experimentar. Então, como eu pensei nelas?

Quando eu passava por problemas com o circuito Kundalini, eu ficava deitado na cama por horas, dias, até mesmo semanas, procurando por diferentes pontos de "gatilho" de energia na área da cabeça para meditar sobre o que poderia remover bloqueios de energia e realinhar os Nadis. Às vezes é até necessária uma reativação do Ajna ou Sahasrara Chakra, embora seja impossível para estes centros fechar uma vez que a energia da Kundalini os tenha despertado por completo. Durante este processo de descoberta, eu estava determinado a encontrar soluções a todo custo que me permitissem prevalecer. "Se existe vontade, existe um caminho", sempre disse, e "qualquer problema tem uma solução", mesmo que seja de natureza energética. Nunca aceitei o fracasso neste aspecto para que, através do meu processo de descoberta, encontrasse soluções que um dia pudesse compartilhar com o mundo como estou agora.

Minhas descobertas foram experimentadas e testadas muitas vezes na minha vida quando os problemas do sistema Kundalini me desafiaram. E todas elas funcionam. Entenda que a Kundalini é muito delicada, mas também muito volátil. Muitas coisas que fazemos como seres humanos e que são prontamente aceitas como norma na sociedade podem e irão provocar um curto-circuito no sistema Kundalini. Por exemplo, como tratamo-nos uns aos outros como pessoas, momentos traumáticos e até mesmo o uso de drogas e álcool podem ser muito prejudiciais ao seu sistema Kundalini. Uma vez terminado este livro, você terá as chaves para superar quaisquer problemas com o sistema Kundalini e não ficará à sua mercê quando este funcionar mal.

SUBLIMAÇÃO/TRANSFORMAÇÃO DE ALIMENTOS

O processo de sublimação/transformação de alimentos rende muitas experiências diferentes com o passar do tempo. Por exemplo, depois de ativar o Corpo de Luz no despertar inicial da Kundalini, você sentirá uma sensação de inércia e letargia por algum tempo depois, já que o corpo usa toda a energia Prânica que obtém dos alimentos para construir o circuito da Kundalini. Como resultado, você pode se sentir sem inspiração e sem motivação para realizar suas tarefas diárias. Você também pode querer se isolar de outras pessoas e ficar sozinho. Tenha em mente que estas manifestações bastante desconfortáveis não são permanentes. Conforme você evolui, elas vão passando.

Após o despertar inicial, é muito provável que você se encontre em uma mentalidade negativa mental e emocionalmente, pois está nutrindo seu Corpo de Luz através da ingestão de alimentos. Seus níveis de dopamina e serotonina cairão uma vez que o corpo está em hiperatividade para sintetizar os alimentos em energia de Luz Prânica. Leva alguns meses para que a energia se estabilize e para que você sinta novamente algum sentido de propósito de vida. Durante este processo de transformação, sua motivação e impulso, bem como sua força de vontade, entrarão em modo de hibernação. Você terá que fazer uma pausa e tirar algum tempo do que quer que planeje trabalhar e realizar durante este período. Entretanto, posso garantir que você voltará a emergir desta experiência mais forte e revigorada do que nunca.

Durante as partes iniciais do processo de construção, o Fogo Kundalini é sublimado em Energia Espiritual ou de Luz. No início, ele está em um estado de potencial como calor latente. No entanto, à medida que você traz alimentos para o sistema, ele alimenta o fogo e o faz crescer. À medida que ele cresce, ele se intensifica, o que começa a parecer que você está queimando por dentro. Finalmente, no ponto de pico da intensidade do calor, à medida que o coração acelera e a ansiedade está no auge, o fogo começa a se sublimar e se torna energia espiritual.

O mais importante a entender deste processo é que o fogo da Kundalini estará em um estado contínuo de transformação e transmutação. Ele muda de forma à medida que você continua comendo e bebendo água para regular e esfriar seus efeitos. Muitas vezes eu me via correndo para a cozinha para pegar um copo de água para esfriar. Meus pais ficavam incrédulos, tentando descobrir se seu filho tinha se tornado um viciado em drogas, porque meu comportamento era alarmante. Em outros momentos, eu precisaria de um copo de leite se o calor fosse muito intenso e meu corpo não possuísse nutrientes. Portanto, sugiro que você esteja pronto com esse copo de água ou leite sempre que precisar e tenha uma boa desculpa para seu estranho comportamento, se não viver sozinho.

Este processo é muito intenso por algumas semanas a alguns meses, no máximo. Depois disso, ele se estabiliza e se torna mais suave. A parte inicial do despertar é verdadeiramente a mais desafiadora, pois o fogo dentro de você sente que está queimando você vivo, e devido a sua intensidade, seu estresse e ansiedade atravessam o telhado. Parte do medo que você sente é que o Ego está tentando descobrir o que está acontecendo, mas não pode, já que normalmente funciona prevendo as coisas com base no que já viu, e nunca viu algo assim antes.

Este fogo sublimado da Kundalini, que só posso descrever como um resfriamento, o Espírito Mercurial, é destinado a alimentar o circuito da Kundalini. Enquanto a Kundalini começa como um incêndio em fúria, lembre-se que este estado é apenas uma de suas formas temporárias. Saber disto antes do tempo pode poupar muito sofrimento, portanto não se esqueça do que eu disse. Com o tempo, e com a ingestão de alimentos, o fogo da Kundalini se transforma em uma energia espiritual pacífica, etérea e líquida que acalma você e lava a negatividade que o sistema encontrou anteriormente.

Seja paciente, pois este processo ocorre dentro de você, é a metade da batalha. Lembre-se, nada permanece estático enquanto a Kundalini está transformando você; a metamorfose é um processo de constante mudança. Portanto, você deve aprender a acolher as mudanças internas ao invés de combatê-las. Por esta razão, muitos indivíduos despertos defendem a rendição à energia da Kundalini a todo custo. Agora você pode ver por que é mais fácil dizer do que fazer. No entanto, você verá que não tem escolha no final.

Embora o fogo em fúria possa ser muito desconfortável em seus estágios de pico, ele se tornará inevitavelmente uma energia espiritual refrescante. Se você escolhe ser um participante ativo ou passivo no processo, depende totalmente de você. Não posso lhe dizer quanto tempo levará para se transformar, já que o momento varia de pessoa para pessoa, mas aconselho comer alimentos nutritivos e ser calmo, paciente e relaxado o máximo possível.

Invocar pensamentos negativos e dúvidas só estimulará o medo no sistema, o que causará um efeito adverso. Estar calmo enquanto o fogo furioso da Kundalini está agindo liberará serotonina e oxitocina, permitindo que a sublimação em energia espiritual fina ocorra. A dopamina e a adrenalina dificultam este processo; o corpo deve ativar o Sistema Nervoso Parassimpático ao invés do Simpático.

Ajuda a colocar a língua na paleta da boca enquanto este processo está ocorrendo. Este ato conectará a Ida e Pingala Nadis e tornará mais fácil manter a mente calma e sublimar a energia. À medida que o fogo furioso se transforma em Espírito, novas bolsas de energia se abrem na área central do abdômen e em seu lado direito. Aqui é onde esta nova energia do Espírito parece começar sua ascensão ao longo dos canais Ida e Pingala na frente do corpo. Estas bolsas de energia, localizadas na frente dos rins, criam a sensação de Unidade, Eternidade e absorção completa no Espírito.

PENSAMENTOS EM "TEMPO REAL".

Depois de um despertar completo e sustentado da Kundalini, a energia da Luz estará continuamente presente dentro do cérebro. Uma vez que a Luz serve para unir as mentes conscientes e subconscientes, ela tem um efeito particular em seus pensamentos. Enquanto neste estado incomum de Ser, seus pensamentos começarão a parecer muito reais para você. Como se o que você pensa estivesse presente ali com você na vida real. Este fenômeno é em parte o resultado da Kundalini perfurando Anahata, o Chakra do Coração, em sua ascensão, despertando o aspecto de Observador Silencioso do Eu.

Esta parte do Eu, combinada com a tênue Luz dentro de sua cabeça, lhe dará a sensação de que todos os pensamentos em sua mente são reais e não apenas ideias. Como você pensa, a parte do Observador Silencioso do Eu observa este processo no Chakra do Coração como um espectador inocente. Mas, inversamente, uma vez que esta parte do Eu é despertada, também o é sua vontade oposta - a Verdade. É o gerador de toda a realidade, o Superior ou Deus-eu.

Experimentar seus pensamentos como reais é, de fato, o catalisador por trás do medo e da ansiedade que se apresenta logo após um despertar completo e permanente da Kundalini. Como pensamentos profundos e subconscientes estão unidos a pensamentos conscientes, tudo interior parece mais real do que nunca. Pode ser uma experiência aterradora e confusa no início, como foi para mim e para muitos outros que passaram pela mesma coisa. Torna-se difícil dizer a diferença entre seus pensamentos conscientes e os medos projetados de seu subconsciente.

Essa nova "realidade" do pensamento é a fonte dos sentimentos eufóricos de felicidade do pensamento inspirado, incluindo a intensa depressão resultante de pensamentos ou ideias negativas, baseadas no medo. Tanto as forças angélicas quanto as demoníacas podem agora permear sua mente, e o desafio se torna ser capaz de dizer a diferença entre as duas. Os emissores de pensamentos adversos podem ser seus esqueletos escondidos no armário, pensamentos sendo projetados da mente de outras pessoas ou mesmo entidades externas que vivem nos Planos Astral e Mental.

Depois de despertar a Kundalini, seu próximo passo no processo de evolução espiritual é dominar estes dois Planos, especialmente o Plano Mental, já que o que você pensa determinará a qualidade de sua realidade. Na Filosofia do Pensamento Novo, isto é exposto pela Lei da Atração, que afirma que você traz experiências positivas ou negativas para sua vida, concentrando-se em pensamentos positivos ou negativos. *O Caibalion* apóia esta teoria, pois a Lei da Atração é baseada no Princípio Fundamental Hermético da Criação, que afirma que "O Tudo é Mente, o Universo é Mental". Isto implica que seus pensamentos são diretamente responsáveis por sua experiência de vida, pois a diferença entre o Mundo da Matéria e sua própria realidade Mental é apenas uma questão de grau. Portanto, a Matéria não é tão real e concreta como a percebemos, mas é o Pensamento de Deus, que trabalha com seus pensamentos para manifestar sua realidade. Portanto, somos Co-Criadores com nosso Criador através da mente, através dos pensamentos.

O Princípio Hermético de Correspondência, "Como Acima, Assim Abaixo", nos diz que os Planos superiores afetam os inferiores, explicando porque o Plano Mental afeta o Plano Físico. Este axioma também é considerado como a base da prática do Magick. Aleister Crowley definiu Magick como "a ciência e a arte de causar mudanças em conformidade com a vontade". Mesmo que nossos pensamentos determinem a realidade, precisamos entrar em contato e sintonizar com a força de vontade que alimenta nossos pensamentos. O processo de manifestação na realidade física tem em sua origem o impulso da Verdadeira Vontade do Plano Espiritual, que se torna um pensamento no Plano Mental, desencadeando uma resposta emocional no Plano Astral ou Emocional, e finalmente se manifestando no Plano Físico da Matéria.

Por esta razão, trabalhar com os Elementos e purificar cada Chakra é de suma importância na jornada Espiritual. A mente subconsciente não é mais algo profundo e escondido dentro do Eu; ela se torna algo bem ali à sua frente a cada momento acordado do dia, cuja função você pode observar. A razão para isto é porque o Ajna Chakra está agora desperto e operando na capacidade ótima após receber um influxo de energia de Luz através da Kundalini desperta. O Olho da Mente é a "ferramenta" que usamos para introspecção e visão do funcionamento da mente subconsciente.

Lembre-se, a energia cármica (no sentido de se referir à energia negativa armazenada dentro dos Chakras) resulta de um ponto de vista oposto, crença ou memória que, no caso de Chakras individuais, diz respeito a uma parte particular do Eu. O antigo Eu, o Ego, é o que precisamos purificar e consagrar para que o novo Eu Superior possa tomar seu lugar. O Eu utiliza diferentes poderes ativados pelas energias nos Chakras, pois são eles a fonte desses poderes. No ponto inicial do despertar, o Eu terá mais referência ao Ego do que nunca, mas à medida que purificamos nosso conceito do Ego, estamos derramando o Ego.

Torna-se necessário limpar o subconsciente porque, como dito anteriormente, você deve primeiro dominar seus Demônios, os aspectos negativos de sua psique, antes de poder residir nos Chakras superiores e ser um com o Elemento Espiritual. Ao alinhar sua consciência com os três Chakras superiores de Vishuddhi, Ajna e Sahasrara, você está se alinhando com a Verdadeira Vontade e com o Eu Superior.

Porque você não pode desligar este processo, pois ele foi acionado pela Kundalini despertada, ter as ferramentas para purificar os Chakras e dominar os Elementos se tornará mais relevante para você do que qualquer outra coisa neste momento de sua vida. Caso contrário, você estará à mercê das forças psíquicas dentro dos Planos Cósmicos. Portanto, você deve se desenvolver como um guerreiro espiritual neste ponto, pois sua mente, corpo e Alma estão sendo remodelados diariamente pela energia da Kundalini recém-desperta.

EMPATIA E TELEPATIA

Uma vez aberto o circuito da Kundalini e a energia do Espírito circulando no Corpo de Luz, sua consciência ganha a capacidade de deixar o corpo físico à vontade. À medida que você canaliza para fora de seu corpo físico através do Chakra da Coroa, você experimenta sua energia espiritual permeando tudo que percebe com seus olhos físicos no mundo material. Esta experiência aumenta a percepção da realidade em tempo real; somente agora você pode sentir e encarnar a energia de cada objeto em seu ambiente. Através de seu Chakra do Coração, você começa a sentir a essência do que quer que você coloque sua atenção, à medida que sua energia espiritual se transpõe para aquilo que você olha ou ouve.

Ao assistir a um filme violento, por exemplo, você pode sentir e experimentar a energia de um ato violento ao transpor seu corpo para o corpo da pessoa que você está assistindo. Este processo ocorre de forma automática e instantânea, sem esforço consciente. Tudo o que é necessário para que este fenômeno aconteça é dar ao filme sua atenção indivisível. É uma experiência bastante mágica no início e um dos maiores dons da Kundalini. Ela começa a se desenvolver quando a energia espiritual suficiente foi sublimada através do Fogo da Kundalini e da ingestão de alimentos. Pode acontecer no final do primeiro ano de despertar, talvez até mais cedo.

Esta transformação e manifestação permitem que você se sintonize com os sentimentos de outras pessoas ao concentrar sua atenção nelas. Este processo é como você cresce em empatia. Você literalmente entra no corpo deles com seu Espírito e pode sentir o que eles sentem. Se você não lhes dá atenção olhando para eles, tudo o que você deve fazer é ouvi-los enquanto falam, e você se sintoniza com a energia deles através do som. Esta manifestação ocorre através de sua conexão com o som. É uma forma de telepatia que as pessoas leem a mente e a qualidade de seus pensamentos.

Empatia é ler os sentimentos das pessoas e a energia emocional de seus corações. A energia espiritual suficiente precisa derramar em seu recém-desenvolvido Corpo de Luz através da transformação/sublimação de alimentos para criar ambas as manifestações. É como uma onda que é criada, e sua atenção é a prancha de surf. Com sua atenção, você pode agora surfar a onda concentrando-se em coisas externas de você.

Ajudaria se você aprendesse a se separar de qualquer emoção ou pensamento que esteja experimentando, entendendo que não é projetado de dentro, mas de fora. O Ego pode ficar confuso, pensando que é do Ego que essas emoções ou pensamentos são projetados, o que pode causar medo e ansiedade. Uma vez que você tenha ido além de seu Ego e possa se separar do que você está experimentando, você pode fazê-lo sem qualquer negatividade. Entretanto, isto pode ocorrer somente nos últimos estágios da transformação da Kundalini, uma vez que o Ego tenha sido purgado e o medo e a ansiedade tenham diminuído sua carga energética ou tenham deixado o sistema completamente.

Quando você começa a experimentar este fenômeno pela primeira vez, pode não estar claro quem você é e quem são as outras pessoas. É um dos maiores desafios nos primeiros anos do despertar, uma vez que tantas emoções e pensamentos estarão passando pela sua mente e coração que você será balançado para trás e para frente como um barco em águas tempestuosas do oceano. A chave é estabilizar seu interior e aprender a navegar nas águas turbulentas. Desta forma, você estará aprendendo a ganhar controle sobre sua vida, talvez pela primeira vez. O aforismo grego "Conheça-se a si mesmo" é essencial para utilizar nesta fase de sua vida. Você precisará se apoderar de seus pensamentos e emoções compreendendo suas projeções de energia e as de outras pessoas.

Uma nota importante tanto sobre telepatia quanto sobre empatia - uma vez que você desenvolve uma conexão mais forte com seu Corpo Espiritual, estes dons psíquicos se tornarão permanentes, o que significa que você não pode mais desligá-los. Você não pode decidir que é demais suportar e que simplesmente não quer mais tomar parte nisso. Às vezes pode ser bastante esmagador, já que você está ao mesmo tempo lidando com sua ansiedade e medo e ao mesmo tempo assumindo a dos outros.

Ajudaria se você tivesse uma introspecção neste momento. Você deve tomar algum tempo para si mesmo se não estiver acostumado a fazer isso, pois vai precisar. Se você tem sido uma borboleta social a vida inteira, não pode mais estar perto de outras pessoas o tempo todo. É hora de mudar estes hábitos e levar tempo para si mesmo também. O tempo sozinho é o único caminho para uma introspecção adequada porque alguns desses pensamentos e sentimentos de outras pessoas ficarão com você por dias, semanas até mesmo. Você tem que aprender a deixá-los ir e não fazer deles uma parte de quem você é.

Com o tempo, uma vez que você possa diferenciar entre os dois e ter limpo e purificado seu Ego, você poderá passar mais tempo com os outros e menos tempo sozinho. Além disso, você será capaz de se sintonizar com a energia do amor dos outros, que agora alimenta sua energia. Não de uma forma que você seja um vampiro psíquico que rouba a energia dos outros, mas de uma forma que você aceite o amor e o devolva para que possa manter uma troca abnegada de energia amorosa com as pessoas com quem você interage. A energia do amor é alimento para a Alma para todos nós, e é por isso que precisamos uns dos outros. Para aprender a canalizar o amor puro sem apego, primeiro você precisará superar sua negatividade.

ÉTICA E MORAL

Uma vez que a Kundalini esteja ativa, vem uma mudança significativa na consciência e você percebe que seu conceito de ética e moral através de comportamento e conduta adequados está se desenvolvendo. Em outras palavras, você começa a agir com princípios morais em todas as situações da vida, naturalmente. A unidade do Eu e do resto do mundo cresce, fazendo com que você se sinta conectado a todas as coisas do ponto de vista moral. Vem o respeito absoluto para com a humanidade à medida que este processo de despertar da Kundalini está ocorrendo.

Com o tempo, a Kundalini começa a erradicar as memórias pessoais do passado, exaltando assim o Eu Superior sobre o Ego. Este processo permite que você viva o Agora, o momento presente, da maneira mais otimizada. Pode ser um estado muito confuso no início porque, como explicado, o Ego funciona referindo-se às lembranças sobre si mesmo. Como a memória está fugaz, no entanto, o Ego começa a cair através do processo de purga da Kundalini, já que não pode mais se associar com eventos passados. Como tal, o Espírito e a Alma tornam-se exaltados. Naturalmente, você começará a desenvolver um alto ponto de vista ético já que, no momento presente, você percebe que a maneira correta de se comportar é com respeito e honra para com todos os seres vivos.

Esta atualização moral é um desenvolvimento natural para qualquer pessoa submetida ao despertar da Kundalini. É um presente. Todas as pessoas com a Kundalini desperta são humanitárias e dão abnegadamente de uma forma ou de outra. Eles estão aparentemente em piloto automático na maioria dos casos, uma vez que se renderam à energia da Kundalini. Uma rendição completa deve ocorrer para alcançar este estado, e esta rendição é inevitável para todos que passam pelo processo de transformação.

Não importa o quanto o Ego se agarre, ele sabe que, no final das contas, vai tomar um lugar secundário para a Alma e o Espírito. Com o tempo, seu porte é diminuído. Um sólido fundamento ético e moral é o direito de nascimento de todas as pessoas despertadas pela Kundalini. Nosso destino geral como seres humanos é amar e respeitar uns aos outros, em vez de tirar proveito. Uma vez que você tenha se desenvolvido eticamente, você reconhecerá que somos todos irmãos e irmãs, pois você estará mais próximo da Mente do Criador do que nunca.

A ética e a moral estão ligadas à energia amorosa incondicional que se acumula no Chakra do Coração. Você começa a sentir o mundo inteiro em seu coração como Uma essência (Figura 155), juntamente com o desejo de canalizar essa nova energia amorosa para os outros. E à medida que você projeta energia de amor para outras pessoas, seu caráter começa a construir virtudes cuja base são a ética e a moral.

Figura 155: O Chakra do Coração e a Unidade

Você começa a sentir um senso de honra já que todos nós somos irmãos e irmãs nascidos do mesmo Criador. Quando você está no momento presente, no Agora, você pode se sintonizar com aquela parte de si mesmo que é Eterno - o Santo Anjo da Guarda. Seu Gênio Superior começa a ensiná-lo e guiá-lo em sua jornada espiritual. Eles lhe ensinam como ser um ser humano melhor a cada dia de sua vida. O Santo Anjo da Guarda lhe ensina sobre o Universo e lhe transmite conhecimento e sabedoria diariamente. Ele é todo-sábio e todo-bom e tem a mais alta bússola moral porque faz parte de Deus, o Criador.

Ser gentil com os outros torna fácil separar as pessoas boas das más ou sem uma bússola moral. Mas, na maioria das vezes, as pessoas são boas, e quando você as trata com amor, elas retribuem. Ao honrá-las e respeitá-las, você canaliza o amor para elas que parece um raio de luz que dispara de seu peito. Quando esse feixe de energia de Luz entra na Aura de outro ser humano, eles a absorvem e a enviam de volta para você através de seu Chakra do Coração. Este perpétuo circuito de energia de amor só se rompe quando um de vocês começa a pensar com seu Ego, perguntando o que há nele para eles. Se as pessoas do mundo não tivessem Egos massivos, estaríamos naturalmente trocando amor desta forma, erradicando o mal em escala global.

Descobri também que aprender a agir através de uma lente ética me fez amar e respeitar mais a mim mesmo. Ao reconhecer a bondade dentro de você e escolher compartilhá-la com os outros, você invariavelmente aprende a amar a si mesmo. Afinal, as outras pessoas são apenas reflexos, espelhos de nós mesmos. Todos nós somos o Criador, e o Criador é Um. É crucial aprender a amar a si mesmo porque você supera suas inseguranças fazendo isso. Um método de aprender a amar a si mesmo é estar confortável no Agora, o que supera suas inseguranças.

Na maioria dos casos, algum fator externo os aciona, fazendo você entrar dentro de sua mente. Uma vez introvertido, e dentro de você mesmo, você perde o contato com o Agora e o reino de pura potencialidade onde tudo é possível. Ao permanecer no Agora, no entanto, você se torna extrovertido, e enquanto permanecer presente, você não entrará em si mesmo onde pode acessar suas inseguranças.

O despertar da Kundalini tem o objetivo de torná-lo um Ser de Luz, e como tal, esta atualização permite que você viva sua vida ao máximo, talvez pela primeira vez. Para obter o máximo da vida, você precisa estar em um estado em que possa reconhecer a oportunidade em tudo o que está experimentando para aproveitar essa oportunidade de experimentar algo novo e crescer espiritualmente. A moral e a ética andam de mãos dadas com o estar no Agora. Por outro lado, estar no Agora se relaciona com o conceito falado por Jesus Cristo - a Glória de Deus.

A Glória de Deus diz respeito à sintonia de sua consciência com o reino da Eternidade - o Reino dos Céus. Você pode alcançar este reino através do Agora, mas você deve se render completamente através da fé para entrar nele. Somente sua intuição pode entrar em contato com o Reino Eterno, pois ele requer que seu Ego seja silenciado para experimentá-lo. A Glória de Deus é um arrebatamento emocional que vem da experiência da Unidade com todas as coisas. É o Reino do puro potencial e da Não-dualidade. Pode parecer rebuscado pensar que você pode ressoar com este conceito, mas acredite em mim; é alcançável. Um dos propósitos da transformação da Kundalini é levá-lo eventualmente para o Reino dos Céus. Note que embora a experiência da Glória de Deus seja geralmente momentânea para a pessoa comum, indivíduos de Kundalini desperta altamente evoluídos podem permanecer nesse estado indefinidamente.

É essencial compreender que estes conceitos e ideias mencionados acima estão conectados. Um dá origem ao outro, que depois desperta algo mais. Estas são expressões naturais de se tornar um Ser de Luz através do despertar da Kundalini. É realmente uma atualização e uma nova maneira de viver neste Planeta. Outros podem nunca saber o que você está experimentando, mas eles verão as mudanças que você está passando através de suas ações.

A chave é permanecer inspirado durante este processo de transformação. Você deve evitar permitir que a negatividade ocasional dentro da mente o faça cair e perder a esperança. Em vez disso, veja isso como algo temporário que você superará com o tempo. Todo o processo de transformação da Kundalini se desdobra com o passar dos anos. Uma experiência leva à outra, pois tudo em você está mudando e evoluindo continuamente. Leva muitos anos até que você possa realmente colher os benefícios de ser transformado em um Ser de Luz, mas tudo fará sentido quando você o fizer.

PARTE VIII: KUNDALINI E SONHOS LÚCIDOS

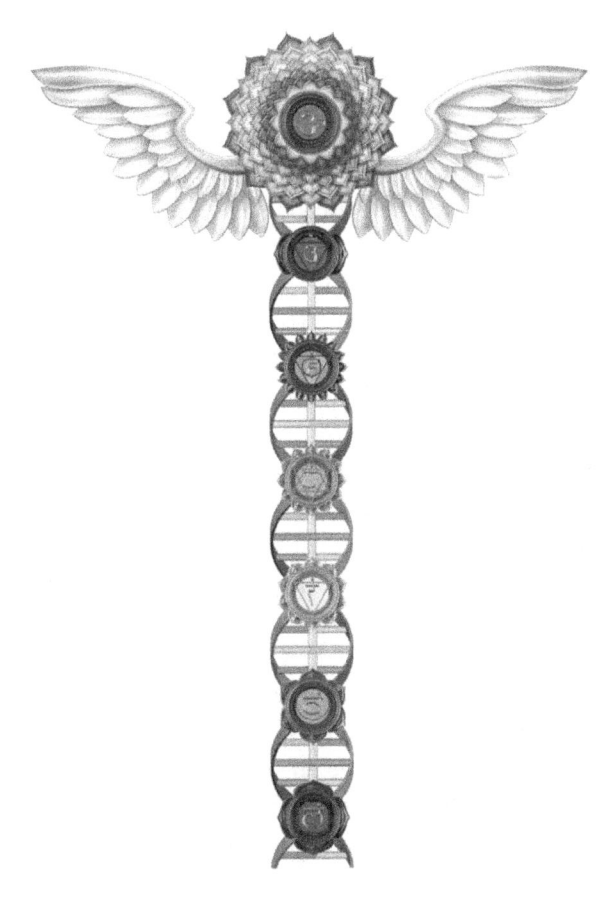

O MUNDO DOS SONHOS LÚCIDOS

O Sonho Lúcido nos Mundos Internos é um tema crítico de conversa dentro dos círculos da Kundalini. Os despertares da Kundalini garantem a experiência do Sonho Lúcido, que se realiza nos Planos Cósmicos do Interior. O Sonho Lúcido é uma forma de Experiência Fora do Corpo (EFC) que ocorre durante o sono enquanto sua consciência está no Estado Alfa. O estado Alfa é um estado de sonho onde o corpo está descansando, mas a consciência ainda está acordada. É um estado entre a consciência acordada normal e o sono.

Este estado é mais comumente desencadeado quando você acorda brevemente no início da manhã por volta das seis ou sete horas e depois volta a dormir depois de já ter dormido por pelo menos cinco horas para que seu corpo físico esteja descansado. Mas quando você está passando por uma intensa acumulação de Luz Astral, como logo após o despertar inicial da Kundalini, se você tiver ativado completamente seu Corpo de Luz, você se encontrará em Sonho Lúcido quase todas as noites. Esta experiência ocorre porque há um excedente de energia de Luz presente, que leva sua consciência para fora do Sahasrara Chakra, através do Bindu, para ter esta experiência.

Você também pode induzir a Viagem Astral enquanto está acordado, mas é mais desafiador de conseguir, já que você tem que transcender o corpo físico de alguma forma. Por esta razão, geralmente é melhor explorar o Sonho Lúcido durante o sono quando se está em estado alfa e o corpo físico já está descansado.

Uma pessoa de Kundalini desperta experimentará uma miríade de Sonhos Lúcidos, quase à noite, após um permanente despertar. Este fenômeno pode continuar por muitos anos. Durante um Sonho Lúcido, o circuito da Kundalini está ativo, e o corpo é alimentado pela luz astral/energia espiritual através da sublimação/transformação de alimentos. Os termos Luz Astral, Espírito, Prana e energia Kundalini são todos intercambiáveis. A diferença é o estado deles, que depende do nível de evolução espiritual em que se está, embora todos eles se originem da mesma substância. Em essência, a energia da Kundalini é energia da Luz, que se transmuta em diferentes estados durante o processo de transformação da Kundalini.

Uma vez que você tenha acumulado uma quantidade suficiente de energia de Luz e esteja em estado Alfa, sua consciência abandona o corpo físico através do Chakra da Coroa, e você entra em um dos Planos Cósmicos. Como mencionado até agora, estes Planos existem em uma dimensão à parte da Terceira Dimensão do Espaço e do Tempo. Agora, suponha que a experiência seja uma Experiência Fora do Corpo, e você salta para fora do Chakra da Coroa. Nesse caso, é mais provável que você esteja entrando em um dos Chakras Espirituais ou Chakras Transpessoais acima da Coroa e "surfando" em seu plano correspondente. Como estes Planos estão além do Espaço e do Tempo, sua consciência pode experimentar uma vida inteira de eventos em uma hora. Você às vezes acordará como se tivesse passado fisicamente por essas experiências e se verá mentalmente drenado.

Conforme discutido, cada um de nós tem um corpo-duplo feito de Luz; uma substância elástica chamada Corpo de Luz. Os Sonhos Lúcidos são um tipo de "projeção astral", um termo cunhado por teosofistas no século XIX. Embora os Sonhos Lúcidos aconteçam quase involuntariamente, a Projeção Astral é uma experiência totalmente induzida de forma consciente - uma projeção da Alma em um dos Planos Astral/Interno. No caso do Sonho Lúcido, esta projeção ocorre espontaneamente à medida que o Corpo de Luz abandona o corpo físico durante o estado de sono Alfa. Ele simplesmente deixa o corpo físico, acordando em outro lugar, em alguma terra estranha e geralmente nunca antes vista.

Em um sonho lúcido, não há quebra de consciência. Seu subconsciente e consciente está agora trabalhando em uníssono, de modo que o conteúdo de seus sonhos muda para incluir coisas sobre as quais você muitas vezes pensa conscientemente. Sua imaginação é perpetuamente ativa em um Sonho Lúcido, pois você é o experimentador e a experiência em um. Muito frequentemente, você é projetado em algum lugar que nunca esteve antes com conteúdo que você conscientemente nunca pensou. É mais comum, porém, que quando você tem um Sonho Lúcido, você veja elementos familiares à consciência para que não seja um choque muito grande para o Eu, pois você está passando por esta experiência.

Por esta razão, Sonhos Lúcidos envolvem suas habilidades imaginativas, embora infinitamente expandidas. Em um Sonho Lúcido, seu Eu Superior, sua Alma, é o condutor da experiência. Ele sempre escolhe para onde ir e o que experimentar. Entretanto, você não pode escolher conscientemente sua experiência como em uma projeção astral. Uma vez que estamos conectados tanto com nosso Ego quanto com nossa Alma em nosso estado de vigília, a experiência do Sonho Lúcido parecerá em grande parte estranha à consciência. O Ego é totalmente inativo em um Sonho Lúcido, pois ele pertence ao corpo físico, que é transcendido.

DESPERTAR EM UM SONHO

A coisa mais fantástica sobre os Sonhos Lúcidos é que a consciência experimenta uma realidade fora do físico uma vez, embora se sinta autêntica. O primeiro passo de cada Sonho Lúcido é sua consciência se tornar consciente de que está sonhando. Acontece instantaneamente quando a consciência percebe que o cenário é "diferente" do mundo físico, mas sua experiência é muito parecida.

Um método popular de realizar que você está sonhando é treinar-se para olhar para suas mãos assim que você se encontra em um sonho. Não há formas fixas nos sonhos, e tudo parece fluido e elástico como se estivesse se movendo tão suavemente. Portanto, os dedos em suas mãos seriam de todas as formas e tamanhos, assim, quando você olha para eles, você pode vê-los se mover para cima e para baixo sempre tão levemente. Este reconhecimento sinaliza para o cérebro que você está em um sonho, despertando assim sua consciência plenamente.

Geralmente há uma sensação de excitação quando isto acontece, pois uma parte de você percebe que é um criador consciente de sua realidade agora, e você pode experimentar o que desejar com a ajuda de sua imaginação. Como seu Ego é transcendido, a Alma toma conta da experiência e você se encontra em um estado em que está criando sua realidade e experimentando-a simultaneamente. Você tem pleno acesso à sua força de vontade e pode controlar o conteúdo do seu sonho. Você não pode controlar o cenário, mas sua Alma pode escolher para onde quer ir e pode usar seu Corpo de Luz como um veículo para chegar lá.

Sua experiência será semelhante a como você vivencia a realidade física, o Mundo da Matéria. Entretanto, a principal diferença é que você está limitado pelo Tempo e pelo Espaço no Mundo Físico. Por exemplo, você não pode estar em Paris apenas pensando nisso, mas tem a opção de entrar em um avião e voar até lá. Toda a experiência, no entanto, levará algum tempo para ser concluída até que você possa chegar a Paris. Em um Sonho Lúcido, você pode pensar em algum lugar que queira estar, e estará lá em um instante. Não há quebra de consciência de quando você pensa onde quer estar e você está sendo projetado lá no momento em que você tem este pensamento - tudo isso é uma experiência fluida.

A Alma tem pleno conhecimento de todos os lugares para onde pode se aventurar neste nosso vasto Universo, que são tão Infinitos como Deus, o Criador. Assim, em um Sonho Lúcido, sua Alma projetará automaticamente em algum lugar para que você experimente seu ambiente. Entretanto, na manhã seguinte, quando você acordar de sua experiência, seu Ego não será capaz de descobrir como e por que você foi lá ou o que foi. Afinal de contas, o Ego está limitado ao que ele viu, e só experimentou coisas da Terra. Tudo o que o Ego saberá é que a experiência foi incrível, e você se sentirá grato por ela.

DESENVOLVENDO HABILIDADES EM SEUS SONHOS

Uma vez projetado em um Sonho Lúcido, você terá controle completo sobre seu Corpo de Luz onde quer que seu cenário ocorra. Nem o espaço, nem o tempo, nem a gravidade podem limitar este segundo veículo de consciência. Entretanto, como você não está vinculado pela gravidade, um dos primeiros dons a desenvolver é voar pelo ar como o

Super-Homem (Figura 156). Esta capacidade é a mais divertida e geralmente a primeira a se manifestar para todos. Voar em um Sonho Lúcido é a única maneira de experimentar verdadeiramente o voo sem o uso de máquinas, o que é, no mínimo, estimulante.

A consciência logo se vê capaz de realizar outras proezas que seriam impossíveis de serem alcançadas na realidade física. Por exemplo, como o Corpo de Luz não tem peso e não está ligado à matéria e à gravidade, e como tudo no plano astral é Holográfico sem nenhuma forma fixa, você desenvolverá a capacidade de andar ou voar através de objetos. Outra habilidade que emerge é a telecinesia astral - a capacidade de levitar objetos no Plano Astral Interior e movê-los com o poder da mente.

Figura 156: Voando como o Super-Homem em um Sonho Lúcido

Para realizar telecinesia e mover objetos no Mundo Físico com a mente, você deve primeiro aprender a usar esta habilidade no Mundo Astral, já que os dois trabalham sobre os mesmos princípios. Tenho visto imagens de vídeo documentadas de pessoas que afirmam ter poderes psíquicos onde movem objetos leves em um vácuo, embora minimamente. Entretanto, para deslocar coisas mais pesadas do que um pequeno pedaço de papel, digamos, seria necessária uma imensa quantidade de energia mental, o que é uma proeza aparentemente impossível e algo que nunca documentamos. Acredito que isso pode ser feito, no entanto, usando os mesmos princípios mentais e a mesma mente sobre a matéria. No entanto, a pessoa que o fizesse teria que ser uma pessoa tão espiritualmente evoluída que pareceria como Deus para os outros e não meramente psíquica. Jesus Cristo realizando milagres na *Bíblia Sagrada* é um exemplo de como você teria que ser evoluído para afetar o estado da Matéria com sua mente.

Outros dons que se desenvolvem no mundo dos Sonhos Lúcidos é a capacidade de ler a mente das pessoas, fazer-se tão grande ou pequeno quanto você quiser, e geralmente satisfazer qualquer desejo que você tenha em sua vida diária acordada, tal como dormir com uma pessoa de sua escolha. O mundo do Sonho Lúcido é um País das Maravilhas para a Alma e satisfatório em todos os níveis de existência. Além disso, ele não carrega as consequências cármicas de satisfazer os desejos de sua Alma, não importa o que sejam.

Depois de ter tido essas experiências de Sonho Lúcido por muitos anos em minha vida, fiquei com muitas dúvidas a respeito do desenvolvimento do Siddhis, as habilidades sobrenaturais mencionadas nas escrituras hindus. Entretanto, os Siddhis não são exclusivos dos textos sagrados hindus, pois os poderes psíquicos são exibidos em todos os livros religiosos, independentemente de sua cultura ou tradição, o que nos deixa com a seguinte situação difícil: talvez os Profetas, Santos, Iogues e outras figuras sagradas destes livros estivessem falando sobre o mundo do Sonho Lúcido quando mencionaram a capacidade da humanidade de obter estes poderes extraordinários.

Podemos nunca saber a resposta a isto, mas em minha experiência, há mais provas de que o que estou propondo é preciso do que estes poderes sendo algo que podemos alcançar fisicamente. Por exemplo, cada reivindicação de levitação foi desmascarada, do Oriente ao Ocidente, e o que pensamos ser demonstrações de poderes psíquicos sempre acabam sendo algum tipo de ilusão ou truque mágico.

Portanto, não pode ser uma coincidência que, ao continuar os Sonhos Lúcidos em meus primeiros anos após o despertar de uma Kundalini, eu estivesse lentamente desenvolvendo cada uma dessas habilidades psíquicas das quais as escrituras falam. Entretanto, por mais que eu tentasse exibir esses poderes na realidade física, eles permaneciam exclusivos dos meus sonhos, embora minha Alma os experimentasse como reais.

ENERGIA KÁRMICA NOS ESTADOS DE SONHOS

Enquanto estiver no estado de Sonho Lúcido, você também pode tentar conscientemente encontrar soluções para os problemas que você possa estar enfrentando em sua vida. Esta experiência só acontecerá quando você tiver acessado o Plano Espiritual. Seu objetivo é ajudá-lo a dominar este Plano acessando a energia cármica particular de um dos três Chakras Espirituais correspondentes. Os Planos Divinos estão sem Karma e, como tal, são pura alegria. Tenha em mente que é sua Alma, não seu Ego, que está sendo treinado aqui; portanto, parecerá automático que você está se projetando em qualquer Chakra que precise de trabalho.

Você pode não ter sempre a capacidade de voar em seu sonho, mas ainda será capaz de controlar seu conteúdo em grande parte e estar consciente de que está sonhando. Cada experiência é fundamentalmente diferente em um Sonho Lúcido. Uma vez que você tenha começado a ter essas experiências, sua consciência se torna treinada para despertar no sonho.

Na sua maioria, a pesada energia cármica nos Planos Cósmicos inferiores mantém a consciência adormecida e inconsciente de que ela está sonhando. Portanto, ela precisa ter alguns momentos em que não está imersa mental e emocionalmente para perceber que está experimentando um sonho que leva a Alma a assumir seu conteúdo.

Embora muito do que você experimentará seja sua imaginação em hiperatividade, alguns dos lugares que você visitará no mundo dos Sonhos Lúcidos são reais e não um subproduto de sua imaginação aprimorada. Suponha que sua consciência não acorde enquanto estiver no sonho, que é o primeiro passo para o sonho se tornar um Sonho Lúcido. Nesse caso, tudo continuará em piloto automático, e você continuará tendo uma experiência de sonho regular.

BINAH E OS ESQUEMAS ASTRAIS

O mundo dos Sonhos Lúcidos é muito diferente do mundo físico, mas semelhante na forma como a consciência o experimenta. Os Antigos acreditavam que cada cidade ou lugar na Terra tem uma dupla Astral que pode ser visitada durante o sono, enquanto em Sonho Lúcido. Para onde você vai depende de onde sua Alma quer levá-lo e não é algo que você possa controlar conscientemente através da lente do Ego.

Esta dupla realidade astral anda de mãos dadas com os ensinamentos Qabalísticos, que afirmam que Malkuth, a Terra, tem um projeto Holográfico, que está em outra dimensão da realidade. Esta dimensão ocupa o mesmo espaço e tempo, embora esteja em um estado vibratório diferente. Na Qabalah, essa realidade é representada pelo Sephirah Binah. Binah está associado ao Espírito Santo do Cristianismo, o Elemento Espiritual, despertado através da Kundalini. É o fundamento de tudo o que é.

Um despertar completo da Kundalini é um despertar do Corpo de Luz para que possamos ler intuitivamente a energia de Binah enquanto vivemos uma existência física. Este conceito vai de mãos dadas com o que temos examinado até agora e com todos os diferentes componentes que compõem a totalidade da experiência do despertar da Kundalini.

Desde que o despertar da Kundalini libera a Alma do corpo físico, ela transforma o Eu em todos os níveis através do influxo de energia da Luz na Aura. A energia da Luz perpassa cada um dos Sete Chakras, já que cada Chakra é uma das cores do arco-íris, como parte do espectro da Luz Branca.

Como cada Chakra é expressão de um Plano Cósmico, o despertar da Kundalini permite que o indivíduo exista em todos os Planos de existência simultaneamente. Sua Árvore da Vida torna-se totalmente aberta, e cada um de seus respectivos Sephiroth (estado de consciência) totalmente acessível. A consciência individual se expande, resultando na unificação com a Consciência Cósmica acima.

Como Binah é um dos Sephiroth Supernos da Árvore da Vida, ele pertence ao Elemento Espiritual. Binah é também a Esfera da fé e a faculdade mental da intuição. À medida que os indivíduos despertos se tornam Seres de Luz, eles se conectam com a energia da Luz Solar do Sol, que é expressiva da verdade de todas as coisas. A Luz Solar transmite Arquétipos, juntamente com a Luz Lunar da Lua, que reflete pensamentos. Desta forma, a intuição pode perceber além dos sentidos físicos através do sexto sentido do Ajna Chakra.

A Alma deixa o corpo físico durante o sono e entra em um dos Planos Cósmicos externos ao Eu, embora refletido na Aura. Em outras palavras, a ideia de distância não se refere à viagem da Alma nos Planos Cósmicos, pois ela pode ser projetada para onde quer que queira ir em um instante. A Aura é o Microcosmo do Macrocosmo, o que significa que tudo no Universo exterior também está dentro da Aura. Através deste Princípio ou Lei, a Alma pode viajar astral durante os estados de sonho, especialmente os Sonhos Lúcidos.

Após um completo despertar e transformação da Kundalini, uma vez que o indivíduo se sintoniza com o funcionamento dos Chakras superiores, a mente se torna contornada e as ilusões desaparecem. O indivíduo começa a funcionar plenamente com base na intuição enquanto o Chakra Lunar, Ajna, lê a energia arquetípica do Chakra Solar, Sahasrara, permitindo que se viva na verdade e na Luz.

À medida que ganhamos uma relação íntima com Binah, podemos compreender a irrealidade do Mundo Físico a um nível profundo, o que nos permite transcender o Mundo da Matéria e ver a vida como algo que não deve ser levado muito a sério. Percebemos que nossas Almas são centelhas de consciência do Sol que viverão do passado desta vida. Esta compreensão traz muita alegria, felicidade e inspiração em nossas vidas, permitindo-nos alcançar nosso potencial máximo e manifestar nossos sonhos e objetivos na vida.

PARALISIA DO SONO

O Sonho Lúcido pode ser uma experiência tão poderosa onde a força de seus sonhos o envolve para que você passe por uma "paralisia" do sono, o que significa que a consciência está tão envolvida na realidade do Sonho Lúcido que não quer se retirar dela. A paralisia do sono pode continuar por mais de uma dúzia de horas de cada vez. Entretanto, você pode experimentar uma vida inteira de alegria e felicidade além do Tempo e do Espaço no mundo do Sonho Lúcido dentro dessa mesma quantidade de tempo.

A paralisia do sono pode ser um problema se você tiver coisas para fazer pela manhã no dia seguinte. Você precisará aprender a lidar com isso porque, se você estiver passando por isso, não será fácil sair dele até que você desperte naturalmente. Eu tive este problema, especialmente durante os primeiros dois a três anos após o despertar. Algumas noites eu dormiria por até dezesseis horas, completamente incapaz de me levantar até que a experiência terminasse. A paralisia do sono é mais comum nos primeiros anos do despertar da Kundalini do que nos anos posteriores, pois sua consciência está se ajustando aos Mundos Internos que se abrem dentro de você para explorar.

Uma vez que você tente acordar da paralisia do sono enquanto estiver num Sonho Lúcido, você estará colocando uma tensão incrível em seu cérebro, já que os ciclos de seu cérebro ainda estarão ressoando com esta realidade interior. Além disso, a atividade do cérebro é intensificada durante a paralisia do sono, pois o cérebro tem a impressão de que o que ele está experimentando é real.

Enquanto estiver em paralisia do sono, você terá superado seu corpo físico, já que um Sonho Lúcido é uma Experiência Fora do Corpo. Durante este tempo, seu corpo físico se sentirá entorpecido em sua consciência, e seu Olho da Mente estará passando por uma hiperatividade extrema. O Sonho Lúcido é vivenciado inteiramente através do Olho da Mente, à medida que você se abaixa através dele e sai da Coroa para os Planos Cósmicos mais altos. À medida que sua consciência se ajustar à realidade do Sonho Lúcido ao longo do tempo, ela aprenderá a diferenciar entre a realidade Interior e a realidade Externa. Como tal, você será capaz de entrar e sair destes dois estados sob comando. Esta capacidade de aprendizagem se desenvolverá com a experiência.

Nunca ouvi falar que a paralisia do sono seja prejudicial para você ou para sua saúde. Como mencionado, o principal desafio é acordar dela quando é exigido de você que o faça. Se você se deparar com o Sonho Lúcido quase à noite, você pode se deparar com este problema, portanto esteja pronto quando ele acontecer. Ajudará se você tiver desculpas preparadas se você não puder fazer seus planos matinais. Dizer simplesmente "Eu não consigo acordar" não vai funcionar no mundo moderno.

Além disso, tenha em mente que enquanto você estiver passando por paralisia do sono, você parecerá possuído para outras pessoas que o vejam enquanto estiver neste estado, portanto tenha cuidado com quem tem acesso ao seu quarto enquanto estiver dormindo. Eu recomendo que você diga a quem quer que seja com quem você viva sobre este assunto, assim eles o deixarão em paz se o encontrarem neste estado.

Lembro-me muitas vezes de tentar acordar da paralisia do sono, e no momento em que eu me forçava a abrir os olhos e me sentar, a realidade interior me agarrava e me empurrava de volta para a cama. Não ajuda o fato de que, quando se está em Sonho Lúcido, seu corpo físico se sinta tão pesado como se fosse feito de chumbo. Você pode às vezes sentir como se a realidade exterior e interior estivessem lutando pela supremacia sobre a consciência. Entretanto, à medida que sua consciência se torna mais atenta a esses diferentes Mundos Internos e os experimenta, ela será capaz de se deslocar para dentro e para fora de outras realidades sob comando.

Não é perigoso estar em paralisia do sono. Além de estar aéreo e cansado depois, nunca vivenciei nenhum outro efeito secundário, nem ouvi falar algo do tipo sobre de nenhum outro indivíduo despertado pela Kundalini. O cansaço vem de todas as suas funções internas estarem envolvidas em um Sonho Lúcido, o que coloca mais tensão em seu corpo físico ao invés de repousá-lo.

Acrescentarei também que você pode estar se divertindo tanto nesta realidade de Sonho Lúcido que talvez não queira sair dela, não importa o que você precise fazer no dia seguinte. Além disso, tenha em mente que seu corpo pode aquecer mais do que o normal durante este tempo, resultando em suor profuso. A paralisia do sono permite que a energia da Kundalini o transforme a partir de dentro, de modo que há uma maior atividade da Kundalini enquanto estiver neste estado.

COMO INDUZIR UM SONHO LÚCIDO

Durante os dois primeiros anos do despertar, eu costumava ter sonhos lúcidos quase à noite. No entanto, no segundo ano após o despertar da Kundalini, me envolvi com a Golden Dawn, onde comecei o processo de Alquimia Espiritual dos Cinco Elementos através da Magia Cerimonial, alterando a forma como eu sonho. Enquanto eu trabalhava em cada um dos quatro Chakras inferiores, de baixo para cima, as energias Elementais muitas vezes me colocavam em um estado sem sonhos.

Este processo suspendeu o Sonho Lúcido durante este período, já que eu permitiria que energias externas permeassem minha Aura e tomassem conta de minha consciência, o que diminuiu o poder de minha Kundalini. Como descrevi na introdução, eu precisava fazer isso para poder aprender a funcionar melhor em minha vida acordada, já que meu Eu mental e emocional estava em completa desordem. Depois de sintonizar meus Chakras e evoluir suficientemente espiritualmente, parei de trabalhar com o Cerimonial Magick, que removeu essas energias estrangeiras de minha Aura. Como tal, minha Kundalini tornou-se mais potente do que nunca, e a Luz Astral começou a se acumular através da ingestão de alimentos, permitindo-me começar novamente o Sonho Lúcido de uma maneira mais equilibrada.

Ao longo dos anos, descobri os métodos mais otimizados para sair do meu corpo durante o sono e entrar em um Sonho Lúcido. Por exemplo, descobri que se eu estiver deitado de costas, com as palmas das mãos estendidas, isto irá induzir a experiência de um Sonho Lúcido. Se eu estou do meu lado, o corpo está descansando, e a consciência não pode deixá-lo, pois está muito enraizado na fisicalidade. Entretanto, se eu quisesse induzir um Sonho Lúcido conscientemente, colocaria o alarme para seis a sete da manhã, o que daria ao meu corpo físico tempo suficiente para descansar (cinco horas pelo menos) se eu fosse dormir entre a meia-noite e uma da manhã. Então, antes de voltar a dormir, eu às vezes dizia a mim mesmo para acordar no sonho, que eu achava que funcionava. Outras vezes eu não precisava enganar minha mente de forma alguma, mas a acumulação de luz astral era tão intensa que me puxou para um Sonho Lúcido.

É essencial permitir-se sair do corpo físico e entrar em um Sonho Lúcido sem lutar conscientemente contra esta experiência. Se você induzir medo ou ansiedade ao tentar alcançar isto, muito provavelmente fracassará. Além disso, tenha em mente que o corpo físico precisa estar totalmente descansado para realizar isto. Se o corpo físico ainda estiver cansado, a consciência não pode se projetar para fora dele. E se o corpo estiver descansado, mas o cérebro não estiver, você pode não entrar em um Sonho Lúcido, mas pode até entrar em um sono profundo. O cérebro precisa estar descansado para que possa ressoar com as ondas cerebrais alfa necessárias para induzir esta experiência.

Por alguns anos após o despertar inicial da Kundalini, meu corpo foi tão construído com a energia da Luz que eu escorregava para um Sonho Lúcido logo quando ia para a cama. Deitado de costas com as palmas das mãos estendidas, eu me sentia saindo do meu corpo enquanto ainda estava consciente. Enquanto meus olhos estavam fechados, eles rolavam naturalmente para cima, tentando olhar para a parte de trás da minha cabeça. Fazendo isso, sintonizava minha consciência com meu Olho da Mente, permitindo-me saltar através de seu portal em forma de rosquinha. A consciência tem que passar pelo portal do Olho da Mente para sair do Sahasrara, o Chakra da Coroa, por completo. O Bindu Chakra também desempenha um papel nesta experiência, e precisa ser desobstruído e desbloqueado para alcançar isto.

EXPERIÊNCIAS FORA DO MUNDO EM SONHOS LÚCIDOS

Quando estava experimentando Chakras acima da Coroa, visitei terras vastas e majestosas, nunca antes vistas e experimentei um arrebatamento emocional que é o material de lendas. Minha consciência sem limites me projetou através do Tempo e do Espaço até os confins de nossa Galáxia, onde pude expandir meu Ser ao tamanho de um Sistema Solar e além e testemunhar eventos cósmicos semelhantes a supernovas. Outras vezes fui transportado para diferentes Planetas dentro e fora de nosso Sistema Solar para me comunicar com os Seres que lá vivem (Figura 157) e experimentar seus ambientes. Nunca esquecerei o sentimento transcendental que essas experiências fora do mundo me causaram. É como se minha Alma tocasse o infinito e pudesse ir aonde quisesse. E a melhor parte é que eu estava plenamente consciente enquanto isso acontecia.

A beleza e o misticismo das terras estrangeiras que visitei são sem precedentes, afirmando que deixei nosso Planeta através da consciência. Só poder alcançar e experimentar a energia desses outros mundos tem sido um verdadeiro presente do despertar da Kundalini. Confirmou algo que eu sempre soube, mesmo sem prova definitiva: não estamos sozinhos no Universo.

O que eu achei mais interessante sobre estas visitas planetárias é que todas elas tinham atmosferas que poderiam abrigar a vida, com plantas, animais e humanóides que lá viviam. Digo humanóides porque a maioria dos Seres inteligentes não humanos que contatei nos últimos dezessete anos se parecia conosco em sua maior parte. Eles eram frequentemente mais altos ou tinham olhos maiores ou pele mais justa. Alguns tinham orelhas pontiagudas ou cabeças com formatos diferentes, enquanto outros tinham membros mais longos e outras variações de nossas partes do corpo. Eu até encontrei Seres de Luz puros em nosso planeta que se apresentavam a mim como deuses. Em minhas muitas experiências, alguns Seres me falavam em diferentes idiomas, que de alguma forma eu podia compreender, enquanto outros me comunicavam diretamente por telepatia.

Em uma de minhas mais recentes experiências fora do mundo do Sonho Lúcido, visitei um Planeta onde plantas, animais e humanóides viviam em completa harmonia uns com os outros, compartilhando os recursos de seu Planeta. A vida vegetal foi incorporada como parte da infraestrutura deste mundo, e os animais vagueavam pelas ruas interagindo com os humanóides. A experiência começou com minha consciência projetando em sua atmosfera, voando e olhando o terreno de cima para baixo. Embora eu possa contornar o Cosmos apenas com intenção, minha consciência precisa de um veículo para se locomover durante os Sonhos Lúcidos, que é o Corpo de Luz ativado pela Kundalini.

Uma vez descido, não podia caminhar cinquenta passos sem encontrar um corpo de água, que estava integrado com a vegetação e os edifícios como parte de um todo. A cena inteira parecia um parque temático futurista com animais andando por toda parte. A maioria de seus animais eram quadrúpedes, de tamanho comparável ao dos humanóides.

Quando eu não prestava atenção aos animais, eles geralmente me ignoravam de volta. Ao mesmo tempo, se eu me assustasse ao ver a aparência incomum de um animal, meu medo dele faria com que ele ficasse defensivo e às vezes até tentasse me atacar. O animal correspondeu em grande parte à minha energia, o que explica por que tantos animais de nosso Planeta estão em inimizade com os humanos, pois geralmente não os tratamos com amor e respeito.

Descobri que cada experiência fora do mundo é diferente. Às vezes as plantas e os animais eram muito maiores do que os da Terra, enquanto em outros momentos eram menores. As formas, texturas e cores das plantas eram sempre marcantes e anormalmente diferentes. Os animais também apresentavam atributos e características estranhas.

Os filmes de Hollywood fazem um excelente trabalho de retratar como seriam outros mundos se pudéssemos chegar lá fisicamente. Entretanto, a maioria das pessoas desconhece que não precisamos de foguetes para ir para o espaço exterior e experimentar a vida extraterrestre; podemos realizar isso através da consciência. Através do Corpo de Luz e do mundo dos Sonhos Lúcidos, podemos percorrer vastas distâncias do espaço em uma fração de segundo e voltar com experiências de mudança de vida que alteram nossa visão de nós mesmos e de nosso lugar no Universo.

Quanta vida inteligente existe exatamente no Universo? Tudo o que se precisa fazer é seguir a lógica. Se a Terra é o único Planeta que pode abrigar vida em nosso Sistema Solar, e existem bilhões de outros Sistemas Solares somente na Via Láctea Galáxia, então imagine o potencial. E não se esqueça que a Via Láctea Galáxia é apenas um dos bilhões de Galáxias no Universo. O número é astronômico, ilimitado e infinito até. E como todos nós estamos compartilhando nossa existência neste belo e vasto Cosmos, nossos caminhos frequentemente podem se cruzar enquanto perambulamos por estas outras dimensões. Quando nos tocamos e transmitimos energia uns aos outros, seja intencionalmente ou não, é sempre uma experiência muito feliz e bela.

Como nota final, quero mencionar que nunca senti nenhuma hostilidade por parte de outros seres de fora do mundo, pois eles se comunicavam constantemente comigo com puro amor. E eu sempre retribuí e compartilhei com eles como faria com um membro da família. Às vezes estas comunicações ocorriam em profundos estados de sonho como parte de um fluxo contínuo de consciência. Entretanto, quando eu conscientemente me dava conta da experiência e meu Ego se ativava, o contato muitas vezes terminava abruptamente. Portanto, tentei manter meu Ego em neutro sem me entusiasmar demais quando estes contatos aconteciam para prolongar a experiência o máximo de tempo possível.

Estas experiências não só tocaram minha Alma e deixaram um impacto duradouro em mim para o resto da minha vida, mas muitas vezes eu me afastava com incrível conhecimento e compreensão sobre a natureza do Cosmos, a humanidade e o propósito da vida em geral. Além disso, isso me fez perceber que todos os seres vivos no Universo, não importa de que planeta ou galáxia sejam, têm um objetivo primário na vida que perseguem a todo custo: A Evolução Espiritual.

Figura 157: Encontros Íntimos do Quinto Grau

PARTE IX: -KUNDALINI – AMOR, SEXUALIDADE E FORÇA DE VONTADE

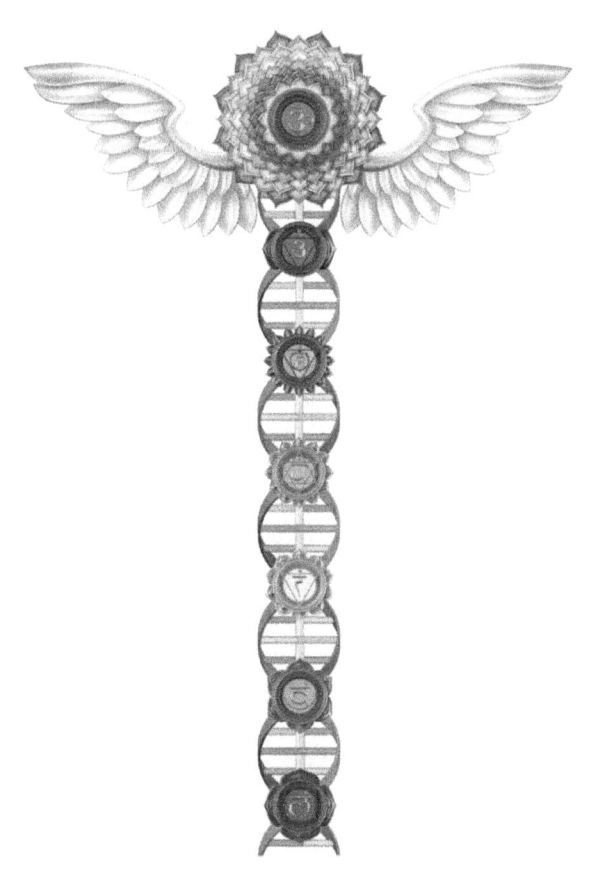

AMOR E RELACIONAMENTOS

Um despertar Kundalini é o primeiro passo de uma completa transformação em sua mente, corpo e alma. Como esta experiência evoluirá para uma mudança tão radical de quem você costumava ser, um de seus principais desafios será a integração na sociedade e a tentativa de se misturar com os outros. Embora você seja agora uma pessoa diferente, para as pessoas que o conheceram durante toda sua vida, você ainda será o mesmo não importa o que você compartilhe com eles.

Curiosamente, uma vez que alguém tenha conhecido você, especialmente um membro da família ou um amigo próximo, torna-se quase impossível mudar de ideia a seu respeito. A única maneira que eles podem começar a ver você de maneira diferente é quando eles veem uma mudança em seu comportamento durante um longo período de tempo. Uma das formas distintas em que seu comportamento será alterado está em suas expressões de amor para com outras pessoas. Como tal, este tópico requer um exame aprofundado.

Em primeiro lugar, o amor tem muitas expressões e é a base de muitas coisas. É a fonte de inspiração, criatividade, fé, alegria, romance e outras coisas positivas na vida. É também a fonte da unidade entre as pessoas e a energia que nos une. Ela nos faz rir e chorar juntos. Também nos inspira a nos abraçarmos e a procriarmos. Os laços que criamos ao longo do tempo com outros, que herdamos ou construímos ao longo do tempo. Os relacionamentos herdados são com os membros da família, enquanto as amizades são algo que ganhamos durante nossas vidas. Também criamos vínculos com parceiros românticos e podemos ter escolhido um parceiro com quem construir uma família e passar o resto de nossas vidas.

A compreensão da fonte e do combustível da energia Kundalini nos permitirá compreender melhor o amor. Em essência, a energia da Kundalini é parte da energia Prânica sublimada e parte da energia sexual sublimada. Esta energia vital nos dá vitalidade e afeta nosso ser interior em todos os níveis. O despertar da Kundalini resulta em expansões do Coração, ou o aumento da energia do Amor, no âmago de seu ser. A expansão do Coração é a expansão natural de seu Chakra do Coração à medida que você integra a energia do Amor em sua mente, corpo e Alma. Seu Chakra do Coração se expande, o que lhe fará sentir como uma liberação completa nos Planos Astral (Emocional) e Mental.

À medida que a energia do amor se acumula em seu Chakra do Coração, Anahata, você não se sentirá mais à mercê de pensamentos negativos, uma vez que eles perderão a capacidade de impactar você como costumavam fazer. Esta liberação também será sentida em suas emoções à medida que a energia do amor permeia seu coração, purificando e lavando suas emoções negativas. Lembre-se sempre que a energia do amor purifica e limpa todos os pensamentos e emoções. É o conciliador e purificador universal de toda energia negativa, não importa em que Plano Cósmico ela se manifeste.

Quando seu Chakra do Coração estiver cheio de energia de amor, esta energia se infiltrará em seu coração físico. Agora você estará carregando energia de amor com você em todos os níveis do Ser. Com tanto amor presente, seu coração será mais poderoso do que nunca, o que lhe dará um batimento cardíaco visivelmente mais forte e, muitas vezes, um ritmo cardíaco elevado. A energia do amor é sinônimo de energia da Luz, pois a Luz é a essência do amor. E a energia da Kundalini é Luz Astral, ou energia sexual sublimada, que é o amor. Lembre-se sempre que não se pode ter a Kundalini sem amor e Luz, e vice-versa. Em essência, todos os três termos significam a mesma coisa.

AS QUATRO FORMAS DE AMOR

Segundo os antigos gregos, existem quatro formas diferentes de amor: Eros, Philia, Storge, e Agape. O Eros é um amor erótico, apaixonado, romântico que envolve atração sexual. O amor romântico é geralmente expresso entre pessoas do sexo oposto da Alma, pois cada ser humano ou é uma expressão de Shiva ou Shakti (Figura 158). Assim, o amor romântico transcende a expressão do gênero no Plano Físico. A expressão sexual envolve o corpo físico porque está associada à sensação e ao prazer de atos físicos como beijos e relações sexuais.

A segunda forma de amor, Philia, é o amor de amigos e iguais. Philia é o amor de amigos de curto e longo prazo, alguns dos quais voltam à nossa infância. Os amigos são escolhidos livremente e geralmente compartilham valores, interesses e atividades comuns. Os amigos refletem quem somos; nos vemos em nossos amigos e a quem escolhemos para dar nosso tempo. Filia é o amor que se expressa através da mente. Uma vez que envolve abertura aos amigos e troca de nossas crenças e imperfeições, Philia pode ser muito benéfica para nosso crescimento em muitas áreas da vida.

A terceira forma de amor, Storge, é o amor dos pais pelos filhos e vice versa. No entanto, Storge vai além da família imediata para incluir todos os membros da família em sua árvore genealógica que compartilham o mesmo DNA. Storge é essencialmente os laços que herdamos nesta vida através do acaso. A diferença entre a Philia e Storge é que somos obrigados a expressar amor à família e demonstrar gratidão, enquanto amigos podemos escolher. O catalisador por trás do Storge são nossas lembranças desde que os membros da família fazem parte de nós desde o nascimento.

E finalmente, a quarta forma de amor, Ágape, é o amor incondicional e a empatia por toda a humanidade. Este amor por outras pessoas, independentemente das circunstâncias, é chamado de amor altruísta. Ágape é o maior dos quatro tipos de amor; é o amor Universal que compartilhamos livremente com todos os seres humanos. A fonte do Ágape é nosso amor a Deus e um reconhecimento de que somos todos irmãos e irmãs do mesmo Criador.

O Ágape é expresso através do Espírito. Como mencionado, o objetivo de um despertar Kundalini completo é passar por uma completa transformação espiritual para se tornar uma encarnação permanente do Ágape. Como já discuti Ágape em grande parte, quero me concentrar em como uma transformação da Kundalini afeta nossas outras expressões de amor, ou seja, o amor romântico, o amor aos amigos e o amor familiar.

AMOR ROMÂNTICO

Depois de despertar a Kundalini, a energia do amor se manifestará naturalmente em sua vida e se infiltrará em suas relações com outros seres humanos. Em termos de amor romântico, você descobrirá que todas as barreiras caem em sua capacidade de atrair amantes. Além disso, você descobrirá que à medida que progredir mais na transformação de sua Kundalini e se sintonizar cada vez mais com a energia do amor, seu carisma aumentará.

Você se tornará quase irresistível para o sexo oposto. Isto acontece porque ao nos sintonizarmos em nosso centro, percebemos que não é o que fazemos, mas como o fazemos que nos torna atraentes para o mundo exterior. Nossa energia de base atrai outros, não as palavras que dizemos. Através deste processo, você se torna genuíno e opera com um propósito magnético que as pessoas ao seu redor podem detectar energeticamente.

A personalidade é algo que o Ego usa para se relacionar com o mundo exterior. No caso do amor romântico, ele impede a comunicação a partir do coração. O sexo oposto pode sentir se você se comunica com seu Ego ou com sua Alma. Se você tentar usar o Ego para atrair um companheiro, o Ego da outra pessoa reage, o que imediatamente a coloca na defensiva, e nenhuma energia amorosa é criada ou canalizada.

Para que uma conexão genuína seja construída, tem que haver um circuito de energia amorosa bidirecional formado entre as duas pessoas. Este circuito começa com a comunicação a partir do Chakra do Coração, Anahata, que é então retribuído naturalmente. A compreensão deste conceito esclarecerá por que encontrar a coisa certa a dizer para atrair uma fêmea não funciona para a maioria dos homens. Este efeito ocorre porque não se trata do que é dito; trata-se da energia que está por trás das coisas ditas. As fêmeas são mais emocionais do que os machos e, portanto, os machos só conseguem atrair as fêmeas quando atingem seu nível emocional para que suas intenções sejam compreendidas. Se as intenções forem impuras, a fêmea detectará isto e se tornará defensiva.

A maioria das intenções do Ego trazem consequências cármicas negativas, já que o Ego está sempre ponderando: "O que há nele para mim? Portanto, há um fator de controle ou manipulação com o Ego para conseguir o que quer, como ter relações sexuais com alguém só porque ele tem boa aparência. Por outro lado, as intenções projetadas a partir da Alma são geralmente puras. Por exemplo, a Alma se sentirá atraída por alguém em um sentido romântico e quer conhecê-la, e então as relações sexuais ocorrerão naturalmente sem ser a primeira coisa na mente da pessoa. Por esta razão, você ouvirá tanto homens quanto mulheres dizerem que têm uma "conexão", implicando que suas Almas estão em comunicação e não os Egos.

Duas almas do sexo oposto que compartilham a energia do amor podem criar uma "faísca" energética, ativando o amor romântico entre elas. No entanto, para que esta faísca ocorra, outros fatores também têm que entrar em ação, tais como a química e a compatibilidade. Esta reação energética resulta em uma reação química no corpo, ativando neurotransmissores de sensação (dopamina e norepinefrina) que geram sentimentos amorosos românticos.

Figura 158: Shiva e Shakti em um Abraço Amoroso

Como seres humanos, nosso principal desejo é amar e ser amado. Pessoas que não têm riqueza e não alcançaram nenhum dos objetivos que a sociedade lhes impõe e que, em vez disso, passaram suas vidas amando do coração, atrairão o amor de volta e estarão em condições de encontrar a verdadeira felicidade. Depois há pessoas que obtiveram altos níveis de riqueza e sucesso, mas são terríveis em atrair amantes porque vêm do lugar do Ego e não do amor. Esta energia trabalha contra eles na atração de um companheiro. Eles se perguntam por que não conseguem fazer isso acontecer, enquanto a pessoa pobre e menos abastada tem dez vezes mais sucesso nesta área. O segredo está em canalizar a energia do amor, nada mais.

Quando se trata de romance, se você estiver sintonizado com o amor em seu coração, você dará uma energia que atrairá outros para você. Esta fórmula funciona tanto para os homens quanto para as mulheres. Este sentimento, quando genuíno, gera puro magnetismo de uma forma mágica. Seu carisma aumenta dez vezes, assim como sua capacidade de conexão com cada ser humano, seja ele uma criança ou uma pessoa mais velha. Quando você fala, você chega diretamente à Alma de outro ser humano, e a barreira da personalidade é completamente rompida. Lembre-se de que o Ego usa a personalidade como seu ponto de referência enquanto a Alma usa o caráter. Portanto, você deve contornar o Ego ao atrair um companheiro.

Ao falar a partir da Alma, você cria imediatamente uma relação e uma conexão com todos os seres humanos, e com potenciais companheiros, forma-se uma atração não importa como você possa parecer fisicamente. A atração sexual não é sobre a aparência; é sobre a conexão energética entre duas pessoas. Esta conexão é o que as pessoas querem dizer com "boas vibrações", que todos nós buscamos ao encontrar novas pessoas.

AMOR AOS AMIGOS

No caso de amizades com outras pessoas, você se encontrará facilmente se conectando com os outros uma vez que você construa a energia do amor em seu Chakra do Coração. Você se tornará um confidente e o melhor amigo de muitas pessoas em sua vida. Ao cortar a lente da personalidade, você pode se comunicar diretamente com as Almas de outras pessoas, e elas sentem isso em seu âmago. Ao sentir sua energia de amor, uma pessoa sentirá que pode confiar em você, o que criará um vínculo mais forte entre você. Devido a este sentimento, os amigos naturalmente quererão responder com uma quantidade igual de energia de amor ou mais.

Desenvolvemos um apego um ao outro através de amizades que nos dá sentimentos de calma, segurança, conforto social e união emocional. O apego está associado no cérebro com neuropeptídeos oxitocina e vasopressina; enquanto os homens experimentam mais um aumento nos níveis de vasopressina, as mulheres experimentam um aumento na oxitocina. Encontramos esses produtos químicos também envolvidos em expressões de amor familiar e amor romântico entre parceiros de longo prazo.

Um despertar da Kundalini faz com que você pare de levar a vida tão a sério, pois você percebe que sua essência pertence à Eternidade e sua Alma viverá de uma morte física passada. Além disso, ao reconhecer a irrealidade do mundo material, mais energia amorosa encherá seu coração, o que aumentará sua capacidade de humor. As pessoas espirituais são muito leves e sua aptidão para brincadeiras e comédias é muito maior do que a de uma pessoa comum.

O humor acrescenta diversão a uma conversa, e é uma saída fantástica para dizer o que está em sua mente sem ser julgado e escrutinado por outros. Ele cria e mantém laços entre as pessoas, uma vez que cria emoções positivas irresistíveis. O humor tira o limite da seriedade da vida porque tudo é impermanente em sua essência, exceto a substância Espiritual que está por trás de todas as coisas. Como tal, a comédia nos põe em contato com o Espírito, quebrando as construções intelectuais da mente. O humor é abstrato; ele está além da lógica. Rimos de alguma coisa porque é tão ilógico que não podemos envolver nossa mente em torno dela, então rimos para quebrar a tensão. Lembre-se, a mente é linear, enquanto o coração não é. Por esta razão, o humor é a linguagem da Alma.

Passar tempo com os amigos é uma atividade alegre que envolve muitas boas risadas na maioria dos casos. Afinal de contas, queremos passar tempo com certas pessoas porque nos sentimos bem ao seu redor. Elas nos fazem sorrir e rir e trazem *insights* e sabedoria para nossas vidas. Neste sentido, você será um trunfo para os amigos e alguém que eles querem manter sempre perto deles.

A Lei do Amor diz que, ao dar ou enviar amor, você o receberá três vezes. Esta Lei é um mistério antigo do qual muitos Adeptos da Luz estão cientes. O amor realmente faz o mundo girar. Ele mantém as coisas em movimento, progredindo e evoluindo. Assim, naturalmente, enquanto você aprende a canalizar a energia do amor para outras pessoas, sua base de amigos se expande exponencialmente.

Tenho acumulado muitos, muitos amigos ao longo de minha jornada e continuo a fazê-lo. E tudo isso vem muito naturalmente para mim, pois falo diretamente com a Alma de uma pessoa. As pessoas reconhecem minhas boas intenções no instante em que abro a boca, o que desmancha suas defesas. Até hoje, todos ao meu redor se perguntam como posso falar com um estranho como se eu o conhecesse durante toda a minha vida. A resposta é muito simples - estou sendo eu mesmo. E ao ser eu mesmo, meu verdadeiro Eu, isso atrai as pessoas para mim.

Todos querem se unir e se conectar; está no nível mais profundo de nosso Ser. Como tal, receba novos amigos em sua vida e invista sua energia com eles. Aproveite a oportunidade de ser você mesmo ao encontrar alguém novo e tenha fé no processo. Você pode se surpreender com o resultado. Nós nos reconhecemos em outras pessoas porque somos todos Deus no nosso núcleo mais profundo. E, como você continua sendo você mesmo com estranhos, você desenvolverá a capacidade de fazer novos amigos, que é uma habilidade que você pode usar para o resto de sua vida.

A Kundalini naturalmente quer que estejamos no momento, no Agora, pois nos permite canalizar energia amorosa e ser extrovertidos. Se você fosse uma pessoa mais introvertida antes do despertar da Kundalini, você experimentaria esta mudança com o passar do tempo. Quando somos extrovertidos, procuramos nos ligar com outras pessoas e canalizar e compartilhar energia de amor. Por outro lado, quando somos introvertidos, vivemos dentro de nossas mentes.

Como a mente é expressiva do subconsciente, ela é uma área onde o medo se manifesta. Como tal, as pessoas introvertidas frequentemente ficam ansiosas com a ideia de interagir com os outros e fazer novos amigos. O conceito de criar laços com os outros exige que eles compartilhem sobre si mesmos e sejam extrovertidos, o que pode ser um desafio quando você está dentro de si praticando o amor-próprio. Ao usar apenas a si mesmo como sua fonte de energia amorosa, você se desliga de outras pessoas que podem ajudá-lo a recarregar. Ser introvertido não o ajudará a fazer novos amigos, embora isso não afete as amizades que você fez antes de se tornar introvertido.

A Kundalini é criativa, energia amorosa que sempre procura se expressar de alguma forma. A comédia é uma expressão artística, pois exige que você pense de forma abstrata para fazer piadas e se divertir com outras pessoas. Dê as boas-vindas à comédia em sua vida e deixe que ela se torne uma parte de você. Seja um farol de amor para você e para os outros. Permita que a experiência de canalizar o amor para os amigos o ajude a aprender mais sobre si mesmo e sobre o Universo do qual você faz parte.

AMOR FAMILIAR

À medida que a Kundalini se sublima mais e mais através da ingestão de alimentos e água, a energia do amor se acumula em seu coração e no circuito da Kundalini. Durante este tempo, os laços familiares se renovam e você desenvolve um vínculo mais forte com todos os membros da família, especialmente seus pais e irmãos. Sua família é especial, especialmente sua família imediata que tem estado com você durante a maior parte de sua vida. Você percebe isso ao passar pela jornada de transformação da Kundalini, especialmente nos últimos anos, resultando em um ponto de vista ético em relação à sua família.

Para mim, após doze anos de convivência com a Kundalini despertada, desenvolveu-se um forte desejo de me conectar com meus pais e tentar entendê-los de uma perspectiva diferente. Não de uma forma em que seja sempre sobre mim e minhas necessidades e como eles são aborrecidos com suas chatices que a maioria dos pais faz. Mas de uma forma em que eu olhe além de minha reação defensiva instintiva a eles e reconheça o sacrifício contínuo que eles fazem por minha irmã e por mim. O nível de amor que eles devem ter por nós para sempre nos colocar em primeiro lugar, mesmo quando estamos sendo maus.

Na verdade, o amor que um pai tem por uma criança é algo especial. E aprender a apreciar o amor de seus pais desenvolve um senso de honra para com eles, um dever de retribuir-lhes com a mesma paciência e amor, mesmo que isso leve toda a sua vida. E se você teve problemas com seus pais no passado e sente que não recebeu a atenção que merecia, agora é o momento de resolver esses problemas e se reconectar com eles.

Tornando-se a mudança que você deseja ver no mundo, as pessoas naturalmente mudarão para se adaptarem ao novo você. Mas é preciso esforço de sua parte para fazer essa mudança, incluindo não culpar os outros por coisas que não são como você quer que sejam. Cabe a você assumir a responsabilidade por cada relacionamento em sua vida e perceber que você pode fazer a mudança.

É fácil sair de amizades, e as relações românticas que você pode encontrar não estão mais funcionando, mas as relações com seus familiares são para toda a vida. Eles são dados por Deus e não podem ser fugidos nesta vida, mesmo se você quiser fugir deles. Mesmo nas piores situações e cenários, você precisa perdoar seus pais, em vez de dar-lhes um cuidado negativo, mesmo quando você sente que isso é merecido. Você precisa compreender a quantidade de efeito cármico que eles têm em sua vida que não será neutralizado até que você se encarregue da situação e aplique amor incondicional perdoando as transgressões deles em relação a você. O perdão irá muito longe neste sentido; permitirá que você restabeleça esse elo energético entre vocês, necessário para seu contínuo desenvolvimento espiritual.

E se você tem irmãos, é hora de se unir a eles mais do que nunca. Se eles o enganaram, então perdoe-os e aceite o amor deles de volta em sua vida. Tenho sido abençoado por ter tido o mais fantástico relacionamento com meus pais e minha irmã. Por isso, estou muito grato. Mas reconheço que nem todos foram abençoados de tal forma e que muitas pessoas têm relacionamentos desafiadores com os membros de sua família. Em todo caso, é preciso perdoar qualquer erro que lhe tenha sido cometido, por mais difícil que seja. Seu objetivo, sua missão, é continuar crescendo espiritualmente.

Curar seu relacionamento com seus pais é o mais importante porque nossos pais nos influenciaram mais, às vezes inadvertidamente, através do DNA e do condicionamento. Por exemplo, a expressão de sua energia masculina e como você canaliza essa energia, especialmente para amigos masculinos em sua vida, reflete seu relacionamento com seu pai. Por outro lado, a forma como você expressa sua energia feminina, relacionada à forma como você canaliza essa energia para as mulheres em sua vida, reflete seu relacionamento com sua mãe.

E em termos de amor romântico, você estará atraindo pessoas que o ajudarão a superar a energia cármica entre você e seus pais. Se você for um homem, então será atraído por mulheres que o lembrarão de sua mãe e do Karma que precisa ser superado entre vocês dois. Se você for uma mulher, então vice-versa. Este Princípio Universal se manifesta de forma subconsciente, quer você goste ou não. Seu propósito é nos ajudar a aprender a amar um ao outro e promover nossa Evolução Espiritual.

Não nos confundamos com a aplicação deste Princípio Universal, pois ele se referia às teorias imorais e perversas de Sigmund Freud. Referido como o Complexo de Édipo, Freud concluiu, através de pesquisas erróneas, que todos os jovens rapazes e moças têm desejos incestuosos por seus pais de sexo oposto e veem pais do mesmo sexo como rivais. O erro de Freud no julgamento residiu na transposição de sua infância problemática e do relacionamento incomum e estranho com seus pais, especialmente com sua mãe, para seu trabalho de psicologia.

Nos tempos modernos, o Complexo de Édipo não é reconhecido como uma coisa real no campo da psicologia, uma vez que não tem base na realidade. No entanto, Freud deve ter percebido que atraímos parceiros que nos lembram de nossos pais, mas errou no julgamento ao aplicar este princípio Universal. Suas conclusões foram afetadas por sua própria experiência de vida e por questões não resolvidas em seu subconsciente, o que deve ter sido desencadeado quando ele percebeu que este Princípio Universal existe.

A atração entre os sexos ocorre subconscientemente e está relacionada a um comportamento que reconhecemos em outra pessoa que nos faz lembrar nossos pais. Em essência, esta atração se desenvolve para que possamos curar mentalmente e emocionalmente. Afinal de contas, nossos pais foram o primeiro arquétipo masculino e feminino que identificamos em nossas vidas. Crescemos sob seus cuidados e sob as diretrizes que eles estabeleceram para nós. Como resultado, nossa Alma e Ego evoluíram, tentando apaziguar nossos pais, ao mesmo tempo em que tentamos nos libertar deles e nos tornar independentes.

Dependendo da polaridade de nossas Almas, aprendemos a imitar ou o comportamento de nosso pai ou de nossa mãe e a integrá-lo como nosso próprio comportamento. E ao aceitarmos seu amor, aprendemos a amar os outros também. Esta expressão de amor então é mais influenciada por nosso relacionamento com nossos pais. No entanto, entenda que este Princípio Universal de atração só se aplica aos Planos Mental e Emocional. A atração física é algo inteiramente diferente.

Dependendo da qualidade de seu relacionamento com seus pais, isso afetará a qualidade de suas relações românticas. Você notará que quando seu relacionamento com seus pais muda para melhor à medida que aprende a se comunicar com eles Alma a Alma, isso curará essas partes do Eu, permitindo-lhe atrair pessoas diferentes em sua vida para fins românticos.

No caso de pais abusivos, é mais comum ser atraído por parceiros abusivos, uma vez que você está programado para se relacionar com o sexo oposto através de abuso mental e emocional. Entretanto, ao superar e perdoar este abuso de seus pais, você invariavelmente atrairá pessoas em sua vida que o tratam bem e aprenderá a ficar longe de pessoas abusivas. Esta é a expressão mais comum em nossa sociedade deste Princípio Universal, pois todos nós conhecemos pessoas que foram maltratadas por seus pais e, em troca, atraem parceiros românticos abusivos.

KUNDALINI E ENERGIA SEXUAL

É essencial agora falar sobre o papel da energia sexual no processo de despertar da Kundalini. A energia da Kundalini é alimentada pela energia sexual canalizada para dentro através da coluna vertebral e para dentro do cérebro. Eu digo energia porque uma vez que a Kundalini é despertada, o acúmulo de energia sexual juntamente com a energia Prânica da ingestão de alimentos causa a expansão da consciência ao longo do tempo.

A energia sexual também pode ser um impulso ou catalisador por trás do despertar da Kundalini. É a sublimação desta energia sexual através da prática do sexo tântrico ou uma forma de meditação, que faz com que ela vá para dentro para ativar a Kundalini na base da coluna vertebral. Sem esta ativação, a Kundalini permanece adormecida como potencial energético latente no Chakra Raiz, Muladhara.

O que é exatamente energia sexual? A energia sexual é a energia criativa dentro do Eu alimentada por Muladhara e Swadhisthana Chakras. Ela alimenta e sustenta nossas mentes ao mesmo tempo em que é uma fonte significativa de inspiração. Enquanto nossos desejos carnais vêm de Muladhara, o Chakra da Terra, o Swadhisthana, o Chakra da Água, é responsável pela emoção tangível do desejo sexual.

Quando focalizamos nossa energia sexual em uma pessoa pela qual somos atraídos, criamos um poderoso desejo de estar com essa pessoa. O desejo sexual é sentido no Swadhisthana Chakra como uma emoção eufórica semelhante a borboletas ou formigamento no abdômen. Esta energia é então projetada da área de nosso abdômen para nosso cérebro através do sistema nervoso.

A energia sexual diz respeito ao Apana Vayu, pois envolve o funcionamento de Muladhara e Swadhisthana Chakras e a expulsão de líquidos sexuais do corpo (sêmen em homens e fluido vaginal em mulheres). Em contraste, a energia do Prana é gerada por Samana Vayu (o fogo digestivo) e Hara Chakra, o depósito de Prana do corpo.

A energia sexual também alimenta nossa imaginação quando a canalizamos para o Chakra do Coração, Anahata, estimulando assim nossas mentes e nossos pensamentos. A energia sexual também afeta nosso centro da Alma, o Chakra do Plexo Solar, Manipura. Ele acende o Fogo de Manipura ao mesmo tempo em que energiza nossa força de vontade. Ela se torna uma energia dinâmica que alimenta nosso impulso, motivação e determinação no Plano Mental.

Quando a energia sexual é projetada no Chakra Raiz, Muladhara, ela se torna nosso ímpeto para a ação no Plano Físico. Portanto, a energia sexual é utilizada por todos os nossos Chakras. Embora a energia Prânica seja considerada uma força cega, a energia sexual é inteligente. Entretanto, ambas as energias são necessárias para alimentar nossos Chakras e trazê-los à vida.

Enquanto Prana é vida ou energia leve, a energia sexual é a energia da criação. Às vezes é difícil discernir entre a energia sexual e Prana, e muitos professores espirituais confundem os dois e até dizem que são a mesma coisa. Entretanto, ao examinar meu sistema energético ao longo dos anos, descobri que eles são dois tipos de energia distintos que trabalham um com o outro e exigem um do outro o cumprimento de suas funções.

Além disso, é vital distinguir entre energia Kundalini e energia sexual. Junto com Prana, a energia sexual fortalece a energia da Kundalini uma vez despertada. Entretanto, a energia da Kundalini tem seus próprios componentes relacionados com a expansão da consciência e expressões do Eu.

Uma vez ativada a Kundalini, a energia sexual se torna essencial, pois ela anima a Kundalini, permitindo que você explore suas novas habilidades. Por exemplo, você não pode usar a criatividade e a imaginação aprimoradas em seu potencial máximo se você não tiver a energia sexual necessária para aproveitá-las. A energia sexual é uma força mais sutil do que mero Prana, pois nos permite acessar qualquer parte de nós mesmos quando focalizamos nossas mentes.

Existe uma correlação direta entre o estímulo sexual e a atividade da Kundalini, que se encontra no Chakra da Terra. Conforme você se excita sexualmente, você cria uma carga elétrica estática que pode desencadear a energia da Kundalini do mesmo modo que você daria start na bateria de um carro. Portanto, a acumulação de excitação sexual através de práticas tântricas e sua virada para dentro poderia resultar em um poderoso despertar da Kundalini.

Por que existe uma correlação entre a excitação sexual e o despertar da Kundalini? A resposta pode estar no propósito de nossa vida aqui na Terra, que é um campo de teste para as Almas. Por exemplo, Deus - o Criador - criou os seres humanos e nos deu o livre arbítrio para escolher como queremos expressar nossa energia sexual: procurar gratificar o Ego desejando ter sexo como uma forma de prazer físico ou usar essa mesma energia e atraí-lo para dentro através de práticas tântricas para despertar nossa energia latente da Kundalini. No caso de um clímax físico ou orgasmo, expulsamos essa energia de nós e a liberamos de volta para o Universo. Quando atraímos essa energia para dentro através do cérebro através do sistema nervoso, procuramos transformar espiritualmente. Cada momento do dia é um teste ao nosso livre arbítrio e se queremos exaltar nossa Alma ou Ego que procuram fazer coisas radicalmente diferentes com esta energia Divina.

A maioria das pessoas desconhece completamente que existe outra razão para ter energia sexual dentro delas, já que estão tão concentradas em usá-la apenas para o prazer. A população mundial é mais movida pelo impulso sexual e pelo desejo de sexo do que qualquer outra coisa na vida. Se as pessoas soubessem apenas outra maneira de usar este dom, isso poderia transformar completamente a forma como percebemos a energia sexual. Acredito que este é um dos papéis essenciais que os indivíduos despertados pela Kundalini desempenham no mundo neste momento: não apenas ser emissários da energia da

Kundalini, mas também esclarecer as pessoas sobre o poder e o potencial de sua sexualidade.

ESTIMULAÇÃO SEXUAL E ESTAR "EXCITADO"

A energia sexual masculina está relacionada com o Elemento Fogo da Terra. Ela é fortemente impulsionada pelo Plano Físico, que atua sobre o Plano Astral do Elemento Água. O Fogo da Terra se transforma na emoção da excitação sexual através do Chakra Swadhisthana.

Enquanto os homens são mais motivados por seu Chakra da Terra em relação à excitação sexual, as mulheres são mais influenciadas pelo Chakra da Água. Isto explica por que a excitação sexual nos homens é fortemente influenciada pela aparência física da fêmea, enquanto a fêmea está mais excitada pela forma como um macho a faz sentir.

A energia sexual masculina é como um fogo que se acende rapidamente, queima com brilho e se extingue rapidamente. Por outro lado, a energia sexual feminina é como água: lenta para aquecer, mas uma vez fervendo, ela continua por um longo tempo. A energia do fogo masculino é responsável pelo aquecimento da energia da água de uma mulher. Portanto, os machos gastam seu tempo e energia trabalhando em suas qualidades Alfa para atrair as fêmeas. Por outro lado, as fêmeas gastam muito tempo e energia para melhorar sua aparência física a fim de serem mais atraentes para os machos.

Enquanto os homens geralmente têm libidos mais fortes, as mulheres têm um maior alcance e intensidade de excitação. Um homem pode ter uma ereção aparentemente sem estímulo e sentir-se sexualmente excitado ou "excitado". "Em contraste, é raro para uma mulher sentir o mesmo sem ser estimulada primeiro. Parte da razão é que o corpo de um homem é movido pela testosterona, que é de ação mais rápida que o hormônio sexual feminino, o estrogênio.

A simbologia oculta e o significado da palavra "excitado" nos dão mais informações sobre como funciona a excitação sexual e seu propósito. O tesão sugere chifres de animais[8], símbolo da natureza animalista da humanidade. Afinal, compartilhamos um desejo de relações sexuais e de procriação com todos os animais da Terra. Entretanto, os chifres também estão associados ao Diabo e seus lacaios demoníacos no cristianismo e em outras tradições religiosas e esotéricas. Na verdade, "Hornie" é um termo escocês do século 18 para o Diabo.

Quando um macho fica excitado ou excitado sexualmente, um Fogo começa a queimar em seus lombos o que incendeia todo o seu Ser (Figura 159). Este Fogo é projetado a partir de seu Chakra Terrestre, Muladhara, associado ao Plano Físico e ao Mundo da Matéria. Consequentemente, no Tarô, a Carta do Diabo é referida como o "Senhor dos Portões da Matéria". "Isto porque o Diabo representa o Mundo Físico, a antítese do Mundo Espiritual

---

[8] Refere-se o autor ao vocábulo "Horny", em inglês, que evoca essa ideia (Nota do Tradutor)

de Deus. Para acrescentar ainda mais à simbologia, Capricórnio, o Bode da Montanha (uma besta com chifres), um Sinal do Fogo do Zodíaco da Terra, está associado com a Carta do Diabo no Tarô.

Figura 159: Excitação Sexual em Homens

No Tarô hermético, a Carta do Tarô do Diabo apresenta uma besta gigante com chifres cuja cabeça tem a forma de um Pentagrama invertido, sugerindo a conexão entre o Eu Inferior, o Ego, e o Diabo. O Diabo tem grandes asas de morcego e o corpo inferior de um animal com um fogo queimando em seus lombos (em algumas representações). Ele segura na mão esquerda uma tocha que aponta para baixo, em direção à Terra, e tem uma mão apontando para cima, em direção aos Céus (Como Acima, Assim Abaixo). Ele está no topo de um altar ao qual estão acorrentados dois homens e mulheres nus, humanos, com chifres. Eles estão ligados ao Diabo por causa de sua luxúria um pelo outro.

A luxúria é definida como o desejo avassalador de ter relações sexuais com alguém com o propósito de prazer físico. A luxúria é a antítese do amor; é considerada um dos sete pecados mortais por causa de sua expressão muitas vezes desequilibrada. O Diabo e seus servos são responsáveis por obrigar a humanidade a se envolver nos sete pecados mortais. Não é de se admirar que a palavra "Diabo" se aplique a alguém que é pecador, inclusive se envolver em muita atividade sexual com múltiplos parceiros.

Portanto, como o Sahasrara Chakra nos sintoniza com nosso Santo Anjo da Guarda, nosso Deus-eu, o Chakra da Terra nos conecta a seu oposto - o Diabo. Ambos são personificações do Eu, com as quais podemos nos conectar através da mente. Entretanto, o Diabo não é totalmente mau, mas é uma expressão de nossa natureza animal, que devemos respeitar e manter sob controle. Consequentemente, o Chakra da Terra é nossa porta de entrada para o Reino do Diabo, o Reino Demoníaco que chamamos de Inferno. Não é coincidência que o inferno ou o submundo seja retratado como um poço ardente no fundo da crosta terrestre.

Uma das razões pelas quais o cristianismo e outras religiões têm vilipendiado o sexo é seu poder de transformação. A abstinência sempre demonstrou seu potencial em envenenar a mente e produzir expressões doentias e pervertidas que estão fora de sincronia com a natureza e Deus. Por outro lado, o envolvimento na atividade sexual de forma equilibrada, respeitosa e amorosa pode levar a um despertar Espiritual. Assim, em vez de demonizar o sexo e criar uma aversão às relações sexuais como forma de nos aproximarmos de Deus, precisamos procurar compreendê-lo para que possamos explorar seu tremendo poder.

RELAÇÕES SEXUAIS

Uma vez que você tenha tido um despertar completo da Kundalini, você entenderá o verdadeiro propósito das relações sexuais e seu significado simbólico como unificador das energias masculina e feminina. Esta unificação acontece no nível do Plano Mental, o que nos permite transcender a dualidade da mente para que possamos alcançar o Plano Espiritual.

Ao nascer, fomos colocados neste mundo de dualidade e nos foi dado um corpo masculino ou feminino. Como seres humanos, procuramos naturalmente equilibrar nossas energias sexuais. Uma das formas de fazê-lo é através das relações sexuais. Desejamos estar com uma pessoa que complemente nossa sexualidade para encontrar a unidade em nível Espiritual. O ato sexual é um tipo de ritual que envolve a integração de dois corpos físicos. Quando o pênis entra na vagina durante este processo, os dois corpos se tornam literalmente um só.

Entre duas pessoas de sexos opostos, ambos submetidos ao despertar da Kundalini, as relações sexuais podem ser uma experiência verdadeiramente mágica. A energia da Kundalini entre eles cria uma espécie de bateria, expandindo assim sua potência para o dobro. Esta expansão da energia da Kundalini resulta em uma maior consciência e experiências transcendentais mais profundas. Ela também permite que os parceiros se sintonizem com seus respectivos corpos espirituais em um grau impossível de alcançar por conta própria.

A energia de um parceiro alimenta a energia do outro parceiro. Como a Árvore da Vida de cada parceiro é ativada, também o são as energias que compõem a totalidade de sua consciência. Quando dois parceiros de Kundalini desperta se conectam sexualmente, cada um deles é alimentado no nível mais profundo de seu ser pela energia do outro, curando-os simultaneamente. A energia de um parceiro empurra a negatividade do outro apenas por estar em sua presença, à medida que suas Auras se misturam. Eles nem precisam estar tocando para que isso ocorra. Eles simplesmente têm que estar na mesma proximidade um do outro para estar na mesma frequência ou comprimento de onda.

Para os indivíduos de Kundalini desperta, o verdadeiro ato sexual se torna tântrico. Como resultado, ambos os parceiros são capazes de experimentar orgasmos internos devido à energia sexual sendo desencadeada a um nível mais profundo pela Kundalini um do outro. Ao longo de minha jornada Kundalini, tive o privilégio de estar com algumas mulheres despertadas pela Kundalini, e a conexão sexual que compartilhamos foi inacreditável. Assim que chegamos perto um do outro, ela se manifestou como um estado de consciência mais elevado, ampliando nossa energia sexual a tal ponto que eu me sentia muitas vezes tremendo só de estar perto delas.

A relação sexual é um ritual de unificação, um tipo de vínculo ou sublimação dos sexos no Plano Físico que induz os mesmos efeitos no Plano Astral e no Plano Mental. Seu propósito é transcender os Planos Cósmicos inferiores para que a vibração da consciência possa elevar e entrar no Plano Espiritual. Como tal, a cura ocorre em todos os níveis, mente, corpo e Alma.

RETENDO SUA ENERGIA SEXUAL

Outra pergunta crítica em relação à sexualidade que me é feita com frequência é se é sensato ejacular enquanto ocorre o processo Kundalini. Por exemplo, quando pode ser bom ejacular e quando se deve salvar sua semente? Tenha em mente que os homens geralmente fazem esta pergunta, embora o mesmo princípio se aplique às fêmeas.

A Kundalini usa sua energia sexual e o Prana dos alimentos para alimentar o circuito de energia da Kundalini. Descobri que em pontos de pico deste processo de sublimação/transformação, é essencial salvar sua semente, evitando completamente o sexo e a masturbação. Apenas um orgasmo pode roubar-lhe a vitalidade por até 24 horas ou mais. Isto dificulta significativamente o processo de transformação enquanto permite que o Ego tenha uma base mais forte na consciência, fazendo com que o medo e a ansiedade se amplifiquem dentro de você.

A energia sexual cresce em poder com o tempo, e quanto mais tempo você economiza sua semente, mais você está transformando a Kundalini por dentro. Em seu auge, quando você se sente mais excitado e excitado sexualmente, a energia sexual está trabalhando com Prana para mudar a qualidade e o estado da energia da Kundalini dentro de você. Este processo é a transmutação, ou transformação do fogo cru da Kundalini em uma energia mais delicada, espiritual, que assume o controle, alimentando o sistema.

Agora, não estou dizendo para ser celibatário como um monge ou padre e nunca mais se masturbar ou ter sexo novamente. Isso seria insalubre e contraproducente para seu crescimento, pois você deve cuidar do corpo físico e de suas necessidades, bem como de sua Espiritualidade. Em vez disso, estou dizendo para se abster da liberação sexual durante o primeiro período após o despertar inicial da Kundalini e depois reintegrar o sexo e a masturbação de volta em sua vida de forma equilibrada. Lembre-se de que uma vida bem-sucedida é sobre equilíbrio, não negligenciando uma coisa por outra.

No entanto, uma vez que a Kundalini tenha sido despertada, é sábio por alguns meses conter completamente a ejaculação. Esta regra se aplica tanto a homens quanto a mulheres. A energia sexual é vital; se você ejacular, vai se sentir sem vida e drenado, precisando reconstruir sua energia sexual de alguma forma.

Descobri que o corpo requer zinco enquanto reconstrói a energia sexual dentro de você após uma liberação. Portanto, sugiro que ao invés de esperar que seu corpo o reconstrua naturalmente, tome um suplemento de Zinco ou coma alguns peixes ou sementes de abóbora que contenham altas quantidades de Zinco. O zinco é essencial porque é o ácido da bateria, enquanto a Kundalini age como a corrente elétrica AC/DC. Sem o Zinco, a bateria não funciona em sua capacidade ótima e precisa recarregar.

Uma vez que você tenha despertado a Kundalini, dependendo de onde você estiver em seu processo de transformação, você desenvolverá a capacidade de encarnar outras pessoas e sentir sua energia, incluindo as pessoas que você vê na televisão e no cinema. Este "dom" pode logo parecer uma maldição quando você o aplica à pornografia, pois lhe permitirá sentir o que você está assistindo como se estivesse acontecendo com você. Não há necessidade de um conjunto de realidade virtual depois que você despertar a Kundalini. Por mais divertido e emocionante que isto possa ser no início, porém, não se permita desenvolver um vício pornográfico e retroceder em seu processo de Evolução Espiritual.

Você precisa regular a masturbação e não se envolver nela mais de uma ou duas vezes por semana e somente antes de dormir, para que seu corpo possa reconstruir a energia sexual pela manhã. Como este processo continuará pelo resto de sua vida, você precisa tratar sua energia sexual com respeito. Você não está mais funcionando como uma pessoa não acordada que pode se masturbar e ejacular várias vezes no dia e permanecer inalterada. Você se sentirá despojado de sua vitalidade toda vez que ejacular, portanto, esteja atento a isso.

Descobri que a masturbação pode ser uma grande ajuda quando não se pode induzir o sono de outra forma, pois permite que você descanse e se apague como uma lâmpada, uma vez que você drena sua energia sexual. A energia sexual pode fazer com que a mente fique turva e até induzir raiva e agressão, especialmente nos homens, o que pode mantê-los acordados durante a noite. Mas novamente, tente não se masturbar mais do que algumas vezes por semana e somente após o processo inicial de sublimação/transformação da Kundalini estar completo. Como você saberá que ele está completo? Você sentirá um novo tipo de energia trabalhando dentro de você que substitui o fogo cru da Kundalini. Esta energia tem um efeito transcendental à medida que cresce e expande cada vez mais a consciência com o passar do tempo.

Como nota final sobre este tópico, como ter relações sexuais amorosas com um parceiro pode ser benéfico para seu crescimento espiritual, eu não sugiro que você corte totalmente o sexo em nenhum momento sem consultar primeiro seu parceiro. Se você se abster insensivelmente de sexo com seu parceiro sem se explicar, eles poderão sentir que algo está errado com eles, o que comprometerá a integridade de seu relacionamento. Isto é insensato, especialmente se você tem uma boa química com essa pessoa e vê um futuro com ela.

Em vez disso, comunique suas necessidades com seu parceiro e talvez faça um compromisso de fazer sexo uma vez por semana ou a cada poucas semanas por algum tempo, e depois aumente a frequência quando tiver passado do ponto em que você sublimou a energia da Kundalini. Derramar sua semente com um ente querido pode ser drenar no corpo, mas pode ser benéfico para sua Alquimia Espiritual, já que há uma troca de energia positiva e curativa em um nível sutil.

Entretanto, a ejaculação por masturbação é a drenagem absoluta de sua essência sexual para o Aethyr, sem nada em troca. As pessoas que desenvolvem vícios pornográficos se abrem para entidades demoníacas que se apegam a sua Aura para que possam alimentar-se de sua energia sexual liberada.

Um Incubus é um demônio na forma masculina que se alimenta da energia sexual das fêmeas. Por outro lado, um Succubus é um Demônio na forma feminina que se alimenta da energia sexual dos homens. Incubus e Succubus são conhecidos por seduzir pessoas em sonhos e ter relações sexuais com elas para que elas possam roubar sua essência sexual, fazendo-as chegar ao clímax. Eles também são personificados na mente por atores de cinema adulto quando assistem à pornografia.

As pessoas que alimentam esses demônios muitas vezes têm dificuldade de se libertar deles e parar seus vícios pornográficos. A pornografia é livre por uma razão; é um vazio cujo propósito é roubar a essência sexual das pessoas e tirar-lhes o potencial de transformar espiritualmente. Há uma razão política para isso, que está além do escopo deste trabalho, mas menciono-a aqui para que vocês estejam cientes disso e não caiam em sua armadilha.

ANSEIOS SEXUAIS

Como a Kundalini pode ser despertada pela energia sexual voltada para dentro, isso significa que podemos expandir sua capacidade, o que invariavelmente afeta nossos impulsos sexuais. Por exemplo, quando a Kundalini está em seu auge de transformação nos estágios iniciais após o despertar, você pode se sentir como um animal em cio. Como resultado, você pode exibir desejos sexuais como se nunca tivesse experimentado antes. Uma vez concluído o período inicial de sublimação da energia sexual, porém, você sentirá uma liberação desta intensa excitação sexual à medida que sua libido se torna equilibrada.

No entanto, como o processo de sublimação da energia sexual está em andamento, e como você pode experimentar curtos-circuitos onde precisará reconstruir seus canais de energia, seus impulsos sexuais podem flutuar significativamente para o resto de sua vida. Muitas vezes eles vêm em ondas, nas quais sua energia sexual se ativa muito fortemente por um curto período, trazendo consigo um intenso impulso para uma liberação, seguido de um período prolongado quando você está em equilíbrio.

Entretanto, ao olhar para o curso de sua vida inteira após o despertar da Kundalini, sua energia sexual será relativamente equilibrada. Estas flutuações de que estou falando ocorrem por cerca de 20-30% desse tempo. Nunca esqueça que a Kundalini é uma energia inteligente que nunca nos dá mais do que podemos suportar.

Quando recomendei que você não se masturbasse ou fizesse sexo mais do que algumas vezes por semana, referi esta necessidade que pode se desenvolver para uma liberação sexual. Não adianta se torturar, mesmo quando é benéfico salvar sua semente. Fazer isso causará estragos em sua mente e será contraproducente para o seu crescimento.

Portanto, se você precisar de uma liberação, faça-o uma ou duas vezes por semana, mas somente à noite antes de dormir. Acostume-se a não ser aleatório com suas liberações sexuais. Você precisa adotar uma abordagem científica para as mudanças internas que acontecem em seu corpo, que é o seu laboratório. Assuma o controle deste processo em vez de deixar que o processo o controle.

Quando sua energia sexual estiver sendo gerada, você a sentirá acumulada em seu abdômen no Swadhisthana Chakra. Às vezes, ele pode vir tão forte que o faz hiperventilar. Naturalmente, este período é quando você precisa se permitir ter uma atividade sexual equilibrada em sua vida. Entretanto, por mais poderosos que estes impulsos sexuais possam ser, você precisa estar nivelado e não tomar isso como um sinal para se tornar um ninfomaníaco e ser frívolo com suas atividades sexuais.

Será um obstáculo incrível para seu caminho espiritual se você não tiver cuidado com quem se envolve em atividades sexuais. Além de se expor a doenças sexualmente transmissíveis, você está se colocando numa posição em que assume as energias das pessoas, boas e más, ao ter relações sexuais com elas.

Em vez disso, eu o aconselho a encontrar um parceiro consistente, alguém com quem você tenha uma boa química, mesmo que seja apenas física no início. Seja transparente sobre suas intenções e não leve as pessoas adiante. Se você se coloca numa posição em que pode acumular um mau carma por estar com alguém quando tudo o que você precisa é uma liberação sexual, é melhor se masturbar para tirar a vantagem.

Recomendo fazer sexo em vez de masturbação, já que o sexo troca energia vital enquanto a masturbação não o faz. Você notará uma diferença em como você se sente após uma liberação com qualquer uma das atividades. A masturbação deixará você altamente drenado após um orgasmo, enquanto que as relações sexuais podem fazer você se sentir realizado depois, com o parceiro certo. Você precisará de algum tempo para reconstruir sua energia sexual em qualquer dos eventos. A masturbação vai parecer que requer muito mais tempo para reconstruir depois.

Eu mencionei que você precisa salvar sua semente o máximo possível após o despertar da Kundalini, mas tenha em mente que eu me referi principalmente á janela de período em que você está construindo seus canais de energia através da energia sexual e do Prana. Reconheço que ter uma vida sexual saudável e uma liberação sexual através da masturbação é tão natural quanto nossos corpos orgânicos. Afinal, sua energia sexual pode vir tão forte que o faz sentir-se possuído se você não fizer algo a respeito. Entretanto, como em todas as coisas da vida, ser consciente e controlar suas ações é a chave para o sucesso. Ouça o que seu corpo está comunicando a você e libere alguma pressão quando necessário. O equilíbrio na mente, corpo e alma é o verdadeiro caminho do iniciado da Luz.

Você também pode ter um período em sua vida em que terá um impulso sexual significativamente menor e seus anseios por sexo podem parecer inexistentes. Não se assuste se isto acontecer; é uma parte normal do processo. Portanto, ajuste-se a este período de acordo. Normalmente não dura muito tempo. Entretanto, sinaliza um tempo para introspecção e acumulação de energia através da ingestão de alimentos, quando isso acontece. Não se sinta culpado se não puder satisfazer seu parceiro como antes, mas informe-o sobre o que está acontecendo e faça o que puder para que ele compreenda. Se eles não se sentirem culpados e optarem por fazer com que você se sinta culpado por causa disso, você precisa repensar seu relacionamento com eles.

ATRAÇÃO SEXUAL

Todas as pessoas querem ser percebidas como atraentes para os outros para ter uma abundância de amor e relacionamentos. Entretanto, a maioria das pessoas não percebe que tem controle total sobre este processo. Há Leis que regem o processo de atração, especialmente a atração sexual, e aquelas pessoas que conhecem estas Leis conscientemente podem despertar atração em outras com a aplicação de sua força de vontade.

Por exemplo, uma pessoa de Kundalini desperta, após muitos anos de transformação pessoal, torna-se muito atraente para outras pessoas. Isto porque suas mudanças na mente, corpo e alma alteram a forma como pensam e seu comportamento, tornando-as naturalmente atraentes para todos que encontram. Como resultado, estas pessoas têm mais facilidade em encontrar um parceiro romântico ou sexual e em encontrar novos amigos em suas vidas.

Muitas pessoas acordadas ignoram estas mudanças pessoais e atribuem esta nova atração ao destino ou ao acaso. Na realidade, há uma ciência invisível por trás dela. As Leis relativas à atração sexual entre os seres humanos correspondem às Leis Universais que governam toda a Criação. A Criação é, em certo sentido, perfeita, e a energia da atração é uma das formas que ela procura permanecer como tal.

Então, o que é atração sexual? A melhor maneira de explicar a atração sexual é dizer que é a maneira da natureza de melhorar nosso *pool* genético. Em outras palavras, a atração sexual é como a natureza garante que os humanos mais evoluídos irão procriar e continuar a existência de nossa raça.

A natureza está continuamente em processo de evolução, e aqueles humanos que estão em conformidade com esta Lei e são mestres de suas realidades são os que ativaram seu potencial de DNA latente para se tornarem as melhores versões de si mesmos. Como resultado, estas pessoas se tornaram atraentes para outras, o que lhes permite ter mais facilidade para encontrar um companheiro e procriar.

Embora a atração sexual seja uma expressão natural, aprender os traços dessas pessoas evoluídas que exercem o domínio em suas vidas permite que você "finja até que você consiga". "Em outras palavras, você não precisa começar a ser uma pessoa sexualmente atraente, mas você pode aprender os traços comportamentais deste tipo de pessoas e usar estes traços em sua própria vida para ser atraente para os outros.

Entenda que a atração se aplica tanto a homens quanto a mulheres. Você pode atrair um parceiro romântico ou sexual, mas também novos amigos, já que todos os humanos gravitam naturalmente em direção a pessoas atraentes. Reconhecemos algo especial nas pessoas atraentes e queremos estar perto delas. Na realidade, o que percebemos nessas pessoas é uma versão melhor de nós mesmos.

OS DOIS PRIMEIROS MINUTOS DE UM ENCONTRO

As pessoas atraentes são carismáticas, livres e desinibidas de todas as maneiras que todos nós queremos ser. Eles são líderes em vez de seguidores e exigem atenção em todos os momentos, mesmo quando estão em silêncio. Eles nunca têm medo de falar o que pensam e são corajosos e assertivos. Eles tem força de vontade e calma, mesmo diante da adversidade.

Pessoas atraentes são frequentemente engraçadas e divertidas, mas também descontraídas, calmas e recolhidas. Elas têm certas crenças sobre si mesmas, as quais elas sustentam o tempo todo. Estas pessoas fazem tudo com seriedade e de todo o coração. Elas são apaixonadas e vivem a vida ao máximo, sem arrependimentos. Eles levam o que querem e não arranjam desculpas para suas ações.

Mesmo que você não esteja exibindo algumas das qualidades mencionadas acima, não desespere. A natureza nos permite refazer a cada momento no tempo, e você pode usar suas Leis para começar a se tornar uma pessoa atraente. A chave é concentrar sua energia em se tornar atraente para novas pessoas que você encontra desde os dois primeiros minutos de encontro com uma nova pessoa. Isto significa que se você demonstrar certas qualidades durante esses dois primeiros minutos, você terá despertado a atração na outra pessoa.

A atração funciona de duas maneiras. Se uma nova pessoa que você encontrar for do sexo oposto (dependendo da polaridade de sua Alma), ela sentirá atração sexual por você. Se eles forem do mesmo sexo, eles quererão ser seus amigos. Em ambos os casos, se você despertar atração, você terá o poder de fazer com que essa pessoa faça parte de sua vida de alguma forma.

A maioria das pessoas não percebe que quem pensamos que somos só é real para nós e para as pessoas que nos conhecem. Em outras palavras, os estranhos não têm ideia de quem nós somos. Portanto, as primeiras impressões são cruciais. A atração tem muito a ver com a imagem de quem você pensa que é e como você pode manipular essa imagem para se apresentar a alguém novo que você conhece. Uma vez que você tenha criado uma percepção de si mesmo nesses dois primeiros minutos, a outra pessoa sentirá ou não atração por você.

O fator essencial para entender é que temos o poder de moldar nossa imagem de nós mesmos através de nossa força de vontade. Lembre-se, todos nós temos livre-arbítrio, e como você exerce seu livre-arbítrio afeta o nível de atração que você cria em outras pessoas.

A PSICOLOGIA DA ATRAÇÃO

Quando você quiser sair como atraente, entenda que não se trata do que você diz a uma pessoa, mas de como você o diz. Não são as palavras, mas a linguagem corporal e a tonalidade vocal que contam. Entretanto, para ir ainda mais fundo, é a energia interior com a qual você fala com uma pessoa que vai ou não causar atração.

Seu comportamento deve ser sempre frio, e sua tonalidade vocal deve ser enérgica e cativante, expressando poder e domínio. Estes são os traços comportamentais de uma personalidade Alpha. Pessoas Alpha são mestres em suas realidades. Eles são líderes natos que levam o que querem. Ser um Alfa é um estado de espírito que exemplifica a fortaleza e a quietude nas emoções. Os Alphas não são movidos por coisas externas, a menos que eles escolham ser. Sua realidade nunca é comprometida porque simplesmente não o permitem. Eles dirigem o espetáculo, e outros o seguem.

Alphas só fala para ser ouvido por outros. Eles não buscam aprovação, nem falam para ouvir o som de sua voz. Portanto, quando você fala com alguém para quem deseja ser atraente, tenha em mente que o que você está dizendo é cativante. Deve haver poder em sua tonalidade de voz e intenção presentes; caso contrário, você vai aborrecer a outra pessoa. Por exemplo, se alguém bocejar enquanto você estiver falando, você falhou. O que quer que você diga, você deve estar falando diretamente com a Alma da outra pessoa.

Você deve aprender a romper a barreira das personalidades de outras pessoas e de seus Egos. Para conseguir isso, você deve olhar a outra pessoa nos olhos o tempo todo enquanto fala com confiança. Seu poder de propósito deve ser tão forte que seja hipnotizante e hipnotizante para os outros. O sexo oposto deve perder a si mesmo em sua energia.

A Kundalini, altamente evoluída, desperta as pessoas que vêm de um lugar mais alto quando falam com os outros. Como sua consciência está operando a partir do Plano Espiritual, elas estão alinhadas com sua Verdadeira Vontade, o que aumenta seu poder pessoal. Como tal, eles são comunicadores poderosos que falam com propósito e intenção. As pessoas gravitam naturalmente em sua direção, pois sua energia é inspiradora e edificante para estar por perto.

Para tornar-se uma pessoa naturalmente atraente, é preciso construir-se para ser alguém de valores sólidos, éticos e morais. Você tem que amar a si mesmo e amar a vida em geral. Se você se ama e está contente e satisfeito com sua vida quando está com uma pessoa do sexo oposto, você nunca virá de um lugar de necessidade, mas de desejo. Pense nisto por um segundo. Quando você precisa de algo, isso significa que lhe falta algo dentro de si mesmo. Esta ideia já é pouco atrativa, colocando a outra pessoa na defensiva.

Um método poderoso de despertar e manter a atração sexual é ser arrogante e engraçado. A piça é definida como "ser ousado ou insolente autoconfiante". Ser arrogante ao redor dos outros imediatamente o coloca em um pedestal alto, uma vez que você sairá como alguém de alto valor. Entretanto, ser arrogante pode parecer muito arrogante, o que é pouco atraente, por isso ajuda a acrescentar uma dose adequada de humor. O humor é fantástico porque você pode dizer o que está em sua mente sem ser julgado e escrutinado no processo.

Curiosamente, o uso da lógica e da razão para construir a atração falha na maioria das vezes. Tenha em mente que a atração não é lógica de forma alguma. A lógica é, de fato, a antítese à atração. Ser brincalhão, falar em metáfora e ser indireto em todas as circunstâncias é uma maneira muito mais poderosa de despertar a atração. A conversa deve ser divertida; caso contrário, você não criará atração.

Uma vez que você tenha despertado a atração, a chave para manter essa atração é projetar continuamente que você é legal, engraçado e confiante. Esse tempo gasto falando com você é um presente para a outra pessoa, porque você é uma pessoa de alto valor. Você pega o que quer porque pode, o que subconscientemente deixa a outra pessoa saber que você é uma pessoa influente que manifesta sua realidade. Portanto, eles não só querem estar com você, eles querem ser você.

A IMPORTÂNCIA DA CRENÇA INTERIOR

Você tem que ter crenças interiores altas e firmes sobre si mesmo, o que significa que o trabalho interior é essencial para atrair o sexo oposto. Naturalmente, ajuda a ter boa aparência, estar em boa forma, estar limpo, barbeado, bem-vestido e cheirar agradável. No entanto, mesmo estas coisas vêm em segundo lugar para se ter confiança e acreditar em si mesmo. A quebra que aprendi ao namorar gurus no início dos meus 20 anos é que a aparência é 30% da atração, e o trabalho interior de que estou falando aqui são os outros 70%.

Somos nós que devemos nos dar valor. Se não nos amamos e nos sentimos carentes, projetaremos nossas inseguranças sobre outras pessoas, e elas nos perceberão como tal. Se acreditamos que somos excepcionais e únicos, então subconscientemente, outras pessoas também acreditarão e passarão o tempo todo ao nosso redor tentando descobrir por que somos tão grandes. Este mistério será muito atraente para eles.

Na realidade, a atração é o poder pessoal. Se você tenta cortejar uma pessoa e está saindo do seu caminho por ela, se suplicando, você está comunicando que não é uma pessoa de alto valor, que seu tempo não é importante e que você tem baixo poder pessoal. Se você está disposto a dar a um estranho seu poder pessoal voluntariamente apenas porque ele é atraente fisicamente, então você está comunicando a ele que você é uma pessoa de baixo valor, tão simples quanto isso. Como tal, você está se preparando imediatamente para o fracasso. Talvez, por algum golpe de sorte, eles queiram namorar com você, mas só estarão com você para tirar vantagem de você de alguma forma, pois você comunicou a eles desde o início que você não se respeita.

Subconscientemente, as pessoas não têm respeito pelas pessoas que não se respeitam a si mesmas. Respeito é algo ganho, não dado. O amor é dado sempre e igualmente, mas o respeito é conquistado. Assim, é preciso aprender a amar e a respeitar a si mesmo. Se você sente que não se ama tanto quanto deveria, então examine porque isso acontece. Se você tem traumas passados que precisam de cura, então concentre sua atenção na superação desses traumas em vez de encontrar um companheiro. Você precisa estar em um bom lugar antes de ter uma relação amorosa saudável com alguém. E isso começa com o amor a si mesmo.

As pessoas que se amam têm algum tipo de propósito em suas vidas. Seu propósito é frequentemente a coisa mais importante para elas. Se você não tem um verdadeiro propósito em sua vida neste momento, sugiro passar mais tempo tentando encontrá-lo ou descobri-lo. Explore novas atividades criativas e aprenda coisas novas sobre si mesmo. Não tenha medo de mudar as coisas em sua vida e explorar novos caminhos. Saia de sua zona de conforto e faça as coisas que você sempre quis fazer. Encontrar seu propósito pode lhe dar alegria e felicidade eterna. Isso o fará amar a si mesmo e sua vida, o que é muito atraente para outras pessoas. Também fará com que você se conheça melhor para dominar aquelas partes do Eu que precisam de trabalho.

Você é único em todos os sentidos e é um achado raro. Se você ainda não descobriu isto a seu respeito, então é hora de fazê-lo. O tempo gasto com você é especial, e as outras pessoas devem ter tanta sorte que você opta por dar-lhes seu tempo. Se você se ama, então você ficará indiferente ao resultado de encontrar alguém novo. Encontrar um parceiro romântico ou um novo amigo será um bônus em sua vida, ao invés de uma necessidade. A indiferença ao resultado de encontrar alguém novo criará uma espécie de vazio energético que a outra pessoa se sentirá compelida a preencher. Fazendo isso, só vai aumentar seu nível de atração.

Se você tem uma vida entediante e quer conhecer um parceiro romântico, você terá um momento desafiador. Ser a vida inteira de alguém traz muita pressão para atuar e fazer essa pessoa sempre feliz. Eventualmente, a maioria das pessoas desiste e se afasta de um relacionamento como esse. Você tem que se concentrar primeiro em estar em paz consigo mesmo e se amar, porque se você não se ama, você terá dificuldade para encontrar alguém que o ame e preencher esse vazio dentro de si mesmo.

Para ser um Alfa, você deve acreditar nestes Princípios nos cantos mais profundos de sua Alma, em vez de vê-los como táticas ou uma forma de manipulação. Se você os vê assim, então inevitavelmente, o sexo oposto detectará seu comportamento como uma forma de manipulação, o que é pouco atraente. Afinal de contas, as pessoas odeiam quando alguém tenta manipulá-los. Ao invés disso, elas gostam de transparência, mesmo que seja algo tão direto como "eu gostaria de dormir com você".

Se você deseja trabalhar em si mesmo, mas falta o método de abordagem, então meu primeiro livro pode ajudá-lo nesse sentido. O *The Magus* é projetado para ajudá-lo a atingir seu potencial mais alto como ser humano espiritual, tornando-o muito atraente para outras pessoas. Você tem que aprender sua Verdadeira Vontade na vida e conectar-se com seu Eu Superior. Se sua vibração de consciência for elevada, seus pensamentos e emoções serão impactados, afetando assim seu comportamento com os outros. Tornar-se o mestre de sua realidade lhe dará abundância em sua vida, incluindo todas as relações românticas e amizades que você deseja.

A Kundalini despertou pessoas que alcançaram um alto nível de consciência e se libertaram deste Mundo da Matéria. Sua capacidade de se divertir é muito maior do que aquelas pessoas que levam a vida muito a sério. Todos nós queremos alegria e diversão em nossas vidas. Portanto, quanto mais você puder ver o encontro com novas pessoas como uma atividade divertida, você terá mais sucesso.

A ideia de se divertir com o sexo oposto e de jogar este jogo de atração de centelhas é uma manifestação de canalização de sua energia amorosa. Quando você procura atrair alguém em vez de manipulá-lo, suas ações não acarretarão consequências cármicas, desde que não tenham um parceiro romântico. Em vez disso, você criará um bom carma para si mesmo quando puder criar uma conversa divertida, na qual alguém que você encontra desejará participar voluntariamente. Fazendo isso, você enriquecerá sua vida, pois ao criar atração e mantê-la, você estará devolvendo a energia do amor para frente e para trás com a outra pessoa e construindo-a. Como tal, encher sua vida com mais energia de amor o levará mais adiante em sua jornada Espiritual.

TORNAR-SE UM GUERREIRO ESPIRITUAL

Como a viagem espiritual traz muito derramamento cármico, você precisa se desenvolver como um guerreiro espiritual. Você tem que aprender a ser duro e enfrentar desafios de frente em vez de fugir deles. Se não o fizer, você será quebrado pelos Cinco Elementos de seu Ser. As partes de si mesmo que você precisa conquistar o superarão em seu lugar.

Como você aprendeu até agora, a Evolução Espiritual não é só diversão e jogos; há momentos em que você se sentirá muito desconfortável em sua própria pele. O conceito de se tornar um guerreiro Espiritual é de tamanha importância, especialmente quando se passa por um processo de transformação da Kundalini. Lembre-se, a metamorfose requer algo velho para morrer para que o novo tome seu lugar. Como você se comporta durante períodos dolorosos fará toda a diferença em sua vida.

A Noite Escura da Alma não é uma única noite de angústia mental e emocional, mas pode acontecer muitas vezes em sua vida e durar semanas, até mesmo meses. A transformação exige que você seja forte diante da adversidade. Embora nossa sociedade frequentemente enfatize que a Iluminação é uma experiência agradável, não são muitas as pessoas que falam sobre os aspectos negativos para alcançar esse objetivo e os desafios ao longo do caminho.

O despertar da Kundalini é um despertar para a Dimensão da Vibração. Isto significa que você não pode mais se esconder das energias e participar apenas das positivas, descartando as negativas, como a maioria das pessoas faz. Em vez disso, você se torna uma parte, os positivos e os negativos, no que diz respeito aos seus efeitos sobre seus pensamentos e emoções.

A maioria das pessoas não acordadas pode optar por não lidar com questões mentais e emocionais à medida que surgem. Elas podem optar por ignorar a negatividade e fechá-la no subconsciente, que é como um cofre com todas as "coisas" mentais com as quais você decidiu não lidar, como memórias traumáticas que se opta por ignorar. Mas com um despertar completo da Kundalini, esse cofre se abre permanentemente como a Caixa de Pandora. Tudo o que sempre foi um problema em sua vida, incluindo as emoções e pensamentos reprimidos e reprimidos, precisa ser tratado e superado.

Por exemplo, as memórias traumáticas que alteraram a forma como você funciona no mundo tomaram a forma de demônios pessoais, que agora estão embutidos em seus Chakras como energia cármica que precisa ser neutralizada. Como cada Chakra é sinônimo de um dos Cinco Elementos, isto é o que eu quis dizer quando disse que você deve superar os Elementos ao invés de permitir que eles o dominem. A energia elementar tem que ser limpa, purificada e dominada para que a vibração de sua consciência se eleve livremente a uma frequência maior, sem ser perturbada por energias mais baixas.

LIDANDO COM ENERGIAS POSITIVAS E NEGATIVAS

Como seres humanos, naturalmente abraçamos a energia positiva. Parece que não conseguimos nos fartar dela. Aceitamo-la, experimentamo-la, desfrutamo-la, e buscamos mais. E assim, estruturamos nossas vidas de tal forma que podemos receber energia positiva, evitando ao mesmo tempo a energia negativa.

A energia positiva vem em muitas formas. Amor, alegria e felicidade são apenas alguns, mas há muitos mais como excitação e paz interior. Por outro lado, a energia negativa vem na forma de conflito. Ela quase sempre inclui nervosismo, ansiedade e outras expressões de energia do medo.

O medo é um elemento essencial da vida, e você precisa aprender a usá-lo, não ser usado por ele. Estamos programados para fugir o máximo possível de situações de medo, já que nosso corpo está em alerta, sinalizando que estamos em perigo. Entretanto, ao fugir do medo, você está se privando de sua oportunidade de crescimento. Por outro lado, se você abraçar o medo, poderá aprender algo novo sobre si mesmo que o levará mais longe em sua jornada de Evolução Espiritual.

Como um iniciado de Kundalini desperta, você logo aprenderá que tem duas escolhas na vida. Uma, você pode ficar como parte da sociedade e aprender a viver com a negatividade e os desafios que a vida diária pode trazer, ou duas, você pode deixar sua comunidade por completo. Nesta última situação, você descartaria seus bens materiais e laços de relacionamento com as pessoas em sua vida e partiria para viver em um Templo ou Ashram em algum lugar, dedicando inteiramente sua vida ao crescimento espiritual.

Entretanto, na maioria dos casos, as pessoas optam por permanecer na sociedade e fazer parte do jogo da vida. Se você fizer isso, como eu fiz e inúmeros outros que vieram antes de mim, você precisará se desenvolver como um guerreiro espiritual para que possa lidar com o medo e a ansiedade que a energia negativa traz. Você deve aprender a colocar sua armadura Espiritual e pegar seu escudo metafórico e sua espada (Figura 160) para se defender enquanto aprende a atacar. Você precisará de ambos para vencer a luta.

Seu escudo é o amor incondicional em seu coração (Elemento Água) que pode assumir qualquer coisa, enquanto sua espada é sua força de vontade (Elemento Fogo) que corta através de todas as ilusões para chegar à verdade. Sua força de vontade não tem medo da adversidade; ela a acolhe, sabendo que é uma oportunidade de crescimento. Tenha em mente que, embora seja mais desafiador fazê-la funcionar como parte da sociedade regular do que fugir dela e evoluir isoladamente, ela é muito mais gratificante.

Figura 160: Tornando-se um Guerreiro Espiritual

Em seu estado passivo, a Kundalini trabalha através do Elemento Água, expresso através do feminino, Ida Nadi. Nossa consciência recebe energias do mundo exterior, que são sentidas através do Olho da Mente e vivenciadas como emoções. Como um indivíduo de Kundalini desperta, simplesmente estar ao redor de outras pessoas traz negatividade, pois ao ser um empático, você intuitivamente sente a escuridão das Almas das pessoas. Mas se você trabalhar para se tornar um guerreiro Espiritual, você aceitará o desafio de se adaptar e funcionar na sociedade moderna.

Na maioria dos casos, o que nos incomoda nas outras pessoas é o que carregamos em nós mesmos. Assim, desenvolvendo-se como um guerreiro espiritual e superando essas coisas, você descobrirá que não verá mais essas coisas nos outros, pelo menos não de uma forma que não possa estar ao seu redor. Assim, desta forma, a negatividade das outras pessoas pode ser uma vantagem para você e um catalisador para o crescimento.

CONSTRUINDO SUA FORÇA DE VONTADE

Você deve construir sua força de vontade usando o aspecto Fogo da energia Kundalini, que é canalizada através do Pingala Nadi. Naturalmente, ajuda se você já é alguém que lida com pessoas e situações difíceis com um certo grau de facilidade. Entretanto, quando você pode sentir a negatividade das pessoas em tempo real, é uma situação muito mais desafiadora que tem sua própria curva de aprendizado, especialmente no ponto inicial de sua jornada de transformação, quando suas emoções têm precedência. Em qualquer caso, todos os iniciados devem começar sua jornada de se tornar um guerreiro espiritual aprendendo a neutralizar a energia negativa que os eventos da vida e as pessoas ao seu redor podem trazer.

A força de vontade é como um músculo, e você deve tratá-la como tal. Se você exercita este músculo diariamente, ele se torna mais forte e mais poderoso. A base de sua força de vontade cresce com o tempo, e torna-se mais difícil sair do curso através da negatividade experimentada por meio de influências externas. O fogo (força de vontade) sempre domina sobre a água (emoções), uma vez aplicada corretamente. Este conceito é crucial para entender. A energia é uma força cega, assim como a emoção. A energia é passiva e é experimentada dentro da Aura como um sentimento. Você pode manipular este sentimento com a aplicação correta da força de vontade.

No início, você se sentirá movido por suas emoções, como um passageiro em um barco no mar. Mas com a prática diária, você superará sua ansiedade e medo e será capaz de usar seus Demônios de forma construtiva ao invés de permitir que eles o governem. Isto não é fácil de dominar dentro do Eu e talvez seja o maior desafio para qualquer iniciado de Kundalini desperta. Mas isso pode ser alcançado. E deve ser alcançado se você quiser maximizar seu potencial Espiritual.

Você tem um poder incrível dentro de si agora, mas deve aprender a domá-lo e usá-lo produtivamente em sua vida. Você deve superar seus medos e demônios conquistando seu Eu Inferior, o Ego. Somente então você poderá ser Ressuscitado Espiritualmente e alinhar sua consciência com seu Eu Superior.

PARA MUDAR SEU HUMOR, MUDE SEU ESTADO

Como você aplica sua mente e que tipo e qualidade de pensamentos que você escolhe ouvir determinará seu sucesso neste esforço. Suas emoções negativas o superarão ou você as neutralizará; estas são suas duas escolhas. Portanto, se você estiver experimentando um estado emocional negativo, é crucial tratá-lo como energia cega que pode ser subjugada com a aplicação de sua força de vontade. Para conseguir isto, aplique o Princípio de Gênero Mental *do Caibalion* e concentre-se no pólo oposto da emoção que você está tentando mudar dentro de si mesmo. Isto permitirá que você altere sua vibração e a transforme de um pólo negativo em positivo.

Este método é chamado de "Transmutação Mental", e é uma técnica muito poderosa de assumir o controle de sua realidade e não ser um escravo de suas emoções. Tenho usado este Princípio durante toda minha vida, e ele tem sido uma das chaves primárias do meu sucesso com o domínio mental. A maneira como funciona é simples: se você está experimentando medo, concentre-se na coragem; se você está cheio de ódio e quer induzir o amor, então concentre-se nele em vez disso. E assim por diante, com diferentes expressões de emoções opostas.

Aprenda a falar positivamente com você mesmo ao invés de ser autodestrutivo. Não diga que não pode fazer algo; em vez disso, diga a si mesmo que pode. Nunca se deixe abater e admitir a derrota. Em vez disso, mude sua mente para se concentrar no positivo de uma situação, como vê-la como uma lição de aprendizado que o ajudará a crescer como pessoa. Não se detenha em suas emoções negativas ou estado mental, mas seja proativo e concentrado voluntariamente no cultivo do seu oposto. Ajuda a lembrar um exemplo em sua vida quando você sentiu aquela emoção positiva que você está tentando induzir em si mesmo. À medida que você guarda sua memória em sua mente, ela começará a afetar o sentimento negativo e começará a transformá-lo em um sentimento positivo. Para mudar seu estado de ânimo, você deve mudar seu estado. Nunca se esqueça disso. O fracasso é uma escolha.

Outro método para superar as emoções negativas é mudar sua mente para um estado ativo, envolvendo-se em uma atividade inspiradora. Lembre-se, para ser inspirado, você deve estar em Espírito. Um ato de inspiração envolve estar em sintonia com a energia do Espírito, o que afeta positivamente sua consciência. Para se inspirar, você também pode se engajar em atividade física, transformando a emoção negativa ao aumentar o Elemento Fogo dentro do corpo.

Outro método de estar em Espírito é sintonizar diretamente na mente, contornando o corpo, e envolver-se em alguma atividade criativa que envolverá o Elemento Fogo bem como a imaginação (Elemento Ar), mudando lentamente a energia do negativo para o positivo. Criar é sintonizar-se com a positividade em si mesmo, já que é preciso energia amorosa para criar. Algumas atividades físicas que são essenciais na construção da força de vontade são caminhar, correr, fazer Yoga (Ásanas), praticar esportes, ou dançar. As atividades criativas incluem pintura, canto e escrita.

A construção da força de vontade não é uma tarefa fácil, e leva muitos anos para superar o medo e a ansiedade após o despertar da Kundalini. Mas se você se aplicar e der passos de bebê diariamente para realizar esta tarefa, você se desenvolverá como um verdadeiro Guerreiro Espiritual que pode lidar com todas as situações da vida de uma maneira relaxada e calma. Ao trabalhar para este objetivo, a energia do amor que você carrega em seu coração se expandirá até que ele o supere e o tome inteiramente. O amor é a chave para este processo; o amor a si mesmo e o amor aos outros.

O PODER DO AMOR

O amor transmuta/transforma qualquer emoção ou pensamento carregado negativamente em uma emoção positiva. Criar e usar sua imaginação também é um ato de amor. A energia do amor fortalece seu processo criativo que é necessário para ver formas alternativas de perceber o conteúdo de sua mente. Pensamentos e emoções positivas só podem ser induzidos pelo amor. Ao aplicar a energia do amor a uma emoção ou pensamento negativo, baseado no medo, você está mudando sua forma e substância. O amor atua como a força de fusão entre duas ideias opostas, neutralizando completamente e removendo o medo, a força motriz por trás de todos os pensamentos negativos.

No Chakra da Coroa, este processo é voluntário e contínuo. Por isso, a Coroa é considerada a última palavra em consciência e vazio do Ego. O medo existe apenas no nível mental onde ocorre a dualidade. Ele pode ser comparado à Falsa Evidência Aparecendo Real (FEAR[9]). Em outras palavras, o medo resulta de uma falta de compreensão ou de uma interpretação imprópria dos eventos.

A única maneira de interpretar um evento é através do amor. A falta de amor cria medo, o que produz carma, já que o carma existe como uma salvaguarda para o Plano Espiritual. O carma é o resultado de memórias de eventos mal interpretados devido à falta de compreensão, criando divisões entre o Eu e o resto do mundo. Esta divisão gera medo. Entretanto, se você tira o medo, você fica com a unidade, o que gera fé. Através da fé, você encontrará o amor, que é a última palavra em compreensão humana.

Ao aprender a operar através do amor incondicional, você espiritualiza o Chakra do Coração, que permite que sua consciência se eleve ao Plano Espiritual para experimentar os três Chakras mais altos de Vishuddhi, Ajna e Sahasrara. Este estado cria um arrebatamento no coração, manifestando o Reino do Céu falado por Jesus Cristo. Quando alcançado, você se senta à direita de Deus e é um Rei ou Rainha no Céu, metaforicamente falando.

Esta é a interpretação esotérica dos ensinamentos de Jesus Cristo. Não é coincidência que ele sempre foi representado simbolicamente com um coração ardente e uma auréola ao redor de sua cabeça. Jesus completou o processo de despertar da Kundalini e veio para contar a outros, embora ele transmitisse seus ensinamentos em parábolas crípticas para

---

[9] Vocábulo relacionado a "Medo" (Nota do Tradutor)

que somente os dignos pudessem entender. Jesus soube nunca lançar "pérolas aos porcos", que era o método tradicional de transmitir ensinamentos espirituais e esotéricos nos tempos antigos. Como diz *The Caibalion*, "os lábios da sabedoria estão fechados, exceto para os ouvidos da compreensão".

Neste Universo, todas as coisas evoluem e se resolvem de volta ao lugar de onde foram originadas. Como nosso Universo foi criado pelo amor e tudo é um aspecto dele, o amor é também o fator unificador em todas as coisas e seu produto final. Ao manter uma atitude amorosa em seu coração, você está silenciando outras partes de sua mente que criam o caos e o desequilíbrio. O amor silencia o Ego e centraliza você para que você esteja em contato com sua Alma e seu Eu Superior. Por causa de seu poder de transformação, o amor é representado simbolicamente como fogo, já que o Elemento Fogo consagra e purifica todas as coisas, trazendo-as de volta ao seu estado original, puro.

Da mesma forma, devido ao seu poder universal, todas as coisas se curvam ao amor. Isso significa que, uma vez aplicado o amor a qualquer ação, outras pessoas responderão de forma semelhante. O amor exige respeito. Ele fala a verdade, e obriga os outros a fazer o mesmo. O amor é a Lei do Universo, especialmente quando é aplicado de forma consciente. Como tal, o amor precisa estar sob o governo da vontade.

Não haveria necessidade de governos e policiamento se todas as pessoas despertassem sua energia Kundalini. Isso ativaria as virtudes superiores das pessoas, e como o amor seria a força guia por trás de todas as suas ações, os problemas entre as pessoas deixariam de existir. A luta e a divisão acabariam, e o mundo se equilibraria. Não é de se admirar que todas as pessoas espirituais digam que a mais alta manifestação de Deus em nosso Plano de existência é o amor.

Pense nos muitos casos no passado em que um famoso poeta, músico ou artista teve seu coração "partido". Em seus sentimentos feridos, eles se voltaram para expressar através da atividade criativa em que eram mestres. E ao fazer isso, eles se curaram. O amor é o derradeiro curador de toda dor e sofrimento. E o Fogo é o Elemento transformador absoluto usado para transformar a energia negativa do medo e da ansiedade em puro amor.

O AMOR E O PRINCÍPIO DE POLARIDADE

Para entender como a energia funciona psicologicamente, você deve entender o conceito de um quarto escuro e o que acontece quando você permite a Luz dentro dele. Você pode passar uma Eternidade focalizando a escuridão e tentando expulsá-la da sala, ou você pode simplesmente abrir uma janela para trazer a Luz para dentro.

A ideia por trás desta metáfora é concentrar-se no oposto daquilo que você está tentando superar dentro de si mesmo. Para fazer isso, você deve usar o Princípio Hermético de Polaridade, que está presente em todas as coisas. Ele afirma que tudo na natureza é duplo e tem dois pólos ou extremos que são diferentes em grau, mas feitos da mesma substância. Este Princípio implica que todas as verdades são meias verdades e que todos os paradoxos podem ser reconciliados.

Você descobrirá que a energia do amor, em uma de suas várias formas, é o oposto de qualquer pensamento ou ideia negativa que você encontrará alguma vez na vida. Por exemplo, se alguém mente, eles terão se voltado para o auto-ódio, e se aplicarem o amor a esta equação, eles falarão a verdade. Falar a verdade é amar a si mesmo e aos outros. A verdade é um aspecto do amor. Se alguém está zangado e violento, deve usar um aspecto do amor e aplicar a temperança, o que lhe dará humildade e, por sua vez, superará sua raiva. Se alguém for ganancioso, precisará usar a energia do amor e aplicá-la para tornar-se caridoso e doar aos outros como fazem a si mesmo.

A noção dos sete pecados mortais de luxúria, gula, ganância, preguiça, ira, inveja e orgulho estão na base da maioria dos pensamentos negativos, emoções e crenças. A aplicação da energia do amor transforma esses estados negativos em positivos, que são castidade, temperança, caridade, diligência, paciência, gentileza e humildade.

O medo é o oposto do amor, e os sete pecados capitais são baseados em diferentes aspectos ou manifestações de medo. Na maioria dos casos, é a energia do medo que é motivada pelo instinto de sobrevivência pelo qual a pessoa se desassocia do resto do mundo e se individualiza e se isola psicologicamente. O conceito aqui é cuidar de si mesmo, mas no caso dos sete pecados mortais, este conceito o faz sem o devido respeito às outras pessoas.

Colocar-se diante dos outros e com desrespeito a eles cria uma falta de igualdade e equilíbrio. Fazê-lo é um ato de amor próprio, ao invés de amor universal que nos liberta. Operando a partir do amor-próprio, você age a partir do Ego. Operar a partir do Ego isola você do resto do mundo e suspende o canal do amor, que é necessário para ser verdadeiramente feliz, alegre e contente consigo mesmo e com sua vida.

O EGO E O EU SUPERIOR

É um desafio distinguir entre o Ego e o Eu Superior, especialmente se você estiver em conflito com alguém e com o calor do momento. Eu sempre gosto de me fazer as seguintes perguntas antes de responder a uma disputa: "Como o que estou prestes a dizer ou fazer afeta o quadro geral? Positiva ou negativamente? Irá ajudar ou prejudicar a situação"? Em outras palavras, "Será que a situação será resolvida, ou ficará ainda mais complicada?". Se o que estou prestes a dizer ou fazer só me ajuda a prejudicar os outros, o que muitas vezes é uma resposta instintiva, isso vem do Ego. Por outro lado, se ela afeta positivamente uma situação e potencialmente a resolve, mesmo que prejudique meu orgulho, então é do Eu Superior, e eu deveria prosseguir com ela.

O Universo torna a fórmula muito simples. Se nossas ações ou declarações na vida causarem uma mudança positiva na vida de outras pessoas, ela ativará o princípio do amor, e alcançaremos a unidade. Ações abnegadas são mais favoráveis para nossa

Evolução Espiritual, pois criam um Carma positivo, ao mesmo tempo em que induzem à bem-aventurança. Entretanto, ações egoístas dirigidas apenas para atender às suas necessidades e desejos, com desrespeito às outras pessoas, anexam energia cármica negativa à sua Aura e prendem o Ego ainda mais à sua consciência. Ser egoísta em palavras ou ações sempre produz frutos tóxicos que tornam maior a ilusão do Eu. Lembre-se de que o maior golpe que o Ego faz é que você acredite que isso vem de você. Portanto, não caia nessa.

Quanto mais você ajudar os outros, e quanto menos você se concentrar em si mesmo, mais amor e unidade você sentirá com todas as coisas. Entretanto, fazer isso não é apenas confuso para o Ego, mas é contraintuitivo. Como tal, o Ego sempre tentará balançar você na direção oposta. Mas se você prosseguir com uma ação ou declaração que acione o princípio do amor, mesmo que isso comprometa o Ego, você se alinhará com seu Eu Superior para que você possa experimentar a felicidade. Em muitos casos, porém, você terá que acreditar antes de vê-lo porque o Ego é infiel por natureza, e é por isso que ele não pode ver o quadro geral.

Para realmente priorizar sua Evolução Espiritual, você deve começar a assumir total responsabilidade por suas ações, incluindo conflitos em sua vida. Pare de culpar os outros, mas entenda que é preciso "dois para dançar o tango". Ser o primeiro a pedir desculpas não o torna fraco, mas mostra que você está assumindo a responsabilidade por sua parte no conflito. Subconscientemente, isto permite que a outra pessoa saiba que precisa fazer o mesmo.

Por outro lado, se você continuar na defensiva, eles lhe retribuirão o favor e nada será resolvido. O conflito continuará a aumentar, evitando que sua energia amorosa prossiga para aquela pessoa cortada e até mesmo comprometendo seu relacionamento. As pessoas tendem a refletir o comportamento um do outro, especialmente durante o conflito. Portanto, tenha cuidado com suas ações e declarações porque o que você coloca, você recebe de volta.

Ao se tornar um guerreiro espiritual, um emissário de Deus - o Criador, você trabalha para expandir sua capacidade de amar incondicionalmente. Primeiro, você deve aprender a amar e respeitar a si mesmo, seu Eu Superior, e depois aplicar essa mesma quantidade de amor a outras pessoas. Consequentemente, ao demonstrar amor a outras pessoas, você demonstra amor ao seu Eu Superior, e vice-versa. Você deve remodelar seu caráter e sua personalidade desenvolvendo uma ética e moral que busque a unidade ao invés da divisão. Ao fazer isso, você se distanciará de seu Ego, permitindo uma completa transfiguração de mente, corpo e Alma que pode trazer felicidade eterna à sua vida.

SER UM COCRIADOR DE SUA REALIDADE

Muitas pessoas experimentam tremendos desafios no nível mental e emocional após um despertar da Kundalini. Após o influxo da energia da Luz e a sintonia com a Dimensão da Vibração, não se pode mais fechar-se do mundo exterior, mas sua consciência está aberta a ela 24 horas por dia, 7 dias por semana. Como isto acontece, o indivíduo pode perceber a energia da Kundalini como algo estranho que não faz parte dela, mas que controla sua vida. Por exemplo, muitos indivíduos acordados dizem que se sentem possuídos por esta energia e que uma rendição completa a ela é a resposta correta. Entretanto, a energia da Kundalini é passiva, pois é a energia feminina da Deusa Shakti. Esta energia vital exige que sejamos participantes ativos no processo da Criação, pois todas as energias passivas precisam de um catalisador para colocá-las em movimento.

O coração é o princípio motivador, o primeiro impulso que recebe seu ímpeto da força de vontade, o Fogo da Alma. Se a força de vontade está sendo usada continuamente, ela energiza o coração, movendo a mente, e o corpo segue. Após um despertar completo da Kundalini, o sistema de energia otimizado opera como uma força cega até que a força de vontade o controle. Como a força de vontade é masculina, ela atua sobre a energia feminina da Kundalini, animando-a e fazendo com que ela se mova na direção desejada.

Na verdade, a Kundalini é energia feminina, representando a criatividade, a imaginação e todas as partes do Eu, que opera como corrente negativa e passiva de energia. Sobre esta nota, entenda que as correntes de energia negativa e positiva não têm nada a ver com o bem ou com o mal, mas se preocupam com projetos de projeção e recepção de energia-masculina, enquanto que a energia feminina recebe. Como o despertar de uma Kundalini é um processo completo de transformação, ele envolve não apenas o aspecto feminino do Eu, mas também o masculino. Ela desafia você a usar sua nova energia masculina expandida usando sua força de vontade, o que lhe permite estar sempre à frente de sua realidade.

É crucial para você controlar ativamente o funcionamento da mente, que, por sua vez, influenciará e controlará o corpo. O precursor de toda ação é o pensamento, enquanto o progenitor do pensamento é a força de vontade. A força de vontade está no âmago de todas as coisas. Assim, ser um cocriador com o Criador é o desafio substancial da transformação da Kundalini, um desafio que você precisa começar a superar diariamente.

Estamos no Planeta Terra para manifestar qualquer realidade que desejemos, e é um dom de nosso Criador ter essa capacidade. Entretanto, se não usarmos esta capacidade em todo o nosso potencial, sofreremos emocional e mentalmente. E mais ainda, se não usarmos nossa força de vontade para controlar nossa realidade, seremos invariavelmente influenciados por outros que farão nosso pensamento por nós. Portanto, não há outra maneira de viver a não ser assumindo total responsabilidade por sua própria vida.

Além disso, se o corpo não for movido pela mente, você cairá vítima do funcionamento do Ego, que é uma inteligência à parte da Alma e do Espírito que parece funcionar em automático. O Ego está ligado à sobrevivência do corpo físico, operando através do elemento passivo da Água. Se sua força de vontade não estiver ativa, você estará constantemente sob o controle do corpo e do Ego. A força de vontade é um músculo que requer treinamento; pode ser um desafio trabalhá-lo, mas é recompensador além da medida. A energia cega da Kundalini não deve animar o corpo sem que a força de vontade esteja presente e em uso, pois isso implica em fatores externos que são seu catalisador. Em vez disso, a força de vontade deve controlar a energia da Kundalini, que então impacta a mente, colocando o corpo em movimento.

A mente sobre a matéria é uma falsa afirmação. É o coração sobre a mente, impactando a matéria. O coração vem em primeiro lugar, pois a força de vontade opera através dele. A mente é apenas um meio cego entre o corpo e o coração. Se não receber impressões da força de vontade, receberá ideias da vontade de outros, e não haverá mais controle da energia da Kundalini. Ao invés disso, a mente será a que terá o controle. As pessoas se enganam nesta parte. Às vezes elas agem como se a Kundalini fosse algo externo ao Eu que precisa ser escutado e seguido, esquecendo o propósito geral do despertar da Kundalini.

A Kundalini é um despertar do Eu Espiritual, do coração e da força de vontade do Eu Verdadeiro, que agora pode derramar no corpo e controlá-lo através da mente. Antes que isto possa ser alcançado, porém, muito trabalho tem que ser feito no interior. Você tem que se treinar para combater a negatividade do mundo exterior e superá-la. O mundo exterior, incluindo as pessoas e o meio ambiente, constantemente cria negatividade que se projeta em sua Aura, afetando negativamente seu campo energético.

O desafio mais significativo após o despertar da Kundalini é aprender diariamente a viver com a energia. É preciso entender os meandros de viver com essa energia e controlá-la em vez de ser controlada por ela. O Princípio de Gênero Mental *do Kybalion* entra em jogo quando se passa por uma transformação da Kundalini que afirma que os componentes feminino e masculino do Universo também estão presentes dentro da mente. Se você não usar sua força de vontade, suas energias serão impulsionadas por fatores externos como a força de vontade de outras pessoas. Este Princípio ou Lei do Universo não pode ser superado ou destruído. Ao invés disso, ele precisa ser respeitado e aplicado. O livre arbítrio é um dom e requer nossa máxima atenção. Afinal de contas, "Com grande poder vem grande responsabilidade". E se você quiser exercer grande poder e ser um catalisador de mudança, é necessário um trabalho interior árduo para o sucesso.

MANIFESTANDO SEU DESTINO

Para manifestar a vida que você sempre sonhou para si mesmo, você não terá outra escolha senão alinhar-se com sua força de vontade e aprender a usá-la. Mas, por outro lado, a preguiça e o fracasso na implementação de sua força de vontade resultará em estagnação ou involução em todos os casos. Além disso, transformará sua vida em caos, onde você se tornará a Lua dos Sóis de outras pessoas, em vez de ser seu próprio Sol, o centro de seu Sistema Solar. Em outras palavras, outras pessoas estarão encarregadas de sua realidade, pois sua atenção estará em agradar a elas em vez de a si mesmo.

Você tem que entender que primeiro precisa amar a si mesmo antes de poder amar saudavelmente os outros. E mostrar a si mesmo amor significa que você deve tomar suas próprias decisões na vida e orientar seu caminho. Você deve depositar toda a sua confiança e fé em si mesmo e saber que você é um presente para este mundo. Você é único, mesmo que tenha de acreditar cegamente nisso antes de vê-lo manifestar-se. Outras pessoas podem lhe dar conselhos que você deve pesar com pensamento crítico e discernimento, mas cada decisão que você toma tem que ser sua.

Um dos grandes mistérios da vida é que estamos destinados a ser CoCriadores com nosso Criador. Não estamos destinados a ser meros reflexos da realidade de outras pessoas. Com Deus em nossos corações, podemos viver nossos sonhos e, ao fazer isso, ajudaremos a evolução coletiva da humanidade. O ser humano é intrinsecamente bom, mas a crença em si mesmo é de primordial importância para que você possa superar seu Ego e alinhar-se com seu Eu Superior. Vejam, a maioria das pessoas não está buscando o sentido da vida, mas sentindo a excitação crua de estar vivo. Todos nós queremos viver no momento e saborear os frutos do Espírito Eterno, que é nosso direito inato.

Para começar a manifestar seu destino, você deve abandonar todas as crenças limitantes que lhe permitiram contentar-se com uma vida medíocre. Você não é seu condicionamento passado, e em cada momento de vigília, você tem o poder de sua vontade de refazer-se inteiramente. Você tem livre arbítrio, mas tem que aprender a exercê-lo e usá-lo produtivamente. Então, você pode ser o herói de sua própria história, se você escolher ser. É muita responsabilidade, mas como disse Voltaire: "Com grande poder, vem uma grande responsabilidade".

Ao aprender a não temer mudanças, você pode satisfazer os desejos de sua Alma e ser feliz. Entretanto, primeiro, você deve abraçar seu direito, dado por Deus, de ser um Co-Criador de sua vida. Pessoas preguiçosas e desmotivadas ficam ociosas e deixam a vida passar por elas, abrigando uma falsa crença sobre o que é o destino. Eles perderam sua força de vontade e estão sob o pretexto de que o que quer que esteja destinado a acontecer, acontecerá. Mas na realidade, se você não fizer algo acontecer, isso não acontecerá. É tão simples quanto isso.

Se você continuamente espera e reza para ganhar na loteria, mas não comprou sequer um bilhete de loteria, como você espera ganhar? Muitas pessoas que eu encontrei têm este ponto de vista. Elas querem acreditar que é apenas uma questão de tempo até que o Universo as recompense por suas "dificuldades", mas elas não estão fazendo absolutamente nada para serem o catalisador para a mudança em suas vidas. Eles acreditam que sua posição e condições de vida resultam de fatores externos e que tudo está "destinado a ser". Estas pessoas assumem zero responsabilidade por sua realidade e agem como vítimas de tudo o que a vida lhes lança. Eles encontraram consolo neste processo de vitimização e, em vez de sair dele e assumir o controle, eles culpam os outros e o próprio Universo de não serem felizes com suas vidas.

O ponto de vista acima está equivocado em sua essência. Entenda que o Universo é um recipiente de energia cego que requer o uso de nosso Livre-Arbítrio para decretar mudanças. Sem usar sua força de vontade, as coisas permanecerão como estão, permitindo que o Ego tenha controle total sobre sua vida. E o Ego quer agradar o corpo a qualquer momento; ele não tem nenhuma preocupação com o futuro. Lembre-se sempre que o Universo quer lhe dar o que você quer. Se você escolher ser preguiçoso, o Universo lhe fornecerá as ramificações dessa ação. Entretanto, se você assumir a responsabilidade por sua vida e fizer mudanças, o Universo irá recompensá-lo.

Espere que o Universo complete qualquer pensamento e desejo que você projete no Mundo Astral, portanto tenha cuidado com o que você pensa e deseja. Este Princípio Universal que forma a Lei da Atração precisa ser usado com precisão e grande responsabilidade. Você sofrerá se a usar de forma aleatória, pois nada se manifesta por acaso. Tudo o que se manifesta em sua vida é resultado de você magnetizar o Mundo Astral com seus pensamentos. Você pediu para estar onde está na vida, seja consciente ou inconscientemente. Até que você perceba isso, você não progredirá mais. Se você deixar outras pessoas pensarem por você, elas tomarão o controle de sua realidade enquanto você é simplesmente um passageiro em sua viagem, o que é doloroso para seu Criador. Deus quer que você seja um vencedor na vida, não um perdedor a quem as coisas simplesmente acontecem sem seu controle consciente.

Ninguém, incluindo seus pais e entes queridos, pode lhe dizer como viver sua vida. Somente você pode decidir isso por si mesmo. E é sua responsabilidade permitir que você mesmo descubra isso. Você pode alcançar quaisquer objetivos e sonhos se aplicar a energia certa para manifestá-los enquanto é determinado, persistente e teimoso para torná-los realidade. Se você deixar ouvir os outros lhe dizerem o que você deveria estar fazendo, então você mesmo e seu Criador falharam.

O caminho do iniciado da Kundalini é o caminho de um guerreiro Espiritual. O avanço espiritual requer a participação ativa do Eu com o Universo, o que envolve desempenhar o papel de CoCriador nesta realidade. Este caminho Espiritual não se trata de se tornar apenas um Rei ou Rainha do Céu. Ele requer que você se torne primeiro um Rei ou Rainha do Inferno. Em outras palavras, você deve aprender a lidar com a negatividade e dominá-la. Você deve dominar todas as partes do Eu que o impedem de ser a melhor versão de si mesmo. Você deve invocar coragem e enfrentar seus medos e superá-los enquanto aprende a ouvir a voz em sua cabeça que o inspira a viver na Luz e na verdade.

Os indivíduos totalmente despertados pela Kundalini em contato com o mundo da energia estão constantemente recebendo influências energéticas positivas e negativas externa e internamente. Eles estão totalmente abertos às forças da Luz, mas também às trevas. Viver com uma Kundalini desperta é muito mais desafiador do que viver sem ela, pois exige que você abrace esta nova realidade e faça uso de seus novos poderes. Exige que você use seu Princípio do Livre-Arbítrio em um nível mais elevado do que antes. Você deve se motivar e buscar respostas internas em vez de olhar para o exterior em busca de respostas. Você deve ser seu próprio Salvador, em vez de esperar que alguma Divindade desça dos Céus para salvá-lo.

Como um despertar Kundalini é uma ativação total do Chakra do Coração, é essencial notar que o coração se torna a força guia em sua vida. O coração é o oposto do Ego. O Ego procura satisfazer o corpo físico enquanto o coração é expressivo da Alma e do Espírito. Portanto, aprender a viver renovado a partir do centro do coração e usar sua força de vontade em todos os momentos é um dos maiores desafios de todos, mas que produz os frutos mais incríveis se for dominado.

TRABALHO E VIDA ESCOLAR

Um dos desafios significativos do processo de despertar e transformação da Kundalini é o desempenho no trabalho ou na escola. Estou focando aqui no trabalho e na escola, uma vez que estou falando das obrigações cotidianas que assumimos para manter um estilo de vida saudável. Você precisa de dinheiro para sobreviver na sociedade moderna; portanto, acho que você terá tido algum trabalho diário que o sustenta financeiramente. Por outro lado, se você é jovem e está apenas começando sua vida, então talvez você ainda não esteja trabalhando em tempo integral, e você está na escola, como eu estava quando tive o primeiro despertar da Kundalini. Ou talvez você esteja fazendo malabarismos tanto no trabalho quanto na escola, e foi agraciado com o despertar da Kundalini, seja ele espontâneo ou induzido conscientemente.

Seja qual for o caso, se você tiver optado por trabalhar duro e (ou) permanecer na escola, a vida lhe enfrentará com desafios particulares ao longo do caminho. Já falei brevemente sobre isto, mas sinto a necessidade de entrar em mais detalhes sobre este tópico. Primeiramente, você terá experiências noturnas quando a energia da Kundalini for muito ativa, e você não poderá induzir o sono a ser totalmente descansado pela manhã. Esta situação é algo a que você terá que se ajustar desde cedo. Você não pode mudá-la, mas só pode se adaptar a ela.

Meu conselho é que aprenda a relaxar o máximo possível. Encontre uma posição de sono que funcione melhor para você. Se você estiver dormindo de lado, então é provável que você entre num sono mais profundo do que se deitar de costas. Se você estiver deitado de costas, seu corpo estará em estado meditativo e, na maioria das vezes, isto resultará em uma Experiência Fora-do-Corpo e em um Sonho Lúcido. Sonhos Lúcidos são divertidos e emocionantes, mas não lhe darão o sono profundo que você precisa se o foco for estar o mais descansado possível de manhã para que você possa assumir suas rotinas. Lembre-se, os Sonhos Lúcidos ocorrem no Estado Alfa quando a consciência não está totalmente adormecida nem totalmente desperta. Ele é frequentemente acompanhado pelo sono REM, que significa "Movimento Rápido dos Olhos". No REM, seus olhos estão rolando para trás da cabeça enquanto você está dormindo. Não é perigoso estar no modo REM, mas pode ser fatigante e extenuante em seu corpo físico.

Enquanto você estiver no trabalho ou na escola, você pode não estar se sentindo o mais equilibrado emocional ou mentalmente alguns dias, o que pode resultar em você ter um "episódio" na frente de colegas de trabalho ou pares. É melhor entrar numa mentalidade diferente enquanto você estiver no trabalho ou na escola se você quiser permanecer incógnito para os outros. Reserve suas emoções para quando você estiver sozinho ou tiver um membro da família ou um amigo especial em quem você possa confiar.

Ter um episódio emocional na frente de pessoas em quem você não pode confiar colocará em risco seu trabalho. Lembro de muitos casos em que tive que manter a calma diante de meu chefe ou professor na escola para preservar meu trabalho ou a integridade escolar. É um desafio lidar com figuras de autoridade enquanto passa por uma transformação da Kundalini, já que elas não entenderão o que você está passando, mas o trabalho delas é mantê-lo na linha. Como mencionei antes, ajuda ter em mãos desculpas aceitáveis, e muitas vezes você não terá outra escolha senão mentir sobre sua situação para que você possa continuar ileso.

Sentir-se alienado devido à condição em que você se encontra tornará sua vida muito mais complicada do que se você disser uma mentira. Ajuda a fazer amigos no trabalho ou na escola, já que às vezes você precisará deles para lhe dar cobertura. Tente sempre com essas pessoas, pois elas serão de grande utilidade para você em certas situações. Lembro-me de ter amigos próximos na escola que me inscreviam nas aulas da manhã quando eu não conseguia chegar a tempo devido à impossibilidade de dormir na noite anterior. Esta situação me aconteceu muitas vezes. Aconteceu também que, se eu me sentisse em baixo e mal-humorado, meus colegas de trabalho me cobririam com desculpas para meu chefe, cujo trabalho é sempre avaliar o desempenho profissional de seus funcionários.

Lembre-se, a maioria das pessoas não vai entender o que você está passando, mas amigos e familiares podem aceitar que você precisa de ajuda às vezes com o que você acredita que está acontecendo com você. As pessoas que amam você mostrarão compreensão e oferecerão assistência, mesmo que não compreendam totalmente sua situação. Portanto, não cancele pessoas na sua vida inteiramente só porque elas não podem se relacionar com sua situação. Um verdadeiro amigo não o julga, mas mostra seu amor quando você precisa dele. Lidando com uma transformação da Kundalini, você verá quem são seus verdadeiros amigos.

INSPIRAÇÃO E MÚSICA

As pessoas frequentemente me pedem para dizer-lhes como um despertar Kundalini melhora sua vida cotidiana. Embora este seja um mecanismo evolutivo que pode abrigar você em outro estado de realidade, o efeito prático da mudança é que ela o inspira. Ser inspirado implica que você está em Espírito e não no Ego. Você está funcionando em um estado superior de realidade quando tudo parece possível. Ao conectar-se com a energia espiritual inefável, eterna e ilimitada, você pode explorar o verdadeiro potencial da vida.

O Domínio Espiritual é um lugar de puro poder e infinitas possibilidades. Você só pode acessá-lo através do Agora, o momento presente. Um despertar da Kundalini desencadeia este estado dentro de você. Uma vez que o circuito da Kundalini esteja aberto e otimizado, nutrindo-se a cada pedaço de alimento, ele ativa um processo contínuo de inspiração.

Claro, você oscilará entre o Ego e o Espírito ao dar prioridade às tarefas em sua vida, já que ainda terá que lidar com seus aspectos mundanos. Entretanto, ele será acompanhado por este movimento perpétuo de energia Kundalini dentro de você que é a fonte de inspiração ilimitada. Ela cria um sentimento de maravilha e inocência, o mesmo que você veria em uma criança que ainda não desenvolveu um Ego. É bonito e de tirar o fôlego a cada momento de cada dia, especialmente quando se chega ao ponto da evolução em que se pode ver Luz em todas as coisas, como descrevi anteriormente.

A Kundalini é o nosso caminho de volta à Fonte de toda a Criação. Quando atingimos este estado de consciência, as atividades da vida se tornam sem esforço. A dor e a ansiedade da vida humana, incluindo o sofrimento mental e emocional, é substituída pela inspiração, realização, paz interior e felicidade duradoura. A alegria que se experimenta em seu coração e o arrebatamento que vem com ela é ilimitada. De fato, para viver plenamente como seres humanos espirituais e obter o máximo da vida, precisamos ser inspirados. E um despertar da Kundalini nos dá isso.

Muitas vezes em minha vida, me encontrei em estados tão extasiantes que precisei cerrar os dentes para fundamentar a sensação de que a energia da Kundalini corria através de mim. Muitas vezes experimentei os estados inspiradores mais intensos simplesmente por ouvir música. Seu gosto pela música determina o tipo de emoção que você experimentará, já que toda música procura criar algum sentimento em você. Meu tipo preferido de música e aquele que eu acho minha energia Kundalini mais amplificada é a música épica do cinema. Isto inclui música de cinema de compositores como Hans Zimmer, que fez a trilha sonora de The Dark Knight Trilogy, The Last Samurai, Gladiator, The Rock, Thin Red Line, King Arthur, Dune, Man of Steel, Inception, Interstellar, e muitos outros.

Filmes inspiradores que levam sua mente e seu coração em uma jornada emocional geralmente tratam de temas de consciência superior. Temas de honra, lealdade, respeito e maravilha mística estão entre os meus favoritos, uma vez que eles se aprofundam nas partes mais profundas da minha Alma que a transformação da Kundalini despertou. Estes temas e a música épica dos filmes me inspiram e me mantêm em estados muito elevados ao longo do dia, permitindo-me escrever, desenhar e, de outra forma, explorar minha criatividade expandida.

Eu ouço música todos os dias, às vezes durante horas a fio. Fazer isso me coloca em um estado de espírito inspirador onde parece que o que estou ouvindo é a trilha sonora de qualquer tarefa que estou fazendo. Por exemplo, dirigir e ouvir música épica de cinema parece que qualquer música que estou tocando faz parte da trilha sonora da minha vida. Descobri que a música é a fonte de inspiração mais significativa em minha jornada na Kundalini e estou muito grato por fazer parte de uma sociedade com tantos músicos e compositores incríveis presentes.

PARTE X: CONTROLE DE DANOS DA KUNDALINI

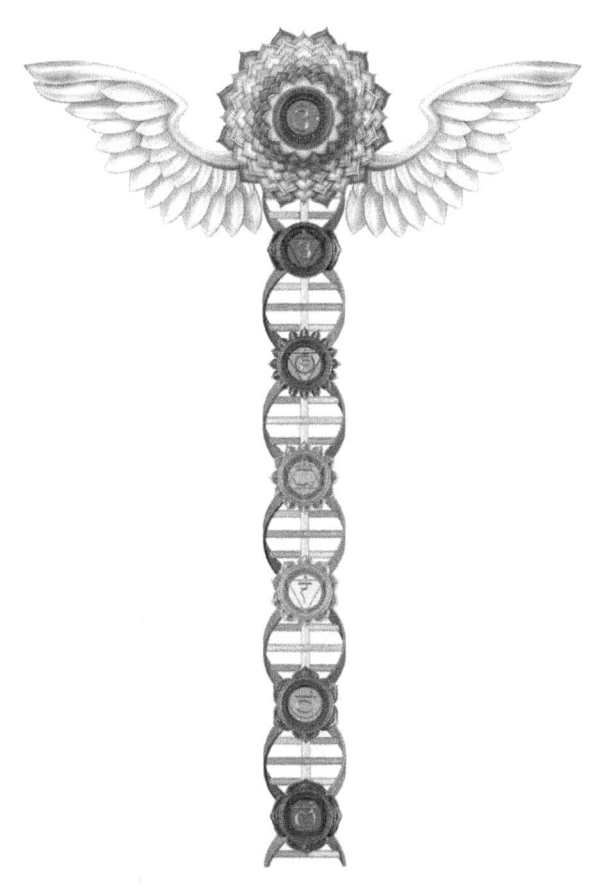

KUNDALINI E CURTO-CIRCUITOS

Ao passar pelo processo de despertar da Kundalini e integrar a energia dentro de você mesmo, você provavelmente encontrará algumas armadilhas que podem acontecer como resultado do curto-circuito Ida ou Pingala. Ao falar com muitos outros indivíduos despertados pela Kundalini através das mídias sociais e pessoalmente, descobri que estes "curto-circuitos" são uma questão comum. Entretanto, a maioria das pessoas desconhece que podem reconectar os canais Ida e Pingala para criar novamente um fluxo de energia adequado na cabeça. Eu chamo este processo de "Reinício Manual Kundalini". Você pode reiniciar o sistema manualmente com exercícios de meditação que descobri ao invés de apenas esperar que o Universo o ajude.

Sushumna nunca pode curto-circuitar, pois seu fluxo de energia é através do tubo oco da coluna vertebral, e está conectado ao centro do cérebro, à área do Terceiro Ventrículo que contém o Tálamo, Hipotálamo e as Glândulas Pineal e Pituitária. Quando Sushumna atinge o centro do cérebro, sua energia se espalha para fora como tentáculos para as partes externas do cérebro e para a cabeça. Mas Ida e Pingala, como são canais auxiliares ou Nadis, regulam a mente, o corpo e a Alma e são afetados por pensamentos e emoções. Para ser exato, Ida governa as emoções, enquanto Pingala controla a força de vontade. Ida é expressivo do Elemento Água, enquanto Pingala é expressivo do Elemento Fogo. É comum que eles provoquem um curto-circuito se a qualidade dos pensamentos e sentimentos dentro deles se tornar intensamente corrompida.

Ao longo dos anos, eu me encontrei nesta situação muitas vezes. Ansiedade prepotente em relação ao futuro, uma mente assustada, incapacidade de pensar claramente ou obsessão por eventos passados são pensamentos ou emoções típicas que podem dificultar substancialmente o sistema Kundalini. Eles vão contra o Espírito e tiram a pessoa do Agora, o momento presente, fechando completamente a fonte de inspiração da pessoa, a Coroa.

Os curto-circuitos da Kundalini geralmente ocorrem devido a um pensamento ou emoção baseada no medo que percorre a mente por um período prolongado. Exemplos comuns incluem o fim de uma relação romântica amorosa, falecimento de entes queridos, pressão intensa no trabalho ou na escola, etc. Os eventos menos comuns incluem ser estuprado, sequestrado, testemunhar um assassinato ou outras situações traumáticas onde sua vida está em perigo. Em todos estes exemplos de eventos potenciais da vida, alguns menos maus ou macabros que outros, o fio condutor comum está desencadeando estresse e ansiedade que perpassa a mente, o corpo e a alma.

Quando eventos como este ocorrem, seu corpo está em modo "luta ou fuga" com o Sistema Nervoso Simpático em plena marcha. O Ego se agarra a pensamentos negativos com todas as suas forças, tentando trabalhá-los internamente. Como tal, sua consciência é retirada do Elemento Espiritual e dos Chakras superiores, fazendo com que você perca a conexão com o fator transcendência. Dependendo da duração do estresse e da ansiedade, o Ego pode rapidamente ultrapassar o Eu Superior durante este tempo, colocando Ida, Pingala ou ambos os canais em perigo. Se de alguma forma você puder sair deste estado a tempo, você pode evitar um curto-circuito, mas tudo isso depende do que você focaliza sua atenção durante o próximo pouco tempo.

O mais comum é um curto-circuito em Ida, o canal feminino, que ocorre devido às emoções serem dominadas pela energia do medo. O Ida é passivo, assim como os sentimentos. Lembre-se de que se os três canais estiverem funcionando corretamente, a energia do Espírito se libera dentro do Eu, permeando o Corpo de Luz e resultando em um arrebatamento nirvânico. Enquanto neste estado, não se pensa em termos de passado ou futuro. Ao invés disso, eles existem no Agora, trazendo a transcendência mística que mencionei.

Quando você é tomado por algo emocionalmente desafiador no momento presente que traz consigo um alto grau de energia de medo, você é imediatamente tirado deste estado transcendental. Se a emoção negativa for poderosa o suficiente, ela pode fazer cair o canal Ida. Isto significaria que você perderá o contato com a transcendência das emoções, tornando seu estado natural negativamente carregado. Como tal, sua capacidade de experimentar o medo será tremendamente aumentada.

Lembre-se do que eu disse muitas vezes antes: o estado mais elevado da consciência despertada pela Kundalini é aquele em que a dualidade é transcendida, incluindo a experiência do medo. Um indivíduo plenamente desperto da Kundalini tem o objetivo de superar o medo por completo. Entretanto, a menos que você viva em um Templo ou Ashram em algum lugar e esteja longe da imprevisibilidade e do caos da sociedade moderna, você encontrará invariavelmente eventos da vida que o colocarão de volta em contato com o medo. A forma de lidar com esses eventos depende se você preservará a integridade do sistema Kundalini ou se as coisas ficarão fora de equilíbrio.

Como Pingala está relacionado à forma como você expressa sua força de vontade, ele também pode colapsar devido à inatividade e não seguir sua Verdadeira Vontade. Se isto acontecer, você não receberá mais um influxo do Elemento Fogo. Você pode ter transcendência em suas emoções, mas lhe faltará a inspiração. O impulso necessário de energia masculina que você precisa para lutar na vida desaparecerá por enquanto. Você se tornará estagnado na jornada de sua vida e não realizará grande coisa.

Por outro lado, não há objetivo muito alto e nenhuma tarefa muito difícil quando Pingala está plenamente ativo. Pingala tem menos probabilidade de curto-circuitar, desde que você siga seu caminho espiritual e aja consistentemente com sua força de vontade. Ida e Pingala devem equilibrar-se um ao outro quando funcionam corretamente. A transcendência nas emoções, aliada à inspiração contínua, deve fazer você se sentir como um Semi-Deus que pode realizar qualquer coisa a que você se dedique. Cada momento acordado é um arrebatamento, e você é a causa e o efeito, a pergunta e a resposta em um - o Alfa e o Ômega. O Espírito está continuamente alimentando sua Alma, e seu Eu Superior se comunica diretamente com você.

Um exemplo típico de como Pingala pode entrar em curto-circuito em uma situação insalubre ou tóxica, tal como uma relação romântica ou parental codependente onde outras pessoas fazem o seu pensamento por você. Qualquer coisa que afete seu livre arbítrio e seu direito dado por Deus de tomar suas próprias decisões na vida afeta como o canal Pingala funciona. Portanto, é de importância crucial gerar continuamente sua própria realidade através do uso de sua força de vontade. Dito isto, geralmente leva um pouco de tempo para que Pingala seja colocado em perigo. Está mais relacionado com suas crenças na vida, assim como a natureza do Elemento Fogo. As emoções são instantâneas, portanto Ida está mais frequentemente em perigo.

Sushumna não pode nunca curto-circuitar, já que fazê-lo seria deixar sua energia Kundalini cair por completo e não ter nenhuma função, e eu nunca ouvi falar disso acontecendo. Acredito que uma vez aberta, ela está aberta para a vida e o tubo oco da coluna vertebral transporta esta energia do cóccix, a espinha dorsal, para o centro do cérebro. Talvez a única maneira possível de parar de trabalhar seja com alguma lesão grave da medula espinhal. Ainda assim, nunca ouvi falar de isso acontecer com ninguém, então estou apenas especulando.

Como o canal de Sushumna libera energia Kundalini no cérebro, que depois se espalha para fora, a parte central de conexão do centro do cérebro até o topo da cabeça logo acima dele é o canal primário ou corrente de Sushumna. É o mais espesso em termos das cordas da Kundalini que se unem para criar este canal. Os fios da Kundalini são semelhantes a esparguete, embora ainda mais finos. São os Nadis que se espalham para fora dos centros energéticos, os Chakras, e os três Nadis primários que terminam na cabeça. Desta forma, estes filamentos de energia Kundalini chegam à superfície da cabeça, tronco e membros. Parecem ramos de árvores que transportam a energia da Kundalini através do Corpo de Luz no interior.

Há mais fios de Kundalini na cabeça do que em qualquer outra parte do corpo. Afinal de contas, a cabeça e o cérebro são o "centro de comando", a sede que regula todos os processos da mente. O coração, porém, governa as operações da Alma. Mas o coração se expressa através da mente. Portanto, a mente é o meio de expressão para a Alma e o Espírito. Como mencionado, o Chakra do Coração, Anahata, é outro centro de energia crítica no corpo onde a maioria desses Nadis convergem e se ramificam para fora. Assim, agora você pode ver porque o Axioma hermético de "Tudo é Mente, o Universo é Mental" é a espinha dorsal de toda a filosofia hermética. Nossas mentes são os elos de ligação entre o Espírito e a Matéria. E a mente se expressa através do cérebro, que é o Sistema Nervoso Central do corpo, juntamente com a coluna vertebral.

O canal Sushumna nunca pode curto-circuitar, mas a conexão do cérebro ao topo da cabeça pode. Não acontece com tanta frequência quanto o curto-circuito Ida e Pingala, mas pode e acontece. Normalmente acontece se a Ida, assim como Pingala, colapsam ao mesmo tempo. Também pode ocorrer se você concentrar sua força de vontade em pensar internamente em demasia. Você coloca sua atenção em seu subconsciente fazendo isso, puxando a energia para a parte de trás da cabeça em vez de para cima.

Devemos concentrar nossas energias para a frente da cabeça, no Ajna Chakra, correspondendo ao nosso estado natural de vigília. E, ao nos concentrarmos no Terceiro Olho, criamos um elo com Sahasrara acima. Portanto, a obsessão e os pensamentos obsessivos podem ser muito prejudiciais ao fluxo de energia dentro do cérebro e podem criar bloqueios. Um alinhamento adequado com o centro superior da cabeça é necessário para atingir o estado de transcendência, uma vez que a Coroa representa a Unidade. Qualquer pensamento desequilibrado ou uso impróprio da força de vontade compromete todo o sistema Kundalini uma vez que seu propósito é mantê-lo no presente, o Agora, em um constante sentimento de inspiração.

KUNDALINI E DROGAS RECREATIVAS

O uso e abuso de substâncias é um tópico essencial dentro dos círculos da Kundalini que é frequentemente negligenciado por causa de seu fator tabu. Independentemente disso, este tópico precisa ser trazido à Luz porque muitos indivíduos se voltam para as drogas recreativas, incluindo o álcool, em algum momento de sua jornada para ajudá-los a lidar com as questões mentais e emocionais que se seguem a um despertar espiritual. Eu fui uma dessas pessoas há muitos anos, por isso este tópico me é caro por causa de minhas próprias experiências e meu desejo de compartilhá-las com os outros de uma forma informativa.

Depois de ter sido predisposto a um estilo de vida selvagem e socialmente ativo, passei pelo cerne da minha transformação Kundalini em meados dos meus 20 anos de idade. Sendo alguém que sempre acreditou em viver a vida ao máximo e sem arrependimentos, experimentei com drogas recreativas e álcool mesmo antes de despertar a Kundalini. No entanto, eu era mais um usuário com o objetivo de aprimoramento, que usava substâncias para me conectar à realidade espiritual, ao invés de alguém que fazia isso para entorpecer a dor emocional de eventos indesejados na vida.

Entretanto, após o despertar, comecei a usar cannabis para ajudar a aliviar o tremendo medo e ansiedade que permanentemente se tornaram uma parte de mim. E assim, experimentei com diferentes variedades de maconha durante os doze anos seguintes de minha vida. Através da experiência veio a sabedoria e o conhecimento da ciência das drogas recreativas e do álcool, de modo que quando virei as costas a ambos mais tarde em minha vida, eu sabia exatamente por que estava fazendo isso - sabia o que estava perdendo e o que estava ganhando no processo.

Acredito na total transparência sobre este tópico para que você possa compreender as reais repercussões do uso e abuso de substâncias. Afinal de contas, a Kundalini despertou indivíduos em uma sociedade norte-americana que vivem um estilo de vida muito diferente dos indivíduos despertados na Índia ou em outras partes do mundo. Todos nós queremos "nos encaixar" e ser "legais" e aceitos por nossos pares. E também ser aqueles que não têm uma viagem muito mais dura do que outros.

De falar a muitos indivíduos de Kundalini desperta pelas mídias sociais e pessoalmente, concluí que a maioria experimentou drogas e álcool em algum momento de suas vidas e que é um tema comum. Portanto, ignorar completamente este tema é irrealista e deixa você aberto ao perigo. Em vez disso, a compreensão da ciência por trás das drogas recreativas e do álcool quando aplicada ao sistema Kundalini lhe permitirá tomar uma decisão consciente sobre seu uso em sua jornada de despertar. Você também saberá o que fazer quando tiver ido longe demais com seu uso e tiver colocado em risco a integridade do sistema Kundalini.

A CANNABIS E SUAS PROPRIEDADES

A cannabis é a droga recreativa mais popular em todo o mundo e sempre foi. Consequentemente, os indivíduos despertados pela Kundalini são propensos a experimentá-la e até mesmo torná-la parte de sua jornada espiritual. A maioria de vocês sabe o que a cannabis faz e seus efeitos, mas muitos desconhecem a vasta ciência por trás dela e suas intrincadas propriedades.

A cannabis, também conhecida como maconha ou "weed", é uma droga psicoativa destinada ao uso medicinal e recreativo. É utilizada por seus efeitos mentais e físicos, proporcionando resultados como mudança de percepção, aumento da disposição e entorpecimento do corpo físico. A planta da maconha é cultivada naturalmente na Terra. Seu uso se tornou tão difundido que muitos países, incluindo o Canadá, legalizaram seu uso.

A Cannabis contém todos os Cinco Elementos dentro dela, e ela ativa todos os Sete Chakras. A própria folha da planta de cannabis é simbólica, pois tem sete pontos ou partes que a compõem. Sete é um número significativo no esoterismo e tradições religiosas. Em primeiro lugar, temos as sete cores do arco-íris (relacionadas aos Sete Chakras) e os correspondentes Sete Planetas Antigos (Figura 161). Em seguida, temos os sete dias da semana (correspondentes aos Sete Planetas Antigos), sete notas-chave na escala musical, sete continentes, sete mares, sete buracos que levam ao corpo humano, sete pecados capitais (mortais), sete virtudes capitais, sete Princípios Herméticos da Criação, sete Selos do Apocalipse na *Bíblia Sagrada*, Sete Arcanjos, sete níveis de consciência no budismo, sete portões do sonho no xamanismo, e os sete Céus do Islã, Judaísmo e Hinduísmo. Estas associações aludem a sete sendo um número muito Espiritual, coincidindo com o fato de a maconha ser uma droga altamente Espiritual.

A cannabis é usada na medicina para curar a mente, o corpo e a alma. Ela adormece a dor física dos pacientes com câncer e afeta o estado emocional das pessoas diagnosticadas com problemas mentais e emocionais. Por exemplo, pessoas diagnosticadas com depressão clínica se voltam para a cannabis por causa de seus efeitos eufóricos. Foi comprovado em estudos clínicos que a cannabis rebrota as células e as renova. Quando aplicada corretamente e nas doses adequadas, a cannabis pode ser benéfica para você a nível celular.

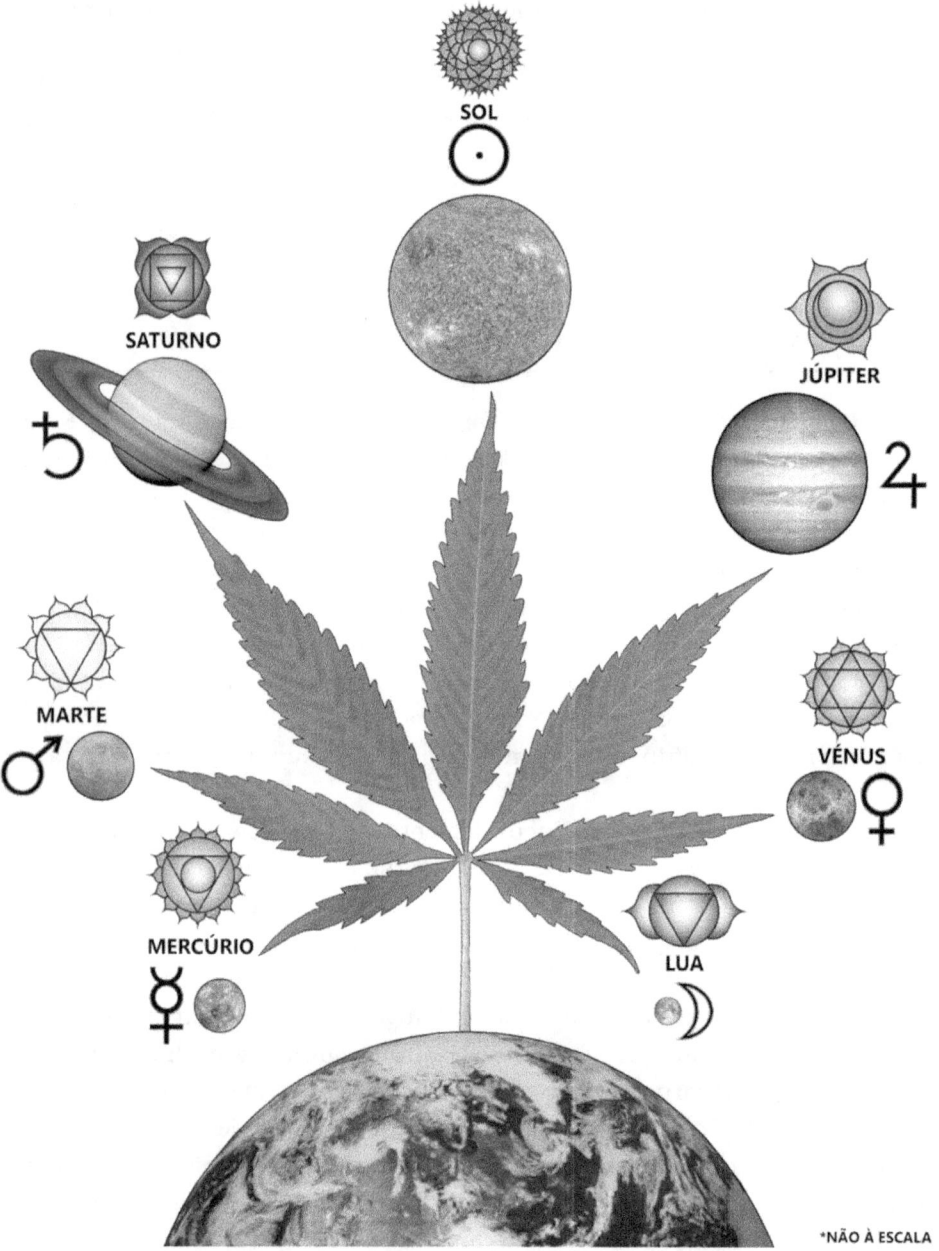

Figura 161: A Folha de Cannabis e suas Correspondências Magickas

Algumas religiões, como os Rastafarianos, até mesmo a utilizam regularmente como parte de sua prática religiosa. Algumas seitas também a utilizam como parte de técnicas particulares de meditação dentro de suas tradições ou grupos. A maioria do mundo percebe o poder da cannabis de se conectar ao Espírito e curar a mente, o corpo e a Alma. Além do álcool, as pessoas geralmente recorrem à maconha para ter um vislumbre da transcendência da maneira mais segura possível.

A Cannabis faz você se sentir feliz e eufórico. Ela coloca você em contato com o momento presente, o Agora, que eleva sua consciência além das negatividades do conteúdo da mente. Ao contrário do álcool e da maioria das outras drogas recreativas no Planeta, ninguém jamais teve uma overdose de maconha. É claro que se deve agir com responsabilidade, tal como não operar veículos motorizados quando sob sua influência.

KUNDALINI E O USO DE CANNABIS

Fumar cannabis em sua jornada de transformação da Kundalini pode ter efeitos positivos. Entretanto, você deve abordar sua aplicação como um médico e usar as informações desta seção como uma diretriz para o tratamento. Como mencionado, certos tipos e variedades de cannabis funcionam bem para aliviar alguns dos potenciais efeitos adversos na mente e no corpo após um despertar completo da Kundalini. Estes incluem ansiedade, estresse, nebulosidade cerebral, humor, depressão, insônia, bloqueios criativos, incapacidade de concentração, etc.

A Cannabis pode lhe dar alívio temporário destes sintomas, o que pode ser bastante bem-vindo quando você está em uma situação desesperada, como muitos o são. Entretanto, você deve saber desde o início que fumar maconha é um meio para atingir um fim e não o fim em si mesmo. Se você vê cada sessão de fumo como uma experiência de aprendizado, como um cientista da mente, você pode aprender a reproduzir a maioria de seus efeitos ao longo do tempo sem seu uso.

A cannabis foi meu método de aliviar o estresse na casa dos 20 anos e a única droga recreativa que achei benéfica em minha jornada espiritual. Acabei parando de fumar por completo, e descreverei os efeitos positivos, já que são muitos. Ainda assim, quando estava lidando com medo e ansiedade ou explorando estados místicos ou transcendentais exacerbados, eu usava cannabis. Por esta razão, vou me concentrar mais na cannabis do que em outras drogas recreativas nesta seção e lhes darei a ciência fundamental por trás dela, como a aprendi ao longo dos anos. Meu conhecimento e experiência nesta área podem ajudar muitos que estão abertos a experimentar e usar a maconha, mas carecem de orientação.

A cannabis pode ser muito benéfica, ajudando a limpar bloqueios ou movimentos impróprios da energia da Kundalini no sistema. Ela move a Kundalini dentro do Corpo de luz e acelera seu fluxo através dos canais internos. Uma vez acelerada, a Kundalini se encontra em estado Fora do Corpo com toda uma gama de experiências Espirituais. Estas experiências incluem maior inspiração e criatividade, Gnose, e visões místicas.

Uma vez que você se projetar para fora de seu corpo, você permanecerá lá enquanto a cannabis age sobre a Kundalini. Este processo leva um mínimo de meia hora e pode durar até três, até mesmo quatro horas. Além disso, como a energia Prânica se move mais rapidamente através do sistema Kundalini, ela empurra para fora quaisquer pensamentos ou emoções negativas ou baseadas no medo, por enquanto. Por esta razão, a cannabis é frequentemente prescrita medicamente para pessoas com ansiedade crônica ou depressão. E como os indivíduos despertados pela Kundalini são propensos a problemas mentais e emocionais decorrentes do medo e da ansiedade, a maconha pode ser bastante benéfica para você para ajudá-lo a superar esses estados.

Como tal, acredito que a cannabis pode ter um papel positivo em sua jornada espiritual. Ela pode servir como um poderoso catalisador que pode desencadear um despertar completo da Kundalini ou ajudá-lo no processo de transformação, se você já estiver desperto. Por ser fácil de obter e usar, é vantajoso para indivíduos que se sentem presos em sua jornada Espiritual e não têm a quem recorrer para obter apoio emocional ou mental ou precisam daquele empurrão ou estímulo extra para colocá-los novamente no caminho certo. Afinal, enquanto nesses estados "altos", o Ego se torna silencioso, permitindo-nos contatar nosso Eu Superior e pedir orientação.

Entretanto, há armadilhas em fumar maconha que precisam ser discutidas e exploradas. Por exemplo, não se deve fumar cannabis com muita frequência, pois isso coloca a Kundalini em excesso, o que pode ter efeitos nocivos. Em outras palavras, você não deve apenas usar cannabis para ajudá-lo a superar seu estado emocional negativo, mas deve encontrar uma prática espiritual poderosa como o Cerimonial Magick, Yoga ou qualquer uma das modalidades espirituais deste livro e depois usar cannabis como uma especiaria. A maconha é apenas uma fixação temporária ou um meio para explorar estados de consciência mais elevados. Dito isto, nunca ouvi falar de alguém vivendo com uma Kundalini desperta que fumava cannabis algumas vezes por mês e que se prejudicava espiritualmente.

Como a cannabis acelera o sistema Kundalini, isto pode ser bom ou ruim. É uma coisa boa porque remove os bloqueios de energia mental e emocional garante que a Ida e a Pingala funcionem corretamente. Entretanto, pode ser prejudicial quando não há Prana suficiente no sistema Kundalini em que a maconha possa atuar. Se ela começar a se mover muito rápido, pode danificar o sistema energético geral. Por esta razão, eu disse que é crucial não fumar maconha todos os dias. Em vez disso, dê a si mesmo tempo entre os dias para reconstruir seu sistema de energia com a ingestão de alimentos. Caso contrário, podem ocorrer bloqueios ou um curto-circuito total.

A cannabis é uma droga que funciona principalmente nas emoções; por isso, o canal feminino da Ida está em perigo quando se fuma cannabis ou se ingere-a de forma comestível. O Pingala provoca curtos-circuitos com menos frequência do que a Ida, e muitas vezes é o resultado de um processo gradual de não usar seu princípio masculino, sua força de vontade, por algum tempo. Se você usa cannabis ao acaso, você corre até o risco de curto-circuitar a energia da Kundalini no centro do cérebro, onde os três Nadis se encontram antes de subir ao Sahasrara. Esta situação só pode acontecer se você usar demais a cannabis e fumar todos os dias, especialmente se você estiver fumando cepas que não são propícias ao sistema Kundalini, como muitas Índicas.

A reconstrução do canal do centro do cérebro até o topo da cabeça é um longo procedimento que muitas vezes pode ser alcançado com um tipo de meditação que apresento a seguir a este capítulo. Mas se esta meditação não funcionar, poderá ser necessária mais energia Prânica para reconstruir o canal recebido através da ingestão de alimentos e da conservação de sua energia sexual. Fazendo isso pode restaurar os fios da Kundalini no cérebro, e com o uso da meditação apresentada, você pode realinhar a Kundalini e trazê-la de volta para Sahasrara novamente.

A maioria dos indivíduos despertados pela Kundalini que conheci em minha jornada têm experiência com a maconha. Muitos deles a usam ocasionalmente e a consideram benéfica em suas jornadas espirituais. Para ser claro, não estou estimulando o uso da maconha, mas também não posso negar seus efeitos positivos. Com isso em mente, a maconha não é para todos, portanto, pise com cuidado se você optar por experimentá-la, já que seus efeitos variam de pessoa para pessoa. Entretanto, há um alto nível de consistência em relação a determinados tipos e cepas que vou discutir.

A cannabis é volátil. Esta é a sua natureza. Se você fuma o que quer que lhe seja oferecido nos círculos sociais, você pode se meter em problemas. É comum antecipar uma experiência positiva com a erva daninha de rua, mas, em vez disso, obter uma experiência negativa. Em vez de relaxar sua mente como você espera, isso pode deixá-lo paranóico e agitado.

Uma boa base de conhecimento de cepas de canábis permitirá que você obtenha uma "brisa controlada". Ela permitirá que você controle o processo e saiba o que você espera. Cepas diferentes têm efeitos mentais, emocionais e físicos diferentes. Se você for psicologicamente sensível demais para seu uso, no entanto, não importará a cepa que você fuma; você ainda poderá ficar paranóico e ansioso toda vez que a usar. Em minha experiência, é mais comum as mulheres ficarem paranóicas quando usam maconha do que os homens. Independentemente disso, tudo depende de sua composição psicológica.

Entenda que é impossível ter naturalmente a energia da Kundalini expandindo seu sistema energético se você estiver fumando maconha diariamente. A cannabis precisa do Prana dos alimentos que você come, e ele o bebe toda vez que você o usa. Portanto, se você fuma diariamente, não haverá energia Prânica suficiente em seu sistema para que a cannabis possa agir. Como um indivíduo desperto da Kundalini, você não deve abusar de nenhuma droga. Pessoas não despertadas podem escapar com o abuso da maconha, enquanto uma pessoa desperta não pode.

Suponha que você esteja há muitos anos em sua transformação da Kundalini e tenha superado o medo e a ansiedade iniciais. Nesse caso, talvez seja prudente omitir completamente o uso da cannabis em sua jornada espiritual. Ao inseri-la na equação, você irá extrair o Prana de seu sistema energético, afetando negativamente seu objetivo de alcançar naturalmente estados transcendentais de consciência. Além disso, você pagará por cada experiência transcendental positiva ao usar cannabis, já que terá que reconstruir o sistema Prânica no dia seguinte. E se você usá-lo em excesso, o que é comum, e tributar o Prana mais do que você coloca, você estará voltando significativamente em sua jornada espiritual.

TIPOS E VARIEDADES DE CANNABIS

É fundamental exercer moderação e usar a cannabis com sabedoria e respeito para não danificar seu sistema energético. Eu não conseguiria enfatizar isso o suficiente. Em vez de apenas desestimular totalmente seu uso, o que seria irrealista considerando a popularidade e o poder espiritual da planta, posso oferecer alguma visão sobre os diferentes tipos e cepas de maconha e advertir contra o uso de outras.

No passado, a cannabis era algo que crescia como uma planta lá fora, que era cortada, seca e depois fumada para produzir uma "alta". Esta alta era sempre quase a mesma, já que a maconha retém características específicas por fora e perde e ganha outras propriedades quando cultivada por dentro. Este tipo de canábis é chamado de Cess. É natural, cultivada ao ar livre e amplamente utilizada nas ilhas caribenhas e depois importada para a América do Norte.

Cess é como a maioria das pessoas com mais de quarenta anos conhece a cannabis, pois foi a ela que estiveram expostas enquanto cresciam. Nos últimos dez anos, porém, o campo de estudo da maconha evoluiu dez vezes, e diferentes tipos de maconha inundaram o mercado. A principal razão pela qual a maconha evoluiu como planta é seu uso no campo da medicina. À medida que a cannabis foi sendo aceita como medicina alternativa, certas cepas foram desenvolvidas, o que discutirei em detalhes. Descobri que algumas dessas cepas são muito benéficas para o processo de despertar da Kundalini e algumas inúteis e até mesmo prejudiciais.

Os dois principais tipos de cannabis que evoluíram após a era Cess são Sativas e Indicas. As Sativas têm um alto teor de Tetrahydrocannabinol (THC) e menos Cannabidiol (CBD), enquanto as Índicas têm menos THC e mais CBD. A CBD é o que dá ao corpo uma sensação de entorpecimento. É o material que faz o corpo sentir-se "alto". Quanto maior o conteúdo de CBD, mais significativos são os efeitos sedantes sobre o corpo físico.

As Índicas são frequentemente prescritas para pacientes com câncer e pessoas que têm esclerose múltipla, artrite e epilepsia. A razão pela qual as Índicas são adequadas para essas pessoas é por causa de suas propriedades de entorpecer o corpo e aliviar a dor. A maioria dos pacientes com doenças que criam dor física é prescrita como agente anestésico para o corpo. Muitos desses pacientes também têm frequentemente problemas com a alimentação, e as Índicas são conhecidas por aumentar mais o apetite do que as Sativas. O efeito típico de muitas Índicas é o "paralisia do sofá", o que significa que ele tranquiliza tanto seu corpo e sua mente que você se vê incapaz de se levantar do sofá.

Os pacientes com câncer também são frequentemente receitados com óleo de CDB devido ao nível concentrado e elevado de CDB, fornecido na forma de gotas líquidas. Quando a cannabis é ingerida, ela é entregue mais rapidamente no corpo e geralmente é muito mais potente. Com o óleo de CBD, você tem controle total sobre a quantidade de CBD que deseja trazer para o corpo, uma vez que os efeitos são cumulativos conforme quantas gotas você toma.

As Sativas são mais do tipo "cabeça ou mente alta", pois o THC é psicoativo, o que significa que afeta profundamente a parte psicológica. As Sativas ajudam a aliviar problemas mentais e emocionais, pois este tipo de cannabis aumenta a criatividade enquanto induz a euforia e acalma a mente. Sativas são frequentemente prescritas a pessoas que passam por problemas mentais e emocionais, incluindo ansiedade crônica, depressão, neuroses e outros problemas onde a mente é ultrapassada pela negatividade enquanto o corpo físico permanece inalterado. As Sativas funcionam muito bem para relaxá-lo, mas deixam-no relativamente consciente e funcional. Por outro lado, a maioria das Índicas, em minha experiência, parece desligar todas as funções cognitivas.

Os híbridos são uma mistura de Índicas e Sativas. Eu descobri que o uso de alguns híbridos é bastante benéfico, mas eles geralmente têm muito menos CDB e mais THC, que é a natureza das Sativas.

Em termos da jornada de transformação da Kundalini, a cannabis pode ser muito benéfica no tratamento de crises de ansiedade, medo e a negatividade emocional e mental geral que um despertar completo da Kundalini traz consigo na maioria dos casos. Além disso, se você estiver tendo dificuldades com seu apetite devido a ser dominado pelo medo, fumar maconha geralmente produz os "munchies", o que significa que você buscará comida depois de fumá-la. A maconha também é adequada para a insônia, com a qual tive um problema durante alguns anos após o despertar. Embora as Índicas sejam frequentemente receitadas para insônia por médicos, sempre dormi como um bebê após uma sessão de fumo de Sativas.

Em termos de minha experiência pessoal com a cannabis, só usei Sativas e aprendi a me manter afastado das Índicas desde cedo em minha jornada. As Sativas sempre relaxaram minha mente enquanto me levavam em uma agradável "viagem" mental. Elas removiam todo o medo e ansiedade neutralizando meu Ego. Quando eu estava sob a influência das Sativas, fui capaz de refrescar tudo positivamente por causa do sentimento elevado de euforia mental que eu estava experimentando. Eu também estava mais em contato com o momento, o Agora, e muito inspirado. Sempre senti que meu Eu Superior estava em grande parte no comando quando eu estava sob a influência de Sativas. Outros indivíduos da Kundalini despertados relataram todos os mesmos efeitos. Todos nós geralmente usávamos Sativas e não encontrávamos muito uso nas Índicas. Isto porque a Kundalini é uma energia sutil que afeta a própria psicologia em vez do corpo físico.

Muitos tipos diferentes de linhagens estão disponíveis no mercado, com efeitos variados sobre a mente, corpo e alma. Algumas Sativas são melhores para inspiração e elevação, enquanto outras são fundamentadas, mas claras. No entanto, outras são muito imaginativas e pensativas. Quando a mente está calma, assim como a natureza do que se sabe que a cannabis induz, ela naturalmente entra em um estado mais elevado e entra na Mente Cósmica.

Entre as cepas de Sativa que eu gostei estão Jean Guy (um dos meus favoritos), Diesel, Sour Diesel, Ultra Sour, Cheese, Nukim, Jack Harer, Grapefruit, Strawberry, Champanhe, Great White Shark, Candy Jack, G-13, Green Crack, Blue Dream, Maui Wowie, Chocolope, Romulan, Pina Colada, White Castle, Zeus, G-13 Haze, New Balance e Moby Dick. Tenha em mente que esta lista é atual até 2016, que é quando eu parei de usar cannabis. Desde então, tenho certeza de que foram desenvolvidas novas linhagens de Sativa que são úteis, mas não estão nesta lista.

Descobri que nunca tive realmente uma experiência negativa com nenhum Sativa, pois eles me tornaram produtivo e criativo ao invés de letárgico. Por outro lado, as Índicas me entorpeceriam por completo e me desligariam a mente. Este estado de espírito pode parecer atraente para alguns de vocês, mas entendam que, desligando a mente, a inspiração também se desliga. Portanto, a melhor maneira de entender Sativas e Índicas é dizer que Sativas inspiram enquanto as Índicas ficam dormentes.

Algumas Índicas são agradáveis, no entanto, e são elas que o entorpecem um pouco, mas ainda assim o mantêm relativamente inspirado. Estas Índicas são geralmente da variedade Kush e Pink, tais como Purple Kush, Pink Kush, Kandy Cush, Cali Cush, Lemon Kush, Bubba Pink, Chemo, e OG Kush. A Trainwreck é também outra grande Indica que achei muito inspirador. Todas estas linhagens de Índica têm um alto conteúdo de CBD, mas também um nível adequado de THC. Elas me acalmaram enquanto removiam toda ansiedade e medo do meu sistema.

Minha variedade favorita de canábis é uma híbrida chamada Blueberry, uma variedade de base que ainda assim expande a mente e inspira. Outras híbridas que encontrei que funcionam para mim são Rockstar, White Widow, Pineapple Express, Girl Guide Cookies, Blueberry Durban, Hiroshima, Grape Ape, Chemdawg, AK-47, Tangerine Dream, Alien Cookies, White Russian, Lemon Haze, Jack Haze, e Purple Haze.

MÉTODOS E USO DE CANNABIS

Há quatro maneiras de fumar cannabis. Você pode enrolar uma junta, usar um cachimbo, usar um bongo ou vaporizar a maconha. Sempre fumei charros, e a razão é que foi a maneira mais eficiente de obter os efeitos desejados com as Sativas. Cachimbos e bongos concentrariam demais a cepa de maconha, o que perderia os efeitos sutis que eu estava procurando. Usar um cachimbo ou um bongo me daria mais pressão na cabeça e "zumbido corporal" do que eu almejava. Ambos os métodos suspenderiam minhas faculdades cognitivas até certo ponto, em vez de expandi-las, como o fumo de Sativas oferecia.

Além disso, em vez de limpar bloqueios, muitas vezes eu criaria novos se eu usasse um cano ou um bongo. Só tive efeitos positivos ao usar um bongo de gelo, o que criou a euforia desejada ao filtrar a fumaça através de cubos de gelo.

A moldagem da cannabis envolve aquecê-la sem realmente queimá-la. O dispositivo vaporizador usa o calor para liberar os ingredientes ativos na forma de um vapor que você inala. A fumaça não é criada com este método, uma vez que a combustão não ocorre. O Vaping é mais seguro e menos prejudicial à saúde do que fumar maconha. Não contém nenhuma toxina nociva à fumaça, como alcatrão, amônia e agentes cancerígenos encontrados na fumaça da maconha.

Achei o vaping interessante porque era a maneira mais limpa de ficar alto, mas não estimulava muito minha energia Kundalini. Eu ficava alto, mas normalmente não durava muito, e depois me cansava tremendamente. Além disso, eu precisava comer mais comida com o vaping, uma vez que ele extraía mais Prana do meu sistema do que fumar Sativas. Portanto, eu não era um grande fã do vaping em geral.

CONCENTRADOS DE CANNABIS E CONSUMÍVEIS

Para lhe dar uma visão mais abrangente da cannabis, tenho que abordar concentrados e consumíveis. Os concentrados são extratos derivados da cannabis que contêm quantidades concentradas do composto psicoativo Tetrahydrocannabinol (THC) e um sortimento de outros canabinóides e terpenos. Vou abordar apenas os dois concentrados mais populares - o Haxixe e o Shatter.

O haxixe é a forma mais antiga de concentração conhecida pelo homem e, embora seu uso não seja tão difundido na América do Norte, países como o Líbano e a Índia ainda produzem haxixe no mercado negro para exportação. Shatter é um tipo de concentrado que se acredita ser o mais puro e mais potente tipo de produto de cannabis. Ele contém entre 60-80% de THC, em comparação com a cannabis para fumar, que tem uma média de 10-25% de THC. Tanto o Hashish quanto o Shatter são destinados a serem fumados, não ingeridos.

A principal razão pela qual as pessoas usam concentrados em vez de fumar cannabis é porque são mais eficientes na produção da alta desejada, já que têm maior potência. Além disso, eles proporcionam alívio mais rápido de problemas mentais, emocionais e físicos.

Em termos de minha própria experiência com concentrados, encontrei o Hashish para me dar efeitos semelhantes aos de fumar cepas de cannabis Índica. Digo semelhante, mas não o mesmo. O zumbido corporal ou a brisa é o efeito coletivo, embora o Hashish seja mais potente que as cepas de Índica e tenha mais propriedades alucinógenas. Eu me vi sem funcionalidade mental sob sua influência. Na maioria dos casos, minhas faculdades cognitivas seriam totalmente desligadas, enquanto que, com Índicas, eu ainda poderia funcionar até certo ponto. Com relação à atividade Kundalini, eu não achei o Hashish útil para remover bloqueios no sistema, como fiz com o fumo Sativas.

O Shatter, por outro lado, é uma coisa totalmente diferente. Fumar Shatter, popularmente conhecido como "dabs", é um procedimento incômodo. Ele exige que você use um dispositivo único para fumar chamado "oil rig" e um acendedor de chamas. A plataforma de óleo é semelhante a um bongo, criado apenas especificamente para fumar Shatter. Achei bastante inconveniente fumar o Shatter por causa das ferramentas especializadas necessárias. Juntas e até mesmo cachimbos podem ser fumados em praticamente qualquer lugar, enquanto bongos e Shatter são fumados principalmente dentro de casa. A modelagem pode ser feita ao ar livre em dispositivos de vaporizadores compactos ou dentro de casa em dispositivos mais elaborados.

Verifiquei que o Shatter deu a mais proeminente alta que já tive de produtos do tipo cannabis. Achei seu impacto semelhante aos efeitos que obtive das Sativas, só que muito mais considerável. Eu fiquei muito alto, muito rápido. Foi inspirador, sim, mas devido à alta concentração de THC, ele me desgastaria muito rapidamente. Primeiro, ele estimulou minha Kundalini a entrar em atividade, mas depois, como fiquei alto por um longo período, ele simplesmente o desligou completamente. Uma vez que isso aconteceu, não importava onde eu estava; eu precisava fechar os olhos e descansar. Fui exaurido muito rapidamente com o uso do Shatter, e por causa disso, não pude fazer dabs mais do que algumas vezes por mês.

Isto me leva a um ponto importante: a necessidade de dormir depois de fumar cannabis ou concentrados. Descobri que, além das Sativas, eu estava sempre exausto após o esgotamento da alta e precisava dormir imediatamente na maioria dos casos. O Vaping and Shatter me deixou mais cansado e exaurido. Na maioria dos casos, eu não estava funcional depois. Por isso, fiquei principalmente com Sativas fumando apenas nas juntas.

Outro produto popular da cannabis são os consumíveis. Estes são alimentos e bebidas infusas de cannabis. Quando você come canabinóides ativados, o THC metabolizado torna-se ainda mais psicoativo do que nunca, pois é absorvido através do sistema digestivo e não da corrente sanguínea. Como resultado, a alta produzida tem uma sensação totalmente diferente do que a de fumar cannabis.

Os consumíveis mais populares e amplamente utilizados são brownies de cannabis e biscoitos. Todos os comestíveis são feitos incorporando óleos e manteigas de cannabis, o que significa que praticamente qualquer receita alimentar pode incluir cannabis. A parte mais desafiadora dos consumíveis é a dosagem adequada. Uma vez que os efeitos levam tempo para se instalar, às vezes até duas horas, é fácil tomar o processo como garantido e ingerir mais do que você precisa, o que pode e leva a uma experiência desagradável. Eu testemunhei pessoalmente que as pessoas têm enormes quebras psicóticas por causa de uma overdose de consumíveis. Por causa da tendência das pessoas de tomar consumíveis em demasia, uma vez que leva algum tempo para que elas façam efeito, estou perplexo de que seu uso seja legal. É altamente irresponsável que os governos incluam os comestíveis como parte de produtos legais de cannabis sem informar as pessoas sobre a dosagem adequada e os possíveis efeitos colaterais quando não são seguidos.

Os consumíveis estimulam a energia da Kundalini para a atividade, e uma dose menor pode empurrar para fora qualquer bloqueio mental ou emocional. Por outro lado, se você tomar demais, toda a experiência pode ser tão intensa que você se sentirá como se estivesse tomando LSD, cogumelos, ou outra droga altamente psicoativa.

SUBSTÂNCIAS CONTROLADAS E CURTO-CIRCUITOS

Quando se trata de álcool, não sinto a necessidade de descrever o que ele faz e como funciona, pois acho que é de conhecimento comum. Em vez disso, mencionarei o efeito direto do álcool sobre o sistema Kundalini para aqueles que fizeram dele uma parte de sua vida. O álcool pode e cria bloqueios energéticos quando usado em excesso. Ele pode provocar curto-circuito Ida e Pingala, mas isto é mais raro do que comparado com as drogas recreativas. Entretanto, quantidades copiosas de álcool, que funcionam para afetar seu estado de espírito e mudá-lo para um alto grau, podem prejudicar seu sistema Kundalini.

A regra geral é que qualquer droga ou substância recreativa que afete e altere o estado de espírito pode prejudicar a pessoa de Kundalini desperta. O café em quantidades significativas também pode ser prejudicial. Nunca experimentei um curto-circuito devido ao consumo de café, mas nunca bebi mais do que três xícaras de café em um dia. Acredito que a regra geral de qualquer substância que afete os pensamentos e as emoções pode e causará um curto-circuito se for usada em excesso.

Drogas duras e ilegais como cocaína, ecstasy, MDMA, cogumelos, LSD e outras podem provocar curto-circuito, seja Ida ou Pingala ou ambos. A cocaína trabalha para ampliar a força de vontade principalmente, o que então coloca Pingala em perigo. O uso excessivo de cocaína pode definitivamente causar um curto-circuito. Por outro lado, o Ecstasy e o MDMA trabalham com emoções e sentimentos, o que coloca a Ida em perigo.

Enquanto a cocaína aumenta os níveis de dopamina, o ecstasy e o MDMA aumentam os níveis de serotonina. A incrível alta será seguida por uma baixa emocional potencialmente devastadora quando seus níveis de dopamina ou serotonina estiverem esgotados. Por esta razão, os viciados em cocaína geralmente têm problemas de raiva, enquanto os usuários regulares de ecstasy ou MDMA sofrem de depressão - seus sistemas nervosos estão completamente desequilibrados.

Os cogumelos e o LSD são drogas psicoativas poderosas com altas propriedades alucinógenas que afetam Ida e Pingala. Afinal, sua alucinação afeta tanto a força de vontade quanto as emoções ao mesmo tempo. O mesmo vale para o abuso do álcool, o que coloca em risco a Ida e o Pingala. Como ele é cultivado na Terra, o mesmo que a cannabis, os cogumelos são a forma mais segura para se experimentar estados alterados de consciência. Entretanto, é preciso estar preparado para esta experiência mental e emocionalmente, já que ela dura muitas horas.

A cannabis, como mencionado, coloca a Ida em perigo. Ainda hoje, com as variadas e poderosas cepas de cannabis disponíveis que impactam tanto a força de vontade quanto as emoções, ela pode afetar tanto a Ida quanto a Pingala. Por exemplo, posso imaginar que fumar demais de uma cepa Índica pode ser prejudicial à integridade da força de vontade de alguém, uma vez que este tipo de maconha desliga quase totalmente a influência do Elemento Fogo. Por outro lado, fumar cepas de Sativa de maconha, que afetam o estado emocional, o Elemento Água, pode e prejudica o canal Ida quando feito em excesso.

Não concordo com as pessoas que dizem que a cannabis é uma droga de entrada para drogas duras e ilegais como as que mencionei e as injetáveis como a heroína. A cannabis é, no mínimo, uma porta de entrada para a mente. Se você tem uma propensão para experimentar drogas e experimentar com elas, você o fará sem necessariamente experimentar a maconha primeiro. Como declaração final sobre este tópico, gostaria de enfatizar que não há nenhum valor terapêutico no uso de nenhuma destas drogas recreativas além da maconha, que também é usada como uma droga medicinal.

***

Espero que minha experiência com cannabis e produtos relacionados à cannabis tenha sido informativa, como pretendido. Entretanto, entenda que a maconha não é para todos. Portanto, faça seus próprios julgamentos e proceda a seu critério com base nas informações que você recebeu. Independentemente disso, o tabu na sociedade precisa ser removido com relação ao uso da maconha, especialmente para o bem dos iniciados despertados pela Kundalini, porque a maioria das pessoas despertadas com as quais me deparei tiraram experiências positivas do seu uso.

Além disso, tenha em mente que as cepas atuais são muito mais poderosas do que as do passado e devem ser abordadas com cautela. É melhor começar sempre com uma dose pequena e aumentar de acordo, para que você possa se familiarizar com os efeitos de uma determinada cepa. Ouça seu corpo e mente e aborde a maconha como um cientista para que você possa descobrir que linhagens funcionam bem para você.

O uso da cannabis em um ambiente meditativo e ritualístico terá efeitos muito diferentes do que fumá-la de forma recreativa com amigos ou em festas. Aconselho sempre a usar a maconha com intenção e trabalho espiritual adequados em mente. Como um indivíduo de Kundalini desperta, as Sativas foram uma bênção em minha vida quando eu estava em um momento de necessidade. Se elas não existissem, provavelmente eu não teria fumado os outros tipos de cannabis.

Entretanto, é fácil desenvolver uma dependência da cannabis se você fuma regularmente. Qualquer coisa pode começar como uma coisa positiva e depois se tornar negativa se você fumar demais. Eu me encontrei nesta situação por cerca de um ano e meio, mesmo antes de decidir parar completamente em 2016.

Depois de deixar o que se tornou meu vício na época, experimentei tremendas mudanças positivas na mente, no corpo e na alma que vale a pena mencionar. Em primeiro lugar, meu impulso e ambição aumentaram dez vezes. Independente de algumas pessoas dizerem o contrário, fumar maconha afeta a produtividade em sua vida. Muita coisa. Você pode não ver se estiver preso dentro da moldura como eu estava, mas isso acontece. Também afeta seu desejo de se destacar da multidão e buscar a grandeza.

A cannabis faz você se contentar com a vida, e quando você se sente muito confortável, você deixa de buscar mudanças e tenta melhorar a si mesmo e sua vida. Quando você está alto, você se eleva acima de suas emoções, mas porque não as processa naturalmente, você se priva de aprender com elas e avançar em diferentes áreas de sua vida. Afinal, uma das razões pelas quais temos sentimentos tão poderosos é porque estamos destinados a aprender com eles e a crescer psicologicamente.

A cannabis neutraliza o medo, o que é bom quando se está desesperado, mas lembre-se, o medo existe para nos tornar fortes. Ao nos tornar dependentes de qualquer substância para nos ajudar a lidar com a energia do medo, nós nos impedimos de evoluir mais naturalmente. Sim, a vida é mais difícil sem as drogas e o álcool para nos ajudar a nos livrar do medo. Mas quanto mais desafiador, a recompensa é muito mais doce.

Se você introduz drogas e álcool na equação, você se impede de desenvolver as âncoras mentais necessárias que ajudam quando se lida com tempos difíceis. Como seres humanos, exigimos que a resistência da vida se torne forte e aprendamos a lidar com situações difíceis na vida. Precisamos do medo como um bloco de construção para que possamos desenvolver coragem.

Tenha em mente agora que estou falando com pessoas que desenvolveram uma dependência da cannabis. Se você a fuma algumas vezes por mês, não vejo como ela pode ter nenhum efeito colateral realmente adverso. Apenas tenha em mente que você está lidando com algo que pode se tornar viciante se não praticar a moderação.

PARTE XI: MEDITAÇÕES DA KUNDALINI

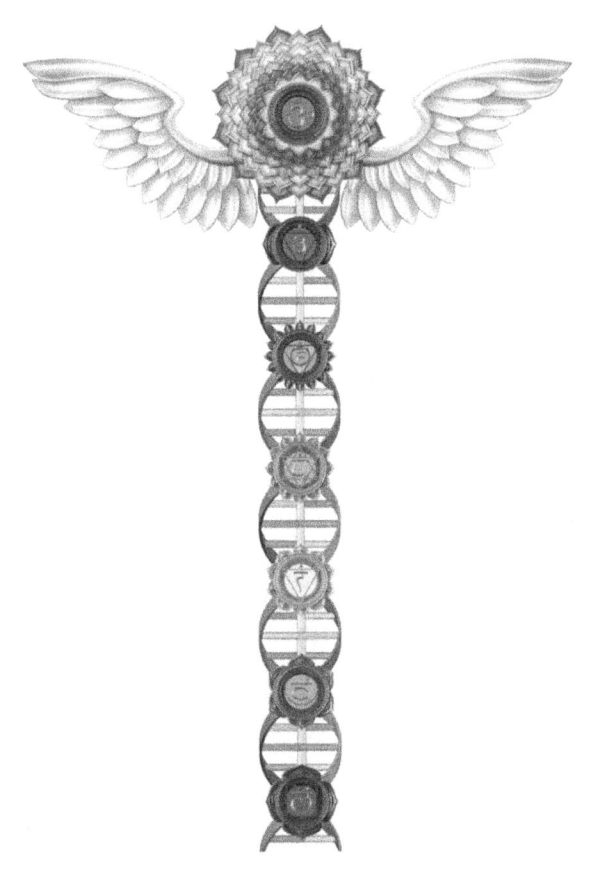

SOLUÇÃO DE PROBLEMAS DO SISTEMA

Tendo passado por muitas situações desafiadoras durante meu despertar da Kundalini, fui forçado a resolver meus problemas e descobrir maneiras de me ajudar. A maioria das pessoas passará por experiências adversas que chocam o sistema Kundalini e depois enfrentarão as ramificações sem métodos viáveis de ajudar a si mesmas. A maioria das pessoas despertas que experimentam um curto-circuito na Kundalini trabalham na reconstrução da energia de volta através da ingestão de alimentos, o que poderia levar pelo menos alguns meses ou mais. Entretanto, encontrei maneiras de reconectar os canais através de diferentes meditações em apenas meia hora, no máximo, às vezes até em alguns minutos. Discutirei estas meditações abaixo, dando-lhes orientação adequada sobre a aplicação de cada uma para várias situações.

1. Língua no Céu da Boca (Jiva Bandha)

Coloque a ponta de sua língua no palato mole, logo atrás de seus dentes superiores. O meio da língua deve se fixar na parte recuada no teto de sua boca. Este exercício poderoso chamado Jiva Bandha nos ensinamentos Yogic é essencial para os indivíduos despertados pela Kundalini, pois completa o circuito da Kundalini, permitindo que a energia se mova para cima. Primeiro entra na parte frontal do túnel do Olho da Mente, ligeiramente entre as sobrancelhas, e depois passa progressivamente pelo Quarto, Quinto, Sexto, e finalmente, Sétimo Olho, que é um dos pontos de saída da Kundalini que completa seu circuito.

A realização deste exercício direciona seu foco para os dois Chakras espirituais mais altos, Ajna e Sahasrara, em vez dos Chakras inferiores. Ele permitirá que seu Eu Superior assuma a consciência através da intuição recebida do Ajna Chakra, superando o ímpeto do Eu Inferior, o Ego. Faça deste exercício uma parte regular de seu dia. Tente ter sua língua no céu da boca com a maior frequência possível para permitir que a energia seja canalizada para cima no córtex frontal de seu cérebro. Esta área é para onde Ida e Pingala convergem no centro do Olho da Mente, bem acima do meio das sobrancelhas, logo dentro da cabeça.

Este exercício particular também é usado para reconstruir o sistema Kundalini uma vez que você tenha experimentado um curto-circuito. Lembre-se, a menos que Ida e Pingala convirjam no Ajna Chakra, o circuito da Kundalini permanecerá aberto, o que causará problemas mentais e (ou) emocionais. Colocar a língua no céu da boca com continuidade e diligência permitirá que Ida e Pingala se reconvertam em Ajna e se movam naturalmente para cima no Centro Sétimo Olho como um fluxo de energia. Assim, o circuito da Kundalini se fechará, o que lhe permitirá experimentar o reino extático da Não-dualidade, o Reino Espiritual, através do Bindu Chakra no topo, na parte de trás da cabeça.

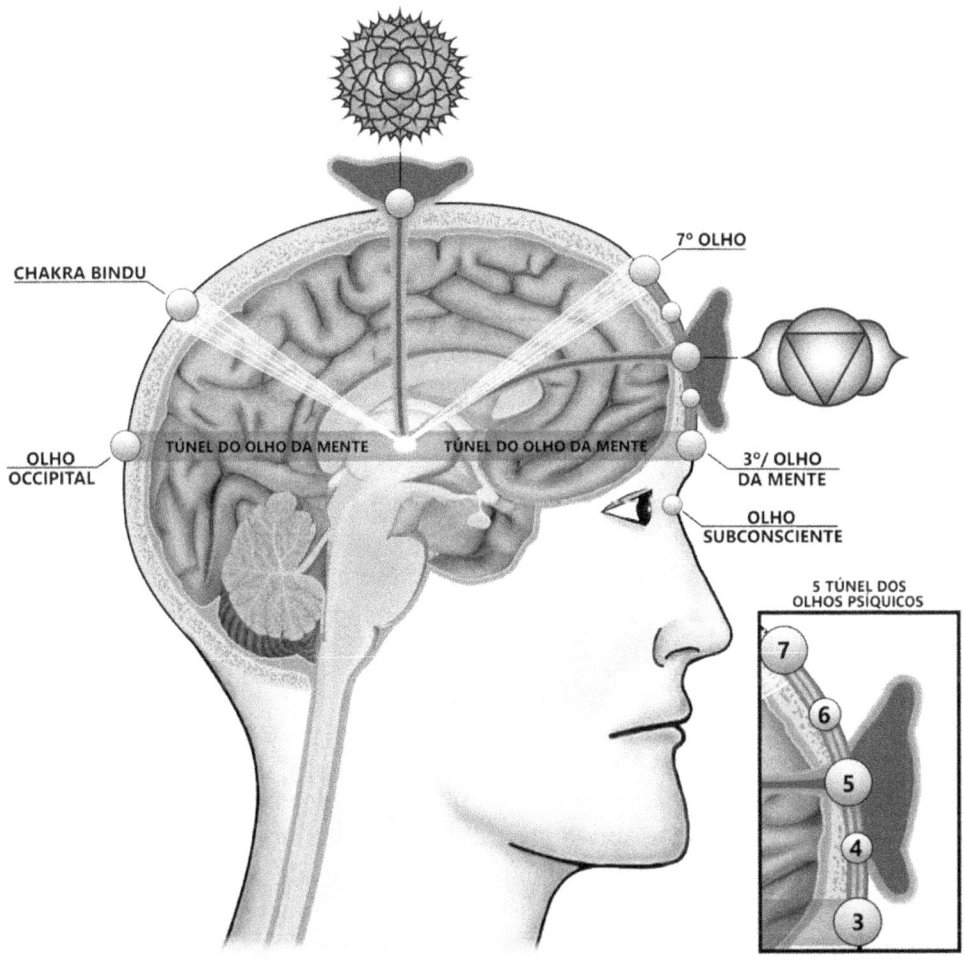

Figura 162: Os Principais Centros de Energia da Cabeça

2. Meditação dos Olhos da Mente

A primeira e mais crítica meditação está no Olho da Mente, o portal energético de Ajna Chakra, um centro de consciência que é uma janela para os Reinos Cósmicos. A entrada frontal deste portal está localizada entre as sobrancelhas, logo acima do nível dos olhos, em sua testa. Entretanto, a localização de seu ponto de meditação está a um centímetro da superfície da pele, dentro da cabeça. (Use a Figura 162 como referência para localizar os principais centros de energia da cabeça, enquanto a Figura 163 se refere aos pontos reais de meditação relacionados a esses centros).

Você pode olhar para cima neste ponto com os olhos fechados, projetando ligeiramente os olhos para cima. Ida e Pingala convergem neste ponto, o que é necessário para completar o circuito da Kundalini. Se você ficar aquém desta convergência de Ida e Pingala, o circuito não estará totalmente ativo dentro do Corpo de Luz.

Concentrar sua atenção neste ponto durante a meditação estimula a Glândula Pineal, que tem uma conexão íntima com a Alma. Você sentirá uma atração magnética em direção ao Olho da Mente se você se concentrar corretamente nele. A atenção deve ser sempre colocada no Olho da Mente, que, quando aplicado adequadamente, estimula o Bindu na parte de trás da cabeça, afetando o fluxo de energia no circuito da Kundalini e fazendo com que ele se canalize para fora do Bindu.

Para realizar esta meditação corretamente, deite-se de costas com as mãos estendidas e coloque suavemente sua atenção sobre o Olho da Mente. Você pode controlar sua respiração com a Respiração Quádrupla, o que também ajudará a permitir que você atinja um estado meditativo. A atenção precisa ser mantida no Olho da Mente, mesmo enquanto quaisquer pensamentos ou imagens passam por sua mente. Se você mantiver sua atenção neste ponto com sucesso por aproximadamente dois a três minutos, às vezes menos, a reconvergência ocorrerá, e o sistema de energia será reativado.

Agora, durante o dia, você terá clareza de mente e pensamentos, incluindo o equilíbrio em suas emoções. Você pode não sentir que fez uma grande diferença no início, mas uma vez ingerindo alguma comida e dormindo bem, você sentirá uma sensação de renovação e começará a gerar inspiração novamente. Sem esta convergência de Ida e Pingala, é impossível criar impulso e permanecer inspirado por qualquer período de tempo significativo.

3. Meditação do Sétimo Olho

O Sétimo Olho está localizado onde sua linha de cabelo encontra sua testa, no centro. Este ponto de localização está aproximadamente um centímetro fora de sua cabeça, bem acima deste ponto. A energia da Kundalini precisa sair deste ponto, já que o Sétimo Olho é a contraparte do ponto Bindu na parte de trás superior da cabeça. Eles trabalham juntos para circular a energia da Kundalini por todo o corpo.

Se o circuito Kundalini estiver estagnado ou inativo, esta é uma das meditações que você pode fazer para dar um novo pontapé de saída. Se houver um bloqueio neste ponto ou o circuito da Kundalini tiver deixado de funcionar, é necessário reabrir este canal e fazer com que ele canalize a energia corretamente. Se este ponto não estiver ativo, você não notará nenhum componente visual associado a seus processos de pensamento e que sua inspiração é baixa. Seus poderes imaginativos serão afetados e você perderá sua conexão com o Agora, o momento presente, fazendo com que você se introverta e caia na presa do Ego.

O centro do Terceiro Olho é o ponto de acesso para que a energia se mova para o Sétimo Olho e o Bindu na parte de trás da cabeça. Portanto, recomendo fazer primeiro a meditação do Olho da Mente para ajudar a mover a energia para cima, para os centros mais altos da cabeça. Depois, o foco no Sétimo Olho completará o passo final de mover a energia para fora da cabeça para completar o circuito.

Para esta meditação, deite-se de costas com as palmas das mãos estendidas e concentre a energia no centro do Sétimo Olho. Realize a Respiração Quádrupla para acalmar sua mente. Se você mantiver sua atenção no Sétimo Olho por dois ou três minutos ininterruptos, a energia da Kundalini subirá e passará por este ponto. Como tal, o Bindu será reativado, permitindo que o circuito da Kundalini flua corretamente no Corpo de Luz.

Para o resto do dia, recomendo passar o tempo em solidão. Em minha experiência, uma vez que faço a meditação do sétimo olho, minha energia fica bastante afetada para o dia, o que me joga fora quando interajo com os outros. Este exercício retira Prana do sistema, fazendo você sair sem vida, desequilibrado e emocionalmente abatido ao falar com outras pessoas. Após uma boa noite de sono, no entanto, o circuito deve se regenerar com a energia Prana e se tornar otimizado, fazendo você voltar a 100%.

Além disso, a ingestão de alimentos é essencial para alimentar o sistema de volta após esta meditação. Você pode precisar de um ou dois dias de ingestão de alimentos para regenerar completamente suas energias internas, já que trabalhar com o Sétimo Olho e Bindu coloca mais tensão no circuito Kundalini do que apenas trabalhar com o Olho da Mente. Estes dois pontos são os pontos de saída da energia da Kundalini; assim, trabalhar com eles pode afetar muito seu estado psicológico.

4. Meditação Occipital dos Olhos

Esta meditação é para iniciados mais avançados porque você tem que ter construído a energia do Espírito dentro de seu sistema (que só ocorre quando o circuito Kundalini está ativo por algum tempo) para que ele comece a se transformar da energia do Fogo em um líquido refrigerante, a energia do Espírito. Esta energia Espírito fará você se sentir como se fosse feito de Mercúrio líquido, o que traz uma sensação de resfriamento em seu Corpo de Luz e completa transcendência na consciência.

Este Espírito líquido derrama naturalmente na parte de trás da cabeça. Algumas pessoas relataram até mesmo uma sensação de que ele cai para a parte de trás da garganta. Na minha opinião, essas afirmações são mal-entendidos que se referem à percepção. Como discuti em um capítulo anterior, é fácil confundir algo que acontece no Corpo de Luz com algo que acontece no corpo físico após um despertar da Kundalini. Afinal, ambos são experimentados como reais para a consciência, e como o Corpo de Luz é uma coisa nova, a consciência precisa de algum tempo para aprender a diferenciar entre os dois. Esta é minha opinião, pelo menos, mas que estou disposto a debater com qualquer pessoa, tendo testemunhado este fenômeno por mais de dezessete anos.

O Olho Occipital está localizado diretamente em frente ao Olho da Mente. Portanto, você deve se concentrar em um ponto de meditação um centímetro no interior da cabeça para puxar a energia para a parte de trás da cabeça. Entretanto, se você descobrir que isto não está funcionando para você, você pode focalizar um centímetro na parte externa da cabeça na mesma área. Já que você está tentando puxar a energia para trás em sua cabeça, você pode precisar trabalhar com ambos os pontos de meditação, já que a energia pode ficar presa lá e exigirá alguma criatividade de sua parte para impulsionar e criar um fluxo adequado.

Para ajudar nesta meditação, eu gosto de imaginar meu Eu Astral parado um pé fora de mim, olhando diretamente para a parte de trás da minha cabeça. Segurando esta visão ou mantendo minha atenção em um dos dois pontos de meditação do Olho Occipital, ocorrerá um alinhamento onde a energia do Espírito líquido será puxada para trás da cabeça, o que empurra para fora qualquer estagnação ou bloqueio de energia, otimizando o fluxo do circuito da Kundalini.

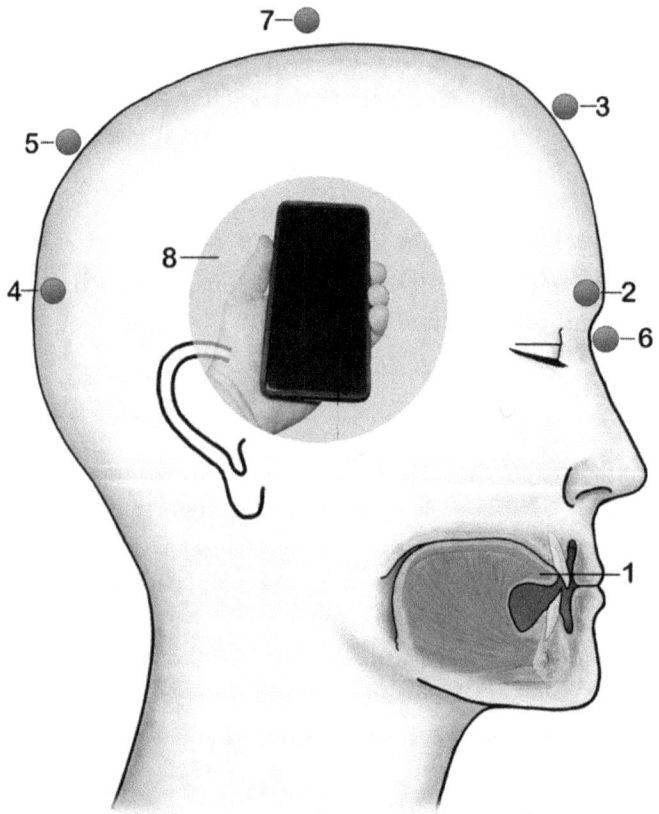

Figura 163: As Meditações da Kundalini

5. Meditação Bindu Chakra

O Bindu Chakra é essencial porque é o ponto de saída que completa o circuito Kundalini. Quando a Kundalini pode ser afunilada para fora deste ponto, a consciência experimenta a Unidade com todas as coisas, um estado de meditação perpétua e transcendência pura. Isto porque o Bindu é a porta de entrada para o Chakra Causal, onde a dualidade encontra a Não-dualidade. Portanto, meditar sobre este ponto é vital para manter a integridade do circuito da Kundalini. É necessário que haja uma constante e sutil puxada da energia para fora até a parte superior da parte de trás da cabeça.

Um fluxo adequado de energia neste ponto faz com que você se veja na terceira pessoa. Ele cria uma sensação de sua consciência sendo elevada acima de seu corpo físico onde você pode ver seu rosto a partir de uma perspectiva de terceira pessoa. Desta forma, você percebe continuamente seu Eu físico, suas expressões faciais e a energia que você coloca no Universo, juntamente com seus pensamentos internos, simultaneamente. Este estado de Ser indica um alto estado de evolução espiritual com a energia da Kundalini.

O ponto Bindu está na parte superior da cabeça, diretamente em frente ao Sétimo Olho. Seu ponto de meditação está um centímetro fora da cabeça, assim como o Sétimo Olho. Esta meditação é mais comum do que o Sétimo Olho e aliviará mais problemas, mental e emocionalmente. Quando há muita energia estagnada na cabeça, o Ego usará esta situação para sua agenda, introduzindo pensamentos negativos que criam medo de sequestrar a consciência. Isto fará com que a Kundalini desça do Bindu Chakra. Não precisa haver um curto-circuito de nenhum canal para que isso ocorra; pode acontecer devido ao aumento do estresse ou ao abrigar pensamentos negativos por um período prolongado.

Para realizar esta meditação, deite-se de costas com as mãos estendidas enquanto se concentra no ponto de meditação do Bindu Chakra, que fica um centímetro fora do topo, na parte de trás da cabeça. Execute a Respiração Quádrupla para acalmar a mente e entrar num estado meditativo. O foco neste ponto afeta o Bindu e o Chakra Causal, que está intimamente ligado com o Bindu.

A chave para estas meditações de cabeça é concentrar sua atenção em um ponto particular dentro ou fora da cabeça por dois ou três minutos com concentração total. Eu gosto de me imaginar tocando o ponto de meditação continuamente com meu dedo indicador. Tenha em mente que estou falando de imaginar meu dedo Astral fazendo isto com o poder de minha mente. Desta forma, incorporo a imaginação e a força de vontade, utilizando assim os canais Ida e Pingala. Fazendo isso, estimulo a energia e a empurro para fora, completando assim o circuito. Esta meditação também pode ser realizada sentado, enquanto as outras meditações mencionadas até agora funcionam melhor deitadas, em minha experiência.

6. Meditação Subconsciente dos Olhos

O Olho Subconsciente permite que todos os indivíduos plenamente despertados pela Kundalini vejam o conteúdo em sua mente subconsciente para ganhar domínio sobre seus pensamentos e realidade. Este centro psíquico fica no ponto em que o meio dos olhos encontra a ponte do nariz. Entretanto, suponha que haja um aumento de energia negativa e pensamentos temerosos dentro da mente. Nesse caso, este ponto de liberação fica bloqueado, e o indivíduo não pode ver o conteúdo subconsciente.

A Ida pode colapsar simultaneamente, ou é a Ida em colapso que muitas vezes causa o fechamento deste centro psíquico. Lembre-se, todo estresse, ansiedade e pensamentos negativos e temerosos colocam a Ida em perigo quando focalizada por muito tempo. Se a Ida entrar em colapso, ou se acontecer por conta própria, este ponto precisará ser reaberto antes que possa funcionar bem novamente. O local em que você precisa se concentrar é logo acima da ponte do nariz, um centímetro fora da cabeça.

Quando você está respirando, este centro psíquico respira com você. A energia psíquica está sendo alimentada no Olho Subconsciente que permite que você tenha pensamentos e emoções saudáveis. Cada respiração acordada deve renovar sua mente quando estes centros psíquicos funcionam corretamente. Se qualquer energia neste ponto estagnar, você terá uma mente insalubre e cheia de medo. Você terá dificuldade em olhar para o futuro e se agarrará ao passado, pensando continuamente sobre ele de forma obsessiva.

Pensamentos ou emoções obsessivas muitas vezes fazem com que este centro psíquico fique bloqueado, pois ao pensar obsessivamente em algo, você está focalizando sua atenção na parte de trás da cabeça demais, o que pode retirar energia dos Cinco Olhos Psíquicos e do Olho Subconsciente, fazendo com que alguns deles fiquem bloqueados. Lembre-se, a localização real da mente subconsciente é na parte de trás da cabeça, enquanto o Olho Subconsciente é uma janela ou portal que nos permite visualizar seu conteúdo.

Esta meditação deve ser realizada deitado com as palmas das mãos estendidas. Ajudaria se você utilizasse a Respiração Quádrupla para se manter no estado de espírito correto enquanto realiza esta meditação. A atenção deve ser mantida no ponto descrito por pelo menos dois a três minutos, sem interrupções. Se for bem-sucedido, haverá uma sensação de resfriamento na ponte do nariz, e você sentirá a pressão lá enquanto a energia sai dela para fora na atmosfera diante de você. Você sentirá uma liberação imediata dos pensamentos do passado e uma capacidade de pensar e ficar entusiasmado com o futuro.

7. Meditação Sahasrara Chakra

Sahasrara Chakra é o mais crítico no contexto de um despertar da Kundalini, já que é nossa conexão com a Fonte Espiritual, a Luz Branca. Sahasrara é o mais alto do corpo no topo, centro da cabeça, e sua função regula o circuito completo da Kundalini quando aberto e ativo. Portanto, sempre precisa haver um fluxo de energia para dentro dele; caso contrário, o circuito da Kundalini deixará de funcionar. No raro caso da energia da Kundalini descer de Sahasrara, esta simples meditação pode elevá-la novamente, fazendo com que o fluxo central de energia através do Sushumna funcione corretamente. Lembre-se, Ida, Pingala e Sushumna se unem em Ajna como um fluxo de energia que sobe para Sahasrara. Portanto, se este fluxo de energia cair abaixo do Sahasrara, esta é a meditação que você precisa usar para trazê-la de volta para cima.

Para realizar esta meditação, deite-se de costas com as palmas das mãos estendidas. Primeiro, utilize a Respiração Quádrupla para se colocar em estado meditativo. Em seguida, feche seus olhos físicos e os enrole para trás, tentando olhar para cima, aproximadamente dois centímetros acima do centro de seu crânio. Embora Sahasrara esteja no topo, no centro da cabeça, descobri que focalizar dois centímetros acima dele em vez de um, ou diretamente sobre ele, facilita um impulso necessário para que o canal de energia da Kundalini se eleve para Sahasrara.

Mantenha sua atenção sobre este ponto por dois ou três minutos, sem interrupção. Se for bem-sucedido, você sentirá um fluxo de energia se mover através de seu cérebro, alcançando Sahasrara. Se isto não funcionar e você sentir uma queda definitiva do Sahasrara, então você precisará reconstruir os fios da Kundalini em sua cabeça através da ingestão de alimentos, transformando os alimentos em energia de luz ou Prana. Você pode precisar de algumas semanas a um mês. Você pode realizar esta meditação a cada poucos dias enquanto reconstrói seu corpo de combustível de luz para cuidar desta situação.

8. Mantendo uma Imagem na Meditação da Mente

Outra meditação fundamental que pode ajudar a aliviar problemas mentais e emocionais é imaginar um objeto simples em sua mente e manter sua imagem visual com total concentração. Ajuda se a coisa que você está imaginando é algo que você tem na mão com frequência, como seu celular, para que você possa reimaginar como ele se parece e sente em sua mão, usando seus sentidos astrais e o poder de sua mente.

Esta meditação é útil se houver um bloqueio no Bindu Chakra e quando nenhuma outra meditação de pontos de cabeça funcionar. É uma meditação poderosa porque incorpora ambos os canais Ida e Pingala durante sua execução. Quando você faz qualquer atividade mental que requeira sua força de vontade, você está usando seu canal Pingala. Por outro lado, quando você usa sua imaginação e está pensando numa imagem em sua mente, você está usando seu canal Ida. Ao manter uma imagem em sua mente por um longo período, você está reabrindo e realinhando tanto Ida quanto Pingala e permitindo que eles canalizem o Bindu Chakra, como é natural para eles fazerem em indivíduos plenamente despertados pela Kundalini.

Você notará que se você realizar esta meditação, o componente visual de segurar a imagem em sua mente irá melhorar e se tornar mais definido. Você pode até sentir movimentos de energia em seu corpo, ao longo da frente do tronco, de ambos os lados, onde estão os canais Ida e Pingala. Você pode também sentir traços de energia se movendo pela frente de seu rosto.

Por exemplo, um alinhamento pode ocorrer em um canal de energia que se move centralmente através de seu queixo até o lábio inferior. Você também pode sentir a energia se movendo dentro de seu cérebro, já que os fios da Kundalini estão sendo infundidos com o Espírito líquido. Se você sentir algum desses movimentos, é um bom sinal de que sua meditação está funcionando e Ida e Pingala estão se alinhando. Quando sua meditação for bem-sucedida, você deve finalmente sentir a pressão na parte superior da nuca enquanto seu Bindu Chakra é infundido, sinalizando que o circuito da Kundalini foi totalmente reativado.

9. Tornando-se um Meditando sobre um Objeto

Outra meditação poderosa para otimizar os canais Ida e Pingala e realinhar o circuito Kundalini é concentrar-se em um objeto na sua frente por um período prolongado. Esta meditação visa sair fora de si e tornar-se um com o objeto, sentindo sua essência. Você se torna externalizado quando faz isto, permitindo que os Nadis se realinhem e assumam seu fluxo natural. É geralmente o conteúdo de nossa mente e o mau uso de nossa força de vontade que bloqueia ou estagna o fluxo dos Nadis.

A chave é manter uma mente vazia e um foco intenso em qualquer objeto sobre o qual você esteja meditando. Sinta sua textura e use seus sentidos astrais sobre ele. Limpe sua mente e não escute os pensamentos de seu Ego enquanto ele tenta dissuadi-lo da tarefa em mãos.

Você também pode meditar em um ponto fixo de sua escolha ou em uma imagem. Entretanto, eu acho que meditar em um objeto tridimensional funciona melhor, pois você pode usar todos os seus sentidos astrais sobre ele, permitindo que sua mente se mantenha ocupada, o que induz ao silêncio. Usar os sentidos astrais na meditação é uma boa distração para a mente, já que ela não pode se concentrar nisso e pensar simultaneamente.

Absorva-se inteiramente no objeto ou ponto fixo, ou imagem, sem perder o foco. Você pode piscar, embora seus olhos devam regar um pouco quando feito corretamente, sinalizando uma concentração poderosa. Ao realizar esta meditação, esteja atento ao ponto Bindu na parte superior da nuca. Após cerca de cinco a dez minutos deste exercício, você deve sentir seu Nadis realinhar à medida que seu ponto Bindu se torna infundido de energia. Este é um sinal de que o circuito Kundalini se tornou otimizado.

10. Meditando sobre o Chakra Estrela da Terra

Como o Chakra Estrela da Terra fornece as correntes feminina e masculina para os Ida e Pingala Nadis, se houver falta de fluxo de energia através de qualquer um deles, talvez seja necessário meditar sobre a fonte deles para poder voltar a alimentá-los. Você pode fazer isso colocando sua atenção na sola de seus pés e mantendo-a lá, sem interrupções, enquanto se concentra na Estrela da Terra seis polegadas abaixo dos pés.

Lembre-se, o canal Pingala passa pela perna direita e pelo calcanhar, enquanto o canal Ida passa pela esquerda. Ambos se conectam com o Chakra Estrela da Terra. Assim, se você fizesse sua meditação corretamente, você sentiria um alinhamento energético na parte inferior do calcanhar correspondente ao Muladhara Chakra, sinalizando que Ida ou Pingala foram reativados. Ao mesmo tempo, a meditação sobre a Estrela da Terra proporciona o aterramento mais otimizado necessário para manter os outros Chakras e Corpos Sutis em equilíbrio. Portanto, pratique esta meditação com frequência, mesmo que você não esteja tendo problemas com os canais Ida ou Pingala.

***

Uma nota final sobre curto-circuitos na Kundalini e as meditações apresentadas neste capítulo. Primeiro, entender que os curto-circuitos, em geral, não são perigosos em sentido físico, mas sim psicológico. Portanto, fazer estas meditações não pode prejudicá-lo, mas pode beneficiá-lo Espiritualmente de maneira significativa e permitir que você controle sua experiência real em vez de ficar à mercê da energia da Kundalini.

Entretanto, mesmo que estas meditações tenham funcionado para mim em quase todos os casos, não posso garantir que elas funcionarão para você sempre. Tendo-as desenvolvido, obtive uma conexão intuitiva com cada meditação onde, após diagnosticar o problema, posso utilizar a correta com uma precisão de 90%. Isto não posso transmitir a você, mas espero que você possa aprender a fazer o mesmo com prática e experiência.

Acredito que o manual para nossos sistemas Kundalini é o mesmo e que o Criador não faria meu sistema Kundalini diferente do seu porque somos todos feitos dos mesmos componentes físicos, emocionais, mentais e espirituais. Portanto, acredito que as questões da Kundalini são universais, o que significa que estas meditações devem funcionar também para você.

Para finalizar, espero que, usando estas meditações, você procure maneiras de avançar e encontrar suas próprias descobertas. Devemos coletivamente manter a Ciência Kundalini em contínua evolução e alcançar novas alturas, para que aqueles que vierem depois de nós possam construir a partir de nossos erros e descobertas. Ao fazer isso, não estamos apenas nos desenvolvendo, mas a Ciência da Kundalini como campo de estudo.

PARTE XII: ACONSELHAMENTO DA KUNDALINI

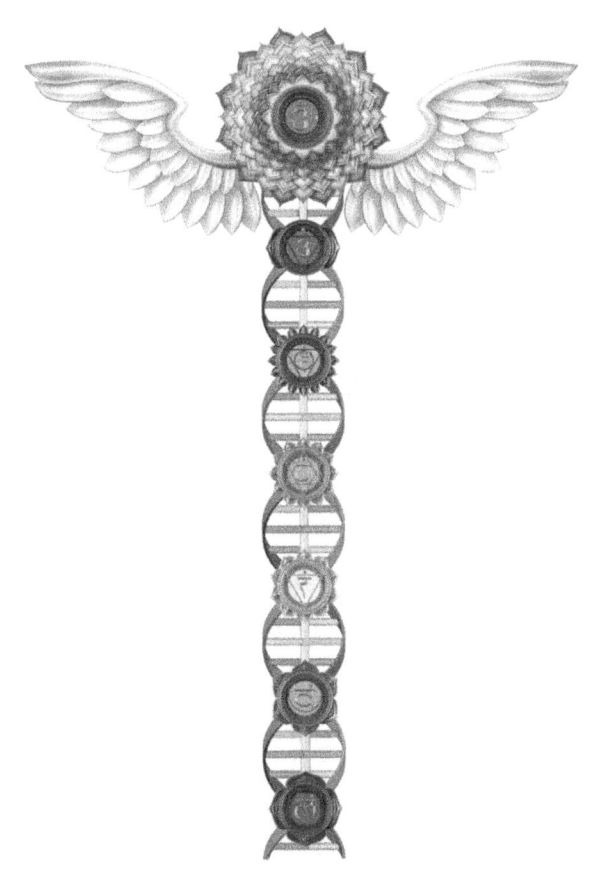

DICAS GERAIS

Nos últimos dezessete anos, tive muitas pessoas de Kundalini desperta contactando-me pelas mídias sociais pedindo conselhos sobre o que esperar e como lidar com questões potenciais que surgem em seu processo de transformação. Descobri que muitas de suas perguntas e preocupações eram as mesmas, e suas perguntas compartilharam um fio condutor comum, uma vez que o processo de transformação é universal. Este capítulo discutirá estes pontos em comum e compartilhará algumas dicas gerais para aqueles de vocês em meio a uma transformação da Kundalini.

A Kundalini não é uma manifestação física, embora muitas vezes se sinta como se fosse. Como o Corpo de Luz está se aperfeiçoando com o tempo, a consciência oscila entre o corpo físico e o Corpo de Luz, tentando dar sentido às coisas. Antes do despertar, a consciência costumava operar apenas a partir do corpo físico. Portanto, as diferentes manifestações da Kundalini podem parecer físicas no início, mas não são.

As pessoas frequentemente me dizem que sentem pressão em diferentes partes de seu corpo, geralmente na área da cabeça ou do coração, e perguntam por que isso está acontecendo. Elas querem saber quando isto vai parar e se estas questões vão progredir para doenças corporais. Entenda que a Kundalini está trabalhando através de uma área com centros psíquicos que precisa despertar para localizar a energia lá. Às vezes, isto requer um esforço contra bloqueios energéticos formados ao longo do tempo por pensamentos e crenças negativas sobre si mesmo e sobre a vida em geral. Embora pareça uma pressão física, ela se manifesta no Plano Astral. No entanto, como a mente é o elo de ligação, ela interpreta mal esta informação. Afinal, a mente nunca experimentou nada parecido com isto antes, e se confunde facilmente nesta situação. Portanto, não é raro que a pessoa que experimenta estas sensações comece a sentir medo e ansiedade por pensar que algo prejudicial está acontecendo com seu corpo físico.

Os Chakras e os nervos circunvizinhos que inervam os órgãos precisam ser infundidos totalmente com a Luz da Kundalini para permitir que ela circule sem obstáculos no Corpo de Luz. Devido ao acúmulo de energia cármica nos Chakras ao longo da vida de alguém, estas áreas podem ficar bloqueadas. A Kundalini precisa aplicar pressão nesta área através de calor suave e constante para erradicar e remover estes bloqueios.

A Kundalini é energia crua de fogo que se transforma em Espírito líquido através da sublimação do Prana por meio da ingestão de alimentos, juntamente com a transmutação da energia sexual de cada um. Esta energia espiritual pode atravessar qualquer bloqueio, mas primeiro precisa ser convertida em sua forma sutil pelo Fogo da Kundalini. Ao observar este processo em meu próprio Corpo de Luz, descobri que esta transformação acontece na área onde a Kundalini está desobstruindo bloqueios.

As áreas mais comuns para bloqueios a serem removidos são a cabeça e o coração. As pessoas sentirão pressão na cabeça durante meses, talvez até anos, enquanto a Kundalini está se transformando neste fino espírito líquido e abrindo os centros cerebrais. E como você aprendeu até agora, há muitos centros cerebrais críticos a serem abertos, como o Tálamo, Hipotálamo e as Glândulas Pituitária e Pineal. O cérebro é o centro que contém estes importantes centros de energia. Os Chakras e os Nadis estão conectados ao cérebro através do sistema nervoso. O cérebro é a placa-mãe; é necessário criar uma fiação adequada no Corpo de Luz para que ele possa operar com mais eficiência. Caso contrário, o circuito da Kundalini não funcionará corretamente.

Anahata, o Chakra Coração, é outra área crítica onde o Fogo Kundalini deve trabalhar através de obstáculos energéticos para criar a fiação necessária. Depois do Hara Chakra, Anahata é a segunda maior convergência de Nadis no corpo. No lado esquerdo dele está o canal Ida que precisa abrir corretamente para otimizar seu fluxo de energia. No lado direito, está o canal Pingala. Ambos requerem um fluxo suficiente dessa energia espiritual trabalhando através deles para não sentir uma pressão estranha, o que cria pensamentos temerosos e preocupantes.

Após o despertar da energia Kundalini, as palpitações no coração físico são freqüentes, pois altos níveis de adrenalina, dopamina e serotonina são liberados no corpo, causando um ritmo cardíaco acelerado. O salto ocasional dos batimentos cardíacos também acontece, o que descobri ser causado por memórias baseadas no medo que emergem do subconsciente para serem reexperimentados a fim de remover sua carga emocional.

Estas situações não são motivo de preocupação, pois são universais em sua expressão e continuarão a se manifestar nos próximos anos, especialmente nos estágios iniciais. Com os diferentes hormônios sendo bombeados para o coração, sentimentos incríveis de euforia elevada são experimentados. A pressa da energia no coração é extasiante e impossível de descrever para alguém que não a experimentou. As adrenais podem se esgotar durante todo este processo, que pode ser reabastecido com Vitamina C.

A energia da Kundalini também pode encontrar bloqueios em outras áreas do corpo, geralmente no tronco. A energia pode funcionar através de diferentes órgãos, e pode sentir como se um órgão estivesse em perigo. No entanto, nunca achei que isso fosse o caso, nem ouvi falar de alguém que tenha falhas reais de órgãos nesta situação. Portanto, mais uma vez, pode parecer físico para você, mas não terá um impacto negativo sobre o órgão. Entretanto, deve ser notado que pode haver efeitos psicossomáticos se você estiver muito concentrado em pensar que a pressão é física. Em outras palavras, você pode desenvolver dor física, mas somente porque você está tão concentrado na ideia de que ela se manifesta. No entanto, ela não se manifesta de uma forma que possa prejudicá-lo.

Em geral, meu conselho é sempre o mesmo, e este conselho se aplica a todas as coisas relativas ao despertar em qualquer estágio - se você sentir medo, passe por ele. Por favor, não se concentre no medo, pois é o medo que o afeta negativamente e não a própria

Kundalini. O medo cria ansiedade, o que funciona contra a Kundalini. Ele combate o processo da Kundalini como ele está ocorrendo dentro de você. Os corpos sutis físicos, emocionais e mentais precisam estar relaxados e em paz para que a Kundalini faça seu trabalho. Se houver ansiedade presente em qualquer área, ela impedirá o fluxo da Kundalini em um de seus muitos estados diferentes. Estes bloqueios só parecerão ficar mais fortes e piorar se você invocar a ansiedade. Em vez disso, você precisa praticar o relaxamento da mente, do corpo e da alma, mesmo quando a experiência pode parecer intensa.

Quando a Kundalini estiver totalmente desperta e trabalhando através de você, é melhor que você pare de meditar por um pouco. Neste ponto, tudo o que faz é focalizar a energia dentro da cabeça, que não é mais necessária. Se você despertou a Kundalini, você já alcançou o objetivo de toda meditação de qualquer maneira. Portanto, passar tanto tempo longe de seus pensamentos e mais tempo na natureza ou com as pessoas o beneficiará. Quando digo pessoas, quero dizer pessoas de espírito positivo, não pessoas de espírito negativo. Relaxar em todas as partes do Eu e concentrar-se em trazer alimentos nutritivos será tudo o que se exige de você.

Não se desespere se estiver tendo dificuldades para dormir, como muitas vezes acontecerá durante os primeiros anos após o despertar. Não adianta tentar induzir o sono a qualquer custo, apenas para ficar frustrado quando isso não acontece. Ao invés disso, vá e faça algo produtivo para trabalhar com a energia que o impede de dormir. Fazer atividades criativas ajudará a transformar a energia e colocá-lo em contato com a imaginação e a força de vontade, o que ajudará a inspirá-lo e ajudá-lo a alcançar um estado calmo, induzindo o sono naturalmente. Lembre-se sempre, a criatividade também usa a energia do amor, portanto, qualquer atividade que seja criativa é produtiva, pois usa o amor. Esta regra se aplica quando você está passando pelo despertar em qualquer momento de sua vida. Estamos sempre tentando nos alinhar com o amor, tanto quanto possível, à medida que passamos por isso.

Tive insônia durante anos após meu despertar e oscilava entre sonhos lúcidos intensos e a completa falta de sono e a incapacidade de induzir sonhos. Com o tempo, aprendi a não me preocupar ou estressar quando isto acontece, embora isto possa ser difícil de fazer se você tiver algo importante no dia seguinte que precise estar bem descansado. Você tem que aprender a ir com ele e não lutar contra ele. Não há escolha. Assim que você aceitar isto, estará melhor. Viver o estilo de vida regular das nove às cinco pode ser um desafio, mas é um desafio que você precisa aceitar e trabalhar. Quanto mais você luta contra isso, mais você está impedindo o processo de transformação da Kundalini.

Se você não pode induzir o sono durante a noite, o corpo está sinalizando para você que não precisa descansar. Talvez a mente precise, e você pode descansar a mente simplesmente relaxando de costas enquanto está acordado. Às vezes ajuda tomar um comprimido de melatonina antes de dormir que você pode encontrar em sua drogaria local. Mas se você não consegue induzir o sono, isso significa apenas que há muita atividade no Corpo de Luz, e você precisa aceitar isso. Você estará um pouco mais lúcido no dia seguinte, mas você deve ser capaz de lidar com tudo o que precisa. Não conseguir dormir significa que a Kundalini está em excesso, transformando sua mente, seu corpo e sua Alma em um nível profundo. Coloque-se no modo piloto automático o máximo possível e deixe-o fazer o que precisa fazer.

Um aspecto da transformação da Kundalini é que a quantidade de sono necessária para funcionar 100% no dia seguinte é substancialmente menor do que uma pessoa sem Kundalini ativa. Seis horas de sono devem ser suficientes na maioria dos dias, eu descobri. O ideal são oito horas completas de sono, enquanto qualquer coisa acima de oito é excessiva e não necessária. Entretanto, nos estágios iniciais, você pode precisar de mais de oito horas de sono, especialmente se sua Kundalini for muito ativa durante a noite.

Com o passar dos anos, descobri que mais de oito horas de sono me deixaram menos concentrado e preguiçoso no dia seguinte. O ideal é que entre seis a oito horas de sono tenha sido provado ser o melhor para mim. Eu também tinha tido muitas noites sem dormir quando a Kundalini era muito ativa. Mas eu superei isso relaxando minha mente durante a noite, o que me permitiu ainda funcionar a 95% no dia seguinte com minha habitual nitidez e foco. Entretanto, isto foi depois de pelo menos cinco anos do processo de transformação da Kundalini e uma vez que eu afinei minha consciência com o Eu Superior. Se você se encontrar mais alinhado com seu Ego, você precisará dormir mais.

PERGUNTAS COMUNS

Depois de assumir o papel de professor e guia da Kundalini durante muitos anos, respondi a inúmeras perguntas de muitos iniciados diferentes da Kundalini sobre seu processo de despertar e transformação. Compilei as perguntas mais comuns sobre uma série de Perguntas e Respostas a partir de nossas correspondências.

Eu tive um despertar espontâneo da Kundalini há quase um ano. Agora, o tumulto emocional e o medo com que me deparo são insuportáveis. Perdi meu emprego, meus relacionamentos desmoronaram e estou pronto para desistir. Não me resta mais energia para continuar adiante. Que palavras de sabedoria você tem para mim?

Não se desespere, meu amigo. Muitas pessoas têm estado no seu lugar e muitas mais estarão no futuro. Por pior que as coisas possam parecer agora, lembre-se sempre que o amanhecer segue sempre a noite. O sucesso não é determinado pela rapidez com que você cai, mas pela rapidez com que você se levanta e tenta novamente. Você tem que desenvolver resistência a estes desafios que você enfrenta, e você encontrará as soluções que procura. Não deixe o medo aleijar você, mas, ao invés disso, enfrente seus medos, e você ganhará coragem. Todas as pessoas de sucesso brilham quando não têm mais nada, quando toda sua energia se foi, e seu tanque está vazio. Eles usam estes momentos para provar quem são, encontrando energia de dentro de si mesmos para conquistar seus medos e encontrar o sucesso.

Lembre-se, a FEAR (=medo) é Falsa Evidência Aparecendo Real; ela vive no reino da dualidade. O Verdadeiro Eu, porém, está no reino da Não-dualidade. É um Fogo que ninguém, a não ser você mesmo, pode apagar. E o tempo está correndo para todos nós. Portanto, todos devemos olhar para os desafios da vida e vê-los como testes de nossa força de vontade. Devemos ter fé em nós mesmos e no Universo e enfrentar esses desafios com determinação e persistência para sermos bem-sucedidos.

Encontre seu consolo na companhia de pessoas que pensam da mesma maneira e que passam pelo mesmo processo de despertar da Kundalini e faça deles irmãos e irmãs. Você não está sozinho nisto. Estamos todos destinados a nos transformar em Seres de Luz. Não é um processo fácil, porém. Quanto mais difícil a jornada, mais doce é a recompensa. Muitos caminhos levam ao mesmo objetivo. Se um não funciona, tente outro. Nunca desista, especialmente de si mesmo porque se você estiver disposto a desistir, o Divino não tem lugar para você no Reino dos Céus.

Sempre que minha energia Kundalini se torna muito ativa, fico incrivelmente paranoico, ansioso e com medo. Eu me pergunto se eu deveria consultar um terapeuta, mesmo não tendo certeza se eles entenderão o que estou passando. Mas, antes de fazer isso, o que mais posso fazer para superar estas emoções difíceis?

A paranoia e a ansiedade que você está vivenciando são típicas do que você está passando. Sua condição, porém, não é uma condição que possa ser descrita como clínica. É melhor guardar a experiência para si mesmo para evitar a decepção de não ser compreendido pelo pessoal médico. Mais importante ainda, para se proteger de ser submetido a medicação prescrita que irá dificultar substancialmente seu processo de transformação. Passe tempo fora, conecte-se com a natureza e faça coisas externas a você, em vez de repensar o que você está passando. O Ego não gosta de estar passando por um processo de morte, então quer assustá-lo e fazer com que você se sinta negativo a respeito disso.

Mais importante ainda, pense positivamente em toda a experiência. Você está entre a elite do mundo, e foi escolhido por alguma razão. Francamente, anos de vida em um mau estado mental, como é o caso em muitos iniciados da Kundalini recém-desperta, valem bem as joias preciosas que o esperam no futuro. Além disso, sua mentalidade é apenas uma faceta de quem você realmente é. Lembre-se disso e seja corajoso. O foco no medo o impedirá de viver com coragem. Ao invés disso, seja corajoso e o medo desaparecerá.

Há momentos em que sinto como se meu Ego estivesse finalmente fora do caminho, mas então ele retorna com uma vingança, trazendo grande medo e dor emocional. Muitas vezes, sinto como se estivesse morrendo uma morte lenta e dolorosa. Por que isto não pode acabar com isso? O que está acontecendo comigo?

Dor e prazer são ambos aspectos da mesma coisa. Eles estão ligados à forma como se lê a realidade ao seu redor através da mente. Ao fazer a ponte entre o consciente e o subconsciente, a velocidade do pêndulo que oscila entre o prazer e a dor aumenta exponencialmente, dando origem a muitas questões mentais. A diferença é que com uma pessoa de Kundalini atva, este processo é apenas temporário e serve para erradicar memórias negativas, atuando como um muro entre o mundo de puro potencial e os limites criados pela mente em sua busca pela sobrevivência.

O Eu que sobreviveu até agora é o Ego. O Ego está morrendo! Ele não quer morrer, como qualquer outra força inteligente neste Universo. Portanto, o eterno testemunho do Agora, seu verdadeiro Eu, fica de lado enquanto o Ego sente a dor sabendo que em sua morte está a verdadeira vida. Lembre-se, levou muitos anos para que o Ego se desenvolvesse. Como toda ação tem uma reação igual e oposta, saiba que levará muitos anos para que ele também morra. É uma parte normal do processo de transformação, assim como a dor que o acompanha.

Uma vez liberados os sofrimentos do Ego, a consciência está livre para experimentar a pura emoção do Vazio, que é um arrebatamento nirvânico. Portanto, tome seu tempo, não se apresse, e depois de algum tempo, a mente se acomodará, e você se tornará quem deve ser - um Ser de Luz!

Nos últimos meses, tenho sido atormentado com dores de cabeça debilitantes que às vezes duram a noite toda e até mesmo no dia seguinte. Também sinto dores misteriosas que vêm e vão em diferentes áreas do meu corpo, principalmente no tronco. O que pode ser feito? Isto é uma parte normal do processo da Kundalini?

Se você tiver dores de cabeça como resultado de uma Kundalini desperta, você notará que se você der um passo atrás, suas dores de cabeça não são causadas pela Kundalini, mas sim pela forma como a mente está interpretando o que está acontecendo. Isto porque a Kundalini opera dentro do Plano Astral, mas podemos senti-la como se estivesse em nosso corpo físico. Ela opera através de uma dimensão diferente da dimensão material, da qual o corpo físico faz parte.

Mantenha o relaxamento o tempo todo, beba muita água e as dores de cabeça desaparecerão. Evite situações estressantes e quando ocorrer uma dor de cabeça, tente descobrir sua causa e depois evite criar essa mesma causa na próxima vez ou estar perto dela.

As dores físicas são atribuídas à energia negativa e às memórias cármicas armazenadas no corpo físico e nos órgãos. Portanto, quando a Kundalini tem, em nível Astral (porque só opera Astralmente), permeado as áreas que seguram as contrapartes espirituais aos componentes físicos do corpo, haverá sentimentos de dor física, pois ela está se purificando através da negatividade nessas contrapartes espirituais.

Este processo é normal e irá diminuir com o tempo. Experimente uma dieta diferente, Yoga ou técnicas de aterramento para aliviar a dor. Lembre-se, ao concentrar sua atenção na dor, você a torna mais forte. Então, volte sua atenção para outro lugar, e a Kundalini se moverá para onde sua consciência está. Uma mente destemida não tem barreiras no processo da Kundalini!

Eu tenho tido visões diferentes envolvendo gatos. Algumas vezes eles são grandes, outras vezes são pequenos. Eles têm sido prateados, pretos, amarelos e laranjas-avermelhadas. Entretanto, a visão mais proeminente foi a de um gato com a cauda quebrada. Estou lutando para dar sentido a isso. Algo está quebrado dentro de mim?

Interprete visões como esta do ponto de vista da mente. Se a mente está relaxada e apreciando estas imagens, elas são experiências fugazes, e não importam. No entanto, se a mente se mistura com estes símbolos e tenta interpretar tudo o que acontece, você cria um labirinto para si mesmo que é difícil de sair sem ligar o medo ao resultado.

Visões em sonhos são geralmente o resultado do que a mente está preocupada no estado de vigília. Como você acabou de despertar e está experimentando diariamente muita atividade da Kundalini, estas visões em seus sonhos estão tentando lhe dizer algo sobre isso.

Os gatos, independentemente de sua cor, são símbolos da Kundalini. Nas tradições antigas, os gatos representavam o aspecto Grande Feminino da Divindade. Estes sonhos estão fazendo com que você saiba que está passando pela atividade da Kundalini. A cauda quebrada pode significar um bloqueio de energia, mas depois, novamente, pode não significar. Pode significar que a mente interpretou um crepitar de energia dentro de você.

Não se prenda em todas essas interpretações de sonho. O resultado final do despertar de uma Kundalini é um desprendimento total do emaranhado da mente. Você deve contornar a mente para estar no Agora, o momento presente, e retirar energia do campo de pura potencialidade. Um dia, estas coisas não significarão absolutamente nada para você do ponto de vista do panorama geral.

Depois do meu despertar inicial da Kundalini, lembro-me de ver muitas visões místicas com todos os tipos de símbolos. Agora elas desapareceram, mas o pensamento mais visual, involuntário, também o é. Sinto as coisas intuitivamente, pois minha consciência se elevou acima do medo. Lembro disso quando se trata do despertar: "Todas as coisas se dissolvem e se resolvem em todas as outras coisas". O que você vê agora, você não se lembrará nem mesmo daqui a anos.

Sinto-me frágil, vulnerável e meu estado emocional é constantemente para cima e para baixo. Tenho ansiedade e paranoia, e preciso de ajuda. Não tenho certeza se os médicos podem me ajudar em algo relacionado à Kundalini, mas não sei a quem mais recorrer. O que eu devo fazer?

Nenhum profissional da saúde mental pode ajudá-lo com problemas mentais e emocionais que você está enfrentando a partir de uma Kundalini desperta. Eles estarão ansiosos para tratá-lo clinicamente, o que você não quer. Fui ver uma psiquiatra que aparentemente "sabia" sobre a Kundalini em um determinado momento. Durante a visita, soube que ela não sabia de nada, pois só se pode saber verdadeiramente sobre a Kundalini se eles tiverem alguma experiência pessoal. Foi um desperdício do meu tempo e dinheiro e, acima de tudo, resultou em desapontamento. A falsa esperança pode ter efeitos muito adversos neste processo, pois pode fazer com que você desista ainda mais rápido do que normalmente estaria inclinado a fazer.

Se você estiver num estado frágil, seja seu próprio médico e seu salvador pessoal. Com a Kundalini, por favor, não coloque sua fé nas mãos de outras pessoas, a menos que essas pessoas tenham tido o próprio despertar. Se você precisar de consolo, ouça algumas conversas de autoajuda. Um despertar da Kundalini também despertará o guru interno, o

Eu Superior. Agora é o momento de aprender a confiar em si mesmo e ser seu próprio guia e professor.

Questões mentais, ansiedade e paranóia são comuns para as pessoas em sua situação. Todos nós já passamos por isso. Encontre algo que o acalme e o faça feliz, o que lhe dá uma saída para a agitação mental. Encontre um hobby que ocupe seu corpo, sua mente e sua alma. Escreva, pinte, faça caminhadas, faça algo inspirador. Se você se concentrar na negatividade, você terá negatividade em troca. Ajudará se você não se concentrar nas questões mentais, pois elas são temporárias.

Se você consultar um profissional médico sobre isso, você poderá se sentir pior depois, já que eles jogarão palavras como ansiedade crônica, bipolar e esquizofrenia. Os sintomas exibidos por uma Kundalini ativa podem ser semelhantes, mas isso não significa que você tenha a enfermidade em si. Ao contrário das pessoas não acordadas diagnosticadas com estas doenças, nós passamos por estes desafios e emergimos do outro lado, mais fortes e mais refinados. É apenas uma questão de tempo e paciência.

Uma coisa que sempre aprendi é a seguir minha própria batida. Ouça a voz que está dentro e não deixe que outros lhe digam o que está acontecendo. Você guia sua narrativa. Desconsidere o que os outros estão dizendo sobre o que você está passando. Você sabe a verdade dentro de você, então comece a ouvir. Você está bem! É apenas o Ego que o assusta, pois sabe que está perdendo seu poder sobre a consciência. Seu verdadeiro Eu vive em silêncio, um lugar sem pensar!

Sinto uma pressão imensa da minha testa até o topo da minha cabeça, e meus pensamentos são incontroláveis. Sinto que estou ficando louco como se meu cérebro estivesse quebrado. O que posso fazer para encontrar o equilíbrio?

Se você tem uma acumulação de energia em Sahasarara e Ajna Chakras, você precisa se aterrar. Se você está pensando demais e se sente em contato com a ansiedade e o medo, fundamentar suas energias o ajudará. O aterramento irá silenciar sua mente, permitindo que o medo desapareça. Por experiência própria, se você tiver muita energia em sua cabeça, você se tornará introvertido e repensará demais. Portanto, tente concentrar-se no aspecto emocional do Eu entrando em contato com seus sentimentos, e a energia se equilibrará.

Ajuda a se concentrar em seus Chakras de Pé e especialmente em seu abdômen. Ao se concentrar em seu abdômen, você neutraliza o Elemento Ar (pensamentos) e se conecta com o Elemento Água (emoções). Fazendo isso, você entrará em contato com seus sentimentos e trará a energia para baixo de sua cabeça. Ao enviar a energia para dentro de sua barriga, você criará um Fogo confortável e constante nessa área através da respiração e meditação. Pratique meditação silenciosa, e você deverá ser capaz de sentir a energia em lugares diferentes de sua cabeça. A meditação é necessária para trazer a energia para baixo no abdômen e reconectar o circuito da Kundalini.

Eu tenho tentado racionalizar e intelectualizar meu processo, o que não me levou a lugar algum. Entendo que é hora de ir além da mente e de meus pensamentos, mas não sei como ou por onde começar. Você pode oferecer alguma visão?

Em vez de se concentrar em seus pensamentos, cale a mente para sair de si mesmo através da meditação e da respiração controlada. Veja-se na terceira pessoa enquanto observa seu corpo físico e seus gestos faciais, e torne-se a Testemunha Silenciosa no Agora, o momento presente. Ao pisar fora de si mesmo, você contorna o Ego para conectar-se com o Eu Verdadeiro, o Santo Anjo da Guarda, através do qual você pode experimentar a Glória de Deus e inúmeras outras riquezas Espirituais.

Para ajudá-lo a chegar lá, medite no seu Olho da Mente, concentrando-se no centro de sua sobrancelha. Depois, com os olhos abertos, veja o mundo por fora e por dentro, simultaneamente. Neste ponto, você se verá como as outras pessoas o vêem. Você pode alcançar esta experiência através da prática. Aos poucos, ela mudará sua percepção de estar enredado na ilusão do Ego e cair na presa para temer tornar-se externo e objetivo e participar do Reino da Luz de Deus que nos dá amor, verdade e sabedoria.

Isto é o que se entende quando Adeptos e Sábios mencionam que alcançaram a Unidade de todas as coisas. Lembre-se, você é apenas uma imagem do pensamento na Mente de Deus. Este Mundo da Matéria de que nossos sentidos participam é apenas o Eterno Sonho de Deus, e nosso poder de pensar e sonhar nos permite ser cocriador com nosso Criador. Que aqueles que têm ouvidos ouçam esta grande verdade Universal.

Desde que minha Kundalini despertou, é a única coisa sobre a qual quero falar com os outros. Quero que os outros saibam e experimentem o que eu tenho. Mas sempre que eu me abri a alguém sobre minhas experiências, ou eles não entendiam ou me faziam sentir como se eu estivesse louco. Devo apenas guardar esta experiência para mim mesmo a partir de agora?

Em termos de quem você diz que teve um despertar da Kundalini, direi para compartilhar com 10% das pessoas em sua vida e não compartilhe com os outros 90%. Compartilhar por si só tem expectativas de ser compreendido. O fato é que nem mesmo 10% vão entender, mas ao menos acreditarão em você através da compaixão e da fé que você está lhes dizendo a verdade. Portanto, se você quiser se salvar de muita decepção, recomendo que guarde a experiência para si mesmo na maioria dos casos.

Se alguém mencionar a Kundalini e souber sobre ela, compartilhe sua experiência com eles. Mesmo assim, a menos que a pessoa tenha tido um despertar, ela terá opiniões variadas sobre o assunto e não poderá acompanhar tudo o que você está dizendo.

Nós nos relacionamos uns com os outros através de experiências passadas e de pontos em comum como seres humanos. Mas, infelizmente, sobre o tema da Kundalini, a maioria das pessoas não consegue se conectar. E se você quiser evitar a negatividade e a ignorância dos outros, sinta-se satisfeito consigo mesmo e com sua própria experiência e lidere pelo exemplo, em vez de dizer-lhes que você está em treinamento para ser o exemplo.

Quando a Kundalini tiver terminado seu trabalho com você, por muitos anos que leve, você não terá que dizer nada; outros saberão que você é único e especial. Eles podem não entender tudo que você lhes diz, já que uma pessoa muitas vezes tem que ver algo para acreditar, mas quando você se tornar a fonte de Luz e indicar o caminho, as pessoas ficarão intrigadas e inspiradas por você. Então, elas o seguirão. Afinal, as pessoas são atraídas por aqueles que permitem que sua Luz interior brilhe, porque subconscientemente lhes dão permissão para serem eles mesmos e fazerem o mesmo.

Minhas experiências com a Kundalini têm sido como estar no céu às vezes, enquanto em outros momentos, no inferno. No entanto, fui ensinado a temer o inferno e a desejar o céu na vida após a morte, com minha educação religiosa. Mas agora, tendo tido essas experiências em minha vida diária, sinto que tudo isso não tem sentido. Embora eu tenha tido experiências incrivelmente belas, meu niilismo me impede de querer compartilhá-las com os outros. Estou perdido e confuso. Alguma percepção?

Um ser humano é um ser duplo que participa tanto do Céu como do Inferno. Como temos livre-arbítrio, a forma como o exercitamos alinha nossa consciência com qualquer um deles. A Kundalini é uma energia que conecta o Céu e o Inferno para que a humanidade possa participar de ambos em nosso estado frágil. Focalizando o aspecto do Inferno, tornamo-nos participantes dele. Por outro lado, quando nos concentramos no Céu, o Inferno se dissolve em nada, à medida que nossa consciência se eleva.

O inferno é produzido pela Luz Lunar, que reflete a Luz do Sol; portanto, é ilusório. Entretanto, o Céu é a própria Luz do Sol. É imortal, inefável e infinito. Fala a verdade e vive em retidão. Por outro lado, o inferno existe apenas como um fragmento da imaginação. Não é a imaginação em sua totalidade, pois ela pertence ao Céu, mas um mero reflexo dela. O medo é apenas um reflexo da Luz do Sol, mas não é a Luz em si e por si. Somente quando os humanos escolhem estar no Inferno é que participam dele, de acordo com o quanto a energia do medo os liga a ele.

Ao compartilhar teorias, experiências e explicações com outros, estamos em busca de conhecimento. O conhecimento é poder, ou mais importante, o poder da verdade, que é uma antítese ao medo e ao inferno. A verdade é Luz e amor. É o Céu. Os seres que falam a verdade de acordo com seu nível de evolução são Seres de Luz. Compartilhar através da bondade amorosa os torna participantes do Céu que é seu direito de nascimento.

O niilismo é criado por teorias sem fundamento de que a vida não tem sentido porque se afastou da Luz através do pessimismo e do egoísmo. Uma vez que os frutos do Céu escapam de uma pessoa, muitos se voltam para o desespero enquanto tentam dar sentido às coisas, enquanto escolhem permanecer ignorantes da verdade e assumir a responsabilidade por seus pensamentos e ações.

O niilismo exige que se olhe bem para si mesmo com o coração e a mente abertos e que se refreie seu orgulho por tempo suficiente para ver que uma mudança é necessária para voltar ao caminho certo. Isso exige que assumamos a responsabilidade por nossa realidade para que possamos continuar a crescer e evoluir espiritualmente. O niilismo é frequentemente um passo na jornada quando a escuridão se torna mais forte do que a Luz. Entretanto, ele nunca deve ser um destino final.

Estamos todos aqui para aprender uns com os outros. Há sempre presente a dualidade do Céu e do Inferno, já que ambos existem como conceitos relativos. Entretanto, apenas um deles é Eterno e Infinito, e esse é a verdade superior entre os dois. O foco no Inferno mantém a pessoa dentro da camada do Corpo Mental, onde essa dualidade é aparente.

O aprendizado dos Princípios de Luz e Amor, incluindo o Autoamor, lhe permitirá reconhecer a verdade da Unidade de todas as coisas e induzir ao silêncio da mente. Através do silêncio, você pode retirar-se das garras do Corpo Mental para que sua consciência possa entrar no Corpo Espiritual. Como o Corpo Espiritual participa dos Arquétipos, você será capaz de reconhecer a verdade sem dualidade, que é que todos nós somos centelhas da única fonte de Luz, o Sol. O amor é o que nos une; a verdade nos mantém em movimento, enquanto a justiça nos traz glória eterna. A Sabedoria alimenta a Alma, e qualquer besteira intelectual se torna como folhas ao vento.

Eu continuo sonhando com dragões gigantes. Às vezes eles aparecem como cobras em seus movimentos, e eles assobiam e me atacam. Eles são tão poderosos que eu nem sequer combato. Existe algum significado para isto?

Os dragões são o símbolo da Kundalini na tradição chinesa. Como a Kundalini está em movimento enquanto você dorme, duas coisas são aparentes que estão impactando sua imaginação: primeiro é o som da energia que flui dentro de você como um zumbido suave ou um som sibilante ouvido dentro de seu corpo. A segunda é o símbolo dessa energia do inconsciente coletivo, como uma cobra ou um dragão, projetado em sua imaginação.

O Dragão atacando você é uma coisa boa, já que significa que a Kundalini está em excesso, infundindo seu Corpo de Luz com frequentes e intensos solavancos de energia. Isso também significa que seu Ego está sendo trabalhado, o que é um sinal de transformação. Ir com a visão em seu sonho e não a combater significa que seu Ego aceita o processo de transformação da Kundalini. Seja neutro como isto está acontecendo e aceite as imagens, independentemente de quão assustadoras elas possam parecer em retrospectiva. Induza coragem para continuar se entregando a este processo, e você emergirá do outro lado como um Ser Espiritual mais refinado.

Não é raro também ver diferentes elementos simbólicos em seus sonhos, já que a Kundalini está trabalhando através de seus Chakras. Por exemplo, ao trabalhar na otimização de seu Chakra de Água, Swadhisthana, você pode ver diferentes corpos de água, como oceanos, mares e lagos presentes. Por outro lado, quando o Manipura estiver sendo visado, um influxo do Elemento Fogo estará presente, colorindo seus sonhos com cenas de fogo e chamas. Assim você vê, o que você sonha é simbólico das mudanças energéticas que acontecem dentro de sua Aura e seu impacto em sua imaginação.

O que eu posso fazer para despertar minha Kundalini? Existe algum método que eu possa utilizar para facilitar esta experiência?

Embora não exista um método seguro para despertar a Kundalini, o envolvimento em práticas yógicas como as apresentadas neste livro pode preparar a mente, o corpo e a Alma para que o despertar da Kundalini ocorra. O mesmo se aplica à prática do Cerimonial Magick e seguindo um regime como os Programas de Alquimia Espiritual apresentados no *The Magus*. Além disso, o uso de modalidades de Cura Espiritual como Cristais, Diapasões, Aromaterapia e Tattvas trabalham na limpeza e afinação dos Chakras, o que pode causar um despertar da Kundalini. Portanto, veja, priorizar sua Evolução Espiritual e ser proativo implementando uma prática Espiritual regular em sua vida é a única coisa que você pode fazer para se aproximar deste objetivo.

O despertar de uma Kundalini geralmente acontece de forma inesperada, portanto não se pode saber quando isso acontecerá, mas pode-se controlar o que se faz para que isso aconteça. Por ser uma experiência tão monumental, a Alma deve estar pronta para ela, o que geralmente requer preparação ao longo de muitas vidas. Seria impossível para mim determinar exatamente onde você está na progressão de sua Alma; somente seu Eu Superior sabe disso. Mas ao se concentrar em ser uma boa pessoa com forte moral e valores assegura que você está no caminho certo. Pratique a bondade amorosa consigo mesmo e com os outros e seja honesto em todos os momentos. Uma vez que você caminha na Luz, você permite que a Luz penetre em sua consciência e desperte a Kundalini. O despertar da Kundalini é apenas o próximo passo para que sua Alma evolua e o mais importante, pois a liberta do corpo, completando sua missão aqui na Terra.

EPÍLOGO

No início, era a Luz Branca. Tudo-em-um-um. Infinita. Sem começo nem fim. A Mente do Todo. Pura Consciência Espiritual. Então, esta Primeira Mente, que é energia e Força, criou a Segunda Mente para gerar formas. O Todo, sendo Um, se dividiu em Dois, pois toda Criação requer a separação ou divisão de sua substância original. O Todo não poderia experimentar seu poder e potencial até que criasse um oposto polar. Assim, a Luz Branca gerou a escuridão do espaço.

A Luz Branca também criou as Estrelas, cujos agrupamentos formaram Constelações e Galáxias que compõem todo o Universo. Agora o Todo pode manifestar mundos e seres vivos diferentes - almas que contêm as características do Todo. As Almas contêm a Luz, já que são da Luz. No entanto, elas também contêm a escuridão, pois elas participam do Universo - o Mundo da Matéria flutuando na escuridão do espaço.

Todas as formas e seres vivos que existem são feitos do pensamento do todo. Eles não são inseparáveis do Todo, mas fazem parte dele, apenas estão no ato da experiência do Todo, embutidos no Tempo e no Espaço. A experiência e o experimentador são Um; entretanto, sua separação é apenas uma ilusão. Enquanto a matéria está em um extremo do espectro, como a manifestação mais densa do Todo, o efeito, a causa é a Luz Branca que vibra tão alto que é invisível aos sentidos, mas que interpenetra toda a existência.

A principal função das Estrelas é gerar Luz para a escuridão do espaço. A íris do Sol é um portal para o outro lado da realidade, a Luz Branca da Primeira Mente. As Estrelas engendraram todos os seres vivos do Universo, pois todo ser orgânico tem Alma e consciência. E a Alma nada mais é do que uma centelha de Luz de seu respectivo Sol. Os Antigos chamavam o Sol dessa maneira porque é a origem da palavra Alma (em inglês, *soul*) como a essência de um ser vivo.

Os Sóis do Universo atraíram planetas próximos para criar Sistemas Solares. Existem bilhões de Sistemas Solares com trilhões de Planetas no Universo. Os Sóis fizeram ambientes habitáveis em certos Planetas que os orbitavam para que eles pudessem cultivar Almas. Entretanto, apenas alguns Planetas foram escolhidos para esta tarefa.

Em nosso Sistema Solar, o único Planeta que pode abrigar vida é a Terra. Nosso Sol, então, através de sua Luz, criou toda a vida na Terra. Ele o nutre com seu calor e energia Prânica. Assim você vê, o propósito final de todas as Estrelas do Universo é abrigar Almas. Uma Alma nunca nasceu, e nunca morrerá. Uma vez que a Alma tenha aprendido as lições do Sistema Solar em que encarnou, ela transfere sua centelha de um Sol para outro no momento da morte física, continuando sua jornada evolutiva através do Universo.

À medida que a Alma humana se implanta no corpo físico ao nascer, ela se torna presa a ele. A Alma continua se reencarnando no Planeta Terra até sua evolução atingir massa crítica, resultando em sua liberação do corpo em uma determinada vida. As lições deste Sistema Solar estão relacionadas à ativação total dos Sete Chakras, o que só pode ser alcançado despertando a Kundalini e elevando-a até a Coroa. Quando o sistema de energia humana se tornar otimizado, a Alma não precisará mais reencarnar no Planeta Terra, mas sua próxima vida será em um novo Planeta em um Sistema Solar diferente em algum lugar do Universo.

Nosso objetivo final no Planeta Terra é despertar totalmente a Kundalini e libertar a Alma do corpo. Ao fazer isso, tornamo-nos o Sol de nosso Sistema Solar, ativando totalmente os poderes superiores da Luz dentro de nós. Estes poderes superiores são expressos através dos Planetas que orbitam o Sol, correspondendo aos Sete Chakras em seu estado totalmente ativado. Assim, como você pode ver, um despertar completo da Kundalini nos permite experimentar a totalidade de nosso potencial energético aqui na Terra na presente encarnação.

Uma vez elevada a Kundalini à Coroa, unimos nossa consciência com a Consciência Cósmica da Luz Branca e a Primeira Mente. Começamos então a participar do Infinito que se estende até os confins do Universo, desbloqueando dons psíquicos que nos permitem transcender o Tempo e o Espaço. Podemos ver, sentir, ouvir, tocar, cheirar e saborear as coisas à distância, já que o Mundo Tridimensional não limita mais nossa consciência. Ao invés disso, nos elevamos à Quarta Dimensão, a Dimensão da Vibração, ou energia.

Um dos dons essenciais de um despertar Kundalini completo é ativar o Corpo de Luz e otimizar o próprio campo de energia toroidal - o Merkabá. Esta estrutura geométrica se torna o veículo de consciência da Alma que permite viagens Interdimensionais e Interplanetárias. A Alma pode deixar o corpo à vontade através do Corpo de Luz e da Merkabá. Ela pode agora viajar através de nosso Sol para outros Sóis no Universo porque o indivíduo é agora Um com a Primeira Mente. Esta é a origem da Projeção Astral que é a projeção consciente da Alma em diferentes reinos e Planos de consciência. Entretanto, quando esta experiência acontece durante o sono, inconscientemente, ela é chamada de Sonho Lúcido.

Embora o despertar completo da Kundalini e a ativação do Corpo de Luz seja um evento único, o processo de transformação espiritual que se segue pode levar algumas dezenas de anos ou mais. Devemos superar o Carma individual antes de atingir a fronteira final da consciência humana, a Quinta Dimensão do Amor e da Luz. Nunca esquecer, para se tornarem vasos puros e dignos da Luz, os Chakras devem ser otimizados e ajustados à perfeição.

Com isso em mente, espero ter lhe dado as chaves deste livro para realizar esta tarefa. Quer você já tenha despertado a Kundalini ou ainda esteja em processo de aprendizagem e preparação para esta experiência, agora você conhece todos os elementos e facetas do processo de despertar da Kundalini e da transfiguração espiritual que se segue. Portanto, use a *Serpent Rising* como um manual para as diferentes práticas Espirituais aqui apresentadas, e continue a trabalhar em seus Chakras, preparando sua Alma para a Ascensão.

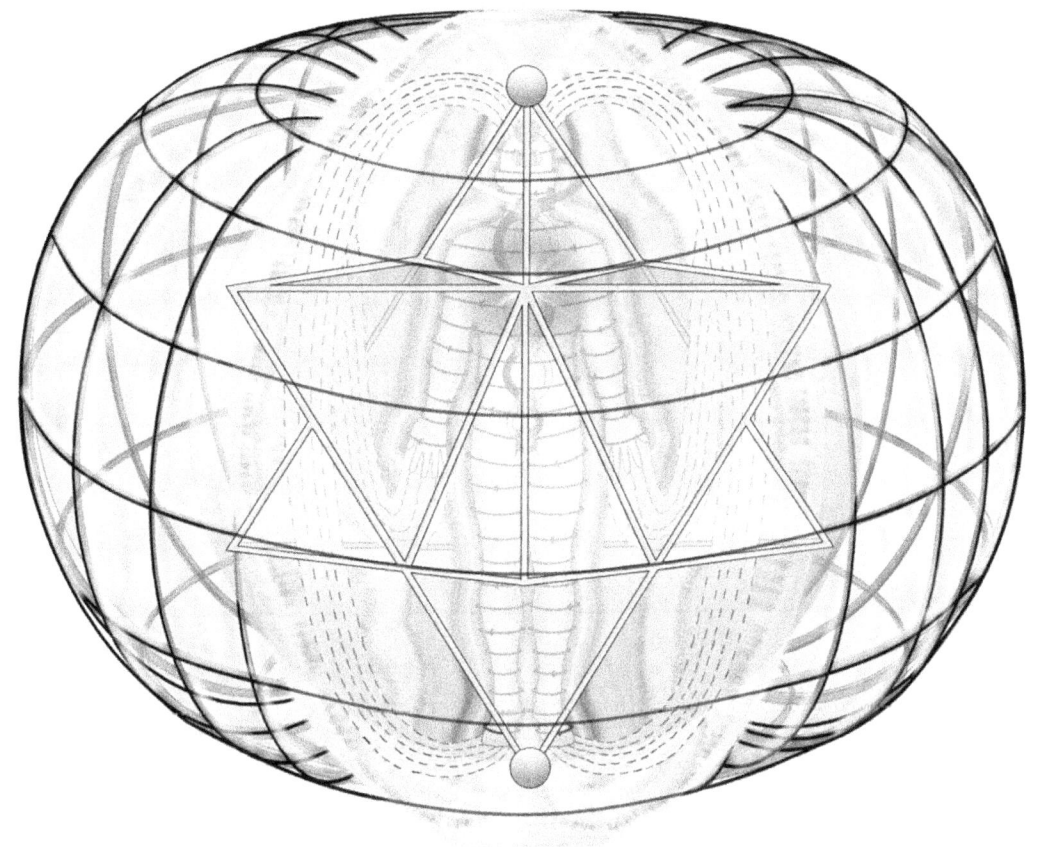

Figura 164: Otimização do Potencial Energético Humano

Para encerrar, foi um prazer compartilhar tudo o que aprendi em minha jornada de dezessete anos de vida com a Kundalini desperta. *Serpent Rising: The Kundalini Compendium* tem sido uma incrível jornada de descoberta também para mim, conectando os pontos e construindo sobre a estrutura da evolução da ciência Kundalini. Meu último conselho para você é levar a sério tudo o que você lê neste livro e ficar entusiasmado com seu futuro. A Kundalini é seu presente do Criador; não a desperdice perdendo tempo com distrações que não lhe servem mais. Em vez disso, concentre sua energia no cumprimento de sua missão final neste Planeta, e não o veja do outro lado.

APÊNDICE

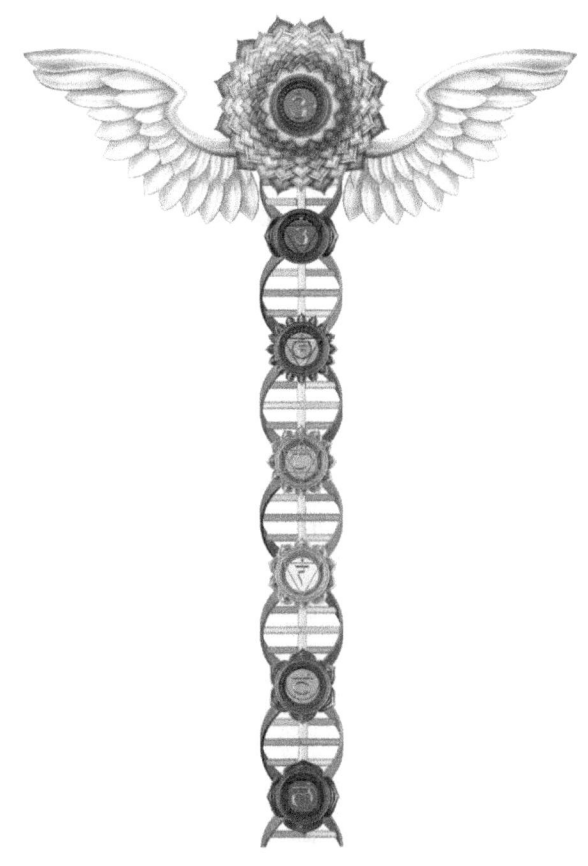

TABELAS SUPLEMENTARES

TABELA 6: Os Sete Planetas Antigos e Suas Correspondências

Planetas	Afinidade Elemental	Expressões/Poderes	Pedras Preciosas	Diapasão Hz	Óleos Essenciais (Lista Avançada)
Saturno	Terra; Sente-se como Terra do Ar	Carma, Verdade, Sabedoria, Estrutura, Disciplina, Intuição	Jet Black Onyx, Diamantes, Quartzo Fumado	295.7	Mirra, Patchouli, Cassia, Cypress, Nardo, Mimosa
Júpiter	Água; Sente-se como Água de Fogo	Misericórdia, Abundância, Amor Incondicional, Moral, Ética	Safira, Lápis Lazúli, Turquesa, Água-Marinha	367.16	Anis, Cravo, Hisopo, Noz-moscada, Salva sálvia-esclareia, Dente-de-leão, Cedro, Salsaparrilha, Cominho, Mirra-doce
Marte	Fogo; Sente-se como a Terra do Fogo	Ambição, Impulso, Renovação, Ação, Sobrevivência, Competição, Paixão, Força de vontade	Rubi, granada, ágata vermelha, pedra de sangue, coral vermelho	289.44	Gengibre, manjericão, pimenta preta, hortelã-pimenta, tabaco, sangue de dragão, absinto, pinheiro
Sol (Sol)	Ar; Sente-se como Ar de Fogo	Autoidentidade, Cura, Vitalidade, Coragem, Criatividade, Inspiração, Imaginação	Âmbar, Olho de Tigre, Topázio de Ouro, Pedra de Ouro, Carnelian, Zircon, Pedra do Sol	252.44	Camomila, Zimbro, Incenso, Calêndula, Alecrim, Canela, Açafrão, Cedro, Laranja, Lima
Vênus	Fogo; Sente-se como Água da Terra	Desejo, Expressões Criativas, Amor Romântico, Amizade, Sensualidade	Esmeralda, Jade, Aventurina, Malaquite, Quartzo Rosa, Ágata Verde, Peridot	442.46	Rosa, Sândalo Vermelho, Ylang-Ylang, Cardamomo, Gerânio, Lilás, Vetiver, Hortelã, Violeta, Baunilha Bean, Plumeria, Valeriana
Mercúrio	Água; Sente-se como Água do Ar	Lógica, Razão, Comunicação, Intelecto, Aprendizagem	Safira Laranja, Espinélio Laranja, Turmalina, Topázio Imperial, Citrino, Opala de Fogo, Amazonita	282.54	Alfazema, Capim Limão, Verbena Limão, Sândalo Amarelo, Laranja, Maça, Hortelã-pimenta, Bergamota Laranja
Lua (Luna)	Ar; Sente-se como a Terra da Água	Sentimentos, Emoções, Ilusões, Capricho, Fertilidade, Clarividência	Pedra da Lua, Pérola, Berilo	420.88	Jasmim, Cânfora, Eucalipto, Sândalo Branco, Salgueiro, Limão, Mirra, Lírio
Terra	Terra	Estabilidade, Aterramento, Praticidade	Turmalina Negra, Obsidiana, Hematita	272.2	Cypress, Artemísia, Oleandro, Patchouli, Vervain, Vetiver

TABELA 7: Os Doze Zodíacos e Suas Correspondências

Zodiac	Planeta Governante, Subelemento	Expressões/Poderes	Pedras Preciosas	Diapasão Hz	Óleos Essenciais (Lista básica)
Áries	Marte (Fogo), Fogo de Fogo	Energia Criativa, Dinamismo, Iniciativa, Entusiasmo, Competição, Coragem, Dinamismo, Confiança	Pedra de Sangue, Carnelian, Diamond, Safira, Red Jasper, Ruby	144.72	Pimenta Preta, Alecrim, Gengibre, Manjericão, Hortelã-pimenta, Mandarina, Laranja
Taurus	Vênus (Terra), Ar da Terra	Paciência, Sensualidade, Persistência, Determinação, Sensibilidade, Praticidade, Convencionalidade	Âmbar, Quartzo Rosa, Coral de Sangue, Topázio Dourado, Esmeralda, Safira, Turquesa	221.23	Ylang Ylang, Rose Vetiver, Gerânio, Sândalo, Melissa, Manjerona
Gêmeos	Mercúrio (Ar), Água do Ar	Intelecto, Aprendizagem, Comunicação, Análise de humor, Adaptabilidade, Versatilidade, Não-conformismo	Água-Marinha, Ágata, Chrysoprase, Pérola, Pedra da Lua, Citrina, Safira Branca	141.27	Bergamota, Funcho, Lavanda, Camomila, Hortelã Pimenta
Câncer	Lua (Água), Fogo de Água	Tenacidade, Sensibilidade, Emocionalidade, Intuição, Simpatia, Instinto Protetor, Empatia	Pedra da Lua, Rubi, Esmeralda, Pérola	210.42	Funcho, Zimbro, Alfazema, Jasmim, Salva esclareia, Eucalipto
Leo	Sol (Fogo), Ar de Fogo	Carisma, Ambição, Criatividade, Autoridade, Vitalidade, Generosidade, Afeto	Âmbar, Turmalina, Carnelian, Ruby, Sardonyx, Onyx, Topázio dourado	126.22	Alecrim, incenso, mirra, limão, limão, canela
Virgo	Mercúrio (Terra), Água da Terra	Discriminação, Análise, Confiabilidade, Diligência, Praticidade, Adaptabilidade, Independência, Ensinamento	Safira Azul, Jaspe Rosa, Carnelian, Jade, Ágata de Musgo, Turquesa, Zircon	141.27	Melissa, Mirtilo, Patchouli, Sândalo, Alfazema
Libra	Vênus (Ar), Fogo do Ar	Harmonia, Justiça, Autoexpressão, Diplomacia, Romance, Sensualidade, Sociabilidade, Sagacidade	Lápis Lázuli, Opala, Diamante, Esmeralda, Quartzo Rosa, Peridot	221.23	Gerânio, Funcho, Árvore de Chá, Rosa, Cardamomo, Melissa
Escorpião	Marte (Água), Ar de Água	Regeneração, Sexualidade, Transformação, Justiça, Paixão, Lealdade, Poder, Independência, Magnetismo	Aquamarine, Obsidiana Negra, Safira, Ágata, Topázio, Berilo, Lágrimas de Apache, Coral	140,25 (Plutão)	Patchouli, Rosa, Gerânio, Gengibre, Jasmim, Clary Sage
Sagitário	Júpiter (Fogo), Água de Fogo	Otimismo, Amor à Liberdade, Alegria, Honestidade, Filosofia, Caridade, Inspiração, Exploração	Turquesa, Topázio, Safira, Ametista, Rubi	183.58	Clary Sage, Dente de Alho, Hisopo, Bergamota, Cedro, Eucalipto, Cardamomo
Capricórnio	Saturno (Terra), Fogo da Terra	Organização, Conscientização, Pragmatismo, Ambição, Conservadorismo, Disciplina	Ruby, Black Onyx, Quartzo fumê, Safira, Agate	147.85	Mirra, Vetiver, Eucalipto, Gerânio, Sândalo
Aquarius	Saturno (Ar), Ar do Ar	Intuição, Criatividade, Espiritualidade, Independência, Inovação, Originalidade, Meditação, Humanitário	Safira, Sugilita, Ametista, Safira Azul, Ágata Musgo, Opala	207.36 (Urano)	Flor de Laranjeira, Mirra, Sândalo, Folha de Violeta, Alfazema, Limão
Pisces	Júpiter (Água), Água de Água	Emoções profundas, Intuição, Imaginação, Compaixão, Empatia, Ética, Simpatia, Humor	Ametista, Jade, Água-Marinha, Cristal de Rocha, Pedra de Sangue, Diamante, Safira	211,44 (Netuno)	Bergamota, Cravinho, Gerânio, Mirra, Cipreste, Árvore de Chá, Salva esclareia

GLOSSÁRIO DE TERMOS SELECIONADOS

Nota: A seguir está uma seleção de termos que ou não estão definidos no corpo original do texto ou requerem definição adicional. Use esta seção para ajudar a aprofundar seus conhecimentos sobre os assuntos em questão. Como este livro geralmente trata da Espiritualidade Oriental, a maioria dos termos aqui apresentados são dos Mistérios Ocidentais.

Adam Kadmon: Um conceito abstrato referente ao Yechidah, o Kether Sephira que se filtra no Chiah (Chokmah) e Lesser Neschamah (Binah) para formar a Grande Neschamah, o Verdadeiro Eu e parte de nós que pertence às Supernas. No *Zohar*, Adam Kadmon é o "Homem Celestial", o grande corpo espiritual orgânico no qual cada ser humano é considerado uma única célula, talvez menos. Em termos dos Quatro Mundos do Qabalah, Adam Kadmon representa o Primeiro Mundo dos Arquétipos, Atziluth, o Mundo do Fogo Primal. Assim, Adam Kadmon se refere essencialmente à Luz Divina, o Superego Freudiano, ou o Eu Superior dos Supernos.

Ain Soph Aur: Os Três Véus da Existência Negativa. Este termo é usado na Qabalah para descrever a Fonte da Criação. No sentido literal, Ain se traduz como "Nada", enquanto Ain Soph é "Infinito". E finalmente, Ain Soph Aur é "Luz Sem Limites ou Eterna". Assim, na Qabalah, o termo Ain Soph Aur é frequentemente usado em referência à Luz Branca Infinita.

Aleister Crowley: Um ocultista britânico, poeta, romancista e magos cerimoniais, que foi um dos membros originais da Ordem Hermética da Golden Dawn. Depois de deixar a Ordem, Crowley fundou a religião de Thelema no início do século 20th, identificando-se como o profeta do Aeon de Hórus, que coincidiu com aquele período no tempo. Crowley referiu-se publicamente a si mesmo como o "Grande Monstro 666", enquanto procurava desafiar os tabus da sociedade elizabetana restritiva e dirigida pelos cristãos em que vivia, razão pela qual ganhou má reputação ao longo dos anos. Entretanto, sua contribuição para o mundo ocultista é indispensável, e ele abriu muitas portas para os futuros buscadores em todos os lugares.

Estado Alfa: Caso contrário, chamado "Estado Hipnagógico" ou "Estado de Trance". O Estado Alfa da atividade cerebral ocorre entre estar acordado com atividade mental (Estado Beta) e dormir (Estado Teta). Este estado é alcançado quando suas ondas cerebrais diminuem para entre 8 e 12 Hz, o que é comum quando você sonha de dia ou sonha (à noite). Podemos induzir conscientemente o Estado Alfa através da meditação, hipnose, ou do uso de modalidades de cura espiritual. Estar neste estado aumentará sua lembrança e intuição enquanto reduz a ansiedade. As pessoas que podem operar a partir do Estado Alfa durante a consciência desperta comum podem controlar sua realidade, uma vez que sua conexão com seu Eu Superior é maior. Portanto, elas podem usar as Leis Universais de forma consciente e intencional.

Anjos: Remetentes de pensamentos positivos que existem dentro e fora do campo energético de alguém, a Aura. Anjos são entidades objetivas ou Inteligências que existem fora do Eu e que se contraem dentro da Aura quando escolhemos por livre arbítrio escutá-los e fazer suas vontades. Os Anjos se alimentam da energia do amor, como seus contrapartes, os Demônios, se alimentam da energia do medo. Os anjos são subservientes a Deus - o Criador. A energia angélica é a fonte das virtudes humanas, como a energia demoníaca é a fonte dos vícios humanos.

Arquétipos: Elementos estruturais primordiais da psique humana. Os arquétipos são modelos originais, após os quais outras coisas semelhantes são padronizadas. Eles são universais, o que significa que todos os humanos participam deles. Os arquétipos nos dão a base mental sobre a qual podemos construir nossas realidades. Eles são encontrados no mundo mais alto, Atziluth, o Mundo do Fogo Primal no Qabalah.

Binah: A terceira Sephira sobre a Árvore da Vida, no topo do Pilar da Severidade. Binah é a Grande Mãe e o Mar da Consciência que contém todas as Formas existentes. Ela representa o aspecto feminino do Eu, a mais alta expressão do Elemento Água. Através de Binah, a energia do Espírito impregna ideias em nossas mentes. Assim, ela representa o estado de consciência que governa as faculdades interiores como a intuição e a clarividência. Binah corresponde a Ajna Chakra, nosso centro psíquico que proporciona empatia e telepatia. Binah é o aspecto receptivo e passivo do Eu, a Compreensão (título de Binah) que pode compreender a sabedoria de Chokmah. Sua cor é o preto, correspondendo com o Planeta Saturno na Árvore da Vida; o Planeta da fé, do carma e do tempo, todos os aspectos de Binah.

Cerimonial Magick: Sinônimo de Western Ritual Magick. Uma série de ritos envolvendo o encantamento (vibração) de nomes divinos do poder, geralmente combinados com traçados simbólicos de símbolos geométricos, como o Pentagrama ou Hexagrama, dentro do círculo Mágicko do praticante. O objetivo do Magick Cerimonial, como em outras práticas de Cura Espiritual, é a sintonia dos Chakras para a Evolução Espiritual. Popularizado pela Ordem Hermética da Golden Dawn, o Cerimonial Magick forma um ramo do Hermetismo. O objetivo final do uso do Cerimonial Magick é alcançar o Iluminação.

Chesed: A quarta Sephira sobre a Árvore da Vida, situada abaixo de Chesed no Pilar da Misericórdia. Ela representa um estado de consciência que governa as faculdades interiores ou expressões como amor incondicional, compaixão e memória. Por esta razão, o título de Chesed é "Misericórdia". Chesed nos permite construir a moral e a ética à medida que cultiva a sabedoria. Chesed tem uma afinidade com o Elemento Água, e corresponde ao Planeta Júpiter. Chesed é o Chakra Sacral Espiritualizado, Swadhisthana, devido a sua conexão com os Supernos através do Caminho do Tarô do Hierofante na Árvore da Vida.

Chokmah: A segunda Sephira sobre a Árvore da Vida, no topo do Pilar da Misericórdia. Como a energia espiritual ativa, Chokmah representa o estado de consciência onde podemos descobrir nossa Verdadeira Vontade. É a energia do Grande Pai e o aspecto masculino do Eu, a mais alta expressão do Elemento Fogo. Assim, é a Sephira através da qual nosso Eu Superior, ou Santo Anjo da Guarda, se comunica conosco através da Sabedoria (título de Chokmah). A cor do Chokmah é o cinza. O Zodíaco é a manifestação física de Chokmah, pois as Estrelas servem para canalizar a Luz Branca não manifestada de Kether. O Chokmah funciona através do Chakra do Olho da Mente, junto com Binah.

Noite Escura da Alma, a: Um período de desolação pelo qual um indivíduo passa ao evoluir rapidamente espiritualmente. Toda a sensação de consolo é removida durante este tempo, criando um tipo de crise existencial. Antes de se transformar Espiritualmente, o indivíduo deve enfrentar completamente o lado escuro e abraçar o tumulto mental e emocional. Não é raro que o indivíduo se isole das outras pessoas durante este tempo e derrame muitas lágrimas ao expurgar velhas emoções. Entretanto, após este período tumultuoso estar completo, as garras do Eu Inferior terão diminuído, alinhando mais a consciência com a vibração do Eu Superior. A Noite Escura da Alma é uma fase necessária de sofrimento no caminho para a Iluminação que não é um processo único, mas que geralmente é encontrado muitas vezes na jornada da Evolução Espiritual.

Daath: Como a décima primeira Sephira escondida na Árvore da Vida, Daath é o "Grande Abismo", ou o "Abismo" que divide as Supernas de toda a Criação manifestada. Adequadamente, ele corresponde ao Chakra da Garganta, Vishuddhi, que separa o Espírito dos Quatro Elementos inferiores. Através do Daath, entramos no Inferno ou no Submundo, o pólo oposto na mente que deu origem ao Ego, a parte negativa do Eu. Como tal, Daath representa a "morte" do Ego que é necessária para que nossa consciência se eleve aos Supernos. Daath é conhecida como a "Esfera do Conhecimento", pois o conhecimento nos permite transcender nossos corpos e sintonizar nossa consciência com os Reinos Superiores.

Deidade, a: Um Ser sobrenatural de origem divina. Esta palavra é frequentemente usada nas religiões politeístas, em vez de Deus ou Deusa. Nas tradições antigas, uma Deidade é um Ser com poderes maiores que os dos humanos comuns, mas que interage com eles, na maioria das vezes para esclarecê-los de alguma forma e promover sua evolução. As religiões monoteístas têm apenas uma Deidade, que aceitam como Deus - o Criador, enquanto as religiões politeístas aceitam Divindades múltiplas.

Magick Enochiana: A joia da coroa da Ordem Hermética do sistema da Golden Dawn de Magick. Esta prática da Ordem Interior só deve ser empreendida quando a Alquimia Espiritual com os Elementos tiver sido concluída. Em *The Magus*, Magick Enochiana refere-se ao "Programa de Alquimia Espiritual III", que implementa o uso das Dezenove

Chaves ou Chamados Enochianos que pertencem aos Cinco Elementos. Magick Enochiana é um sistema completo de Magick que se destaca de outros exercícios rituais Cerimoniais Magick no *The Magus*, mas também é parte do todo.

Francomaçonaria: A Francomaçonaria, ou maçonaria, refere-se à organização fraterna mais antiga do mundo. Ao contrário da crença popular inspirada pelas teorias da conspiração, o verdadeiro propósito de ser maçonaria é melhorar sua natureza moral e construir seu caráter através de um curso de autodesenvolvimento. Os três graus de Maçonaria na Loja Azul são Aprendiz, Companheiro e Mestre Maçom, a que o iniciado é guindado por meio de cerimônias específicas. Em seguida, o iniciado é ensinado o significado dos símbolos relativos à cerimônia de graduação, que é o método tradicional de transmissão dos ensinamentos sagrados.

Geburah: A quinta Sephira na Árvore da Vida situada abaixo de Binah, no Pilar da Severidade. Título "Severidade" ou "Justiça", Geburah corresponde ao Elemento Fogo e à força de vontade individual que nos dá motivação, determinação e impulso. Como fonte de nossa competitividade, Geburah também pode nos tornar agressivos e irritados quando desequilibrados por seu oposto, Chesed. Geburah é o Chakra do Plexo Solar Espiritualizado, Manipura, devido a sua conexão com os Supernos através do Caminho do Tarô da Carruagem sobre a Árvore da Vida.

Golden Dawn: "Ancient Western Mysteries School" que ensina a seus alunos o Qabalah, Hermetismo, Tarô, Astrologia, Geomancia, Mistérios Egípcios e Cristãos, e Cerimonial Magick (incluindo Magick Enochiana). Existem muitas Ordens da Golden Dawn globalmente, a maioria das quais ensina o mesmo material didático. O material do curso Golden Dawn foi tornado público por Israel Regardie em "The Golden Dawn", publicado pela primeira vez em 1937. A Ordem Golden Dawn original foi chamada de Ordem Hermética do Golden Dawn, estabelecida em 1888 por um grupo de maçons, sendo o mais notável Samuel Liddell MacGregor Mathers. Hoje, a maior parte da Ordem Hermética da Golden Dawn é chamada por variações com esse mesmo nome.

Hod: A oitava Sephira na Árvore da Vida, no fundo do Pilar da Severidade, cujo título é "Esplendor". "O estado de consciência de Hod diz respeito às faculdades interiores da inteligência, particularmente a lógica e a razão. Esta Esfera tem uma afinidade com o Elemento Água, embora o Elemento Fogo também esteja envolvido em sua função, assim como o Elemento Ar. Como tal, Hod expressa através dos três Chakras de Swadhisthana, Manipura, e Anahata. Ele corresponde com o Planeta Mercúrio e é da cor laranja. Hod representa uma forma menor da energia de Chesed, mediada através de Tiphareth. O Ego frequentemente usa Hod para deduzir a realidade e tomar decisões futuras. No sistema Golden Dawn, Hod corresponde com o grau Practicus.

Hebraicas (Letras): Vinte e duas Cartas que fazem parte da filosofia Qabalística, mas se destacam como seu próprio sistema Espiritual. Cada letra é um símbolo e um número com muitas ideias associadas a ela. Estas ideias trazem certos Arquétipos que são ressonantes com a energia dos Arcanos Maiores do Tarô. As três Letras-mãe (primárias) correspondem aos três Elementos do Ar, Água e Fogo, enquanto as sete Letras duplas (secundárias) correspondem aos Sete Planetas Antigos. Finalmente, as doze Letras Simples (terciárias) correspondem com os Doze Zodíacos.

Hermes Trismegisto: Uma figura histórica que viveu durante as dinastias mais antigas do Egito. Conhecido como o "Escriba dos Deuses", ou o "Mestre dos Mestres", Hermes foi o fundador do Hermetismo e é considerado o pai da sabedoria oculta. Todos os ensinamentos fundamentais em todas as seitas esotéricas e religiosas podem ser rastreados até Hermes. Sua sabedoria e conhecimento sobre os mistérios do Universo e da vida foram tão grandes que os egípcios o deificaram como um de seus deuses, chamando-o de Toth - o Deus da Sabedoria. Os gregos também o reverenciaram e fizeram dele um de seus doze deuses olímpicos, também o chamando de Hermes. Como os romanos sincretizavam sua religião com a grega, eles se referiam a Hermes como Mercúrio. Hermes foi considerado o maior Professor Mundial, e alguns Adeptos que vieram depois dele, incluindo Jesus Cristo, são considerados por muitos estudiosos como sendo sua reencarnação. Acredita-se que o Espírito de Hermes encarna aproximadamente a cada 2000 anos como o Professor Mundial para iluminar o mundo nas áreas espiritual, religiosa, filosófica e psicológica, introduzindo uma linguagem moderna para ensinar sobre o Espírito e Deus, conciliando todos os pontos de vista divergentes.

Hermetismo: Uma tradição filosófica, religiosa e esotérica baseada principalmente nos ensinamentos de Hermes Trismegisto, que inclui Astrologia, Alquimia e os Princípios da Criação, como descritos no *Caibalion*. Os aspectos filosóficos do Hermetismo estão contidos na "Hermética", composta pelo *Corpus Hermeticum* (também conhecido como *O Divino Pymander*) e a *Tábua Esmeralda de Hermes*, a chave da Alquimia. O hermetismo é uma ciência invisível que engloba as energias de nosso Sistema Solar em relação aos seres humanos. Os escritos herméticos influenciaram muito a tradição esotérica ocidental, a saber, a Ordem da Golden Dawn.

Kether: A primeira e mais alta Sephira na Árvore da Vida, no topo do Pilar do Meio. Está relacionada ao Princípio da Luz Branca (Ain Soph Aur), já que atua como um canal dela para os Chakras inferiores. Sua cor é o branco, representando a Luz que contém as sete cores do arco-íris - os Chakras Maiores. Kether corresponde ao Sahasrara Chakra e compartilha o mesmo título - a Coroa. Ele representa o estado transcendental de consciência que está além da dualidade da mente. Kether é também nossa porta de entrada para os Chakras Transpessoais acima da Coroa. Como Espírito Divino, Kether é a mais alta expressão do Elemento Ar. Ele representa a Mônada, a singularidade e a mais alta concepção da Divindade.

Reino do Céu, o: sinônimo do Reino de Deus. O Reino dos Céus é um dos elementos essenciais nos ensinamentos de Jesus Cristo que se refere ao cumprimento da vontade de Deus na Terra. É um estado de espírito semelhante à Consciência Cristo, onde houve uma descida do Espírito à Matéria, e eles são agora Um. Nos ensinamentos cristãos, é preciso ressuscitar, metaforicamente falando, para entrar no Reino dos Céus. Como o destino de todo ser humano, este elevado estado de consciência superior pode ser alcançado uma vez que a energia Kundalini sobe até a Coroa, ativando totalmente o Corpo de Luz e otimizando o campo de energia toroidal (Merkabá). Após a transformação espiritual, o indivíduo terá sua cabeça no Céu e seus pés sobre a Terra, como um Deus-humano.

Major Arcana, o: Vinte e dois Trunfos das Cartas de Tarô. Corresponde aos Vinte e Dois Caminhos da Árvore da Vida e às Vinte e Duas Cartas Hebraicas. Os Arcanos Maiores representam as energias arquetípicas em trânsito entre os dez Sephiroth sobre a Árvore da Vida. Eles correspondem aos três principais Elementos do Ar, Fogo, Água, os Doze Zodíacos e os Sete Planetas Antigos, compreendendo a totalidade do nosso Sistema Solar.

Malkuth: A décima e mais baixa Sephira na Árvore da Vida, cujo título é "o Reino". Como tal, Malkuth se relaciona com Gaia, o Planeta Terra, e o Mundo Físico da Matéria. Ela corresponde ao Muladhara Chakra e tem uma afinidade com o Elemento Terra. As cores de Malkuth são citrina, oliva, carepa e preta, representando os três Elementos Ar, Água e Fogo de uma forma mais densa. No sistema Golden Dawn, Malkuth corresponde com o grau Zelator.

Mercúrio (Princípio Alquímico): Dentro do processo alquímico, o Mercúrio é a substância transformadora. Seu papel é trazer equilíbrio e harmonia entre os outros dois Princípios Alquímicos - Enxofre e Sal. Mercúrio é a força vital, a energia espiritual. Na primeira etapa, quando é oposto ao enxofre, ele assume o Princípio fluídico e feminino da consciência como a Grande Mãe - o Elemento Água. Na segunda etapa, uma vez extraído e devolvido o enxofre, ele se torna conhecido como Mercúrio Filosófico, ou o Fogo Secreto - o Elemento Espiritual. O Mercúrio Filosófico é a substância que dá origem à Pedra Filosofal, o objetivo do Alquimista.

Pilar Médio, o: ou Pilar de Equilíbrio ou Pilar de Suavidade sobre a Árvore da Vida. É o auto-equilíbrio enquanto traz equilíbrio aos outros dois Pilares - o Pilar da Misericórdia e o Pilar da Severidade. O Pilar do Meio traz unidade para as muitas forças dualistas e contendoras da vida. Ele compreende o Sephiroth Kether, Daath, Tiphareth, Yesod, e Malkuth. Este termo também está relacionado ao exercício ritual do Pilar do Meio (do *The Magus*), que é uma invocação da Luz destinada a equilibrar a psique e ajudar na Evolução Espiritual. O Pilar do Meio representa o Elemento Ar e é de cor cinza. Ele corresponde com o Sushumna Nadi no sistema Kundalini.

Netzach: Sétima Sephira sobre a Árvore da Vida ao longo do Pilar da Misericórdia. Intitulado "Vitória", Netzach representa um estado de consciência que lida com as emoções, particularmente o desejo e o amor romântico. Netzach tem uma afinidade com o Elemento Fogo, embora o Elemento Água esteja envolvido em sua expressão e o Elemento Ar. Ele se expressa através dos três Chakras do Swadhisthana, Manipura e Anahata, o mesmo que Hod. Netzach, Hod e Yesod, o Triângulo Astral, são as três Esferas de acesso mais comumente usadas por uma pessoa comum. Netzach corresponde ao Planeta Vênus, e sua cor é o verde. No sistema Golden Dawn, Netzach corresponde com o grau Philosophus.

Nirvana: Um termo oriental comumente associado ao jainismo e ao budismo. Representa um estado transcendental de Ser no qual não há sofrimento nem desejo, já que o Eu experimenta a Unidade com o resto do mundo. Nas religiões indianas, Nirvana é sinônimo de Moksha ou Mukti, a liberação do ciclo de renascimento, como diz respeito à

Lei do Karma. Nirvana significa o alinhamento da consciência individual com a Consciência Cósmica como o objetivo final de todas as tradições espirituais, religiões e práticas. Um precursor para alcançar o Nirvana é despertar a Kundalini para a Coroa e alcançar a ativação total do Corpo de luz. O Nirvana implica que se tenha alcançado a Iluminação. É comparável com os outros dois termos orientais, Satori e Samadhi.

Pedra Filosofal: Uma substância alquímica lendária capaz de transformar metais de base (como o mercúrio) em ouro ou prata. Velado ao profano que só desejava lucro financeiro, este termo tem um significado oculto relacionado ao objetivo mais procurado da Alquimia - a transformação espiritual. Portanto, quando se ouve dizer que alguém encontrou a Pedra Filosofal, significa que completou a Grande Obra (Alquimia Espiritual) e se tornou Iluminado.

Pilar da Misericórdia, o: O Pilar direito sobre a Árvore da Vida que compreende o Sephiroth Chokmah, Chesed, e Netzach. O Pilar da Misericórdia é o Pilar masculino, ativo e positivo, também chamado de Pilar da Força. Ele representa o Elemento Água e é de cor branca. No sistema Kundalini, o Pilar da Misericórdia corresponde com o Pingala Nadi.

Pilar da Severidade, o: O Pilar esquerdo da Árvore da Vida que compreende o Sephiroth Binah, Geburah, e Hod. É o Pilar feminino, passivo e negativo, também chamado de Pilar da Forma. Ele representa o Elemento Fogo e é de cor preta. No sistema Kundalini, o Pilar da Severidade representa a Ida Nadi.

Prima Materia: De outra forma chamada de "Primeira Matéria", é a substância primitiva considerada como o material original do Universo conhecido. Sinônimo do Espírito como a primeira substância e a Fonte de tudo o que existe. Na Alquimia, a Prima Materia é o material de partida necessário para a criação da Pedra Filosofal. É o "Anima Mundi" - a Alma Mundial, a única força vital no Universo.

Sal: O corpo físico que fundamenta e fixa os outros dois Princípios Alquímicos, Mercúrio e Enxofre. Ele representa a cristalização e o endurecimento dos três Princípios juntos. O sal é o veículo de manifestação física e a Terceira Dimensão do Tempo e do Espaço expressa através do Elemento Terra. O Sal, Mercúrio e Enxofre formam a Trindade na Alquimia.

Sexo Magick: Qualquer tipo de atividade sexual utilizada em um ambiente cerimonial ou ritualístico com clara intenção subjacente. A ideia por trás do Sexo Magick é que a energia sexual é uma força potente que pode ser aproveitada para magnetizar o Domínio Astral e atrair o que se deseja ou para chamar em Deidades de vários panteões. Uma forma de ritual Sex Magick é usar a excitação sexual ou o orgasmo para visualizar algo que você está tentando alcançar ou obter. Como tal, Sex Magick é como uma bateria para sua força de vontade quando realizado com o coração e a mente abertos. Entretanto, se o Sex Magick for praticado com uma mente impura, ele só atrairá entidades inferiores para se alimentar da energia sexual que está sendo invocada. Essas entidades inferiores podem então se apegar a você e continuar a se alimentar de sua energia sexual até que seja liberada.

Alquimia Espiritual: Da mesma forma que a Alquimia trata de transformar metais de base em ouro, a Alquimia Espiritual trata de transformar a energia do praticante e Iluminá-los (infundindo-os com Luz). Isto pode ser alcançado através de modalidades e práticas de Cura Espiritual, incluindo Yoga e Magia Cerimonial. A Alquimia Espiritual requer trabalhar com os Cinco Elementos, que correspondem aos Sete Chakras. O objetivo da Evolução Espiritual é a Iluminação, pois a consciência individual é exaltada e unida à Consciência Cósmica. Através deste processo, o indivíduo estabelece um vínculo com o Eu Superior ou Santo Anjo da Guarda, seu Deus-Eu. O Elemento Espiritual deve ser integrado dentro da Aura, que marca a conclusão da Grande Obra e a restauração do Jardim do Éden.

Súlfur (Enxofre): É a Alma presente em todos os seres vivos do Universo. Ela vem do Sol como a Luz de Deus e é o Princípio masculino, o Grande Pai - o Elemento Fogo. Todo o processo de transmutação alquímica depende do Princípio do Enxofre e de sua correta aplicação. O enxofre é o Princípio vibrante, ácido, ativo e dinâmico. Ele serve para estabilizar Mercúrio, do qual é extraído e para o qual retorna.

Tarot: Uma arte sagrada utilizada principalmente em adivinhação. O Tarô compreende setenta e oito cartas de jogo, divididas em quatro naipes de catorze cartas cada, mais Vinte e Dois Trunfos (Arcanos Maiores). As cartas de Tarô apresentam imagens incríveis contendo sabedoria esotérica e atemporal. Elas têm uma conexão intrínseca com a Qabalah e a Árvore da Vida, e servem como a chave para as ciências ocultas e um roteiro dos diferentes componentes da psique humana. Assim, o Tarô é um sistema completo e intrincado usado para descrever as forças invisíveis que influenciam o Universo.

Trinta Aethyrs: Círculos concêntricos que se interpenetram e se sobrepõem, compreendendo assim as camadas de Aura. Os Aethyrs são os componentes espirituais dos Planos Cósmicos no Sistema Enochiano. Cada um dos Trinta Aethyrs carrega uma corrente sexual masculina e/ou feminina que pode ser invocada usando a Décima Nona Chave Enoquiana. Os Trinta Aethyrs trabalham diretamente com o Ida e Pingala Nadis no sistema Kundalini.

Tiphareth: A sexta Sephira sobre a Árvore da Vida ao longo do Pilar Médio, cujo título é "Harmonia" e "Beleza". "Ela representa um estado de consciência das faculdades interiores que lidam com a imaginação e o processamento de pensamentos e emoções. Como a Sephira central da Árvore da Vida, Tiphareth se preocupa em processar as energias de todos os Sephiroth, exceto Malkuth. Dentro do conhecimento oculto, Tiphareth é conhecido como a Esfera do Renascimento Espiritual e a Consciência de Cristo ou Krishna, onde Espírito e Matéria se unem como um só. Tiphareth tem afinidade com o Elemento Ar, embora, por corresponder ao Sol, também tenha aspectos de Fogo. Assim, a colocação de Tiphareth está em algum lugar entre Anahata e Manipura Chakras, através do qual ele se expressa. A cor do Tiphareth é amarelo-ouro. No sistema Golden Dawn, Tiphareth corresponde ao Adeptus Minor, o Primeiro Grau da Segunda Ordem.

Yesod: A nona Sephira sobre a Árvore da Vida ao longo do Pilar do Meio, cujo título é "Fundação", referente ao plano Astral de todas as coisas existentes. Yesod representa o Plano Astral, o ponto de contato para os Planos Cósmicos Internos. Ele representa um estado de consciência das faculdades interiores que lidam com o Ego e seus pensamentos e impulsos. A sexualidade e os medos da mente subconsciente também são expressos através do Yesod. Sua colocação é algures entre Swadhisthana e Manipura Chakras, através da qual trabalha. Yesod tem uma afinidade com o Elemento Ar, com aspectos do

Elemento Água. Sua cor é violeta-púrpura, e corresponde com o Planeta Lunar. No sistema Golden Dawn, Yesod representa o grau Theoricus.

BIBLIOGRAFIA

Nota: Segue uma lista de livros de minha biblioteca pessoal que serviram como recursos e inspiração por trás do presente trabalho. Todos os esforços foram feitos para rastrear todos os titulares de direitos autorais de qualquer material incluído nesta edição, sejam empresas ou indivíduos. Qualquer omissão é involuntária, e terei o prazer de corrigir quaisquer erros em versões futuras deste livro.

KUNDALINI
Arundale, G.S. (1997). *Kundalini: Uma Experiência Oculta.* Adyar, Madras, Índia: A Editora Theosophical
Bynum, Bruce Edward (2012). *Dark Light Consciousness.* Rochester, Vermont: Tradições Internas
Dixon, Jana (2008). *Biologia da Kundalini: Explorando o Fogo da Vida.* Editora Lulu Online
Goswami, Shyam Sundar (1999). *Layayoga: O Guia Definitivo dos Chakras e Kundalini.* Rochester, Vermont: Tradições Internas
Khalsa, Gurmukh Kaur, com Ken Wilber, Swami Radha, Gopi Krishna, e John White (2009). *Kundalini Rising: Explorando a Energia do Despertar.* Boulder, Colorado: Sounds True, Inc.
Krishna, Gopi (1993). *Vivendo com Kundalini: A Autobiografia de Gopi Krishna.* Boston, Massachusetts: Shambhala Publications Inc. (Shambhala Publications Inc.).
Krishna, Gopi (1988). *Kundalini para a Nova Era: Escritos Selecionados de Gopi Krishna.* Editado por Gene Kiefer. Nova York, Nova York: Livros de Bantam
Krishna, Gopi (1997). *Kundalini: A Energia Evolutiva no Homem.* Boston, Massachusetts: Shambhala Publications Inc. (Shambhala Publications Inc.).
Krishna, Gopi (1975). *O Despertar da Kundalini.* Nova York, Nova York: E. P. Dutton
Krishna, Gopi (1972). *A Base Biológica da Religião e da Genialidade.* Nova York, Nova York: Harper & Row Publishers
Mahajan, Yogi (1997). *A Ascensão.* Delhi, Índia: Motilal Banarsidass Publishers
Melchizedek, Drunvalo (2008). *Serpente de luz: Depois de 2012.* São Francisco, Califórnia: Weiser Books
Mumford, Jonn (2014). *Um livro de trabalho do Chakra & Kundalini.* Woodbury, Minnesota: Publicações de Llewellyn

Paulson, Genevieve Lewis (2003). *Kundalini e os Chakras*. St. Paul, Minnesota: Llewellyn Publicações

Perring, Michael "Omdevaji" (2015). *O que na Terra é Kundalini?-Book III*. Varanasi, Índia: Publicação dos Peregrinos

Semple, J. J. (2007). *Decifrando a Flor de Ouro: Um segredo de cada vez*. Bayside, Califórnia: Livros sobre a força da vida

Swami, Om (2016). *Kundalini: Uma história não contada*. Mumbai, Índia: Casa editora Jaico

Weor, Samael Aun (2020). *A vontade de Cristo: Kundalini, Tarot, e a Cristificação da Alma Humana*. www.gnosticteachings.org: Glorian Publishing

Weor, Samael Aun (2018). *O Livro Amarelo: A Divina Mãe, Kundalini, e os Poderes Espirituais*. www.gnosticteachings.org: A Editora Glorian

White, John (1990). *Kundalini: Evolução e Iluminação*. St. Paul, Minnesota: Paragon House

CURA ENERGÉTICA E CHAKRAS

Bernoth, Bettina (2012). *Luzes Áuricas: A luz é o remédio do nosso futuro*. Plataforma CreateSpace Publishing Independent

Bettina, Bernoth (1995). *Auras mágicas*. Plataforma CreateSpace Editora Independente

Burger, Bruce (1998). *Anatomia Esotérica: O Corpo como Consciência*. Berkeley, Califórnia: Livros do Atlântico Norte

Butler, W.E. (1987). *Como ler a Aura, Prática da Psicometria, Telepatia e Clarividência*. Rochester, Vermont: Livros de Destino

Chia, Mantak (2008). *Luz Curativa do Tao: Práticas Fundacionais para Despertar a Energia Chi*. Rochester, Vermont: Livros de Destino

Chia, Mantak (2009). *A Alquimia da Energia Sexual: Conectando-se ao Universo a partir de dentro*. Rochester, Vermont: Destiny Books

Dale, Cyndi (2018). *O Livro Completo de Chakras: Sua Fonte Definitiva de Conhecimento do Centro de Energia para a Saúde, a Felicidade e a Evolução Espiritual*. Woodbury, Minnesota: Publicações de Llewellyn

Dale, Cyndi (2009). *O corpo sutil: Uma Enciclopédia de Sua Anatomia Energética*. Boulder, Colorado: Sounds True, Inc.

Dale, Cyndi (2013). *O Manual de Prática do Corpo Sutil: Um Guia Abrangente de Cura Energética*. Boulder, Colorado: Sounds True, Inc.

Gerber, Richard, M.D. (2001). *Medicina Vibracional: O Manual 1# de Terapias de Energia Sutil*. Rochester, Vermont: Bear & Company

Grey, Alex (2012). *Rede do Ser*. Com Alyson Grey. Rochester, Vermont: Inner Traditions International

Grey, Alex (1990). *Espelhos Sagrados: A arte visionária de Alex Grey*. Rochester, Vermont: Inner Traditions International (Tradições Internas Internacionais)

Judith, Anodea (2006). *Rodas da Vida: Um Guia do Usuário para o Sistema Chakra*. Woodbury, Minnesota: Publicações de Llewellyn

Leadbeater, C.W. (1987). *Os Chakras*. Wheaton, Illinois: The The Theosophical Publishing House (Editora Teosófica)

Lockhart, Maureen (2010). *The Subtle Energy Body: The Complete Guide*. Rochester, Vermont: Tradições Internas

Ostrom, Joseph (2000). *Auras: O que elas são e como lê-las*. Hammersmith, Londres: Thorsons

Zink, Robert (2014). *Magical Energy Healing (Cura energética mágica): O Método de Cura de Ruach*. Rachel Haas co-autora. Portland, Oregon: Law of Attraction Solutions, LLC.

ANATOMIA DO CÉREBRO E DO CORPO

Carter, Rita (2019). *O Livro do Cérebro Humano*. Nova York, Nova York: DK Publicação

Childre, Doc e Martin, Howard (2000). *A solução do coração*. Nova York, Nova York: HarperCollins Publishers

McCraty, Rollin (2015). *Science of the Heart (Ciência do Coração): Exploring the Role of the Heart in Human Performance (Volume 2)*. Boulder Creek, Califórnia: Instituto de Matemática do Coração

Power, Katrina (2020) *How to Hack Your Vago Nerve*. Publicado de forma independente

Splittgerber, Ryan (2019). *Snell's Clinical Neuroanatomy: Eight Edition*. Filadélfia, Pennsylvania: Wolters Kluwer

Wineski, Lawrenece E. (2019). *Snell's Clinical Anatomy, por regiões: Décima edição*. Filadélfia, Pennsylvania: Wolters Kluwer

YOGA E TANTRA

Ashley-Farrand, Thomas (1999). *Mantras de Cura: Usando Afirmações Sonoras para o Poder Pessoal, Criatividade, e Cura*. Nova York, Nova York: Ballantine Wellspring

Aun Weor, Samael (2012). *Kundalini Yoga: Liberte o Poder Espiritual Divino Dentro de Você*. Glorian Publishing

Avalon, Arthur (1974). *O Poder da Serpente*. Nova York, Nova York: Dover Publications, Inc., Dover Publications, Inc., New York.

Bhajan, Yogi (2013). *Kriya: Conjuntos de Yoga, Meditações & Kriyas Clássicos*. Santa Cruz, Califórnia: Kundalini Research Instititute

Buddhananda, Swami (2012). *Moola Bandha: A Chave Mestra*. Munger, Bihar, Índia: Yoga Publications Trust

Feuerstein, Georg (1998). *Tantra: O caminho do êxtase*. Boulder, Colorado: Shambhala Publications, Inc., Shambhala Publications, Inc.

Frawley, Dr. David (2010). *Mantra Yoga e Som Primal: Segredos da Semente (Bija) Mantras*. Twin Lakes, Wisconsin: Lótus Press

Frawley, David (2004). *Yoga e o Fogo Sagrado: Auto-Realização e Transformação Planetária*. Twin Lakes, Wisconsin: Lótus Press

Hulse, David Allen (2004). *Os Mistérios Orientais: The Key of it All, Book I*. St. Paul, Minnesota: Publicações de Llewellyn

Japananda Das, Srila (2019). *Yantra: Poder e Magia*. Publicado de forma independente.

Kaminoff, Leslie e Matthews, Amy (2012). *Anatomia da Yoga*. Champaign, Illinois: Human Kinetics

Maehle, Gregor (2012). *Pranayama: O Sopro do Yoga*. Innaloo City, Austrália: Publicações de Kaivalya

Prasad, Rama (2015). *As Forças Finas da Natureza e sua Influência sobre a Vida e o Destino Humanos*. Plataforma Editora Independente CreateSpace

Saraswati, Swami Satyananda (2013). *Ásana Pranayama Mudra Bandha*. Munger, Bihar, Índia: Yogi Publications Trust

Saraswati, Swami Satyananda (2013). *Um Curso Sistemático nas Antigas Técnicas Tântricas de Yoga e Kriya*. Munger, Bihar, Índia: Fundo de Publicações de Yoga

Saraswati, Swami Satyananda (2012). *Hatha Yoga Pradipika*. Munger, Bihar, Índia: Yogi Publications Trust

Saraswati, Swami Satyananda (2007). *Kundalini Tantra*. Munger, Bihar, Índia: Yoga Publications Trust

Saraswati, Swami Satyananda (2012). *Meditações dos Tantras*. Munger, Bihar, Índia: Yoga Publications Trust

Saraswati, Swami Satyadharma (2019). *Yoga Kundali Upanishad: Teoria e Práticas para o Despertar da Kundalini*. Publicado independentemente, Estados Unidos

Satyasangananda, Swami (2013). *Tattwa Shuddhi*. Munger, Bihar, Índia: Yogi Publications Trust

Swami, Om (2017). *The Ancient Science of Mantras: A Sabedoria dos Sábios*. Amazon.com: A Editora Black Lótus

Vivekananda, Swami (2019). *Raja Yoga: Conquistando a Natureza Interna*. Kolkata, Índia: Advaita Ashrama

Weor, Samael Aun (2018). *Ritos Sagrados para o Rejuvenescimento: Como Técnica Simples e Poderosa de Cura e Força Espiritual*. www.gnosticteachings.org: Glorian Publishing

Woodroffe, Sir John (2018). *Introdução ao Tantra Sastra*. T. Nagar, Madras, Índia: Ganesh & Company

Yogananda, Paramahamsa (2019). *Autobiografia de um Yogi*. Los Angeles, Califórnia: Auto-realização da bolsa de estudos

Yogananda, Paramahamsa (2019). *A Segunda Vinda de Cristo: A Ressurreição do Cristo dentro de Ti*. Volumes I-II. Los Angeles, Califórnia: A Auto-Realização da Irmandade

AYURVEDA

Lad, Vasant (2019). *Ayurveda: A Ciência da Eu-Healing*. Twin Lakes, Wisconsin: Lótus Press

Frawley, Dr. David, (2003). *Ayurveda e Marma Therapy: Pontos de Energia em Cura Yogic*. Co-Autores: Dr. Subhash Ranade e Dr. Avinash Lele. Twin Lakes, Wisconsin: Lótus Press

Frawley, Dr. David, e Lad, Vasant (2008). *A Yoga de Ervas*. Twin Lakes, Wisconsin: Lótus Press

O Instituto Ayurvédico. *Diretrizes alimentares para tipos constitucionais básicos* (PDF)

Frawley, Dr. David (1999). *Yoga & Ayurveda: Auto-Realização e Auto-Realização*. Twin Lakes, Wisconsin: Lótus Press

Frawley, Dr. David e Summerfield Kozak, Sandra (2012). *Yoga para seu tipo: Uma abordagem ayurvédica para sua prática de ásana*. Twin Lakes, Wisconsin: Lótus Press

Frawley, Dr. David (2013). *Cura Ayurvédica: Um Guia Abrangente*. Twin Lakes, Wisconsin: Lótus Press

Frawley, Dr. David, e Ranada, Dr. Sabhash (2012). *Ayurveda: Medicina da Natureza*. Twin Lakes, Wisconsin: Lótus Press

ASTROLOGIA VÉDICA

Frawley, Dr. David (2005). *Astrologia Ayurvédica: Eu-Healing Through the Stars (Autocura através das Estrelas)*. Twin Lakes, Wisconsin: Lótus Press

Frawley, Dr. David (2000). *Astrologia dos Videntes. Um Guia para a Astrologia Védica/Hindu*. Twin Lakes, Wisconsin: Lótus Press

Sutton, Komilla (2014). *Os Nakshatras: As Estrelas além do Zodíaco*. Bournemouth, Inglaterra: The Wessex Astrologer Ltd.

Kurczak, Ryan, e Fish, Richard (2012). *The Art and Science of Vedic Astrology*. Plataforma CreateSpace Publishing Independent

MUDRAS MÃOS

Menen, Rajendar (2013). *O Poder Curativo dos Mudras: A Yoga em Suas Mãos*. Nova Delhi, Índia: V&S Publishers

Saradananda, Swami (2015). *Mudras para a Vida Moderna: Impulsione sua saúde, Reenergize sua vida, Melhore sua Yoga e Aprofunde sua Meditação*. Londres, Grã-Bretanha: Watkins

Hirschi, Gertrud (2016). *Mudras: Yoga em Suas Mãos*. Newburyport, Massachusetts: Weiser Books

Le Page, Joseph e Lilian (2014). *Mudras para Cura e Transformação*. Ft. Lauderdale, Flórida: Terapia Integrativa de Yoga

Carroll, Cain e Revital (2013). *Mudras da Índia: Um Guia Abrangente dos Gestos da Mão do Yoga e da Dança Indiana*. Filadélfia, Pennsylvania: Dragão Cantor

Advait (2015). *Mudras: 25 técnicas finais para a auto-cura*. Plataforma CreateSpace Editora Independente

PEDRAS PRECIOSAS E DIAPASÕES

McGeough, Marion (2013). *Cristal Healing & the Human Energy Field (Cura de Cristal e o Campo de Energia Humana)*. Plataforma CreateSpace Editora Independente

Lembo, Margaret Ann (2017). *O Guia Essencial para Cristais, Minerais e Pedras*. Woodbury, Minnesota: Publicações de Llewellyn

Permutt, Philip (2016). *O Curandeiro de Cristal: Prescrições de Cristal que mudarão sua vida para sempre*. Londres, Inglaterra: Cico Books

McKusick, Dia da Eileen (2014). *Afinação do campo biológico humano: Cura com a Terapia Vibracional do Som*. Rochester, Vermont: Imprensa de Artes Cura

Hall, Judy (2003). *A Bíblia de Cristal: Um Guia Definitivo de Cristais*. Iola, Wisconsin: Krause Publications.

Hall, Judy (2009). *A Bíblia de Cristal 2*. Iola, Wisconsin: Publicações Krause.

Beaulieu, John (2010). *Sintonia Humana: Cura de som com diapasões*. High Falls, Nova York: BioSonic Enterprises

AROMATERAPIA

Lembo, Margaret Ann (2016). *O Guia Essencial de Aromaterapia e Cura Vibracional*. Woodbury, Minnesota: Llewellyn no mundo

Cunningham, Scott (2020). *Enciclopédia de Ervas Mágicas*. Woodbury, Minnesota: Llewellyn no mundo

Kennedy, Anne (2018) *Aromaterapia para iniciantes: O Guia Completo para Começar com Óleos Essenciais*. Berkeley, Califórnia: Althea Press

Wormwood, Valerie Ann (2016). *O Livro Completo de Óleos Essenciais e Aromaterapia*. Novato, Califórnia: Biblioteca do Novo Mundo

Davis, Patricia (2000). *Subtil Aromaterapia*. Essex, Reino Unido: Saffron Walden

Covington, Candice (2017). *Óleos Essenciais na Prática Espiritual: Trabalhando com os Chakras, Arquétipos Divinos, e os Cinco Grandes Elementos*. Rochester, Vermont: Imprensa de Artes Cura

GEOMETRIA SAGRADA

Melchizedek, Drunvalo (1990). *O Antigo Segredo da Flor da Vida: Volume 1*. Flagstaff, Arizona: Light Technology Publishing

Melchizedek, Drunvalo (2000). *O Antigo Segredo da Flor da Vida: Volume 2*. Flagstaff, Arizona: Light Technology Publishing

MISTÉRIOS OCIDENTAIS

Agrippa, Henry Cornelius (1992). *Três Livros de Filosofia Oculta*. St. Paul, Minnesota: Publicações de Llewellyn

Anônimo (2005) *A Tábua Esmeralda de Hermes*. Com Múltiplas Traduções. Whitefish, Montana: Editora Kessinger

Copenhaver, Brian P. (2000) *Hermetica: O Corpus Hermeticum grego e o Asclepius latino em uma Nova Tradução para o Inglês, com Notas e Introdução*. Nova Iorque, Nova Iorque: Imprensa da Universidade de Cambridge

Doreal, M. (Desconhecido). *As Tábuas Esmeraldas de Thoth the Antlantean*. Nashville, Tennessee: Livros de Origem

Everard, John (2019). *O Divino Pymander*. Whithorn, Escócia: Anodos Books

Mumford, John Dr. (1997). *Tattwas mágicos: Um sistema completo para o auto-desenvolvimento*. St. Paul, Minnesota: Llewellyn Publicações

Paar, Neven (2019). *The Magus: Kundalini and the Golden Dawn*. Toronto, Ontário: Publicação de Sapatos Alados

Regardie, Israel (1971). *A Golden Dawn*. St. Paul, Minnesota: Publicações de Llewellyn

Três Iniciados (1940). *O Caibalion: Filosofia hermética*. Chicago, Illinois: Sociedade Editora Yogi

Desconhecido (2003). *Ordem Esotérica da Golden Dawn: Theoricus 2=9 Grade Manual*. Acrescentado por G.H. Frater P.D.R. Los Angeles, Califórnia: H.O.M.S.I.

Woolfolk, Joanna Martine (2006). *O Único Livro de Astrologia que Você Sempre Precisará*. Lanham, Maryland: Taylor Trade Publishing

TEXTOS RELIGIOSOS

Ashlag, Rav Yehuda (2007). *O Zohar*. Comentário de Rav Michael Laitman, PhD. Toronto, Ontário: Laitman Kabbalah Publishers

EasWaran Aknath (2007). *O Dhammapada*. Tomales, Califórnia: Nilgiri Press

EasWaran Aknath (2007). *Os Upanishads*. Tomales, Califórnia: Nilgiri Press

Griffith, Ralph T.H. e Keith, Arthur Berriedale (2017). *Os Vedas: The Samhitas of the Rig, Yajur (Branco e Preto), Sama, e Atharva Vedas*. Plataforma Editora Independente CreateSpace

Moisés (1967). *A Torá: Os Cinco Livros de Moisés* (também conhecidos como o Antigo Testamento). Filadélfia, Pennsylvania: A Sociedade de Publicações Judaicas da América

Muhammad (2006). *O Alcorão*. Traduzido com Notas por N.J. Dawood. Londres, Inglaterra: Livros dos Pinguins

Saraswati, Swami Satyananda (1997). *Bhagavad Gita*. Napa, Califórnia: Devi Mandir Publications e Motilal Banarsidass Publishers Private Limited

Stiles, Mukunda (2002). *Yoga Sutras de Patanjali*. São Francisco, Califórnia : Weiser Books

Diversos (2002). *A Bíblia Sagrada: Versão Rei James* (Inclui o Antigo e o Novo Testamento). Grand Rapids, Michigan: Zondervan, Michigan:

RECURSOS ON-LINE

3 Mantras de Sânscrito para Impulsionar sua Prática de Meditação - Página de referência para Mantras (www.yogiapproved.com/om/3-sanskrit-mantras-boost-meditation-practice/)

7 Mantras para criar a vida que você quer - Página de referência para Mantras (www.chopra.com/articles/7-mantras-for-creating-the-life-you-want)

7Pranayama-Breath of Life - Página de referência para filosofia e práticas Yogic (www.7pranayama.com)

71 Yoga Mudras: Obtenha Benefícios Surpreendentes em 29 Dias, Apoiado pela Ciência - Referência
página para Yoga Mudras (www.fitsri.com/yoga-mudras)

9 Poderosos Mantras em sânscrito e Gurmukhi - Página de referência para Mantras (www.chopra.com/articles/9-powerful-mantras-in-sanskrit-and-gurmukhi)

Anatomia da Aura - Página de referência para a Aura e suas partes (www.auraology.net/anatomy-of-the-aura)

Uma introdução ao Nervo Vago & a conexão com a Kundalini - Página de referência para a conexão entre o Nervo Vago e a Kundalini (www.basmati.com/2017/05/02/intro-Vago-nerve-connection-kundalini)

Astrologia Aromaterapia-Blendas para seu signo estrela - Página de referência para Aromaterapia (www.baseformula.com/blog/astrological-aromatherapy)

Astrologia e Ayurveda - Página de referência para Astrologia e Ayurveda (www.astrobix.com/astrosight/208-astrology-and-ayurveda.html)

Astrologia e os Chakras: Two Sides of the Same Coin - Página de referência para Astrologia e os Chakras (www.innerEu.com/content/personal/intuition-awareness/astrology/4410-astrology-a-the-chakras.html)

Guia de cores da Aura - Página de referência da Aura e suas partes (www.auraaura.co/aura-colors)

AuraFit: Mobile Biofeedback System - Página oficial da tecnologia de leitura Aura inventada por Bettina Bernoth Ph.D. (www.aurafitsystem.org/)

Formas da Aura - Página de referência para problemas de energia na Aura (www.the-auras-expert.com/aura-shapes.html)

Ayurveda e Ásana: Poses de Yoga para sua saúde - Página de referência para Yoga para os Doshas (www.yogajournal.com/lifestyle/health/ayurveda-and-Ásana/)

Melhor Ayurveda: Tabela de constituição do corpo - Página de referência para a Ayurveda (www.bestayurveda.ca/pages/body-constitution-type-chart)

Bija Mantra - Página de referência para Bija Mantras (www.hinduscriptures.com/vedic-culture/bija-mantra/24330/)

Encantos da Luz: Energia, Cura e Amor - Página de referência para Cristais (www.charmsoflight.com/Gema-crystal-healing-properties)

Descartes and the Pineal Gland - Página de referência para o Pineal Gland e suas pesquisas históricas (https://plato.stanford.edu/entries/pineal-gland/)

Projetando uma Rotina de Yoga para seu Dosha - Página de referência para Yoga e os Doshas (www.chopra.com/articles/designing-a-yoga-routine-for-your-dosha)

Encyclopedia Britannica - Página de referência para todos os ramos do conhecimento (www.britannica.com)

Esoteric Other Worlds: Tattva Vision - Página de referência para trabalhar com Tattvas (www.esotericotherworlds.blogspot.com/2013/06/tattva-vision.html)

Ethan Lazzerini-Crystal Healing Blog, Guias & Dicas - Página de referência para Cristais (www.ethanlazzerini.com/crystal-shapes-meanings/)

Vidya-Meditação Freedom no Chakra Petal Bijas - Página de referência para Chakra Petal Bijas (www.shrifreedom.org/yoga/chakra-petal-sounds/)

Greek Medicine.Net - Página de referência para o cérebro e o sistema nervoso (www.greekmedicine.net/physiology/Brain_and_Nervous_System.html)

Hatha ou Vinyasa Yoga: Qual é a certa para você? - Página de referência para Hatha e Vinyasa Yogas (www.healthline.com/health/exercise-fitness/hatha-vs-vinyasa)

Como equilibrar sua energia vital e seus chakras com óleos essenciais - Página de referência para Chakras e Óleos Essenciais (www.motherhoodcommunity.com/chakra-essential-oils/)

Como o Exercício Afeta o Cérebro? - Página de referência para os efeitos do exercício em seu cérebro (www.dana.org/article/how-does-exercise-affect-the-brain/)

Institute for Consciousness Research - Página de referência para pesquisa da Kundalini e potencial energético humano (www.icrcanada.org)

Introdução à Ayurveda: Entendendo as Três Doshas - Página de referência para a Ayurveda (www.yogajournal.com/lifestyle/health/ayurveda/intro-ayurveda/)

Chakras Masculino e Feminino - Página de referência de gênero em Chakras (www.rootshunt.com/maleandfemalechakras.htm)

Natural Chakra Healing-Seed Mantras para cada Chakra - Página de referência para Bija Mantras (www.naturalchakrahealing.com/chakra-seed-mantras.html)

Correlatos Neurais de Experiências Espirituais Personalizadas - Página de referência para a conexão entre anatomia cerebral e experiências espirituais (www.academic.oup.com/cercor/article/29/6/2331/5017785)

Relação entre Chakras no Corpo Humano, Planetas e Astrologia Médica - Página de referência para a associação entre Chakras, Planetas e Glândulas Endócrinas (www.anilsripathi.wordpress.com/relationship-between-human-body-chakras-planetsmedical-astrology/)

Pedras com Sass - Página de referência para Cristais e suas formas (www.rockswithsass.com/blog/2020/4/13/crystal-shapes-their-meaning-and-uses)

Science of the Heart - Página de referência para o Instituto HeartMath e suas pesquisas (www.heartmath.org/research/science-of-the-heart/energetic-communication)

Scrying in the Spirit Vision. Parte I: Tattva Vision - Página de referência para trabalhar com Tattvas (www.fraterooe.livejournal.com/4366.html)

Seis problemas típicos de energia e como curá-los - Página de referência para problemas de energia na Aura (www.nataliemarquis.com/six-typical-energy-problems-and-how-to-heal-them/)

SlimYogi: Um Guia Ilustrado Passo a Passo de 90 Posturas de Yoga Adelgaçantes - PDF de Referência para a prática da Yoga (www.mymission.lamission.edu/userdata/ruyssc/docs/Stretch-An-Ullustrated-Step-By-Step-Guide-To-Yoga-Postures.pdf)

Ayurveda Espiritual: Nossos Cinco Corpos Sutis e Três Essências Sutis - Página de referência para a Ayurveda (www.maharishi.co.uk/blog/spiritual-ayurveda-our-five-subtle-bodies-and-three-subtle-essences/)

Tattwas e Antahkarana Instruções - Página de referência para os Tattwas

(www.manas-vidya.blogspot.com/2011/09/practice-antahkarana.html)

Os Chakras e as Energias de Gênero-Masculino/Feminino - Página de referência de gênero em Chakras (www.naturalchakrahealing.com/chakras-and-gender-masculine-feminine-energy.html)

The Crystal Compendium EBook - Página de referência para Cristais (www.crystalGemas.net/crystalcompendium.php)

O Desacoplamento do Sistema de Ativação Reticular (RAS) - Página de referência para o papel do Sistema de Ativação Reticular no Despertar Espiritual (www.spiritrisingyoga.org/kundalini-info/the-disengagement-of-the-reticular-activating-system)

The Kundalini Consortium (www.kundaliniconsortium.org)- Página de referência para a pesquisa e potencial energético humano da Kundalini

Vedic Astrology & the Chakras - Página de referência para a associação entre Chakras e Planetas (www.alchemicalbody.wordpress.com/2013/06/01/vedic-astrology-the-chakras/)

Medicina Vibracional de Energia - Página de referência para os Chakras (www.energyandvibration.com/chakras.htm)

O que são Bija Mantras - Página de referência para Bija Mantras (www.satyaloka.net/what-are-bija-mantras/)

O que são os Doshas Ayurveda? Vata, Kapha, e Pitta Explained - Página de referência da Ayurveda (www.healthline.com/nutrition/vata-dosha-pitta-dosha-kapha-dosha)

Quais são os benefícios do Yoga & Meditação - Página de referência para Yoga e meditação (www.poweryoga.com/blog/benefits-and-differences-yoga-meditation/)

O que é Aromaterapia? - Página de referência para Aromaterapia (www.webmd.com/balance/stress-management/aromatherapy-overview)

O que é Meditação de Yoga? - Página de referência para meditação (www.sivanandayogafarm.org/what-is-yoga-meditation/)

O que saber sobre o lobo frontal do seu cérebro - Página de referência para anatomia cerebral (www.healthline.com/health/frontal-lobe)

Yoga Para Equilibrar os Doshas - Página de referência para Yoga para os Doshas (www.ekhartyoga.com/articles/wellbeing/yoga-for-balancing-the-doshas)

Diário de Yoga: Um Guia de Meditação para Iniciantes - Página de referência para meditação (www.yogajournal.com/meditation/how-to-meditate/let-s-meditate/)

Yogapedia - Página de referência para a filosofia e práticas do Yogic (www.yogapedia.com)

Yogapoint-India - Página de referência para a filosofia e práticas do Yogic (www.yogapoint.com/index.htm)

Wikipedia-A Enciclopédia Livre - Página de referência para todos os ramos do conhecimento (www.wikipedia.org)

RECURSOS DE IMAGENS

Figura 2: O Despertar dos Três Nadis Pós-Kundalini - *A Ascensão* de Yogi Mahajan. (Página 6.)

Figura 5: O circuito completo da Kundalini - *Tantra da Kundalini* de Swami Satyananda Saraswati. (Página 288.)

Figura 6: O Cérebro Cheio de Luz - Fundação Christopher & Dana Reeve *Como Funciona a Medula Espinhal* (Página Online.)

Figura 10: O Pentagrama - Os *Três Livros de Filosofia Oculta* de Henry Cornelius Agrippa. (Página 180.)

Figura 15: Ida e Pingala Nadis e Ajna Chakra - *Kundalini* de Genevieve Lewis Paulson *e os Chakras*. (Página 184.)

Figura 16: O Campo Eletromagnético da Terra - Peter Reid's *O Campo Magnético da Terra* (Imagem Online)

Figura 20: Anatomia da Aura - *Manuscrito de Treinamento AuraFit de* Bettina Bernoth (Página 11.)

Figura 22: O Campo Toroidal Kundalini - *Anatomia Esotérica* de Bruce Burger: *O Corpo como Consciência*. (Página 54.)

Figura 23: Os Sete Chakras e Plexos Nervosos - Anodea Judith's *Wheels of Life: Um Guia do Usuário do Sistema de Chakras*. (Página 12.)

Figura 24: Expansão Cerebral e Correspondências Chakric - Swami Satyananda Saraswati's *Kundalini Tantra*. (Página 35.)

Figura 26: Os Chakras de Cabeça Menor (Coroa) - *Kundalini* de Genevieve Lewis Paulson *e os Chakras*. (Página 150.)

Figura 31: Localização dos Olhos Psíquicos - Genevieve Lewis Paulson's *Kundalini e os Chakras*. (Página 140.)

Figura 37: Orientação de Tetraedros em Machos e Fêmeas - Drunvalo Melchizedek's *The Ancient Secret of the Flower of Life (O Antigo Segredo da Flor da Vida): Volume 1*. (Página 49.)

Figura 42: O Sistema Límbico - *Gânglios Básicos e Sistema Límbico de* Paul Wissmann (Imagem Online).

Figura 51: Conus Medullaris e Filum Terminale - Cyndi Dale's *The Complete Book of Chakras: Sua Fonte Definitiva de Conhecimento do Centro de Energia para a Saúde, a Felicidade e a Evolução Espiritual*. (Página 78.)

Figura 57: O Campo Eletromagnético do Coração - Doc Childre e Howard Martin's *The Heartmath Solution*. (Página 34.)

Figura 59: O Centro Chakra do Coração - *Rodas da Vida* de Anodea Judith: *Um Guia do Usuário do Sistema Chakra*. (Página 197.)

Figura 123: Ponto de Contração Mula Bandha - *Ásana Pranayama Mudra Bandha* de Swami Satyananda Saraswati. (Página 476.)

Figura 128: Vajroli, Sahajoli e Ashwini Mudras Contraction Points - Swami Buddhananda's *Moola Bandha: A Chave Mestra*. (Página 81.)

Figura 134: Sushumna Nadi Layers and the Cosmic Egg - Cyndi Dale's *The Subtle Body: Uma Enciclopédia de Sua Anatomia Energética.* (Página 276.)

Figura 147: As Três Doshas e Zonas Corporais - *Ayurveda* de Vasant Lad: *A Ciência da Eu-Healing.* (Página 27.)

Figura 151: Projeção do Sonho Lúcido - Artigo online da Sandália Veenu *'Walk-Ins'* e *Matters of the Soul* (Artigo online.)

Figura 153: Sahasrara Chakra Lótus - O *Tantra Kundalini de* Swami Satyananda Saraswati. (Página 307.)

Figura 154: Kundalini Flow through Sushumna - A *Kundalini* de Genevieve Lewis Paulson *e os Chakras.* (Página 16.)

www.ingramcontent.com/pod-product-compliance
Lightning Source LLC
Chambersburg PA
CBHW080931300426
44115CB00017B/2781